맥클라렌 강해설교

요한복음 Ⅱ · 사도행전 Ⅰ

〈 15-21 〈 1-12

알렉산더 맥클라렌 **강해**설교전집 11

맥클라렌 강해설교

요한복음 Ⅱ 〈 15-21 · 사도행전 Ⅰ 〈 1-12

역자 〈 정충하

EXPOSITIONS OF HOLY SCRIPTURE

ALEXANDER MACLAREN

크리스챤 다이제스트

국립중앙도서관 출판시도서목록(CIP)

맥클라렌 강해설교 : 요한복음Ⅱ · 사도행전Ⅰ / [저자: 알렉산더 맥클라렌] ; 역자: 정충하. -- 고양 : 크리스챤다이제스트, 2013
p. ; cm. -- (알렉산더 맥클라렌 강해설교전집 ; 11)

원표제: Expositions of holy scripture
원저자명: Alexander Maclaren
영어 원작을 한국어로 번역
ISBN 978-89-447-2111-3 94230 : ₩30000
ISBN 978-89-447-2100-7(세트) 94230

요한 복음[--福音]
강해 설교[講解說教]
사도 행전[使徒行傳]

233.65-KDC5
226.5-DDC21 CIP2013000882

차례

요한복음 II

사도행전 I

요한복음 II

81
참 포도나무

"[1] 나는 참 포도나무요 내 아버지는 농부라 [2] 무릇 내게 붙어 있어 열매를 맺지 아니하는 가지는 아버지께서 그것을 제거해 버리시고 무릇 열매를 맺는 가지는 더 열매를 맺게 하려 하여 그것을 깨끗하게 하시느니라 [3] 너희는 내가 일러준 말로 이미 깨끗하여졌으니 [4] 내 안에 거하라 나도 너희 안에 거하리라 가지가 포도나무에 붙어 있지 아니하면 스스로 열매를 맺을 수 없음 같이 너희도 내 안에 있지 아니하면 그러하리라"

요 15:1-4

무엇이 우리 주님으로 하여금 포도나무와 가지의 아름다운 비유를 떠올리도록 만들었는가 하는 것은 중요하지도 않을 뿐더러 알 수도 없습니다. 이에 대해 많은 추측들이 제기되었습니다. 어쨌든 우리가 알지 못하는 어떤 외적 동기(動機)가 주님으로 하여금 이와 같은 비유를 말하도록 이끌었을 것입니다. 그토록 위급한 위기의 순간에 주님이 제자들을 가르치기 위해 어떤 대상을 여유 있게 관찰할 수 있었다는 것은 그의 고요함과 평온함을 나타내는 중요한 증표입니다. 어쨌든 우리 주님은 아마도 길가에 서 있던 어떤 포도나무와 거기에 맺혀 있는 풍성한 포도송이들로부터 가장 심오하며 장엄한 교훈들은 끌어냅니다. 요한복음 15장이 가르치는 진리는 그리스도와 그를 믿는 사람들 사이의 살아있는 연합의 진리입니다. 그리고 여기의 포도나무와 가지의 비유가 그 모든 것을 위한 기초를 제공해줍니다.

오늘 우리가 본문으로 취한 내용은 포도나무와 가지의 비유의 전반부(前半部)입니다. 나머지 후반부는 다음 주에 다룰 것입니다. 이제 여기에 나타난 중요한 개념들을 몇 가지 살펴보도록 합시다.

1. 첫째, 우리는 여기에서 모든 부분들이 생명으로 연합되어 있는 포도나무를 보게 됩니다.

"나는 참 포도나무요"(1절). 그가 가리키는 물질적 대상은 단지 그림자와 상징에 불과합니다. 실재(實在)는 그 자신 안에 놓여 있습니다. 우리가 때로 왕궁의 정원 같은 곳에서 보게 되는 거대한 포도나무들을 생각해 보십시오. 거기에서 어떤 가지들은 거의 90미터까지 뻗어 나갑니다. 그래서 스스로 서 있을 수 없어서 몇 개의 받침목이 세워져 있습니다. 그럼에도 불구하고 뿌리로부터 하나의 생명이 전체로 퍼져 줄기를 통해 가장 먼 가지의 마지막 잎사귀까지 이르며 모든 포도송이들을 붉게 익게 만듭니다. 그리스도께서는 이렇게 말씀하십니다. "이와 같이 나와 나를 믿는 모든 사람들 사이에는 하나의 생명이 있느니라. 그 생명이 뿌리로부터 흘러나와 모든 가지들을 통해 열매를 맺느니라."

예수 그리스도와 그를 믿는 모든 사람들 사이의 이와 같은 위대한 연합의 개념은 성경에서 매우 친숙한 개념으로서 여기의 포도나무의 상징 외에도 다른 상징들에 의해 다양하게 나타납니다. 예컨대 몸과 지체의 비유를 생각해 보십시오. 거기에서 많은 지체들로 이루어진 전체적 몸은 그리스도로, 그리고 그 몸을 이루는 지체들은 그를 믿는 신자들로 제시됩니다. "몸은 하나인데 많은 지체가 있고 몸의 지체가 많으나 한 몸임과 같이 그리스도도 그러하니라"(고전 12:12). 그는 모든 부분들에까지 이르는 생명의 원천입니다. 각각의 인격과 개별성은 그대로 남아 있습니다. 나는 나고, 그는 그며, 여러분은 여러분입니다. 우리들을 서로 분리하는 개별적 의식(意識)들의 거대한 심연을 가로질러, 예수 그리스도께서 자신을 우리 각자와 연합시키는 신적 특권을 취하십니다. 그와 우리 사이의 연합과 비교할 때, 우리가 아는 다른 모든 연합들은 단지 희미한 윤곽에 불과합니다. 만일 우리가 그를 믿고 의지하며 사랑한다면 말입니다. 오늘 본문이 가르치는 것은 뿌리로부터 모든 가지들에 이르기까지의 생명이 하나라는 사실과 바로 그 생명이 모든 열매를 맺음과 성장의 유일한 원인이라는 것입니다.

예수 그리스도와 그를 사랑하는 모든 사람들 사이의 이와 같은 생명의 하나됨(oneness)은 또한 필연적으로 하나님과 사람들에 대한 관계의 하나됨과 성품의 하나됨과 운명(destiny)의 하나됨으로 귀결되는 하나됨입니다. 하나님에 대한 관계에 있어, 그는 아들이며 우리는 그 안에서 아들의 신분을 받습니다. 그는 항상 아버지의 임재 안으로 나아갑니다. 반면 우리는 그를 통해 나아가며, 그 안에서 받아들여집니다. 사람들에 대한 관계에 있어, 그가 빛이시기 때문에 그의 빛을 받은 우리 역시도 각자 자신의 분량만큼 세상의 빛입니다. 예수 그리스도 안에 거함으로 말미암아 그의 영의 능력을 받은 분량대로, 우리 역시도 하나님의 기름부음 받은 자 곧 종속적이지만 진정한 하나님의 메시야들이 됩니다. 왜냐하면 그리스도 자신이 "아버지께서 나를 보내신 것 같이 나도 너희를 보내노라"라고 말씀하시기 때문입니다(요 20:21).

또 성품과 관련하여, 예수 그리스도와 그의 지체들 사이의 생명의 연합은 필연적으로 둘 사이의 성품의 유사성 혹은 동일성으로 귀결됩니다. 우리는 그의 의로 옷 입습니다. 그리고 그러한 의로 말미암아 의롭다함을 받으며, 그러한 의로 말미암아 거룩하여집니다. 그리스도와 그의 자녀들 사이의 하나됨은 곧바로 그들의 죄 사함과 받아들여짐과 모든 덕과 고결한 삶의 기초가 됩니다.

나아가 만일 우리가 그를 사랑하며 신뢰한다면, 우리는 우리가 그와 친밀하게 연합되어 있음을 확신할 수 있습니다. 그가 있는 곳에 그의 종들도 있을 것이며, 그의 어떠하심대로 그의 종들도 역시 그러할 것입니다. 왜냐하면 생명의 하나됨은 우리가 그의 영광에 완전하게 연합될 때까지 결코 그치거나 중단되지 않을 것이기 때문입니다. "우리가 다 하나님의 아들을 믿는 것과 아는 일에 하나가 되어 온전한 사람을 이루어 그리스도의 장성한 분량이 충만한 데까지 이르리니"(엡 4:13). 그가 아버지의 보좌에 앉은 것처럼, 그의 자녀들 역시 필연적으로 그와 함께 그의 보좌에 앉을 것입니다.

이와 같이 각각의 그리스도인들이 그 부분들인 집합적 전체(collective whole)의 이름은 그리스도입니다. 여호와의 종의 위대한 예언 속에서 환상 가운데 이사야 앞에 떠오르는 인물이 개인적 메시야와 집합적 이스라엘 사이를 오르내리는 것처럼, "그리스도"는 육체를 가지고 세상에 오신 개인적 구속자이면서 동시에 구속받은 교회 전체입니다. "교회는 그의 몸이니 만물 안에서 만물을 충만하게 하시는 이의 충만함이니라"(엡 1:23).

2. 둘째, 포도나무를 깨끗하게 하는 농부를 주목하십시오.

포도원을 가꾸는 농부에게 필요한 유일한 도구는 칼이며, 포도원을 경작하는 주된 비밀은 무자비한 가지치기입니다. 이와 같이 본문은 "내 아버지는 농부라"라고 말합니다. 우리 주님은 다른 비유들에서는 그러한 직임(職任)을 자신이 직접 취하지만, 그러나 여기에서는 아버지에게 돌립니다. 그렇지만 어쨌든 우리는 아버지께서 그의 아들 안에서 그리고 아들을 통해 그와 같은 직임을 행하신다는 사실을 잊어서는 안 됩니다.

우리는 포도원 경작과 관련하여 여기에서 언급되는 유일한 것이 가지치기라는 사실을 주목할 필요가 있습니다. 땅을 판다든지 혹은 거름을 주는 등의 일은 전혀 언급되지 않습니다. 오직 지나치게 무성하여 쓸모가 없거나 혹은 죽은 가지들을 쳐내는 일만이 언급될 뿐입니다.

여러분은 포도원에서 가지치기 하는 것을 본 적이 있습니까? 경험이 없는 외인(外人)들의 눈에 날카로운 칼에 의해 수많은 가지들과 거기에 달린 어린 포도송이들이 무자비하게 잘려나가는 모습은 얼마나 잔인하게 보입니까! 또 그것은 얼마나 큰 낭비처럼 보입니까! 그렇습니다. 그러나 농부는 결코 아무 가지나 닥치는 대로 잘라내지 않습니다. 좋은 열매를 맺는 가지는 결코 잘려지지 않습니다. 가지치기 작업은 한 가지 목적 즉 포도나무로 하여금 더 많은 열매를 맺도록 만들기 위해 기술적이며 과학적으로 행하여집니다.

이와 같이 예수 그리스도는 반드시 행해져야만 하는 중요한 일이 바로 가지를 잘라내는 일이라고 말씀합니다. 중요한 것은 가지 안에 있는 생명을 풍성하게 하는 것이 아니라, 생명이 있는 가지를 풍성하게 하는 것입니다. 여기에서 우리는 두 가지 사실을 배울 수 있습니다. 즉 완전히 죽은 가지는 반드시 잘라내야 한다는 사실과, 살아있기는 하지만 그러나 지나치게 무성하여 생명의 진액이 충분하게 전달될 수 없는 가지 역시 제거되어야만 한다는 사실입니다.

지금 우리 앞에 있는 비유의 언어는 우리로 하여금 열매를 맺지 못하는 가지들을 참 포도나무에 단지 피상적이며 외적으로 밖에는 붙어 있지 않은 모든 사람들을 의미하는 것으로 해석하도록 요구합니다. 왜냐하면 비유의 전체적 교훈에 따를 때 실제적 연합이 있는 곳에 실제적 생명이 있으며, 실제적 생명이 있는 곳에 필연적으로 열매가 있을 것이기 때문입니다. 그러므로 열매를 맺지 못하는 가지는 실제로 포도나무와 더불어 참된 연합을 갖고 있지 못한 것이며, 또 그로 인해 생명을 갖고 있지 못한 것입니다. 명목적 그리스도인들 즉 정기적으로 교회에 출석하며 인구조사원 앞에서 자신의 종교를 기꺼이 "기독교"라고 표기하기는 하지만 그러나 예수 그리스도를 실제적으로 붙잡고 있지 않은 사람들이 여기에 포함될 것입니다. 그리고 "제거해버린다"는 것은 어떤 방법으로든 하나님이 실제적 사실 즉 그들이 예수 그리스도에게 속하지 않는다는 사실을 분명하게 드러내신다는 것을 의미합니다(2절).

어느 나라에서든 기독교가 오래 지속될수록 교회는 이런 부류의 사람들이 많아짐으로 인해 더 냉랭해지고 부담이 무거워지기 마련입니다. 그러다가 마침내 거센 바람이 불어와 이런 종류의 죽은 가지들을 날려버리기를 사람들은 열망하며 기도하게 됩니다. 교회 주변에 붙어 있는 겉모양만 그럴듯한 사이비 그리스도인들의 부담스러운 무게가 제거되기를 바라는 것입니다. "손에 키를 들고 자기의 타작마당을 정하게 하사"(마 3:12). 자기 백성들의 이와 같은 간절한 열망에 따라 마침내 하나님은 자신의 포도나무를 가지치기 하여 깨끗하게 합니다. "그가 은을 연단하여 깨끗하게 하는 자 같이 앉아서 레위 자손을 깨끗하게 하되"(말 3:3).

가지치기에는 또 다른 측면이 있습니다. 우리의 기독교적 생명 안에는 두 가지 본성이 있습니다. 그것은 우리 자신의 가련한 자아와 우리 안에 있는 예수 그리스도의 더 나은 생명입니다. 하나는 다른 하나의 값으로 자랍니다. 자아로부터 나오는 무성한 가지들을 가차 없이 제거해 버리는 것은 비록 고통스럽기는 하지만 그러나 농부의 은혜로운 행동입니다. 그것은 우리의 생명의 모든 에너지가 그가 받으심직한 포도송이들을 자라게 하는 데 쏟아지도록 하기 위함입니다.

그러므로 사랑하는 친구들이여, 이 모든 교훈들을 잘 깨달으십시오. 칼은 날카롭고, 가지들은 피를 흘립니다. 겉으로 보기에 아름답고 건실해 보이는 가지들이 가차 없이 베임을 당합니다. 우리는 가지들이 잘려진 채 앙상한 모습으로 남겨집니다. 우리는 훨씬 더 초라해진 것처럼 보입니다. 그러나 이 모든 것은 우리의 모든 에너지가 열매를 맺는 일에 쏟아지도록 하기 위함입니다. 가지를 잘라내는 일은, 만일 그것은 열매를 맺는 일에 도움이 된다면, 결코 지나치게 가혹한 일일 수 없습니다. 그러므로 가지들이 잘려나가는 것으로 인해 아쉬워하지 마십시오. 도리어 그의 은혜로운 도끼 앞에 겸손하게 순복하면서 이렇게 말하십시오. "주여, 철저히 잘라내 주소서! 그럼으로써 나의 열매가 더 풍성하게 맺히게 하소서!"

3. 마지막으로, 여기에서 포도나무 안에 거함으로 인해 풍성한 열매를 맺는 가지들을 보게 됩니다.

여기에서 주님은 자신의 제자들을 "그가 일어준 말로" 이미 깨끗하여진 자들로서 대합니다(3절). 그러면서 그들에게 참된 연합과 열매를 맺는 비밀에 대해 가르쳐줍니다. "내 안에 거하라 나도 너희 안에 거하리라 가지가 포도나무에 붙어 있지 아니하면 스스로 열매를 맺을 수 없음 같이 너희도 내 안에 있지 아니하면 그러하리라"(4절).

열매를 맺는 조건은 그리스도와의 연합입니다. 아무리 많은 일을 하더라도 열매를 맺지 못합니다. 일이 곧 열매는 아닙니다. 우리의 일을 통해 나오는 것은 우리 자신의 자아로부터 나오는 것일 뿐입니다. 그리고 그것이 우리 자신의 자아로부터 나오는 것이기 때문에 아무것도 아닙니다. 열매를 맺는 것은 오직 그리스도와의 연합의 조건 위에서만 가능합니다. 예수 그리스도 자신이 모든 열매의 원천입니다.

바로 여기에 복음의 위대한 영광과 독특한 축복이 있습니다, 다른 선생들은 우리에게 와서 어떻게 살아야 하는지를 말해주며, 우리에게 정결하며 고결한 삶을 위한 율법과 모범과 본보기와 동기(動機)를 줍니다. 반면 복음은 우리에게 생명을 줍니다. 그리고 그 생명이 우리 안에서 우리가 가져야만 하는 모든 덕(德)들로 펼쳐집니다. 사람들에게 본보기가 되는 것이 도대체 무슨 소용이 있단 말입니까? 만일 사람들이 그것을 본받을 수 없다면 말입니다. 도덕은 중풍병자에게 이렇게 말합니다. "여기를 보라! 네가 어떻게 걸어야만 하는지가 바로 여기에 있노라!" 그러나 중풍병자는 예전과 똑같이 사지(四肢)가 마비된 채 그 자리에 그냥 누워 있습니다. 그러나 기독교는 그의 손을 잡고 이렇게 말합니다. "나사렛 예수 그리스도의 이름으로 일어나 걸으라!" 그러면 그의 발과 발목이 힘을 얻습니다. 그리고 그는 "걷기도 하고 뛰기도 하며 하나님을 찬송"합니다(행 3:8). 그리스도는 단순히 명령과 모범과 동기만을 주시지 않습니다. 그는 그 이상을 주십니다. 그는 온전하며 의로우며 경건한 삶을 위한 능력을 주십니다. 그리고 그러한 능력은 오직 그 안에서만 발견될 수 있습니다.

나아가 이러한 능력을 받는 것은 우리 자신의 노력에 달려있다는 사실을 주목하십시오. "내 안에 거하라 나도 너희 안에 거하리라." 뒷 절(節) 역시 앞 절과 마찬가지로 명령입니까? 어떻게 그가 우리 안에 거하는 것이 우리에게 부과된 의무일 수 있습니까? 그러나 실제로 그렇습니다. 우리는 이러한 명령을 다음과 같이 풀어 쓸 수 있습니다 — 너희는 너희가 그리스도 안에 거하는 것과 그리스도가 너희 안에 거하는 것에 관심을 기울이느냐? 이러한 두 개념은 단지 동전의 양면일 뿐입니다. 둘은 서로 보충될 뿐 상충되지 않습니다. 우리는 마치 부분이 전체 안에 거하는 것처럼 또 가지가 포도나무 안에 거하면서 포도나무로부터 생명과 열매 맺는 에너지를 공급받는 것처럼 그 안에 거합니다. 동시에 그는 마치 전체가 부분 안에 거하는 것처럼 또 포도나무가 가지 안에 거하면서 자신의 에너지를 모든 부분에 전달하는 것처럼 우리 안에 거합니다. 그는 마치 영혼이 몸 안에 거하면서 모든 부분에 똑같이 살아있는 것처럼 — 눈에는 시력으로 귀에는 청력으로 볼에는 불그레한 색깔로 손에는 힘으로 발에는 빠름으로 — 우리 안에 거합니다.

"내 안에 거하라 나도 너희 안에 거하리라." 이러한 말씀으로부터 우리는 매우 분명하며 실제적인 교훈을 배워야만 합니다. 사랑하는 형제들이여, 여러분 자신을 억제하십시오. 그리고 그리스도의 생명이 들어올 수 있도록 여러분 자신의 생명을 비우십시오. 수로(水路)의 문을 여십시오. 그러면 수로 안으로 물이 흘러들어와 그것을 가득 채울 것입니다. 마음을 비우십시오. 그러면 그리스도께서 들어오실 것입니다. 계속적으로 그를 생각하며, 사랑하며, 열망함으로 말미암아 "그 안에 거하십시오." 계속적으로 그리고 반복해서 여러분의 의지를 그에게 순복시킴으로 말미암아 "그 안에 거하십시오." 일상의 모든 삶과 모든 사소한 의무들을 그에게 정직하게 맡김으로 말미암아 "그 안에 거하십시오." 그럴 때 우리는 그의 생명에 참여하게 될 것이며 그가 기뻐하는 열매를 맺게 될 것입니다.

이것은 우리 모두에게 얼마나 큰 격려가 됩니까! 우리 모두에게 때로 우리의 삶은 너무나 황폐하며 초라하게 보입니다. 우리는 마치 아무 열매도 맺지 못한 것처럼 느낍니다. 그에게 더 가까이 갑시다. 그러면 여러분은 열매를 맺게 될 것입니다. 해변에 떠밀려와 오도 가도 못하게 된 가련한 물고기들을 생각해 보십시오. 그것들은 열심히 퍼덕거리지만, 그 모든 노력은 결국 헛될 뿐입니다. 그것들은 사망 아래 있습니다. 그러다가 갑자기 큰 파도가 밀려옵니다. 갑자기 물고기들은 새로운 활력과 즐거운 생명으로 펄떡 뛰며 바다 속으로 들어갑니다. 그리스도의 생명의 파도로 하여금 여러분 위에 덮치게 하십시오. 그러면 여러분은 그 안에서 기뻐하며 즐겁게 뛰놀 것입니다.

특별히 여기에서 우리는 공적으로 신앙을 고백하는 그리스도인들에게 주는 엄중한 경고를 발견하게 됩니다. 우리의 믿음은 결국 단순하며 실제적 순종으로 귀결되어야만 합니다. 어떤 사람에게 정말로 생명이 있는지 여부를 시험하는 것은 순종입니다. "그 날에 많은 사람이 나더러 이르되 주여 주여 우리가 주의 이름으로 선지자 노릇 하며 주의 이름으로 귀신을 쫓아 내며 주의 이름으로 많은 권능을 행하지 아니하였나이까 하리니 그 때에 내가 그들에게 밝히 말하되 내가 너희를 도무지 알지 못하니 불법을 행하는 자들아 내게서 떠나가라 하리라"(마 7:22, 23),

뿐만 아니라 우리는 여기에서 우리 모두에게 엄숙하게 호소하는 음성을 들을 수 있습니다. 우리의 본성과 우리와 관련한 하나님의 목적에 부합하는 열매를 맺는 유일한 기회는 예수 그리스도와 생명으로 연합함으로 말미암는 것입니다. 만일 우리가 예수 그리스도와 더불어 생명으로 연합되지 않았다면, 많은 노력과 수고에도 불구하고 아무런 열매도 맺지 못할 것입니다. 하나님을 기쁘시게 하며 또 우리와 관련된 하나님의 목적에 부합되는 열매는 오직 그리스도와의 생명의 연합에 의해서만 맺혀집니다. 그 밖의 우리의 모든 바쁜 일은 마치 가지마름병에 걸린 나무가 장미가 될 수 없고 옹이가 도토리가 될 수 없듯이 우리가 맺어서는 안 되는 열매입니다. 기어다니는 구더기가 가지를 장미의 가시처럼 만들고, 이상 생성물이 나무의 수액을 빨아 먹어서 옹이가 생겼을 뿐입니다. 그러므로 여러분의 마음을 그리스도께 열고 그의 생명과 그의 영으로 하여금 여러분 안으로 들어오게 하십시오. 그러면 여러분은 "거룩함과 영생에 이르는 열매"를 맺게 될 것입니다(롬 6:22).

82
참 포도나무의 참된 가지들

"[5] 나는 포도나무요 너희는 가지라 그가 내 안에, 내가 그 안에 거하면 [6] 사람이 열매를 많이 맺나니 나를 떠나서는 너희가 아무 것도 할 수 없음이라 사람이 내 안에 거하지 아니하면 가지처럼 밖에 버려져 마르나니 사람들이 그것을 모아다가 불에 던져 사르느니라 [7] 너희가 내 안에 거하고 내 말이 너희 안에 거하면 무엇이든지 원하는 대로 구하라 그리하면 이루리라 [8] 너희가 열매를 많이 맺으면 내 아버지께서 영광을 받으실 것이요 너희는 내 제자가 되리라"

요 15:5–8

현명한 교사(教師)는 반복해서 가르치는 것을 두려워하지 않습니다. 어떤 진리를 자신의 것으로 삼음에 있어 보통 사람들은 반복적 교훈을 필요로 합니다. 페인트를 한 번 칠하는 것만으로는 충분하지 않습니다. 그것은 곧 벗겨질 것입니다. 이것은 사람들의 일반적 생각을 훨씬 뛰어넘는 고상한 영적 진리와 관련해서는 특별히 사실입니다. 그러므로 위대한 교사이신 우리 주님은 제자들이 자신의 교훈을 부분적으로 밖에는 이해하지 못했음을 아셨을 때 그것을 반복하기를 주저하지 않으셨습니다. 그에게 있어 "같은 이야기를 반복해서 말하는" 것은 결코 귀찮은 일이 아니었습니다. 왜냐하면 그렇게 하는 것이 그들에게 크게 유익할 것이었기 때문입니다. 그는 생명의 떡을 작은 조각으로 나누고는 그것을 조금씩 자주 먹였습니다.

이와 같이 오늘 우리가 살필 말씀은 지난주에 살핀 말씀을 상당 부분 반복하는 — 물론 완전한 반복은 아니라 하더라도 — 내용입니다. 오늘 본문 역시 그리스도와 그리스도인들 사이의 연합을 가르치는 포도나무와 가지의 비유입니다. 우리 주님은 자신의 제자들이 이러한 진리를 부분적으로 밖에는 이해하지 못했음을 아셨습니다. 그리하여 그것을 다시 반복하면서, 그 의미를 좀 더 심화(深化)시킴과 함께 새롭게 적용시킵니다.

우리는 여기의 제자들보다 더 총명한 학생들입니까? 우리는 여기의 진리를 다시금 반복할 필요가 없을 정도로 철저하게 묵상하며 우리의 삶에 완전하게 적용시켰습니까? 만일 우리가 그가 다시 반복하여 가르치는 것에 귀를 기울인다면, 우리는 총명하지 못한 사람이 되는 것입니까?

본문은 "그리스도와의 연합"(혹은 반대쪽 측면에서 "그리스도로부터의 분리")의 위대한 진리의 네 가지 측면을 우리에게 제시합니다. 그것은 다음과 같습니다. 첫째, 그리스도와의 연합으로 말미암는 풍성한 열매. 둘째, 그리스도로부터의 분리로 말미암는 마름과 멸망. 셋째, 그리스도 안에 거하는 것으로부터 오는 바라는 것의 만족. 마지막으로, 열매의 위대한 결과. 이제 이러한 것들을 간략하게 살펴보도록 합시다.

1. 그리스도와의 연합으로 말미암는 풍성한 열매.

여기에서 우리 주님은 앞에서 말씀하신 위대한 진리 즉 그와의 연합이 열매를 맺는 유일한 기초라는 진리를 다시 한 번 반복합니다. 그는 "나는 포도나무"라는 앞의 주제를 다시금 반복하지만, 그러나 곧바로 "너희는 가지"라고 덧붙입니다(5절). 물론 이것은 앞에서도 함축되어 있지만, 그러나 좀 더 명확하게 언급될 필요가 있었습니다. 왜냐하면 우리는 어떤 영적 진리와 관련하여 그것을 마치 "허공에 매달려 있는" 것처럼, 다시 말해서 우리 자신에게 개인적으로 적용되지 않는 것처럼 생각하는 경향이 있기 때문입니다. 그러나 실제로 가장 친숙한 진리들과 관련하여 가장 필요한 것은 그러한 진리들을 우리 자신의 개인적 삶과 경험에 밀접하게 연결시키는 것입니다.

"나는 포도나무요"는 아직까지 청자(聽者)들에게 직접적으로 적용되지 않는 일반적 진리일 뿐입니다. 반면 "너희는 가지라"는 각각의 청자들을 그러한 진리와 직접적으로 연결시킵니다. 얼마나 많은 사람들이 이와 같은 영광스러운 진리를 즐겁게 들으면서도 그것을 자신들에게 직접적으로 적용시키지 못합니까! 오랫동안 이와 같은 진리를 들어온 사람들에게 가장 필요한 것은 그와 같은 위대한 메시지를 자신에게 개인적으로 연결시키는 것입니다. "너희는 가지라"는 그와 같이 진리를 개인적으로 연결시키는 것의 한쪽 측면이며, 다른 쪽 측면은 "당신이 그 사람이라"입니다. 모든 설교와 영적 교훈들은, 만일 우리가 무관심의 장벽과 막연한 동의(同意)를 넘어 어떤 방식으로든 그것을 뾰족하게 만들어 자신의 양심을 찌르지 않는다면, 힘없는 일반론이며 전적으로 무익한 가르침에 불과할 뿐입니다. "너희는 가지라."

계속해서 열매를 맺는 위대한 약속을 주목하십시오. "그가 내 안에, 내가 그 안에 거하면 사람이 열매를 많이 맺나니."

"우리가 그리스도 안에 거하며 그리스도가 우리 안에 거하는" 진리와 관련하여 앞 설교에서 이야기한 것을 나는 여기에서 또 다시 반복할 필요를 느끼지 않습니다. 요컨대 그것은 오늘날의 기독교에서 너무나 일반적 소란함과 분주함으로부터 멀리 떨어진 마음의 평온함과 고요함을 의미합니다. 우리에게는 정말로 우리를 둘러싸고 있는 온갖 어지러움으로부터 벗어난 마음의 고요함이 필요합니다. 물론 우리에게는 능동적 태도가 필요합니다. 그러나 그 기초로서 우리는 지혜로운 수동성을 필요로 합니다.

"온갖 말의 성찬(盛饌)을 모두 합해보라,
거기로부터 무엇이 나오는가?
결국 남는 것은 아무것도 없지 않은가?
그런데도 우리는 계속 그렇게 해야 하는가?"

"지극히 높은 자의 은밀한 장소" 안으로 들어가십시오. 수고와 노력의 영역보다 더 높은 곳으로 올라가십시오. 그리고 그리스도와 함께 잠잠히 앉아 그의 사랑과 능력으로 하여금 여러분의 마음 안으로 흘러들어 오게 하십시오. "내 백성아 네 밀실에 들어가서 네 문을 닫을지어다"(사 26:20). 세상의 온갖 요란한 소리로부터 물러나십시오. 일상의 공허한 논쟁들과 분주한 일들로부터 물러나십시오. 수고가 더 많이 필요해질수록, 고요함 가운데 주님과 교제하는 작은 방을 더 많이 바라보십시오. "그가 내 안에, 내가 그 안에 거하면."

바로 이것이 열매를 맺는 방법입니다. 개인적 순종의 행동과 노력보다도 이것이 훨씬 더 본질적입니다. 물론 개인적 순종의 행동과 노력은 중요하며 또 필요합니다. 그러나 그런 것들보다 더 필요하며 더 본질적 것이 있습니다. 기독교적 행동을 만드는 최고의 방법은 그리스도와의 교제를 계발하는 것입니다. 중심적 힘을 증가시키는 것이 그 힘의 구체적 표현들을 증진시키는 것보다 훨씬 더 낫습니다. 생명의 진액(津液)으로 하여금 가지 안으로 더 많이 흘러들어 가게 하십시오. 그럴 때 더 풍성한 열매가 맺힐 것입니다. 그리스도의 생명으로 하여금 영혼 안에 더 많이 부어지게 하십시오. 그러면 말과 행동이 보다 더 그리스도와 같아질 것입니다. 우리는 전체적 인격의 조화와 아름다움의 대가(代價)로 개별적 은혜들을 계발할 수 있습니다. 우리는 다른 사람들을 흉내 낸다든지 혹은 특별한 노력을 경주함으로 말미암아 그런 은혜들을 인위적으로 자라게 할 수 있습니다. 그렇지만 그런 것들이 얼마나 큰 가치를 갖겠습니까? 별 가치 없을 것입니다. 도리어 행동에 영향을 끼치는 참된 방법은 행동의 근원에 영향을 끼치는 것입니다. 그리고 어떤 사람의 삶을 더 낫게 만드는 참된 방법은 그 사람을 더 낫게 만드는 것입니다. 존재(being)가 먼저이고, 다음에 행함(doing)이 따릅니다. 존재가 먼저 변화되고 난 다음에 행함의 변화가 따라야 합니다. 먼저 받고, 다음에 열매를 맺습니다. 먼저 그리스도에게 가까이 나아가십시오. 그러면 그가 기뻐하는 열매가 맺힐 것입니다. 바로 이것이 사람을 고치는 기독교적 방법입니다. 개별적 것들을 계발하고 땜질하는 것이 아니라, 그리스도와의 교제 안에서 전체를 붙잡는 것입니다.

우리 주님은 여기에서 단순히 율법을 제시하는 것이 아니라, 약속을 주시면서 그것이 반드시 이루어질 것을 보증하고 계십니다. 그는 이를테면 이렇게 말씀하십니다. "만일 사람이 나를 가까이 따르면, 그는 열매를 맺을 것이라."

특별히 5절에 처음으로 나타나는 "많이"라는 단어를 주목해 보십시오. "사람이 열매를 많이 맺나니." 우리는 적은 열매로 만족하지 못할 것입니다. 제대로 자라지 못해 쪼그라들고 쭈그러진 보잘것없는 포도송이를 생각해 보십시오. 도대체 누가 그런 열매로 만족할 것이란 말입니까! 예수 그리스도 안에 거하는 자는 여러 가지 은혜들로 풍성한 성품을 맺을 것입니다. 그리스도는 결코 "적은 열매"를 기대하지 않습니다. 물론 나는 그리스도와 연합되었음에도 불구하고 적은 열매를 맺는 사람이 있을 수 있다는 사실을 부인하지 않습니다. 그러나 예수 그리스도는 여기에서 둘 중 하나를 말씀하십니다. 한편에 "열매를 맺지 못하는" 것이 있고, 다른 한편에 "많은 열매를 맺는" 것이 있습니다. 나는 오늘날의 평균적 그리스도인들이 "그리스도 안에 거할 때 열매를 많이 맺을" 것이라는 약속에도 불구하고 어째서 보잘것없는 열매밖에는 맺지 못하는지 의아하게 생각합니다.

그리스도와의 연합이 열매를 맺는 조건임을 가르치는 구절은 반대쪽 측면에서 그리스도로부터 분리는 필연적으로 열매를 맺지 못하는 것으로 귀결될 수밖에 없다는 엄중한 선언으로 끝납니다 — "나를 떠나서는 너희가 아무것도 할 수 없음이라." 이러한 말씀은 예수 그리스도와 연합되지 않은 상태로 분주하게 살아가는 모든 삶을 정죄합니다. 그것은 마치 수많은 숫자들의 긴 행렬의 총합이 영(zero)이 되는 것과 같습니다. "나를 떠나서는 너희가 아무것도 할 수 없음이라." 여러분의 모든 분주한 삶을 더해 보십시오. 거기에는 "플러스"도 있고 "마이너스"도 있습니다. 만일 여러분이 그리스도 안에 있지 않다면, 그 모든 것을 더한 값은 정확하게 영(zero)일 것입니다. 그리고 여러분의 묘비 위에 새겨질 정확한 묘비명은 "영"을 의미하는 커다란 동그라미일 것입니다. "그는 아무것도 행하지 않았도다. 그의 모든 수고의 결과는 아무것도 없도다. 모든 것은 다 사라지고 증발되었도다." 바로 이것이 예수 그리스도를 떠난 삶의 결과입니다.

2. 그리스도로부터의 분리로 말미암는 마름과 멸망.

"사람이 내 안에 거하지 아니하면 가지처럼 밖에 버려져 마르나니 사람들이 그것을 모아다가 불에 던져 사르느니라"(6절). 포도나무로부터 분리된 가지를 생각해 보십시오. 마찬가지로 그리스도로부터 분리된 사람들은 결국 마르게 되고 마침내 불에 던져 사름을 당하게 될 것입니다. 주석가들은 주님이 이 말씀을 하실 때가 팔레스타인 지역에서 포도나무를 가지치기할 때였다고 이야기합니다. 다락방을 떠나 겟세마네 동산으로 온 그들은 틀림없이 골짜기 여기저기에서 일꾼들이 잘라낸 가지들을 태우기 위해 피워 놓은 불들을 볼 수 있었을 것입니다. 그러나 이것은 중요하지 않습니다. 중요한 것은 도대체 어떻게 이러한 은혜로운 말씀 가운데 그와 같은 엄중한 경고가 들어올 수 있었는가 하는 것입니다. 그 순간 우리 주님은 모든 긍휼과 온유하심 가운데에도 그와 같은 엄중한 경고의 말씀을 하지 않을 수 없었습니다.

이 세대는 이와 같은 엄중한 경고를 좋아하지 않습니다. 왜냐하면 복음과 관련한 이 세대의 개념은 그 안에 단조(短調) 음을 가지고 있지 않은 장조(長調) 일변도의 것이기 때문입니다. 그것은 심판에 대한 경고 없이 오로지 구원만을 선포합니다. 이것은 얼마나 이상한 복음입니까! 그러나 예수 그리스도는 결코 자기 안에 있는 열매를 맺는 축복과 생명의 즐거움에 대해 말할 수 없었습니다. 그것의 반대 쪽 측면 즉 그로부터 분리되는 것이 얼마나 두려운 것인가 하는 것에 대해 말함이 없다면 말입니다.

포도나무로부터 분리된 가지는 필연적으로 마릅니다. 이와 같이 분리는 곧 마름을 의미합니다. 여러분은 아이들이 숲에서 꺾어 온 산사나무 가지를 가지고 노는 것을 본 적이 있습니까? 불과 하루만 지나도 거기에 달려 있던 잎과 꽃들은 시들어 쪼그라듭니다. 그러면 그 가지에 대해 행해질 수 있는 유일한 일은 그것을 불에 던져 사르는 것뿐입니다. 이와 관련하여 예수 그리스도는 이렇게 말씀하십니다. "이와 같이 사람이 나를 붙잡고 있는 동안 그리고 생명의 진액이 나로부터 그에게로 흘러들어가는 동안에는 그는 번성할 것이다. 그러나 나로부터 단절될 때, 그토록 아름답던 모든 것은 시들고 쪼그라들기 시작할 것이다. 푸르던 것은 곧 누렇게 될 것이며, 꽃들은 곧 그 아름다운 자태를 잃을 것이며, 거기에 더 이상 아무 열매도 맺지 않을 것이다." 그리스도로부터 분리될 때, 사람들은 시들어 쪼그라들 것이며 아무 열매도 맺지 못할 것입니다. 만일 여러분이 예수 그리스도로부터 분리된 채 그로부터 흘러나오는 생명의 진액을 받지 못한다면, 여러분은 결코 열매를 맺지 못할 것입니다.

개인들이 그런 것처럼 공동체 역시도 마찬가지입니다. 예수 그리스도와 분리된 교회는 모든 고상한 삶과 모든 존귀한 행동과 모든 그리스도를 닮은 행실에 대하여 죽습니다.

여기에서 잠깐 마르는 것에 대해 생각해 보십시오. 그것은 무엇을 의미합니까? 그것이 의미하는 것은 결국 멸망입니다. 본문은 문자적 포도나무로부터 베임을 당한 가지들에게 일어나는 일을 묘사합니다. "가지처럼 밖에 버려져 마르나니 사람들이 그것을 모아다가 불에 던져 사르느니라." 동시에 그것은 "가지처럼"이라는 표현에 암시되는 것처럼 그리스도로부터 분리된 개인들에게 일어나는 일을 표현합니다. 본문의 언어를 잘 살펴보십시오. "사람들이 그것을 모아다가 불에 던져 사르느니라." 여기의 "사람들"은 누구를 말하는 것입니까? 마른 가지들을 신비로운 불에 던지는 비극적 임무를 맡은 자들은 누구입니까? 모든 것은 충분한 설명 없이 모호한 상태로 남겨집니다. 여기에서 확실하게 제시되는 것은 단지 예수 그리스도로부터 분리됨으로 말미암아 마른 인성(人性)은 결국 불을 요구한다는 것이 전부입니다. 이것이 우리의 운명이 되지 않도록 두려운 마음으로 스스로를 되돌아보아야만 합니다.

사랑하는 형제들이여, 성경의 준엄한 경고를 대수롭지 않게 여기는 오늘날의 풍조를 조심하십시오. 가지의 운명은 둘 중 하나입니다. 포도나무에 붙어있든지 아니면 불에 던져집니다. 만일 우리가 불에 던져지는 것을 피하고자 한다면, 우리는 포도나무 안에 붙어 있어야만 합니다.

3. 그리스도 안에 거하는 것으로부터 오는 바라는 것의 만족.

우리의 바람(desires)이 만족되는 조건은 그리스도 안에 거하는 것입니다. "너희가 내 안에 거하고 내 말이 너희 안에 거하면 무엇이든지 원하는 대로 구하라 그리하면 이루리라"(7절). 여기에서 우리 주님이 자신의 어법(語法)을 다양하게 하는 것을 주목하십시오. 그는 "내가 너희 안에 거하면"이라고 말하는 대신 "내 말이 너희 안에 거하면"이라고 말합니다. 그는 지금 기도에 대해 말하고 있습니다. 그렇기 때문에 이러한 변이(變異)는 지극히 자연스럽습니다. 사실상 그가 우리 안에 거하는 것이나 그의 말이 우리 안에 거하는 것이나 대체로 같은 이야기입니다. 좀 더 정확하게 말하면, 그의 말이 우리 안에 거하는 것은 그가 우리 안에 거하는 수단 혹은 방편입니다.

그러면 그리스도의 말씀이 우리 안에 거하는 것은 무엇을 의미합니까? 그것은 단순히 그의 말씀을 지적(知的)으로 받아들이는 것 훨씬 이상을 의미합니다. 그것은 단순히 아침에 출근하기 전에 복음서의 어떤 구절을 읽고 하루 종일 그것을 잊어버리는 것과는 전혀 다른 것입니다. 그것은 주일에 어떤 설교자로부터 그가 성경에서 발견한 어떤 진리를 듣고 그것으로부터 약간의 양식을 취하는 것과는 전혀 다른 것입니다. 그것은 이를테면 인간 존재의 본성 전체가 그리스도의 말씀으로 완전히 적셔지는 것을 의미합니다. 그의 바람, 그의 감정, 그의 지성, 그의 의지 — 한 마디로 그의 존재 전체가 주님이 말씀하신 위대한 진리들에 완전하게 적셔지는 것을 의미합니다. 빨간 색 염료(染料)를 한 움큼 취하여 그것을 샘의 근원에 뿌려 보십시오. 그러면 여러분은 곧 샘물 전체가 빨갛게 물드는 것을 보게 될 것입니다. 그리스도의 말씀으로 하여금 깊은 묵상과 계속적 되새김에 의해 여러분의 가장 깊은 내적 자아 안에 자리 잡게 하십시오. 그러면 여러분의 모든 삶은 영화로워질 것이며 또한 그의 말씀의 아름다움과 풍성함으로 반짝이게 될 것입니다.

여기에서 우리 주님은, 자신의 말이 우리 안에 거할 때 다시 말해서 우리의 내적 본성 전체가 주의 말씀의 계속적 작용에 의해 영향을 받을 때,

우리의 바라는 모든 것이 이루어질 것이라고 말씀합니다. 그러므로 이러한 위대한 약속의 의미를 왜곡하거나 세속화시키지 마십시오. 그의 말씀을 기억할 때 원하는 것은 무엇이든 얻을 수 있다는 식으로 말입니다. 여기의 위대한 약속은 그것보다 훨씬 더 숭고한 것을 의미합니다. 그것이 의미하는 것은 이것입니다. 즉 만일 그리스도의 말씀이 여러분이 바라는 것의 하부구조가 된다면 여러분이 바라는 것들은 그의 뜻과 온전하게 조화될 것이며, 그럴 때 여러분이 바라는 모든 것이 그대로 이루어질 것이라는 것입니다.

예수 그리스도는 우리를 너무나 사랑하기 때문에 우리 자신의 어리석고 이기적 의지(意志)에다가 그의 곳간 열쇠를 함부로 주지 않습니다. 우리가 의지(意志)하는 것을 얻는 조건은 우리의 의지를 그의 바라는 바에 일치시키는 것입니다. 만일 우리의 기도가 우리의 의지를 그의 의지에 순복시키는 것이 아니라 단순히 그의 의지와 상관없이 우리의 의지를 강요하는 것이라면, 기도는 응답되지 않을 것입니다. 요컨대 우리의 바람은, 그것이 그의 말씀의 기초 위에서 빚어질 때, 이루어질 것입니다.

4. 열매의 위대한 결과.

"너희가 열매를 많이 맺으면 내 아버지께서 영광을 받으실 것이요 너희는 내 제자가 되리라"(8절). 예수 그리스도의 생애는 전적으로 하나님을 영화롭게 하기 위한 것이었습니다. 그리고 우리의 생애 역시도 궁극적으로 이와 동일한 목적을 갖습니다.

사랑하는 형제들이여, 바로 여기에 우리 모두를 시험하는 것이 있습니다. 사람들이 우리를 바라보며 하나님을 더 존귀하게 생각하게 되며, 더 많이 사랑하게 되며, 더 많이 열망하게 됩니까? 우리를 바라보는 사람들로 하여금 "기독교에는 정말로 사람을 저렇게 만드는 무엇인가가 있음에 틀림없어"라고 말하게 만드는 사람이 과연 우리 가운데 얼마나 될까요? 우리를 바라보는 사람들로 하여금 "저런 사람을 그렇게 변화시킬 수 있는 하나님은 분명 무한한 은혜와 사랑의 하나님임에 틀림없어"라고 말하게 만드는 사람이 과연 우리 가운데 얼마나 될까요? 그럼에도 불구하고 우리 모두는 그와 같아야 합니다. 우리 모두는 신적 광채가 반사되는 거울과 같아야 합니다. 의의 태양으로부터 직접 비추는 광채를 감당할 수 없는 사람들로 하여금 우리를 통해 반사되는 빛을 바라보고 하나님의 사랑을 배울 수 있도록 말입니다. 하나님이 우리 안에서 그렇게 비칩니까? 다른 사람들이 우리를 통해 반사되는 빛을 바라보며 하나님의 이름을 찬미하게 되는 방식으로 말입니다. 만일 우리가 그리스도 안에 거한다면, 그럴 것입니다.

물론 우리는 모세와 마찬가지로 그것을 의식하지 못할 것입니다. "모세는 자기가 여호와와 말하였음으로 말미암아 얼굴 피부에 광채가 나나 깨닫지 못하였더라"(출 34:29). 그러나 그것을 의식하지 못한다 하더라도, 우리는 세상 가운데 행하는 가운데 그 빛을 반사하며 다른 사람들에게 하나님을 알릴 수 있습니다.

이와 같이 만일 우리가 그리스도 안에 거하며 열매를 맺는다면, 우리는 "그의 제자가 될" 것입니다. 우리는 이 땅에서 제자로서의 마지막 종착지에는 도달하지 못합니다. 우리는 단지 그의 참된 종과 제자가 되어 가는 과정 중에 있을 뿐입니다.

만일 우리가 그와의 연합 안에서 열매를 맺는다면, 그 열매 자체가 우리로 하여금 그에게 더 가까이 다가가도록 도울 것입니다. 그러므로 더 많은 열매를 맺을수록 우리는 더 나은 제자가 될 것입니다. 행실을 산출하는 것은 성품입니다. 그러나 행실은 성품 위에 기초하면서, 그것으로부터 비롯된 추진력(충동)을 강화(强化)시킵니다. 이와 같이 그리스도인으로서의 우리의 행동은 그리스도인으로서의 우리의 내적 생명에 영향을 끼칠 것입니다. 우리의 외적 행동이 예수 그리스도의 모범에 더 일치할수록, 우리는 내적 마음 가운데 그를 더 많이 사랑하게 될 것입니다. 요컨대 우리 자신이 맺은 열매를 우리 자신이 먹을 것입니다.

자, 여기를 보십시오! 우리 앞에 양자택일이 있습니다. 그것은 그리스도 안에 거하며 열매를 맺는 것과 그리스도 밖에서 말라 불에 살라지는 것입니다. 포도나무를 가지고 무엇을 할 것입니까? 포도나무는 아무 짝에도 쓸모가 없습니다. 그것의 유일한 용도는 열매를 맺는 것입니다. 만일 포도나무가 열매를 맺지 못한다면, 그것에 대해 행하여질 수 있는 일은 오직 한 가지뿐입니다. 그것은 "사람들이 그것을 모아다가 불에 던져 사르는" 것입니다(6절).

83
사랑 안에 거하라

"[9] 아버지께서 나를 사랑하신 것 같이 나도 너희를 사랑하였으니 나의 사랑 안에 거하라 [10] 내가 아버지의 계명을 지켜 그의 사랑 안에 거하는 것 같이 너희도 내 계명을 지키면 내 사랑 안에 거하리라 [11] 내가 이것을 너희에게 이름은 내 기쁨이 너희 안에 있어 너희 기쁨을 충만하게 하려 함이라"

요 15:9-11

우리는 여기의 마지막 11절을 포도나무와 가지의 위대한 비유의 결론으로 간주할 수 있을 것입니다. 왜냐하면 그것은 앞에서 말씀하신 비유의 목적을 제시하기 때문입니다. 비유 자체는 끝났지만, 그러나 그것의 여운(餘韻)은 여전히 그의 말씀들 가운데 남아 있습니다. 마치 종을 치고 난 후에도 여전히 그 여운이 남아 있는 것처럼 말입니다. 포도나무와 가지의 비유의 주된 사상은 다음의 두 가지입니다 — 그리스도의 생명에 참여하는 것이 모든 선(善)의 근원이라는 것과 그 안에 거하는 것이 그의 생명에 참여하는 수단이라는 것. 이와 동일한 사상이 오늘 우리가 살필 말씀 가운데에도 그대로 나타납니다. 비록 그 형식은 다르고 또 더 이상 비유의 요소를 가지고 있지 않다고 하더라도 말입니다. 비유에서는 그리스도 안에 거하는 것에 대해 말했습니다. 한편 오늘 본문은 그리스도 안에 거하는 것이 무엇인지를 명확히 설명하고, 그리고 그것을 "그의 사랑 안에 거하는" 것으로 대체함으로써 한층 더 따뜻하고 은혜로운 표현으로 만듭니다(9절).

비유에서는 "열매"로서의 행동을 우리의 노력과는 무관한 그리스도와의 교제의 결과로 말했습니다. 한편 본문은 열매와 관련하여 "계명을 지키는" 것에 대해 말함으로써 인간적 측면을 좀 더 강조합니다(10절). 비유에서는 그리스도 안에 거하는 것이 열매를 맺는 조건이라고 했습니다. 반면 본문은 정반대로 열매를 맺는 것 혹은 그의 계명을 지키는 것이 그리스도 안에 거하는 조건이라고 말합니다. 이와 같이 우리 주님은 자신의 생각을 이를테면 우리 앞에서 반대쪽으로 뒤집습니다. 그것은 우리로 하여금 양쪽 면을 모두 보게 하려는 것입니다. 그리고 마침내 그는 자신이 이 모든 것을 행하는 데에는 오직 한 가지 목적이 있다고 말합니다. 그것은 우리의 마음이 영원하며 완전한 기쁨으로 가득 채워지는 것인데, 그 자체가 그의 사랑의 증표입니다(11절).

본문의 세 구절 속에는 각각 핵심적 단어들이 포함되어 있습니다. 그것은 사랑과 순종과 기쁨입니다. 이제 그러한 것들을 차례대로 살펴보도록 합시다.

1. 사랑은 그리스도 안에 거하는 자들의 감미로운 의무입니다.

"아버지께서 나를 사랑하신 것 같이 나도 너희를 사랑하였으니 나의 사랑 안에 거하라"(9절). 이러한 신비롭고 심오한 말씀에 대해 우리가 무슨 말을 할 것입니까? 그것은 우리를 신성(神性)의 깊음 속으로 데려감과 동시에 우리 앞에 "아버지와 아들 사이의 관계"와 "아들과 그의 제자들 사이의 관계"가 서로 연결되어 있음을 시사합니다. 예수 그리스도는 여기에서 자신이 독특하며 유일무이한 방식으로 아버지의 사랑의 대상임을 주장하면서 동시에 자신도 아버지처럼 사랑할 수 있음을 주장합니다. "아버지께서 나를 사랑하신 것 같이 나도 너희를 사랑하였으니." 그리스도는 자신이 우리를 오직 신적 속성에만 속할 수 있는 깊음과 순전함과 충분함과 영원함과 완전함으로 사랑하셨음을 선언합니다.

나는 그의 본성의 유일함과 장엄함이 여기의 짤막한 구절에서보다 더 분명하게 나타나는 곳을 알지 못합니다. 하나님이 사랑하신 자로서 그리고 하나님처럼 사랑하는 자로서 그는 어느 누구도 취할 수 없는 지위를 스스로 취하면서 자신이 우리를 사랑한 사랑이 실제적으로 하나님의 사랑이라고 선언합니다.

이러한 신비로우며 경외로우며 부드러우며 완전한 사랑 안에서, 그는 우리에게 자신의 사랑 안에 거하라고 교훈합니다. 이러한 강렬한 사랑을 어떻게 다른 표현으로 바꿀 수 있겠습니까? 그 안에 거하라는 말씀은 얼마나 포근하며 복된 말씀입니까! 그러나 그의 사랑 안에 거하라는 말씀은 무한히 더 포근한 말씀이며, 우리를 그 자신에게로 훨씬 더 가까이 데려갑니다. 이것이 의미하는 바는 분명 우리가 그에 대해 계속적으로 사랑의 태도를 갖는 것이라기보다 도리어 우리에 대한 그의 사랑의 달콤하며 거룩한 분위기 안에 우리가 계속적으로 거하라는 것입니다. 왜냐하면 앞의 두 개념 사이의 연결이 — 즉 아버지가 아들을 사랑한 것과 아들이 그의 제자들을 사랑한 것 사이의 연결이 — 필연적으로 우리가 거해야만 하는 사랑이 그에 대한 우리의 사랑이 아니라 우리에 대한 그의 사랑과 동일한 사랑이어야 함을 요구하기 때문입니다. 그러나 다른 한편 그리스도의 사랑 안에 거하는 것 속에는 또한 필연적으로 그에 대한 우리의 계속적 사랑이 포함될 것입니다. 그러므로 둘은 함께 갑니다. 다시 말해서 나에 대한 그리스도의 사랑을 의식하며 그 안에 거하는 것과 그것의 결과인 그에 대한 나의 사랑을 계속적으로 실행하며 그 안에 거하는 것은 서로 나누어질 수 없는 것입니다.

나아가 이와 같이 그리스도의 사랑 안에 계속적으로 거하는 것은 나의 능력 안에 있는 일이라는 사실을 주목하십시오. 왜냐하면 주님이 그렇게 명령하셨기 때문입니다. 물론 본문이 일차적으로 이야기하는 것은 우리에 대한 그의 사랑입니다. 그럼에도 불구하고 우리는 그러한 신적 사랑의 물줄기를 우리 마음으로 돌리고, 그렇게 하여 우리에 대한 그리스도의 사랑 안에 계속적으로 거하는 것을 우리의 의무가 되도록 만들 수 있습니다.

이것은 우리를 위한 얼마나 고요하며 복된 집입니까! 그리스도 안에, 그의 기쁨 안에, 그의 말씀 안에, 그의 평안 안에 거하는 것과 관련한 이 모든 감미로운 말씀의 기저(基底)에 있는 이미지는 우리가 편안하게 쉴 수 있는 안전한 집의 이미지입니다. 만일 우리가 이와 같은 강력한 사랑의 보호 안에 싸여 있다면 그리고 그것이 우리가 계속적으로 쉴 수 있는 안전한 요새임을 항상 느낀다면, 어떤 슬픔과 근심과 고난과 유혹도 결코 우리를 넘어뜨릴 수 없을 것입니다. 자신의 거처를 이곳에 둔 자들 그리고 그와 같은 견고한 요새 안에 거하는 자들은 어떤 원수도 두려워할 필요가 없습니다. "나의 사랑 안에 거하라." 이러한 반석 안에 거하는 자들은 다른 방어물을 필요로 하지 않습니다. 이와 같이 그리스도 안에 거하는 자들은 어떤 일이 생기더라도 안전합니다. "아버지께서 나를 사랑하신 것 같이 나도 너희를 사랑하였으니 나의 사랑 안에 거하라."

2. 우리는 순종으로 말미암아 계속적으로 그리스도의 사랑 안에 거합니다.

그가 앞에서 다룬 연결 관계는 계속 이어집니다. "내가 아버지의 계명을 지켜 그의 사랑 안에 거하는 것 같이 너희도 내 계명을 지키면 내 사랑 안에 거하리라"(10절). 여기에서 그리스도가 아버지의 뜻에 절대적으로 순종함으로써 그 결과로 아버지의 사랑과 완전하며 단절됨이 없는 교제를 나누고 있음을 주장하는 것을 주목하십시오. 여기에서 우리는 아무런 죄도 의식하지 못하는 그의 본성과 자신과 아버지 사이의 단 한 순간의 분리의 편린도 알지 못하는 그의 인성(人性)을 보게 됩니다. 이러한 고요한 말씀보다 더 어마어마한 말씀을 우리가 어디에서 발견할 수 있겠습니까! 여기에서 그리스도는 아버지의 의지(意志)와 자신이 바라고 행하는 것 사이에 어떤 불일치의 편린도 없음을 확증합니다. 다시 말해서 양자(兩者)는 온전한 조화와 사랑으로 서로 나누어질 수 없도록 완전하게 연합되어 있는 것입니다.

계속해서 그리스도께서 어떻게 여기에서 자신의 완전한 순종과 교제를 의식함과 동시에 우리의 순종을 가로채 그것을 자신에게로 돌리는지 주목하십시오. 그는 "내가 하나님께 순종한 것처럼 너희도 하나님께 순종하라. 그러면 그가 너희를 사랑할 것이라"라고 말하지 않습니다. 도리어 그는

"내가 하나님께 순종한 것처럼 너희도 나에게 순종하라. 그러면 내가 너희를 사랑할 것이라"라고 말합니다. 이와 같이 자녀의 마음과 아버지의 마음 사이에 끼어드는 이 사람은 누구입니까? 그는 둘 사이를 연결하는 자입니까? 아니면 우리를 아버지에게로 혹은 그 자신의 순종에 동참하도록 이끄는 자입니까?

계속해서 그리스도는 그의 계명을 지킴으로써 우리가 그 감미로운 집과 그의 사랑의 안전한 요새 안에 계속해서 거할 것이라고 확증합니다. 두말할 것도 없이 계명을 지키는 것은 단순한 외적 행동의 일치 이상의 무엇입니다. 그것은 내적 의지의 조화이며, 본성 전체를 순복시키는 것입니다. 실제로 그것은 그가 앞에서 이야기한 "열매"와 동일한 것입니다. 그것을 많이 맺으면 아버지께서 영광을 받으실 것이라고 말한 바로 그 열매 말입니다(8절). 이러한 순종은 마음의 순종이면서 동시에 손의 순종입니다. 그것은 사랑하기 때문에 행하는 순종이며, 자신의 의지를 하늘의 거룩한 의지에 기쁘게 순복시키는 것입니다. 이러한 순종은 우리가 그리스도의 사랑 안에 계속 거하는 조건입니다.

우리가 그의 계명을 더 잘 지킬수록, 그는 우리를 더 많이 사랑할 것입니다. 왜냐하면 우리가 그와 더 많이 같아질수록, 우리에 대한 사랑이 만족됨으로 말미암아 느껴지는 그의 전율은 더 강할 것이기 때문입니다. 우리가 원수였을 때 우리를 바라보며 눈물을 흘렸던 사랑은 우리가 친구가 될 때 노래를 부르며 즐거워할 것입니다. 길을 잃은 채 방황하는 양들을 찾으러 나갔던 사랑은 그러한 양들이 선한 목자의 뒤를 따를 때 더 크게 기뻐하며 즐거워할 것입니다. "너희도 내 계명을 지키면 내 사랑 안에 거하리라."

사랑으로 인해 순종을 드릴 때, 우리는 예수 그리스도의 사랑을 더 많이 받고 더 많이 소유하며 더 많이 의식할 수 있게 될 것입니다. 태양 앞에 있는 손바닥만한 작은 구름이 태양의 강렬한 빛을 가립니다. 이와 같이 때로 하늘을 지나가는 손바닥만한 작은 자기 의지의 행동이 우리로 하여금 그 사랑의 뜨거운 열기를 느끼지 못하도록 가로막을 것입니다. 예수 그리스도에 대한 우리의 작은 반역의 행위조차도 우리로 하여금 그의 풍성한 은총을 향유하지 못하도록 가로막을 것입니다. 만일 우리가 희망 없는 위선자나 스스로 속은 자가 아니라면 말입니다. 나에 대한 그리스도의 사랑의 뜨거움을 알고 또 느끼는 조건은 나의 본성을 그의 계명에 정직하게 순복시키는 것입니다. 만일 여러분이 예수 그리스도의 뜻을 행하지 않는다면, 여러분은 그 안에서 즐거워할 수 없습니다. 여러분은 자신의 신앙생활 가운데 아무런 위로와 축복도 누리지 못할 것입니다. 만일 여러분의 영적 생명이 일상생활 속에서 스스로 작동하지 않는다면 말입니다. 바로 이것이 소위 그리스도인이라 일컬어지는 사람들 가운데 너무나 많은 사람들이 그리스도의 기쁨에 대해 아무것도 알지 못하는 혹은 아주 조금밖에 알지 못하는 이유입니다. 그것은 그들이 매순간 자신들의 의지를 그의 계명에 순복시키지 않기 때문입니다. 그가 원하는 것을 행하십시오. 그리고 그가 원하기 때문에 행하십시오. 만일 여러분이 그렇게 하고자 한다면, 여러분의 마음은 그의 사랑으로 가득 채워질 것입니다.

일상의 삶 속에서의 우리의 모든 감정들이 그것이 표현되는 사실로 말미암아 강화(强化)되는 것과 마찬가지로, 우리는 순종으로 말미암아 그의 사랑 안에 계속해서 거할 것입니다. 작동하는 사랑은 자라는 사랑입니다. 열매를 맺는 나무는 건강하게 성장하는 나무입니다. 여기에서 가장 심오한 기독교 교훈들이 마침내 실천적 의무와 연결되는 것을 주목하십시오. 우리는 요한복음의 신비함에 대해 또 여기에 나타난 예수 그리스도의 마지막 말씀들의 깊음에 대해 말합니다. 그렇습니다. 그것은 너무도 신비하며, 그 깊이를 잴 수 없을 정도로 깊습니다. 그러나 그것은 반드시 가장 실천적 의무와 연결되어야만 합니다. "아무도 너희를 미혹하지 못하게 하라 의를 행하는 자는 그의 의로우심과 같이 의롭고"(요일 3:7). 예수 그리스도와의 연합이라든지 그 안에 거하는 것이라든지 그의 사랑을 소유하는 것 등과 같은 신비적 측면의 기독교적 경험들을 생각해 보십시오. 그러나 만일 그것들이 실천적 측면으로 연결되지 않는다면, 실제로 그것들은 아무 소용없습니다. 그리스도께서 명령하신 것을 항상 그리고 습관적으로 그리고 즐겁게 행할 때, 우리는 신비의 높은 영역에서 스스로를 잃어버리는 위험에 빠지지 않을 것입니다. 우리는 그리스도의 사역의 최종적 결과가 우리의 성품과 행동에 영향을 끼치는 것이라는 사실을 잊어서는 안 됩니다. "내가 아버지의 계명을 지켜 그의 사랑 안에 거하는 것 같이 너희도 내 계명을 지키면 내 사랑 안에 거하리라."

3. 이와 같은 실천적 순종의 결과는 기쁨입니다.

"내가 이것을 너희에게 이름은 내 기쁨이 너희 안에 있어 너희 기쁨을 충만하게 하려 함이라"(11절). "내 기쁨이 너희 안에 있어" — 지금은 그의 "기쁨"에 대해 말하기에는 매우 어색한 시간이었습니다. 그는 곧 겟세마네 동산으로 갈 것이었으며, 우리는 거기에서 무슨 일이 벌어졌는지 잘 압니다. 예수 그리스도는 "즐거움의 사람"이었습니까? 그는 "슬픔의 사람"(Man of sorrows)이었습니다. 그러나 옛 시편 가운데 한 구절은 이렇게 말합니다. "네가 정의를 사랑하니 … 그러므로 하나님이 즐거움의 기름을 네게 부어 네 동료들보다 뛰어나게 하셨도다"(시 45:7). 이러한 말씀의 기저(基底)에 있는 심오한 진리는 본문에서 그리스도가 말씀하는 것과 본질적으로 동일합니다. 즉 아버지가 자신에게 명령하신 것에 대한 절대적 순복이 모든 슬픔에도 불구하고 그리고 인생들의 모든 죄의 무거운 짐에도 불구하고 그를 가장 즐거운 사람으로 만들었다는 것입니다.

그는 이러한 기쁨을 우리에게 제시합니다. 그것은 완전한 순종으로부터 오는 기쁨이며, 자아(自我)를 감미로운 사랑의 명령 앞에 기꺼이 순복시키는 것으로부터 오는 기쁨입니다. 이러한 기쁨과 비교할 수 있는 기쁨은 결코 없습니다. 그것은 영혼을 가득 채우는 포근하며 찬란한 햇빛과 같은 기쁨이며, 자아의 모든 안개와 죄의 모든 어둠으로부터 벗어난 기쁨입니다. 예수 그리스도의 명령에 스스로를 순복시키는 것은 사람이 맛볼 수 있는 최고의 그리고 가장 훌륭한 그리고 가장 거룩한 기쁨의 비밀입니다. 그의 기쁨이 우리 안에 있는 동안 우리의 기쁨은 계속될 것입니다. 그럴 때 우리의 기쁨은 그 충만한 분량까지 이를 것입니다. 그리고 그의 기쁨의 더 충만한 소유에 이르기까지 거룩하여지며, 채워지며, 증진되며, 자랄 것입니다. 그리고 그의 순전하며 영원한 환희의 더 깊은 고요함에까지 이를 것입니다. 그리고 그러한 기쁨은 "자기 주인의 즐거움에 참여하는" 자들을 마침내 영원한 하늘의 행복으로 데려갈 것입니다(마 25:21).

사랑하는 형제들이여, 참된 기쁨은 오직 이것 하나뿐입니다. 그것은 오직 자신을 예수 그리스도께 온전히 드릴 때 우리에게 옵니다. 그리고 그것은 그로 하여금 그의 뜻대로 우리에게 행하도록 할 때 우리에게 옵니다. 이와 같은 중심적이며 영원한 기쁨은 — 설령 여기에 피상적 슬픔과 근심이 뒤엉켜있다 하더라도 — 그 알맹이는 슬픔과 근심인 세상의 피상적 기쁨과 얼마나 다릅니까! 우리 모두는 이와 같은 두 가지 상태 가운데 어느 하나 속에서 살고 있습니다. 우리는 "근심하는 자 같으나 항상 기뻐하는" 사람들 가운데 한 사람일 수도 있고(고후 6:10), "웃을 때에도 마음에 슬픔이 있고 즐거움의 끝에도 근심이 있는" 사람들 가운데 한 사람일 수도 있습니다(잠 14:13). 둘 가운데 하나를 선택하십시오. 부디 올바른 것을 선택하십시오. 일시적이며 피상적 세상의 기쁨 대신 예수 그리스도 안에서 발견되는 영원한 기쁨을 선택하십시오.

84
가지들의 하나됨

"[12] 내 계명은 곧 내가 너희를 사랑한 것 같이 너희도 서로 사랑하라 하는 이것이니라 [13] 사람이 친구를 위하여 자기 목숨을 버리면 이보다 더 큰 사랑이 없나니"

요 15:12, 13

앞의 포도나무와 가지의 비유는 우리에게 예수 그리스도와 그의 제자들 사이의 연합을 보여주었습니다. 이제 우리는 제자들 사이의 연합으로 나아가게 되는데, 이것은 주님에 대한 그들의 공동적 연합의 필연적 결과입니다. 가지들은 '하나의 전체'(one whole)의 부분들이기 때문에 필연적으로 서로 연결됩니다. 이와 관련하여 우리는 "떡이 하나요 많은 우리가 한 몸이니 이는 우리가 다 한 떡에 참여함이라"는 바울 사도의 언급을 다음과 같이 바꿀 수 있습니다(고전 10:17). "포도나무가 하나요 많은 가지들이 한 몸이니 이는 가지들이 다 한 포도나무에 참여함이라." 가지들 사이의 이러한 연합을 가장 자연스럽게 표현하는 것이 바로 여기의 "서로 사랑하라"는 그리스도의 말씀입니다. 주님은 여기에서 그러한 명령을 우리에게 계명으로 주시는 가운데 자신의 모범으로 우리 모두에게 그렇게 할 것을 격려하십니다.

본문으로부터 우리는 다음과 같은 네 가지 개념을 끌어낼 수 있습니다. 그것은 기독교적 사랑의 의무와 충족성과 모범과 동기(動機)입니다.

1. 사랑의 의무.

명령과 사랑의 두 개념은 함께 가기가 쉽지 않습니다. 여러분은 명령으로 사랑을 끌어낼 수 없습니다. 그렇게 시도해 보십시오. 그러면 여러분은 세상에서나 교회에서나 흔히 보는 것처럼 일반적으로 감상적이며, 공허하며, 허구적 위선(僞善)만을 끌어낼 것입니다. 그럼에도 불구하고 감정을 계발하며 강화시키기 위해 우리가 할 수 있는 일은 여전히 많이 있습니다. 직접적으로든 간접적으로든 말입니다. 우리는 감정에 호의적일 수도 있고, 비호의적일 수도 있습니다. 우리는 감정을 만들어낼 수도 있고, 억제할 수도 있습니다. 우리는 어떤 감정이 사랑스러운지 혹은 사랑스럽지 않은지 구별할 수 있습니다. 우리는 자신의 자아도취와 이기심에 대항하여 싸울 수도 있고, 그대로 묵묵히 따를 수도 있습니다. 어쨌든 여러 가지 방식으로 다른 그리스도인들을 대한 우리의 감정은 거의 대부분 우리 자신의 통제 아래 있으며, 그렇기 때문에 그것은 마땅히 명령의 대상이 될 수 있습니다.

여기에서 주님은 모든 그리스도인들에게 다른 형제들을 사랑하라는 의무를 부과합니다. 그것은 의무입니다. 왜냐하면 주님이 그렇게 명령하시기 때문입니다. 그는 여기에서 사람의 마음과 감정에 대한 전체적 통치권을 가진 절대적 명령자로서 스스로를 나타냅니다. 또 그것이 의무인 것은 그러한 태도 즉 서로 사랑하는 것이 그리스도인들 사이의 상호관계의 가장 적합한 표현이기 때문입니다. 그들은 모두 포도나무와 공통적으로 연결되어 있습니다. 그러므로 만일 하나의 생명의 진액(津液)이 포도나무 전체의 모든 부분들을 돌고 있다면, 각각의 부분들이 서로 조화를 이루지 못하는 것은 얼마나 이상한 일이 되겠습니까! 여기에 두 사람의 그리스도인이 있다고 상상해 보십시오. 성격이나 문화나 환경에 있어서는 서로 매우 다를 수 있습니다. 그럼에도 불구하고 예수 그리스도 안에서 두 사람을 묶는 띠는 그리스도 밖에서의 다른 모든 종류의 띠들보다 훨씬 더 깊고 실제적입니다. 그리고 마땅히 훨씬 더 친밀해야 합니다. 사랑하는 그리스도인들이여, 여러분에게 그리스도 밖에서 가장 좋아하며 사랑하는 사람보다 그리스도 안에서 가장 멀리 떨어져 있는 사람이 실제는 훨씬 더 가까이 있는 것이라는 사실을 기억하십시오.

나는 이 문제에 대해 단지 감상적으로 말하는 것을 두려워합니다. 왜냐하면 기독교적 의무와 관련하여 모든 그리스도인들 사이에 존재해야만 하는 이와 같은 사랑의 의무보다 더 세속화되고 무디어진 것은 아무것도 없기 때문입니다. 나는 여기에서 여러분에게 한 가지 질문을 던지고 싶습니다. 이 시대의 수많은 교회들과 기독교 공동체 안에 있는 그리스도인들의 상호관계는 여기에서 예수 그리스도께서 말씀하신 것과 동일한 혹은 유사한 상태입니까? 지금 그것은 우리 모두를 묶는 본질적이며 심오한 연합의 합당한 표현입니까?

우리는 같은 그리스도인 형제들에 대한 우리의 감정이 단순히 우리 자신의 성향에 따라 움직일 문제가 아니라는 사실을 깊이 인식할 필요가 있습니다. 우리에게는 주님께서 주신 분명한 명령이 있습니다. 우리에게는 예수 그리스도를 사랑하는 모든 사람을 사랑해야 하는 의무가 있습니다. 그들이 여러분의 신학(神學)과 같지 않은 것에 대해 신경 쓰지 마십시오. 그들이 여러분과 비교할 때 매우 무지하며 편협한 것에 대해 신경 쓰지 마십시오. 세상에서의 여러분의 위치가 그들의 위치와 매우 다른 것에 대해 신경 쓰지 마십시오. 여러분은 부유하고 그들은 가난한 것에 대해 혹은 여러분은 가난하고 그들은 부유한 것에 대해 신경 쓰지 마십시오. 연합에 있어서의 이와 같은 모든 부차적 요소들은 이름 그대로 부차적 위치에 놓으십시오. 다만 한 가지만은 꼭 기억하십시오. 그것은 한 아버지의 자녀들은 모두 형제라는 사실입니다. 부디 사람들로 하여금 "교회에서의 '형제'(brethren)는 세상에서의 '형제'(brothers)보다 훨씬 못한 것을 의미해"라고 말하지 못하게 하십시오. 여러분의 눈을 높이 들고, 여러분의 작은 울타리 너머를 보십시오. 멀리 떨어져 있는 수많은 양들의 울음소리를 듣고, "이 우리에 들지 않은 다른 양들"을 느끼십시오. 그리고 서로 사랑하라는 주님의 엄숙한 명령을 깨달으십시오.

2. 사랑의 충족성.

앞에서 자신의 계명들을 지키는 것에 대해 말씀하신 주님은 이제 그 모든 계명들을 하나로 모읍니다. "내 계명은 곧 너희가 서로 사랑하라 하는 이것이니라"(12절). 형제들에 대한 우리의 모든 의무는 여기의 하나의 포괄적이며 백과사전적 의무로 그리고 "사랑"이라는 하나의 단어로 집약되며 용해됩니다.

마음이 올바를 때, 행동이 올바를 것입니다. 사랑은 마음을 부드럽게 만들며, 우리가 어떠해야 하며 무엇을 행해야 하는지 본능적으로 가르치며, 대립과 반대로부터 쓴 맛을 제거하며, 필요할 때마다 스스로를 다양하게 표현할 것입니다. 만일 마음이 올바르다면, 나머지 모든 것이 올바를 것입니다. 만일 거기에 사랑이 결핍되어 있다면, 아무것도 올바르지 않을 것입니다. 만일 여러분이 어떤 사람에 대해 정직하며 호의적이며 은혜를 베풀고자 하는 마음을 가지고 있지 않다면, 여러분은 그를 도울 수 없습니다. 만일 여러분의 마음속에 어떤 사람에 대한 사랑의 싹이 없다면, 그에게 어떤 선(善)도 행할 수 없습니다. 여러분은 그에게 좋은 것을 말할 수 있지만, 그러나 그로 인해 어떤 감사도 받지 못할 것이며 또 받을 자격도 없을 것입니다. 여러분은 그에게 무엇인가를 가르치고자 애쓸 수 있지만, 그러나 여러분의 말은 그에게 아무런 유익도 주지 못할 것입니다. 그리스도인들을 서로 묶는 한 가지는 이와 같은 공통의 감정 즉 사랑입니다. 그것이 있을 때, 모든 것이 따를 것입니다. 그것이 씨앗이며, 그로부터 모든 것이 자랍니다. 고린도전서 13장의 사랑의 송가를 읽어 보십시오. 거기에서 여러분은 모든 종류의 축복과 달콤함과 기쁨이 그것으로부터 오는 것을 발견할 것입니다. 그것이 있을 때 모든 것은 올바를 것이며, 그것이 없을 때 모든 것은 그릇될 것입니다. 그것이 그 모든 것을 나누는 중심적 힘입니다.

예수 그리스도께서 적은 무리의 제자들을 세상에 남겨 놓으면서 그들의 상호관계와 관련하여 "서로 사랑하라"는 가르침 외에는 어떤 다른 가르침도 주지 않은 사실은 참으로 놀랍지 않습니까! 그는 그들에게 조직이나 제도나 사역의 규칙이나 성례나 교회의 체제 등에 관해 가르치지 않았습니다. 그는 이 모든 것이 나타날 것을 아셨습니다. 그의 유일한 계명은 "서로 사랑하라"였으며, 그것이 그들을 지혜롭게 만들 것이었습니다. 서로 사랑하십시오. 그러면 여러분은 스스로를 올바른 형상으로 빚을 것입니다. 그들에게 교회와 관련한 가르침은 필요치 않았습니다. 그들에게 교회 조직이나 교회 직원에 대한 가르침은 필요치 않았습니다. 이러한 것들은 합당한 때 합당한 방식으로 그들에게 올 것이었습니다. "유일하게 필요한" 것은 그들이 그의 생명에 참여한 자들로서 서로 온전하게 연합하는 것이었으며, 그것은 사랑으로 충분하며 충족할 것입니다.

3. 사랑의 모범.

"내가 너희를 사랑한 것 같이 … 사람이 친구를 위하여 자기 목숨을 버리면 이보다 더 큰 사랑이 없나니." 여기에서 그리스도는 스스로를 '인간의 모든 행동과 성품적 이상(理想)의 체현(體現)'으로 제시합니다. 여기에서 나는 잠시 멈추고 온 세상에 대하여 다음과 같이 온화하게 말한 자의 생소함에 대해 곰곰이 생각해보지 않을 수 없습니다. "내가 바로 사랑이 마땅히 어떠해야 하는지에 대한 모든 것의 체현이니라. 너희는 나를 넘어설 수 없을 뿐만 아니라 내가 너희에게 대하여 가진 사랑보다 더 순수하고 더 깊고 더 자기희생적이며 더 완전한 사랑을 가질 수 없느니라."

어쨌든 그가 우리에게 제시하는 모범은 사람들의 일반적 상상을 훨씬 뛰어넘습니다. 여러분은 앞에서 우리 주님이 "아버지께서 나를 사랑하신 것 같이 나도 너희를 사랑하였으니"라고 말씀하신 것을 기억할 것입니다(9절). 지금 그는 "내가 너희를 사랑한 것 같이 너희도 서로 사랑하라"라고 말씀하십니다(12절). 우리는 여기에서 아버지와 아들과 제자 셋이 나란히 서는 것을 봅니다, 아들이 가운데서 아버지의 사랑을 받고 그것을 제자에게 전달합니다. 그러면 제자는 아버지가 아들을 사랑한 것처럼 자신의 동료들을 사랑해야 합니다. 하나님 안에 있는 가장 거룩한 것 그리고 그 안에서 사람들이 하나님처럼 될 수 있는 것은 사랑입니다. 대부분의 속성들에 있어 하나님과 우리는 서로 대응됩니다. 그의 충만(fullness)은 우리의 공허(emptiness)와 대응됩니다. 그의 주심은 우리의 받음과 대응됩니다. 그의 신실하심은 우리의 믿음과 대응됩니다, 그의 명령은 우리의 순종과 대응됩니다. 그의 빛은 우리의 눈과 대응됩니다. 그러나 여기의 경우는 단순한 대응이 아니라 유사성입니다. 나의 믿음은 나에 대한 하나님의 선물과 대응합니다. 그러나 나의 사랑은 하나님의 사랑과 같습니다. "그러므로 사랑을 받는 자녀 같이 너희는 하나님을 본받는 자가 되고 그리스도께서 너희를 사랑하신 것 같이 너희도 사랑 가운데서 행하라"(엡 5:1, 2).

그러나 우리 주님은 여기에서 매우 놀랄 만한 방식으로 자신의 사역의 핵심인 우리를 위한 십자가 죽음을 우리가 마땅히 열망하며 본받아야 할 모범으로 제시합니다. 두말할 것도 없이 여기에서 주님은 자신의 죽음의 속죄적 성격과 그로 말미암은 결과인 세상의 구속과 구원에 대해 말하고 있지 않습니다. 그는 여기에서 우리를 위해 자신의 목숨을 내어주는 것의 유일무이한 의미에 대해 말하고 있지 않습니다. 그는 단순히 사랑에 따른 자발적 내어줌의 측면에서 죽음에 대해 말하고 있을 뿐입니다. 바로 이것이 우리의 모든 사랑이 추구하며 열망해야 할 참된 모범과 본보기입니다. 다시 말해서 여기에서 그가 명령하는 사랑의 핵심은 필요하다면 죽음까지도 마다하지 않는 자기희생입니다. 그 마음 안에서 이기심이 정복되지 않은 사람은 결코 이와 같이 사랑할 수 없습니다.

기독교적 생명의 표현은 번드르르한 말이나 그럴듯한 감정 안에서 발견되지 않습니다. 그것은 오직 그리스도의 자기희생적 죽음에 감동된 자의 마음 안에서 빚어진 자기희생 안에서만 발견될 뿐입니다.

형제들이여, 여기에서 "내가 너희를 사랑한 것같이"라는 표현을 주목해 보십시오. 이것은 우리를 떨게 만들기에 충분하지 않습니까! 지금은 갈보리가 채 24시간도 남지 않은 상황이었습니다. 이런 상황에서 그는 우리에게 "이것이 너희의 모범이니라"라고 말씀하십니다. 우리의 사랑의 높이와 그의 사랑의 높이를 비교해 보십시오. 그것은 마치 물 한 방울과 대양(大洋)의 차이와도 같으며 또한 깜빡거리는 희미한 불빛과 태양의 차이와도 같습니다. 나의 사랑이 나의 이기심을 정복하는 분량은 기껏해야 약간의 불편을 감수하며, 약간의 즐거움을 희생하며, 약간의 돈을 주며, 약간의 동정심을 베푸는 정도입니다. 반면 그리스도의 사랑은 그를 십자가에 못 박고, 그로 하여금 보좌로부터 내려오게 만들고, 그 뒤에서 잠시 동안 영광의 문이 닫히게 만들었습니다. "이것이 너희의 모범이니라." 우리가 순종한 것이 얼마나 초라한지 생각할 때, 우리는 이러한 명령 앞에 부끄러움으로 머리를 숙이지 않을 수 없습니다.

13절을 다시 한 번 읽어 보십시오. "사람이 친구들을 위하여 자기 목숨을 버리면 이보다 더 큰 사랑이 없나니." 여기에서 그가 그들을 "친구들"이라고 부르는 것을 주목하십시오. 그가 그들을 그와 같이 부르는 것은 그들의 관점으로부터가 아니라 그의 관점으로부터입니다. 다시 말해서 "친구들"이라는 표현으로서, 그는 그를 사랑하는 자들이 아니라 그가 사랑하는 자들을 의미합니다. 그가 위하여 죽은 "친구들"은 바울 사도가 "그가 원수들을 위하여 죽었다"고 말할 때의 바로 그 "원수들"과 정확하게 동일한 사람들입니다(롬 5:10).

어떤 기사(騎士)가 황량한 숲의 한 나무를 둘둘 감은 채 독을 뿜어내고 있는 무시무시한 용을 발견한 옛 이야기가 있습니다. 기사는 혐오스러움과 불결함에도 불구하고 손을 내밀어 용에게 입을 맞추었습니다. 그는 역겨움에도 불구하고 세 번 그렇게 했습니다. 세 번째 입을 맞추었을 때 용은 아름다운 여인으로 변했으며, 기사는 그녀를 자신의 신부로 삼았습니다. 이와 같이 예수 그리스도는 원수들에게 자신의 입을 맞춥니다. 그는 그들을 사랑함으로써 친구로 만듭니다. 옛 교부들 가운데 한 사람은 "만일 그가 그의 원수들을 위해 죽지 않았다면, 그는 결코 자신의 친구들을 소유하지 못했을 것이다"라고 말했습니다. 이러한 사실은 우리에게 자기희생적 사랑이야말로 마침내 모든 것을 이긴다는 사실을 가르쳐줍니다.

그리스도의 죽음은 우리의 마음의 소망일 뿐만 아니라 또한 우리의 삶을 위한 모범입니다.

4. 사랑의 동기(動機).

우리는 여기에서 사랑의 동기가 비록 직접적인 언급으로는 아니라 하더라도 함축적으로 나타나는 것을 보게 됩니다. 특별히 그것은 "내가 너희를 사랑한 것 같이"라는 말씀 가운데 포함되어 있습니다. 그리스도의 사랑의 계명은 새 계명입니다. 그것이 새 계명인 것은 그것이 새로운 의무를 계시하기 때문이라기보다 그것을 성취하기 위한 능력을 전달하는 것이기 때문입니다. 기독교적 도덕의 새로움이 바로 여기에 있습니다. 즉 그 안에 스스로 성취하는 힘이 있다는 사실입니다. 우리는 우리의 의무가 무엇인지 알기 위해 한 곳을 바라보고 또 그것을 행할 수 있는 힘을 위해 다른 곳을 바라볼 필요가 없습니다. 양자(兩者)는 우리에게 한 곳에서 주어집니다. 그것은 그리스도의 죽음과 그의 불멸의 사랑입니다.

우리에게 주어진 사랑이 우리의 이기심을 정복할 것이며, 오직 그것만이 그렇게 할 것입니다. 우리에게 주어진 사랑이 우리를 그 자신의 형상으로 빚을 것이며, 오직 그것만이 그렇게 할 것입니다. 우리에게 주어진 사랑이 그 사랑 안에 참여한 모든 사람들을 하나의 공통적 연합으로 연결할 것이며, 오직 그것만이 그렇게 할 것입니다.

그러므로 형제들이여, 만일 우리의 이기적 마음을 정복하고자 한다면, 우리는 오직 예수 그리스도를 가까이 함으로서만 그렇게 할 수 있습니다. 하나의 둥근 원(圓)을 생각해 보십시오. 원둘레에 있는 점들이 중심에 가까워질수록, 그것들은 필연적으로 서로 더 가까워질 것입니다. 우리 각자가 우리의 위대한 중심에 가까이 다가갈수록, 우리는 동일한 중심을 가진 그리고 그것으로부터 동일한 생명을 끌어내는 모든 사람들과 더 가까워질 것입니다. 씨를 뿌린 지 얼마 되지 않은 이른 봄을 생각해 보십시오. 땅을 뚫고 작은 새싹들이 나오기 시작합니다. 새싹들은 서로 일정한 거리로 떨어져 분리되어 있으며, 고랑들로 서로 분리되어 있습니다. 그러나 다 자란 이삭들이 가을 들녘에서 춤출 때, 식물들 사이의 분리와 고랑들 사이의 분리는 사라집니다. 거기에는 오직 곡식으로 가득한 하나의 밭이 있을 뿐입니다. 이와 같이 그리스도의 생명이 아직 미약할 때, 그의 종들은 서로 나누어질 수 있으며 교파와 교회와 종파의 엄격한 고랑에 의해 분리될 수 있습니다. 그러나 그들이 자랄 때, 모든 분리는 사라집니다. 만일 오늘날의 영국 교회에 그리스도를 아는 지식과 그와의 연합이 갑작스럽게 증진된다면, 일어나게 될 첫 번째 현상은 서로 나누었던 장벽들이 허물어지는 것이 될 것입니다. 우리가 그리스도의 생명을 우리 자신에게 적합한 분량만큼 충분히 가지고 있다고 상상해 보십시오. 그 결과가 무엇이겠습니까? 그럴 때 우리는 그 안에서 자랐던 울타리보다 더 크게 자랄 것이며, 주 예수 그리스도를 사랑하는 모든 사람들에게 가까이 다가갈 수 있게 될 것이며, 우리 모두가 그 안에서 하나임을 깊이 느끼게 될 것입니다.

85
그리스도의 친구들

"[14] 너희는 내가 명하는 대로 행하면 곧 나의 친구라 [15] 이제부터는 너희를 종이라
하지 아니하리니 종은 주인이 하는 것을 알지 못함이라 너희를 친구라 하였노니
내가 내 아버지께 들은 것을 다 너희에게 알게 하였음이라 [16] 너희가 나를 택한 것
이 아니요 내가 너희를 택하여 세웠나니 이는 너희로 가서 열매를 맺게 하고 또 너
희 열매가 항상 있게 하여 내 이름으로 아버지께 무엇을 구하든지 다 받게 하려 함
이라 [17] 내가 이것을 너희에게 명함은 너희로 서로 사랑하게 하려 함이라"

요 15:14-17

주님은 바로 앞에서 친구들을 위해 자신의 목숨을 버린다는 놀라운 말씀을 하셨습니다(13절). 그는 계속해서 그러한 주제 가운데 머뭅니다. 마치 그것이 한 번 듣고 끝나기에는 너무나 중요하고 감미로운 주제인 것처럼 말입니다. 그래서 그는 다시금 그러한 주제를 반복합니다. 그는 지금 자신의 말을 듣고 있는 작은 무리가 그의 친구들이라고 확증합니다.

이제 우리는 오늘 설교의 본문으로서 위의 네 절을 살피고자 합니다. 그러나 각 절마다 제각각 한 편의 설교를 위한 본문이 될 수 있을 정도로 그 내용이 충분히 풍부합니다. 그럼에도 불구하고 네 절을 한데 묶어 본문으로 삼은 것은 그것들이 모두 하나의 공통적 주제를 가지고 있기 때문입니다. 그것들은 그리스도의 친구들이 그리스도를 위해 무엇을 행해야 하는지 그리고 그리스도가 그들을 위해 무엇을 행하는지 그리고 그들이 어떠

해야 하는지에 대해 묘사합니다. 그러므로 그것들은 그리스도의 친구가 되는 것의 축복과 의무를 보여주는 가장 아름다운 그림입니다.

1. 그리스도의 친구들이 그리스도를 위해 무엇을 행해야 하는지 주목하십시오.

"너희는 내가 명하는 대로 행하면 곧 나의 친구라"(14절). 앞 절(13절)의 "친구들"은 앞 설교에서 다룬 것처럼 그를 사랑하는 자들이라기보다 그가 사랑하는 자들을 의미합니다. 그들이 그를 사랑하는 것은 먼저 그가 그들을 사랑하기 때문입니다. 이와 같은 두 측면은 결코 나누어질 수 없습니다. 어쨌든 14절은 그리스도의 친구가 되는 것을 인간적 측면으로부터 바라봅니다. 그리스도는 자신의 제자들에게 그들이 자신의 명령대로 행하는 조건 위에서 '그로부터 사랑을 받는 자'일 뿐만 아니라 '그를 사랑하는 자'라고 말합니다.

앞에서 이야기한 것처럼, 그리스도는 계속해서 친구와 관련한 주제 가운데 머뭅니다. 그의 무한한 뛰어남과 자신들의 한계를 의식(意識)하는 것으로부터 떠오르는 제자들의 의심에 대처하고자 하는 것처럼 말입니다. 그는 이렇게 반복합니다. "나의 사랑하는 자들이여, 너희는 내가 명하는 대로 행하면 곧 나의 친구들이요 나의 사랑받는 자들이요 나를 사랑하는 자들이라."

그리스도는 자신의 사랑을 놀랍게도 얼마나 낮춥니까! 그는 자신의 사랑을 우리의 사랑의 수준으로 맞춥니다. 그리스도는 모든 형태의 인간적 사랑 위에 자신의 손을 올려놓고, 자신이 그것을 초월적 수준으로 행하노라고 주장합니다. "누구든지 하늘에 계신 내 아버지의 뜻대로 하는 자가 내 형제요 자매요 어머니이니라"(마 12:50). 그는 사람이 할 수 있는 가장 순수하며 가장 완전한 연합을 거룩하게 합니다. 우리가 "신부 곧 어린 양의 아내"를 생각할 때 그리고 혼인 잔치의 비유에서 그가 자신을 신랑으로 제시한 것을 기억할 때, 그것은 이미 거룩하다 하더라도 더 거룩해질 수 있으며 이미 감미롭다 하더라도 더욱 새로운 달콤함을 받습니다. 지성소를 지나 바깥마당으로 나온 그는 자신의 손을 친구 관계의 약속 위에 올려놓습니다. 왕자가 거지의 친구가 되는 것입니다.

설령 우리가 예수 그리스도를 단순한 인간성의 완성 이상으로 생각하지 않는다 하더라도, 그가 자신에 대해 아주 조금밖에 알지 못하는 한줌의 보잘것없는 어부들을 따뜻한 눈으로 바라보며 "나는 모든 지혜로운 자들과 강한 자들과 높은 자들의 옆을 지나가노라. 그러나 나의 마음은 너희 가련한 자들을 붙잡노라"라고 말하는 것은 너무도 아름답고 놀랍지 않습니까? 그는 스스로를 낮추면서 그들을 자신의 친구로 삼습니다. 이 세상에 너무나 낮아서 그의 친구가 될 수 없는 사람은 아무도 없습니다.

이러한 친구 관계는 오늘날에도 계속됩니다. 기독교의 독특성은 그것이 사람들을 1,900년 전에 죽은 이 사람과 세상 끝 날까지 하나로 묶는 실제적 사랑과 친밀함의 강력한 띠라는 사실입니다. 역사(歷史)의 오랜 퇴적물 더미를 되돌아보십시오. 우리가 경의를 표하는 위대한 이름들이 거기에 있습니다. 거기에 우리에게 고귀한 가르침들을 남겨준 위대한 스승들이 있습니다. 그러나 우리와 그들 사이에 얼마나 거대한 심연(深淵)이 가로놓여 있습니까! 그러나 여기의 한 사람을 보십시오. 그는 오래 전에 죽었습니다. 그럼에도 불구하고 그는 수많은 사람들의 열정적 그리고 세상 끝 날까지 계속될 흠모와 사랑의 대상입니다. 세상 역사 전체를 통틀어 여러분과 나를 구주에게 묶는 그 이상한 띠와 같은 것은 결코 없습니다. 사람들의 경험 속에 "예수를 너희가 보지 못하였으나 사랑하는도다"라는 베드로의 위대한 역설은 그대로 남아 있습니다(벧전 1:8). 우리는 우리의 손을 황폐해진 침묵의 세기들 너머로 펼칩니다. 그리고 과거에 있었던 다른 모든 인물들의 주위를 두껍게 둘러싼 망각의 짙은 안개 속에서 우리는 영원히 살아계시며 영원히 가까이 계시는 우리 친구의 따뜻하며 고동치는 심장을 만집니다. 1,900년 전 겟세마네로 가는 도중에 그의 입술로부터 나온 위대한 말씀은 오늘 여기에 있는 우리 마음 위에 직접적으로 임합니다. 영원한 연합의 띠가 오늘도 사람들을 그리스도와 연결시킵니다. 오래 전 유월절 밤의 제자들에게와 마찬가지로 오늘의 우리에게도 "너희는 나의 친구라"는 말씀은 똑같이 사실입니다.

이러한 친구 관계에는 제한이 없습니다. 우리는 이러한 친구 관계가 변한다든지 혹은 끊어질 것을 두려워할 필요가 없습니다. 우리는 그 위에서 절대적으로 안식할 수 있습니다. 만일 예수 그리스도가 나의 친구라면, 어째서 내가 외로워야 한단 말입니까? 만일 그가 내 곁에서 행하고 계신다면, 어째서 내가 두려워해야 한단 말입니까? 만일 그가 내 위에 어떤 짐을 놓는다면 그리고 나로 하여금 그것을 감당하도록 돕는다면, 어째서 내가 그것을 무겁게 느껴야만 한단 말입니까? 만일 그가 우리의 친구라면, 우리가 삶 가운데 능히 직면하며 감당할 수 없는 일이 도대체 무엇이란 말입니까?

그러나 "내가 명하는 대로 행하면"이라는 조건을 주목하십시오. 여기에서 친구 관계와 명령의 이상한 혼합을 눈여겨보십시오. 절대적 순종과 친밀한 친구 관계는 양립할 수 없는 것이 결코 아닙니다. 그는 친구임에도 불구하고 명령합니다. 그는 명령함에도 불구하고 친구입니다. 여기에서 그가 제시하는 조건은 앞 설교에서 우리의 관심을 끌었던 것과 본질적으로 동일한 것입니다. "너희는 내가 명하는 대로 행하면 곧 나의 친구라"라는 말씀은 "너희가 나를 사랑하면 나의 계명을 지키리라"(14:15)라는 말씀이나 혹은 "너희가 내 계명을 지키면 내 사랑 안에 거하리라"(15:10)라는 말씀과 본질적으로 동일한 말씀입니다. 왜냐하면 바로 이것이 예수 그리스도와 관련된 사랑과 순종의 관계이기 때문입니다. 그와 관련하여 사랑은 순종을 낳으며, 순종은 사랑을 확증합니다. 사랑하는 자는 순종할 것입니다. 그리고 순종하는 자는 사랑이 명하는 바에 따른 행동으로 말미암아 그것(즉 사랑)을 강화시킬 것이며, 자신에게 비취는 빛의 열기를 더 풍성하게 느끼면서 더 충분하게 순종하고자 하는 마음을 가질 것입니다. 우리의 사랑이 완전해지는 것은 그가 나의 친구가 되었다고 단순히 느끼는 것이나 혹은 단순히 그렇게 말하는 것이나 혹은 단순히 그 축복을 이기적으로 인식하는 것이나 혹은 그러한 사실에 부응하고자 단순히 기계적이며 외적으로 행동하는 것 안에서가 아니라 그의 큰 사랑의 열기(熱氣)로 완악하며 강퍅한 의지를 녹이는 것 안에서입니다. 사랑으로 말미암은 그러면서 동시에 그것을 강화시키는 순종은 단순히 외적 계명들에 외적으로 순응하는 것보다 훨씬 깊고 심오한 무엇입니다. 순종은 사랑의 표현이며, 사랑은 순종으로 말미암아 심화(深化)됩니다.

2. 그리스도가 그의 친구들을 위해 무엇을 행하는지 주목하십시오.

"이제부터는 너희를 종이라 하지 아니하리니 종은 주인이 하는 것을 알지 못함이라"(15절). 종은 주인이 하는 일을 볼 수는 있지만 그러나 그것의 목적을 알지는 못합니다. 그 목적을 추론하는 것은 종의 몫이 아닙니다. 주인과 종의 관계 속에서는 한편에서의 명령과 다른 편에서의 무조건적 순종이 있을 뿐입니다. 명령에는 설명이 필요하지 않습니다. 만일 주인이 어떤 종을 신뢰한다면, 그는 실상 종 이상입니다. 그러나 예수 그리스도는 제자들을 "친구"로 불렀습니다. 그는 실제로 여기에서 그와 같은 이름을 붙이기 전에 이미 그들을 그렇게 불렀습니다. 또 그는 자신의 행동 속에서 그들을 그렇게 불렀습니다. 그는 자신이 그들을 그렇게 부른 증거로서 자신의 모든 이전의 관계와 특별히 다락방에서의 마음의 토로(吐露)를 가리킵니다. 또 그는 그가 아버지로부터 들은 모든 것을 그들에게 알게 한 사실 안에서 그들을 그렇게 불렀습니다.

그때 주님은 그들에게 솔직해야만 함을 느끼셨습니다. 그는 그들에게 아무것도 숨기지 않을 것입니다. 그는 자신이 말할 수 있는 모든 것을 자신의 친구들에게 말할 것입니다. 그가 그들에게 말할 때, 아버지의 음성이 아들을 통해 말합니다. 그리스도의 모든 친구들은 모세가 성막 문 앞에 섰을 때보다 — 즉 하나님이 "마치 사람이 자기 친구와 말함 같이" 그에게 말했을 때보다 — 하나님에게 더 가까이 섭니다. 예수 그리스도와 그의 친구들 사이의 교제의 신적 깊이 및 충만함과 비교할 때, 그것은 피상적인 말에 불과했습니다.

물론 그리스도의 이러한 숨김없는 솔직함에는 허용치가 있습니다. 그는 자신의 보화를 부어주어도 그것을 엎지를 그릇에는 부어주지 않을 것입니다. 그가 다음 장에서 "내가 아직도 너희에게 이를 것이 많으나 지금은 너희가 감당하지 못하리라"라고 말한 것처럼 말입니다(16:12). 그의 마지막 말은 "내가 아버지의 이름을 나의 형제들에게 알게 하였고 또 알게 할 것이니"였습니다(17:26). 물론 그의 전달은 완전하지만, 그러나 우리는 그것이 필연적으로 듣는 자들의 수용(受容) 능력에 달려있음을 기억해야 합니다.

이와 같은 숨김없는 언사(言辭)는 오늘날에도 계속됩니다. 예수 그리스도는 자신에게 우리 각자가 받을 것을 각자에게 나누어줄 책임이 있음을 인식하고 계십니다. 말씀 위에 빛을 비춤을 통해, 사람들의 입술을 통한 훈계와 권면을 통해, 우리의 마음속에서 조용히 일어나는 수많은 복된 생각들을 통해 — 그는 여전히 자신의 친구들인 우리들에게 말씀하십니다.

예수 그리스도의 이와 같은 철저한 솔직함의 개념을 생각할 때, 우리는 그의 전달과 우리의 지식 안에 남아 있는 불균형들까지도 기꺼이 받아들일 수 있지 않습니까? 여전히 우리 안에 우리가 충분하게 깨닫지 못하는 것들이 남아 있습니다. 모호한 미래나 그의 본질과 신적 성품의 깊음이나 하나님의 사랑과 공의 사이의 관계 등과 관련한 의문들이 우리 안에 있습니다. 그러나 그에게 있어 커튼의 한쪽 끝을 살짝 열어젖힘으로써 이 모든 의문들 위에 빛이 비취도록 만드는 것은 아주 쉬운 일입니다. 그는 모든 것을 자신의 손 안에 붙잡고 있습니다. 그런데 어째서 그는 손바닥 전체를 펴는 대신 손가락 하나만을 살짝 들어 올리는 것일까요? 그것은 그가 사랑하기 때문입니다. 친구는 말하는 특권뿐만 아니라 말하지 않는 권리도 행사합니다. 남아 있는 모든 모호한 것들에 대하여 고요한 마음으로 순복하며 받아들입시다. 그리고 만일 말해주는 것이 더 좋았을 것이면 그가 그렇게 했을 것임을 믿읍시다. 그는 이를테면 이렇게 말씀하십니다. "나를 믿으라. 나는 너희에게 너희가 받기에 유익한 모든 것을 말하였노라."

이러한 숨김없는 솔직함은 우리에게 또 하나의 교훈을 가르쳐주는데, 그것은 그로부터 나오는 말씀을 받기 위해 항상 우리의 귀를 열고 마음을 준비시켜야 한다는 것입니다. 사랑하는 형제들이여, 여러분의 주님으로부터 오는 수많은 메시지들이 여러분이 그의 음성에 귀를 기울이지 않음으로 인해 그냥 여러분을 지나쳐 날아가지 않습니까? 마치 길 위에 부는 무심한 바람처럼 말입니다. 만일 우리가 집안에 있는 불화의 소리를 잠잠하게 한다면, 만일 우리가 열정과 야심과 이기심과 세속적 마음을 잠잠하게 한다면, 만일 우리가 이 세상의 바벨로부터 돌이켜 온갖 말의 홍수로부터 그의 장막 안에 숨는다면, 만일 우리가 이런저런 책이나 사람을 좇는 대신 "지극히 높은 자의 은밀한 장소에 거하는" 것을 더 좋아하면서 "친구여 말씀하소서, 당신의 친구가 듣겠다이다!"라고 말한다면 — 우리는 오늘날에도 그리스도의 음성이 그를 사랑하는 자들에게 실제적으로 임한다는 사실을 훨씬 더 잘 깨닫게 될 것입니다.

"당신의 내면의 귀에 울리는,
멀리서부터 들려오는 음성을 놓치지 말라.
그것을 듣고, 소중히 여기며, 붙잡으라.
그것은 하나님으로부터 오는 것이라."

3. 그리스도의 친구들이 어떠해야 하는지 그리고 왜 그래야 하는지 주목하십시오.

"너희가 나를 택한 것이 아니요 내가 너희를 택하여 세웠나니 이는 너희로 가서 열매를 맺게 하고 또 너희 열매가 항상 있게 하여 내 이름으로 아버지께 무엇을 구하든지 다 받게 하려 함이라"(16절). 두말할 것도 없이 우리 주님은 여기에서 일차적으로 적은 무리의 사도들에게 말씀하고 계십니다. 택한 것과 세운 것뿐만 아니라 열매를 맺는 것까지도 일차적으로 그들의 사도적 직분과 사도로서의 그들의 수고의 결과들을 가리킵니다. 그러나 우리는 여기의 말씀을 이러한 범주를 넘어 훨씬 더 넓게 확장시켜야만 합니다.

그리스도와 사람 사이의 모든 친구 관계에 있어, 그 출발은 그리스도로부터 옵니다. "우리가 그를 사랑함은 그가 먼저 우리를 사랑하셨음이라"(요일 4:19). 그는 자신이 신적 연금술 가운데 어떻게 자신의 피로 원수를 친구로 바꾸었는지 이야기합니다. 바로 앞에서 그는 "사람이 친구들을 위하여 자기 목숨을 버리면 이보다 더 큰 사랑이 없나니"라고 말씀하셨습니다(13절). 앞 설교에서도 이야기한 것처럼, 여기의 "친구들"은 바울 사도가 "그리스도께서 원수들을 위해 죽으셨다"고 말했을 때의 바로 그 "원수들"과 동일한 사람들입니다(롬 5:10). 이와 같이 그가 자신의 십자가 피로 말미암아 원수를 친구로 바꾸었기 때문에, 그리스도와 우리 사이의 친구 관계는 전적으로 그로부터 오는 것입니다.

그러나 여기의 말씀 속에는 이것 이상의 무엇이 있습니다. 나는 자신의 마음속에서 그리스도의 사랑을 느낀 사람은 — 그의 신학적 입장이 무엇이든 그리고 그 분량의 크고 작음을 떠나 — 바울처럼 "나는 그리스도 예수께 잡힌 바 되었다"라고 말할 수밖에 없을 것이라고 생각합니다(빌 3:12). 왜냐하면 우리가 그를 사랑하게 된 것은 그가 먼저 우리를 붙잡으셨기 때문입니다. 분명 그가 우리를 택한 것이 우리가 그를 택한 것에 선행(先行)합니다. 항상 목자가 광야에서 길을 잃고 방황하는 양들을 찾으러 오는 법입니다.

바로 이것이 우리가 그의 친구가 된 방법입니다. 그는 우리가 아직 원수였을 때 우리를 사랑하시고 우리를 위해 자신을 주셨습니다. 그는 우리를 자신에게로 이끌기 위해 자신의 사랑의 빛을 우리에게 보내셨습니다. 이처럼 그가 우리를 사랑한 것이 먼저입니다. 이와 같이 그리스도의 사랑이 먼저인 사실의 목적은 두 가지입니다. 첫째는 섬김 혹은 열매입니다. "이는 너희로 가서." 이러한 표현 안에는 깊은 의미가 있습니다. 그는 그들에게 자신의 갈 것에 대해 말씀하고 계셨습니다. 그는 계속해서 이를테면 이렇게 말씀하고 계십니다. "너희도 가라. 우리는 여기에서 헤어지노라. 나의 길은 위로 향하고, 너희의 길은 앞으로 향하노라. 온 세상으로 가라." 그는 그들에게 외견상 독립적 위치를 부여합니다. 그는 분리의 필요성을 선언합니다. 그는 또한 분리 가운데 있는 연합의 실재(實在)를 선언합니다. 그는 자신의 축복과 함께 그들을 그들의 나아갈 길로 보냅니다. 그는 또한 우리를 그와 같이 보냅니다. 그의 뜻에 순종하여 갈 때, 어디를 가든 우리는 그의 친구라는 의식(意識)을 가지고 갑니다.

"이는 너희로 열매를 맺게 하고." 그는 이 장이 시작된 감미로운 표상으로 잠시 돌아가서 포도나무와 열매의 형상에 호소합니다. "그의 계명을 지키는" 것이 우리가 그의 기뻐하시는 바를 행하는 전체 과정을 설명하지는 않습니다. 우리는 또한 여기의 열매를 맺는 또 하나의 비유를 취해야만 합니다. 새로워진 본성과 그리스도를 닮은 성품으로부터 아무런 노력 없이 자연적으로 열매를 맺는 것이든 그의 율법에 순종하는 고통스러운 노력이든, 둘 중 어느 하나도 기독교적 섬김의 실재 전체를 묘사하지 못합니다. 반드시 노력이 필요합니다. 왜냐하면 그것이 없이는 그리스도를 닮은 성품으로 자라지 못하기 때문입니다. 그러나 동시에 내적 생명이 있어야만 합니다. 왜냐하면 단순한 외적 순종만으로는 그리스도께서 바라시고 기뻐하시는 열매를 결코 맺지 못할 것이기 때문입니다. 먼저 생명이 그와 더불어 연합되어야만 합니다. 그러고 나서 노력이 따라야 합니다. 기독교적 섬김의 완전한 이상(理想)에 있어 이러한 두 가지가 모두 본질적이라는 사실을 인식하지 못하는 오늘날의 많은 가르침들을 조심하십시오.

"또 너희 열매가 항상 있게 하여." 열매보다 더 빨리 썩는 것은 아무것도 없습니다. 영원히 썩지 않는 열매는 오직 한 종류밖에 없습니다. 세상보다 더 오래 지속되는 영원한 행동은 그리스도께 순종하는 사람들의 행동입니다.

그리스도의 친구가 되는 것의 또 하나의 결과는 우리의 바라는 것이 만족되는 것입니다. "내 이름으로 아버지께 무엇을 구하든지 다 받게 하려 함이라." 여기의 약속은 7절의 약속과 본질적으로 동일한 약속입니다. "너희가 내 안에 거하고 내 말이 너희 안에 거하면 무엇이든지 원하는 대로 구하라 그리하면 이루리라"(7절). 이에 대해서는 앞에서 자세히 다루었으므로 여기에서는 간단하게만 다루고자 합니다. 그리스도 안에 거하면서 열매를 맺는 그의 친구들은 도대체 어떻게 그들이 원하는 것을 얻을 것입니까? 그것은 그들이 원하는 것이 "그의 이름으로" 될 것이기 때문입니다. 다시 말해서 그들이 원하는 것이 그의 성향과 의지에 부합하는 것이기 때문입니다. 여러분이 바라는 것이 그리스도께서 바라시는 것이 되게 하십시오. 또 그리스도께서 바라시는 것이 여러분이 바라는 것이 되게 하십시오. 그러면 여러분의 바라는 모든 것이 만족되게 될 것입니다.

4. 그리스도의 친구들 상호간에 어떠해야 하는지 주목하십시오.

앞에서 우리는 그리스도의 친구들 상호간의 관계에 대해 여러 차례 살펴보았습니다. "내가 이것을 너희에게 명함은 너희로 서로 사랑하게 하려 함이라"(17절). 여기의 전체 문맥은 이를테면 문맥이 시작되는 12절의 명령("내 계명은 너희가 서로 사랑하라 하는 이것이니라")에 의해 황금 고리 안에 싸여지며 그 명령은 문맥이 끝나는 여기에서 다시 반복됩니다. 어떤 친구의 친구들은 서로 친구가 되어야 합니다. 우리는 사랑하는 친구가 소중히 여겼던 물건을 소중히 여깁니다. 예컨대 책이라든지 혹은 어떤 귀중품 따위 말입니다. 만일 이러한 것들이 그에게 소중한 것이었다면, 그것들은 우리에게도 또한 영원히 보배로운 것입니다. 또 여기에 살아있는 사람들이 있습니다. 그들은 성격이나 환경 등에 있어 제각각입니다. 그러나 그들 모두 위에는 인(印)이 찍혀 있는데, 그것은 "그리스도의 친구들, 그리스도를 사랑하는 자들, 그리스도에 의해 사랑받은 자들"이라는 인입니다. 그렇다면 그리스도께서 무관심하지 않은 자들에 대해 어떻게 우리가 무관심할 수 있겠습니까? 우리는 동일한 띠로 서로 연결되어 있습니다. 만일 우리가 그가 소중히 여긴 모든 자들을 소중하게 느낄 수 없다면, 우리는 단지 그의 초라한 친구에 불과할 것입니다. 황금사슬 전체를 통과하여 흐르는 전기(電氣)의 떨림을 느낍시다. 그리고 이웃을 붙잡은 손을 놓치지 않도록 조심합시다. 그들의 손을 놓침으로써 그로부터 떨어지지 않도록 말입니다.

86
이리 가운데 있는 양들

"[18] 세상이 너희를 미워하면 너희보다 먼저 나를 미워한 줄을 알라 [19] 너희가 세상에 속하였으면 세상이 자기의 것을 사랑할 것이나 너희는 세상에 속한 자가 아니요 도리어 내가 너희를 세상에서 택하였기 때문에 세상이 너희를 미워하느니라 [20] 내가 너희에게 종이 주인보다 더 크지 못하다 한 말을 기억하라 사람들이 나를 박해하였은즉 너희도 박해할 것이요 내 말을 지켰은즉 너희 말도 지킬 것이라"

요 15:18-20

여기의 말씀은 지금까지 우리가 들은 아름다운 음악과 불협화음을 이룹니다. 지금까지의 주된 음조(音調)는 사랑이었습니다 — 제자들에 대한 그리스도의 사랑과 그러한 사랑에 대한 응답으로서 그에 대한 사랑과 그들 상호간의 사랑. 그리스도에 대한 사랑이든 혹은 그들 상호간의 사랑이든, 그것은 포도나무와 가지 사이의 생명의 연합의 결과입니다. 지금까지 주님은 바로 이러한 주제에 대해 말씀하셨습니다. 그러나 그리스도와 그리스도인들 사이의 연합에는 또 다른 측면이 있습니다. 그러한 연합이 그들을 거룩한 공동체 안에서 그에게 묶는 것처럼 동시에 그것은 그들을 그의 생명을 공유하지 않는 자들로부터 분리합니다. 그러므로 오늘 본문의 "미움"은 "사랑"의 반대쪽 측면입니다. 이로써 두 개의 공동체가 생기게 되는데, 그것은 통상적 표현으로 교회와 세상입니다. 둘 사이에는 깊은 근본적, 영속적 적대 관계가 있습니다.

우리 주님이 여기에서 "이리 가운데 보냄 받은 양들"로서 지칭하고 있는 대상은 의심의 여지없이 여기에 등장하는 최초의 사도들입니다. 만일 우리가 전승(傳承)을 신뢰할 수 있다면, 여기에 모여 있는 모든 사람이 — 이 글을 기록하고 있는 요한 자신만 제외하고 — 순교자로서 죽었습니다. 그러나 그럼에도 불구하고 우리는 여기에서 주님이 보편적 사실을 제시하고 있다는 사실을 잊어서는 안 됩니다. 우리는 여기의 말씀을 그 자리에 있었던 몇 명의 첫 제자들에게만 한정해서는 안 됩니다. 그것은 여기의 강화(講話)와 관련한 앞의 모든 축복의 말씀들을 그들에게만 한정시키는 것과 마찬가지입니다. "세상"은 그것이 더 이상 세상이기를 그칠 때까지 교회와 적대 관계 가운데 있을 것입니다. 왜냐하면 교회가 만왕의 왕에게 순종하기 때문입니다. 그때까지 세상은 그 왕의 백성들에게 적대적이기를 그치지 않을 것입니다.

1. 무엇이 이러한 적대 관계를 불가피하게 만듭니까?

우리 주님은 여기에서 장차 제자들에게 임할 것을 가정법의 형태로 제시합니다. 특별히 본 단락에서 "만일"(if)이라는 단어가 반복적으로 나타나는 사실은 매우 주목할 만합니다. 그는 사실 그대로 적나라하게 말함으로써 그들을 두렵게 만들고자 하지 않았습니다. 그것은 낙망과 동요 가운데 있는 그들에게 감당할 수 없는 말이 될 것이었습니다. 그렇게 하는 대신 그는 그것을 가정법의 형태로 제시합니다. 그렇게 한 것은 그것이 불확실하기 때문이 아니라 그들의 불안과 두려움을 완화시키기 위한 것이었습니다. 그는 "만일 세상이 너희를 미워하면"(If the world hates)이라고 말합니다(18절, 한글개역개정판에는 "만일"이 생략되어 있음 — 역주). 원어(原語)의 시제(時制)는 비록 그것이 가정법의 형식을 띠고 있음에도 불구하고 그것의 실체가 예언이라는 사실을 보여줍니다.

예수 그리스도는 이러한 적대 관계를 불가피하게 만드는 것 두 가지를 제시합니다. 첫째, "만일 세상이 너희를 미워하면 너희보다 먼저 나를 미워한 줄을 알라"(18절). 그리고 또 "만일 너희가 세상에 속하였으면 세상이 자기의 것을 사랑할 것이나 너희는 세상에 속한 자가 아니요 도리어 내가 너희를 세상에서 택하였기 때문에 세상이 너희를 미워하느니라"(19절). 우리는 이러한 표현들 속에 필연적이며 영속적 적대감이 함축되어 있음을 발견합니다. 여기의 문맥 속에서 "세상"은 예수 그리스도로부터 흘러나오는 사랑과 생명에 참여하지 못한 사람들의 집합체를 의미합니다. 설령 그들 사이에 수많은 다양성이 있다 하더라도, 그들은 필연적으로 하나의 연합체를 구성합니다. 그리고 그들은 필연적으로 다른 연합체를 구성하는 자들 즉 그리스도에 의해 붙잡혀 "세상으로부터" 끌어냄을 받은 자들에 대항하여 거대한 진(陣)을 칩니다.

만일 우리가 그리스도의 생명에 참여한다면, 우리는 일정 부분 필연적으로 그의 운명에 참여해야만 합니다. 바로 이것이 세상이 선(善)에 대해 생각하며 행하는 전형적 방식입니다. "그리스도 예수 안에 있는 생명의 성령"을 가진 모든 사람은 각자 그러한 영을 소유한 분량만큼 그를 십자가로 데려간 동일한 힘 아래 서게 될 것입니다. 의를 사랑하고 불법을 미워하는 어떤 사람을 상상해 보십시오. 그가 누군가의 곡식을 밟음이 없이 다시 말해서 사람의 자기만족이나 이해관계에 지장을 주는 상반되는 삶의 방식에 대한 비난 없이 자신의 삶을 관리하는 것은 불가능합니다. 처음부터 눈먼 세상은 선을 적의와 경멸로 갚았습니다.

계속해서 주님은 세상의 적의(敵意)에 대한 또 하나의 이유로서 자신이 그들을 세상으로부터 이끌어 사도로 택한 것을 제시합니다. 두 무리가 있습니다. 각 무리의 기저(基底)에 있는 근본적 원리들은 서로 상반됩니다. 우리는 그리스도인인 분량만큼 세상을 지배하는 모든 원리들과 직접적 대립 관계 가운데 있습니다. 우리가 귀하게 여기는 것을 세상은 대수롭지 않은 것으로 간주합니다. 우리가 근본적 진리로 믿는 것을 세상은 중요하지 않은 것으로 여깁니다. 우리가 악한 것으로 느끼는 많은 것을 세상은 선한 것으로 간주합니다. 우리의 보화가 세상에게는 싸구려 장식물이며, 세상의 보화가 우리에게는 싸구려 장식물입니다. 하나님과 자아와 의무와 인생과 죽음과 미래 등에 대한 개념에 있어, 우리와 세상은 서로 상반적 위치에 있습니다. 그리고 이러한 상반 관계는 그 뿌리까지 이어집니다. 양자는 거대한 심연(深淵)에 의해 서로 나누어져 있습니다. 그것은 마치 미국의 어떤 협곡들과도 같습니다. 양쪽 절벽 사이의 거리는 그다지 멀지 않게 보입니다. 어떤 경우는 불과 수 미터 사이로 서로 나누어져 있는 경우도 있습니다. 그러나 그 깊이는 수천 미터까지 내려갑니다. 수천 미터를 내려가는 동안 두 절벽은 서로 만나지 않습니다. 양쪽 절벽 밑에는 오직 시커먼 강이 음침하게 흐르고 있을 뿐입니다. "만일 너희가 세상에 속하였으면 세상이 자기의 것을 사랑할 것이나." 만일 세상이 여러분은 사랑한다면, 그것은 여러분이 세상에 속하기 때문입니다.

2. 이러한 적의가 어떻게 가려지고 은폐되는지 주목하십시오.

영적 생명으로 말미암은 연합 외에도 사람들을 서로 연합시키는 수많은 다른 띠들이 있습니다. 국가의 띠가 있습니다. 사회적 조합과 경제적 조합의 띠가 있습니다. 이웃의 띠가 있습니다. 여러 가지 중요한 문제들에 대한 표면적 의견일치의 띠가 있습니다. 우리 삶의 매우 큰 부분은 모두가 공유하는 이러한 표면 위에서 움직입니다. "너희가 간질이면 우리가 웃지 아니 하냐, 너희가 칼로 찌르면 우리가 피를 흘리지 아니 하냐?" 우리 모두는 같은 감정과 같은 필요를 가지고 있으며, 같은 도락(道樂)을 추구하며, 같은 종류의 일을 합니다. 대부분의 사람들의 삶은 습관과 관습의 지배 아래 있으며, 외부적 환경에 의해 결정됩니다. 그러므로 심연을 덮은 얇은 막 같은 것이 있습니다. 여러분은 벽의 갈라진 틈을 회반죽으로 그럴듯하게 덧칠할 수 있습니다. 그러면 갈라진 틈이 가려질 것입니다. 비록 그 기저(基底)는 여전히 갈라진 채로 있다 하더라도 말입니다. 그러나 시간이 지나면 갈라진 틈은 다시 나타나고 오히려 더 크게 벌어질 것입니다. 이와 같이 겉으로 드러난 표면이 아니라 그 기저로 들어가 보십시오. 이와 같이 인생의 기저에 있는 실제적 원리들 안으로 들어가 보십시오. 그러면 우리는 겉은 그럴듯하게 봉합되어 있음에도 불구하고 그 기저는 여전히 반목하고 있음을 발견하게 될 것입니다.

적의를 가려주는 것이 또 있습니다. 예수 그리스도께서 말씀하신 이래로 기독교가 세상 안으로 물밀듯이 침투해 들어왔습니다. 우리는 세상이 절반쯤 기독교화 되었다고 말할 수 없지만 상당 부분 기독교의 영향력이 사람들의 양심 속으로 흘러들어온 것은 사실입니다. 영국 같은 나라에서는 성경의 도덕이 널리 퍼졌습니다. 그리하여 그리스도인들과 그리스도인이 아닌 사람들이 상당 부분 서로 공통적인 도덕법전을 갖게 되었습니다. 최소한 표면적 차원에서는 말입니다. 그들은 선에 대한 동일한 관념을 행하며, 표면적으로 동일한 동기(動機)를 가지고 행하며, 많은 것을 같은 방식으로 바라봅니다. 이렇게 하여 심연 위에 부분적으로 다리가 놓이게 되고, 그렇게 하여 적의는 다른 형태를 띠게 됩니다. 오늘날 사람들은 그리스도인들을 역청으로 바른 후 그들을 황제의 정원을 밝히는 횃불로 사용하지 않습니다. 그러나 같은 일이 다른 방식으로 행해질 수 있습니다. 신문의 논설, 가벼운 경멸의 웃음, 어떤 유명한 그리스도인의 잘못이나 허물에 대한 환희에 찬 야유 — 이 모든 것들은 표면 아래에 있는 것을 나타냅니다. 그리고 때로 그것은 표면으로부터 그다지 멀리 떨어져 있지 않습니다. 경건한 삶을 살고자 애쓰는 맨체스터의 많은 젊은이들, 작업장에서 일하는 많은 직공들, 거리에 있는 많은 상인들, 대학에 있는 많은 학생들 — 그들은 자신과 자기 옆에 있는 사람 사이에 거대한 심연이 가로놓여 있는 것을 발견하지 않을 수 없습니다.

적의를 가려주는 또 다른 것이 있습니다. 그것은 경건치 않은 사람들의 총체라는 의미에서의 세상이 마침내 선에 호응하는 양심을 가지고 있다는 사실입니다. 비록 불평 가운데 그리고 마지못해서라 하더라도 말입니다. 결국 사람들은 선한 것이 더 좋은 것임을 알며, 그리스도와 같아지는 것이 더 낫고 지혜로운 것임을 알며, 자신을 위해 사는 것보다 그리스도를 위해 사는 것이 더 숭고한 것임을 압니다. 이와 같은 자각(自覺)은 적의가 나타나는 것을 어느 정도 가릴 수밖에 없습니다. 그럼에도 불구하고 적의는 여전히 거기에 남아 있습니다. 그리스도의 모범을 따르는 사람이라면 누구든지 그것이 거기에 있는 것을 발견할 것입니다.

그리스도를 위해 사는 사람으로 하여금 별로 인기가 없는 신앙을 고백하게 하십시오. 그로 하여금 신약의 가르침에 따라 정직하게 행동하도록 애쓰게 하십시오. 그로 하여금 그의 계급 가운데 혹은 그의 나라 가운데 편만한 죄에 담대하게 그리스도의 원리들을 적용시키기 위해 노력하게 하십시오. 그로 하여금 대중이 무엇이라고 하든 앞을 향해 나아가게 하십시오. 사랑하는 형제들이여, "누구든지 세상과 벗이 되고자 하는 자는 스스로 하나님과 원수 되는 것이니라"라는 법칙은 여전히 사실입니다(약 4:4).

3. 어떻게 여러분이 이러한 적의를 피할 수 있는지 주목하십시오.

절반쯤 기독교화 된 세상과 절반 이상 세속화된 교회는 서로 사이좋게 나아갑니다. 그들이 서로 의합(意合)할 때, 그들의 의합은 참으로 놀랍습니다. 이 세대의 평균적인 기독교 속에 세상의 적의가 아주 적은 것은 정말로 불행한 일이 아닐 수 없습니다. 도대체 무엇 때문에 세상이 상당 부분 세속화된 교회를 미워할 필요가 있단 말입니까! 불경건한 세상과 공적으로 신앙을 고백하는 많은 그리스도인들 사이에 특별한 적의가 있을 아무런 이유도 없습니다. 만일 여러분이 여러분의 깃발 위에 적의가 떨어지는 것을 피하기를 원한다면, 여러분의 옷 위에 그리스도에게 속한다는 것을 보여주는 배지를 달고 주위에 있는 사람들이 행동하는 대로 행동하십시오. 그러면 여러분은 무엇으로부터도 방해받지 않는 안일한 삶을 살게 될 것입니다.

옛 노예제도 하에서 그것의 잘못에 대해 아무 말도 하지 않은 기독교는 어떠한 위험도 무릅쓸 필요가 없었습니다. 부도덕한 상거래에 대해 모른 척 한 맨체스터의 기독교는 증권거래소로부터 큰 환영을 받습니다. 술을 허용한 기독교는 수많은 선술집들로부터 큰 환호를 받습니다. 전쟁을 축복한 기독교는 그 전리품을 함께 나눌 것입니다. 도대체 무엇 때문에 세상이 그와 같은 기독교를 미워하며 박해할 것이란 말입니까! 도대체 누가 발톱 뽑힌 길들여진 호랑이로 인해 두려워하며 근심할 것이란 말입니까? 만일 세상이 레비아단(Leviathan)의 코에 갈고리를 꿸 수 있다면 그리고 그것을 자신들 마음대로 움직일 수 있다면, 세상은 주님이 여기에서 말씀하시는 적의를 호의와 환영과 환호로 대체할 것입니다. 여기에서 주님이 세상으로부터 미움을 받을 것이라고 말한 자들은 철저한 그리스도인들이었습니다. 세상은 자신과 비슷한 그리스도인들을 좋아합니다. 사랑하는 그리스도인들이여, 만일 여러분이 참된 그리스도인이라면, 여러분에게 오늘 본문이 이야기하는 적의가 따를 것이라는 사실을 결코 잊지 마십시오.

4. 어떻게 이러한 적의에 대처할 것인지 주목하십시오.

그러한 적의를 예수 그리스도와의 참된 연합의 표적으로 간주하십시오. 그리고 그것의 존재 여부를 그리스도와의 참된 연합을 시험하는 시금석으로 여기십시오. 만일 여러분이 세상으로부터 그와 같은 적의에 부딪힌다면, "그리스도로 인해 받는 능욕"을 소중히 지키며 자랑할 보화로 간주하십시오.

사람들이 싫어하는 것은 여러분의 악이나 혹은 약함이 아니라 여러분의 선이라는 사실을 확신하십시오. 세상은 날카로운 눈으로 그리스도인들의 허물과 일관되지 못한 삶을 지켜보고 있습니다. 그리고 그러한 사실은 여러분에게 좋은 일입니다. 여러분의 신앙고백이 더 높고 숭고할수록 여러분에게 적용되는 판단기준은 더 엄격해집니다. 많은 선한 그리스도인들이 적절하지 않은 장소에서 기독교적 용어를 분별없이 사용함으로 말미암아 혹은 그들의 기도와 말과 생활 사이의 어떤 불일치로 말미암아 종종 그들 자신과 기독교의 이름에 누(累)를 끼치곤 합니다. 그러면서 그들은 자신들이 "십자가의 능욕"을 짊어지고 있다고 말하면서 스스로를 위로합니다. 천만의 말씀입니다! 그들은 자기가 잘못한 것의 자연적 결과를 짊어지고 있을 뿐입니다. 우리는 적대적 판단과 가차 없는 비판과 모욕적 언사(言辭)와 비웃음을 불러일으키는 것이 우리가 그리스도를 굳게 붙잡고 있기 때문인지 아니면 우리 자신의 허물과 잘못 때문인지 살펴야 합니다.

여러분의 표준을 단 일 센티미터라도 떨어뜨림으로써 이러한 적의에 대처하고자 하지 마십시오. 여러분의 배의 돛대 머리에 깃발을 높이 매다십시오. 만일 여러분이 그것을 내리기 시작한다면, 어디에서 멈출 것입니까? 여러분은 결국 그것을 바닥까지 내리게 될 것입니다. 타협함으로써 화해하고자 시도하는 것은 아무 소용없는 일입니다. 그렇게 함으로써 우리가 얻게 되는 것은 냉담과 경멸 외에 아무것도 아닐 것입니다. 그렇게 하여 얻는 모든 것은 결국 손실 외에 아무것도 아닙니다. 오늘날 그 심연(深淵) 위에 잘못된 방법으로 다리를 놓고자 하는 수많은 노력들이 경주됩니다. 기독교의 근본적 원리들을 세상의 개념들과 비슷하게 만들고자 애쓰면서 말입니다. 그러나 그것은 전적으로 헛되고 무익한 일입니다. 그 모든 노력의 유일한 결과는 기독교를 타락시키며 영적 생명을 죽이는 것 외에 아무것도 아닐 것입니다. 깃발을 높이 매다십시오. 세상이 믿지 않고 부인하는 것을 강조하고 또 강조하십시오. 그것을 '극단의 오류'로 치부하지 마십시오. 세상이 잘 받아들이려고 하지 않는다는 이유로 우리의 분명한 복음을 가감하지 마십시오. 세상이 좀 더 잘 받아들일 수 있도록 복음을 변개(變改)하지 마십시오. 우리의 승리는 오직 그리스도의 이상(理想)에 절대적으로 충성하는 것을 통해서만 올 뿐입니다.

마지막으로, 그리스도로부터 말미암은 변치 않은 사랑과 동정심으로 그러한 적의에 직면하십시오. 빙하 위에 내리쬐는 따뜻한 햇볕을 생각해 보십시오. 결국 딱딱하게 굳은 얼음을 감미로운 물로 바꾸는 것은 계속해서 내리쬐는 따뜻한 햇볕입니다. 마찬가지로 빽빽한 안개를 마침내 흩어지게 만드는 것 역시 그 위에 계속해서 내리쬐는 따뜻한 햇볕입니다. 우리 주님은 여기에서 만일 우리가 그에게 신실하다면 우리의 경험이 그의 경험과 같게 될 것이라고 말씀합니다. 다른 사람들이 박해하는 가운데에도 몇몇 사람들은 우리의 말에 귀를 기울일 것입니다. 그들에게 우리의 증언은 하나님으로부터 오는 메시지로 임할 것이며, 마침내 그 메시지는 그들을 주님 자신에게로 이끌 것입니다. 형제들이여, 이것이 우리의 유일한 무기입니다! 세상을 이기는 유일한 것은 우리 안에 불어넣어진 그리스도의 사랑입니다. 의심과 경멸과 미움을 이기는 유일한 것은 오래 참으며 자기를 부인하는 간절한 사랑입니다. 세상의 적의를 이기는 유일한 방법은 세상을 교회로 바꾸는 것입니다. 그리고 그것은 오직 그리스도의 종들이 분노에 대해 긍휼로, 미움에 대해 사랑으로 맞설 때 이루어질 수 있습니다. 그리고 그것은 오직 그리스도의 생명의 능력 안에서 — 우리 역시도 같은 과정을 통해 그리스도의 소유가 된 동일한 생명의 능력 안에서 — 이루어질 수 있습니다. 그러므로 우리의 작은 사랑 안에서 그의 위대한 사랑이 나타나도록 함으로써 세상을 그리스도께 이끌고자 노력해야 합니다.

사랑하는 형제들이여, 여러분은 어느 쪽 군대에 속합니까? 여러분이 속한 공동체는 어떤 공동체입니까? 여러분은 그리스도의 공동체 안에 속합니까, 아니면 세상의 공동체 안에 속합니까? 여러분은 예수 그리스도를 사랑합니까, 아니면 그의 열린 마음에 대해 닫힌 마음으로 맞이합니까? 여러분은 그의 축복의 편 손에 대해 거절의 꽉 쥔 손으로 맞이하지 않습니까? 여러분은 어떤 부류에 속합니까? 이것은 모두에게 있어 가장 중요한 질문입니다. 나는 여러분과 내가 그의 사랑으로 말미암아 미움으로부터 그리고 그의 생명으로 말미암아 사망으로부터 건짐을 받고, 그럼으로써 우리의 마음을 그에게 온전히 드릴 수 있기를 간절한 마음으로 기원합니다. 나는 여러분 모두가 불경건한 세상의 적의와 불신으로부터 참 포도나무의 그늘과 친교 속으로 옮겨지기를 기원합니다. 그럴 때 우리는 "그리스도로 인해 받는 능욕"을 "애굽의 보화보다 더 큰 보화"로 여기며, 상 주심을 바라보는 가운데 기뻐하게 될 것입니다(히 11:26).

87
그리스도께서 보는 세상의 미움

"[21] 그러나 사람들이 내 이름으로 말미암아 이 모든 일을 너희에게 하리니 이는 나
를 보내신 이를 알지 못함이라 [22] 내가 와서 그들에게 말하지 아니하였더라면 죄가
없었으려니와 지금은 그 죄를 핑계할 수 없느니라 [23] 나를 미워하는 자는 또 내 아
버지를 미워하느니라 [24] 내가 아무도 못한 일을 그들 중에서 하지 아니하였더라면
그들에게 죄가 없었으려니와 지금은 그들이 나와 내 아버지를 보았고 또 미워하
였도다 [25] 그러나 이는 그들의 율법에 기록된 바 그들이 이유 없이 나를 미워하였다
한 말을 응하게 하려 함이라"

요 15:21-25

우리 주님은 자신을 따르는 자들에 대한 세상의 적의와 관련하여 그것의 근원을 자신에 대한 적의라고 말씀하셨습니다. 오늘 말씀 가운데 그는 한 단계 더 깊이 들어갑니다. 그는 '자신에 대해 그의 제자들이 갖는 관계와 그 결과로 그들 위에 떨어지는 적의'와 '아버지에 대해 그가 갖는 관계와 그 결과로 그 위에 떨어지는 적의'를 나란히 병행시킵니다. "그들이 너희를 미워하는 것은 나를 미워하기 때문이라." 계속해서 그의 말은 한층 더 슬퍼지며, 한 단계 더 깊은 곳을 꿰뚫습니다. 그는 상처받은 사랑의 아픔으로 자신을 배척하는 세상을 바라보며 이렇게 말합니다. "그들이 나를 미워하는 것은 아버지를 미워하기 때문이라."

이와 같이 여기에서 우리는 '자신과 하나님에 대한 세상의 관계'와 관련

한 그리스도의 관점을 보게 됩니다.

1. 세상의 무지를 주목하십시오.

"그러나 사람들이 내 이름으로 말미암아 이 모든 일을 너희에게 하리니 이는 나를 보내신 이를 알지 못함이라"(21절). 그리스도의 언어 가운데 "세상"은 불경건한 사람들의 총체입니다. 여기의 논의를 본격적으로 진행시키기에 앞서 먼저 짚고 넘어갈 것이 있습니다. 여기의 문맥에서 주님은 사람들을 두 부류로 나누는 이제까지의 자신의 견고한 입장을 양보하고 있습니까? 여기에서 그는 조금도 주저하지 않고 마치 축복을 위해서는 너무나 악하고 저주를 위해서는 너무나 선한 중간적 무리가 매우 많다는 듯이 말하고 있습니까? 다시 말해서 검지도 않고 희지도 않은 중간 상태의 회색의 무리 말입니다. 결코 그렇지 않습니다! 설령 어느 쪽에도 속하지 않는 것처럼 보이는 사람들이 있다 하더라도, 결국 모든 사람은 두 부류로 나누어집니다. 마치 금속가루가 자석과 접촉할 때 두 부류로 나누어지는 것처럼 말입니다. 한 부류는 끌어당기는 힘에 순복한 사람들이고, 또 한 부류는 그렇게 하지 않는 사람들입니다. 전자는 "나의 제자들"이고, 후자는 "세상"입니다. 당시 그의 곁에 있던 사람들이든 오늘날 그에 대해 듣는 사람들이든, 그로부터 멀리 떨어져 육신적 시각으로 바라보는 모든 사람은 그에 대한 실제적 사랑을 가지고 있지 않습니다. 그리고 그들은 하나님에 대해 실제적으로 무지(無知)합니다. "이는 나를 보내신 이를 알지 못함이라."

우리 주님은 여기에서 스스로를 신적 본성을 가진 자로서 그리고 그것을 나타내는 자로서 나타냅니다. 누구든지 그를 바라보는 자는 하나님을 알게 되는 기회를 갖게 되고, 그로부터 돌이키는 자는 그러한 기회를 잃어버리게 됩니다. 예수 그리스도를 사랑하지 않는 사람들이 믿는 하나님은 그를 보낸 아버지가 아닙니다. 그것은 파편이며, 왜곡된 이미지입니다. 세상은 나름대로의 신관(神觀)을 가지고 있습니다. 그러나 예수 그리스도 밖에서의 세상의 하나님은 완전한 전체의 한 파편에 불과합니다. 무한한 위엄의 아버지, 무한히 온유하신 하나님, 스스로를 낮추시는 하나님, 긍휼히 여기시는 하나님, 용서하시는 하나님, 사랑의 하나님은 오직 그리스도를 영접하는 사람들만 압니다. 다른 사람들은 단지 그를 희미하게 소망할 수 있을 뿐입니다. 다른 사람들에게 그는 절반쯤 믿음의 대상이 될 수 있을 뿐입니다. 다른 사람들에게 그는 단지 그럴 수 있는 존재로 여겨질 수 있을 뿐입니다. 그러나 막연한 소망과 기대와 두려움과 의심은 아는 것이 아닙니다. 그리고 그리스도 안에서 빛을 보지 못하는 사람들은 단지 어둠만을 볼 뿐입니다. 그리스도 밖에서 사람들은 하나님을 알지 못합니다. 그로부터 돌이키는 자들은 자신의 얼굴을 해가 비춰지 않는 북쪽으로 돌리는 것입니다. 사랑하는 형제들이여, 여러분은 그리스도 안에서 하나님을 압니까? 만일 그렇지 않다면, 여러분은 하나님을 알지 못하는 것입니다.

그러나 여기의 말씀 속에는 단순히 신적 본성과 관련된 참된 개념을 이해하는 것 이상의 훨씬 더 깊은 의미가 있습니다. 우리는 서로를 아는 것처럼 하나님을 압니다. 그것은 우리가 인격인 것처럼 하나님 역시도 인격이기 때문이며 또한 인격을 아는 유일한 방법이 친밀하게 교제하며 같은 마음을 품는 것이기 때문입니다. 그러므로 그리스도를 배척하는 세상은 하나님과 아무런 교제도 갖지 못하며 하나님을 알지 못합니다.

그렇지만 이것은 표면적 사실에 불과합니다. 주님은 계속해서 그 밑에 있는 것을 보여주십니다.

2. 세상이 그리스도를 알지 못하는 것은 죄라는 사실을 주목하십시오.

하나님을 알지 못하는 무지는 단순한 무지 이상입니다. 그것은 죄입니다. 여기에서 그가 말씀하는 것을 주목해 보십시오. “내가 와서 그들에게 말하지 아니하였더라면 죄가 없었으려니와 지금은 그 죄를 핑계할 수 없느니라”(22절). 그는 또 다시 이렇게 말씀합니다. “내가 아무도 못한 일을 그들 중에서 하지 아니하였더라면 그들에게 죄가 없었으려니와”(24절). 여기에서 주님은 자신의 신적 본성을 두 가지 형태로 나타냅니다. 그것은 그의 말(words)과 그의 일(works)입니다. 이러한 두 가지 가운데 그는 자신의 말을 먼저 놓습니다. 왜냐하면 하나님이 어떤 분이신지와 관련하여 그것이 그의 일 혹은 그의 기적보다 더 보배로우며, 더 빛나며, 더 심오한 계시이기 때문입니다. 후자 즉 그의 일은 부차적입니다. 그것은 계시의 이차적 원천입니다. 그리스도의 말씀 안에 담겨 있는 진리를 듣고 그 아름다움을 보지 못하는 사람이 때로 그의 일로 말미암아 올바른 길로 인도될 수 있습니다. 그러나 본질적으로 그가 행한 일 혹은 기적보다 그의 말씀이 훨씬 더 중요합니다. 말씀에 비할 때 일 혹은 기적은 아이들이 읽는 동화책에 있어서의 본문의 글에 대한 그림의 관계와 같습니다. 일 혹은 기적은 하나님의 계시와 관련하여 거룩한 말씀보다 훨씬 더 적은 내용을 포함하고 있을 뿐입니다. 말씀이 먼저이고, 기적은 나중입니다.

그러나 우리 주님이 여기에서 만일 다른 사람이 말했다면 미친 소리로밖에는 들리지 않았을 특별한 주장을 하고 있는 것을 주목하십시오. "내가 와서 그들에게 말하지 아니하였더라면 죄가 없었으려니와 지금은 그 죄를 핑계할 수 없느니라." 우리 가운데 어떤 사람이 자신의 말이 단순한 무지와 죄 사이를 완전히 구별지었노라고 말하는 것을 상상해 보십시오. 우리 가운데 어떤 사람이 자신의 말을 들었음에도 불구하고 그 말에 설득되지 않은 것이 죄 중의 죄라고 말하는 것을 상상해 보십시오. 우리 가운데 어떤 사람이 자신의 행동을 가리키면서 "내가 행하는 일들 가운데 하나님이 분명하게 나타났으므로 나의 행하는 일들을 보면서도 그를 알지 못하는 것은 악한 죄다!"라고 말하는 것을 상상해 보십시오. 그것이 미친 소리가 아니고 무엇이겠습니까? 그럼에도 불구하고 예수 그리스도는 그렇게 말씀하셨습니다. 더 놀라운 것은 그가 그렇게 말했을 때 아무도 놀라지 않고 세상이 그가 사실을 말하고 있다고 믿었다는 사실입니다.

도대체 어떻게 이것이 가능할 수 있습니까? 여기에는 오직 하나의 대답이 있을 뿐입니다. 그의 말이 하나님을 나타내는 것이었으며 그의 행동이 그때 거기에서 활동한 하나님의 손의 명백한 작용이었던 것은 오직 그 자신이 신적 존재였으며 또한 그 안에서 하나님이 육체로 나타나셨기 때문이었습니다.

한 걸음 더 나아가 여기에서 우리 주님이 그의 말을 듣지 않고 그의 나타남에 의해 아무것도 배우지 못한 죄와 비교할 때 나머지 모든 죄들은 아무것도 아니라고 선언하는 것을 주목하십시오. "내가 와서 그들에게 말하지 아니하였더라면 죄가 없었으려니와." 물론 이것은 그들이 모든 도덕적 죄로부터 깨끗했을 것임을 의미하지 않습니다. 또 그것은 그들 가운데 그들의 양심에 반하는 죄, 그들의 마음 위에 기록된 죄, 계시의 율법에 반하는 죄가 없었음을 의미하지 않습니다. 그들 가운데 거짓말을 한 사람들, 부정한 사람들, 이기적 사람들, 모든 형태의 일상적 죄를 범한 사람들이 있었습니다. 이와 같이 그들이 여러 가지 죄들로 얼룩졌음에도 불구하고, 예수 그리스도는 자신의 얼굴을 보면서도 아무것도 깨닫지 못하는 죄와 비교할 때 그 모든 죄는 아무것도 아니라고 말씀합니다. 유황불을 뿜어내는 거대한 산과 비교할 때 작은 뒷동산은 아무것도 아닙니다. 예수 그리스도를 믿지 않는 죄와 비교할 때 다른 모든 죄들은 아무것도 아닙니다.

빛이 커질수록 책임도 커지는 법입니다. 이것은 예수 그리스도로 말미암아 비춰는 빛에 있어서도 마찬가지입니다. 빛이 어떤 사람을 그리스도의 감미로운 사랑과 그를 아는 지식으로 이끌지 않는다면, 불가불 그것은 그의 본성을 어둡게 하며 그의 죄책을 심화시키며 그의 영혼 위에 더 무거운 짐을 올려놓습니다. 빛의 분량이 곧 책임의 분량이라는 사실에는 여러 측면이 있습니다. 그러한 사실은 오랜 세월 어둠 가운데 빠져 있는 지역의 죄책을 경감시킵니다. 다시 말해서 그것은 이교도 지역의 죄책을 가볍게 만드는 반면 기독교의 빛을 많이 받은 여러분의 죄책은 훨씬 더 무겁게 만듭니다. 왜냐하면 여러분은 계속해서 기독교의 빛으로 비춰진 날들을 지나왔기 때문입니다. 죄책의 분량과 빛의 분량은 정확하게 비례합니다. 적도 지방의 강렬한 햇빛이 만드는 그림자보다 더 짙은 그림자는 없습니다. 신적 계시에 있어 여러분과 나는 적도 지방에 살고 있습니다. 그러므로 만일 우리가 그리스도로부터 돌이킨다면, 우리가 받을 형벌은 복음화 되지 못한 이교도 지역의 희미한 빛 아래 살고 있는 사람들보다 얼마나 더 가혹하고 쓰라리겠습니까?

3. 그 본질이 죄인 무지는 곧바로 미움으로 나타납니다.

우리 주님은 자신의 빛의 광채에도 불구하고 하나님을 알지 못하는 것은 오직 고의적으로 눈을 감는 것으로부터 오는 것일 수밖에 없으며 그렇기 때문에 그것은 죄 중에 가장 큰 죄라고 가르칩니다. 그러나 이것이 그를 믿지 않는 불신앙과 관련하여 그가 말해야만 했던 것의 전부는 아닙니다. 그것은 마음과 생각과 의지가 하나님으로부터 근본적으로 단절되어 있음을 나타낼 뿐만 아니라 나아가 사실상 무의식적 그러나 실제적 미움을 나타냅니다. 이것은 얼마나 두려운 사실입니까! 그러나 우리는 이러한 사실을 회피해서는 안 됩니다.

여기에서 주님이 자신과 아버지를 동일시하는 것을 주목하십시오. 주님은 사람들이 자신을 바라볼 때 느끼는 감정이 곧 그들이 하나님 아버지를 바라볼 때 느끼는 감정이라고 말합니다. "나를 본 자는 또한 아버지도 보았느니라." "나를 사랑한 자는 또한 아버지도 사랑하였느니라." "나를 미워한 자는 또한 아버지도 미워하였느니라." 우리 가운데 너무나 많은 사람들이 이러한 말들은 신적 사랑에 무관심한 사람들에게 적용하기에는 지나치게 가혹한 말이라고 생각합니다. 어떤 사람들은 이렇게 말합니다. "나는 미워하는 마음을 느끼지 않아. 나는 그리스도인이 아니지만 그러나 하나님을 미워하지는 않아. 세상에서 살아가고 있는 사람들의 일반적 삶의 모습을 좀 봐. 만일 당신이 그들의 모든 생각 가운데 하나님이 없다고 말한다면, 나는 당신의 말에 동의할 수 있어. 그러나 만일 당신이 그들이 하나님을 미워한다고 말한다면, 나는 결코 그 말을 받아들일 수 없어."

좋습니다. 그러면 당신은 사람들이 그 모든 생각 가운데 하나님이 없이 매일을 살아가는 사실이 무엇을 의미한다고 생각합니까? 그들의 생각 속에 실제적 적개심이 없다고 칩시다. 그러면 당신은 하나님을 사랑하는 어떤 사람에게 있어 365일을 하나님에 대해 전혀 생각하지도 않고 그를 기쁘시게 하고자 애쓰지도 않으며 그에게 가까이 다가가고자 바라지도 않으면서 지내는 것이 가능하다고 생각합니까? 나는 하나님과 관련하여 완전한 중립은 결코 가능하지 않다고 생각합니다. 오직 하나님을 사랑하는 것과 그를 미워하는 것이 있을 뿐입니다. 사랑이 없는 곳에 미움이 있을 뿐입니다.

만일 어떤 사람이 그리스도 안에서 자신에게 나타나신 하나님을 사랑하지 않는다면, 그는 하나님을 기쁘시게 하고자 애쓰지도 않고 그에 대해 생각하지도 않고 자신의 삶을 그의 말씀에 일치시키고자 노력하지도 않을 것입니다. 만일 순종이 사랑의 생기(生氣)인 것이 정말로 사실이라면, 불순종하거나 혹은 순종하지 않는 것은 적대감의 표현일 것이며 하나님에 대한 적대감은 그를 미워하는 것과 동일한 것입니다.

사랑하는 친구들이여, 나는 오늘 여러분이 자신의 마음 깊은 곳으로 내려가 다음과 같은 질문으로 스스로를 시험해 보기를 바랍니다. "나는 하나님을 기쁘시게 하는 일을 행하고 있나? 나는 그를 섬기기 위해 노력하고 있나? 그를 가까이 하는 것이 나에게 기쁨인가? 그에 대해 생각하는 것이 마치 광야의 샘이나 혹은 사막의 그늘 같은 즐거운 일인가? 나는 하나님을 나의 친구, 나의 집, 나의 모든 것으로 여기고 있나? 실제로 그렇지 않음에도 불구하고 나는 중립적이라고 생각하며 스스로를 속이고 있지 않나?" 하나님에 대한 관계에 있어 중립지대는 없습니다. 이쪽이든 저쪽이든 둘 중 하나입니다. "너희가 하나님과 재물을 겸하여 섬기지 못하느니라"(마 6:24). "그런즉 누구든지 세상과 벗이 되고자 하는 자는 스스로 하나님과 원수 되는 것이니라"(약 4:4).

4. 그 본질이 죄이며 또 미움이라고 좀 더 적절하게 부를 수 있는 무지는 전적으로 비합리적이며 이유 없는 것입니다.

"그러나 이는 그들의 율법에 기록된 바 그들이 이유 없이 나를 미워하였다 한 말을 응하게 하려 함이라"(25절). 우리는 여기에서 자신의 사랑에 대한 인간들의 보답이 너무나 비합리적이며 이유 없는 미움이라는 사실로 인한 주님의 깊은 탄식소리를 듣습니다. 그것은 뿌리 깊은 단절의 기초 위에 세워진 것이었습니다.

"이유 없이." 그렇습니다! 이러한 표현은 인간들의 역사 전체 가운데 가장 비합리적이며 신비로운 것은 바로 하나님이 그들을 위해 행하신 것에 대해 그들이 보답한 방식이라는 참으로 심오한 개념을 암시합니다. 옛 선지자 가운데 한 사람은 "너 하늘아 이 일로 말미암아 놀랄지어다"라고 외쳤습니다(렘 2:12). 어떤 이유도, 설명도, 변명도, 핑계도 댈 수 없는 가장 이상한 일은 하나님이 나를 사랑하셨음에도 불구하고 내가 그를 사랑하지 않는 것이며, 그리스도께서 나에게 그의 마음 전체를 쏟아 부으셨음에도 불구하고 내가 완악한 마음으로 그를 배척하는 것입니다.

"이유 없이." 십자가를 생각해 보십시오. 구주께서 고난을 당하시고 죽으셨을 때 그의 마음속에 있었던 사람들을 생각해 보십시오. 그럼에도 불구하고 우리가 그에 대해 어떻게 갚았는지 생각해 보십시오. 우리는 그것이 죄일 뿐만 아니라 또한 가장 불합리한 일임을 알고 스스로 부끄러워합니까? 한쪽에 이유 없는 사랑이 있습니다. 그리고 다른 쪽에 이유 없는 무관심이 있습니다. 이러한 두 힘은 '하나님의 무한한 사랑에 대한 사람들의 배척'이라는 신비 안에서 만납니다.

나의 친구들이여, 비합리적인 사람들에게서 떠나십시오. 자신의 태도에 대해 아무런 설명도 제시할 수 없는 사람에게서 떠나십시오. 은혜를 무관심으로 갚는 사람들로부터 나오십시오. 우리를 위해 죽으신 사랑에 대해 냉랭한 마음으로 갚는 사람들로부터 나오십시오. 그리고 그의 사랑이 여러분의 마음속에서 응답하는 불길로 타오르게 하십시오. 그러면 여러분은 오직 그리스도를 사랑하는 자들이 하나님을 알듯이 하나님을 알게 될 것입니다. 그리고 주님과의 상호결합의 감미로움 속에서 자아의 비참함을 면하게 될 것이며, 또한 십자가에 있는 그리스도를 보면서도 그 광경에 관심을 두지 않아서 그를 보낸 아버지의 무한한 애정과 거룩함을 배우지 못한 이들이 당하는 깊은 정죄에서 피하게 될 것입니다.

88
우리의 동맹군

"[26] 내가 아버지께로부터 너희에게 보낼 보혜사 곧 아버지께로부터 나오시는 진리의 성령이 오실 때에 그가 나를 증언하실 것이요 [27] 너희도 처음부터 나와 함께 있었으므로 증언하느니라"

요 15:26, 27

앞에서 주님은 자신과 자신을 따르는 자들에 대한 세상의 적대감에 대해 말씀하셨습니다. 또 주님은 본문에 뒤이어 나오는 말씀 속에서 세상의 적대감이 마침내 죽이는 데까지 이를 것이라고 말씀합니다(16:2). 그러나 여기에서 그는 어둠 가운데 한 줄기 빛을 비춥니다. 여기의 버려진 열두 명은 이렇게 말할 수 있었습니다. "주님은 곧 우리를 떠날 것이나이다. 그러면 어떻게 우리 홀로 이런 세상에 직면할 수 있겠나이까?" 그러나 여기에서 주님은 그들이 홀로 내버려지지 않을 것을 말씀하십니다. 그들에게 하늘의 갑옷을 입은 위대한 전사(戰士)가 올 것입니다. 그는 하나님으로부터 와서, 그들과 함께 하며, 그들에게 무기를 줄 것입니다. 그들은 그 무기로 세상을 정복하며, 세상을 친구로 바꿀 것입니다. 오직 그 무기로 그들은 세상의 미움에 직면해야만 합니다.

여기에서 우리는 다음과 같은 세 가지를 보게 됩니다. 세상과의 싸움 가운데 동맹군을 보내겠다는 위대한 약속, 그 동맹군이 감당하는 증언, 그로 말미암은 그리스도인들의 증언.

1. 첫째, 세상과의 싸움 가운데 동맹군을 보내겠다는 위대한 약속을 주목하십시오.

여기에서 그리스도께서 보내시는 위대한 전사(戰士)를 부르는 놀라운 호칭을 주목해 보십시오. 26절에서 그는 두 가지 이름으로 불리는데, 그것은 "보혜사"(Comforter)와 "진리의 영"(the Spirit of truth, 한글개역개정판에는 "진리의 성령"으로 되어 있음 — 역주)입니다. 뿐만 아니라 우리는 여기에서 그의 사명에 대한 이중적 묘사를 보게 됩니다. 그는 예수께서 "보내시는" 자이면서 동시에 하나님으로부터 "나오는" 자입니다. 그리고 마지막으로 우리는 여기에서 그가 어디로부터 오는지에 분명한 언급을 발견합니다. 그는 "아버지께로부터" 옵니다.

앞의 설교들 가운데 나는 이미 "보혜사"의 개념이 상당 부분 제한되고 좁아져서 이와 같은 큰 약속 전체를 망라할 수 없게 되었다고 설명한 바 있습니다. 그리스도께서 보내시는 보혜사는 단순히 사람들의 눈물을 닦아 주는 따뜻한 위로자가 아닙니다. 그는 그것보다 더 강한 영입니다. 본문에서 그를 묘사하는 단어는 "다른 사람의 곁에 서도록 부름 받은 자"를 의미하는데, 그 단어는 도움이 필요한 자에게 도움을 베풀기 위해 보냄을 받은 돕는 자(helper)의 개념을 전합니다. 오늘 본문 앞에 있는 구절들은 제자들이 어떤 도움을 필요로 하게 될지를 암시합니다. 그들은 이리 가운데 있는 양처럼 될 것입니다. 그러므로 스스로를 방어할 수 없는 그들은 보호자, 강한 목자를 필요로 하게 될 것입니다. 그들은 원수들 가운데 홀로 설 것입니다. 그러므로 그들 곁에 그들을 위해 싸우며, 그들의 방패가 되며, 그들을 격려하며, 그들의 안전과 평안이 될 자가 있어야만 합니다. 우리 곁에 서도록 부름 받은 보혜사는 이러한 특별한 상황들이 요구하는 특별한 도움을 베풀기 위해 옵니다. 그는 우리의 전사와 동맹군이 될 강한 영입니다. 세상의 적의가 거센 폭풍처럼 몰아친다 하더라도 또 우리를 미워하는 세상의 군대가 아무리 강하게 무장(武裝)한다 하더라도, 그가 우리 곁에 계시면서 우리를 도울 것입니다.

여기에 나타나는 또 하나의 호칭은 "진리의 영"입니다. 이러한 호칭이 의미하는 것은 그를 특징짓는 속성이라기보다 그가 잘 다루는 무기 혹은 그가 사용하는 도구입니다. 그의 도구는 "진리"입니다. 다시 말해서 예수 그리스도에 의해 보냄 받은 하나님의 영이 위로하는 자며, 격려하는 자며, 강하게 하는 자며, 우리를 위해 그리고 우리와 함께 싸우는 자인 것은 그가 위대한 진리의 주요 부분 즉 우리 주 예수 그리스도의 성육신과 사역 안에서 구체화된 하나님과 인간과 의무와 구원에 관한 완전한 계시로 인도하기 때문입니다. 그의 무기는 진리입니다. 바로 그 무기로 말미암아 그가 우리를 강하게 만듭니다.

계속해서 우리는 그 신적 전사(戰士)의 사명에 대한 이중적 묘사를 보게 되는데, 그는 예수께서 "보내시는" 자이며 또한 하나님께로부터 "나오는" 자입니다(26절).

전자(前者)와 관련하여, 나는 여러분에게 주님이 앞에서 성령을 자신의 이름으로 그리고 자신의 기도에 대한 응답으로 아버지께서 보내실 자로서 말씀하셨던 것을 일깨워주는 것으로 충분하다고 생각합니다(14:26). 본문의 "내가 너희에게 보낼"이라는 표현은 앞의 "아버지께서 보내실"이라는 표현과 결코 상충되지 않습니다. 도리어 그것은 아버지와 아들이 하나라는 성경의 심오한 가르침을 다시 한 번 확증합니다. 한 곳에서 아버지에게 돌려지는 일은 다른 곳에서 아들에게 돌려질 수 있습니다. 이와 관련하여 주님은 "아들이 아버지께서 하시는 일을 보지 않고는 아무것도 스스로 할 수 없나니 아버지께서 행하시는 그것을 아들도 그와 같이 행하느니라"라고 말씀하십니다(5:19). 삼위(三位)에 대해 말할 때, 우리는 그와 같은 개념이 무엇으로도 형언할 수 없는 존재에 대해 단지 부분적으로만 적용될 수 있을 뿐이라는 사실을 잊어서는 안 됩니다. 그것은 각 위(位) 사이의 절대적 분리를 의미하지 않습니다. 아버지께서 행하시는 일을 아들도 행합니다. 그러므로 성령은 아버지에 의해 보냄을 받으며 동시에 아들에 의해 보냄을 받습니다.

그러나 다른 한 편 우리는 성령을 단지 다른 존재에 의해 보냄을 받는 사자(使者, Messenger)로서만 간주해서는 안 됩니다. 그는 아버지께로부터 나옵니다. 여기의 "나오다"(proceed)라는 단어는 신학적 논쟁의 격전장이 되어 왔습니다. 그렇지만 나는 여기에서 그러한 것으로 여러분을 번거롭게 하고자 하지 않습니다. 왜냐하면 나는 여기에서 그것이 종종 논쟁의 대상이 되어 왔던 주제 즉 신적 본성의 영원한 깊음과 관련한 특별한 종류의 계시를 포함하지 않다고 생각하기 때문입니다. 다만 그것이 의미하는 것은 '세상 안으로의 성령의 역사적(歷史的) 오심'입니다. 아마도 여기에서 "나오다"(proceed)라는 단어가 선택된 것은 "보내다"(sent)라는 단어와의 대조를 위한 것입니다. 그렇다면 그것은 자발성의 개념 즉 성령 자신의 인격적 행동의 개념을 제시합니다. 그는 아버지에 의해 보냄을 받을 뿐만 아니라, 자신에게 부여된 사역(使役)으로 스스로 나옵니다.

여기에서 우리 주님이 "아버지께로부터"라는 표현을 두 번 반복하여 강조한 것을 주목해 보십시오. "내가 아버지께로부터 너희에게 보낼 보혜사 곧 아버지께로부터 나오시는 진리의 성령이 오실 때에." 여기에서 "께로부터"(from)로 번역된 단어는 그렇게 번역되는 통상적 단어가 아닙니다. 그것은 "'어디로부터 나온다'는 의미의 기원"을 가리키기보다 "'곁에' 혹은 '옆에'라는 의미의 위치"를 가리킵니다. 그러므로 그것은 성령께서 오시는 근원을 암시하기보다 아버지와 아들과 성령 사이의 형언할 수 없는 친밀한 연합을 암시합니다. 요약하면 이렇습니다. 여기에서 "그"라고 언급되는 인격은 예전부터 아버지 곁에 가까이 계셨던 신적 인격(divine Person)으로서, 그의 도구는 그리스도의 성육신과 생애의 사실들 안에서 구체화된 계시된 진리입니다. 그는 그리스도에 의해 그의 대리자로서 보냄을 받으며, 어떤 의미에서 그의 인격적 임재의 계속입니다. 그는 아버지로부터 오며, 진리로 인도하며, 그리스도에 의해 보냄을 받습니다. 그는 세상으로부터 미움을 받고 박해를 당하는 모든 그리스도인들 곁에서 그들의 전사(戰士)로서, 그들의 동맹군으로서, 그들의 영감(靈感)으로서, 그들의 능력으로서, 그들을 위해 싸웁니다. 이러한 사실은 가장 약한 자를 강하게 만들기에 충분하지 않습니까? 이것은 "우리를 사랑하는 자로 말미암아 넉넉히 이기는 자"로 우리를 만들기에 충분하지 않습니까? 어느 나라든 자신들의 군대 앞에서 싸우는 신(神)들의 전설(傳說)을 가지고 있습니다. 그들은 전쟁의 자욱한 연기 속에서 하늘의 전사들의 흰말들과 빛나는 갑옷을 보았습니다. 이와 같은 유치한 상상은 역사적 실재(實在)가 반영된 것입니다. 이와 같이 진리의 영이 우리 곁에서 우리를 위해 싸웁니다. 싸우는 자는 우리가 아닙니다. 그것은 우리 안에서 싸우는 하나님의 영입니다.

2. 둘째, 성령의 증언을 주목하십시오.

"내가 아버지께로부터 너희에게 보낼 보혜사 곧 아버지께로부터 나오시는 진리의 성령이 오실 때에 그가 나를 증언하실 것이요"(26절). 여기에서 우리는 특별히 "너희에게"라는 짤막한 구절을 주목할 필요가 있습니다. 그것은 여기에서 우리 주님이 생각하고 계셨던 증언이 세상 전체에 대하여서가 아니라 그리스도인 신자들에 대하여 행해지는 것이라는 사실을 말해줍니다. 물론 예수 그리스도 이전에도 성령께서 활동하고 계셨다는 것은 분명한 사실입니다. 오래 전에 그는 혼돈과 흑암 위에 운행하고 계시면서, 혼돈을 질서로 흑암을 빛으로 흉함을 아름다움으로 바꾸셨습니다(창 1:2). 그와 마찬가지로 오늘날에도 그는 인간의 모든 영역 위에서 운행하고 계십니다. 이것은 매우 위대한 사실이기는 하지만 그러나 여기에서 말하는 것은 아닙니다. 여기에서 말하는 것은 그리스도인들 안에서 그리고 그들에 대하여 행하여지는 어떤 것입니다. 그것은 그들을 통해 세상에서 행하여지는 어떤 일이 아니라 그들 자신들을 위해 그들 안에서 행하여지는 어떤 일입니다. "그가 — 너희에게 — 나를 증언하실 것이요."

우리는 이러한 말씀이 최초로 그리고 특별하게 적용되는 대상은 바로 여기의 소수의 제자들이라는 사실을 주목할 필요가 있습니다. 예수 그리스도께서는 이제 곧 떠나실 것이었습니다. 그러므로 여기의 제자들은 극도의 낙망과 두려움 그리고 우울한 마음 가운데 빠질 수밖에 없었습니다. 그의 십자가와 부활 사이의 기간 동안 그들은 완전히 낙망하며 풀이 죽어 있었습니다. 그리스도께서 세상에 계시는 동안 그들의 협소한 이해력과 여러 가지 오류들을 — 도덕적으로든 지식적으로든 — 생각해 보십시오. 그리스도께서 말씀하신 것들에 대해 그들은 얼마나 적게 깨달았습니까!

그들의 어리석은 질문들이 잘 보여주는 것처럼 말입니다. 그들은 그의 영(靈)을 얼마나 적게 마셨습니까! 서로 높은 자리를 차지하겠다는 그들의 이기적 다툼이 잘 보여주는 것처럼 말입니다. 그들은 그들의 형제들과 똑같은 유대인들일 뿐이었습니다. 물론 그들은 예수 그리스도가 메시야임을 믿었습니다. 그러나 그들은 자신들이 믿은 것이 무엇인지 혹은 그가 어떤 종류의 메시야인지 알지 못했습니다. 그럼에도 불구하고 그들은 그를 사랑했으며, 그에 의해 인도함을 받았습니다. 그리하여 그들은 그리스도께서 보내실 성령에 의해 더 광활한 영역으로 나아갈 것입니다.

여기의 쪼그라든 난쟁이들을 불과 6주 만에 거인으로 만든 것은 무엇이었습니까? 도대체 무엇이 그들을 그토록 담대하며 당당하게 만들었습니까? 그것은 다름 아닌 바로 여기의 보혜사, 진리의 영이었습니다. 바로 이것이 그들을 갑자기 영웅처럼 떨치고 일어나도록 만들었으며, 그들을 급속히 성숙시켰습니다. 마치 적도의 뜨거운 햇빛이 열매와 꽃을 급속히 성숙시키는 것처럼 말입니다. 물론 예수 그리스도의 부활과 승천이 이러한 변화에 큰 영향을 끼쳤습니다. 그러나 그것이 전부가 아니었습니다. 여기의 제자들에게 나타난 특별한 변화에 대한 유일한 설명은 이것입니다 — 사실로서의 예수 그리스도의 부활과 승천 그리고 그에 대한 해석자로서의 오순절에 임한 성령. 마침내 그가 오셨습니다. 그로 말미암아 약한 자는 강하여졌으며, 어리석은 자는 지혜로워졌으며, 소경은 눈을 뜨게 되었습니다. 그와 함께 그들은 자신들의 연약한 손으로 만지고 미약한 눈으로 본 것이 무엇인지 비로소 깨닫기 시작했습니다. 그는 그들 안에서 역사(役事)하는 가운데 그리스도의 생애와 관련하여 그들이 아는 것을 그들에게 해석해 주었습니다. 바로 이것이 그들이 변화한 이유였습니다. 그리고 신약은 이러한 변화의 산물입니다. 성령은 그리스도의 생애의 진리를 사용하여 그들을 가르쳤으며, 그 결과가 우리가 가지고 있는 서신들입니다. 또한 하나님의 영은 그러한 서신들을 도구로 사용하여 그리스도에 대한 우리의 깨달음을 심화시키며, 그에 대한 우리의 지식의 폭을 확장시킵니다.

물론 본문의 약속이 일차적으로 여기의 소수의 제자들에게 적용되는 것은 분명한 사실입니다. 그러나 사랑하는 친구들이여, 우리는 그 약속이 이차적으로 여전히 우리 각자에게 적용된다는 사실을 잊어서는 안 됩니다. 왜냐하면 만일 여기의 위대한 말씀이 보편적 함의(含意)를 갖지 않는다면, 실제로 그것은 우리에게 아무것도 아니기 때문입니다. 그렇다면 그것은 기독교회와 관련하여 영원한 진리를 나타내는 것이 아닐 것입니다. 그러므로 여기의 약속은 모든 그리스도인들에게 주는 보편적 선물입니다. 성령은 그들 안에서와 마찬가지로 우리 안에서도 내주하시며 말씀하십니다.

그러면 하나님의 영은 우리 안에서 무엇을 말씀합니까? 그는 우리에게 예수 그리스도에 대한 더 깊은 지식을 가르치실 것입니다. 그는 우리로 하여금 그리스도가 누구인지 더 잘 깨닫도록 도우실 것입니다. 그는 우리에게 그리스도의 사역의 전체 범위를 더 풍성하게 나타내실 것입니다. 그는 우리에게 신앙과 도덕과 정치와 사회와 시간과 영원에 대한 무한한 진리를 점점 더 풍성하게 나타내실 것입니다. "하나님이 세상을 이처럼 사랑하사 독생자를 주셨으니 이는 그를 믿는 자마다 멸망하지 않고 영생을 얻게 하려 하심이라"(요 3:16). 바로 이것이 하나님의 영이 모든 신자들의 마음에 해석하는 진리의 요약입니다. 우리는 성령의 역사(役事) 가운에 이러한 진리를 깨닫고 그리스도인이 됩니다. 그러나 시간이 흐르는 가운데 우리의 개인적 삶 가운데 새로운 문제들과 새로운 역경들과 새로운 상황들이 펼쳐집니다. 그러는 가운데 우리는 처음에 생명과 구원으로서 희미하게밖에는 이해하지 못했던 진리들을 새롭고 더 풍성하게 발견하게 됩니다. 처음에는 생각도 하지 못했던 새로운 지혜와 새로운 깊이와 새로운 의미를 발견하게 되는 것입니다. 이와 같이 그리스도를 증언하며 우리로 하여금 진리를 더 잘 깨닫도록 돕는 성령의 오심과 관련한 여기의 약속은 그 자리에 있던 몇 명의 제자들만을 위한 것이 아니라 궁극적으로 모든 그리스도인들을 위한 것입니다.

나아가 그리스도의 깊음과 보배로움에 대한 이러한 내적 증거가 적대적 세상에 대항하는 우리의 참된 무기라는 사실을 주목하십시오. 방 안에 있는 작은 촛불은 나로 하여금 밖의 어둠에 대해 두려워하지 않도록 만들어줄 것입니다. 이와 같이 만일 나의 마음속에 예수 그리스도가 누구이며 그가 나를 위해 무슨 일을 행하셨으며 또 무슨 일을 행하실 것인지에 대한 내적 경험과 확신이 있다면, 밖에서 아무리 요란한 폭풍이 몰아칠지라도 나는 결코 요동하지 않을 것입니다.

빈 깡통을 취하여 힘껏 눌러 보십시오. 그러면 그것은 곧 찌그러질 것입니다. 그러나 그것을 모래 따위와 같은 것으로 가득 채워 보십시오. 그러면 그것은 모든 압력을 견딜 것입니다. 이와 같이 그리스도에 대한 지식과 그의 감미로움에 대한 개인적 경험을 증가시켜 보십시오. 그러면 우리는 어떤 압력에도 결코 쪼그라들지 않은 채 당당하게 서게 될 것입니다.

사랑하는 친구들이여, 의심의 시대를 살아가는 우리에게 참된 평온의 비밀이 바로 여기에 있습니다. 내 마음속에 신적 음성이 울리게 하십시오. 그러면 나는 어떤 의심 앞에서도 "내가 믿는 자를 내가 아노라"라고 확실하게 말할 수 있을 것입니다(딤후 1:12). 또 그럴 때 우리는 다음과 같이 말할 수 있습니다. "어떤 반론이든 말해 보라. 나는 신적 음성이 나의 가장 깊은 곳에서 항상 나에게 말하고 있다는 사실을 확실하게 아노라. 하나님의 아들이 오셔서 우리로 하여금 그를 알 수 있도록 우리에게 이해력을 주신 것은 확실한 사실이다. 우리가 그 안에 있다는 것은 확실한 사실이다." 적대적 세상에 대항하여 스스로를 강하게 하기 위해 이러한 내적 확신을 굳게 붙잡으십시오.

그러나 우리 영혼 안에서 이러한 음성이 울리는 데에는 몇 가지 조건이 있다는 사실을 기억하십시오. 하나는 우리가 하나님의 영이 사용하는 도구 즉 "진리"에 동참하는 것입니다. 만일 우리가 성경을 읽지 않는다면, 성경 속에 있는 말씀들이 내적 경험에 의해 우리에게 해석되고 실제화 되는 것을 기대해서는 안 됩니다. 여러분은 일상의 경험에 의해 보증되고 확증되는 믿음을 갖기를 원합니까? 그렇게 되는 유일한 방법은 여러분이 성령께서 사용하는 진리를 사용하는 것입니다. 여러분 자신을 신적 진리의 거대한 몸체와 계속적으로 접촉시키십시오. 그러면 여러분이 원하는 것을 갖게 될 것입니다.

뿐만 아니라 도덕적 훈련 역시 필요합니다. 게으름, 세속주의, 보이는 것들에게 마음을 빼앗기는 것, 스스로를 속이는 것, 편견, 믿음의 기초를 사람이나 책 등 이차적 원천 위에 세우는 것 — 이 모든 것들은 우리로 하여금 성령의 음성을 듣지 못하도록 방해합니다. 잡다한 소리들로부터 돌이키십시오. 스스로 서십시오. 그리고 성경을 취하여 읽으십시오. 그것을 묵상하십시오. 그리고 성경이 말하는 주님께 가까이 다가가십시오. 그러면 진리를 사용하는 성령께서 진리를 사용하셔서 여러분을 강하게 만드실 것입니다.

3. 마지막으로, 그리스도인들의 증언을 주목하십시오.

"너희도 처음부터 나와 함께 있었으므로 증언하느니라"(27절). 여기에서 "너희도"(ye also)라는 표현을 주목해 보십시오. 두말할 것도 없이 여기의 "도"(also)는 사도들의 증언을 주님의 역사적 나타남, 그의 생애, 그의 죽음, 그의 부활, 그의 승천의 사실들과 직접적으로 연결시킵니다. 그러므로 증언자로서의 그들의 자격은 단지 "그와 함께 있었던 것"이었습니다. "우리는 그와 함께 있으면서 보고 들은 것을 말하노라."

여기에서 나는 다시 한 번 이러한 말씀이 사도들에게만 해당되는 것이 아니라는 사실을 강조하고 싶습니다. 그것은 우리 모두에게 해당됩니다. 그러므로 여기에 기독교회의 모든 지체들의 임무가 있습니다. 그들은 성령의 증언을 받으며, 세상에서 그리스도를 증언하는 증인들입니다.

여기에서 우리가 해야만 하는 일을 주목하십시오. 그것은 증언하는 일입니다. 우리는 논증하지도 않고, 화려하게 꾸미지도 않습니다. 우리는 다만 증언할 뿐입니다. 또 우리가 무엇을 증언해야 하는지 주목하십시오. 그것은 예수 그리스도의 역사적(歷史的) 생애의 사실이 아닙니다. 왜냐하면 우리는 그것을 증언할 위치에 있지 않기 때문입니다. 그것은 그의 능력과 보배로움의 사실과, 그가 우리를 위해 행하신 일에 대한 우리 자신의 경험입니다. 바로 이것이 세상을 이기는 가장 강력한 힘이라는 사실을 주목하십시오. 여러분이 사람들에게 "우리가 메시야를 만났노라"라고 말한다고

해서 그들이 화를 내지는 않을 것입니다. 여러분이 사람들에게 다음과 같이 말한다고 해서 그들이 격분하지는 않을 것입니다. "형제여, 나로 하여금 당신에게 나의 경험을 말하게 허락하라. 나는 어둠과 죄와 슬픔과 연약함과 고통과 외로움 가운데 있었노라. 그러나 이제 나는 빛과 기쁨과 죄사함과 강함과 교제와 즐거운 소망을 얻었도다. 나는 소경이었었노라. 당신은 내가 소경이었던 것을 기억할 것이라. 나는 성전 밖에 앉아 구걸하고 있었노라. 나는 소경이었다가 이제는 보노라. 자, 내 눈을 보라." 우리 모두 이와 같이 말할 수 있습니다. 이것이 증언입니다. 여기에는 말을 잘 하는 재주나 비범한 재능이 필요치 않습니다. 오직 경험과 정직함만이 필요할 뿐입니다. 생명의 말씀을 맛보고 느낀 사람은 누구든지 형제에게 가서 이렇게 말할 수 있습니다. "형제여, 나는 먹고 배부름을 얻었노라. 당신도 그렇게 하지 않으려는가?" 우리 모두 그렇게 말할 수 있으며, 그렇게 말해야 합니다. 그리스도인은 성령으로부터 증언을 받는 특권을 가지며, 그것은 곧바로 세상에 증언하는 의무로 이어집니다. 바로 이것이 불경건한 세상의 적의에 대항하여 싸우는 우리의 유일한 무기입니다. 우리는 이것으로 말미암아 사람들을 얻을 수 있으며, 이것 외에는 그 어떤 것으로도 사람들을 얻을 수 없습니다. "나 여호와가 말하노라 너희는 나의 증인, 나의 종으로 택함을 입었나니"(사 43:10). 사랑하는 친구들이여, 다음과 같이 말씀하시는 주님의 음성에 귀를 기울이십시오. "누구든지 사람 앞에서 나를 시인하면 나도 하늘에 계신 내 아버지 앞에서 그를 시인할 것이요 누구든지 사람 앞에서 나를 부인하면 나도 하늘에 계신 내 아버지 앞에서 그를 부인하리라"(마 10:32, 33).

89
내가 이것을 너희에게 이름은

"[1] 내가 이것을 너희에게 이름은 너희로 실족하지 않게 하려 함이니 [2] 사람들이 너
희를 출교할 뿐 아니라 때가 이르면 무릇 너희를 죽이는 자가 생각하기를 이것이
하나님을 섬기는 일이라 하리라 [3] 그들이 이런 일을 할 것은 아버지와 나를 알지 못
함이라 [4] 오직 너희에게 이 말을 한 것은 너희로 그 때를 당하면 내가 너희에게 말
한 이것을 기억나게 하려 함이요 처음부터 이 말을 하지 아니한 것은 내가 너희와
함께 있었음이라 [5] 지금 내가 나를 보내신 이에게로 가는데 너희 중에서 나더러 어
디로 가는지 묻는 자가 없고 [6] 도리어 내가 이 말을 하므로 너희 마음에 근심이 가
득하였도다"

요 16:1-6

우리 주님의 마지막 말씀의 각 부분들은 마치 물이 흐르는 것처럼 단절됨이 없이 서로 이어지는데, 이러한 사실은 단락을 나누려는 모든 시도를 다소간 불만족스럽고 인위적인 것으로 만듭니다. 그렇지만 나는 오늘의 본문을 하나의 단락으로 묶어 살피고자 합니다. 왜냐하면 본문 가운데 반복적으로 나타나는 하나의 구절이 본문의 주된 주제를 이해하는 열쇠를 제공해 주기 때문입니다. 여기에서 주님이 "내가 이것을 너희에게 이름은" 이라는 말씀을 약간씩 형태를 달리 하여 네 번 반복하는 것을 주목하십시오(1절에서 한 번, 4절에서 두 번, 6절에서 한 번). 주님은 여기에서 자신의 말씀에 무엇인가 새로운 것을 더하려고 하기보다, 지금 이것을 말하는

이유와 전에는 말하지 않았던 이유와 제자들의 불완전한 이해 등에 대해 이야기합니다. 여기는 위를 향해 오르는 계단 가운데 일종의 잠깐 쉬는 지점과 같습니다. 여기에서 주님은 자신이 전에 했던 말에 대해 스스로 생각하는 가운데 우리로 하여금 자신과 함께 생각하도록 초청합니다. 물론 주님이 여기에서 세상의 적의와 관련된 앞의 경고를 좀 더 강렬한 형태로 다시금 반복하는 것은 분명한 사실입니다. 그럼에도 불구하고 본 단락의 주된 주제는 앞에서 지적한 것처럼 여기에서 네 번 반복되는 구절과 관련됩니다. 어쨌든 여기에서 주님이 말씀하시는 것에 귀를 기울여 보도록 합시다.

1. 첫째, 여기에 이 말을 하는 주님의 특별한 이유가 있습니다.

이것은 두 번 반복하는 형식으로 주어집니다. "내가 이것을 너희에게 이름은 너희로 실족하지 않게 하려 함이니"(1절). 그리고 또 다시 "오직 너희에게 이 말을 한 것은 너희로 그 때를 당하면 내가 너희에게 말한 이것을 기억나게 하려 함이요"(4절). 이러한 두 언급은 본질적으로 동일한 개념을 가리킵니다.

주님은 이와 같이 두 번 반복함으로써 제자들에게 앞으로 펼쳐질 두려운 일을 강조적으로 예고합니다. 그는 자신의 제자들을 미워하는 세상과 배교한 유대교회를 동일시합니다. 제자들에게 "회당"(synagogue)은 곧 "세상"입니다(한글개역개정판 2절에 "출교할"이라고 되어 있는 것이 KJV에는 "회당으로부터 쫓아낼"이라고 되어 있음 — 역주). 여기에는 매우 심각한 교훈이 있습니다. 그것은 스스로를 하나님의 교회 혹은 하나님의 집이라고 부르는 조직체가 그리스도의 백성들을 박해하는 가장 광포한 원수가 될 수 있으며, 그리고 그럴 때 그것은 그리스도에 의해 "세상"이라고 불릴 수 있는 것입니다. 형식적 교회는 항상 "세상"이었으며, 지금도 마찬가지입니다. 그러한 조직체는 그리스도를 따르는 자들에게 가장 잔인한 일을 행하면서, 그것을 하나님을 섬기는 일이라고 생각합니다(2절). 종교 재판관과 그의 판결에 의해 화형대에 오른 순교자가 하늘에서 서로 악수하게 되는 것은 충분히 가능할 수 있습니다. 그럼에도 불구하고 어쨌든 "세상"이 된 교회는 예수 그리스도의 참된 제자들을 박해하면서 그것을 하나님을 섬기는 일이라고 생각하며 그들을 화형에 처하는 것을 믿음의 행동이라고 부를 것입니다. 그러나 스스로를 하나님의 백성이라고 부름에도 불구하고, 그들은 실상 하나님도 알지 못하고 그리스도도 알지 못합니다. 그들이 하나님을 알지 못하는 것은 그리스도를 알지 못하기 때문입니다.

그러나 이것은 본 단락의 부차적 주제에 불과합니다. 그러므로 이에 대해서는 더 이상 다루지 않고자 합니다. 이제 우리의 주의(注意)를 그리스도께서 여기에서 직접적으로 말씀하시는 이유에 집중시키도록 합시다. "이는 너희로 실족하지 않게 하려 함이니." 그는 제자들에게 장차 다가올 폭풍에 대해 예고하면서 폭풍이 휘몰아칠 때 그것에 휩쓸려 들어가지 않도록 준비 작업을 하고 계십니다. 메시야 문제와 관련하여 회당과 서로 불합(不合)할 때, 그들의 믿음에 심각한 의심이 생길 수 있었습니다. 보통 사람이라면 자연스럽게 이렇게 말할 것입니다. "어쩌면 그들이 맞고 내가 틀릴는지도 몰라." 겁이 많은 사람은 틀림없이 이렇게 말할 것입니다. "내 생각을 접고 다수의 의견을 따르는 것이 좋겠어." 여기의 최초의 유대인 회심자들에게 있어, 그리스도에 대한 대부분의 다른 유대인들의 태도는 오늘날 우리가 상상할 수 없을 정도로 큰 걸림돌이 될 것입니다. 그리스도는 말씀하십니다. "너희가 대부분의 다른 유대인들과 서로 불합함으로 말미암아 일어나는 이와 같은 의심과 배교의 유혹을 극복할 유일한 방법은 그 일이 일어나기 전에 그와 같은 일이 있을 것이라는 나의 말을 회상하는 것이니라."

이 모든 말씀은 물론 여기의 첫 제자들에게 특별한 의미를 가지면서, 어쩔 수 없이 박해의 시대에 살게 될 그리스도인들에게 이차적 의미를 가집니다. 그러나 동시에 우리는 그것이 모든 그리스도인들에게 보편적 의미를 갖는다는 사실을 잊어서는 안 됩니다. 왜냐하면 만일 여러분과 내가 그리스도인으로서 우리 주님처럼 살고자 애쓴다면, 우리 역시도 종종 어떤 진리와 관련하여 소수파가 되어 반대 입장을 가진 대다수의 사람들에 의해 둘러싸이기 때문입니다. 그럴 때 우리는 비틀거리면서 이렇게 생각하게 됩니다. "그래, 어쨌든 나는 입을 다물고 있는 것이 좋겠어."

뿐만 아니라 본문의 원리는 우리가 그리스도인으로서 신실한 삶을 살고자 할 때 부딪힐 수 있는 시련과 위험과 반대와 관련해서도 직접적으로 적용할 수 있습니다. 주님은 그와 같은 상황에서 우리가 실족하지 않도록 그 모든 것에 대해 미리 말씀하십니다. 그때를 당하여 우리가 그 말을 기억하도록 말입니다.

예수 그리스도께서 새로운 병사들을 부름에 있어 축복과 기쁨의 화려한 장밋빛 약속을 주지 않는 것은 기독교의 특징들 가운데 하나입니다. 그는 처음에 우리에게 분명하게 말씀하십니다. "만일 너희가 나의 멍에를 메고자 한다면, 너희는 무거운 짐을 져야만 할 것이라. 너희가 좋아하는 많은 것들을 버려야 할 것이라. 너희의 육체가 좋아하지 않는 많은 일들을 행해야만 할 것이라. 길은 험하며, 벽은 높도다. 울타리 너머에는 아름다운 꽃들과 푸른 초장이 있도다. 그러나 그 길은 너희가 걸어갈 길이 아니라. 너희의 길은 좁으며 문은 협소하도다. 더욱이 그 길은 위를 향해 뻗어 있어 걷기에 숨이 찰 것이라. 너희는 이 모든 조건을 받아들이고 이 길로 나아올 것이냐?"

즐거움과 편안함으로 회유하는 것보다 위험과 시련과 역경을 솔직하고 충분하게 이야기해 주는 것이 훨씬 더 낫지 않습니까? 예수 그리스도는 거짓으로 사탕발림을 하지 않을 것입니다. 그는 처음에 우리가 그의 병사가 될 때 감수해야 할 시련과 역경과 반대와 고난과 고통을 이해하도록 하십니다. "우리가 하나님의 나라에 들어가려면 많은 환난을 겪어야 할 것이라"(행 14:22).

만일 "이 모든 것에 대해 주님이 우리에게 이미 다 말씀해 주셨어"라고 생각할 수 있다면, 우리는 그 모든 시련과 역경을 가장 잘 직면하고 극복할 수 있을 것입니다. 장차 있게 될 고난을 미리 예상할 때, 우리는 그것을 훨씬 더 쉽게 직면할 수 있습니다. 태풍이 불 것을 미리 예상하고 모든 준비를 갖출 때, 배는 담대하게 대양을 향해 나아갈 수 있을 것입니다. 미리 경고하는 것은 미리 무장(武裝)하는 것입니다. 일식(日蝕)에 대해 미개인들은 늑대가 해를 삼켰다고 생각했습니다. 그러나 우리는 일식을 미리 계산할 수 있습니다. 그리고 내일 일식이 있을 것을 압니다. 마침내 일식이 생길 때, 우리에게 그것은 단지 잠깐 지나가는 어둠에 불과할 뿐입니다. 장차 있을 고난을 미리 예상할 때, 그 고난은 이미 절반은 극복된 것입니다. 마침내 그날이 올 때, 우리는 마치 이상한 일이 생긴 것처럼 당황하지 않을 것입니다. 주님이 그 모든 것에 대해 이미 말씀하신 것을 기억할 때 말입니다.

또 이런저런 고난들이 미리 예고될 때, 그것은 우리로 하여금 우리의 인도자를 더욱 신뢰하도록 만듭니다. 우리는 지도를 가지고 있습니다. 우리는 그 위에 '물이 없는 지대' '길이 없는 바위지대' '사막과 모래' '샘물과 종려나무' 등이 표시되어 있는 것을 봅니다. 마침내 우리는 그곳에 갑니다. 지도에 표시되어 있는 것처럼 그곳은 '물이 없는 지대'입니다. 우리는 계속 앞으로 나아갑니다. 그리고 모든 것이 지도에 표시되어 있는 그대로임을 발견합니다. 그러면 우리는 스스로에게 "앞으로 남아 있는 길도 마찬가지일거야"라고 말합니다. 만일 오늘 우리가 쓴 물이 있는 "마라"에 있다면, 내일은 열두 우물과 칠십 주의 종려나무가 있는 "엘림"에 있게 될 것입니다. 지도는 정확합니다. 그리고 그 지도는 그 길의 끝에 "젖과 꿀이 흐르는 땅"이 있다고 말합니다. 주님은 우리에게 이러저러할 것이라고 미리 말씀해 주셨습니다. 만일 또 다른 일이 있을 것이면, 주님은 그것 또한 말씀해 주셨을 것입니다. "그렇지 않으면 너희에게 일렀으리라"(14:2). 이런저런 고난들이 미리 예고될 때, 그것은 인도자에 대한 우리의 믿음을 심화시킵니다.

만일 모든 고난과 시련이 주님이 말씀하신 대로 임한다면, 그것은 분명 그의 뜻에 따라 오는 것일 것입니다. 여기의 문맥에서 그리스도는 매우 의미 있는 단어를 사용하십니다. "그때를 당하면"(when their hour is come).

"그때"는 문자적으로 "그것들의 시간"(their hour)을 의미하는데, 이는 그것들에게 할당된 시간을 말하는 것입니다. 그러면 누가 할당했단 말입니까? 그것은 그리스도 자신입니다. 그것들이 임할 것이라고 말할 수 있었던 것은 그가 그러한 일들을 도구로 사용하시기 때문입니다. "그때"는 그의 목적에 따라 그가 정한 때입니다. 모든 종류의 날씨들이 모여 한 해(a year)를 만듭니다. 그리고 모든 종류의 날씨들이 지나가고 난 후, 한 해의 결과가 실현되며 고요함이 옵니다. 두려움과 승리를 동시에 말하는 다음과 같은 옛 찬송시를 보십시오. 그것은 여기의 우리 주님의 말씀의 참된 의미를 잘 표현하지 않습니까?

"궁핍이나 환난이나
유혹이나 고통에 대해
나는 결코 불평하지 않으리.
주님은 그런 것들이 많이
있을 것이라고 말씀하셨다네."

"내가 이것을 너희에게 이름은 너희로 실족하지 않게 하려 함이니."

2. 둘째, 여기에 또한 전에는 말씀하지 않은 것에 대한 이유가 있습니다.

"처음부터 이 말을 하지 아니한 것은 내가 너희와 함께 있었음이라"(4절). 물론 초창기에도 주님은 박해와 시험에 대해 어떤 때는 암시하기도 하고 어떤 때는 분명하게 언급하기도 했습니다. 우리는 본 문맥의 "이런 일들"을 여기의 문맥 가운데 언급되는 이야기들로만 한정해서는 안 됩니다(3절). 그렇게 하는 대신 앞 장 전체를 포함시켜야 합니다. 거기에서 주님은 자신의 종들이 참된 빛 가운데 감당해야만 하는 적의(敵意)와 고난을 자신과의 연합의 결과로 제시합니다. 주님과 그의 종들은 그 생명과 운명에 있어 마치 포도나무와 가지가 하나로 연합된 것처럼 그렇게 연합되어 있습니다. 우리 주님은 초창기에 세상의 적의에 대해 체계적이며 자세하게 말씀하지 않고 그것을 마지막 순간까지 유보하셨습니다. 그가 그와 같이 체계적으로 가르치지 않고 단지 지나가는 암시로만 말씀한 이유는 그가 그들과 함께 계셨기 때문이었습니다. 그들에게 임할 수 있는 모든 위해(危害)로부터 그가 그들을 지킬 것이었습니다. 여기에서 우리는 그가 자신의 종들을 지키는 자신의 능력을 완전하게 신뢰하고 있음을 발견합니다. 그는 제자들을 보호하는 자신의 넓은 옷깃을 활짝 펼칩니다. 그 자신의 비유를 사용할 때 "암탉이 그 새끼를 날개 아래에 모음 같이" 그는 자신의 제자들을 자신의 품으로 모으고 그들을 따뜻하고 안전하게 지킵니다(마 23:37). 그가 그들과 함께 있는 한, 어떤 위해(危害)도 그들에게 임할 수 없었습니다. 그러나 그는 곧 떠날 것입니다. 그러므로 지금은 분명하게 말할 때입니다.

사랑하는 형제들이여, 이러한 사실은 그들에게 뿐만 아니라 우리에게도 똑같이 적용됩니다. 우리에게도 역시 고난과 역경은 대부분 그것이 가까워질 때까지 감추어집니다. 그리스도에게 있어 자신의 사역 초창기에 그에 대해 자세하게 이야기할 필요는 없었습니다. 제자들은 예컨대 그의 죽음과 부활에 관한 그의 분명한 말씀들에 대해 종종 너무나 쉽게 잊기도 하고 또 오해하기도 했습니다. 어떤 말이 효과가 있기 위해서는 듣는 귀가 준비되어야만 합니다. 성경의 어떤 가르침에 대해 우리가 그것을 경험으로 깨달을 때까지 그것이 우리에게 흑암의 영역으로 남아 있는 경우는 매우 흔한 경우입니다. 옛 그리스인들은 한 군대로부터 다른 군대로 메시지를 보낼 때 종종 봉(棒) 주위로 나선형(螺旋形)으로 비틀어진 양피지 두루마리를 사용하곤 했습니다. 그에 상응하는 봉으로 다시 비틀지 않고는 읽을 수 없도록 말입니다. 그리스도의 메시지들 가운데 많은 것들 역시 이와 비슷합니다. 주님의 어떤 말씀에 대하여 이후의 삶 가운데 그것을 이해할 수 있는 새로운 경험의 봉(棒)이 마련된 연후에야 비로소 그것의 의미가 밝히 드러나는 것입니다. 그때 우리는 즉시로 이렇게 말하게 될 것입니다. "그가 전에 우리에게 이 모든 것을 말씀해 주셨도다. 지금까지 내가 그것을 거의 깨닫지 못하더니 이제야 비로소 깨닫는도다."

우리에게 다가오는 일에 대하여 점진적으로 베일이 벗겨지는 것이나 혹은 우리 앞에 놓여 있는 길에 대하여 짧게 밖에는 보지 못하는 것은 결코 나쁜 일이 아닙니다. 도리어 그것은 좋은 일이며 주님의 긍휼입니다. 여러분은 스스로에게 이렇게 말해본 적이 없습니까? "만일 내가 전에 이 모든 것을 알았다면, 틀림없이 나는 이 일에 직면할 수 없었을 거야." 드러나는 것 가운데 감추어지는 것이 있다는 것은 결코 나쁜 일이 아닙니다. 그리스도께서 일반적 말로 고난과 시련을 예상해야 한다고 말씀하셨음에도 불구하고 우리가 특별한 형태의 고난과 시련을 — 그것이 우리에게 다가올 때까지 — 내다보지 못한 것은 꼭 나쁜 일이 아닙니다. 고난이나 시련과 관련하여, 우리는 주님이 분명하게 말씀해 주신 것으로 인해서 감사할 수 있고 때로 말씀해 주지 않은 것으로 인해서 감사할 수 있습니다.

여기에서 우리는 또 하나의 교훈을 취할 수 있습니다. 그것은 우리의 모든 삶 가운데 주님과의 친밀하며 복된 교제의 시간들이 충분히 있어야만 한다는 것입니다. 그럴 때 그가 우리와 함께 계신다는 의식(意識)으로써 미래의 고난과 시련에 관한 모든 생각을 사라지게 만들 것입니다. 만일 여기의 제자들이 그리스도와 함께 있는 동안 그의 영을 충분히 마셨다면, 그들은 그가 떠날 때 그토록 당황하며 어쩔 줄 모르지 않았을 것이었습니다. 그가 그들과 함께 계시는 동안, 그들은 미래의 불확실한 일에 매이는 대신 더 나은 일 즉 그의 생명으로 자란다든지 혹은 그의 임재의 감미로운 포도주를 마신다든지 혹은 그의 성품의 모양으로 자란다든지 혹은 그와의 교제를 좀 더 충분하게 실현하는 등의 일을 할 수 있었습니다. 사랑하는 형제들이여, 이와 같이 우리는 그리스도와의 감미로운 교제의 시간을 더 많이 가질 필요가 있습니다. 그럴 때 미래는 고요함 가운데 찬란하게 빛날 것입니다. 아니, 그렇다기보다 현재가 너무도 복되어서 미래에 대해 생각할 필요가 없을 것입니다. 다락방에 있던 여기의 제자들을 생각해 보십시오. 만일 그들이 여기에서 주님이 가르친 모든 교훈을 깨달았다면, 겟세마네 동산에서 잠에 곯아떨어지고 대제사장의 뜰에서 거짓말을 하며 놀란 양들처럼 십자가로부터 도망치며 그의 죽음으로 인해 절망에 빠졌겠습니까? 우리도 마찬가지입니다. 만일 여러분과 내가 그와 함께 식탁에 앉아 하늘의 만나를 먹고 마신다면, 우리는 "그 음식물의 힘을 의지하여 사십 일을 광야로 나아가면서" 이렇게 말할 것입니다(왕상 19:8).

"내일 일은 알지 못하도다.
다만 오늘 주와 함께 나아갈 것이라."

3. 마지막으로, 여기에서 주님의 말씀에 대한 불완전한 이해가 제자들을 기쁨 대신 근심으로 이끄는 것을 주목하십시오.

"지금 내가 나를 보내신 이에게로 가는데 너희 중에서 나더러 어디로 가는지 묻는 자가 없고 도리어 내가 이 말을 하므로 너희 마음에 근심이 가득하였도다"(5, 6절). 주님은 그들에게 자신의 떠남에 대해 말씀하고 계셨습니다. 그러면 그들은 무엇이라고 말했습니까? 그들은 이렇게 말했습니다. "가신다고요? 그러면 우리는 어떻게 되나요?" 만일 그들이 자기중심적이기 보다 좀 더 사랑이 많았다면 그리고 앞에서처럼 묻는 대신 "가신다고요? 그러면 주님은 어떻게 되시나요?"라고 물었다면, 그들의 마음을 가득 채운 것은 근심이 아니라 모든 근심 가운데 솟아오르는 기쁨이었을 것입니다. 그랬다면 그들의 '낙망의 겨울'은 '영광의 여름'으로 바뀌었을 것입니다. 왜냐하면 주님은 완성된 사역과 성취된 메시지와 함께 자신을 보내신 자에게로 돌아가기 때문입니다. 그러므로 만일 그들이 그의 떠나심의 의미를 자기중심적이 아니라 그의 입장에서 바라볼 수 있었다면, 그들은 그 일이 좋은 일임을 깨닫고 기뻐했을 것입니다.

사랑하는 형제들이여, 여기에서 우리는 한 가지 중요한 사실을 놓쳐서는 안 됩니다. 그것은 자신의 모든 사역을 마치고 아버지께로 올라가신 승천하신 그리스도를 깊이 묵상하는 것이 고독과 소외와 분리의 모든 의식(意識)을 해독하는 최고의 해독제이며, 우리가 적대적 세상과 직면할 수 있는 최고의 능력이며, 모든 슬픔을 치료하는 최고의 치료제라는 사실입니다. 만일 우리가 승천하신 주님의 위대한 승리의 빛 가운데 살 수 있다면, 세상의 온갖 지절거리는 소리들이 얼마나 작게 들리겠습니까! 만일 큰 백보좌와 그 위에 앉으신 자가 우리 앞에 더욱 선명하게 보인다면, 우리는 무슨 일이든 담대하게 직면할 수 있을 것이며 어떤 고난도 대수롭지 않은 것으로 여길 수 있을 것입니다. 그리고 그럴 때 세상의 모든 일시적 것들은 본래의 자기의 위치로 되돌아가게 될 것이며, 우리는 모든 두려움과 유혹으로부터 벗어나게 될 것입니다. 눈을 들어 승천하신 주님을 바라보십시오. 마치 스데반이 죽어가면서 "하늘이 열리고 인자가 하나님 우편에 서신 것을" 바라본 것처럼 말입니다(행 7:56). 그러면 우리의 얼굴도 천사의 얼굴처럼 빛날 것이며, 우리는 모든 근심과 염려와 고통과 시련과 미움과 낙망과 슬픔과 죄의 정복자가 될 것입니다. 동시에 우리는 그리스도께서 비록 떠나셨지만 여전히 우리와 함께 계시는 것을 느낄 것이며, 우리와 함께 계시는 그리스도가 세상을 이기는 우리의 능력이라는 사실을 깨닫게 될 것입니다.

사랑하는 형제들이여, 우리를 우리 자신과 세상에 대한 승리자로 만드는 것은 이것 외에 아무것도 없습니다. 만일 우리가 믿음으로 그리스도를 붙잡고 항상 그와 가까이 있을 수 있다면, 마치 포도나무와 가지의 연합과 같은 우리와 그 사이의 연합은 필연적으로 이 땅에서의 고난과 함께 영원한 기쁨의 열매를 맺을 것입니다. 왜냐하면 그는 우리를 자신의 보좌에 앉힐 때까지 우리를 굳게 붙잡은 자신의 손을 결코 놓지 않을 것이기 때문입니다. "자녀이면 또한 상속자 곧 하나님의 상속자요 그리스도와 함께 한 상속자니 우리가 그와 함께 영광을 받기 위하여 고난도 함께 받아야 할 것이니라"(롬 8:17).

90
그리스도의 떠나심과 성령의 오심

"[7] 그러나 내가 너희에게 실상을 말하노니 내가 떠나가는 것이 너희에게 유익이라
내가 떠나가지 아니하면 보혜사가 너희에게로 오시지 아니할 것이요 가면 내가
그를 너희에게로 보내리니 [8] 그가 와서 죄에 대하여, 의에 대하여, 심판에 대하여
세상을 책망하시리라"

요 16:7, 8

우리는 이러한 말씀을 그것이 이미 이루어지고 난 이후의 관점으로부터 읽습니다. 그렇기 때문에 그것은 매우 익숙할 뿐만 아니라 거의 진부하기까지 합니다. 그러나 만일 이러한 말씀의 웅대함을 올바로 평가하고자 한다면, 우리는 열아홉 세기를 뛰어넘어 여기의 가련한 열한 명과 함께 주님의 말씀에 귀를 기울여야만 합니다. 그들은 그다지 지혜롭지도 않았고, 강력한 세력을 가지고 있지도 않았습니다. 여기의 다락방 밖에 있는 사람들 가운데 그들의 믿음에 공감하는 사람은 극소수에 불과했습니다. 거의 모든 사람이 그들을 대적했습니다. 그들에게는 주님의 약속 외에 아무것도 없었습니다. 그들의 눈은 마음의 근심으로 흐려졌으며, 그리하여 그들은 주님이 나타내고 계셨던 진리를 볼 수 없었습니다. 이런 상태에서 주님의 떠나심의 메시지는 그들의 마음에 상실과 버려짐의 의식(意識)을 가져

다주었습니다.

여기에서 주님은 제자들에게 자신이 떠나는 것을 유익한 것으로 생각하라고 말씀합니다. "그러나 내가 너희에게 실상을 말하노니 내가 떠나가는 것이 너희에게 유익이라"(7절). 그는 이런 이상한 말씀을 그의 떠남의 다양한 측면과 관련하여 그가 이미 제시한 생각에 의해 설명합니다. 그의 떠나심으로 말미암아 보혜사가 오실 것입니다. 보혜사는 세상에 오셔서 그들을 통해 일하실 것입니다. 그들은 "이리 가운데 있는 양들처럼" 남겨질 것이지만, 그러나 주님은 그들이 세상을 심판하며 정죄하는 자들이 될 것이라고 말씀하십니다. 그리고 그들은 그들 안에 내주하는 성령으로 말미암아 세상을 이기며, 세상의 잘못과 허물을 책망할 것입니다.

우리는 오늘 말씀의 전체적 목적이 세상과의 싸움에서 제자들을 강하게 하는 것이라는 사실을 기억할 필요가 있습니다. 그리고 그 모든 것은 보혜사이신 성령으로 말미암아 이루어지며, 여기에서 언급되는 성령의 역사(役事)는 제자들이 전파하는 말씀을 통해 이루어집니다. 이제 우리 앞에 있는 말씀을 좀 더 상세히 살펴보도록 합시다.

1. 첫째, 그리스도의 떠나심이 그의 종들에게 유익인 사실을 주목하십시오.

여기에서 먼저 우리가 앞에서 수차례 다루었던 주제 즉 우리 주님의 죽으심과 승천의 복합적 전체가 그의 자발적 행동이었다는 사실을 기억하십시오. 그는 "갑니다." 그는 죽음에 의해 취하여지지도 않고, 회리바람에 의해 하늘로 끌어올려지지도 않습니다. 다만 그 자신의 강한 권능과 그 자신의 의지에 의해 무덤으로 내려가고 계속해서 보좌로 나아갑니다. 그리스도의 승천 이야기와 엘리야의 승천 이야기를 비교해 보십시오. 한 사람에게는 자신을 하늘로 끌어올려줄 불 병거와 불 말이 필요했습니다. 모든 것은 결코 영원할 수 없는 그의 인성(人性)에 있어 낯선 것이었습니다. 반면 다른 한 사람에게는 자신을 하늘로 끌어올려줄 외적 힘이나 어떤 수송 수단이 필요하지 않았습니다. 다만 그는 그 자신의 내적 에너지에 의해 천천히 그리고 조용하게 하늘로 끌어올려져 본향으로 올라갔습니다. "내가 가면 그를 보내리니."

그러나 이것은 오늘의 주제를 벗어나는 것입니다. 오늘의 주제는 그리스도의 떠나심이 그의 제자들에게 유익한 일이었다는 개념입니다. 그것은 그러한 말을 듣고 당황하여 어쩔 줄 모르는, 그리고 그에게 전적으로 의존하는, 그리고 그가 없이는 스스로를 아무런 보살핌도 받지 못하는 고아처럼 느끼는 가련한 제자들에게 실제로 유익한 일이었던 것입니다.

만일 우리가 주님의 이와 같은 말씀의 충분한 의미를 깨닫고자 한다면, 그러한 말씀을 다음과 같은 다른 말씀과 비교할 필요가 있습니다. "내가 그리스도와 함께 있는 것이 훨씬 더 좋은 일이라 그렇게 하고 싶으나 내가 육신으로 있는 것이 너희를 위하여 더 유익하리라"(빌 1:23, 24). 바울 사도는 "내가 가고 싶으나 머물러야만 하느니라"라고 말하는 반면 주님은 "내가 가는 것이 너희에게 유익이라"라고 말하는 이유가 무엇입니까? 그것은 '남겨질 사람들에 대한 관계'와 '떠나고 난 이후의 사역의 연속성'에 있어서의 두 사람의 본질적 차이 때문입니다. 바울은 자신이 떠나고 난 후 남겨질 형제들에 대해 자신이 더 이상 도움의 손길을 베풀 수 없다는 사실을 알았습니다. 그는 자신의 죽음으로 인해 자신과 그들 사이에 거대한 쇠창살이 내려질 것을 알았습니다. 쇠창살 이쪽에 있는 형제들의 필요가 아무리 간절하다 하더라도, 쇠창살 저쪽에 있는 그는 더 이상 도움의 손길을 베풀 수 없었습니다. 반면 예수 그리스도는 "내가 가는 것이 너희에게 더 좋으니라"라고 말씀하셨는데, 그것은 그의 떠남 이후에도 그의 모든 능력이 쇠창살을 통과하여 그들에게 계속해서 흘러갈 것이기 때문입니다. 그는 계속해서 그를 의지하는 자들의 생명이 될 것입니다. 그는 그들을 떠난 이후에도 계속해서 그들과 함께 계실 것입니다.

이와 같이 그리스도의 떠나심이 그를 의지하는 자들에게 유익한 일이라는 이상한 사실 속에서 우리는 그들을 위한 그의 사역과 그들에 대한 그의 관계의 특이성을 발견할 수 있습니다.

여기에서 우리는 '주님이 우리를 떠나시는 것'과 '세상에서 사랑하는 사람들이 우리를 떠나는 것' 사이에 근본적 차이가 있다는 사실을 알게 됩니다. 물론 죽음이 남아 있는 자들의 마음속에 떠나는 자들의 사랑스러움과 보배로움을 남기는 것은 분명한 사실입니다. 죽음은 그들이 우리 곁에 있을 때 우리가 보지 못했던 것을 분명하게 보여줍니다. 사람을 올바로 평가하기 위해서는 어느 정도의 거리가 필요한 법입니다. 여러 개의 산봉우리들이 모여 있는 곳을 생각해 보십시오. 그 안에 들어가 있을 때 우리는 산봉우리들의 상대적 높이를 정확하게 측량하기가 어렵습니다. 그렇게 하기 위해서는 멀찌감치 떨어져서 바라볼 필요가 있습니다. 그렇게 할 때 비로소 우리는 어느 산봉우리가 가장 높은지 분명하게 볼 수 있을 것입니다. 이 모든 것은 예수 그리스도와 관련해서도 그리고 우리에 대한 그의 관계와 관련해서도 똑같이 사실입니다. 그러나 이것은 오늘 본문에 대한 절반의 이해에 불과합니다. 본문은 우리에 대한 그의 관계의 유일성(唯一性)을 보여줍니다. 다른 모든 사람들에게 있어 죽음은 그들의 모든 사역이 끝나면서 동시에 그 영향력이 쇠퇴하기 시작하는 지점입니다. 그러나 예수 그리스도에게 있어 죽음은 그의 사역의 형태가 더 고양(高揚)되면서 동시에 그 영향력의 범위가 더 넓어지기 시작하는 지점입니다. 우리를 떠날 때, 그는 우리에게 더 가까워집니다. 이 땅에 계실 때보다 하늘의 보좌로부터 그는 더 강력하게 우리와 함께 그리고 우리 안에서 일하십니다. 이 모든 것이 사실인 그는 도대체 누구입니까? 죽음에도 불구하고 계속될 뿐만 아니라 죽음에 의해 완성되는 그의 일은 도대체 어떤 종류의 일입니까?

여기에 우리가 꼭 기억해야만 하는 놀라운 사실이 있습니다. 우리는 주님의 지상사역을 되돌아보면서 그로부터 직접 보고 들은 자들이 그를 사랑하며 의지함에 있어 우리보다 훨씬 더 나은 위치에 있다고 생각하는 경향이 있습니다. 그러나 그것은 전적으로 틀린 생각입니다. 그들이 가지고 있었던 것 가운데 우리가 잃어버린 것은 아무것도 없습니다. 반면 우리는 그들이 가지고 있지 못했던 많은 것들을 가지고 있습니다. 우리는 '그리스도에 대한 우리의 관계'를 '그에 대한 그들의 관계'와 비교할 필요가 없습니다. 도리어 그들보다 우리가 그리스도를 더 나은 형태로 소유합니다. 우리는 육체의 휘장을 통과하여 그의 영의 지성소에 도달해야만 했던 자들보다 그와 더불어 더 깊고 더 충분하며 더 가까운 친밀함을 누릴 수 있습니다.

2. 둘째, 그리스도의 떠나심이 성령의 오심을 위해 필요했던 사실을 주목하십시오.

바로 이것이 그의 떠나심이 그들에게 유익인 사실의 결정적 이유였습니다. "내가 떠나가지 아니하면 보혜사가 너희에게로 오시지 아니할 것이요 가면 내가 그를 너희에게로 보내리니." 이러한 말씀과 관련한 여러 가지 주제들에 대해 이미 앞 설교들에서 충분히 다루었으므로 여기에서 다시 장황하게 반복할 필요는 없습니다. 다만 여기에서 나는 한 가지 사실만을 간략하게 언급하고자 합니다. 그것은 자신의 떠남에 대해 우리 주님 자신이 제시하는 필연적 이유입니다. 그것은 다름 아닌 성령께서 오셔서 그들과 함께 거하시기 위함입니다. 이러한 필연성은 신성(神性)과 신적 계시가 펼쳐지는 과정의 신비 속으로 더 깊이 내려갑니다. 우리는 이러한 주제들에 대해 단지 피상적이며 단편적으로만 말할 수 있을 뿐입니다. 그럼에도 불구하고 나는 이와 같은 심오한 주제에 대해 성경이 분명하게 선언하는 것을 여러분에게 간략하게나마 일깨워주고자 합니다. 성경은 우리에게 예수 그리스도의 완전한 사역이 — 단순히 그의 오심이나 생애뿐만 아니라 십자가 위에서의 그의 희생적 죽음까지 — 성령의 선물의 필연적 조건이며, 어떤 의미에서 그것을 일으키는 원인이었다고 말합니다. 성경은 우리에게 성령께서 오실 수 있게 되기 전에 먼저 그리스도의 사역이 완성되어야만 한다고 말합니다. 그것은 말씀이 세상을 위한 성령의 무기이기 때문입니다. 예수 안에서의 하나님의 계시가 충분하게 적용되기 전에 — 바로 이것이 성령의 사역입니다 — 먼저 그것이 완성되어야만 합니다.

나아가 성경은 또한 우리에게 예수 그리스도께서 사람들에게 성령의 충만을 부어주실 수 있기 전에 먼저 그가 하나님 우편으로 승천해야만 한다고 말합니다. 그는 하늘에 올라가심으로 말미암아 사람들에게 각종 선물들(혹은 은사들, gifts)을 주실 수 있게 되었습니다. 설령 신적 본성의 모든 깊음을 충분히 깨닫지 못한다 하더라도, 우리는 이러한 성경의 선언을 믿음으로 받아들입니다. 왜냐하면 우리가 믿고 신뢰하는 자가 우리에게 그렇게 선언하셨기 때문입니다.

나아가 우리는 오직 예수 그리스도의 완성된 사역과 그의 승천의 영광에 대한 믿음으로 말미암아 그와의 연합을 가지고 있는 사람들만이 성령의 선물을 받을 수 있음을 듣습니다. 그리고 우리의 경험 자체가 어느 정도 이러한 사실을 확증합니다. 이와 같이 모든 방면에서 — 즉 신성(神性)의 깊음과 계시가 펼쳐지는 과정과 관련해서든 혹은 자신의 영을 나누어 주는 그리스도의 인성(人性)의 능력과 관련해서든 혹은 그것을 받을 수 있는 우리의 수용능력(收容能力)과 관련해서든 — 본문의 말씀은 분명하게 확증됩니다. 그러므로 우리는 "내가 떠나가지 아니하면 보혜사가 너희에게로 오시지 아니할 것"이라는 그의 선언을 충분한 믿음으로 — 설령 충분한 깨달음까지는 아니라 하더라도 — 받아들일 수 있습니다.

성령의 오심은 우리에게 유익한 일입니다. 성령은 우리에게 그리스도에 대한 더 깊은 지식을 가르칩니다. 성령은 우리에게 그리스도와 같은 의의 삶을 가르칠 뿐만 아니라 또한 그것을 우리에게 줍니다.

3. 마지막으로, 교회를 통한 성령의 세상과의 삼중적 싸움을 주목하십시오.

"그가 와서 죄에 대하여, 의에 대하여, 심판에 대하여 세상을 책망하시리라"(8절). 여기에서 말하는 "책망" 혹은 "정죄"는 어떤 사실들이 사람의 양심과 마음에 부과하는 작용을 의미합니다. 그것은 단순히 어떤 지식적 사실을 나타내는 작용에 불과한 것이 아닙니다. 그것은 어떤 도덕적이며 종교적 진리와 관련하여 잘못을 깨닫게 하는 작용입니다. 본문은 성령이 세상에서 그리스도인들을 통해 행하는 위대한 사역을 세 가지로 구분합니다.

"그가 와서 죄에 대하여 세상을 책망하시리라." 복음의 전체적 메시지의 첫 번째 두드러진 특징은 죄에 대한 새로운 관점입니다. 복음은 죄라는 단어에 대하여 더 깊은 의미를 부여하며, 그것이 인성(人性)에 끼치는 부정적 영향력과 관련하여 더 넓은 범위를 부여합니다. 성령에 의한 책망 없이는 세상은 죄가 무엇인지 그리고 인간의 전 존재와 하나님에 대한 모든 관계에 영향을 끼치는 실재(實在)로서의 죄의 보편성과 내재성을 거의 깨닫지 못합니다. 이 모든 개념들은 기독교 진리의 특별한 산물입니다. 기독교 진리 없이 세상이 죄의 독성(毒性)에 대해 무엇을 압니까? 성령이 말씀을 사용하여 인간의 의식(意識)을 책망할 때까지 세상은 죄의 독성에 대해 거의 관심을 기울이지 않습니다. 신적 순서 안에서 이러한 책망이 첫 번째로 옵니다. 물론 나는 어떤 사람을 세상으로부터 교회의 지체로 옮기는 과정이 항상 죄를 책망하는 것과 함께 시작한다고 말하지 않습니다. 다만 대부분의 경우 그렇다는 것입니다. 그렇지만 나는 죄를 책망하는 것 위에 기초하지 않는 기독교는 무력한 기독교라고 분명하게 단언할 수 있습니다. 그런 기독교는 사람들에게 별다른 유익을 가져다주지 못할 것이며, 스스로를 세상에 전파하는 데 아무런 능력도 갖지 못할 것입니다. 예수 그리스도의 복음과 관련한 우리의 모든 개념은 인간의 상태에 대한 이러한 최초의 사실 즉 인간이 죄인이라는 사실에 대해 우리가 어떻게 생각하느냐 하는 것에 달려 있습니다. 뿐만 아니라 모든 이단의 뿌리 역시 바로 여기에 놓여 있습니다. 사람들을 예수 그리스도와 그의 십자가로부터 이탈하게 만드는 모든 오류의 근원을 추적해 올라가 보십시오. 결국 여러분은 죄에 대한 불충분한 개념에 도달하게 될 것입니다. 만일 내가 성경이 가르치는 대로 죄인이라는 사실을 느끼지 못한다면, 틀림없이 나는 예수 그리스도에 대해, 그의 필요성에 대해, 그가 나에게 어떤 존재인지에 대해 성경과 다르게 생각할 것입니다. 그럴 때 기독교는 나에게 아름다운 윤리 체계일 수도 있고 인생을 위한 멋진 지침서일 수도 있고 수많은 보배로운 진리들을 가르치는 것일 수도 있지만, 그러나 그것은 나에게 구원의 능력은 아닐 것입니다. 만일 내가 예수 그리스도를 죄로부터 나의 영혼을 구원한 자로 알지 않는다면, 그의 가장 찬란한 광채는 가려질 것입니다. 기독교는 여러분에게 무엇입니까? 여러분에게 그것은 단지 더 나은 도덕일 뿐입니까? 여러분에게 그것은 단지 신적 본성에 대한 더 높은 계시일 뿐입니까? 여러분에게 기독교는 무엇인가를 말함과 함께 무엇인가를 행합니까? 그러면 기독교는 여러분에게 무엇을 행합니까? 여러분에게 예수 그리스도는 단지 선생이며, 현자이며, 모범이며, 선지자일 뿐입니까? 그렇지 않으면 그는 여러분에게 세상의 죄를 위한 희생제물입니까? 사랑하는 형제들이여, 여기의 본문이 시작하는 곳에서 우리도 시작해야 합니다. 그리스도와 그의 사역에 대한 우리의 모든 개념은 다음과 같은 사실 즉 우리가 죄인으로서 잃어진 자이며 예수 그리스도가 우리 영혼의 구속자와 우리의 유일한 소망이라는 사실 위에 기초해야만 합니다. 세상이 교회로 변화되기 위한 첫 번째 단계는 죄에 대해 책망을 받고 죄를 깨닫는 것입니다.

성령의 다음 단계의 책망은 죄를 의식함에 따르는 것으로서, 죄로 어두워진 영혼 위에 의의 복된 빛이 비취는 것입니다. "그가 와서 의에 대하여 세상을 책망하시리라." 성령의 세 가지 책망은 필연적으로 우리 주님이 말씀하시는 세상에 속해야만 합니다. 책망을 받는 것은 세상이어야만 합니다. 그러므로 본문이 말하는 것은 세상의 죄와 세상의 의와 세상의 심판이어야만 합니다. 그런데 도대체 어떻게 나의 것으로서 죄에 대한 책망에 이어 나의 것으로서 의에 대한 책망이 따를 수 있단 말입니까? 나는 단지 하나의 길만을 알 뿐입니다. "내가 가진 의는 율법에서 난 것이 아니요 오직 그리스도를 믿음으로 말미암은 것이니 곧 믿음으로 하나님께로부터 난 의라"(빌 3:9). 어떤 사람이 죄를 깨달을 때, 그의 마음 속에 의가 그의 것이 될 수 있다는 놀라운 생각이 떠오를 것입니다. 그것은 위로부터 주어진 의로서 그의 모든 죄를 도말하고 그를 그리스도의 의로우심과 같이 의롭게 만듭니다. 이와 같은 의에 대한 깨달음은 이전의 과정 즉 죄에 대한 깨달음 없이는 결코 이루어지지 않습니다. 자신이 병들었음을 알지 못하는 사람에게 약을 보여주는 것이 도대체 무슨 소용이 있겠습니까? 자신이 죄인임을 발견하지 못한 사람에게 의에 대해 말하는 것이 도대체 무슨 소용이 있겠습니까? 마찬가지로 만일 여러분이 어떤 사람에게 그의 모든 죄를 덮을 의에 대해 말할 준비가 되어 있지 않다면, 그에게 죄에 대해 말하는 것은 거의 소용이 없습니다. 의를 깨달음이 없이 죄를 깨닫는 것은 비참한 일입니다. 반면 죄를 깨달음이 없이 의를 깨닫는 것은 앞뒤가 맞지 않는 터무니없는 일입니다.

세상은 의에 대해 단지 희미하며 불충분한 개념만을 가지고 있을 뿐입니다. 바리새인이 그 전형입니다. 그는 큰 죄는 삼키며 작은 죄는 걸러냅니다. 그는 큰 죄를 범하면서도 스스로를 의롭다고 생각합니다. 그것은 마치 회칠한 무덤과 같습니다. 그리스도와 분리된 세상은 스스로 이해하는 대로 의를 추구합니다. 그리스도와 분리된 세상은 영원한 의가 정말로 가능할 수 있는지에 대해 절망적 회의(懷疑)에 빠질 수밖에 없습니다. 지금 이 자리에 앉아 있는 사람들 가운데 다음과 같은 세 가지 상태 가운데 어느 하나에 속한 사람들이 있을 것입니다 — 의를 얻는 데 무관심한 사람, 의를 얻는 것이 무엇인지 이해하지 못하는 사람, 의를 얻는 것이 가능한지에 대해 냉소적으로 불신하는 사람. 사랑하는 형제들이여, 여기에 여러분에게 보내는 메시지가 있습니다. 그것은 첫째로 여러분이 죄인이라는 것이며, 둘째로 하나님의 의가 여러분이 원한다면 취할 수 있도록 여러분 앞에 놓여있다는 것입니다.

성령의 마지막 단계의 책망은 "심판"과 관련한 것입니다. "그가 와서 심판에 대하여 세상을 책망하시리라." 만일 세상에 이러한 두 가지 즉 죄와 의가 작동하고 있다면 그리고 그 둘이 함께 온다면, 그러면 무엇입니까? 만일 둘 사이에 충돌이 생긴다면, 무엇이 이길 것입니까? 여기에서 주님은 성령이 죄를 이기는 의의 심판이 있을 것에 대해 가르칠 것이라고 말씀하십니다(죄가 더 강하게 보여도 실상은 더 약한 것입니다). 여기에서 언급되는 심판을 나는 단순히 죽음 너머의 미래의 형벌이 아니라, 설령 그것이 포함되고 또 그것이 여기의 주된 부분이라 하더라도 우리는 이후의 심판을 이 땅에서의 계속적 심판에 의해 준비되는 것으로서 간주해야만 하는 것으로 항상 취합니다.

이와 같이 여기의 "심판"이라는 단어 속에는 두 가지 개념이 담겨 있습니다. 하나는 복된 개념이고 또 하나는 두려운 개념입니다. 죄인인 우리에게 주어지는 신적 의가 우리를 심판할 것이며 우리를 매일 같이 죄로부터 분리시킬 것임을 확신할 수 있다는 의미에서 그것은 복된 개념입니다. 또 만일 죄인인 내가 나에게 제시되는 신적 의와 친구가 되지 않는다면 언젠가 나는 다른 곳에서 그것과 마주쳐야만 할 것이라는 그리고 그 결과는 필연적으로 멸망이 될 것이라는 측면에서 그것은 두려운 개념입니다.

지금 우리에게는 이와 같은 무거운 주제를 길게 논의할 시간이 없습니다. 다만 나는 지금까지 이야기한 것을 짤막하게 요약하고자 합니다. 양심과 이성(理性)과 마음속에서 일어나는 여기의 세 가지 책망을 생각해 보십시오. 그것은 나의 것인 죄의 책망과, 나의 것이 될 수 있는 의의 책망과, 나의 것이 되어야만 하는 심판의 책망입니다. 바로 이러한 세 가지 책망이 세상을 교회로 만듭니다. 그리고 이것이 우리 각자에게 임하는 기독교의 메시지입니다. 여러분은 이러한 메시지에 맞설 것입니까? 여러분은 여러분에게 이러한 것들을 깨닫게 하려고 애쓰고 계시는 성령께 귀를 기울입니까? 그렇지 않으면 스스로의 마음을 강퍅하며 완악한 불신앙이나 혹은 싸늘한 무관심에 던집니까? 부디 하나님의 영을 대적하지 마십시오.

91
책망하는 사실들

"[9] 죄에 대하여라 함은 그들이 나를 믿지 아니함이요 [10] 의에 대하여라 함은 내가 아버지께로 가니 너희가 다시 나를 보지 못함이요 [11] 심판에 대하여라 함은 이 세상 임금이 심판을 받았음이라"

요 16:9-11

바로 앞에서 주님은 제자들에게 어떻게 세상과의 싸움에게 그들을 그의 전사(戰士)로서 구비(具備)시킬 것인지에 대해 말씀하셨습니다. 성령께서 그들에게 오실 것이며, 그가 그들 안에서 그리고 그들을 통해 일하실 것입니다. 그리고 성령께서는 그들의 단순한 증언을 통해 죄에 대하여, 의에 대하여, 심판에 대하여 불경건한 사람들을 책망할 것입니다.

계속해서 주님은 제자들에게 그와 같은 세 가지 책망이 다음과 같은 세 가지 사실 위에 기초할 것이라고 말씀합니다. 첫째로 경험의 사실, 둘째로 역사(歷史)의 사실, 셋째로 계시의 사실. 이러한 세 가지 사실은 예수 그리스도 믿는 사람들에 대한 그의 관계와 관련됩니다.

이러한 세 가지 사실은 '세상의 불신앙'과 '그리스도의 승천과 하나님 우편에 앉으심'과 '이 세상 임금의 심판'입니다. 만일 우리가 여기에서 우리 주님이 말씀하고 계시는 것이 성령께서 신자들의 활동을 통해 일하는 것임을 기억한다면, 오순절에 많은 사람들의 마음이 찔린 것이나 죄수 바울이 "의와 절제와 장차 오는 심판에 대해 강론할 때" 벨릭스가 두려워 떨었던 것은 보잘것없는 제자들이 세상을 책망하며 정죄하는 것을 보여주는 분명한 실례(實例)들입니다.

이러한 세 가지 사실들은 기독교 사역의 주된 요소입니다. 만일 이러한 세 가지 사실들이 우리의 양심과 이성(理性)을 본문의 세 가지 책망으로 끌고 가지 않는다면, 그것들은 결국 아무런 결과도 맺지 못할 것입니다. 여기에서 나는 우리 모두에게 매우 중요한 질문을 던지고 싶습니다. 여러분은 그와 같은 세 가지 사실들에 — 불신앙, 승천하신 그리스도, 심판 받은 세상 임금 — 직면해본 적이 있습니까? 여러분은 여러분 자신의 성품과 영적 삶에 있어 그것들이 갖은 의미를 깨달았습니까?

1. 첫째, 세상의 죄의 절정은 예수 그리스도를 배척하는 것입니다.

"죄에 대하여라 함은 그들이 나를 믿지 아니함이요"(9절). 예수 그리스도를 믿지 않는 것이 세상의 죄의 절정이라고요? 이 얼마나 이상한 말입니까! 이러한 말은 어떤 측면에서 우리 주님의 엄청난 자기선언(self-assertion)의 가장 두드러진 실례(實例)입니다. 세상은 모든 불의와 악함과 정욕과 부도덕과 방종과 학대와 증오로 가득 차 있습니다. 세상은 고약한 냄새를 풍기는 온갖 형태의 악들로 가득 차 있습니다. 그러나 예수 그리스도는 그 모든 것을 그냥 지나칩니다. 그리고 자신에 대한 사람들의 내적 태도를 가리키며 이렇게 말씀합니다. "만일 너희가 죄가 무엇인지 알고자 한다면, 나에 대한 너희의 내적 태도를 바라보라!" 바로 거기에 모든 죄 가운데 가장 나쁜 죄가 있으며, 죄가 무엇인지를 보여주는 전형(典型)이 있습니다. 만일 여러분이 세상이 무엇인지 그리고 세상의 죄가 무엇인지 알기를 원한다면, 그것을 보십시오.

대부분의 사람들은 그것을 죄라고 생각하지 않습니다. 그들은 사람이 마치 자신의 머리 색깔에 대해 책임이 없는 것처럼 자신의 신앙에 대해 책임이 없다고 말합니다. 좋습니다. 한 가지 매우 명백한 질문을 생각해 보도록 합시다. 어떤 사람이 예수 그리스도로부터 돌이킬 때, 그는 무엇으로부터 돌이키는 것입니까? 그는 가장 명백하며, 가장 사랑스러우며, 가장 숭고하며, 가장 완전한 하나님의 계시로부터 돌이키는 것입니다. 그는 그것을 배척하고 있는 것입니다. 그 이상의 또 무엇이 있습니까? 그렇습니다. 그는 가장 사랑스러운 인간의 삶으로부터 돌이키는 것입니다. 그 이상의 또 무엇이 있습니까? 그렇습니다. 그는 원수를 위해 기꺼이 십자가를 지신 그리고 자신을 대적하는 자들을 위해 고뇌와 수치와 죽음을 기꺼이 받아들이신 자기희생의 사랑의 기적으로부터 돌이키는 것입니다. 그 이상의 또 무엇이 있습니까? 그렇습니다. 그는 가련한 영혼들이 바랄 수 있는 가장 보배로운 축복들로 가득 찬 손길로부터 돌이키는 것입니다.

만일 이것이 사실이라면 다시 말해서 예수 그리스도를 믿지 않는 것이 정말로 이 모든 것들로부터 돌이키는 것이라면, 또 하나의 질문이 솟아오릅니다. 그리스도를 배척하는 자에게 그와 같은 태도는 무엇을 의미합니까? 그는 신적 본성과 마음의 가장 사랑스러운 계시 앞에 서 있음에도 불구하고 그 안에서 아무 빛도 보지 못하는 것입니다. 어째서 그렇습니까? 그것은 그가 소경이 되어 아무것도 볼 수 없기 때문입니다. 그가 "육체 가운데 나타난 하나님"을 볼 수 없는 것은 그가 "빛보다 어둠을 더 사랑하기" 때문입니다. 그는 가장 사랑스러우며, 가장 자기희생적 사랑의 계시로부터 돌이킵니다. 어째서 그렇습니까? 그것은 그의 마음이 자기중심주의의 강고(强固)한 놋과 쇠로 덮여 있기 때문입니다. 그는 그가 필요로 하는 가장 보배로운 축복들로 가득 찬 손길로부터 돌이킵니다. 어째서 그렇습니까? 그것은 그가 자신에게 제시되는 선물들에 무관심하기 때문입니다. 그는 용서와 씻음과 정결함과 천국에 대해 무관심합니다. 애굽으로부터 나온 이스라엘 백성들은 광야에서 이렇게 말했습니다. "우리는 당신의 빛도 원하지 않으며 맛없는 만나도 원하지 않나이다. 그런 것들은 천사들에게나 주소서. 우리가 원하는 것은 애굽에서 먹었던 마늘과 양파이나이다. 그것들이 우리 입맛에 맞나이다. 그것들을 주소서." 이와 같이 많은 사람들은 이렇게 말합니다. "죄를 사해주겠다는 것은 나에게 별로 쓸모없는 일입니다. 왜냐하면 나는 죄로 인해 번민하지 않기 때문입니다. 나를 정결하게 해주겠다는 약속은 나의 마음을 끌지 못합니다. 왜냐하면 나는 시궁창에서 뒹구는 것을 더 좋아하기 때문입니다. 천국을 주겠다는 약속은 나에게 별다른 흥미의 대상이 되지 못합니다. 그러므로 나는 여러 가지 보배로운 것들을 제시하는 손길로부터 돌이킵니다." 이와 같이 예수 그리스도의 얼굴 안에서 자신에게 빛을 비추고 계시는 하나님을 보지 못하는 사람, 십자가로부터 부어지는 큰 사랑에 대해 아무런 감사도 느끼지 못하는 사람, 예수 그리스도께서 주시는 것에 대해 아무런 관심도 갖지 않는 사람, 그래서 그로부터 돌이키는 사람은 실제로 죄를 범하는 것입니다.

물론 나는 예수 그리스도의 구원의 메시지를 받아들임에 있어 어려운 난관들이 있을 수 있다는 것을 부인하지 않습니다. 한편에서 나는 어떤 사람이 나에게는 복음의 본질이며 핵심인 어떤 것을 매우 어렵게 밖에는 받아들일 수 없다는 사실을 기꺼이 인정합니다. 반면 다른 편에서 나는 모든 도덕적이며 종교적 진리에 대한 우리의 태도에는 필연적으로 도덕적 속성이 있을 수밖에 없다는 사실을 믿습니다. 예수 그리스도를 배척하는 것이 죄가 아닐 수 없는 것은 그들이 그렇게 하는 것을 하나의 신조(信條)로 체계화하기 때문입니다. 물론 마음을 살피며 동기(動機)를 추측하는 것은 우리의 몫이 아닙니다. 그럼에도 불구하고 우리는 그 기저(基底)에 그리스도께서 다음과 같이 말씀하셨던 것이 놓여 있다는 사실을 잊어서는 안 됩니다. "그러나 너희가 영생을 얻기 위하여 내게 오기를 원하지 아니하는도다"(요 5:40).

나아가 여기에서 주님은 사람의 불신앙의 사실을 죄의 실제적 본질로서 제시합니다. 학문적 용어를 사용할 때, 그것은 "전형적"(typical) 죄입니다. 다른 모든 죄의 행동들 안에서 여러분은 다른 요소들과 연결되어 다양한 형태로 변형되고 조작된 죄의 해독(害毒)을 보게 되지만, 그러나 여기에서는 오직 죄의 본질 그 자체만을 보게 됩니다. 왜냐하면 불신앙은 순전히 예수 그리스도와 그 안에 나타나신 하나님과 관련된 내적 행동으로서, 동물적 본성이나 혹은 다른 어떤 강한 유혹이나 충동의 명령에 따라 행해지는 명백한 형태의 범죄행위가 아니기 때문입니다. 그리스도를 믿는 믿음은 자신의 자아(自我)를 하나님께 순복시키는 것입니다. 반면 죄는 하나님에 대하여 살기보다, 자기 자신에 대하여 사는 것입니다. 바로 여기에 죄의 뿌리가 있습니다. 육체의 정욕과 탐심과 거짓과 사기 등 모든 종류의 죄들은 이러한 공통의 뿌리를 가지고 있습니다. 죄의 정의(定義)는 자기 자신에 대하여 살며, 자기 자신을 자신의 중심으로 삼는 것입니다. 반면 믿음의 정의는 그리스도를 나의 중심으로 삼고, 그를 위해 사는 것입니다. 그러므로 만일 여러분이 죄가 무엇인지 알기를 원한다면, 바로 여기에 그 해답이 있습니다. 예수 그리스도를 배척하는 행동 안에 가장 순수한 형태의 죄가 있습니다.

형제들이여, 여러분이 상상할 수 있는 모든 종류의 죄들을 모아 보십시오. 그 모든 죄들을 능가하는 죄가 하나 있는데, 그것은 그리스도를 배척하는 죄입니다. 왜냐하면 그 죄가 다른 모든 죄들의 가장 단순한 형태의 모색(母色)이기 때문입니다. 그것이 다양하게 변형되고 혼합되고 뒤섞여서 수많은 색깔을 가진 모든 종류의 죄들을 만들어내는 것입니다. 유독성 물질의 쓰레기더미가 썩고 있는 것을 생각해 보십시오. 그것은 얼마나 심한 악취를 풍깁니까! 반면 색깔도 없고 냄새도 없고 맛도 없지만 그러나 가장 독성이 강한 액체가 있습니다. 비록 깨끗하게 증류되어 멋진 플라스크 안에 담겨 있다 하더라도 말입니다. "그 정죄는 이것이니 곧 빛이 세상에 왔으되 사람들이 자기 행위가 악하므로 빛보다 어둠을 더 사랑한 것이니라"(요 3:19). 사람들이 그리스도와 그의 구원을 배척하거나 혹은 대수롭지 않게 여기는 마음의 기저(基底)에 바로 이것이 있습니다.

2. 둘째, 예수 그리스도의 승천이 세상의 의의 보증이며 통로라는 사실을 주목하십시오.

"의에 대하여라 함은 내가 아버지께로 가니 너희가 다시 나를 보지 못함이요"(10절). 그는 마치 자신의 떠남의 과정이 이미 시작된 것처럼 말합니다. 그 과정은 세 단계로 구성됩니다 — 죽음과 부활과 승천. 이러한 세 가지는 모두 하나의 떠남의 부분들입니다. "장차 너희가 내 이름으로 복음을 전파하러 나아갈 때, 나를 보내신 이의 모든 일을 마친 내가 거기에 함께 있을 것이다. 그러므로 너희는 의로 세상을 책망할 것이다."

나는 여러분 앞에 이것을 두 가지 형태로 간략하게 제시하고자 합니다. 첫째, 그리스도의 승천의 사실은 그가 의인(義人)의 이상(理想)을 완전하게 성취했음을 보증하며 증명합니다. 예수 그리스도가 죽었다고 가정해 보십시오. 그가 무덤으로부터 다시 살아나지 않았다고 가정해 보십시오. 그의 시신이 어떤 무덤 안에서 썩어 흙이 되었다고 가정해 보십시오. 그가 승천하지 않았다고 가정해 보십시오. 그렇다면 그가 보통 사람 이상의 특별한 존재라고 믿는 것이 가능할 수 있습니까? 그렇다면 그 안에 아무런 죄도 없었다고 믿는 것이 가능할 수 있습니까? 설령 그의 생애가 아무리 아름답고 그의 성품이 아무리 사랑스럽다 하더라도 말입니다. 죽은 그리스도는 우리 모두와 마찬가지로 한계와 허물을 가지고 있는 그리스도를 의미합니다. 그러나 만일 그가 무덤으로부터 다시 살아난 것이 — 왜냐하면 그는 사망에 매어있을 수 없기 때문에 — 정말로 사실이라면 그리고 그가 하늘로 승천한 것이 — 왜냐하면 그곳이 그가 본래 계셨던 곳이기 때문에 — 정말로 사실이라면, 하나님은 그와 같은 부활과 승천으로 말미암아 그의 생애 위에 자신의 인(印)을 찍으신 것입니다. 그러므로 우리는 하늘로 올라가는 그를 바라보며 그리고 그가 이 땅에 계실 때 하셨던 모든 자기 선언들을 생각하며 "진실로 이 사람은 완전한 의인(義人)이었도다"라고 말할 수 있습니다.

둘째, 예수 그리스도의 의가 우리 죄인들에게 전달되는 것이 그의 부활과 승천의 초자연적 사실들과 어떤 관계가 있는지 생각해 보도록 합시다. 만일 그리스도의 의가 우리 죄인들에게 전달될 수 없다면, 예수 그리스도의 아름다운 성품이 우리에게 도대체 무슨 의미가 있단 말입니까! 아무 의미 없습니다! 그의 생애를 바라보며 때로 부끄러움을 느끼기도 하고 때로 책망을 받기도 하고 때로 격려를 받기도 하고 때로 절망에 빠지기도 하지만, 결국 나는 실족하여 넘어지고 말 것입니다. 만일 그가 어떤 무덤 안에 죽은 채 누워있을 뿐이라면 다시 말해서 부활하지도 않고 승천하지도 않았다면, 그의 역사(歷史)로부터 특별한 것은 아무것도 나오지 않을 것입니다. 설령 그의 역사(歷史)가 다른 위인들의 역사보다 좀 더 나을 수는 있다고 하더라도 말입니다. 그는 그들과 같은 성자(聖者)일 뿐입니다. 그는 그들과 같은 스승일 뿐입니다. 그는 그들과 같은 선지자일 뿐입니다. 그렇다면 우리가 할 수 있는 일은 단지 그의 모범을 본받고자 최선을 다해 노력하는 것뿐입니다. 그러나 만일 그가 하늘의 보좌에 앉아 계시면서 하늘과 땅의 모든 권세를 통제하고 계신다면, 그는 필연적으로 자신의 본성과 성품을 자신을 사랑하는 자들에게 나누어주는 신적 특권을 가질 것입니다. 그렇다면 그의 의는 단지 그 자신만을 위한 것이 아니라 마치 만물에 생명의 빛을 비추는 하늘의 태양과 같을 것입니다. 만일 그리스도께서 다시 살아나신 것이 정말로 사실이라면, 죄에 대하여 책망을 받고 자신의 허물과 약함을 깨달은 여러분과 나는 믿음의 단순한 행동으로 그에게 담대하게 나아가 우리의 불완전함을 그의 완전함과, 우리의 죄를 그의 의와, 우리의 궁핍함을 그의 충만함과 연결시킬 수 있을 것입니다. 그리고 그럴 때 예수 그리스도의 모든 은혜와 아름다움은 우리를 "죄와 사망의 법으로부터 해방시키는" 생명의 성령 안에서 우리의 소유가 될 것입니다. 만일 그리스도가 다시 살아나셨다면, 그의 의는 세상의 의가 될 수 있습니다. 만일 그리스도가 다시 살아나지 않았다면, 그의 의는 그 자신 외의 다른 모든 사람들에게 쓸모없는 것이 될 것입니다.

나의 형제들이여, 예수 그리스도를 믿는 믿음으로 그와 연합하십시오. 그러면 그의 의가 여러분의 것이 될 것입니다. 그리고 그럴 때 여러분은 "그 안에서 흠도 없고 점도 없는" 자로 발견될 것이며, 그의 옷과 같은 흰 옷을 입고 그의 보좌에 함께 앉게 될 것입니다.

3. 마지막으로, 세상 심판의 예언으로서 세상 임금의 심판을 주목하십시오.

"심판에 대하여라 함은 이 세상 임금이 심판을 받았음이라"(11절). 이것은 오직 성경의 계시에 의해서만 우리에게 알려지는 사실입니다. 우리는 사람의 경험의 사실로부터 시작했습니다(9절). 계속해서 우리는 역사(歷史)의 사실로 나아갔습니다(10절). 그리고 마침내 우리는 오직 그리스도의 권위 위에서만 확증되는 사실에 이르렀습니다(11절).

세상에는 임금(prince)이 있습니다. 그러나 다양한 형태의 악의 혼돈 덩어리는 그 안에 일종의 무질서한 질서를 가지고 있습니다. 그것은 마치 메두사의 머리의 뱀들처럼 뒤엉켜 서로를 물어뜯음에도 불구하고 여전히 하나의 통일체(unity)입니다. 종종 그의 모습은 중세의 미신에 의해 우스꽝스럽게 묘사되기는 했지만, 그러나 실제로 그 안에 우스꽝스러운 것은 아무것도 없습니다. 예수 그리스도께서 그에 대해 여러 차례 말씀하셨던 것처럼 그는 분명하게 실존하는 실재입니다. 불경건한 사람들의 총체인 세상에는 임금이 있습니다.

오늘 본문은 그 임금이 "심판"을 받는다고 말합니다. 예수 그리스도께서 반복적으로 암시하시고 어떤 때는 다음과 같이 명백한 말로 말씀하신 것처럼 그 일을 행한 것은 바로 십자가였습니다. "이제 이 세상에 대한 심판이 이르렀으니 이 세상의 임금이 쫓겨나리라 내가 땅에서 들리면 모든 사람을 내게로 이끌겠노라"(요 12:31, 32). 또 어떤 때는 비유로 말씀하시기도 했습니다. "사탄이 하늘로부터 번개 같이 떨어지는 것을 내가 보았노라"(눅 10:18). "사람이 먼저 강한 자를 결박하지 않고는 그 강한 자의 집에 들어가 세간을 강탈하지 못하리니 결박한 후에야 그 집을 강탈하리라"(막 3:27). 우리는 십자가의 능력이 얼마나 멀리까지 뻗어나가는지 다 알지 못합니다. 그러나 우리는 십자가로 말미암아 세상의 악의 중심부가 깨어졌다는 사실과 인간의 마음 안에 새로운 힘이 자리 잡게 되었다는 사실을 압니다. 우리는 그가 십자가에 못 박혔을 때 세상이 심판을 받은 것을 압니다. 신적 사랑의 파도에 의해 오랜 죄가 허물어지고 오랜 악이 사라졌으며 또 계속해서 사라져가고 있습니다. 또 그로 말미암아 인류 위에 더 높은 도덕, 의의 더 숭고한 관념, 죄의 더 심오한 개념, 세상과 사람을 위한 새로운 소망이 동터 올랐습니다. 그리고 이 세상 임금은 이를테면 승리한 군대의 병거 바퀴에 결박되었습니다. 요새의 중심이 허물어졌으며, 나머지는 전초부대(前哨部隊)에 의해 처리될 일입니다.

여기에서 세상 임금이 심판을 받은 것은 장차 세상이 심판을 받을 것에 대한 예언이라는 사실을 주목하십시오. 그리스도께서 죽으셨을 때 시작된 과정은 여전히 인류를 괴롭히고 있는 모든 악을 정죄하고 그 권세를 빼앗을 때 절정에 이릅니다. 마지막 심판이 올 것입니다. 그리고 그것이 올 것이라는 것은 그리스도께서 종의 형상으로 오셔서 십자가에서 죽으셨을 때 세상 임금을 심판하신 사실에 의해 분명하게 나타납니다. 큰 백보좌 위에 왕의 형상으로 오실 때, 예수 그리스도는 자신이 그 임금으로부터 구원했던 그 세상을 심판할 것입니다.

나의 형제들이여, 이러한 사실은 우리에게 큰 소망이 되어야 합니다. 심판의 날이 다가오고 있음을 생각할 때, 여러분은 기쁘지 않습니까? 하늘의 의(義)가 세상을 배회하는 죄를 확실하게 정복한 사실을 생각할 때, 여러분의 마음은 기쁨으로 뛰지 않습니까? 신적 사랑과 의에 대해 우리보다 절반밖에 알지 못했던 여기의 첫 제자들에게 그것은 기쁨과 소망이었습니다. 그들은 "그가 세상을 심판하기 위해 오시는" 것으로 인해 바위와 산들을 불러 기뻐하라고 말하며, 숲의 나무들을 불러 손뼉을 치라고 말했습니다. 여러분의 마음은 그에 대해 "아멘"으로 화답하지 않습니까?

그것은 마땅히 소망이어야만 합니다. 그러나 어떤 사람들에게 그것은 두려움입니다. 왜냐하면 그들은 죄와 의(義) 사이의 싸움의 결과가 예수 그리스도가 세상을 심판하고 자신의 영원한 나라를 자기에게로 취할 것임을 받아들이기를 좋아하지 않기 때문입니다. 그러나 나의 형제들이여, 소망이든 두려움이든 그것은 미래의 확실한 사실입니다. 마치 십자가가 과거의 확실한 사실인 것처럼, 그리고 그가 보좌에 앉아 계시는 것이 현재의 확실한 사실인 것처럼 말입니다. 여러분에게 묻습니다. 여러분은 자신의 죄를 미워했습니까? 여러분은 그리스도의 의에 자신의 마음을 열었습니까? 만일 여러분이 그렇게 했다면, 사람들이 두려움 가운데 "바위와 산들을 불러 보좌에 앉으신 이의 얼굴로부터 자신들을 가려달라고" 부르짖을 때 여러분은 "자신의 구원이 가까워진" 것으로 인해 머리를 들고 기쁨으로 노래를 부를 것입니다. "이로써 사랑이 우리에게 온전히 이루어진 것은 우리로 심판 날에 담대함을 가지게 하려 함이니"(요일 4:17).

92
모든 진리 가운데로 인도하심

"[12] 내가 아직도 너희에게 이를 것이 많으나 지금은 너희가 감당하지 못하리라 [13] 그러나 진리의 성령이 오시면 그가 너희를 모든 진리 가운데로 인도하시리니 그가 스스로 말하지 않고 오직 들은 것을 말하며 장래 일을 너희에게 알리시리라 [14] 그가 내 영광을 나타내리니 내 것을 가지고 너희에게 알리시겠음이라 [15] 무릇 아버지께 있는 것은 다 내 것이라 그러므로 내가 말하기를 그가 내 것을 가지고 너희에게 알리시리라 하였노라"

요 16:12-15

오늘 본문은 보혜사의 위대한 약속과 관련하여 주님이 마지막으로 덧붙인 말씀입니다. 먼저 그는 보혜사라는 이름에 함축된 임무를 위해 그리스도의 종들 가운데 거하실 예정이었습니다(14:16). 다음으로 사도들에게 그리스도의 생애의 사실들을 일깨워주기 위해 그리고 특별히 그가 하신 말씀들을 일깨워주기 위해 그의 도우심이 약속되었습니다(14:26). 이러한 사실을 통해 우리는 사복음서의 영감(靈感)과 권위를 확신할 수 있게 됩니다. 계속해서 그는 제자들에게 예수 그리스도를 증언하는 자로서 약속되었습니다(15:26). 그리고 마지막으로 바로 앞 문맥에서 우리는 죄에 대하여, 의에 대하여, 심판에 대하여 세상을 "책망하는" 혹은 "깨닫게 하는" 그의 임무에 대해 살펴보았습니다(16:8). 이제 마침내 우리는 여기의 말씀에 도착했습니다. 여기에서 우리 주님은 단순히 그 자리에 모여 있던 소수의 제자들만을 위해서가 아니라 보혜사의 인도하심을 의지하는 모든 사람들을 위해 그의 은혜로우며 온유한 사역을 제시합니다. 그는 모든 세대를 위한 "진리의 영"입니다(13절). 그는 참된 사람들로 하여금 진리를 알고 사랑하도록 도우실 것입니다. 우리는 본문으로부터 다음과 같은 세 가지 주제를 도출할 수 있습니다. 첫째, 그리스도께서 자신의 가르침이 아직까지 완전하지 못하다고 말씀하심. 둘째, 진리의 영이 오셔서 진리를 완전하게 하심. 셋째, 둘의 완전한 일치.

1. 첫째, 그리스도께서 자신의 가르침이 아직까지 완전하지 못하다고 말씀하신 것을 주목하십시오.

"내가 아직도 너희에게 이를 것이 많으나 지금은 너희가 감당하지 못하리라"(12절). 우리는 앞에서 그리스도께서 "내가 내 아버지께 들은 것을 다 너희에게 알게 하였음이라"라고 말씀하셨던 것을 기억합니다(15:15). 그러면 이와 같은 두 가지 말씀은 어떻게 조화를 이룹니까? 둘이 서로 조화를 이루는 것이 가능합니까? 물론 그렇습니다. 씨앗과 활짝 핀 꽃 사이에는 차이가 있습니다. 어떤 원리와 그 원리가 완전하게 펼쳐진 것 사이에는 차이가 있습니다. 여러분은 유클리드의 공리(公理)와 정의(定義) 속에 유클리드의 모든 것이 있다고 말할 수 있습니다. 동시에 여러분은 그의 공리와 정의를 배웠을 때 그에 대해 아직까지 충분히 깨닫지 못한 것들이 많이 있다고 말할 수 있습니다. 마찬가지로 모든 영적 진리의 근본적 원리들과 관련한 한, 우리 주님은 아버지로부터 들은 모든 것을 제자들에게 가르치셨습니다. 그러나 그러한 원리들을 펼치며 그 결과를 추적하며 그것들을 서로 조화시키며 그것들을 사람들이 잘 이해할 수 있도록 체계적으로 짜맞추는 등의 일에 관한 한, 아직까지도 말해져야 할 것들이 많이 있었습니다. 그들이 아직까지 충분히 감당할 수 없음으로 인해 말입니다. 이런 맥락에서 주님은 여기에서 자신이 이 땅에서 말한 말들이 그의 계시의 완성이 아니라고 분명하게 선언하고 계십니다.

물론 주님이 말씀하신 것들 안에서 우리는 의미심장하며 심원(深遠)한 배아(胚芽)들을 발견합니다. 기독교 진리라는 이름으로 불릴 자격을 갖기 전에 먼저 좀 더 충분하게 펼쳐지고 다듬어질 필요가 있는 그런 배아들 말입니다. 그러나 여러 곳에서 우리는 주님의 입술로부터 나온 단편적이며 간단하며 모호한 언급들과 그의 종들로부터 나온 좀 더 체계화되고 충분하며 정확한 교훈들 사이의 대조를 주목하지 않을 수 없습니다. 그에 대한 가장 결정적 실례(實例)는 주님이 희생제사로서의 자신의 죽음과 그의 고난의 대속적 성격에 대해 상대적으로 별로 이야기하지 않은 것입니다. 물론 나는 복음서들이 이러한 주제에 대해 절대적으로 침묵한다고 말하는 것은 아닙니다. 나는 그러한 침묵이 대속과 관련한 교훈을 받아들이기를 좋아하지 않는 사람들에 의해 과장되어 왔다고 믿습니다. 그럼에도 불구하고 그리스도께서 자신의 십자가에 대해 말씀하신 방식과 오순절 이후 사도들이 그에 대해 말한 방식 사이에는 결코 간과할 수 없는 분명한 차이가 있습니다. 우리는 그것을 간과할 것이 아니라 도리어 복된 가르침의 열매로서 주목해야만 합니다.

그러면 그 이유는 무엇입니까? 본문이 그에 대한 이유를 제시합니다. "지금은 너희가 감당하지 못하리라." 여기에서 "감당하다"라고 번역된 단어 "bear"는 "인내" 혹은 "참음"의 의미에서의 "bear"가 아니라 "나르다"는 의미에서의 "bear"입니다. 이러한 은유는 "사람의 근육이 충분히 지탱할 수 없는 무거움"을 의미합니다. 그것은 기쁘게 하기보다 도리어 짓누릅니다. 이와 같이 우리 주님이 미리 말씀하지 않았던 것은 그들이 그것을 "나를"(bear) 수 있을 만큼 충분히 강하지 못했기 때문입니다.

이러한 말씀 안에는 매우 중요한 한 가지 원리가 내포되어 있습니다. 그것은 "계시(啓示)는 그것을 받는 사람들의 도덕적이며 영적 수용 능력에 맞게 주어진다"는 원리입니다. 눈을 수술하고 오랜 시간 붕대로 가린 어떤 환자를 생각해 보십시오. 마침내 붕대를 풀 때가 되었습니다. 그러면 어떻게 합니까? 그의 눈은 갑자기 온전한 빛과 접촉되어서는 안 됩니다. 천천히, 점진적으로, 조금씩 접촉되어야만 합니다. 계시의 과정도 마찬가지입니다. 주어지는 계시의 빛은 그것을 받는 사람의 수용 능력과 서로 상응해야만 합니다. 어떤 사람에게 처음에는 작은 빛이 주어집니다. 그것을 신실하게 사용할 때 그는 더 큰 빛을 받을 수 있게 되며, 그렇게 되었을 때 그에게 더 큰 빛이 주어집니다. "무릇 있는 자는 받아 풍족하게 되고"(마 25:29). 그리스도는 제자들에 대한 따뜻한 사랑으로 말미암아 처음에 그들에게 감당할 수 없는 짐을 지우지 않으셨습니다. 그는 그들에게 젖 대신 고기를 주지 않으셨습니다. 그들이 그것을 충분히 소화할 수 있을 때까지 말입니다. 이와 같이 계시는 점진적입니다. 그리스도께서 그들에게 말씀하지 않으신 것은 그들의 연약함을 고려하셨기 때문입니다.

이러한 원리는 우리에게도 똑같이 사실입니다. 때로 우리가 알기를 원함에도 불구하고 하나님이 우리에게 말씀해 주지 않는 것들이 얼마나 많습니까! 그것을 깨달을 수 있을 만큼 우리가 충분히 자라지 않았기 때문에 말입니다. 우리는 육체의 휘장에 둘러싸인 채 시간의 그림자 안에서 살고 있습니다. 우리는 사방으로부터 쏟아져 들어오는 수많은 빛들로 인해 눈이 부셔 어쩔 줄 모릅니다. 우리는 아직 큰 영광을 바라볼 수 있는 충분한 눈을 가지고 있지 않습니다. 하나님은 복된 미래와 관련하여 그리고 우리가 마땅히 걸어 나가야 할 길과 관련하여 우리에게 해주실 말씀을 많이 가지고 계십니다. 그러나 우리는 아직까지 그것을 감당할 능력이 없습니다. "지금은 너희가 감당하지 못하리라." 그러므로 새로운 빛을 받을 수 있을 만큼 충분히 준비될 때까지 인내로써 기다립시다. 왜냐하면 두 가지 즉 '계시되는 빛'과 '보는 눈'이 서로 맞아야만 하기 때문입니다.

다음 주제로 나아가기 전에 한 가지 더 생각할 것이 있습니다. 어떤 학자들은 우리에게 "당신들의 신학은 복음서 안에 있지 않다"고 말합니다. 또 그들은 우리에게 마치 결정타라도 날린 것처럼 "우리는 바울이 아니라 예수를 굳게 붙잡는다"고 말합니다. 나는 복음서에 "바울의 신학"이 없다는 말에 동의하지 않습니다. 그렇지만 거기에 그것이 많지 않다는 것은 기꺼이 인정합니다. 그렇지만 그것이 어떻다는 말입니까? 그것은 우리가 충분히 인정하고 받아들일 수 있는 사실입니다. 바울의 신학이 복음서에서 발견되지 않는다는 이유로 그것을 배척하는 사람들은 그리스도 자신의 가르침으로부터 떠나는 것입니다. 그들은 오로지 그리스도의 말씀만을 종교적 진리의 유일한 근원으로 취해야만 한다고 말합니다. 그러나 그들은 그렇게 말함으로써 그리스도 자신의 말씀과 정반대 방향으로 달려갑니다. 여기를 보십시오. 그리스도께서 그 자신이 이 땅에 있는 동안 한 말이 완전하지 않다고 선언하고 계시지 않습니까! 그는 지금 하나님의 진리에 대한 보다 더 충분한 지식을 위해 새로운 선생이 올 것이라고 말씀하고 계시지 않습니까!

2. 둘째, 진리의 영이 오셔서 진리를 완전하게 하시는 것을 주목하십시오.

본문의 언어를 다시 한 번 주목해 보십시오. 여기에서 새로운 선생의 인격성과 호칭과 임무가 어떻게 언급되고 있습니까? 새로운 선생을 지칭하는 대명사는 "그것"(it)이 아니라 "그"(He)입니다. 그는 진리의 영입니다. 그의 본질은 진리이며, 그가 사용하는 무기 역시 진리입니다. "그가 너희를 인도하시리니"(13절). 여기에 우리를 인도하기 위해 내민 사랑의 손과 그의 가르침의 은혜로움과 온유함이 나타나지 않습니까? "모든 진리 가운데로." 이것은 우리가 모든 것을 다 알게 될 것을 약속하는 것이 아니라, 다만 계시되는 영적, 도덕적 진리들을 점진적으로 그리고 더 풍성하고 충분하게 알게 될 것을 약속하는 것입니다. 성령에 의해 인도함을 받는 자들에게 모든 진리가 속하지는 않을 것입니다. 오늘도 그렇지 않을 것이고, 내일도 그렇지 않을 것입니다. 그러나 만일 그들이 성령의 인도하심에 진실하다면, 그들은 "내일도 오늘 같을 것이며 훨씬 더 풍성할" 것입니다(사 56:12). "그가 스스로 말하지 않고 오직 들은 것을 말하며." 여기에서 '예수에 대한 성령의 관계'와 '아버지에 대한 예수의 관계'가 서로 병행되는 것을 주목하십시오. 예수께서도 앞에서 "내가 내 아버지께 들은 것을 다 너희에게 알게 하였음이라"라고 말씀하지 않았습니까?(15:15). 사탄의 표지는 "자기 자신에 대해 말하는" 것입니다. 반면 성령의 표지는 "자신에 대해 말하지 않고 오직 들은 것을 말하는" 것입니다. 그러면 어디로부터 듣습니까? 신성(神性)의 깊음 너머로부터 듣습니다. 그리고 그는 특별히 그들에게 "장래 일을 알리실" 것입니다. 여기의 제자들은 혁명적 시대에 살고 있었습니다. 그들의 마음은 "세상에 임할 일을 생각하고 무서워할" 것이었습니다(눅 21:26). 그들은 하나님의 나라의 영광을 점차적으로 배우게 될 것이며, 그들 앞에 미래의 환상과 모든 이적(異蹟)과 기사(奇事)들이 점진적으로 펼쳐질 것입니다.

여기의 말씀과 관련하여 우리는 다음과 같은 두 가지 사실을 기억할 필요가 있습니다. 첫째, 성령께서 진리 가운데로 완전하게 인도하실 것이라는 이러한 약속은 여기의 최초의 제자들에게 독특하며 유일한 방식으로 적용된다는 사실입니다. 서두에서 이야기한 것처럼, 장차 보혜사가 와서 그리스도께서 하셨던 말씀들을 일깨워줄 것이라는 약속은 우리에게 사복음서의 영감(靈感)과 신빙성을 확증해 줍니다. 바로 여기에 영적 진리를 가르치는 선생으로서의 사도들의 영감과 권위가 놓여 있습니다. 그들은 "모든 진리 가운데로" 인도될 것입니다. 그러므로 우리는 그들이 인도함을 받은 모든 진리를 기꺼이 받아들여야만 합니다.

여기의 말씀에 대한 최고의 주석(註釋)이 바로 사도행전입니다. 거기에서 여러분은 그들이 어떻게 즉시로 새로운 영역으로 나아갔는지 봅니다. 거기에서 여러분은 오랫동안 수수께끼와 같았던 주님의 진리들이 어떻게 그들에게 갑자기 깨달아졌는지 봅니다. 거기에서 여러분은 그들을 좌절시켰던 십자가가 어떻게 갑자기 그들 자신과 세상을 위한 구원이 되었는지 봅니다. 거기에서 여러분은 모호한 것이 갑자기 분명하게 되고, 그리스도의 죽음과 부활이 갑자기 그들에게 세상을 구원하는 중심적 사실이 된 것을 봅니다. 뿐만 아니라 요한계시록에서도 역시 우리는 "그가 너희에게 장래 일을 알릴" 것이라는 여기의 약속이 성취되는 것을 봅니다. 왜냐하면 요한이 주의 날에 성령에 감동되었을 때 그리고 하늘이 열리고 교회의 역사(歷史)가 그 앞에 마치 두루마리처럼 펼쳐졌을 때 그에게 계시된 것 가운데 "장차 될 일"이 포함되어 있었기 때문입니다(계 1:19).

나아가 여기의 위대한 원리는 또한 우리 모두에게도 적용됩니다. 왜냐하면 성령은 그를 열망하는 모든 사람들에게 주어지기 때문입니다. 그는 그리스도인들의 마음 안에 거하면서 그들에게 그리스도께서 미완성 상태로 남겨놓으신 진리들을 가르치십니다.

여기에서 한 가지만 더 생각해 보도록 합시다. 그것은 우리가 그리스도와 함께 있었던 그리고 약속의 첫 열매로서 성령을 받았던 여기의 최초의 제자들과 같은 수준 위에 서 있지 않다는 사실입니다. 성령의 인도하심과 경험에 의해, 그들은 그리스도께서 말씀하시고 행동하셨던 것들에 대한 더 깊은 깨달음 안으로 인도되었습니다. 반면 같은 성령에 의해, 우리는 그러한 사실들을 기록하고 해석한 말씀들에 대한 더 깊은 깨달음 안으로 인도됩니다.

바울 사도는 이렇게 선언합니다. "만일 누구든지 자기를 선지자나 혹은 신령한 자로 생각하거든 내가 너희에게 편지하는 이 글이 주의 명령인 줄 알라"(고전 14:37). 그는 하나님의 영을 소유한 자라면 마땅히 자신의 글이 그리스도의 명령인 줄 알아야만 한다고 말합니다. 여러분과 나는 이것을 하나님의 영을 소유했는지 여부를 판별하는 참된 표준으로 취해야만 합니다. 하나님의 영을 소유한 자라면 누구든지 이 책의 권위 있는 가르침에 기꺼이 순복할 것입니다.

3. 마지막으로, 둘의 완전한 일치를 주목하십시오.

언뜻 볼 때 진리의 이러한 두 근원 즉 '그리스도 자신의 미완성의 가르침'과 '성령의 충분한 가르침'은 설령 서로 반대되지는 않는다 하더라도 서로 독립적인 것처럼 보일 수 있습니다. 그리하여 우리 주님은 본문의 마지막 구절에서 두 물줄기를 하나로 합칩니다.

"그가 내 영광을 나타내리니"(14절). 어떤 사람이 그와 같이 말하는 것을 생각해 보십시오. 어떻게 제정신을 가진 사람이 그와 같은 신성모독적인 말을 할 수 있겠습니까! 하나님으로부터 와서 사람들을 모든 진리 가운데로 인도하는 성령의 특별한 임무는 예수 그리스도의 영광을 나타내는 것입니다. 이렇게 볼 때 예수 그리스도는 얼마나 위대하며 얼마나 영광의 광채로 충만한 자입니까! 이와 같이 그리스도를 영화롭게 하는 것이 아버지와 아들과 성령이 행하신 모든 일의 궁극적 목적이었습니다. 왜냐하면 그리스도를 영화롭게 하는 것이 곧 하나님을 영화롭게 하는 것이기 때문입니다. 이렇게 볼 때 그리스도의 영광을 보는 눈은 얼마나 복됩니까!

"그가 내 것을 가지고 너희에게 알리시겠음이라." 성령이 가져오는 모든 것은 그리스도의 것입니다. 그러므로 새로운 계시는 없습니다. 오직 계시에 대한 해석이 있을 뿐입니다. "구름이 그를 가려 보이지 않게" 되었을 때, 원본(原本)은 모두 주어졌습니다. 이제 또 다시 주어질 것은 아무것도 없습니다. 이제부터 모든 것은 그에 대한 주석(註釋)일 뿐입니다. 성령은 그리스도의 것을 취하여 그것의 원리들을 적용하며, 그가 말씀하시고 행하신 것들의 깊은 의미를 펼칩니다. 그는 특별히 그리스도의 탄생과 십자가와 승천의 신비한 의미를 펼칩니다. 그는 그 모든 것을 통해 그리스도가 하나님의 아들이며 세상을 위한 희생제물임을 선포합니다. 그리스도는 "내가 곧 진리"라고 말씀하셨습니다. 그러므로 우리 주님이 "그가 너희를 모든 진리 가운데로 인도하실" 것이라고 약속하실 때, 우리는 여기의 "모든 진리"가 다름 아닌 그리스도 자신이라고 분명하게 결론내릴 수 있습니다. 우리가 새로운 신적 선생(divine Teacher)으로부터 받아야만 하는 것은 전체적 그리스도, 전체적 진리입니다. 우리는 그리스도를 더 굳게 붙잡고 그를 더 잘 깨달을 수 있도록 매일 같이 자라가야 합니다. 우리는 사랑과 믿음과 순종으로 그를 더 온전히 우리의 것으로 삼아야 합니다. 우리는 마치 어떤 신대륙에 처음 정착한 자들과 같습니다. 처음에 그들은 해안가의 좁은 지역에 모여 있습니다. 그러나 내지(內地)에는 광대한 처녀림과 비옥한 평원과 하늘을 찌를 듯이 솟아있는 높은 산봉우리들이 펼쳐져 있습니다. "그가 너희를 모든 진리 가운데로 인도하시리니." 하나님의 영은 우리 주 예수 그리스도의 인격과 사역의 광대한 땅으로 인도할 것입니다.

"무릇 아버지께 있는 것은 다 내 것이라 그러므로 내가 말하기를 그가 내 것을 가지고 너희에게 알리시리라 하였노라"(15절). 이 얼마나 무시무시한 말씀입니까! 우리 주님은 여기에서 자신의 것이 곧 아버지의 것이며 아버지의 것이 곧 자신의 것이라고 분명하게 말씀하십니다.

나의 형제들이여, 여러분은 이것을 믿습니까? 이것이 여러분이 예수 그리스도에 대해 생각하는 것입니까? 여기에서 그는 손을 내밀어 신적 본질의 모든 영광을 붙잡으며 "이것은 모두 내 것이니라"라고 말씀하십니다. 그리고 아버지께서는 하늘로부터 내려다보시며 이렇게 말씀하십니다. "아들이여, 너는 항상 나와 함께 하도다! 내가 가진 모든 것이 네 것이니라." 여러분은 "아멘, 내가 믿나이다!"라고 대답합니까?

이와 같은 놀라운 말씀으로부터 우리는 다음과 같은 세 가지 교훈을 찾을 수 있습니다. 하나는 우리 모두에게 주어지는 성령을 훨씬 더 분명하게 믿고, 훨씬 더 의식적으로 그리고 진지하게 추구하며, 훨씬 더 부지런히 그리고 정직하게 사용하라는 것입니다. 오늘날 너무나 많은 사람들이 머뭇거리는 입술로 "성령을 믿사오며"라고 고백합니다. 그 결과로 우리의 기독교는 너무나 약해지고, 그리스도인들은 점점 더 세속화됩니다. "때가 오래 되었으므로 너희가 마땅히 선생이 되었을 터인데 너희가 다시 하나님의 말씀의 초보에 대하여 누구에게서 가르침을 받아야 할 처지이니"(히 5:12). "성령을 소멸하지 말며, 성령을 근심하게 하지 말며, 성령을 저버리지 마십시오.?

또 하나의 교훈은 그가 사용하는 책을 사용하라는 것입니다. 그렇게 하지 않으면 여러분은 결코 자라지 못할 것이며, 그는 여러분과 접촉할 아무런 수단도 갖지 못할 것입니다.

마지막 교훈은 영들을 시험하라는 것입니다. 만일 스스로를 기독교적 가르침이라 부르는 어떤 것이 그리스도를 영화롭게 하지 않는다면, 그것은 참된 기독교적 가르침이 아닙니다. 왜냐하면 참된 기독교적 가르침은 필연적으로 그를 온 세상의 생명과 구원으로 높이기 때문입니다. 만일 어떤 가르침 가운데 "우리를 모든 진리 가운데로 인도"하며 그럼으로써 그리스도의 영광을 나타내며 우리에게 그의 것을 나타내는 성령이 임한다면, 그것은 참된 가르침입니다. "이로써 너희가 하나님의 영을 알지니 곧 예수 그리스도께서 육체로 오신 것을 시인하는 영마다 하나님께 속한 것이요 예수를 시인하지 아니하는 영마다 하나님께 속한 것이 아니니 이것이 곧

적그리스도의 영이니라 오리라 한 말을 너희가 들었거니와 지금 벌써 세상에 있느니라"(요일 4:2, 3).

93
그리스도의 "조금 있으면"

"[16] 조금 있으면 너희가 나를 보지 못하겠고 또 조금 있으면 나를 보리라 하시니 [17]
제자 중에서 서로 말하되 우리에게 말씀하신 바 조금 있으면 나를 보지 못하겠고
또 조금 있으면 나를 보리라 하시며 또 내가 아버지께로 감이라 하신 것이 무슨 말
씀이냐 하고 [18] 또 말하되 조금 있으면이라 하신 말씀이 무슨 말씀이냐 무엇을 말씀
하시는지 알지 못하노라 하거늘 [19] 예수께서 그 묻고자 함을 아시고 이르시되 내 말
이 조금 있으면 나를 보지 못하겠고 또 조금 있으면 나를 보리라 하므로 서로 문의
하느냐"

요 16:16-19

본문의 앞부분을 피상적으로 읽을 때, 자칫 우리는 본문이 제자들을 모든 진리 가운데로 인도할 성령이 오실 것이라는 앞의 위대한 약속과 연결되어 있는 사실을 깨닫지 못하게 될 수 있습니다. 언뜻 보기에 본문은 앞의 약속과 무관한 것처럼 보입니다. 그러나 조금만 깊이 생각해 본다면 우리는 둘이 분명하게 연결되어 있는 것을 발견하게 될 것입니다. 오늘 본문의 첫 구절은 실제로 성령의 약속의 절정이며 면류관입니다. 왜냐하면 성령은 그리스도의 것을 제자들에게 알게 하고 그 결과로 그들이 보이지 않는 주님을 볼 수 있게 됨을 통해 그들을 "모든 진리 가운데로 인도할" 것이기 때문입니다. 이와 같이 17절은 성령이 그리스도인들의 마음속에서 행하는 일에 대한 최고(最高)의 개념입니다. 그것은 예수 그리스도를 비록 세상에 계시지 않음에도 불구하고 보이는 그리스도(visible Christ)로 제

시합니다.

이어지는 부분은 혼돈에 빠진 제자들의 질문과 그에 대하여 오래 참으시는 주님이 대답하는 이야기를 다룹니다. 그러므로 우리는 여기에서 다음과 같은 세 가지 요점을 취할 수 있습니다 — 보지 못하는 때와 보는 때, 혼란에 빠진 제자들, 오래 참으시는 주님.

1. 첫째, 여기에서 보지 못하는 때와 보는 때와 관련한 우리 주님의 심오한 가르침을 주목하십시오.

"조금 있으면 너희가 나를 보지 못하겠고 또 조금 있으면 나를 보리라 하시니"(16절). 이러한 말씀은 충분히 명백합니다. 다만 한 가지 난제(難題)는 그것이 가리키는 때와 관련한 문제입니다. 주님은 지금 말씀하고 계시는 때로부터 약간의 시간이 지난 후에 자신이 보이지 않는 짧은 기간이 있을 것이며, 그 후에 자신이 보이는 기간이 따를 것이라고 이야기합니다. 여기에 "보다"는 의미로 사용된 두 단어는 같은 단어가 아닙니다. 그러므로 그것들은 자연스럽게 보는 방식에 있어서의 어떤 차이를 암시합니다.

여기에서 한 가지 의문이 생깁니다. 주님이 말씀하시는 이러한 때의 경계는 어디입니까? 첫 번째 "조금 있으면"의 "조금"이 지금 이 순간과 십자가 사이의 몇 시간이라는 것은 명백합니다. 또 그의 죽음과 장사(葬事)가 어쨌든 그들이 그를 보지 못하게 되는 기간의 시작이라는 것 역시 명백합니다. 그렇지만 그들이 그를 다시 보는 두 번째 기간은 어디에서 시작됩니까? 그것은 그의 부활 때입니까? 아니면 "아버지께로 가는" 과정의 모든 단계가 완성되는 승천 때입니까? 아니면 성령이 부어지는 — 왜냐하면 성령의 사역으로 말미암아 그가 다시 볼 수 있게 되었으니까 — 오순절 때입니까? 위의 질문에 대한 해답을 나는 이러한 몇 가지 때들 가운데 어느 하나로 한정할 필요가 없다고 생각합니다. 만일 우리가 모든 세대의 모든 제자들이 여기의 위대한 강화(講話)에 분깃을 가지고 있음을 생각한다면 그리고 만일 그리스도를 보는 것과 관련한 여기의 약속이 어떻게 종결되는지에 대한 아무런 암시도 가지고 있지 않음을 기억한다면 그리고 만일

"보다"와 관련하여 여기에서 사용된 단어들이 서로 다르다는 사실을 주목한다면 그리고 무엇보다도 만일 여기의 말씀이 앞의 말씀들과 긴밀하게 연결된다는 사실을 생각한다면, 우리는 그리스도를 보는 것과 관련한 여기의 위대한 약속의 충분한 실현이 성령의 부어짐으로 인해 그의 종들의 눈이 열려 그의 영광을 보게 된 때까지 시작되지 않았다고 결론 내릴 수 있을 것입니다. 그러나 이런 문제와는 별개로 우리는 여기에서 어떤 세대든 참된 마음을 가진 그리스도인들은 참된 그리스도를 참으로 볼 수 있다는 위대한 진리를 발견할 수 있습니다.

만일 우리가 오늘 본문 가운데 제자들이 그를 보지 못하는 기간이 두 번째 "조금 있으면"과 겹치는 것이 아니라 그에 선행한다는 것을 생각한다면, 모든 것이 분명해집니다. 그러면 첫 번째 "조금 있으면"은 십자가 이전의 몇 시간이 될 것이며, "너희가 나를 보지 못하겠고"는 그가 무덤에 누워 있는 날들을 가리키는 것이 될 것입니다. 나아가 두 번째 "조금 있으면"의 "조금"은 그의 죽음과 승천 사이의 특별한 기간을 가리키는 것이 될 것입니다. 제자들이 예전과 같은 친밀한 교제도 갖지 못하고 나중과 같은 영적 교제도 갖지 못하는 그런 기간 말입니다. 그리고 마지막 기간인 "너희가 나를 보리라"는 그가 다시 오실 때까지의 모든 세기 전체를 망라할 것입니다.

이것은 하나의 가능한 의견으로서 나의 입장을 제시하는 것일 뿐입니다. 이러한 의견의 옳고 그름을 떠나 여기에서 내가 강력하게 역설하고 싶은 것은 이것입니다. 그것은 우리 모두가 마치 그리스도가 우리 앞에 서 계신 것처럼 실제적으로 그를 볼 수 있다는 것입니다, 만일 우리가 뜻하기만 한다면 말입니다. 그리고 이와 같이 그를 봄으로 말미암아 우리는 어디에 있든 그와 함께 있을 수 있으며, 어디를 가든 우리 앞에 빛나는 그의 얼굴의 빛을 가질 수 있습니다.

사랑하는 형제들이여, 바로 이것이 인격적 기독교입니다. 우리는 예수 그리스도를 보며, 우리 영 안에 거하는 그와 더불어 친밀한 교제를 나눕니다. 그리고 그는 항상 우리 곁에 계십니다. 이러한 확신은 우리의 삶을 얼마나 강하며, 고요하며, 고결하며, 복되게 만들겠습니까! 그러한 확신은 우리로 하여금 모든 시험을 능히 감당할 수 있도록 만듭니다. "그는 보이지 아니하는 자를 보는 것 같이 하여 참았으며"(히 11:27). 만일 그리스도께서 우리 앞에 서 계신다면, 무엇이 우리를 두렵게 할 수 있겠습니까? 만일 우리가 그를 본다면, 무엇이 우리의 마음을 빼앗을 수 있겠습니까? 세상의 모든 자랑과 우리의 마음을 잡아끄는 것들은 그의 임재 앞에 점점 더 흐려질 것입니다. 희미한 촛불이 정오(正午)의 광채 앞에 흐려지는 것처럼 말입니다. 그의 임재는 우리의 모든 삶을 복된 교제로 가득 채울 것입니다. 그리스도를 보는 자가 어떻게 외로울 수 있겠습니까? 그리스도가 옆에 계시는데 어떻게 인생이 쓸쓸하게 느껴질 수 있겠습니까? 그리스도의 임재는 우리의 마음을 기쁨과 강함으로 채울 것이며, 그의 얼굴의 광채로 말미암아 우리를 영원토록 복되게 만들 것입니다.

그러면 우리는 어떤 방식으로 그리스도를 볼 것입니까? 본문이 어떻게 연결되는지 기억하십시오. 그것은 사람들에게 그리스도의 것들을 — 그러므로 보이지 않는 것들을 — 보여주는 성령이 있기 때문입니다. 믿음의 눈은 그를 볼 수 있습니다. 그러므로 예수를 보는 가장 직접적 방법은 우리의 마음과 생각과 영을 우리에게 예수를 알게 하기 위한 수단으로서 성경의 기록을 사용하는 성령의 가르침에 순복시키는 것입니다.

그러나 예수 그리스도를 보는 것이 순례자로서 세상을 지나가는 우리에게 축복이 되기 위해서는 이와 같이 성령을 기다리는 것 외에도 우리 입장에서 충족시켜야만 하는 조건들이 있습니다. 첫 번째 조건은 만일 우리가 예수 그리스도를 보기를 원한다면 그에 대해 생각하라는 것입니다. 여러분의 생각을 그리스도로 채우십시오. 만일 어떤 사람이 항상 땅에다 눈을 고정시킨 채 걸어 다닌다면, 서쪽 하늘을 물들이고 있는 석양의 모든 영광이 그와 무슨 상관이 있겠습니까? 그는 아무것도 보지 못할 것입니다. 설령 그리스도께서 여러분 곁에 가까이 서 계신다 하더라도 만일 여러분의 눈이 세상의 잡다한 것들에 고정되어 있다면, 여러분은 그를 보지 못할 것입니다. 그러므로 만일 여러분이 정말로 그리스도를 보기를 원한다면, 그에 대해 생각하십시오.

여러분은 예수 그리스도를 보기를 원합니까? 그렇다면 그를 대체하는 다른 대상물, 예컨대 여러분의 눈을 현혹하는 십자가 불빛 같은 것들을 바라보지 마십시오. 오직 예수만을 바라보십시오. 만일 우리가 그를 붙잡고자 한다면, 우리는 다른 것들을 붙잡아서는 안 됩니다. 만일 우리가 예수를 보고 우리 마음을 고요함과 장엄함으로 가득 채우고자 한다면, 우리의 시야(視野)는 항상 아래가 아니라 위를 향해 고정되어야만 합니다. 다른 모든 것들로부터 눈을 돌려 오직 그리스도만을 바라보며 오직 그만을 생각하십시오.

또 만일 여러분이 그리스도를 보기를 원한다면, 그의 뜻을 행하십시오. 예수를 보는 눈을 맑게 만듦에 있어, 순종의 한 행동이 여러 시간의 생각보다 훨씬 더 낫습니다. 마찬가지로 예수를 보는 눈을 흐리게 만듦에 있어, 불순종의 한 행동보다 더 강력한 힘을 가진 것은 아무것도 없습니다. 그가 우리에게 가까이 다가오는 것은 먼지로 가득한 거리에서입니다. 엠마오로 가던 제자들의 경험은 우리의 경험이 될 수 있습니다. 예수 그리스도는 거리에서 우리를 만나며, 우리의 마음을 "뜨겁게" 만듭니다. 또 성문 밖에서 순교한 스데반의 경험 역시 우리의 경험이 될 수 있습니다. 만일 우리가 고통과 괴로움을 올바로 감당한다면, 도리어 우리는 그로 인해 하늘이 열리고 그리스도께서 "하나님 우편에 서 계신" 것을 보게 될 것입니다. 불순종의 눈물은 우리의 눈을 가립니다. 마리아의 눈물을 생각해 보십시오. 그녀는 부활하신 주님을 보면서도 그를 알아보지 못한 채 "동산지기"로 여겼습니다. 반면 순종의 눈물은 그의 얼굴을 볼 수 있도록 우리의 눈을 깨끗하게 씻습니다. 이와 같이 그의 뜻을 행하는 것은 그의 얼굴을 보는 최고의 방법입니다.

형제들이여, 이것이 여러분의 경험입니까? 스스로를 그리스도인이라 부르는 자들이여, 여러분은 예수를 봅니까? 여러분의 눈은 그에게 고정되어 있습니까? 여러분의 인생길은 그와 함께 걸어가는 인생길입니까? 여러분은 세상의 잡다한 일들보다 그를 더 가까이 합니까? 여러분은 그를 항상 함께 하는 벗으로 삼고 있습니까? 아, 이와 같은 위대한 약속에도 불구하고 대부분의 그리스도인들이 그를 바라보는 것은 얼마나 미약하며, 흔들리며, 깜빡거리며, 막연합니까! 그럴 때 우리 얼굴은 얼마나 큰 부끄러움으로 덮입니까! 만일 그와 같은 위대한 약속이 우리에게 이루어지지 않는다면, 그것은 전적으로 우리 자신의 잘못입니다. 그 눈에 "예수 외에 아무도 보이지 않는"(막 9:8) 사람들은 얼마나 복됩니까! 모든 슬픔과 기쁨과 근심과 염려와 일과 휴식이 단지 그의 감미로운 임재를 나타내는 것일 뿐인 사람들은 얼마나 복됩니까! "내가 여호와를 항상 내 앞에 모심이여 그가 나의 오른쪽에 계시므로 내가 흔들리지 아니하리로다"(시 16:8).

2. 둘째, 여기의 혼란에 빠진 제자들을 주목하십시오.

우리는 본 강화(講話)의 첫 부분에서 두 번 제자들이 주께서 말씀하는 동안 갑자기 끼어들면서 질문을 던지는 것을 발견합니다(14:5, 8). 그러나 그들은 주님의 놀라운 말씀으로 인해 곧 잠잠해집니다. 계속해서 우리는 주님이 거의 탄식하는 어조(語調)로 "너희 중에서 나더러 어디로 가는지 묻는 자가 없고"라고 말씀하시는 것을 발견합니다(16:5). 그가 말씀한 무궁무진한 진리들은 그냥 그들의 머리 위로 지나가 버리고 다만 여기에서 "조금 있으면"이 문자적으로 두 번 반복된 것만 그들의 귀에 울리고 있었던 것처럼 보입니다. 이와 같이 그들은 훨씬 더 중요한 말씀들은 그냥 지나쳐 버린 채 "조금 있으면"이라는 말씀의 의미와 관련한 비교적 덜 중요한 것에만 집착했습니다. 개정역(Revised Version) 16절에는 "이는 내가 아버지께로 감이라"라는 구절이 빠져 있는데, 나는 이것이 훨씬 더 정확하다고 생각합니다(KJV에는 다음과 같이 되어 있음: A little while, and ye shall not see me: and again, a little while, and ye shall see me, because I go to the Father, 한글개역개정판도 개정역처럼 되어 있음 — 역주). 17절의 "내가 아버지께로 감이라"라는 제자들의 말은 바로 앞 구절로부터가 아니라 10절의 "의에 대하여라 함은 내가 아버지께로 가니 너희가 다시 나를 보지 못함이요"라는 말씀으로부터 인용한 것으로 보입니다. 어쨌든 그들은 상당한 혼란에 빠져 있었던 것으로 보입니다.

혼란에 빠진 여기의 제자들의 모습은 우리 모두가 주님의 말씀에 대해 흔히 범하는 오류들을 보여줍니다. 그러한 것들에 대해 몇 가지 잠깐 살펴보도록 합시다.

여기에서 더 중요한 진리들은 그냥 지나쳐 버린 채 덜 중요한 문제에 집착하는 그들의 모습을 주목하십시오. 그들은 성령의 선물에 대해 묻지 않았습니다. 그들은 포도나무와 가지의 비유로 표현된 그리스도와 그의 제자들 사이의 연합에 대해 묻지 않았습니다. 그들은 그가 그들에게 말씀한 "친구들을 위해 목숨을 내어주는" 사랑에 대해 묻지 않았습니다. 그러나 그가 "때"와 관련한 말씀을 하셨을 때, 그들은 모두 그 "때"가 언제인지에 대해 너무나 알고 싶어 했습니다.

오늘날 우리도 이와 같지 않습니까? 오늘날의 기독교는 중요한 진리들에 대해서는 그다지 관심을 기울이지 않으면서 사소한 난제(難題)들에 대해 과도하게 집착하고 있지 않습니까? 기독교의 중심적 진리는 성육신과 예수 그리스도의 속죄입니다. 그럼에도 불구하고 이것과 비교할 때 사소한 부차적 문제들이 오늘날의 사람들의 마음을 사로잡고 있습니다. 중심적 진리들은 뒤로 젖혀진 채 말입니다.

복음의 핵심은 예수 그리스도가 우리의 구원을 위해 죽으신 하나님의 아들이라는 진리입니다. 그런데 어째서 우리가 우리의 믿음을 연대기적이며, 역사적이며, 비평적이며, 철학적이며, 과학적 문제들과 같은 부차적이며 외적 것들 위에 세워야만 한단 말입니까? 도대체 어째서 사람들은 전자(前者)의 핵심적 진리는 보지 못한 채 후자(後者)의 부차적 문제들에 모든 마음이 집중되어 있단 말입니까? 불 가운데 있는 어떤 사람을 상상해 보십시오. 사람들이 그에게 화재피난장치(fire-escape)를 던져줍니다. 그것을 받아든 그가 다음과 같이 말한다면, 여러분은 그를 어떻게 생각할 것입니까? "첫째, 이 장치가 어떤 원리로 구성되었는지 설명해 주시오. 둘째, 누가 그것을 만들었는지 나에게 말해 주시오. 셋째, 그 재료는 모두 어디로부터 온 것인지 나에게 알려주시오. 그렇게 할 때까지 나는 이 장치를 믿고 신뢰할 수 없소." 그러나 오늘날 너무나 많은 사람들이 "우리의 구원의 복음"과 관련하여 이와 같이 행동합니다. 그들은 먼저 복음의 중심적 진리와는 별 상관도 없는 사소한 문제들에 대해 대답해달라고 요구합니다. 그러고 난 연후에야 비로소 복음을 믿겠다는 것입니다.

여기의 제자들이 보여주는 또 한 가지 오류는 그들이 불명확한 것을 이해하고자 애쓰는 가운데 너무나 빨리 절망에 빠진다는 것입니다. "우리는 그가 말하는 것이 무슨 뜻인지 도무지 알 수 없어. 우리는 더 이상 애쓰지 않을 거야. 그것은 정말로 안개와 혼돈 그 자체야."

이와 같이 우리는 종종 부차적인 것들에 지나치게 집중하는 가운데 그 뒤에 놓여 있는 것을 깨닫고자 하는 시도를 너무나 쉽게 포기하고 맙니다. 그리스도의 가르침 속에 이유 없이 모호한 것은 아무것도 없습니다. 그가 그 자리에서 즉시 깨달을 수 없는 것을 많이 말씀하신 것은 제자들로 하여금 위를 향해 나아가며 자라가도록 하기 위함이었습니다. 나는 아이들이 먹기 쉽도록 빵을 지나치게 잘게 자르는 것을 좋게 생각하지 않습니다. 지혜로운 선생은 가장 단순한 것들과 함께 이따금씩 다소 난해한 가르침을 섞을 것입니다. 사람들로 하여금 그것을 깨닫고자 애쓰도록 만들고, 그럼으로써 그들을 좀 더 자라게 하기 위해서 말입니다. 어려움이 없다면 노력도 없을 것입니다. 그리고 노력이 없다면 자라는 것도 없을 것입니다. 어려움이 있는 것은 우리로 하여금 그것을 깨닫기 위해 더 애쓰도록 만들기 위함입니다. 진리가 때로 우물 속에 감추어지는 것은 우리로 하여금 그것을 찾는 축복을 맛보도록 하기 위함입니다. 애써서 찾은 진리는 더 귀하게 여겨지는 법입니다. 식물이 쉽게 쑥쑥 자라는 열대지방을 생각해 보십시오. 그 땅은 사람들을 게으르게 만듭니다. 그러나 많은 수고와 땀을 요구하는 땅은 사람들을 부지런하며 열심히 노력하는 사람으로 만듭니다. 어려움이 있는 것으로 인해 하나님께 감사하십시오. 이것은 사람들에게 진리를 계시함에 있어서도 마찬가지입니다. 장애물 앞에서 돌이키지 마십시오. 도리어 그것이 우리에게 유익을 가져다준다는 사실을 기억하십시오. 우리 앞에 장애물이 있는 것은 우리로 하여금 힘써 그것을 넘어가도록 하

기 위함입니다,

여기의 혼란에 빠진 제자들이 우리 대부분의 사람들과 비슷한 또 하나의 사실은 그들이 쉽게 깨달을 수 없는 어려운 문제를 해결할 수 있을 만큼 자랄 때까지 기다리지 않았다는 사실입니다. 그들은 그에 관한 모든 것을 지금 당장 알기를 원했습니다. 만일 그들이 6주를 기다렸다면, 그들은 모든 것을 깨달았을 것입니다. 오순절이 그 모든 것을 설명해줄 것이었습니다. 우리 역시도 종종 너무나 성급합니다. 대부분의 사람들은 불확실한 것을 매우 싫어합니다. 그들은 어려운 문제에 부딪힐 때 너무나 쉽게 좌절합니다. 그런 가운데 그와 같은 불편함을 피하기 위해 마땅히 의문을 가져야할 때 독단적이 되며, 마땅히 "아, 나는 아직 잘 몰라요. 나는 그것을 깨닫기 위해 좀 더 기다릴 필요가 있어요"라고 말해야 할 때 단정적으로 확언합니다. 이와 같이 대부분의 사람들은 기다리기를 좋아하지 않습니다. 그들은 지금 당장 모든 것이 명백해지기를 원합니다.

아, 형제들이여! 우리 자신을 위해, 우리가 충분히 이해하지 못하는 어려운 문제들을 위해, 세상의 어려운 문제들을 위해, 인내심을 갖고 기다릴 필요가 있습니다. 어린 시절 우리를 애태우곤 했던 신비한 것들을 생각해 보십시오. 장성했을 때, 그런 것들은 다 해결되지 않았습니까? 오늘 나를 괴롭히는 많은 문제들을 생각해 보십시오. 나는 도무지 그것들을 해결할 방법을 찾을 수 없습니다. 나는 그것들을 제쳐놓고 일상의 일로 돌아갑니다. 그리고 내일 새로운 정신으로 그 문제들로 돌아옵니다. 이럴 때 여러분은 모든 문제가 분명하게 해결되는 것을 종종 발견하지 않습니까? 우리는 자연스럽게 자라는 것이지, 어떤 논리의 힘에 의해 강제로 끌려가는 것이 아닙니다. 우리의 고통과 슬픔과 근심과 문제와 세상의 모든 수수께끼들도 그와 같습니다.

"일단 그것을 믿음으로 받아들여 보십시오.
당신은 한낮의 찬란한 광채처럼
곧 그 신비를 깨닫게 될 것입니다."

3. 마지막으로, 오래 참으시는 주님을 주목하십시오.

"예수께서 그 묻고자 함을 아시고"(19절). 우리 주님은 우리의 모든 혼란과 어려움을 아십니다. 어쩌면 여기에 나타나는 것은 그의 초자연적인 앎일는지 모릅니다. 혹은 어쩌면 그것은 단지 그가 그들이 자기들끼리 속삭이는 것을 듣고 그들이 바라는 것을 추론한 것이었는지도 모릅니다. 그렇지만 어떤 경우였든 우리의 필요를 정확하게 이해하시는 주님으로부터 위로를 취할 수 있습니다.

예수 그리스도는 그들이 속히 깨닫지 못하는 것으로 인해 그들을 책망하지 않으셨습니다. 그는 충분히 "미련하고 모든 것을 마음에 더디 믿는 자들이여"라고 말씀하실 수 있었습니다(막 24:25). 그러나 주님은 그렇게 말씀하지 않으셨습니다. 설령 그들 가운데 두 사람이 나중에 그와 같은 말씀을 들었다 하더라도 말입니다. 그는 무지함이나 어리석음으로 인해 우리를 책망하지 않습니다. 다만 우리에 대해 오래 참으십니다.

주님은 "너희가…서로 문의하느냐?"고 일종의 힐난(詰難)의 어투로 물으십니다. 이것은 더 나은 앎으로 나아가는 희망의 근원입니다. 어째서 그들은 주님에게 묻는 대신 자기들끼리 속삭였을까요? 마치 똑같이 모르는 두 사람이 서로 속삭임으로써 알게 될 수 있다는 듯이 말입니다. "서로" 묻는 것은 어리석은 일입니다. 주님에게 묻는 것이 지혜로운 일입니다. 우리는 서로 간에 많은 것을 행할 수 있습니다. 그러나 가장 심오한 신비와 수수께끼는 오직 한 가지 방법으로만 해결될 수 있을 뿐입니다. 그것을 가지고, 그에게 가십시오. 그리고 그에게 말하십시오. 그들은 종종 그에게 말하기를 움츠렸습니다. 그는 우리가 충분히 깨달을 수 있도록 도우실 것입니다. 그리고 오래 참음으로 기다리는 가운데 어떤 것들은 해결되지 않은 채 그냥 남겨둘 것입니다. "우리가 온전히 알게 될 때"가 올 때까지 말입니다.

여기에서 우리 주님은 제자들을 혼란에 빠뜨린 정확한 문제들에 대해 설명하지 않습니다. 감람산과 오순절이 그렇게 해줄 것이었습니다. 그렇게 하는 대신 그는 그들에게 환희에 찬 소망 가운데 다가오고 있는 기쁨과 평안에 대해 말씀하십니다.

이와 같이 우리의 모든 삶 가운데, 우리에 대한 그의 다루심 가운데, 그가 우리에게 자신을 나타내시는 것 가운데, 우리가 깨닫지 못한 채 그냥 남겨져야 하는 것들이 많이 있습니다. 그러나 만일 우리가 기도와 교제 가운데 그에게 가까이 나아가 우리의 혼란과 어려움에 대해 분명하게 고한다면, 그는 우리에게 환희에 찬 소망과 다가오는 기쁨에 대한 큰 확신을 주실 것입니다. 그럴 때 모든 짐은 우리에게 더 이상 무겁고 고통스러운 것으로 느껴지지 않을 것입니다. 이 땅에 있는 동안 어두운 상태로 남겨져야 하는 것들이 많이 있지만, 그러나 그러한 것들은 우리가 하늘에 이를 때 밝아질 것입니다. 왜냐하면 우리가 이 땅에서 보는 것(vision)이 완전하지 않은 것처럼 아는 것(knowledge) 역시 마찬가지로 완전하지 않기 때문입니다.

사랑하는 친구들이여, 우리 모두가 물어야만 하는 한 가지 질문은 이것입니다. 우리의 눈은 사랑하는 주님에게 고정되어 있습니까? 그를 보며 그와 함께 동행하는 것이 우리의 삶 전체를 요약하는 표현입니까? 만일 그렇다면, 우리의 삶은 복될 것입니다. 그럴 때 죽음은 우리가 그를 보지 못하는 "잠깐"의 순간 외에 아무것도 아닐 것입니다. 곧 우리는 눈을 뜨고 그를 가까이서 보게 될 것입니다. 세상에 있는 동안 우리는 그를 멀리서 그리고 안개 가운데 흐릿하게 보았습니다. 그러나 하늘에서 우리는 그를 그의 계신 그대로 볼 것입니다. "해가 힘 있게 비취는" 것 같은 그의 얼굴 앞에서, 모든 슬픔과 혼란과 어려움과 알지 못하던 것들은 마치 아침 안개처럼 사라질 것입니다.

94
근심이 기쁨으로 바뀜

"[20] 내가 진실로 진실로 너희에게 이르노니 너희는 곡하고 애통하겠으나 세상은 기뻐하리라 너희는 근심하겠으나 너희 근심이 도리어 기쁨이 되리라 [21] 여자가 해산하게 되면 그 때가 이르렀으므로 근심하나 아기를 낳으면 세상에 사람 난 기쁨으로 말미암아 그 고통을 다시 기억하지 아니하느니라 [22] 지금은 너희가 근심하나 내가 다시 너희를 보리니 너희 마음이 기쁠 것이요 너희 기쁨을 빼앗을 자가 없으리라"

요 16:20-22

오늘 본문은 부활절에 사용하기에 매우 적합한 본문입니다. 왜냐하면 여기의 한 가지 주제가 부활의 날 시작된 기쁨이기 때문입니다. 여기에서 우리 주님은 일시적 근심과 고통이 곧 영속적 기쁨으로 바뀔 것이라고 약속하십니다. 그는 그것을 분명하게 확약하면서, 우리에게 자신의 말을 액면 그대로 믿을 것을 명하십니다. 그는 제자들의 고통과 기쁨을 아이를 낳는 여자의 고통과 기쁨으로 비유합니다. 여자가 아이를 낳은 기쁨 속에서 그 동안의 모든 고통을 잊는 것처럼 제자들의 모든 고통은 곧 기쁨으로 바뀔 것이었습니다. 여기에서 주님은 참된 기쁨의 가장 깊은 기초를 설명합니다 — "내가 너희를 다시 보리니"(22절). 그리고 그러한 기쁨은 모든 원수들이나 모든 외적인 것들로부터 독립적임을 선포합니다 — "너희 기쁨을 빼앗을 자가 없으리라."

이와 같이 본문으로부터 우리는 기쁨의 삶으로서의 기독교적 삶의 몇 가지 측면을 주목할 수 있습니다. 이제 그러한 것들을 하나씩 살펴보도록 합시다.

1. 첫째, 여기에 근심이 도리어 기쁨이 될 것이라는 약속이 있습니다.

"너희 근심이 도리어 기쁨이 되리라"(20절). 이것은 단순히 근심의 감정이 기쁨의 감정으로 대체될 것이라는 것만이 아니라, 이를테면 근심 자체가 기쁨이 될 것이라는 것입니다. 이것은 전자 즉 근심이 거꾸로 작용하여 후자 즉 기쁨의 원인이 된다는 의미입니다. 이러한 말씀은 십자가의 이중적 결과 안에서 제자들에게 그대로 이루어졌습니다. 삼일 동안 십자가는 그들의 근심과 슬픔과 절망과 공포의 원인이었습니다. 그러나 부활의 날 새벽 여명과 함께 그들의 깊은 슬픔과 절망의 원인이었던 십자가는 순식간에 상상할 수 없는 기쁨과 환희의 원인이 되었습니다. 잠시 동안 슬픔과 고통이었던 그리스도의 십자가는 이후 수천 세대에 이르기까지 가장 깊은 기쁨과 소망이 되었습니다.

여기의 최초의 제자들 사이에서 일어난 이러한 갑작스런 변화와 완전한 혁명은 복음 이야기의 역사적 진실성을 확증해주는 또 하나의 웅변적 증거입니다. 그들을 한 순간에 절망의 구덩이로부터 건져낸 것은 무엇이었습니까? 도대체 무엇이 십자가에 대한 그들의 시각을 한 순간에 뒤집어엎었습니까? 도대체 무엇이 낙망과 절망 가운데 도망치던 제자들을 위대한 영웅과 순교자로 변화시켰습니까? 그것은 다름 아닌 예수 그리스도의 부활의 사실이었습니다. 흑암 가운데 그리스도의 부활이 더해지자, 모든 것이 순식간에 황금빛으로 변했습니다. 그리스도의 죽음은 그들을 흩어지게 만들었지만 그러나 그의 부활은 그들을 그에게로 다시 모이게 만들었습니다. 부활로 인해 그와 그들 사이의 유대(紐帶)는 더욱 가까워지고 공고해졌습니다. 예수 그리스도의 초자연적 부활 외에 그 어떤 것도 불과 마흔여덟 시간 만에 일어난 이러한 변화를 결코 설명할 수 없습니다. 오직 부활만이 모든 비밀의 문을 여는 열쇠입니다. 그것이 슬픔을 기쁨으로 바꾸었습니다. 그리스도의 죽음은 온 땅을 어둠과 애곡의 장막으로 뒤덮었습니다. 그러나 부활로 말미암아 그 장막이 거두어짐으로써, 그 죽음은 도리어 말할 수 없는 기쁨과 환희의 원천이 되었습니다. 죽은 그리스도는 교회의 절망이었습니다. 그러나 죽으시고 부활하신 그리스도는 교회의 승리입니다. 왜냐하면 그는 "죽으셨다가 영원히 다시 살아나신 그리스도"이기 때문입니다.

그러나 그리스도의 부활에 직접적이며 역사적으로 적용되는 여기의 원리는 경건한 사람들의 근심과 고통의 모든 영역을 망라하는 것으로 정당하게 확장될 수 있습니다. 근심의 첫째 단계는 마침내 기쁨의 둘째 단계로 바뀝니다. 빽빽한 구름 깊은 곳에 무지개가 숨어 있다가, 햇빛이 비취면 그것이 온전히 나타납니다. 우리의 가장 순수하며 고결한 기쁨은 슬픔이 바뀌어 된 것입니다. 죄를 뉘우치는 아이의 슬픔은 용서받은 기쁨이 됩니다.

모든 것을 잃어버린 텅 빈 마음의 슬픔은 하나님으로 가득 채워진 마음의 기쁨이 될 수 있습니다. 만일 우리가 주님을 가까이 따른다면, 인생길 가운데 부딪히는 모든 근심은 도리어 그것이 아니었다면 얻을 수 없었을 축복의 근원이 될 수 있고 또 될 것입니다. 휴경지(休耕地)의 땅을 개간하는 쟁기 날의 날카로운 부딪힘과 추운 겨울의 휘몰아치는 눈보라와 차가운 바람은 결국 황금들판의 물결치는 이삭이 됩니다. 사랑하는 형제들이여, 만일 여러분과 내가 모든 근심을 주님께 가져간다면, 그 모든 것은 마침내 기쁨으로 바뀔 것입니다.

2. 둘째, 여기에 나타나는 참된 기독교적 기쁨의 또 하나의 측면은 그것이 그리스도의 눈이 우리 위에 있음을 의식(意識)하는 기초 위에 세워진 기쁨이라는 것입니다.

"내가 다시 너희를 보리니 너희 마음이 기쁠 것이요"(22절). 본 강화(講話)의 다른 부분들에서는 약속의 형식이 여기와 정반대입니다. 예를 들면 다른 곳에서는 "조금 있으면 너희가 나를 보리라"와 같은 형식이었습니다.

그러나 여기에서 그리스도는 "내가 다시 너희를 보리니 너희 마음이 기쁠 것이요"라고 말씀합니다. 동일한 상호 관계를 나타내는 이러한 두 형식은 둘 모두가 그것들이 약속하는 축복의 참된 기초로서 현존하시는 주님과의 교제의 사실을 제시한다는 점에서 일치합니다. 그러나 그것들은 그러한 교제의 두 당사자 가운데 어디에 강조점이 놓이느냐 하는 점에서 서로 다릅니다. "너희가 나를 보리라"는 우리가 주의를 기울이는 것 즉 그를 지각하는 것에 강조점이 놓입니다. 반면 "내가 너희를 보리라"는 그가 주의를 기울이는 것 즉 그가 우리를 지각하는 것에 강조점이 놓입니다. "너희가 나를 보리라"는 우리가 그에게 나아가 그로 인해 만족하는 것을 이야기합니다. 반면 "내가 너희를 보리라"는 그가 우리에게 모든 필요한 것들을 전달해줄 수 있기 위해 그의 완전한 지식과 그의 사랑의 돌봄과 그의 따뜻한 눈이 우리에게 향하는 것을 이야기합니다.

그러므로 이와 같은 약속 안에서 기쁨을 발견하기 위해서는 우리 쪽에서 사랑의 마음이 필요합니다. "그의 눈은 불꽃같고"(계 1:14). 그는 모든 사람을 봅니다. 그러나 만일 우리 마음이 그에게로 향하지 않는다면 그리고 만일 우리가 그의 사랑의 띠로 말미암아 그와 연결되지 않는다면, "내가 너희를 보리라"는 소망으로 가득 찬 약속이 아니라 도리어 두려운 위협이 될 것입니다. 그의 불꽃같은 눈이 모든 사람의 죄를 통찰하는 것이 축복이 될 것인가 아니면 재앙이 될 것인가 하는 것은 '우리가 그에 대해 갖는 관계'에 달려 있습니다. 아시아의 일곱 교회들에게 하신 그의 말씀을 생각해 보십시오. 그것은 기록된 말씀으로서 예수 그리스도의 마지막 말씀인데, 그것은 "내가 너희 행위를 아노라"로 시작합니다(계 2:2). 그러한 사실은 라오디게아의 미지근한 신자들에게 기쁨이 아니었습니다. 주님이 모든 것을 아는 사실은 첫 사랑의 신선함을 잃어버린 에베소 교회에게 기쁨이 아니었습니다. 그러나 빌라델비아의 신실한 영혼들에게나 사데의 "그 옷을 더럽히지 아니한 자 몇 명"에게 그것은 축복이며 생명이었습니다(계 3:4).

예수 그리스도께서 우리를 보신다는 사실이 우리에게 기쁨입니까? 만일 우리의 마음이 실제로 그의 소유라면 그리고 우리의 삶이 실제로 그 위에 세워졌다면, 그가 우리를 바라보고 계신다는 믿음 안에서 우리 영혼의 만족을 위해 필요한 모든 것들이 우리에게 주어질 것입니다. 예컨대 우리의 여러 가지 필요들을 채워주는 것이나, 유혹에 대항하는 갑옷이나, 슬픔을 극복하는 무기 같은 것들 말입니다. 거기에 사람들을 위한 가장 참된 기쁨의 기초가 있습니다. "여러 사람의 말이 우리에게 선을 보일 자 누구뇨 하오니 여호와여 주의 얼굴을 들어 우리에게 비추소서 주께서 내 마음에 두신 기쁨은 그들의 곡식과 새 포도주가 풍성할 때보다 더하니이다"(시 4:6, 7). 예수 그리스도를 바라볼 때, 그것이 세상의 모든 근심들을 허물어뜨릴 것입니다. 예수 그리스도께서 우리를 바라보실 때, 그것이 우리의 마음을 찬란한 빛으로 채울 것입니다. 그의 눈을 바라보는 눈의 모든 눈물은 마를 것입니다. 만일 우리가 그리스도를 사랑한다면, 우리의 가장 깊고 가장 순수한 기쁨은 그의 바라보심과 그에 대한 우리의 바라봄 안에서 발견될 것입니다.

만일 어떤 사람이 북극지방의 한 부분을 떼어 그것을 열대지방으로 가져갈 수 있다면, 그곳의 모든 얼음은 녹아버릴 것입니다. 그곳을 덮고 있던 흰색의 황량한 얼음층은 사라지고 새로운 색채의 찬란한 아름다움이 그 땅을 덮을 것입니다. 아무런 식물도 자랄 수 없던 땅에 이제껏 한 번도 본 적이 없는 식물들이 자랄 것입니다. 이와 같이 만일 여러분과 내가 우리의 삶을 "의의 태양"이 찬란하게 비추는 남쪽으로 가져간다면, 모든 근심의 얼음은 녹고 기쁨이 솟아오를 것입니다. 형제들이여, 그리스도인의 삶은 기쁨의 삶입니다. 왜냐하면 우리를 무한히 사랑하시는 그리스도께서 자신을 사랑하며 의지하는 자들을 내려다보고 계시기 때문입니다.

3. 셋째, 여기에서 주님은 제자들의 기쁨을 모든 외적인 것들로부터 독립적인 것으로 말씀하십니다.

"너희 기쁨을 빼앗을 자가 없으리라"(22절). 물론 이러한 말씀은 일차적으로 여기의 제자들이 곧 직면하게 될 세상의 박해와 적의(敵意)와 반대와 관련하여 말씀하신 것입니다. 여기에서 우리 주님은 세상에서 역사(役事)하는 마귀의 권세에도 불구하고 그것이 그들로부터 그가 주신 기쁨을 빼앗을 수 없다고 확증하십니다. 그러나 우리는 여기의 말씀을 훨씬 더 넓게 확장하여 적용할 수 있습니다.

물론 우리의 기쁨 가운데 많은 부분은 주변 사람들에 의존합니다. 그들이 우리로부터 떠날 때, 우리의 기쁨은 사라집니다. 그럴 때 우리는 고독 속에서 싸우게 되며, 우리의 마음은 그들과의 즐거운 교제를 떠올리면서 더 슬퍼하게 됩니다. 또 우리의 기쁨 가운데 많은 부분은 다른 사람들의 호의와 도움에 의존합니다. 그들은 우리의 길에 장벽을 세우며, 여러 가지 방법으로 우리의 길을 불편하게 만들며, 우리를 근심하게 만들 수 있습니다.

그러나 나 자신 외에는 그 누구도 나를 하나님과 그리스도로부터 차단하기 위해 나의 머리 위에 지붕을 덮을 수 없습니다. 나의 머리 위에 청명한 하늘이 있는 한, 원수들이 내 주위에 세우는 장벽의 높이가 얼마가 되든 그것은 큰 문제가 아닙니다. 또 우리의 기쁨 가운데 많은 부분은 우리 모두가 너무나 잘 아는 것처럼 필연적으로 수만 가지 종류의 외적 환경들에 의존하며 그것들로 말미암아 오르락내리락합니다. 그러나 우리는 우리의 모든 기쁨을 이러한 외적인 것들에 종속시킬 필요가 없습니다. 우리는 원하기만 한다면 기쁨의 우물을 더 깊이 팔 수 있습니다. 만일 우리가 그리스도인이라면, 우리 마당 안에 아무도 퍼갈 수 없고 결코 마를 수도 없는 우물을 가지고 있는 셈입니다. “너희 기쁨을 빼앗을 자가 없으리라.”

그리스도인인 한, 우리는 쓸쓸함과 황폐함 가운데 내버려질 수 없습니다. 설령 온 우주에 그리스도와 나만 있다 하더라도 또 다소 모순적인 말로 들릴는지 모르지만 우주조차도 없고 오직 그리스도와 나만 있다 하더라도, 나는 부족한 것이 아무것도 없습니다. 나는 내가 필요로 하는 모든 것을 가지고 있는 것입니다. 만일 내가 그리스도를 사랑한다면, 나의 기쁨은 결코 마르지 않을 것입니다.

그러므로 나의 형제들이여, 여러분의 축복의 기초를 위해 기쁨의 우물을 충분히 깊이 팝니까? 우리는 그 무엇에 의해서도 흔들리지 않는 내적 축복을 위해 오직 그리스도 위에서 쉬어야만 합니다. 그것은 우리 모두가 소유할 수 있는 축복입니다. “사망이나 생명이나 천사들이나 권세자들이나 현재 일이나 장래 일이나 능력이나 높음이나 깊음이나 다른 어떤 피조물이라도” 우리를 부활하신 그리스도의 눈과 마음으로부터 끊을 수 없습니다(롬 8:38, 39). 이와 같이 외적인 것들이 우리로부터 기쁨을 빼앗을 수 있는 힘을 가지고 있지 않은 것은 분명한 사실이지만, 그러나 그러한 것들이 우리의 기쁨의 본질적 조건인 믿음을 계발하는 것을 방해할 수 있는 매우 강력한 힘을 가지고 있다는 사실을 결코 잊어서는 안 됩니다. 그것들이 우리를 그리스도로부터 끊어지게 만들 수는 없지만 우리를 그렇게 유혹할 수는 있습니다. 옛 우화에 나오는 여행자를 생각해 보십시오. 폭풍은 그의 옷을 벗길 수 없었지만 그러나 햇볕은 그렇게 할 수 있었습니다. 세상은 여러분으로 하여금 주님을 잊게 만들기 위해 다른 잡다한 것들을 생각하도록 만들 수 있습니다. 세상의 온갖 즐거움들은 여러분으로부터 주님의 얼굴을 가릴 수 있으며, 여러분의 눈을 그의 얼굴을 바라보지 못하도록 다른 것들로 채울 수 있습니다. 그리고 그럼으로써 그와의 감미로운 교제가 깨어지고, 살아계신 주님을 의식(意識)하는 것이 점점 더 희미해지며 간헐적이며 피상적이며 빈껍데기가 되도록 만들 수 있습니다. 세상은 폭력과 강압과 음녀의 입맞춤과 거짓 약속이 아니라 감미로운 속삭임으로 여러분을 주님과 교제하는 길로부터 멀어지도록 유혹할 수 있습니다.

4. 마지막으로, 이와 같은 기쁨의 삶은 신실하신 그리스도의 약속에 의해 확증됩니다.

“내가 진실로 진실로 너희에게 이르노니”(23절). 주님은 특별히 사람의 지혜로 깨닫기 어려운 말씀을 하실 때나 혹은 매우 중요한 말씀을 하실 때 이와 같은 방식으로 말씀하곤 하셨습니다. 그는 그의 말씀 외에는 아무것도 가지고 있지 못했던 여기의 제자들에게 깜짝 놀랄 만한 일이 일어날 것이라고 말씀합니다. 그는 그들에게 잠깐 동안의 근심의 때에 그의 신실한 기쁨의 약속 위에 확실한 믿음의 기초를 세우라고 격려합니다. 그는 이를테면 자신의 인격을 걸고 약속합니다. 그의 말씀들은 그 효력에 있어 하나님의 맹세로서 표현되는 구약의 거룩한 말씀들과 동등합니다. "나 여호와가 이르노라 내가 나의 삶으로 맹세하노니"(사 49:18). "내가 진실로 진실로 너희에게 이르노니."

이와 같이 그리스도는 이를테면 자신의 신실함을 겁니다. 만일 예수 그리스도를 올바르게 사랑하며 의지한 어떤 사람이 이러한 "말할 수 없는 기쁨과 충만한 영광"을 발견하지 못했다면, 그리스도는 사실이 아닌 것을 말한 것이 됩니다.

그러면 너무나 많은 그리스도인들이 그와 같은 기쁨의 삶을 살지 못하는 이유는 무엇입니까? 간단히 말해 그것은 그것을 위한 조건들을 그들이 지키지 않기 때문입니다. 만일 우리가 마음을 다해 그를 사랑한다면, 만일 우리의 최고의 선(善)으로서 그를 열망한다면, 만일 우리의 눈을 항상 그에게 고정시킨다면 — 그는 우리의 마음을 축복으로 가득 채울 것이며, 그의 기쁨이 우리 영혼 안으로 흘러들어올 것이며, 모든 것이 춤출 것입니다. 나의 형제여, 만일 그리스도인인 당신이 이러한 기쁨에 대해 아주 조금밖에 알지 못한다면, 그것은 그의 잘못이 아니라 당신의 잘못입니다. 스스로를 그리스도인으로 부르는 많은 사람들의 기쁨 없는 삶은 그의 진실성을 의심하게 만드는 근거가 되지 못합니다. 그것은 다만 그들의 신앙고백의 진실성을 의심하게 만드는 근거가 될 수 있을 뿐입니다.

여러분의 삶은 영적 기쁨으로 충만합니까? 만일 우리가 하나님 앞에서 이러한 질문에 대해 정직하게 대답할 수 없다면, 다시 한 번 스스로의 모습을 돌아보십시오. 그리고 본문의 위대한 약속을 여러분으로 하여금 더 거룩한 삶으로 나아가도록 격려하며 주님과 더 가깝게 동행하도록 자극하는 자극제로 삼으십시오.

순전한 그리스도인은 기쁨으로 가득한 그리스도인입니다. 반면 반쪽짜리 그리스도인은 주의 기쁨에 대해 아주 조금밖에 알지 못하는 그리스도인입니다. 어째서 우리가 산 중턱에 살면서 항상 안개 속에 싸여 있어야만 한단 말입니까? 그의 얼굴의 빛 안에서 좀 더 높이 올라갑시다. 그러면 우리는 구름 한 점 없는 청명한 하늘과 찬란하게 빛나는 태양을 보게 될 것입니다.

95
그날에는

"[23] 그날에는 너희가 아무것도 내게 묻지 아니하리라 내가 진실로 진실로 너희에게 이르노니 너희가 무엇이든지 아버지께 구하는 것을 내 이름으로 주시리라 [24] 지금까지는 너희가 내 이름으로 아무 것도 구하지 아니하였으나 구하라 그리하면 받으리니 너희 기쁨이 충만하리라"

요 16:23, 24

여기에서 주님은 앞으로 그의 종들이 갖게 될 특권과 특전을 요약하고 계십니다. 이러한 말씀 가운데 절대적으로 새로운 것은 아무것도 없습니다. 여기에 담겨 있는 약속들은 본 강화(講話)의 앞부분에서도 거의 비슷한 형태로 제시되었었습니다. 그러나 우리 주님이 여기에서 그것을 다시 반복하는 것은 마치 빛의 초점을 한 점으로 모음으로써 그 힘을 강하게 하는 것처럼 여기의 의미를 강화시키기 위함입니다. "너희가 내 이름으로 아무것도 구하지 아니하였으나 구하라 그리하면 받으리니 너희 기쁨이 충만하리라." 이것은 마치 주님이 작별을 고하면서 마지막으로 우리에게 주는 이별 선물과 같습니다.

우리는 여기에서 "ask"로 번역된 두 단어의 헬라어 원어가 서로 다른 사실을 주목할 필요가 있습니다(KJV 23절, And in that day ye shall ask me nothing. Verily, verily, I say unto you, Whatsoever ye shall ask the Father in my name, he will give it you, 한글개역개정

판에는 전자는 "묻다"로 그리고 후자는 "구하다"로 되어 있음 — 역주). 영어 단어 "ask"는 "묻다"와 "구하다"의 두 가지 의미를 갖습니다. 그것은 어떤 정보나 가르침을 얻기 위해 질문한다는 의미에서 "묻는" 것을 의미하기도 하고, 어떤 선물을 얻기 위해 간절히 청하는 의미에서 "구하는" 것을 의미하기도 합니다. 그러므로 상반절의 "ask"는 전자의 의미로 사용된 것이고, 하반절의 "ask"는 후자의 의미로 사용된 것입니다(한글개역개정판에도 이와 같이 되어 있음 — 역주).

그러므로 여기에서 우리는 모든 세대를 통해 기독교적 삶을 특징짓는 세 가지 사실을 주목할 수 있습니다. 그것은 첫째로 그리스도에게 무지한 질문을 그치는 것과, 둘째로 바라는 것들이 만족되는 것과, 셋째로 기쁨이 충만한 것입니다. 이러한 것들은 참된 기독교적 삶을 특징짓는 것들입니다. 나의 형제들이여, 이러한 것들이 여러분의 삶을 특징짓고 있습니까?

1. 첫째, 그리스도에게 무지한 질문을 그치는 것을 주목하십시오.

"그날에는 너희가 아무것도 내게 묻지 아니하리라"(23절). 제자들이 이와 같은 말씀을 들었을 때, 여러분은 그들이 "그러면 우리는 세상에서 어떻게 해야 합니까?"라고 말하고자 하는 유혹을 느꼈을 것이라고 생각하지 않습니까? 주님이 더 이상 그들 곁에 계시지 않을 것이라는 것은 분명 그들에게 절망스러운 일이었을 것입니다. 그러나 그리스도의 눈에 그것은 분명한 진전(進展)이었습니다. 그는 그들과 우리에게 자신이 떠나가는 것이 유익이라고 말씀합니다. 그것이 유익인 것은 그가 더 이상 우리로부터 질문을 받고 그 질문에 대답해주기 위해 우리 곁에 계시지 않기 때문입니다. 라틴어로 된 책을 읽으려고 애쓰고 있는 어떤 소년을 생각해 보십시오. 별 노력 없이 바로 밑에 있는 번역문을 참고하는 것보다 비록 힘은 들지언정 사전을 찾아가며 스스로 읽으려고 애쓰는 것이 훨씬 더 낫습니다. 이와 같이 정확무오(正確無誤)한 선생이 이 땅에 눈에 보이는 모습으로 우리 곁에 있는 것보다 그가 없는 것이 우리에게 있어 훨씬 더 낫습니다. 그러므로 그가 떠나는 것은 진전이며, 향상이며, 더 나은 일입니다. 열정적이며 정직한 영혼을 가진 많은 그리스도인들이 확실함과 안정을 간절히 추구하는 가운데 오늘날 스스로를 정확무오한 교회(infallible Church)의 품 안에 던집니다. 나는 그런 사람들이 자신이 찾는 것을 발견했는지 의아하게 생각합니다. 나는 그것이 앞으로 나아가는 것이 아니라 뒤로 후퇴하는 것이라고 확신합니다. 왜냐하면 그것은 그리스도의 말씀 안에서 우리에게 주어진 것들을 정직하게 사용함으로써 실현되는 영적 인도하심으로부터 외적 권위로 퇴행하는 것이기 때문입니다. 그것은 마치 라틴어로 된 책을 사전을 찾아가며 스스로 읽으려고 애쓰는 것으로부터 별 노력 없이 바로 밑에 있는 번역문을 참고하는 것으로 퇴행하는 것과 마찬가지입니다. '보이는 그리스도'(visible Christ)를 잃는 것이 도리어 우리에게 유익합니다. "그날에는 너희가 아무것도 내게 묻지 아니하리라"라고 말씀하실 때, 그는 퇴보가 아니라 진전을 말씀하고 계셨던 것입니다.

그러면 그가 떠나는 대신 우리는 무엇을 갖게 됩니까? 우리는 두 가지를 갖게 되는데, 첫째는 완성된 계시이고 둘째는 내적 선생(inward Teacher)입니다.

첫째, 우리는 완성된 계시를 갖게 됩니다. 예수 그리스도의 말씀은 말할 수 없이 보배로우며, 위대하며, 놀라웠습니다. 그의 행하신 일들은 훨씬 더 그랬습니다. 그리스도의 죽음은 우리에게 죽음 이전의 그리스도가 말해줄 수 없었던 많은 것들을 말해주었습니다. 그리스도의 부활은 부활 이전의 그리스도가 빛을 비추어줄 수 없었던 모든 어두운 곳에 빛을 비추어 주었습니다. 그리스도의 승천은 그의 모든 가르침에도 불구하고 굳게 닫혀있었던 생각과 믿음과 소망을 위한 문을 활짝 열어젖혔습니다. 예수께서 육체로 계시는 것을 대체하는 새로운 사실들은 제자들이 그에게 물음으로써 얻을 수 있었던 것보다 훨씬 더 많은 것을 말해줍니다. 우리는 완성된 계시를 갖게 되며, 그러므로 더 이상 그에게 아무것도 물을 필요가 없습니다.

뿐만 아니라 우리는 우리를 가르치기 위해 오시는 성령을 갖게 됩니다. 그는 우리 자신의 기능들을 사용하여 우리를 가르칩니다. 그는 우리로 하여금 기독교 진리의 지적 측면만을 이해하도록 인도하지 않습니다. 그는 우리로 하여금 삶의 능력으로서 우리의 성품을 그의 모양으로 빚기 위해 필요한 모든 진리를 깨닫고 소유하도록 인도하십니다.

형제들이여, 우리를 가르치는 그와 같은 방법이 우리로부터 무엇을 요구하는지 주목하십시오. 그것은 우리에게 주어진 계시를 정직하게 사용할 것을 요구합니다. 그것은 우리 안에 거하실 성령의 가르침에 우리 스스로를 신실하며 참되며 충성스럽게 순복시킬 것을 요구합니다. 이와 같이 만일 우리가 그의 뜻을 행할 것이라면, 우리는 진리를 알게 될 것입니다. 이와 같이 만일 우리가 스스로를 성령께 순복시킨다면, 우리는 모든 본질적 진리들의 실제적 함의(含意)를 배우게 될 것입니다. 이와 같이 만일 우리가 그리스도의 삶 속에 담겨 있는 사실들과 원리들을 깊이 생각한다면, 그에게 가서 직접 물을 수 있었던 자들을 부러워할 필요가 없을 것입니다. 왜냐하면 진리의 성령께서 모든 만족스러운 대답과 함께 우리에게 오실 것이기 때문입니다.

아! 그러나 여러분은 "그렇지만 경험적으로 볼 때 꼭 그런 것은 아닌 것 같습니다"라고 말합니다. 여러분은 분열된 기독교 세계를 보라고 말합니다. 여러분은 도대체 무엇을 믿어야할지 도무지 모르겠다고 말합니다. 먼저 분열된 기독교 세계와 관련하여, 나는 "그럼에도 불구하고 거룩한 백성들은 모두 하나의 교회에 속한다"라고 대답합니다. 비록 교리에 있어서는 서로 차이가 있다 하더라도, 그들은 모두 같은 것을 기도합니다. 가톨릭교도와 신교도, 퀘이커 교도와 영국 국교도, 칼빈주의자와 알미니안주의자 — 이들 모두 같은 찬송가를 가지고 찬송을 부릅니다. 그러므로 분열은 마치 메마른 땅 표면의 갈라진 틈과 같습니다. 조금만 안으로 들어가 보면, 그것들은 모두 하나로 연결되어 있습니다. 또 도대체 무엇을 믿어야할지 모르겠다는 말에 대해 생각해봅시다. 분명 우리의 지식의 범주 안에는 많은 차이들이 있을 것입니다. 분명 거기에는 모호하며 분명하게 대답할 수 없는 것들이 많이 남아 있을 것입니다. 그러나 만일 우리가 주님을 가까이 하며 그가 우리에게 준 도움들을 — 말씀의 외적 도움과 성령의 내적 도움 — 정직하고 부지런히 사용한다면, 분명 어둠 가운데 행하지 않고 '생명의 빛'을 풍성하게 얻을 것입니다.

그러므로 형제들이여, 그리스도를 가까이 따르십시오. 그러면 그리스도께서 여러분을 가르치실 것입니다. 비록 육체로는 여러분과 함께 계시지 않는다고 하더라도 말입니다.

2. 둘째, 바라는 것들이 만족되는 것을 주목하십시오.

"내가 진실로 진실로 너희에게 이르노니"라는 엄숙한 확증으로 시작되는 본문의 두 번째 위대한 약속은 본 강화(講話)의 앞부분에서도 — 그러나 매우 중요한 차이와 함께 — 나타났었습니다. "너희가 내 이름으로 무엇을 구하든지 내가 행하리니"(14:13). "내 이름으로 무엇이든지 내게 구하면 내가 행하리라"(14:14). 거기에서 그리스도는 자기 자신을 응답하는 자(Answerer)로서 제시했습니다. 그것은 거기에서의 목적이 자신이 아버지께로 가는 것을 보다 더 높은 위치로 승귀(昇貴)되는 것으로서 제시하는 것이었기 때문입니다. 반면 여기에서 그는 아버지를 응답자로서 제시합니다. 그것은 여기의 목적이 '제자들이 그가 육체로 계시는 것에 의존하는 것이 합당치 않음'을 가르치는 것이기 때문입니다. 여기에서 그리스도께서 동일한 행동을 처음에는 자신에 의해 행해지는 것으로 표현했다가 나중에는 아버지에 의해 행해지는 것으로 표현하는 사실을 주목하십시오. 여기에는 매우 중요한 진리들이 담겨 있지만, 그러나 나는 그것을 여기에서 길게 논의하고자 하지 않습니다. 다만 나는 주님이 어떤 때는 "내가 행하리라"라고 말씀하시고 또 어떤 때는 "아버지께서 행하시리라"라고 말씀하시는 등 두 형식을 교차로 사용하는 사실 속에 매우 중요한 진리들이 포함되어 있다는 사실만을 지적하고 넘어가고자 합니다. 바로 여기에 "아버지께서 행하시는 그것을 아들도 그와 같이 행하느니라"라는 위대한 진리가 숨 쉬고 있지 않습니까?(요 5:19).

어쨌든 그러한 주제는 그냥 넘어가도록 합시다. 다만 여기에서 여러분이 가장 크게 주목해야 하는 부분은 "바라는 것들이 만족될 것"이라는 약속 속에 담겨있는 조건들입니다. "너희가 내 이름으로 무엇을 구하든지." 여기에 기도에 대한 정의가 있습니다. 그것은 무엇을 의미합니까? 처음부터 끝까지 "자기의 뜻"(self-will)으로 가득 찬 기도가 마지막에 "예수 그리스도의 이름으로 기도합니다. 아멘"이라고 하기만 하면 올바른 기도가 되는 것입니까? 그렇게 기도하는 것이 그리스도의 "이름"으로 기도하는 것입니까? 절대로 그렇지 않습니다. 그리스도의 "이름"이 무엇입니까? 그의 계시된 인격 전체가 아닙니까? 그러므로 여기의 제자들은 "지금까지" 그의 이름으로 기도할 수 없었습니다. 왜냐하면 그의 인격이 완전히 계시되지 않았기 때문입니다. 그러므로 그의 이름으로 기도하는 것은 그의 생애와 죽음과 부활과 승천 가운데 계시된 대로의 그의 정체성을 인식하면서 그리고 그의 계시된 인격 위에서 우리의 기도가 받아들여지는 것을 인식하면서 기도하는 것입니다. 이것이 전부입니까? 우리의 유일한 소망이요 신적 축복의 통로로서 그리스도를 의지하여 기도하기만 한다면, 무엇이든 다 이루어집니까? 분명 그렇지 않습니다. "내 이름으로" 기도하는 것은 그것보다 훨씬 이상을 의미합니다. 그것은 우리의 소망의 유일한 근거로서 그리고 하나님의 축복의 유일한 통로로서 그리스도에 의지하여 기도하는 것을 의미할 뿐만 아니라 또한 동일한 표현이 우리에게 적용될 때 의미하는 것과 정확하게 똑같은 것을 의미합니다. 어떤 사람이 다른 사람에게 "내가 이러저러한 일을 당신의 이름으로 행하고 있습니다"라고 말하는 것을 상상해 보십시오. 그것이 무엇을 의미하는 것이겠습니까? 그것은 "당신을 대신하여" 혹은 "당신의 대리자로서" 혹은 "당신의 생각과 의지를 나타내기 위해"를 의미하는 것입니다. 그러므로 만일 우리가 그리스도의 이름으로 기도한다면, 그것은 우리가 그의 공로와 행위에 의지하는 것뿐만 아니라 또한 우리의 의지가 그의 의지와 조화를 이루고 그럼으로써 우리가 구하는 것이 단순히 우리 자신의 이기적 의지의 산물이 아니라 그와의 교제의 결과가 되는 것을 의미합니다. 이와 같이 기도하는 것은 자아를 순복시키는 것을 요구합니다. 이교(異教)적 기도는 — 만일 그런 것이 있다면 — 신(神)의 의지를 자기가 원하는 것에 강제적으로 맞추고자 하는 인위적 노력입니다. 반면 기독교적 기도는 자신이 바라는 것을 하나님이 뜻하시는 것에 순복시키고자 하는 노력입니다. 바로 이것이 그리스도의 이름으로 기도하는 것입니다.

나의 형제들이여, 우리는 이와 같이 기도합니까? 우리는 우리가 바라는 것들을 그가 바라는 것과 조화시키고자 애씁니까? 우리는 그의 발등상 앞에 나아가 그에게 우리의 성별되지 못한 맹목적 바람들(wishes)을 쏟아냅니까, 아니면 그가 우리의 영을 그의 뜻을 즐거워하는 마음으로 채우실 때까지 기다렸다가 그의 마음과 일치되는 바람들을 그에게 토설합니까? 아, 우리 가운데 너무나 많은 사람들이 그리스도의 이름으로 기도하는 것을 아주 조금밖에 이해하지 못하는 것은 얼마나 안타까운 일입니까!

이런 기도가 응답될 것은 얼마나 확실한 사실입니까! 만일 어떤 기도가 하나님의 뜻과 조화를 이룬다면, 그것이 헛되이 드려지는 기도가 아닌 것은 너무나 확실한 사실입니다. 개정역(RV)은 23절 하반절의 순서를 다음과 같이 살짝 바꿉니다. "만일 너희가 무엇이든지 아버지께 구하면 그가 너희에게 그것을 내 이름으로 주시리라"(If ye ask anything of the Father He will give it you in My name). 반면 우리의 흠정역(KJV)은 다음과 같이 읽습니다. "너희가 무엇이든지 내 이름으로 아버지께 구하면 그가 너희에게 그것을 주시리라, Whatsoever ye shall ask the Father in my name, he will give it you). 이것은 우리에게 무엇을 가르쳐줍니까? 그것은 하나님의 선물이 우리의 기도가 올라가는 통로와 동일한 통로로 내려온다는 사실입니다. 우리는 그리스도의 이름으로 구하며, 그리스도의 이름으로 응답받습니다.

여기에서 오직 신적 의지와 조화를 이루는 바람들(wishes)만이 확실하게 만족될 것이라는 원리를 다시 한 번 주목해 보십시오. 아이에게 나쁜 것이 어른에게 좋은 것일 수 없습니다. 이 땅의 아버지에게 미련하며 악한 것이 하늘의 아버지에게 지혜로우며 선한 것일 수 없습니다. 만일 여러분이 자녀들을 망치기를 원한다면, 그들에게 이렇게 말하면 됩니다. "원하는 것은 무엇이든 말하렴. 그러면 그것을 갖게 될 거야." 만일 하나님이 여기에서 그 아들 예수 그리스도의 입술을 통해 그와 같이 말씀하신 것이라면, 그것은 축복이 아니라 도리어 저주일 것입니다. 그는 우리에게 좋은 것이 무엇인지 가장 잘 아십니다. 그러므로 그는 이렇게 말씀하십니다. "너희의 바라는 것들을 나의 목적과 일치시키라. 그러면 그것을 얻게 될 것이라." "또 여호와를 기뻐하라 그가 네 마음의 소원을 네게 이루어 주시리로다"(시 37:4). 만일 여러분이 하나님을 최고로 원한다면, 여러분은 반드시 그를 얻을 것입니다. 만일 여러분의 마음이 바라는 것이 그가 바라시는 것과 일치된다면, 여러분의 마음이 바라는 것들은 반드시 만족될 것입니다. 사자는 주림 가운데 울부짖습니다. 이것이 원하는 것을 얻는 세상의 방법입니다. 으르렁거리며, 싸우며, 다투며, 움켜쥡니다. 그럼에도 불구하고 거기에 여전히 주림이 있습니다. 그러나 이것보다 더 좋은 방법이 있습니다. 세상의 썩어져 가는 것들을 움켜쥐려고 싸우며 다투는 대신, 하나님을 바라보며 그와의 깊은 교제 가운데 마음을 고요하게 하십시오. 그런 가운데 구한 것은 결코 헛되이 구한 것이 되지 않을 것입니다.

그리스도의 이름으로 기도하는 자는 필연적으로 그리스도의 기도를 기도할 것입니다. "나의 원대로 마시옵고 아버지의 원대로 하옵소서"(마 26:39). 우리의 원하는 것들 가운데 많은 것들이 응답되지 않을 수 있습니다. 우리의 연약한 간구 가운데 많은 것들이 성취되지 않을 수 있습니다. 우리의 바라는 것들 가운데 많은 것들이 만족되지 않을 수 있습니다. 그럼에도 불구하고 기도의 본질적 영은 응답될 것입니다. 우리는 그의 뜻이 우리 안에서 그리고 우리에 대하여 이루어진 것으로 인해 기뻐할 것이며, 그 외에 아무것도 바라지 않을 것입니다. 이와 같이 가장 깊은 의미에서 그리스도의 이름으로 그리고 그리스도의 모범을 따라 기도하는 자에게 하나님의 곳간 문은 활짝 열릴 것입니다. 그가 원하는 대로 취할 수 있도록 말입니다. 그리고 주님은 그를 따뜻한 눈으로 바라보시며 이렇게 말씀하실 것입니다. "내가 네게 무엇을 하여주기를 원하느냐? 너의 원하는 대로 이루어질지어다."

3. 마지막으로, 이로 말미암은 충만한 기쁨을 주목하십시오.

"너희 기쁨이 충만하리라"(24절). 이러한 약속 역시 본 강화(講話)의 앞부분에서 제시되었던 것이 또 다시 반복된 것입니다. 그러나 여기에서 이 약속이 어떤 맥락에서 주어졌는가 하는 것은 매우 주목할 만한 가치가 있습니다. 여기의 약속은 그리스도의 뜻과 조화를 이루는 바람들(wishes)이 만족되는 것으로부터 오는 기쁨과 관련한 것입니다. 그렇다면 폭풍이 휘몰아치는 바다처럼 변화무쌍한 인생 가운데 우리가 깊고도 흔들리지 않는 기쁨을 갖는 것이 가능합니까? 본문은 "너희 기쁨이 충만하리라"라고 말합니다. 여기에서 충만하다는 것은 마치 잔의 꼭대기까지 포도주가 가득 차서 더 이상 부을 수 없는 상태를 말합니다. 세상 가운데 사람들이 자신의 용량의 한계까지 행복해지는 것이 가능할 수 있습니까? 더 이상 행복할 수 없을 만큼 행복한 사람이 있었습니까? 여러분의 잔은 더 이상 채울 수 없을 만큼 가득 찼습니까? 예수 그리스도는 그럴 수 있다고 말하면서, 어떻게 그렇게 될 수 있는지 가르쳐줍니다. 여러분의 바라는 것들로 하여금 하나님의 바라는 것과 조화를 이루게 하십시오. 그러면 여러분은 참으로 만족할 것입니다. 그리고 그로 말미암아 여러분은 마치 잔이 가득 찬 것처럼 행복할 것입니다. 물론 슬픈 일들이 생길 수 있습니다. 그러나 그럼에도 불구하고 여러분은 여전히 행복할 것입니다. 이와 같은 깊고도 중심적 기쁨과 표면적이며 주변적 슬픔은 서로 모순되지 않습니다. 도리어 하나님 안에서의 중심적 기쁨을 심화시키고 강화시키기 위해서는 주변적 슬픔이 필요하기까지 합니다. 어떤 꽃들은 오직 밤에만 핍니다. 어둑어둑한 시간에 붉은색의 화려한 꽃들은 감추어지지만 그러나 흰색의 꽃들은 눈에 잘 띕니다. 우리는 "주의 기쁨"의 깊음과 보배로움과 능력을 알지 못합니다. 그것이 세상의 슬픔의 어둠 속에서 우리 마음 가운데 비취는 것을 느낄 때까지 말입니다. 오늘 본문이 묘사하는 조건들은 바로 우리의 것이 될 수 있습니다.

나의 사랑하는 친구들이여, 우리 앞에는 오직 두 길이 있을 뿐입니다. 한 길은 표면적으로는 기쁨이 있지만 그러나 그 중심은 고통과 공허함으로 채워져 있는 인생길이며, 다른 한 길은 표면적으로는 슬픔이 있지만 그러나 그 중심에는 고요함과 기쁨이 있는 인생길입니다. 여러분은 두 길 가운데 어느 길이 더 낫다고 생각합니까? 표면은 기쁨이지만 그러나 그 뿌리는 슬픔인 길입니까, 아니면 표면은 슬픔이지만 그러나 그 뿌리는 기쁨인 길입니까? "웃을 때에도 마음에 슬픔이 있고 즐거움의 끝에도 근심이 있느니라"(잠 14:13). 그러나 하나님을 경외하는 자들의 머리 위에는 영영한 기쁨이 있을 것입니다. "여호와의 속량함을 받은 자들이 돌아오되 노래하며 시온에 이르러 그들의 머리 위에 영영한 희락을 띠고 기쁨과 즐거움을 얻으리니 슬픔과 탄식이 사라지리로다"(사 35:10).

96
그날의 기쁨

"[25] 이것을 비유로 너희에게 일렀거니와 때가 이르면 다시는 비유로 너희에게 이르지 않고 아버지에 대한 것을 밝히 이르리라 [26] 그 날에 너희가 내 이름으로 구할 것이요 내가 너희를 위하여 아버지께 구하겠다 하는 말이 아니니 [27] 이는 너희가 나를 사랑하고 또 내가 하나님께로부터 온 줄 믿었으므로 아버지께서 친히 너희를 사랑하심이라"

요 16:25-27

본 강화(講話)를 따라가는 긴 여행은 이제 거의 종착지에 도달했습니다. 본 단락에서 주님은 그의 제자들이 그 없이 살아가게 될 때의 두드러진 특징들에 대해 요약하고 계십니다. 여기에서 그는 앞에서 이야기했던 것을 약간 다른 맥락으로 그리고 다소 확장시켜 되풀이합니다. 이제 곧 다가오게 될 때의 축복된 특징들을 이와 같이 다시금 반복하는 것은 이러한 말씀의 심원(深遠)한 교훈들이 제자들과 우리들에게 자주 반복될 필요가 있음을 암시해줍니다.

여기에서 우리 주님이 얼마나 스스로를 삼가고 있는지 주목해 보십시오. 그의 입술로부터 그때에 앞서 그가 겪어야할 그의 개인적 고통과 고뇌에 대한 말씀은 단 한 마디도 흘러나오지 않습니다. 그는 그 모든 것을 뒤로 감추면서 오직 제자들과 우리들에게 임할 기쁨에 대해서만 이야기합니다. 그것을 위해 치러야만 하는 그의 쓰라린 대가(代價)에 대해서는 전혀 언급하지 않으면서 말입니다. 오늘 본문 속에서 우리는 예수 그리스도의 승천과 재림 사이의 전체 기간(즉 26절의 "그날")의 세 가지 특징을 주목할 수 있습니다. 첫째, "그날"은 그에 의한 계속적 가르침의 날입니다. 다시 말해서 그는 그 기간 동안 계속해서 자기 백성들을 가르칠 것입니다. 둘째, "그날"은 그의 이름을 열망하는 날입니다. 그리고 마지막으로, "그날"은 자녀로서 아버지의 사랑을 경험하는 날입니다. 이러한 세 가지는 예수 그리스도의 승천과 재림 사이의 전체 기간 즉 기독교 시대(Christian period)의 특징들입니다. 그러므로 그것들은 마땅히 우리의 기독교적 삶의 특징들이 되어야만 합니다. 나의 형제들이여, 이러한 것들이 여러분의 삶을 특징짓고 있습니까? 이제 그것들을 차례대로 살펴보도록 합시다.

1. 첫째, 주님은 자신의 승천과 재림 사이의 전체 기간이 그에 의해 계속적으로 가르쳐지는 기간이 될 것이라고 말씀하십니다.

"지금까지는 이것을 비유로 너희에게 일렀거니와"(25절). 이러한 말씀은 단순히 비교나 비유뿐만 아니라, 그 보다도 더 본질적으로 신비하며 수수께끼 같은 말씀을 의미합니다. 물론 이러한 언급은 직접적으로는 바로 앞의 비유 즉 그의 떠남이 당장은 슬픈 일이지만 곧 기쁨이 될 것이라는 사실이 해산하는 여자의 고통과 관련된 감동적 상징으로 묘사된 비유를 가리킵니다.

그러나 그러한 언급은 오직 그것만을 가리키는 것으로 끝나지 않고, 훨씬 더 광범위하게 확장됩니다. 그것은 여기의 강화(講話)뿐만 아니라 그가 이 땅에 계시는 동안 말씀하신 그의 가르침 전체를 포함합니다.

여기를 주목해 보십시오. 여기에 자신이 24시간 안에 죽을 것이라는 사실을 아는 한 사람이 있습니다. 그는 세상에서 자신이 더 이상 제자들을 가르칠 수 없음을 알고 계셨습니다. 그런데 그는 여기에서 자신이 이어지는 역사 전체를 통해 계속해서 가르칠 것임을 분명하게 선언하고 계십니다. 세상의 가장 지혜로운 선생들조차도 죽음에 의해 입술이 닫히고 맙니다. 그들로부터 응답받고자 하는 모든 간절한 열망은 결국 헛되이 끝나고 맙니다. 새로운 문제들이 생길 때, 그들은 벙어리처럼 가만히 있을 수밖에 없습니다. 그러나 다른 모든 선생들과는 달리 예수 그리스도의 가르치는 일은 그의 죽음에도 불구하고 털끝만큼도 중단되지 않습니다. 도리어 그는 죽음 이후에 자신이 세상을 더 분명하게 가르치는 선생이 될 것이라고 말합니다.

이러한 말로써 그가 의미하는 것은 무엇입니까? 먼저 이러한 말씀에 이어 벌어지는 사건들을 생각해 보십시오 — 십자가, 무덤, 승천, 하늘의 보좌. 그가 말씀하고 계셨을 때, 이러한 것들은 여전히 미래에 속한 일들이었습니다. 이러한 것들 즉 십자가의 수난과 초자연적 부활과 영광스러운 승천과 하나님 우편에 앉으신 것 등은 세상 전체에 아버지의 이름의 의미와 아버지의 사랑의 마음과 아버지의 아들의 능력과 관련하여 다른 어떤 것도 가르쳐줄 수 없었던 것들을 가르쳐주지 않았습니까? 나아가 그의 가르치는 일이 죽음에도 불구하고 중단되지 않음을 선언할 때, 그것은 부분적으로 이와 같이 곧 이어 펼쳐질 사실들을 언급하는 것일 뿐만 아니라 또한 그것보다 훨씬 더 그가 보내는 성령에 의해 그의 가르치는 일이 모든 세대를 통해 계속될 것을 언급하는 것입니다.

본 강화(講話)에서 반복적으로 나타나는 이러한 위대한 진리는 현대 기독교회에 의해 너무나 많이 간과되어 왔습니다. 우리는 스스로를 그리스도의 제자들이라고 부릅니다. 만일 제자들이 있다면, 마땅히 선생도 있어야만 합니다. 그의 가르침은 단순히 성경에 기록되고 보존된 그의 행적(行蹟)들과 말씀들의 결과뿐만이 아닙니다. 그것은 또한 매 순간의 그와의 교제의 결과이기도 합니다. 그럴 때 우리는 그의 뜻에 대한 더 깊은 통찰력과 그의 목적에 대한 더 큰 관점과 성경의 내용에 대한 더 깊은 깨달음을 얻고, 그 안에 있는 진리에 대해 더 온전하게 순복하게 됩니다. 사랑하는 그리스도인들이여, 여러분은 그리스도 자신이 가르친다는 의미에서 그리스도로부터 배우는 것을 알고 있습니까? 나와 같은 목회자로부터나 혹은 그의 과거의 행적과 말씀에 대한 기록으로부터가 아니라 말입니다. 만일 우리가 세상의 온갖 잡다한 소리들로부터 돌이켜 우리의 마음과 생각을 정결하게 하고 또 그리스도께서 우리에게 오셔서 가르치실 때까지 겸손하며 성실하게 그 앞에 앉아 기다린다면, 여기의 위대한 말씀이 결코 헛되지 않음을 경험으로 알게 될 것입니다. 여러분은 그리스도 앞에 앉아 있습니까? 여러분은 그의 가르침의 비밀을 압니까? 여러분은 그가 가르치는 세미한 음성을 듣습니까? 만일 그렇지 않다면, 여러분에게 무엇인가 잘못된 것이 있는 것입니다. 혹시 여러분의 신앙고백 안에 무엇인가 진실하지 않은 것이 있지 않은지 되돌아보십시오.

물론 나는 예수의 계속되는 가르침 속에서 성경에 담겨 있지 않은 새로운 진리들이 전달될 것이라고 주장하고 있는 것은 아닙니다. 여기의 위대한 약속은 결코 그것을 의미하지 않습니다. 왜냐하면 그가 승천했을 때 계시의 사실들(facts)은 완성되었으며, 그러한 계시의 사실들에 대한 영감(靈感)된 해석은 신약이 완성됨과 함께 끝났기 때문입니다. 그러나 그리스도의 가르침은 우리를 그러한 사실들과 그러한 사실들에 대한 해석을 더 풍성하게 깨닫고 통찰하는 데에로 데려갑니다. 그리하여 비유로 가르쳐졌던 말씀들 다시 말해서 처음 말하여졌을 때에는 신비하며 수수께끼와 같이 모호했던 말씀들이 점차적으로 그 의미가 분명하며 확실하게 드러나게 됩니다. 바로 이것이 모든 세대를 통해 계속되는 그의 가르침입니다. 그는 자기 자녀들의 깨달음의 수준을 이 책에 담겨 있는 무궁무진한 지혜에 이르기까지 계속해서 높여갑니다. 광산에는 무궁무진한 보화가 매장되어 있습니다. 더 깊이 들어갈수록 매장량은 더 풍부합니다. 우리 주 예수 그리스도 안에 감추어진 보화는 결코 소진(消盡)되지 않습니다.

예수 그리스도는 자신의 말씀으로부터 더 큰 교훈을 펼쳐나가기 위해 그리고 이전의 교훈들이 보다 더 풍성하게 이해되도록 하기 위해 각각의 세대와 각각의 개별적 그리스도인들에게 새로운 문제들과 새로운 난관들과 새로운 환경들을 사용하십니다. 이 세대는 모든 새로운 문제들 속에서 예수 그리스도가 그 모든 문제들에 대한 해답이라는 사실을 발견하게 될 것입니다. 그가 예전의 모든 세대들에 대해서도 그랬던 것처럼 말입니다. 그는 심지어 이러한 문제들을 자신의 말씀의 더 깊은 교훈을 펼쳐나가기 위한 수단으로 사용하기까지 합니다. "사랑하는 자들아 내가 새 계명을 너희에게 쓰는 것이 아니라 너희가 처음부터 가진 옛 계명이니 이 옛 계명은 너희가 들은 바 말씀이거니와 다시 내가 너희에게 새 계명을 쓰노니"(요일 2:7). 예수 그리스도는 교회의 영원한 선생입니다. 그는 옛 말씀을 가지고 더 깊은 의미와 더 풍성한 적용으로 새롭게 우리에게 가르칩니다. 사랑하는 형제들이여, 여러분에게 개인적 질문을 던지고자 합니다. 여러분은 스스로를 그 선생에게 순복시킵니까? 그리고 이 세대에 빛을 비추기는 고사하고 도리어 혼돈을 가중시키는 모든 사람들과 기관들과 설교자들과 책들과 잡지들에게 "잠잠하라! 나는 오직 그 선생이 내게 말하는 것에 귀를 기울일 것이라"라고 말하면서, 하늘을 향해 "주여 말씀하옵소서. 종이 듣겠나이다. 주의 길로 나를 가르치고 인도하소서. 주는 나의 선생이요 나는 주의 학생임이로소이다"라고 고백합니까?

2. 둘째, 새롭게 밝아오고 있는 날의 또 하나의 복된 특징은 그것이 그리스도 위에 기초한 열망의 날이라는 사실입니다.

"그날에 너희가 내 이름으로 구할 것이요"(26절). 흠정역(KJV) 번역자들은 매우 지혜롭게도 절(節) 끝에 콜론 부호(:)를 놓는데, 그것은 우리로 하여금 너무 성급하게 다음 절로 넘어가지 않도록 하려는 것이었습니다(At that day ye shall ask in my name:). 왜냐하면 그 안에 본질적 축복과 특권이 싸여 있기 때문입니다. 바로 앞에서 같은 이야기를 하셨음에도 불구하고 여기에서 다시금 반복하는 것은 그것을 다시 한 번 강조함과 함께 그것에다 앞에서와 다소 다른 의미를 부여하기 위함이었습니다. 이에 대해 간단히 설명하고 넘어가도록 합시다. 앞의 설교들에서 나는 "그리스도의 이름으로 구하는" 것의 충분하면서도 깊은 의미에 대해 이미 설명했습니다.

거기에서 나는 그것이 두 가지를 함축한다는 사실을 제시했습니다. 하나는 우리의 구하는 것들이 하나님께 받아들여지는 유일한 근거는 그것들이 모두 그의 위대한 사역 위에 기초해야 한다는 것이며, 다른 하나는 우리의 구하는 것들이 모두 그의 마음과 일치하는 것들이어야 한다는 것이었습니다. "그의 이름으로" 기도할 때, 우리는 첫째로 "그를 힘입어" 기도하며 둘째로 "그의 인격 안에서" 기도합니다. 우리의 구하는 것들이 응답되는 것은 전적으로 그의 강력한 희생제사와 그의 충분한 공로 위에 기초합니다. 또 우리의 구하는 것들은 그의 마음에 합한 것이 되어야만 합니다. 이와 같이 "그의 이름으로" 구하는 것은 새롭게 밝아오고 있는 "날"에 그의 종들의 특권과 기쁨이 될 것입니다.

이와 같은 개념 즉 우리의 구하는 것들이 그의 위대한 희생제사 위에 기초하여 드려져야 하며 또 그의 마음과 일치해야 한다는 개념에 이어 우리 주님이 우리에게 계속해서 아버지에 대해 가르칠 것이라는 복된 개념이 따르는 것을 주목하십시오. 그리스도께서 아버지에 대해 가르칠 때, 그로 인해 우리의 열망과 바람은 더 크게 불붙습니다. 이와 같이 우리의 온전한 열망과 바람은 그의 가르침에 대한 우리의 올바른 반응입니다. 강력한 망원경을 가진 어떤 천문학자를 생각해 보십시오. 더 강력한 망원경을 가질수록, 그의 시계(視界)는 더 넓어질 것입니다. 그리고 그는 전에는 볼 수 없었던 새로운 성운(星雲)들을 볼 수 있게 될 것입니다. 이와 같이 그리스도로 말미암아 아버지에 대한 지식이 새롭게 유입(流入)될 때, 우리의 열망과 바람은 광대무변한 땅의 새로운 신비로 더 넓게 확장되고 팽창될 것입니다. 그는 우리에게 아버지를 나타내며, 그에 대한 응답으로 우리는 "아빠 아버지여, 우리에게 당신의 마음을 더 많이 나타내소서!"라고 부르짖습니다. 이와 같이 그리스도인의 삶 속에 간절한 열망과 그것이 즐겁게 만족되는 것이 계속 교차할 것입니다.

나의 친구들이여, 여러분은 이와 같이 하나님을 알수록 그를 더 많이 알며 더 많이 소유하기를 열망합니까? 또 그럴수록 주님의 가르침은 여러분에게 더 충만하며, 은혜로우며, 은밀하며, 따뜻하며, 지속적입니까? 그것이 여러분의 실제적 경험입니까? 그리스도인으로서 여러분의 삶은 이것보다 훨씬 더 낮은 수준에 머물러 있지 않습니까? 그렇다면 그 이유는 무엇입니까? 그리스도의 말씀이 허언(虛言)이기 때문입니까? 그는 이제 더 이상 은혜를 베풀지 않습니까? 그는 이제 은혜 베푸는 것을 잊었습니까? 만일 그가 우리에게 주는 충만한 특권을 붙잡지 못한다면, 그것은 그의 약속이 헛되기 때문입니까 아니면 여러분과 나의 잘못 때문입니까?

3. 마지막으로, 그날은 자녀로서 아버지의 사랑을 경험하는 날입니다.

"내가 너희를 위하여 아버지께 구하겠다 하는 말이 아니니 이는 너희가 나를 사랑하고 또 내가 하나님께로부터 온 줄 믿었으므로 아버지께서 친히 너희를 사랑하심이라"(26, 27절). 여기에서 예수 그리스도가 자신의 중보(仲保)를 부인하는 것은 결코 아닙니다. 여기의 말씀을 그렇게 이해하는 것은 불가능합니다. 왜냐하면 우리는 바로 뒤에 그가 다음과 같이 기도하는 것을 발견하기 때문입니다. "내가 그들을 위하여 비옵나니 내가 비옵는 것은 세상을 위함이 아니요 내게 주신 자들을 위함이니이다 그들은 아버지의 것이로소이다"(17:9). 다만 그는 여기에서 자신의 중보를 강조하지 않습니다. 그것은 다른 위로의 근원 즉 자신의 가르침을 듣고 자신의 마음과 일치되는 바람을 가지며 자신의 희생제사 위에 기초한 소망을 가지는 자들에게 아버지의 사랑이 직접적으로 흘러들어간다는 사실을 강조하기 위함입니다. 그로 하여금 자비를 베풀도록 강요하는 어떤 기도도 필요하지 않습니다. 때로 사람들은 그리스도의 중보의 개념을 마치 그것이 그가 아버지의 뜻을 억지로 강제하는 것처럼 희화화(戱畵化)합니다. 그러나 그리스도는 여기에서 그와 같은 모든 잘못된 개념들을 일소(一掃)합니다. 그가 말씀하는 기도가 "그의 이름으로 드려지는" 기도라는 사실 속에 이미 우리가 예수 그리스도의 중보로서 의미하는 모든 것의 실체와 본질이 그대로 담겨 있지 않습니까?

여기에서 하나님은 예수 그리스도를 사랑하는 자들을 사랑하신다는 사실을 주목하십시오. 이와 같이 아버지는 스스로를 아들과 완전하게 동일시하십니다. 예수 그리스도를 사랑하는 것이 곧 하나님 자신을 사랑하는 것이며, 하나님은 그리스도를 사랑하는 자들에게 자신의 사랑의 복된 응답을 주십니다.

그리스도를 사랑하는 자는 누구든지 그가 "아버지께로부터 왔음을" 믿습니다. 그리스도의 제자들에게는 두 가지 특징이 있습니다. 그것은 '아들이 아버지의 사명을 받고 왔음을 믿는 믿음'과 '그러한 믿음으로부터 흘러나오는 사랑'입니다. 물론 오늘 본문이 아버지의 사랑이 그들의 그러한 사랑의 원천임을 직접적으로 말하지는 않지만, 어쨌든 그것은 분명한 사실입니다. "우리가 그를 사랑함은 그가 먼저 우리를 사랑하셨음이라"(요일 4:19). 그리스도는 여기에서 물줄기의 근원까지 추적해 올라가지 않고, 다만 중간에서 그것을 가리킵니다. 만일 여러분이 물줄기가 시작되는 근원으로 올라가기를 원한다면, 여러분은 아버지의 마음까지 올라가야만 합니다. 우리 안에 아무런 사랑도 없었을 때, 그는 먼저 우리를 사랑하시고 우리를 위해 아들을 보내셨습니다. 먼저 죄인들과 원수들과 외인(外人)들에 대한 자발적이며, 무엇으로부터도 기인하지 않은, 그리고 자격 없는 자들에게 값없이 주어지는 하나님의 무한한 사랑이 옵니다. 그리고서 예수 그리스도의 신적 임무와 십자가가 옵니다. 그리고서 그의 신적 임무에 대한 믿음이 옵니다. 그리고서 그러한 믿음으로부터 사랑이 옵니다. 그리고서 마침내 아들 안에서 아버지를 사랑하는 마음 위에 아버지의 특별한 사랑이 옵니다. 이러한 사실은 하나님이 원수들과 죄인들과 외인들을 사랑하신다는 보편적 사실과 털끝만큼도 상충되지 않습니다. 그러나 "하나님이 우리를 사랑하시는 사랑을 알고 믿은" 자들이 그의 사랑의 최고의 영향력 아래 산다는 사실 속에는 특별한 요소가 있습니다(요일 4:16). 그리고 그러한 신적 사랑은 우리에게 그리스도의 이름으로 드려지는 기도는 결코 헛된 기도가 되지 않을 것이라는 굳은 확신을 가져다줍니다.

그러므로 사랑하는 친구들이여, 계속해서 자라는 지식, 항상 우리와 함께 계시면서 우리를 가르치는 선생, 그리스도의 십자가 위에 세워지고 그리스도의 영에 따라 빚어진 고요한 열망과 바람, 나를 사랑하는 천부께서 떡을 구할 때 돌을 주지 않을 것이며 생선을 구할 때 뱀을 주지 않을 것이라는 고요한 마음의 확신 — 이러한 것들이야말로 참된 그리스도인을 특징짓는 것들이 아니겠습니까? 여러분은 어떻습니까? 여러분은 실제로 이러한 것들을 경험합니까? 만일 그렇지 않다면, 그 이유는 무엇입니까? 혹시 그것은 그가 하나님으로부터 왔음을 믿지 않거나 혹은 그를 올바로 사랑하지 않기 때문이 아닙니까?

97
그리스도의 오심과 가심

"내가 아버지에게서 나와 세상에 왔고 다시 세상을 떠나 아버지께로 가노라 하시니"

요 16:28

본문은 본 강화(講話)를 마무리하는 마지막 말씀입니다. 이후의 몇 절은 단지 이러한 말씀에 대한 제자들의 반응과 그에 대한 주님의 대답일 뿐입니다. 여기의 말씀 가운데 절대적으로 새로운 것은 아무것도 없습니다. 다만 새로운 것이 있다면, 그것은 여기의 말씀이 예수 그리스도의 존재와 사역과 영광 전체를 매우 간략하게 요약하고 있다는 사실뿐입니다. 본문은 두 부분으로 나누어지며, 각 부분은 모두 두 개의 절로 구성되어 있습니다. 앞부분은 우리 주님의 내려오심을, 그리고 뒷부분은 그의 올라가심을 묘사합니다. 앞부분과 뒷부분에는 모두 이를테면 두 개의 꼭짓점이 있습니다 — 출발점과 도착점. 둘은 모두 같은 사실을 이야기하지만, 그러나 그 방향은 서로 반대입니다. "내가 아버지에게서 나와 세상에 왔고 다시 세상을 떠나 아버지께로 가노라 하시니." 여기에 나타난 그의 행적을 주목해 보십시오. 그는 아버지로부터 출발해서 세상으로 갔다가, 다시 세상으로부터 아버지에게로 되돌아옵니다. 첫 출발점이 결국 마지막 도착점이 되며, 처음이 한 바퀴 돌아서 끝이 됩니다. 그가 영원히 하나님과 함께 거하는 것을 반짝이는 금반지로 비유한다면, 그의 지상 생애는 그 안에 박혀 있는 보석과 같습니다.

우리는 여기에서 다음과 같은 네 가지 주제를 주목할 수 있습니다 — 아버지와 함께 거하심, 자발적으로 세상에 오심, 자발적으로 세상을 떠나심, 다시금 아버지와 함께 거하심. 만일 우리가 전체적 그리스도(whole Christ)를 알고 또 그가 우리와 세상에게 어떤 존재인지 깨닫고자 한다면, 우리는 이 모든 것들을 붙잡아야만 합니다. 이제 이러한 것들을 하나씩 살펴보도록 합시다.

1. 아버지와 함께 거하심.

"내가 아버지로부터 나와." 이러한 표현은 그가 본래 아버지 안에 계셨음을 함축합니다. 이것은 함께 있는 것이나 교제하는 것보다 훨씬 더 깊고 친밀한 관계를 함축합니다.

이와 같은 부류의 말씀 속에서 우리는 예수 그리스도가 자신의 지상 생애 이전의 기억과 의식(意識)을 분명하게 지니고 있었음을 확실하게 알 수 있습니다. 그의 입술로부터 종종 그와 같은 암시가 담긴 말들이 흘러나오곤 했습니다. 예컨대 "아브라함이 나기 전부터 내가 있느니라" 등과 같은 말씀 말입니다(요 8:58). 그러나 여기에는 그 외에도 또 하나의 중요한 개념이 있는데, 그것은 아버지와의 예전의 깊고 신비하며 형언할 수 없는 교제에 대한 그리스도 자신의 선언입니다. 이러한 주제에 대하여는 너무 성급하게 확언하지 않는 것이 지혜로운 일일 것입니다. 그러나 나는 다음과 같은 사실을 강력하게 역설하지 않을 수 없습니다. 즉 만일 여기의 넷째 복음서가 예수 그리스도의 가르침에 대한 참된 기록이라면, 그가 모든 종류의 방법으로 그리고 모든 종류의 사람들에게 — 청중들과 친구들과 적들에게 — 자신이 세상에 오기 전에 이미 아버지의 품에 거하고 있었다는 엄청난 주장을 계속적으로 반복한 것보다 더 확실한 것은 아무것도 없다는 사실 말입니다. "하늘에서 내려온 자 곧 인자 외에는 하늘에 올라간 자가 없느니라"라고 말할 때(3:13), 그는 무엇을 의미한 것이었습니까? "그러면 너희는 인자가 이전에 있던 곳으로 올라가는 것을 본다면 어떻게 하겠느냐"라고 말할 때(6:62), 그는 무엇을 의미한 것이었습니까? "내가 하늘에서 내려온 것은 내 뜻을 행하려 함이 아니요 나를 보내신 이의 뜻을 행하려 함이니라"라고 말할 때(6:38), 그는 무엇을 의미한 것이었습니까? 마지막 기도 가운데 "아버지여 창세 전에 내가 아버지와 함께 가졌던 영화로써 지금도 아버지와 함께 나를 영화롭게 하옵소서"라고 말할 때(17:5), 그는 무엇을 의미한 것이었습니까?

사랑하는 친구들이여, 만일 우리가 예수 그리스도에 대해 어느 정도 안다면, 나는 필연적으로 우리가 그러한 사실에 대해 알 수밖에 없을 것이라고 생각합니다. 만일 우리가 그가 그와 같이 말했음을 믿을 수 없다면, 우리는 그에 대해 아무것도 알지 못하는 것입니다. 그와 같은 엄청난 말을 계속적으로 반복하여 말한 어떤 사람을 상상해 보십시오. 그렇다면 그는 정말로 그의 말처럼 신성(神性)의 영역에 속한 자든지, 그렇지 않으면 제정신이 아닌 미치광이일 것입니다.

2. 자발적으로 세상에 오심.

"내가 아버지에게서 나와 세상에 왔고." 넓은 의미에서 우리는 어떤 사람이 태어났을 때 그가 세상에 왔다고 말합니다. 그러나 여기의 말씀은 그와 같은 의미로 가볍게 말하여진 것이 결코 아닙니다. 지금 우리 주님이 이러한 말씀을 하는 목적을 생각해 보십시오. 그것은 제자들을 위로하며, 그들을 새로운 빛으로 조명(照明)하기 위함이었습니다. 그런데 만일 여기의 말씀이 단순히 예수 그리스도가 세상에 태어났다는 부인할 수 없는 사실과 곧 죽을 것이라는 우울한 사실을 의미하는 것일 뿐이라면, 그것은 그들에게 아무런 위로도 되지 못했을 것입니다.

"내가 세상에 왔고(I am come into the world)." 태어나기로 선택한 한 사람이 있었습니다. "육체의 뜻으로나 사람의 뜻으로" 말미암지 않고 자기 자신의 자유로운 선택으로 말미암아 세상에 나타난 한 사람이 있었습니다. 그는 스스로 사람의 형상을 취하기로 결정했습니다. 이와 같이 예수 그리스도가 자발적으로 사람의 모양을 취한 것은 우리에게 있어 매우 중요합니다. 왜냐하면 바로 그것이 그의 삶의 전체적 가치의 토대가 되기 때문입니다. 예를 들어 예수 그리스도의 인격적 무죄성의 토대가 되는 것이 바로 그것입니다. 또 그렇기 때문에 사람들 가운데 정결하며 온전한 삶의 새로운 시작을 가져다주는 그의 능력의 토대 역시 바로 그것입니다. 그 외의 나머지 모든 사람들은 혈통에 따른 자연적 탄생으로 말미암아 죄의 오염을 갖습니다. 만일 예수 그리스도가 단지 그러한 사람들 가운데 하나일 뿐이라면, 그 안에 구원은 결코 없었을 것입니다. 왜냐하면 그러한 생명 안에는 무죄성이 없기 때문입니다. 비록 겉은 깨끗해 보일는지 모르지만 그러나 그 속에는 우리 모두를 뒤덮은 문둥병이 있습니다. 만일 그가 우리 모두와는 근본적으로 다른 방식으로 오지 않았다면, 그 역시도 우리 모두와 같은 죄를 가지고 온 것입니다. 그렇다면 그는 결코 죄로부터 우리를 구원하는 자가 될 수 없습니다. 도리어 그 역시도 아무 소망 없이 사슬에 묶여 시베리아로 끌려가는 포로들 가운데 한 사람과 같을 것입니다. 그러나 만일 그가 스스로의 의지로 인성(人性)을 취한 것이 사실이라면 그리고 성경이 말하는 것처럼 태어났다면, 그는 죄의 오염으로부터 자유로울 것입니다. 그리고 그는 능히 우리를 죄의 오염으로부터 구원할 수 있을 것입니다. 그는 죄의 사슬에 결박되지 않았으며, 그렇기 때문에 우리의 목으로부터 그것을 벗겨낼 수 있습니다. 오염된 물 근원으로부터 흘러나오는 물을 생각해 보십시오. 근원이 오염되었을 때, 그로부터 흘러나오는 모든 물이 더러울 것입니다. 그러나 하나님의 영원한 산의 흰 만년설로부터 흘러내리는 물을 생각해 보십시오. 그 근원에는 아무런 오염도 없으며, 그것으로부터 흘러나오는 물은 순수하며 정결한 물입니다. 그리고 그 물은 무엇이든 깨끗하게 씻습니다. 예수 그리스도는 스스로 태어나기로 뜻하셨으며, 사람의 마음에 거룩한 삶의 새로운 시작을 심으셨습니다. 그리고 그것은 이제부터 누룩처럼 작용할 것입니다.

예수 그리스도께서 이와 같이 우리의 본성을 자발적으로 취한 것이 중요한 이유를 또 하나 살펴보도록 합시다. 만일 그가 자발적으로 우리의 본성을 취하지 않았다면, 우리는 특별히 그에게 감사할 것도 없고 또 그에게 있어 우리에게 사랑을 요구할 특별한 권리도 없었을 것입니다. 그러나 만일 그가 자신의 뜻에 따라 자발적으로 우리 가운데 오셨다면, 우리는 끊어질 수 없는 줄로 그와 하나로 묶일 것입니다. 예수 그리스도에게 있어 세상을 구원하는 것은 오직 한 가지인데, 그것은 인류에 대한 무한하며 영원한 사랑입니다, 그가 세상에 오신 것은 바로 이와 같은 그 자신의 무한하며 영원한 사랑으로부터입니다. 우리는 자신의 왕궁을 떠나 누더기를 걸치고 오두막에 거하면서 비천한 백성들의 어려운 형편을 경험하는 왕들에 대한 이야기를 듣습니다. 그러나 여기에 그러한 것들을 무한히 초월하는 한 사건이 있습니다. 그것은 본 강화(講話) 바로 앞에서 매우 감동적 방식으로 제시되었습니다. 그것은 예수께서 "하나님께로 돌아가실 것을 아시고 겉옷을 벗고 수건을 가져다가 허리에 두르시고" 제자들의 여행으로 더러워진 발을 씻어주신 사건이었습니다(13:4). 이것은 성육신의 비유였습니다. 그는 항상 자신의 신적 기원을 의식(意識)하셨으며, 그러한 의식은 그로 하여금 자신의 위엄의 겉옷을 벗고 섬김의 수건을 두르도록 이끌었습니다. 그의 성육신은 이를테면 위엄의 겉옷을 벗고 섬김의 수건을 두른 것이었습니다. 여기에서 우리는 그에게 우리의 헌신과 순종을 취할 수 있는 최고의 권리를 부여하는 것이 무엇인지 배울 수 있습니다. 그것은 하나님의 본체이심에도 불구하고 자기를 비워 사람들과 같이 되신 것이었습니다. "그는 근본 하나님의 본체시나 하나님과 동등됨을 취할 것으로 여기지 아니하시고 자기를 비워 종의 형체를 가지사 사람들과 같이 되셨고"(빌 2:6-7).

3. 자발적으로 세상을 떠나심.

"다시 세상을 떠나." 그의 떠나심의 사실은 삼중적입니다 — 죽음, 부활, 승천. 이러한 각각의 단계들에 대하여 우리는 그리스도의 장엄한 자발적 에너지가 그 동인(動因)임을 보게 됩니다.

자발적 죽음이 있었습니다. 나는 본 강화와 관련한 일련의 설교들 속에서 이에 대해 여러 차례 이야기한 바 있으므로 여기에서 또 다시 상세하게 다룰 필요를 느끼지 않습니다. 다만 여기에서 나는 성경이 그리스도의 자발적 죽음의 개념에 대해 다양한 형태로 제시한다는 사실만을 분명하게 지적하고 넘어가고자 합니다. 우리 주님은 "스스로 목숨을 버릴 권세"에 대해 종종 말씀하셨습니다. 그가 자신의 수난을 암시하는 말씀들을 생각해 보십시오. 거기에서 '죽음에 대한 그의 관계'는 '그것에 대한 우리의 관계'와 완전히 다르게 나타납니다. 예컨대 우리는 "내 영혼을 아버지 손에 부탁하나이다"라든지 혹은 "그가 영혼을 버리시니라"라는 등의 말씀을 읽습니다(눅 23:46, 한글개역개정판에서 후자는 단순히 "숨지시니라"라고 되어 있음 — 역주). 그의 죽음이 매우 빨리 임한 사실 속에서도 우리는 그것이 십자가 형벌의 자연적 결과가 아니었다는 암시를 보게 됩니다. 이와 같이 예수 그리스도는 "사망의 주"(the Lord of death)이십니다. 그럴 수밖에 없었기 때문이 아니라 기꺼이 그렇게 하고자 하여 자신의 목숨을 버리셨을 때, 그는 스스로를 완전한 '생명의 왕'과 '사망의 정복자'로 나타내셨습니다. 현대 소설 가운데 암초 위에 앉아 있는 어떤 사람을 묘사한 장면이 있습니다. 주변은 망망대해이며, 바닷물은 그의 가슴까지 도달합니다. 그러나 바다는 그의 목숨을 위협하지 않습니다. 그가 암초 위에 고요히 앉아 자신의 머리를 물결 아래로 숙임으로써 물결이 그를 덮기 전까지는 말입니다. 이와 같이 그리스도는 기꺼이 죽고자 의지하셨으며, 그렇게 의지하셨기 때문에 죽으셨습니다.

마찬가지로 그 자신의 능력으로 말미암은 자발적 부활이 있었습니다. 성경은 종종 예수 그리스도의 부활을 '아들이 완성한 사역에 대한 아버지의 확증'으로 표현합니다. 그러면서 동시에 성경은 그것을 '아들이 스스로 사망의 감옥으로부터 나온' 것으로 표현하기도 합니다. 그는 자신에게 목숨을 버릴 권세도 있고 다시 얻을 권세도 있다고 말씀하셨습니다(요 10:18). 예수 그리스도는 "아버지의 영광으로 말미암아" 죽은 자 가운데 다시 살아나시기도 하셨지만, 동시에 "그 자신의 권능으로" 부활하시기도 하셨습니다.

뿐만 아니라 또한 자발적 승천이 있었습니다. 엘리야의 불 병거는 필요하지 않았습니다. 우리 주님을 하늘로 올려줄 회리바람은 필요하지 않았습니다. 어떤 종류의 외적 운송 수단이나 힘도 필요하지 않았습니다. 천사의 날개도 필요하지 않았습니다. 다만 그와 세상을 묶은 "의무의 줄"(cords of duty)이 끊어지자, 그는 자신의 본래의 자리로 다시 올라갔습니다. 그의 승천은 그가 본래 가지고 있던 권세로 말미암은 것이었습니다.

이와 같이 자발적 죽음으로 말미암아, 그는 우리의 죄를 위한 희생제물이 되셨습니다. 또 그의 자발적 부활의 권능으로 말미암아, 그는 스스로를 '사망의 주'와 '그를 믿는 모든 자들을 위한 부활'로 선포하셨습니다. 또 그가 우리의 바라는 것들을 하늘까지 올림으로써, 우리 역시도 "큰 기쁨으로" 그리고 "위에 있는 것들을 바라보며" 우리의 일상의 일로 돌아갈 수 있습니다. 마치 옛 제자들이 그가 영광의 구름에 가려짐으로써 더 이상 보이지 않게 되었을 때 그렇게 했던 것처럼 말입니다.

4. 다시 아버지와 함께 거하심.

"다시 아버지께로 가노라 하시니." 여기의 아버지와의 거하심은 처음의 아버지와의 거하심과 전적으로 다릅니다. 그의 지상 생애는 단순한 삽입 기간이 아닙니다. 보좌로 돌아가실 때, 그는 자신이 취한 인성(人性)을 가지고 돌아가셨습니다. 다시 말해서 그는 인성을 영원한 영광 안으로 가져가신 것입니다. 바로 이것이 그리스도께서 슬픔 가운데 눈물을 흘리고 있는 그의 제자들에게 제시하신, 그리고 오늘날 그를 바라보는 우리들에게 제시하는 참된 위로입니다. 지금 예수 그리스도의 인성은 신적 영광에 참여하는 데까지 높여졌으며, 거기에서 아버지와의 고요하며 달콤하며 장엄한 교제 가운데 거하고 있습니다.

만일 이것이 사실이라면, 이것은 단순한 추상적 신학 이론이 결코 아닙니다. 그것은 모든 부분에서 우리의 매일의 삶에 영향을 끼칠 것이며, 그리스도 안에서의 우리의 안식과 충만한 만족에 있어 본질적 요소가 될 것입니다.

"지금 우리가 만물이 아직 그에게 복종하고 있는 것을 보지 못하고 오직 우리가 천사들보다 잠시 동안 못하게 하심을 입은 자 곧 죽음의 고난 받으심으로 말미암아 영광과 존귀로 관을 쓰신 예수를 보니"(히 2:8, 9). 우리의 만형은 보좌로 승귀(昇貴)되셨습니다. 이를테면 그는 가족을 위해 큰 부(富)를 얻으신 것입니다. 이제 그로 인해 가족 가운데 아무도 가난하지 않을 것입니다. 그는 먼 나라로부터 우리에게 그곳의 소산(所産)인 보배로운 선물을 보내십니다. 그리고 어느 날 그는 우리로 하여금 그의 보좌에 함께 앉도록 해주실 것입니다.

예수 그리스도께서 아버지에게로 올라감은 우리의 최고의 친구가 우주의 보좌로 승귀(昇貴)되신 것입니다. 십자가 위에서 우리를 위해 죽으신 자는 하늘과 땅의 모든 권세를 가지고 계시며, 그렇기 때문에 우리는 모든 일에 고요히 직면할 수 있습니다.

예수 그리스도께서 보좌에 오르신 것은 우리에게 말할 수 없는 위로를 가져다줍니다. 무시무시한 심연(深淵)을 바라보며 그 가운데 앞서 간 사랑하는 자들의 영혼이 어디에서 방황하고 있을지 생각하는 것과 그것을 바라보며 나의 주 예수 그리스도께서 그곳을 지나가셨으며 실제적 몸으로 어디엔가 계시며 그를 사랑했던 모든 자들이 그와 함께 있을 것을 생각하는 것은 얼마나 다릅니까! 승천하신 그리스도가 없다면, 우리는 생소한 하늘의 싸늘한 광채로부터 움찔하며 뒤로 물러날 것입니다. 마치 가난한 시골뜨기가 위압적 왕궁으로부터 뒤로 물러나는 것처럼 말입니다. 그러나 만일 우리가 그리스도께서 하나님 오른편에 계심을 믿는다면, 먼 것은 가까워질 것이며, 모호한 것은 명확해질 것이며, 추상적인 것은 구체적인 것이 될 것이며, 두려운 것은 기쁜 것이 될 것입니다. 그리고 우리는 우리 자신과 그리스도 안에서 죽은 사랑하는 자들이 그가 계신 곳에 있고 또 있을 것을 믿을 수 있습니다. 그리고 우리는 그 안에서 우리가 필요로 하는 모든 것을 갖는 것을 믿을 수 있습니다.

그러므로 사랑하는 친구들이여, 결론은 여러분 자신을 위해 전체적 그리스도(whole Christ)를 굳게 붙잡으라는 것입니다. 그의 지상 생애는 그것을 둘러싸고 있는 하늘의 후광(後光) 없이는 아무것도 아닙니다. 그의 생애는 그의 죽음 없이는 아무것도 아닙니다. 그의 부활과 승천이 없는 그의 죽음은 다른 수많은 사람들의 죽음보다 조금 더 감동적일 수는 있을는지 모르지만 실제로 우리에게 아무것도 아닙니다. 그의 생애와 죽음과 부활은, 그것들이 이전의 영원한 영광과 이후의 영원한 영광 사이에 놓이기 전까지는, 결코 충분하게 이해될 수 없습니다.

여기의 네 가지 — 아버지 안에 거하심, 자발적으로 세상에 오심, 자발적으로 세상을 떠나심, 다시금 아버지 안에 거하심 — 사실들은 우리가 피하여 숨을 수 있는 강력한 요새의 네 성벽입니다. 그러한 네 성벽이 사방으로부터 불어오는 모든 바람을 막아줄 것입니다. 그것들 가운데 어느 하나를 허물어뜨려 보십시오. 그러면 요새는 즉시 함락될 것입니다. 전체적 그리스도를 여러분의 그리스도로 삼으십시오. 왜냐하면 여러분의 연약함을 도울 수 있는 것은 "성령으로 잉태하사 동정녀 마리아에게 나시고…십자가에 못 박혀 죽으시고 장사한 지 사흘 만에 죽은 자 가운데서 다시 살아나시며 하늘에 오르사 전능하신 하나님 우편에 앉아 계신" 전체적 그리스도 외에 아무것도 없기 때문입니다. 오직 전체적 그리스도만이 여러분의 바라는 것들을 만족시킬 수 있을 만큼 충분히 크며, 여러분이 필요로 하는 대로 여러분을 사랑할 수 있을 만큼 충분한 사랑을 가지고 있으며, 죄로부터 여러분을 구원할 수 있을 만큼 충분한 능력을 가지고 있으며, 여러분을 그 자신의 보좌의 영광으로 데려갈 수 있을 만큼 충분한 권능을 가지고 있습니다.

98
즐거운 고백과 슬픈 경고

"[29] 제자들이 말하되 지금은 밝히 말씀하시고 아무 비유로도 하지 아니하시니 [30] 우리가 지금에야 주께서 모든 것을 아시고 또 사람의 물음을 기다리시지 않는 줄 아나이다 이로써 하나님께로부터 나오심을 우리가 믿사옵나이다 [31] 예수께서 대답하시되 이제는 너희가 믿느냐 [32] 보라 너희가 다 각각 제 곳으로 흩어지고 나를 혼자 둘 때가 오나니 벌써 왔도다 그러나 내가 혼자 있는 것이 아니라 아버지께서 나와 함께 계시느니라"

요 16:29-32

본 강화(講話)를 시작하는 첫 말씀은 "너희는 마음에 근심하지 말라"였습니다(14:1). 바로 그것이 여기의 강화의 주된 목적이었습니다. 다시 말해서 본 강화의 전체적 목적은 제자들의 마음에 평안과 확신을 가져다주기 위한 것이었습니다. 그렇게 볼 때, 여기에서 그들의 마음으로부터 억누를 수 없이 터져 나오는 즐거운 고백은 그와 같은 목적이 온전히 이루어졌음을 보여줍니다. "우리가 지금에야 주께서 모든 것을 아시고 또 사람의 물음을 기다리시지 않는 줄 아나이다 이로써 하나님께로부터 나오심을 우리가 믿사옵나이다"(29, 30절). 잠시 동안 그들을 덮고 있던 근심과 당황과 두려움과 불안은 모두 지나갔습니다. 말씀을 들으면서도 잘 깨닫지 못하고 어리석은 질문을 해대던 자들은 한층 높은 영역으로 도약했으며, 이제 그들은 통찰력과 용기와 확신을 소유하게 되었습니다. 우리 주님의 마지막 강화는 흩어진 모든 광선들을 하나의 밝은 빛으로 모았습니다. 그리하여 가장 눈이 어두운 자도 그 빛을 볼 수밖에 없었으며, 가장 냉랭했던 자도 그 빛으로 인해 뜨거워질 수밖에 없었습니다.

한편 예수 그리스도의 고요한 눈은 제자들의 이와 같은 즐거운 고백 속에서 완전히 만족스럽지 않은 어떤 것을 봅니다. 그는 그들의 불완전한 믿음을 배척하지는 않지만, 그러나 동시에 그들에게 한 가지 경고를 내립니다. 마치 그를 버리고 뿔뿔이 흩어지는 슬픈 순간을 눈앞에 바라보고 계시기나 한 것처럼 말입니다. 그는 그들로부터 자기 자신으로 돌아와, 특이한 어투로 자신의 깊은 외로움을 토로합니다. 이제 본문으로부터 몇 가지 사실들을 살펴보도록 합시다.

1. 첫째, 제자들의 즐거운 고백을 주목하십시오.

우리는 때로 주님의 어떤 약속이나 말씀에 대한 제자들의 반응을 보게 되는데, 그러한 그들의 반응은 주님의 말씀에 대한 그들의 이해가 얼마나 피상적이었는지를 잘 보여줍니다. 주님은 그들에게 때가 되면 "더 이상 비유로 말하지 않고 아버지에 대한 것을 분명하게 말할" 것이라고 말씀하셨습니다(25절). 그들은 크게 기뻐하면서 그날이 이미 이르렀으며 심지어 지금 그가 자신들에게 어떤 비유나 혹은 비밀스러운 방식이 아니라 "분명하게" 말씀하고 계신다고 대답합니다(29절). 그렇게 대답할 때, 그들은 주님의 말씀을 올바로 이해한 것이었습니까? "내가 아버지에게서 나와 세상에 왔고 다시 세상을 떠나 아버지께로 가노라" — 제자들은 기독교의 중심적 신비에 대한 이와 같은 핵심적 말씀을 피상적으로 밖에는 이해하지 못했음에도 불구하고 분명하게 이해한 것처럼 생각했습니다(28절). 만일 그들이 그와 같은 말씀을 올바로 이해했다면, 그들은 그렇게 빨리 주님을 버리고 도망치지는 않았을 것입니다.

제자들은 자신들이 사실이라고 믿은 것과 함께 시작합니다. 그러고 난 후 주님이 앞에 말씀하신 것에 대해 나름대로 확신을 가지고 대답합니다. 그들은 "우리가 지금에야 주께서 모든 것을 아시고 또 사람의 물음을 기다리시지 않는 줄 아나이다"라고 말합니다(30절). 주님은 앞에서 그들에게 "그날에는 너희가 아무것도 내게 묻지 아니하리라"라고 말씀하셨습니다(23절). 주님은 자신에게 묻고자 하는 제자들의 간절한 열망을 아셨는데, 이러한 사실로부터 그들은 그의 신적 전지(神的 全知)를 추론합니다. 아직 묻지도 않은 질문에 대한 그의 대답 속에서 그들은 그 큰 약속이 성취되었다고 생각합니다. 그러면 그것이 그가 의미한 것의 전부였습니까? 결코 그렇지 않습니다. 주님은 단지 "너희는 내게 아무것도 묻지 않을 것이라. 왜냐하면 나는 너희가 알기를 원하는 것을 너희가 묻지 않음에도 불구하고 알 것이기 때문이니라!"라는 의미로 말씀하고 계셨던 것이었습니까? 그렇지 않습니다. 그가 의미한 것은 이것이었습니다 — "너희는 내게 아무것도 묻지 않을 것이라. 왜냐하면 그날에 너희는 너희의 모든 의문을 풀어줄 성령을 갖게 될 것이기 때문이라!" 이와 같이 어떤 말씀에 대한 피상적 이해는 우리로 하여금 그 말씀의 가장 심오하며 보배로운 의미를 놓치도록 만듭니다.

여기에서 그들은 한 걸음 더 나아갑니다. 첫째, 그들은 사실과 함께 시작합니다. 그러고 나서 그러한 사실로부터 확신을 추론합니다. 그리고 이제 그렇게 추론한 확신의 기초 위에다가 믿음을 세웁니다. "이로써 하나님께로부터 나오심을 우리가 믿사옵나이다"(30절). 그러나 여기에서 "하나님께로부터 나오셨다"는 표현으로 그들이 의미한 것은 28절의 "내가 아버지에게서 나왔다"는 그 자신의 선언에 훨씬 못 미칩니다.

이와 같이 그들의 고백은 통찰력과 무지(無知)의 특이한 씨줄과 날줄로 얽혀 있습니다. 그러므로 그들은 우리가 마땅히 어떠해야 하는지를 가르쳐주는 모범이 되면서, 동시에 우리가 어떠해서는 안 되는지를 가르쳐주는 경고등이 됩니다.

계속해서 여기에서의 제자들의 태도와 고백으로부터 몇 가지 교훈을 찾아보도록 합시다.

첫째, 여기에서 우리는 신조(信條)에다가 생명을 부여하는 것이 무엇인지 배울 수 있습니다. 그것은 경험입니다. 여기의 제자들은 주님으로부터

"내가 하나님께로부터 왔다"는 선언을 반복적으로 들었습니다. 그리고 어떤 형태로든 그들은 그것을 믿었습니다. 그러나 우리 믿음의 많은 부분들이 종종 그런 것처럼, 그것은 그들의 영혼 안에서 잠자고 있었습니다. 그러나 지금 옳든 그르든 경험은 그들로 하여금 그의 신적 전지(神的 全知)의 명백한 증거에 직면하도록 이끌었습니다. 그러자 잠자고 있던 믿음은 갑자기 불타는 생명력으로 타올랐습니다. 추상적 믿음의 시들시들한 불은 갑자기 거센 불로 타오르며 그들의 마음을 뜨겁게 만들었습니다. 물론 그들은 오래 전에도 그가 하나님께로부터 왔음을 고백했습니다. 그러나 그들은 지금 처음으로 그것을 살아있는 실재(實在)로서 붙잡았습니다. 그 이유는 무엇입니까? 그것은 경험이 그들에게 그것을 가르쳐주었기 때문입니다. 경험이야말로 우리에게 우리의 신조의 각 항목들을 정말로 배울 만한 가치가 있는 방식으로 가르치는 유일한 선생입니다. 우리 모두는 이런 저런 믿음을 고백하지만, 그러나 그런 고백들은 우리 영혼의 병원이나 기숙사 안에서 몸져누워 있거나 혹은 잠들어 있습니다. 어떤 큰 필요나 혹은 갑작스러운 환경이 임하여 그것들에 빛을 비추고 그럼으로써 그것들이 깜짝 놀라 깨어 일어날 때까지 말입니다. 우리는 전쟁터에 나가기 전까지는 검(劍)의 용도를 알지 못합니다. 배가 파선(破船)되기 전까지는 아무도 구명조끼를 입지 않습니다. 우리 모두는 많은 기독교 신조들을 알고 있습니다. 그리고 우리 대부분은 자신이 실제로 그것을 믿고 있다고 생각합니다. 그러나 그러한 신조들이 생명력을 갖기 위해서는 경험이 필요합니다. 그리고 그럴 때 비로소 우리는 그것을 충분히 소유할 수 있도록 자라게 됩니다. 생각으로 동의(同意)한 믿음을 실제적 믿음으로 바꾸는 교사들 가운데 슬픔만큼 강력한 것은 아무것도 없습니다. 왜냐하면 그것은 사람으로 하여금 하나님의 말씀의 깊은 것들을 굳게 붙잡도록 만들기 때문입니다.

여기의 신앙고백으로부터 우리가 끌어낼 수 있는 또 하나의 교훈은 확신의 필연적 결과인 담대한 공언(公言)입니다. 제자들의 더듬거리던 말은 이제 확실한 말로 바뀝니다. 그들은 자신들의 기초로 삼을 수 있는 하나의 사실을 갖게 되었습니다. 그들은 그러한 사실로부터 추론한 확실한 지식을 갖게 되었습니다. 그들은 확실한 지식의 기초 위에 세워진 믿음을 갖게 되었습니다. 이것을 가졌을 때, 그것으로부터 모든 것이 용솟음쳐 나옵니다. 온 마음으로 믿는 자는 결코 입을 다문 채 가만히 있을 수 없습니다. 만일 어떤 그리스도인이 입을 다문 채 가만히 있다면, 그것은 그가 진리를 절반 정도밖에는 붙잡고 있지 않기 때문입니다. 스스로는 굳게 붙잡고 있다고 생각할는지 모르지만 말입니다. "내가 다시는 여호와를 선포하지 아니하며 그의 이름으로 말하지 아니하리라 하면 나의 마음이 불붙는 것 같아서 골수에 사무치니 답답하여 견딜 수 없나이다"(렘 20:9). 여러분은 흔들리지 않는 확신으로 "나는 알고 또 믿노라"라고 말할 수 있습니까? 우리는 변론하지 않습니다. 우리는 대체로 그럴 것이라고 생각하지 않습니다. 또한 단순히 믿기를 바라지 않습니다. 다만 우리는 분명히 알고 또 믿습니다. "우리가 지금에야 주께서 모든 것을 아시는 줄 아나이다 이로써 하나님께로부터 나오심을 우리가 믿사옵나이다"(30절). 이와 같이 개인적 경험의 사실들 위에 기초한 확실한 앎(혹은 지식, knowledge)을 추구하십시오. 그것은 벙어리로 하여금 노래하게 만들며, 외적이며 죽은 신앙고백을 살아있는 기쁨의 능력으로 변화시킵니다.

또한 우리는 여기에서 섣불리 자신이 하나님의 진리의 깊은 것들을 이해하고 있다고 추측하지 말라는 교훈을 끌어낼 수 있습니다. 여기의 제자들을 보십시오. 그들은 자신들이 주께서 말씀하신 것들의 전체적 의미를 깨달았다고 생각하면서, 그로 인해 즐거워했습니다. 그러나 실제로 그들은 주의 말씀의 의미를 올바로 깨닫는 것으로부터 얼마나 멀리 떨어져 있었습니까! 오늘날의 세대는 신비를 싫어하는 가운데 가장 심오한 영적 진리들조차도 모든 사람이 쉽게 이해할 수 있도록 잘게 다져질 것을 요구합니다. 마치 신문을 읽으면서 그 내용을 쉽게 이해하는 것처럼 말입니다. 우리 가운데 너무나 많은 사람들이 기독교 진리를 피상적으로 밖에는 이해하지 못하는 가운데 그 위에 스스로의 믿음을 세웁니다. 그 안에 깊이를 가지고 있지 않은 신조는 마치 원근(遠近) 거리를 가지고 있지 않은 그림과 같습니다. 그것은 평면적이며, 부자연스러우며, 실제와도 배치됩니다.

하나님으로부터 나온 말씀은, 설령 가장 작은 말씀이라 하더라도, 마치 연못 위에 떠 있는 수초(水草)의 작은 잎과 같습니다. 그 잎을 들어 보십시오. 그러면 여러분은 그것이 깊은 뿌리에 이르기까지 계속 이어져 있는 것을 발견하게 될 것입니다. 그 뿌리가 도대체 얼마나 멀리까지 뻗어있는지 그리고 얼마나 깊이 박혀있는지 아무도 알지 못합니다. 하나님의 말씀도 이와 같습니다. 그러므로 우리는, 지금은 우리가 단지 거울로 보는 것처럼 희미하게 밖에는 보지 못한다는 사실을 알고, 하나님의 무한한 진리의 깊이와 높이와 길이를 더 풍성하게 깨닫도록 힘써야 합니다.

2. 둘째, 주님의 슬픈 반문(反問)과 이어지는 경고를 주목하십시오.

"이제는 너희가 믿느냐?" 이것은 그들의 믿음의 실재(實在)에 대해 의심하는 것이라기보다 그것의 영속성과 능력을 의심하는 것입니다. "보라 너희가 다 각각 제 곳으로 흩어지고 나를 혼자 둘 때가 오리라." 이에 대해서는 몇 시간 전 다락방에 있을 때에도 말씀하셨었습니다. "그때에 예수께서 제자들에게 이르시되 오늘 밤에 너희가 다 나를 버리리라 기록된 바 내가 목자를 치리니 양의 떼가 흩어지리라 하였느니라"(마 26:31). 주님은 제자들의 불완전한 섬김을 배척하지 않습니다. 비록 그것이 불완전하며 일시적 것임을 알고 계셨음에도 불구하고 말입니다. 그렇게 하는 대신 주님은 그들의 쉽게 요동하는 연약한 본성을 조심할 것을 경고하십니다. 주님은 그들을 이제 곧 몰아칠 두려운 폭풍을 위해 준비시키고 계셨습니다.

이제 이로부터 몇 가지 간단한 교훈을 배우도록 합시다. 첫째는 우리 주님은 불완전한 순종과 무지(無知)한 믿음과 미약한 사랑까지도 기꺼이 받으신다는 사실입니다. 비록 그것이 곧 부인(否認)으로 바뀔 것을 아심에도 불구하고 말입니다. 만일 주님이 그것을 받지 않는다면, 우리 모두는 어떻게 되겠습니까? 우리는 반쪽짜리 마음을 받아들이지 않습니다. 우리는 우리가 신뢰할 수 없는 우정을 받아들이지 않을 것입니다. 우리는 다른 사람들의 맹세로부터 우리가 생각하기에 감미로운 것들만을 빨아들입니다. 그러나 주님은 여러분과 내가 참지 않을 것을 기꺼이 참으셨습니다. 우리 주님은 여러분과 내가 배척할 것을 기꺼이 받아들이셨습니다. 주님은 제자들이 불완전한 것을 주었음에도 불구하고 기뻐하셨습니다. 그의 사랑은 "오래 참고 온유합니다." 불완전한 것이라 할지라도 그의 자비로운 발 앞에 가져가기를 두려워하지 맙시다.

"작고 어설픈 믿음이라 할지라도
그에게 가져가기를 머뭇거리지 말라."

또 하나의 교훈은 그리스도인들에게 있어 그들의 말과 신앙고백은 그들의 내적 생명과 일치해야만 한다는 사실입니다. 오늘날 수많은 사람들이 "전능하사 천지를 만드신 하나님 아버지를 내가 믿사오며 그 아들 예수 그리스도를 믿사오니"라고 고백합니다. 그러나 만일 우리 주님이 "너희가 정말로 그렇게 믿느냐?"라고 물으신다면, 나는 아마도 많은 사람들이 우물쭈물할 것이라고 생각합니다. 나는 오늘날 우리 가운데 너무나 많은 사람들이 단지 말로만 그리스도를 시인하는 것이 아닌지 심히 두려워합니다. 스스로를 시험하는 것이 항상 좋은 것은 아닙니다. 그것은 자칫 사람들로 하여금 자발성과 기독교적 기쁨을 잃어버리도록 만들 수 있습니다. 사람들은 자신의 관심을 오로지 그것에 집중시킴으로써 자신의 맥박을 불규칙하게 뛰도록 만들 수 있습니다. 뿐만 아니라 유익을 가져다주기보다 도리어 해를 끼치는 그릇된 종류의 '스스로를 시험하는 것'도 있을 수 있습니다. 그럼에도 불구하고 우리 모두는 항상 자신의 위치를 살피며 스스로를 시험할 필요가 있습니다. 우리의 외적 삶이 내적 생명과 치명적으로 분리되지 않도록 말입니다. 우리의 기독교적 신앙고백과 섬김의 말과 행동은 마치 은행권과 같습니다. 만일 은행이 발행한 화폐와 지하에 보관되어 있는 금(金)이 서로 일치하지 않는다면, 그 결과가 무엇이겠습니까? 오직 파산 외에 아무것도 아닐 것입니다. 여러분은 자신의 마음 깊은 곳에 금을 보관하고 있어야만 합니다. 그럴 때 비로소 여러분은 세상에 유통되는 외적 삶의 화폐를 발행할 수 있습니다. 여러분의 신앙고백 속에 울리는 "너희가 정말로 그렇게 믿느냐?"라는 주님의 음성을 깊이 새겨들으십시오.

여기에서 우리가 끌어낼 수 있는 또 하나의 교훈은 감정이나 종교적 경험을 믿지 말고 오직 그러한 감정이나 경험이 향하는 자를 믿으라는 것입니다.

여기의 제자들을 보십시오. 그들은 지금 완전히 진지한 상태에 있었습니다. 그들의 마음은 기쁨의 불꽃으로 타고 있었으며, 그들의 믿음은 비록 불완전하기는 하지만 그러나 참된 믿음이었습니다.

우리는 종종 여기의 제자들을 '그 결정적 순간'의 기초 위에서 지나치게 가혹하게 평가하는 경향이 있습니다. 우리는 그들을 겁쟁이로 부릅니다. 그렇습니다. 그들은 겁쟁이보다도 못한 사람들이었습니다. 왜냐하면 그들의 용기가 떨어지기에 앞서 먼저 그들의 믿음이 떨어졌기 때문입니다. 십자가는 그들을 비겁자로 만들었습니다. 왜냐하면 그것이 그들로부터 예수 그리스도를 믿는 믿음을 파괴했기 때문입니다.

"우리는 그가 이스라엘을 구속할 자라고 믿었도다"(눅 24:21). 여기에서 "우리는 믿었도다"(we trusted)라는 표현을 주목해 보십시오. 여기의 마지막 두 개의 철자는 — 즉 과거형을 나타내는 "ed" — 우리를 얼마나 슬프게 만듭니까! 그들은 그가 이스라엘을 구속할 자라고 믿었습니다. 그러나 그들은 더 이상 그것을 믿지 않습니다. 그렇다면 어째서 그들이 더 이상 믿을 수 없는 자를 위해 위험을 감수할 필요가 있단 말입니까?

만일 우리가 그 자리에 있었다면, 우리는 더 나았을 것입니까? 여러분이 멀찌감치 떨어져 십자가 위에서 죽으시는 예수를 바라보고 있다고 상상해 보십시오. 여러분의 믿음은 어떨 것입니까? 우리는 그리스도의 원수들과 더불어 불꽃 튀는 칼싸움을 벌일 때보다 그와 함께 하는 고요한 시간에 훨씬 더 우리의 신앙고백이 풍부해진다는 사실을 알지 못합니까? 우리는 한 순간 믿음을 굳게 붙잡았다가 다음 순간 그것이 마치 모래알처럼 빠져나가는 것을 알지 못합니까? 우리의 기독교적 삶은 항상 최고 수준을 일정하게 유지합니까? 여러분은 때로 깊은 환희의 감정 후에 극심한 침체의 시간이 오는 것을 경험하지 않습니까? "너희 중에 죄 없는 자가 먼저 돌로 치라"(요 8:7). 이런 법칙이 적용될 때, 누가 먼저 돌을 던질 수 있겠습니까? 우리 자신의 연약함을 생각할 때, 우리는 아무것을 믿어서는 안 됩니다. 우리는 감정이나 경험이 아니라 오직 예수 그리스도만을 믿어야만 합니다. 오직 그만을 믿고 의지하면서, "나를 붙드소서 그러면 내가 안전할 것이나이다!"라고 부르짖읍시다.

3. 마지막으로, 그리스도의 깊은 외로움을 주목하십시오.

"나를 혼자 둘 때가 오나니 벌써 왔도다." 우리는 여기에서 고요하지만 그러나 깊은 슬픔을 느낄 수 있습니다. 계속해서 주님은 "그러나 내가 혼자 있는 것이 아니라 아버지께서 나와 함께 계시느니라"라고 말씀하시는데, 나는 그 사이에 잠깐 동안의 침묵의 순간이 있었을 것이라고 추측합니다. 여기에 두 개의 흐름이 있습니다. 둘 다 고요하지만, 그러나 하나는 밝은 흐름이고 다른 하나는 어두운 흐름입니다.

예수는 이 땅에 살았던 모든 사람들 가운데 가장 외로운 사람이었습니다. 인간의 모든 종류의 외로움은 그의 외로움 안으로 모아졌습니다. 그는 인정받지 못하는 계획과 받아들여지지 않는 사랑과 외면당하는 가르침과 공감되지 않는 마음의 괴로움을 아셨습니다. 아무도 그를 이해하지 못했습니다. 아무도 그를 알지 못했습니다. 아무도 그를 온전히 사랑하지 않았습니다. 아무도 그와 더불어 한 마음이 되지 않았습니다. 그는 홀로 거했으며, 죄인이 느끼는 것보다 더 예리한 외로움의 고통을 느꼈습니다. 정결한 마음일수록 더 예민하게 느끼는 법입니다. 사랑으로 가득한 마음일수록 그 사랑이 외면당할 때 더 큰 상처를 받는 법입니다.

외로움은 그리스도의 고통 가운데 작은 부분이 아니었습니다. 겟세마네 동산에서의 애처로운 말씀을 생각해 보십시오. "내 마음이 매우 고민하여 죽게 되었으니 너희는 여기 머물러 나와 함께 깨어 있으라"(마 26:38). 잠에 떨어진 제자들에게 세 번이나 헛되이 돌아온 것을 생각해 보십시오. 혹시라도 그들에게서 약간의 위로라도 받을까 하여 말입니다. 자신이 사람들에게 버림을 당하고 죽을 것을 수차례 강조하여 예고하신 것을 생각해 보십시오. 그가 마신 잔이 얼마나 쓴 잔이었는지 생각해 보십시오. 그는 그 잔을 홀로 마셔야만 했습니다.

사랑하는 친구들이여, 우리 가운데 어떤 사람들은 분명 외적으로 외로운 삶을 살 수밖에 없을 것입니다. 우리 모두는 다른 사람들과의 친교와 교제에도 불구하고 어느 정도 외로움을 느낍니다. 물리학자들은 고형(固形)의 가장 딱딱한 물질이라 하더라도 그것을 이루는 원자(原子)들은 모두 서로 떨어져 있다고 말합니다. 물론 사람들의 마음은 원자들보다 더 가깝게 연합될 수 있을 것입니다. 그럼에도 불구하고 우리는 홀로 죽습니다. 그리고 우리 모두는 영혼의 깊은 곳에서 홀로 삽니다. 그러므로 주님이 외로움의 쓴 잔을 기꺼이 마신 것에 대해 감사합시다.

계속해서 우리는 여기에서 주님이 아버지와의 영원한 교제를 고요히 의식(意識)하는 것을 발견합니다. 예수 그리스도의 아버지와의 연합의 의식은 깊고, 친밀하며, 지속적이었습니다. 그리고 그것은 그 방식과 분량에 있어 우리의 경험을 완전히 초월하는 것이었습니다. 그럼에도 불구하고 여기의 위대한 말씀 가운데 그는 우리가 마땅히 목표로 삼아야만 하는 모범을 제시합니다. 여기의 말씀은 우리에게 모든 외로운 마음을 위한 위로의 길을 보여줍니다. "그러나 내가 혼자 있는 것이 아니라 아버지께서 나와 함께 계시느니라." 만일 세상이 어둡다면, 하늘을 바라봅시다. 만일 세상에 우리의 친구가 아무도 없다면, 우리를 영원히 버리지 않는 자를 바라봅시다. 만일 사랑하는 자들이 우리를 떠난다면, 하나님을 붙잡읍시다. 외로움은 씁니다. 그러나 다른 쓴 것들과 마찬가지로, 그것은 약(藥)이 됩니다. 하늘을 가릴 정도로 잎으로 무성한 아름다운 나무를 생각해 보십시오. 그러나 그 잎이 떨어진다고 하여 그것이 꼭 나쁜 것만은 아닙니다. 왜냐하면 그로 인해 우리는 파란 하늘을 보게 되기 때문입니다.

우리에게 그리스도가 함께 하는 것은 그리스도에게 아버지가 함께 하는 것과 마찬가지입니다. 그는 외로움을 짊어짐으로써 모든 외로운 자들과 함께 할 수 있게 되었습니다. "너희가 나를 홀로 버려두고 떠날 것이라"라고 말씀하신 자는 동시에 "세상 끝 날까지 내가 너희와 항상 함께 하리라"

라고 말씀하셨습니다.

그러나 그리스도와 아버지와의 교제는 그가 “나의 하나님 나의 하나님 어찌하여 나를 버리셨나이까?”라고 외치던 두려운 순간에 끊어졌습니다. 그것은 우리의 이해를 초월하는 신비의 영역입니다. 그러나 우리는 하나님과 우리 사이에 두려운 분리의 장벽을 세운 것은 우리와 세상의 죄라는 사실을 압니다. 하나님과 사람들에게 완전하게 버림을 당한 그 시간은 바로 세상을 구속하는 시간이었습니다. 예수 그리스도께서 하나님과 사람들에게 버림을 당함으로써 여러분과 내가 하나님과 사람들에게 버림을 당하지 않게 되었습니다. 우리는 예수 그리스도와의 감미로운 교제 안에서 하나님의 함께 하심과 사람들과의 참된 교제를 발견할 수 있습니다.

99
평안과 승리

"이것을 너희에게 이르는 것은 너희로 내 안에서 평안을 누리게 하려 함이라 세상에서는 너희가 환난을 당하나 담대하라 내가 세상을 이기었노라"

요 16:33

수난에 앞서 행한 우리 주님의 마지막 긴 강화(講話)는 이렇게 끝납니다. 그는 우리가 지금까지 오랜 시간 살펴보았던 감미로우면서도 심오한 말씀의 전체적 목적을 여기의 한 문장으로 요약합니다. 그는 제자들의 삶의 전체적 특징을 언급하면서, 완전히 패배한 것처럼 보이는 순간 가장 이상한 승리의 외침과 함께 모든 강화를 끝냅니다.

본문을 그대로 따라가면서 여기에서 주님이 강조하는 세 가지를 주목할 때, 우리는 본문의 전체적 정신과 목적을 가장 잘 이해하게 될 것입니다. 세 가지는 다음과 같습니다. 첫째, 우리를 향한 그의 목적 내적 평안. 둘째, 우리의 필연적 운명인 외적 환난. 셋째, 그리스도의 승리가 가져다주는 담대함.

1. 첫째, 내적 평안을 주목하십시오.

"이것을 너희에게 이르는 것은 너희로 내 안에서 평안을 누리게 하려 함이라." 평안은 아무 일 없이 조용히 있는 것이 아닙니다. 여기의 위대한 약속이 바로 다음에 환난과 싸움이라고 하는 그것과 정반대되는 개념과 연결되는 것을 주목하십시오. "세상에서는 너희가 환난을 당하나." "내가 세상을 이기었노라" — 이것은 싸움을 의미합니다. 이러한 것들 즉 환난과 싸움은 그가 약속하는 평안과 나란히 갑니다. 두 상태는 서로 다른 두 영역에 속합니다. 이와 같이 그리스도인의 삶은 이를테면 두 갈래의 뿌리로 갈라지며, 두 영역 안에서 움직입니다 — "내 안에서"와 "세상 안에서." 이러한 두 삶은 대체적으로 정반대의 특징을 가집니다. 그러나 여기에서 우리 주님은 이와 같은 두 가지 상반되는 상태를 모두 경건한 영혼의 삶에 속하는 것으로서 함께 하나로 범주로 묶습니다. 그는 환난과 싸움과 공존하는 평안을 약속합니다. 그것은 다툼과 투쟁 안에서 그리고 그것을 통해 실현되는 평안입니다. 거센 바람이 가지를 흔들며 잎을 흩날림에도 불구하고, 나무는 깊은 뿌리와 견고한 줄기와 함께 흔들리지 않고 설 것입니다. 적들에 의해 포위된 어떤 요새를 생각해 보십시오. 비록 성벽 밖에서는 전쟁의 요란한 함성이 있다 하더라도, 요새의 중심부에는 그 모든 소리가 도달하지 않는 고요한 예배당이 있을 것입니다. 이와 같이 주변에 온갖 요란한 소음들이 있을 수 있음에도 불구하고, 우리는 중심부의 안식과 평안 속에서 살아갈 수 있습니다. "세상에서는 환난을 당하나" — 이것은 단지 주변일 뿐입니다.

그러나 환난과 싸움과 함께 존재하는 그리고 그것을 통해 실현되는 평안은 특별한 조건들 위에 의존합니다. 우리 주님은 "이것을 너희에게 이르는 것은 너희로 평안을 누리게 함이라"(These things I have spoken that you have peace)라고 말씀하지 않고, "이것을 너희에게 이르는 것은 너희로 평안을 누릴 수 있게 함이라"(These things I have spoken that you may have peace)라고 말씀하셨습니다. 그것은 하나의 가능성입니다. 그는 여기에서 어떤 그리스도인 제자가 모든 혼돈의 한 가운데서 고요하며 평안한 삶을 이루는 두 가지 조건을 제시합니다. 그러한 두 가지 조건을 살펴보도록 합시다.

첫째, 그것은 그리스도 안에 있는 평안입니다. 여러분은 본 강화의 주된 주제 가운데 하나로서 주님이 "자기 안에 거하는" 것을 모든 그리스도인의 특권이면서 동시에 의무로서 매우 강조적으로 말씀하신 것을 기억할 것입니다. 우리는 마치 공기(空氣) 안에 있는 것처럼 그 안에 있습니다. 우리의 참된 생명은 마치 나무가 흙 안에 뿌리를 박는 것처럼 그 안에 뿌리를 박습니다. 우리는 가지가 포도나무 안에 있는 것처럼 그 안에 있습니다. 우리는 지체들이 몸 안에 있는 것처럼 그 안에 있습니다. 우리는 마치 거주자들이 집 안에 있는 것처럼 그 안에 있습니다. 우리는 단순한 믿음으로 말미암아 그 안에 있습니다. 우리는 전적으로 그 위에 세워지는 믿음으로 말미암아 그 안에 있습니다. 우리는 전적으로 그 안에서 발견하는 사랑으로 말미암아 그 안에 있습니다. 우리는 전적으로 그를 위해 행하는 순종으로 말미암아 그 안에 있습니다. 우리의 안식과 평안이 실현되는 것은 오직 우리가 "그리스도 안에" 있을 때입니다. 나머지 모든 것들은 우리에게 혼돈과 불화를 가져다줍니다. 세상은 흥분을 줄 수 있습니다. 세상은 세속적이며 일시적 기쁨을 줄 수 있습니다. 세상은 우리 안에 여러 가지 자극을 줄 수 있습니다. 그러나 평안을 주는 것은 오직 하나입니다. 그것은 우리 마음이 예수 그리스도의 요새 안에 항상 둘러싸여 있는 것입니다. 사랑하는 형제들이여, 아무것도 여러분으로 하여금 참으로 안식할 수 있는 이러한 요새 밖으로 나가도록 유혹하지 못하게 하십시오. 세상의 온갖 잡다한 의무들과 우리를 근심과 염려로 이끄는 모든 것들과 세상의 모든 감미로운 유혹들 가운데 그리고 세상이 자기 노예가 아닌 사람들에게 가져다주는 모든 종류의 갈등 앞에서, 삶의 뿌리를 예수 그리스도 안에 견고하게 박고 우리 스스로를 예수 그리스도의 생명으로 둘러쌉시다. 그는 우리를 "악한 자의 불화살"로부터 보호해주는 방패입니다. 여러분의 작은 배를 방파제 안에 있게 하십시오. 그러면 폭풍이 몰아칠 때에도 여러분의 배는 안전할 것입니다. 여러분과 폭풍 사이에 그리스도의 방파제를 두십시오. 그러면 여러분은 거센 풍랑이 몰아칠 때에도 그 방파제 안에서 고요함과 안식을 누릴 것입니다. "이것을 너희에게 이르는 것은 너희로 내 안에서 평안을 누릴 수 있게 함이라(These things have I spoken that in Me ye might have peace)."

그러나 또 하나의 조건이 있습니다. 그것은 그리스도의 말씀이 우리를 점령할 때 그것이 우리에게 평안을 가져다준다는 사실입니다. 이에 대하여는 여러분에게 본 강화의 전체적 내용을 일깨워주는 것으로 충분하리라 생각합니다. 우리의 맏형이 우리를 위해 처소를 예비하기 위해 하늘로 올라가신 것을 생각해 보십시오. 우리를 영접하기 위해 그가 다시 오실 것을 생각해 보십시오. 그가 우리를 떠난 후에도 계속해서 우리와 함께 계시는 것을 생각해 보십시오. 그가 우리 안에 거하고 우리가 그 안에 거하는 것을 생각해 보십시오. 그가 우리에게 성령을 선물로 주시는 것을 생각해 보십시오. 만일 우리가 이 모든 것을 믿는다면, 만일 우리가 이 모든 것을 믿는 믿음 안에서 살면서 그것들을 구체화한다면, 만일 우리의 일상의 의무들 가운데 이러한 것들을 묵상한다면, 만일 이것들이 단순히 성경에 기록된 글자에 불과한 것이 아니라 실제적 능력이라면 — 도대체 무엇이 우리를 훼방하며 무엇이 우리의 믿음을 흔들 수 있겠습니까? 주님의 말씀을 붙잡으십시오. 주님의 말씀으로 하여금 여러분의 마음 안에 세상의 그 어떤 것도 줄 수 없는 고요함과 확신을 붓게 하십시오. 그러면 아무리 거센 폭풍이 몰아친다 하더라도, 여러분의 마음은 평온할 것입니다. 마리아가 언제 평안을 발견했는지 생각해 보십시오. 모든 분주한 일들을 내려놓고 예수의 발 앞에 앉아 그의 사랑에 싸여 말씀을 들을 때가 아니었습니까? 여러분도 바로 그럴 때 평안을 발견할 것입니다. 그 외에는 어디에서도 평안을 발견하지 못할 것입니다.

2. 둘째, 그리스도를 따르는 자들의 필연적 운명인 외적 환난을 주목하십시오.

"세상에서는 너희가 환난을 당하나." 이러한 말씀은 분명 우리에게 두려운 마음을 가져다줍니다. 고통과 질병, 죽음과 상실, 계속적으로 해야만 하는 고생스러운 수고의 단조로움, 좌절된 소망, 기타 육체로 말미암은 모든 아픔들 — 이 모든 것들은 우리 모두를 괴롭게 합니다. 그러나 우리 주님은 여기에서 보통 사람들에게 떨어지는 일반적 근심거리나, 죄인들에게 떨어지는 징벌이나, 악한 자들을 따라다니는 나쁜 일들에 대해 말씀하고 계시는 것이 아닙니다. 도리어 주님은 선하기 때문에 떨어지는 한층 더 신비한 고통들에 대해 말씀하고 계시는 것입니다. 나는 본문을 "세상에서는 너희에게 환난이 있으나"(In the world ye have tribulation)로 읽는 것이 보다 더 적절한 독법(讀法)이라고 생각합니다(KJV에는 "In the world ye shall have tribulation" 즉 "세상에서는 너희에게 환난이 있을 것이나"로 되어 있음). 그것은 이미 시작되었으며, 그것은 그리스도를 따르는 모든 사람들의 영속적 상태이며 또한 필연적 운명입니다.

앞에서 나는 그리스도인의 삶이 두 영역 속에서 움직인다고 말했습니다. 그렇기 때문에 거기에는 필연적으로 갈등과 반목이 있을 수밖에 없습니다. 그리스도 안에 있는 내적 생명은 어떤 방식으로든 혹은 어떤 분량으로든 세상에 속한 생명과 필연적으로 충돌하게 됩니다. 만일 여러분과 내가 예수 그리스도의 모범을 따라 살아가는 그리스도인이라면, 우리는 우리의 삶을 규제하는 원리들 위에 세워진 질서가 아닌 다른 질서 속에서 살아가고 있는 셈입니다. 그러므로 그리스도인들과 세상 사이에는 크든 작든 필연적으로 충돌이 생길 수밖에 없습니다. 만일 그들이 올바른 기독교적 삶을 살아간다면 말입니다. 여러분이 지혜로운 것으로 여기는 모든 것을 세상은 어리석은 것으로 여길 것입니다. 만일 여러분이 예수 그리스도를 여러분의 선생으로 삼는다면 말입니다. 여러분이 가지려고 애쓰는 모든 것을 세상은 가지려고 하지 않을 것입니다. 만일 여러분이 그를 여러분의 목표로 삼는다면 말입니다. 여러분이 추구하며 사는 모든 것을 세상은 대수롭지 않은 것으로 여기며 버릴 것입니다. 여러분이 순종하기를 열망하는 모든 것을 세상은 거들떠보지도 않을 것입니다. 만일 여러분이 그리스도와 그의 율법을 여러분의 삶의 규칙으로 삼는다면 말입니다. 그렇기 때문에 모든 그리스도인의 삶 가운데 어떤 형태로든 혹은 어떤 분량으로든 환난과 반목이 생길 수밖에 없습니다. 여러분은 결코 그러한 것으로부터 피할 수 없으며, 그렇기 때문에 그것과 직면하는 것이 훨씬 더 낫습니다.

두 말할 필요도 없이 불화와 반목의 형태는 다양합니다. 두 말할 필요도 없이 세상에 기독교적 원리들이 더 많이 스며들수록 둘 사이의 충돌은 덜 격렬하며 덜 고통스러울 것입니다. 그러나 세상이 교회가 될 때까지, 둘 사이에 항상 틈이 남아 있을 것입니다. 두 말할 필요도 없이 조직화된 교회의 성벽의 일부는 허물어져 해자(垓字) 안으로 떨어졌으며, 그럼으로써 해자의 깊이를 낮게 만들었습니다. 다시 말해서 많은 그리스도인들이 자신들의 표준을 크게 낮춤으로써 세상과의 충돌을 약화시켰습니다. 그럼에도 불구하고 양자 사이의 불화와 충돌은 여전히 남아 있습니다. 만일 여러분이 온전한 기독교적 삶을 살고자 한다면, 여러분은 늘 있어왔던 냉소적 단어들을 듣게 될 것입니다. 사람들은 여러분을 "유별난 사람" "고집불통" "분위기를 망치는 사람" "외골수" "젖은 담요" "바리새인" "편협한 사람" 등으로 부를 것입니다. 이러한 호칭들은 예수 그리스도처럼 살고자 애쓰는 사람들에게 늘상 던져졌던 호칭들입니다. 그러나 신경 쓰지 마십시오! "세상에서는 너희가 환난을 당하나." "내가 내 몸에 예수의 흔적을 지니고 있노라"(갈 6:17). 여기의 "흔적"은 어떤 주인에게 속한 노예임을 알리는 불도장을 의미하는 것입니다. 만일 내가 지니고 있는 흔적이 예수 그리스도의 이름이 새겨진 불도장이라면, 나는 그 흔적을 자랑할 수 있을 것입니다.

그러나 어쨌든 불화가 있을 것입니다. 우리는 삶의 모든 현장에서 십자가를 져야만 합니다. 그것을 부끄러워하지 마십시오. 그리고 무엇보다도 여러분의 어깨를 가볍게 하기 위해 주님께 대한 신실함을 내려놓지 마십시오. "세상에서는 너희가 환난을 당하나." 그리스도인의 평안은 마치 아래쪽에 폭풍이 몰아칠 때 그 위에 펼쳐지는 무지개와 같습니다. 아래쪽에 폭풍이 몰아치고 있는 동안 그 위에는 아름다운 무지개가 찬란하게 빛납니다.

3. 마지막으로, 그리스도의 승리가 가져다주는 담대함을 주목하십시오.

"담대하라!" 이것은 모세가 떠나고 전쟁을 이끄는 책임이 여호수아에게 떨어졌을 때 그에게 울려 퍼졌던 명령이었습니다. "강하고 담대하라 두려워하지 말며 놀라지 말라"(수 1:9). 이와 같이 우리 구원의 대장 역시도 자기 병사들을 떠나면서 그들로 하여금 거센 싸움의 바람에 직면하도록 하기 위해 그와 같이 말씀하십니다. 자신이 직접 성벽 위에 오른 어떤 지도자처럼 혹은 자신이 직접 칼을 휘두르며 적진을 돌파한 어떤 장군처럼, 우리의 대장은 우리 앞에 자신의 모범을 제시합니다 — "내가 세상을 이기었노라." 그가 이렇게 말씀하신 것은 갈보리 전 날이었습니다. 만일 그것이 승리였다면, 그는 무엇을 꺾고 승리한 것이었습니까?

여기에서 주님의 생애 자체가 참된 싸움이었다는 사실을 주목하십시오. 세상은 육체적인 것들에 호소함으로써 그를 하나님으로부터 끌어내려고 했습니다. 광야에서도 그랬고, 십자가에서도 그랬습니다. 전자에서는 육체를 보호하도록 유혹하면서 그렇게 했고, 후자에서는 육체에 가혹한 고통을 가하면서 그렇게 했습니다. 그는 양쪽 유혹 모두에 직면했으며, 모두를 이겼습니다. 그의 입술로부터 승리의 외침이 터져 나오게 한 것은 가상적 싸움이 아니었습니다. 그의 싸움의 실제성은 그것이 조용한 싸움이었다는 사실과 주님이 완전한 승리를 거두셨다는 사실로 인해 우리로부터 어느 정도 감추어집니다. 우리가 행성을 움직이는 힘을 제대로 인식하지 못하는 것은 그것이 고요하며 지속적이며 조용한 힘이기 때문입니다. 그럼에도 불구하고 그것은 매우 강력한 힘입니다. 이와 마찬가지로 예수 그리스도로 하여금 계속적으로 아버지께 신실하도록 만들며, 계속적으로 아버지의 임재를 확신하도록 만들며, 계속적으로 자신의 뜻과 자기중심적 삶을 부인하도록 만든 것은 인간의 역사(歷史) 가운데 나타난 다른 모든 힘보다 더 강한 힘이었습니다. 우리 구원의 대장은 우리 앞에서 실제적 싸움을 싸우셨습니다.

나아가 우리 주님의 생애가 모든 승리의 생애의 전형(典型)이라는 사실을 주목하십시오. 만일 세상이 나를 하나님으로부터 떨어지게 만든다면, 만일 세상이 나를 자기 노예로 만든다면, 만일 세상이 나를 유혹하여 자기를 신뢰하도록 만든다면, 만일 세상이 나로 하여금 자기를 잃어버리지 않도록 전전긍긍하게 만든다면, 만일 세상이 나로 하여금 자기를 잃어버릴 때 절망하도록 만든다면 — 세상은 나를 이긴 것입니다. 세상이 나와 하나님 사이에 들어올 때, 세상이 나로 하여금 자기를 소망하도록 만들 때, 세상이 나의 에너지를 빨아들일 때, 세상이 나로 하여금 보이지 않는 영원한 것들을 보지 못하도록 만들 때 — 세상은 나를 이긴 것입니다. 반면 내가 세상의 유혹을 발로 밟을 때, 내가 그것을 짓뭉겨버릴 때, 내가 세상의 멍에들을 끊어버릴 때, 세상이 줄 수 있는 것들이 나로 하여금 아버지를 전심으로 따르는 것을 가로막을 수 없을 때, 세상의 모든 것들이 내가 이 땅에서 하나님의 자녀로 사는 것을 가로막을 수 없을 때 — 나는 세상을 이긴 것입니다. 도대체 무엇이 이와 같이 세상을 이긴 자들을 하나님으로부터 끊을 수 있단 말입니까!

나의 친구들이여, 여기에 맨체스터 사람들을 위한 교훈이 있습니다. 상업적 기준에 따를 때, 예수 그리스도는 결코 성공적 사람이 아니었습니다. 세상에서 그가 가진 것이라고는 지극히 보잘것없는 것들뿐이었습니다. 그는 여기의 말씀을 한 다음 날, 십자가 위에서 죽으실 것이었습니다. 그럼에도 불구하고 그것은 승리였습니다. 세속적 기준으로 볼 때 일상의 삶의 싸움에서 지고 또 매우 적은 것밖에 얻지 못한 자들이 얼마든지 진정한 승리자일 수 있습니다. 승리는 세상을 하나님께 나아가는 발판으로 삼는 것을 의미합니다.

한 걸음 더 나아가 주님의 승리 속에 있는 우리의 분깃을 주목하십시오. "내가 세상을 이기었으니 담대하라." 이것은 서로 관련성이 없는 부적절한 연결처럼 보입니다. 그가 세상을 이긴 것이 나와 무슨 상관이 있단 말입니까? 그것은 그에게 좋은 일일 것입니다. 그렇지만 그것이 나에게 무슨 유익이 있단 말입니까?

만일 우리가 우리의 어떤 형제가 싸워서 승리한 것을 안다면, 그것은 우리에게 큰 힘이 될 것입니다. 설령 예수 그리스도의 생애를 이와 같이 부적절하며 불완전한 관점으로 평가한다 하더라도, 나는 그것의 축복과 은택을 평가절하하지 않습니다. 그러나 만일 예수 그리스도의 승리의 모든 용도(用途)가 단지 우리에게 싸우는 방법을 보여주는 것일 뿐이라면, 그것은 우리에게 아주 적은 가치밖에는 갖지 못할 것입니다. 아, 여러분은 그것보다 훨씬 더 깊이 들어가야만 합니다. "내가 세상을 이기었노라. 내가 와서 너희의 약함 속에 나의 승리의 영을 부어줄 것이며, 너희를 나의 승리의 삶으로 채울 것이며, 너희의 손을 능히 싸울 수 있도록 강하게 만들 것이며, 무한한 능력으로 너희 안에 거할 것이라."

나의 친구들이여, 예수 그리스도의 승리는 곧 우리의 승리입니다. 그의 승리 안에서 우리도 승리자가 됩니다. 왜냐하면 그는 단지 용맹한 전사(戰士)의 전형(典型)에 불과한 것이 아니라 그 이상이기 때문입니다. 그는 우리를 위해 자신을 주신, 그리고 우리에게 자신을 주시는, 그리고 우리 안에 거하시는 하나님의 아들입니다. 그는 우리의 힘이며 우리의 의입니다.

마지막으로, 그의 승리가 우리의 승리가 되는 조건을 주목하십시오. 그것은 그와 그의 승리를 믿는 단순한 믿음입니다. 허다한 무리의 적들과 더불어 싸우기 위해 나간 적은 무리의 이스라엘 병사들처럼 전쟁터에 나가 "주여, 우리는 어떻게 해야 할지 알지 못하나이다. 다만 눈을 들어 주를 바라보나이다"라고 말하는 자는 "자신을 사랑하는 자로 말미암아 넉넉히 이기는 자"가 될 것입니다(롬 8:37). 왜냐하면 "세상을 이기는 승리는 곧 우리의 믿음"이기 때문입니다(요일 5:4).

100
중보자

"[1] 예수께서 이 말씀을 하시고 눈을 들어 하늘을 우러러 이르시되 아버지여 때가
이르렀사오니 아들을 영화롭게 하사 아들로 아버지를 영화롭게 하게 하옵소서 [2]
아버지께서 아들에게 주신 모든 사람에게 영생을 주게 하시려고 만민을 다스리는
권세를 아들에게 주셨음이로소이다 [3] 영생은 곧 유일하신 참 하나님과 그가 보내
신 자 예수 그리스도를 아는 것이니이다 [4] 아버지께서 내게 하라고 주신 일을 내가
이루어 아버지를 이 세상에서 영화롭게 하였사오니 [5] 아버지여 창세 전에 내가 아
버지와 함께 가졌던 영화로써 지금도 아버지와 함께 나를 영화롭게 하옵소서 [6] 세
상 중에서 내게 주신 사람들에게 내가 아버지의 이름을 나타내었나이다 그들은
아버지의 것이었는데 내게 주셨으며 그들은 아버지의 말씀을 지키었나이다 [7] 지
금 그들은 아버지께서 내게 주신 것이 다 아버지로부터 온 것인 줄 알았나이다 [8] 나
는 아버지께서 내게 주신 말씀들을 그들에게 주었사오며 그들은 이것을 받고 내
가 아버지께로부터 나온 줄을 참으로 아오며 아버지께서 나를 보내신 줄도 믿었
사옵나이다 [9] 내가 그들을 위하여 비옵나니 내가 비옵는 것은 세상을 위함이 아니
요 내게 주신 자들을 위함이니이다 그들은 아버지의 것이로소이다 [10] 내 것은 다
아버지의 것이요 아버지의 것은 내 것이온데 내가 그들로 말미암아 영광을 받았
나이다 [11] 나는 세상에 더 있지 아니하오나 그들은 세상에 있사옵고 나는 아버지께
로 가옵나니 거룩하신 아버지여 내게 주신 아버지의 이름으로 그들을 보전하사
우리와 같이 그들도 하나가 되게 하옵소서 [12] 내가 그들과 함께 있을 때에 내게 주
신 아버지의 이름으로 그들을 보전하고 지키었나이다 그 중의 하나도 멸망하지
않고 다만 멸망의 자식뿐이오니 이는 성경을 응하게 함이니이다 [13] 지금 내가 아버
지께로 가오니 내가 세상에서 이 말을 하옵는 것은 그들로 내 기쁨을 그들 안에 충
만히 가지게 하려 함이니이다 [14] 내가 아버지의 말씀을 그들에게 주었사오매 세상
이 그들을 미워하였사오니 이는 내가 세상에 속하지 아니함 같이 그들도 세상에

속하지 아니함으로 인함이니이다 [15] 내가 비옵는 것은 그들을 세상에서 데려가시
기를 위함이 아니요 다만 악에 빠지지 않게 보전하시기를 위함이니이다 [16] 내가 세
상에 속하지 아니함 같이 그들도 세상에 속하지 아니하였사옵나이다 [17] 그들을 진
리로 거룩하게 하옵소서 아버지의 말씀은 진리니이다 [18] 아버지께서 나를 세상에
보내신 것 같이 나도 그들을 세상에 보내었고 [19] 또 그들을 위하여 내가 나를 거룩
하게 하오니 이는 그들도 진리로 거룩함을 얻게 하려 함이니이다"

요 17:1-19

여기의 기도의 심오한 개념들은 우리의 이해의 범위를 초월합니다. 도대체 누가 이와 같은 거룩한 말들을 말하거나 쓸 자격이 있단 말입니까? 다만 우리는 "영화롭게 하옵소서"(1, 5절)와 "보전하옵소서"(11절)와 "거룩하게 하옵소서"(17절) 등 세 가지 간구를 중심으로 본문의 긴 기도문을 간략하게나마 살펴보고자 합니다.

1. 영화롭게 하옵소서.

1-5절에서 예수 그리스도는 스스로를 위해 성육신 이전의 영광으로 회복될 수 있도록 기도합니다. 그러나 그러한 기도는 단순히 자신의 영광을 바라는 것이라기보다, 그것을 통해 아버지를 나타내는 그의 사역이 완전하게 되도록 하기 위한 것이었습니다. 여기에는 세 가지 주된 요점이 있습니다 — 그러한 간구와 그것의 목적과 그것의 배경.

첫째 요점과 관련하여, 1절과 5절에서 그러한 간구를 반복한 것은 매우 의미심장합니다. 특별히 전자(前者)에서 인칭대명사가 사용되지 않은 사실을 주목할 때 더욱 그러합니다. 거기에서는 "나" 대신 "아들"이 사용되는

데, 이런 특징은 3절까지 계속되고 4절에 이르러서야 비로소 "아들" 대신 "나"가 사용됩니다. 이렇게 볼 때 우리는 1-3절의 기도에서는 예수 그리스도 안에서 실현된 아버지와 아들의 이상(理想)이 제시되는 반면, 4-5절의 기도에서는 특별히 인격적 요소가 강조적으로 제시되는 것을 발견할 수 있습니다. 두 개의 간구는 그것이 미치는 범위에 있어 동일합니다. 앞의 "영화롭게 하옵소서"는 뒤에서 좀 더 충분하게 설명됩니다. 왜냐하면 그의 영화(glory)는 뒤에서 단순히 성육신 이전이 아니라 창세 이전부터 그가 소유한 것으로서 나타나기 때문입니다. 자신의 인성(人性) 속에서 그는 "은혜와 진리로 충만한 아버지의 독생자의 영광(glory)"을 소유하며 나타냈습니다. 그러나 그 영광은 아버지의 품에 있는 영원한 말씀의 한량없는 빛과 비교할 때 희미했습니다. 그러나 그렇게 기도한 자는 창세 전에 그 빛 가운데 행하던 자와 동일한 인격이었습니다. 그리고 그는 지금 사람의 육체 안에서 단순한 인성(人性)이 결코 감당할 수 없는 기도를 드리고 계십니다. 앞(1절)의 간구는 아버지의 피조(被造)되지 않은 영광에 참여하는 것이 "아들"의 자연적 특권임을 함축하는 반면, 뒤(5절)의 간구는 그것이 인간 예수의 지상 생애에 대한 합당한 보상임을 함축합니다.

이와 같이 "아들을 영화롭게" 해달라는 간구는 아들이 자신의 신성(神性)을 의식하는 것을 나타낼 뿐만 아니라 또한 그가 십자가를 기꺼이 받아들이는 것을 나타냅니다. 왜냐하면 그가 구하는 "영화롭게 되는"(glorifying) 것이 그의 죽음과 부활과 승천을 통해 도달하는 것이었기 때문이었을 뿐만 아니라 또한 "때가 이르렀사오니"라는 서두(序頭) 역시 그의 임박한 고난을 그와 같은 간구에 대한 응답의 첫 단계로서 가리키고 있기 때문입니다. 이와 같이 요한복음에서 십자가는 항상 아들에게 있어 최고의 낮아짐이면서 동시에 최고의 높아짐으로서 다루어집니다. 여기에서도 그는 이를테면 고난을 더 가까이 끌어당기기 위해 자신의 손을 뻗습니다. 이와 같이 여기의 이삭은 기꺼이 그리고 간절한 열망과 함께 희생제사가 드려지는 산으로 올라갑니다. 히브리서 역시도 "기쁨"과 "십자가"라는 서로 상반되는 것처럼 보이는 두 요소를 함께 나란히 놓습니다. "그는 그 앞에 있는 기쁨을 위하여 십자가를 참으사"(12:2).

여기의 간구의 목적은 아버지가 아들을 영화롭게 하는 것입니다. 이러한 기도에 자아중심(selfishness)의 얼룩은 전혀 없습니다. 그리스도가 자신의 영광을 바라는 것은 자신을 위한 것도 아니고 사람들을 위한 것도 아니었습니다. 그가 하늘 보좌로 돌아가기를 열망하며 그의 유한한 인성(人性)이 승귀(昇貴)되기를 바란 것은 그가 세상에 대하여 지쳤거나 혹은 자신의 약함과 고난을 더 이상 참을 수 없었기 때문이 아니었습니다. 그것은 그 영광으로 말미암아 아버지의 이름을 더 충분하게 나타내고자 함이었습니다. 아버지를 나타내는 것이 곧 아버지를 영화롭게 하는 것입니다. 왜냐하면 아버지는 완전히 공의로우시며 사랑이 많으시기 때문입니다. 하나님의 위엄과 사랑과 완전하심을 나타내는 것이 그리스도의 지상 생애의 목적이었으며 또 그의 하늘에서의 신적 활동의 목적입니다. 자신이 내려놓아야만 했던 특권을 그는 다시 취해야만 합니다. 그가 내려놓아야만 했었던 것이나 다시 취해야만 하는 것이나 그 목적은 동일합니다. 그가 위엄의 옷을 벗고 종의 형상을 취한 것은 하나님을 나타내기 위함이었습니다. 그러나 그 일이 완성되자 그는 다시 본래의 옷을 입고 다시 보좌에 앉으셔야만 합니다. 왜냐하면 그렇게 함으로써 그가 "우리를 위해 행한" 모든 일의 의미를 우리에게 말해줄 수 있게 될 것이었기 때문입니다.

계속해서 여기의 간구의 배경을 살펴보도록 합시다. 그것은 두 가지입니다. 먼저 2절과 3절을 보십시오. 그것은 그가 구한 영광을 아들의 사명과 임무의 완성으로 묘사합니다. 아버지는 아들에게 "만민을 다스리는 권세"를 주셨는데, 그것은 아들로 하여금 자신이 그에게 준 자들에게 영생을 주도록 하기 위함이었습니다(2절). 그러한 영생은 아버지를 아는 지식 안에 위치하며, 아버지를 아는 것은 그리스도를 아는 것과 같은 것입니다(3절). 이와 같이 아들에게 이미 주어진 것의 목적과 아들이 받기를 바라는 것의 목적은 정확하게 동일합니다. 성육신한 그리스도의 권세와 직분은 영화로워진 그리스도의 영광을 요구하면서 동시에 영화로워진 그리스도에 의해 그것이 계속적으로 나타날 것을 요구합니다. 그가 주기 위해 온 생명은 그가 아버지를 나타내는 것으로부터 흘러나오는 생명입니다.

여기의 간구의 두 번째 배경은 4절에 나타납니다. 그것은 아들이 자신에게 주어진 사명을 온전히 이루었다는 것입니다. 예수 그리스도는 자신의 삶 속에 아버지의 형상과 의지(意志)가 완전하게 빛나고 있었음과 자신의 무죄함을 온전하게 의식하고 계셨습니다. 그랬기 때문에 그는 아버지께서 계시하는 목적을 완전하게 이루었노라고 확언할 수 있었으며, 바로 이것이 그가 신적 영광에 참여하기를 열망하는 배경입니다. 이러한 말은 '자기 의의 절정'이든지 아니면 '하나님의 아들이 스스로를 계시하는 언어'이든지 둘 중 하나입니다.

2. 보전하옵소서.

6-15절의 중심적 간구는 "보전하옵소서"입니다. 이러한 중심적 간구의 배경에 '그리스도에 대한 제자들의 관계'와 '세상에 대한 그들의 관계'가 있습니다. 여기의 간구 앞의 전체적 문맥은 그러한 간구를 위한 두 가지 배경으로 요약될 수 있습니다. 전자는 길게 제시하며, 후자는 간략하게 제시합니다. 또 전자는 그가 위하여 기도하는 자들이 참된 — 비록 불완전하다 할지라도 — 제자들임을 언급하며(6-10절), 후자는 그가 없는 그들의 가련한 상태를 언급합니다(11절).

여기에서 우리 주님이 자신의 제자들을 얼마나 신뢰하는지 주목하십시오. 바로 앞에서 그는 "내가 이렇게 오래 너희와 함께 있으되 네가 나를 알지 못하느냐?"라고 말해야만 했습니다(14:9). 그리고 잠시 후 그들 모두는 그를 버리고 도망칠 것이었습니다. 그러나 주님에 대한 모든 잘못된 개념과 불충분한 이해에도 불구하고 그들에게 참된 믿음과 사랑이 있었습니다. 그는 흙을 뚫고 나온 싹을 보면서 그 안에서 "이삭에 충실한 곡식"을 보았습니다(막 4:28). 우리는 불완전한 제자들에 대한 이러한 주님의 따뜻한 평가로부터 큰 위로를 얻을 수 있습니다. 만일 그가 "꺼져가는 심지"를 다시 살리지 않았다면, 그는 어디에서 "세상의 빛"이 되었겠습니까?

6절은 제자도의 출발점을 세 가지로 제시합니다 — 그리스도의 나타내시는 행동, 아버지가 자신의 소유인 사람들을 아들에게 주심, 그들이 아버지의 말씀을 지킴. 제자도의 기초가 되는 이러한 세 가지 사실들은 뒤의 간구를 위한 근거가 됩니다. 왜냐하면 만일 연약한 제자들이 마치 요새 안에 있는 것처럼 아버지의 이름 안에서 "보전되지" 않는다면, 그리스도께서 나타내시는 모든 일은 무의미한 것이 되고 아버지가 아들에게 주신 모든 것은 헛된 것이 되고 여기의 첫 제자들은 그의 말씀을 "지키지" 않을 것이기 때문입니다. 그리스도는 사실상 "주의 손으로 행하신 일들을 버리지 마소서!"라고 간구하는 것이나 마찬가지였습니다. 그리고 그의 다른 모든 기도들에서와 마찬가지로 그러한 간구의 깊은 곳에 확실한 약속이 담겨 있습니다. 왜냐하면 하나님은 끝마치지 못할 일이라면 애초에 시작하지도 않으셨을 것이기 때문입니다. 뿐만 아니라 거기에는 또한 경고가 있습니다. 그것은 만일 더 강한 손이 우리를 지키지 않는다면 우리는 결코 스스로를 지킬 수 없는 것입니다.

7절과 8절은 제자도의 그림을 계속 그려나가는 가운데, 그것으로부터 제자도와 관련한 새로운 근거들을 끌어냅니다. 그리스도의 계시를 받아들이는 것의 축복된 결과는 복된 경험 위에 세워진 지식과 그리스도께서 말씀하시고 행하신 모든 것이 하나님으로부터 온 것임을 마음으로 분명하게 확신하게 되는 것입니다. 어째서 예수 그리스도는 여기에서 "내가 가진 모든 것이" 혹은 "내가 선포하는 모든 것이"라고 말하는 대신 "내게 주신 모든 것이"라고 말합니까?(7절). 아마도 그것은 그가 항상 생각하고 있던 것이 자연스럽게 표출된 것입니다. 그는 아무것도 자신의 것으로 주장하지 않습니다. 마찬가지 방식으로 우리 주님은 8절에서 그의 말씀이 모두 아버지께로부터 받은 것임을 선언합니다. 그리고 제자들은 그것을 받은 결과로 그리스도의 신적 기원을 "알게" 되고 또한 하나님이 그를 보내셨음을 "믿게" 되었습니다. 이와 같이 아버지의 목적의 높이까지 도달하는 지식(knowledge)은 그리스도께서 아버지의 이름을 선포하는 것을 겸손하게 받아들이는 것으로부터 옵니다. 먼저 믿음이 오고, 다음에 앎(knowledge)이 옵니다. 그리고 나서 그러한 앎 위에 세워진 더 충만한 믿음이 오고, 그러한 믿음은 또 다시 더 풍성한 앎으로 펼쳐집니다(25절). 바로 이것이 제자들의 참된 성장에 따르는 축복이며, 예수 그리스도의 사랑의 눈은 불완전한 제자들 속에서 그러한 것들을 온전히 분별합니다.

계속해서 9절에서 예수 그리스도는 중보자의 위대한 직분을 취합니다. "내가 그들을 위하여 비옵나니"는 기도라기보다 차라리 그가 스스로를 아버지 앞에 자기 백성들을 위한 대제사장으로서 장엄하게 드리는 것입니다. 그것은 그의 사역 안에서 하나의 신기원을 나타냅니다. 사람들에게 하나님을 제시하는 일은 본질적으로 완성되었습니다. 반면 중보(仲保)에 의해 사람들을 하나님께로 이끄는 일은 이제 시작될 것이었습니다. 바로 이것이 제자들을 떠난 주님이 이제부터 행할 일이었습니다. 모세가 산꼭대기에서 하나님의 지팡이를 들어 올리면 이스라엘이 이깁니다(출 17:9). 우리는 이러한 간구를 여기의 제자들에게만 한정해서는 안 됩니다. 왜냐하면 그렇게 하는 것은 그의 구속의 목적과 취지에 맞지 않기 때문입니다.

계속해서 9절부터 11절 상반절에서 그의 중보의 이유들이 제시됩니다. 제자들은 아버지의 것이며 계속해서 그러합니다. 심지어 아들에게 주어졌을 때조차 그러한데, 그것은 마치 아버지와 아들이 공동으로 소유하는 것과 같습니다. 아버지는 자신의 소유인 자들을 보호할 수밖에 없습니다. 아들은 자신의 소유인 자들을 위해 기도할 수밖에 없습니다. 그는 우리의 대언자로서 우리 안에서 영화로워집니다. 우리 주님이 제자들을 위해 기도하는 마지막 이유는 그가 떠남으로 인해 그들이 마치 목자 없는 양들처럼 세상에 노출되기 때문입니다. 그의 떠남은 그로 하여금 그들을 위해 기도하지 않을 수 없게 만듭니다.

이제 11절 하반절의 간구 자체를 살펴보도록 합시다. "거룩하신 아버지여 내게 주신 아버지의 이름으로 그들을 보전하사 우리와 같이 그들도 하나가 되게 하옵소서." 여기에서 우리 주님은 세상의 타락으로부터 보전해 달라는 기도를 "거룩하신 아버지"라는 호칭과 특별하게 연결시킵니다. 하나님의 거룩하심과 아버지 되심의 사실은 그가 우리를 거룩하게 만들 것에 대한 보증입니다. 여기의 기도의 핵심이 무엇입니까? 그것은 제자들이 아버지가 아들에게 주신 울타리 안에서 마치 요새 안에 있는 것처럼 보전될 것이라는 것입니다. 하나님의 이름은 신적 본성을 나타내는 것으로서, 하나님은 그것을 아들에게 주셨습니다. 왜냐하면 "말씀"인 그에게 처음부터 하나님을 나타내는 일이 맡겨졌기 때문입니다. 언약의 사자(the Angel of the Covenant)에 대하여 "내 이름이 그에게 있음이니라"라고 말하여졌던 것이 예수에 대하여서도 똑같이 사실입니다(출 23:21). "여호와의 이름은 견고한 망대라 의인은 그리로 달려가서 안전함을 얻느니라"(잠 18:10).

그러면 이러한 보전의 결과는 무엇입니까? 그것은 신자들이 하나가 되는 것입니다. 우리는 이러한 말씀의 깊이를 완전히 측량할 수 없습니다. 그러나 적어도 우리는 신자들을 보전하는 이름이 참된 연합의 띠라는 사실과, 아버지와 아들의 형언할 수 없는 연합이 신자들의 참된 연합의 모범이라는 사실과, 그렇기 때문에 이러한 연합의 목적은 외적 조직의 연합보다 훨씬 더 깊이 들어간다는 것을 알 수 있습니다.

계속해서 일차적으로 제자들에 대한 그리스도의 관계로부터 끌어온 다른 근거들이 따릅니다. 앞의 근거들은 일차적으로 그리스도에 대한 제자들의 관계로부터 추론한 것들이었던 반면 말입니다. 그는 지금까지 한 일을 더 이상 할 수 없으며, 그래서 그것을 아버지께 맡깁니다. 만일 우리가 우리의 완성하지 못한 일을 하나님께 맡길 수 있다면, 얼마나 복됩니까! 예컨대 더 이상 돌볼 수 없게 된 어린 자녀들을 하나님께 맡길 수 있다면, 우리는 평안한 마음으로 떠날 수 있을 것입니다. 12절의 "내가 보전하고"는 원어(原語)적으로 계속적 용법 즉 반복적 행동을 표현합니다. 반면 "지키었나이다"는 수많은 보전의 행동들의 단일한 결과를 나타냅니다. 예수 그리스도는 그때와 마찬가지로 지금도 계속적, 반복적 행동으로 자기 제자들을 보전하고 계시며, 그럼으로써 그들은 악으로부터 안전합니다. 그러면 그는 그들을 어디에서 보전합니까? 그것은 "아버지의 이름 안에서"입니다(in Thy name, 12절). 그곳은 우리의 안전한 장소이며, 강력한 방어물이며, 함락될 수 없는 요새입니다. 실제로 한 사람이 잃어졌습니다. "그

중의 하나도 멸망하지 않고 다만 멸망의 자식뿐이오니 이는 성경을 응하게 함이니이다"(12절). 그러나 그것은 그리스도의 보전하는 일이 실패했음을 의미하지 않습니다. 그것은 "멸망의 자식"이라는 그 자신의 악한 본성과 특별한 신적 섭리로부터 말미암은 것이었습니다. 여기에 '인간의 자유로운 선택'과 '하나님의 예지(豫知)'라고 하는 언뜻 볼 때는 서로 모순되는 것처럼 보이는 두 개념이 하나로 결합됩니다. 그리스도는 그러한 두 개념 사이에서 어떤 모순도 알지 못하셨으며, 우리 역시도 장차 그럴 것입니다.

그러고 나서 기도의 흐름은 다시금 앞의 개념으로 되돌아갑니다. "지금 내가 아버지께로 가오니 내가 세상에서 이 말을 하옵는 것은 그들로 내 기쁨을 그들 안에 충만히 가지게 하려 함이니이다"(13절). 그는 곧 제자들을 떠나 아버지께로 갈 것입니다. 그러한 사실과 관련하여 그는 제자들도 자신과 같은 마음을 갖기를 간절히 바랐으며, 그렇기 때문에 그들이(그리고 우리가) 이와 같은 간절한 바람의 기도를 듣기를 원했습니다. 만일 우리가 이와 같이 그리스도의 마음이 표출되는 것에 마음을 기울이면서 그가 아버지께 올라갈 때 뜨거운 마음으로 그를 응시하며 기꺼이 그러한 승리에 동참한다면, 우리 마음은 그의 기쁨과 동일한 기쁨으로 충만해질 것입니다. 세상의 기쁨은 결코 충만한 기쁨일 수 없습니다. 오직 기독교적 기쁨만이 충만한 기쁨 즉 우리를 충만하게 채울 수 있는 기쁨입니다.

계속해서 세상에 대한 제자들의 관계가 다시 한 번 언급됩니다. "내가 아버지의 말씀을 그들에게 주었사오매 세상이 그들을 미워하였사오니 이는 내가 세상에 속하지 아니함 같이 그들도 세상에 속하지 아니함으로 인함이니이다"(14절). 그들이 세상에 대하여 외인(外人)인 것은 그들이 그리스도에게 속하기 때문입니다. 바로 이것이 그들을 "보전"해 달라는 기도를 반복하는 이유입니다. "내가 비옵는 것은 그들을 세상에서 데려가시기를 위함이 아니요 다만 악에 빠지지 않게 보전하시기를 위함이니이다"(15절). 다만 앞에서는 "아버지의 이름으로" 보전해달라고 기도한 반면 여기에서는 "악에 빠지지 않게" 보전해달라고 기도하는 것이 다를 뿐입니다. 먼저 우리는 안전하게 쉴 수 있는 우리의 요새(즉 "아버지의 이름")를 바라보아야만 합니다. 그러고 난 연후에 비로소 우리는 "악"의 문제에 직면할 수 있습니다.

3. 거룩하게 하옵소서.

16-19절에 제자들을 위한 마지막 간구가 나타납니다. 여기에서 그의 제자들이 그와 연합된 사실로 인해 필연적으로 세상에 대하여 외인(外人)이 될 것이라는 언급이 또 다시 반복됩니다. "내가 세상에 속하지 아니함 같이 그들도 세상에 속하지 아니하였사옵나이다"(16절). 바로 이것이 그들을 "보전"해 달라는 앞의 간구의 이유였습니다. 그리고 바로 이것이 그들을 "거룩하게" 해달라는 새로운 간구의 이유이기도 합니다. "그들을 진리로 거룩하게 하옵소서"(17절). 이와 같이 먼저 보전하는 것이 오고, 다음에 거룩하게 하는 것이 옵니다. 하나님이 우리를 악으로부터 안전하게 보전하는 것은 우리로 하여금 하나님을 섬기는 일에 온전히 성별(聖別)되도록 하기 위함입니다. 세상의 악은 그것을 막는 거대한 장애물입니다. 그리스도와 같아지는 것은 우리가 참으로 거룩하게 될 것이라는 소망의 큰 배경입니다. 우리는 "아버지의 이름 안에서" 보전됩니다. 우리는 "진리 안에서" 보전됩니다. 그 진리는 예수로 말미암아 나타난 것이며, 가장 깊은 의미에서 그 자신입니다. 그 진리는 이를테면 그 안에서 신자(信者)가 살아가는 공기(空氣)입니다. 신자가 참으로 거룩해지는 것은 오직 그 안에서 살아갈 때입니다.

우리를 위한 그리스도의 기도를 생각해 보십시오. 그것은 동시에 우리 자신의 목표와 가장 깊은 열망이 되어야만 합니다. 그리고 우리는 그것이 이루어지는 조건들을 굳게 붙잡고, 계속해서 그 안에 거해야만 합니다. 그것은 그 안에서 나타나고 구체화된 진리로서, 본문의 마지막 구절이 말하는 것처럼 거룩함을 얻을 수 있는 유일한 방편입니다. "이는 그들도 진리로 거룩함을 얻게 하려 함이니이다"(19절). 뿐만 아니라 그 진리는 그것으로 말미암아 우리가 세상에 보냄 받은 목적을 이룰 수 있는 수단이며, 또한 그리스도의 완전한 자기순복에 온전하게 도달할 수 있는 길입니다. 모든 그리스도인들은 예수 그리스도에 의해 세상에 보냄을 받습니다. 마치 그가 아버지에 의해 보냄을 받은 것처럼 말입니다. 우리에게는 그를 영화롭게 할 책임이 있습니다. 아버지로부터 보냄을 받은 자이면서 동시에 우리를 보낸 자는 항상 우리와 함께 계십니다. 또 우리에게 그의 영이 임합니다. 우리는 거룩하게 됨이 없이는 결코 그의 일을 행할 수 없으며, 거룩하게 되는 것은 아버지에 대한 그의 헌신과 순종을 닮는 것입니다. 그러면 그러한 거룩함은 어떻게 우리의 것이 될 수 있습니까? 거기에는 오직 하나의 길이 있을 뿐입니다. "그들을 위하여 내가 나를 거룩하게 하오니 이는 그들도 진리로 거룩함을 얻게 하려 함이니이다"(19절). 믿음으로 그와 연합함으로 말미암아 우리의 자기중심성(selfishness)이 정복되고 그리스도의 영이 우리 마음 가운데 거하게 되며, 그럼으로써 우리는 "하나님이 받으실 만한 거룩한 산 제물"이 됩니다. 그럴 때 우리는 참으로 거룩하게 될 것이며, 그때 비로소 우리는 "이제는 내가 사는 것이 아니요 오직 내 안에 그리스도께서 사시는 것이라"라고 말할 수 있게 됩니다(갈 2:20). 바로 이것이 그리스도께서 자신을 거룩하게 하신 목적이며, 나아가 그가 제자들을 위해 기도하신 목적이기도 합니다. 또 그렇기 때문에 그것은 마땅히 그의 모든 제자들이 간절히 추구하는 목표가 되어야만 합니다.

101 우리를 보전하시는 주님

"[14] 내가 아버지의 말씀을 그들에게 주었사오매 세상이 그들을 미워하였사오니 이는 내가 세상에 속하지 아니함 같이 그들도 세상에 속하지 아니함으로 인함이니이다 [15] 내가 비옵는 것은 그들을 세상에서 데려가시기를 위함이 아니요 다만 악에 빠지지 않게 보전하시기를 위함이니이다 [16] 내가 세상에 속하지 아니함 같이 그들도 세상에 속하지 아니하였사옵나이다"

요 17:14-16

우리는 여기에서 목자 없이 적대적인 세상에 남겨지게 될 제자들의 가련한 상황이 반복적으로 언급되는 것을 보게 됩니다. 우리는 기도하는 그리스도의 신비의 깊이를 측량할 수 없습니다. 그러나 우리는 그의 기도가 항상 아버지의 뜻과 조화를 이루며, 실제로 아버지의 뜻의 표현이며, 그렇기 때문에 약속과 예언이라는 사실을 분명히 확신할 수 있습니다. 그는 제자들을 위해 아버지께 기도하지만, 동시에 자신이 그것을 그들에게 줍니다. 그는 오직 한 곳에서 "할 만 하시거든"(If it be possible)이라고 언급하신 반면 다른 모든 경우에서는 아버지가 항상 자신의 말을 들으셨노라고 말합니다. 여기의 기도에서도 그는 매우 특이한 권위를 가진 어조(語調)로 미래 세대의 모든 신자들을 위해 "내게 주신 자도 나 있는 곳에 나와 함께 있어"라고 말합니다(24절). 겟세마네와 빌라도의 재판정과 갈보리가 눈앞에 있었을 때 드려진 여기의 대제사장의 기도에서, 우리 주님의 마음은 제자들에 대한 뜨거운 관심으로 가득 차 있었습니다. 심지어 앞부분의 자신을 위한 기도조차도 실제로는 제자들을 위한 기도였습니다. 그렇다면 여기의 제자들을 위해 기도하는 중간 부분과 "그들의 말로 말미암아 나를 믿게 될" 모든 사람들을 위해 기도하는 끝 부분이야 얼마나 더 그렇겠습니까!

오늘 본문으로부터 우리는 두 가지 주제를 취할 수 있습니다. 하나는 제자들의 세상으로부터의 고립이며, 다른 하나는 그들을 보호할 것을 확증하는 주님의 기도입니다.

1. 제자들의 세상으로부터의 고립.

물론 여기의 "세상"은 요한복음에서 통상적으로 사용되는 대로 하나님으로부터 단절된 그리고 하나님에 대하여 외인(外人)인 사람들의 총체를 의미합니다. 그리스도의 참된 제자들은 이와 같은 세상의 질서와 조화되지 않습니다. 그들이 세상의 질서와 조화되지 않는 것은 그들이 예수 그리스도와 조화되기 때문입니다.

모든 그리스도인은 자신의 기독교의 분량만큼 자신 안에 "그리스도의 마음"을 가지고 있습니다. "제자가 그 선생 같고 종이 그 상전 같으면 족하도다"(마 10:25). 그러나 기독교에 있어서의 주님과 제자들의 관계는 통상적 형태의 사제(師弟) 관계 훨씬 이상입니다. 기독교에서 제자들은 주님의 생명에 참여하며, 제자들의 영 안에 주님의 영이 부어집니다. "우리 안에 계시는 그리스도"는 단지 영광스러운 소망이 아닙니다. 그것은 우리가 그의 생명과 동류(同類)의 생명을 현재적으로 소유하는 것을 가능하게 만드는 능력입니다. 그리고 그 생명은 그의 생명으로부터 유출된 그리고 그의 생명과 본질적으로 하나인 생명입니다.

내주(內住)하는 그리스도에 의해 감동된 영(靈)을 가진 자들은 세상에서 외인(外人)으로 살 수밖에 없습니다. 그들은 세상의 온갖 위험 가운데 거하면서 이곳이 자신들의 안식처가 아니라고 생각합니다. 그들은 아버지의 뜻을 행하는 것이 자신의 양식이었으며, 자신을 기쁘게 하지 않았으며, 자신의 삶이 사람들을 위한 섬김이며 희생제사였던 자와 연결되어 있습니다. 그들은 세상의 재물로 기뻐하지 않으며, 세상이 즐거워하는 것들로 즐거워하지 않습니다. 도대체 어떻게 그들이 하나님과의 화평을 알지 못하며 오로지 세상의 재물과 야망만을 좇는 자들과 동류의식(同類意識)을 가질 수 있단 말입니까? 그러므로 그리스도의 영을 마신 자들은 필연적으로 세상의 수레바퀴로부터 차단됩니다.

그리스도와 친밀하게 연합되어 있음으로 인해 세상과 더불어 동류의식을 느끼지 않는 자들은 얼마나 복됩니까! 자신이 세상에 속하지 않았음을 의식하면서 예수 그리스도의 아름다움과 감미로움과 충족함을 자기 안으로 끌어들이는 사람은 얼마나 복됩니까!

그러나 안타깝게도 평균적 그리스도인들의 삶의 모습은 이러한 주님의 말씀과 얼마나 멀리 떨어져 있습니까! 과연 우리 가운데 누가 "그가 세상에 속하지 않은 것처럼 나도 세상에 속하지 않았노라"라고 당당하게 말할 수 있겠습니까? 세상에 대한 우리의 관계는 세상에 대한 그의 관계와 비슷하기보다 도리어 대조적이지 않습니까? 그 자신이 말씀하신 것처럼, "이 세상 임금"은 우리 주님에게 아무런 상관도 없었습니다. 그러나 우리 역시도 그러합니까? 그는 우리에게 상당 부분 상관이 있지 않습니까? "악한 자의 불화살"이 우리 가운데 떨어질 때, 우리 모두 안에 그 불이 거세게 타오를 가연성(可燃性) 물질들이 얼마나 많습니까! 우리는 세상적 삶의 방식으로부터 움츠리기보다 도리어 그것이 우리를 강한 힘으로 끌어당긴다는 사실을 고백하지 않을 수 없습니다. 만일 우리가 정직하다면 말입니다. 이것은 우리가 주님과 더불어 항상 가까이 거하면서 그의 영을 충분히 마시지 않기 때문이 아닙니까? 우리에게 있어 세상과의 불일치의 분량이 곧 주님과의 일치의 분량입니다.

우리가 그의 생명을 소유하는 분량이 곧 우리가 세상에서 외인(外人)이 되는 분량입니다. 또 우리가 그의 생명을 소유하는 분량이 곧 우리가 그와 접촉하며 그의 영이 들어오도록 우리의 마음을 여는 분량입니다. 반면 세상적 그리스도인은 그리스도께서 사모하는 영혼 안으로 불어넣는 생명으로부터 스스로를 차단하는 그리스도인입니다.

2. 제자들을 보호할 것을 확증하는 주님의 기도.

15절의 기도 앞뒤에 그리스도의 제자들이 세상에 속하지 않는다는 말씀이 반복되는 것을 주목하십시오. 그것은 마치 험준한 산에 둘러싸인 아름다운 평원(平原)과 같습니다. 제자들이 세상으로부터 고립되는 것은 그들이 그리스도와 연합된 사실로부터 말미암는 필연적 결과입니다. 이러한 사실은 그들에게 많은 고통이 따를 것을 함축하지만, 그러나 우리 주님의 기도는 그들의 안전과 평안을 위해 충분하고도 남을 것입니다.

"내가 비옵는 것은 그들을 세상에서 데려가시기를 위함이 아니요." 그들은 하나님의 특별한 목적으로 인해 세상 가운데 있으며, 그렇기 때문에 주님은 그들을 세상으로부터 데려가시기를 간구하지 않습니다. 그들로 인해 세상이 영향을 받을 것이었으며 또 그로 인해 그들 자신의 성품도 영향을 받을 것이었습니다. 세상은 그들의 학교와 훈련장이 될 것이었습니다. 세상 속에 있음으로 인해 자신들이 다른 질서에 속한다는 그들의 의식(意識)은 한층 더 심화될 것이었습니다. 그럼으로써 참된 본향을 사모하는 그들의 소망은 더욱 강렬해질 것이었으며, 세상을 메어치는 그들의 힘과 기술은 더욱 계발될 것이었습니다. 실제적 삶의 훈련은 너무도 값진 것이며 결코 간과되어서는 안 됩니다. 그렇기 때문에 주님은 그들을 세상으로부터 데려갈 것을 간구하지 않고 다만 그들이 세상의 악으로부터 온전히 보전되기를 간구합니다.

이와 같은 우리 주님의 기도의 모범으로부터 중요한 교훈을 배웁시다. 우리는 맹목적으로 편안함만을 구해서는 안 됩니다. 왜냐하면 그가 우리를 위해 그렇게 기도하지 않았기 때문입니다. 적대적 세상과 접촉하는 것으로부터 움츠리는 잘못된 은둔주의나 유혹과 시험으로부터 무작정 피하려고만 하는 태도나 고난으로부터 면제되고자 하는 이기적 열망은 모두 여기의 기도의 정신과 어긋납니다. 세상에 대한 그리스도의 관계는 세상에 대한 우리의 관계의 모범입니다. 그가 "머리 둘 곳조차 없다"고 말씀하신 곳에서 우리가 머리 둘 곳을 찾으려고 해서야 되겠습니까?

다만 주님은 여기에서 자기 백성들이 "악으로부터" 혹은 "악한 자로부터" 지켜지기를 간구합니다. "다만 악에 빠지지 않게 보전하시기를 위함이니이다"(15 하반절). 앞에서도 이야기한 것처럼, 이러한 기도는 동시에 약속이며 예언입니다. 그렇지만 각각의 제자들에게 이러한 기도가 이루어지는 것은 그들이 예수 그리스도와 친밀한 교제를 유지하는 데 달려 있습니다. 그럴 때 그의 기도가 그들을 둘러싸고 그들을 안전하게 지킬 것입니다. 15절의 "evil"을 비인격적 "악"으로 읽는 것과 마찬가지로 인격적으로 "악한 자" 즉 "이 세상 임금"으로 읽는 것 역시 가능합니다. 그러나 후자의 독법(讀法)에 대해서는 여기에서 다루지 않을 것입니다. 어떤 경우든 다시 말해서 그것이 비인격적 "악"이든 혹은 인격적으로 "악한 자"이든, 제자들은 그것으로부터 혹은 그로부터 지켜질 것입니다.

이와 같은 주님의 중보의 사실 위에서 우리가 수행해야만 하는 인생의 긴 싸움에서 "넉넉히 이기는 자"가 될 것을 충분히 확신할 수 있습니다. "여호와는 너를 모든 악으로부터 지키며 네 영혼을 지킬 것이라"라는 옛 약속은 그리스도의 중보의 그늘 아래 숨는 모든 영혼들에게 오늘날에도 똑같이 사실입니다. "내가 산을 향하여 눈을 들리라 나의 도움이 어디서 올까 나의 도움은 천지를 지으신 여호와에게서로다"(시 121:1, 2). 그러므로 우리는 적대적 세상의 한가운데서도 평안히 거할 수 있습니다. 왜냐하면 우리에게 우리를 지키시는 아버지가 계시고 또 우리의 중보자와 모범과 소망이 되시는 아들이 계시기 때문입니다.

그리스도와 제자들 사이의 병행 관계는 세상에 대한 관계에 있어서도 그대로 적용됩니다. "내가 세상에 속하지 아니함 같이 그들도 세상에 속하지 아니하였사옵나이다"(16절). 또 그것은 세상에서의 그들의 임무에도 적용됩니다. "아버지께서 나를 세상에 보내신 것 같이 나도 그들을 세상에 보내었고"(18절). 또 그것은 미래에도 적용됩니다. "나는 세상에 더 있지 아니하오나 그들은 세상에 있사옵고 나는 아버지께로 가옵나니"(11절). 여기의 "가옵나니" 안에는 그의 제자들도 각각 때가 되면 세상으로부터 나와 그가 있는 곳으로 가게 될 것이라는 보증이 담겨 있습니다. 그리고 악이 만연한 세상에 남아 있는 동안 악으로부터 지켜달라는 여기의 기도는 마침내 다음과 같은 기도에서 그 절정에 이릅니다. "아버지여 내게 주신 자도 나 있는 곳에 나와 함께 있어 아버지께서 창세 전부터 나를 사랑하시므로 내게 주신 나의 영광을 그들로 보게 하시기를 원하옵나이다"(24절).

102
대제사장의 기도

“[20] 내가 비옵는 것은 이 사람들만 위함이 아니요 또 그들의 말로 말미암아 나를 믿
는 사람들도 위함이니 [21] 아버지여, 아버지께서 내 안에, 내가 아버지 안에 있는 것
같이 그들도 다 하나가 되어 우리 안에 있게 하사 세상으로 아버지께서 나를 보내
신 것을 믿게 하옵소서 [22] 내게 주신 영광을 내가 그들에게 주었사오니 이는 우리가
하나가 된 것 같이 그들도 하나가 되게 하려 함이니이다 [23] 곧 내가 그들 안에 있고
아버지께서 내 안에 계시어 그들로 온전함을 이루어 하나가 되게 하려 함은 아버
지께서 나를 보내신 것과 또 나를 사랑하심 같이 그들도 사랑하신 것을 세상으로
알게 하려 함이로소이다 [24] 아버지여 내게 주신 자도 나 있는 곳에 나와 함께 있어
아버지께서 창세 전부터 나를 사랑하시므로 내게 주신 나의 영광을 그들로 보게
하시기를 원하옵나이다 [25] 의로우신 아버지여 세상이 아버지를 알지 못하여도 나
는 아버지를 알았사옵고 그들도 아버지께서 나를 보내신 줄 알았사옵나이다 [26] 내
가 아버지의 이름을 그들에게 알게 하였고 또 알게 하리니 이는 나를 사랑하신 사
랑이 그들 안에 있고 나도 그들 안에 있게 하려 함이니이다”

요 17:20-26

요한복음 17장의 긴 기도의 마지막 부분을 장식하는 본문의 기도는 세상 끝 날까지 이르는 모든 세대의 신자들에게 미칩니다. 이러한 사실로부터 우리는 예수께서 세상과 교회의 역사(歷史)가 금방 끝날 것으로 예상하지 않았음을 알 수 있습니다. 그리스도는 여기에서 한 가지 간절한 열망

을 가지고 계시는 것으로 나타나는데, 그것은 교회가 하나가 되는 것입니다. 신자들로 이루어지는 미래의 공동체에 아무런 이름도 주어지지 않는 것은 요한복음의 관념론적 특징 가운데 하나입니다. 그것은 "교회"나 혹은 "회중" 등으로 불리지 않습니다. 그것은 단지 "그들의 말로 말미암아 나를 믿는 사람들"일 뿐입니다(20절). 그것은 사도들이 전파하는 자를 믿는 공통의 믿음에 의해 연합된 거대한 영적 공동체입니다. 지금까지도 이것이 그리스도인들에 대한 최고의 정의(定義)가 아닙니까? 또 이것이 그것의 참된 본질을 나타냄에 있어 "교회"라고 하는 형식적이며 추상적 개념보다 훨씬 더 낫지 않습니까?

우리는 여기의 기도의 심오한 말씀들을 그저 살짝 맛보는 정도로 다룰 수밖에 없습니다. 만일 그것을 충분히 설명하고자 한다면, 몇 권의 책으로도 부족할 것입니다. 우리는 여기의 기도를 대략 넷으로 나눌 수 있습니다. 각각의 기도에서 먼저 어떤 특정한 간구가 드려지고 곧이어 그에 의해 얻어지는 결과가 제시됩니다.

1. 첫째, 21절의 기도를 주목하십시오.

"아버지여, 아버지께서 내 안에, 내가 아버지 안에 있는 것 같이 그들도 다 하나가 되어 우리 안에 있게 하사 세상으로 아버지께서 나를 보내신 것을 믿게 하옵소서." 여기에서 주님은 자신을 따르는 모든 자들이 하나가 되기를 위해 기도하면서 계속해서 그것의 결과가 무엇인지를 언급합니다. 여기에서 신자들의 연합은 본질적으로 그들 모두가 아버지와 아들의 형언할 수 없는 연합 안에 포함됨으로부터 기인하는 것으로 간주됩니다. 여기에서 특별히 "그들도 다 하나가 되어 우리 안에 있게 하사"라는 표현을 주목해 보십시오. 그들이 하나가 되는 것은 단순히 하나의 외적 조직체로 연합되는 것이나 혹은 교리적으로 일치하는 것 등을 의미하지 않습니다. 그것은 그것보다 훨씬 더 심오한 생명의 연합을 의미합니다. 그것의 모범은 아버지와 아들의 연합입니다. 그리고 그것을 가져오는 힘은 모든 신자들이 "우리 안에" 거하는 것입니다. 그러면 그 결과가 무엇이겠습니까? 그것은 세상으로 하여금 아들이 아버지로부터 보냄을 받아 오셨음을 깨닫도록 만들 것입니다. 세상으로 하여금 "그리스도인들이 이와 같이 서로 사랑하는 것을 보라!"라고 외치게 하십시오. 그럴 때 세상은 예수 그리스도가 하나님으로부터 보냄을 받아 오신 것을 깨닫기 시작한 것입니다. 세상은 그리스도인들에게 그들이 자기에게 속하지 않음으로 인해 가시 돋친 말과경멸의 화살을 보낼 것입니다. 이런 상황에서 우리 주님은 그들이 하나의 거대한 조직체가 되는 것이 아니라 성령으로 온전히 연합되기를 위해 기도합니다.

2. 둘째, 22절의 기도를 주목하십시오.

"내게 주신 영광을 내가 그들에게 주었사오니 이는 우리가 하나가 된 것 같이 그들도 하나가 되게 하려 함이니이다." 여기에서 우리 주님은 잠시 동안 자신이 이미 그들에게 준 것을 언급합니다. 그는 하나 되게 하는 일을 시작했습니다. 이제 그는 그것이 완전하게 되도록 간구합니다. 그가 여기의 보잘것없는 갈릴리사람들에게 준 "영광"은 단지 싹이 나는 상태일 뿐이었습니다. 그러나 그를 믿는 믿음이 있는 곳에는 어디든지 그의 생명과 영이 전달됩니다. 그리고 그런 곳에는 항상 성육신하신 말씀이 육신이 되었을 때 나타난 "은혜와 진리로 충만한" 영광이 있습니다. 이와 같이 각각의 신자들을 하나로 연합시키는 것은 그리스도께서 주신 그리스도의 형상입니다. 우리를 하나로 융합시키는 것은 우리 안에 계신 그리스도와 그리스도 안에 있는 우리입니다. 다시 말해서 우리 안에 그리스도가 계시고 그리스도 안에 우리가 있을 때 우리는 하나로 융합되는 것입니다. 그리스도의 빛이 수백만 개의 수정(水晶)들에 반사되는 것을 생각해 보십시오. 결국 모든 수정들은 하나의 빛으로 반짝이며, 그 빛 안에서 하나가 됩니다. 그리고 그 빛으로 말미암아 사람들은 하나님이 그리스도를 보내셨다는 사실과 하나님의 사랑이 그리스도인들을 감싸고 있다는 사실을 깨닫게 됩니다.

3. 셋째, 24절의 기도를 주목하십시오.

"아버지여 내게 주신 자도 나 있는 곳에 나와 함께 있어 아버지께서 창세 전부터 나를 사랑하시므로 내게 주신 나의 영광을 그들로 보게 하시기를 원하옵나이다." 여기에서도 우리는 특별한 간구와 함께 그 결과에 대한 언급이 뒤따라 나오는 것을 보게 됩니다. 다만 여기에서는 세상과 관련한 결과에 대해서는 언급되지 않습니다. 잠시 동안 세상으로부터의 고립이라든지 혹은 세상에 대해 무엇인가를 깨닫게 하는 등의 개념은 사라집니다. 지금 주님의 생각은 오로지 "세상에 속하지 않은" 자들을 위해 기다리고 있는 하늘의 완전한 본향에 대한 관념으로 가득 차 있는 것으로 보입니다. 여기에서 그는 매우 특이한 어조(語調)로 "내게 주신 자도 나 있는 곳에 나와 함께 있어"라고 말합니다(I will that they also, whom thou hast given me, be with me where I am — KJV에서는 말하는 자의 의지가 강하게 부각되는 반면 한글개역개정판에서는 그와 같은 의미가 부각되지 않음 — 역주). 여기에서 지금 그리스도께서 무엇을 의식(意識)하고 계시는지 생각해 보십시오. 제자들은 지금 "아버지께서 내게 주신 자들"로 불립니다. 그들은 하나의 거대한 전체 안에 녹아들어온 개인들입니다. 그들은 그리스도의 소유입니다. 그들이 그리스도의 소유인 것은 단순히 그들의 믿음이나 혹은 사람의 복음전파로 말미암은 것이 아니라 아버지가 그들을 아들에게 주셨기 때문입니다. 예수 그리스도는 그러한 사실 즉 아버지가 그들을 자신에게 주신 것을 그들을 온전케 해달라는 간구와 그들이 자신과 더불어 온전히 하나가 되게 해달라는 간구와 그들이 자신과 함께 있게 해달라는 간구의 근거로 삼습니다. 여기에서 "나의 영광을 그들로 보게 하시기를 원하옵나이다"라는 표현을 주목해 보십시오. 그의 영광을 "보는" 것은 그것을 공유하는 것과 동일한 것입니다. 우리는 "그가 우리 가운데 장막을 친" 것을 볼 뿐만 아니라 또한 "창세 전에" 그에게 부어진 아버지의 사랑을 봅니다. 우리는 영광의 광채 가운데 빛나는 복된 영혼들을 온전히 볼 수 없습니다. 그러나 우리는 그들이 빛 가운데 행하는 것과 그와 같은 것을 압니다. 왜냐하면 "그의 계신 그대로" 그를 보기 때문입니다.

4. 마지막으로, 25절과 26절의 간구를 주목하십시오.

이것은 간구라기보다 차라리 맹세와 약속입니다. 여기에서 세상과 신자들 사이의 대조가 마지막으로 나타납니다. "세상이 아버지를 알지 못하여도." 세상을 "세상"으로 만든 것은 하나님을 알지 못하는 것이었습니다. 신자들을 세상에서 고립되도록 만든 것은 그들이 예수가 하나님으로부터 보냄 받은 것을 "알았기" 때문이었습니다 — 그들은 단순히 "믿은" 것이 아니라 경험에 의해 "알았"습니다. 하나님에 대한 우리의 모든 지식은 그리스도를 통해 옵니다. 먼저 우리는 그리스도가 아버지로부터 보냄을 받아 세상에 왔음을 깨닫습니다. 그러면 그리스도는 우리에게 아버지의 이름을 더 풍성하게 나타낼 것입니다. 하나님을 아는 우리의 지식은 계속해서 증가될 것이며, 그와 함께 우리 안에 있는 하나님의 사랑은 더 풍성해질 것입니다. 그리고 그럴 때 예수 그리스도 자신이 "믿음으로 말미암아 우리 마음 가운데" 더 온전하고 더 풍성하게 거하실 것입니다.

103
그리스도의 품 안에 있는 양들

"아버지여 내게 주신 자도 나 있는 곳에 나와 함께 있어 아버지께서 창세 전부터 나를 사랑하시므로 내게 주신 나의 영광을 그들로 보게 하시기를 원하옵나이다"

요 17:24

이와 같은 놀라운 기도는 첫째로 예수 자신을 위한 것이며, 둘째로 사도들을 위한 것이며, 셋째로 하늘과 땅의 모든 교회를 위한 것입니다.

1. 기도

첫머리의 "I will"은 특별한 권위를 나타내는 매우 특이한 울림을 갖습니다(말하는 자의 의지가 부각되는 "I will"이란 표현이 한글개역개정판에는 나타나지 않음 — 역주). 그것은 사람들에 대한 그의 사랑의 표현이며, 그들이 그의 영광에 함께 참여하기를 바라는 그의 간절한 열망의 표현입니다. 그들이 하늘에서 그와 함께 있게 될 때까지, 그는 "자기 영혼이 수고한 것을 보고 만족하지" 않을 것입니다(사 53:11).

우리는 여기에서 그리스도 안에서 죽은 자들의 복된 상태에 대한 섬광(閃光)을 보게 됩니다.

(a) 그리스도와 장소적으로 함께 함.

그의 영화로워진 몸은 어디엔가 있습니다. 이러한 개념은 미래의 삶과 관련한 우리의 생각에 구체성을 부여해줍니다. 그가 계신 거기에 그들이 있습니다. 우리는 육체와 분리된 영들이 거하는 장소와 관련한 형이상학적 난제들을 가지고 끝없는 논쟁을 벌일 필요가 없습니다.

만일 영(靈)이 몸 안에 자리를 잡을 수 있다면, 나는 그것이 몸이 없는 곳에서도 자리를 잡을 수 있다고 생각합니다. 그렇지만 이 부분은 그냥 넘어가도록 하고, 어쨌든 여기에서 우리는 우리 주님의 영화로워진 인성(人性)과 실제적이며 장소적으로 함께 할 소망을 갖습니다. 우리는 죽은 자들이 우리로부터 떠났다고 말합니다. 우리는 그와 같은 생각을 그들이 그에게 갔다는 생각보다 훨씬 더 생생하게 갖습니다. 우리는 "떠남"에 대해 말하지만, 그러나 "도착함"에 대해서는 생각하지 않습니다. 우리는 좁은 무덤을 바라보는 가운데 "어찌하여 살아 있는 자를 죽은 자 가운데서 찾느냐 그는 여기 계시지 않고 살아나셨느니라"라는 말씀을 잊어버립니다(눅 24:5). 만일 우리가 그리스도가 계신 곳에 그의 종들이 있다는 분명한 확신을 갖는다면, 우리는 미래를 덮고 있는 모든 어둠과 뿌연 안개를 거둬낼 수 있을 것입니다. 해가 지는 서쪽으로 돛이 사라지는 것을 보면서, 우리는 배를 타고 떠난 자들이 밤바다의 풍랑 위에서 출렁거리는 것을 상상합니다. 그러나 예전에 그랬던 것과 마찬가지로 예수 그리스도께서 한밤중에 물 위를 걸어 그들에게 옵니다. 설령 처음에 두려움 가운데 사로잡혀 있었다 하더라도, 그의 음성이 그들의 마음에 소망을 가져다주며 그들의 마음은 다시금 평온을 되찾습니다. 그리고 곧바로 그들은 그들이 향하던 땅에 있게 됩니다. 그들이 우리의 시야에서 사라질 때, 그들은 새로운 항구에서 닻을 내리고 돛을 접습니다. 우리가 돛이 사라지는 것을 보는 동안 이미 그들은 푸른 들판이 펼쳐진 새로운 땅에 도착해 있습니다.

(b) 그리스도와의 교제.

우리 주님은 단순히 "내가 있는 곳에 너희가 있을 것이라"고 말씀하지 않고, 거기에다가 "나와 함께"를 덧붙입니다. 이것은 불필요한 반복이 아닙니다. 그것은 단순히 장소적으로 함께 있는 것보다 훨씬 더 친밀하고 복된 교제의 개념을 강조하기 위한 것입니다.

이 땅에서의 교제는 실제적이기는 하지만 그러나 불완전합니다. 그것은 하늘에서 완전해집니다. 우리 편에서 육체와 죄를 벗어버림으로 말미암아 환경이 바뀌는 것으로 말암아 이 땅에서 필연적이었던 모든 수고와 근심으로부터 해방됨으로 말미암아, 그리고 그리스도의 편에서 새로운 나타남들로 말미암아 말입니다.

(c) 그의 영광을 봄.

본문의 기도는 예수 그리스도의 의지(意志)가 강하게 부각되는 "I will"과 함께 시작되는데, 그러한 의지의 절정은 "나의 영광을 그들로 보게 하시기를 원하옵나이다"입니다. 앞부분에서 우리 주님은 "창세 전에 내가 아버지와 함께 가졌던 영광"이라고 말씀하셨습니다(5절). 그러나 아마도 제자들에게 "주어지는" 영광은 그의 본질적 신성(神性)의 영광이 아니라 그의 중보사역의 영광일 것입니다. "그가 계신 곳에 그와 함께 있는" 그의 백성들에게 구주로서 그리스도를 보다 더 충분하게 보는 것과 그의 사역에 대한 보다 더 깊은 관념과 그의 섭리에 대한 보다 더 명확한 지각(知覺)이 주어집니다. 이것이 영화로워진 예수와의 연합으로 말미암아 "영원한 즐거움" 가운데 싸여있는 영혼들에게 주어지는 최고의 선물들입니다.

이러한 그림은 하늘에 대한 모든 형이상학적 그림들보다 얼마나 더 웅장합니까!

2. 지금 진행되고 있는 부분적 성취.

이러한 기도는 그 이래로 계속해서 성취되어 가는 과정 중에 있습니다. 그리스도 안에서 죽은 자들은 지금 이러한 기도의 응답 속으로 들어갔습니다.

우리는 '중간상태'와 관련한 난제들을 가지고 논쟁을 벌일 필요가 없습니다. 왜냐하면 "몸을 떠나는 것"이 곧 "주와 함께 있는 것"이라는 것은 어쨌든 사실이기 때문입니다.

그리스도 안에서 죽는 것은 이러한 기도가 응답된 것입니다. 모든 사람들과 마찬가지로 그리스도인들에게 육체가 필요하다는 것은 필연적 법칙입니다. 또 그들에게 죽음의 형벌적 측면이 남아 있는 것도 사실입니다.

그러나 그러한 법칙은 그리스도에 의해 정복됩니다. 비록 죽음이 남아있을지라도 그것의 전체적 모양은 바뀝니다. 그러므로 우리는 예수 그리스도를 믿는 믿음 안에서 세상을 떠난 사람들은 이러한 기도의 응답 안에서 떠난 것으로 생각할 수 있습니다.

이것은 얼마나 멋집니까! 그들은 한 사람씩 모입니다. 마치 별들이 하나씩 빛나기 시작하는 것처럼 말입니다. 하늘은 계속해서 그곳에 도착한 사람들로 채워집니다.

이와 같이 본문의 기도는 모든 세대를 통해 계속해서 이루어져갑니다. 우리의 사랑하는 자들이 우리로부터 떠났지만, 그러나 그들은 그에게로 갔습니다. 우리는 슬퍼하며 눈물을 흘리지만, 그러나 그들은 기뻐합니다. 우리에게 그들의 떠남은 필연적 법칙의 결과이지만, 그러나 그들에게 그것은 그의 강력한 기도가 응답된 것으로 보일 것입니다. 그가 "이리로 올라오라"고 말씀하실 때, 그들은 그 음성을 듣고 그를 따릅니다.

3. 미래에 이루어질 최종적 성취.

본문의 기도는 장차 완전하게 성취될 것을 바라봅니다. 그의 기도는 결코 헛될 수 없습니다.

(a) 여기의 기도는 그 정도(degree)에 있어 완전해질 것입니다.

(b) 여기의 기도는 그 범위(extent)에 있어 완전해질 것입니다. 모든 사람이 함께 모일 때 다시 말해서 아들이 아버지께서 주신 자들 가운데 한 사람도 잃어버리지 않음으로 인해 "전체 가족"이 "하늘에" 있을 때, 여기의 기도는 최고로 실현될 것입니다(요6:39). 이러한 기도는 단지 여기의 사도들만을 위한 것이 아닙니다. 도리어 그리스도는 우리 모두에게 주어집니다. 만일 우리가 그를 받아들이기로 선택한다면 말입니다. 그는 우리를 위해 하늘로 올라가셨습니다. 그리고 승천하는 그를 바라보는 우리에게 이렇게 말씀하십니다. "내가 너희를 위하여 거처를 예비하러 가노니 가서 너희를 위하여 거처를 예비하면 내가 다시 와서 너희를 내게로 영접하여 나 있는 곳에 너희도 있게 하리라"(14:2, 3),

104
그리스도 자신의 사역에 대한 요약

"내가 아버지의 이름을 그들에게 알게 하였고 또 알게 하리니 이는 나를 사랑하신 사랑이 그들 안에 있고 나도 그들 안에 있게 하려 함이니이다"

요 17:26

본문은 그리스도의 대제사장적 기도의 장엄한 결어(結語)이면서 동시에 겟세마네와 수난에 앞서 그가 한 마지막 말입니다. 여기에서 그는 자신의 생애의 목적과 자신의 구하는 바를 요약합니다. 그러는 가운데 그는 전자의 완전한 성취를 후자의 성취의 근거로서 제시합니다. 하나님에 대한 여기의 마지막 말과 바로 앞에 나오는 제자들에 대한 마지막 말 사이에는 특이한 일치점과 대조점이 있습니다. 제자들에 대한 그의 마지막 말은 "세상에서는 너희가 환난을 당하나 담대하라 내가 세상을 이기었노라"였습니다(16:33). 둘 모두에서 그는 자신의 생애를 요약합니다. 둘 모두에서 그는 자신의 결함과 불완전함과 한계를 의식하지 않습니다. 둘 모두에서 그는 자신이 소유한 것을 자기를 따르는 자들과 함께 나눕니다. 한편 제자들에 대한 말 속에는 그 자신의 싸움의 흔적과 그들의 싸움의 예고(豫告)가 담겨 있습니다. 그의 생애는 환난과 싸움이었으며, 그들의 생애는 환난과 싸움일 것이었습니다. 그리고 그가 그들에게 약속할 수 있는 최고의 것은 싸움을 통해 얻는 승리였습니다. 그러나 이어지는 고요한 기도 속에서 그 모든 생각들은 사라집니다. 고요함과 평온함이 전체를 덮습니다. 그의 생애는 하나님의 이름을 계속적으로 나타내는 것이었습니다. 그리고 그가 제자들에게 약속하는 분깃은 싸움에 의해 얻어지는 승리가 아니라 그와 더불어 하나님의 사랑 안에 참여하는 것입니다.

이와 같은 두 관점은 모두 사실입니다. 그의 경험에도 사실이며, 우리의 경험에도 사실입니다. 두 관점 사이의 차이는 바라보는 자의 눈의 위치에 따른 것입니다. 외적 측면에서 바라볼 때, 그의 생애와 우리의 생애는 항상 싸우는 것입니다. 그리고 거기에는 종종 슬픔과 아픔이 따릅니다. 반면 내적 측면에서 바라볼 때, 그의 생애는 계속해서 하나님의 사랑 안에 거하며 하나님의 이름을 계속적으로 세상에 알리는 것이었습니다. 그리고 우리의 생애는 계속해서 하나님을 아는 지식이 자라는 가운데 그의 사랑을 점점 더 풍성하게 소유하는 것입니다. 그러므로 본문의 말씀을 깊이 묵상합시다. 그것은 자기의 사역에 대한 주님 자신의 요약입니다. 여기에서 우리는 무엇을 얻기를 소망해야 하는지 그리고 그것을 얻을 수 있는 방법이 무엇인지 배울 수 있습니다. 우리는 본문 말씀을 순서대로 살핌으로써 그것을 가장 잘 이해할 수 있을 것입니다.

1. 첫째, 아버지를 세상에 나타냈노라고 회상하는 그리스도를 주목하십시오.

"내가 아버지의 이름을 그들에게 알게 하였고." 이러한 말씀이 우리에게 주는 가장 강렬한 인상(印象)은 그것의 담대함입니다. 이것이 생애 끝자락에 하나님께 말하여진 것이라는 사실을 기억하십시오. 이것은 자신의 모든 삶에 대해 하나님의 의로운 판단을 호소하는 것입니다. 그러면 이것이 우리가 예상할 수 있는 어투입니까? 하늘의 빛을 아무런 왜곡이나 굴곡 없이 온전히 나타내고자 전심으로 애썼던 어떤 선지자나 선생도 자신의 메시지를 되돌아보면서 불완전함을 느끼지 않을 수 없을 것입니다. 그러나 예수 그리스도는 자신의 생애를 되돌아보면서 거기에서 어떤 결함이나 한계나 불완전함도 보지 못합니다. 항상 그랬던 것처럼, 여기에서도 마찬가지입니다. 그는 허물이나 오류나 죄에 대해 전혀 의식하지 못합니다. 앞에서 자신의 생애를 싸움으로 회상할 때, 그는 스스로 부끄러워할 어떤 패배도 기억하지 못했습니다. 마찬가지로 여기에서 자신의 생애를 하나님을 나타내는 것으로 회상할 때, 그는 자신이 아버지로부터 받은 모든 것을 사람들에게 주었노라고 느낍니다.

여기에서 이러한 주장이 얼마나 어마어마한 것인지 생각해 보십시오. 그가 여기에서 취하는 태도는 다른 어떤 사람도 감히 취할 수 없는 오직 그에게만 합당한 태도입니다. 우리는 다른 사람들을 비판하기도 하고, 그들의 가르침을 넘어서기도 합니다. 우리는 다른 사람들이 가르치는 것이 지나침이나 혹은 모자람이나 혹은 불균형 등으로 진리로부터 벗어났음을 인식하기도 합니다. 그러나 그가 "내가 아버지의 이름을 알게 하였나이다"라고 말할 때, 우리는 그것이 온전한 사실임을 인정하지 않을 수 없습니다.

여기의 말씀 가운데 함축된 것 역시 매우 주목할 만합니다. 그의 메시지의 완전성뿐만 아니라 하나님에 대한 그의 지식의 충만성과 그것의 완전한 본원성(本源性) 즉 다른 어떤 것으로부터도 나오지 않은 특성까지 말입니다. 이와 같이 예수 그리스도는 자신의 완전히 특별하면서도 유일한 위치를 주장합니다. 그는 하나님에 대해 누구로부터도 배우지 않았습니다. 그는 모든 사람들에게 하나님을 가르칩니다. "참 빛 곧 세상에 와서 각 사람에게 비추는 빛이 있었나니"(요 1:9).

여기의 말씀을 좀 더 세심히 살필 때, 우리는 이것이 자기의 전체 생애에 대한 그리스도 자신의 설명이라는 사실을 발견하게 됩니다. 그의 생애의 의미는 세상에 하나님의 마음을 나타내는 것이었습니다. 말씀과 그것보다 훨씬 더 행동으로 말입니다. 스스로에게 다음과 같은 질문을 던져 보십시오 — "만일 어떤 사람의 행동이 하나님의 이름을 나타내는 것이라면, 자신을 그와 같이 선포하는 자는 도대체 어떤 종류의 사람인가?" 만일 이러한 종류의 말이 정말로 예수 그리스도의 입술로부터 나왔다면, 분명 우리는 단순히 거룩한 삶을 산 어떤 위대한 인물 앞에 서있는 것이 아닙니다. 그가 "나를 본 자는 아버지도 보았느니라"라고 말할 때, 우리는 "육체로 나타나신 하나님" 앞에 서있는 것입니다.

아들이 세상에 나타내는 하나님의 이름은 무엇입니까? 그것은 단순히 우리가 그를 부르는 음절(音節)이 아니라 아버지의 계시된 인격(character)입니다. 여기에서 아버지라는 이름을 생각해 보십시오. 그러한 이름 안에 예수 그리스도가 나타내는 전체적 계시가 담겨 있습니다. 왜냐하면 그 이름은 따뜻함과 혈연관계와 부성적(父性的)인 돌봄과 본성의 유전(遺傳)과 신적 사랑의 포옹 등을 함축하기 때문입니다. 뿐만 아니라 그 이름은 사람들로 하여금 하나님의 얼굴을 보지 못하도록 차단하는 모든 두려움과 모든 불안과 모든 염려와 모든 불확실한 것들로부터 그들을 건져냅니다. 사람들을 향한 예수 그리스도의 간절한 마음을 생각해 보십시오. 그의 눈으로부터 샘솟는 긍휼을 생각해 보십시오. 그의 목소리의 아름다운 음악을 생각해 보십시오. 수고하고 무거운 짐을 지고 괴로워하는 모든 사람들에게 그가 얼마나 빨리 도움의 손을 내미는지 생각해 보십시오. 어린아이들을 마다하지 않으시고 세리와 창녀까지도 쫓아내지 않는 그의 은혜를 생각해 보십시오. 만일 이러한 그리스도가 하나님의 최고의 형상이라면, 그렇다면 신성의 중심은 단연 사랑일 것입니다. 그리고 우리가 하나님을 부르는 다른 모든 이름들은 단지 중심의 광채를 꾸미는 주변의 장식물들에 불과할 것입니다.

"우레 사이로 사람의 목소리가 임하도다.
'내가 만든 심장이 여기에서 뛰도다'라고."

이와 같이 우리 주님은 그 최고의 이름이 사랑인 하나님의 이름을 선포했습니다.

여기에서 잠깐 그 이름이 오직 여기의 아들에 의해서만 선포된 사실을 생각해보도록 합시다. 사람들의 삶과 경험 가운데 하나님이 진실로 어떤 분인지를 추론할 수 있는 다른 다양한 원천들이 있다는 사실을 부인할 필요는 없습니다. 그러나 이 모든 것들은, 아무리 다양하며 풍성하다 하더라도, 예수 그리스도 앞에서는 아무것도 아닙니다. 왜냐하면 그 모든 것들은 부분적이며 불완전하기 때문입니다. 하나님은 "여러 부분과 여러 모양으로" 자기 이름을 나타내셨습니다(히 1:1). 그렇지만 그것은 부분적이며 단편적이었습니다. 그러나 그 이름은 예수 그리스도 안에서 전체적으로 말하여졌습니다. 다른 원천들은 모호하며, 그리스도의 생애와 십자가의 해석을 필요로 합니다. 균형 잡힌 전체로서 이해되기 위해서는 말입니다. 삶, 자연, 우리의 내적 존재, 역사(歷史) — 이 모든 원천들은 두 가지 음성으로 말합니다. 그것들의 불협화음이 화음으로 바뀌는 것은 오직 우리가 그리스도의 말씀 안에서 그것들의 기저(基底)에 있는 깊은 음정(音程)을 들을 때입니다. 다른 원천들에는 권위가 결핍되어 있습니다. 그것들은 기껏해야 "가능성"(may be)과 함께 옵니다. 반면 예수 그리스도는 "진실로 진실로"와 함께 옵니다. 다른 원천들은 이해력이나 양심이나 혹은 두려움에게 말합니다. 반면 그리스도는 마음에 말합니다. 다른 원천들은 사람을 변화시키지 못합니다. 그러나 그리스도의 메시지는 사람의 존재 전체를 변화시키며 동화(同化)시키는 데까지 관통합니다.

오늘날 너무나 많은 사람들이 예수 그리스도 안에서 선포된 하나님의 이름을 붙잡는 대신 불경건한 세상의 짙은 안개 가운데 방황하고 있습니다. 현대사상은 다른 모든 원천들을 붙잡고 늘어지는 가운데 사람들을 짙은 안개 가운데 홀로 내버려둡니다. 예수 그리스도의 생애와 죽음의 역사적 사실만이 하나님이 계시다는 사실과 하나님이 어떤 분이신지에 대해 확실하게 말해주는 유일한 원천입니다.

둘째, 지금 죽음을 향해 나아가고 있는 자가 특이한 관점으로 미래를 바라보는 것을 주목하십시오.

"내가 아버지의 이름을 그들에게 알게 하였고 또 알게 하리니." 이 말은 십자가를 얼마 남겨 놓지 않은 때에 한 말이었습니다. 만일 그가 단순한 사람이었다면, 십자가는 세상에서 그의 모든 활동을 종결시키는 것이 될 것입니다. 그러나 여기에서 예수 그리스도는 자신의 생애를 요약할 뿐만 아니라, 한 걸음 더 나아가 이를테면 책 전체를 아우르는 최후의 판결을 선포합니다. 그는 첫째 권을 끝내고 있으며, 그렇게 하는 가운데 둘째 권을 열기 위해 자신의 손을 뻗습니다. "내가 아버지의 이름을 그들에게 알게 하리니." 언제 알게 할 것입니까? 어떻게 알게 할 것입니까? 세상에서의 죽음은 이 사람의 모든 활동을 종결시킬 것이 아니었습니까? 죽음으로 말미암아 그의 입이 닫힌 이후에도 계속해서 하나님을 나타내는 일이 행해질 것이었습니까? 분명히 그렇습니다.

"내가 아버지의 이름을 그들에게 알게 하리니" — 물론 이 말을 하는 순간 십자가는 아직 미래에 속한 것이었습니다. 그는 십자가를 통해 세상에 아버지의 이름을 알게 할 것이었습니다. 그러나 그가 아버지를 나타내는 것은 단지 십자가를 통해서만이 아닙니다. 그것을 훨씬 초월합니다. 하나님에 대한 기독교 세계의 지식 가운데 얼마나 많은 분량이 그리스도의 수난 위에 의존했습니까! 온 땅에 어둠이 덮인 가운데 십자가에 달려 힘없이 죽어가는 그리스도는 전능하시며, 무한하시며, 영원히 복되신 하나님을 얼마나 기이하게 나타냅니까! 그러나 그것이 전부가 아닙니다. 만일 우리가 그리스도가 아버지를 나타내신 것과 관련하여 오로지 겟세마네와 십자가만을 부각시킨다면, 너무나 보잘것없는 것만을 붙잡고 있는 것입니다. "우리가 아직 죄인 되었을 때에 그리스도께서 우리를 위하여 죽으심으로 하나님께서 우리에 대한 자기의 사랑을 확증하셨느니라"(롬 5:8). 나사렛의 목수가 달려 죽어갔던 성문 밖 골고다 언덕을 바라볼 때, 우리는 "보라 이 사람은 우리 하나님이라 우리가 그를 기다려 왔노라"라고 말하지 않을 수 없습니다.

그러나 미래에 아버지를 나타낼 것은 십자가를 넘어 펼쳐집니다. 그것은 부활과 승천과 오순절과 모든 세대를 통해 펼쳐지는 교회 역사 전체를 포함합니다. 계시의 두 권(卷), 다시 말해서 그리스도의 지상 사역을 포함하는 첫째 권과 하늘로부터의 그의 계시를 포함하는 둘째 권 사이의 차이는 이것입니다. 즉 첫째 권은 모든 사실들을 포함하며, 둘째 권은 그러한 사실들을 그의 백성들의 마음과 생각 속에 그가 해석하고 적용하는 것을 포함합니다. 하나님을 깨달음에 있어 예수 그리스도의 지상 생애에 속하는 사실들 이상의 또 다른 사실들은 없습니다. 첫째 권은 마지막 페이지에 이르기까지 완성되었으며, 더해질 것이 더 이상 필요하지 않게 되었습니다. 그러면서 동시에 예수 그리스도는 매 순간, 매일, 그리고 매 시대마다 자기 백성들을 첫째 권의 의미에 대한 보다 더 충분한 깨달음으로 데려갑니다. 다시 말해서 그는 둘째 권을 그들의 마음 위에 더 풍성하게 기록합니다.

이와 같이 예수 그리스도는 항상 살아계시는 가운데 계속해서 자신의 교회를 가르치십니다. 예컨대 오늘날과 같은 격동과 혁명적 변화의 때는 단지 우리의 위대한 선생이 옛 책으로부터 어떤 새로운 교훈을 제시하고 계시는 때일 뿐입니다. 학급이 다시 편성되고 새로운 책들이 주어질 때, 교실에는 항상 어느 정도의 혼란이 있게 마련입니다. 지류(支流)에서는 때로 물의 흐름이 끊어지기도 합니다. 흔들릴 수 있는 것들이 흔들릴 때, 우리는 두려워할 필요가 없습니다. 그러나 그러한 흔들림 속에서 우리는 위대한 선생이 가르치고 계시는 새로운 교훈을 배워야만 합니다.

3. 셋째, 아버지의 이름을 아는 것의 결과가 그의 사랑 안에 참여하는 것이라는 사실을 주목하십시오.

"이는 나를 사랑하신 사랑이 그들 안에 있고." 예수 그리스도는 자신이 아버지의 이름을 나타내는 목적이 아버지의 이름이 그들 안에 있게 하기 위함이라고 말씀합니다. 우리는 지금 쉽게 다가갈 수 없는 너무나 높고 영광스러운 지점에 서 있습니다. 그러나 그리스도께서 말씀하신 지점에 우리는 경외하는 마음으로 다가갈 수 있습니다. 여기에서 그리스도의 것인 사랑과 우리의 것인 사랑이 동일시되는 것을 주목하십시오. 신적 사랑이 태초에 하나님과 함께 계셨고 또 하나님이셨던 영원한 말씀 위에 놓였습니다. 신적 본성과 관련하여 우리가 구성할 수 있는 가장 심오한 개념은 '자신 안에 영원한 사랑의 주체와 객체를 담고 있는 존재'의 개념입니다. 그 사랑이 제한 없이, 조건 없이, 단절됨이 없이 그리스도 위에 놓였습니다

다. 어떤 안개와 뇌우(雷雨)도 햇빛을 방해하지 못하며, 어떤 폭풍도 그 고요함을 쓸어가지 못합니다. 아버지를 아들에게 결합시키는 사랑은 계속적이며, 충만하며, 완전했습니다. 또 자신이 그 사랑 안에 거한다고 하는 아들의 의식 역시 계속적이며, 충만하며, 완전했습니다. 그는 "내가 주의 뜻 행하기를 즐기오니"라고 말씀하시면서, 계속해서 "나는 항상 그가 기뻐하시는 일을 행하므로 그가 나를 혼자 두지 아니하셨느니라"라고 말씀하셨습니다(시 40:8, 요 8:29).

예수 그리스도는 그와 같은 신적 사랑을 우리에게 아낌 없이, 제한 없이, 단절됨이 없이 주십니다. 예수 그리스도는 우리 역시도 자신처럼 하나님의 사랑을 의식하기를 바라십니다. 아, 그러나 사랑하는 그리스도인들이여! 우리의 경험은 어떻습니까? 일 년에 한두 달을 제외하고 항상 찬란한 태양이 내리쬐는 이집트의 청명한 하늘을 생각해 보십시오. 구름 한 점 없이 쾌청한 이집트의 파란 하늘과 안개와 습기로 자욱한 우리의(즉 영국의) 하늘 사이의 대조는 마치 신적 사랑에 대한 우리의 간헐적이며 희미한 의식과 그리스도의 마음 위에 부어진 찬란한 빛의 영광 사이의 대조 같지 않습니까? 우리가 그와 같은 신적 사랑에 가까이 다가갈 수 있는 것은 충분히 가능합니다. 그리고 그렇게 할 수 있는 방법은 그리스도께서 아버지의 이름을 나타내신 것을 우리가 단순하게 받아들이는 것입니다.

4. 마지막으로, 우리로 하여금 신적 사랑에 참여하는 것을 가능하게 만드는 내주(內住)하시는 그리스도를 주목하십시오.

"나도 그들 안에 있게 하려 함이니이다." 사람들은 다음과 같이 말할 수 있을 것입니다. "어떻게 사랑이 이전(移轉)되는 것이 가능할 수 있습니까? 어떻게 나에게 임한 하나님의 사랑이 그리스도에게 임한 하나님의 사랑과 같은 것일 수 있습니까?" 여기에는 오직 하나의 대답이 있을 뿐입니다. 만일 그리스도가 내 안에 거한다면, 그리스도에게 임한 하나님의 사랑이 이전에 의해서가 아니라 그와의 연합에 의해 나에게 임합니다. 영혼 안에 그리스도가 실제적으로 내주하는 것과 관련한 이러한 위대한 진리는 단순한 수사학적 과장도 아니고, 그의 가르침의 영향과 그의 모범의 아름다움이 우리를 움직일 수 있음을 제시하는 열광적인 방식도 아닙니다. 다만 그것은 신성을 가진 그리스도가 우리의 마음속에 들어와 거할 수 있다는 단순하면서도 절대적인 사실입니다. 만일 그리스도가 내 안에 거한다면, 주와 연합한 나는 그와 한 영입니다. 그리고 내 안에 계신 그리스도는 신적 사랑의 빛을 받으며, 나 역시도 그 안에서 그 빛을 받습니다. 그러나 그것은 나의 개체성을 파괴하지 않고 도리어 고양(高揚)시킵니다. 내가 사는 것이 아니요 내 안에 그리스도께서 사는 것일 때, 나는 훨씬 더 나 자신이 됩니다(갈 2:20).

그러므로 사랑하는 형제들이여, 결론은 예수 그리스도께서 우리 안에 오셔서 내주하실 수 있다는 것입니다. 만일 우리가 그렇게 하고자 한다면 말입니다. 만일 우리가 그렇게 한다면, 하나님은 우리를 사랑하실 것입니다. 왜냐하면 하나님은 우리 안에 거하시는 자를 사랑하기 때문입니다. 하나님이 그리스도를 사랑하는 한, 하나님은 나를 사랑하는 것을 그칠 수 없습니다. 또 그렇기 때문에 나 역시도 나에 대한 그의 사랑을 의식하는 것을 그칠 수 없습니다. 또 그렇기 때문에 예수에게 임한 하나님의 선물은 합당한 분량대로 나에게 임합니다. 그러므로 죽지 아니함, 하늘, 영광, 하늘과 땅의 모든 축복 — 이 모든 것이 그리스도와의 연합의 열매입니다. 그 조건은 간단합니다. 그것은 예수 그리스도께서 아버지의 이름을 선포하는 것을 우리가 기쁘게 받아들이는 것입니다. 그것은 곧 우리가 그의 복음을 마음으로 영접하는 것을 의미합니다. 그러면 그의 기도와 그의 영혼의 수고한 것이 그 목적지에 도달할 것입니다. 그리고 아버지가 아들을 사랑하신 사랑이 우리 안에 있을 것이며, 아들 자신이 우리 마음 가운데 거할 것입니다.

105
그리스도와 그를 잡으러 온 자들

"[6] 예수께서 그들에게 내가 그니라 하실 때에 그들이 물러가서 땅에 엎드러지는지
라 [7] 이에 다시 누구를 찾느냐고 물으신대 그들이 말하되 나사렛 예수라 하거늘 [8]
예수께서 대답하시되 너희에게 내가 그니라 하였으니 나를 찾거든 이 사람들이
가는 것은 용납하라 하시니 [9] 이는 아버지께서 내게 주신 자 중에서 하나도 잃지 아
니하였사옵나이다 하신 말씀을 응하게 하려 함이러라"

요 18:6-9

여기의 주목할 만한 사건은 오직 요한에 의해서만 보도됩니다. 이 사건은 자기가 기록할 사건을 선택함에 있어 그 자신이 이야기하는 목적과 잘 어울립니다. 그는 자신의 복음서 끝 부분에서 이렇게 말합니다. "오직 이것을 기록함은 너희로 예수께서 하나님의 아들 그리스도이심을 믿게 하려 함이요 또 너희로 믿고 그 이름을 힘입어 생명을 얻게 하려 함이니라" (요 20:31). 요한복음의 전체적 특성은 다음과 같은 두 가지 사실, 즉 그가 이미 존재하고 있었던 복음서들을 대체하거나 수정하기 위함이 아니라 보충하기 위해 기록했다는 것과 그의 특별한 목적이 '아버지의 독생자'로서 그리스도의 영광을 나타내는 사실들과 말씀들을 보도하는 것이었다는 사실의 토대 위에서 설명될 수 있습니다.

본문의 사건은 그러한 것들 가운데 하나입니다. 요한은 본문의 사건 속에서 대략 다음과 같은 세 가지를 강조합니다. 첫째, 그는 주님을 붙잡으러 온 자들이 그의 고요하며 위엄 있는 "내가 그니라" 앞에 움찔하며 뒤로 물러나는 것을 강조합니다. 그것은 그리스도의 영광을 나타내는 것이었습니다. 둘째, 그는 우리 주님이 두려움으로 물러나 땅에 엎드러진 사람들 가운데 계속해서 서 계셨음을 강조합니다. 마치 그들로 하여금 그들의 일을 속히 행하라고 재촉하는 것처럼 말입니다. 그것은 그리스도의 자발적 고난을 나타내는 것이었습니다. 셋째, 그는 "나를 찾거든 이 사람들이 가는 것은 용납하라"라는 말 속에서 자신은 잊고 오직 연약한 제자들의 안위만을 염려하는 주님의 마음을 강조합니다. 요한에게 이 사건은 예수 그리스도를 믿는 자는 누구든지 모든 악으로부터 구원받는다는 원리가 매우 낮은 수준에서 실제로 나타나는 하나의 실례(實例)였습니다.

1. 첫째, 여기에서 순간적으로 주님의 영광이 나타나는 것을 주목하십시오.

"내가 그니라"(6절). 예수를 잡으러 왔던 무리를 생각해 보십시오. 그들에게는 두 가지 증거가 있었습니다. 하나는 배신자의 입맞춤이었고, 또 하나는 여기에서의 그 자신의 시인(是認)이었습니다. 그럼에도 불구하고 어째서 그들은 그를 붙잡지 않았습니까? 그는 무방비 상태로 그들 가운데 홀로 서 있었습니다. 그 자리에 그를 결박하는 것을 방해하는 것은 아무것도 없었습니다. 그럼에도 불구하고 그들은 그를 붙잡는 대신 뒤로 물러나 땅에 엎드러졌습니다. 그들의 마음속에 그들 자신조차 설명할 수 없는 이상한 두려움과 경외심이 있었습니다. 그것은 도대체 어디로부터 온 것이었습니까? 여러 가지가 합력하여 그것을 만들어냈을 것입니다. 나는 이것을 기적이라고 고집할 생각은 추호도 없습니다. 우리는 이와 비슷한 종류의 일들을 종종 목격할 수 있습니다. 아무런 죄도 없이 희생자가 된 어떤 유명한 인물을 생각해 보십시오. 그를 체포하러 온 경찰들이 그를 보고 비록 잠시 동안이나마 "이 사람은 정말 훌륭한 사람인데!"라고 속으로 말하며 그를 체포하기를 머뭇거리는 것은 종종 있는 일입니다. 어쩌면 그리스도를 잡으러 온 무리 가운데 그로부터 말씀을 들었던 사람들도 있었을는지 모릅니다. 그를 충분히 깨닫는 데까지는 이르지 못했다 하더라도 말입니다. 또 틀림없이 거기에는 혹 자신들이 예컨대 선지자와 같은 거룩한 사람을 붙잡으러 온 것이 아닌지 의심하는 사람들도 있었을 것입니다. 특별히 "아랫사람들" 가운데 어쩔 수 없이 온 사람들도 있었을 것입니다(3절). 어쨌든 모든 사람들에게 그의 고요함과 위엄 그리고 두려워하거나 혹은 도망치려고 하지 않는 당당한 모습은 그들의 마음을 휘젓기 시작하고 있었던 이상한 생각을 더욱 심화시켰을 것입니다.

그러나 나는 여기의 이야기에서 이것 이상의 훨씬 강한 인상(印象)을 받습니다. 나에게 있어 그리스도의 어투와 모습 속에 사람 이상의 무엇이 있는 것처럼 보입니다. 그것은 정결하며 고요한 본성이 거칠고 저급한 본성에 대하여 갖는 우월성과 비슷한 종류의 것일 수 있습니다. 그것은 참수자(斬首者)로 하여금 늙은 성자(聖者) 앞에서 칼을 내려놓고 그 앞에 무릎을 꿇게 만드는 것과 비슷한 종류의 것일 수 있습니다. 그러나 본문의 경우는 그것과 그 정도에 있어 큰 차이가 납니다. 사실상 전혀 다른 종류의 것이라고 말할 수 있을 정도로 말입니다. 여기의 사건으로부터 어떤 '기적'의 요소를 주장하고 싶지는 않습니다. 그렇지만 우리는 여기에서 항상 그리스도 안에 내주하고 있던 위엄이 그의 뜻과는 별개로 한 순간 표면 위로 솟아오른 것을 볼 수 있지 않을까요?

우리는 신성이 사람의 몸 안에 육체적으로 거하는 것과 관련한 법칙을 알지 못합니다. 그러나 우리는 그의 모습이 완전히 변화된 다른 경우를 압니다. 그때 그의 옷 위로 광채가 비취었는데, 그것은 외부로부터가 아니라 내부로부터 솟아나오는 광채였습니다. 그때와 마찬가지로 여기에서도, 나는 그의 육체를 가리고 있던 휘장이 잠깐 동안 조금 찢어지고 그럼으로써 항상 그 안에 내주하고 있던 광채가 조금 흘러나온 것으로 생각하고 싶습니다. 물론 그때와 지금은 전혀 다른 상황이지만 말입니다. 영광의 왕을 보았을 때, 이사야는 "화로다 나여 망하게 되었도다"라고 부르짖었습니다(사 6:5). 또 모세는 하나님의 얼굴을 보지 못하고 다만 그의 등만을 보았을 뿐입니다. 그와 마찬가지로 여기에서도 이를테면 잠깐 동안 찢어진 틈으로 흘러나온 신성의 한 줄기 빛은 그를 잡으러 온 사람들로 하여금 이상한 두려움으로 엎드려지도록 만들기에 충분했습니다. 그가 "내가 그로다"라고 말했을 때, 거기에는 그들로 하여금 그렇게 느끼도록 만들 만한 무엇인가가 있었습니다. 그 앞에서 폭력은 움츠러들 수밖에 없었습니다. 그 앞에서 부정한 것은 스스로 얼굴을 가릴 수밖에 없었습니다. 나는 이것이 그때의 이상한 두려움에 대한 유일한 설명이라고 단언하지 않습니다. 다만 여러분에게 충분히 그럴 수 있지 않았겠느냐고 제안할 뿐입니다.

그렇지만 어쨌든 본문의 사건은 그리스도의 위엄과 존귀를 매우 강력하게 나타냅니다. 뿐만 아니라 그것은 우리에게 그의 인격과 관련하여 매우 강한 인상을 던집니다. 왜냐하면 그는 가장 비천해질 수 있는 순간에 추호의 흔들림도 없기 때문입니다. 요한은 항상 그리스도의 영광을 나타내는 일에 그 마음이 집중되어 있습니다. 특별히 그 영광이 그의 비하(卑下)와 나란히 놓일 때 더욱 그러합니다. 영광과 비하의 이 같은 특이한 결합은 신약이 그리는 예수 그리스도의 초상화의 두드러진 특징들 가운데 하나입니다. 우리 주님의 생애 가운데 그의 비하의 낮음이 강조되는 사건을 보십시오. 그러면 여러분은 바로 그 옆에서 그의 영광의 위엄을 나타내는 무엇인가를 보게 될 것입니다. 몇 가지 예를 살펴봅시다. 그는 연약한 아기로 태어나지만, 그러나 천사들이 그의 탄생을 알립니다. 그는 구유에 누이지만, 그러나 큰 별 하나가 그 위를 비추며 동방박사들이 그 별의 인도를 받아 그곳에 와서 그에게 황금과 유향과 몰약을 예물로 드립니다. 그는 회개의 세례에 기꺼이 스스로를 순복시키지만, 그러나 그 순간 하늘이 열리고 "이는 내 사랑하는 아들이라!"는 음성이 울려퍼집니다. 그는 피곤함 가운데 우물을 덮는 돌 위에 앉아 한 시골 여자에게 물을 좀 달라고 구하지만, 그러나 그는 그녀에게 생수를 줍니다. 그는 거의 탈진한 상태로 작은 고깃배의 고물에 누워 잠자지만, 그러나 얼마 후 깨어 일어나 바람에게 명령을 내리자 곧바로 바람이 잠잠해집니다. 그는 무덤 앞에서 눈물을 흘리지만, 그러나 무덤을 향해 소리치자 죽은 자가 살아나옵니다. 그는 겟세마네 동산에서 고뇌 가운데 거의 쓰러질 지경이지만, 그러나 하늘로부터 내려온 천사가 그를 붙잡아줍니다. 그는 인간의 법정에 죄수로서 서지만, 그러나 도리어 자신을 재판하는 자를 심판하며 정죄합니다. 그는 죽지만, 그러나 그의 패배의 순간이 곧 그의 승리의 순간입니다. 이 같은 영광과 비하의 특이한 결합은 마침내 십자가 위에서 "인자가 영광을 받고 하나님도 인자로 말미암아 영광을 받으신" 순간에 최고로 두드러집니다(요 13:31).

이와 같이 우리는 본문의 사건 속에서 두 상극(相剋)의 결합 즉 비하와 영광의 특이한 결합이 나타나는 것을 발견합니다. 그는 "사람들의 손에 넘겨질" 것이었습니다. 그렇습니다. 그러나 그렇게 넘겨지기에 앞서 잠깐 동안 정오(正午)의 광채보다 더 밝은 광채가 그의 감추어진 영광을 나타내기 위해 임합니다.

뿐만 아니라 우리는 본문의 사건을 장차 이루어질 일에 대한 예언으로 바라볼 수 있습니다. 옛 주석가 가운데 한 사람은 여기의 6절을 주석하면서 이렇게 말합니다. "그는 '내가 그니라'라는 말을 또 다시 세 번 말할 것이다. 만일 그가 죽기 위해 왔을 때 이렇게 말했다면, 통치하기 위해 올 때는 무엇이라고 말할 것인가? 만일 이것이 심판받기 위해 나타난 것의 결과라면, 심판자로서 나타날 것의 결과는 무엇이겠는가?" "모든 눈이 그를 볼 것이요"(계 1:7). 그가 심판자로서 오실 때, 그의 나타남을 사랑하지 않았던 자들은 그 앞에 엎드려 바위와 산에게 제발 자신들을 가려달라고 애원할 것입니다.

2. 둘째, 여기에서 우리 주님의 고난의 자발성이 나타나는 것을 주목하십시오.

두려움에 사로잡힌 무리가 그리스도로부터 물러나 땅에 엎드렸을 때, 어째서 그는 계속해서 그 자리에 서 있었습니까? 만일 그가 도망치고자 했다면, 그때야말로 그렇게 하기에 가장 좋은 순간이었을 것입니다. 전에도 한 번 그렇게 했던 것처럼, 그는 그들 사이를 지나 자신의 길을 갈 수도 있었습니다. 그렇게 하고자 했다면 말입니다. 그는 지금 겟세마네 동산에 있습니다. 그를 찾는 데는 아무런 어려움도 없습니다. 그는 자기가 누구인지 말합니다. 배신자의 입맞춤조차도 필요하지 않았습니다. 그러나 그를 잡으러 온 자들이 도리어 물러나 땅에 엎드러집니다. 그러나 그는 도망치지 않을 것입니다. 베드로가 칼을 뽑았을 때, 그는 도리어 베드로를 책망합니다. 그는 스스로 손을 내밀어 결박을 당합니다. 그를 결박한 것은 그들의 사슬이 아니라 그의 "사랑의 줄"이었습니다. 그를 재판정과 십자가로 끌고 간 것은 그들의 힘이 아니라 그 자신의 긍휼이었습니다.

이러한 개념을 좀 더 깊이 생각해 보도록 합시다. 복음서의 모든 이야기는 우리 주님의 생애가 인간의 죄를 위해 스스로를 자발적으로 내어주는 것이며 그를 십자가에 못 박은 것은 오직 그 자신의 뜻으로 말미암은 것이라는 원리 위에서 구성되며 또한 그러한 원리를 실증(實證)합니다. 그는 태어나기로 뜻하셨습니다. 그는 자신의 선택에 의해 세상에 오셨습니다. 그는 종의 형상을 취하셨습니다. 그는 자녀의 피와 살의 분깃을 취하셨습니다. 그의 탄생은 그 자신의 행동이었으며, 그것은 이후 그의 긴 일련의 행동들 가운데 첫 번째 행동이었습니다. 그는 스스로를 비하(卑下)하셨습니다. 그는 한 걸음 한 걸음 자발적으로 십자가를 향해 나아가셨습니다. 그것은 처음부터 필연적 것으로서 그 앞에 분명하게 서 있었습니다.

그의 마지막 순간으로 더 가까이 다가갈수록, 우리는 그가 자발적으로 십자가를 향해 나아갔음을 점점 더 분명하게 보게 됩니다. 우리 주님의 생애의 마지막 부분을 좀 더 세심하게 살펴보십시오. 그러면 여러분은 전체 이야기 속에서 그가 최후의 싸움을 향해 침착하면서도 의도적으로 나아갔음을 보게 될 것입니다. 그의 마지막 예루살렘 여행을 생각해 보십시오. 그의 요란한 예루살렘 입성을 생각해 보십시오. 그가 제사장들과 관원들을 점점 더 혹독하게 책망하는 것을 생각해 보십시오. 그가 잠시 예루살렘으로부터 물러난 것에 대해서도 우리는 그가 너무 일찍 붙잡힘으로써 유월절 전에 죽는 것을 피하고자 함이었을 것으로 추측할 수 있습니다. 서둘러 예루살렘으로 올라간 것이나 그곳으로부터 잠시 물러난 것이나, 거기에는 동일한 목적이 있었습니다. 그것은 합당한 장소에서, 합당한 때에, 합당한 방식으로 자신의 생명을 내어주기 위한 것이었습니다.

무엇보다도 예수 그리스도의 죽음의 행동 자체를 보십시오. 그가 죽은 것은 그것을 피할 수 없었기 때문이 아니었습니다. 그를 죽게 한 것은 십자가의 못도 아니었으며, 육체의 기력이 모두 소진되었기 때문도 아니었으며, 십자가의 강력한 충격 때문도 아니었습니다. 그가 죽은 것은 그가 그렇게 하고자 뜻하셨기 때문이었습니다. "이를 내게서 빼앗는 자가 있는 것이 아니라 내가 스스로 버리노라 나는 버릴 권세도 있고 다시 얻을 권세도 있으니"(요 10:18). 마지막 순간 그가 죽음에 머리를 숙일 때, 그는 죽음의 주인이었습니다. 이를테면 우리 주님이 그 섬뜩한 종에게 "오라!"라고 말하니 그가 오고, "이것을 행하라!"라고 말하니 그가 행한 것이었습니다. 십자가 위에서 죽으셨을 때, 그는 죽음의 열쇠를 자신의 손에 쥐고 계셨으며 스스로를 죽음의 주인으로 나타내셨습니다.

만일 그리스도께서 죽으신 것이 스스로 그렇게 뜻하셨기 때문이었다는 것이 정말로 사실이라면, 그가 죽고자 뜻하신 이유는 무엇이었을까요? 만일 정말로 그것이 그의 선택이었다면, 그러한 선택을 결정한 것은 무엇이었을까요? 여기에는 두 개의 대답이 있으며, 두 대답은 결국 하나입니다. 그의 생애를 지배했던 신적 동기는 두 가지로 표현됩니다 — "내가 아버지의 뜻을 행하여야 하리라"와 "내가 세상을 구원하여야 하리라."

유대 관원들이 그에게 던진 "그가 남은 구원하였으되 자기는 구원할 수 없도다"라는 조롱의 말은 그들이 상상했던 것보다 훨씬 더 깊은 진리를 가지고 있었습니다(막 15:31). 실제로 그것은 조롱이 아니라 찬사였습니다. 그는 남은 구원하였습니다. 그렇습니다. 그러므로 그는 자신은 구원할 수 없었습니다. 그가 자신은 구원할 수 없었던 것은 우리와 세상을 향한 그의 값없는 사랑에 의해 자신의 목숨을 내어줄 것을 기꺼이 선택했기 때문이었습니다. 그의 몸을 십자가에 매단 것은 그의 확고한 의지였습니다. 그리고 그의 의지를 계속해서 확고하게 지킨 것은 그의 사랑이었습니다.

예수 그리스도의 이와 같은 자발적 고난은 결코 우리와 무관할 수 없습니다. 그것은 우리에게 우리를 위해 자신을 주신 자를, 그리고 우리를 사랑했기 때문에 죽으셔야만 했던 자를, 그리고 우리를 구원받지 못한 상태로 내버려둘 수 없었던 자를 감사하는 마음으로 섬기며 평생토록 순복할 것을 요구하지 않습니까?

3. 마지막으로, 여기에서 자신은 잊고 오직 우리의 안위만을 염려하는 주님의 모습을 주목하십시오.

"나를 찾거든 이 사람들이 가는 것은 용납하라" — 이 말은 죄수의 탄원이라기보다 차라리 왕의 명령 같이 들립니다. 그러한 말의 고요한 위엄 속에서 우리는 자신은 잊고 오로지 제자들의 안위만을 염려하는 주님의 모습을 발견할 수 있지 않습니까?

그때 주님이 안전하게 지키려고 했던 것은 매우 작은 것이었습니다. 제자들은 언젠가는 그를 위해 죽을 것이었습니다. 그러나 그들은 아직 죽음을 위해 준비되지 않았습니다. 그리하여 주님은 잠시 동안 그들 앞에 스스로를 그들을 보호하는 방패로 세웁니다. 지금은 약한 그들이 장차 강한 자들로 자랄 때까지 어느 정도의 시간을 가질 수 있도록 말입니다. 물론 그들이 그를 버리고 도망친 것은 잘못된 일이며, 비겁한 일입니다. 그럼에도 불구하고 여기의 말씀은 어느 정도 그들의 떠남을 허락해주고 있는 것처럼 들립니다. "이 사람들이 가는 것은 용납하라."

여기에서 "아버지께서 내게 주신 자 중에서 내가 하나도 잃지 아니하였사옵나이다"라는 말씀을 주목해 보십시오(9절). 물론 요한은 여기의 작은 구원이 그리스도께서 그와 같은 말씀에 의해 의도하신 모든 것이었다고 생각하지 않았습니다. 그러나 그는 이것을 매우 작은 한 가지 실례(實例)로서 보았습니다. 왜냐하면 이것은 무한히 더 높은 영역에서 작동하는 원리와 동일한 원리 아래 있는 것이었기 때문입니다. 물론 9절의 말씀은 영적 영역에서 온전히 성취됩니다. 가장 높은 의미에서 그것은 그리스도를 사랑하며 따르는 자들이 하늘의 본향에서 아버지 앞에 흠 없이 드려질 때까지 성취되지 않습니다. 그럼에도 불구하고 여기의 작은 사건은 최종적 구원과 동일한 원인의 결과일 수 있습니다. 한 방울의 이슬은 가장 큰 행성을 만드는 법칙과 동일한 법칙으로 만들어집니다. 옛 설교자들은 종종 하나님은 가장 작은 것들 안에서 가장 크시다고 말하곤 했습니다. 자신을 희생시키면서 제자들을 안전하게 지키고자 하는 여기의 예수 그리스도의 마음은 그로 하여금 의로운 자로서 불의한 자를 위해 죽도록 이끈 사랑과 동일한 사랑으로부터 나온 것입니다. 그러므로 우리는 여기의 작은 사건을 그가 행하실 위대한 일의 부분적 성취로 받아들일 수 있습니다. 설령 그 완전한 성취는 모든 양들이 한 우리에 모이고 악한 짐승이나 힘든 여행길이나 메마른 초장이 더 이상 그들을 괴롭게 할 수 없을 때까지 기다려야만 한다고 하더라도 말입니다.

그러므로 여기의 작은 사건 속에서 우리는 최고의 진리가 나타나고 설명되는 것을 발견할 수 있습니다. 우리는 가장 사소한 것처럼 보이는 사건 속에서 가장 순전하며 영적 진리를 발견할 수 있습니다. 보이는 것은 보이지 않는 것을 가리는 휘장입니다. 그러나 우리는 그 휘장 너머로 보이지 않는 것의 어렴풋한 윤곽을 볼 수 있습니다. 경건하며 지혜로운 사람들에게 인생의 일반적 사건들은 모두 무엇인가를 알려주는 비유입니다. 그러한 사건들은 들을 귀가 있는 자들에게 그 신비로운 의미를 말해줍니다. 이와 같이 본문의 사소한 사건은 우리에게 예수 그리스도의 구속의 사랑, 즉 자신을 희생시키면서 자기 백성을 구원하는 사랑을 보여줍니다.

여기의 그림을 다시 한 번 보십시오. 여기에 자신을 내어줌으로써 두려워 떠는 제자들을 자유롭게 가게 하는 주님의 모습이 나타나지 않습니까! 이러한 그림은 그가 우리의 모든 원수들과 관련하여 우리를 위해 행하시는 일의 상징입니다. 그는 우리와 우리의 원수들 사이에 섭니다. 그리고 원수들이 쏘는 모든 화살을 자신의 몸으로 받으면서 이렇게 말합니다. "이 사람들이 가는 것은 용납하라." 하나님의 율법이 그것을 수없이 깨뜨린 우리에게 두려움과 형벌과 함께 다가옵니다. 죄와 죄책에 대한 의식(意識)은 대체로 우리 모두를 여러 가지 목적을 가지고 다양한 강도(强度)로 위협합니다. 세상의 모든 무거운 짐들, 육체를 따른 모든 고통들, 마지막 원수인 죽음, 그리고 그 너머에 있는 것들 — 이 모든 것들이 여러분을 둘러싸고 있습니다. 나의 친구들이여, 이 모든 것들로부터 피하기 위해 여러분은 무엇을 할 것입니까? 여러분은 죄인입니다. 여러분은 하나님의 율법을 깨뜨렸습니다. 그 율법은 자기를 거스르는 모든 것들을 짓뭉개버립니다. 여러분은 때로 즐거운 일이 있다고 하더라도 여전히 피곤하며 고된 삶을 살아갑니다. 여러분을 걱정하게 하며, 근심하게 하며, 고통스럽게 하며, 슬퍼하게 하며, 좌절하게 하며, 실망하게 하는 일들이 있으며 또 있을 것입니다. 여러분이 이룰 수 없을 어려운 의무들과 여러분이 아주 적은 빛밖에 볼 수 없을 어두운 날들이 있으며 또 있을 것입니다. 그리고 마지막 원수인 죽음이 여러분 곁에 서는 순간이 다가올 것입니다. 그리고 죽음 이후에 이 땅에서 뿌린 것들을 거두는 보응(報應)의 삶이 있을 것입니다. 이 모든 것들이 여러분에게 사실이며, 언젠가 모두 사실일 것입니다. 그것을 생각할 때, 여러분은 어떻게 할 것입니까?

나는 여러분에게 우리를 위해 이 모든 것을 담당하신 구주를 전파합니다. 어머니가 자기 아이로 하여금 늑대들로부터 도망치도록 하기 위해 자신이 그것들과 맞서는 것처럼, 여기에서 여러분의 모든 원수들과 맞서면서 그들에게 "이 사람들이 가는 것은 용납하라"라고 말하는 자가 있습니다. "그가 채찍에 맞으므로 우리는 나음을 받았도다 우리는 다 양 같아서 그릇 행하여 각기 제 길로 갔거늘 여호와께서는 우리 모두의 죄악을 그에게 담당시키셨도다"(사 53:5, 6).

그가 죽으신 것은 그가 그렇게 선택했기 때문이었으며, 그가 그렇게 선택한 것은 우리를 사랑했기 때문이었습니다. 그가 죽으신 것은 그로 말미암아 우리를 살리려 함이었습니다. 그리고 그 안에서 우리로 하여금 죄 사함과 평안을 발견하도록 하기 위함이었습니다. 그는 우리와 우리 원수들 사이에 섭니다. 어떤 악도 그를 먼저 치기 전까지는 우리를 칠 수 없습니다. 그는 우리의 심장을 꿰뚫을 수 있는 모든 화살을 자신의 심장 안으로 받아들입니다. 그는 세상 죄의 죄책과 형벌을 담당했습니다. 그리고 모든 형벌이 그에게 떨어짐으로써 그를 믿는 우리는 그냥 우리의 길을 갈 수 있게 되었습니다. 만일 우리가 그리스도 예수 안에 있다면, 우리에게 어떤 정죄함도 없습니다. 만일 어떤 정죄함도 없다면, 우리는 어떤 공격 앞에서도 능히 설 수 있습니다. 우리는 그런 공격들을 훨씬 더 쉽게 감당할 수 있습니다. 그리스도께서 이미 그러한 것들을 담당하셨음을 알 때, 그것들의 전체적 성격은 완전히 달라집니다. 그리스도께서 보호하셨던 여기의 제자들을 생각해 보십시오. 그들 가운데 삼분의 이는 순교자로서 죽었습니다. 헤롯의 칼에 목 베임을 당한 야고보와 십자가에 거꾸로 달려 죽은 베드로를 생각해 보십시오. 여러분은 그들이 주께서 그들보다 먼저 죽으신 것을 생각하면서 즐겁게 그리고 겟세마네에서와는 전혀 다른 마음으로 죽었을 것이라고 생각하지 않습니까? 가장 캄캄한 감옥조차도, 만일 우리가 그리스도께서 우리보다 먼저 그곳에 계셨음을 기억한다면, 우리에게 그렇게 어둡지 않을 것입니다. 우리 주님이 죽으신 사실로 인해, 우리에게 죽음 자체도 단순히 잠자는 것으로 그 의미가 순화(順化)될 것입니다. 우리 주위에서 우리를 향해 침을 흘리며 짖어대고 있는 모든 원수들에게 우리 주님은 이렇게 말합니다. "나를 찾거든 이 사람들이 가는 것은 용납하라." 그러므로 형제들이여, 만일 여러분이 가련한 죄인으로서 예수 그리스도를 굳게 붙잡는다면 그리고 여러분과 여러분의 원수들 사이에 그를 세우면서 그 뒤에 숨는다면, 그가 말한 "아버지께서 내게 주신 자 중에서 하나도 잃지 아니하였사옵나이다"라는 말씀이 여러분 안에서 온전히 이루어질 것입니다(9절).

106
가야바 앞에서의 예수

“15 시몬 베드로와 또 다른 제자 한 사람이 예수를 따르니 이 제자는 대제사장과 아
는 사람이라 예수와 함께 대제사장의 집 뜰에 들어가고 16 베드로는 문 밖에 서 있
는지라 대제사장을 아는 그 다른 제자가 나가서 문 지키는 여자에게 말하여 베드
로를 데리고 들어오니 17 문 지키는 여종이 베드로에게 말하되 너도 이 사람의 제자
중 하나가 아니냐 하니 그가 말하되 나는 아니라 하고 18 그 때가 추운 고로 종과 아
랫사람들이 불을 피우고 서서 쬐니 베드로도 함께 서서 쬐더라 19 대제사장이 예수
에게 그의 제자들과 그의 교훈에 대하여 물으니 20 예수께서 대답하시되 내가 드러
내 놓고 세상에 말하였노라 모든 유대인들이 모이는 회당과 성전에서 항상 가르
쳤고 은밀하게는 아무 것도 말하지 아니하였거늘 21 어찌하여 내게 묻느냐 내가 무
슨 말을 하였는지 들은 자들에게 물어 보라 그들이 내가 하던 말을 아느니라 22 이
말씀을 하시매 곁에 섰던 아랫사람 하나가 손으로 예수를 쳐 이르되 네가 대제사
장에게 이같이 대답하느냐 하니 23 예수께서 대답하시되 내가 말을 잘못하였으면
그 잘못한 것을 증언하라 바른 말을 하였으면 네가 어찌하여 나를 치느냐 하시더
라 24 안나스가 예수를 결박한 그대로 대제사장 가야바에게 보내니라 25 시몬 베드
로가 서서 불을 쬐더니 사람들이 묻되 너도 그 제자 중 하나가 아니냐 베드로가 부
인하여 이르되 나는 아니라 하니 26 대제사장의 종 하나는 베드로에게 귀를 잘린
사람의 친척이라 이르되 네가 그 사람과 함께 동산에 있는 것을 내가 보지 아니하
였느냐 27 이에 베드로가 또 부인하니 곧 닭이 울더라”

요 18:15–27

본문 바로 앞의 몇 구절은 여기의 문맥에 속합니다. 거기에서 우리는 사람들이 예수를 "먼저" 안나스에게 끌고 간 사실을 발견하는데(13절), 이러한 사실은 오직 요한만 보도합니다. 당시 유다의 대제사장직은 안나스와 그의 다섯 아들들에 의해 계속적으로 계승되고 있었습니다. 그리고 여기의 가야바가 그의 아들들에 더하여져야 합니다. 그는 안나스의 사위로서 그 가족의 일원이었습니다. 예수 그리스도가 당시 아무런 직책도 가지고 있지 않았던 안나스에게 먼저 끌려간 사실은 우리에게 당시 누가 산헤드린의 실세(實勢)였는지를 잘 보여줍니다. 가야바는 전에 "한 사람이 백성을 위하여 죽는 것이 유익하다"고 말한 적이 있었습니다(14절). 그 말이 여기에서 다시 언급된 것은 그런 생각을 가진 사람이 주재하는 재판의 결과가 어떨 것이라는 것을 암시하기 위한 것이었던 것으로 보입니다.

계속해서 15절은 우리에게 그리스도와 그 뒤를 따라 "다른 제자"가 안나스가 아닌 "대제사장" 즉 가야바의 집 뜰로 들어갔음을 말해줍니다. 우리는 이러한 사실을 "예수를 먼저 안나스에게 끌고 갔다"고 말하는 13절의 언급과 어떻게 조화시킬 수 있겠습니까? 그것은 틀림없이 안나스가 대제사장의 공관(公館)에 자신의 처소를 가지고 있었기 때문이었을 것입니다. 그는 자신의 아들들과 사위를 통해 산헤드린에서 계속적으로 영향력을 행사하고 있었습니다. 그렇기 때문에 그가 대제사장 공관에 자신의 처소를 가지고 있었던 것은 매우 자연스러운 일이었습니다.

요한이 대제사장과 어떤 관계였는지 우리는 알지 못합니다(아마도 15절의 "다른 제자"는 요한 자신이었을 것으로 보입니다). 아마도 두 사람은 친척 관계였을 것으로 보입니다. 어쨌든 그러한 사실로 인해 요한은 예수의 제자들 가운데 한 사람이었음에도 불구하고 대제사장의 공관 안으로 들어갈 수 있었습니다.

그렇게 하여 그와 가련한 베드로는 서로 나누어졌으며, 베드로는 새벽 미명의 추위에 밖에 남겨졌습니다. 요한은 그만 베드로를 놓치고 말았습니다. 왜냐하면 예수를 뒤따르는 일에 너무나 몰두한 나머지 베드로에 대해 신경 쓸 겨를이 없었기 때문이었습니다. 그는 베드로가 자신을 따라오고 있는 줄 알았을 것입니다. 그러나 베드로를 놓친 것을 알았을 때, 용감하게도 그는 사람들에게 발각될 위험을 무릅쓰고 다시 그에게 갔습니다. 문 지키는 여종은 매우 날카로운 지각(知覺)을 가진 여자였습니다. 그녀는 베드로 역시도 "이 사람의 제자 중 하나"임을 즉시로 알아보았습니다(17절). 여기의 "역시도"(also)는 그녀가 요한이 제자 가운데 한 사람임을 알고 있었음을 보여줍니다. 또 여기의 "이 사람"이라는 표현은 그녀가 예수의 이름을 알지 못했든지 혹은 그녀가 예수를 매우 경멸적으로 생각했었음을 보여줍니다. 베드로는 지금 밖에 홀로 남겨진 가운데 새벽 추위에 떨고 있었습니다. 또 말고를 향해 칼을 휘두른 것으로 인해 어떤 일이 벌어질지 알 수 없었습니다. 이러한 사실들은 그의 마음으로부터 모든 용기와 담대함이 사라지도록 만들었습니다. 지금 그가 바라는 한 가지는 아무에게도 발각되지 않은 채 조용히 지나가는 것이었습니다. 그리하여 그의 입술로부터 그 특유의 습관대로 성급하게 첫 번째 부인(否認)의 말이 나왔습니다 — "나는 아니라"(17절). 지금 베드로는 요한과 함께 있지 않았던 것으로 보입니다. 아마도 요한은 재판이 진행되고 있는 위쪽 재판정으로 갔을 것입니다. 그러는 동안 재판정에 들어갈 수 없었던 베드로는 아래쪽에 남아 있었는데, 거기에는 "아랫사람들"이 불을 피운 채 서서 불을 쬐고 있었습니다(18절). 그들은 위쪽 재판정에서 벌어지는 일에 대해서는 별다른 주의를 기울이지 않았습니다. 베드로 역시도 너무나 추웠으므로 그들과 섞여 함께 불을 쬐고 있었습니다. 무리 가운데 뒤섞여 아무 상관없는 사람처럼 꾸미고 있었을 때, 그의 마음속에서는 어떤 감정의 파도가 몰아치고 있었을까요?

우리 주님에 대한 심문(審問)은 그때 "대제사장"의 자리에 있었던 가야바에 의해 시행되었습니다(19절). 이러한 사실은 "먼저 안나스에게 끌고 갔다"고 말하는 13절의 언급과 어떻게 조화될까요? 물론 안나스 역시도 그 자리에 있었을 것입니다. 그렇지만 앞에 나서서 심문한 사람은 대제사장이라는 공적 직함을 가지고 있었던 가야바였을 것입니다. 그렇지만 24절은 우리에게 첫 번째 심문 후에 안나스가 예수를 가야바에게 보냄으로써 가야바 앞에서의 공식적 재판이 따랐음을 말해주지 않습니까? "안나스가 예수를 결박한 그대로 대제사장 가야바에게 보내니라." 그렇습니다. 그러면 이러한 언급은 가야바에 의해 시행된 심문 이야기와 양립될 수 있습니까? 그렇습니다. 충분히 양립될 수 있습니다. 만일 우리가 전체적 재판절차가 공정하지 않게 진행된 사실을 기억한다면 말입니다. 예수를 정죄하는 것은 사법적 살인이었습니다. 그것은 유대의 최고 재판정이 율법으로 말미암아 불법을 저지르는 것이었습니다. 지금 공정한 재판장처럼 꾸미고 있는 자는 실제로는 파당의 정신으로 여기의 예비적 심문을 시행하고 있었습니다. 현재의 단계에서 아무런 판결도 선언되지 않은 것을 주목하십시오. 이것은 전혀 공정한 재판이 아니었습니다. 그것은 무엇이었습니까? 지금 여기에서 펼쳐지고 있는 일은 단순히 피의자를 올가미로 엮어 그를 정죄하는 데 사용될 수 있는 빌미를 만들고자 하는 것이었습니다. 지금 예수는 관원들의 손 안에 있었습니다. 그들은 그에 대해 어떻게 해야 할지 알지 못했습니다. 그들은 그를 어떻게 기소(起訴)할지 갈팡질팡했습니다. 그를 죽이는 것은 그들이 마음만 먹으면 할 수 있는 일이었습니다. 그러나 아직까지 그들은 그렇게 할 구실을 찾지 못했습니다. 그리하여 그들은 그의 입술로부터 자신들의 목적을 이룰 수 있는 말이 나오도록 유도하고자 갖은 애를 썼습니다.

그리하여 대제사장은 예수에게 "그의 제자들과 그의 교훈에 대하여" 물었습니다(19절). 만일 그들이 그의 제자들에 대해서도 알지 못하고 그의 교훈에 대해서도 알지 못했다면, 도대체 무엇 때문에 그를 체포했단 말입니까? 교활한 자는 자기가 판 무덤에 자기가 빠지는 법입니다. 예수는 제자들과 관련한 질문에 대해서는 그냥 무시하고 지나갑니다. 그리고 교훈과 관련한 질문에 대한 그의 고요한 대답은 그가 그 속에서 올무를 간파했음을 보여줍니다. 그는 가야바와 안나스로 하여금 명백하게 불의를 행하거나 혹은 자신을 자유롭게 내보내도록 만듭니다. "어찌하여 내게 묻느냐 내가 무슨 말을 하였는지 들은 자들에게 물어 보라"(21절). 그들은 이러한 말에 아무런 대답도 할 수 없었습니다. 그러나 그와 같은 그리스도의 말은 그 순간의 목적을 훨씬 초월합니다. 그러한 말 속에는 넓은 진리가 포함되어 있습니다. 그의 교훈은 한낮의 빛을 좋아합니다. 거기에는 은밀한 신탁(神託)이라든지 혹은 비밀스런 가르침 같은 것은 없었습니다. 또 군중들에게는 이렇게 말하고 가까운 제자들에게는 저렇게 말하는 등의 이중적 목소리도 없었습니다. 모든 것은 "드러내놓고 세상에" 말하여졌습니다(20절). 기독교는 파당도 아니고, 끼리끼리 모이는 패거리도 아닙니다. 거기에 감추어진 것은 아무것도 없습니다. 그것은 모든 인류를 위한 것이며, 그것 모두가 인류를 위한 것입니다. 물론 그 안에 깊음이 있는 것은 사실입니다. 물론 예수께서 오직 사랑하는 자들에게만 은밀한 비밀을 말씀하실 수 있는 것은 사실입니다. 그러나 그들은 "골방에서 귀에 대고 들은 말을 지붕 위에서 전파"해야만 했습니다(눅 12:3).

대제사장은 아무 대답도 할 수 없었습니다. 뿐만 아니라 그에게는 아무런 증인도 준비되어 있지 못했습니다. 그때 이래로 얼마나 많은 사람들이 예수를 여기의 대제사장이 대하는 것처럼 대합니까! 그들은 이유 없이 정죄하거나 혹은 이유 없이 배척하면서 자신들의 태도를 정당화하기 위한 근거를 찾습니다. 심지어 그로 하여금 스스로의 말로 올무에 걸리도록 만들려고 애쓰기까지 합니다.

불의한 상전 밑에는 불의한 종이 있게 마련인데, 이것은 가야바에게도 마찬가지였습니다. 가야바가 아무 대답도 하지 못하는 것을 보고 그의 종 하나가 그것을 덮어버리기 위해 예수를 치며 악한 말을 합니다(22절). 그는 정당한 주장을 대제사장에게 무례를 행하는 것으로 간주합니다. 종의 이러한 태도에 의해 가야바의 위엄은 높아지기는 고사하고 도리어 더 떨어집니다.

우리 주님은 "악을 악으로 갚지" 않습니다. 그는 이렇게 항의합니다. "내가 말을 잘못하였으면 그 잘못한 것을 증언하라 바른 말을 하였으면 네가 어찌하여 나를 치느냐"(23절). 이러한 대답 속에는 온유함과 위엄이 함께 있었습니다. 불의에 대해 항의하는 것은 인내로써 참는 것과 배치되지 않습니다. 만일 그 안에 개인적 분노와 격분이 포함되어 있지 않다면 말입니다. 그러나 "내가 말을 잘못하였으면 그 잘못한 것을 증언하라"는 우리 주님의 말은 가야바에게 자신의 말을 옹호하는 것이었다기보다 "들은 자들에게 물어보라"는 앞의 도전을 반복하는 것이었습니다. 우리 주님은 종의 야만스러운 행동을 꾸짖음으로써 가야바의 불의를 더욱 부각시킵니다.

계속 심문을 해봐야 더 이상 얻을 것이 아무것도 없었습니다. 어떤 죄도 입증되지 못했습니다. 그러므로 그들은 마땅히 예수를 자유롭게 풀어주어야만 했습니다. 그러나 안나스는 그를 범죄자처럼 다루면서 "결박한 그대로" 방금까지 심문자의 역할을 담당했던 자에게 공식적 재판을 위해 회부합니다(24절). 이것은 합법적 재판 절차를 얼마나 모독하는 것입니까! 여기에서 장인과 사위 두 사람은 서로 얼마나 마음이 잘 맞습니까! 그들은 미리 정한 결론에 따라 증거 따위야 있든 없든 그를 범죄자로 기소(起訴)합니다. 이것은 모두 종교의 이름으로 행해졌습니다. 틀림없이 안나스와 가야바 두 사람은 자신들이 위선자라는 사실을 알지 못한 채 스스로 "하나님을 섬기고 있다고" 생각했을 것입니다.

계속해서 요한은 베드로의 부인(否認)과 관련한 이야기를 이어갑니다. 여기에서 두 번째 질문을 던진 무명의 사람들을 생각해 보십시오(25절). 아마도 그들의 의심은 베드로가 그들 곁에 서서 함께 불을 쬐면서 나타내는 안절부절 하지 못하는 태도로 말미암아 야기되었을 것입니다. 그리고 세 번째 질문은 보다 더 위험한 사람에 의해 제기되었습니다(26절). 그는 말고의 친척으로서, 모닥불의 희미한 빛 속에서 베드로의 정체를 어렴풋이나마 알아보았습니다.

여기에서 요한은 베드로의 부인에 수반되었던 맹세와 저주에 대해서는 감추지만, 그러나 부인한 사실 자체는 감추지 않고 그대로 이야기합니다. 그것은 우리가 항상 겸손해야 하며, 자기를 신뢰하지 말아야 하며, 참된 사랑이라 하더라도 갑작스러운 유혹에 의해 한 순간에 허물어질 수 있다는 등의 값진 교훈을 알려줍니다. 어쨌든 닭의 울음소리와 결박된 모습으로 베드로를 바라보는 주님의 시선(視線)은 그로 하여금 본래의 자신으로 되돌아오게 만들었습니다. 그리하여 베드로는 눈물을 터뜨리지 않을 수 없었습니다. 그것은 쓰라린 눈물이면서 동시에 감미로운 눈물이었습니다. 부활의 날 새벽에 다시 살아나신 그리스도는 "가서 그의 제자들과 베드로에게 이르라"라고 말씀하심으로써 주를 부인한 것으로 인해 괴로워하는 베드로에게 특별한 사랑과 용서의 메시지를 보내셨습니다(막 16:7). 또 우리는 고린도전서 15장 5절에서 "게바에게 보이시고 후에 열두 제자에게 보이셨나니"라는 말씀을 보게 되는데, 이러한 말씀 역시 부활하신 주님이 베드로에게 특별한 호의를 베푸셨음을 보여줍니다. 주님은 눈물을 흘리며 회개하는 베드로를 기쁘게 받으면서, 값없이 그에게 용서를 베푸셨습니다. 설령 수제자(首弟子)로서의 본래의 위치로 회복되기에 앞서 먼저 세 번의 부인을 덮기 위한 세 번의 공적 사랑 고백이 있어야만 했다고 하더라도 말입니다. 설령 우리가 "나는 그를 알지 못하노라"라고 말했다 하더라도, 우리는 "내가 주를 사랑하는 줄 주께서 아시나이다"라고 말할 수 있습니다. 그리고 우리는 그의 용서와 사랑에 힘입어 넘어지기 전보다 더 가까이 그에게 다가갈 수 있습니다.

107
네가 왕이냐?

“[28] 그들이 예수를 가야바에게서 관정으로 끌고 가니 새벽이라 그들은 더럽힘을 받
지 아니하고 유월절 잔치를 먹고자 하여 관정에 들어가지 아니하더라 [29] 그러므로
빌라도가 밖으로 나가서 그들에게 말하되 너희가 무슨 일로 이 사람을 고발하느
냐 [30] 대답하여 이르되 이 사람이 행악자가 아니었더라면 우리가 당신에게 넘기지
아니하였겠나이다 [31] 빌라도가 이르되 너희가 그를 데려다가 너희 법대로 재판하
라 유대인들이 이르되 우리에게는 사람을 죽이는 권한이 없나이다 하니 [32] 이는 예
수께서 자기가 어떠한 죽음으로 죽을 것을 가리켜 하신 말씀을 응하게 하려 함이
러라 [33] 이에 빌라도가 다시 관정에 들어가 예수를 불러 이르되 네가 유대인의 왕
이냐 [34] 예수께서 대답하시되 이는 네가 스스로 하는 말이냐 다른 사람들이 나에
대하여 네게 한 말이냐 [35] 빌라도가 대답하되 내가 유대인이냐 네 나라 사람과 대
제사장들이 너를 내게 넘겼으니 네가 무엇을 하였느냐 [36] 예수께서 대답하시되 내
나라는 이 세상에 속한 것이 아니니라 만일 내 나라가 이 세상에 속한 것이었더라
면 내 종들이 싸워 나로 유대인들에게 넘겨지지 않게 하였으리라 이제 내 나라는
여기에 속한 것이 아니니라 [37] 빌라도가 이르되 그러면 네가 왕이 아니냐 예수께서
대답하시되 네 말과 같이 내가 왕이니라 내가 이를 위하여 태어났으며 이를 위하
여 세상에 왔나니 곧 진리에 대하여 증언하려 함이로라 무릇 진리에 속한 자는 내
음성을 듣느니라 하신대 [38] 빌라도가 이르되 진리가 무엇이냐 하더라 이 말을 하고
다시 유대인들에게 나가서 이르되 나는 그에게서 아무 죄도 찾지 못하였노라 [39] 유
월절이면 내가 너희에게 한 사람을 놓아 주는 전례가 있으니 그러면 너희는 내가
유대인의 왕을 너희에게 놓아 주기를 원하느냐 하니 [40] 그들이 또 소리 질러 이르
되 이 사람이 아니라 바라바라 하니 바라바는 강도였더라”

요 18:28-40

요한이 복음서를 기록한 것은 명백히 공관복음의 기술(記述)을 보충하기 위함이었습니다. 그는 예수께서 안나스 앞에 서신 것에 대해서 비교적 자세하게 다루는 반면 가야바 앞에서 공식적 재판을 받는 내용은 그냥 지나칩니다. 비슷한 방식으로 그는 빌라도 앞에서의 공적 심문에 대해서는 비교적 가볍게 다루지만 그러나 그와의 개인적 대화에 대해서는 비교적 자세하게 기록합니다. 그리고 그러한 내용은 사복음서 가운데 오직 여기에만 기록되어 있습니다. 본문의 이야기는 대략 다음과 같은 세 단계로 진행됩니다. 첫째, 예수를 재판하는 일과 관련하여 산헤드린과 빌라도 사이의 서로 떠넘기는 듯한 대화. 둘째, 예수와 빌라도 사이의 대화. 셋째, 예수 대신 바라바가 놓임을 받음.

1. 첫째, 예수를 재판하는 일과 관련하여 산헤드린과 총독 사이의 서로 떠넘기는 듯한 대화를 주목하십시오.

그때는 "새벽"이었습니다(28절). 아마도 오전 6시가 채 되지 않았을 것입니다. 산헤드린은 급히 모여 예수를 사형에 처하는 것이 합당하다고 판결했습니다. 이제 남은 일은 로마 총독으로 하여금 그러한 판결을 실행하도록 만드는 것이었습니다. 그들은 로마 총독에게 호소하기 싫었지만 그러나 그렇게 해야만 했습니다. 왜냐하면 그들에게는 사람을 죽일 수 있는 권한이 유보되었기 때문이었습니다. 또 그들에게는 "종교적" 문제가 있었습니다. 이것은 그들과 같은 형식주의자들에게는 매우 중요한 문제였습니다. 무죄한 자를 죽이는 것은 그들을 조금도 더럽히지 않았으며, 그들로 하여금 유월절을 먹는 데 방해가 되지 않았습니다. 그러나 "누룩"을 제거하지 않은 이방인의 집에 들어가는 것은 그들을 부정하게 만들기에 충분했습니다. 설령 총독의 관정이라 하더라도 말입니다. 그것은 그들의 양심을 더럽힐 것이었습니다. 그들에게 예수를 정죄하고 죽이는 것은 아무런 죄도 아니었지만, 빌라도의 관정에 들어가는 것은 큰 죄였습니다. 우리가 인습적(因習的)으로 죄라고 부르는 것들 가운데 혹시 이와 같은 종류의 것들이 있지 않습니까?

어쩌면 빌라도는 자신을 이토록 이른 시간에 깨운 것이나 혹은 자신을 마치 부정한 것처럼 취급하는 그들의 태도로 인해 다소 기분이 언짢았는지도 모릅니다. 때로 그가 던지는 비아냥거리는 듯한 말투 속에서 우리는 그와 같은 기분의 일단을 엿볼 수 있습니다. "너희가 무슨 일로 이 사람을 고발하느냐"는 그의 첫 번째 질문은 겉으로 보이는 것처럼 그렇게 단순한 질문이 아닙니다(29절). 왜냐하면 그는 이미 이 문제에 대해 상당한 정도로 알고 있었기 때문입니다. 우리는 지난밤에도 그를 체포하기 위해 로마의 병사들이 동원된 사실을 알고 있습니다.

빌라도에게 유대 관원들을 난처하게 만들고자 하는 의도가 있었든 없었든, 어쨌든 관원들은 그러한 마음을 느꼈습니다. 그리하여 그들은 이렇게 대답합니다. "이 사람이 행악자가 아니었더라면 우리가 당신에게 넘기지 아니하였겠나이다"(30절). 어째서 그들은 여기에서 공식적으로 고소(告訴)를 제기하지 않았을까요? 부분적으로 그것은 그들의 교만 때문이었습니다. 그들은 자신들의 법정인 산헤드린이 공정하면서도 올바른 판결을 내렸다는 망상을 품고 있었습니다. 명백한 사실에 대해 눈을 감고 있었으면서도 말입니다. 또 부분적으로 그것은 그들이 예수를 정죄하는 죄목(罪目) 즉 예수가 스스로를 "하나님의 아들"이라고 부름으로써 신성모독의 죄를 범했다는 것이 로마법에서는 전혀 죄가 아니었기 때문입니다. 그리하여 그들은 이를테면 빌라도에게 으름장을 놓고 있는 것입니다. "우리가 이미 그를 정죄했으니 그것으로 충분하도다. 당신은 이미 우리가 판결한 대로 실행하면 되노라." 이때 이래로 교회권력은 종종 정치권력에게 그와 같이 말하곤 했습니다. 그리고 불행하게도 거의 대부분의 경우 정치권력은 여기의 빌라도처럼 행동했습니다.

그러나 빌라도는 이 문제에 개입하고 싶어 하지 않았습니다. 그리하여 그는 어느 정도 비꼬는 듯한 어투로 너희에게 "법"(law)이 있으니 — 물론 그는 그 법을 매우 야만적 법이라고 생각했습니다 — 그 법에 따라 정죄하고 처벌하라고 말합니다. "너희가 그를 데려다가 너희 법대로 재판하라" (31절). 이러한 제안은 그들로 하여금 자신들의 예속 상태를 인정하지 않을 수 없도록 만들었습니다. "우리에게는 사람을 죽이는 권한이 없나이다." 결국 그들은 자존심까지 잊은 채 사실을 인정합니다. 악의적 증오심은 자신의 목적을 이루기 위해서라면 기꺼이 어느 정도의 굴욕까지도 기꺼이 감수합니다. 특별히 종교적 열정으로 포장되어 있을 때는 더욱 그러합니다.

산헤드린과 빌라도 사이에 일이 이와 같이 진행되는 것 속에서, 요한은 자신이 십자가에 달려 죽을 것이라는 우리 주님의 예언이 성취되는 것을 봅니다. "이는 예수께서 자기가 어떠한 죽음으로 죽을 것을 가리켜 하신 말씀을 응하게 하려 함이러라"(32절). 왜냐하면 십자가는 유대적 처형방식이 아니었기 때문입니다. 여기의 사람들은 하나님의 아들을 놓고 서로 "정죄하고 처벌하라"고 떠넘기고 있었습니다. 이러한 사실은 얼마나 비극적이며 두려운 일입니까!

2. 둘째, 예수와 빌라도 사이의 대화를 주목하십시오.

유대 관원들은 틀림없이 예수가 로마에 대하여 반란을 기도(企圖)했다는 죄목으로 고소했을 것입니다. 요한이 이 부분을 빠뜨린 것은 그것을 당연한 것으로 받아들였기 때문입니다. 왜냐하면 그것은 모두가 아는 사실이었기 때문입니다. 뿐만 아니라 여기의 대화 속에서도 그러한 사실이 은연중 함축됩니다. 우리는 빌라도가 그의 첫 심문(審問)을 유대 관원들 앞에서 행하지 않은 것을 주목할 필요가 있습니다. 그는 다시 자신의 관정으로 들어갔고, 거기에서 따로 예수를 불러 이야기했습니다(33절). 어쩌면 빌라도는 단순히 유대 관원들의 애를 태우려고 그렇게 했는지도 모릅니다. 그러나 보다 더 가능성이 높은 것은 자신의 권세를 과시하려는 마음과 함께 전체적 문제 속에 무엇인가 이상한 것이 있다는 의심 때문이었던 것으로 보입니다. 평소 로마에 대해 그다지 호의적이지 않던 산헤드린이 갑자기 그와 같은 충성심을 나타내는 것은 분명 이상한 일이 아닐 수 없었습니다. 그래서 빌라도는 예수를 따로 불러 전체적 사건을 좀 더 자세하게 살펴보기를 바랐습니다. 전형적인 로마인답게 그는 곧바로 핵심으로 들어갑니다. 그들이 말하는 것처럼 정말로 "네가 유대인의 왕이냐?"(33절). 빌라도는 "네가"에 힘을 주어 말합니다 — 이처럼 결박을 당한 상태로 가련하고 처참하며 피곤한 몰골을 하고 있는 네가 왕이란 말이냐? 이러한 질문 속에는 거의 불쌍하다는 듯한 뉘앙스가 강하게 풍깁니다. 이미 빌라도의 마음속에는 이 사람이 결코 가이사의 경쟁자일 수 없다는 생각이 자리잡기 시작하고 있었던 것으로 보입니다.

이에 예수는 이렇게 대답합니다. "이는 네가 스스로 하는 말이냐 다른 사람들이 나에 대하여 네게 한 말이냐?"(34절). 이러한 대답의 의미는 빌라도가 물은 것의 의미에 따라 달라질 수 있는 것이었습니다. 만일 빌라도가 말하는 "왕"이 가이사와 같은 세상의 군주들 가운데 한 사람을 의미하는 것이라면, 그 대답은 "아니다"(No)입니다. 만일 그가 말하는 "왕"이 예언된 이스라엘의 왕으로서 세상의 군주들 가운데 한 사람을 의미하는 것이 아니라면, 그 대답은 "그렇다"(Yes)입니다.

빌라도는 이와 같이 서로 받아넘기는 식의 대화에 피곤해지기 시작하고 있었습니다. 그리하여 피정복 민족에 대한 로마인 특유의 경멸적 어투로 이렇게 반문합니다. "내가 유대인이냐?"(35절). 틀림없이 그는 입술을 비쭉이며 그렇게 반문했을 것입니다. 그는 고소자(告訴者)들 즉 "네 나라 사람과 대제사장들"을 언급하면서, 그러나 그들이 독립을 위해 싸우는 지도자를 넘겨준 것이 아무래도 이상하다는 이야기는 하지 않습니다. 그는 곁가지들은 모두 제쳐놓고 핵심으로 들어갑니다. "네가 무엇을 하였느냐?" 그는 유대인 열성주의자들의 생각이나 일시적 기분에 대해서는 극도로 무관심합니다. 그의 앞에 있는 이 불쌍한 남자는 어떤 이름이든지 그 자신이 택해서 부를 수 있지만, 그의 유일한 관심사는 오로지 그가 무슨 행동을 했느냐 하는 것이었습니다. 여기의 "네가 무엇을 하였느냐?"라는 질문을 다시 한 번 생각해 보십시오. 만일 빌라도가 이러한 질문에 대한 대답에 근거하여 판결을 내렸다면, 그는 그토록 어리석은 판결을 내리지는 않았을 것이며 그의 운명은 훨씬 더 나았을 것입니다. 그러나 빌라도는 그러한 질문에 대해 별다른 대답을 듣지 못했습니다. 어쨌든 그는 예수가 사형에 해당할 만한 아무런 일도 행하지 않았음을 깨달았습니다. 그러나 그는 유대 관원들의 호의를 얻고자 하는 마음과 그렇지 못했을 때 발생할 수 있는 일에 대한 두려움으로 인해 자신의 재판장의 예복을 무죄한 피로 얼룩지게 했습니다. 그 피로부터 정결케 하기 위해 자신의 손을 씻었음에도 불구하고 말입니다.

이어지는 우리 주님의 대답을 주목해 보십시오. "내 나라는 이 세상에 속한 것이 아니니라 만일 내 나라가 이 세상에 속한 것이었더라면 내 종들이 싸워 나로 유대인들에게 넘겨지지 않게 하였으리라 이제 내 나라는 여기에 속한 것이 아니니라"(36절). 예수 그리스도는 위와 같은 반복적 대답을 통해 자신이 왕임을 확언(確言)합니다. 그러나 먼저 자신의 나라가 어떤 나라가 아닌지를 보이고 나서, 그것이 어떤 나라인지를 보입니다. 그 나라는 이 세상에 속한 것이 아닙니다. 비록 이 세상 안에서 세워지고 있으며 또 자라고 있다고 하더라도 말입니다. 그것은 세상의 통치권과 같지 않으며, 세상이 사용하는 무기와 세상이 사용하는 방법에 의해 자라지 않습니다. 빌라도는 그리스도가 체포될 때 아무런 저항도 일어나지 않았던 사실로부터 그의 "나라"가 로마제국에 아무런 위해(危害)도 되지 않는다는 사실을 확신할 수 있었습니다. 그러나 여기의 말씀에 내포된 원리는 그러한 이해를 훨씬 초월하여 펼쳐집니다. 그것은 그리스도의 "종들"로 하여금 그 나라를 세상 나라와 동일시하지 못하도록 그리고 그 나라를 확장시키기 위한 수단으로 세상적 힘을 사용하지 못하도록 막습니다. 그러나 교회의 역사(歷史)는 그리스도인들에게 있어 이러한 교훈을 배우는 것이 얼마나 어려운지 그리고 그러한 교훈을 잊는 것이 교회의 힘과 성결(聖潔)에 얼마나 치명적 타격을 가하는지 잘 보여줍니다. 조직화된 기독교에는 항상 그 나라를 세상 나라와 동일시하는 유혹이 있었습니다. 그리고 그러한 유혹은 콘스탄티누스 시대 못지않게 오늘날에도 똑같이 강렬합니다.

이러한 말로부터 빌라도는 이 이상한 "왕"으로부터 두려워할 것이 아무것도 없다는 확신을 점점 더 굳힙니다. 절반은 재미있다는 어투로 그리고 절반은 경멸적 어투로, 그는 또 다시 묻습니다. "그러면 네가 왕이냐?"(37

절, Art thou a king then? 한글개역개정판에는 "그러면 네가 왕이 아니냐?"로 되어 있음 — 역주). 여기에서도 우리는 "네가"에 경멸적 강세가 주어지는 것을 느낄 수 있습니다. 빌라도에게 자신의 죄수가 스스로 왕이라고 생각하는 것은 얼마나 기괴하며 터무니없는 것으로 보였겠습니까!

그와 같은 빌라도의 질문에 우리 주님은 분명하게 "그렇다"(Yes)라고 대답합니다. "네 말과 같이 내가 왕이니라"(37절). 앞에서도 그는 대제사장 앞에서 자신이 하나님의 아들임을 분명하게 선언했습니다. 그리고 여기의 빌라도 앞에서 그는 또 다시 자신이 왕이라고 주장합니다. 예수 그리스도는 두 법정 모두에서 그와 같이 주장했으며, 그러한 주장은 마땅히 면밀히 검토될 만한 충분한 가치가 있는 주장이었습니다. 그러나 안타깝게도 두 법정은 모두 그러한 주장의 타당성을 진지하게 검토하지 않습니다. 빌라도에게 주님은 자신의 참된 성격과 자신이 왕이라는 사실을 분명하게 나타냈지만, 그러나 그는 대수롭지 않다는 듯이 그 말에 아무런 주의도 기울이지 않았습니다. 여기에서 "내가 이를 위하여 태어났으며 이를 위하여 세상에 왔나니"라는 말씀을 주목해 보십시오. 우리 주님은 자신의 기원(起源)을 두 가지 방식으로 묘사합니다. 그는 다른 사람들처럼 "태어났을" 뿐만 아니라 또한 "세상에 왔습니다." 다시 말해서 그는 아버지로부터 떠나 세상 안으로 들어오셨습니다. 이와 같이 그는 태어나기 전에 이미 계셨습니다. 빌라도가 이와 같은 표현이 의미하는 바를 이해할 것은 거의 바랄 수 없는 일이었지만, 그러나 그는 그리스도의 신비한 인격에 대한 약간의 인상(印象)은 가질 수 있었습니다. 만일 예수께서 단지 "태어났다"고만 말씀하셨다면, 그는 자신이 의식(意識)하는 바를 충분히 표현하지 않은 것입니다. 우리는 앞의 이중적 표현이 함축하는 모든 것을 굳게 붙잡아야만 합니다.

성육신의 목적은 "진리에 대하여 증언하는" 것입니다. "내가 이를 위하여 태어났으며 이를 위하여 세상에 왔나니 곧 진리에 대하여 증언하려 함이로라." 그러한 증언이 그리스도의 나라가 세워지는 유일한 무기입니다. 그리고 그러한 증언은 단지 말로만 주어지지 않습니다. 말보다도 훨씬 더 행동으로 주어집니다. 이와 같은 '증언의 행동들'(witnessing deeds)은 '갈보리와 빈 무덤과 감람산'이 신적 사랑의 완전한 성육신과 세상의 죄를 위한 완전한 희생제사와 죽음을 이긴 승리와 모든 신자들에게 하늘이 열리는 것을 동시에 증언할 때까지 완성되지 않습니다. 요한은 예수를 "충성되고 참된 증인"이라고 말합니다(계 3:14). 그와 같이 말할 때, 틀림없이 그는 여기의 말씀을 떠올렸을 것입니다. 나아가 그는 또한 주님을 "충성된 증인으로 죽은 자들 가운데에서 먼저 나시고 땅의 임금들의 머리가 되신" (계 1:5) 자로서 말합니다. 본문 37절에서 주님이 빌라도에게 자신이 증인이기 때문에 왕이라고 말씀하신 것처럼, 여기에서 요한은 그가 "땅의 임금들의 머리"인 것을 동일한 사실 즉 그가 증인인 사실의 기초 위에 세웁니다.

빌라도는 자신이 지금 자기 운명의 가장 결정적 순간에 서 있음을 전혀 깨닫지 못하고 있습니다. 만일 자신의 양심을 스치고 지나가는 인상(印象)에 순복했다면, 그 역시도 그리스도의 음성을 "들을" 수 있었을 것입니다. 그러나 그는 "진리에 속하지" 않았습니다. 왜냐하면 만일 진리에 속했다면, 그는 그리스도의 음성을 "들을" 수 있기 때문입니다. "무릇 진리에 속한 자는 내 음성을 듣느니라." 만일 그가 마음을 기울여 듣고자 했다면, 들을 수 있었을 것입니다. 그러나 그는 그렇게 하지 않았으며, 그리하여 그리스도의 말씀은 그에게 바람처럼 지나갔습니다. 이어지는 "진리가 무엇이냐?"라는 빌라도의 질문을 주목해 보십시오(38절). 그러한 질문은 진리를 찾는 영혼의 간절한 부르짖음일 수도 있고, 확고한 회의주의자(懷疑主義者)의 코웃음 치는 소리일 수도 있고, 철저한 실용주의자가 어깨를 으쓱하며 대수롭지 않다는 듯이 내뱉는 말일 수도 있습니다.

"진리가 무엇이냐?"라고 물은 빌라도는 그에 대한 대답을 기다리지 않습니다. 왜냐하면 그에게 있어 그 말은 단지 재미없는 대화를 종결하는 맺음말에 불과했기 때문입니다. 뿐만 아니라 그 말은 빌라도가 이 사람이 전혀 위험하지 않은 인물임을 완전히 확신하게 되었음을 어느 정도 보여줍니다. 왜냐하면 빌라도가 생각할 때 그가 말하는 나라는 전혀 실제적이지 않은 허구적인 나라에 불과했기 때문입니다. 그러므로 이제 그에게 남은 유일한 일은 밖에 나가 자신은 무죄한 자를 죽임으로써 제사장들의 추악한 일에 동참할 뜻이 전혀 없음을 분명하게 밝히는 것이었습니다. 그러나 그는 그렇게 할 만큼 용기 있는 사람이 아니었습니다. 틀림없이 그는 보잘것없는 유대인 한 사람을 죽이는 것은 골치 아픈 백성들의 호의(好意)를 사기 위해 치르는 대가로서 아주 싼 값이라고 생각했을 것입니다. 그러나 그의 양심은 편하지 않았습니다. 그리하여 그는 나름대로 예수를 놓아주고자 무익한 시도를 합니다. "유월절이면 내가 너희에게 한 사람을 놓아 주는 전례가 있으니 그러면 너희는 내가 유대인의 왕을 너희에게 놓아 주기를 원하느냐?"(39절). 요한은 이와 관련한 이야기를 매우 간단하게 언급하고 끝냅니다. 왜냐하면 여기에서 그가 가장 중요하게 다루는 부분은 '진리로 말미암아 통치하는 왕'과 '무력과 세상 권력에 기초하여 다스리는 통치자' 사이의 개인적 대화이기 때문입니다. 그러므로 우리도 그에 대한 논의는 그냥 지나치고자 합니다.

108
사형 판결을 받으신 예수

“1 이에 빌라도가 예수를 데려다가 채찍질하더라 2 군인들이 가시나무로 관을 엮어 그의 머리에 씌우고 자색 옷을 입히고 3 앞에 가서 이르되 유대인의 왕이여 평안할지어다 하며 손으로 때리더라 4 빌라도가 다시 밖에 나가 말하되 보라 이 사람을 데리고 너희에게 나오나니 이는 내가 그에게서 아무 죄도 찾지 못한 것을 너희로 알게 하려 함이로라 하더라 5 이에 예수께서 가시관을 쓰고 자색 옷을 입고 나오시니 빌라도가 그들에게 말하되 보라 이 사람이로다 하매 6 대제사장들과 아랫사람들이 예수를 보고 소리 질러 이르되 십자가에 못 박으소서 십자가에 못 박으소서 하는지라 빌라도가 이르되 너희가 친히 데려다가 십자가에 못 박으라 나는 그에게서 죄를 찾지 못하였노라 7 유대인들이 대답하되 우리에게 법이 있으니 그 법대로 하면 그가 당연히 죽을 것은 그가 자기를 하나님의 아들이라 함이니이다 8 빌라도가 이 말을 듣고 더욱 두려워하여 9 다시 관정에 들어가서 예수께 말하되 너는 어디로부터냐 하되 예수께서 대답하여 주지 아니하시는지라 10 빌라도가 이르되 내게 말하지 아니하느냐 내가 너를 놓을 권한도 있고 십자가에 못 박을 권한도 있는 줄 알지 못하느냐 11 예수께서 대답하시되 위에서 주지 아니하셨더라면 나를 해할 권한이 없었으리니 그러므로 나를 네게 넘겨 준 자의 죄는 더 크다 하시니라 12 이러하므로 빌라도가 예수를 놓으려고 힘썼으나 유대인들이 소리 질러 이르되 이 사람을 놓으면 가이사의 충신이 아니니이다 무릇 자기를 왕이라 하는 자는 가이사를 반역하는 것이니이다 13 빌라도가 이 말을 듣고 예수를 끌고 나가서 돌을 깐 뜰(히브리 말로 가바다)에 있는 재판석에 앉아 있더라 14 이 날은 유월절의 준비일이요 때는 제육시라 빌라도가 유대인들에게 이르되 보라 너희 왕이로다 15 그들이 소리 지르되 없이 하소서 없이 하소서 그를 십자가에 못 박게 하소서 빌라도가 이르되 내가 너희 왕을 십자가에 못 박으랴 대제사장들이 대답하되 가이사 외에는 우리에게 왕이 없나이다 하니 16 이에 예수를 십자가에 못 박도록 그들에게 넘겨 주니라"

요 19:1-16

빌라도의 우유부단함과 유대 관원들의 철저한 악의(惡意) 사이의 갈등이 예수의 재판과 관련한 본 단락의 주된 주제입니다. 여기에서 예수 자신은 아무 말 없이 수동적으로 가만히 계십니다. 빌라도에게 한 마디 책망의 말을 한 것을 제외하고 말입니다. 무대가 관정(官廷) 안으로부터 밖으로 계속적으로 바뀌는 사실은 갈등의 단계들을 보여주면서 동시에 빌라도의 우유부단함을 나타냅니다. 이제 본문의 무대들을 따라가 보도록 합시다.

1. 1-3절의 잔학한 행위는 "관정" 안에서 행해졌습니다.

군중들이 바라바를 놓아달라고 요구한 직후, 빌라도와 예수는 다시 관정 안으로 돌아왔습니다. 요한은 군중들이 바라바를 선택한 것을 예수를 채찍질하는 것에 대한 이유로서 제시합니다. "관례"에 따라 예수를 풀어주려고 했던 모든 시도가 실패로 끝나자, 빌라도는 예수를 채찍질할 것을 명령합니다. 그것은 상대적으로 가벼운 형벌을 통해 광포한 군중들을 만족시키고자 했던 것으로 보입니다. 빌라도는 그들의 비위를 맞추어주면서, 그러는 사이에 가능하면 예수를 살려주려고 했습니다. 그것은 자신의 의지대로 밀어붙이지 못하는 우유부단한 사람들이 흔히 사용하는 방법이었습니다. 그는 공의(公義)와 불의(不義) 사이에서 적당히 타협함으로써 군중들의 증오심을 어느 정도 무마시키려고 했습니다. 만일 유대 관원들이 목소리를 높임을 통해 빌라도로 하여금 그가 죄가 없다고 생각한 자를 채찍질하도록 만드는 데 성공했다면, 그들은 목소리를 더 크게 높임으로 말미암아 그로 하여금 그가 죄가 없다고 생각한 자를 십자가에 못 박도록 만들 것을 바랄 수 있었습니다.

빌라도가 마땅히 가졌어야 하는 태도는 오직 한 가지였습니다. 그것은 예수는 풀어주고, 먹이를 잃어버린 채 짐승처럼 으르렁거리는 유대 관원들을 그냥 내버려두는 것이었습니다. 왜냐하면 그는 예수가 가이사의 보좌를 위협했다고 추호도 믿지 않았기 때문입니다. 그러나 그는 공의를 위해 자신의 자리가 위협을 당하는 것은 바라지 않았습니다. 로마제국이 피지배민족들에게 줄 수 있었던 한 가지 좋은 것은 법치(法治)로서 확고하게 공의를 구현하는 것이었습니다. 그러나 빌라도의 행동 속에는 법치의 모양조차도 없었습니다. 그의 행동 속에는 오로지 잔꾀와 임기응변만이 있었을 뿐입니다. 그는 단 한 번도 "이것이 법이며 이것이 공의다. 이것으로 말미암아 나는 서기도 하고 넘어지기도 하리라"라고 말하지 않았습니다.

로마의 채찍질은 유대의 "몽둥이로 때리는 형벌"보다 훨씬 더 가혹한 형벌이었으며 종종 죽음으로 끝나기도 했습니다. 그러한 형벌이 그리스도에게 가해진 것은 빌라도가 그렇게 하는 것이 합당하다고 생각했기 때문이 아니라 단순히 고소(告訴)한 자들을 만족시키기 위한 것이었습니다. 그들의 고소가 터무니없는 것임을 뻔히 알았음에도 불구하고 말입니다. 아랫사람은 자연스럽게 윗사람의 모범을 따르는 법입니다. 채찍질하라는 총독의 명령을 수행한 후, 병사들은 "가시나무로 관을 엮어 예수의 머리에 씌우고 자색 옷을 입히며" 그를 희롱했습니다(2절). 여기에서 "자색"은 왕을 나타내는 색깔이었습니다. 그리고 그들은 틀림없이 누더기 옷을 입혔을 것입니다. 잔학무도(殘虐無道)한 병사들에 의해 행해진 이러한 희롱은 "왕"에 대하여 뿐만 아니라 그의 "나라"에 대한 것이었습니다. 원문(原文)의 시제(時制)가 암시하는 것처럼, 그들은 일렬로 나아와 조롱으로 가득 찬 경의를 표했습니다. 그러나 그와 같은 부류의 사람들이 항상 그러는 것처럼, 그러한 장난은 이내 시들해지고 조롱은 곧 폭력으로 바뀌었습니다. 여기의 난폭한 병사들은 잔인하며 야만적이었습니다. 그러나 그들은 스스로도 알지 못한 채 '고난 위에 세워진 그리스도의 왕권'을 증언하는 증인이 되었습니다. 그렇지만 그들의 죄는 심판장의 자리에 위풍당당하게 앉아 있는 자와 밖에서 "그를 십자가에 못 박으라"고 소리치는 유식한 바리새인들의 죄와 비교할 때 아무것도 아니었습니다.

2. 4-8절에서 무대는 다시 관정 밖으로 바뀝니다.

우리는 여기에서 빌라도가 또 다시 잔꾀를 사용하는 것을 보게 됩니다. 그러나 그것 역시 아무런 효과도 가져오지 못했습니다. 그는 유대 관원들의 증오심의 불을 끌 수 없었습니다. 그리하여 그는 다시금 예수를 데리고 관정 밖으로 나옵니다. 예수는 관정으로부터 조용히 그리고 아무 저항 없이 빌라도를 따랐습니다. 그는 여전히 희롱의 자색 옷을 입고 있었습니다. 채찍에 맞아 피를 흘리며 우스꽝스러운 몰골을 한 그를 바라볼 때, 빌라도는 그들의 증오심이 경멸로 바뀌고 그런 가운데 그들에게 어느 정도 동정심이라고 생길 것이라고 계산했습니다. "이 사람을 보라!"(5절). 이것은 그가 이를테면 이렇게 말하는 것이었습니다. "이처럼 초라하며, 상처투성이이며, 우스꽝스러운 몰골을 한 자를 증오하며 두려워할 이유가 도대체 무엇이란 말인가? 이 사람이 왕처럼 보이는가? 이 사람이 두려운 적처럼 보이는가?" 빌라도는 비아냥거리는 어투로 예수를 "너희 왕"이라고 부르면서 군중들을 무마하고 나아가 그들의 동정심을 불러일으키고자 했습니다(14절). 후대(後代) 사람들은 빌라도의 말 속에서 심오한 의미를 찾으려고 했지만, 실상 그의 말 속에는 그러한 의미가 전혀 들어있지 않았습니다. 도리어 우리는 여기에 등장하는 인물들의 성격을 면밀하게 살핌으로써 매우 값진 교훈을 얻을 수 있습니다. 한편에, 공의를 행하기를 두려워하면서 동시에 불의를 행하는 것을 꺼려하는 우유부단한 총독이 있습니다. 다른 한편에, 유대 관원들과 그들의 수하(手下)들의 맹렬한 적의(敵意)가 있습니다. 그리고 거기에 세상을 구원하기 위해 모든 것을 묵묵히 받아들이는 그리스도가 계십니다. 그는 그들의 모든 생각을 알고, 모두를 긍휼히 여기면서, 아무 저항 없이 고요함 가운데 계십니다.

물론 군중들 가운데 일부 동정심이 일어났을 수 있지만, 그러나 그것은 제사장들과 그들의 직계 하속(下屬)들의 더 크게 부르짖는 소리에 의해 완전히 묻혀버렸습니다. 그들은 마치 먹이를 향해 으르렁거리는 야수들처럼 "십자가에 못 박으라 십자가에 못 박으라"라고 부르짖었습니다(6절). 마침내 빌라도의 인내심은 한계에 다다랐습니다. 그리하여 그는 이렇게 말합니다. "너희가 친히 데려다가 십자가에 못 박으라 나는 그에게서 죄를 찾지 못하였노라." 이것은 실제로 다음과 같은 것을 의미하는 것이었습니다. "나는 너희의 도구가 되지 않을 것이라. 나는 이 사람에게 사형을 판결할 특별한 죄를 찾지 못하였노라. 만일 나의 판결이 마음에 들지 않는다면, 너희가 이 사람을 처벌하라. 나는 그렇게 하지 않을 것이라." 그는 시종일관 비아냥거리는 태도로 총독의 권한을 양도하면서 마치 자신은 아무 책임 없다는 듯이 말합니다.

그러나 이런 비아냥거리는 말도 아무런 효과를 내지 못했습니다. 도리어 유대 관원들은 새로운 무기를 들이댑니다. 예수를 반드시 죽이고야 말겠다는 집요한 결심 가운데 그들은 스스로의 위엄을 내팽개치는 것조차 주저하지 않습니다. 그들은 예수가 신성모독의 죄를 범했다고 고발하면서, 이방인에게 그러한 죄를 심판하는 재판장의 역할을 맡깁니다. "우리에게 법이 있으니 그 법대로 하면 그가 당연히 죽을 것은 그가 자기를 하나님의 아들이라 함이니이다"(7절). 로마 총독에게 자신들의 율법을 깨뜨린 범법자를 처벌하라고 요구하는 것은 유대 민족의 특권을 땅바닥에 내팽개치는 것이었습니다. 그러나 종교적 증오심으로 불붙은 형식주의적 종교인들은 종종 그들의 증오심을 만족시키기 위해 종교의 위엄을 스스로 내팽개치곤 합니다. 그들은 교회를 보전한다는 미명으로 세속적 권세자들에게 자신들의 "율법"을 시행할 것을 요구합니다. 로마는 피정복민족들로 하여금 자신들의 제도와 관습을 지킬 수 있도록 허락해 주었습니다. 그럼에도 불구하고 여기의 유대 관원들은 로마 총독에게 자신들의 율법을 범한 자를 처벌해달라고 요구하고 있습니다. 자신들의 율법을 거의 알지 못하는 이방인에게 말입니다.

사방에서 끓어오르는 증오와 악의의 지옥 속에서 예수 그리스도는 무엇을 하고 있었습니까? 그는 아무 말 없이 그리고 아무 저항도 하지 않고 "털 깎는 자 앞에서 잠잠한 어린 양"처럼 거기에 서 계셨습니다. 예수의 재판과 관련한 이야기 속에서 눈에 가장 적게 띄는 인물은 바로 예수 자신이었습니다. 그는 아버지와 조용히 교제하는 가운데, 자기를 죽이려는 자들에게 아무 말 없이 순복하는 가운데, 우리에 대한 고요한 긍휼 가운데, "그 앞에 놓인 즐거움"을 고요히 바라보는 가운데 아무 말 없이 거기 서 계셨습니다.

3. 무대는 다시 관정 안으로 바뀝니다(9-11절).

유대 관원들이 들이댄 새로운 무기로 말미암아 빌라도의 두려움은 더 커졌습니다. "빌라도가 이 말을 듣고 더욱 두려워하여"(8절). 이것을 볼 때, 우리는 그가 이미 두려워하고 있었음을 알게 됩니다. 그가 이미 예수로부터 받은 강한 인상(印象)과 아내의 꿈 이야기는 그의 마음을 강하게 흔들었습니다. 거기에다가 "그가 자기를 하나님의 아들이라고 했다"는 새로운 고소는 그의 마음을 한층 더 강하게 흔들었습니다. 정말로 이 사람이 신들이 보낸 사자(使者)면 어떻게 합니까? 그러면 그는 신들로부터 보냄받은 자를 채찍질한 것이 됩니다. 아마도 빌라도는 종교에 대해 회의적(懷疑的)인 사람이었을 것입니다. 그럼에도 불구하고 그는 다분히 미신적인 사람이었습니다. 그는 "사람들의 모양으로 내려온" 신들의 이야기를 거의 믿지 않았고, 절반쯤 잊어버렸을 것입니다. 그럼에도 불구하고 지금 그 이야기가 그의 머릿속에서 헤엄치고 있었습니다. 만일 이 사람이 정말로 그러하다면, 그의 이상한 태도는 충분히 설명될 것이었습니다. 그리하여 빌라도는 다시 예수를 부릅니다. 그러나 지금은 재판장으로서가 아니었습니다. 다만 "그가 자기를 하나님의 아들이라고 했다"는 유대 관원들의 주장을 그 자신의 입술로부터 직접 들어보고자 했습니다.

그리하여 빌라도는 "너는 어디로부터냐?"라고 묻습니다(9절). 그러나 예수는 아무 대답도 하지 않았습니다. 어째서 주님은 그러한 질문에 대답하지 않았을까요? 그러나 실상 그의 침묵이 곧 대답이었습니다. 빌라도는 이미 예수가 자신의 나라와 관련하여 그리고 진리와 관련하여 선언한 것을 대수롭지 않다는 태도로 듣는 둥 마는 둥 했습니다. 그렇다면 그 태도가 근본적으로 바뀌지 않는 한 이후의 침묵은 이전의 무관심한 태도에 대한 정당하면서도 필연적인 징벌이었습니다. 그리스도의 침묵은 무엇인가를 증명해주는 증거(證據)였습니다. 만일 대답해줄 필요가 있었다면, 주님은 분명히 그렇게 하셨을 것입니다. 만일 아무 말도 하지 않으셨다면, 우리는 마음을 보시며 통찰하시는 자가 아무 말도 하지 않는 것이 최선임을 아셨기에 그렇게 하셨을 것이라고 확신할 수 있습니다. 그가 어디로부터 왔느냐는 질문은 그때 빌라도가 해야만 하는 일과 아무 상관없는 질문이었습니다. 지금 빌라도가 조사해야 하는 것은 예수가 어디로부터 왔는지를 따지는 것이 아니라 그가 사형에 해당하는 일을 행했느냐 행하지 않았느냐를 따지는 것이었습니다. 그 순간의 자신의 명백한 의무를 행하지 않는 사람은 그와 같은 심오한 영적 주제에 대한 대답을 들을 기회를 거의 갖지 못할 것입니다.

예수에 대한 빌라도의 두려움과 흥미는 매우 피상적이며 얕은 것이었습니다. 우리는 곧바로 그의 어투가 바뀌는 것 속에서 그러한 사실을 분명하게 알 수 있습니다. 그는 거만한 태도로 자신의 권한을 일깨워줍니다. "내게 말하지 아니하느냐 내가 너를 놓을 권한도 있고 십자가에 못 박을 권한도 있는 줄 알지 못하느냐?"(10절). 그는 마치 자신의 위엄이 손상을 당했으므로 기분이 상했다는 듯한 어투로 말합니다. 그는 잠깐 동안 혹시 이 사람이 정말로 하늘로부터 온 것이 아닌지 의심했던 마음을 이내 잊어버리고 말았습니다. 이런 사람이 어떻게 그토록 심오한 주제에 대한 그리스도의 대답을 받을 수 있겠습니까?

그러나 예수는 빌라도에게 그와 모든 로마인들이 꼭 배워야만 하는 한 가지 사실을 일깨워줍니다. 그것은 그들의 힘(power)이 하나님으로부터 온 것이며, 그렇기 때문에 그것은 합법적 기초를 가지며, 따라서 그것은 마땅히 하나님의 뜻과 그의 목적에 합당하게 사용되고 실행되어야 한다는 사실입니다. 강한 부리와 날카로운 발톱을 가진 로마의 독수리를 거룩한 도성으로 데려온 것은 하나님이었습니다. 빌라도가 예수에 대해 재판을 행하는 것은 정당한 일이었습니다. 그로 하여금 그가 스스로 공의를 시행했는지 보게 하십시오. 그로 하여금 자신이 "가졌노라고" 자랑하는 권력이 실상은 "받은" 것이라는 사실을 기억하게 하십시오. 권력의 원천과 관련한 진리는 가야바를 비롯한 유대 관원들의 죄책을 더 무겁게 만듭니다. 왜냐하면 그들은 자신들에게 부여된 의무를 소홀히 했을 뿐만 아니라, 마땅히 자신들이 조사해야만 하는 죄목으로 예수를 이방인에게 넘겨줌으로써 신정국가(神政國家)로서의 이스라엘의 특권을 스스로 내팽개치는 중죄(重罪)를 범했기 때문입니다. 이러한 갑작스러운 책망은 앞의 질문에 대한 어떤 대답보다도 빌라도에게 더 많은 것을 일깨워줄 수 있었습니다. 그리하여 빌라도는 예수를 놓아주고자 더욱 애쓰게 되었습니다. "이러하므로 빌라도가 예수를 놓으려고 힘썼으나"(12절). 지금까지는 단지 예수를 가능하면 정죄하지 않기를 바랐지만, 이제는 적극적으로 그를 놓아주고자 애쓰게 되었습니다.

4. 무대는 또 다시 관정 밖으로 바뀝니다.

빌라도는 예수를 안에 남겨 두고 자기 혼자 밖으로 나갔습니다. 그러나 채 입을 열기도 전에 그는 유대 관원들의 최후의 결정적 무기와 만나고 맙니다. "이 사람을 놓으면 가이사의 충신이 아니니이다 무릇 자기를 왕이라 하는 자는 가이사를 반역하는 것이니이다"(12절). 반역과 관련한 사건은 가이사의 귀에 분명히 전달될 것이었습니다. 많은 총독들이 이런 종류의 사건을 대충 처리하다가 큰 곤욕을 치르곤 했습니다. 만일 여기의 골치 아픈 유대인들이 이 문제를 가지고 가이사에게 간다면, 그 역시도 큰 곤욕을 피하기 어려울 것이었습니다. 그렇다면 주사위는 이미 던져진 셈이었습니다. 빌라도는 틀림없이 화가 난 상태로 그리고 자신이 지금 "무죄한 피"를 희생시키고 있음을 알면서 다시금 관정 안으로 돌아옵니다. 그는 예수에게 더 이상 할 말을 가지고 있지 않았습니다. 다만 사형을 집행하는 형식적 절차만 남았을 뿐입니다. 그리하여 그는 "가바다"(돌을 깐 뜰)에 있는 재판석에 앉습니다(13절).

멋진 가바다와 근사한 재판석조차도 살인자보다 나을 것이 없는 — 왜냐하면 그는 지금 자신의 목적을 위해 무죄한 자를 죽이고 있기 때문에 — 이곳의 재판장의 위엄을 높여줄 수 없었습니다. 빌라도의 판결은 다름 아닌 그 자신 위에 가장 무겁게 떨어집니다. 재판장에게 있어 죄인을 무죄로 판결하는 것이 잘못이라면, 하물며 무죄한 자를 죄인으로 판결하는 것은 얼마나 큰 잘못이겠습니까?

빌라도는 다시금 본래의 비아냥거리는 태도로 되돌아옵니다. 그리고 "너희 왕"이라는 비아냥거리는 말로 약간의 만족을 얻습니다(14절). 그러나 군중들의 증오심은 그러한 비아냥거리는 말에 의해서도 조금도 누그러지지 않았습니다. 도리어 군중들은 그 속에 살의(殺意)가 담겨 있는 말을 더 크게 외쳐댔습니다. "없이 하소서 없이 하소서 그를 십자가에 못 박게 하소서"(15절). 이에 빌라도는 또 다시 비아냥거리는 말을 반복합니다. "내가 너희 왕을 십자가에 못 박으랴?" 그러자 유대 관원들은 맹목적 격노(激怒) 가운데 자신들의 특권을 내팽개쳐 버립니다. "가이사 외에는 우리에게 왕이 없나이다." 누가 이러한 말을 했는지 주목해 보십시오. 그것은 "대제사장들"이었습니다. 그렇게 대답한 사람들이 대제사장들이었다는 사실은 결코 사소한 일이 아닙니다. 증오심 가운데 그들은 자신들의 메시야 소망(Messianic hope)을 고의적으로 부인(否認)하면서 이스라엘의 영광을 내팽개쳐 버립니다. 그들은 그리스도를 받아들이지 않을 예정이었습니다. 그러면 그들은 로마의 폭군 앞에 엎드려야만 합니다. 그리스도를 대적하는 자에게 다가오는 것은 결국 노예적인 예속입니다.

109 십자가에 대한 목격자의 설명

“17 그들이 예수를 맡으매 예수께서 자기의 십자가를 지시고 해골(히브리 말로 골
고다)이라 하는 곳에 나가시니 18 그들이 거기서 예수를 십자가에 못 박을새 다른
두 사람도 그와 함께 좌우편에 못 박으니 예수는 가운데 있더라 19 빌라도가 패를
써서 십자가 위에 붙이니 나사렛 예수 유대인의 왕이라 기록되었더라 20 예수께서
못 박히신 곳이 성에서 가까운 고로 많은 유대인이 이 패를 읽는데 히브리와 로마
와 헬라 말로 기록되었더라 21 유대인의 대제사장들이 빌라도에게 이르되 유대인
의 왕이라 쓰지 말고 자칭 유대인의 왕이라 쓰라 하니 22 빌라도가 대답하되 내가
쓸 것을 썼다 하니라 23 군인들이 예수를 십자가에 못 박고 그의 옷을 취하여 네 깃
에 나눠 각각 한 깃씩 얻고 속옷도 취하니 이 속옷은 호지 아니하고 위에서부터 통
으로 짠 것이라 24 군인들이 서로 말하되 이것을 찢지 말고 누가 얻나 제비 뽑자 하
니 이는 성경에 그들이 내 옷을 나누고 내 옷을 제비 뽑나이다 한 것을 응하게 하려
함이러라 군인들은 이런 일을 하고 25 예수의 십자가 곁에는 그 어머니와 이모와 글
로바의 아내 마리아와 막달라 마리아가 섰는지라 26 예수께서 자기의 어머니와 사
랑하시는 제자가 곁에 서 있는 것을 보시고 자기 어머니께 말씀하시되 여자여 보
소서 아들이니이다 하시고 27 또 그 제자에게 이르시되 보라 네 어머니라 하신대 그
때부터 그 제자가 자기 집에 모시니라 28 그 후에 예수께서 모든 일이 이미 이루어
진 줄 아시고 성경을 응하게 하려 하사 이르시되 내가 목마르다 하시니 29 거기 신
포도주가 가득히 담긴 그릇이 있는지라 사람들이 신 포도주를 적신 해면을 우슬
초에 매어 예수의 입에 대니 30 예수께서 신 포도주를 받으신 후에 이르시되 다 이
루었다 하시고 머리를 숙이니 영혼이 떠나가시니라”

요 19:17-30

요한은 십자가와 관련한 공관복음의 설명에 많은 부분을 보충해줍니다. 유대인들이 패에 기록된 칭호를 바꾸려고 했던 것이나, 어머니 마리아를 요한에게 맡긴 것이나, "내가 목마르다"라고 말씀하시고 또 "다 이루었다"라고 말씀하신 것 등은 오직 요한에 의해서만 기록되었습니다. 요한은 예컨대 예수께서 두 강도 "가운데" 위치했던 것이라든지 혹은 십자가 옆에 신 포도주가 가득 담긴 그릇이 있었던 것 등과 같은 자신의 기억 속에 담겨 있던 세부적인 일들을 기록합니다(18, 29절). 그는 예수를 십자가에 못 박은 행동에 대해서는 아주 조금밖에 이야기하지 않지만, 그러나 병사들의 '제비뽑기'와 관련해서는 자세하게 이야기합니다. 그는 그들 곁에서 그들이 서로 이야기하는 것을 들었던 것입니다.

예수와 더불어 두 강도도 함께 십자가 못 박도록 결정한 사람은 누구였을까요? 그것은 유대 관원들이 아니었습니다. 왜냐하면 그것은 그들의 권한이 아니었기 때문입니다. 그것은 틀림없이 빌라도였을 것입니다. 그렇다면 그것은 또 하나의 비아냥거리는 행동이었습니다. 그리고 그것은 앞의 행동들보다 훨씬 더 예리한 것이었습니다. 왜냐하면 그것은 유대인의 왕을 그들과 같은 부류로 놓은 것이기 때문입니다. 그들이란 유대인들이 선택한 자(즉 바라바)와 같은 부류의 사람들로서 바라바와 한 패거리였는지도 모릅니다. 예수는 그 범죄자들과 완전하게 동일시되어 그들 "가운데" 그리고 모든 사람들과 만물 가운데 있었습니다(18절). 그는 "가운데" 있습니다. 한쪽에 회개하는 자가 있고, 다른 한쪽에 배척하는 자가 있습니다. 그는 여전히 인류의 "가운데" 있습니다. 그리고 그의 십자가가 가운데 있었던 것처럼, 그의 심판의 보좌 역시 가운데 있을 것입니다.

모든 복음서 기자들이 패 위에 기록된 칭호와 관련한 이야기를 보도하지만, 그러나 오직 요한만이 그것이 빌라도가 악의적으로 창안(創案)한 것임을 말해줍니다. 요한은 빌라도가 그런 방법으로 제사장들을 조롱하고 있었으면서도 그러한 칭호가 실제로 사실임을 알지 못했다고 생각했습니다. 조롱의 의미를 담은 장난이었음에도 불구하고, 그것은 사실이었습니다. 빌라도는 그것을 유대 민족의 언어인 히브리어와 공적 언어인 로마어와 다양한 나라들의 의사소통을 위한 공통의 매개체인 헬라어로 기록했습니다(20절). 그는 자신이 예수 그리스도의 우주적 통치를 선포하고 있다는 사실을 알지 못했습니다. 그 순간 헬라인들에 의해 나타난 지혜, 로마인들에 의해 나타난 법률과 제국의 권력, 그리고 유대인들에 의해 나타난 모든 계시가 십자가에 못 박힌 자 앞에 머리를 숙이고 있었습니다. 십자가는 그의 보좌였습니다.

"대제사장들"은 그러한 칭호를 보고 놀라며 당장 바꿀 것을 요구합니다. "대제사장들이 빌라도에게 이르되 유대인의 왕이라 쓰지 말고 자칭 유대인의 왕이라 쓰라 하니"(21절). 그러나 그들은 빌라도를 움직이지 못했습니다. "빌라도가 대답하되 내가 쓸 것을 썼다 하니라"(22절). 그가 진작에 이와 같은 굳은 마음으로 자신이 확신한 바를 끝까지 밀고 나갔더라면 얼마나 좋았겠습니까! 그러나 그는 마땅히 그렇게 해야 할 때는 그렇게 하지 않고, 엉뚱한 때에 그렇게 했습니다. 그가 대제사장들의 요구를 일축한 것은 부분적으로 그들에 대해 화가 났기 때문이고, 또 부분적으로 자신의 우유부단함으로 말미암아 상당 부분 손상된 자신의 자존심을 만회하기 위한 것이었습니다. 그러나 그의 퉁명스러운 말은 그가 생각했던 것보다 훨씬 더 비극적인 의미를 가지고 있었습니다. 왜냐하면 그의 인생의 페이지 위에 "그가 쓴 것"은 결코 지워질 수 없기 때문입니다. 언젠가 그는 그것과 직면하게 될 것입니다. 우리 모두는 각자 자신의 인생의 페이지 위에 영원히 지워지지 않는 글을 쓰고 있습니다. 우리는 언젠가 그것과 직면하게 될 것이며, 그것이 자신이 쓴 것임을 인정하게 될 것입니다.

계속해서 요한은 십자가 주위에 있는 두 부류의 사람들을 선명하게 대조시킵니다. 한 부류는 무감각한 병사들이고, 다른 한 부류는 슬퍼하는 친구들입니다. 여러 명의 병사들이 거기에 동원되었습니다. 그들은 반란을 도모한 유대인들을 십자가에 못 박는 일에 매우 익숙해 있었습니다. 그들은 오늘의 세 사람과 예전에 십자가에 못 박아 죽인 다른 죄수들 사이에 아무런 차이를 알지 못했습니다. 죄수들의 고통을 보면서도 그들의 마음속에서는 어떤 연민의 정도 일어나지 않았습니다. 그들이 바라는 것은 오로지 죄수들이 빨리 죽는 것뿐이었습니다. 그래야만 다시금 자신들의 병영(兵營)으로 돌아갈 수 있을 것이었습니다. 그들은 아무것도 알지 못하는 마치 소경과 같은 사람들이었습니다. 만일 지식의 분량으로 죄책(罪責)을 결정한다면, 그들의 죄책은 지극히 작을 것이었습니다. 그들의 죄책은 고작해야 그들이 사용한 망치와 못의 그것보다 조금 더 클 뿐이었을 것입니다. 희생자의 옷은 그들의 부수입(副收入)이었습니다. 그들은 마치 상거래를 하듯이 그의 옷을 나눕니다. 그의 고통에 대해서는 완전히 무관심한 채 말입니다. 십자가 밑에서 희생자의 옷을 위해 제비를 뽑는 것보다 더 큰 무감각함이 도대체 무엇이겠습니까?

그러나 여기에서 우리가 가장 큰 관심을 가지고 주목해야 하는 것은 예수께서 그와 같은 극도의 수치와 비하(卑下)에 온전히 순복하셨다는 사실입니다. 그는 벌거벗겨진 채 여러 시간 동안 십자가 위에 매달렸으며, 조롱하는 군중들의 응시(凝視)의 대상이 되었습니다. 다락방에서 "겉옷을 벗고" 제자들의 발을 씻겨주실 때, 그는 자기를 버리는 것에 대한 완전한 모범을 보여주셨습니다(요 13:4). 그러나 지금 그는 오직 "수치로 옷 입은 채" 훨씬 더 스스로를 낮추며 비하하십니다. 그러므로 하나님은 그를 왕의 위엄의 옷으로 입혀주셨으며, 그리고 우리는 온전한 사랑으로 그로 옷 입어야 합니다.

요한이 강조하는 또 하나의 요점은 이러한 행동 가운데 옛 예언이 성취되었다는 것입니다. 그의 속옷은 이음매가 없이 통으로 짠 옷이었습니다(23절). 어쩌면 그것은 여기의 울며 서 있는 여인들 가운데 어느 한 사람이 사랑의 마음으로 짠 옷이었을는지 모릅니다. 어쨌든 그 옷은 나누기에는 너무나 귀한 것이었습니다. 그리고 그것을 위해 제비를 뽑는 것은 잠깐 동안의 유희를 위한 오락이었을 것입니다. 요한은 병사들의 이러한 행동 속에서 원수들이 자신의 죽음을 확신하는 가운데 자기 옷을 나누며 자기 옷을 위해 제비를 뽑노라고 애통했던 옛 애통자(哀痛者)의 부르짖음이 성취되는 것을 보았습니다. "이는 성경에 그들이 내 옷을 나누고 내 옷을 제비 뽑나이다 한 것을 응하게 하려 함이러라"(24절). 그러나 옛 애통자는 자신이 아는 것보다 훨씬 더 지혜로운 자였습니다. 그것은 물론 그의 절망적 상태를 표현하는 생생한 은유였습니다. 그러나 그 안에 계셨던 성령은 그러한 은유를 통해 그리스도의 고난을 나타내며 예고하셨습니다. “자기 속에 계신 그리스도의 영이 그 받으실 고난과 후에 받으실 영광을 미리 증언하여”(벧전 1:11). 예언 또는 희생제사와 관련하여 요한의 해석의 정확성을 부인하는 이론들은 결국 신약 자체와의 충돌을 피할 수 없습니다.

또 한 부류의 사람들은 여기의 병사들이 나타내는 무감각한 모습과 얼마나 대조됩니까! 25절에서 요한이 열거하는 여인들은 세 명일 수도 있고 네 명일 수도 있습니다. 왜냐하면 “이모”와 “글로바의 아내 마리아”는 동일인일 수도 있고 아닐 수도 있기 때문입니다. 아마도 후자가 좀 더 가능성이 높아 보입니다. 또 이름이 기록되지 않은 여기의 이모가 다름 아닌 요한 자신의 어머니인 살로메라는 추측 역시 가능합니다. 만일 그렇다면, 예수께서 자신의 어머니를 요한에게 맡긴 것은 한층 더 자연스러운 일이 될 것입니다. 예수는 어머니 마리아에게 요한을 가리키며 “여자여 보소서 아들이니이다!”라고 말씀하시고, 이어 요한에게 마리아를 가리키며 “보라 네 어머니라!”라고 말씀하십니다(26, 27절). 이제부터 마리아와 요한은 어머니와 아들의 관계가 될 것이었습니다. 그것은 단지 주님의 죽음의 사실만이 아니라 그의 사랑의 말씀을 통한 믿음의 연결띠(uniting bond)로 말미암은 것이었습니다. 예수 그리스도는 이별의 선물로서 줄 것이 아무것도 없었습니다. 그러나 그는 이들 두 사람 서로에게 풍성한 선물을 줍니다. 한 사람에게는 아들을, 그리고 다른 한 사람에게는 어머니를 말입니다. 그리고 그렇게 함으로써 두 사람 모두를 부요하게 만듭니다. 그는 여기에서 자신의 사랑의 마음을 나타냅니다. 그리고 이를 통해 우리는 그가 지금까지 아들로서의 모든 의무를 신실하게 이행했음을 추측할 수 있습니다. 또 여기에서 우리는 다른 사람들을 도울 때 비로소 누군가를 혹은 무엇인가를 잃음으로 인한 우리의 빈자리가 가장 잘 채워질 수 있다는 교훈을 배울 수 있습니다.

예수께서 십자가 위에서 하신 두 번째 말씀은 “내가 목마르다”라는 애처로운 말씀입니다(28절). 여기에서 요한은 우리 주님의 의식과 관련하여 우리에게 매우 의미심장한 통찰을 제시합니다. "모든 일이 이루어진 것을 안" 연후에야 비로소 우리 주님은 자신의 목마름의 고통에 주의를 기울이셨습니다(28절). 강한 자는 자신이 이루어야 할 일들이 아직 남아 있는 한 육체의 욕구를 억제할 것입니다. 이제 예수에게 남은 것은 죽는 것 외에 아무것도 없었습니다. 죽기에 앞서, 그는 자신의 육체에 약간의 고통경감(苦痛輕減)을 허락하십니다. 그는 의식을 마비시킴으로써 고통을 경감시켜주는 것은 거절하셨습니다. 그러나 입술과 목구멍이 불타는 고통을 잠시나마 완화시켜주는 것은 기꺼이 요구하시고 또 받으셨습니다.

우리는 28절 말씀을 단순히 예수께서 성경을 이루려는 목적으로 "내가 목마르다"라고 말한 것으로 이해해서는 안 됩니다. 그와 같은 말은 실제적 필요로부터 터져 나온 탄식이었습니다. 다만 그러한 자연적 탄식 안에서 시편의 한 구절이 이루어지는 것을 요한은 보았던 것입니다. "그들이 쓸개를 나의 음식물로 주며 목마를 때에는 초를 마시게 하였사오니"(시 69:21), 우리는 이 말씀 하나로 그리스도의 모든 육체적 고난을 요약할 수 있습니다. "누구든지 목마르거든 내게로 와서 마시라"라고 말했던 바로 그 입술이 "내가 목마르다"라고 말했습니다(요 7:37). 그것은 얼마나 애처로운 말씀입니다. 그렇게 말한 자가 누구인지, 그리고 왜 그런 고통을 담당했는지 생각해 보십시오. "생수의 근원"인 그는, 목마른 자는 누구든지 자기에게 와서 물뿐만 아니라 "포도주와 젖"까지 마실 수 있도록, 목마름의 고통을 아셨습니다. "오호라 너희 모든 목마른 자들아 물로 나아오라 돈 없는 자도 오라 너희는 와서 사 먹되 돈 없이, 값없이 와서 포도주와 젖을 사라"(사 55:1).

요한이 전하는 십자가에서의 마지막 말씀은 "다 이루었다"(it is finished)는 승리의 외침입니다(30절). 이것은 단순히 자신이 생애가 끝났음을 절규하는 것이 아닙니다. 그것은 과거에 죽었고 앞으로 죽을 모든 사람들 가운데 오직 그만이 가질 수 있는 확신이었습니다. 그것은 모든 일이 완수되었으며, 모든 하나님의 뜻이 이루어졌으며, 모든 메시야의 사명이 완성되었으며, 모든 예언이 성취되었으며, 구속이 실현되었으며, 하나님과 사람이 화해했다는 확신의 외침입니다. 그는 자신의 모든 생애를 되돌아봅니다. 그러나 그는 거기에서 아무런 잘못도 보지 못합니다. 그는 거기에서 하나님이 요구하신 것에 미달(未達)되는 어떤 것도 보지 못합니다. 그의 생애 가운데 더 잘할 수 있었던 것은 아무것도 없었습니다. 그의 생애 가운데 하지 말았어야 했었던 일은 아무것도 없었습니다. 그의 생애 가운데 있지 말았어야 했었던 일은 아무것도 없었습니다. 그는 위를 바라봅니다. 심지어 그 순간에조차 그는 자신의 영혼 속에서 아버지께서 "이는 내 사랑하는 아들이요 내 기뻐하는 자라"라고 말씀하시는 음성을 듣습니다(마 3:17).

그리스도의 일은 다 이루어졌습니다. 거기에 더해질 필요가 있는 것은 아무것도 없습니다. 세상이 계속되는 동안 그 일은 결코 반복될 수도 없고 어떤 사람에 의해 모방(模倣)될 수도 없습니다. 그리고 모든 세대를 통해 그 일은 결코 그 힘을 잃지 않을 것입니다. 그리스도의 일이 우리의 모든 필요를 위해 다 이루어졌음을 믿으십시오. 그것은 우리의 "확실한 기초"입니다. 그 "확실한 기초"를 강화시키려고 자신으로부터 말미암은 무엇인가를 덧붙이려고 하지 마십시오. 한 쪽 측면에서 그리스도의 일은 그가 십자가 위에서 머리를 떨어뜨리는 순간 완성되었습니다. 다른 쪽 측면에서 그의 일은 그의 성육신과 죽음의 은택(恩澤)이 세상 전체에 퍼질 때까지 완성되지 않았고 또 완성되지 않을 것입니다. 그는 오늘도 일하고 계십니다. 보좌 위에 앉으신 자가 "다 이루었다!"라고 말씀하실 때까지 아마도 또 오랜 세대가 지나가야만 할 것입니다.

110
십자가 위에 기록된 칭호

"빌라도가 패를 써서 십자가 위에 붙이니 나사렛 예수 유대인의 왕이라 기록되었더라"

요 19:19

빌라도가 십자가 위에 예수의 칭호를 기록한 이야기는 네 명의 복음서 기자 모두에 의해 기록됩니다. 각각은 그 형식에 있어서는 다소 차이가 있지만 그러나 본질적으로 모두 동일합니다. 빌라도는 나사렛 예수를 이스라엘이 오랜 세월 대망(待望)해 왔던 자로서 기록하고 선포합니다. 그리고 근본적으로 거기에는 다루기 힘든 골치 아픈 백성들을 조롱하는 의미가 담겨 있습니다. 이 이야기와 관련하여 가장 자세하게 설명하는 복음서 기자는 바로 요한입니다. 오직 그만이 그러한 칭호가 세 나라 언어로 기록되었음을 보도합니다(흠정역 누가복음에서의 비슷한 언급은 원문의 일부가 아닙니다). 또 오직 그만이 유대인들이 그러한 칭호를 고쳐줄 것을 요구한 이야기와 빌라도가 그러한 요청을 일언지하에 거절한 이야기를 기록합니다. "내가 쓸 것을 썼다"는 빌라도의 퉁명스러운 대답은 은연중에 그러한 칭호를 사용한 그의 동기(動機)를 보여줍니다(22절). 그것은 예수를 모독하기 위한 것이 아니라, 유대인들을 조롱하기 위한 것이었습니다. 만일 예수를 모독하기 위한 것이었다면, 도리어 그것은 유대인들을 기쁘게 하는 것이 되었을 것입니다. 그는 우리 주님을 로마제국에 별다른 위협이 되지 않는 광신자 정도로 간주한 것으로 보입니다. 그리고 우리 주님에 대해 어느 정도의 호기심과 약간의 호감을 가지고 있었던 것으로 보입니다. 그리고 그러한 감정은 점차로 두려움의 색채를 띠기 시작했습니다. 처음부터 그는 자신이 왕이라는 예수의 주장이 가이사에게 아무런 위협도 되지 않는다는 사실을 확신하고 있었습니다. 그리하여 그는 예수를 풀어주고 싶었지만, 그러나 그것이 로마에 잘못 전해질 것을 두려워했습니다. 그는 한 사람의 유대인을 희생시키는 것은 자신이 가이사에게 참소당하는 것을 막기 위해 치르는 값으로서 매우 싼 값이라고 느꼈습니다. 자신의 자리를 지키기 위해서라면 그는 열두 명이라도 기꺼이 희생시킬 것이었습니다. 그러나 그는 자신이 불의를 행하도록 강요당했다고 느꼈습니다. 그리하여 그로 인한 불쾌감이 그로 하여금 패 위에 그와 같은 칭호를 써서 십자가 위에 붙이도록 이끌었습니다. 한 마디로 그것은 그의 불쾌한 마음이 분출된 결과였습니다.

계속해서 요한은 그것이 히브리어(아람어)와 헬라어와 라틴어로 기록된 사실을 언급합니다(20절). 아마도 요한은 그러한 사실들을 매우 큰 의미를 갖는 것으로 생각했던 것으로 보입니다.

이제 그러한 칭호와 관련하여 몇 가지 논점을 살펴보도록 합시다.

1. 첫째, 그러한 칭호는 여기의 비극에 등장하는 배우들에게 빛을 던져줍니다.

무엇보다도 "유대인의 왕"이라는 칭호는 예수 자신이 주장한 바였습니다. 그는 스스로를 하나님의 아들이라고 함으로써 제사장들에 의해 종교적 차원에서 신성모독의 죄로 정죄되었습니다. 또 그는 빌라도에 의해 사회적 차원에서 반란의 죄로 사형 판결을 받았는데, 그것은 제사장들이 그가 스스로를 하나님의 아들이라고 했다는 사실로부터 그를 그러한 죄로 빌라도에게 고소했기 때문입니다. 그들은 그가 스스로를 하나님의 아들이라고 했다는 주장으로부터 필연적으로 스스로 이스라엘의 왕이라고 했다는 주장이 나온다고 추론했습니다. 그것은 오래 전에 나다나엘이 추론했던 것과 동일한 추론이었습니다. "랍비여 당신은 하나님의 아들이시요 당신은 이스라엘의 임금이로소이다"(요 1:49). 그들의 추론은 지극히 옳은 것이었습니다. 만일 그가 하나님의 아들이라면, 그는 필연적으로 이스라엘의 왕일 것이었습니다.

이와 같이 두 참소 즉 종교적 차원에서 신성모독의 참소와 사회적 차원에서 반란의 참소는 예수 자신의 주장 위에 기초한 것이었습니다. 빌라도에게 그는 그의 나라의 성격을 설명했습니다. 그것은 자신과 자신의 제자들이 로마에 대해 반란을 획책했다는 혐의를 부인하는 것이었습니다. 그러나 그는 빌라도에게 자신이 왕이라는 사실을 분명하게 말했습니다. 그러므로 그의 입술로부터 나온 두 주장 즉 자신이 하나님의 아들이라는 주장과 자신이 이스라엘의 왕이라는 주장은 유대 제사장들과 로마 총독에 의해 제각각 다른 차원으로 받아들여졌습니다. 즉 그것은 유대 제사장들에 의해서는 종교적 차원에서 신성모독의 죄로서 정죄의 원인이 된 반면, 로마 총독에 의해서는 사회적 차원에서 반란의 죄로서 정죄의 원인이 되었습니다. 예수 그리스도를 따르는 자들에게 그가 십자가형에 처해진 이유는 의문의 여지가 없는 명백한 것이었습니다. 그들에게 있어 유대 관원들의 증오심을 설명하는 것은 쉬운 일입니다. 그러나 재판 과정을 위한 재료가 어떻게 발견되었는지를 설명하는 것은 쉬운 일이 아닙니다. 사람들은 예수가 어떻게 유대 관원들의 증오의 대상이 되고 또 그들이 어떻게 군중들을 선동하는 데 성공했는지에 대해서는 쉽게 이해할 수 있습니다. 그러나 그에 대한 고소(告訴)가 어떻게 물샐틈없이 치밀하게 구성되었는지는 쉽게 이해할 수 없습니다. 문제는 무엇이 예수를 증오의 대상이 되도록 만들었느냐가 아니라, 무엇이 법(law)으로 하여금 예수에 대항하여 움직이도록 만들었느냐 하는 것입니다. 이에 대한 유일한 대답은 그의 머리 위에 붙어 있었던 칭호입니다. 그를 죽음으로 끌고 간 것은 그의 덕행이나 혹은 그의 숭고한 가르침이 아니라, 자신이 하나님의 아들과 이스라엘의 왕이라는 그의 두 주장이었습니다.

계속해서 우리는 어째서 예수가 그를 정죄로 이끈 잘못들(mistakes)을 제거하지 않았느냐는 질문을 제기할 수 있습니다. 자신에 대한 정죄와 관련하여, 분명 그는 그것이 잘못된 해석에 기초한 것이라고 말하면서 그것을 부인할 수 있었습니다. 스스로를 하나님의 아들이라고 한 것에 대해, 가야바에게 예수는 그것이 결코 신성모독이 아니라고 항변할 수 있었습니다. 그럼에도 불구하고 그는 그렇게 하지 않았습니다. 그러므로 만일 우리 주님이 산헤드린으로 하여금 그의 말에 대한 잘못된 해석에 기초하여 그를 정죄하도록 내버려두었다면, 그의 죽음에 대한 책임은 다름 아닌 바로 그 자신에게 있었던 것입니다.

나아가 우리는 그러한 칭호가 빌라도의 행동에 비추는 빛을 주목할 수 있습니다. 그것은 빌라도가 예수에 대한 참소를 허구(虛構)라고 생각했음을 보여줍니다. 결국 그러한 참소로 말미암아 마지못해 예수를 정죄하고 말기는 했지만 말입니다. 만일 여기의 수수께끼 같은 죄수가 칼을 가지고 있었다면, 그를 정죄할 약간의 근거라도 있었을 것입니다. 그러나 그는 단지 사상(思想)을 퍼뜨리는 사람이었을 뿐이며, 그렇기 때문에 로마제국에 대해 별다른 위협이 되지 않을 것이었습니다. 그의 왕권은 로마의 통치자들에게 고작해야 희롱의 대상밖에는 되지 않을 것이었습니다. 현실주의적 사람들은 항상 사상의 힘에 대해 과소평가하는 경향이 있습니다. 그가 패위에 쓴 "유대인의 왕"이란 칭호 속에는 "진리가 무엇이냐?"라는 그의 질문에서와 마찬가지로 "단순한 사상가"에게 던지는 경멸의 의미가 담겨 있었습니다. 그는 이 "왕"에게 로마제국 전체를 산산조각으로 부술 힘이 있다는 사실을 전혀 알지 못했습니다.

이와 같이 자기 앞에 서 있는 찬란한 진리를 알지 못한 채 그 진리를 정죄하는 비극의 주인공이 된 여기의 빌라도로부터 우리는 매우 중요한 교훈을 배우게 됩니다. 그것은 세상이 인정하고 귀하게 여기는 힘들 가운데 세상을 움직이는 힘을 찾아서는 안 된다는 교훈입니다. 만일 우리가 빌라도의 잘못을 또 다시 반복하지 않고자 한다면, "세상의 천한 것들과 없는 것들"로 돌이켜 그 안에서 "있는 것들을 폐하는" 능력을 발견해야만 합니다. "하나님께서 세상의 천한 것들과 멸시 받는 것들과 없는 것들을 택하사 있는 것들을 폐하려 하시나니"(고전 1:28).

나아가 빌라도의 조롱은 그가 전혀 의식하지 못한 채 행한 일종의 예언이었습니다. 그는 그것을 기발한 희롱으로 생각했습니다. 그러나 그것은 역사를 통해 종종 일어나는 기이한 아이러니의 한 실례(實例)였습니다. 산헤드린의 우두머리인 가야바와 로마제국의 대리자인 빌라도는 예수를 정죄하는 일에 선두(先頭)에 서있는 자들이었습니다. 그런데 그들은 스스로도 알지 못한 채 자신들의 생각을 훨씬 초월하는 심원(深遠)한 진리를 말했습니다. 전에 가야바는 "한 사람이 백성을 위하여 죽어서 온 민족이 망하지 않게 되는 것이 너희에게 유익한 줄을 생각하지 아니하는도다"(요 11:50)라고 말한 적이 있었습니다. 이에 대해 요한은 "이 말은 스스로 함이 아니요"(51)라고 말했는데, 그것은 얼마나 멋진 통찰이었습니까! 그리고 그것은 여기에서도 똑같이 사실이었습니다.

2. 둘째, 그러한 칭호는 그리스도의 통치의 기초를 보여줍니다.

십자가 위에서 죽어가고 있는 범죄자가 왕이라는 것은 얼마나 우스꽝스러운 이야기처럼 들립니까! 그 아래 있는 그의 "백성들"이 그를 조롱하며, 그에게 화살처럼 날카로운 말을 날리는 가운데 말입니다. 그러나 그의 십자가는 그의 보좌입니다(But His cross is His throne). 그것은 그 안에서 그의 사랑이 가장 웅장하게 나타나기 때문입니다. 절대적 권위는 완전한 자기희생에 속합니다. 나에게 그리고 나를 위해 자신을 완전하게 주신 그만이 나를 절대적으로 주관할 권리를 가집니다. 그는 "땅의 모든 임금들의 머리"입니다(계 1:5). 그것은 그가 죽으시고 죽은 자들 가운데 첫 열매가 되셨기 때문입니다. "내가 땅에서 들리면 모든 사람을 내게로 이끌겠노라"(요 12:32)라고 말씀하신 때로부터 사도 요한이 "그 수가 만만이요 천천"(계 5:11)인 무수한 천사들이 찬미하는 소리를 들었을 때까지, 그리스도의 통치에 대한 신약의 모든 언급에는 반드시 그의 십자가에 대한 언급이 따르며 그의 십자가에 대한 모든 언급에는 또한 그의 보좌에 대한 언급이 따릅니다. 가시관은 그리스도의 통치의 본질을 보여줍니다. 밀라노의 유명한 왕관은 황금과 보석으로 이루어진 왕관이었습니다. 그러나 사람들에 대한 그리스도의 통치권은 사람들에 대한 그의 희생 위에 근거합니다. 십자가 없는 기독교는, 교회 역사 가운데 종종 나타났던 것처럼 그리고 오늘날에도 또 다시 나타나는 것처럼, 권위 없는 기독교입니다. 십자가 없는 그리스도는 왕권 없는 그리스도입니다. 세상에 대한 통치권은 사람들의 내적 동기를 움직일 수 있는 자에게 속합니다. 그는 사람들의 마음을 사서 자신의 소유로 삼았습니다.

3. 셋째, 그러한 칭호는 그리스도의 우주적 통치를 예언합니다.

그것이 세 가지 언어로 기록된 것은 단순히 유월절에 여러 지역으로부터 모인 군중들이 쉽게 읽을 수 있도록 하기 위한 것이었습니다. 거기에 아람어밖에는 읽을 수 없었던 본토 유대인들이 있었습니다. 거기에 헬라어를 사용하는 지역으로부터 온 흩어진 유대인들이 있었습니다. 거기에 라틴어를 사용하는 로마의 관원들과 로마로부터 온 유대인들이 있었습니다. 빌라도는 자신의 기발한 조롱을 모든 사람들이 이해하기를 바랐습니다. 그것은 세 가지 언어로 이스라엘을 조롱하는 것이었으며, 그들의 얼굴 앞에서 채찍을 휘두르는 것이었습니다. 그것은 마치 벵골 마을에 영어로 된 정부 포고문 벽보를 붙이는 것이나, 바르샤바에 러시아어로 된 칙령을 반포하는 것과 마찬가지였습니다. 거기에 쓰인 어법(語法), 다시 말해서 거기에 "이스라엘의 왕"이 아니라 "유대인의 왕"이라고 쓰인 사실은 그것이 이방인의 손에 의해 쓰였음을 무심코 나타냈습니다.

예전에 가야바는 "한 사람이 백성을 위하여 죽어서 온 민족이 망하지 않게 되는 것이 너희에게 유익한 줄을 생각하지 아니하는도다"라고 말한 적이 있었습니다(요 11:50). 그리고 그러한 말 속에서 요한은 그리스도의 죽음의 의미와 관련한 특별한 예언을 발견했습니다. "이 말은 스스로 함이 아니요 그 해의 대제사장이므로 예수께서 그 민족을 위하시고 또 그 민족만 위할 뿐 아니라 흩어진 하나님의 자녀를 모아 하나가 되게 하기 위하여 죽으실 것을 미리 말함이러라"(51, 52절). 그와 마찬가지로 여기의 칭호 속에서도 그는 더 깊은 의미를 예언합니다. 거기에서 "예수께서 그 민족을 위하시고 그 민족만 위할 뿐 아니라 흩어진 하나님의 자녀를 모아 하나가 되게 하기 위하여 죽으실" 것이라는 희미한 예언의 음성을 들었던 것처럼, 여기에서도 요한은 그리스도의 칭호가 세 가지 언어로 기록된 것이 그의 사역이 세 곳의 위대한 문명과 관계되는 것을 상징하는 것으로 느꼈습니다. 그러한 칭호는 모든 문명들을 자기에게로 흡수하며, 그것들이 사용하는 언어를 통해 자기를 전파하며, 마침내 그것들로부터 생명을 획득하며, 결국 그것들을 허물어뜨립니다. 유대인들은 구약의 일신교(一神敎)과 도덕을 제공해 주었습니다. 헬라인들은 문화와 완성된 언어를 제공해 주었습니다. 그것은 새 포도주를 담을 만한 새 부대였습니다. 로마인들은 팍스 로마나로 말미암아 그의 나라를 온 세상에 전파할 수 있게 해주었습니다. 그리고 그들은 처음에 어린 싹을 보호해 주었습니다. 세 문명 모두는 기독교의 발전을 도왔을 뿐만 아니라 또한 망쳐놓기도 했습니다. 그리고 그 안에 유해한 요소들을 주입했습니다. 그러나 그러한 칭호의 예언은 성취되었으며, 여기의 세 언어는 십자가를 전하는 사자(使者)가 되어 큰 나팔소리로 세상 끝까지 복된 소식을 전파했습니다.

이와 같이 십자가 위에 기록된 칭호는 그리스도의 우주적 통치에 대한 무의식적 예언이 되었습니다. 메시야가 세상 전체를 통치할 것을 노래한 옛 시편기자는 "모든 민족이 다 그를 섬길" 것을 확신했습니다(시 72:11). 그리고 그렇게 확신한 이유는 그가 "궁핍한 자가 부르짖을 때에 건질" 것이기 때문이었습니다(12절). 우리 역시도 같은 이유로 그것을 확신할 수 있습니다. 그는 사람의 근본적 필요를 채워줄 수 있으며, 사람의 모든 부르짖음을 듣고 그것을 충족시켜줄 수 있으며, 우리가 죄와 허물을 의식하며 슬퍼할 때 응답해줄 수 있으며, 모든 주린 마음을 만족시켜줄 수 있습니다. 그렇기 때문에 그는 그의 사랑하는 자들 위에 그의 통치권을 세울 것입니다. 과거의 역사는 미래의 예언이 됩니다. 예수는 모든 종류의 사람들과 모든 단계의 문화들과 모든 계통의 문명들과 모든 유형의 성격들을 자신에게로 끌어당겼습니다. 나사렛의 목수를 문명화된 세상이 인정하는 왕이 되도록 이끈 힘은 결코 소진(消盡)되지 않았습니다. 그리고 그가 온 세상의 구주와 통치자로서 보좌에 앉으실 때까지 결코 소진되지 않을 것입니다. 세상에서 계속해서 자라고 있는 오직 하나의 참된 종교가 있습니다. 그리스와 로마의 신들은 단지 비교신화학(比較神話學)을 연구하기 위한 재료들일 뿐입니다. 힌두교나 불교는 소멸되고 있습니다. 기독교를 제외한 모든 종교는 공간적으로든 시간적으로든 상대적으로 좁은 한계 안에 갇혀 있습니다. 반면 여러 가지 문제들이 있음에도 불구하고 우리는 기독교의 미래와 관련하여 고요한 확신을 가지고 바라볼 수 있는 분명한 권리를 가지고 있습니다. 물론 기독교가 쇠퇴하는 것처럼 보일 때가 종종 있었습니다. 그러나 기독교에는 이상한 회복력이 있습니다. 종종 기독교의 원수들은 기독교가 무덤에 들어갔음을 확신하며 기쁨의 찬가를 부르곤 했습니다. 그러나 그럴 때마다 기독교는 다시 일어나 새롭게 승리를 거둠으로써 그들을 놀라게 했습니다. 십자가 위에 기록된 칭호는 영원히 사실입니다. 그리고 그 칭호는 만국을 다스리기 위해 백마를 타고 오는 자의 "옷과 다리에" 더 숭고한 형태로 기록될 것입니다. "만왕의 왕이요 만주의 주"라고 말입니다. "그 옷과 그 다리에 이름을 쓴 것이 있으니 만왕의 왕이요 만주의 주라 하였더라"(계 19:16).

111
돌이켜질 수 없는 과거

"빌라도가 대답하되 내가 쓸 것을 썼다 하니라"

요 19:22

"유대인의 왕"으로부터 "자칭 유대인의 왕"으로 고쳐달라는 대제사장들의 요구에 빌라도는 강경한 마음으로 "내가 쓸 것을 썼다"고 대답했습니다. 그는 예수에게 사형 판결을 내림으로써 스스로 자신의 직책을 더럽혔다고 생각했습니다. 그리하여 그는 여기에서 강경한 마음으로 고집을 부림으로써 그들의 요구에 굴복한 것에 대해 스스로 복수를 했습니다. 그러나 이 사람이 유대인들의 압력에 쉽게 굴복했던 것이나 여기에서 강경한 마음으로 고집을 부리는 것이나 모두 빗나간 것이었습니다. "내가 쓸 것을 썼다"는 그의 말의 의미는 "내 뜻대로 할 것이니 너희는 잠자코 가만히 있으라"는 것이었습니다. 그는 유대인들을 조롱하는 마음으로 그렇게 썼으며, 어떤 유대인도 그의 마음을 바꿀 수 없었습니다.

그러나 빌라도의 그러한 무뚝뚝한 대답 속에는 더 깊은 의미가 담겨 있었습니다. "그 피를 우리와 우리 자손에게 돌릴지어다"라는 군중들의 요란한 대답이 그랬던 것처럼 말입니다(마 27:25). "내가 쓸 것을 썼다"는 빌라도의 무뚝뚝한 대답을 기록할 때, 어쩌면 요한은 이와 비슷한 종류의 생각을 하고 있었을는지 모릅니다. 그러나 그렇든 그렇지 않든, 어쨌든 나는 그와 같은 빌라도의 대답을 좀 더 자유롭게 취하고자 합니다. 그러므로 여기에서 나는 그것을 빌라도의 의도와 상관없이 "지나간 일은 돌이켜질 수 없다"는 사실을 생생하게 표현하는 것으로서 취급합니다.

1. 모든 사람은 끊임없이 자기 자신에 대한 영구한 기록을 쓰고 있습니다.

평균적 사람들은 자신의 매일의 삶이 계속적으로 지워지지 않는 흔적을 남긴다는 사실을 거의 깨닫지 못합니다. 그러한 흔적들은 사라져 없어져 가는 것처럼 보입니다. 기록들은 물에 쓰인 것처럼 보입니다. 그것은 보이지 않는 잉크로 기록됩니다. 그러나 그것은 보이지 않는 것과 마찬가지로 또한 지워지지도 않습니다. 문법학자들은 현재완료 시제를 '과거에 완료되었지만 그러나 그 결과는 현재에 남아 있는 행동'을 표현하는 것으로서 정의합니다. 그것은 우리의 모든 행동들에 있어서도 사실입니다. 우리의 인격과 우리의 상황과 우리의 기억은 모두 영원합니다. 매일 같이 우리는 우리의 일기(日記) 속으로 들어갑니다.

2. 한번 쓰인 기록은 돌이켜질 수 없습니다.

우리 모두는 과거에 한 어떤 행동에 대해 "아, 그런 행동을 하지 않았었더라면!" 하면서 후회할 때가 종종 있습니다. 그러나 한번 한 행동은 다시 돌이켜질 수 없습니다. 후회한다고 해서 그것이 바뀌지는 않습니다. "그렇게 하지 않았으면 좋았을걸!" 하며 후회하는 것은 쓸데없는 일입니다.

이런 측면에서 과거의 시간과 미래의 시간은 서로 얼마나 두렵게 대조됩니까! 과거 시간의 엄격한 고정성과 미래 시간의 막연한 가능성을 생각해 보십시오. 우리의 현재 행동들은 마치 공기에 노출되었을 때 금방 말라 딱딱하게 굳어버리는 시멘트와 같습니다. 흙손에 묻어 있던 먼지라든지 혹은 흙부스러기 따위들은 시멘트 벽돌 안에 영원히 거합니다. 토판 위에 새겨진 쐐기문자들을 생각해 보십시오. 수천 년이 흘러도 그것들은 지워지지 않은 채 그대로 남아 있습니다.

우리는 붓 가는 대로 씁니다. 원고(原稿)는 곧 판형에 찍혀 인쇄됩니다. 그러면 어떻게 됩니까? 고치는 것도 불가능하고 지우는 것도 불가능합니다. 한번 행해진 행동은 우리로부터 완전하게 떠납니다.

그렇다면 항상 분명한 행동 원리를 가지고 살아가는 것은 얼마나 필요한 일이겠습니까! 프레스코 화가는 항상 충분한 생각과 확실한 촉감과 빠른 손을 가지고 있어야만 합니다.

미래는 우리에게 얼마나 무한한 밭을 제공해줍니까! 그러한 밭은 얼마나 광대무변합니까! 그렇지만 우리가 실제로 거두는 것은 얼마나 작은 무더기입니까! 여러분은 자신이 쓴 것에 대해 만족합니까!

3. 이 땅에서 쓴 기록들은 하늘에서 읽혀집니다.

우리의 행동들은 영원한 결과를 가져옵니다. 우리가 이 땅에서 쓴 기록들은 우리 자신에 의해 읽혀질 것입니다. 인격도 남으며, 기억도 남습니다.

우리가 그것을 읽을 때, 그와 함께 모든 착각들과 잘못 이해한 것들이 벗겨질 것입니다.

그것은 다른 존재에 의해서도 읽혀질 것입니다. 하나님과 온 우주가 그것을 읽을 것입니다.

"이는 우리가 다 반드시 그리스도의 심판대 앞에 나타나게 되어 각각 선악간에 그 몸으로 행한 것을 따라 받으려 함이라"(고후 5:10).

4. 그러한 기록들은 그리스도의 피로 말미암아 지워질 수 있습니다.

일단 행해진 행동은 없었던 일이 될 수 없습니다. 그러나 하나님의 용서가 주어질 수 있습니다. 그리하여 그것의 결과와 관련한 측면에서, 그것은 없었던 일이 됩니다. 상황은 남아있을는지 모르지만, 그러나 그것이 가하는 압력은 달라집니다. 인격은 악한 과거에 의해 새로워질 수 있으며, 거룩하여질 수 있으며, 한층 더 고양(高揚)될 수 있습니다. 우리의 죽은 자아(自我)는 "더 높은 곳으로 나아가는 디딤돌"이 될 수 있습니다.

기억은 남아있을는지 모르지만, 그러나 그것이 찌르는 모든 아픔은 사라집니다. 그리고 새로운 소망과 새로운 즐거움과 새로운 일이 새로운 페이지들을 채울 것입니다.

"우리를 거스르고 불리하게 하는 법조문으로 쓴 증서를 지우시고 제하여 버리사 십자가에 못 박으시고"(골 2:14).

우리의 삶과 인격은 마치 "거듭해서 쓴 양피지 사본"과 같이 될 수 있습니다. "나의 새 이름을 그이 위에 기록하리라"(계 3:12). "너희는 우리로 말미암아 나타난 그리스도의 편지니"(고후 3:3).

112
그리스도의 완성된 일과 완성되지 않은 일

"예수께서 이르시되 다 이루었다 하시고"

요 19:30

"또 내게 말씀하시되 이루었도다"

계 21:6

전자(前者)는 십자가로부터 하신 말씀이고, 후자(後者)는 보좌로부터 하신 말씀입니다. 두 말씀의 화자(話者)는 같습니다. 전자의 말씀을 하실 때, 그의 음성으로 인해 "땅이 흔들렸습니다." 바위들이 깨진 것이 증명하는 것처럼 말입니다. 반면 후자의 말씀을 하실 때, 그의 음성은 "땅뿐만 아니라 하늘까지 흔들" 것입니다. 왜냐하면 그러한 말씀에 이어 "새 하늘과 새 땅"이 따르기 때문입니다. 전자에서 예수 그리스도는, 마치 모든 준비가 완료된 것을 보며 만족하면서 자신의 마부(馬夫)에게 출발신호를 보내는 어떤 여행자처럼, 자신이 행한 모든 일을 되돌아보면서 그것이 다 이루어졌음을 알고 자신의 종인 죽음을 불러 출발하도록 명령합니다. 한편 후자에서 그는 세상 역사의 인봉한 두루마리의 인을 떼면서 새로워진 우주의 시작을 알립니다. 전자는 기초가 놓이는 것을 선언하지만, 후자는 완성된 건물 위에 머릿돌이 놓이는 것을 선언합니다. 전자는 우리에게 이미 이루어진 완성된 일을 믿을 것을 명령하지만, 후자는 우리에게 그 일의 결과들이 완전하게 이루어지는 것을 소망하라고 명령합니다. 여기의 두 말씀은, 각기 개별적으로 취한다 하더라도, 너무도 웅대하며 장엄합니다. 하물며 둘을 함께 취한다면 얼마나 더 그렇겠습니까!

1. 첫째, 우리는 여기에서 십자가 위에서 완성된 일을 봅니다.

사도 요한이 첫째 본문의 말씀에다가 매우 큰 의미를 부여하는 것을 우리는 그것 바로 앞의 "예수께서 모든 일이 이미 이루어진 줄 아시고 이르시되 내가 목마르다"라는 말씀 속에서 발견할 수 있습니다(28절). 다시 말해서 그는 그와 같이 말씀하시고 난 후에 "다 이루었다!"(It is finished!)라고 말씀하신 것입니다. 그러므로 그리스도께서 죽어가면서 하신 그와 같은 말씀 속에는 보통 사람들이 죽음의 자리에서 "이제 다 끝났어!"라고 말하는 통상적인 말과는 비교할 수 없는 훨씬 더 깊고 놀라운 무엇인가가 있는 것입니다. 왜냐하면 그리스도의 그와 같은 말씀은 자신에 의해 모든 일이 다 완성되었으며 자신이 자신의 생애의 모든 일을 다 행했다는 의식(意識)으로부터 온 것이었기 때문입니다.

여기에서 우리는 다른 모든 사람들의 생애와 근본적으로 구별되는 예수 그리스도의 생애 특유의 특별한 특수성에 도달하게 됩니다. 그에게 남아 있는 목적은 아무것도 없습니다. 그에게 끝마치지 못한 일은 아무것도 없습니다. 그에게 다른 사람들이 이어서 계속해서 수행해야 할 일은 아무것도 없습니다. 그가 이루고자 한 모든 일은 완성되었습니다. 그가 명령받은 모든 일은 행하여졌습니다. 그의 손이 기초를 놓았고, 그의 손이 또한 끝마칠 것입니다. 가장 깊은 의미에서 모든 사람들 가운데 오직 그만이 자신의 일을 모두 끝마쳤습니다. 후임자들에게 아무것도 남겨놓지 않은 채 말입니다. 우리 모두는 젊은 시절 우리가 세우고자 했던 집을 완성하지 못한 채 일부를 남겨두고 죽음을 맞이합니다. 펜은 전체 문장을 마치지 못한 채 중간에 늙어 쭈그러진 손으로부터 떨어집니다. 그리하여 쓰고자 했던 책은 끝마치지 못한 채 남습니다. 화가의 붓은 그가 그리고자 했던 그림을 완성하지 못한 채 그의 팔레트와 함께 그의 화판(畵板) 밑으로 떨어집니다. 우리 모두는 절반의 일밖에는 행하지 못하고 나머지 절반은 남겨 놓은 채 떠나야만 합니다. 바알벡(Baalbec)의 제우스 신전에 누워있는 기둥들을 보십시오. 절반은 다듬어져 있지만 나머지 절반은 다듬어지지 않은 채 놓여 있습니다. 그것은 모든 인생의 불완전함을 보여주는 훌륭한 상징입니다. 그러나 예수 그리스도는 "다 이루었다!"라고 말씀하시고 숨을 거두셨습니다. 만일 우리가 그와 같이 모든 것을 다 완성했다는 의식(意識) 안에 놓여 있는 것을 깊이 묵상한다면, 거기에서 대략 다음과 같은 세 가지 정도를 발견할 수 있을 것입니다.

첫째, 예수 그리스도는 완전한 순종을 이루셨습니다. 그의 생애 전체를 살펴보십시오. 그러면 우리는 그가 그의 생애 전체를 통해 아버지의 음성을 듣고 그에 "내가 하여야 하리라"(I must)라고 응답하는 것을 보게 될 것입니다. "내가 내 아버지 집에 있어야 될 줄을 알지 못하셨나이까?"(I must be about My Father's business)라고 말하면서 부모를 놀라게 한 순간부터 그가 숨을 거두던 마지막 순간까지 말입니다(눅 2:49). 그의 순종 속에는 어떤 결함이나 부족함도 없었습니다. 자신의 인생 전체를 되돌아볼 때, 그는 거기에서 불순종한 것이나 불완전한 것을 아무것도 찾지 못하셨습니다. 그는 자신을 대적하는 자들에게 "너희 중에 누가 나를 죄로 책잡겠느냐?"라고 도전할 수 있었습니다(요 8:46). 그때 아무도 그리고 그 이후로 어느 누구도 그러한 도전에 맞설 수 없었습니다. 비록 어떤 사람들이 맹목적인 악의(惡意)로 그렇게 하고자 종종 시도했다 하더라도 말입니다. 예수 그리스도는 "나는 항상 그가 기뻐하시는 일을 행한"다고 말씀하셨습니다(요 8:29). 그는 하나님의 뜻을 거스르지 않았을 뿐만 아니라 그것에 넘치지도 않고 모자라지도 않았습니다. 그리고 어느 누구도 그의 행동을 훼방할 수 없었습니다. 그는 자신의 사역의 출발점에 "내가 당신에게서 세례를 받아야 할 터인데 당신이 내게로 오시나이까?"라는 세례 요한의 반문에 대한 대답으로 "이제 허락하라 우리가 이와 같이 하여 모든 의를 이루는 것이 합당하니라"라고 말씀하셨습니다(요 3:14, 15). 그리고 자신의 사역의 종착점에 자신의 생애를 되돌아보며 마땅히 행하여야 할 일을 모두 행했음을 알면서 다시 말해서 그 모든 것을 완성했음을 알면서 "다 이루었다"라고 말씀하셨습니다.

둘째, "다 이루었다!"는 선언은 하나님의 계시를 완성했다는 그의 의식(意識)을 표현합니다. 예수 그리스도는 사람들에게 아버지를 알게 했으며, 이후 세대는 그의 계시에 아무것도 더하지 않았습니다. 오늘날 소위 "신적 본성의 더 높은 개념"이라는 이름으로 기독교로부터 돌아서는 사람들 역시도 마찬가지입니다. 실상 그들의 모든 개념들조차도 그들이 돌아서는 그리스도에게 빚지고 있는 것입니다. 그는 분명한 목소리로 그리고 완전한 하나님의 이름으로 우리에게 아버지를 선포했습니다. 그것은 불분명한 목소리도 아니었고, "여러 시대에 여러 가지 방법"으로 한 것도 아니었습니다. 그는 한창 사역이 펼쳐지는 도중에 "나를 본 자는 아버지를 보았"노라고 말씀하셨습니다(요 14:9). 그리고 아버지를 나타내는 자신의 생애를 되돌아보며 "다 이루었다"라고 선언하셨습니다. 그리고 그 이후로 세상은 그가 선언한 이름에다가 아무것도 더하지 않았습니다.

셋째, "다 이루었다!"는 선언은 속죄의 희생제사를 완성했다는 그의 의식(意識)을 표현합니다. 첫째 본문의 선언이 "나의 하나님 나의 하나님 어찌하여 나를 버리셨나이까!"라는 두려운 부르짖음에 이어 나온 것이라는 사실을 주목하십시오. 이러한 애처로운 부르짖음 속에서, 예수 그리스도는 하나님을 자신의 하나님이라고 의식하는 것과 자신이 하나님의 모든 임재의 빛을 잃었다는 의식을 가장 놀라운 방식으로 결합시킵니다. 이와 같은 두 요소의 결합을 가장 잘 설명하는 것을 우리는 "여호와께서 우리 모두의 죄악을 그에게 담당시키셨다"는 옛 선지자의 말씀 속에서 발견할 수 있습니다(사 53:6).

아, 형제들이여! 만일 그와 같은 처절한 부르짖음 속에 육체적 죽음으로부터 움츠리는 것 훨씬 이상의 무엇이 있지 않다면, 예수 그리스도는 화형대에 묶여 죽어갔던 수많은 가련한 여인들만큼도 용감하게 죽지 못한 것이 될 것입니다. 만일 여러분이 그러한 부르짖음에 대해 성경이 제시하는 설명을 취하지 않는다면, 차라리 피를 흘리며 죽어간 수많은 범죄자들이 그보다 덜 두려워하며 죽은 셈이 될 것입니다. 그는 자신에게 주어진 잔을 완전히 마셨습니다. 그는 "다 이루었다!"라고 말씀하시면서 이를테면 그 잔을 거꾸로 하여 높이 들은 것입니다. 그리고 그 잔으로부터 단 한 방울도 떨어지지 않았습니다. 그가 그 잔을 완전히 마신 것은 우리로 하여금 그것을 마실 필요가 없게 하기 위함이었습니다. 이와 같이 그는 "많은 사람의 죄를 담당하고자 단번에 자신을 드림"으로써 우리를 위한 "영원한 속죄"를 이루셨습니다(히 9:12, 28).

2. 둘째, 십자가로부터 시작된 일을 주목하십시오.

첫째 본문과 둘째 본문 사이에 긴 시간이 가로놓여 있습니다. 두 개의 거대한 봉우리 사이에 뻗어 있는 긴 골짜기를 생각해 보십시오. 바라보는 각도에 따라 그 골짜기는 아주 짧게 보일 수도 있고 전혀 보이지 않을 수도 있습니다, 그러나 아래쪽에서 보면 그것은 산등성이들 사이로 넓고 길게 뻗은 모습으로 보일 것입니다. 그리스도의 죽음의 결과들이 전개되는 것도 이와 마찬가지입니다. 첫째 본문에서 "다 이루었다"라고 말씀하셨을 때와 둘째 본문에서 "이루었도다"라고 말씀하셨을 때 사이에 수천 년의 시간이 가로놓여 있는 사실을 생각해 보십시오. 그러한 사실을 생각할 때, 우리는 둘 사이의 기간이 우리 주님의 계속적 일로 채워질 것이라고 추측할 수 있습니다. 십자가 위에서 완성된 순간 시작된 바로 그 일 말입니다.

종종 첫째 본문의 선언은 기독교 진리의 전망(展望)을 왜곡시키며 우리 주님의 계속적 사역을 모호하게 만드는 쪽으로 잘못 해석되곤 했습니다. 이와 관련하여 나는 여러분에게 이 문제와 관련하여 신약이 명백하게 가르치는 것들을 몇 가지 일깨워주고자 합니다. "다 이루었다!" 그렇습니다. 어떤 거대한 건축물을 생각해 보십시오. 그것의 하층 구조물은 또 다시 상층 구조물의 기초가 됩니다. 그와 마찬가지로 다 이루었을 때, 그것은 또 다시 새로운 것의 시작이 됩니다. 한 쪽에서 종결된 일은 다른 쪽에서 그리스도의 또 다른 행동의 출발점이 됩니다. 그는 제자들과 함께 계실 때 자신에 대해 무엇이라고 말씀하셨습니까? “내가 너희를 고아와 같이 버려두지 아니하고 너희에게로 오리라”(요 14:18). 그가 제자들을 떠나 하늘로 올라가면서 남긴 마지막 말씀은 무엇이었습니까? “볼지어다 내가 세상 끝날까지 너희와 항상 함께 있으리라”(마 28:20). 복음서에 이어 전투하는 교회(militant Chruch)의 역사(歷史)를 다루는 책의 전체적 요지는 무엇이었습니까? “내가 먼저 쓴 글에는 무릇 예수께서 행하시며 가르치시기를 시작하심부터 그가 택하신 사도들에게 성령으로 명하시고 승천하신 날까지의 일을 기록하였노라”(행 1:1,2), 그러므로 승천하신 이후에는 그의 행하시며 가르치시는 일이 새로운 형태로 계속됩니다. 이와 같이 “사도행전”이라고 잘못 이름 붙여진 책은 교회를 세워나가며 확장시켜나가는 모든 일을 행하는 자를 다름 아닌 예수 그리스도로서 제시합니다. “구원 받는 사람을 날마다 더하게 하신”(2:47) 자는 누구였습니까? 주님이었습니다. 베드로가 전파하는 메시지에 청중들의 마음을 연 자는 누구였습니까? 주님이었습니다. 박해받는 종들이 차꼬에 매였을 때, 옥문을 활짝 열어젖힌 자는 누구였습니까? 주님이었습니다. 빌립에게 구스 내시의 수레로 다가가라고 명령하신 자는 누구였습니까? 주님이었습니다. 바울에게 로마에 가서 복음을 전파하라고 명령하신 자는 누구였습니까? 주님이었습니다. 사도행전 전체를 통해 흐르는 주된 사상은 사람들은 단지 도구에 불과하고 그들을 사용하여 일하는 자는 다름 아닌 그리스도라는 것입니다. 이와 같이 갈보리에서 자신의 사역을 완성시킨 자는 그의 보좌로부터 계속적으로 자신의 일을 행하고 계십니다.

“오른손에 일곱 별을 붙잡고 일곱 금촛대 사이에서 행하고 계시는” 승천하신 그리스도의 환상으로 시작되는 성경의 마지막 책을 생각해 보십시오. 그 책은 하늘의 성소의 휘장을 열어젖히면서 우리로 하여금 일곱 인을 떼는 다시 말해서 세상 속에서 인류 역사를 만드는 힘을 펼쳐나가는 “보좌 가운데 계신 어린 양”을 보게 합니다. 또 그 책은 성육신하신 하나님의 말씀이 그를 따르는 하늘의 모든 군대와 함께 승리를 거두는 마지막 전쟁의 환상에서 그 절정에 이릅니다. 그 책이 전체적으로 가르치는 메시지와 정신은 무엇입니까? 그것은 짐승과 싸우는 어린 양이신 예수 그리스도가 세상 역사 전체를 통해 일하고 계시며 또 그 나라가 "우리 하나님과 그의 그리스도의 나라가 될 때까지" 일하실 것이라는 것입니다.

나아가 예수 그리스도께서 사람들 가운데 계속적으로 일하고 계신다는 사실이 그가 선포한 진리 혹은 그가 가져다준 복음의 계속적 영향력으로 약화되어서는 안 된다는 사실을 기억하십시오. 거기에는 복음의 계속적 작용 훨씬 이상의 무엇이 있습니다. 물론 죽은 선생들은 여전히 "무덤으로부터 우리의 정신을 지배하고" 있습니다. 그러나 세상을 지배하며 그의 교회를 위로하고 계신 자는 죽은 그리스도가 아닙니다. 지금 그의 영으로 말미암아 그의 백성들 가운데 일하고 계시는 자는 살아계신 그리스도입니다. 나아가 그는 그의 백성들을 통해 그리고 말씀으로 말미암아 세상에서 일하십니다. 그들은 심고 물을 줍니다. 그러나 "자라게 하시는" 자는 그리스도입니다. 또 그는 교회와 세상을 위해 자기에게 주어진 모든 능력을 잘 다룸으로 말미암아 세상에서 일하고 계십니다. 이와 같이 세상에서 행해지는 모든 일을 그는 스스로 행하고 계십니다. 그러므로 만일 그리스도인들이 오로지 십자가만을 바라보면서 거기에서 "완성된 일"에 대해서만 이야기하는 가운데, 거기에서 완성된 일은 단지 이후 계속적으로 행하여지고 있는 일의 시작에 불과하다는 사실을 잊어버린다면, 그들은 그리스도의 일하심을 과도하게 제한하는 것입니다.

사랑하는 그리스도인들이여! 그리스도의 현재적 일하심은 필연적으로 일하는 종들을 필요로 합니다. 우리는 그의 일을 계속적으로 수행하기 위에 여기에 있습니다. 바울은 자신이 사도가 된 것이 "그리스도의 남은 고난을 채우기" 위함이라고 감히 말합니다(골 1:24). 우리 역시도 우리가 세상에 있는 주된 목적이 십자가 위에서 이루어진 사역으로부터 말미암는 은택(恩澤)을 세상에 적용하기 위함이라고 감히 말할 수 있습니다. 구속이 이루어진 것과 이루어진 구속을 실현시켜 나가는 것은 전적으로 별개입니다. 그리스도는 전자(前者)를 행하셨습니다. 그리고 계속해서 우리에게

"너희는 나를 도와 후자(後者)의 일을 행하도록 부름받았도다"라고 말씀하십니다. "예루살렘을 세워 세상에서 찬송을 받게 하시기까지 그로 쉬지 못하시게 하라"라는 위대한 옛 말씀을 생각해 보십시오(사 62:7). 이 말씀의 정확한 독법(讀法)에 따를 때, 그리스도의 일은 완성되었습니다. 이제 그와 관련하여 우리가 할 일은 그것을 믿는 것 외에 아무것도 없습니다. 동시에 그리스도의 일은 계속 진행됩니다. 그러므로 그분의 도우심을 받기 위해 나아갑시다. 왜냐하면 우리는 성육신하신 진리를 위해서 또 그 진리와 함께 일하는 동역자들이기 때문입니다.

3. 셋째, 십자가 위에서 시작된 일이 완성되는 것을 주목하십시오.

"다 이루었다!" 이러한 말씀은 얼마나 멀리까지 펼쳐집니까! 천문학자들은 우리에게 우주 전체가 하나의 중심점을 향해 나아가고 있다고 말합니다. 그와 마찬가지로 창조 세계 전체는 오래 전의 그 신적 사건을 향해 움직입니다. 그것은 인류 역사의 희미한 전망(展望)의 먼 끝을 채우는 빛의 화염(火焰)입니다. 그것의 요소들은 부분적으로 다음과 같은 것들로 요약됩니다 — 하나님이 사람들 가운데 장막을 치심, 사람이 하나님과 더불어 갖는 완전한 교제, 사람들이 하나님의 마음속에 거함, 새 하늘과 새 땅, 새로워진 우주, 모든 악과 고통과 슬픔과 죄와 눈물이 사라짐, 이러한 것들은 그가 "다 이루었다!"라고 말씀하실 때 이루어지며 또 이루어질 것입니다.

형제들이여, 이러한 것들 외에는 그 어떤 것도 창조의 목적이 될 수 없습니다. 왜냐하면 이러한 것들 외에는 그 어떤 것도 사람을 위한 하나님의 목적이 아니기 때문입니다. 하나님은 세상과 마귀에 의해 결코 패배를 당하지 않습니다. 또 그러한 것들 외에는 그 어떤 것도 십자가의 결과가 될 수 없습니다. 왜냐하면 "그가 자기 영혼의 수고한 것을 보고 만족하게 여길" 것이기 때문입니다(사 53:11). 예수 그리스도는 결코 헛되이 수고하지 않을 것입니다. 예수 그리스도는 결코 자신의 생애와 자신의 피를 헛되이 낭비하지 않을 것입니다.

십자가에서 이루어진 일은 마침내 완전한 완성으로 귀결될 것입니다. 이것은 확실한 사실입니다. 왜냐하면 그것을 보증하는 자가 하나님이기 때문입니다. 나는 하나님의 아들이신 예수 그리스도께서 오셨고, 죽으셨고, 영원히 살아계시며, 만왕의 왕이요 만주의 주라는 위대한 메시지 외에 다른 곳에 인류를 위한 소망이 있는지 알지 못합니다.

"다 이루었다!"는 그의 말씀을 다시 한 번 되새겨 보십시오. 우리는 그것에다가 우리 자신의 어떤 것을 더함으로써 그것을 보충하려고 하는 모든 시도를 버려야만 합니다. 오직 십자가 위에서 단번에 영원히 이루어진 계시와 순종과 속죄 위에 우리 자신을 던집시다. 그러면서 동시에 오랜 세대를 통해 계속해서 이루어지는 일에 열심과 자기희생과 거룩함을 가지고 끊임없이 우리 자신을 던집시다. 왜냐하면 우리는 그리스도와 함께 한 동역자들이기 때문입니다. 만일 우리가 그리스도를 위해 일한다면, 그는 우리 안에서 우리와 함께 그리고 우리를 위해 일하실 것입니다.

113
우리의 유월절이신 그리스도

"이 일이 일어난 것은 그 뼈가 하나도 꺾이지 아니하리라 한 성경을 응하게 하려 함이라"

요 19:36

본문 가운데 요한은 유월절의 위대한 절기와 유월절 어린 양을 예수 그리스도 안에서 최고로 성취되는 것으로서 가리킵니다. 그림자와 실체를 대비시키기 위한 목적으로 그는 절대적으로 중요하지 않은 사건 즉 그리스도의 육체적 힘이 십자가형을 당하는 가운데 비정상적으로 갑자기 쇠함으로써 뼈가 꺾임을 당하는 마지막 수치를 피하게 되었던 바로 그 사건을 활용합니다. 별로 중요하지 않은 이와 같은 사건 속에서 요한은 그것과 대응되는 훨씬 더 중요하며, 심오하며, 실제적 사실을 가리키는 손가락을 봅니다. 그러나 우리는 그가 맹목적으로 이 같은 별로 중요하지 않은 외적 대응(對應)에 과도한 중요성을 부여했다고 생각해서는 안 됩니다. 실제로 그것은 훨씬 더 크고 중요한 사실을 나타내는 사건이었습니다. 그것은 사람들에게 예수와 유월절 의식(儀式) 사이의 내적 관계를 올바로 이해하게 하기 위한 것이었습니다. 설령 우리 주님이 문자적 나귀를 타고 문자적 예루살렘으로 입성하지 않았다 하더라도, 그는 "구원을 가지고 겸손하게" 오는 왕에 대한 예언을 성취했을 것입니다(슥 9:9). 그와 마찬가지로 설령 여기의 별로 중요하지 않은 사소한 외적 대응이 없었다고 하더라도, 우리 주님은 자신의 희생제사의 실체로서 유월절의 그림자를 성취했을 것입니다.

이와 같이 본문을 요한의 주석(註釋)이라고 볼 때, 우리에게 한 가지 의문이 생깁니다. 그것은 그가 어떻게 우리 주님이 유월절이 상징한 모든 것이었음을 깨닫기에 이르렀는가 하는 것입니다. 이에 대한 대답은 그가 그리스도 자신의 가르침으로 말미암아 그것을 깨달았다는 것입니다. 그는 주의 만찬을 제정한 이야기에 대해서는 기록하지 않습니다. 그것은 그의 계획과 부합하지 않는 것이었습니다. 왜냐하면 그것은 이미 앞의 세 복음서에 의해 충분하게 가르쳐졌기 때문입니다 — 그가 네 번째 복음서를 기록한 것은 앞의 세 복음서를 보충하기 위한 것이었습니다. 그러나 주의 만찬을 제정한 이야기를 기록하지 않았음에도 불구하고, 본문을 기록하는 가운데 그는 그것을 당연한 것으로 받아들입니다. 그는 "그 뼈가 하나도 꺾이지 아니하리라"는 말씀이 그가 십자가형을 당하는 가운데 비정상적으로 갑자기 육체적 힘이 쇠한 사실 속에서 이루어진 것을 보는데, 이러한 사실은 예수 그리스도 자신이 유월절을 완성하고 그것을 주의 만찬을 기념하는 것으로 대체했음을 보여줍니다. 유월절 어린 양을 먹는 식탁에서 말하여진 "이것을 행하여 나를 기념하라"는 말씀은 여기의 요한의 생각을 확증해 줍니다(고전 11:24).

요한은 단지 다락방에서 배운 교훈을 실행하고 있을 뿐이라는 사실을 생각할 때, 우리는 유월절 어린 양과 십자가에 달린 그리스도를 동일시하는 것을 주님 자신이 구약의 사건들을 가리키며 "그것들은 모두 나를 의미하는 것이니라"라고 말씀하신 것의 한 실례(實例)로서 취할 수 있습니다. 이러한 관점으로부터 나는 오늘의 설교를 풀어가고자 합니다.

1. 첫째, 이와 같이 유월절을 자신으로 대체하는 것 안에서 그리스도의 최상의 권위에 대한 하나의 특이한 실례를 보게 됩니다.

예수와 그의 제자들이 앉아 있었던 다락방을 회상해 보십시오. 그리고 출애굽과 함께 이스라엘의 탄생을 기념하기 위해 세워진 유월절 의식(儀式)의 장엄함을 생각해 보십시오. 그것은 오랜 전통으로 빛나는 것이었으며, 이스라엘 민족의 심장을 가장 격렬하게 뛰게 만드는 것이었으며, 유대종교의 핵심이었습니다. 그런데 놀랍게도 예수 그리스도는 이렇게 말씀하십니다. “그것들을 모두 치워버려라. 출애굽을 기념하지 말아라. 죽음의 천사를 기념하지 말아라. 애굽으로부터 구원받은 것을 기념하지 말아라. 지나간 것은 모두 잊어버려라. 오직 이것을 행하여 나를 기념하라.” 종교적 절기와 이스라엘의 탄생을 기념하는 축제로서 유월절이 갖는 갑절의 거룩함을 생각해 보십시오. 그렇다면 “과거는 모두 끝났도다. 지금 너희가 기념해야만 하는 것은 바로 나니라”라고 말한 자는 도대체 얼마나 중요한 인물일 것인지 생각해 보십시오. 대서양 건너편에서 어떤 사람이 서서 이렇게 말한다고 상상해 보십시오. “내가 7월 4일을 폐하노라. 내가 독립기념일을 폐하노라. 더 이상 워싱턴과 미합중국이 세워진 것을 기념하지 말라. 오직 나를 기념하라!” 예수 그리스도는 정확하게 그와 같이 말씀하신 것이었습니다. 여기의 예화에서는 고작해야 100년 동안 행해진 절기를 폐하는 것이지만, 그러나 예수 그리스도는 수천 년 동안 지켜진 절기를 폐하고 계셨습니다. 그러므로 우리는 여기에서 예수 그리스도의 최상의 권위에 대한 하나의 특이한 실례를 보게 되는 것입니다.

그러면 그것은 무엇을 함축합니까? 그것은 두 가지를 함축합니다. 그것을 간단히 생각해보도록 합시다. 첫째, 그것은 우리 주님이 유대교의 전체 체계와 그것의 역사(歷史)와 그것의 율법과 그것의 예배의식을 모두 자기 자신을 가리키는 것으로 간주했음을 함축합니다. 그는 유대교 체계 전체를 자신을 예비하며 준비하는 것으로서 인식했습니다. 그를 위해 십계명이 주어졌습니다. 그를 위해 제사장들이 성별되었습니다. 그를 위해 왕들이 기름부음을 받았습니다. 그를 위해 선지자들이 예언했습니다. 그를 위해 희생제물들이 불태워졌습니다. 그를 위해 절기들이 제정되었습니다. 이스라엘의 역사 전체가 “왕이 오신다! 그를 만나기 위해 준비하라”는 하나의 긴 포고문(布告文)이었습니다. 여러분은 여기의 유월절뿐만 아니라 야곱의 사다리와 광야의 불뱀과 하늘로부터 내린 만나와 백성들을 인도한 구름기둥과 생수가 터져 나온 반석 등을 다룰 때에도 이와 똑같은 방식으로 다루어야만 합니다. 왜냐하면 그렇게 할 때 비로소 그것들이 의미하는 바를 가장 잘 이해하게 될 것이기 때문입니다.

이스라엘 민족의 모든 제도들을 자신을 의미하는 것으로 다루는 이와 같은 방식은 산상수훈에서 모세의 계명들을 다루는 그의 방식과 정확하게 유사합니다. 거기에서 그는 "옛 사람에게 말한 바"와 "나는 너희에게 이르노니"를 동등한 권위를 가진 것으로서 나란히 놓습니다. 구약의 책들이 오늘날의 형태를 취한 과정과 관련한 논쟁의 진흙탕 속에는 자칫 본질적 문제가 모호하게 될 심각한 위험이 있습니다. 소위 고등비평(Higher Criticism)이라 불리는 것이 구약의 다양한 부분들의 기원과 연대를 최종적으로 위치시키는 방식은 그것이 사람들을 통해 역사(役事)하는 신적(神的) 손의 산물이라는 그것의 본질적 특성에 추호의 영향도 끼치지 못합니다. 이와 같이 그것이 신적 손에 의해 전체적으로 구성되었기 때문에, 거기에는 장차 임할 왕에 대한 모든 기대가 빛나고 있는 것입니다. 모든 구약 속으로 예수 그리스도를 "집어넣어 읽는" 무지한 독자는 어떤 세부적 문제들에 있어 오류를 행할 수도 있을 것입니다. 그럼에도 불구하고 나는 그가 옛 계시의 본질과 정신과 목적을 깨달음에 있어 그것이 예수 그리스도를 위해 준비한 것이며 또 그에 대한 예언이라는 사실을 알지 못하는 가장 유식한 비평학자보다 훨씬 더 나은 자리에 있다고 감히 말합니다. 요컨대 그는 다락방에서 유월절을 자신에 대한 예언으로 간주하는 가운데 "내가 바로 하나님의 어린 양이니라"라고 말씀하신 것이었습니다.

둘째, 그것은 또한 예수 그리스도께서 하나님이 제정하신 것들을 자유롭게 바꾸고, 다시 구성하며, 본래의 목적으로부터 돌렸음을 함축합니다. 우리 주님은 하나님이 모세에게 "너희는 이날을 기념하여 여호와의 절기를 삼아 영원한 규례로 대대로 지킬지니라"라고 말씀하셨던 것을 그와 동등한 권세로 폐하셨습니다(출 12:14). 이러한 행동을 우리는 오직 한 가지 전제 위에서만 올바로 이해할 수 있습니다. 그것은 그가 옛 의식(儀式)들을 처음 제정한 권위와 동등한 권위를 가졌다는 전제입니다.

그러므로 사랑하는 형제들이여, 우리 주님이 "이것을 행하여 나를 기념하라"라고 말씀하셨을 때, 나는 여러분이 스스로에게 다음과 같이 물어보기를 바랍니다. "그것은 그의 본질과 관련하여 그리고 우리에 대한 그의 권위의 원천과 관련하여 무엇을 함축하는 것일까? 그것은 옛 계시에 대한 그의 관계와 관련하여 무엇을 함축하는 것일까?"라고 말입니다.

2. 둘째, 옛 의식을 새 의식으로 대체하는 것 안에서 우리는 세상에서 주님의 사역의 핵심과 관련한 그의 분명한 선언을 보게 됩니다.

"이것을 행하여 나를 기념하라." 그러면 그가 가리키는 것은 무엇입니까? 그것은 그의 말씀 가운데 빛나는 지혜와 부드러움과 심오한 아름다움과 반짝이는 도덕의 정결함입니다. 아닙니다! 그것은 위대한 자기부인(自己否認)과 온유함과 따뜻한 긍휼과 언제든지 베풀 준비가 되어 있는 도움의 손길과 뜨거운 사랑의 눈길과 활짝 펼친 축복의 손입니까? 아닙니다! 그가 우리에게 강조하며 우리로 하여금 기념하게 하는 것은 십자가 위에서의 죽음입니다. 형제들이여, 의식(儀式)은 많은 측면에서 중요하지 않지만 그러나 종종 진리를 증언하는 것으로서 엄청난 중요성을 갖습니다. 나는 기독교회에서 계속적으로 반복되는 의식인 성만찬 속에서 십자가 위에서의 그리스도의 속죄의 희생제사를 모호하게 만들면서 기독교를 영원히 불가능하게 만드는 위대한 장애물을 발견합니다.

그리스도의 대속적(代贖的) 죽음의 진리를 견지(堅持)하지 못하는 교회들과 사람들은 성만찬과 무슨 상관이 있습니까? 아무런 상관도 없습니다! 왜냐하면 사실상 그들은 그것을 무시하기 때문입니다. 설령 평생 동안 성만찬을 지킨다 하더라도, 그들은 그것의 의미를 알지 못합니다. 그것은 "성경대로 그리스도께서 우리 죄를 위하여 죽으셨다"는 진리와 "인자가 온 것은 자기 목숨을 많은 사람의 대속물로 주려 함"이라는 진리를 지키는 견고한 요새입니다(고전 15:3, 마 20:28).

그러면 유월절은 무엇을 이야기합니까? 그것이 이야기하는 것은 두 가지입니다. 무엇보다도 인방과 설주에 뿌려진 피는 죽음의 천사에게 무엇인가를 알리는 증표였습니다. 그 천사는 애굽 전역을 다니며 모든 집을 쳤습니다. "그 밤에 바로와 그 모든 신하와 모든 애굽 사람이 일어나고 애굽에 큰 부르짖음이 있었으니 이는 그 나라에 죽임을 당하지 아니한 집이 하나도 없었음이었더라"(출 12:30). 그러나 인방과 설주에 어린 양의 피를 뿌린 집은 아침이 밝을 때까지 안전했습니다. 이것은 죄로 말미암아 신적 보응에 노출된 우리 모두에게도 마찬가지입니다. 왜냐하면 죄에는 반드시 신적 보응과 죽음이 따르기 때문입니다. 죽음은 하나님으로부터 분리되는 것으로서 죄의 필연적 결과입니다.

그러나 그것이 전부가 아닙니다. 설주에 뿌려진 피는 안전을 의미한 한편 식탁 위에 놓인 어린 양은 해방을 의미했습니다. 이와 같이 그리스도 안에서 "죄의 최종적 결과로부터의 면제"를 발견하는 자들은 또한 그리스도의 식탁에 참여하는 것 안에서 "새로운 능력이 전달되는 것"을 발견합니다. 그것은 애굽의 멍에보다 더 나쁜 것으로부터 자유롭게 되는 것입니다. 그리고 그것은 그들에게 바로의 모든 족쇄를 끊어버릴 수 있는 능력을 부여합니다. 죄 사함과 자유와 하나님의 백성이 되는 것은 오직 여호와 자신으로부터 말미암습니다. 이러한 것들은 유월절 절기와 유월절 어린 양이 나타낸 사실들이었으며, 보다 더 높은 형태로 예수 그리스도로 말미암아 우리에게 주어지는 사실들입니다. 그는 "보라 세상 죄를 지고 가는 하나님의 어린 양이로다"라는 세례 요한의 선언을 기꺼이 받아들입니다(요 1:29).

3. 마지막으로, 우리 주님이 유월절 절기를 다루신 것 안에 우리의 약함을 위해 예비된 것이 놓여 있음을 주목하십시오.

우리는 예수 그리스도께서 우리에 의해 기념되기를 바란 것이 우리 자신을 위해서 뿐만 아니라 그 역시도 우리로부터 잊히지 않기를 간절히 바랐기 때문이라고 감히 말할 수 있습니다. 여러분은 죽음을 앞둔 상태에서 자기 옆에 서 있는 주교(主教)에게 "나를 기억해 주시오!"(Remember!)라고 말한 어떤 왕의 이야기를 들은 적이 있을 것입니다. 여기에서 예수 그리스도도 마찬가지였습니다. 그는 우리의 감사를 호소합니다. 그는 우리의 사랑을 호소합니다. 그는 항상 우리에 의해 기억되기를 바랍니다. 그것은 우리의 유익을 위한 것일 뿐만 아니라 또한 그가 그것을 기뻐하기 때문입니다.

유월절은 전적으로 기념하는 의식(儀式)이었습니다. 나는 성만찬이 그 이상은 결코 아니라고 감히 믿습니다. 나는 성만찬에 대한 쯔빙글리의 있는 그대로의 꾸밈없는 사상(즉 기념설)에 대해 사람들이 어떻게 말하는지 압니다. 그들은 현대적 개념과 되살아난 중세적 개념에 의해 성만찬을 있는 그대로 바라봅니다. 나도 그 밑에서 숨어서 기다리는 인간 쓰레기가 많이 있을 엄폐호 속에서 어둡게 있기 보다는, 단순하게 있는 그대로를 드러내는 편이고 싶습니다. 그리스도는 유월절의 자리에다가 성만찬을 놓습니다. 유월절은 단순히 기념하는 의식이었습니다. 오늘날 우리를 포위하고 있는 모든 것에도 불구하고 기독교 백성인 여러분이 그 단순하고 지적인 성경적 개념(희생제물을 기념하고, 희생제물을 드리지 말라)에 밀착하면 할수록, 전체적 복음 체제의 영성과 우리를 예수에게 결합시키고 그리고 사람들에게 영적 축복을 가져다주는 유일한 결속의 본성인 믿음을 이해하게 될 것입니다. 예수 그리스도는 "나를 기념하여" 성만찬을 행할 것을 말씀하셨습니다. 바로 이것이 성만찬의 목적에 대한 그의 설명이었습니다. 그리고 나는 절기의 율례와 절기의 창시자에 대한 한 해설자로서 이런 견해를 취하는 것에 만족해 합니다.

마지막으로 한 가지만 더 이야기하고자 합니다. 유월절에 사람들은 희생제물을 먹었습니다. 이와 같이 예수 그리스도는 우리 각자에게 우리 죄를 위한 희생제물로서 그리고 우리 영혼을 위한 양식으로서 자신을 주십니다. 만일 여러분이 그에 관한 진리를 굳게 붙잡는다면, 만일 그와 같은 하나님의 사랑의 말할 수 없는 표적을 굳게 붙잡는다면, 만일 그의 권위에 기꺼이 순복한다면, 만일 그의 피로 하여금 여러분의 삶 속으로 들어와 여러분의 영(靈)과 동기(動機)가 되게 한다면 — 여러분은 식탁으로부터 일어나 스스로를 강하게 하며, 그를 위해 기꺼이 수고하며, 그와 더불어 참된 교제를 가질 것입니다. 도망치고 부인하며 잊어버렸던 제자들과는 달리, 그리고 광야에서 유랑하던 이스라엘 백성들과는 달리 말입니다. 그리고 여러분에게 그가 약속하신 말씀이 마침내 온전히 이루어질 것입니다. “너희로 내 나라에 있어 내 상에서 먹고 마시게 할 것이라”(눅 22:30).

114
요셉과 니고데모

"[38] 아리마대 사람 요셉은 예수의 제자이나 유대인이 두려워 그것을 숨기더니 이 일 후에 빌라도에게 예수의 시체를 가져가기를 구하매 빌라도가 허락하는지라 이에 가서 예수의 시체를 가져가니라 [39] 일찍이 예수께 밤에 찾아왔던 니고데모도 몰약과 침향 섞은 것을 백 리트라쯤 가지고 온지라"

요 19:38, 39

예수께서 살아계시는 동안 여기의 두 사람은 믿음에 충실하지 못했습니다. 그러나 그리스도의 죽음은 그들을 부끄럽게 만들면서 동시에 용기를 고취시킨 것으로 보입니다. 전에는 겁쟁이처럼 그를 담대하게 시인(是認)하기를 머뭇거렸던 그들이 이제는 그의 시체 위에 눈물을 뿌리며 그것을 존귀하게 하기 위해 나옵니다. 예수의 시체를 처리하는 동안 틀림없이 자책감의 화살이 그들의 심장을 예리하게 찔렀을 것입니다.

그들은 모두 산헤드린의 회원이었습니다. 의심의 여지없이 동일한 동기가 그들로 하여금 그리스도를 시인하는 것으로부터 움츠리도록 만들었을 것이며, 또한 동일한 충동이 그들로 하여금 뒤늦게 자신들의 제자 됨을 시인하는 행동을 하도록 이끌었을 것입니다. 니고데모는 그리스도의 공생애 초기에 그가 최소한 "하나님으로부터 보냄 받은 선생"이라는 확신을 가지고 있었습니다. 그러나 그로 하여금 밤에 몰래 예수를 찾아가도록 만들었던 두려움은 계속해서 그의 성장을 가로막고 또한 그로 하여금 스스로의 입을 막고 침묵하도록 이끌었습니다. 한편 아리마대 요셉은 두 명의 복음서 기자에 의해서 "제자"로서, 그리고 다른 두 명의 복음서 기자에 의해서는 시므온이나 안나와 같은 "하나님의 나라를 기다리는" 경건한 이스라엘 사람으로서 묘사됩니다. 누가는 우리에게 그가 예수를 정죄하는 일에 찬성하지 않았음을 알려줍니다. "공회 의원으로 선하고 의로운 요셉이라 하는 사람이 있으니 (그들의 결의와 행사에 찬성하지 아니한 자라) 그는 유대인의 동네 아리마대 사람이요 하나님의 나라를 기다리는 자라"(눅 23:50, 51). 그러나 그가 찬성하지 않았던 것은 단순히 침묵을 지킨 것에 불과했던 것으로 보입니다. 그는 니고데모보다 좀 더 충분한 믿음을 가지고 있었던 것으로 보이지만, 그러나 자신의 믿음을 시인함에 있어서는 그 못지않게 머뭇거렸던 것으로 보입니다.

우리는 여기의 두 사람을 '숨어 있는 제자들'(secret disciples)의 실례로서 취할 수 있을 것입니다. 이제 그들의 비겁한 행동의 원인과 그것의 비참함과 어떻게 고침 받았는지 차례대로 살펴보도록 합시다.

1. 첫째, '숨어 있는 제자들'의 실례로서 그들을 바라보면서 그러한 행동의 원인에 대해 생각해 보도록 합시다.

그들이 예수의 메시야 되심을 시인하는 것으로부터 움츠린 것은 다름 아닌 두려움 때문이었습니다. 오늘날의 사회에서 사람으로 하여금 통상적인 형태의 기독교를 시인하는 것을 두려워하게 만드는 것은 아무것도 없습니다. 도리어 보통 사람들에게 있어 자신이 그리스도인임을 밝히는 것은 대부분의 경우 호감(好感)을 주는 일이 됩니다. 그러나 실제적 시인에 이를 때, 다시 말해서 참된 제자의 삶을 실천하고자 할 때에는 사정이 달라집니다. 그런 경우에는 오늘날에도 많은 장애물들이 있습니다. 비록 그 형태는 매우 다르다 하더라도 말입니다. 삶의 모든 영역에서 어떤 도덕적 확신을 실천하는 것은 결코 쉬운 일이 아닙니다. 사람들의 조롱에 대한 두려움으로 인해 사회적, 도덕적 문제들에 대한 자신의 확신을 사람들 앞에서 공언(公言)하기를 부끄러워하는 사람들이 얼마나 많습니까! 우리는 비단 교회 안에서 뿐만 아니라 모든 곳에서 '숨어 있는 제자들'을 발견할 수 있습니다. 어떤 도덕적 문제들과 관련하여 격렬한 논쟁이 벌어지는 모든 곳에서, 여러분은 자신이 믿는 바를 다만 자신의 가슴 속에만 간직한 채 입을 다물고 있는 사람들을 발견할 것입니다. 분명하게 자신의 입장을 밝힐 필요가 있는 경우에도 말입니다. 오늘날 정치적, 사회적, 도덕적 논쟁이 있는 곳에는 어디에든 '숨어 있는 제자들'이 있습니다. 그들은 논쟁이 끝난 연후에야 비로소 자신들의 구멍으로부터 나와 가장 큰 목소리로 소리칠 것입니다.

그러나 우리 앞에 있는 보다 직접적 주제로 돌아갑시다. 마땅히 기독교 공동체와 연합되어야 함에도 불구하고 공적으로 그렇게 하기를 꺼리는 사람들이 얼마나 많습니까!

물론 나는 어떤 현존하는 교회와 연결되는 것이 곧 예수 그리스도와 연결되는 것이라고 말하는 것은 아닙니다. 또 그렇게 하기를 게을리 하는 사람들을 무조건 '숨어 있는 제자들'이라고 말하는 것도 아닙니다. 나는 그렇게 하는 것 외에도 그를 시인하는 또 다른 방법들이 많이 있음을 압니다. 그럼에도 불구하고 그것은 여러분이 누구에게 속하는지를 나타내는 한 가지 중요한 방법입니다. 여러분은 스스로를 그리스도에게 속하는 사람들과 더불어 그리고 그를 섬기기를 힘쓰는 사람들과 더불어 공적으로 연합시켜야만 합니다. 나는 여기에서 이 문제를 길게 다루지 않으려고 합니다. 왜냐하면 나는 여러분이 교회와 연합하는 것을 그리스도와 연합하는 것과 같은 것으로 오해하기를 바라지 않기 때문입니다. 여러분은 교회와 연결되는 것을 기독교 원리를 공적으로 시인하는 유일한 방법이라고 생각해서는 안 됩니다. 심지어 가장 주된 방법이라고 생각해서도 안 됩니다. 그럼에도 불구하고 나는 오늘날 우리들 가운데 이 문제와 관련하여 지나친 느슨함이 있다고 생각합니다. 그리고 그것은 교회와 우리 자신들에게 심각한 해악을 끼칩니다. 그러므로 사랑하는 친구들이여, 나는 여러분이 자신을 기독교 공동체와 공적으로 연합시켜야 한다는 나의 훈계를 진지하게 받아들이기를 바랍니다.

그러나 이것보다 훨씬 더 중요한 것이 있습니다. 여러분은 자신이 예수 그리스도에게 속함을 항상 말합니까? 기독교 도덕의 영향력이 그리스도와 인격적으로 연결되어 있지 않은 사람들에게까지 영향을 끼치는 영국과 같은 사회에서 단순히 삶으로써 증언하는 것만으로는 결코 충분하지 않습니다. 왜냐하면 일상적 삶의 광범위한 영역 속으로 기독교 도덕의 잠재적 영향력이 스며듦으로써 대부분의 사람들이 그것에 상당 부분 영향을 받기 때문입니다. 심지어 그리스도인이 아닌 사람들조차도 전반적으로 기독교 원리에 의해 규제되는 외적 삶을 삽니다. 그럼으로써 전체적 도덕 수준은 복음의 점진적 영향력으로 말미암아 계속해서 향상되었습니다. 마치 계속적 포격으로 말미암아 해안선이 조금씩 위로 올라간 것처럼 말입니다.

그러므로 여러분은 그리스도인으로서 사는 것뿐만 아니라, 때때로 "나는 그리스도인입니다"라고 말할 필요가 있습니다. 사랑하는 친구들이여, 혹시 여러분은 자신이 누구의 병사인지 아무도 알 수 없도록 여러분의 군복 위에 큰 외투를 겹쳐 입지 않았는지 스스로에게 물어 보십시오! 사랑하는 형제들이여, 혹시 여러분은 자신이 어느 나라에 속했는지 사람들에게 발각되지 않고자 종종 아무 말도 하지 않고 가만히 있지 않는지 스스로에게 물어 보십시오. 여러분은 자신이 고백하는 믿음을 항상 삶의 증언으로써 증명하고 있는지 스스로에게 물어 보십시오. 혹시 여러분은 교회 안에서만 "그 외아들 우리 주 예수 그리스도를 믿사오니"라고 고백하지 않았습니까?

계속해서 여러분은 사람들 앞에서 기꺼이 유별난 사람이 되곤 했는지 스스로에게 물어 보십시오. 이 세상에서 우리 모두는 종종 "나는 하나님을 경외하기 때문에 그렇게 할 수 없습니다"라고 말해야만 하는 상황 속에 빠지곤 합니다. 학교에 가는 학생들을 생각해 보십시오. 집에 있을 때, 그들은 항상 침대 옆에서 무릎을 꿇고 기도합니다. 그러나 그러한 행동을 호의적으로 보지 않는 사람들과 함께 있을 때, 그들은 그렇게 하기를 좋아하지 않습니다. 그래서 그들은 기도하기를 포기합니다. 맨체스터에 온 한 젊은이를 상상해 보십시오. 그는 아직까지 음탕하며 외설스러운 말을 할 줄 모르는 순진한 젊은이였습니다. 그런 그가 많은 사람들로 북적거리는 시장(市場)에 갑니다. 그리고 거기에서 그의 얼굴을 붉게 만드는 말을 듣습니다. 또 주님을 부인하는 행동을 하도록 유혹을 받습니다. 결국 어떻게 됩니까? 마침내 그는 자신의 삶의 원리를 던져버리고 유혹하는 자들과 함께 악으로 들어갑니다. 나는 이러한 경우들을 수없이 많이 묘사할 수 있지만, 그러나 굳이 그렇게 할 필요조차 없습니다. 어떤 형태로든 우리 모두는 이와 같은 시험을 통과해야만 합니다. 만일 우리가 주님과 우리의 믿음에 충실하고자 한다면, 우리는 때로 소수파가 되기도 해야 하고 유별난 사람이 되기도 해야 합니다.

요한은 본문 가운데 주님과 자신의 믿음에 충실하지 못하게 만드는 이유를 매우 투박한 형태로 제시합니다 — "유대인이 두려워." 우리는 스스로에 대해 그와 같이 말하지 않을 것입니다. 우리는 이렇게 말할 것입니다. "나는 외적 조직체를 초월했습니다. 나는 그리스도와 연합된 것으로 충분합니다. 모든 기독교 공동체는 불완전하며 허물이 있습니다. 거기에 마음을 완전히 같이 하는 사람은 아무도 없습니다. 나는 그 모든 것으로부터 단절되어 홀로 있는 것으로 만족합니다." 그렇습니다. 어떤 곳에든 반드시 허물이 있기 마련입니다. 나 역시도 사람이 자기 마음에 완전하게 맞는 교회를 발견하는 것은 불가능하다고 생각합니다. 그리고 언젠가 우리는 보이는 조직체보다 더 크게 자랄 것입니다. 사도 요한이 "그 성 안에서 내가 성전을 보지 못하였으니"라고 말한 바로 그곳에 도착할 때 말입니다(계 21:22). 그러나 이 모든 것을 인정함에도 불구하고, 나는 그와 같이 스스로를 홀로 고립시키는 것은 항상 잘못된 일이라고 생각합니다. 만일 어떤 사람이 형제들과의 건전한 마찰로부터 피하여 스스로를 고립시킨다면, 나는 결코 그 사람을 건강하며 온전한 사람이라고 생각하지 않습니다. 일반적으로 자신의 손으로만 싸우는 것은 좋은 일이 아닙니다. 스스로를 다른 그리스도인들과 연결시키고 그들 안에서 우리의 피난처와 안식처를 발견하는 것이 가장 지혜로운 일입니다.

그러나 본문에 등장하는 두 사람은 '사람들에 대한 두려움'으로 말미암아 움츠렸습니다. 그들은 조롱을 당하는 것과 자신들의 지위를 잃는 것과 그리고 산헤드린과 회당으로부터 쫓겨나는 것과 공동체로부터 고립되는 것을 두려워했습니다. 그리하여 비열하게도 그들은 공회에서 "당국자들이나 바리새인 중에 그를 믿는 자가 있느냐?"라는 말에 당당하게 일어나 "그렇다, 우리가 그러하도다!"라고 말하지 못하고 가만히 앉아 있었습니다(요 7:48). 다만 니고데모는 그러한 말에 미약하게나마 항변의 말을 하기는 했습니다. "우리 율법은 사람의 말을 듣고 그 행한 것을 알기 전에 심판하느냐?"(51절). 그러나 "너도 갈릴리에서 왔느냐?"라는 경멸적 한 마디가 그를 침묵시키기에 충분했습니다(52절).

우리도 때로 이와 비슷한 상황에 부딪힙니다. 공동체적 유익을 고려하여 교회를 정하는 사람들을 생각해 보십시오. 그들은 이렇게 말합니다. "우리는 이러저러한 공동체에 가입할 수 없어. 왜냐하면 거기에는 아이들을 위한 공동체가 없기 때문이야." 그러면 우리 가운데 많은 사람들은 조롱을 당하는 것을 매우 두려워합니다. 나는 오늘날의 세대에 민감한 사람들에게 있어 조롱을 당하는 것은 과거 세대의 순교의 고통과 그다지 다를 것이 없다고 생각합니다. 오늘날 우리 모두는 대체로 너무나 민감해져 있습니다. 그리고 다른 사람들의 평가에 지나치리만치 의존하면서 조롱을 당하는 것을 과도하게 두려워합니다. 겁약한 사람들은 당당하게 일어나 자신의 믿는 바를 말하지 않습니다. 그들은 소수의 의견을 취하기를 두려워합니다. 왜냐하면 다수의 조롱과 공격을 감당할 수 없기 때문입니다. 잘못된 것을 예배하기를 거부하는 분명한 확신을 가진 사람들은 항상 이러한 문제에 부딪히게 됩니다.

그러나 조롱은 어떤 뼈도 부러뜨리지 못합니다. 거기에는 아무런 힘도 없습니다. 만일 여러분이 거기에다가 아무런 힘도 부여하지 않기로 결심한다면 말입니다. 그것에 직면하십시오. 그것은 고작해야 처음에 잠깐 동안만 불쾌할 뿐입니다. 바닷물 속에 들어가기를 두려워하는 어떤 아이를 상상해 보십시오. 아이는 물에 들어가기를 몹시 꺼립니다. 왜냐하면 물과 접촉하는 것이 매우 불편하게 느껴지기 때문입니다. 그러나 그러한 불편함은 그의 머리가 물속에 들어갈 때까지일 뿐입니다. 그 이후에는 아무렇지도 않습니다. 철저한 그리스도인들에게 향하는 조롱 또한 이와 마찬가지입니다. 그것은 단지 처음에 조금 불편할 뿐입니다. 그리고 조롱하는 사람들은 곧 지치게 마련입니다. 두려움에 직면하십시오. 그러면 그것은 곧 사라질 것입니다. 행하기를 두려워하는 일을 계속해서 행하십시오. 이것은 모든 도덕적 문제들과 관련하여 매우 유용한 조언입니다. 왜냐하면 십중팔구 그것은 옳은 일일 것이기 때문입니다. 만일 우리가 '사람들에 대한 두려움'을 평가절하하면서 그것을 대수롭지 않게 여기기로 결심한다면, 우리는 결코 '벙어리 개'와 '숨어 있는 제자'가 되지 않을 것입니다.

2. 둘째, '숨어 있는 제자들'의 비참함에 대해 생각해 보도록 합시다.

여기의 두 사람을 생각해 보십시오. 그들은 얼마나 많은 것을 잃었습니까! 그들은 주님과의 3년 동안의 모든 교제를 잃었습니다. 그들은 주님의 모든 가르침을 잃었습니다. 그들은 그의 모범을 통해 오는 모든 자극과 격려를 잃었습니다. 그들은 그와 더불어 동고동락하는 모든 즐거움을 잃었습니다. 그들은 자신들을 평생토록 부요하게 해줄 보배로운 기억들을 가질 수 있었습니다. 그러나 그들은 몇 명의 바리새인들의 비쭉이는 입술에 대한 두려움으로 말미암아 그 모든 것을 잃어버리고 말았습니다.

'숨어 있는 제자들'은 주님과의 교제의 폭이 좁아지게 마련입니다. 그들의 교제의 폭은 마치 햇살이 조금밖에 비춰지 못하는 좁은 골짜기와 같습니다. 또 항상 어둡고 축축하며 음침한 바위틈과도 같습니다. 주님과 더불어 풍성한 교제를 나눌 자들은 사람들 앞에서 자신이 그의 제자임을 분명하게 시인하는 자들입니다. 그렇게 하지 않는 자와 그의 구주 사이에는 마치 얇은 막이 가로놓여 있는 것과 같습니다. 그런 사람은 자신과 그리스도 사이에 장벽을 쌓고 있는 셈입니다. 비겁함으로든, 이기적 유익을 위해서든, 자신의 지위를 잃지 않기 위해서든, 혹은 다른 어떤 이유로든, 만일 우리가 그리스도로부터 적당한 거리에 떨어져 마땅히 그를 위해 말해야 할 때 입을 닫고 가만히 있다면, 우리의 마음은 싸늘하게 식어 냉랭해질 것이며, 그의 얼굴은 우리로부터 돌려질 것이며, 우리의 눈은 기쁨으로 그의 얼굴빛을 찾으려 하지 않을 것입니다.

이와 같이 자신의 믿음을 수건에 싸서 땅에 묻음으로써 우리는 무엇을 잃게 될까요? 그렇게 함으로써 자신의 믿음을 즐겁게 활용하는 것, 진리를 굳게 붙잡는 것, 자신이 시인하며 교제하는 주님과의 참된 교제를 잃게 될 것입니다. 여기의 두 사람을 생각해 보십시오. 그리스도의 시체를 거두기 위해 왔을 때, 얼마나 날카로운 고통이 그들의 심장을 뚫고 지나갔겠습니까! 마침내 그들은 깨어 일어나 자신들이 얼마나 비겁한 자들이었는지 알게 되었습니다. 여러분이 '숨어 있는 제자'라고 가정해 보십시오. 어느 날 여러분은 깨어 일어나 그동안 자신이 한 일을 알게 될 것입니다. 그때 얼마나 날카로운 고통이 여러분의 심장을 찌를 것입니까! 만일 여러분이 속히 깨어 일어나지 않는다면, 여러분과 주님 사이의 거리는 점점 더 멀어질 것입니다. 그리고 마침내 깨어 일어났을 때, 그 동안 주님을 배반하며 살았던 세월은 너무도 슬픈 기억이 될 것입니다. 주님의 죽으심을 생각함으로 말미암아 니고데모와 요셉의 눈앞에 있던 덮개는 찢어졌습니다. 이것은 여러분에게도 마찬가지입니다. 보좌에 앉으신 주님을 바라볼 때, 여러분의 눈앞에 있던 덮개 역시 찢어질 것입니다. 그리고 하늘에 들어갈 때, 심지어 그곳에서조차 날카로운 자책감의 고통이 여러분의 심장을 찌를 것입니다. 자신이 얼마나 충성되지 못했는지를 생각하면서 말입니다.

주의 이름을 송축할지니, 만일 어떤 사람이 제자라면, 그는 분명 구원받을 것입니다. 이것은 확실한 사실입니다. 그러나 만일 그가 충성되지 못한 '숨어 있는 제자'라면, 그는 "구원을 받되 불 가운데서 받은" 것처럼 받을 것입니다(고전 3:15). 이것 역시 똑같이 확실한 사실입니다.

3. 마지막으로, 니고데모와 요셉이 어떻게 고침 받았는지 생각해 보도록 합시다.

그들은 자신들의 비겁함을 깨닫고 부끄러움을 느꼈습니다. 그리스도의 죽음으로 인해 그들의 닫혔던 입은 마침내 열렸으며, 감추어져 있었던 그들의 사랑은 빛으로 나오게 되었습니다. 이와 같이 예수 그리스도의 죽음과 그의 십자가는 우리의 모든 비겁함과 이기적 침묵을 고치는 치료제입니다. 그리스도의 십자가를 바라볼 때, 비겁한 자는 용감한 자로 바뀝니다. 요셉에게 있어, 빌라도에게 가서 범죄자의 시체를 가져가기를 구한 것은 결코 작은 용기가 아니었습니다. 그것은 참된 사랑으로부터 말미암은 것이었습니다. 우리를 사람을 두려워하는 비겁함으로부터 무쇠와 같은 강함으로 변화시키는 가장 강한 동기는 우리를 위해 모든 형벌을 담당하신 그리스도의 십자가의 사랑을 바라볼 때 발견됩니다.

십자가는 결코 꺼지지 않는 사랑의 불을 붙일 것입니다. 나는 니고데모처럼 처음에 그리스도를 "하나님으로부터 보냄 받은 선생"으로 믿었음에도 불구하고 자신의 믿음을 숨기면서 니고데모의 지위를 계속해서 유지하는 사람들을 얼마든지 상상할 수 있습니다. 그러나 우리의 영혼 속으로 우리를 위해 죽으신 그 놀라운 사랑의 능력이 임할 때, 우리는 더 이상 잠잠할 수 없을 것입니다. 만일 "그리스도께서 위하여 죽으신" 자들이 잠잠하면, 즉시로 "돌들이 일어나 소리칠" 것입니다. 그의 죽음은 놀랍고, 신비로우며, 두려운 것이었습니다. 그러면서 동시에 그것은 우리와 모든 세상을 위해 빛과 영광과 소망과 죄 사함과 거룩함으로 가득합니다. 그러한 그의 죽음은 우리 마음의 현(絃)을 때림으로써 그로부터 아름다운 음악을 만들어냅니다. 나를 위해 죽으신 사랑은 나로 하여금 그 사랑을 표현하도록 강요할 것입니다. "그때에 말 못하는 자의 혀는 노래하리니"(사 35:6). 더 이상 침묵은 불가능할 것입니다.

십자가는 이와 같이 우리에게 용기를 고취시키고 사랑을 불붙일 뿐만 아니라, 나아가 우리로 하여금 그에게 즐거이 순복하도록 이끕니다. 요셉은 그리스도께 자신의 새 무덤을 드렸습니다. 그러면서 그는 언젠가 자신도 주님 곁에 누울 것을 생각했을 것입니다. 왜냐하면 그는 아직 부활에 대한 생각을 가지고 있지 않았기 때문입니다. 니고데모 역시도 몰약과 침향 섞은 것을 백 리트라쯤 가져왔습니다. 그것은 매우 값비싼 향품으로서, 쓰고도 남을 만큼 충분한 것이었습니다. 아마도 그는 그렇게 함으로써 자신의 비겁함을 속죄하기를 바랐을 것입니다. 그들은 우리에게 다음과 같은 사실을 가르쳐줍니다. 즉 일단 우리를 위해 십자가 위에서 죽으신 예수 그리스도의 놀라운 사랑을 보았다면, 그 자연적 귀결은 다음과 같은 입술의 고백일 것이라는 사실 말입니다.

"주여, 보소서! 나 자신을 주께 드리나이다.
이것이 내가 드릴 수 있는 모든 것이나이다."

만일 그리스도를 따르는 것이 희생을 포함한다면, 그것은 필경 감미로운 희생일 것입니다. 우리의 마음이 그의 사랑을 바라보는 한 말입니다. 모든 사랑은 표현을 요구하며 또 표현되기를 기뻐합니다. 그리고 대부분의 경우 사랑은 귀한 것을 드림으로써 표현됩니다. 지위가 무엇이며, 재물이 무엇이며, 평판이 무엇입니까? 재능이 무엇이며, 위험이 무엇이며, 손실이 무엇이며, 자아(自我)가 무엇입니까? 모두 받은 것이 아닙니까? 그것들을 주신 자를 영화롭게 하기 위해 그의 제단 위에 놓을 때, 그것들은 "감미로운 향품"이 될 것입니다. 그리스도의 십자가를 묵상할 때, 우리의 자연적 이기심을 극복하고 그를 위해 모든 것을 기꺼이 희생제물로 드릴 수 있게 될 것입니다.

그러므로 여러분에게 간절히 당부하노니, 우리 각자를 위해 십자가 위에서 죽으신 예수 그리스도를 항상 바라보십시오. 그럴 때 우리의 용기가 불붙을 것이며, 우리의 심장이 사랑으로 빛날 것이며, 우리의 침묵은 찬미의 아름다운 멜로디로 바뀔 것입니다. 또 그럴 때 우리는 더욱 높이 성별(聖別)될 것이며, 그를 더욱 즐거이 시인할 것입니다. 그리고 마침내 우리는 그가 다음과 같이 말씀하셨을 때 약속하셨던 그 놀라운 존귀를 온전히 소유하게 될 것입니다. "누구든지 사람 앞에서 나를 시인하면 나도 하늘에 계신 내 아버지 앞에서 그를 시인할 것이요 누구든지 사람 앞에서 나를 부인하면 나도 하늘에 계신 내 아버지 앞에서 그를 부인하리라"(마 10:32, 33).

115
동산 안에 있는 무덤

"예수께서 십자가에 못 박히신 곳에 동산이 있고 동산 안에 아직 사람을 장사한 일이 없는 새 무덤이 있는지라"

요 19:41

아마도 이것은 지형적 정확성을 제시하기 위해 기록한 언급일 것입니다. 이러한 명백히 사소하면서 세부적인 것들을 중시(重視)하는 것은 요한의 특징 가운데 하나입니다. 요한복음 안에는 이와 같이 사소하며 세부적인 그러면서도 요한이 볼 때 어떤 상징적 의미가 있다고 생각한 것처럼 보이는 정보들이 주어지는 몇 가지 다른 실례(實例)들이 있습니다. 그에 대한 예로서 우리는 13장 30절을 들 수 있습니다. "유다가 그 조각을 받고 곧 나가니 밤이러라." 아마도 요한은 여기에 어떤 상징적 의미가 있다고 생각한 것으로 보입니다. 나는 요셉으로 하여금 동산 안에 자신의 무덤을 만들도록 한 이유가 바로 요한으로 하여금 그 위치를 상세하게 언급하도록 이끈 이유였을 것이라고 생각합니다. 나는 두 사람 모두 무덤이 있는 동산에서 한 사람에게는 희미한 바람이었으며, 다른 한 사람에게는 "예수 그리스도의 부활에 의한 생생한 소망"이었던 것의 표현을 발견했을 것이라고 생각합니다. 무덤에 누워있는 자들이 새로운 생명으로 다시 나올 것이라는 소망 말입니다. 왜냐하면 동산은 "거기에 심겨진 것을 싹이 나도록 하는" 것이기 때문입니다. "동산이 거기 뿌린 것을 움돋게 함 같이"(사

61:11).

어쨌든 우리에게 동산 안에 새 무덤이 있다는 사실은 부활의 날의 보배로운 교훈들을 가르쳐주는 출발점이 될 수 있습니다.

1. 죽음과 썩음의 상징.

에덴동산은 처음으로 죽음이 온 장소였습니다.

동산 안에 무덤이 있었던 것은 매우 적절한 일이었습니다. 왜냐하면 자연은 철저하게 죽음과 썩음의 법칙에 종속되기 때문입니다. 꽃은 지고, 사람은 죽습니다. 이러한 사실로부터 현자(賢者)들은 도덕적 교훈을 얻었습니다. 그들은 죽음을 꽃이 지고 낙엽이 떨어지는 것으로 비유함으로써, 그것과는 잘 어울리지 않는 아름다운 표상으로 옷 입혔습니다. 그러나 양자(兩者)는 유사점보다 차이점이 훨씬 더 큽니다. 아무 고통 없이 꽃잎과 낙엽이 떨어지는 것은 영혼과 육체가 분리되는 것과 유사하지 않습니다.

동산의 풍성한 기쁨과 아름다움은 우리에게 무슨 일이 생기는 것과 상관없이 계속됩니다. "한 세대는 가고 한 세대는 오되 땅은 영원히 있도다" (전 1:4).

동산 안에 무덤이 있는 것은 우리에게 모든 일과 기쁨이 조만간 끝날 것이라는 사실을 보여줍니다.

모든 관계.

모든 일.

모든 기쁨.

동산 안에 무덤이 있는 것은 우리에게 매일의 삶 속에서 죽음에 대해 생각할 것을 가르칩니다.

죽음에 대해 생각하는 것은 우리의 삶을 약화시킬 수도 있지만, 그러나 우리는 그것을 삶을 강화시키는 방향으로 활용해야 합니다.

2. 사람들이 죽음에 대항하여 싸웠던 희미한 소망.

아름다운 꽃들로 가득한 동산에 죽은 자를 눕히는 것은 매우 자연스러운 일이었습니다. 그것이 상징하는 것은 가장 자연스럽고, 가장 심오하며, 가장 아름답습니다. 그것은 썩음 이후의 새로운 생명의 가능성을 표현합니다.

그러나 이 모든 자연적 상징들은 불충분합니다. 그것들은 증거가 아닙니다. 단지 훌륭한 상징일 뿐입니다. 그러나 그것들은 사람들이 미래의 삶과 관련된 자신들의 소망을 세우기 위해 가졌던 모든 것이었습니다. 미래는 흐릿하며, 모호했습니다. 그것은 확실성의 영역이 아니라, 소망과 바람과 두려움의 영역이었습니다. 그것은 시적(詩的)인 상상의 영역이었습니다. 미래에 대한 생각은 매우 흐릿하게 움직였습니다. 사람들은 "우리가 다시 살 것인가?"라고 물었습니다. 이에 양심은 "그렇다!"라고 대답하는 것처럼 보였습니다. 사람들의 영혼 안에 있는 직관(直觀)은 이런 것들을 불멸(不滅)에 대한 증거로서 붙잡았습니다. 그러나 거기에는 분명한 빛이 없었습니다.

3. 그리스도의 부활이 가져다주는 확실한 소망의 분명한 빛.

동산 안에 있는 무덤은 아담이 에덴동산 안으로 죽음을 가져온 것을 역전(逆轉)시켰습니다.

하나의 사실(事實)로서 그리스도의 부활은 미래의 상태에 대한 믿음을 배태(胚胎)합니다.

그것은 소망을 확실성으로 바꿉니다. 그것은 죽음이 영혼과 아무 상관없다는 사실을 실제적 모범으로 보여줍니다. 그것은 생명이 육체로부터 독립적이라는 사실을 실제적 모범으로 보여줍니다. 그것은 사람이 죽음 이후에도 그 이전과 동일하다는 사실을 실제적 모범으로 보여줍니다. 부활하신 주님은 제자들에 대한 그의 관계에 있어, 그의 사랑에 있어, 그의 기억에 있어, 그리고 다른 모든 것들에 있어 동일했습니다.

또 그것은 계속적 삶의 희미한 소망을 부활의 삶의 확실성으로 바꿉니다. 전자(前者)는 모호하며 무력합니다. 미래에 대해 육체적 삶처럼 생생하게 느끼는 것은 불가능합니다. 그러나 구속받은 자의 최종적 결과가 형제를 가진 육체적 부활이라는 사실은 미래의 삶과 관련한 기독교적 개념의 결정적 특징입니다.

또 그것은 두려움을 기쁨으로 바꿉니다. 그것은 우리 앞에 그리스도께서 계신 미래의 문을 활짝 엽니다.

우리는 그와 함께 있을 것입니다.

우리는 그와 같아질 것입니다.

이제 우리는 이 모든 불완전한 비유들로 되돌아가 비로소 그것들을 확신을 가지고 사용할 수 있게 됩니다. 그러나 우리의 믿음은 그러한 것들 위에 의존하는 것이 아니라 이 땅에서 실제로 이루어진 일 위에 의존합니다.

예수 그리스도는 "잠자는 자들의 첫 열매"입니다. 그렇다면 추수 때는 어떨 것입니까?

보잘것없는 한 알의 작은 씨앗과 그것으로부터 피어난 화려한 꽃을 비교해 보십시오. 죽은 자의 부활도 그와 같을 것입니다. "하나님이 그 뜻대로 그에게 형체를 주시되 각 종자에게 그 형체를 주시느니라"(고전 15:38).

그렇다면 우리 자신의 죽음과 앞서 간 자들의 죽음을 생각할 때 어떻게 해야 합니까? 마땅히 감사와 소망으로 가득 차야 할 것입니다.

116
부활의 날 아침

"1 안식 후 첫날 일찍이 아직 어두울 때에 막달라 마리아가 무덤에 와서 돌이 무
덤에서 옮겨진 것을 보고 2 시몬 베드로와 예수께서 사랑하시던 그 다른 제자에
게 달려가서 말하되 사람들이 주님을 무덤에서 가져다가 어디 두었는지 우리가
알지 못하겠다 하니 3 베드로와 그 다른 제자가 나가서 무덤으로 갈새 4 둘이 같
이 달음질하더니 그 다른 제자가 베드로보다 더 빨리 달려가서 먼저 무덤에 이르
러 5 구부려 세마포 놓인 것을 보았으나 들어가지는 아니하였더니 6 시몬 베드로
는 따라와서 무덤에 들어가 보니 세마포가 놓였고 7 또 머리를 쌌던 수건은 세마
포와 함께 놓이지 않고 딴 곳에 쌌던 대로 놓여 있더라 8 그 때에야 무덤에 먼저
갔던 그 다른 제자도 들어가 보고 믿더라 9 (그들은 성경에 그가 죽은 자 가운데서
다시 살아나야 하리라 하신 말씀을 아직 알지 못하더라) 10 이에 두 제자가 자기들
의 집으로 돌아가니라 11 마리아는 무덤 밖에 서서 울고 있더니 울면서 구부려 무
덤 안을 들여다보니 12 흰 옷 입은 두 천사가 예수의 시체 뉘었던 곳에 하나는 머
리 편에, 하나는 발 편에 앉았더라 13 천사들이 이르되 여자여 어찌하여 우느냐 이
르되 사람들이 내 주님을 옮겨다가 어디 두었는지 내가 알지 못함이니이다 14 이
말을 하고 뒤로 돌이켜 예수께서 서 계신 것을 보았으나 예수이신 줄은 알지 못
하더라 15 예수께서 이르시되 여자여 어찌하여 울며 누구를 찾느냐 하시니 마리
아는 그가 동산지기인 줄 알고 이르되 주여 당신이 옮겼거든 어디 두었는지 내게
이르소서 그리하면 내가 가져가리이다 16 예수께서 마리아야 하시거늘 마리아가
돌이켜 히브리 말로 랍오니 하니 (이는 선생님이라는 말이라) 17 예수께서 이르시
되 나를 붙들지 말라 내가 아직 아버지께로 올라가지 아니하였노라 너는 내 형제
들에게 가서 이르되 내가 내 아버지 곧 너희 아버지, 내 하나님 곧 너희 하나님께
로 올라간다 하라 하시니 18 막달라 마리아가 가서 제자들에게 내가 주를 보았다

하고 또 주께서 자기에게 이렇게 말씀하셨다 이르니라"

요 20:1–18

부활 이야기를 기록한 요한의 목적은 단순히 사실(事實)을 확실히 하기 위한 것뿐만 아니라 또한 제자들 사이에서의 부활에 대한 믿음의 점차적 성장을 묘사하기 위한 것이었습니다. 여기에 기록된 두 사건 즉 베드로와 요한이 무덤에 간 것과 부활하신 주님이 마리아에게 나타난 것은 부활을 목격하기 전에 그것에 대한 믿음이 동터오기 시작한 것과 그것을 목격함으로써 믿음이 활짝 꽃피게 된 것을 보여줍니다. 또 19절 이하에서 우리는 부활을 목격함으로 말미암아 믿게 되는 두 가지 실례(實例)를 보게 됩니다. 그리고 전체적 교훈은 도마에 대한 그리스도의 다음과 같은 말씀으로 요약됩니다. "너는 나를 본 고로 믿느냐 보지 못하고 믿는 자들은 복되도다"(29절).

1. 열린 무덤과 그로 인한 제자들의 당황.

부활의 사건은 해가 뜨기 전에 일어났습니다. 신랑은 아직 어두울 때 오셨습니다. 무덤의 어둠을 날려버린 자가 아직 어둠이 땅을 덮고 있는 동안에 일어나시고 그럼으로써 아무도 "죽은 자"가 어떻게 "일어났는지" 보지 못한 것은 참으로 적절한 일이었습니다. 땅이 흔들리고 천사들이 내려와 돌을 굴린 것은 무덤이 빈 이후의 일이었습니다.

부활의 시간과 관련하여 요한이 제시하는 것은 다른 복음서기자들이 제시하는 것보다 다소 이른 듯이 보입니다. 그러나 그것은 막달라 마리아가 다른 여자들보다 먼저 왔다는 추측을 필연적으로 요구할 정도는 아닙니다. 여기에서는 오직 막달라 마리아만 나타나는데, 그것은 여기의 이야기가 어떻게 베드로와 요한이 무덤이 비었음을 알게 되었는지를 설명하기 위한 것이었기 때문입니다. 그들에게 그것을 알린 자는 막달라 마리아였고, 그랬기 때문에 그녀만 나타나고 있습니다. 동방 지역에서 "동트기 시작할 때에"와 "해가 뜨는 매우 이른 시간에"와 "아직 어두울 때에"는 거의 비슷한 시간대를 의미합니다. 그리고 아마도 막달라 마리아가 다른 여자들보다 조금 먼저 무덤에 도착했을 것입니다. "우리가 알지 못하겠다"는 그녀의 말은 그 자리에 그녀뿐만 아니라 그녀와 함께 빈 무덤을 본 다른 여자들도 같이 있었음을 보여줍니다(2절). 그러므로 우리는 그녀가 예수의 시신(屍身)이 사라진 것을 본 다른 여자들과 함께 아직 천사들이 나타나기 전에 황급하게 제자들에게 달려왔다고 추측해야만 합니다.

버려진 무리의 지도자들에게 이 소식을 알려야겠다는 충동을 느낀 것은 — 아직까지 그녀는 그것을 매우 나쁜 소식이라고 생각하고 있었습니다 — 매우 자연스러운 것이었습니다. 그런 상황에서 대부분의 여자들은 그렇게 느낄 것이었습니다. 그녀로 하여금 그들을 만나기 위해 황급히 달려가도록 만든 것은 소망이 아니라 놀람과 슬픔이었습니다. 그들이 한 집에 있었는지 혹은 그렇지 않았는지는 확실하지 않습니다. 어쨌든 베드로는 주님을 세 번 부인한 것에도 불구하고 제자들로부터 단절되어 있지 않았습니다. 항상 함께 다녔던 두 제자는 부활의 날 아침에도 서로 멀리 떨어져 있지 않았습니다. 거의 마지막 순간까지 십자가 곁에 서 있었던 제자는 주님을 부인한 자에 대해 여전히 열린 마음을 가지고 있었습니다. "형제들아 사람이 만일 무슨 범죄한 일이 드러나거든 신령한 너희는 온유한 심령으로 그러한 자를 바로잡고 너 자신을 살펴보아 너도 시험을 받을까 두려워하라"(갈 6:1).

막달라 마리아는 무덤이 비어있는 것을 보고, 즉각적으로 미지(未知)의 어떤 사람들이 무덤으로부터 시신을 가져갔다고 추론했습니다. 여기에서 그녀가 "주님의 시신을"이라고 말하지 않고 "주님을"이라고 말하는 것을 주목해 보십시오(2절). 여기에서 우리는 그녀가 간절하며 뜨거운 사랑으로 죽음의 사실을 뛰어넘고 있는 것을 발견할 수 있습니다. 어쩌면 그녀는 요셉의 새 무덤이 단지 임시 안치소 정도로 의도된 것이었다고 생각했을 수도 있습니다(15절). 어쨌든 시신은 사라졌으며, 그러한 사실은 그녀에게 큰 슬픔과 절망을 안겨주었습니다. 이와 비슷하게 우리 역시도 얼마나 자주 실제로는 빛이 동터오고 있는 것을 어둠으로 잘못 이해하곤 합니까! 이와 같이 첫 제자들이 부활의 위대한 사실을 전혀 기대하지 않고 있었던 사실은 역설적으로 그것의 역사적 사실성을 보여주는 값진 증거입니다. 왜냐하면 여기에 환각(幻覺)이 생길 여지는 전혀 없었기 때문입니다. 만일 그가 살아난 것을 실제로 보지 못했다면, 그들은 그가 부활했다고 결코 믿지 않았을 것입니다.

2. 무덤에서의 베드로와 요한, 믿음이 동터오기 시작함, 제자들의 계속된 당황과 놀람.

본문의 이야기 가운데 우리는 여기의 두 제자 각자의 특징적 행동을 주목할 수 있습니다. 항상 베드로가 먼저 시작하고, 요한이 뒤따릅니다. 나이가 적은 요한이 베드로보다 더 빨리 뜁니다. 요한은 구부려 무덤을 들여다보면서 거기에 세마포가 놓인 것을 보았지만, 그러나 무덤 안으로 들어가지는 않았습니다. 베드로가 무덤에 들어가기 전에 먼저 그 안을 살펴보았는지는 언급되지 않습니다. 그는 충동적이며, 성급하며, 행동적 사람이었습니다. 그는 곧바로 무덤 안으로 들어갔습니다. 그는 머뭇거릴 아무런 이유도 느끼지 못했습니다. 그러한 그의 담대함은 그의 친구로 하여금 같은 행동을 하도록 이끌었습니다. 강한 성격을 가진 사람들의 행동이 대체로 그렇게 하는 것처럼 말입니다. 여러분은 여기의 이야기로부터 취한 부시넬(Bushnell)의 "무의식적 영향력"이라는 제목의 유명한 설교를 기억할 것입니다. 그러므로 그에 대해서는 더 이상 이야기하지 않겠습니다.

계속해서 세마포와 관련한 증언을 주목해 보십시오. 무덤 밖으로부터 요한은 머리를 쌌던 수건은 보지 못했습니다. 그것은 세마포와 함께 놓여 있지 않고 다른 곳에 놓여 있었습니다(7절). 아마도 그것은 밖으로부터는 보이지 않는 지점에 놓여 있었을 것입니다. 어쨌든 요한 역시도 무덤 안으로 들어왔습니다. 그리고 거기에서 그는 세마포와 수건이 가지런히 놓여 있는 것을 보았습니다. 그것들은 아무렇게나 내팽개쳐 있지 않았는데, 그러한 사실은 그에게 큰 빛으로 다가왔습니다. 거기에 급하게 떠난 흔적은 전혀 없었던 것입니다.

여기에 적대적 손길은 전혀 없었습니다. 만일 적대적 손길이 있었다면, 세마포와 수건은 아무렇게나 내팽개쳐 있어야만 했습니다. 마찬가지로 여기에 호의적 손길도 전혀 없었습니다. 만일 호의적 손길이 있었다면, 주님의 거룩한 몸을 벌거벗은 상태로 그토록 불경스럽게 가져가지는 않았을 것입니다.

그렇다면 이것은 무엇을 의미합니까? 그가 나사로에게 행하셨던 일을 그 자신에게 행하실 수 있었을까요? 그가 자신의 몸을 쌌던 세마포를 더 이상 필요하지 않은 것처럼 내려놓을 수 있었을까요? 막달라 마리아는 제자들에게 "사람들이" 가져갔다고 말했습니다. 만일 사람들이 가져가지 않았다면, 그 자신이 자신을 가져갔을까요? 여기에 무슨 일인가를 행하고자 서두르며 버둥거린 흔적은 전혀 없었습니다. 그는 "황급히 나오지도 않았으며 도망치듯 나오지도" 않았습니다(사 52:12). 그는 '죽음의 주인'으로 그 위엄 가운데 고요하며 유유하게 나오셨습니다. 그가 일어난 자리는 혼돈과 어지러움이 아니라 질서정연함이었습니다.

계속해서 요한의 믿음이 동터오기 시작하는 것을 주목해 보십시오. "그 때에야 무덤에 먼저 갔던 그 다른 제자도 들어가 보고 믿더라"(8절). 요한은 그것을 세마포가 가지런히 놓인 것을 본 것과 연결시킵니다. 여기의 "믿더라"는 분명 무덤이 비었다는 사실을 인식한 것 이상(以上)을 의미합니다. 다음 절은 그것이 부활에 대한 믿음을 의미함을 함축하는 것처럼 보입니다. "(그들은 성경에 그가 죽은 자 가운데서 다시 살아나야 하리라 하신 말씀을 아직 알지 못하더라)"(9절). 요한의 생각 속에 그의 부활과 관련한 성경 말씀이 갑자기 떠올랐습니다. 그는 그 의미를 알지 못하는 무지(無知)의 상태로부터 갑자기 깨어났습니다. 바로 그 순간까지 그는 다른 제자들과 마찬가지로 그에 대해 아무것도 알지 못했던 것입니다. 삼일 만에 다시 살아날 것이라는 그리스도의 분명한 예언의 말씀을 그의 제자들이 이해하지 못했다는 것은 우리에게 있어 참으로 믿을 수 없는 일처럼 생각됩니다. 그러나 그것이 유례(類例) 없는 일임을 기억할 때, 그것을 충분히 이해할 수 있습니다. 일어날 것이라고 미리 예고된 일이 실제로 일어날 때, 우리 모두는 종종 당황 가운데 빠져 분별력을 잃어버리곤 합니다. 하나님의 약속이나 경고가 성취될 때, 우리는 놀라며 당황합니다. 실제로 당연히 일어날 일이 일어난 것임에도 불구하고 말입니다.

요한은 믿었지만(8절), 그러나 베드로는 아직까지 어둠 가운데 있었습니다. 여기에서도 또 다시 요한이 베드로보다 더 빨랐습니다. 나는 요한의 사랑이 베드로의 사랑보다 더 깊었다고 말하지 않습니다. 왜냐하면 그렇게 말하는 것은 공정하지 않기 때문입니다. 그들의 사랑의 차이는 질적 측면에서의 차이이지, 정도에 있어서의 차이가 아닙니다. 요한은 베드로보다 더 민감한 성격의 사람이었으며, 그러한 그의 민감한 성격이 그에게 좀 더 예민하며 빠른 지각력(知覺力)을 주었습니다. 만일 지금 베드로의 마음이 주님을 부인한 죄책감으로 억눌려있지 않았다면, 어쩌면 그는 놀라운 소망의 빛을 훨씬 더 쉽게 느꼈을는지도 모릅니다. 행위로든 말로든 주님을 부인했을 때, 스스로를 정죄하며 움츠리는 것은 지극히 자연스러운 일입니다.

3. 주님의 첫 번째 현현과 새로운 형태의 교제.

막달라 마리아가 다시 무덤으로 돌아온 것에 대해 본문은 구체적으로 언급하지 않습니다. 그렇지만 도대체 어떻게 그녀가 다시 무덤으로 돌아오지 않을 수 있었겠습니까? 사도들은 갈 수 있었지만, 그러나 그녀는 여자답게 쓰라린 눈물을 흘리며 계속 머물렀습니다. 눈물로 가득 찬 눈은 천사를 보기에 더 적합합니다. 두 남자(즉 베드로와 요한)가 흰옷을 입은 천사들을 보지 못한 것은 조금도 놀랄 일이 아닙니다. 왜냐하면 그것은 통상적 시각(視覺)의 법칙에 의해 보여지는 것이 아니기 때문입니다. 천사를 보는 것은 영적 민감성과 간절한 필요에 의해 결정됩니다. 마리아의 믿음과 사랑이 천사들로 하여금 거기 계속해서 머물도록 붙잡았습니다. 그들은 베들레헴의 구유 위에도 있었으며, 목자들 곁에도 있었습니다. 그리고 지금 무덤 안에 흰 옷을 입고 앉아 있었습니다(12절).

천사들이 나타난 것은 마리아에게 하찮은 일이었습니다. 왜냐하면 그녀는 지금 오직 한 가지 생각 즉 주님의 시신이 없어졌다는 생각으로만 가득 차 있었기 때문입니다. "여자여 어찌하여 우느냐?"는 그들의 질문에 그녀는 "사람들이 내 주님을 옮겨다가 어디 두었는지 내가 알지 못함이니이다"라고 대답합니다(13절). 그녀의 사랑의 눈물을 멈추게 하기 위해서는 빈 무덤과 가지런히 놓인 세마포와 거기에 앉은 천사들 이상의 무엇이 필요했습니다. 그녀는 천사들의 돌연한 질문으로부터 돌이켜 다시금 그녀의 슬픔 속으로 빠졌습니다. 크리소스톰은 그녀가 "돌이킨" 것을 다음과 같이 추측합니다. 즉 천사들이 그녀 뒤에 갑자기 나타난 그리스도를 바라보는 것을 보고 그녀도 그쪽을 바라보기 위해 "돌이켰을" 것이라는 것입니다. 그러나 앞의 설명이 좀 더 나은 것으로 보입니다. 그녀가 예수를 알아보지 못한 것은 아마도 깊은 슬픔에 빠져있었기 때문이었을 것입니다. 깊은 슬픔에 빠져 있는 사람이 갑자기 나타난 존재를 알아보지 못하는 것은 충분히 가능한 일입니다. 뿐만 아니라 어쩌면 엠마오로 가던 두 제자의 경우처럼 그녀의 눈이 "가려져" 있었을는지도 모릅니다. 그렇다면 그녀가 주님을 알아보지 못한 원인은 주님의 변화 때문이라기보다 바로 그것 때문이었을 것입니다.

어쨌든 마리아는 예수의 목소리를 듣고도 아무것도 알아차리지 못했습니다. 심지어 "누구를 찾느냐?"는 그의 따뜻한 질문조차도 단지 그녀로 하여금 그가 아마도 주님의 시신을 옮기는 일에 관여했을 "동산지기"일 것이라고 추측하도록 만들었을 뿐입니다(15절). 만일 그가 정말로 그 일에 관여한 동산지기라면, 그는 그녀에게 예수의 시신이 어디로 옮겨졌는지 말해줄 수 있을 것이었습니다. 그리하여 그녀는 그에게 예수의 시신이 어디로 옮겨졌는지 알려달라고 간청하면서 "그리하면 내가 가져가리이다"라고 덧붙입니다. 부활하신 주님의 첫 말씀은 슬픔 가운데 눈물을 흘리는 모든 사람들에게 향합니다. 그는 우리의 믿음을 찾으시며, 우리가 눈물을 흘리는 이유를 물으십니다. 그리고 그는 우리로 하여금 더 이상 슬픔 가운데 눈물을 흘릴 필요가 없음을 깨닫게 하십니다.

16절은 우리에게 마리아가 자신의 이름을 부르는 자를 보기 위해 몸을 돌이켰음을 말해줍니다. "예수께서 마리아야 하시거늘 마리아가 돌이켜." 그렇다면 그녀는 첫 번째 대답 후 곧바로 다시 무덤을 바라보았음에 틀림없습니다. 마치 동산지기라고 생각한 자가 자신의 간청을 들어줄 것에 대해 단념한 것처럼 말입니다.

마침내 마리아는 예수께 돌이켜 "랍오니!"(선생님) 하고 외칩니다(16절). 도대체 누가 이와 같은 초자연적 식별(識別)에 대해 말할 수 있단 말입니까? 만일 여기의 이야기가 2세기 후반의 어떤 익명의 저자의 작품이라면, 그는 틀림없이 "Great Unknown"일 것입니다("Great Unknown"은 11세기 Lemony Snicket의 "A Series of Unfortunate Events"에 등장하는 가공의 존재임 — 역주). 왜냐하면 그는 문학 역사상 가장 감동적 상황을 상상해낸 셈이기 때문입니다. 그러나 그를 익명의 천재로 추측하기보다 자신이 본 것을 기록한 잘 알려진 기록자로 추측하는 것이 훨씬 더 합리적입니다. 여기에서 그리스도께서 마리아의 이름을 부르는 것을 주목해 보십시오. 그리스도께서 이름을 부르는 것은 항상 그의 따뜻한 사랑을 나타냅니다. 우리는 그가 우리의 이름을 앎을 확신할 수 있습니다. 그리고 우리 역시도 여기의 마리아처럼 절대적 순종의 외침으로 대답할 수 있습니다. "랍오니!"(선생님) — 이것은 그의 부르심에 대한 합당한 대답이었습니다.

그러나 그녀의 외침은 불완전한 것이었습니다. 왜냐하면 그것은 단지 '예전의 관계의 회복'을 표현하는 것에 불과했기 때문입니다. 그녀의 기쁨은 새로운 빛을 필요로 했습니다. 이제 모든 것은 예전과 달라질 것이었습니다. "마리아야!"라는 그리스도의 부르심은 그녀에게 그가 그녀를 기억하고 있다는 사실과 그녀가 지금 그의 사랑의 울타리 안에 있다는 사실을 확증해 주었습니다. 그러나 그의 발을 붙들었을 때, 그녀는 이제 버리도록 배워야만 하는 것을 계속해서 붙잡으려고 한 것이었습니다. 그러므로 예수는 그녀에게 자신을 붙들지 말라고 말씀하십니다. "나를 붙들지 말라 내가 아직 아버지께로 올라가지 아니하였노라(17절)." 그러면서 그는 새롭게 시작된 미래의 더 큰 기쁨이 열림으로써 복된 과거가 끝났음을 그녀에게 가르치십니다. 여기의 말씀 속에 그에 대한 우리의 관계의 핵심이 담겨 있습니다. 그리고 그것은 우리가 이 땅에서 그와 함께 다녔던 자들을 결코 부러워할 필요가 없음을 가르쳐줍니다. 그의 승천은 우리가 그에게 다가갈 수 있는 가장 참된 상태입니다. 17절의 금지 속에는 허락이 내포되어 있습니다. 즉 "나를 붙들지 말라 내가 아직 아버지께로 올라가지 아니하였노라" 속에는 "내가 아버지께 올라가면 붙들 수 있느니라"가 내포되어 있는 것입니다.

승천하신 그리스도는 여전히 우리의 형제입니다. "너는 내 형제들에게 가서." 죽음의 신비(神秘)도 그것을 끊지 못하며, 임박한 통치의 신비도 그것을 끊지 못합니다. 또 부활은 승천의 시작입니다. 부활을 보좌로 올라가는 첫 발걸음으로 간주할 때, 우리는 그것을 가장 올바르게 이해할 수 있습니다. 그는 "내가 부활하였고 곧 너희를 떠날 것이라 하라"라고 말씀하지 않고, "내가 올라간다 하라"라고 말씀하셨습니다. 마치 승천이 이미 시작된 것처럼 말입니다. 그것은 이미 과정 중에 있습니다. 다시 한 번 말하지만 그는 여전히 우리의 형제입니다. 그러나 그는 "우리 아버지"라고 말할 수 없었습니다. 자신과 제자들 사이에 마치 아무런 차이도 없다는 듯이 말입니다. 그는 "우리 아버지"라고 부르는 대신 "내 아버지 곧 너희 아버지"라고 부릅니다. 그가 "아들"(Son)인 것은 우리가 아들인 것과 같지 않습니다. 우리는 그를 통해 "아들"(sons)이 됩니다. 우리가 하나님을 아버지라고 부를 수 있는 것은 오직 그가 그리스도의 아버지이기 때문입니다.

바로 이것이 막달라 마리아가 부활하신 주님의 현현으로부터 급히 제자들에게 전달한 불멸의 소망과 새로운 개념이었습니다. 이것은 얼마나 향기로우며 감미로운 개념이었습니까! 비록 완전하게 이해하지 못했다 하더라도 말입니다. 그것은 마치 동산 가운데 심긴 생명나무로부터 피어난 반개(半開)한 꽃들과 같았습니다. 세상 끝날까지 신자들의 마음에 새로운 아름다움을 나타내는 영원히 시들지 않는 꽃들 말입니다.

117
부활하신 주님이 주신 사명과 성령의 선물

"[21] 예수께서 또 이르시되 너희에게 평강이 있을지어다 아버지께서 나를 보내신 것 같이 나도 너희를 보내노라 [22] 이 말씀을 하시고 그들을 향하사 숨을 내쉬며 이르시되 성령을 받으라 [23] 너희가 누구의 죄든지 사하면 사하여질 것이요 누구의 죄든지 그대로 두면 그대로 있으리라 하시니라"

요 20:21-23

부활의 날은 여러 가지 이상한 소문들로 가득했으며, 사람들의 흥분은 점점 더 고조되었습니다. 어쨌든 저녁이 되자 몇몇 제자들이 한 자리에 모였습니다. 아마도 다락방에서였을 것입니다. 그것은 매우 용감한 행동이었습니다. 왜냐하면 유대인들에도 불구하고 함께 모였기 때문입니다. 그들은 유대인들을 두려워하여 모인 곳의 문을 잠갔습니다(19절). 틀림없이 그들은 그날 일어난 일에 대해 열심히 의논했을 것입니다. 엠마오로 가던 두 제자가 급히 되돌아옴으로써 그들의 분위기는 더욱 뜨겁게 고조되었습니다. 그러는 가운데 시끌벅적 하던 분위기가 일순간 조용해졌습니다. 왜냐하면 예수께서 오셔서 그들 가운데 서서 "너희 가운데 평강이 있을지어다"라고 말씀하셨기 때문입니다.

그날 저녁의 만남과 관련하여 우리는 두 개의 이야기를 가지고 있습니다. 그리고 그것들은 서로 놀랍게 보충됩니다. 그것들은 전체 사건의 서로 다른 두 부분을 다룹니다. 요한복음의 이야기는 누가복음의 이야기가 끝나는 지점에서 시작합니다. 누가복음은 주로 제자들의 두려움에 초점을 맞춥니다. 왜냐하면 그들이 본 것은 상당 부분 유령과 같은 현현(顯現)이었기 때문입니다. 반면 요한복음은 두려움과 관련해서는 아무것도 말하지 않습니다. 다만 거기에서는 기쁨이 두려움을 대체합니다. “이 말씀을 하시고 손과 옆구리를 보이시니 제자들이 주를 보고 기뻐하더라”(20절). 기쁨이 두려움을 쫓아낸 것이었습니다. 또 누가복음의 이야기는 그날의 만남의 앞부분을 자세히 다룸으로 말미암아 요한복음의 이야기에서 설명되지 않는 부분 즉 “너희에게 평강이 있을지어다”라는 인사가 반복된 것에 대해 설명해줍니다(19, 21절). 우리 주님은 그와 같이 인사를 반복하심으로써 앞부분의 대화를 별개의 것으로 구별하신 것입니다. 그들의 의심은 해소되었으며, 이제 다른 것이 시작되고 있었습니다. 주님이 부활하셨음을 확신하게 된 그들은 이제 보다 더 풍성한 평강을 받을 수 있게 되었습니다. 그리하여 주님은 또 다시 그들에게 “너희에게 평강이 있을지어다”라고 말씀하셨고, 그와 함께 뒷부분의 대화가 시작되었습니다.

누가복음의 이야기는 또한 또 다른 그리고 매우 중요한 방식으로 우리에게 도움을 줍니다. 요한복음은 단순히 “제자들이 모였다”고만 말하는데, 그것은 오직 열한 제자만을 의미하는 것일 수 있습니다. 반면 누가복음은 좀 더 구체적으로 우리에게 “열한 제자 및 그들과 함께 한 자들이 모여”라고 말해줍니다(24:33). 부활하신 주님의 현현의 면류관이었던 이날의 만남은 제자들의 전체 무리와의 만남으로 특징지어집니다. 그들의 의심을 해소시켜 주시고 그들에게 평강이 있을 것을 축복하신 연후에, 주님은 그들을 거룩한 사명으로 옷 입힙니다. “아버지께서 나를 보내신 것 같이 나도 너희를 보내노라”(21절). 그리고 계속해서 주님은 그들을 필요한 권능으로 구비(具備)시킵니다. “성령을 받으라”(22절). 그러면서 그들에게 그들의 사역의 장엄한 결과를 말씀해 주십니다. “너희가 누구의 죄든지 사하면 사하여질 것이요 누구의 죄든지 그대로 두면 그대로 있으리라 하시니라”

(23절). 부활의 날 저녁의 이와 같은 메시지는 우리 모두를 위한 것입니다. 그러므로 나는 여기에서 여러분이 다음과 같은 세 가지 요점을 주목하기를 바랍니다.

1. 그리스도께서 우리에게 사명을 주심.

우리는 먼저 여기의 말씀을 받은 사람들을 분명하게 이해하는 것이 그것의 의미를 해석하는 데 있어 매우 중요하다는 사실을 기억할 필요가 있습니다. 무엇보다도 우리는 여기에서 모든 그리스도인들이 예수에 의해 보냄을 받는다는 위대한 개념과 그러한 사명을 받기 전에 먼저 그에 선행되는 무엇인가가 필요하다는 사실을 보게 됩니다. 그러므로 선행하는 무엇을 가진 자는 누구든지 그리스도의 대리자로서 세상에 파송됩니다. 그러면 이러한 선행하는 경험은 무엇입니까? 그것은 부활하신 그리스도를 보는 것이며, 그의 손을 만지는 것이며, 그의 평강을 받는 것이며, 메말랐던 마음이 샘처럼 솟아오르는 기쁨으로 채워지는 것입니다. 바로 이러한 것들이 제자로서 보냄을 받는 자격을 구성합니다. 그러므로 주님을 보고, 그를 만지며, 자신의 마음이 기쁨으로 채워진 것을 느끼는 사람은 누구든지 이러한 위대한 사명을 받은 자입니다. 여기에 '계급적 특권'이라든지 혹은 '성직(聖職)의 기능' 따위의 문제는 전혀 없습니다. 다만 그것은 주님과 연결된 그리스도인의 삶의 보편적 측면의 문제일 뿐입니다.

우리 비국교도들은 우리가 '성직주의'(聖職主義)라고 부르는 것으로부터 자유로운 것에 대해 자부심을 갖습니다. 그러나 안타깝게도 우리는 계급의 차원과는 정반대의 의미에서 매우 기꺼이 우리의 제사장직을 옹호하면서도 동시에 제사장의 의무의 문제와 관련해서는 기꺼이 그것을 잊곤 합니다. 여러분은 제사장(혹은 사제)을 믿지 않습니다. 그러나 여러분 가운데 매우 많은 사람들이 '보냄 받은' 자는 사역자들이며 따라서 여러분에게는 아무런 책임도 없다고 믿습니다. 이와 같은 이상한 형태의 계급주의는 모든 교회를 메마르게 만드는 병폐입니다. 그리고 그것은 보다 더 계급주의적 공동체들 가운데서 뿐만 아니라 민주주의적 비국교도들 가운데서도 흔하게 발견됩니다. 형제들이여! 만일 여러분이 "너희에게 평강이 있을지어다!"라는 인사를 받는 무리 가운데 포함된다면, 여러분은 또한 "아버지께서 나를 보내신 것 같이 나도 너희를 보내노라"라는 사명을 받는 무리 가운데에도 포함됩니다. 예수 그리스도는 목사들을 보내지도 않고, 신부들을 보내지도 않습니다. 그는 "너희들"(you) 즉 "여러분"을 보냅니다. 왜냐하면 "여러분"이 부활하신 그리스도를 보고, 그의 기쁨으로 채워지며, 자신의 마음속에서 은은하게 울려퍼지는 그의 축복의 세미한 음성을 들었기 때문입니다.

이와 같이 말씀하실 때, 주님이 우리의 위치뿐만 아니라 나아가 자기 자신을 얼마나 풍성하게 계시하셨는지 주목하십시오. 여기에서 그는 왕의 어투를 취합니다. 그는 스스로를 모든 그리스도인들의 삶과 사역에 대해 절대적 권세를 행사하는 자로서 제시합니다. 마치 아버지가 아들에 대해 그러한 것처럼 말입니다. 뿐만 아니라 우리는 여기에서 그리스도께서 끌어내시는 비교들, 즉 우리를 보내는 그의 행동과 아들을 보내는 아버지의 행동 사이의 비교와 보냄을 받은 아들의 태도와 그가 보내는 제자들의 태도 사이의 비교를 주목할 필요가 있습니다. 그에 대한 대답은 이제부터 예수 그리스도의 사역은 그의 종들의 사역에 의해 계속되며, 그것 안에서 연장되며, 그것을 통해 수행된다는 것입니다. 여기에서 우리 주님이 사용하는 정확한 표현을 주목해 보십시오. "아버지께서 나를 보내신 것 같이"(as my Father hath sent me). 이것은 현재완료 시제입니다. 그것은 과거의 행동이면서 그 결과가 현재까지 계속되는 것을 표현하는 시제입니다. 우리 주님은 과거 시제로 "as My Father did send"라고 말씀하지 않고, 현재완료 시제로 "as my Father hath sent"라고 말씀하셨습니다. 그것은 과거에 한 번 보내셨음을 의미하는 것이 아니라, 지금도 계속해서 보내고 계시는 것을 의미하는 것입니다. 여기에서 우리는 우리 주님의 사역이 세대들을 통해 계속된다는 그리고 지금도 그의 종들을 통해 행해지고 있다는 새로운 형태의 개념을 보게 됩니다. 그의 종들을 통해 행해지는 일은 곧 그 자신이 행하는 일입니다. 만일 우리 그리스도인들이 이것을 깨닫지 못한다면, 우리는 세상에서의 우리의 기능을 이해하지 못한 것입니다. 세상에서 우리는 그리스도의 일을 맡은 그의 대사(大使)들입니다. 그의 일은 우리 손에 맡겨집니다.

그러면 그의 종들은 어떻게 주인의 일을 계속해서 수행할 것입니까? 그렇게 하는 주된 방법은 그리스도로 말미암아 이루어진 일을 모든 곳에 전파하는 것입니다. 여기에서 "아버지께서 나를 보내신 것 같이 나도 너희를 보내노라"라는 말씀을 주목해 보십시오. 우리는 단지 세상에서 그의 일을 수행하는 것뿐만 아니라 또한 하나님과 세상에 대한 그의 태도를 재생(再生)하는 것입니다. 그는 "세상의 빛"으로 보냄을 받았습니다. 그러므로 우리도 그러합니다. 그는 "잃은 자를 찾아 구원하기 위해" 보냄을 받았습니다. 그러므로 우리도 그러합니다. 그는 자신의 뜻을 행하기 위함이 아니라 그를 보내신 아버지의 뜻을 행하기 위해 보냄을 받았습니다. 그러므로 우리도 그러합니다. 그는 자기에게 부여된 일을 모든 즐거움으로 취하셨습니다. "나의 양식은 나를 보내신 이의 뜻을 행하며 그의 일을 온전히 이루는 이것이니라"(요 4:34). 그러므로 우리도 그래야 합니다. 그는 긍휼을 베풀며, 동정을 베풀며, 그들을 치료하기 위해 보냄을 받았습니다. 그러므로 우리도 그래야 합니다. 우리는 예수 그리스도의 대리자들입니다. 그는 그의 종들의 마음속에서 다시 성육신하며, 그의 종들의 삶 속에서 다시 나타납니다. 맨눈으로 태양을 바라볼 때 어떻게 됩니까? 눈을 뜰 수 없을 정도로 부시며, 심지어 해(害)를 입기까지 하지 않습니까? 그런 연약한 눈이라도 태양의 광채에 의해 아름다운 색채로 물든 구름을 바라보면서 태양의 찬란한 영광을 배울 수 있습니다. 우리도 마찬가지입니다. "아버지께서 나를 보내신 것 같이 나도 너희를 보내노라."

2. 그리스도께서 우리를 구비(具備)시키심.

"숨을 내쉬며 이르시되 성령을 받으라"(22절). 이러한 상징적 행동은 우리에게 창조의 이야기를 일깨워줍니다. "그 코에 생기를 불어넣으시니 사람이 생령이 된" 이야기 말입니다(창 2:7). 상징은 단지 상징일 뿐입니다.

다만 그것이 가르치는 것은 자신을 그리스도의 사신(使臣)으로 만드는 경험을 통과한 모든 그리스도인은 새로운 생명으로 구비되며 그러므로 그 생명은 부활하신 주님의 선물이라는 것입니다. 예수 그리스도는 자신의 못 자국 난 손에 생명의 불꽃을 들고 죽은 자들 가운데 다시 살아나셨습니다. 그리고 그는 그 불꽃을 우리에게 주셨습니다. 다시 말해서 그리스도의 영인 생명의 영이 모든 그리스도인들에게 주어진 것입니다. 사랑하는 형제들이여, 만일 예수 그리스도로부터 말미암는 이 생명이 우리의 죽음 안으로 들어와 거기 거하지 않는다면, 우리 안에 참된 생명은 없는 것입니다.

그러나 예수께서 다락방에서 연약한 제자들의 무리에게 가져다준 선물은 결코 오순절의 선물을 불필요한 것으로 만들지 않았습니다. 오순절 날 사람들에게 성령이 임한 것은 여기의 신적 진리와 나란히 가며, 그것에 의존하며, 그것을 따릅니다. 그러므로 승천하신 주님은 제자들에게 생명을 더 풍성하게 주신 것입니다. 다시 말해서 제자들은 그의 승천을 본 사실로 말미암아 생명을 부활의 날 다시 살아나신 주님이 줄 수 있었던 것보다 더 풍성하게 받을 수 있게 된 것입니다. 그러나 그 생명은 모든 신자들에게 주어집니다. 그들의 믿음의 질과 양에 상응하게 말입니다.

그것은 우리에게 부여된 일을 위해 우리를 적합하게 만드는 능력입니다. 우리가 여기에 있는 것은 예수 그리스도를 대리하기 위함입니다. 그리고 우리는 "주께서 그러하심과 같이 우리도 이 세상에서" 그러합니다(요일 4:17). 다시 말해서 우리는 그와 같아집니다. 그러면 어떻게 그와 같아집니까? 그것은 오직 우리의 영 안으로 그의 생명이 들어옴으로 말미암습니다. 만일 우리가 "세상의 빛"이라면, 우리의 등은 기름으로 채워져야만 합니다. 만일 우리가 그리스도를 대리하는 사람들이라면, 우리 안에 그리스도의 생명을 가져야만 합니다. 우리 그리스도인들을 위한 유일한 능력의 원천이 바로 여기에 있습니다. 설교자든 선생이든 혹은 어떤 형태의 인도자든, 나는 그리스도께서 원하시는 대로 되고자 정직하게 애쓰는 사람이라면 마침내 완전한 절망 가운데 "도대체 누가 이러한 일들을 위해 충분하단 말인가?"라고 부르짖지 않을 수 없을 것이라고 생각합니다. 바로 이런 사람들에게 그 능력이 임할 것입니다. 물은 낮은 골짜기를 따라 흐르는 법입니다. 우리로 하여금 그와 같은 신적 선물을 받기에 적합하도록 만들어 주는 것은 우리가 주어진 일에 너무나 적합하지 않다는 겸비한 의식(意識)입니다.

소위 '기독교적 노력'이 아무런 열매도 맺지 못하는 것은 이와 같은 의식의 결여(缺如) 때문입니다. 제사장들은 제단 위에 나무를 쌓고 하루 종일 헛된 부르짖음과 함께 그 주위를 돕니다. 그리고 아무 일도 일어나지 않습니다. 하늘로부터 불이 임할 때 비로소 희생제물과 제단과 나무와 도랑의 물이 불살라지게 됩니다. 그 전까지는 아무 일도 일어나지 않습니다. 그러므로 사랑하는 형제들이여! 우리가 그토록 자주 헛되이 수고하며 우리의 힘을 무익하게 낭비하는 것은 공동체로서의 교회와 그 지체인 우리가 믿음의 기초를 올바로 이해하지 못하고 예수 그리스도께서 불어넣어 주시는 생명에 절대적으로 의존하지 않기 때문입니다. 오직 이것만이 우리에게 맡겨진 일을 위해 우리를 적합하게 만들어줌에도 불구하고 말입니다. 수많은 부품들로 완벽하게 갖추어진 방적기가 도대체 무슨 소용이 있단 말입니까? 거기에 전기(電氣)가 공급되지 않는다면 말입니다. 오직 전기가 공급된 연후에야 비로소 모든 것이 움직이기 시작할 것입니다.

계속해서 나는 여러분이 이러한 큰 선물과 관련하여 주님이 사용하신 단어들을 주의 깊게 살펴보기를 바랍니다. 그것들을 세심하게 살필 때, 여러분은 우리가 그러한 선물을 받음에 있어 전적으로 수동적 것이 아니라는 사실을 발견하게 될 것입니다. 왜냐하면 22절의 "성령을 받으라"는 표현은 또한 "성령을 취하라"는 표현으로 번역될 수도 있기 때문입니다. 주는 자가 손을 내밀지 않는다면, 받기 위해 뻗은 손이 무슨 소용이 있겠습니까? 열린 손바닥 위에 선물이 떨어지지 않는다면, 열린 손바닥은 여전히 빈 채로 남아 있을 것입니다. 마찬가지로 영적 영역에서도 구하는 자에게 주어지는 법입니다. 왜냐하면 구할 때 비로소 그것을 받을 수 있는 문이 열리기 때문입니다. 물론 선물은 밖으로부터 주어집니다. 그러나 그것을 전유(專有)하며 계속적으로 소유하는 것은 대체로 자신에게 달려 있습니다. 소유할 수 있기 전에 먼저 바라는 것이 있어야만 합니다. 만일 우물에 두레박을 던지지 않는다면, 두레박은 계속해서 빈 채로 남아 있을 것입니다. 우물에 물이 가득 차 있다고 하더라도 말입니다. 참음과 기다림으로 말미암아 취하는 것이 있어야만 합니다. 옛 퀘이커 교도들에게는 "생명이 샘솟아 오르는 것을 기다려라"라는 아름다운 경구(警句)가 있었습니다. 우리의 손에 잔이 들려있다고 상상해 보십시오. 우리는 잔을 든 손을 앞으로 뻗습니다. 그러나 우리의 손은 견고하지 못하고 몹시 요동하며 흔들립니다. 그러면 어떻게 되겠습니까? 그 잔에 물이 온전하게 채워지지 못하고, 많은 물이 땅에 떨어지고 말 것입니다. 주님을 기다리십시오. 그러면 여러분의 마음속으로 생명이 밀물처럼 밀려들어올 것입니다. "무릇 있는 자는 받아 넉넉하게 되되"(마 13:12). 막는 것을 주의 깊게 피하면서 취하는 것이 있어야만 합니다. 겨울철에는 때로 물 공급이 중단되곤 합니다. 그 이유가 무엇입니까? 그것은 얼음이 수도관의 물 흐름을 막기 때문입니다. 우리 가운데 얼음이 수도관을 막음으로써 물 공급이 중단된 사람들이 없습니까? "성령을 취하라!"

3. 죄를 이기는 능력.

지금 나는 논쟁을 벌이고자 하지 않습니다. 23절 말씀은 종종 그 의미가 제한됨으로써 크게 오해되곤 했습니다. "너희가 누구의 죄든지 사하면 사하여질 것이요 누구의 죄든지 그대로 두면 그대로 있으리라." 먼저 우리는 이 말씀이 전체 기독교 공동체에 대하여 말하여진 것이라는 사실을 기억할 필요가 있습니다. 그러나 이 말씀은 종종 소위 사제(司祭)들의 사죄(赦罪) 기능과 관련한 것으로 제한되곤 했습니다. 그로 말미암아 얼마나 큰 해악이 생겼는지 생각해 보십시오. 이 말씀의 기초 위에 괴물 같은 이론들이 세워졌을 뿐만 아니라 또한 모든 신자들로 하여금 예수 그리스도를 대리하는 직분을 벗어버리도록 만들었습니다.

우리는 이 말씀을 앞의 두 요점 즉 '그리스도께서 사명을 주심과 성령의 선물을 주심'과 조화되게 해석해야 합니다. 그렇게 해석할 때 비로소 우리는 이 말씀을 올바로 이해하게 될 것입니다. 요한은 그의 서신에서 "예수 그리스도가 우리 죄를 없애려고 나타나셨다"라고 말합니다(요일 3:5). 세상에서의 그의 일은 — 그리고 우리가 계속해서 수행해야 하는 일은 — "그 자신의 희생제사로 말미암아 죄를 없애는" 것이었습니다. 우리가 확신에 찬 음성으로 소리를 높여 형제들에게 "세상 죄를 지고 가는 하나님의 어린 양을 보라!"고 외칠 때, 우리는 그 일을 계속하는 것입니다. 선포는 두 가지 결과로 나타납니다. 받아들이는 자가 있는가 하면, 배척하는 자가 있습니다. 그리스도로 말미암은 죄 사함을 선포하는 자는 형제들에게 "이것을 받아들이는 자의 모든 죄가 소멸될" 것이라고 말할 수 있는 권리를 갖습니다. "너희 죄가 그의 이름으로 말미암아 사함을 받았음이요"(요일 2:12). 반면 그가 선포하는 것을 배척하거나 소홀히 여기는 자들의 죄는 그들의 그와 같은 행동으로 말미암아 그대로 남아 있습니다. 그것을 바울 사도는 이렇게 표현합니다. "이 사람에게는 사망으로부터 사망에 이르는 냄새요 저 사람에게는 생명으로부터 생명에 이르는 냄새라"(고후 2:16). 바로 이 말씀이 여기의 23절에 대한 최고의 주석(註釋)입니다. 옛 조상들이 이야기한 것처럼, 같은 불이 밀랍은 녹이고 진흙은 굳힙니다. 같은 메시지가 어떤 사람은 빛으로 나오도록 만들고 또 어떤 사람은 더 소경이 되도록 만듭니다.

그러므로 모든 그리스도인들은 자신들에게 강력한 권능이 부여되었다는 사실과 주 예수 그리스도의 죄 사함의 은총을 선포함으로 말미암아 자신들이 죄의 형벌뿐 아니라 죄 자체까지 "사하기도" 하고 "그대로 있게 하기도" 할 수 있다는 사실을 깨달아야만 합니다. 만일 우리가 이런 놀라운 사실을 깨닫는다면, 우리는 얼마나 장엄하며 엄숙하며 거룩한 책임감을 느낄 것입니까!

118
도마와 예수

"여드레를 지나서 제자들이 다시 집 안에 있을 때에 도마도 함께 있고 문들이 닫혔는데 예수께서 오사 가운데 서서 이르시되 너희에게 평강이 있을지어다 하시고"

요 20:26

부활 이야기와 관련하여 우리 주님이 다양한 성격과 기질의 사람들과 만난 사실보다 더 두드러지는 것은 아무것도 없습니다. 막달라 마리아는 사랑이 많은 사람이었으며, 베드로는 주님을 부인한 죄책감으로 억눌려 있었으며, 엠마오로 가던 두 제자는 생각이 많은 사람들이었으며, 도마는 의심이 많은 사람이었습니다. 그리스도의 나타나심은 그들 모두에게 충분했습니다. 그의 나타나심은 치료를 필요로 하는 자들에게 치료를 주었으며, 기쁨을 필요로 하는 자들에게 기쁨을 주었습니다. 나는 여기의 잘 알려진 이야기를 또 다시 장황하게 설명하는 어리석은 행동은 하지 않을 것입니다. 나는 여러분 모두가 이 이야기를 잘 알 것이라고 생각합니다. 다만 전체적 개요만 간단하게 열거하면 이렇습니다. 부활의 날 저녁의 첫 만남 때 도마가 그 자리에 없었던 것, 그가 다른 제자들의 증언을 완강하게 불신한 것, 그가 자신의 눈으로 직접 확인할 때까지는 결코 믿지 않겠노라고 고집을 부린 것, 그리스도께서 다시 나타나셔서 도마에게 그렇게 해보라고 말씀하신 것, 그러나 그렇게 할 필요조차 없었던 것, 도마의 기쁨의 신앙고백, 이후 세대를 여기의 이야기와 연결하는 "보지 못하고 믿는 자들은 복되도다"라는 우리 주님의 말씀 — 이것이 전체적 개요입니다.

이러한 이야기로부터 몇 가지 요점을 함께 살펴보도록 합시다.

1. 혼자 떨어져 있음으로 인해 그리스도를 만나는 기회를 놓침.

"열두 제자 중의 하나로서 디두모라 불리는 도마는 예수께서 오셨을 때에 함께 있지 아니한지라"(24절). 그때 도마가 함께 있지 않았던 이유는 구체적으로 언급되지 않습니다. 아마도 그것은 순전히 우연한 일이었을 것입니다. 그러나 도마가 "열두 제자 중의 하나"라고 특별히 명기(明記)된 것은 그의 부재(不在)가 복음서 기자에 의해 사도의 의무를 방기(放棄)한 것으로서 간주된 것을 암시하는 것처럼 보입니다. 그러므로 나는 그때 도마가 다른 제자들과 함께 있지 않았던 이유를 같은 복음서 기자가 그와 관련하여 기록하는 다른 두 이야기를 참고함을 통해 발견할 수 있다고 생각합니다. 하나는 죽은 나사로에게로 가자는 주님의 말씀에 "우리도 주와 함께 죽으러 가자"라고 대답한 이야기입니다(요 11:16). 여기에는 막연한 가능성을 확실한 것으로 성급하게 받아들이는 그의 기질적 특성과 주님에 대한 그의 용감한 헌신이 함께 뒤섞여 있습니다. "그는 죽음을 향해 하고 있는 게 분명해. 나는 죽음의 자리에조차 그와 함께 있을 거야." 도마는 기질적으로 비관적(pessimistic) 사람이었습니다. 또 하나는 "내가 가는 길을 너희가 안다"는 주님의 말씀에 "주께서 어디로 가시는지 우리가 알지 못하거늘 그 길을 어찌 알겠사옵나이까?"라고 그가 되묻는 이야기입니다(요 14:5). "주께서 어디로 가시는지 우리가 알지 못하거늘" — 그는 영원한 이별을 상상하면서 고통스러운 마음으로 이렇게 말합니다. "우리가 그 길을 어찌 알겠사옵나이까?" — 그는 거의 절망하는 마음으로 이렇게 되묻습니다.

도마는 부활의 날 "우리는 그가 이스라엘을 속량할 자라고 바랐노라. 그러나 이제 모든 것이 끝났노라"라고 말하며 엠마오로 가던 두 제자보다도 더 결연하며 비장하게 말했습니다(눅 24:21). 건물로부터 모퉁이돌이 빠져나감과 함께 여기의 벽돌(즉 도마)은 스스로 허물어집니다. 수레바퀴로부터 중심축이 빠져나감과 함께 바퀴살들은 떨어져나가기 시작합니다. 이제 제자들은 흩어지기 시작하고 있었습니다. 도마는 우울질의 사람이 할 수 있는 가장 나쁜 일을 했습니다. 그는 혼자 구석진 곳으로 가서 깊은 생각에 침잠했습니다. 그리고 스스로를 동료들로부터 단절시킴으로써 그의 우울질적 기질은 극대화되었습니다. 그와 함께 그는 절망 가운데 사로잡혔으며, 그럼으로써 다른 사람들이 얻은 것 즉 주님을 보는 기회를 놓치고 말았습니다. 예수께서 오셨을 때, 그는 동료들과 함께 있지 않았습니다. 동료들로부터 분리된 가운데 구석진 곳에서 모든 소망을 잃고 혼자 우울하게 앉아 있는 것보다 그들과 함께 다락방에 있는 것이 훨씬 더 낫지 않았겠습니까?

여기에서 우리는 한 가지 매우 중요한 교훈을 배울 수 있습니다. 사랑하는 친구들이여, 나는 이것을 예배를 위한 우리의 모임에 적용하고 싶습니다. 어떤 사람에게 의심이나 불신의 마음이나 냉랭한 마음이 생겼을 때 그가 할 수 있는 가장 나쁜 일은 스스로를 다른 사람들로부터 차단한 채 구석진 곳으로 가서 혼자 우울한 생각 속으로 빠져드는 것입니다. 반면 그가 할 수 있는 가장 좋은 일은 동료들 가운데로 가는 것입니다. 설령 설교가 그를 돕지 못한다 하더라도, 기도와 찬미와 형제의식이 그를 도울 것입니다. 만일 불이 꺼져가고 있다면, 꺼져가는 숯들을 함께 모으십시오. 그러면 그것들이 서로 합쳐져서 다시 불을 일으킬 것입니다. 오늘날의 기독교가 많은 사람들에게 호감을 주지 못하는 한 가지 큰 이유는 사람들이 하나님을 예배하기 위해 함께 모이는 것을 점점 덜 중요하게 생각하기 시작했다는 사실입니다. 고독은 결코 슬픔 가운데 빠져 있는 영혼을 위한 최선의 약(藥)이 아닙니다. 물론 "고독이 강한 자의 모국(母國)"인 것은 사실입니다. 만일 우리가 혼자 있는 것에 익숙해지지 못한다면, 우리는 하나님과의 풍성한 교제를 누리지 못할 것입니다. 반면 만일 여러분이 스스로를 여러분의 동료들로부터 단절시킨다면, 여러분은 녹슬 것이며 소위 사람들이 말하는 '특이한' 사람이 될 것입니다. 여러분의 특이한 기질은 과도하게 부풀어 오를 것이며, 다른 사람들과의 교제에 의해 다듬어지지 못할 것입니다. 그리고 형제들과 함께 예배하기 위해 하나님의 집에 올라가지 않을 때, 특별히 여러분은 훨씬 더 쉽게 그리스도를 놓치게 될 것입니다.

2. 이런저런 조건을 요구하는 불신.

"내가 그의 손의 못 자국을 보며 내 손가락을 그 못 자국에 넣으며 내 손을 그 옆구리에 넣어 보지 않고는 믿지 아니하겠노라"(25절). 도마가 형제들에게 돌아왔을 때, 형제들은 주님을 보았다는 증언과 함께 그를 맞이했습니다. 그리고 도마는 그들이 주님이 나타나셨다는 메시지를 들었을 때 가졌던 태도와 똑같은 태도로 그들을 맞이했습니다. 그들은 여자들의 말을 '하찮은 이야기'로 생각했습니다. 도마는 그들에게 그들 자신의 의심을 똑같이 되돌려 주었습니다. 나중에 세상에 부활의 증인이 된 이들 가운데 어느 누구도 부활의 증언을 그들을 납득시키기에 충분한 것으로 받아들이지 않았습니다. 처음에 그들에게 부활에 대한 믿음은 마치 늪지로부터 피어오르는 안개와 같았습니다.

그러나 도마는 다른 제자들보다 훨씬 더 강한 불신을 나타냈습니다. 그의 어투는 다른 제자들보다 훨씬 더 도전적이며 반항적이었습니다. 그는 '의심 많은 도마'로 불립니다. 그는 갈팡질팡하는 성격의 사람이 아니었습니다. 갈팡질팡하며 머뭇거리는 것이 아니라 단호하며, 솔직하며, 완강한 불신(不信)이 그의 태도였습니다. 그가 제시하는 조건들은 그가 얼마나 강한 불신을 가지고 있었는지를 잘 보여줍니다. "내가 그의 손의 못 자국을 보며 내 손가락을 그 못 자국에 넣으며 내 손을 그 옆구리에 넣어 보지 않고는 믿지 아니하겠노라." 그는 자신이 요구하는 것이 허락될 것이라고는 추호도 생각하지 않았습니다. "이러저러하지 않고는 믿지 아니하겠노라"와 "이러저러하다면 믿겠노라"는 상당 부분 다릅니다. 후자(後者)는 어느 정도 설득을 당할 뜻이 있음을 나타내는 언어인 반면 전자(前者)는 완강한 결심의 표현입니다. "나에게 이러저러한 일들이 행해져야만 해. 그렇지 않으면 나는 어떤 진리도 받아들이지 않을 거야"라고 말할 권리가 그에게 있었습니까? — 혹은 어떤 사람에게 그렇게 말할 권리가 있습니까? 여러분에게는 만족스러운 증거를 요구할 권리가 있습니다. 그러나 여러분에게 반드시 이러저러해야 한다고 미리 결정할 권리는 없습니다. 여기에서 도마가 이런저런 조건을 요구하는 사실과 그렇게 요구하는 방식과 그러한 요구의 내용을 주목해 보십시오. 그것을 통해 우리는 그의 생각이 나타나는 것을 엿볼 수 있습니다. 분명 그는 필요 이상의 혹은 그가 가진 권리 이상의 것을 요구하고 있었습니다. 나아가 도마는 또 한 가지 방식으로 자신의 생각을 나타냅니다. "나는 믿지 아니하겠노라!" — 도대체 무슨 권리로 그가 믿음의 행동 속으로 자신의 의지(意志)를 가져간단 말입니까? 이와 같이 네 가지 측면 즉 그가 요구하는 사실과 요구하는 방식과 요구의 내용과 그 안에 함축된 것 안에서 이 사람은 갈팡질팡하는 자의 한 실례(實例)로서가 아니라 믿지 않기로 혹은 배척하기로 결심한 자의 한 실례로서 나타납니다.

3. 그리스도의 나타나심으로 인해 도마가 환희에 찬 신앙고백을 함.

"나의 주님이시요 나의 하나님이시니이다"(28절). 부활 후 한 주간은 얼마나 이상한 한 주간이었겠습니까! 만일 부활하신 그리스도가 계속해서 제자들과 함께 있었다면, 그 한 주간은 덜 복된 한 주간이 되었을 것입니다. 왜냐하면 어떤 사람에게 있어 갑작스럽게 영적 발전이 다가오는 것은 그의 영적 발전에 있어 좋지 않기 때문입니다. 새로운 생각이나 개념이 우리의 마음 가운데 어느 정도 형태와 모양을 갖추기 위해서는 시간이 필요한 법입니다. 그리하여 그들은 생각을 조정하며 부활이라는 초월적 사실의 의미를 이해하기 위해 고요한 묵상의 시간을 갖도록 남겨졌습니다. 아이에게 걸음마를 가르치는 어떤 어머니를 상상해 보십시오. 아이로 하여금 걷도록 격려하기 위해 어머니는 어느 정도의 거리에 떨어져 있습니다. 그와 마찬가지로 여기의 제자들은 스스로 설 수 있도록 되기 위해 홀로 남겨졌습니다. 왜냐하면 그것이 이제부터의 그들의 상태가 될 것이기 때문입니다. 이와 같이 한 주간이 지나가면서 그들은 좀 더 안정되었으며, 부활의 개념에 익숙해지기 시작했으며, 부활하신 구주의 사실 속에 함축된 의미를 조금씩 깨닫기 시작했습니다.

그리고 나서 주님은 다시 제자들에게 돌아오십니다. 이때에는 도마도 그 자리에 함께 있었습니다. 주님은 다른 제자들은 잠깐 동안 내버려두신 채 도마를 주목하십니다. 그리고 그가 말한 까다로운 조건들을 허락하십니다. "네 손가락을 이리 내밀어 내 손을 보고 네 손을 내밀어 내 옆구리에 넣어 보라"(27절). 자신이 제시한 까다로운 조건들을 주님 자신의 입술로부터 다시 들을 때, 도마는 얼마나 부끄러웠겠습니까! 지금 주님 자신의 입술로부터 나오는 말은 형제들의 증언에 대한 대답으로서 자신이 아무렇게나 내뱉은 말과 얼마나 다르게 들렸겠습니까! 어떤 사람에게 있어 아무렇게나 내뱉은 말에 대해 부끄러워하게 만드는 가장 좋은 방법은 그가 나중에 평온한 상태가 되었을 때 그에게 그것을 똑같이 반복하는 것입니다. 그리스도께서 도마의 요구를 허락하신 것은 그러한 요구에 대한 그의 가장 날카로운 책망이었습니다. 그러나 주님은 도마의 어리석은 요구에 대해 허락하시기만 한 것은 아니었습니다. 거기에다가 주님은 예리한 경고를 덧붙이셨습니다. "그리하여 믿음 없는 자가 되지 말고 믿는 자가 되라." 이것은 무엇을 의미하는 것이었습니까? 그것이 의미하는 것은 이것이었습니다. "도마야, 그것은 증거의 문제가 아니라 기질의 문제니라. 너의 의심과 불신은 네가 충분한 증거를 가지고 있지 못한 것 때문이 아니라 너의 마음과 생각의 성향과 태도 때문이니라." 태양 안에는 충분한 빛이 있습니다. 잘못된 것은 우리의 눈입니다. 대부분의 의심과 불신은 증거의 부족이 아니라 사람의 기질에 기인합니다. 종교의 궁극적 사실들(truths)은 증명의 대상이 될 수 없습니다. 과학의 근본적 사실들이 그런 것과 마찬가지로 말입니다. 그것은 유클리드의 공리(公理)들이 증명될 수 없는 것과 마찬가지이며, 아름다움을 느끼는 감각이나 음악을 이해하는 귀가 지성(知性)에 의존하지 않는 것과 마찬가지입니다. "믿음 없는 자가 되지 말고 믿는 자가 되라"(Be not faithless, but believing). 건강한 눈은 빛을 볼 것입니다.

여기에는 또 하나의 교훈이 있습니다. 여기의 말씀을 문자적으로 번역할 때, 그것은 "믿음 없는 자가 되지 말고 믿는 자가 되라(become not faithless, but believing)가 됩니다(한글개역개정판은 이와 같이 되어 있음 — 역주). 우리 안에 두 개의 성향이 작동하고 있습니다. 그러한 두 개의 성향 가운데 어느 하나가 우리를 점증적(漸增的)으로 붙잡을 것입니다. 그리고 우리는 그것에 점증적으로 굴복할 것입니다. 여러분은 완전한 불신(不信)의 상태에 도달할 때까지 계속적으로 의심하는 습관을 계발할 수 있습니다. 마찬가지로 여러분은 흔들리지 않는 확고한 믿음의 높은 수준에 도달할 때까지 반대쪽 습관과 기질을 계속적으로 계발할 수 있습니다.

도마가 손을 뻗어 예수를 만지지 않은 것은 분명합니다. 왜냐하면 그럴 필요조차 없었기 때문입니다. 갑작스런 깨달음의 물결이 파도처럼 그에게 덮쳤습니다. 그리고 그것이 증거를 요구하던 그의 마음 상태를 한 순간에 쓸어버렸습니다. "네가 요구한 대로 해보라"는 우리 주님의 말씀이 그의 마음을 관통했음이 분명합니다. 그는 이렇게 생각했을 것입니다. "그는 계속 여기에 계셨어. 그는 내가 아무렇게나 내뱉은 말까지도 다 듣고 계셨어. 그는 여전히 나를 사랑하고 계셔." 자신이 무화과나무 아래 있는 것을 예수께서 보셨음을 알았을 때, 나다나엘은 "랍비여 당신은 하나님의 아들이시나이다"라고 외쳤습니다(요 1:49). 그와 마찬가지로 여기에서 도마는 예수께서 모든 것을 아시며 또 여전히 자신을 사랑하고 계심을 순간적으로 깨달으면서 이제까지의 모든 불신을 잊고 환희 가운데 고백합니다 — "나의 주님이시요 나의 하나님이시니이다"(28절). 그의 태도는 순식간에 바뀌었습니다. 그는 예수가 다시 살아나셨음을 보고 믿었습니다. 그러나 그의 입술을 열고 그로 하여금 "나의 주님이시요 나의 하나님이시니이다"라고 외치도록 만든 것은 그것 이상의 훨씬 더 내적인 무엇이었습니다.

4. 모든 세대로 확장되는 복.

"너는 나를 본 고로 믿느냐 보지 못하고 믿는 자들은 복되도다"(29절). 만일 우리가 '믿음'이 단순한 지적 동의(同意)가 아니라 신뢰하며 의지하는 것이라는 사실을 분명하게 깨닫지 못한다면, 우리는 이러한 말씀을 아주 조금밖에 이해하지 못할 것입니다. 그리스도인의 믿음의 대상은 어떤 명제(命題)가 아닙니다. 그것은 어떤 교리도 아니고, 어떤 사실도 아닙니다. 그리스도인의 믿음의 대상은 한 인격입니다. 믿음의 행동은 부활과 같은 어떤 주어진 사실을 받아들이는 것이 아닙니다. 그것은 우리의 본성 전체를 그에게 던지며 그를 의지(依支)하는 것입니다. 앞에서도 이야기한 것처럼, 도마에게는 어떤 것을 사실로 받아들이는 지적 행동으로서의 낮은 의미의 믿음의 행동 속으로 자신의 의지(意志)를 가져갈 권리가 없었습니다. 그러나 지적 믿음 이상인 기독교적 믿음은 의지(意志)의 행동을 포함합니다. 지적으로 수용하는 의미에서의 믿음은 출발점입니다. 그러나 그것은 더 이상은 아닙니다. 복음의 진리에 대한 믿음은 가지고 있으면서도 복음에 의해 계시되는 그리스도에 대한 믿음의 불꽃은 가지고 있지 않은 경우는 얼마든지 있을 수 있습니다.

심지어 그와 같은 낮은 의미의 믿음 즉 어떤 사실을 지적으로 받아들이는 의미로서의 믿음과 관련해서조차 감각에 의존하지 않는 동의는 그 자체로 축복을 가지고 있습니다. 때로 우리는 만일 우리가 우리 눈으로 성육신하신 하나님의 말씀을 보고 우리 손으로 그를 만진다면 믿기가 훨씬 더 쉬웠을 것이라고 생각하곤 합니다. 그러나 그것은 틀린 생각입니다.

그를 보지 못한 이 세대는 — 그리고 모든 세대는 — 낮은 의미에서든 높은 의미에서든 믿음과 관련하여 결코 세상에서 그와 함께 다녔던 자들 못지않습니다. 그가 다락방에서 숨을 내쉬며 불어넣어주신 축복은 마치 공기 중에 퍼지는 향기처럼 모든 세대로 퍼져나갑니다. 그리고 그것은 '그의 육체의 때'에 향기로웠던 것과 마찬가지로 오늘날 우리에게도 똑같이 향기롭습니다, 세상 역사 가운데 '그리스도와의 의식적인 교제'의 따뜻함과 친밀함과 비교할 수 있는 것은 아무것도 없습니다. 그것은 거의 열아홉 세기 전에 그쳤지만, 그러나 오늘날 수많은 그리스도인들에 의해 그때와 똑같이 경험됩니다. 다른 모든 이름들은 사라집니다. 망각의 안개가 그들 주위로 모입니다. 그들은 안개 속으로 사라지며 잊힙니다. 오직 그리스도만이 시간과 공간을 초월하여 승리합니다. 그는 세상에 계실 때 그와 함께 했던 자들의 친밀한 친구였습니다. 마찬가지로 그는 오늘날 그와 함께 하는 수많은 사람들의 친밀한 친구입니다.

감각에 의존하지 않고 오직 작은 분량의 증언에 의존하는 이러한 믿음의 축복은 무엇입니까? 그것의 축복의 일부는 그것이 우리를 감각의 폭정으로부터 건져내며, '보이는 일시적 것들'의 압제로부터 자유롭게 해준다는 것입니다. 그것은 휘장을 제치고 우리로 하여금 '보이지 않는 영원한 것들'을 보게 합니다. 믿음은 내적 눈으로 보는 것입니다. 그것은 보이지 않는 것을 직접적으로 지각하는 것입니다. 그것은 보이지 않는 자를 봅니다.

이와 같이 믿음의 눈으로 보는 것은 참된 의미에서 좀 더 실제적으로 보는 것이며, 참된 의미에서 좀 더 확실하게 보는 것입니다. 그렇게 보는 것이 육체의 눈으로 보는 것보다 훨씬 더 신뢰할만 합니다. 육체의 눈으로 바라볼 때보다 마음으로 믿는다면, 우리는 훨씬 더 큰 것을 봅니다. 모든 축복 가운데 가장 큰 축복은 보이는 일시적인 것들을 이기는 믿음이 모든 삶 속으로 보이지 않는 주님의 임재를 가져다준다는 것입니다.

형제들이여, 단순히 지적으로 동의하며 받아들이는 낮은 의미의 믿음과 신뢰하며 의지하는 것을 혼동하지 마십시오. 그리고 신뢰하며 의지(依支)하는 것에는 의지(意志)의 요소가 포함된다는 사실을 기억하십시오. 만일 여러분에게 보이는 일시적 것들이 여러분을 만족시킬 만큼 충분히 크고 실제적이라면, "믿음 없는 자가 되지 말고 믿는 자가 되라"는 말씀과 "보지 못하고 믿는 자들은 복되도다"라는 말씀을 기억하십시오. 우리 모두는 우리 앞에 이슬처럼 놓여 있는 그러한 축복을 가질 수 있습니다. 그러나 그러한 이슬은 '보이는 일시적 것들'의 먼지와 뜨거운 열기 — 그것을 일순간 증발시켜버릴 수 있는 — 가운데 있습니다. 만일 우리의 마음이 그를 신뢰한다면, 우리는 그것을 가질 것입니다. 그날 여기의 말씀을 들었던 제자 가운데 한 사람은 훗날 이렇게 말합니다. "예수를 너희가 보지 못하였으나 사랑하는도다 이제도 보지 못하나 믿고 말할 수 없는 영광스러운 즐거움으로 기뻐하니 믿음의 결국 곧 영혼의 구원을 받음이라”(벧전 1:8, 9). 여러분은 이러한 말씀 속에 그날의 주님의 말씀이 메아리치는 것을 보지 못합니까?

119
성경의 침묵

"30 예수께서 제자들 앞에서 이 책에 기록되지 아니한 다른 표적도 많이 행하셨으나 31 오직 이것을 기록함은 너희로 예수께서 하나님의 아들 그리스도이심을 믿게 하려 함이요 또 너희로 믿고 그 이름을 힘입어 생명을 얻게 하려 함이니라"

요 20:30, 31

여기가 본래 요한복음의 끝이었다는 것은 명백합니다. 다음 장은 요한 자신에 의해 덧붙여진 부록입니다. 여기에서 우리는 요한 자신이 자신의 복음서의 불완전함을 인정하면서, 자신이 그것을 기록한 목적을 언급하는 것을 보게 됩니다. 그 목적은 일차적으로 교리적인 것, 즉 예수께서 하나님의 아들 그리스도이심을 제시하려는 것이었습니다. 이러한 목적을 수행함에 있어 그는 자신이 넣고자 했다면 넣을 수 있었던 많은 것들을 빠뜨렸다고 말합니다. 그러나 그와 같은 교리적 목적은 더 큰 목적 아래 있었습니다. 그의 목적은 단순히 예수께서 하나님의 아들 그리스도이심을 제시하려는 것뿐만 아니라 나아가 자신의 독자들로 하여금 그러한 그리스도를 믿고 그 믿음을 힘입어 생명을 얻도록 유도하기 위한 것이었습니다.

어떤 책을 이해하며 해석함에 있어 먼저 우리는 그 책을 저술한 저자의 목적을 살펴보아야만 합니다. 그렇게 할 때 비로소 우리는 그 책의 모든 부분들을 올바로 이해하게 될 것입니다. 이것은 여기의 복음서의 경우도 마찬가지입니다. 우리는 이 책 안에 포함된 모든 이야기들을, 이 책의 전체적 목적의 빛 아래서 이해할 때, 가장 잘 이해하게 될 것입니다.

나아가 오늘의 본문은 요한복음을 넘어 훨씬 더 넓게 적용될 수 있습니다. 우리는 본문을 계시 전체의 이상한 침묵과 불완전함을 설명해주는 것으로서 취할 수 있습니다. 나는 오늘의 본문을 이와 같은 관점으로부터 바라보고자 합니다.

1. 성경의 불완전함.

먼저 여기의 복음서를 주의 깊게 살펴보십시오. 그러면 여러분은 그것이 여러 개의 파편들을 모은 것임을 알게 될 것입니다. 그것은 전기(傳記)로서 의도되지 않았습니다. 그것은 하나의 분명한 교리적 목적 아래 모은 일종의 모음집(selection)입니다. 그 안에 그리스도의 탄생에 대해서나, 그의 세례에 대해서나, 사도들을 선택한 것에 대한 언급은 전혀 나타나지 않습니다. 뿐만 아니라 그의 외적 생애의 사실들에 대한 언급도 거의 나타나지 않습니다. 그의 갈릴리 사역에 대한 언급은 겨우 한두 마디 나타날 뿐입니다. 또 여기에 그의 천국에 관한 비유들은 전혀 나타나지 않습니다. 그가 행한 기적은 단지 일곱 개가 언급될 뿐이며, 그 가운데 두 개는 다른 복음서 기자들에 의해서도 나타납니다. 또 여기에 그의 윤리적 가르침도 거의 나타나지 않습니다. 뿐만 아니라 주의 만찬에 대해서는 단 한 마디도 언급되지 않습니다.

나는 요한복음 안에 나타나는 이런 주목할 만한 현상을 계속해서 열거할 수 있습니다. 여기의 복음서의 거의 절반의 분량이 그의 생애 마지막 한 주간 동안 벌어진 사건들과 부활 이후의 사건들을 언급하는 데 할당됩니다. 그리고 나머지 절반의 상당 부분은 일곱 개의 표적들과 그와 관련한 설명들로 구성됩니다. 이 모든 현상들은 우리에게 이 책이 여러 개의 파편들을 모은 것이라는 사실을 보여줍니다.

이러한 사실은 다른 세 복음서의 경우도 마찬가지입니다. 상대적으로 덜 두드러진다 하더라도 말입니다. 정경(正經)이 완성된 이후 교회 안에서 예컨대 그의 어린 시절의 이야기들이라든지 혹은 그의 죽음과 부활 사이에 일어난 이야기들과 같은 유치한 이야기들로 가득 찬 여러 개의 외경(外經) 복음서들이 생겨난 이유가 무엇이었습니까? 그로 말미암아 수많은 기적들이 더하여지고 어떤 사건들을 크게 확장되기도 했는데, 그러한 사실은 우리에게 당시 사람들이 성경의 침묵을 매우 강렬하게 느꼈음을 보여줍니다. 사복음서는 매우 작은 소책자였습니다. 세상 역사 가운데 가장 큰 사건을 그토록 짤막하게 기록하는 것은 참으로 이상한 일이 아닙니까! 사복음서를 어떤 유명한 사람의 전기와 비교해 보십시오. 그러면 여러분은 즉시로 사복음서의 전기로서의 불완전성을 느끼게 될 것입니다. 그것들은 단지 연필로 태양을 그린 것에 불과합니다. 그것들은 하룻밤에 모두 읽을 수 있을 만큼 작습니다. 그럼에도 불구하고 그것들이 세상에다가 그토록 깊고 선명한 이미지를 새긴 것은 참으로 이상한 일이 아닙니까? 그것들은 파편들을 모은 것입니다. 그럼에도 불구하고 그것들은 전체 세상의 의식(意識) 위에 유일무이한 인상을 남겼습니다.

이것은 성경 전체에 대해서도 마찬가지입니다. 우리에게는 이러한 주제에 대해 길게 논의할 시간이 없습니다. 어쨌든 성경은 말할 때와 마찬가지로 침묵할 때도 역시 우리에게 많은 것을 알려줍니다. 예를 들어, 성경 속에서 얼마나 많은 것들이 당연한 것으로 받아들여지고 있는지 생각해 보십시오. 성경은 하나님의 존재를 당연한 것으로 받아들입니다. 그것은 그에 대한 우리의 관계를 당연한 것으로 받아들입니다. 그것은 우리의 도덕적 본성을 당연한 것으로 받아들입니다. 그것은 — 특별히 그것의 뒷부분에서 — 미래의 삶을 당연한 것으로 받아들입니다. 성경이 어떻게 단 한 마디의 설명도 없이 수많은 난제(難題)들을 그냥 지나치는지 생각해 보십시오. 예컨대 성경은 우리 주님의 신적 본성이라든지 혹은 신성 안에 있는 세 인격의 존재에 대해 설명하고자 전혀 시도하지 않습니다. 그것은 기도의 신비라든지 혹은 한 쪽에서 하나님의 절대적 의지가 어떻게 다른 쪽에서 인간의 자유로운 의지와 조화될 수 있는지 등의 난제들에 대해 구체적으로 설명하지 않습니다. 그것은 전체 세상의 죄를 위한 속죄로서 그리스도의 죽음의 사실을 구체적으로 설명하지 않습니다. 단지 그것을 선포하며, 사람들에게 믿을 것을 요구할 뿐입니다. 또 성경 속에는 사람들이 더 많은 빛을 열망하는 주제들에 대한 정보가 너무나 부족합니다. 예컨대 미래의 삶과 관련한 주제를 생각해 보십시오. 많은 사람들이 그에 대해 좀 더 자세하게 알기를 간절히 열망함에도 불구하고, 그것은 여전히 상당 부분 두꺼운 휘장에 의해 가려져 있습니다.

역사를 기록한 책으로서의 성경의 불완전성 또한 마찬가지입니다. 성경의 곳곳에서 느닷없이 나라들과 사람들이 망각의 휘장을 열고 나타나났다가, 갑자기 어둠 속으로 사라집니다. 그것은 어떤 영웅들에 대해 이야기하는 데 관심을 기울이지 않습니다. 다만 그들이 신적 손에 붙잡혀 사용되는 도구일 때만 제외하고 말입니다. 그 책의 주제는 하나님의 자기 계시이지, 사람들의 무용담이 아닙니다. 심지어 그의 가장 위대한 종들이라도 말입니다. 그것은 통상적 학자나 철학자나 신학자라면 채웠을 '빈 공간들'로 가득 차 있습니다. 그 책은 세상 역사 가운데 가장 독특합니다. 그 책이 말하는 것도 그러하며, 그 책이 말하지 않는 것 또한 그러합니다.

"예수께서 제자들 앞에서 이 책에 기록되지 아니한 다른 표적도 많이 행하셨으나 오직 이것을 기록함은 너희로 예수께서 하나님의 아들 그리스도이심을 믿게 하려 함이요."

2. 이러한 불완전함과 빈 공간들을 설명하는 보다 더 직접적 목적.

요한복음과 다른 세 복음서들과 나아가 성경 전체는 사람들로 하여금 예수를 "그리스도"와 "하나님의 아들"로서 믿게 하려는 목적을 가지고 있습니다.

앞에서도 이야기한 것처럼, 요한은 자신의 복음서가 하나의 모음집이라는 사실을 인정합니다. 또 그는 자신의 선택을 결정한 목적이 교리적인 것으로서, 예수를 옛 언약의 모든 기대와 약속을 성취한 그리스도와 하나님의 아들로서 나타내는 사실들을 모았노라고 인정합니다. 여기에서 그리스도는 그의 직분을 나타내는 호칭이며, 하나님의 아들은 그의 본질을 나타내는 호칭입니다. 전자는 그가 구약의 예언과 약속과 상징들이 희미하게 가리키는 모든 것을 이루기 위해 오셨음을 선언하며, 후자는 그가 태초에 하나님과 함께 계셨다가 때가 차매 우리에게 나타나신 '영원한 말씀'임을 선언합니다.

바로 이것이 요한의 목적이었습니다. 그리고 이와 같이 예수 그리스도를 나타내는 것이 첫 글자로부터 마지막 글자에 이르기까지 그의 복음서의 모든 사실들과 현상들을 구성하는 주된 동인(動因)이었습니다.

이러한 사실을 생각할 때, "네 번째 복음서의 저자는 그리스도의 생애 가운데 이러저러한 것을 우리에게 말해주지 않았다. 그러므로 그는 그것을 알지 못했다"라고 말하는 비평학자들의 말은 얼마나 우스꽝스럽습니까! 요한은 사실상 이렇게 말하고 있었던 것입니다. "나는 예수 그리스도에 관해 매우 많은 것들을 알고 있지만, 그러나 그것들을 모두 여기에다가 기록하지 않았노라. 왜냐하면 나는 전기(傳記)를 쓰고 있었던 것이 아니라 복음을 전파하고 있었기 때문이라. 내가 전파하고자 했던 것은 예수가 하나님의 아들 그리스도라는 것이라." 만일 그들이 이와 같은 요한의 말을 들었다면, 그들은 그와 같은 우스꽝스러운 말을 하지 않았을 것입니다.

그러나 우리는 이것을 훨씬 더 멀리까지 확장시킬 수 있습니다. 그것은 신약 전체에 대하여서도 마찬가지입니다. 사복음서는 우리에게 예수에 관한 두 가지 사실 즉 그가 "그리스도"와 "하나님의 아들"이라는 사실을 말해주기 위해 기록되었습니다. 그것들 가운데 어느 것도 단순한 전기가 아닙니다. 만일 전기라면, 그것들은 앞에서 살펴본 것처럼 결함투성이의 전기일 것입니다. 그것들은 전기와 교리를 더한 것입니다. 그리고 그 전기는 사람들의 마음속에 예수가 첫째로 그리스도요 둘째로 하나님의 아들이라는 사실을 전달하기 위해 기록되었습니다.

신약의 나머지 부분들도 마찬가지입니다. 그것은 이러한 위대한 진리의 이론적이며 실천적 결과물을 다루는 것 외에 아무것도 아닙니다. 사도행전과 서신들과 요한계시록은 그와 같은 근본적 진리의 필연적 결과물에 불과합니다. 그 모든 것은 "예수가 하나님의 아들 그리스도"라는 사실로부터 흘러나오는 의무들을 추론하며 제시하는 것에 불과합니다.

그러면 구약은 어떨까요? 구약을 구성하는 각 책들의 연대와 저작권과 관련한 결론이 무엇이든 간에 그리고 거기에 있는 각종 예언들에 대해 사람들이 어떻게 믿든지 간에, 우리는 구약의 전체 체계 위에 미래를 바라보는 태도가 선명하게 새겨져 있는 것을 주목할 수 있습니다. 구약 전체가 '다가올 좋은 일'과 그것을 가져올 자를 예기(豫期)합니다. 희생제사, 제사장이나 왕과 같은 거룩한 직분, 이스라엘의 전체 역사 — 이 모든 것은 스스로의 얼굴을 미래를 향해 돌립니다. "앞에서 가고 뒤에서 따르는 자들이 소리 지르되 호산나 찬송하리로다 주의 이름으로 오시는 이여"(막 11:9). 이러한 그리스도는 세상과 계시의 역사 가운데 마치 에베레스트 봉우리처럼 우뚝 솟아 있습니다. 한 편에서 모든 땅이 그 위대한 봉우리를 향해 뻗어 올라가며, 다른 편에서 모든 골짜기들이 그 봉우리로부터 뻗어 내려옵니다. 그리고 세상에 푸르름과 생명을 가져다주는 샘들이 거기에서 태어납니다.

이와 같이 하나님의 아들 그리스도가 성경의 중심입니다. 성경을 구성하는 몇몇 책들의 기원과 저작권과 연대의 역사적 사실들이 무엇이든지간에, 그것은 하나의 통일체입니다. 왜냐하면 그것 전체 안에, 미래를 예기하는 방식으로든 혹은 과거의 역사를 되돌아보는 방식으로든, "모든 이름 위에 뛰어난 이름" 곧 하나님의 아들 그리스도의 이름이 마치 황금의 핵처럼 관통하고 있기 때문입니다.

성경의 모든 불완전성, 그것이 파편들의 모음이라는 사실, 그것이 사람들에 대해 무관심한 사실 — 이것들은 모두 마치 능숙한 예술가의 작품 안에 있는 주변 부분들처럼 중앙의 중심인물을 강조하며 부각시키기 위해 의도된 것입니다. 예술가는 중앙의 중심인물 위에 자신의 모든 예술적 재능을 쏟아 붓습니다. 이와 같이 하나님은 모든 눈으로 하여금 중앙의 중심인물 즉 하나님의 아들 그리스도에게 집중되도록 하기 위해 화폭의 많은 부분을 채우지 않은 채 그냥 내버려두셨습니다. 그의 머리 위에 비둘기가 내려오는 가운데 하나님은 이렇게 선포합니다. "이는 내 사랑하는 아들이요 내 기뻐하는 자라"(마 3:17).

그러나 이러한 것들이 기록된 것은 단지 예수를 하나님의 아들 그리스도로 나타내기 위함만이 아니었습니다. 그것은 또한 우리로 하여금 그러한 사실을 믿도록 하기 위한 것이었습니다. 만일 성경의 목적이 단순히 예수가 하나님의 아들 그리스도라는 사실을 확실히 하기 위한 것이었다면, 그러한 목적은 매우 다른 형태로 이루어질 수 있을 것이었습니다. 그렇게 하기 위해서는 신학적 논문으로 충분할 것입니다. 그러나 만일 그 목적이 단순히 그리스도의 본질과 직분에 관한 진리를 지적 이해로서 받아들이는 것뿐만 아니라 마음으로 그를 받아들임으로써 죄 아래 있는 영혼들이 그 안에서 안식하는 것이었다면, 그의 생애의 역사(歷史)와 그의 마음을 나타내는 것 외에 그 일을 성취하기 위한 다른 방법은 없었습니다. 만일 그 목적이 단순히 우리로 하여금 그리스도에 대해 아는 것이었다면, 우리에게 이와 같은 책은 필요치 않았을 것입니다. 그러나 만일 그 목적이 우리로 하여금 그를 믿도록 이끄는 것이라면, 우리를 위해 사시고 행동하시고 죽으신 예수 그리스도를 다루는 이와 같은 책은 반드시 필요합니다.

사랑하는 친구들이여, 부디 나로 하여금 이와 관련하여 한 마디만 더 하도록 허락해주기를 바랍니다. 이것이 정말로 성경의 목적이라고 가정해 봅시다. 그렇다면 우리는 한편으로 '정통적 교리의 불충분함'과 다른 한편으로 '교리 없는 단순한 감정의 불충분함'을 동시에 배워야만 합니다.

성경의 목적이 정말로 우리로 하여금 예수가 하나님의 아들 그리스도임을 믿도록 하기 위한 것이라고 가정해 봅시다. 그렇다면 만일 우리가 단순히 지적으로 그러한 진리를 받아들인다면, 우리에게 성경의 목적은 이루어지지 않은 것입니다. 바로 이것이 우리 바로 앞 세대의 큰 오류였습니다. 물론 우리 세대 가운데에도 여전히 매우 많은 사람들이 그렇게 생각하고 있기는 하지만 말입니다. 그들은 단순히 기독교의 진리에 지적으로 동의(同意)함으로써 그리스도인이 된다고 생각합니다. 심지어 어떤 사람들은 자신이 그것을 배척하지 않기 때문에 스스로를 그리스도인이라고 생각하기까지 합니다. 배척하지 않으니까 받아들이는 것이고, 그러니까 당연히 그리스도인이라는 것입니다. 그러나 이와 관련하여 루터는 이렇게 말합니다. "인간의 본성은 마치 술 취한 농부와 같다. 만일 당신이 한쪽으로부터 그를 말 위에 태운다면, 틀림없이 그는 다른 쪽으로 굴러떨어질 것이다." 반세기 전의 싸늘한 정통에 대한 반작용으로, 오늘날 많은 사람들은 "부디 나에게 교리 없는 기독교를 주세요!"라고 말합니다. 그렇습니다. 나 역시도 교리적 기독교의 무수한 형이상학적 주제들을 생각하면서 그렇게 말합니다. 그러나 예수 그리스도의 본질과 직분을 나타내는 그와 같은 교리, 즉 예수가 하나님의 아들 그리스도라는 교리는 결코 포기될 수 없습니다. 그리스도와 사도들이 가르친 기독교는 오늘날에도 똑같이 유지되어야만 합니다. 여러분은 예수께서 하나님의 아들 그리스도이심을 믿습니까? 여러분은 자신의 영혼을 그런 그리스도에게 의지(依支)합니까? 만일 여러분이 그러하다면, 여러분에게 성경의 목적이 이루어진 것입니다. 그러나 만일 여러분이 그러하지 않다면, 여러분에게 성경의 목적은 이루어지지 않은 것이며 여러분은 하나님의 모든 풍성한 계시가 목표로 한 지점까지 이르지 못한 것입니다.

3. 궁극적 목적.

성경이 우리에게 주어진 것은 단순히 우리로 하여금 그리스도 안에서 하나님에 관한 어떤 것을 알도록 하기 위함만도 아니고, 또 단순히 우리로 하여금 이와 같이 계시된 그리스도에 대한 믿음을 갖도록 하기 위함만도 아닙니다. 거기에는 더 크고, 더 영광스러운 목적이 있습니다. 그것은 우리로 하여금 "그 이름을 힘입어 생명을 얻게" 하기 위함입니다. "생명"은 무엇으로도 설명할 수 없는 깊고, 심오하며, 신비한 단어입니다. 거기에는 용서, 거룩, 안녕, 불멸, 천국이 포함됩니다. 그러나 그것은 그 모든 것 이상(以上)입니다.

이러한 생명이 하나님과의 연합으로 말미암아 우리의 죽은 마음속으로 들어와 그것을 소생시킵니다. 그러므로 하나님과 연합된 자는 생명을 갖습니다. 모든 존재는 자기의 본성에 따라 그리고 그 위에 역사(役事)하는 신적 능력의 조건 위에서 존재합니다. 그러므로 모든 것은 하나님과 분리될 때 소멸되고 사라집니다.

여러분은 여러분의 의지(意志)와 여러분의 영적 본질을 하나님으로부터 분리시킬 수 있습니다. 그리고 그와 같이 분리되었을 때, 여러분은 "죄와 허물로" 죽었습니다. 아, 형제들이여! 여러분에게 예수 안에, 다시 말해서 우리에게 그리스도와 하나님의 아들로서 알려지신 자 안에 생명이 있다는 메시지가 임합니다. 또 그의 이름 안에, 다시 말해서 그의 계시된 인격 안에 생명이 있다는 메시지가 임합니다.

그의 아들되심 안에서 그와 연합할 때, 우리의 죽은 마음 안으로 생명이 흘러 들어옵니다. 그는 하늘로부터 "불"을 가져온 참된 "프로메테우스"입니다. 그것은 그의 인성(人性)의 갈대 안에 있는 신적 생명의 불입니다. 그는 그것을 우리 모두에게 나누어줍니다. 우리가 그것을 받고자 할 때 말입니다. 그는 우리 위에 자신을 포갭니다. 마치 엘리사가 다락방에서 어린아이 위에 그렇게 했던 것처럼 말입니다. 그의 입술과 우리의 입술이 포개지고, 그의 살아있는 심장과 우리의 죽은 심장이 포개집니다. 그리고 그가 우리의 죽음을 만질 때, 우리의 죽음은 생명으로 소생됩니다.

그 이름이 우리에게 생명을 가져다주는 조건은 단순히 우리의 믿음입니다. 여러분은 그를 믿고, 스스로를 그에게 의지(依支)합니까? 선지자와 제사장과 왕과 희생제사와 제단과 옛 성전이 예언하고 바라보았던 모든 것을 성취하기 위해 오신 자로서 말입니다. 여러분은 그를 신뢰합니까? 자신 안에서 우리가 불멸의 생명을 발견하도록 하기 위해 세상에 오신 하나님의 아들로서 말입니다. 만일 여러분이 그러하다면, 하나님의 모든 계시의 목적과 그리스도의 가혹한 수난의 목적이 여러분에게 온전히 이루어진 것입니다. 그러나 만일 여러분이 그러하지 않다면, 그 모든 것이 여러분에게 이루어지지 않은 것입니다. 여러분은 그를 칭송할 수 있습니다. 여러분은 그를 존귀한 자로 생각할 수 있습니다. 여러분은 그를 여러 가지 위대한 이름들로 부를 수 있습니다. 그러나 만일 그 안에서 여러분의 영혼을 구원하는 신적 구주를 보지 못한다면, 여러분은 하나님이 여러분으로 하여금 보도록 의도하신 것을 전혀 보지 못한 것입니다.

그러나 여러분이 만일 그가 여러분의 영혼을 구원하는 구주이심을 발견한다면, 성경의 모든 목적이 여러분에게 온전히 이루어진 것입니다. 여러분은 그 책이 여러분에게 가져다주고자 의도했던 핵심을 깨달은 것입니다. 평생 성경을 연구한 많은 박식한 학자들이 그것을 놓쳤습니다. 반면 무식하고 가난한 많은 사람들이 자신의 초막에서 그것을 발견했습니다. 그 책은 논쟁의 대상이 되도록 의도되지 않았습니다. 그 책은 종교적 깨달음의 흥미로운 산물로서 읽혀지도록 의도되지 않았습니다. 그것은 위대한 문학작품으로서 칭송되도록 의도되지 않았습니다. 그것은 오직 세상에 대한 하나님의 위대한 말씀으로 취해져야만 합니다. 그것은 오직 그의 아들 안에서 우리에게 주신 하나님의 계시의 기록으로 취해져야만 합니다. 영원한 말씀이 기록된 모든 말씀의 주제입니다. 여러분은 여러분에게 주어진 보석을 보배합에 담았습니까? 예수는 살아계신 하나님의 아들입니까? 여러분은 그의 생명을 분여(分與)받고, 그로 말미암아 하나님의 아들이 되었습니까? 여러분은 감사와 환희 가운데 도마처럼 "나의 주님이시요 나의 하나님이시니이다"라고 고백할 수 있습니까?(28절). 만일 그렇게 할 수 있다면, 여러분은 그때 그리스도께서 "보지 못하고 믿는" 자들에게 약속하셨던 복을 받을 것입니다. "너는 나를 본 고로 믿느냐 보지 못하고 믿는 자들은 복되도다"(29절). 그 복이 무엇입니까? 그것은 세상의 빛이며 사람들의 생명인 하나님의 아들 그리스도로부터 우리의 죽은 영(靈) 안으로 흘러들어오는 영원한 생명입니다.

120
감동적인 명단(名單)

"시몬 베드로와 디두모라 하는 도마와 갈릴리 가나 사람 나다나엘과 세베대의 아들들과 또 다른 제자 둘이 함께 있더니"

요 21:2

우리 주님이 디베랴 바닷가에서 제자들에게 나타나신 감동적 이야기를 포함하고 있는 본 장은 명백히 요한복음의 부록입니다. 요한복음의 목적은 앞장과 함께 완성되었으며, 그 책 전체는 거기에서 공식적으로 종결되었습니다. 그러나 본 장 역시, 부록임에도 불구하고, 명백히 같은 손의 작품입니다. 본 장의 문체와 나머지 부분의 문체는 여러 부분에서 일치합니다. 따라서 본 장이 누구의 작품인가 하는 문제에는 의문의 여지가 없습니다. 본문에 기록된 일곱 명의 제자들을 주목해 보십시오. 나는 여기에서 우리가 몇 가지 의미 있는 사실들과 발견함과 함께 그로부터 매우 중요한 교훈들을 배울 수 있다고 생각합니다. 이제 그러한 것들을 하나씩 살펴보도록 합시다.

1. 첫 번째 의미 있는 사실은 그들이 함께 있었다는 사실입니다.

어떻게 그들은 함께 있게 되었을까요? 어떻게 그들은 스스로의 목숨을 보전하기 위해 도망치고자 하는 유혹에 굴복하지 않았을까요? 그들의 지도자는 로마에 대항하여 반란을 도모했다는 죄목으로 죽었습니다. 그렇다면 그의 수하(手下)들은 마땅히 도망치는 것이 자연스럽지 않았겠습니까? 사실 흩어지는 과정이 이미 시작되고 있었습니다. 그런 과정이 진행되고 있었던 것을 우리는 부활 이전의 제자들의 행동 속에서 봅니다. 목자가 침을 당했으며, 그럼으로써 그 필연적 결과로서 양들이 흩어지기 시작했습니다. "목자를 치면 양이 흩어지려니와"(슥 13:7). 그러나 우리는 여기에서 그들이 다시 갈릴리로 돌아온 것을 발견합니다. 통상적 경우와는 정반대로, 그들은 뿔뿔이 흩어지려고 하지 않았습니다. 거기에서는 모든 사람들이 그들을 알았으며, 그들 또한 모든 사람들을 알았습니다. 거기에서는 모든 사람들이 그들이 예수 그리스도의 제자임을 알았습니다. 그들은 바로 그곳으로 가서 함께 모였습니다. 어떻게 이런 일이 생겼습니까? 그리스도께서 죽으신 이후 한 무리의 사람들이 여전히 제자로서 함께 연합되어 있었습니다. 그들은 자신들을 가장 잘 아는 사람들 앞에서 여전히 예수 그리스도의 제자로서의 연합을 나타냈습니다. 이것은 설명을 필요로 하는 매우 기이한 현상이었습니다. 여기에는 오직 하나의 설명만이 가능합니다. 그것은 예수 그리스도가 죽은 자 가운데 다시 살아났다는 것입니다. 이러한 사실이 그들을 다시금 하나로 연합하도록 이끌었습니다. 여러분은 죽은 그리스도 위에 교회를 세울 수 없습니다. 예수의 부활을 믿지 않는 어떤 사람을 상상해 보십시오. 부활에 대한 모든 증거들 가운데 그가 자신의 가설(假說)과 조화되게 설명하기 가장 어려운 것은, 그리스도께서 죽으신 후 그의 제자들이 함께 모여 세상에 대해 연합전선을 폈다는 단순한 사실이라고 생각합니다.

이와 같이 제자들이 함께 모여 있었던 사실 자체가 매우 의미 있는 사실입니다. 우리는 이러한 사실을 예수 그리스도의 부활의 역사적 진실성의 한 증거로서 주장할 수 있습니다.

2. 두 번째 의미 있는 사실은 그들의 구성입니다.

여기에 열거된 사람들을 요한복음 1장에서 부름 받은 교회의 최초의 핵심들(즉 안드레, 베드로, 요한, 빌립, 나다나엘)과 비교해 보십시오. 최초의 교회를 구성한 다섯 사람 가운데 세 사람의 이름이 여기에서 다시 나타납니다 — 시몬 베드로와 요한과 나다나엘. 특별히 나다나엘이 그곳과 이곳 두 곳 외에는 어디에서도 나타나지 않는 것은 매우 주목할 만한 사실입니다. 또 여기에 이름이 나와 있지 않은 두 제자를 주목해 보십시오 — "또 다른 제자 둘이 함께 있더니." 나는 여기의 두 제자가 최초의 다섯 명 가운데 두 사람 즉 빌립과 안드레였을 가능성이 매우 높다고 생각합니다. 두 사람은 여기의 사건이 일어났을 것으로 추측되는 벳세다와 밀접하게 연결되어 있었던 사람들이었습니다.

그렇다면 우리는 여기에서 요한복음 1장의 최초의 다섯 제자와 그 외의 두 제자를 보게 되는 셈입니다. 그 두 제자는 "디두모라 하는 도마"와 요한의 형제 야고보입니다. 이들 역시도 이곳에 매우 익숙한 자들이었습니다.

이와 같이 예수 그리스도는 최초에 부름 받았거나 혹은 이곳에 매우 익숙해 있었던 자들에게 다시 나타나셨습니다. 야고보와 요한과 베드로와 안드레는 3년 전 바로 이곳에서 고기를 잡던 중에 부름을 받았습니다. 호수 건너편에는 오병이어의 기적이 일어났던 풀밭이 있었으며, 그 뒤에는 마귀에게 사로잡힌 돼지 떼가 내달렸던 가파른 비탈이 있었고, 비탈 너머에는 갈릴리 가나로 가는 길이 있었습니다. 이곳은 그들이 항상 함께 다니던 익숙한 장소였습니다. 이와 같이 예수 그리스도의 마지막 나타나심의 현장에 있었던 자들은 항상 그와 함께 다니며 그의 모든 나타나심을 목격한 자들이었습니다. 그리고 여기의 마지막 나타나심은 교회의 사역, 그 일의 어려움, 그로 인한 낙망, 교회의 상급, 교회의 최종적 승리, 그리고 교회에 대한 축복 등과 관련한 교훈으로 가득 차 있습니다. 교회의 최초의 핵심들이 함께 모여 주님으로부터 "사람을 낚는 어부"의 사명을 다시 받은 것은 매우 의미 있는 일이었습니다.

나아가 여기의 명단을 주의 깊게 살핌과 함께 그것을 구성하는 사람들의 역사(歷史)를 곰곰이 생각해 보십시오. 그러면 여러분은 그것으로부터 몇 가지 중요한 사실들을 발견하게 될 것입니다. 먼저 여기의 위대한 나타나심의 현장에 참여한 사람들 가운데 무리 중 가장 큰 죄인 두 사람이 있습니다. 그들은 시몬 베드로와 디두모라 하는 도마입니다. 한 사람은 주님을 부인한 자였고, 다른 한 사람은 주님의 부활을 의심한 자였습니다. 이러한 두 사람의 기질은 얼마나 기묘하게 대조됩니까! 그러나 십자가의 사실이 그들의 믿음에 있어 감당할 수 없을 만큼 컸다는 사실에 있어서는 비슷합니다. 한 사람은 성급했고, 다른 한 사람은 느렸습니다. 한 사람은 항상 자신이 의도한 것보다 더 많은 말을 할 준비가 되어 있었으며, 다른 한 사람은 항상 자신이 말한 것보다 더 많은 행동을 할 준비가 되어 있었습니다. 한 사람은 낙망하기를 잘 하며, 매사에 어두운 측면을 바라보는 기질의 사람이었습니다 — "우리도 주와 함께 죽으러 가자"(요 11:16). 다른 한 사람은 자기 코앞에 있는 것조차 내다보지 못하며 항상 순간적 충동에 굴복하는 사람이었습니다. 그러나 두 사람 모두 믿음에 실족했다는 점에서는 일치했습니다. 한 사람은 갑작스럽게 휘몰아친 두려움으로 말미암아 실족했으며, 다른 한 사람은 쉽게 낙망하며 매사에 항상 가장 어두운 측면을 바라보는 기질로 말미암아 실족했습니다. 한 사람은 주님을 부인하는 자가 되었으며, 다른 한 사람은 주님의 부활을 의심하는 자가 되었습니다. 그럼에도 불구하고 그들의 이름은 여기에서 명단 가운데 가장 먼저 나타납니다.

여기에서 우리는 두 가지 교훈을 발견할 수 있습니다. 하나의 교훈은 회개하고 돌아오는 자들을 열린 마음과 열린 손으로 기쁘게 맞아들이자는 것이며, 또 하나의 교훈은 예수 그리스도께서 스스로를 나타내시기로 계획하는 자들이 누구인지 배우자는 것입니다. 그들은 흠 없는 괴물들이 아니라, 실족함으로써 겸손을 배우고 회개함으로써 더 견고한 발판을 얻은 자들입니다. 그들에게 있어, 심지어 그들의 넘어짐조차 그리스도께로 올라가는 사다리의 계단이 되었습니다. 부활하신 주님이 무덤으로부터 나오셨을 때 제일 먼저 누구에게 자신을 나타내셨는지 생각해 보십시오. 그것은 "그가 일곱 귀신을 쫓아낸" 여자가 아니었습니까? 이러한 사실이 가르치는 교훈은 여기의 명단이 가르치는 교훈과 동일합니다. 여기의 명단을 구성하는 사람들을 우리는 그리스도의 교회의 참된 핵심으로 간주할 수 있습니다. 그런데 여기의 명단 가운데 가장 먼저 열거되는 이름이 바로 주님을 부인한 자와 주님의 부활을 완강하게 의심하며 불신한 자의 이름입니다. "시몬 베드로와 디두모라 하는 도마와." 형제들은 그들이 회개하고 돌아오는 것을 기쁘게 맞아주었습니다. 우리 역시도 비록 넘어졌다 하더라도 "내가 회개하노라!"라고 말하며 돌아오는 형제들을 기쁘게 맞아주어야 합니다.

계속해서 다음 사람을 살펴보도록 합시다. "갈릴리 가나 사람 나다나엘과." 그는 "그 속에 간사한 것이 없는" 참 이스라엘 사람이었습니다(요 1:47). 그는 곧바로 믿었을 뿐만 아니라 곧바로 믿음을 고백할 준비가 되어 있었습니다. 그는 뜨거운 사랑과 믿음을 가진 사람이었습니다. 그리스도께서 이 사람에게 말씀하신 것으로 기록된 유일한 말씀은 이것입니다. "내가 너를 무화과나무 아래에서 보았다 하므로 믿느냐 이보다 더 큰 일을 보리라"(50절). 이 사람에게 더 크고 분명한 것을 보게 될 것이라는 약속과 더 풍성한 나타남의 약속이 주어졌습니다. 그러나 그는 요한복음 1장과 마지막 장의 두 장면 외에 다른 어느 곳에서도 나타나지 않습니다. 그러므로 우리는 이 사람을 앞의 두 사람 즉 주님을 부인한 자와 그의 부활을 의심한 자와는 정반대 유형의 사람의 상징으로 취할 수 있습니다. 다시 말해서 나다나엘은 고요하며, 점진적이며, 계속적으로 자라는 사람이었습니다. 앞의 두 사람의 삶은 우리에게 비록 실족하며 넘어졌을지라도 회개하고 돌이키면 도리어 그것이 더 높은 곳으로 올라가는 발판이 될 수 있다는 사실을 가르쳐줍니다. 반면 이 사람의 삶은 우리에게 또 다른 진리 즉 넘어지거나 미끄러지거나 실족하지 않고 계속적으로 올바른 자리에 거하면서 그리스도를 보는 지평(地平)이 점점 더 넓어지며 그리스도를 아는 지식이 점점 더 확장되는 자들이 더 복되다는 진리를 가르쳐줍니다. 바로 이런 사람들에게 부활하신 주님을 보는 축복이 허락되며, 또한 이런 사람들에게 그의 양들을 돌보는 책임이 맡겨집니다. 빛의 따뜻함을 깨닫기 위해 어둠의 싸늘함 속으로 들어갈 필요는 없습니다. 그리스도인들이 베드로처럼 주님을 부인하거나 도마처럼 주님을 의심함으로써 실족하며 넘어지는 경험을 가질 필요는 전혀 없습니다. 도리어 우리는 "우리 주 곧 구주 예수 그리스도의 은혜와 그를 아는 지식에서 자라갈" 수 있습니다(벧후 3:18). "하나님의 나라는 사람이 씨를 땅에 뿌림과 같으니 … 처음에는 싹이요 다음에는 이삭이요 그 다음에는 이삭에 충실한 곡식이라"(막 4:26, 28).

여기에 또한 "세베대의 두 아들"이 있었습니다. 그들은 주님이 "우레의 아들"이라고 불렀던 자들이었습니다. 그들은 혈기가 많으며, 열정적이며, 때로 편협하며, 때로 비판적이었습니다. 한번은 주님께 어떤 사람들을 멸할 것을 구하기도 했습니다. 그들은 또한 인간적 야심을 품은 가운데 한 사람은 주의 오른편에 그리고 또 한 사람은 주의 왼편에 앉게 해달라고 구하기도 했습니다. 그러나 이러한 야심조차도 절반 정도는 그에 대한 사랑으로부터 말미암은 것이었습니다. 그러나 주님과 함께 다니는 가운데 최소한 그들 가운데 한 사람은 모든 제자들 가운데 주님을 가장 많이 닮은 사람이 되었습니다. 옛 수도원의 한 화가(畵家)는 사도들을 묘사하는 가운데 요한의 얼굴을 주님의 얼굴과 가장 비슷하게 그림으로써 우리에게 매우 심오한 진리를 가르쳐줍니다. 그런 그에게 여기의 복된 무리 가운데 한 자리를 차지하는 특권이 허락되었습니다. 그런데 여기에서 그의 자리가 비교적 뒷부분에 배치되는 것은 분명 그 자신의 손의 흔적입니다. 만일 그가 아니라 다른 사람이 복음서를 기록했다면, 틀림없이 야고보와 그의 이름은 베드로 바로 다음에 기록되었을 것입니다. 여기의 명단 가운데 그와 그의 형제가 비교적 뒷부분에 배치된 것은 그가 이 글을 기록했음을 보여주는 또 하나의 증거가 될 수 있습니다.

그리고 마지막으로 "다른 제자 둘"이 언급됩니다. 앞에서도 이야기했지만, 아마도 이들은 1장에 등장하는 다섯 명 가운데 빠진 두 사람이었을 것입니다. 그렇지만 어쩌면 그들은 사도가 아니라 단순히 넓은 의미의 "제자들"이었을는지도 모릅니다. 이것은 누구도 알 수 없습니다. 그렇지만 그것이 무슨 상관입니까? 중요한 것은 그들로부터 우리가 매우 중요한 교훈을 끌어낼 수 있다는 사실입니다. 거기에 별로 특별할 것이 없는 보통 사람들을 위한 자리가 있었습니다. 굳이 그 이름조차 기록할 필요가 없는 사람들 말입니다. 그리스도의 교회 안에는 우리와 같이 한 달란트 받은 사람들을 위한 자리가 있습니다. 우리 역시도 그가 나타나시는 자리에 참여할 수 있습니다. 그리스도의 나타나심을 위해 우리는 화려한 사람이 될 필요도 없고, 총명한 사람이 될 필요가 없고, 영향력이 많은 사람이 될 필요도 없고, 많은 일을 하는 사람이 될 필요도 없습니다. 그의 나타나심을 위해, 우리는 다만 고요하게 기다리는 영혼이 되면 됩니다. 예수 그리스도의 마음 안에는 특별히 두드러지지 않는 제자들을 위한 자리가 있습니다. 그의 교회 안에는 그런 사람들을 위한 영역과 그런 사람들을 위한 기능이 있습니다. 그의 나타나심은 오로지 특별한 사람들만을 위한 것이 결코 아닙니다.

3. 세 번째 의미 있는 사실은 그들의 목적입니다.

그들이 함께 모인 목적이 무엇이었습니까? "시몬 베드로가 나는 물고기 잡으러 가노라 하니 그들이 우리도 함께 가겠다 하고"(3절). 그들은 자신들의 옛 일로 다시 돌아갔습니다. 그들은 배와 그물과 일꾼들을 영원히 버리지 않았습니다.

그러면 무엇이 그들을 옛 일로 다시 돌아가게 했습니까? 그것은 의심도 아니었고, 절망도 아니었습니다. 왜냐하면 그들은 예루살렘에서 이미 예수께서 다시 살아나신 것을 보았기 때문입니다. 뿐만 아니라 그들은 그의 명령에 따라 그를 만나기 위한 목적으로 갈릴리로 내려왔습니다. "너희보다 먼저 갈릴리로 가시나니 거기서 너희가 그를 뵈오리라"라는 말이 계속해서 그들의 귀에 울리고 있었습니다(마 28:7). 그들은 그가 갈릴리에 나타나실 것임을 굳게 확신하면서 그곳으로 왔습니다. 갈릴리에 와서 주님의 나타나심을 기다리는 동안, 베드로는 기다리는 시간을 고기 잡는 일로 채우자고 제안합니다. 그것은 정말로 베드로다운 제안이었습니다. 베드로에게 시간은 너무나 무겁게 흐르고 있었습니다. 요한은 마리아처럼 집에 가만히 앉아 기다릴 수 있었습니다. 그러나 베드로는 그렇게 할 수 없었습니다. 왜냐하면 그렇게 하는 것은 베드로의 방식이 아니었기 때문입니다. 베드로는 예수께서 오시기로 결정하실 때까지 자신들이 할 수 있는 최선의 일은 자신들의 일로 돌아가는 것이라고 생각했으며, 그것은 매우 옳은 생각이었습니다. 그리스도의 나타나심을 위한 최선의 준비는 우리의 일상의 일을 행하는 것입니다. 그것이 아무리 사소하며 세상적 일이라고 하더라도 말입니다. 부활하신 구주의 나타나심을 기다림에 있어 물고기의 비늘들로 미끌미끌하며 지저분한 배는 그다지 어울리지 않는 장소처럼 보입니다. 그러나 그곳은 올바른 장소였습니다. 지저분한 배에서 고기를 잡으며 기다리는 것이 그럴듯한 회당에서 어슬렁거리며 기다리는 것보다 훨씬 더 올바른 일이었습니다.

그들은 자신들의 일을 하기 위해 나갔습니다. 그리고 그들에게 "주님은 우리를 거리에서 만나주신다"는 옛 격언이 이루어졌습니다. 예수 그리스도는 거리에서, 상점에서, 공장에서, 집무실에서, 부엌에서, 아이를 돌보는 중에, 공부하는 중에 여러분과 나에게 오실 것입니다. 만일 거기에서 우리가 그를 기다리는 마음을 갖고 있다면 말입니다. 왜냐하면 성별(聖別)된 마음으로 행할 때, 그 모든 일이 거룩하기 때문입니다. 그는 우리에게 지저분한 일상의 삶의 장소에서 스스로를 나타내시기를 기뻐하십니다.

그는 십자가에 앞서 그들에게 "내가 너희를 전대와 배낭과 신발도 없이 보내었을 때에 부족한 것이 있더냐?"라고 물으셨고, 이에 그들은 "없었나이다"라고 대답했습니다(눅 22:35). 그러자 그는 마치 마음이 바뀐 것처럼 "이제는 전대 있는 자는 가질 것이요 배낭도 그리하고 검 없는 자는 겉옷을 팔아 살지어다"라고 말씀하셨습니다(36절). 그와 함께 있는 동안, 그들은 일상의 일로부터 면제되었습니다. 이제 그가 떠나고 나자, 일상의 책임이 다시 돌아왔습니다. 예수 그리스도의 종들은 신적 교제가 부족하다는 핑계로 일상의 일을 기피해서는 안 됩니다. 계속해서 여러분의 일을 행하십시오. 필요하다면 밤이 맞도록 일하십시오. 설령 그물에 고기가 없다고 하더라도, 문제될 것 없습니다. 또 다시 그물을 내리십시오. 그리고 조만간 그곳에 서 계시는 주님을 만나며, 그의 목소리를 들으며, 그의 웃는 모습을 보는 축복을 받게 될 것이라는 사실을 확신하십시오.

121
바다와 바닷가

"날이 새어갈 때에 예수께서 바닷가에 서셨으나 제자들이 예수이신 줄 알지 못하는지라"

요 21:4

여기의 요한복음 부록에 기록된 사건은 부활하신 주님의 다른 나타나심들과 장소와 시간과 목적의 측면에서 구별됩니다. 다른 모든 나타나심들은 예루살렘 안이거나 혹은 그 인근에서 일어났습니다. 반면 여기의 사건은 갈릴리에서 일어났습니다. 대부분의 다른 나타나심들은 부활의 날 당일에 일어났으며, 그 가운데 한 사건은 그로부터 일주일 후에 일어났습니다. 반면 여기의 사건은 제자들의 이동(移動) 시간 등을 고려할 때 상당한 시간이 흐른 후에 일어났음이 분명합니다. 또 다른 나타나심들의 목적은 주로 부활의 사실을 확실히 함으로써 제자들의 믿음을 확고히 하기 위한 것이었습니다. 반면 여기에서 그러한 목적은 뒤로 물러납니다. 여기의 사건의 주된 목적은 부활하신 주님과 그의 교회 사이의 영속적 관계를 나타내기 위한 것입니다.

여기의 이야기 속에서 우리는 대략 두 가지 정도의 큰 주제를 주목할 수 있습니다. 오늘 부활절을 맞이하여 함께 그러한 것들을 살펴보도록 합시다.

1. 첫째, 여기에서 그의 교회와 또 교회를 구성하는 개인들에 대한 예수 그리스도의 영속적 관계를 보게 됩니다.

요동치는 '바다'에서 밤새도록 수고한 제자들을 위해, 부활하신 주님은 '바닷가'에서 그들을 맞이하시고 위로하십니다. 여기의 이야기에 등장하는 사람들은 우리에게 요한복음 첫 장에 나타나는 첫 제자들의 무리를 생각나게 합니다. 여기에 거명되는 다섯 명 가운데 네 명이 거기에 나타납니다 : 시몬 베드로와 갈릴리 가나 사람 나다나엘과 세베대의 두 아들 야고보와 요한. 또 우리는 여기의 "다른 제자 둘"이 아마도 거기에 등장하는 안드레와 빌립이었을 것이라고 자연스럽게 추론할 수 있습니다. 정말로 그렇다면, 의심 많은 도마가 더해진 가운데 최초의 제자들이 마지막에 다시 모인 셈이 됩니다.

어쨌든 그들은 다시 갈릴리로 왔습니다. 우리는 여기에서도 베드로가 전체 무리를 이끄는 것을 보게 됩니다. 먼저 베드로가 제안합니다 — "나는 물고기 잡으러 가노라." 그러자 나머지 모두가 동의합니다 — "우리도 함께 가겠다"(3절).

우리는 이것을 다음과 같은 의미로 읽어서는 안 됩니다. "이제 다 끝났어! 우리는 메시야 왕국에서 높은 사람들이 될 것을 꿈꿨어. 그렇지만 우리는 단지 어부에 불과하다는 사실을 이제 비로소 깨닫게 되었어. 자, 우리의 배와 그물로 다시 돌아가자." 결코 이런 의미가 아닙니다. 여기의 모든 사람들은 부활하신 주님을 만났으며, 그로부터 성령의 선물을 받았습니다. 그들은 모두 그의 명령에 따라 예루살렘으로부터 갈릴리로 왔으며, 지금 그의 약속된 나타나심을 기다리고 있었습니다. 기다리는 시간을 오랫동안 버려두었던 일상의 일을 행하는 것으로 채우는 것은 참으로 합당한 일입니다. 그들은 주님의 부르심으로 말미암아 오랫동안 버려두었던 배와 그물로 돌아갔습니다. 그것은 지극히 정상적 행동이었습니다. 여기의 모습은 이상한 '환각'을 경험한 광신자들의 모습이 결코 아니었습니다. 부활 신앙과 관련하여 어떤 사람들이 주장하는 것과는 달리 말입니다,

사랑하는 형제들이여, 여기에서 우리는 매우 값진 교훈을 배울 수 있습

니다! 그것은 지금 우리가 무엇을 기다리고 있는 혹은 지금 우리가 무엇을 소망하고 있든 우리가 할 수 있는 가장 지혜로운 일은 일상의 일을 계속해서 행하는 것이라는 것입니다. 그럴 때 우리의 맥박은 고요해질 것입니다. 조용히 자신의 일을 행하는 법을 배우십시오. 그것이야말로 모든 흥분 상태를 치료하는 가장 좋은 약입니다. 만일 우리가 이러한 교훈을 배우고 또 실천한다면, 일상의 익숙한 일들은 우리에게 주님의 나타나심이 임하는 통로가 될 것입니다.

그리하여 그들은 고기를 잡으러 갔습니다. 이후 어떤 일들이 따랐는지 굳이 반복할 필요는 없습니다. 왜냐하면 여러분 모두 충분히 잘 알기 때문입니다. 다만 나는 여기의 이야기를 그들이 처음 사도로 부르심을 받을 때 그물이 찢어지도록 많은 고기를 잡았던 이야기와 비교해 보기를 원합니다. 두 사건은 매우 유사하면서 동시에 다른 점도 가지고 있습니다. 먼저 장소가 같습니다. 같은 산이 같은 호수를 내려다보고 있었습니다. 여기에 등장하는 사람들도 같은 사람들이었습니다. 어쩌면 그들은 같은 배를 타고 있었을는지도 모릅니다. 두 이야기 모두에서 그들은 밤새도록 헛되이 수고하고 있었습니다. 두 이야기 모두에서 다시 한 번 그물을 던지라는 명령이 나옵니다. 두 이야기 모두에서 그들은 즉시 순종하며, 그 결과 많은 고기를 잡습니다.

그렇지만 두 이야기 속에는 다른 점들도 있습니다. 앞의 이야기에서 주님은 그들과 함께 배 안에 계셨지만, 여기의 이야기에서는 바닷가에 계십니다. 앞의 이야기에서는 그물이 찢어졌지만, 여기의 이야기에서는 그물이 찢어지지 않았습니다(11절). 앞의 이야기에서는 베드로가 스스로의 죄를 의식하며 "주여 나를 떠나소서 나는 죄인이로소이다"라고 말했지만, 여기의 이야기에서 베드로는 자신의 죄를 더 깊이 의식하면서 그러나 동시에 죄 사함의 은혜를 생각하면서 바다로 뛰어내린 후 주님에 달려옵니다. 앞의 이야기에 이어서는 모든 소유를 버리고 주님을 좇으라는 부르심이 따르지만, 여기의 이야기에 이어서는 바닷가에서의 휴식과 신비로운 식사가 따릅니다.

두 이야기 모두는 주님에 대한 섬김(service)의 교훈을 가르칩니다. 그러나 하나는 그가 그들과 함께 계시는 동안의 섬김의 원리들을 나타내는 반면, 다른 하나는 요동치는 바다로부터 고요하며 평화로운 바닷가로 옮겨졌을 때의 섬김의 원리들을 나타냅니다.

우리는 '고기를 잡느라 수고한 밤'을 여러 가지의 상징적 의미를 가진 것으로 취할 수 있습니다. 어둠이 내리고 웅장한 산들의 그림자가 호수에 드리워지며 고요한 수면 위로 별들이 반짝이는 것을 생각해 보십시오. 그들은 밤새도록 그물을 던지고 또 던집니다. 그물을 끌어올려 보지만, 그러나 거기에는 아무것도 없습니다. 다만 진흙과 물풀 따위만이 있을 뿐입니다. 그러나 가운데 새벽의 첫 미명(微明)이 동쪽 하늘로부터 희미하게 동터오고 있습니다. 그러나 그들은 여전히 고기 잡는 일에 열중하느라 가까운 바닷가로부터 울려퍼지는 음성을 인식하지 못합니다. "얘들아 너희에게 고기가 있느냐?"(5절). 그들은 실망한 어투로 대답합니다. "없나이다!" 이것은 우리 모두를 위한 상징입니다. 그들은 피곤하며 지친 상태로 어둠 속에서 노를 젓고 있습니다. 그들은 완전히 실패한 것처럼 보입니다. 그러면 어떻게 해야 합니까? 염려하지 말고 다시 한 번 그물을 던지십시오. 어둠은 신경 쓰지 마십시오. 추운 것은 신경 쓰지 마십시오. 몸을 젖게 하는 물보라는 신경 쓰지 마십시오. 피곤한 것은 신경 쓰지 마십시오. 고기를 잡는 배 안에 있을 때, 여러분은 거실에 있을 때처럼 편안할 것을 기대할 수 없습니다. 여러분은 항상 여러분의 그물이 물고기들로 가득 찰 것을 기대할 수 없습니다. 대부분의 성공적 인생도 실패와 좌절로 뒤엉켜 있습니다. 기독교적 사역(使役) 역시도 마찬가지입니다. 그리스도를 위한 일이라고 하더라도 아무런 열매도 맺지 못하는 경우는 흔히 있습니다. 그러나 하나님이 맡기신 일을 포기하지 않고 계속해서 수행하는 자들은 가장 복된 그의 임재의 빛을 받을 것이라는 사실을 확신하십시오. 그리고 마침내 그들은 자신들의 수고가 주 안에서 헛되지 않았다는 사실을 알게 될 것입니다. "울며 씨를 뿌리러 나가는 자는 반드시 기쁨으로 그 곡식 단을 가지고 돌아오리로다"(시 126:6).

마지막으로, 여기에 나타나는 우리 주님의 복된 모습을 주목해 보십시오. 지금 죽음과 부활의 후광(後光)이 그를 둘러 비춰고 있지 않습니까! 아침 여명이 밝아오고 있는 가운데 디베랴 호숫가에서 제자들은 주님의 말씀에 순종하여 그물을 던집니다.

여기의 이야기의 단순한 사실(事實)이 그것을 "영적으로 변화시키는"(靈化, spiritualizing) 것보다 훨씬 더 보배롭습니다. 나타난 사실 그대로 취하십시오. 어두컴컴한 죽음의 신비 속으로 들어가셨던 예수 그리스도는 무덤으로부터 다시 나오셨습니다. 그렇게 부활하신 그리스도는 보잘것없는 일곱 명의 남자들이 고기 잡고 있는 것에 관심을 기울이고 계십니다. 그는 그들의 그물에 고기가 가득한지 혹은 비어 있는지에 관심을 기울이고 계십니다. 가장 높은 것과 가장 낮은 것이 만남에 있어, 부활하신 주님의 "얘들아 너희에게 고기가 있느냐?"는 질문보다 더 강렬한 것은 아무것도 없습니다. 사람들은 이런 상황에서 부활하신 구주가 하실 만한 가장 적합한 말이 무엇일 것이라고 상상하겠습니까? 어떤 사람이 여기에서 사실을 있는 그대로 이야기하는 것이 아니라 하나의 전설(傳說)을 만든다고 상상해 보십시오. 그렇다면 전설을 만드는 자는 이런 상황에서 부활하신 구주가 "얘들아 너희에게 고기가 있느냐?"는 평범하기 짝이 없는 질문을 던지는 것으로 이야기를 꾸미겠습니까?

그것은 우리에게 우리가 관심을 갖는 것을 그리스도께서도 관심을 갖는다는 사실을 가르쳐줍니다. 우리에게 중요한 것을 그리스도께서도 중요하게 여기십니다. 우리의 수고하며 애쓰는 모든 사소한 것들에 대해 그리스도는 결코 무관심하지 않습니다. 우리의 일상적 삶의 사소한 것들에 대해, 설령 사람들은 동정(同情)하지 않는다 하더라도, 그리스도는 동정하십니다. 부활하신 주님은 우리가 고기를 잡는 것에 대해 관심을 가지십니다. 부활하신 주님은 우리가 고기를 잡지 못한 것으로 인해 실망하는 것에 대해 관심을 가지십니다.

뿐만 아니라 여기에는 또한 우리를 위한 약속과 예언이 있습니다. 그것은 만일 우리가 그에게 나아가 그를 의지한다면 그가 우리를 확실하게 인도하실 것이라는 것입니다. "얘들아 너희에게 고기가 있느냐?"라는 질문은 "없나이다!"라는 대답을 유도하고자 의도된 것이었습니다. 실패를 의식(意識)하는 것이 그에게 형통을 호소하는 전제 조건입니다. 여기의 호숫가 한쪽 가장자리에서 행해졌던 오병이어의 기적을 생각해 보십시오. 그때 주님은 그들에게 "너희에게 떡 몇 개나 있는지 가서 보라"라고 말씀하셨습니다(막 6:38). 그것은 그들로 하여금 그들이 가진 것이 주린 무리를 먹이기에 턱없이 부족한 사실을 알게 하기 위함이었습니다. 여기의 경우도 마찬가지입니다. 여기에서 예수 그리스도는 그들로 하여금 그의 인도와 축복을 받을 수 있도록 준비시키기 위해 자신들의 실패를 고백하도록 만들고 계셨던 것입니다. 예수 그리스도는 우리 모두에게 그와 같이 행하십니다. 그는 우리로부터 자신을 의지(依支)하는 마음을 부숩니다. 그리고 우리로 하여금 우리가 아무것도 아니라는 사실을 깨닫게 하십니다. 그렇게 하는 이유가 무엇입니까? 그것은 우리 안에 '그 자신'과 '그의 임재의 기쁨'을 부어주기 위함입니다.

그러고 난 연후에 비로소 그의 인도하심이 임합니다. 우리는 그의 인도하심이 오늘날에도 우리 모두에게 주어진다는 사실을 확신할 수 있습니다. 만일 우리가 그를 기다리며 그에게 간구하기만 한다면 말입니다. "그물을 배 오른편에 던지라 그리하면 잡으리라"(6절). 이러한 말씀에 그들은 아무런 대꾸도 하지 않고 즉시로 순종합니다. 그 결과가 무엇이었습니까? 그 순간 주님이 주시는 큰 축복이 따랐습니다. 이러한 축복을 주님은 오늘날에도 똑같은 사랑과 지혜로 우리에게 주십니다. 그것은 그의 명령에 순종할 때 임하는 축복입니다.

우리는 아침이 밝을 때까지 우리의 수고의 결과를 보지 못할 수 있습니다. 그러나 우리가 요동치는 바다에서 수고하는 동안 그가 바닷가로부터 우리를 지켜보고 계시며, 우리의 고된 수고에 관심을 기울이고 계시며, 우리를 인도하실 것임을 확신할 수 있습니다. 만일 우리가 그에게 우리의 연약함을 고백하기만 한다면, 그는 마침내 우리가 기대했던 것보다 훨씬 더 큰 결과를 보게 할 것입니다. 돌에 맞아 죽어가던 순교자 스데반을 생각해 보십시오. 그 순간 그는 무엇을 보았습니까? 그것은 "하나님 오른편에 서 계신" 그리스도가 아니었습니까? 그것은 안타까운 마음으로 그의 고통을 지켜보시며 그를 도울 준비가 되어 있는 자세였습니다. 오늘 부활절을 맞이하여 눈을 들어 부활하신 주님을 바라봅시다. 그는 우리로 하여금 홀로 수고하도록 내버려두시지 않습니다. 그는 적의 공격에 노출된 자신의 병사들을 그대로 내버려둔 채 자기 혼자 높은 곳에 안전하게 있는 장군과 같지 않습니다. 그가 높은 곳에 계신 것은 사실입니다. 그러나 그는 그곳으로부터 스스로를 굽혀 "전쟁의 날에 우리의 머리를 가려" 주십니다. 마가는 이렇게 말합니다. "주 예수께서 하늘로 올려지사 … 제자들이 나가 두루 전파할새"(막 16:19, 20). 여기에서 그가 하늘 보좌로 올려진 것과 그의 제자들이 그를 위해 수고하는 것이 나란히 놓이는 것을 주목하십시오. 이것은 얼마나 이상한 대조입니까! 그러나 그런 대조에 이어 곧바로 다음과 같은 말씀이 따릅니다. "주께서 함께 역사하사 그 따르는 표적으로 말씀을 확실히 증언하시니라"(20절).

설령 우리는 요동치는 바다 위에 있고 그는 고요한 바닷가에 있다고 하더라도, 그와 우리 사이에는 참된 연합과 교제가 있습니다. 그의 마음은 우리와 함께 있습니다. 만일 우리의 마음이 그와 함께 있다면 말입니다. 만일 우리가 그의 임재를 알고 우리의 약함을 고백하며 그의 명령에 순종하며 그의 축복을 기대한다면, 그로부터 모든 강함과 은혜와 축복이 우리에게 임할 것입니다.

2. 둘째, 여기의 사건의 후반부를 살펴보도록 합시다.

여기에서 나는 요한이 예수 그리스도를 알아보고 베드로가 즉시로 뛰어내려 주님께로 달려간 이야기는 매우 흥미로운 이야기이기는 하지만 그러나 그냥 지나치고자 합니다. 그것은 후반부의 중심적 개념 즉 부활하신 주님이 바닷가에서 그의 수고한 종들을 위해 "식탁을 준비하는" 이야기에 초점을 맞추기 위함입니다. 숯불과 그 위에 놓인 생선과 떡은 그리스도 자신이 준비한 것이었습니다. "육지에 올라보니 숯불이 있는데 그 위에 생선이 놓였고 떡도 있더라"(9절). 우리는 여기에 기적이 있었음을 듣지 못합니다. 그가 숯불을 피웠으며, 그가 생선을 준비했습니다. 계속해서 주님은 그들에게 "지금 잡은 생선을 좀 가져오라"고 말씀하십니다(10절). 그는 그들의 수고를 받으시며, 그들의 수고의 열매를 자신이 준비한 것에 더하십니다. 계속해서 그는 그들에게 "조반을 먹으라"고 말씀하십니다(12절). 왜냐하면 아직 이른 아침이었기 때문입니다. 그들은 큰 경외심에 사로잡혔으며, 식사는 조용히 진행되었습니다. 그들도 아무 말도 하지 않았고, 주님도 마찬가지였습니다. 그들은 그가 누구인지 알았습니다. "제자들이 주님이신 줄 아는 고로 당신이 누구냐 감히 묻는 자가 없더라." 여기에서 우리는 주님이 그들의 수종을 드는 것을 발견합니다. 주님은 그들을 초대한 주인이면서 동시에 스스로를 그들의 종으로 만듭니다. 그는 "떡을 가져다가 그들에게 주시고 생선도 그와 같이" 하셨습니다(13절). 마치 오병이어의 현장에서처럼, 그리고 다락방에서 최후의 만찬을 행할 때처럼, 그리고 엠마오의 한 여관에서 두 제자에게 떡을 떼어주실 때처럼 말입니다.

이 모든 것은 우리에게 무엇을 가르칩니까? 두 가지입니다. 첫째, 여기에서 우리는 주님이 그의 종들을 위해 식사를 준비하는 등의 비천한 일을 행하시는 사실을 발견합니다,

여기의 일곱 사람은 물에 젖고, 피곤하고, 춥고, 배고팠습니다. 그들이 고깃배로부터 나왔을 때 필요로 했던 첫 번째 일은 아침 식사를 하는 것이었습니다. 만일 그들이 집에 있었다면, 그들의 아내와 아이들이 그들을 위해 아침 식사를 준비할 것이었습니다. 그 순간 예수 그리스도는 그들에게 할 말이 매우 많았습니다. 그들에게 가르칠 것들이 많이 있었습니다. 또 그들과 세상 전체를 위해 할 일도 많이 있었습니다. 그러나 그가 생각한 첫 번째 일은 그들에게 음식을 먹이는 일이었습니다. 우리는 물질적 필요를 대수롭지 않게 여겨서는 안 됩니다. 지금도 여전히 그의 손이 우리를 먹이신다는 사실을 기억합시다. 죽은 자 가운데 다시 살아나신 예수 그리스도는 이렇게 생각하셨습니다. "나의 종들이 밤새도록 수고하고 바닷가로 올라오고 있구나. 얼마나 지치고 피곤할까! 내가 그들의 마음과 영혼을

돌보기에 앞서 먼저 그들의 몸을 돌보리라."

형제여, 예수 그리스도는 또한 당신과 우리 모두를 돌보실 것입니다. 그는 우리에게 떡도 주시고 물도 주실 것입니다. 원어(原語)는 우리에게 그것이 "물고기 한 마리"와 "떡 한 덩어리"였음을 보여줍니다. 그는 그것이 수고한 어부에게 충분한 양식이라고 생각하셨습니다. 더 이상은 필요치 않습니다! 그는 그들을 위해 쉽게 호화로운 식탁을 베풀 수 있었습니다. 그러나 그의 언약 속에 과도한 것은 없습니다. 오직 필요한 만큼만 주어질 것입니다. 우리는 우리의 바람을 그의 약속에 맞추어야만 합니다. 우리는 필요 이상의 과도한 것을 바라서는 안 됩니다. 작은 것을 필요로 하는 자는 자신이 필요로 하는 것을 주님으로부터 가장 확실하게 받을 것입니다.

뿐만 아니라 여기에는 또한 다른 모든 필요들이 공급될 것이라는 보증이 포함되어 있습니다. 본문의 상징은 실제로는 나누어지지 않는 두 가지를 필연적으로 나눕니다. 그리스도께서 여러분의 일 속에서 여러분에게 주실 것은 세상의 요동치는 바다에서의 모든 수고도 아니고 더욱이 하늘에서의 모든 안식과 결실도 아닙니다. 그것은 지혜와 인내와 용기와 의와 성장을 위해 여러분의 영혼이 필요로 하는 모든 것입니다. 일을 마치고 나서 얻어지는 어떤 것보다 일하는 과정에서 얻어지는 어떤 것이 훨씬 더 낫습니다. 예수 그리스도는 우리의 일을 축복하십니다. 우리의 일은 그리스도로 말미암아 진척되고 형통해집니다. 일 자체가 우리를 보양하는 양분이 되고, 우리를 보호하는 울타리가 됩니다. "먹는 자에게서 먹는 것이 나올" 것입니다(삿 14:14). 과거의 싸움과 슬픔의 "죽임 당한 사자들"은, 우리가 다음에 거기에 갈 때, "꿀"로 가득 차 있을 것입니다.

둘째, 낮과 밤 그리고 바다와 바닷가 사이의 대조를 주목할 때, 우리는 여기에서 매우 상징적일 뿐만 아니라 또한 중요한 예언을 발견할 수 있습니다. 종들이 어두운 바다에서 수고하고 있는 동안 부활하신 주님이 바닷가에서 만찬을 준비하는 여기의 이야기 속에서 그와 같은 상징적 예언을 발견하는 것은 지극히 타당하고 합당합니다.

계속적으로 요동치는 바다와 대조되는 흔들림 없는 견고한 바닷가, 고된 밤과 대조되는 밝아오는 아침, 그리고 그리스도께서 준비하신 만찬 등은 예전부터 땅과 하늘 사이의 대조를 나타내는 상징으로 취하여졌습니다. 여기에서 장차 그리스도께서 자신을 위해 수고한 종들을 맞아주실 것이며 그날 그들은 "하늘의 떡"을 먹으며 만족할 것이라는 예언을 보지 못하는 것은 마땅히 보아야 할 것을 보지 못하는 일이 될 것입니다.

그때 예수 그리스도는 이 땅에서의 우리의 수고를 기꺼이 받아주실 것이며, 그러한 수고는 그날에 펼쳐질 만찬의 일부를 구성할 것입니다. 그날에 우리의 모든 수고는 끝날 것입니다. 왜냐하면 거기에는 더 이상 바다가 없을 것이기 때문입니다. "또 내가 새 하늘과 새 땅을 보니 … 바다도 다시 있지 않더라"(계 21:1). 그는 자신이 준비한 만찬에 우리의 수고의 열매를 더할 것입니다. 우리가 이 땅에서 행한 모든 결과들은 하늘의 축복 가운데 결코 작은 부분이 아닐 것입니다.

"그들의 모든 수고와 봉사와 선행은
영원히 그들과 함께 할 것이라."

바울이나 요한이 "사람 낚는 어부"의 일을 통해 얻은 영혼들을 생각해 보십시오. 그것이 곧 그들의 소망과 기쁨과 자랑의 면류관이 될 것입니다. "우리의 소망이나 기쁨이나 자랑의 면류관이 무엇이냐 그가 강림하실 때 우리 주 예수 앞에 너희가 아니냐"(살전 2:19). 요한계시록 14장에서 우리는 "주 안에서 죽는 자들은 복이 있도다"라는 말씀을 보게 되는데, 그러한 복은 여기의 바닷가에서의 신비한 식사에 의해 부분적으로 예기(豫期)됩니다(13절). 그들은 자신들의 수고를 그치고 쉽니다. 왜냐하면 자신들을 위해 준비된 식탁을 발견하고 그 식탁에 참여하기 위해 앉기 때문입니다. 그리고 그들의 행한 일이 그들을 따릅니다. 왜냐하면 그들은 자신들이 잡은 물고기를 가져오기 때문입니다. "또 내가 들으니 하늘에서 음성이 나서 이르되 기록하라 지금 이후로 주 안에서 죽는 자들은 복이 있도다 하시매 성령이 이르시되 그러하다 그들이 수고를 그치고 쉬리니 이는 그들의 행한 일이 따름이라 하시더라"(계 14:13).

그리고 그리스도 자신이 그들에게 수종듭니다. 그리하여 "내가 진실로 너희에게 이르노니 주인이 띠를 띠고 그 종들을 자리에 앉히고 나아와 수종들리라"라는 위대한 말씀이 성취됩니다(눅 12:37).

여기의 장면은 우리에게 얼마나 큰 위로와 격려가 됩니까! 우리의 인생은 수고와 실패로 가득합니다. 우리는 밤중에 바다에 있습니다. 우리는 고기를 잡느라 애쓰는 가운데 물에 젖으며, 지치며, 피곤합니다. 우리는 쉬지 않고 무거운 노를 저어야 하며, 계속적으로 그물을 던져야만 합니다. 그럼에도 불구하고 우리는 너무나 자주 빈 그물을 끌어올립니다. 그러나 우리는 홀로 수고하지 않습니다. 그가 폭풍을 가로질러 우리에게 오십니다. 그는 밤중에 우리와 함께 계십니다. 그것은 보이지 않는 임재지만, 그렇기 때문에 가장 실제적 임재입니다. 만일 우리가 그의 말씀의 인도하심과 내주하시는 성령과 그의 완전히 충족한 모범을 따른다면 그리고 그의 뜻에 따라 우리의 일상의 삶을 이루어가고자 추구한다면, 우리는 헛된 일에 우리의 힘을 허비하도록 내버려지지 않을 것입니다. 그리하여 우리의 수고는 결코 헛되지 않을 것입니다. 아침이 밝을 때, 우리는 바닷가에 고요히 서 계시는 그를 보게 될 것입니다. 갈릴리 바다의 위대한 항해사가 영원의 바닷가로 우리의 연약한 배를 인도할 것입니다. 그리고 동녘으로부터 해가 떠오를 때, 우리는 더 이상 요동치지 않는 단단한 땅에 상륙할 것입니다. 그때 우리는 우리가 잡은 몇 마리의 물고기를 가지고 갈 것이며, 그는 기꺼이 그것을 받으실 것입니다. 거기에서 우리는 모든 수고를 그치고 편안히 쉬면서 그가 준비한 식탁에 참여하게 될 것입니다. 거기에서 그는 우리에게 "떡을 가져다주시고 생선도 그와 같이 하실" 것입니다(13절). 우리는 우리에게 수종드는 자가 누구인지 물을 필요가 없을 것입니다. 왜냐하면 모두가 그가 바로 주님이심을 알 것이기 때문입니다.

122
주님이시라!

"예수께서 사랑하시는 그 제자가 베드로에게 이르되 주님이시라 하니"
요 21:7

여기의 제자들이 좀 더 일찍 그리스도께서 나타나신 것을 알아차리지 못한 것은 참으로 이상한 일로 보입니다. 특별히 전체적 사건이 그들이 처음 "사람 낚는 어부"로 부름을 받을 때의 사건과 너무도 유사하기 때문에 더욱 그렇습니다. 다시금 옛 일로 되돌아가 고기를 잡으러 나갔을 때, 우리는 그들의 마음이 여러 가지 생각으로 분주했음에 틀림없다고 생각하는 경향이 있습니다. 우리는 그들이 이렇게 생각했을 것이라고 상상합니다. "저기가 그날 밤 주님이 물 위를 걸었던 바로 그 장소지! 저기가 주님이 물고기 두 마리와 떡 다섯 개로 무리를 먹였던 바로 그 장소지! 저기가 우리가 그물을 손질하다가 주님을 만나 부르심을 받았던 바로 그 장소지! 우리는 그를 너무나 사랑했는데, 이제는 그만 잃어버리고 말았어. 그는 우리와 함께 계셨었는데, 이제는 우리를 떠나버리고 말았어. 우리는 그가 이스라엘을 구속할 자라고 생각했어. 그러나 모든 것은 십자가와 함께 끝나고 말았어." 우리는 그들이 이와 같이 생각했을 것이라고 상상하는 경향이 있습니다. 그러나 나는 그들이 이와 같은 감상적 생각에 빠져 있었을 것이라고는 결코 생각하지 않습니다. 도리어 요한은 우리에게 그들이 밤새도록 오로지 고기 잡는 일에만 정신이 몰두되어 있었음을 보여줍니다. 그리하여 어슴푸레한 가운데 예수께서 바닷가에 나타나셔서 그들에게 말씀하셨을 때, 그들은 그를 알아보지 못했습니다. 처음 그들이 부름 받았을 때 일어났던 기적이 다시 반복되었을 때조차 그들의 눈은 여전히 닫혀 있었습니다. 오직 "예수께서 사랑하시던 그 제자"의 눈만 제외하고 말입니다(7절). 마침내 먼저 그를 알아본 요한이 외칩니다. "주님이시라!" 여기의 이야기 속에는 매우 값진 교훈들이 담겨있는데, 오늘 나는 여러분과 함께 그러한 것들을 살펴보기를 원합니다.

그날 새벽 디베랴 호수에서와 마찬가지로 예수 그리스도는 항상 사람들에게 오십니다. 그는 모든 곳에 계시며, 모든 곳에서 자신을 나타내십니다. 그러나 그때와 마찬가지로 지금도 우리의 눈은 자신의 허물로 인해 "닫혀" 있습니다. 그리하여 우리를 둘러싸고 있는 그의 임재를 깨닫지 못합니다. 또 그때와 마찬가지로 지금도 그리스도와 친밀하게 연합되어 있는 사람들이 먼저 그를 알아봅니다. 그때와 마찬가지로 지금도 사랑으로 그와 친밀하게 연합되어 있는 사람들이 먼저 그를 알아보는 것은 그가 그들을 사랑하고 그럼으로써 그들이 그 사랑을 알고 믿기 때문입니다. 우리는 여기의 이야기 속에서 대략 다음과 같은 세 가지 개념을 발견할 수 있습니다. 첫째는 모든 것 안에서 그리스도를 보는 사람들만이 올바르게 본다는 개념입니다. 둘째는 오직 그리스도를 사랑하는 자들만이 그를 본다는 개념입니다. 그리고 셋째는 그가 자신을 사랑한다는 사실을 아는 자들만이 그를 사랑한다는 개념입니다.

1. 첫째, 모든 것 안에서 그리스도를 보는 사람들만이 올바르게 봅니다.

나는 "주님이시라!"는 요한의 외침은 마땅히 우리의 모든 일상의 삶 가운데 일어나는 모든 사건들과 환경들을 대할 때 터져 나오는 깨달음의 말이 되어야만 한다고 생각합니다. 우리는 그리스도에게 "하늘과 땅의 모든 권세"가 주어졌음을 믿습니다. 우리는 그에게 창조의 권능이 속함을 믿습니다. "만물이 그로 말미암아 지은 바 되었으니 지은 것이 하나도 그가 없이는 된 것이 없느니라"(요 1:3). 우리는 처음에 모든 생명이 그로부터 왔음을 믿습니다. 그 안에 생명이 있었습니다. 그렇기 때문에 그가 생명의 근원입니다. 우리는 그의 창조의 권능 없이는 아무것도 존재하지 못하며, 그의 붙잡는 힘 없이는 아무것도 계속해서 존재하지 못함을 믿습니다. 우리는 그가 모든 사람들에게 각자의 천부적 성격과 각자의 환경을 할당한다고 믿습니다. 우리는 세상의 역사(歷史)가 그의 영향력의 역사(歷史) 외에 아무것도 아니라고 믿습니다. 우리는 전체 우주의 중심이 갈보리의 십자가라고 믿습니다. 나는 스스로를 그리스도인이라 부르는 모든 사람들은 이러한 믿음의 빛 안에서 각자의 삶에 직면하며 그 안에서 부딪히는 모든 사건들을 대해야 한다고 생각합니다. 이제 나는 우리가 이러한 믿음을 우리의 모든 지식의 으뜸음으로서 취해야만 하는 몇 가지 분야를 여러분 앞에 간단히 제시하고자 합니다.

모든 창조 세계에 대해 "주님이시라!"라고 외칠 수 없는 사람은 결코 세상을 올바르게 이해할 수 없습니다. 자연은 단지 보이지 않는 주님의 휘장일 뿐입니다. 만일 우리가 모든 존재의 가장 깊은 기초를 뚫고 들어간다면, 마침내 세상의 창조주인 우리 구주 예수 그리스도의 살아있는 능력에 도달하게 될 것입니다. 그로 말미암아 만물이 창조되었으며, 그의 의지(意志)가 전체 우주를 가득 채우고 있습니다. 그 의지가 우주 전체를 붙잡고 있는 참된 원리이며 힘입니다.

그리스도께서 무슨 목적으로 세상에서 기적을 행하셨는지 생각해 보십시오. 그것은 단지 우리에게 아버지가 자신을 보내셨음을 증언하기 위한 것만은 아니었습니다. 그것은 단지 우리로 하여금 하나님으로부터 보냄 받은 선생으로서 그의 말씀을 듣도록 만들기 위한 것만은 아니었습니다. 그것은 단지 그의 메시야되심의 증거로서 의도된 것만은 아니었습니다. 이 모든 목적들 외에 또 하나의 목적이 있었는데, 그것은 만물의 참된 창조자와 모든 존재의 참된 근원을 드러내기 위함이었습니다. 그리스도의 기적은, 한 순간 사람들에게 세상의 모든 질서를 세운 자를 나타냄으로써, 그 모든 질서를 중단시켰습니다. 그의 기적은 세상을 창조하시고 붙드시는 하나님의 말씀이 자연 속에서 역사(役事)하는 연결고리를 깨뜨림으로써 그 질서를 중단시켰으며, 각 사건들을 그의 의지(意志)의 견고한 결과들로부터 직접적으로 정지시켰습니다. 이와 같이 그의 기적은 그 모든 질서를 만든 자를 나타냈습니다. 그리고 그의 기적들은 그러한 질서 안에서 자연의 힘을 지배하는 성육신하신 말씀을 나타냈습니다. 그는 옛적부터 그렇게 행하셨으며, 지금도 그렇게 행하십니다. 그러므로 우리는 그가 행하신 모든 표적과 기사(奇事)들을 만물의 실제적 상태에 대한 영속적 계시로서 취해야만 합니다. 그리고 그 모든 것들 안에서 우리는 그의 사랑의 손과 그의 붙잡는 능력이 우주 끝까지 미치는 증표를 보아야만 합니다. 자연의 영역 가운데 그가 갈 수 없는 영역은 아무것도 없습니다. 그는 나인성 과부의 아들을 다시 살리심으로써 생명의 주인이심을 주장하셨습니다. 그는 야이로의 딸을 다시 살리심으로써 생명의 주인이심을 주장하셨습니다. 그는 죽은 나사로를 다시 살리심으로써 생명의 주인이심을 주장하셨습니다. 그는 소경의 눈을 뜨게 하고, 귀머거리로 하여금 듣게 하고, 절름발이로 하여금 뛰게 함으로써 자신에게 우리의 육체적 생명의 모든 힘과 기능을 주관하는 권세가 있음을 주장하셨습니다. 그는 자신이 공중에 날아다니는 새들과 땅의 짐승들과 바다의 물고기들의 주인이심을 보이셨습니다. 또 그는 무화과나무를 마르게 하며 바람과 파도를 잠잠케 함으로써 자신에게 자연세계를 다스리는 권세가 있음을 보이셨습니다. 뿐만 아니라 그는 악령들을 쫓아내심으로써 우리에게 보이지 않는 세계를 지배하는 그의 권세를 보이셨습니다. 그가 이 모든 것을 행하신 것은 우리로 하여금 전체 우주가 그로부터 분리되어 있다고 혹은 그의 창조의 권능으로부터 독립되어 있다고 생각하지 못하도록 하기 위함입니다. 그러므로 우리는 모든 만물이 계속해서 유지되는 것이 진실로 그의 의지(意志)의 지속적 개입으로 말미암은 것이라는 사실과 하늘의 모든 영광스러운 것들과 땅의 모든 아름다운 것들의 기저(基底)에 그의 붙잡는 손이 있다는 사실을 인식해야만 합니다.

그리스도인들이여, 우리가 보존이 계속적 창조라고 말할 수 있을 때까지 그리고 자연의 모든 일상적 운동의 기저에 그것을 만드시고 통치하시고 보존하시는 그리스도의 사랑과 능력이 있다고 말할 수 있을 때까지, 우리는 결코 하나님의 우주에 대한 기독교적 개념을 이해하지 못할 것입니다. "주님이시라!"는 외침은 모든 과학의 최고(最高)의 교훈입니다. 우리가 모든 법칙이 그것을 세우신 자를 전제하는 사실을 깨달을 때까지 그리고 모든 운동의 기저에 신적 에너지가 있다는 사실을 깨달을 때까지 그리고 겉으로 나타나는 모든 것 아래에 한 분의 살아계신 참된 존재인 아버지와 아들과 성령이 계시다는 사실을 깨달을 때까지, 우리에게 있어 우주의 신비와 하나님의 세계의 의미는 절망적 모호함 속에 가려집니다.

"석양의 아름다운 빛과
거대한 대양과 생명의 공기와
파란 하늘"

파란 하늘 안에서 그날 아침 여기의 제자들이 보았던 형상을 보는 자들 외에 나머지 모든 자들에게 자연은 단지 모호한 어둠일 뿐입니다. 그 모든 것을 볼 때 우리의 입술로부터 "주님이시라!"는 탄성이 터져 나오게 하십시오. 그럴 때 정말로 자연은 우리에게 '열린 비밀'이 될 것입니다. 주님은 그 모든 것을 자신을 경외하는 자들에게 보이실 것입니다.

"주님이시라!"는 깨달음의 말은 또한 우리가 세상에서 부딪히는 모든 상황들을 설명해주기도 하고, 또 우리로 하여금 그것을 감당할 수 있도록 만들어주기도 합니다. 대부분의 사람들에게, 자신에게 일어나는 사건들은 맹목적 우연의 산물이거나 아니면 어쩔 수 없는 운명의 장난이거나 둘 중 하나로 보입니다. 나는 이러한 두 가지 소름끼치는 개념 가운데 어느 것이 우리의 에너지를 더 많이 고갈시키며, 우리를 더 많이 낙망시키며, 우리의 기쁨을 더 많이 빼앗아 가는지 알지 못합니다. 그러나 형제들이여, 우리가 세상에서 부딪히는 모든 상황들은 결국 다음과 같은 세 가지 가운데 하나입니다. 첫째는 우리의 삶이 단순히 혼돈으로 가득한 우연에 종속되어 있다는 것입니다. 둘째는 그것이 어쩔 수 없는 운명의 수레바퀴 아래 놓여 있다는 것입니다. 모든 것을 무자비하게 짓밟고 지나가는 냉혹한 수레바퀴 말입니다. 그리고 셋째는 그 모든 것을 통해, 그 모든 것 안에, 그 모든 것 아래, 그 모든 것 위에 그리스도의 사랑의 의지(意志)가 있다는 것입니다. 이러한 세 가지 개념 가운데 어느 하나가 여러분의 마음과 양심 위에서 작동합니다. 여러분에게 묻습니다. 만일 여러분이 선택할 수 있다면, 여러분은 이러한 세 가지 개념 가운데 어느 것 아래서 살기를 원합니까? 나는 사람이 어떻게 미래의 두려운 가능성들에 직면할 수 있는지, 그리고 어떻게 제정신을 유지할 수 있는지 도무지 이해하지 못합니다. 만일 그가 모든 것이 단지 전능자로서 때로 자신의 사정을 동정(同情)하지 않는 것처럼 보이는 하나님에 의해서 뿐만 아니라 그를 온전히 사랑하며 동정하는 그의 맏형인 하나님의 아들에 의해 다스려지는 것을 믿지 않는다면 말입니다. 그리스도께서 여러분의 삶의 모든 맥박 속에서 움직이고 계시며, 그의 뜻과 계획의 개입이 없이는 어떤 일도 일어나지 않는다고 확신하는 것은 얼마나 값진 믿음입니까! 여러분은 그런 믿음이 역경 가운데 있는 여러분에게 힘과 능력을 불어넣어줄 것이라고 생각하지 않습니까? 여러분은 그런 믿음이 모든 시련과 난관으로부터 능히 극복하고도 남을 수 있도록 이끌어줄 것이라고 생각하지 않습니까? 사람으로 하여금 "나는 반석 위에 서 있으므로 아무것도 두려워하지 않노라"라고 말할 수 있도록 만들어주는 것이 이것 외에 무엇이겠습니까? 우리가 "주님이시라!"는 깨달음을 굳게 붙잡을 때, 비로소 섭리의 수수께끼는 풀리며 섭리의 목적은 이루어집니다. 나에게 일어나는 모든 사건들을 결국 나에게 유익이 됩니다. 왜냐하면 모든 상황들은 그의 기쁘신 뜻으로부터 오기 때문입니다. 어디를 가든 — 고난의 캄캄한 곳이든 혹은 형통의 밝은 곳이든 — 나는 내 앞에 서 계신 그의 사랑스러운 형상을 보며 "주님이시라!"고 외칠 수 있을 것입니다. 사랑하는 형제들이여, 바로 이것이 '그로 말미암아 우리가 살고 그로 말미암아 우리가 죽는' 믿음입니다. 이것이 없을 때, 인생은 가련한 헛수고에 불과합니다.

나아가 "주님이시라!"는 깨달음의 말은 인류와 교회의 역사(歷史)에 대한 우리의 모든 개념들을 이끕니다. 십자가가 세상 역사의 중심입니다. 우리 주님의 성육신과 십자가가 모든 세대의 사건들이 그것을 중심으로 회전하는 중심축입니다. "예수의 증언은 예언의 영이라"(계 19:10). 예수의 점증(漸增)하는 능력이 역사(歷史)의 영입니다. 만일 스스로를 역사라고 부르는 모든 책 속에 문자적으로든 영으로든 "주님이시라!"는 표어가 씌어져 있지 않다면, 그 모든 역사는 피상적이며 불완전할 뿐입니다.

그리스도께서 호산나를 외치는 무리들에 둘러싸여 위풍당당한 모습으로 예루살렘에 입성하실 때, 그들은 "앞에서 가고 뒤에서 따랐습니다"(마 21:9). 그것은 세상 역사 전체의 심오하면서도 참된 상징입니다. 그리스도 "앞에서 갔던" 모든 세대는 "사람들의 빛"이며 "열방의 소망"인 그의 길을 준비하며 그의 오심을 알리고 있었습니다. 설령 스스로는 알지 못했다고 하더라도 말입니다. 또 "뒤에서 따르는" 모든 세대는 그의 승리의 개선 행진을 소리 높여 외치며 그의 통치의 때를 재촉하고 있습니다. 설령 스스로는 알지 못한다고 하더라도 말입니다. "주님이시라!"는 모든 나라가 존재하는 비밀이며, 세상의 모든 사건들의 비밀입니다. 인간 역사의 엉킨 실타래를 푸는 실마리는 바로 이것입니다. 그럴 때 비로소 우리는 그것을 온전히 이해할 수 있게 됩니다. "이는 만물이 주에게서 나오고 주로 말미암고 주에게로 돌아감이라"(롬 11:36). 그가 역사의 모든 물줄기가 그곳으로부터 흘러나오고 또 그곳으로 되돌아가는 거대한 바다입니다. 그가 모든 것을 시작했으며, 모든 것을 지탱하고 있습니다. 모든 도움은 그로부터 말미암습니다. 그리고 모든 것이 끝날 때, 만물이 정말로 만왕의 왕이요 만주의 주며 세상을 창조한 그리스도로부터 나왔으며, 그에 의해 지탱되며, 그의 영광과 존귀를 향해 움직였다는 사실이 분명하게 나타날 것입니다. 그리고 그의 보좌 앞에 모든 왕들과 모든 보화들과 역사의 모든 사건들과 모든 사람의 운명이 모일 것입니다.

나는 "주님이시라!"는 깨달음이 우리의 삶의 모든 국면을 어떻게 바꾸는지 굳이 길게 설명할 필요를 느끼지 않습니다. 간략하게 말하면 이렇습니다. 그러한 깨달음은 모든 것을 밝고 아름답고 복되며 고요한 것으로 만들며, 우리로 하여금 모든 일을 능히 감당할 수 있도록 강하게 만들며, 우리로 하여금 모든 시련을 능히 극복할 수 있도록 격려하며, 우리를 항상 그의 임재와 사랑의 모든 표적들로 인도하며, 그리하여 마침내 그를 영원히 찬미하도록 이끕니다. 여러분은 둘 가운데 하나를 선택해야만 합니다. 하나는 모든 것 안에서 그리스도를 보는 것입니다. 그것은 여러분을 모든 축복으로 이끌 것입니다. 그리고 다른 하나는 그를 놓치는 것입니다. 그럴 때 여러분은 모든 것을 놓칠 것입니다. 만일 세상이 그의 임재의 표적들로 가득하지 않다면, 그것은 버려지고 황폐된 세상입니다. 만일 여러분의 인생 가운데 그의 임재의 표적들을 보지 못한다면, 여러분의 70년은 황량하게 버려진 순례여행입니다. 여러분은 여러분의 날들이 진정으로 참되며, 고귀하며, 거룩하며, 복된 날들이 되기를 바랍니까? 그렇다면 그것이 가능하게 되는 것은 오직 그 모든 것이 "주님이시라!"는 깨달음으로부터 흘러나올 때뿐이라는 사실을 기억하십시오.

2. 둘째, 오직 그리스도를 사랑하는 자들만이 그를 봅니다.

제일 먼저 그리스도를 알아본 사람은 사랑의 사도 요한이었습니다. 영적 영역에서 앎(knowledge)의 근원은 사랑입니다. 인격적 존재를 앎에 있어 사랑 외에 다른 방법은 없습니다. 하나님을 아는 것과 그리스도를 아는 것은 지성(知性)을 통해 얻어지지 않습니다. 사람은 논증을 통해 그리스도를 알 수 없습니다. 사람은 추론의 기술을 통해 그리스도를 알 수 없습니다. 그러한 영역에서 세상적 지혜는 전적으로 무력합니다. 인간의 지성과 자연적 능력은 나름대로 강함과 선함을 가지고 있습니다. 그러나 하나님과 그리스도를 아는 영역에서 이 세상의 지혜는 어리석음입니다. 요컨대 사람의 지성은 그리스도를 아는 통로가 될 수 없습니다. 반면 하나님을 아는 더 좋은 방법이 있습니다. 그것은 사랑입니다. "사랑하는 자마다 하나님으로부터 나서 하나님을 알고 사랑하지 아니하는 자는 하나님을 알지 못하나니 이는 하나님은 사랑이심이라"(요일 4:7, 8). 우리가 무엇으로 말미암아 서로를 인격적으로 알게 되는지 생각해 보십시오. 친구를 아는 지식의 근원을 생각해 보십시오. 두 말할 것도 없이 그것은 지적 인식능력이나 혹은 사람의 재능의 능력이라기보다, 그의 사랑의 깊이와 마음을 같이 하는 힘입니다. 우리는 낮은 차원에서의 이러한 사실을 높은 차원으로 즉 하늘에 계신 우리 영혼의 위대한 친구에게로 확장시킬 수 있습니다. 그러므로 그것은 그리스도를 아는 우리의 지식과 관련해서도 완전히 사실입니다. 그가 어디에 계시든, 사랑은 그를 좇을 것입니다. 서로 사랑하는 친구들은 아주 작은 증표만으로도 — 다른 사람들에게는 아무 의미 없는 것이라 하더라도 — 서로를 알아볼 수 있습니다. 냉철한 지식의 눈이 꿰뚫지 못하는 것을 사랑의 눈은 꿰뚫습니다. 그리스도를 사랑하는 사람은 그의 임재를 강렬하게 열망합니다. 그리고 그는 그의 가까이 계심을 알리는 가장 작은 표증이라도 재빨리 분별합니다. 마치 사랑하는 사람의 발자국 소리만 듣고도 즉시로 그를 분별하는 것처럼 말입니다. 그리스도를 사랑하는 사람은 그리스도를 닮게 됩니다. 그리고 그것은 그로 하여금 그리스도를 더욱 분명하게 볼 수 있도록 만듭니다. 그리스도에 대한 사랑은 우리의 눈으로부터 죄와 자아와 감각과 관습이 만들어 놓은 비늘을 떨어지게 만듭니다. 이런 것들이 우리로부터 그를 가립니다. 사람들이 자신들의 가장 좋은 친구에 대해 그토록 무관심하며 주의를 기울이지 않는 까닭이 바로 이것입니다. 만물 위에 "주님이시라!"는 글귀가 크고 분명하게 새겨져 있습니다. 그를 사랑하는 자들은 그를 알며, 그를 아는 자들은 그를 사랑합니다. 우리의 마음이 그에게로 돌이켜지는 순간 우리의 소경된 눈을 위한 참된 안약이 우리의 눈에 뿌려집니다. 신실한 사랑의 단순한 힘이 우리의 소경된 눈을 열고, 우리로 하여금 예전에 엘리사의 종 앞에 펼쳐졌던 "불병거로 가득한" 산보다 더 영광스러운 광경을 보게 합니다. 그것은 생명의 주인이시며, 역사(歷史)의 주인이시며, 모든 섭리의 주인이신 자의 영광스러운 형상입니다. 예수를 사랑하는 자들이 "자기에게 말하는 목소리"에게로 돌이킬 때, 그들은 항상 영광 가운데 계신 인자(人子)를 봅니다. 다른 사람들이 단지 뿌연 바닷가와 거기에 서 있는 한 낯선 사람을 볼 때, 예수를 사랑하는 자들의 입술에서는 "주님이시라!"는 외침이 터져 나옵니다.

형제들이여, 이와 같이 모든 곳에서 그리스도의 임재의 표적을 인식하며 그가 옆에 계시다는 확신 속에서 기쁨으로 살아가는 것은 너무도 복된 특권이 아닙니까? 그것은 원리적으로는 모든 사람들에게 속할 수 있지만 그러나 실제적으로는 오직 소수의 사람들에게만 속하는 특권이 아닙니까? "형제들아 너희를 부르심을 보라 육체를 따라 지혜로운 자가 많지 아니하며 능한 자가 많지 아니하며 문벌 좋은 자가 많지 아니하도다"라는 말씀을 주목해 보십시오(고전 1:26). 이것은 우리에게 어떤 특별한 부류의 사람들만이 그리스도의 복음의 능력과 축복을 충분히 깨달을 수 있는 것이 아니라는 사실과 그 길이 모든 사람 앞에 열려있다는 사실을 분명하게 가르쳐줍니다. 복음의 영광스러운 진리는 모든 사람들을 위한 것이며, 우리 모두에게 제시되는 것입니다. 사랑하십시오. 그러면 여러분은 알 수 있을 것입니다. 사랑하십시오. 그러면 여러분은 하나님의 충만으로 채워질 것입니다. 그것은 일부의 사람들만을 위한 것이 아닙니다. 그것은 세상의 엘리트만을 위한 것이 아닙니다. 그것은 소수의 사람들을 위한 것이 아니라 많은 사람들을 위한 것입니다. 그것은 지혜로운 사람들을 위한 것이 아니라 모든 사람들을 위한 것입니다. 그것은 어떤 특별한 계급에 속한 사람들을 위한 것이 아니라 전체 인류를 위한 것입니다. 그가 오신 것은 약한 자들과 죄인들과 궁핍한 자들과 어리석은 자들과 어둠 가운데 빠진 모든 자들을 위한 것입니다. 사랑하십시오. 그러면 보게 될 것입니다.

그러나 이것이 전부가 아닙니다. 우리는 여기에서 한 걸음 더 나아가야 합니다. 사람들에게 사랑하라고 말하는 것은 아무 소용없습니다. 우리는 사랑하라고 한다고 해서 사랑할 수 없습니다. 우리는 사랑하는 것이 의무라고 생각한다고 해서 사랑할 수 없습니다. 우리가 사랑할 수 있는 유일한 방법이 있습니다. 그것은 사랑이신 자를 바라보는 것입니다. 예수를 사랑한 제자는 "예수께서 사랑하신 제자"였습니다. 이것을 일반화해 보십시오. 그러면 여러분은 다음과 같은 세 번째 개념을 얻게 될 것입니다.

3. 셋째, 그리스도께서 자신을 사랑하신다는 사실을 아는 자들만이 그를 사랑합니

다.

그의 신적이며 영원한 긍휼이 모든 것의 기초입니다. 형제들이여, 우리의 사랑은 그의 사랑의 충만한 영광이 우리 마음에 반사된 것 외에 아무것도 아닙니다. 먼저 하나님이 자신을 사랑하시는 것을 배운 사람들만이 하나님을 사랑합니다. 그들 외에는 아무도 하나님을 사랑하지 않습니다. "우리가 사랑함은 그가 먼저 우리를 사랑하셨음이라"(요일 4:19). 우리가 사람들에게 "예수 그리스도를 사랑하십시오"라고 말한다고 상상해 보십시오. 그런데 만일 우리가 계속해서 "그러나 그리스도의 사랑이 먼저 여러분에게 임해야만 합니다"라고 말할 수 없다면, 우리는 아무짝에도 쓸모없는 말을 한 셈입니다. 내 마음속에서 솟아오르는 샘물은 오직 하늘을 향해 솟아오를 수 있을 뿐입니다. 왜냐하면 그 물은 위로부터 내 마음 안으로 흘러내려온 것이기 때문입니다. 모든 사랑은 위로 올라갈 수 있기 전에 먼저 위로부터 내려와야만 합니다. 만일 우리가 단지 "사랑하십시오. 그러면 당신은 구원받을 것입니다"라고 전파해야만 한다면, 실상 우리는 사람들에게 전파할 가치가 있는 복음을 가지고 있지 않은 것입니다. 그러나 만일 우리가 그 마음속에 사랑을 가지고 있지 않은 사람들에게 가서 "형제들이여, 내 말을 들으시오! 여러분은 아무것도 가져올 필요가 없소. 여러분은 스스로 사랑을 일으키도록 부름받지 않았소. 여러분은 그리스도 안에서 하나님의 영원한 사랑을 받아들이는 것 외에 아무것도 할 일이 없소. 그것은 우리 밖에 있었던 사랑이며, 우리 앞서 시작된 사랑이며, 우리와 독립적으로 흐르는 사랑이며, 우리의 모든 죄에 의해 막히지 않는 사랑이며, 우리의 모든 허물을 이기는 사랑이며, 자기중심적이며 강퍅하며 메마르며 죄로 얼룩진 우리를 부드러우며 따뜻하며 신적 사랑으로 충만한 사람으로 만드는 사랑이라오"라고 말할 수 있다면, 우리는 사람들에게 전파할 수 있는 참된 복음을 가지고 있는 것입니다.

그러므로 그리스도를 바라보십시오. 그러면 여러분은 그를 사랑할 수 있게 될 것입니다. 형제들이여, 영원으로부터 모든 피조물들에게 값없이 부어지는 무한한 은혜와 긍휼과 사랑을 생각하십시오. 세상의 기초를 지탱하는 영원한 사랑을 생각하십시오. 우리를 위해 죽으셨고 우리를 위해 살아계시는 구주를 생각하십시오. 하나님의 심장이시며 아버지의 긍휼의 충만이신 그리스도를 생각하십시오. 반면 여러분 자신은 전혀 생각하지 마십시오. "내가 그를 사랑할 것인가 혹은 사랑하지 않을 것인가?"라는 질문과 함께 시작하지 마십시오. 여러분은 그와 같은 방법으로 결코 사랑할 수 없습니다. 만일 어떤 사람이 춥다면, 그는 불 곁으로 가서 스스로를 덥혀야 합니다. 만일 그가 어두운 곳에 있다면, 그는 햇빛이 비취는 곳으로 가야 합니다. 그러면 그는 밝을 것입니다. 만일 그의 마음이 죄와 자기중심으로 완전히 굳어져 있다면, 그는 그리스도의 사랑의 영향력 아래로 가야 합니다. 자기 자신과 자기 자신의 감정을 바라보지 말고 사랑의 구주를 바라보십시오. 그것이 우리의 사랑을 불붙게 하는 유일한 방법입니다. 여러분은 여러분의 감정과 여러분의 느낌과 여러분의 바라는 것과 여러분의 인격보다 더 깊은 곳으로 들어가야 합니다. 거기에서 여러분은 아무런 안식처도, 아무런 위로도, 아무런 능력도 발견하지 못할 것입니다. 생명의 반석이신 그리스도 안으로 깊게 파고 들어가십시오. 여러분에 대한 그의 무한하신 사랑 안으로 깊이 파고 들어가십시오. 그 사랑으로 하여금 견고한 기초가 되게 하십시오. 그리고 그 기초 위에 여러분과 여러분의 사랑을 쌓으십시오. 그럴 때 여러분과 여러분의 사랑은 살아있는 돌들이 될 것이며, 그 기초와 연합하여 마침내 성전(聖殿)이 될 것입니다. 그들이 사랑하는 것은 그들이 그리스도께서 자신을 사랑하시는 것을 알기 때문입니다. 사랑하는 자들은 모든 곳에서 그를 봅니다. 그리고 모든 곳에서 그를 보는 자들은 영원히 복됩니다. 부디 스스로를 괴롭히지 마십시오. 그리고 그리스도가 자신을 사랑하는지 사랑하지 않는지 의심함으로 말미암아 우리가 전파하는 충만한 메시지를 제한하지 마십시오. 당신은 사람입니까? 당신은 죄인입니까? 당신은 하나님의 율법을 깨뜨렸습니까? 당신은 구주를 필요로 합니까? 그렇다면 그 모든 의심들을 버리십시오. 그리고 그리스도의 사랑이 세상 전체를 위해 흘러나오고 있으며, 거기에 당신을 위한 분깃이 있음을 믿으십시오. 그리고 당신이 그 복을 취하고자 한다면 그것이 당신의 것이 된다는 사실을 믿으십시오.

여기의 전체적 주제로부터 마지막으로 살펴볼 것이 한 가지 있습니다. 여러분은 본문 전체의 사건이 상징적으로 죽음의 시간에, 다시 말해서 우리가 하늘에 도착할 때 맞이하게 될 장면에 적용될 수 있다고 생각하지 않습니까? 나는 그렇게 적용할 수 있다고 생각합니다. 밤의 어슴푸레함이 사라져감과 함께 아침이 밝아오고 있으며, 호수는 고요합니다. 그리고 저쪽 바닷가에 희미하게 한 인물이 서 있습니다. 한 제자가 그를 봅니다. 또 한 제자가 물로 뛰어 내립니다. 그들은 "숯불과 그 위에 놓인 생선과 떡"을 발견합니다. 그리고 그리스도께서 그들을 식탁 주위로 모으며, 그들 모두 그가 주님이심을 압니다. 세상에 있는 동안 모든 곳에서 그리스도를 본 자들이 이와 같을 것입니다. 아침이 밝아옴과 함께 모든 일을 마칩니다. 고요한 바닷가에 한 인물이 서 있습니다. 우리는 마지막으로 차가운 물속으로 뛰어드는 것을 두려움과 마지못함으로 하지 않을 것입니다. 도리어 우리는 그의 얼굴로부터 흘러나오는 사랑으로 말미암아 기꺼이 물로 뛰어들어 그에게로 달려갈 것입니다. 우리는 마지막 바다를 텀벙거리며 달려갈 것입니다. 우리는 물의 차가움도 느끼지 못하고, 그곳을 지나왔음도 알지 못할 것입니다. 다만 그의 발 앞에까지 달려와 그의 얼굴을 분명하게 보게 될 때, 비로소 우리는 여기가 정말로 하늘이라는 사실을 알게 될 것입니다. 그리고 지나온 바다를 되돌아볼 때, 우리는 물이 영원한 아침의 광채로 반짝이고 있는 것을 보게 될 것입니다. 형제들이여, 폭풍으로 요동치는 인생의 바다에서 수고한 모든 파수꾼들이 우리 주님의 주위에 함께 모일 때를 생각해 보십시오. 그때 그의 나라에서 그는 그들을 그의 식탁에 앉힐 것입니다. 아무도 "당신은 누구십니까?"라든지 혹은 "여기가 어디입니까?"라고 물을 필요가 없을 것입니다. 왜냐하면 그가 주님이심을 모두가 알 것이기 때문입니다. 그리고 그들은 거기에서 그의 복된 얼굴을 완전하며, 충분하며, 영원무궁토록 보게 될 것입니다.

123
네가 나를 사랑하느냐?

"그들이 조반 먹은 후에 예수께서 시몬 베드로에게 이르시되 요한의 아들 시몬아 네가 이 사람들보다 나를 더 사랑하느냐 하시니 이르되 주님 그러하나이다 내가 주님을 사랑하는 줄 주님께서 아시나이다 이르시되 내 어린 양을 먹이라 하시고"

요 21:15

베드로는 이미 부활하신 주님을 보았습니다. 최초의 만남은 부활의 날 아침의 만남이었습니다. 그때 주님을 세 번 부인했던 자는 그의 마음을 주님께 쏟아 부었으며, 주님은 마음으로 그를 받아들였습니다. 그리고 다음 주일과 또 그 다음 주일, 연속적으로 두 번의 만남이 있었습니다. 그때 베드로는 형제들과 함께 주의 축복과 성령의 선물과 주님의 위임을 받았습니다. 그러나 그 이상(以上)의 것이 필요했습니다. 공개적 부인(否認)이 있었기 때문에 공개적 고백이 있어야만 했습니다. 만일 그가 주님을 세 번 부인한 것에 대해 마치 아무 일도 없었던 것처럼 특별한 조치 없이 그냥 넘어간다면, 그의 넘어짐은 다른 사람들과 특별히 그 자신에게 '대수롭지 않은 일'로 보일 것이었습니다. 따라서 바닷가에서의 특별한 식사 후, 여기의 너무도 아름답고 교훈적 사건이 따라야만 했습니다. 이것은 주님을 부인한 베드로가 다시 본래의 직분으로 회복되기에 앞서 반드시 거쳐야만 하는 과정이었습니다.

바닷가에서의 식사는 침묵 속에서 진행된 것으로 보입니다. 40일 동안 예수와 함께 나눈 모든 교제 속에는 장엄한 경외심이 있었는데, 그것은 여기에서도 마찬가지였습니다. 제자들은 경외심으로 가득 찬 가운데 숯불 주위에 둘러앉았습니다. 그들은 그리스도께서 준비하신 음식을 조용히 먹었습니다. 주님도 아무 말씀 없으셨고, 그들도 아무 말도 하지 않았습니다. 이러한 무거운 침묵으로 인해 그 자리에는 상당한 긴장이 흐르고 있었을 것입니다. "요한의 아들 시몬아 네가 나를 사랑하느냐?"라는 말씀에 의해 무거운 침묵이 깨어졌을 때, 틀림없이 베드로의 심장은 고동치고 있었을 것이며 다른 제자들은 귀를 쫑긋 세우고 있었을 것입니다. 설령 그 자리에 함께 있지 않다 하더라도, 우리 역시도 귀를 쫑긋 세우고 들을 수 있습니다. 왜냐하면 우리 역시도 주님이 베드로의 잘못을 처리하는 과정 속에서 자신의 죄를 의식하는 영혼에게 그가 어떻게 행하시는지에 대한 계시를 발견할 수 있기 때문입니다. 뿐만 아니라 우리는 베드로의 태도 속에서 자신의 죄를 의식(意識)하는 영혼이 주님에게 어떻게 행해야 하는지에 대한 하나의 모범을 보게 됩니다.

여기에서 우리는 세 가지 장면을 주목할 수 있습니다. 첫째, 삼중의 질문. 둘째, 삼중의 대답. 셋째, 삼중의 위임. 이제 이러한 것들을 차례대로 살펴보도록 합시다.

1. 삼중의 질문.

같은 질문을 세 번 반복한 것은 대답의 진정성에 대해 의심한다든지 혹은 그러한 대답에 대한 불만족을 표현하는 것이 아니었습니다. 나는 그것이 베드로와 다른 사람들에게 세 번의 고백에 의해 세 번의 부인이 상쇄되었다고 느끼게 하기 위한 것이었을 것이라고 추측합니다. 세 번의 부인에 의해 깊이 새겨진 검은 얼룩은 세 번의 시인(是認)의 밝은 색으로 덧칠될 필요가 있었습니다. "나는 그를 알지 못하노라"라고 세 번 부인한 것에 대해, 긍휼의 주님은 그로 하여금 "내가 주를 사랑하는 줄 주께서 아시나이다"라고 세 번 강제적으로 고백하도록 만드셨습니다. 이러한 삼중의 질문 외에도 다른 두 곳으로부터 우리는 베드로로 하여금 예전으로 되돌아가도록 강제하는 동일한 의도를 발견할 수 있습니다. 하나는 "요한의 아들 시몬"이라는 호칭입니다. 이것은 이를테면 시간을 그가 제자로 부름받기 이전으로 되돌립니다. 우리 주님은 그가 자신의 영향력 아래 있지 않았던 예전의 그의 약한 인성(人性)을 가리킵니다. "요한의 아들 시몬"은 그가 예수의 제자가 되기 전에 가지고 있던 이름이었습니다. 그것은 그의 인생에 있어 결코 잊을 수 없는 전환점이 된 순간 즉 그가 그의 형제 안드레의 인도로 그리스도께 나왔을 때 예수께서 불렀던 이름이었습니다(요 1:42, 네가 요한의 아들 시몬이니). 또 그것은 그의 인생에 있어 절정의 순간 즉 "너희는 나를 누구라 하느냐?"라는 주님의 질문에 대해 "주는 그리스도시요 살아계신 하나님의 아들이시니이다"라고 대답했을 때 예수께서 불렀던 이름이었습니다(마 16:17, 바요나 시몬아 네가 복이 있도다). 그러므로 지금 예수께서 베드로를 그와 같은 이름으로 부르시는 것은 사실상 그에게 이렇게 말씀하고 계신 것입니다. "너의 인간적 약함을 기억하라. 네가 어떻게 나에게 오게 되었는지 기억하라. 너의 제자로서의 절정의 순간 즉 내가 네 앞에 그리스도와 하나님의 아들로 분명하게 나타났던 때를 기억하라. 이 모든 것을 생각하면서 대답하라. 너는 나를 사랑하느냐?"

베드로로 하여금 예전의 허물을 기억하도록 강제하는 의도를 가진 또 한 가지는 첫 번째 질문의 형식입니다. 긍휼 가운데 우리 주님은 두 번째와 세 번째 질문의 형식을 고집하지 않으셨습니다. 두 번째와 세 번째 질문은 "네가 나를 사랑하느냐?"는 것이었습니다. 그러나 그와는 달리, 첫 번째 질문은 "네가 이 사람들보다 나를 더 사랑하느냐?"는 것이었습니다. 도대체 이 사람들의 무엇보다 나를 더 사랑하느냐는 것일까요? 이것은 이를테면 "네가 그물이나, 배나, 혹은 고기를 잡는 것보다 나를 더 사랑하느냐?"와 같은 별 의미 없는 하찮은 질문이 결코 아니었습니다. 결코 그렇지 않습니다. 그것은 베드로로 하여금 예전의 허물을 되돌아보도록 강제하면서 이를테면 이렇게 말하는 것이었습니다. "나를 부인하기 전에 '모두 주를 버릴지라도 나는 결코 버리지 않겠나이다'라고 호언장담했던 것을 기억하느냐? 너는 또 다시 그러한 자리를 취할 것이냐? 그렇게 큰소리치며 호언장담하던 너는 그렇게 하지 않은 이 사람들보다 나를 더 사랑하느냐?"

요컨대 여기에서 우리 주님은 회개함으로써 절반쯤 회복된 베드로로 하여금 그의 예전의 죄와 허물을 되돌아봄으로써 멀리 떠났던 길로부터 돌이키도록 강제하고 계셨던 것입니다. 베드로는 자신의 모든 허물을 바라보며, 그것을 생각하며, 그것으로부터 돌이켜야 합니다. 그는 자신의 마음으로부터 그러한 것들을 토해내야 합니다. 예수께서 이와 같이 이를테면 베드로의 목을 붙잡고 그가 행한 허물에게로 강제로 끌고 가서 "봐라! 봐라! 똑바로 봐라! 그리고 대답하라. '너는 나를 사랑하느냐?'"라고 말하는 것은 너무 잔인한 일이 아니었습니까? 결코 그렇지 않습니다. 그것은 결코 잔인한 일이 아니었습니다. 그것은 참된 사랑이었습니다. 베드로는 자신이 행한 죄와 허물에 충분할 정도로 직면하지 않았습니다. 사람이 결과에 대한 두려움에 사로잡혀 있는 동안 그리고 죄를 사해주시는 사랑에 대해 확신하지 못하는 동안, 그는 자신이 행한 악을 똑바로 직시(直視)하는 위치에 있지 않습니다. 그러나 자신이 행한 모든 허물을 하나님이 용서하셨음을 깨달을 때 그리고 결과에 대한 노예적 공포로부터 솟아오르는 두려움이 없이 자신의 악을 바라볼 수 있을 때, 비로소 그는 자신이 행한 악의 어둠과 깊음을 올바르게 평가할 수 있는 위치에 있게 됩니다. 우리를 각성(覺醒)시킴에 있어 우리로 하여금 허물을 기억하게 하며 또 회개하는 마음으로 그리고 사죄의 은총을 확신하면서 우리가 걸었던 죄의 길을 되돌아 밟게 하는 것보다 더 나은 방법은 없습니다. 이와 같이 예수 그리스도는 베드로를 강제하여 그로 하여금 예전의 허물을 되돌아보도록 하시는 것으로 시작하셨습니다. 비록 그의 죄가 용서받았다 하더라도 말입니다.

여기의 삼중의 질문에는 또 한 가지 중요한 사실이 있습니다. 예수께서 죄인에게 묻고자 하신 유일한 것이 사랑이었던 것은 얼마나 아름다우며 또 의미심장합니까! 우리는 예수께서 다음과 같이 물으실 것으로 기대할 수도 있었습니다. "요한의 아들 시몬아 너는 네가 행한 일에 대해 유감스럽게 생각하느냐? 요한의 아들 시몬아 너는 또 다시 그와 같이 행하지 않겠노라고 약속할 수 있겠느냐?" 그러나 이런 종류의 질문들이 아니었습니다. 이런 것들은 다른 더 중요한 것이 있을 때 따를 것들이었습니다. "네가 나를 사랑하느냐?" 예수께서 우리 각자에게 일차적으로 구하는 것은 순종도 아니고, 회개도 아니고, 맹세도 아니고, 행동도 아닙니다. 그것은 마음입니다. 마음이 드려질 때, 나머지 모든 것들은 자연스럽게 따를 것입니다. 예수께서 일차적으로 구하는 것이 마음이라는 것이, 다시 말해서 마음을 드리는 것이라는 것이 기독교 도덕의 본질적 특징입니다. 마음이 드려졌을 때, 나머지 것들은 필연적으로 따를 것입니다. 사랑이 드려졌을 때, 충성과 봉사와 회개와 자기 의지를 미워하는 것과 자아를 부인하는 것이 따를 것입니다. 그리스도께서 구하시는 인간의 모든 복된 성품들은 이를테면 단지 사랑이라는 왕의 시종(侍從)들에 불과합니다. 왕이 행차하면, 시종들의 행렬이 따를 것입니다.

이와 같이 예수 그리스도께서 사랑을 요구하는 것 안에서 우리는 또한 그의 사랑의 깊이가 나타나는 것을 발견합니다. 우리와 거래(去來)함에 있어, 그는 이것 외에 그 어떤 것으로도 만족할 수 없습니다. 그리고 이것 이상의 그 어떤 것도 요구할 수 없습니다. 그가 사랑을 구하는 것은 그가 사랑이기 때문입니다. 그가 우리에게 사랑을 구하는 것은 그가 우리에게 사랑을 주셨기 때문입니다. 우리의 마음은 우리 자신의 약함과 불완전함을 의식함으로 말미암아 무겁게 짓눌립니다. 그런 우리에게, 예수께서 죄와 허물로 가득한 베드로에게 물은 유일한 질문이 "요한의 아들 시몬아 네가 나를 사랑하느냐?"였던 것은 분명 복음입니다.

또 여기에서 우리는 예수 그리스도께서 또 다시 그의 고백을 기꺼이 신뢰하는 것을 보게 됩니다. "모두가 주를 버릴지라도 나는 버리지 않겠나이다"라는 예전의 고백이 결국 허언(虛言)으로 끝났음에도 불구하고 말입니다. "자라 보고 놀란 가슴, 솥뚜껑 보고 놀란다"는 속담이 있습니다. 지혜로운 사람이라면 한 번 속지, 두 번 속지 않는 법입니다. 만일 어떤 사람이 불같이 뜨겁게 고백했다가 얼음같이 싸늘한 행동으로 한 번 우리를 속였다면, 우리는 더 이상 그를 신뢰하지 않을 것입니다. 그러나 예수 그리스도는 그의 예전의 고백이 허언으로 끝났음에도 불구하고 다시 한 번 그의 고백을 기꺼이 받아들일 준비가 되어 있음을 보이셨습니다. “사랑은 모든 것을 바라며 모든 것을 믿으며”(고전 13:7). 우리가 “내가 주를 사랑하나이다”라고 말할 때, 예수 그리스도는 그러한 고백을 기꺼이 신뢰할 준비가 되어 있으십니다. 설령 예전에 고백했던 사랑이 종종 허언(虛言)으로 끝났다 하더라도 말입니다.

또 여기의 삼중의 질문 속에서 우리 주님은 불완전한 사랑조차도 기꺼이 받아들일 준비가 되어 있는 자로서 스스로를 나타내십니다. 아마도 여러분은 여기에 표현된 매우 주목할 만한 어법(語法)을 잘 알 것입니다. 처음 두 번의 질문에서 우리 주님이 “사랑”을 위해 사용한 단어와 그에 대한 대답으로서 베드로가 사용한 단어는 같지 않습니다. 그리스도는 한 종류의 사랑을 요구하시고, 베드로는 다른 종류의 사랑을 제시합니다. 오늘 나는 여기의 외적 두 동의어 사이의 차이에 대해 길게 다루지 않고자 합니다. 다만 요점은 이것입니다. 그리스도께서 요구하신 종류의 사랑은 보다 더 높고, 더 숭고하며, 덜 감정적 사랑입니다. 그리고 그것은 사람의 전체적 마음과 의지(意志)와 더 많이 연결되어 있는 사랑입니다. 반면 베드로가 제시하는 종류의 사랑은 보다 더 낮은 종류의 사랑입니다. 그것은 보다 더 감정적이며, 더 감각적이며, 더 열정적 사랑입니다. 그리하여 마침내 세 번째 질문에서 우리 주님은 이를테면 베드로에게 굴복하고 그가 사용한 단어를 취합니다. 그는 마치 이렇게 말씀하는 것 같습니다. “너는 보다 더 높은 종류의 사랑을 고백하는 것으로부터는 움츠리는구나. 그러면 나는 보다 더 낮은 종류의 사랑을 취할 것이라. 그러나 내가 너를 네가 마땅히 올라가야할 높이까지 가르치고 데려갈 것이라.” 사랑하는 형제들이여! 아무리 죄와 허물로 얼룩지고 불완전하다 하더라도, 예수 그리스도는 우리의 보잘것없는 사랑을 기꺼이 받으실 것입니다. 마치 낙숫물 떨어지듯 한 방울씩 떨어지는 작은 사랑이라 하더라도 말입니다.

이러한 교훈들이 지금까지 살펴본 우리 주님의 삼중의 질문 속에 담겨 있습니다. 이제 두 번째 주제로 넘어가도록 합시다.

2. 삼중의 대답.

"주님 그러하나이다 내가 주님을 사랑하는 줄 주님께서 아시나이다." 이것은 얼마나 아름다운 대답입니까! 특별히 세 번째 대답에 나타나는 것처럼(17절, 주님 모든 것을 아시오매 내가 주님을 사랑하는 줄을 주님께서 아시나이다), 베드로는 그리스도의 부활에 의해 그의 전지(全知)에 대한 최고의 개념으로 이끌려졌습니다. 그는 그리스도께서 모든 사람의 마음을 아신다는 사실을 깨달았습니다. 예수께서 자신의 죄와 허물을 모두 알고 계시다는 사실을 온전히 받아들이면서, 베드로는 감히 '그가 모든 것을 아는 사실'에 호소합니다. 그러한 대답은 그리스도의 앎의 깊이와 관련하여 얼마나 훌륭한 믿음을 나타냅니까! 그는 예수께서 자신의 죄의 모든 깊은 것을 볼 수 있을 뿐만 아니라 나아가 그 밑에 비록 세 번의 부인(否認)에도 불구하고 참된 사랑의 마음이 있음을 볼 수 있을 것이라고 믿었습니다. 이와 같이 그의 전지(全知)에 호소하는 것은 참으로 놀라운 믿음이 아닐 수 없습니다. 그는 의로우신 주님께 큰 사랑을 드렸으며, 그렇기 때문에 그의 사함도 풍성했습니다. "내가 주님을 사랑하는 줄 주님께서 아시나이다."

형제들이여, 그리스도인은 마땅히 예수 그리스도에 대한 자신의 사랑을 확신해야 합니다. 여러분은 자신이 어떤 사람을 사랑하는지 여부를 추론하기 위해 그에 대한 자신의 행동을 살피지 않습니다. 여러분은 자신이 아내를 사랑하는지, 혹은 남편을 사랑하는지, 혹은 자녀를 사랑하는지, 혹은 부모를 사랑하는지, 혹은 친구를 사랑하는지 추론하기 위해 그들에 대한 자신의 행동을 살피지 않습니다. 사랑의 추론의 대상이 아닙니다. 그것은 직관적으로 의식(意識)하는 것입니다. 물론 우리에게 있어 자신을 살피는 것은 여러 가지 측면에서 매우 필요한 일입니다. 그러나 그리스도인은 자신이 예수 그리스도를 사랑하는 것을 확신해야 합니다. 마치 남편이 아내를 사랑하는 것을, 혹은 남편이 아내를 사랑하는 것을 확신하는 것처럼 말입니다.

그리스도인들에게 있어 자신이 예수 그리스도를 사랑하는지 혹은 사랑하지 않는지 알기를 바라는 것이 매우 중요한 문제인 것처럼 말하는 것이 오래 전부터 유행이었습니다. 그러나 그것이 우리가 알기를 바라는 중요한 문제가 되어야할 이유는 전혀 없습니다. 여러분은 어떤 사람을 사랑하는지 여부에 대해 완전히 압니다. 여러분은 그것을 확신합니다. 그런데 어째서 예수 그리스도를 사랑하는 것에 대해서는 확신하지 못합니까? 여러분은 "그렇지만 나의 죄와 허물들을 보세요"라고 말합니다. 만일 베드로가 단지 자신의 죄만을 보았다면, 여러분은 그의 말이 그의 목구멍에 붙었을 것이라고 생각하지 않습니까? 물론 그는 보았습니다. 그러나 그는 자신의 행동으로부터 예수 그리스도를 사랑하는지 여부를 확인하려고 애쓰는 것과는 매우 다른 방식으로 보았습니다. 형제들이여, 어떤 죄도 그리스도에 대한 사랑과 조화되지 않습니다. 그러나 우리는 죄가 그리스도에 대한 사랑과 공존할 수 없다고 말해서는 안 됩니다. 그 이상입니다. 베드로와 같이 크고 갑작스럽고 극악하게 넘어지는 것이 오늘날 스스로를 그리스도인이라고 부르면서 계속적으로 세속적이며 자기중심적이며 그리스도를 잊어버린 삶을 사는 것보다 그리스도에 대한 사랑에 훨씬 덜 부조화됩니다. 한 마리의 사자보다 무수한 흰개미들이 죽은 들소의 고기를 더 빨리 먹어치울 것입니다. 가혹한 시험의 때에 그리스도를 한 번, 혹은 두 번, 혹은 세 번 부인하는 것은 그를 "주님"이라 부르면서 매일의 삶 속에서 그를 계속적으로 부인하는 삶을 사는 것보다 훨씬 덜 악합니다. 베드로의 삼중의 대답은 우리에게 사람은 자신의 죄에도 불구하고 자신이 예수 그리스도를 사랑하고 있음을 의식할 수 있으며, 또 마땅히 그래야 하며, 또 필요할 때 그렇게 고백할 준비가 되어 있어야 한다는 사실을 보여줍니다.

3. 삼중의 위임.

이에 대해서는 길게 이야기하지 않고자 합니다. 왜냐하면 원어적(原語的)으로 그것은 사도직에 특별하게 적용되기 때문입니다. 그러나 "어린 양"과 "양"을 먹이고 치라는 여기의 삼중의 위임의 기저(基底)에 있는 보편적 원리는 우리 각자에게 적용될 수 있습니다. 그것은 예수 그리스도에 대한 사랑의 최고의 증표는 그리스도를 위해 사람을 섬기는 것이라는 것입니다. 주님이 묻습니다. “네가 나를 사랑하느냐?” 베드로가 대답합니다. “주님 그러하나이다.” 그러한 대답을 듣고 주님은 이렇게 말씀하십니다. “내 어린 양을 먹이라, 내 양을 치라.”

우리는 말로 고백하는 것을 필요로 합니다. 우리는 여기의 베드로가 나중에 말한 것처럼 “우리 안에 있는 소망에 관한 이유를 묻는 자에게는 대답할 것을 항상 준비”해야 합니다(벧전 3:15). 그러나 만일 여러분이 사람들로 하여금 여러분이 예수 그리스도를 사랑하는 것을 믿게 하기를 원한다면, 주님의 포도원으로 가서 일하십시오. 사람을 섬기는 것이 하나님의 사랑을 나타내는 증표입니다. “하나님을 사랑하는 자는 또한 그 형제를 사랑할지니라”(요일 4:21). 먹이며 치는 일을 우리가 복음적 혹은 종교적 일이라고 부르는 범주로 한정시키지 마십시오. 그것은 단지 여러 형태 가운데 하나일 뿐입니다. 그리스도인들은 사람을 섬기는 모든 일을 주님에 대한 예배로 받아들여야 합니다. 그리고 그럴 때 세상은 그들의 사랑이 사실임을 깨닫게 될 것입니다.

이와 같은 모든 섬김을 위한 참된 자격은 예수 그리스도를 사랑하는 것입니다. 만일 우리가 참된 사랑에 의해 예수 그리스도와 연결되어 있다면, 죄와 허물에도 불구하고 우리는 형제들을 섬길 자격과 그렇게 하고자 하는 강한 충동을 가질 것입니다. 나는 기독교 신앙과 무관한 박애 정신은 없다고 말하지 않습니다. 그러나 큰 범위에서 그리고 길게 볼 때 마음이 상하고, 몸이 상하고, 경제적으로 고통 받는 모든 사람들에게 가장 큰 도움을 베푸는 자들은 틀림없이 사랑으로 말미암아 예수 그리스도와 연결된 자들일 것입니다. 뿐만 아니라 자기 마음을 사랑의 근원인 자에게 완전히 순복한 자들이 형제들을 가장 효과적으로 섬길 것입니다. 그리고 구원의 사랑을 경험한 자들이 또한 다른 사람들을 구원에 이르도록 도울 수 있을 것입니다.

형제들이여, 주님이 자신을 부인한 베드로에게 던진 질문을 여러분 자신에게 적용해 보십시오. 예전에 행한 모든 악을 바라보십시오. 그러면 여러분은 그러한 악을 미워하는 법을 배우게 될 것이며, 그의 죄 사함의 은혜의 넓이와 높이와 크기를 더 풍성하게 깨닫게 될 것입니다. 우리 모두가 "주님 모든 것을 아시오매 내가 주님을 사랑하는 줄을 주님께서 아시나이다"라고 말할 수 있도록, 주님이 우리 모두에게 풍성한 은혜를 베푸시기를 바랍니다.

124
젊은 시절과 노인 시절

"[18] 내가 진실로 진실로 네게 이르노니 네가 젊어서는 스스로 띠 띠고 원하는 곳으로 다녔거니와 늙어서는 네 팔을 벌리리니 남이 네게 띠 띠우고 원하지 아니하는 곳으로 데려가리라 [19] 이 말씀을 하심은 베드로가 어떠한 죽음으로 하나님께 영광을 돌릴 것을 가리키심이러라 이 말씀을 하시고 베드로에게 이르시되 나를 따르라 하시니"

요 21:18, 19

여기의 말씀은 물론 사도 베드로의 순교를 언급하는 것입니다. 우리 주님은 그의 혈기왕성하며 다소간 자기 의지적 젊은 시절과 충분히 익어 원숙하게 된 그의 노년 시절을 대조하면서, 그가 강제적으로 결박을 당한 채 죽음을 맞이할 것을 암시합니다. 그리고 그의 충성에 대한 이와 같은 결말에도 불구하고, 주님은 그에게 "나를 따르라"고 명령합니다.

나는 오늘 말씀을 다소 다른 방향으로 적용하고자 합니다. 본문 속에서 나는 젊은 시절과 노년 시절의 두 개의 그림과 두 시절 모두를 위한 하나의 명령을 봅니다. 젊은이들은 종종 언제든지 죽음이 다가올 가능성이 있다는 근거 위에서 그리스도인의 삶을 살도록 훈계를 받습니다. 나는 그런 동기(動機)를 평가절하하지 않습니다. 그러나 오늘 나는 정반대쪽 방향 즉 여러분 가운데 많은 사람들이 오래도록 살 가능성으로부터 여러분에게 그리스도인의 삶을 살도록 훈계하고자 합니다. 우리는 오늘 밤 죽을 수도 있고, 백 년 동안 살 수도 있습니다. 그러므로 본문으로부터 나는 여러분이 지금의 젊은 시절과 장차 오게 될 노인 시절과 두 시절 모두에서 여러분이 마땅히 해야만 하는 일을 주목하기를 바랍니다. "네가 젊어서는 스스로 띠 띠고 원하는 곳으로 다녔거니와 늙어서는 네 팔을 벌리리니 남이 네게 띠 띠우고 원하지 아니하는 곳으로 데려가리라." 그러므로 "나를 따르라."

1. 첫째, 여기에 나타나는 젊은 시절의 그림을 주목하십시오.

대부분의 젊은이들은 스스로를 돌아보는 일에나 혹은 젊은 시절의 특별한 특징과 특권을 생각하는 일에 그다지 익숙하지 않습니다. 그러나 잠시나마 젊은 시절의 특징들을 생각해 보는 것은 여러분에게 큰 유익이 될 것입니다. 그럴 때 여러분은 자신이 지금 얼마나 큰 축복 가운데 있는지를 알게 될 것이며, 나아가 그에 따르는 위험을 피할 수 있게 될 것입니다.

"네가 젊어서는 스스로 띠 띠고." 이러한 표현에는 얼마나 풍부한 의미가 담겨 있습니까! 띠를 띠는 행동은 어떤 활동을 하기 위해 준비하는 것을 함축합니다. 우리는 이것을 젊은 시절의 가장 복된 특권을 표현하는 것으로 취할 수 있습니다. 젊은 시절의 꿈은 많은 경우 일장춘몽으로 끝납니다. 그러나 만일 어떤 젊은이가 자신의 꿈에 충실하다면, 그의 꿈은 그의 미래에 대한 예언이 됩니다. 꽃이 피는 것을 생각해 보십시오. 자연이 꽃에게 스스로를 피울 수 있는 능력을 주지 않습니까? 우리도 이와 같이 미래를 바라보며 살아갈 수 있습니다. 미래의 때에 대한 희망찬 기대(期待) 가운데 살아가십시오. 하늘로부터 부여받은 재능을 낭비하지 않도록 주의를 기울이십시오. 아침의 선물인 이슬처럼 여러분에게 주어지는 청춘의 상쾌함을 낭비하지 않도록 주의를 기울이십시오. 혹시 자신의 삶을 낮은 수준의 기대 가운데 낭비하지 않았는지 보십시오. 여러분은 자신의 삶을 더 높은 수준으로 고양(高揚)시켜야 합니다. 여러분은 참으로 가치 있는 목적을 붙잡아야 합니다. 여러분이 밝은 미래를 기대하며 소망으로 말미암아 사는 것은 좋은 일입니다. 여러분이 밝은 희망을 가지고 앞으로 나아가는 것은 좋은 일입니다. 그것이 이루어지든 이루어지지 않든 말입니다.

그러나 그것을 이룸에 있어서는 위험이 따릅니다. 여러분 가운데 일부 사람들은 자신의 꿈을 이루는 자리에 설 것입니다. 그러나 대부분의 사람들은 단지 상상 속에서 아름다운 천을 짤 뿐입니다. 실제로 그것을 이루기 위해 한 발자국도 나가지 않으면서 말입니다. 그러나 크게 소망하는 능력을 계발하십시오. 왜냐하면 사람의 인생의 가능성은 매우 탄력적이기 때문입니다. 소망과 기대 속에서 가졌던 가능성들을 모두 다 이루는 사람도 없고, 모두 다 잃어버리는 사람도 없습니다.

스스로 띠를 띠는 것은 또한 독립적으로 자신을 신뢰하는 것을 함축합니다. 이것은 젊은이들에게 주어진 선물이면서, 동시에 잘 관리하도록 맡겨진 것입니다. 젊은 시절에 우리 모두는 "하늘에까지 이르는 탑"을 쌓을 것을 꿈꿉니다. 그러면서 자기를 신뢰하는 가운데 탑을 쌓아 올립니다. 그러나 젊은이들의 무제한적 자기 신뢰 속에는 매우 애처로운 어떤 것이 있습니다. 특별히 우리와 같이 나이가 많은 사람들에게 그것은 거의 비극적 것으로 보입니다. 우리는 여러분이 곧 미몽(迷夢)으로부터 깨어나게 될 것을 잘 압니다. 그때 여러분의 마음은 실망으로 어두워질 것입니다. 마치 구름이 아침 하늘을 가려 어둡게 하는 것처럼 말입니다. 우리는 중년의 어두운 경험으로부터 단 하나의 그림자도 아침의 장밋빛 찬란함으로 가져가지 못합니다.

"찬란한 환상은 사라질 것이라.
일상의 그렇고 그런 빛 속으로."

어쨌든 자기를 신뢰하는 것은 젊은 날의 축복들 가운데 하나입니다.

다만 그것이 매우 위험한 것이라는 사실을 기억하십시오. 그것은 '경외심의 결핍'이 될 수 있습니다. 그것은 성급함이며, 경솔함이며, 매우 파괴적 것입니다. 한 대학총장이 다음과 같이 냉소적으로 말한 것을 기억하십시오. "우리 중 어느 누구도 정확무오(正確無誤)하지 않다. 심지어 가장 젊은 자들까지도." 그러므로 자기를 신뢰하는 것에 겸손을 더하십시오. 그러면서 동시에 강하고 담대하십시오. 스스로를 쾌활하게 하십시오. 여러분을 강하게 만들 수 있는 힘을 믿으십시오. 그러면 여러분의 자기 신뢰는 성급함이나 혹은 경솔함이 되지 않을 것입니다.

"네가 젊어서는 원하는 곳으로 다녔거니와." 이것은 젊음의 또 하나의 특징입니다. 일반적으로 사람은 자기 자신의 의지(意志)에 의해 인도되기 쉽습니다. 왜냐하면 여러분의 인생 가운데 대부분의 다른 내적인 것들은 여러분을 인도하기에 상대적으로 미약하기 때문입니다. 여러분은 약간의 경험밖에는 가지고 있지 않습니다. 여러분 가운데 대부분의 사람들은 한 번 행동하기 전에 두 번 생각하는 습관을 계발하지 않았습니다. 여러분 안에 있는 것은 대체로 선한 것이 아닐 것입니다. 젊은 시절에 여러분이 대체적으로 충동에 의해 사는 것도 나쁠 것이 없습니다. 다만 거기에 의지뿐 아니라 양심이 작동하고 있기만 한다면 말입니다.

뿐만 아니라 여러분의 나이는 혈기가 강할 때입니다. 지금 나는 특별히 젊은이들에게 말하고 있습니다. 여러분 가운데 많은 사람들을 스스로 삼가지 않습니다. 지금 나의 설교를 듣고 있는 젊은이들 가운데 자신의 집을 떠나 혼자 살고 있는 사람들이 많이 있습니다. 그들은 가정생활의 정결케 하는 영향력으로부터 단절되어 있습니다. 그들은 저녁 시간을 자신이 원하는 대로 자유롭게 사용합니다. 사랑하는 친구들이여, 여러분은 젊음 가운데 원하는 곳이면 어디든 갔습니다. 여러분은 가지 말아야 할 곳에 가기도 했습니다.

"나는 내가 좋은 대로 행동해!"라고 말하는 습관을 갖는 것보다 더 위험한 것은 아무것도 없습니다. 여러분 가운데 어떤 사람들은 이렇게 말합니다. "나는 나의 자연적 본성에 따라 행동해. 나는 젊어. 모름지기 사람은 자기가 원하는 대로 살아야 해. 나는 젊은 혈기를 따라 원하는 대로 살 거야. 나이가 들어 노인이 되면, 그때 가서 보통 노인들처럼 살면 되지 않겠어? 젊은이는 젊은이다워야 해." 여러분은 이런 종류의 이야기를 잘 알 것입니다. 젊은 시절에 자신이 원하는 대로 사는 사람은 자기 손에 채찍을 들고 그것을 휘두르며 스스로를 벼랑 끝으로 몰고 가는 것이나 마찬가지입니다.

나의 친구여, 당신의 입으로부터 결코 "나는 이러저러하게 할 거야!"(I will)라는 말이 나오지 않게 하십시오. 그것보다 훨씬 더 좋은 말이 있습니다. 그것은 "나는 이러저러하게 해야만 해!"(I ought)라는 말입니다. 당신은 그렇게 말하는 법을 배웠습니까? 당신은 권위와 규범 앞에 스스로를 순복시키면서 "나는 이러저러하게 해야만 해, 그러므로 이러저러하게 할 거야"(I must, because I ought, and, therefore, I will)라고 말합니까? 혈기를 이성(理性)에게 굴복시키십시오. 그리고 이성을 양심에게 굴복시키십시오. 그리고 양심을 하나님에게 굴복시키십시오. 그러고 나서 여러분이 원하는 대로 행동하십시오. 그러나 오직 그럴 때에만 그렇게 하십시오.

2. 둘째, 여기에 나타나는 노인 시절의 그림을 주목하십시오.

앞에서 나는 본문을 인생의 두 단계 즉 젊은 시절과 노인 시절의 차이와 관련한 그림으로 적용하는 것을 본래의 의미와 다소 다른 방향으로 적용하는 것이라고 이미 밝혔습니다. 그렇지만 나는 그것이 지나치게 무리한 적용이라고는 생각하지 않습니다.

젊은이들의 마음속에서 춤추던 모든 찬란한 환상들은 사라질 것입니다. 우리는 "하늘에까지 이르는" 탑이나 거대한 성전을 지을 것으로 상상합니다. 그러다가 중년쯤 되면 스스로에게 이렇게 말하게 됩니다. "내가 품었던 큰 꿈을 계속해서 이루어나갈 재료가 너무나 부족하군. 내가 살 수 있는 작은 오두막 하나 짓는 것으로 만족해야겠어. 그 정도만 되도 그것이 나를 비바람으로부터 지켜줄 거야." 희망은 점점 더 작아져 가며, 꿈은 점점 더 사라져 갑니다. 그리고 그러는 가운데 제한된 실재(實在)들이 각자의 자리를 차지합니다. 그리고 우리는 기꺼이 우리 자신의 손을 거두면서, 다른 어느 누군가로 하여금 우리가 처음에 가졌던 꿈을 취하도록 내버려 둡니다. 힘은 점점 더 쇠약해질 것입니다. 심지어 젊은이들조차도 지치며, 쇠하며, 마침내 넘어지는 법입니다. 여러분에게 육체적 쇠약함과 쉬기를 바라는 마음과 자신의 힘이 점점 더 고갈되어 가고 있다는 의식(意識)이 임할 것입니다. 만일 여러분이 노인이 될 때까지 죽지 않고 살아있다면, 여러분은 여러분의 삶의 조류(潮流)가 썰물처럼 시시각각 계속해서 빠져나가는 것을 보게 될 것입니다.

자기 의지(self-will)는 결국 놀랍게 허물어질 것입니다. 왜냐하면 그 자신이 바라며 의지(意志)하는 것보다 사람의 삶을 결정하는 훨씬 더 강한 힘들이 있기 때문입니다. 우리는 마치 인도양의 파도 속에서 수영하는 사람들과 같습니다. 계속해서 우리를 때려대는 파도 앞에 우리는 완전히 무력합니다. 파도는 계속해서 우리의 모든 지식과 우리의 모든 근육을 때려댈 것입니다. 그것을 환경이라고 부르십시오. 그것을 운명이라고 부르십시오. 그것을 상황이라고 부르십시오. 그것을 섭리라고 부르십시오. 그것을 하나님이라고 부르십시오. 우리 외부에 우리 자신보다 훨씬 더 큰 것이 있습니다. 젊은이들은 이렇게 생각하는 것으로 시작합니다. "나는 이러저러하게 할 거야. 나는 내가 결정하고 내가 명령해. 그리고 모든 것은 그대로 될 거야." 그러다가 마침내 이렇게 말할 수밖에 없게 됩니다. "나는 내가 원하는 것을 행할 수 없어. 나는 내가 할 수 있는 일을 행하는 것으로 만족해야만 해." 이와 같이 우리의 자기 의지는 마침내 완전히 허물어져 버립니다. 그리고 불가항력적인 것을 받아들이게 됩니다. 이것이 노인의 지혜와 평안입니다.

마지막으로 여기의 그림은 우리가 달갑지 않은 종착점을 향해 불가항력적으로 다가가는 것을 보여줍니다. "남이 네게 띠 띠우고 원하지 아니하는 곳으로 데려가리라."

인생은 계속해서 늙어 가며, 쇠하여져 가는 과정입니다. 따라서 여러분에게 인생은 잿빛의 공허한 것으로 보입니다. 그리하여 여러분은 사람들이 살고자 발버둥치는 것을 의아하게 생각합니다. 그러나 그들에게 인생은, 그 모든 실망과 피곤함과 헛된 노력과 사라져가는 희망과 동료들의 떠남에도 불구하고, 여전히 인생입니다. 그리고 그들 대부분은, 마치 수전노(守錢奴)가 자신의 황금에 집착하는 것처럼, 자신의 인생에 집착합니다.

그러나 그럼에도 불구하고 그들은, 마치 나이가가라 폭포로 빨려 들어가는 사람처럼, 마지막 불가항력적인 종착점을 향해 점점 더 가까이 다가갑니다. 그러다가 폭포로 떨어지는 지점에 어느 정도 가까워지면, 그들의 귀에 거대한 소리가 들리기 시작합니다.

이와 같이 늙으면 여러분의 꿈도 사라지고, 여러분의 육체적 강함도 사라지고, 여러분의 발랄함도 사라질 것입니다. 그리고 여러분은 자신의 힘이 자꾸 쇠약해져 가는 것을 느끼게 될 것이며, 그러면서도 최종적 종착점에 도달하는 것은 원하지 않을 것입니다.

자, 여기의 두 개의 초상화를 상상해 보십시오! 하나는 통통하게 살이 찐 어린 소년의 초상화입니다. 그는 아이의 옷을 입고 있으며, 동그란 얼굴에 머리는 곱슬곱슬하며, 부드러운 볼과 붉은 입술을 가지고 있습니다. 다른 하나는 노인의 초상화입니다. 그는 지친 눈과 여기저기 빠진 성긴 머리카락과 쭈글쭈글한 얼굴과 구부정한 몸을 가지고 있습니다. 두 초상화 사이의 차이는 둘을 나누는 보다 더 심원(深遠)한 차이들의 상징에 불과합니다. 한 사람은 조급하며, 자기를 신뢰하며, 자기 의지가 강하며, 희망이 많으며, 활기찬 젊은이입니다. 반면 다른 한 사람은 약하며, 쭈글쭈글하며, 피곤한 노인입니다. 그리고 이것이 여러분이 장차 필연적으로 갖게 될 모습입니다. 만일 그때까지 죽지 않고 살아있다면 말입니다. 그것은, 지금 내가 여러분에게 말하고 있는 것이 확실한 사실인 것과 똑같이, 확실한 것입니다.

3. 마지막으로, 인생의 이러한 두 단계에서 여러분이 해야만 하는 일이 무엇인지 주목하십시오.

"이 말씀을 하시고 베드로에게 이르시되 나를 따르라 하시니"(19절). 그리스도를 따르는 것은 무엇을 의미합니까? 그것은 그의 권위에 순복하는 것을 의미합니다. 그는 장군으로서, 명령자로서, 절대적 율법수여자로서, 그리고 주님으로서 "나를 따르라"고 명령합니다. 또 그리스도를 따르는 것은 그의 모범을 본받는 것을 의미합니다. 여기의 두 단어(follow Me) 속에는 인간의 모든 의무가 포함되어 있습니다. 또 거기에는 만일 사람이 그것에 순종하면 완전해질 것이라는 약속이 포함되어 있습니다. "나를 따르라" — 이것은 사람을 완전하며 복되게 만들기에 충분하고 또 충분합니다. 또 그리스도를 따르는 것은 우리가 지도자와 주님으로서 뿐만 아니라 또한 친구로서 계속해서 그와 가까이 있기로 선택하며 또 그런 상태를 지속하는 것을 의미합니다. 만일 어떤 사람이 그리스도의 발자국을 따르며, 항상 그와 가까이 하며, 그의 임재를 깨닫는다면, 그는 결코 외롭거나 고독하지 않을 것입니다. 설령 친구들이 떠나고, 관계가 변하고, 동료들이 그를 버린다고 하더라도 말입니다.

그러나 만일 그가 여러분에게 모범과 명령자와 친구 이상의 무엇이 아니라면, 그를 따르는 것은 결국 아무 의미 없는 일이 되고 말 것입니다. 그리고 그는 여러분에게 "나를 따르라"고 말할 권리를 가지지 못할 것입니다. 만일 사람이 그리스도를 따라 결국 죽음에 이를 뿐이라면, 그를 따르는 것이 도대체 무슨 의미가 있겠습니까? 나의 친구여, 당신은 먼저 한 사람의 죄인으로서 그리스도께 나옴으로 말미암아 그리고 그의 죽음의 공로를 겸손하게 의지하는 것 안에서 당신의 전체적 구원과 당신의 모든 소망을 발견함으로 말미암아 그를 따라야만 합니다. 그럴 때 비로소 당신은 순종 가운데, 그를 본받는 가운데, 그리고 그와의 즐거운 교제 가운데 그를 따를 수 있습니다.

이제 나는 여러분에게 예수 그리스도를 따르는 것이 여러분을 위해 여러분의 젊음의 모든 축복된 특징들을 지켜줄 것이라는 개념을 역설하고자 합니다. 그는 여러분에게 여러분의 소망을 위한 기초를 제공해 주고 또 여러분의 가장 희망찬 꿈들을 성취시켜 줄 것입니다. 만일 여러분이 그의 약속의 기초 위에 이러한 것들을 세우고, 그를 따르는 발걸음 안에서 그것들을 실현시키고자 추구한다면 말입니다. 이사야가 예언한 것처럼, "뜨거운 사막이 변하여 못이 될" 것입니다(사 35:7). 예수 그리스도를 따르는 것 외에 나머지 모든 것은 목마른 여행자를 속이는 환영(幻影)일 뿐입니다. 그러나 만일 여러분의 소망이 예수 그리스도 위에 기초한다면, 사막의 뜨거운 모래는 결국 물이 가득한 못으로 바뀔 것입니다. 만일 여러분이 예수 그리스도를 따른다면, 여러분의 힘은 쭈그러든 힘줄과 약해진 근육과 함께 썰물처럼 빠져나가지 않을 것입니다. 만일 여러분이 그리스도를 신뢰한다면, 여러분의 자기 의지는 순복에 의해 고양(高揚)될 뿐만 아니라 여러분의 반역적 본성을 통제할 수 있을 만큼 강해질 것입니다. 왜냐하면 그것은 스스로를 겸비케 하는 가운데 그리스도의 최고의 권위에 기꺼이 순복할 것이기 때문입니다. 또 만일 여러분이 예수 그리스도를 신뢰하며 따른다면, 여러분의 소망은 밝고 명랑하며 복될 것이며 그러한 밝음과 명랑함과 복됨은 노년이 될 때까지 계속 이어질 것입니다. 또 만일 여러분이 그리스도를 따른다면, 여러분의 노년은 노인들을 괴롭히는 가장 쓰라린 고통으로부터 구원받을 것입니다. 그리고 여러분의 노년은 미래의 가능성들로 말미암아 밝을 것입니다. 노년이 되더라도 여러분은 과거의 축복들을 되돌아보며 한탄할 필요가 없을 것이며, 계속해서 나이를 먹어가는 것을 움츠리며 회피할 필요가 없을 것입니다. 도리어 여러분은 나이를 먹어가는 것을 천국에 더 가까워지는 것으로서 고요하며, 평안하며, 밝은 마음으로 받아들일 수 있을 것입니다. 만일 우리가 예수를 따른다면, 우리는 종말에 대한 움츠림 대신 믿음과 고요함으로 그리스도의 손을 붙잡게 될 것입니다. 마치 어린아이가 그와 같은 마음으로 어머니의 따뜻하며 부드러운 손을 붙잡는 것처럼 말입니다. 그리고 우리는 그가 우리를 어디로 인도하는지 물을 필요가 없을 것입니다. 왜냐하면 그가 어디로 인도하든, 우리는 그 길이 올바른 길임을 분명히 알기 때문입니다.

사랑하는 젊은이들이여, "나를 따르라!"는 예수 그리스도의 은혜로운 초청의 음성을 들으십시오. 그리고 그러한 음성에 지금 순종하십시오. 시작이 반입니다. 잘 시작하면 절반은 끝난 것입니다. 여러분에게는 젊음의 미끄러운 길로부터 여러분을 지켜줄 그리스도가 필요합니다. 여러분은 많은 젊은이들이 드나드는 불결한 장소에 가지 않을 수 있을 것입니다. 만일 여러분이 스스로에게 "이곳에 들어가는 것이 정말로 그리스도를 따르는 것일까?"라고 묻는다면 말입니다. 어쩌면 여러분은 다시는 은혜의 메시지를 듣지 못하게 될는지도 모릅니다. 부디 젊은 시절에는 아무렇게나 살다가 인생의 후반부에 가서 그리스도인이 되겠노라고 생각하지 마십시오. 그렇게 하는 것은 후회와 양심의 가책의 씨앗을 계속해서 뿌리는 것과 마찬가지입니다. 과거의 불결한 삶으로 인한 후회와 양심의 가책이 평생 동안 여러분을 괴롭힐 것입니다. "오늘 너희가 그의 음성을 듣거든 너희 마음을 완고하게 하지 말라"(히 4:7).

125
주님 이 사람은?

"[21] 이에 베드로가 그를 보고 예수께 여짜오되 주님 이 사람은 어떻게 되겠사옵나이까 [22] 예수께서 이르시되 내가 올 때까지 그를 머물게 하고자 할지라도 네게 무슨 상관이냐 너는 나를 따르라 하시더라"

요 21:21, 22

본문 바로 앞의 이야기는 부활하신 주님이 베드로에게 자신의 양을 먹이는 사명을 부여하는 내용과 그가 장차 감당하게 될 고난을 미리 예고하는 내용을 담고 있습니다. 그리고 그 마지막에 "나를 따르라!"는 명령이 나타나는데, 이러한 명령은 그가 담당하게 될 위와 같은 두 가지 일을 주님을 본받으라는 최고의 명령 안에서 하나로 연합시키는 것으로서 매우 풍성한 의미를 담고 있었습니다.

그러나 그러한 명령은 또한 베드로에게 지금 당장 자신을 따라오라고 초청하는 보다 더 단순한 의미를 가지고 있었습니다. 베드로는 말씀에 순종하여 주님을 따릅니다. 그러나 주님을 따르면서 베드로는 자연스럽게 숯불 주위에 조용히 둘러앉아 있는 다른 제자들을 돌아봅니다. 그러는 가운데 베드로는 자신들을 따라오고 있는 요한을 주목합니다.

도대체 무엇이 요한으로 하여금 직접적으로 부름 받지 못했음에도 불구하고 대담하게 스스로를 주님과 베드로 사이의 은밀한 대화 속에 끼워넣도록 이끌었을까요? 이러한 질문에 대해 요한에 대해 묘사하는 20절이 대답해줍니다. "그는 만찬석에서 예수의 품에 의지하여 주님 주님을 파는 자가 누구오니이까 묻던 자더라." 그는 사랑의 띠로 주님과 하나로 묶여 있었습니다. 뿐만 아니라 그는 또한 친밀함의 띠로 베드로와 하나로 묶여 있었습니다. 온전한 사랑은 두려움을 내쫓는 법입니다. 요한은 주님과 자신 사이에 어떤 비밀도 있을 수 없다고 느꼈습니다. 그는 베드로에게 맡겨진 임무라면 자신도 마땅히 함께 동참해야만 한다고 느꼈습니다.

어쨌든 베드로는 요한을 가리키며 "주님 이 사람은 어떻게 되겠사옵나이까?"라고 묻습니다(21절). 이러한 질문은 종종 많은 사람들에 의해 비난의 대상이 되어왔습니다. 그러나 나는 그것을 그렇게 비난받을 만한 것으로 보지 않습니다. 우리는 이러한 질문 안에서 베드로 특유의 적극성이 다소간 나타나는 것을 보게 됩니다. 그리고 그것은 그가 그리스도께서 나타내신 전망(展望)에 의해 아직까지 충분하게 정복되지 않았음을 나타냅니다. 그러나 여기에는 이러한 것들보다 훨씬 더 큰 것이 있었는데, 그것은 친구의 운명에 대한 자연적 관심이었습니다. 그리고 앞으로 자신이 걸어가게 될 길에 요한도 함께 하기를 바라는 마음이 어느 정도 깔려 있었습니다. 그러한 베드로의 질문에 대해 주님은 이렇게 대답합니다. "내가 올 때까지 그를 머물게 하고자 할지라도 네게 무슨 상관이냐"(22절). 이러한 대답은 그의 질문 속에 들어있을 수 있는 나쁜 누룩을 부드럽게 책망하면서, 다른 사람을 자신의 나아가는 길에 억지로 동참시키려고 하는 시도에 대해 경고합니다. 그러면서 주님은 그가 마땅히 순종해야할 의무를 다시금 엄중한 어조로 반복해서 강조합니다. "너는 나를 따르라!" 요컨대 주님은 베드로에게 다른 형제들에 대해서는 상관하지 말고 오직 그가 주님으로부터 받은 사역을 이행하는 것에만 착념할 것을 명령하신 것입니다.

그리스도의 수수께끼와 같은 말씀과 요한이 순교를 당하지 않고 오랫동안 살아있었던 사실은 여기의 말씀과 관련하여 자연스럽게 "새로운 세상이 시작된 시점에 요한은 또 한 사람의 에녹처럼 죽지 않을 것"이라는 해석을 낳았습니다(23절). 요한은 주님의 말씀을 똑같이 반복함으로써 한 편으로 그러한 해석이 오류임을 지적하면서 동시에 다른 편으로 그것의 가정법적 형식과 수수께끼적 성격을 강조합니다. "이 말씀이 형제들에게 나가서 그 제자는 죽지 아니하겠다 하였으나 예수의 말씀은 그가 죽지 않겠다 하신 것이 아니라 내가 올 때까지 그를 머물게 하고자 할지라도 네게 무슨 상관이냐 하신 것이러라"(23절).

나는 여기의 이야기 속에서 많은 교훈을 발견할 수 있다고 생각합니다. 이제 그러한 것들을 몇 가지 살펴보도록 합시다.

1. 첫째, "내가 그를 머물게 하고자 할지라도"라는 장엄한 표현 속에서 우리는 부활하신 주님이 생명과 죽음의 주인으로서 나타나는 것을 발견합니다.

베드로에게 사명을 맡기는 것 속에서, 예수 그리스도는 자신의 종의 행동을 절대적으로 통제하며 결정하는 권리를 주장함과 동시에 그의 운명과 종말을 예견하며 예언하는 능력을 나타내셨습니다. 그러나 "내가 그를 머물게 하고자 할지라도"라는 말씀 속에서 그는 한 걸음 더 앞으로 나아갑니다. 생명을 전달하며 삶을 지탱하는 것은 신적 특권입니다. 물질적 세계에서 자신의 의지(意志)에 의해 행동하는 것은 신적 특권입니다. 예수 그리스도는 여기에서 자신의 의지가 인간의 모든 복잡한 역사와 인생의 모든 신비 속에서 주권적 권능으로 펼쳐짐을 주장하고 계십니다. 인자(人子)이신 그는 자신이 원하는 자를 살립니다. 그는 "죽이기도 하고 살리기도 하는" 권능을 가지고 계십니다. 만일 "내가 그를 머물게 하고자 할지라도"라는 표현이 신적 입술이 아닌 보통사람의 입술로부터 나왔다면, 그것은 참으로 터무니없는 말이 되었을 것입니다.

이와 같이 우리는 여기에서 예수 그리스도께서 자신의 신적 특권을 눈에 띄지 않는 방식으로 고요하게 주장하는 가장 강력하며 명백한 실례(實例) 가운데 하나를 보게 됩니다.

이와 같이 말씀하신 자가 무덤으로부터 살아나신 후 디베랴 바닷가에서 아침 미명(微明)에 여기의 일곱 사람 앞에 서 계셨던 것을 생각해 보십시오. 그의 부활은 그가 죽음의 주인임을 증명했습니다. 그는 승리자로서 죽음을 자신의 병거 바퀴에 묶었습니다. 그들 부활하신 후 거기에 그들 앞에

서셨습니다. 며칠 동안 무덤에 계셨음에도 불구하고 그에게는 썩음의 아무런 흔적도 없었습니다. 그는 "죽은 자들 가운데서 부활하셔서 능력으로 하나님의 아들로 선포"되셨습니다(롬 1:4). "미련하고 마음에 더디 믿는" 자들이었음에도 불구하고, 그들은 그리스도께서 죽으시고 부활하심으로 말미암아 산 자와 죽은 자의 그리고 생명과 죽음의 주인이 되셨음을 깨닫기 시작했습니다(눅 24:25).

여기의 두 사도의 이후의 역사는 그와 같은 그리스도의 주장이 타당한 것이었음을 충분히 입증합니다. 베드로는 옥에 갇혔다가, 모든 희망이 사라지는 마지막 순간 갑자기 구원받습니다. 그럼으로써 또 다른 옥에 갇혀 이번에는 구원받지 못하고 순교하게 되었을 때, 그는 그것이 박해자들의 힘이 강하기 때문이 아니라 주님의 뜻 때문이라는 것을 이해할 수 있었습니다. 또 요한은 항상 함께 다녔던 형제 야고보가 사도들 가운데 첫 번째로 죽임을 당하는 것을 보아야만 했습니다. 자신은 초창기 동료들이 떠난 이후에도 오랫동안 살면서 이 땅에 계속 머물러 있었던 반면 말입니다. 틀림없이 그는 여러 차례 자신도 떠나기를 바랐을 것입니다. 홀로 새로운 세상에 둘러싸인 채 그리고 여러 가지 걱정거리에 억눌린 채, 틀림없이 그는 자신이 져야만 하는 십자가가 순교로 말미암아 일찌감치 안식으로 들어간 동료들의 십자가보다 결코 가볍지 않음을 느꼈을 것입니다. 종종 그에게 사는 것이 곧 순교였습니다. 우리는 계시록의 마지막 구절 속에서 그의 간절한 바람을 듣습니다. "아멘 주 예수여 오시옵소서"(22:20). 의심의 여지 없이 그의 마음은 항상 주님의 뜻 위에 머무는 가운데 "선생님이 오셔서 너를 부르신다"라는 반가운 소식을 온유함과 인내로 기다렸을 것입니다(요 11:28).

사랑하는 친구들이여, 우리 역시도 부활하신 예수 그리스도가 생명과 죽음의 주인이라는 믿음을 항상 마음속에 간직하고 있어야 합니다. 그리고 항상 우리 자신을 그의 신적 의지(意志)에 순복시켜야 합니다. 죽음 안으로 들어가심으로써 그것을 정복한 그는 우리의 주인이신 것과 마찬가지로 죽음의 주인이십니다. 그가 어떤 종을 자기에게로 데려오기를 뜻하실 때, 그는 검은 옷을 입은 종에게 "가서 그를 데려오라"라고 명령하십니다. 오랜 후 밧모 섬에서 요한이 본 환상은 여기의 "내가 그를 머물게 하고자 할지라도"라는 표현이 함축하는 것과 동일한 사실을 함축합니다. "곧 살아 있는 자라 내가 전에 죽었었노라 볼지어다 이제 세세토록 살아 있어 사망과 음부의 열쇠를 가졌노니"(계 1:18). 그가 "전에 죽었었다가 부활하셔서 영원히 살아계시는" 것은 그의 신적인 영원한 생명으로 말미암은 것입니다. 그는 죽으셨다가 부활하심으로 말미암아 생명과 죽음의 주인이 되셨습니다. 죽음과 음부의 열쇠를 들고 있는 손은 다름 아닌 십자가에 못 박힌 손입니다. "다윗의 열쇠를 가지신 이 곧 열면 닫을 사람이 없고 닫으면 열 사람이 없는 그가 이르시되"(계 3:7).

2. 둘째, 여기의 이야기 속에서 우리는 인내로써 기다리는 섬김을 보게 됩니다.

"내가 올 때까지 그를 머물게 하고자 할지라도 네게 무슨 상관이냐 너는 나를 따르라." 베드로는 행동의 사람이었습니다. 그는 깊이 생각하는 사람이 아니라 충동적인 사람이었습니다. 그는 자신의 생각과 감정을 표현할 때도 즉흥적으로 표현하고, 또 어떤 행동을 할 때도 즉흥적으로 행동하는 사람이었습니다. 변화산에서의 광경을 생각해 보십시오. 그는 조용히 귀를 기울여 세 사람의 대화를 듣는 대신 당장 팔을 걷어붙이고 "초막 셋"을 짓기를 원했습니다. 갈릴리에서도 마찬가지였습니다. 그는 조용히 앉아 주님이 오실 때까지 기다릴 수 없었습니다. 그렇게 하는 대신 그는 동료들에게 "고기를 잡으러 가자"고 제안해야만 했습니다. 고기를 잡는 배 안에서도 마찬가지였습니다. 바닷가에 서 있는 자가 주님이라는 사실을 알았을 때, 그는 즉시로 물로 뛰어 내려 텀벙거리며 주님에게도 달려가야만 했습니다. 먼저 주님을 알아보았던 요한은 그대로 배에 조용히 앉아 있었던 반면 말입니다. 또 사도행전 앞부분을 보십시오. 그러면 여러분은 거기에서 그의 활기찬 에너지가 불타며 빛을 발하는 것을 보게 될 것입니다. 제일 먼저 울려 퍼지는 것은 항상 그의 목소리였습니다. 오순절에 말씀을 전파하는 것이든, 병자를 고치는 것이든, 산헤드린과 맞서는 것이든 모두 마찬가지였습니다. 사역의 현장에서든 충돌의 현장에서든, 제일 앞에 서 있는 자는 항상 그였습니다.

반면 요한은 그다지 두드러지지 않습니다. 대부분의 경우 그는 베드로 옆에 조용히 서 있는 인물로 나타납니다. 우리는 그가 특별히 무슨 일을 행했다는 이야기를 듣지 못합니다. 그는 교회의 선교사역에서 별다른 역할을 맡지 않은 것으로 보입니다.

그는 "머물렀습니다"(tarry) — 그것이 전부였습니다. 그 단어(tarry)는 그의 복음서와 서신들에서 그리스도인의 내적 경험을 표현하는 것으로서 그리고 그리스도를 알고 그를 닮아가며 그가 기뻐하는 열매를 맺는 조건을 표현하는 것으로서 너무나 자주 사용된 "거하다"(abide)와 같은 의미를 가진 단어입니다. 여기에서 요한과 관련하여 그리스도께서 사용하신 "머무름"(tarry)이라는 표현은 당시 많은 사람들이 오해했던 것처럼 단순히 그의 삶이 계속될 것이라는 것을 의미하는 것이었을 뿐만 아니라 또한 그의 삶이 어떤 형태가 될 것인지를 규정하는 것이었습니다. 그의 삶은 "주의 전에 거하며" 깊이 묵상하는 삶이 될 것이었습니다. 그의 마음은 마치 조용한 산 속에 있는 작은 호수처럼 항상 고요할 것이었습니다. 그리고 그 호수의 수면 위에는 항상 파란 하늘이 반사되어 빛날 것입니다.

이와 같은 고요한 묵상의 삶은 그 자체로 열매를 맺습니다. 그의 묵상 속에서 주님이 행하시고 말씀하셨던 것들이 그에게 점점 더 분명해져가고 있었습니다. 그가 자신의 기억의 창고를 응시할 때마다, 주님이 행하시고 말씀하셨던 것들은 더 깊은 의미로 나타났으며 그와 함께 새로운 계시들이 펼쳐졌습니다. 그는 고요히 묵상하는 가운데 풍성한 추수를 거두었습니다. 그는 신약의 지성소인 그의 복음서 안에서 풍성한 진리의 곡식단을 모았으며, 그의 서신들에서 "하나님은 사랑이시라"는 계시의 알파와 오메가를 선포했습니다. 그것은 하늘로부터 내려진 황금사슬의 끝에 매달려 있는 빛나는 다이아몬드였습니다. 어쩌면 동료들은 때로 그를 "아무 일도 하지 않는 게으른 사람"으로 생각했을는지도 모릅니다. 그러나 그의 "머무름"은 결코 무익한 것이 아니었습니다.

사랑하는 형제들이여, 항상 바쁘게 돌아가는 세상 역사 속에서 우리는 이런 형태의 일이 반드시 필요하다는 사실을 인식할 필요가 있습니다. 세상과 교회 역사 속에서 오늘날보다 이러한 사실이 더 강조될 필요가 있었던 때는 결코 없었습니다. 오늘날 선한 자들과 악한 자들이 함께 공모하여 사람들로 하여금 외적으로 활발하게 활동하지 않는 자들은 필연적으로 게으름뱅이에 불과하다고 생각하도록 만듭니다. 물론 많은 사람들의 경우 그럴 것입니다. 그러나 모두가 다 그런 것은 아닙니다. 하나님 앞에 머물며 고요히 묵상하는 과정 없이 단지 외적인 일에만 열심을 내는 것에는 항상 위험이 따르는 법입니다.

우리의 매일의 삶의 혼잡과 압박, 즉각적 결과물을 얻고자 하는 강렬한 바람, 실천적이지 않은 기독교는 아무것도 아니라는 사상, 다른 사람들의 삶의 상황에 대한 책임의식, 오늘날 모든 교회들 가운데 크게 증가하고 있는 모든 종류의 국내선교 기관들과 해외선교 기관들 — 이 모든 것은 나름대로의 근거와 함께 선한 요소들을 가지고 있습니다. 그러나 다른 모든 선한 것들과 마찬가지로, 여기에도 잠재적 위험이 있습니다. 나는 여러분이 그러한 위험을 심각하게 깨닫기를 간절히 바랍니다. 예수 그리스도를 보다 더 개인적이며 인격적으로 이해하기 위해 그리고 그를 아는 지식이 계속적으로 진보되기를 위해, 우리는 그와의 고요한 교제를 향해 계속적으로 나아갈 필요가 있습니다. 대륙의 절반에 물을 공급하는 거대한 강을 생각해 보십시오. 그러한 강은 반드시 외롭게 우뚝 솟은 높은 산으로부터 발원해야만 합니다. 자신의 기독교적 열정의 신선함을 계속해서 유지하고자 하는 사람들, 그리고 충성된 봉사로 말미암아 그러한 열정이 소진되어 버렸다고 느끼는 사람들은 다시금 주님에게로 가야만 합니다. 오직 그럴 때만 그들의 열정은 다시 새로워질 수 있습니다.

나아가 여기에는 우리 모두를 위한 관용의 교훈이 있습니다. 앞에서도 이야기한 것처럼, 행동적인 사람들은 항상 다른 사람들을 자신의 울타리 안으로 끌어들이는 경향이 있습니다. 마리아가 그리스도의 발 앞에 앉아 있었을 때, 마르다는 항상 그녀가 아무 일도 하지 않는다고 생각했습니다.

그리고 마땅히 그녀가 부엌으로 와서 자신을 도와주어야만 한다고 생각했습니다. 수고하는 손이 있어야 하는 것처럼 보는 눈도 있어야만 합니다. 그러므로 수고하는 손이 보는 눈에게 "너는 아무짝에도 쓸모없어!"라고 말해서는 안 됩니다. 깊이 생각할 수 없는 사람들이 있습니다. 그런가 하면 많은 일을 할 수 없는 사람들도 있습니다. 하나님께서 외적으로 열심히 일하도록 선택한 사람들이 있습니다. 그런가 하면 하나님께서 홀로 외딴 곳에서 깊이 묵상하도록 선택한 사람들도 있습니다. 우리는 우리 마음대로 사람들을 배치할 수 없습니다. 존 번연을 생각해 보십시오. 베드포드셔 지역을 돌아다니며 소수의 사람들에게 말씀을 전파할 때보다 베드포드 감옥에 갇혀 깊은 묵상에 잠겨 있을 때, 그는 세상을 위해 훨씬 더 큰 일을 하지 않았습니까? 바울의 몇몇 서신들을 포함해서 옥중에서 기록된 기독교 문학이 교회에 얼마나 크고 보배로운 영향을 끼쳤는지 생각해 보십시오.

우리 모두는 "너희는 따로 한적한 곳에 가서 잠깐 쉬어라"라는 주님의 음성에 귀를 기울일 필요가 있습니다(막 6:31). 일하는 것은 중요합니다. 그러나 그 일의 기초가 더 중요합니다. 행동은 중요합니다. 그러나 행동의 기초가 되는 생명이 훨씬 더 중요합니다. 오늘날 소위 기독교 사역이라고 일컬어지는 것들 가운데 생명이 아니라 단지 기교에 불과한 것들이 많이 있습니다. 그러한 것들은 그 본래의 기초로부터 미끄러졌으며 그리하여 무력합니다. 우리는 우리의 일과 같지 않은 다른 형태의 일들에 대해 관용의 정신을 가져야 합니다. 우리는 다른 사람들을 우리의 길로 억지로 끌어당겨서도 안 되고, 억지로 그들을 흉내 내려고 추구해서도 안 됩니다. 베드로로 하여금 대제사장들과 맞서 싸우며 열심히 말씀을 전파하게 하십시오. 그리고 요한으로 하여금 집에서 주님의 어머니를 돌보며 주의 영과 더불어 깊이 교제하게 하십시오.

3. 마지막으로, 우리는 여기에서 주님이 당신의 뜻을 나타내지 않는 것조차 묵묵히 받아들이는 것을 보게 됩니다.

주의 말씀의 의미와 관련하여 요한의 형제들이 가졌던 잘못된 이해는 매우 자연스러운 것이었습니다. 특별히 그가 매우 오래 살았던 사실을 생각할 때 더욱 그렇습니다. 그가 죽지 않을 것이라는 믿음은 심지어 그가 죽은 오래 후까지도 완전히 사라지지 않았습니다. 그의 죽음에도 불구하고 그가 어디엔가 살아있다는 이야기가 끊임없이 나돌았습니다. 이미 죽었음에도 불구하고 어떤 산 속에서 잠자며 쉬고 있다는 어떤 영웅들의 전설처럼 말입니다.

요한은 주님의 말씀의 정확한 의미가 무엇인지 알지 못했습니다. 그러나 그는 그것을 억지로 해석하려고 하지 않았습니다. 어쩌면 그의 형제들이 옳을는지도 몰랐습니다. 또 그들이 틀릴는지도 몰랐습니다. 어쨌든 그는 알지 못했습니다. 그가 확실하게 아는 한 가지는 주님이 정확하게 어떻게 말씀하셨는가 하는 것이었습니다. 그것은 "내가 올 때까지 그를 머물게 하고자 할지라도 네게 무슨 상관이냐?"라는 말씀이었습니다(23절). 다만 그는 주님의 뜻대로 될 것을 확신하는 가운데 묵묵히 그리고 조용히 따를 뿐입니다. 그는 사실상 이렇게 말하고 있는 셈이었습니다. "주님의 말씀이 정확하게 무엇을 의미하는지 나는 알지 못해. 그러나 그것은 아무 문제도 되지 않아. 내가 그를 찾으러 그에게로 가는 것도 좋은 일이며, 그가 나를 찾으러 나에게 오는 것도 좋은 일이야. 어느 쪽이든, 여기에 계속해서 머무름으로써 나는 그와의 더 깊은 교제 속으로 들어갈 것을 알아. 그러므로 나는 그 모든 것을 그의 손에 맡길 거야."

사랑하는 형제들이여, 바로 이것이 여러분과 내가 도달해야 할 복된 수준이 아닙니까! 그것은 그의 뜻에 고요하게 순복하는 것입니다. 이것은 무관심이 아닙니다. 이것은 주님이 당신의 뜻을 확실하게 나타내지 않을 때 그것을 묵묵히 받아들이는 것입니다. 예수 그리스도와의 친밀한 교제 가운데 거하는 영혼들은 미래와 관련한 모든 비밀과 난제들을 흔들림 없는 확신으로 그에게 맡길 수 있을 것입니다. 왜냐하면 그와의 연합 속에는 또한 그것의 영속성에 대한 확신이 포함되어 있기 때문입니다. 시편 기자는 "주의 교훈으로 나를 인도하시고 후에는 영광으로 나를 영접하시리니"라고 고백할 수 있었습니다(시 73:24). 그것은 그가 "내가 항상 주와 함께 하니"라고 말할 수 있었기 때문이었습니다(23절). 이와 마찬가지로 우리 모두는 현재의 경험으로부터 미래의 영원한 생명에 대한 확신으로 나아갈 수 있습니다. 죽음의 두려운 가위는 온갖 종류의 친밀한 연합의 띠를 자릅니다. 그러나 그 가위는 영혼을 구주에게 묶는 매듭은 결코 자르지 못합니다. 항상 살아계시는 그리스도와의 교제의 능력을 경험한 사람은 그와의 연합이 영원한 것일 수밖에 없음을 느끼지 않을 수 없습니다. 그는 또한 그리스도께서 살아계시기 때문에 그리고 그가 살아계시는 한 자기 역시도 살아있을 것을 느끼지 않을 수 없습니다.

그러므로, 이와 같이 그리스도 안에 거하는 영혼에게 삶과 죽음의 문제는 점점 더 작은 문제로 축소됩니다. 만일 내가 산다면, 나에게 이 땅에서 해야 할 일이 있을 것입니다. 그리고 그런 가운데 나는 그의 사랑을 소유할 것입니다. 만일 내가 죽는다면, 나에게 또한 하늘에서 해야 할 일이 있을 것입니다. 그리고 그런 가운데 나는 그의 사랑을 더 풍성한 분량으로 소유할 것입니다. 그러므로 그런 영혼에게 있어 삶과 죽음을 결정하는 문제를 생명과 죽음의 주인에게 맡기는 것은 결코 어려운 일이 아닐 것입니다. 그리고 그는 모든 것을 그의 은혜의 손에 맡긴 채 묵묵히 받아들일 것입니다. 이와 같이 그리스도의 뜻을 조용히 받아들이는 것은 그와의 고요한 교제 안에 머무는 것의 한 상급입니다.

사랑하는 친구여! 당신에게 죽음은 아주 작은 문제가 되었습니까? 당신은 죽음이 당신의 참된 자아를 건드리지 못할 것이라는 사실을 확신합니까? 당신은 삶과 죽음의 문제를 그의 손에 맡길 수 있습니까? 당신은 그의 결정에 만족할 수 있습니까? 당신은 그의 결정을 둘러싸고 있는 불확실성을 묵묵히 받아들일 수 있습니까? 당신은 이렇게 고백할 수 있습니까?

"주여, 사느냐 죽느냐 하는 것은
내가 염려할 문제가 아니나이다."

앞의 질문들에 대한 대답은 다음의 질문에 대한 대답 속에 포함되어 있습니다. “당신은 구원을 위해 죄로 얼룩진 당신의 영혼을 예수 그리스도께 맡기고, 그로부터 생명을 끌어냅니까?” 그렇다면 당신이 하늘에 있든 땅에 있든, 그것은 아무 문제도 아닙니다. 왜냐하면 어디에 있든 당신의 생명의 본질은 같을 것이기 때문입니다. 어디에 있든, 당신의 교제도 하나이고 당신의 일도 하나일 것입니다. 만일 나에게 사는 것이 그리스도라면, 나에게 있어 죽는 것 또한 유익한 일이 될 것입니다. “이는 내게 사는 것이 그리스도니 죽는 것도 유익함이라”(빌 1:21).

사도행전 I

1
승천

"1 데오빌로여 내가 먼저 쓴 글에는 무릇 예수께서 행하시며 가르치시기를 시작하
심부터 2 그가 택하신 사도들에게 성령으로 명하시고 승천하신 날까지의 일을 기
록하였노라 3 그가 고난 받으신 후에 또한 그들에게 확실한 많은 증거로 친히 살아
계심을 나타내사 사십 일 동안 그들에게 보이시며 하나님 나라의 일을 말씀하시
니라 4 사도와 함께 모이사 그들에게 분부하여 이르시되 예루살렘을 떠나지 말고
내게서 들은 바 아버지께서 약속하신 것을 기다리라 5 요한은 물로 세례를 베풀었
으나 너희는 몇 날이 못되어 성령으로 세례를 받으리라 하셨느니라 6 그들이 모였
을 때에 예수께 여쭈어 이르되 주께서 이스라엘 나라를 회복하심이 이 때니이까
하니 7 이르시되 때와 시기는 아버지께서 자기의 권한에 두셨으니 너희가 알 바 아
니요 8 오직 성령이 너희에게 임하시면 너희가 권능을 받고 예루살렘과 온 유대와
사마리아와 땅 끝까지 이르러 내 증인이 되리라 하시니라 9 이 말씀을 마치시고 그
들이 보는데 올려져 가시니 구름이 그를 가리어 보이지 않게 하더라 10 올라가실 때
에 제자들이 자세히 하늘을 쳐다보고 있는데 흰 옷 입은 두 사람이 그들 곁에 서서
11 이르되 갈릴리 사람들아 어찌하여 서서 하늘을 쳐다보느냐 너희 가운데서 하늘
로 올려지신 이 예수는 하늘로 가심을 본 그대로 오시리라 하였느니라 12 제자들이
감람원이라 하는 산으로부터 예루살렘에 돌아오니 이 산은 예루살렘에서 가까워
안식일에 가기 알맞은 길이라 13 들어가 그들이 유하는 다락방으로 올라가니 베드
로, 요한, 야고보, 안드레와 빌립, 도마와 바돌로매, 마태와 및 알패오의 아들 야고
보, 셀롯인 시몬, 야고보의 아들 유다가 다 거기 있어 14 여자들과 예수의 어머니 마
리아와 예수의 아우들과 더불어 마음을 같이하여 오로지 기도에 힘쓰더라"

행 1:1–14

승천은 누가에 의해 두 번 언급됩니다. 초자연적 탄생에 의해 시작된 생애는 마침내 초자연적 승천과 함께 끝납니다. 그리고 그러한 승천은 그리스도의 주장과 사역에 하늘의 인(印)을 칩니다. 따라서 누가복음은 승천과 함께 끝나지만, 그러나 그것은 동시에 교회의 성장으로 귀결되는 그리스도의 하늘의 활동의 출발점입니다. 그러므로 사도행전은 승천과 함께 시작합니다.

1절과 2절에 "먼저 쓴 글" 즉 누가복음의 개요가 기록되어 있는데, 그것은 "예수께서 행하시며 가르치시기를 시작하심부터 그가 택하신 사도들에게 성령으로 명하시고 승천하신 날까지의 일을 기록한" 것입니다. 계속해서 누가는 자신의 두 번째 책이 예수께서 승천하신 이후 행하시고 가르치신 것에 대한 이야기를 담고 있음을 언급합니다(3절). 그러나 그는 곧바로 자신의 이야기의 큰 흐름 속으로 빠져들어갑니다. 따라서 우리는 그의 두 책 사이의 대조를 첫 번째 책의 내용과 관련하여 그가 언급한 것으로부터 추론해야만 합니다.

그러므로 이 책에 붙여진 "사도행전" 즉 "사도들의 행적(行蹟)에 관한 이야기"란 이름은 잘못된 이름입니다. 왜냐하면 대다수의 사도들이 이 책과 특별하게 관련되어 있지 않을 뿐만 아니라 또한 1절에 암시되어 있는 것처럼 이 책 전체를 통해 행하시는 자는 그리스도 자신이기 때문입니다. 특별히 이러한 사실은 많은 곳에서 교회의 확장과 관련한 결정적 사건들이 "주"께 돌려지는 사실에서 분명하게 나타납니다. 한 쪽 측면에서 그리스도의 지상 사역(使役)은 십자가 위에서 끝나지만, 그러나 다른 쪽 측면에서 그렇게 끝난 사역은 단지 그의 행하심과 가르치심의 또 다른 시작에 불과합니다.

그러므로 우리는 이 땅에서의 그의 가르침을 그의 계시의 완성으로 간주해서는 안 됩니다. 복음서들은 그리스도 자신의 가르침을 담고 있는 반면 서신들은 단지 바울이나 혹은 요한의 가르침을 담고 있는 것일 뿐이라고 생각하면서 서신서들을 제쳐놓는 것은 이 땅에서의 예수의 활동과 하늘에서의 그의 활동 사이의 관계를 오해하는 것입니다.

계속해서 이 책의 주제가 부활과 승천 사이에 벌어진 사건들에 대한 간략한 요약과 함께 언급됩니다. 누가는 이러한 사건들을 자신의 복음서 끝에서 이야기했지만, 그러나 거기에서 때와 관련해서는 전혀 언급하지 않았습니다. 자신의 복음서 끝에서 누가는 부활의 날에 벌어졌던 일과 그 이후 수 주일에 걸쳐 일어난 일들을 한 묶음으로 이야기합니다. 이 부분을 읽은 어떤 사람이 승천이 부활의 날 당일에 일어났다고 생각할 수 있을 정도로 말입니다. 그러나 누가는 여기 즉 자신의 두 번째 책 초두에서 복음서 끝에 이야기한 것을 좀 더 상세하고 언급하면서, 부활의 날과 승천 사이에 여러 날이 경과했음을 분명하게 밝힙니다. 누가복음 끝의 간략한 요약과 사도행전 초두의 비교적 상세한 설명은 조금도 모순되지 않습니다.

40일 동안 벌어진 사건들 가운데 다음과 같은 세 가지가 두드러집니다. 첫째로 몇 가지 명령의 말씀을 주시는 것과, 둘째로 그리스도께서 자신의 살아계심을 실제적으로 나타내시는 것과(보는 것과 만지는 것과 듣는 것 등에 의해), 셋째로 하나님의 나라가 주어지는 것과 관련한 교훈이 그것입니다. 예전의 그리스도와 제자들의 연속적(連續的) 교제는 끝났습니다. 이제 주님은 이따금씩 나타나셨습니다. 주님이 제자들에게 오실 때, 제자들은 그가 어디로부터 오시는지 알지 못했습니다. 주님이 그들로부터 떠날 때, 그들은 그가 어디로 가는지 알지 못했습니다.

어떤 종류의 거룩한 두려움으로 말미암아 그들은 주님을 붙잡아 두려고 한다든지 혹은 그를 따르고자 할 수 없었습니다. 그들의 마음은 여러 가지 감정들로 이상하게 뒤엉켜 있었습니다. 그들은 이제부터 그리스도 없이 행동하도록 서서히 훈련되고 있었습니다. 이러한 기간 동안 특별한 신적 섭리와 은혜로 말미암아 그리스도의 나타나심과 떠나심이 교차되고 있었습니다.

이와 같은 교훈이 누가복음에도 언급되어 있는데, 거기에서는 “그들의 마음을 열어 성경을 깨닫게 하시는” 것으로 나타납니다(24:45). 그때 그들이 배워야만 했던 하나님의 나라와 관련한 주된 사실은 그것이 구약의 예언들을 성취한 그리스도의 죽음 위에 세워지는 것이라는 사실이었습니다.

그 외에 많은 것들이 아직 가르쳐지지 않고 남아 있었는데, 그러한 것들은 시간이 지남과 함께 점차로 분명하게 알려지게 될 것이었습니다. 그러나 이러한 기간 동안 비춰진 조명(照明)으로부터 사도들의 놀랄 만한 용기와 확신이 흘러나왔습니다. 특별히 처음에 교회가 통치자들과 충돌할 때 그러했습니다. 그리스도는 하나님의 나라의 왕이며, 십자가는 그의 보좌입니다 — 이러한 진리는 사도들의 사고(思考)에 혁명을 일으켰습니다. 이러한 진리는 또한 오늘날의 우리에게도 똑같이 절대적으로 필요합니다.

4절부터의 이야기는 그리스도의 마지막 나타나심을 언급한 것으로 보입니다. 아마도 그것은 예루살렘 도성 안에서 시작되어 감람산에서 끝났을 것입니다. 여기에는 열한 사도에 대한 엄숙한 부르심이 있었는데, 이것은 특별히 두 번 언급됩니다(4절, 6절). 그리스도 주위에 모였을 때, 그들 사이에 일종의 장엄하며 엄숙한 기대감이 있었습니다. 아마도 그들은 지금이 마지막 때가 아닌가 반신반의(半信半疑)했던 것으로 보입니다. 그런 그들에게 그리스도는 그들이 홀로 남겨졌을 때 하지 말아야 할 것과 해야 할 것을 분명하게 말씀해 주셨습니다. 이것은 명백히 작별의 어투였습니다.

예루살렘을 떠나지 말라는 명령은 만일 그들 뜻대로 내버려둔다면 그들이 곧 그곳을 떠났을 것임을 함축합니다. 설령 그들이 자신들의 고향인 갈릴리로 서둘러 돌아가 자신들의 발로부터 주님이 죽임을 당하신 예루살렘 도성의 티끌을 속히 털어버리기를 바랐다 하더라도, 그것은 그다지 놀랄 일이 아닙니다. 실제로 주님이 떠나시고 바리새인들과 제사장들과 로마의 관원들이 자신들을 둘러쌌을 때, 그들은 스스로를 이리 가운데 있는 양들처럼 느꼈습니다. 목자 없는 양떼가 흩어지는 것은 조금도 이상한 일이 아닙니다! 그러나 신적 섭리에 있어서의 예루살렘의 중요성과 다른 장소라고 해서 특별히 안전할 수 없었던 사실은 그들로 하여금 모든 사역을 예루살렘으로부터 시작하도록 만들었습니다. 그리하여 그들은 갈릴리로 돌아가고자 하는 자신들의 자연적 바람을 포기하고 위험한 장소에 그대로 머물러야 했습니다. 우리 역시도 마찬가지입니다. 우리는 "어디가 우리에게 가장 편안하고 안전한 곳인가?"라고 묻지 말고, "어디가 우리에게 그리스도를 가장 효과적으로 전파할 수 있는 곳인가?"라고 물어야 합니다. 또한 우리는 대부분의 경우 원수들이 가장 격렬하게 반대하는 곳에서 복음의 문이 가장 넓게 그리고 가장 효과적으로 열린다는 사실을 기억해야 합니다.

이렇게 하여 열한 명의 가련한 제자들은 주님으로 말미암아 무거운 임무와 함께 그리고 아무런 도움도 없이 남겨졌습니다. 주님은 그들에게 약속하신 성령을 "기다리라"고 명령하셨는데, 그의 오심과 관련하여 그들은 주님이 다락방에서 "보혜사"에 대해 말씀하실 때 들었습니다(요 14:16). 그들은 홀로 행하기에는 너무나 미약했으므로, 자신들을 소생시키며 강하게 하며 변화시키는 불세례 속으로 던져질 때까지 조용히 물러나 있어야 했습니다.

여기에 나타나는 약속과 명령의 순서는 예수께서 사도들의 연약함을 깊이 헤아리셨음을 보여줍니다. 그들의 마음을 성령의 약속으로 채울 때까지, 주님은 증인의 사명에 대해 단 한 마디도 말씀하지 않으셨습니다. 주님은 그들에게 싸움의 현장을 가리키기 전에 먼저 그들이 입어야만 하는 능력의 갑옷을 보여주셨습니다. 때를 기다리는 것은 시간낭비가 아닙니다. 너무 성급하게 사역 속으로 뛰어 들어가는 것은 필경 패배로 끝날 것입니다. 우리 안에 능력이 임하는 것을 느낄 때까지, 우리는 가만히 있어야 합니다.

사도들이 어렴풋이 밖에는 알지 못했던 이러한 큰 선물의 약속은 그들의 큰 기대를 불러일으켰습니다. 이러한 약속을 받은 사실은 어떤 측면에서 그들로 하여금 스스로를 메시야 왕국을 세우는 선구자들로 여기도록 이끈 것으로 보입니다. 실제로 그것은 사실이었지만, 그러나 그들이 상상했던 것과는 전혀 다른 형태로 그러했습니다. 메시야 왕국과 관련한 40일 동안의 가르침은 그들로 하여금 "주께서 이스라엘 나라를 회복하심이 이 때니이까?"라는 질문 속에 채색되어 있는 그들의 옛 유대주의적 개념으로부터 벗어나게 만드는 데 충분하지 못했습니다(6절). 그들은 예수께서 자신의 나라를 세우실 수 있음을 믿었습니다. 본인이 뜻하기만 한다면 말입니다. 그들은 옳으면서 동시에 틀렸습니다. 그가 왕이라는 점에서 그들은 옳았지만, 그러나 그 나라를 세우는 것이 단번의 능력의 행동에 의해서가 아니라 복음을 전파하는 점진적 과정에 의해 이루어지는 것이라는 점에서 그들은 틀렸습니다.

우리 주님은 그들의 잘못된 생각을 상관치 않으셨습니다. 그것은 단순히 시간이 경과함과 함께 그리고 앞으로 펼쳐질 사건들에 의해 고쳐질 수 있는 것이었습니다. 그렇게 하는 대신 주님은 큰 원리들을 제시하시는데, 이것은 그들과 마찬가지로 우리에게도 동일합니다. "때와 시기" 즉 새로운 기원을 여는 결정적 순간은 오직 하나님만 아십니다. 우리의 일은 그때와 관련하여 호기심을 가지고 추측하는 것이 아니라, 어느 때든지 교회에 부과되는 명백한 의무를 준행하는 것입니다. 그리스도의 증인으로서의 그의 백성들의 영속적 임무와 그들이 그러한 임무를 위해 구비(具備)되는 것 즉 성령의 능력이 그들 위에 임하는 것과, 그들의 사역의 범위 즉 그들의 사역이 예루살렘과 사마리아와 온 세상으로 계속해서 확장해 나가야 하는 것은 감람산에 서신 주님의 마지막 말씀 속에서 초창기 제자들만을 위해서가 아니라 모든 세대의 모든 개인들을 위해 제시됩니다.

여기에서 승천 이야기의 고요한 단순성(calm simplicity)을 주목해 보십시오. 여기에서 그토록 큰 사건이 매우 절제된 어법으로 짤막하게 제시됩니다. 한편 누가복음은 예수께서 제자들을 떠나시는 장면과 관련하여 "손을 들어 그들에게 축복하시더니"라는 표현과 함께 좀 더 상세하게 언급합니다(24:51). 사도행전에서는 승천을 묘사하기 위해 두 가지 표현이 사용되는데, 그 중 하나인 "올려져"는 그가 수동적이었음을 함축하는 반면 다른 하나인 "가시니"는 그가 능동적이었음을 함축합니다(9절). 양쪽 모두 사실입니다. 부활에 대한 이야기에서 어떤 때는 "일으킴을 받았다"(to have been raised)고 묘사되는가 하면 또 어떤 때는 "일어나셨다"(to have risen)고 묘사되는 것과 마찬가지로, 여기에서도 동일합니다. 아버지가 아들을 영광으로 올리셨으며, 아들은 세상을 떠나 아버지께로 가셨습니다. 그를 보좌로 올리기 위해 어떤 불병거도, 어떤 회리바람도 필요치 않았습니다. 엘리야는 그러한 도구로 말미암아 그에게 새로운 영역으로 옮겨졌지만, 예수는 자신이 전에 있었던 곳으로 올라갔습니다.

오직 이러한 떠남의 방법만이 그의 초자연적 탄생과 온전하게 상응됩니다. 그는 자신의 인성(人性)을 하나님의 보좌로 옮겼습니다. 사람들이 승천하는 그를 바라보는 동안 구름이 그를 가렸는데, 그 구름은 아마도 그룹 가운데 거하시는 신적 임재의 상징인 그 빛나는 구름이었을 것입니다(9절). 그가 사람들이 보는 가운데 그 구름 속으로 들어간 것은 그의 영화로워진 인성이 신적 영광에 영원히 참여하기 시작했음을 상징하는 것이었습니다.

사람들은 그가 영광의 구름 속으로 들어가 가려지는 동안 계속해서 그를 바라보았습니다. 사랑하는 사람을 태운 배가 수평선 너머 멀리 사라지는 것을 계속해서 바라보는 사람들을 상상해 보십시오. 여기의 제자들의 경우가 바로 그러하지 않습니까! 바로 이 순간이야말로 그의 탄생을 고지(告知)하고 또 그의 죽음을 목격한 천사들이 그의 다시 오심을 선포하기에 가장 적합한 순간이었습니다.

가장 쓰라린 이별의 순간, 사도들의 마음속에 다시 만날 큰 소망이 부어지는 것은 얼마나 큰 은혜입니까! 여기의 천사들의 메시지보다 더 명확하고 확실한 약속은 결코 없습니다. "갈릴리 사람들아 어찌하여 서서 하늘을 쳐다보느냐 너희 가운데서 하늘로 올려지신 이 예수는 하늘로 가심을 본 그대로 오시리라"(11절). 이러한 약속은 모든 세대에 그가 다시 오실 것이며, 오실 자는 떠나신 바로 그 예수일 것이며, 그의 오심은 그의 떠남과 마찬가지로 가시적(可視的)이며 육체적이며 장소적일 것이라는 확실한 믿음과 소망을 줍니다. 그는 또 다시 그의 모든 온유하심과 그의 모든 형제의 마음과 그의 모든 신적 능력을 가지고 오실 것이며, 그의 종들을 자기에게로 모을 것입니다.

그들이 이러한 소망과 함께 다락방으로 돌아와 오순절이 이르기까지 열흘 동안 한 마음으로 기도하며 기다린 것은 조금도 놀랄 일이 아닙니다.

우리도 어떤 약속과 그것이 이루어질 때 사이의 기간을 이와 같이 사용해야 합니다. 형제들과 온전히 연합하여 믿음으로 기도하며 인내로써 기다리는 것은 우리로 하여금 성령을 선물로 받도록 준비시키며, 예수를 위한 증인이 되도록 구비(具備)시킬 것입니다.

2
사도행전의 주제

"데오빌로여 내가 먼저 쓴 글에는 무릇 예수께서 행하시며 가르치시기를 시작하심부터 그가 택하신 사도들에게 성령으로 명하시고 승천하신 날까지의 일을 기록하였노라"

행 1:1, 2

"바울이 온 이태를 자기 셋집에 머물면서 자기에게 오는 사람을 다 영접하고 하나님의 나라를 전파하며 주 예수 그리스도에 관한 모든 것을 담대하게 거침없이 가르치더라"

행 28:30, 31

이 책은 첫 번째 본문과 같이 시작하여 두 번째 본문과 같이 끝납니다. 여기에서 내가 처음과 끝을 나란히 놓은 것은 그렇게 하는 것이 저자의 목적을 파악하는 데 큰 도움이 되기 때문입니다. 1절의 "먼저 쓴 글"(이것은 물론 누가복음을 지칭하는 것임)이라는 표현은 이 책이 그 글의 연속이라는 사실을 함축합니다. 나아가 그러한 표현은 저자가 두 번째 글에서 무엇을 기록하려고 하고 있었는지에 대한 그 자신의 생각을 보여줍니다. "내가 먼저 쓴 글에는 무릇 예수께서 행하시며 가르치시기를 시작하심부터 … 승천하신 날까지의 일을 기록하였노라." 그렇다면 우리는 "나중 쓴 글"이 예수께서 승천하신 이후 계속해서 행하시고 가르치신 것을 기록한 것이라고 자연스럽게 추론할 수 있지 않습니까? 나는 그렇게 생각합니다. 이와 같이 저자는 본서 초두에 볼 줄 아는 눈을 가진 자들을 위해 자신이 하고자 의도하는 것이 무엇인지 그리고 이 책이 어떻게 진행될 것인지 제시합니다.

그러므로 "사도행전"(使徒行傳)이라는 이름은 잘못 붙여진 이름입니다 — 물론 이러한 이름은 동시대에 붙여진 이름이 아니라 후대에 붙여진 이름입니다. 왜냐하면 실제로 사도들 가운데 대부분의 사람들이 이 책에 나타나지 않기 때문입니다. 기껏해야 세 명 내지 네 명 정도 나타날 뿐입니다. 그렇지만 그것이 잘못 붙여진 이름이라는 것에 대한 더 중요한 이유가 있는데, 첫 번째 본문에 그 이유가 나타납니다. 만일 이야기의 주제가 예수께서 행하신 일을 다루는 것이라면, 그 책은 "사도들의 행전"이 아니라, 그들을 통해 행하시는 "예수 그리스도의 행전"이어야 합니다. 행동하는 자(Actor)는 예수 그리스도입니다. 이 책에 나타나는 사람들은 단지 그의 손에 들린 도구들일 뿐입니다. 그 홀로 체스 판의 말들을 움직이는 자입니다.

이 책의 주제와 관련한 이와 같은 개념은 나에게 있어 그 자체로 이 책에 대해 빛을 비추어주면서 동시에 이 책이 특이하게도 너무나 갑작스럽게 끝나는 것에 대한 이유를 설명해주는 것처럼 보입니다. 이 책이 바울을 로마에 남겨두는 것으로 갑작스럽게 끝나는 것은 어쩌면 이 책이 기록된 때가 바울이 로마에 연금된 때였기 때문이었을 수 있습니다. 그렇지만 이것은 이 책이 갑작스럽게 끝나는 이유는 설명해줄 수 있다 하더라도 그러나 그것이 끝나는 방식은 설명해주지 못합니다. 누가가 펜을 내려놓는 것은 자신의 이야기가 최근의 상황까지 도달했기 때문일 수 있습니다. 그렇지만 마땅히 이야기를 끝내는 결론의 말이 있는 것이 자연스럽지 않겠습니까? 만일 그것이 없다면, 거기에는 어떤 이유가 있을 것임에 틀림없습니다. 또 바울 사도가 로마에 도착하여 거기에서 아무 방해 없이 복음을 전파하게 된 것이 저자에게 새로운 시대가 열린 것으로 보이고 그래서 자신의 이야기를 마무리했을 수도 있습니다. 로마가 어떤 곳입니까? 모든 권력의 중심이며, 모든 지적 생활의 중심지이며, 모든 타락의 온상(溫床)이 아닙니까? 그러나 나는 이 책이 갑작스럽게 끝나는 이유를 이 책이 다루는 사역(使役)의 연속성에서 찾아야 한다고 생각합니다. 이 책은 아직 완성되지 않은 사역의 끝나지 않은 기록입니다. 이 책의 주제는 모든 세대들을 통한 그리스도의 사역입니다. 각 세대들은 그의 사역의 작은 일부만을 행할 뿐입니다. 이 책은 끝난다기보다 멈춥니다. 이 책은 하나의 단편일 뿐입니다. 왜냐하면 그것이 이야기하는 사역은 아직까지 전체가 아니기 때문입니다.

여기에서와 같이 사도행전의 첫 부분과 끝 부분을 나란히 놓을 때, 우리는 그리스도께서 세상에서 행하시고 가르치기 시작하셨던 것과 그가 하늘에서 계속해서 행하시며 가르치시는 것과 각각의 종들이 맡은 사역은 단지 그의 전체 사역의 작은 파편에 불과하다는 사실을 알게 될 것입니다. 이제 이러한 것들을 간략하게 살펴보도록 합시다.

1. 첫째, 그리스도가 세상에서 행하시고 가르치기 시작하셨다는 말씀을 주목해 보십시오.

언뜻 보기에 본문의 어법(語法)은 갈보리에서 울려 퍼진 장엄한 외침과 모순되는 것처럼 보입니다. 예수는 "다 이루었다"라고 말씀하시고, "영혼이 떠나" 가셨습니다(요 19:30). 한편 누가는 그가 "행하시며 가르치시기를 시작하셨다"고 말합니다(1절). 둘 사이에 모순되는 것이 있습니까? 전혀 없습니다. 기초를 놓는 것과 집을 세우는 것은 별개입니다. 먼저 기초를 놓는 일이 행해지고 나서, 그 위에 집을 세우는 일이 시작될 수 있습니다. 단단한 토대를 만드는 것과 그것을 적용하는 것은 별개입니다. 약을 조제하는 것과 그것을 복용하는 것은 별개입니다. 진리를 드러내는 것과 그 진리를 적용하며, 믿으며, 실천하는 것은 별개입니다. 전자는 이 땅에서 완성된 그리스도의 사역이며, 후자는 모든 세대를 통해 계속되는 사역입니다. "그가 행하시며 가르치시기를 시작하셨다"는 것은 다른 사람이 그 뒤에 와서 행한다는 의미에서가 아닙니다. 가장 위대한 사상가의 제자들이 종종 스승이 제시한 흐릿한 진리를 체계화하고 보완하여 완성시키는 것처럼 말입니다. 또 "그가 행하시며 가르치시기를 시작하셨다"는 것은 그가 하늘로 올라가신 후 이 땅에서 가르쳤던 것과는 다른 새로운 진리를 제시하신다는 의미도 역시 아닙니다. 그의 사역은 한편으로 완성되면서, 다른 한편으로 시작됩니다. 본문은 그가 자신에게 부여된 임무를 완성하지 못하고 승천했다든지, 혹은 그의 교훈이나 사역이 불완전하며 불충분했으므로 그것이 그 자신이나 혹은 다른 사람에 의해 보충되어야만 함을 추호도 함축하지 않습니다.

사람들에 대한 하나님의 계시와 관련한 한, 우리는 세상에서의 그리스도의 사역이 완성되었음을 잊어서는 안 됩니다. 또 다른 계시는 없을 것입니다. 또 다른 계시는 필요하지 않습니다. 그가 그의 말씀과 생애와 온유함과 은혜와 인내와 수난으로 말미암아 모든 사람에게 하나님의 마음과 성품을 드러낸 것 이상의 또 다른 계시는 가능하지 않습니다. 계시는 완성되었습니다. 하나님, 하나님에 대한 인간의 관계, 인간의 의무와 운명과 소망 등과 관련한 예수 그리스도의 완성된 가르침에 무엇인가를 더한다든지 혹은 그것을 다른 것으로 대체하고자 시도하는 자들은 거짓 선생들이며, 그들을 따르는 것은 치명적인 일입니다. 그리스도 뒤에 와서 "여기에 그가 말하지 않은 또 다른 것이 있도다"라고 말하는 모든 사람은 도둑이며 강도입니다. 그의 양들은 그들의 말을 듣지 않을 것입니다.

마찬가지로 그의 사역은 구속으로서 완성되었습니다. "오직 그리스도는 죄를 위하여 한 영원한 제사를 드리시고 하나님 우편에 앉으사"(히 10:12). 그는 자신이 행한 것 이상의 또 다른 것을 행할 수 없습니다. 구속을 이루는 것으로서 그리고 죄로 얼룩진 인간의 마음과 인간 역사의 검붉은 강 전체를 씻기에 충분한 정결의 능력이 임하는 것으로서, 갈보리 십자가 위에서 이루어진 것 이상의 것을 어느 누구도 행할 수 없습니다. 십자가 위에서 절정에 이른 그리고 부활과 승천 안에서 합당한 것으로서 인침을 받고 하나님께 열납된 사역에는 더 이상 보충할 것이 아무것도 없습니다. 그러므로 "행하시며 가르치시기를 시작하셨다"는 특이한 구절의 의미가 무엇이든 간에, 그것은 그가 승천하셔서 우리를 위해 영원한 구속을 얻으시고 아버지가 주신 사역을 완성하셨다는 확증과 털끝만큼도 상충되지 않습니다.

2. 둘째, 그리스도께서 승천 후 계속해서 행하시며 가르치시는 것을 주목하십시오.

앞에서 나는 1절의 어법(語法)이 우리로 하여금 자연스럽게 이 책의 주제가 승천하신 구주의 계속되는 사역이라고 결론내리도록 이끈다는 사실을 이야기했습니다. 그렇습니다. 이 책에 기록된 모든 이야기 속에서 모든 것은 예수 그리스도 자신에게 돌려집니다.

이러한 사실을 좀 더 분명하게 하기 위해 몇 가지 예를 들어볼까요? 사도들이 유다의 빈 자리를 채울 또 한 사람의 사도를 선택하기로 결정했을 때, 그들은 예수 그리스도에게 "이 두 사람 중에 누가 주님께 택하신 바" 되었는지 보여 달라고 간청했습니다(1:24). 또 베드로가 오순절 날 방언에 대해 설명하도록 요구받았을 때, 그는 "예수가 약속하신 성령을 아버지께 받아서 너희가 보고 듣는 이것을 부어 주셨느니라"라고 말했습니다(2:33). 또 이 책의 저자 누가는 많은 무리가 교회에 더해진 이유를 이야기하면서 "주께서 구원 받는 사람을 날마다 더하게 하시니라"라고 말합니다(2:47). 또 베드로와 요한이 성전에 올라가다가 앉은뱅이를 고쳐준 사건을 생각해 보십시오. 그때 그들은 무리를 향해 "이스라엘 사람들아 이 일을 왜 놀랍게 여기느냐 우리 개인의 권능과 경건으로 이 사람을 걷게 한 것처럼 왜 우리를 주목하느냐"라고 말하면서(3:12), 계속해서 "예수의 이름이 너희가 보고 아는 이 사람을 성하게 하였나니"라고 확증합니다(16절). 또 바울과 아나니아에게 나타난 것도 주님이었습니다. 바울에게는 다메섹으로 가는 도상에서 나타나셨고, 아나니아에게는 다메섹 도성 안에서 나타나셨습니다. 또 베드로는 애니아에게 "예수 그리스도께서 너를 낫게 하시니 일어나 네 자리를 정돈하라"라고 말합니다(9:34). 또 "루디아의 마음을 연" 것도 주님이었습니다(16:14). 또 주님은 고린도에서 바울에게 나타나셔서 "이

성중에 내 백성이 많음이라"라고 말씀하셨으며(18:10), 예루살렘에 감금되어 있을 때 그에게 로마로 가게 될 것이라고 확증해 주셨습니다. 이와 같이 이 책의 모든 곳에서 우리는 그리스도가 사람들의 마음을 감동시키며, 외적 사건들을 움직이며, 이적을 행하며, 자신의 말을 확증하며, 제자들을 인도하며, 그들의 나아갈 길을 지시하는 자로서 제시됩니다. 제자들이 행하는 모든 일은 그들과 함께 하는 주님의 손으로 말미암아 이루어집니다. 행하는 자(the Actor)는 오직 예수 그리스도이며, 사람들은 그의 도구이며 기구입니다.

이 책의 또 다른 특징 속에 이와 동일한 관점이 나타나는데, 사실 그것은 이 책뿐만 아니라 모든 성경의 이야기들 속에 공통적으로 나타나는 특징입니다. 그것은 이 책이 사람들을 "취하기도 하고 빠뜨리기도 하는" 무신경한 중립성입니다. 그들이 그리스도의 능력의 도구인 정도에 따라 말입니다. 어떤 사람이 사도행전을 기록하고 있었다고 상상해 보십시오. 여러분은 그가 네 명의 주된 사도들 가운데 한 사람인 야고보의 순교에 대해 극히 조금밖에는 이야기하지 않는 것이 가능할 수 있다고 생각합니까? 그가 지금 사도들의 행적(行蹟)을 다루는 이야기를 기록하고 있는데 말입니다. 뿐만 아니라 예루살렘 공회 이후 더 이상 베드로가 등장하지 않는다든지, 이후 어떻게 되었는지에 대한 아무런 암시 없이 갑자기 빌립이 사라진다든지, 이후의 사역이나 혹은 순교에 대한 아무런 설명 없이 바울을 그대로 로마에 남겨두는 일이 가능할 수 있다고 생각합니까? 이러한 현상은 오직 하나의 가설 위에서만 설명될 수 있습니다. 전기가 탄소의 뾰족한 끝에 흐를 때, 탄소는 빨갛게 타오르며 눈에 보입니다. 그러나 전기가 사라지면, 우리는 탄소와 관련하여 더 이상 아무것도 보지 못합니다. 하나님이 어떤 사람을 사용하는 동안, 그 사람은 성경을 기록하는 저자들의 관심의 대상이 됩니다. 그러나 하나님이 다른 사람을 사용할 때, 성경 저자들은 앞 사람을 빠뜨리고 더 이상 그에게 관심을 기울이지 않습니다. 왜냐하면 성경 저자들의 주제는 사람들의 행동이 아니라, 사람들을 통한 하나님의 행동이기 때문입니다.

예수 그리스도는 모든 세대를 통해 우리 위에서, 우리 안에서, 우리로 말미암아, 그리고 우리를 위해 일하십니다. 만일 우리가 그의 종이라면 말입니다. 그는 섭리의 주입니다. 그는 역사의 왕이며, 그의 손 안에 일곱 인으로 인봉한 책이 있습니다. 그는 자신의 영을 보냅니다. 그의 영이 있는 곳에 그가 있으며, 그의 영이 행하는 것을 그가 행합니다. 이와 같은 방법으로 그는 하늘 보좌로부터 계속해서 행하시며 가르치십니다.

그가 계속해서 가르치는 것은 새로운 진리를 전달함을 통해서가 아닙니다. 그는 "다 이루었다!"라고 말씀하셨습니다. 계시의 책은 완성되었습니다. 그러나 그렇게 완성된 계시를 적용하는 것, 그 안에 싸여 있는 모든 것을 펼치는 것, 씨가 나무로 자라는 것, 예수 그리스도가 그의 삶과 죽음으로 말미암아 우리에게 가져다준 원리들과 진리들을 각각의 개인들과 공동체들이 좀 더 완전하게 실현시키는 것 — 이것은 오늘날에도 계속해서 진행되는 일이며, 세상 끝 날까지 계속해서 진행될 것입니다. 비록 옛 청교도들의 신앙이 참되다 하더라도, 그러나 하나님은 세상을 비출 더 풍성한 빛을 가지고 계십니다. 예수 그리스도는 섭리의 교훈과 자신의 영을 교회에 보내심을 통해 각각의 세대들을 가르치시고, 그가 세상에 계셨을 때 세상에 주신 것을 깨닫게 하십니다.

또한 그는 마찬가지의 방법으로 행하십니다. 기초가 세워지고, 치료약이 준비되며, 대부분의 사람 위에 정결케 하는 물이 뿌려졌습니다. 남은 것은 예수 그리스도가 가져온 구속의 능력을 적용하고, 전유(專有)하며, 행동과 결합시키는 것입니다. 이러한 일은 계속해서 진행되고 있으며, 세상 끝 날까지 진행될 것입니다.

우리 주님이 하늘에서 계속해서 행하시며 가르치시는 이러한 진리들은 우리 안에서 매우 중요한 교훈들을 산출할 것입니다. 그러한 교훈들은 예수 그리스도에 대한 우리의 관계를 얼마나 깊고 따뜻하며 실제적이게 만듭니까! 우리는 예수 그리스도의 십자가를 우리의 모든 소망의 기초로서 바라보아야 합니다. 그렇습니다. 그러나 우리는 오래 전에 우리를 위해 무엇인가를 행한 그리스도만을 생각하고 거기에서 멈추어서는 안 됩니다.

나아가 우리는 오늘 살아계시며 통치하시는 그리스도, 그리고 우리의 필요를 따라 계속해서 "행하시며 가르치시는" 그리스도를 생각해야 합니다. 이러한 생각은 모든 외적 사건들을 얼마나 감미롭고 거룩하게 하겠습니까! 우리는 그것을 그의 사랑이 역사(役事)하는 것으로, 우리를 위해 십자가에 못 박혔던 손이 그리고 지금 인류를 축복하기 위해 우주의 홀(笏)을 쥔 손이 움직이는 것으로 간주할 수 있습니다. 그러한 손은 미래의 승리를 바라보는 우리의 관점에 얼마나 큰 소망의 기초를 제공해 줍니까! 세상에서 선의 세력과 악의 세력이 매우 불균형적 것처럼 보이지만, 그러나 우리는 너무나 자주 그리스도를 고려하는 것을 잊곤 합니다. 악에 대항하여 싸워야 하는 것은 우리가 아닙니다. 기껏해야 우리는 그리스도가 사용하는 칼에 불과합니다. 모든 능력은 그 칼을 지배하는 손 안에 있습니다. 위대한 사람들도 죽고 선한 사람들도 죽지만, 그러나 예수 그리스도는 죽지 않습니다. 바울은 순교를 당했지만, 그러나 예수는 살아계십니다. 그가 우리의 소망의 닻입니다. 우리는 비참한 것들과 비밀스러운 것들을 보지만, 그러나 하나님은 모든 것을 아십니다. 종종 선(善)이 패배를 당하고 가려지는 것처럼 보입니다. 세상은 모든 선을 악으로 바꾸는 가공할만한 힘을 가지고 있습니다. 여러분은 덕성(德性)은 퍼뜨릴 수 없지만, 그러나 쓰레기 같은 하잘것없는 취미나 기호(嗜好) 따위는 얼마든지 퍼뜨릴 수 있습니다. 그런가 하면 모든 선한 것들 안에 악의 그림자가 드리워져 있습니다. 그러므로 만일 우리가 단지 보이는 것에 의해서만 판단한다면, 우리는 스스로를 비관주의의 베옷으로 두르고 가만히 앉아 있게 될 것입니다. 아직 우리는 "만물이 그에게 복종하는 것을" 보지 못합니다(히 2:8). 그러나 그럼에도 불구하고 우리는 "영광과 존귀로 관을 쓰신 예수"를 봅니다(9절). 첫 순교자 스데반을 생각해 보십시오. 그 역시도 하나님 우편에 서 계신 예수를 보고 즐거워하지 않았습니까? 이와 같이 영광의 예수를 바라보는 것은 우리 자신에 대해서나 혹은 세상에 대한 모든 우울한 전망(前望)과 두려움을 책망할 것입니다.

사랑하는 자들이여, 이것은 우리에게 겸손과 부지런함의 교훈을 주지 않습니까! 이런저런 일로 항상 시끄러웠던 고린도교회는 바울과 아볼로와 게바 가운데 누가 교회의 지도자인가 하는 문제로 서로 다투었으며, 이런 일은 교회 역사 전체를 통해 계속해서 반복되었습니다. 그런즉 아볼로는 무엇이며 바울은 무엇입니까? 그들은 주께서 각각 주신 대로 쓰임 받은 사역자들이 아닙니까(고전 3:5)? 그러므로 교만한 마음을 갖지 마십시오(고전 4:6). 그리고 스스로 지혜 있는 체 하지 마십시오(롬 12:16). 여러분은 단지 도구일 뿐입니다. 여러분은 단지 위대한 체스 선수의 손에 들린 말일 뿐입니다. 만일 여러분이 어떤 것을 가지고 있다면, 그것은 여러분이 그로부터 받은 것일 뿐입니다. 그러므로 그것을 사용하되, 그것으로 인해 자랑하지 마십시오. 행하며 가르치는 자는 예수 그리스도입니다. 우리의 모든 지혜는 그로부터 말미암은 것이며, 우리의 모든 빛은 그로부터 비추어진 것입니다. 우리는 단지 갈대에 불과합니다. 우리에게서 아름다운 음악이 나오는 것은 그의 숨결이 갈대 안에 들어왔기 때문입니다. "도끼가 어찌 찍는 자에게 스스로 자랑하겠으며 톱이 어찌 켜는 자에게 스스로 큰 체하겠느냐 이는 막대기가 자기를 드는 자를 움직이려 하며 몽둥이가 나무 아닌 사람을 들려 함과 같음이로다"(사 10:15).

3. 마지막으로, 각 사람의 분깃의 불완전함을 기억하십시오.

앞에서 이야기한 것처럼, 그리스도의 계속적 일하심을 기록한 책(즉 사도행전)은 갑작스럽게 중단되어야만 합니다. 만일 그것이 바울의 역사(歷史)였다면, 끝이 좀 더 그럴듯하게 마무리될 필요가 있었을 것입니다. 그러나 그것은 그리스도의 일하심의 역사였으며, 따라서 그것은 중간에 멈춘 것에 불과했습니다. 그러므로 그 책은 미완성인 채로 남아 있어야만 합니다. 왜냐하면 그 책이 기록하는 사역(使役)은 "그가 모든 통치와 모든 권세와 능력을 멸하시고 나라를 아버지 하나님께 바칠 때"까지 끝나지 않기 때문입니다(고전 15:24).

그러므로 각각의 사람들의 사역은 단지 그 거대한 사역의 작은 파편들에 불과할 뿐입니다. 모든 사람은 선임자들로부터 완성되지 않은 작업을 유산으로 받으며, 또 완성되지 않은 작업을 후임자들에게 남깁니다. 중세 시대에 거대한 대성당을 건축할 때를 생각해 보십시오. 어떤 사람들이 기초를 파고 죽습니다. 그러면 다음 세대의 사람들이 그 위에다가 초기 작업을 합니다. 이런 식으로 여러 세대에 걸쳐 작업이 이어집니다. 그러다가 마침내 첨탑(尖塔)이 놓이고, 화려한 십자가가 세워지고, 창문에 색유리가 끼워지며 대성당이 완성됩니다. 우리도 마찬가지입니다. 설령 우리가 거대한 건물을 세우는 작업에서 고작 돌 하나를 놓는다 하더라도, 우리는 그것으로 충분합니다.

누가는 자신의 두 번째 책 끝에 많은 양의 빈 종이를 그냥 남겨두었습니다. 그 위에 다음 세대들이 그 일을 완성시키기 위해 행한 부분적 작업들을 계속해서 기록해나가기를 바라면서 말입니다. 사랑하는 친구들이여, 우리 역시도 그 빈 종이를 채워나가야 하지 않겠습니까? 수도원의 역사를 계속해서 기록하는 수도사들을 생각해 보십시오. 한 수도사가 펜을 들고 얼마 동안 자신의 수도원의 역사를 기록합니다. 그러다가 그가 죽는다든지 혹은 너무 늙어 더 이상 수고할 수 없게 되면, 그의 손에 들린 펜은 다른 사람의 손으로 넘어갑니다. 우리가 조금밖에 기록하지 못하고 펜을 떨어뜨린다 한들 그것이 무슨 문제이겠습니까? 주님이 그 모든 것을 한데 모아 완성된 사역으로 짜맞추지 않겠습니까? 우리의 불완전한 사역들은 모두 그의 완성된 사역의 완전한 원(圓) 안에 모아질 것입니다. 주께서 우리를 도우사 우리로 하여금 우리 안에서 역사(役事)하는 능력에 충성되게 하시기를 기원합니다. 그리고 우리의 모든 불완전한 파편들을 그의 완전한 전체 안에 모으시는 그의 손길에 모든 것을 맡기게 되기를 기원합니다.

3
40일

"그가 고난 받으신 후에 또한 그들에게 확실한 많은 증거로 친히 살아 계심을 나타내사 사십 일 동안 그들에게 보이시며 하나님 나라의 일을 말씀하시니라"

행 1:3

부활과 승천 사이의 40일은 매우 뚜렷한 특징들을 가지고 있습니다. 그 기간은 많은 측면에서 그 이전의 기간과는 다릅니다. 그 기간은 전체적으로 준비적 성격을 가지고 있습니다. 그 기간은 제자들의 미래의 사역과 관련되며, 그들이 홀로 남겨질 때를 위해 그들을 격려하며 준비시킵니다.

본문은 우리에게 그 기간의 주도적 특징들을 제시합니다. 이제 그러한 특징들을 좀 더 상세히 살펴보도록 합시다.

1. 부활의 사실을 확증하는 기간으로서의 40일의 증거적 가치.

"그가 고난 받으신 후에 또한 그들에게 확실한 많은 증거로 친히 살아 계심을 나타내사." 부활하신 그리스도는 스스로를 반복적으로 개인들에게, 무리에게, 슬퍼하는 마리아에게, 베드로에게, 엠마오로 가는 두 제자에게 나타내셨습니다. 그는 모든 시간에 스스로를 나타내셨습니다 — 문이 닫혀 있었던 저녁 시간에, 아침에, 새벽 미명에, 한낮에. 그는 모든 장소에서 스스로를 나타내셨습니다 — 집 안에서, 집 밖에서.

또 그는 먹고 마시며 눈에 보이는 모습으로 나타나는 등 형체적이며 물질적인 참된 존재로서 스스로를 나타내셨습니다.

또 그는 육체적 존재로서 스스로를 나타내셨습니다 — "네 손가락을 이리 내밀어 내 손을 보고 네 손을 내밀어 내 옆구리에 넣어 보라"(요 20:27).

그것은 영화로워진 몸이었습니까?

이러한 질문에 대한 긍정적 대답은 통상적으로 마리아나 혹은 엠마오로 가던 두 제자가 그를 알아보지 못했다든지 또는 그가 문이 닫힌 다락방 안으로 들어온 사실 위에 근거합니다. 그러나 이러한 사실들이 가진 위력은 마리아가 다른 사람들과는 달리 그에 대하여 아무것도 알지 못한 채 그를 동산지기로 생각한 사실을 기억할 때 깨어집니다. 이것은 영화로워진 몸의 개념을 논외(論外)로 놓으면서, 다만 우리로 하여금 그녀가 슬픔에 가득 차 사람을 분별하는 일에 대해서 무관심했던 것으로 추측하게 만듭니다.

또 엠마오로 가던 두 제자와 관련하여, 누가는 그들이 부활하신 그리스도를 알아보지 못한 이유가 예수 안에 있는 것이 아니라 그들 안에 있었음을 우리에게 조심스럽게 알려줍니다. 그것은 그의 몸이 변화되었기 때문이 아니라 "그들의 눈이 가려져 있었기" 때문이었습니다(눅 24:16).

또 문이 닫혀 있는 상태에서 들어오신 것과 관련하여, 이것 또한 다른 이적들 예컨대 사람이 많음으로 자리를 피하신 것이라든지 혹은 물 위를 걸으신 것과 같은 부류의 것일 수 없을까요?

이와 같이 이러한 사실들 위에 어떤 것이 결정적으로 세워질 수는 없습니다. 여기에는 다른 측면에서 매우 강력하게 고려해야 할 것들이 있습니다. 분명 성경의 전체적 흐름은 그리스도의 승천과 함께 시작되는 그의 "영광"과 그 결과로서 취하여진 "그의 영광의 몸"을 이야기하는 방향으로 갑니다. 고린도전서 15장 50절은 "혈과 육은 하나님의 나라를 유업으로 얻을 수 없다"고 말합니다. 다시 말해서 물질적 형체는 미래의 생명의 상태 안으로 들어갈 수 없을 뿐만 아니라 또한 그것과 조화되지도 않는다는 것입니다. 또 그것의 논리를 좀 더 확장하면, 그리스도의 영광의 몸과 같은 영적 몸은 이 땅의 삶의 상태 안으로 들어올 수 없을 뿐만 아니라 또한 그것과 조화되지도 않는다는 결론이 됩니다. "몸"과 그것을 둘러싸고 있는 환경은 서로 조화를 이루어야만 합니다. 다시 말해서 영적 몸은 영적 환경에 적합하고, 물질적 몸은 물질적 환경에 적합합니다.

더욱이 부활 후 우리 주님이 먹고 마신 사실은 그때 그가 영화로워진 몸을 입고 있었다는 주장과 쉽게 조화되지 않습니다.

그러므로 그가 하늘로 들어간 방식으로서, 우리는 오로지 부활만 생각할 것이 아니라 그보다도 변화(transfiguration)를 생각해야 합니다. 그는 "잠들었지만" 일어났으며, 승천하면서 "변화되었습니다."

2. 그가 변하지 않았음을 나타내는 증표들로 말미암은 교제의 회복.

과거와의 아름다운 연결고리들을 생각해 보십시오 — 베드로에게 주신 말씀, 마리아에게 주신 말씀, "내 형제들에게 가라"(마 28:10), "떡을 떼심으로 그가 알려지시더라"(눅 24:35), "너희에게 평강이 있을지어다"(요 20:26), 이적으로 많은 고기를 잡고 제자들과 함께 먹으며 대화한 것 등. 부활 후 40일은 예전의 사랑의 마음과 예전의 온유하심을 그대로 나타냈습니다. 그는 지나간 모든 일을 기억하십니다. 그는 베드로에게 말씀하시고, 신실한 자들에게 예전의 "평강"의 선물을 새롭게 회복시켜 줍니다.

이 모든 것은 얼마나 보배롭습니까! 그것은 그와 관련하여 그리고 우리와 관련하여 죽음이 무력(無力)하게 되었음을 보여줍니다. 그것은 우리에게 그의 사랑의 영속성을 확증해줍니다. 그는 수난 이후에도 예전과 동일한 존재로서 그리고 예전과 똑같이 사랑하는 자로서 스스로를 보여주셨습니다. 이 같은 부활 이후의 나타나심들은 우리를 계시록에서의 마지막 나타나심을 위해 준비시킵니다. 거기에서도 우리는 그의 영속적 인성(人性)과 영속적 온유하심을 봅니다. 그는 스스로에 대하여 이렇게 말씀하십니다. "나는 살아 있는 자라 내가 전에 죽었었노라 볼지어다 이제 세세토록 살아 있어"(계 1:18).

이와 같이 부활 이후의 40일은 우리에게 사망 권세의 한계를 확증해줍니다. 사망에도 불구하고 사랑은 삼켜지지 않습니다. 사망에도 불구하고 기억(記憶)은 삼켜지지 않습니다. 그리스도는 사망을 이기고 무덤으로부터 나오셨습니다. 그는 잔잔한 평강과 따뜻하며 부드러운 음성으로 "마리아야!"라고 부르셨습니다. 우리 역시도 마찬가지입니다. 우리는 죽음을 통과하여 그리고 그 이후에도 살 것이며, 그때에도 여전히 우리 자신일 것임을 확신할 수 있습니다. 우리 역시도 죽음이라는 외적 변화를 경험한 후에 스스로를 살아있는 자로서 나타낼 것입니다.

3. 제자들에 대한 그리고 세상에 대한 그의 관계의 변화.

"사십 일 동안 그들에게 보이시며." 이러한 말씀은 우리에게 그리스도와 제자들 사이의 교제에 모종의 변화가 생겼음을 보여줍니다. 전에는 연속적이었던 교제가 이제는 간헐적 교제로 바뀌었습니다. 그는 40일 동안 이따금씩 나타나셨습니다. 그는 제자들 가운데 오셨다가 얼마 후 사라집니다. 그는 아침에 호숫가에 나타나셨다가 얼마 후 사라집니다. 그는 제자들에게 자신을 만나기 위해 갈릴리로 오라고 말씀하십니다. 이러한 간헐적 나타나심은 제자들에게 그의 떠나심을 준비시켰습니다. 그것은 고통스러운 것이었지만 그러나 제자들을 가르치기 위한 것이었습니다. 그리고 그것은 다음과 같은 그의 말씀을 이루는 것이었습니다. "나는 세상에 더 있지 아니하오나 그들은 세상에 있사옵고 나는 아버지께로 가옵나니"(요 17:11).

우리는 제자들 안에서 깊은 근심의 흔적들을 봅니다. 무엇보다도 그들은 말수가 아주 적어졌습니다. "주여!" "나의 주님이시요 나의 하나님이시니이다"(요 20:28). "당신이 누구냐 감히 묻는 자가 없더라"(요 21:12). 심지어 베드로조차 "주님이 모든 것을 아시나이다"라든지 혹은 "주님 이 사람은 어떻게 되겠사옵나이까?" 정도로 밖에 말하지 않습니다(요 21:17, 21). 사랑하는 제자 요한조차도 아무 말 없이 묵묵히 따를 뿐이었으며, 다른 제자들도 적막한 디베랴 호숫가의 이상한 숯불 곁에서 잠잠히 앉아 있었을 뿐이었습니다.

이러한 깊은 근심과 경외심은 그들로 하여금 좀 더 예배자다운 태도를 취하도록 만들었습니다. 이제 그는 더 이상 그들과 함께 거하며, 그들과 동고동락할 수 없습니다.

그러면 세상에 대하여는 어떠할까요? 전에 그리스도는 이렇게 말씀하셨습니다. "조금 있으면 세상은 더 이상 나를 보지 못할 것이로되 너희는 나를 보리니"(요 14:19). 제자들은 그를 볼 것이지만, 그러나 다른 사람들은 보지 못할 것입니다. 더 이상 성전에 서서 사람들을 가르치며, 훈계하며, 책망하며, 경고하는 일은 없을 것입니다. 그 이유가 무엇입니까? 그것은 "다 이루었다!"라는 십자가 위에서의 그의 말씀이 실현된 것이 아닙니까? 그것은 그의 죽음과 함께 이 땅에서의 그의 모든 사역이 끝났음을 가장 분명하게 확증하는 것이 아닙니까? 그것은 이 땅에서의 그의 사역의 정점(頂點)이 십자가임을 나타내는 것이 아닙니까?

4. 미래를 위한 교훈과 예언.

부활 후 40일의 주된 목적은 미래의 사역을 위해 제자들을 준비시키는 것이었습니다. 예수는 "하나님 나라의 일을 말씀"하시고(3절), 사도들에게 "분부"하셨습니다(4절).

제자들과의 대화 속에는 다음과 같은 것들이 있었습니다.

(1) 그들에게 성경을 열어주심. "그리스도가 이런 고난을 받고 자기의 영광에 들어가야 할 것이 아니냐 하시고 이에 모세와 모든 선지자의 글로 시작하여 모든 성경에 쓴 바 자기에 관한 것을 자세히 설명하시니라"(눅 24:26-27).

(2) 미래에 대한 교훈. 이러한 교훈들로서 주님은 제자들을 미래의 사역을 위해 준비시켰습니다.

(3) 그의 떠나심이 그들에게 슬프고 불행한 일이 아니라 기쁘고 유익한 일이라는 사실을 가르치심. "나를 붙들지 말라 내가 아직 아버지께로 올라가지 아니하였노라"(요 20:17).

부활하신 주님에 대한 제자들의 관계와 지상 생애 동안 그에 대한 그들의 관계를 비교해 보십시오. 전자가 후자보다 훨씬 더 진보(進步)된 것이었습니다. 설령 주님을 이따금씩 밖에는 볼 수 없었다 하더라도, 부활 후 제자들은 주님과 더불어 보다 더 실제적 교제를 나누었습니다. 주님이 자신과 관련하여 성경을 해석하는 것을 열린 마음으로 들을 때, 그리고 그의 발 앞에 엎드려 "나의 주님이시요 나의 하나님이시니이다"라고 고백할 때 말입니다. 사랑으로 자라며 지식으로 익어가면서, 그들은 주님을 점점 더 잘 알게 되었습니다.

우리를 위해서도 이러한 40일은 축복된 교훈으로 가득합니다. 부활 후 40일은 우리에게 예수와의 실제적 교제는 오직 그를 믿는 믿음으로 말미암아 얻어지며, 그는 여전히 우리 안에서 그리고 우리를 위해 일하고 계시며, 그는 여전히 우리와 함께 계신다는 사실을 가르쳐줍니다. 또 제자들이 주님의 승천을 바라보면서 가졌던 기쁨은 여전히 우리 안에 살아 있습니다. 그가 보좌에 앉으신 것을 우리가 생각할 때 말입니다. 또 천사들의 메시지가 제자들의 마음에 불어넣었던 소망은 여전히 우리 안에서 타오릅니다. 또 보지 못하고 믿는 자들이 더 복되다고 말씀하신 부활하신 주님의 축복의 선언은 오늘날 비록 예수를 보지는 못하지만 그러나 말할 수 없는 기쁨과 충만한 영광으로 그를 믿는 모든 자들 위에 갑절로 주어집니다.

4
미지(未知)의 내일
(신년설교)

"이르시되 때와 시기는 아버지께서 자기의 권한에 두셨으니 너희가 알 바 아니요"
행 1:7

신약은 인생에 대한 감상적 관점을 거의 장려하지 않습니다. 신약의 저자들에게 있어 감상적 상념이나 회상으로 시간을 낭비하기에는 해야 할 일과 생각해야 할 것이 너무나 많았습니다. 그들은 우리에게 감사를 위해 그리고 소망의 기초로서 회상하며 기억하라고 명령합니다. 그들은 우리에게 땅의 낮은 것들과 변하는 것들을 바라보지 말고 앞을 바라보라고 명령합니다. 하나의 큰 미래가 우리의 모든 열망을 끌어당기고 우리의 눈을 고정시켜야 합니다. 마치 새벽 미명의 은은한 색조(色調)가 그것을 바라보는 자의 영혼 안에서 무한한 열망을 불러일으키는 것처럼 말입니다. 장차 올 것은 모두 가려져 있습니다. 우리는 어렴풋이 추측할 수 있을 뿐 확실한 것은 아무것도 없습니다. 안개와 구름이 우리 앞에서 길을 가립니다. 그러나 고지대(高地帶)로 올라오면, 길은 평지를 덮고 있는 안개로부터 벗어납니다. 우리는 그 길을 걸어 그리스도의 보좌로 오를 수 있습니다. 주님의 오심과 우리가 그에게로 함께 모인다는 사실 외에 확실한 것은 아무것도 없습니다.

본문의 본래적 의미는 그리스도께서 예고하고 계셨던 마지막 때를 우리가 알지 못한다는 것입니다. 그러나 우리는 본문을 좀 더 넓게 적용할 수 있습니다. 본문의 교훈은 미래와 관련하여 성경이 가르치는 전체적 교훈과 온전한 조화를 이룹니다. 우리는 지금 새해 벽두에 서 있습니다. 그리고 우리 모두 어느 정도 연말연시의 분위기를 느끼고 있습니다. 오늘 우리가 본문의 교훈을 살피고자 하는 것은 있을 법한 의무와 어떤 위급한 사태에 앞서 미리 준비하고자 하는 목적을 가진 지혜로운 예측을 억누르기 위함도 아니고, 지난 시간과 하나님의 영원을 의지하면서 고요한 확신으로 미래와 대면하는 믿음직스러운 예감(anticipation)을 억누르기 위함도 아니고, 현재라는 이름의 폭군으로부터 최소한 한 순간이나마 구원해주는 사색적인 부드러운 분위기를 깨뜨리기 위함도 아닙니다. 다만 그것은 본문의 교훈 속에 우리를 격려하는 내용과 우리의 의무를 고취하는 내용과 새해를 전망하면서 우리의 마음을 평온하게 하는 내용이 얼마나 많이 담겨있는지 함께 생각해 보고자 함입니다. 본문은 우리에게 미래에 대한 우리의 지식의 한계를 제시함과 함께 미래를 위한 우리의 염려의 한계를 가르쳐줍니다. 본문은 우리에게 모든 염려를 위한 최고의 치료제를 가르쳐줍니다. 본문은 비록 우리는 알지 못할지라도 모든 것이 하나님의 긍휼의 손 안에 있다는 사실을 가르쳐줍니다. 우리에게 무슨 일이 닥치든, 본문은 우리에게 그 일에 직면할 수 있는 신적 능력이 있음을 가르쳐줍니다. 본문은 세상에 무슨 일이 일어날 것인지와 관련한 모든 공허한 호기심에 대한 최선의 평형추로서 우리의 일을 예상하고 행하라고 명령합니다.

1. 미래에 대한 우리의 지식의 협소한 한계.

우리는 죽을 것이라는 사실을 분명히 확신합니다. 우리는 우리 인생에 기쁨과 슬픔 그리고 빛과 어둠이 마치 날줄과 씨줄처럼 서로 얽힐 것이라는 사실을 확신합니다. 그러나 그 이상은 아무것도 모릅니다. 우리 가운데 대다수의 사람들이 분명히 올 연말에 살아있을 것을 압니다. 그렇지만 누가 예외가 될 것인지에 대해서는 알지 못합니다. 우리 가운데 매우 많은 사람들 특별히 단조로운 중년의 삶을 보내고 있는 사람들은 지금까지 지

내온 것과 마찬가지로 일상적 의무와 기쁨과 슬픔과 염려와 함께 계속해서 살아갈 것입니다. 그렇지만 우리 가운데 몇몇 사람들에게 올해는 좋은 쪽으로든 나쁜 쪽으로든 큰 변화를 겪는 해가 될 것입니다. 이와 같이 미래를 바라보는 우리의 모든 전망에는 항상 불확실성의 요소가 남아 있을 것입니다. 우리에게 미래는 마치 천으로 덮은 동상(銅像)과 같습니다. 안개가 미래 전체를 덮습니다. 다만 여기저기에 있는 몇 개의 산봉우리만을 제외하고 말입니다.

두말할 나위 없이 이것은 우리에게 너무나 좋은 일입니다. 그렇기 때문에 우리는 미래의 슬픔으로 인해 미리 괴로워하지 않게 됩니다. 뿐만 아니라 미래의 기쁨도 마찬가지입니다. 만일 우리가 미래에 있을 기쁨을 미리 안다면, 그 기쁨은 상당 부분 희석되고 말 것입니다. 현재는 그 자체로 실재(實在)하며, 미래의 것으로 말미암아 채색되지 않습니다.

그렇다면 무엇이 지혜로운 행동의 방향이겠습니까? 그것은 내일에 대한 확신에 찬 추측이 아닙니다. 현재를 물들이는 것과 동일한 이 땅의 색깔들로 미래의 빈 공간을 색칠하는 막연한 상상 속에서 우리를 세우는 것은 아무것도 없습니다. 이것보다 시간을 더 완벽하게 허비하는 것은 아무것도 없습니다. 또 의기양양하게 "내일도 오늘과 같을 것"이라고 당연히 생각하는 교만한 자기 확신 역시 지혜로운 행동의 방향이 아닙니다. 모든 일이 지금까지와 똑같이 앞으로도 계속해서 그렇게 진행될 것이라는 자만심은 사람들을 아무 근거 없는 영속성의 망상 속으로 끌어들입니다. 또 악에 대하여 두려워하며 염려하는 것 역시 지혜롭지 못한 행동의 방향입니다. 얼마나 많은 사람들이 미래의 슬픔을 생각하면서 현재의 기쁨을 망쳐 버립니까! 미래의 이별의 슬픔을 생각하면서 현재의 사랑의 축복을 향유하지 못하는 사람은 얼마나 불행한 사람입니까!

간단히 말해서 다음과 같은 몇 가지 경우를 제외하고 미래에 대해 거의 관심을 갖지 않는 것이 지혜로운 일입니다.

(1) 미래에 일어날 수 있는 일에 대비하기 위해 합리적 예방책을 마련하는 경우.

(2) 미래의 의무들을 위해 스스로를 적합하게 준비시키는 경우.

우리는 미래를 상상할 수 있습니다. 우리의 잘못은 앞을 내다본다는 것이 아니라, 충분히 멀리까지 내다보지 않는다는 것입니다. 하늘을 소유한 우리가 어째서 세상으로 요동해야만 한단 말입니까? 하늘을 향해 뻗은 길을 바라볼 수 있는 우리가 어째서 안개로 자욱한 저지대와 습지와 숲을 바라보아야만 한단 말입니까? 영원이 가져다줄 것을 아는 우리가 어째서 365일이 가져다줄 수 있는 것으로 인해 염려해야만 한단 말입니까? 어째서 우리가 하나님이 주신 재능을 그 본래의 목적으로부터 다른 쪽으로 돌려야만 한단 말입니까? 하늘의 복된 소망을 바라보는 큰 평강 안으로 들어갈 수 있는 우리가 어째서 미래의 불확실한 일을 예상하며 스스로를 괴롭혀야만 한단 말입니까?

2. 미래를 지키는 안전한 손.

"때와 시기는 아버지께서 자기의 권한에 두셨으니." 우리는 비인격적 운명이나, 우연의 거친 회리바람이나, 평균의 법칙이나, 자연법이나, 이 세대의 풍조나, 이 세대와 영(靈)을 의지해서는 안 됩니다. 오직 우리는 만물을 자신의 권세로 붙잡고 계시며 그 모든 것을 우리를 위해 행하시는 아버지를 의지해야 합니다. 그렇게 할 때 우리의 나아가는 길은 올바른 길이 될 것입니다.

미래가 우리에게 무엇을 가져올지라도, 그 모든 것은 아버지의 사랑과 연단의 손길이 될 것입니다. 아버지는 자신의 손 안에서 그 모든 것을 빚으시고 지키실 것입니다. 그런데 어째서 우리가 염려할 필요가 있단 말입니까? "아버지"라는 위대한 이름으로 인해 하나님은 우리를 온유하며 지혜롭게 연단하는 방향으로 다루실 수밖에 없습니다. 그러므로 우리는 그를 고요히 신뢰하며 의지할 수 있습니다.

3. 미래와 직면할 수 있는 충분한 힘.

여기에서 특별한 목적을 위해 제자들에게 "오직 성령이 너희에게 임하시면"이 약속됩니다. 그러나 이것은 그리스도를 통해 우리 모두에게 약속되고 주어진 것입니다. 만일 우리가 그것을 받아들이기만 한다면 말입니다. 이와 같이 그 안에서 우리는 모든 미래를 위해 준비될 것입니다.

하나님의 영은 섭리의 참된 해석자입니다. 그는 우리의 본성을 고요하게 하며, 우리가 경험하는 모든 것의 의미를 깨닫도록 우리의 이해력을 밝힙니다. 성령은 우리로 하여금 참된 기쁨을 추구하게 만들며, 모든 것을 절제 안에서 행하도록 이끕니다. 성령은 위로자입니다. 성령은 마땅히 행할 의무를 위해 우리를 준비시킵니다.

그러므로 하나님 자신이 친히 해석해 주시며 마침내 합력하여 선을 이루는 것 외에는 어떤 것도 여러분에게 임하지 않을 것임을 확신하십시오.

4. 미래와 관련한 실제적 의무.

(1) 우리가 미래와 관련하여 바라보아야 할 주된 것은 우리가 무엇을 향유할 것인가 혹은 우리가 무엇을 인내할 것인가 하는 것이 아니라 우리가 무엇을 행할 것인가 하는 것입니다. 이것은 우리에게 큰 유익을 주며 우리를 평온하게 만듭니다.

(2) 병적 기대(期待)를 바로잡는 가장 좋은 치료제는 인생을 일을 위한 기회로 바라보는 것입니다. 미래에 대해 신경 쓰지 마십시오. 미래는 그냥 미래에 맡겨 두십시오. 일하십시오! 그렇게 할 때 우리의 머리를 어지럽게 만드는 모든 거미줄들은 깨끗하게 제거될 것입니다. 마치 농부의 우렁찬 함성소리와 소의 울음소리와 쟁기질 소리가 지난 밤의 어지러운 꿈을 깨끗하게 날려버리는 것처럼 말입니다.

(3) 우리가 궁극적으로 행해야만 하는 위대한 일은 그리스도를 위한 증인이 되는 것입니다. 이것이 모든 인생의 의미입니다. 기쁠 때든 슬플 때든 우리는 그 일을 행할 수 있습니다. 그러면 우리는 마지막 순간까지 매혹적 삶을 살게 될 것입니다. 그렇게 볼 때 본문의 말씀은 보존의 약속입니다.

사랑하는 형제들이여, 여러분은 미지(未知)의 미래와 어떻게 마주 섭니까? 여러분은 미지의 미래와 직면하면서 미치지 않을 수 없을 것입니다. 만일 여러분이 하나님을 알지 못하고 또 그리스도를 통해 하나님을 여러분의 아버지로 신뢰하지 않는다면 말입니다. 그러나 만일 여러분이 하나님을 알고 또 그분을 아버지로 신뢰한다면, 여러분은 아무것도 두려워할 필요가 없습니다. 여러분 앞에 내일이 흐릿하며 미지의 상태로 펼쳐져 있지만, 그러나 하나님의 온유하시며 강하신 손이 그 안에서 일하고 계십니다. 하나님은 여러분의 내일을 올바로 빚으실 것이며, 여러분으로 하여금 그 모든 것을 감당할 수 있도록 준비시킬 것입니다. 만일 여러분이 그리스도의 증인이 되는 것을 여러분의 최고의 의무와 영광으로 간주한다면, 여러분은 사자(獅子)의 입으로부터 안전하게 지켜질 것이며 여러분으로 말미암아 그리스도의 복음이 존귀케 될 것입니다.

그러나 만일 그렇지 않다면, 여러분에게 미래는 얼마나 황량하겠습니까! 모든 것은 마치 비 오는 바닷가처럼 칙칙하며, 우울하며, 음산할 것입니다. 그리고 그곳으로부터 사자와 같은 두려운 것들이 나와 여러분을 삼킬 것입니다. 사랑과 우정은 지나갈 것이며, 명예와 건강은 떨어질 것이며, 생명은 썰물처럼 빠져나갈 것입니다. 한때 여러분 앞에 펼쳐졌던 모든 것 가운데 아무것도 남지 않을 것입니다. 단지 썰물이 빠져나가면서 모래 위에 남긴 작은 흔적만을 제외하고 말입니다. 그리고 여러분 앞에 거대한 대양(大洋)이 여전히 황량하고 음산한 모습으로 펼쳐져 있을 것입니다.

5
사도적 증언

"이러하므로 요한의 세례로부터 우리 가운데서 올려져 가신 날까지 주 예수께서 우리 가운데 출입하실 때에 항상 우리와 함께 다니던 사람 중에 하나를 세워 우리와 더불어 예수께서 부활하심을 증언할 사람이 되게 하여야 하리라 하거늘"

행 1:21, 22

그리스도의 부활의 사실은 사도행전에 기록된 최초의 기독교 설교의 주된 주제였습니다. 그들은 교리를 중요하게 다루지 않았으며, 그리스도의 속죄의 죽음에 대해서도 길게 설명하지 않았습니다. 다만 그들은 밖에 나가 자신들의 눈으로 본 것 즉 그가 죽으시고 다시 살아나신 것을 선포했을 뿐입니다.

이와 같이 그들이 가르친 주된 주제는 부활이었습니다. 거칠게 말할 때, 우리는 성경에 나타나는 그리스도의 부활의 사실 안에 세 가지 주된 전후관계가 있다고 말할 수 있습니다. 그리고 그러한 세 가지 연속적 전후관계는 초대교회의 자각(自覺)으로부터 솟아납니다.

첫째, 부활은 그리스도와 그의 성격과 그의 본질과 그의 사역과 관련되는 몇몇 위대한 진리들을 담고 있는 그에 관한 증언이었습니다. 초창기 설교자들은 주로 이러한 측면에서 말씀을 선포했습니다. 다음으로, 이러한 사실을 깊이 묵상함으로써 그리고 하나님의 영의 인도하심을 따라 그들은 그러한 사실 안에 놓여 있는 보화인 그들 자신의 부활의 약속과 예언으로 나아갔습니다. 인간의 불멸이라든지 혹은 미래의 생명과 같은 교리들은 그것으로부터 발전된 것이었으며, 그들은 그것 안에 그러한 것들이 함축되어 있다고 느꼈습니다. 그리고 셋째, 그것은 그의 죽음에 참여한 그들의 영적 부활과 새로운 삶의 상징이 되기에 이르렀습니다. 그들은 먼저 그의 부활에 의해 그를 알았습니다. 그러고 나서 그들은 그의 부활의 권능이 그들 자신의 부활을 위한 맹세임을 알았습니다. 그리고 마지막으로 그들은 그것을 자신들이 이 땅에 있는 동안 따라야 할 모범으로 알았습니다.

오늘 본문은 사도의 직무가 무엇인지에 대한 베드로 자신의 묘사입니다 — "우리와 더불어 예수께서 부활하심을 증언할 사람이 되게 하여야 하리라." 오늘 우리는 이러한 언급으로부터 다음과 같은 세 가지를 살펴보고자 합니다. 첫째, 증인들. 둘째, 그들의 증언의 충족성. 셋째, 그들이 증언하는 사실의 중요성. 요컨대 사도들은 증언할 것을 가지고 있는 자들이며, 그들의 증언은 사실을 확실하게 하기에 충분하며, 그들이 증언하는 사실은 교회와 세상을 위해 매우 중요합니다.

1. 증인들.

여기에서 사도의 자격에 대해 이야기하는 사람은 열두 사도의 우두머리인 베드로였습니다. 그는 자신의 가상적 지도력 위에서 사도의 자격 및 기능과 관련한 놀랄 만한 주장을 제기합니다. 베드로의 마음에 그것은 지극히 단순하며 필수불가결한 것이었습니다. 그에게 있어 사도의 자격은 단순히 예수 그리스도의 지상 생애에 대한 개인적 지식이었습니다. 왜냐하면 사도의 기능은 단순이 그의 부활을 증언하는 것이었기 때문입니다. 사도들의 직무는 그들이 눈으로 본 것을 증언하는 것이었습니다. 그러므로 필요한 것은 단지 예수가 죽었다는 사실과 그렇게 죽은 예수가 다시 살아나셔서 승천하셨다는 사실을 충분히 증언할 수 있을 정도로 그에 대해 잘 아는 것뿐이었습니다.

사도의 직무와 관련한 이와 동일한 개념이 그들의 직무와 관련한 그리스도의 마지막 명령의 말씀 속에 담겨 있습니다. 거기에서 그들에게 부과된 임무 전체가 "너희가 내 증인이 될 것이라"는 짤막한 말씀으로 제시됩니다(8절). 또 이러한 개념은 이 책에 기록된 초창기 설교들 가운데 반복적으로 나타납니다. "이 예수를 하나님이 살리신지라 우리가 다 이 일에 증인이로다"(2:32). "그러나 하나님이 죽은 자 가운데서 그를 살리셨으니 우리가 이 일에 증인이라"(3:15). "사도들이 큰 권능으로 주 예수의 부활을 증언하니"(4:33). "우리는 이 일에 증인이요 하나님이 자기에게 순종하는 사람들에게 주신 성령도 그러하니라"(5:32). 고넬료에게 베드로는 사도들을 "오직 미리 택하신 증인 곧 죽은 자 가운데서 부활하신 후 그를 모시고 음식을 먹은" 자들이라고 말하면서, 계속해서 그리스도로부터 받은 그들의 임무에 대해 "하나님이 살아 있는 자와 죽은 자의 재판장으로 정하신 자가 곧 이 사람인 것을 증언"하는 것이라고 말합니다(10:41, 42). 또 안디옥에서 바울은 자신과 열두 사도를 구분하면서, 그들은 "하나님이 예수를 다시 일으키신" 복된 소식을 "백성 앞에서" 즉 유대인들 앞에서 증언하도록 보냄 받은 반면, 자신은 그것을 "너희에게" 즉 이방인들에게 전파하도록 보냄 받았다고 말합니다(13:31, 32). 우리는 이러한 구절들을 계속해서 제시할 수 있지만, 그러나 이것들로 충분할 것입니다.

이러한 말씀들 가운데 나타난 사도적 직무의 개념은 그와 관련하여 후대에 만들어진 괴상한 이론들과 얼마나 다릅니까! 여기에서 나는 둘 사이의 차이를 길게 이야기하느라 시간을 허비할 필요를 느끼지 않습니다. 다만 여기에서 내가 여러분에게 일깨워주기를 바라는 것은 그리스도의 시대에 사도들은 세 가지 주된 일을 받아들였는데 그것들은 그들에게 별다른 것이 아니었다는 것입니다. 즉 그리스도와 함께 거하며, 말씀을 전파하며, 이적을 행하는 것이 그것입니다. 그리스도의 승천 이후의 그들의 특징적 일로 그의 부활을 증언하는 태도, 교회는 한 몸으로서 교회의 확장을 그들에게 그리고 그 형성을 기독교 교리에 빚지고 있지 않았다는 사실과, 베드로와 요한과 야고보는 역사(歷史) 가운데 나타나고 마태는 복음서를 기록하고 다른 야고보와 유다는 그들의 이름이 포함되어 있는 짤막한 서신을 기록한 반면, 나머지 사도들은 이후의 역사에 전혀 나타나지 않는다는 것입니다. 사도행전(使徒行傳)은 누가의 두 번째 글에 대한 잘못 붙여진 이름입니다. 그것은 열둘 가운데 오직 베드로의 사역에 대해서만 이야기합니다. 그리스도의 이름을 예루살렘과 택함 받은 백성의 경계를 넘어 전파한 것은 헬라인 스데반과 빌립 그리고 구브로인 바나바 그리고 다소의 바울이었습니다. "매고 푸는" 장엄한 권세는 열둘의 특권이 아니었습니다. 왜냐하면 우리는 예수께서 제자들이 모인 곳에 오셨으며, 제자들이 주님을 보고 기뻐하였으며, 예수께서 그들을 향하여 숨을 내쉬며 "성령을 받으라 너희가 누구의 죄든지 사하면 사하여질 것이요"라고 말씀하신 것을 읽기 때문입니다(요 20:22, 23).

이 모든 것 가운데 도대체 어디에 그들로부터 계승되었다고 주장되는 특별한 사도적 권세의 흔적이 있습니까? 어디에도 없습니다. "형제 사울아 주 곧 네가 오는 길에서 나타나셨던 예수께서 나를 보내어 너로 다시 보게 하시고 성령으로 충만하게 하신다"(9:17)라고 말한 사람은 누구였습니까? 그는 단순한 평신도인 아나니아가 아니었습니까? 영적 은사들이 이방인 회심자들에게 주어지는 것을 수동적으로 그리고 놀람 가운데 바라보며 단지 다음과 같이 말할 수밖에 없었던 자는 누구였습니까? "그런즉 하나님이 우리가 주 예수 그리스도를 믿을 때에 주신 것과 같은 선물을 그들에게도 주셨으니 내가 누구이기에 하나님을 능히 막겠느냐"(11:17). 그는 열두 사도의 지도자인 베드로가 아니었습니까?

그들의 임무는 겉으로는 비천한 것 같으나 실제로는 매우 중요한 것이었습니다. 그들의 신분은 겉으로는 낮은 것 같으나 실제로는 매우 높은 것이었습니다. 그들은 자신들이 증언하는 사실들 안에서 교회의 확장을 위한 기초를 깊고 넓게 놓아야 했습니다. 그리고 우리 앞에 새 예루살렘 도성이 나타날 때, 우리는 그 기초석 위에 "어린 양의 열두 사도의 이름"이 기록되어 있는 것을 보게 될 것입니다. 그들의 일은 증언하는 것이었으며, 그들의 증언은 다음과 같은 것이었습니다. "들으라, 우리 열한 명은 이 예수를 알았노라. 우리 가운데 몇몇 사람은 그가 소년이었을 때 그를 알았으며, 그가 자란 작은 마을 옆에서 살았노라. 우리는 3년 동안 밤낮으로 그와 함께 있었도다. 또 우리 모두는 비록 겁쟁이이기는 했지만 몇 명의 여자들과 함께 그가 십자가에 달릴 때 멀찍이 떨어져 서 있었도다. 우리는 그가 죽은 것을 보았으며, 그의 무덤을 보았도다. 또 우리는 그가 다시 살아난 것을 보았도다. 우리는 그를 만졌으며, 그는 우리와 함께 먹고 마셨도다. 비록 죄인들이기는 하지만 그러나 우리는 그와 함께 감람산에 갔으며, 거기에서 그가 승천하는 것을 보았도다. 너희는 우리의 증언을 믿는가 아니면 믿지 않는가? 우리는 교리를 전파하기 위해 오지 않았도다. 우리는 사상가도 아니며 도덕주의자도 아니도다. 우리는 우리가 보고 들은 진리를 따라 평범한 이야기를 전하는 평범한 사람들이로다. 우리는 우리의 영적 고귀함이나 우리의 순전한 도덕성에 대해 경의가 표해지기를 원하지 않노라. 우리는 하늘의 비밀을 소유한 자요 배타적 권세를 가진 자로서 경의가 표해지는 것을 바라지 않노라. 우리가 보고 전파하는 것을 너희가 믿기를 원하노라. 우리 열한 명과 우리 뒤에 있는 오백 명 모두는 전파해야 할 한 가지 단순한 이야기를 가지고 있노라. 그것은 실질적으로 복음이며, 철학이며, 신학이며, 땅과 하늘의 화해이며, 사람들에 대한 하나님의 계시이며, 미래 세상의 베일을 벗기는 것이며, 소망의 기초로다. 그러나 먼저 우리는 그것을 이 땅에서 실제로 일어난 일로서 그리고 우리 눈으로 목격한 것으로서 그리고 우리가 그 일의 증인으로서 너희에게 전파하노라."

이 일에는 어떤 계승자도 있을 수 없습니다. 그들 가운데 어떤 사람들은 성경을 기록하도록 영감(靈感)을 받았습니다. 그러나 이러한 은사는 그들 모두에게 속하지 않았습니다. 이적을 행하는 권세와 영적 은사를 전달하는 권세는 그들에게 한정되지 않았습니다. 그것은 "장로회" 전체에 의해 행해지기도 하고, 다른 신자들에 의해서도 행해지기도 했습니다. 그러나 그들의 직무와 자격은 결코 계승될 수 없었습니다. 왜냐하면 계승될 것이 아무것도 없었기 때문입니다. 그들의 시각적 감각에 의해 확증되는 사실로서 부활하신 그리스도를 본 것이라든지 혹은 그의 부활의 증인이 되는 것은 결코 계승되거나 전달될 수 없는 것이었습니다.

2. 증언의 충족성.

베드로는 자신과 자신의 동료들이 가진 증언을 예수 그리스도의 부활의 역사적 사실을 충분히 제시할 수 있는 것으로 간주합니다.

내가 여기에서 제시하고자 하는 첫 번째 요점은 이것입니다. 우리가 기독교를 '일련의 영적, 도덕적, 지적 진리들'로서 생각한다고 가정해 봅시다. 그렇다면 기독교를 증명하는 방법은 당연히 그러한 각각의 진리들이 서로 조화되고, 일관성을 가지고 있으며, 공인된 원리들로부터 도출되었으며, 합리적이며, 사람의 본성에 적합하며, 그것들을 적용함으로써 선한 결과를 맺는 등을 보이는 것입니다. 다른 한편 우리가 기독교를 일차적으로 '특별한 교훈을 담고 있는 일련의 역사적 사실들'로서 생각한다고 가정해 봅시다. 그렇다면 기독교를 증명하는 방법은 그것이 얼마나 합리적인지를 보이는 것도, 얼마나 많은 사람들이 그것을 예기(豫期)하고 기대하며 열망했는지를 보이는 것도, 그것이 얼마나 사람들의 필요와 열망에 부응하는지를 보이는 것도, 그것을 받아들임으로써 얼마나 크고 복된 결과들이 뒤따르는지를 보이는 것도 아닐 것입니다. 물론 이 모든 것들은 어떤 원리를 확립하는 타당한 방법들입니다. 그러나 사실을 확립하는 방법은 오직 하나입니다 — 그것은 "나는 그것을 보았으므로 아느니라"라고 말할 수 있는 누군가를 발견하는 것입니다.

나는 오늘날의 변증학이 앞에서 이야기한 부차적 논제들에 지나치게 착념한 나머지 그 본래의 길로부터 많이 이탈했다고 생각합니다. 나는 현명한 기독교 변증학자들이 기독교의 합리성과 관련하여 이야기한 모든 것을 감사한 마음으로 받아들입니다. 기독교가 사람들의 필요에 부응하는 것이라든지, 기독교로부터 따르는 축복들 같은 것 말입니다. 그럼에도 불구하고 복음은 일차적으로 역사(歷史)입니다. 여러분은 어떤 일이 일어난 것을 그것이 얼마나 바람직한 일인지, 그것이 일어나기를 기대하는 것이 얼마나 합리적인지, 그것을 믿음으로 말미암아 얼마나 선한 결과들이 따르는지 따위를 보임으로써 증명할 수 없습니다. 둘은 서로 관련되지 않습니다. 그러므로 기독교를 일차적으로 역사(歷史)로 생각하십시오. 그러면 여러분은 결코 반박될 수 없는 증거들을 보게 될 것입니다. 그러고 난 연후에 나머지 모든 것들이 그것을 좀 더 확증하는 것으로서 덧붙여질 수 있을 것입니다. 예수 그리스도의 부활은 역사적 사실입니다. 왜냐하면 수많은 목격자들이 그것을 확언하기 때문입니다. 그것은 실제로 일어났습니다. 왜냐하면 그것은 반박할 수 없는 많은 증거들을 가지고 있기 때문입니다.

이제 그리스도의 부활에 대한 증거의 충족성과 관련하여 좀 더 상세하게 관찰해 보도록 합시다.

설령 여러분이 신약을 구성하는 책들의 저작자 및 연대와 관련하여 현대 회의주의(懷疑主義)들이 제기하는 각종 주장들에 굴복한다 하더라도, 우리에게는 여전히 가장 극단적 비평학자들조차도 받아들일 수밖에 없는 바울의 네 서신이 남아 있습니다. 그것은 로마서와 고린도전후서와 갈라디아서입니다. 이러한 네 서신의 연대와 관련하여 거의 모든 학자들은 그것들이 그리스도의 부활 이후 25년 전후에 기록되었다고 이야기합니다.

그러면 우리는 부활 후 25년 전후에 기록된 이러한 서신들로부터 무엇을 발견합니까? 우리는 그 모든 서신들 안에서 그것 즉 그리스도의 부활에 대한 언급을 발견합니다. 네 서신 가운데 한 서신에서 우리는 바울이 "그리스도께서 성경대로 죽으셨다가 다시 살아나셔서 몇몇 개인들과 무리들과 오백여 형제들에게 보이셨으며 그 가운데 대다수가 살아있어 능히 그에 대한 증인이 될 수 있다"는 것이 자신과 자신의 동료들이 전파하는 메시지의 핵심이라고 말하는 것을 발견합니다(고전 15:4-6).

또 이러한 언급에 뒤이어 우리는 그 자신도 부활하신 구주를 보았다는 언급을 발견합니다(8절). 아마도 그것은 부활의 사실이 일어난 후 10년 이내에 있었던 일이었을 것입니다. 이러한 공인된 진성문서(眞性文書)들의 증거로 말미암아 우리는 초대교회 전체가 아무 이의 없이 다 같이 받아들였던 믿음이 있었음을 알게 됩니다. 심지어 죽은 자의 부활 따위는 결코 있을 수 없다고 생각했던 이단자들조차도 그리스도 자신의 부활은 부인할 수 없었습니다. 그래서 바울은 그들조차도 부인할 수 없었던 그리스도의 부활의 기초 위에서 죽은 자의 부활의 확실성을 증명하고자 했습니다. 이와 같이 전체 교회가 한 목소리로 그리스도의 부활을 단언했으며, 그때 그것을 기꺼이 증언할 준비가 되어 있었던 수백 명의 사람들이 있었습니다. 단지 몇 명의 여자들이 어슴푸레한 새벽 미명에 그의 부활하신 것을 보았다고 주장한 것에 불과한 것이 아니었습니다. 오백 명의 사람들이 그를 보았습니다. 또 그들은 그를 한 번만 본 것이 아니라 여러 번 보았습니다. 또 멀리서 본 것이 아니라 가까이서 보았습니다. 한 곳에서만 본 것이 아니라 갈릴리에서도 보고 예루살렘에서도 보았습니다. 또 특정한 상황에서만 본 것이 아니었습니다. 하루 중 모든 시간에 보았으며, 집 안에서도 보고 집 밖에서도 보았으며, 걸으면서도 보고 앉은 상태에서도 보았으며, 말하면서도 보고 먹으면서도 보았으며, 개별적으로도 보고 여럿이서 함께 보기도 했습니다. 그의 나타나심을 열렬히 대망(待望)하던 사람만 본 것이 아니라 의심이 많은 사람도 보았습니다. 그렇게 보고 난 연후에 의심 많던 사람도 그를 향해 "나의 주님이시며 나의 하나님이시니이다"라고 고백할 수밖에 없었습니다. 그들은 그가 살아날 것이라고 기대하지 않았으며, 그가 살아나셨음을 믿지 않았습니다. 세상은 그들이 "마음에 더디 믿는" 자들이었다는 사실에 대해 감사할 필요가 있습니다(눅 24:25).

그리스도의 부활과 관련한 사도들의 증언을 생각해 보십시오. 이와 같은 종류의 증언은 어떤 사건을 확증하기에 충분한 증언이 아닙니까? 만일 그렇다면, 어째서 유독 그리스도의 부활에 있어서만은 충분하지 않단 말입니까? 만일 모두가 인정하는 대로 그리스도의 부활 후 10년 안에 있었던 초대교회가 그의 부활을 믿었다면 그리고 그들 가운데 많은 사람들이 그것의 진실성을 주장하면서 기꺼이 죽음까지 감수했다면, 그들이 옳았든지 아니면 틀렸든지 둘 중 하나일 것입니다. 그리고 만일 후자라면 다시 말해서 부활이 사실이 아니었다면, 그들의 믿음은 망상(妄想)이거나 아니면 고의적 사기(詐欺)였을 것입니다.

그것은 결코 망상이 아니었습니다. 왜냐하면 이와 같은 종류의 망상은 전적으로 유례가 없는 것이기 때문입니다. 초대교회와 같은 많은 무리가 그러한 망상을 공유(共有)했다고 생각하는 것은 불합리합니다. 많은 나라들이 때로 "우리 왕은 죽지 않았다. 그는 가셨다가 다시 돌아오실 것이다"라고 말하기도 했으며, 스승을 사랑했던 많은 제자들이 때로 "우리 스승은 홀로 조용히 살아계시다가 다시 우리에게 돌아올 것이라"라고 말하기도 했습니다. 그러나 그리스도의 부활은 이런 것들과 비교될 수 없습니다. 그리스도의 제자들의 경우는 맹목적 상상이 아니었습니다. 그들은 확실한 사실을 인식하고 있었습니다. "그는 죽으셨도다." 그러고 나서 그들의 기대와는 반대로 그들은 경악할 만한 사실을 인식했습니다. "죽었던 그가 살아나셨도다." 이것이 바보가 아닌 수백 명의 사람들의 뿌리 깊은 확신이 된 것을 생각할 때, 우리는 인간의 망상의 역사 속에서 이와 비슷한 경우를 전혀 발견할 수 없습니다.

또 그것은 신화(神話)도 아니었습니다. 왜냐하면 신화는 10년 안에 만들어지지 않기 때문입니다. 여기에는 신화를 구성할 만한 특별한 주제가 없었습니다. 만일 그리스도가 죽고 그것으로 모든 것이 끝이었다면 말입니다. 또 그것은 고의적 사기(詐欺)도 아니었습니다. 왜냐하면 그들의 성품과 도덕성 또 그렇게 하는 것으로 인해 그들에게 아무런 이득도 돌아가지 않는다는 사실과 그들이 겪었던 환난과 핍박 등은 그렇게 생각하는 것을 불가능하게 만듭니다. 많은 사람들의 피로 얼룩진 가장 아름다운 건축물이 어떻게 고의적 사기의 쓰레기 위에 세워질 수 있단 말입니까?

이 모든 것을 감안할 때, 우리는 그리스도의 부활이 망상이라느니 신화라느니 사기라느니 하는 따위의 이론들을 옆으로 제쳐놓지 않을 수 없습니다. 그러한 이론들은 논리적으로도 앞뒤가 맞지 않는 터무니없는 궤변들일 뿐입니다.

그들은 증언은 결코 기적적 사건에 도달할 수 없다느니 또는 기적은 불가능하다느니 따위로 말합니다. 증언은 결코 기적적 사건에 도달할 수 없다는 논제를 좀 더 구체적으로 살펴보도록 할까요? 증언은 "나는 어떤 사람이 죽은 것을 보았으므로 그것을 압니다. 나는 죽은 사람이 다시 살아난 것을 보았으므로 그것을 압니다"에 도달할 수 없습니까? 만일 이것에 도달할 수 있다면, 나는 증언이 스스로를 돌보기 위해 기적적 사건에 도달할 수 없다는 언어적 궤변주의(verbal sophism)를 안전하게 버릴 수 있다고 생각합니다.

또 기적은 불가능하다는 다른 가정과 관련하여 생각해 보도록 합시다. 그것은 논쟁 가운데 있는 전체적 문제에 대한 비논리적 구걸(illogical begging)입니다. 그것은 증언을 털어낼 수 있는 효력이 없습니다. 여러분은 그와 같은 형태의 이론들로 말미암아 사실(facts)을 질식시킬 수 없습니다. 형이상학으로 오염된 과학에 대해 크게 저항하는 과학적 현대인들이 도대체 어떻게 그와 같이 단언할 수 있을까요? 분명 그것은 완전한 형이상학입니다. 그들은 물질적 우주 뒤에 어떤 것이 있다고 말하는 형이상학은 비과학적이지만 그러나 물질적 우주 뒤에 아무것도 없다고 말하는 형이상학은 지극히 타당한 것으로서 받아들여져야만 한다고 생각하는 것처럼 보입니다. 무익한 신학 논쟁을 제기하는 순수 물리학의 신봉자들은 헤롯보다도 더 포학하게 행하며 그와 같은 종류의 형이상학적 주장들을 계속해서 제기합니다. 그들로 하여금 계속해서 그들의 길을 가게 하십시오. 그리고 우리에게 그와 같은 풀무와 예리한 칼이 나타낼 수 있는 것을 말해 주십시오. 그러면 우리는 우리에게 맞는 대로 들을 것입니다. 그러나 그들이 기적의 가능성을 부인하기 위해 그들 자신의 원리에 모순되게 행동할 때, 우리에게 필요한 것은 단지 그들에게 그들 자신의 말을 돌려주는 것뿐입니다. 그리고 우리는 그들에게 형이상학적 편견으로 사실을 조사하는 것을 가로막지 말라고 충고해야 합니다. 예수 그리스도가 자신의 부활의 역사적 증거의 반석 위에 자신의 교회를 세운 것은 결코 잘못이 아니었습니다. 설령 아레오바고 언덕의 모든 현자(賢者)들이 그리스도의 부활의 증언을 들으면서 제자들을 조롱하며 비웃었다고 하더라도 말입니다.

3. 증언을 가능하게 하는 사실의 중요성.

앞에서 나는 성경에서 그리스도의 부활이 다음과 같은 세 가지 측면으로 펼쳐진다는 사실을 지적했습니다 — 그의 본질 및 사역과 관련하여, 우리의 미래를 위한 모형으로서, 그리고 우리의 현재적인 새로운 삶의 상징으로서, 지금 언급하는 것에 관한 중요성은 오직 첫 번째 측면에만 적용됩니다.

예수 그리스도의 부활과 더불어 그리스도의 신성(神性)이 세워지기도 하고 허물어지기도 합니다. 바울은 로마서에서 "그는 죽은 자들 가운데서 부활하사 능력으로 하나님의 아들로 선포되셨으니"라고 말합니다(1:4). 또 베드로는 사도행전 2장에서 "너희가 십자가에 못 박은 이 예수를 하나님이 주와 그리스도가 되게 하셨느니라"라고 선포합니다(36절). 또 바울은 아레오바고 가운데 서서 "이는 정하신 사람으로 하여금 천하를 공의로 심판할 날을 작정하시고 이에 그를 죽은 자 가운데서 다시 살리신 것으로 모든 사람에게 믿을 만한 증거를 주셨음이니라"라고 말합니다(행 17:31).

이러한 말씀들의 요지는 이것입니다. 즉 예수는 다시 살아나셨으며, 그러한 살아나심의 과정 안에서 스스로를 하나님의 아들로서 주장하셨다는 것입니다. 그는 다음과 같은 특이한 주장들을 하셨습니다 — "나와 아버지는 하나이니라"(요 10:30), "내가 곧 길이요 진리요 생명이니"(요 14:6), "나는 부활이요 생명이니"(요 11:25), "무릇 살아서 나를 믿는 자는 영원히 죽지 아니하리니"(요 11:26), "인자가 많은 고난을 받고 제 삼일에 살아나야 하리라"(눅 9:22). 이와 같이 그는 자신이 죽을 것과 다시 살아날 것과 하늘로 올라갈 것에 대해 말씀하셨으며, 그것은 그가 세례 받을 때 하늘로부터 "이는 내 사랑하는 아들이요 내 기뻐하는 자"(마 17:5)라고 울려퍼진 증언과 동일한 증언이었습니다. 만일 그가 죽은 자 가운데 살아나심으로써 그의 장엄한 주장이 보좌로부터 확증된다면, 우리는 그 안에서 하나님의 아들을 볼 것입니다. 그렇지만 만일 사망이 여전히 그를 붙잡는다면, 앞에서 제시된 그의 모든 말들은 결국 무엇이 됩니까? 또 우리는 그렇게 허무맹랑한 말을 한 자를 어떻게 평가해야 합니까? 정말로 그렇다면, 예수 그리스도의 순전한 도덕적 가르침 따위에는 더 이상 귀를 기울이지 맙시다. 그의 부활을 제거해 보십시오. 그러면 우리는 아무 근거 없는 허무맹랑한 자기주장으로 굴절된 아름다운 교훈과 멋진 훈계들만을 갖게 될 것입니다. 그가 정말로 죽은 자 가운데 다시 살아나셨든지 아니면 그의 말이 허무맹랑한 신성모독이든지 둘 중 하나입니다. 오늘날 사람들은 너무나 쉽게 복음 역사(歷史)의 초자연적 부분들을 제쳐놓으면서 여전히 나사렛의 순전한 도덕주의자인 위대한 스승에 경의를 표한다고 말합니다. 바리새인들이 "저 속이던 자가 살아 있을 때에 말하되 내가 사흘 후에 다시 살아나리라 한 것을 우리가 기억하노니"라고 말한 것을 생각해 보십시오(마 27:63). 그렇게 말할 때, 그들은 비록 조악(粗惡)하게나마 그러나 올바르게 그러한 개념을 제시한 것입니다. 그렇습니다. 정말로 죽은 자 가운데 부활하심으로 말미암아 능력으로 하나님의 아들로 선포되셨든지 아니면 차마 입에 담을 수 없는 신성모독자든지 둘 중 하나입니다.

나아가 부활과 더불어 우리의 구속을 위한 그리스도의 사역 전체가 서기도 하고 허물어지기도 합니다. 만일 그가 다른 사람들처럼 죽었다면 다시 말해서 사망의 손이 여전히 그를 붙잡고 있다면, 그의 십자가는 단지 순교자의 십자가 외에 아무것도 아니었을 것입니다. 그러나 그의 부활은 그의 완성된 구속사역의 증거였으며, 그의 죽음은 우리를 위한 속전(贖錢)이었습니다. 그의 부활은 그의 현재적 활동의 조건입니다. 만일 그가 부활하지 않았다면, 그는 죄를 제거하지 못한 것입니다. 그리고 만일 그가 자신의 희생제사로 말미암아 죄를 제거하지 못했다면, 죄는 여전히 남아 있는 것입니다. 만일 그리스도가 부활하지 않았다면, 여러분의 믿음도 헛것이며 우리의 전파하는 것도 헛것입니다(고전 15:14). 또 여러분은 여전히 죄 가운데 있는 것이며, 그리스도의 헛된 소망 안에서 잠자는 자들은 모두 망한 것입니다. 왜냐하면 만일 그가 부활하지 않았다면, 부활은 없는 것이기 때문입니다. 또 그가 부활하지 않았다면, 죄 사함도 없는 것이며 하나님의 아들도 없는 것입니다. 그러면 세상은 황폐하며, 하늘은 텅 비어 있으며, 무덤은 캄캄하며, 죄는 영속하며, 사망은 영원할 것입니다. 그러므로 우리와 사망 사이에는 오직 다음과 같은 옛 메시지만 있을 뿐입니다. "너희가 만일 내가 전한 그 말을 굳게 지키고 헛되이 믿지 아니하였으면 그로 말미암아 구원을 받으리라 내가 받은 것을 먼저 너희에게 전하였노니 이는 성경대로 그리스도께서 우리 죄를 위하여 죽으시고 장사 지낸 바

되셨다가 성경대로 사흘 만에 다시 살아나사"(고전 15:2-4).

그러므로 우리는 "주님이 부활하셨습니다!"는 옛 인사말을 기쁘게 취할 수 있습니다. 우리는 현대 비평학자들이 제기하는 터무니없는 가정(假定)이 가져오는 절망으로부터 돌이켜 분명한 확신으로 나아갈 수 있으며, 바울 사도와 함께 "이제 그리스도께서 죽은 자 가운데서 다시 살아나사 잠자는 자들의 첫 열매가 되셨도다"라는 승리의 외침을 발할 수 있습니다(20절).

6
영속적인 은사와 일시적으로 따르는 것들

"1 오순절 날이 이미 이르매 그들이 다같이 한 곳에 모였더니 2 홀연히 하늘로부터
급하고 강한 바람 같은 소리가 있어 그들이 앉은 온 집에 가득하며 3 마치 불의 혀
처럼 갈라지는 것들이 그들에게 보여 각 사람 위에 하나씩 임하여 있더니 4 그들이
다 성령의 충만함을 받고 성령이 말하게 하심을 따라 다른 언어들로 말하기를 시
작하니라 5 그 때에 경건한 유대인들이 천하 각국으로부터 와서 예루살렘에 머물
러 있더니 6 이 소리가 나매 큰 무리가 모여 각각 자기의 방언으로 제자들이 말하는
것을 듣고 소동하여 7 다 놀라 신기하게 여겨 이르되 보라 이 말하는 사람들이 다
갈릴리 사람이 아니냐 8 우리가 우리 각 사람이 난 곳 방언으로 듣게 되는 것이 어
찌 됨이냐 9 우리는 바대인과 메대인과 엘람인과 또 메소보다미아, 유대와 갑바도
기아, 본도와 아시아, 10 브루기아와 밤빌리아, 애굽과 및 구레네에 가까운 리비야
여러 지방에 사는 사람들과 로마로부터 온 나그네 곧 유대인과 유대교에 들어온
사람들과 11 그레데인과 아라비아인들이라 우리가 다 우리의 각 언어로 하나님의
큰 일을 말함을 듣는도다 하고 12 다 놀라며 당황하여 서로 이르되 이 어찌 된 일이
냐 하며 13 또 어떤 이들은 조롱하여 이르되 그들이 새 술에 취하였다 하더라"

행 2:1-13

승천과 오순절 사이에 고작 열흘이 경과했을 뿐이었습니다. 우리는 그 기간 동안의 교회의 태도를 주의 깊게 관찰할 필요가 있습니다. 그들은 "위로부터 능력으로 입혀질 때까지" 기다리라는 그리스도의 명령에 절대적으로 순종했습니다(눅 24:49). 그 기간과 관련하여 성경에 기록된 유일한 사건은 유다의 자리를 채우기 위해 맛디아를 선택한 것이었습니다. 예수 그리스도 자신이 나중에 사도로서 바울을 선택한 것을 생각하면서, 어떤 사람들은 이것이 잘못된 행동이 아니었는지 약간의 의문을 갖기도 합니다. 그렇지만 어쨌든 맛디아를 선택한 것과 함께 기도와 간구와 서로 마음을 같이 하여 인내로써 기다리는 것이 그때의 120명의 형제들의 특징이었습니다.

분명 그들은 뜨거운 마음의 기대와 열망으로 기다렸을 것입니다. 왜냐하면 그들은 자신들의 기다림이 길지 않을 것과 머지않아 "위로부터 입혀지는 능력" 혹은 "아버지께서 약속하신 것"이 임할 것을 알았기 때문입니다. 어쩌면 임박한 오순절 절기가 그들에게 아버지의 약속이 이루어지는 때가 되지 않을까 여겨졌을는지도 모릅니다.

이렇게 하여 오순절 날 그들은 자신들이 통상적으로 모이던 장소에 모였습니다. 아마도 그들의 마음속에는 "오늘이 그날이 아닐까?"라는 생각이 떠올랐을 것입니다. 이것은 그때와 같이 오늘날도 마찬가지입니다. 성령의 능력이 입혀지기를 바라는 사람들은 스스로를 잠잠하게 지키며, 기대하며, 기도해야만 합니다. 계속해서 분주하게 무슨 일인가를 하는 것보다 기도하며 잠잠히 기다리는 것이 훨씬 더 낫습니다. 또 그것이 실제로 시간을 더 많이 절약하는 것입니다. 왜냐하면 그럴 때 일을 더 잘 할 수 있도록 만들어주는 능력이 임할 것이기 때문입니다.

베드로가 군중들 가운데 서서 말할 때의 시간은 제 삼 시였습니다(15절). 그렇다면 형제들이 모인 때는 새벽 동이 튼 직후였음에 분명합니다. 그들이 얼마나 오랫동안 모여 기도했는지 우리는 알지 못합니다. 그렇지만 그들이 기도에 완전히 몰두해 있었던 것은 의심의 여지가 없습니다. 틀림없이 많은 사람들이 소리를 높여 기도했을 것입니다. 그러는 가운데 그들에게 멀리서부터 이상한 소리가 들려왔으며, 그 소리가 점점 더 가까이 다가옴과 함께 그들의 열망은 최고조에 달했을 것입니다. 마치 폭풍우가 몰려오는 것 같은 소리가 사람들의 소리를 잠잠케 했으며, 그때 사람들은 "틀림없이 지금 약속하신 선물(gift)이 임하고 있어!"라고 느꼈을 것입니다. 그 소리는 점점 더 가까이 다가오다가 마침내 그들이 모여 있는 방 안에서 마치 폭탄이 터지듯이 폭발했습니다.

누가의 기록을 곰곰이 살필 때, 우리는 그 집을 채우고 있었던 것이 요동하는 공기나 혹은 바람이 아니라 "바람 같은 소리"였음을 알게 됩니다. 이러한 표현은 거기에 실제로 머리카락을 휘날리게 만드는 바람이 있었던 것이 아니라 단지 폭풍과 같은 요란한 소리가 있었을 뿐임을 함축합니다. 그것은 바람을 연상케 하지만, 그러나 바람은 아니었습니다. 약속된 선물이 전달을 위한 이러한 첫 번째의 상징적 준비와 "영"(靈)이라는 그 단어 안에 담긴 옛 상징으로 말미암아, 제자들은 그리스도께서 니고데모에게 하셨던 말씀과 그가 임시적이며 부분적으로 성령을 주실 때 그들에게 숨을 내쉬셨던 것을 새롭게 떠올렸을 것입니다. 그 자리에 있던 제자들 가운데 일부 사람들은 "바람이 임의로 불매 네가 그 소리는 들어도 어디서 와서 어디로 가는지 알지 못하나니 성령으로 난 사람도 다 그러하니라"라는 예수의 말씀을 기억하고 있었을 것입니다(요 3:8).

청각적 상징에 이어 시각적 상징이 나타납니다. 전자가 진짜 바람이 아니라 바람 같은 것이었던 것처럼, 후자 역시 진짜 불이 아니라 "불같은 것"이었습니다. 이러한 표현은 그때 나타난 것이 혀처럼 갈라져나가는 하나의 덩어리와 같은 것이었는지 아니면 단지 갈라진 혀들이 그들의 머리 위에서 움직이는 것처럼 보였을 뿐인지 하는 질문에 대답해주지 않습니다. 그러나 마지막 결과는 그것이 "각 사람 위에 하나씩 임했다"는 것이었습니다(3절). 여기의 동사는 명확한 주어를 가지고 있지 않습니다. 그리고 "불"은 주어가 될 수 없습니다. 왜냐하면 그것은 단지 하나의 비교로서 제시된 것일 뿐이기 때문입니다. 그러므로 여기의 동사에 대한 주어를 비록 명확하게 나타나지는 않지만 "혀"로서 이해하는 것이 무난할 듯합니다.

분명 이러한 상징의 요지는 "성령과 불로 세례를 받는" 것과 관련하여 세례 요한의 약속에서 제시된 것과 동일한 것입니다. 성령은 그들 안에서 불같이 타는 영이 될 것이었습니다. 성령은 뜨거운 열기로 그들의 냉랭한 마음을 녹이며, 그들 안에서 뜨거운 열심과 열렬한 사랑과 불타는 열정을 산출하며, 그들 안에서 변화의 역사(役事)를 일으킬 것이었습니다. 이러한 상징 속에 불 안에 담겨 있는 기쁨을 일으키는 권능과 생명을 소생시키는 에너지와 소멸(燒滅)시키는 능력과 하나로 동화(同化)시키는 작용이 모두 포함됩니다. 그리스도의 제자들은 이 모든 것을 소유하게 될 것입니다.

이와 같이 혀처럼 갈라지는 불꽃의 형상은 매우 함축적 의미를 가진 것이었습니다. 또 "불의 혀"라는 표현 역시 매우 통상적 표현으로서, 단순히 불이 갈라져나감으로 말미암아 필연적으로 생겨나게 되는 깜빡거리는 불꽃들을 의미하는 것일 수 있습니다.

그러나 이러한 두 가지 상징은 단지 상징일 뿐입니다. 뒤이어 위대한 약속의 참된 성취가 따릅니다. 여기에서 인류에게 가장 위대한 선물이 주어지는 것과 전적으로 새로운 시대가 시작되는 것과 교회가 이제부터 치르게 될 싸움을 위해 구비(具備)되는 것이 평온한 어투로 단순하게 표현되는 것을 주목해 보십시오. 사람들에게 신적 생명이 분여(分與)되고 있었으며, 그 생명이 그들 안에 거하면서 그들을 움직일 것이었습니다. 또 그 생명이 그들 안에서 승리를 위해 모든 선한 것들을 가져오며, 그들을 조명(照明)하고 지탱하고 인도하고 북돋우며 정결케 하며 소생시킬 것입니다. 그 선물(gift)은 완성되었습니다. 그들은 성령의 충만함을 받았습니다(4절). 그러나 그들은 자신들의 용량(容量)의 분량까지 채워졌습니다. 그렇지만 그들의 영(靈)은 더 나은 상태로 향상될 수 있으며 또 선물은 무한했기 때문에, 그들은 그것을 더 풍성하게 소유할 수 있는 상태에 있었습니다. 그들이 "하나님의 모든 충만하심으로 충만하게" 될 때까지 말입니다.

나아가 그들은 다 성령의 충만함을 받았습니다(4절). 다시 말해서 사도들만 성령의 충만함을 받은 것이 아니라 120명 전체가 성령의 충만함을 받았습니다. 여기에서 베드로가 인용하고 있는 요엘의 예언은 지금 받고 있는 은사(gift)의 보편성을 분명하게 의미했습니다. 여기에 기독교의 진정한 민주주의가 있습니다. 모든 그리스도인이 성령을 소유합니다. 비록 소유의 정도와 그것을 어떻게 사용하느냐 하는 것은 제각각 다르다 하더라도 말입니다. 예수 그리스도를 믿는 모든 자들이 그리고 오직 그들만이 성령을 받았습니다. 옛 시대에는 빛이 오직 제일 높은 산꼭대기 위에만 비췄습니다. 예컨대 선지자들과 왕들과 시편 기자들 같은 사람들에게 말입니다. 그러나 이제 가장 낮은 골짜기까지 성령으로 가득 채워졌습니다. 이제 모든 그리스도인들이 믿음으로 말미암아 그 큰 선물을 받게 되었습니다.

이러한 상징들에 이어 표적들이 뒤따랐습니다. 오순절의 본질적 사실은 소리도 아니고, 불도 아니고, 각각 다른 언어로 말하는 것도 아닙니다. 그것은 사람들에게 성령이 임하는 것입니다. 그것의 표적과 결과는 여러 가지 언어로 말하는 은사였습니다. 그것은 그들 자신의 언어도 아니었고, 통상적 방식으로 배운 것도 아니었습니다. 여기의 이야기의 의미는 너무도 명백합니다. 무식한 갈릴리 사람들이 여러 가지 언어로 말할 때, 그러한 언어를 사용하는 자들이 그것을 알아들었다는 명백한 사실 말입니다. 이러한 사실의 의미는 곧 나타날 것이지만, 그러나 먼저 군중들이 그러한 현상을 어떻게 이해했는지를 주목할 필요가 있습니다.

여기에서 경건의 동기(動機)로부터 예루살렘에 와서 머물고 있었던 외국에서 태어난 유대인들이 "천하 각국으로부터" 온 자들로 일컬어지고 있습니다. 이어지는 나라들의 목록이 보여주는 것처럼, 그들은 당시 알려진 세상의 모든 곳으로부터 온 자들이었습니다. 물론 그것이 지구 전체의 작은 일부이기는 했지만 말입니다.

그때 급하고 강한 바람 같은 "소리"가 아직 이른 아침이었던 예루살렘 전체에 들렸습니다. 그리고 그 소리는 사람들을 제자들이 모여 있는 장소로 인도했습니다. 호기심에 가득 찬 군중들은 그 소리가 도대체 무슨 소리인지 확인하기 위해 급히 달려왔습니다. 그리고 거기에서 그들은 그것보다 더 특별한 현상과 마주쳤습니다. 지금 그들 앞에 펼쳐진 장면을 상상해 보십시오. 33절의 "너희가 보고 듣는 이것을 부어주셨느니라"라는 말에 나타나는 것처럼, 불의 혀들이 각 사람의 머리 위에 마치 불꽃이 흔들리며 빛나는 것처럼 남아 있었습니다. 그리고 120명 전체가 이상한 언어로 환희에 찬 찬미를 쏟아내고 있었습니다. 놀란 군중들이 이러한 갑작스런 소동에 어느 정도 익숙해졌을 때, 군중들은 그들이 각각 자신들의 언어 혹은 방언으로 하나님의 큰 일을 말하는 것을 들었습니다. 아마도 그것은 십자가에서 죽으시고 승천하신 예수에 관한 이야기였을 것입니다.

우리는 부차적 문제들에 대해서는 길게 다룰 필요가 없습니다. 여기에 나타난 언어들의 숫자라든지 혹은 9절과 10절에 나타난 나라들의 목록 같은 것 말입니다. 그렇지만 우리는 다음과 같은 두 가지 사실은 필히 강조해야만 합니다. 첫째는 하나님의 영으로 충만함을 받은 자연적 결과가 그리스도의 복음의 위대한 진리를 말하는 것이었다는 사실입니다. 빛은 필연적으로 퍼져나가게 마련이며, 진한 감정은 어떤 방식으로든 표현되게 마련입니다. 마찬가지로 성령으로 충만함을 받은 영혼은 필연적으로 말하지 않을 수 없습니다. 만일 공적으로 신앙을 고백하는 어떤 그리스도인이 자신이 발견한 그리스도를 말하고자 하는 충동을 느끼지 못했다면, 그의 신앙은 필경 매우 피상적이고 불완전한 것일 것입니다. 만일 그의 영이 성령으로 충만하다면, 그의 입술로부터 필연적으로 말이 쏟아져 나올 것입니다.

둘째는 오순절이 우주적 복음 선포와 우주적 찬미의 예언이라는 사실입니다. 이와 관련하여 벵겔(Bengel)은 "여기의 온 세상의 언어로 하나님을 찬미하는 형제들은 때가 되면 온 세상이 모든 언어로 하나님을 찬미할 것을 미리 보여준다"라고 말합니다. 오순절은 바벨을 뒤집었습니다. 특색 없는 단일 언어를 만듦으로써가 아니라, 각각의 언어들이 거룩하여짐과 함께 여러 언어들이 함께 어우러져 아름다운 합창을 이룰 수 있음을 나타냄으로써 말입니다.

또 이것은 "각 족속과 방언과 백성과 나라들"이 자신들을 피고 값 주고 사신 자에게 목소리를 높여 찬미를 드리는 것을 예언합니다. 그것은 모든 신자들에게 성령이 임하기 시작하는 것이었으며, 이 일은 세상이 끝날 때까지 결코 멈추지 않을 것입니다. 급하고 강한 바람 같은 소리는 잠잠해졌으며, 불의 혀는 오늘날 사람들의 머리 위에 더 이상 임하지 않으며, 성령의 임함의 기적적 결과들 역시 사라졌습니다. 그러나 사람들에게 성령이 임하는 것은 계속해서 남아있으며, 하나님의 영은 그리스도의 교회와 함께 영원히 머무릅니다.

7
성령의 네 가지 상징

"급하고 강한 바람" … "마치 불의 혀처럼 갈라지는 것들" … "내가 내 영을 모든 육체에 부어 주리니"

행 2:2, 3, 17

"너희는 거룩하신 자에게서 기름 부음을 받고 모든 것을 아느니라"

요일 2:20

바람과 불과 물과 기름은 하나님의 영을 나타내기 위해 성경이 지속적으로 사용하는 네 가지 상징들입니다. 오늘의 두 본문 속에서 우리는 그러한 네 가지 모두를 보게 됩니다. 오늘 성령강림주일을 맞이하여 나는 성령과 관련된 추상적 주제를 살피기보다 이러한 것들을 살핌으로써 더 많은 유익을 얻을 수 있을 것이라고 생각합니다. 성령의 바람과 성령의 불과 성령의 물과 성령의 기름부음 — 이러한 네 가지를 살핌으로써 우리는 하나님의 영과 관련된 성경적 개념을 풍성하게 얻게 될 것입니다.

1. 급하고 강한 바람

바람의 상징은 '영'(Spirit)이라는 이름 속에 담겨 있는 개념과 관련된 것입니다. '영'은 '숨'(breath)입니다. 바람은 단순히 공기가 움직이는 것입니다. 숨은 생명과 동의어이며, '영'과 '생명'은 하나의 실재를 나타내는 두 단어입니다. 그러므로 "급하고 강한 바람"이라는 상징 안에서 우리는 성령의 최고의 사역을 보게 되는데, 그것은 새롭고 초자연적 생명을 전달하는 것입니다.

여기에서 마른 뼈들과 관련된 에스겔 선지자의 위대한 환상을 생각해 보도록 합시다. 뼈들은 말라 생기를 잃은 상태로 무더기로 쌓여 있었습니다. 그때 그에게 한 질문이 임합니다. "인자야 이 뼈들이 능히 살 수 있겠느냐?"(37:3). 그가 경험에 의지하여 대답할 수 있는 유일한 대답은 이것이었습니다. "주 여호와여 주께서 아시나이다." 그러고 나서 "생기(breath)야 사방에서부터 와서 이 죽음을 당한 자에게 불어서 살아나게 하라"는 에스겔의 대언(代言)이 따릅니다(9절). 그러자 생기가 그들에게 들어갔고, 그럼으로써 그들이 살아나 극히 큰 군대가 되었습니다(10절). "살리는 것은 영이니"(요 6:63). 성경은 우리 모두를 죽은 자로 그리고 하나님으로부터 분리된 자로 간주합니다. 만일 우리가 예수 그리스도 안에서 믿음으로 말미암아 하나님과 연합되지 않는다면 말입니다. 사도 요한에 따를 때, 예수 그리스도를 믿는 자는 성령을 받습니다(요 7:39, "이는 그를 믿는 자들이 받을 성령을 가리켜 말씀하신 것이라"). 또한 그럼으로써 그는 그리스도께서 주시는 생명을 받습니다. 혹은 주님 자신이 말씀하신 것처럼, 그는 성령으로 거듭납니다. 하나님의 영의 최고의 그리고 가장 특징적인 일은 이러한 새로운 생명을 불붙이는 것입니다. 그러므로 성령에 대한 가장 멋진 이름은 그에 대한 여러 이름들 가운데 단연 생명의 영이라는 이름입니다.

또 "영으로 난 것은 영이니"라는 말씀을 주목해 보십시오(요 3:6). 만일 누군가로부터 받은 생명이 있다면, 그러한 생명은 그것의 근원과 동류(同類)의 것일 것입니다. 주님의 다음과 같은 심오한 말씀을 회상해 보십시오. "바람이 임의로 불매 네가 그 소리는 들어도 어디서 와서 어디로 가는지 알지 못하나니 성령으로 난 사람도 다 그러하니라"(8절). 이러한 말씀은 일차적으로 생명을 주는 성령의 활동을 묘사하지만, 그러나 그것은 동시에 특별한 결과를 가져오는 성령의 특성을 묘사하기도 합니다.

바람은 임의로 붑니다. 영적 생명은 그 근원인 신적 측면과 받는 쪽인 인간의 측면 모두에서 그 자신의 법칙을 따라 움직입니다. 모든 자연현상이 그렇듯 바람 역시도 자신의 법칙을 가지고 있습니다. 그러나 그러한 법칙은 너무나 복잡하고 알기 어려워서 통상적으로 자유를 상징하는 것으로 사용되곤 합니다. 시인들은 바람을 '허가받은 방랑자'라고 부르며, "바람처럼 자유롭게"(free as the wind)라는 표현은 하나의 관용어처럼 통용됩니다. 이와 같이 성령은 어떤 인간의 조건과 법칙에도 제한되지 않습니다. 성령은 모든 형식과 상례(常例)를 초월하여 자신의 은사들(gifts)을 나누어줍니다. 우리가 통상적으로 '천재'라고 부르는 은사를 생각해 보십시오. 그것은 문화와 교육과 신분의 모든 한계를 초월하여 주어집니다. 그것은 농부에게도 임하고, 양치는 자에게도 임합니다. 마찬가지로 성령의 은사는 교회나 혹은 어떤 제도가 정하는 어떤 계통도 따르지 않습니다. 그것은 아우구스티누스 교단에 속한 수도원의 한 수도사 위에 떨어지기도 합니다. 그리하여 그는 유럽 전체를 뒤흔듭니다. 또 그것은 베드포드 감옥에 수감되어 있던 한 땜장이 위에 떨어지기도 합니다. 그리하여 그는 천로역정을 씁니다. 또 그것은 케터링(Kettering)의 한 구두수선공 위에 떨어지기도 합니다. 그리하여 그는 현대 기독교 선교를 개척합니다. 바람은 임의로 붑니다. 그것은 예상과 한계와 형식과 심지어 조직화된 기독교조차도 상관하지 않고 자기 마음대로 붑니다. 그것은 이 사람도 건드리고 저 사람도 건드립니다. 그렇지만 제멋대로 건드리는 것이 아니라 "자기의 기쁜 뜻대로" 건드립니다. 바로 이것이 그 자신의 법칙입니다. 왜냐하면 그것은 지혜와 선(善)에 있어 완전하기 때문입니다.

이와 같이 생명을 주는 영이 그 자신의 법칙을 따라 스스로를 나누어주는 것처럼, 그러한 영으로부터 말미암는 생명은 그러한 영 자신의 법칙인 생명입니다. 하나님의 영에 의해 만져진 그리스도인의 양심은 사람에 의해 만들어진 어떤 규례나 외적 규칙들에 예속되지 않습니다. 또 하나님의 영에 의해 조명(照明)된 그리스도인의 양심은 어떤 위험을 무릅쓰고라도 자신의 믿음을 그와 같은 거룩한 영으로부터 취할 것입니다. 믿음과 행함

위에 군림하는 모든 권세는 "너희는 모두 예수 그리스도를 믿는 믿음으로 말미암아 하나님의 자녀이니라"라는 그리고 "너희는 모두 가르치는 성령과 영감(靈感)을 주는 성령과 빛을 비추는 성령과 모든 진리로 인도하는 성령을 소유하고 있다"는 참된 기독교적 원리의 위대한 민주주의 앞에서 불태워지고 마침내 사라집니다. 이와 같이 바람은 임의로 붑니다. 그리고 그러한 생명을 소생시키는 바람은 이렇게 소리칩니다.

"나를 사랑하는 자에게,
나 자신이 법칙이며 움직이는 힘이니라."

성령으로부터 말미암은 그러한 힘 아래서, 인간의 영은 올바른 길을 찾으며 또한 자신의 최고의 열망을 발견합니다. 오직 주의 영으로 말미암아 소생된 사람들만이 바람처럼 자유롭습니다. 왜냐하면 "주의 영이 있는 곳에" 그리고 오직 그곳에만 "자유가 있기" 때문입니다(고후 3:17).

나아가 바람의 상징 안에는 능력의 개념이 담겨 있습니다. 제자들이 모여 있던 집을 가득 채운 바람은 "강한" 바람이었을 뿐만 아니라 또한 "앞으로 돌진하는" 바람이었습니다. 하나님의 숨결인 바람은 다양한 방법으로 운행하며 역사(役事)합니다. 그것은 때로 산들바람처럼 가장 부드럽게 붑니다. 그런가 하면 6월의 우거진 숲을 흔들면서 부는가 하면, 때로는 거센 폭풍처럼 그리고 바위를 때리는 바닷가의 거센 파도처럼 몰아치기도 합니다. 이와 같이 생명을 주는 강한 힘은 온유하면서도 동시에 강력하게 운행하며, 때로는 거의 폭풍처럼 거세게 몰아칩니다. 그렇지만 그것은 항상 그리스도인의 마음과 삶 속에서 강하고 참되며 아름다운 모든 것을 이끄는 힘입니다.

오순절 이후 세상 역사는 본문 말씀에 대한 주석(註釋)이었습니다. 하나님의 강력한 숨결은 보이지도 않고 만질 수도 없는 힘으로 고대 사회를 휩쓸었으며, 하늘 꼭대기까지 솟은 이교의 성(城)을 헐어 "땅에 엎어 진토에 미치게" 했습니다(사 26:5). 하나의 숨결은 마치 봄에 빙하 위에 부는 서풍의 숨결처럼 문명사회 전체를 지나가면서 두꺼운 얼음을 녹이며 새로운 세상을 만들었습니다. 그리고 바로 이것이 우리 자신의 마음과 삶 속에서 우리를 강하며 선하게 만들 유일한 능력입니다. 우리 모두에게 가장 중요한 질문은 이것입니다. "내가 이러한 생명을 가지고 있는가? 그 생명이 마치 바람이 배를 움직이는 것처럼 나를 움직이고 있는가?" 하나님의 영에 의해 움직여지는 사람들이 바로 하나님의 아들들입니다. 여러분의 인생의 돛을 부풀게 만드는 것이 바로 이러한 바람입니까? 또 여러분의 인생길을 이끄는 것이 바로 이러한 바람입니까? 정말로 그렇다면 여러분은 그리스도인이지만, 그러나 그렇지 않다면 그리스도인이 아닙니다.

2. 성령의 불

"불의 혀처럼 갈라지는 것들이 그들에게 보여." 성령을 나타냄에 있어 불의 상징이 구약과 신약에서 얼마나 자주 사용되는지 생각해 보십시오. 세례 요한은 자신의 세례의 소극적이며 차가운 효력과 — 그것은 기껏해야 회개의 세례에 불과했습니다 — 자기 뒤에 올 자가 베풀 세례의 살리는 능력을 대비시켰습니다. "나는 너희에게 물로 세례를 베풀거니와 내 뒤에 오시는 이는 나보다 능력이 많으시니 성령과 불로 너희에게 세례를 베푸실 것이요"라고 말할 때 말입니다(마 3:11). 여기에서 성령과 불은 같은 것을 의미하는 두 단어입니다. 불은 성령을 상징하는 것입니다.

여러분은 또한 주님 자신이 동일한 상징을 사용하신 것을 기억할 것입니다. 그는 자신의 오심을 세상에 불을 가져오는 것으로 말씀하시면서, 그 불이 거센 불길로 불붙기를 간절히 바라셨습니다. 이러한 상징에서 불은 우리를 그 자신의 모양으로 변화시킬 생명과 승리의 에너지를 나타냅니다. 나아가 이러한 불의 상징에는 두 가지 측면이 있습니다. 하나는 파괴적 측면이며, 다른 하나는 창조적 측면입니다. 하나는 진노의 측면이며, 다른 하나는 사랑의 측면입니다. 사랑의 불이 있는가 하면, 진노의 불이 있습니다. 생명의 조건인 햇빛의 불이 있는가 하면, 불태워 소멸(燒滅)시키는 번개의 불이 있습니다. 이와 같이 불의 상징은 성령의 사역을 표현하기 위해 선택됩니다. 성령의 뛰게 하며, 승리하게 하며, 변화시키는 에너지로 말미암아 말입니다. 예컨대 죽은 나무더미에 불을 붙일 때, 어떻게 여기저기에서 불꽃이 일어나 나무더미 전체를 사르며 결국 그 모든 것을 본래의 불꽃과 비슷한 빨간색 형상으로 변화시키는지 보십시오. 여기의 하나님의 불도 마찬가지입니다. 만일 그 불이 여러분 위에 떨어지면, 그것은 여러분의 모든 차가운 것들을 불태우고 열정으로 불붙게 만들 것입니다. 그리고 여러분의 신조(信條)를 삶 속에서 살아있는 능력으로 만들고, 여러분을 참된 성별(聖別)의 불꽃으로 불붙일 것입니다.

이와 동일한 개념이 모든 언어 속에서 보편적으로 나타납니다. 사랑의 열기, 열정의 불꽃, 뜨거운 감정, 차가운 무관심 등의 표현을 생각해 보십시오. 그리스도인들은 하나님의 불 위에 놓여야 합니다. 만일 성령이 우리 안에 거하시면, 그는 우리를 그 자신처럼 불타오르게 만들 것입니다. 심지어 불이 수분을 가득 머금고 있는 생목(生木)조차도 사르는 것처럼 말입니다.

사랑하는 형제들이여, 나는 이 세대의 교회와 우리 교회가 가장 필요로 하는 것 가운데 하나가 하나님의 불을 더 많이 받는 것이라고 믿습니다. 우리 모두는 우리가 마땅히 되어야 하는 모습과 비교할 때 너무나 차갑고 냉랭합니다. 여러분 자신을 돌아보십시오. 형제들에 대해 상관하지 마십시오. 각자 자신의 마음을 돌아보고, 자신 안에 불과 같은 성령의 능력의 흔적이 있는지 말해 보십시오. 우리의 믿음은 불입니까 아니면 얼음입니까? 우리 가운데 누구에게서 열정적 헌신과 뜨거운 사랑으로 불타는 삶이 발견될 것입니까? 이 말을 희롱하는 말로 듣지 마십시오. "네가 이같이 미지근하여 뜨겁지도 아니하고 차지도 아니하니 내 입에서 너를 토하여 버리리라"(계 3:16)라는 엄중한 옛 경고를 듣지 못했습니까? 이러한 경고의 말씀은 결코 그 권능을 잃지 않습니다. 그러나 안타깝게도 그러한 경고의 말씀은 오늘날의 우리에게도 여전히 적절하게 적용되는 것 같습니다. 우리는 하나님의 보좌 앞에서 불꽃같은 존재들, 다시 말해서 불꽃처럼 섬기는 영인 스랍처럼 되어야 합니다. 또 우리는 하나님 자신처럼 되어야 합니다. 그 전체가 사랑으로 불타오르는 하나님 말입니다. 회개하며, 불같은 성령을 구합시다. 그렇게 할 때, 그는 우리 모두 안에 거하실 것입니다.

나아가 불의 상징은 정결을 암시합니다. "불같은 성령"은 우리로부터 더러운 것들을 태울 것입니다. 사람이 정결하게 될 수 있는 유일한 방법이 바로 이것입니다. 여러분은 도덕적 개선(改善)의 찬물로 계속해서 씻고 또 씻을 수 있지만, 그러나 결코 정결함에 이르지 못할 것입니다. 아무리 닦고 문질러도 결코 죄를 씻지는 못할 것입니다. 영혼을 정결케 하는 유일한 방법은 그것을 불 속에 던지는 것입니다. 그러면 불이 영혼으로부터 모든 더러운 것들을 태울 것입니다. 여러분의 마음 안에 하나님의 사랑을, 그리고 여러분의 영혼 안에 그의 영의 불을 받아들이십시오. 그러면 모든 찌끼와 불순물이 위로 떠오를 것이며, 여러분은 그것을 걷어낼 수 있게 될 것입니다. 두 개의 능력이 나의 죄를 이깁니다. 하나는 나의 과거의 모든 죄책을 씻는 예수 그리스도의 보혈이며, 또 하나는 나를 정결케 하는 성령의 불같은 권능입니다. 하나님의 불로 불붙여 달라고 기도하십시오.

3. 성령의 물

"내가 내 영을 부어 주리니." 성령을 물로 표현하는 것 역시 구약과 신약에서 자주 사용된 상징입니다. 우리 주님이 니고데모에게 말씀하신 것을 생각해 보십시오. "사람이 물과 성령으로 나지 아니하면 하나님의 나라에 들어갈 수 없느니라"(요 3:5). 앞에서 언급한 대로 세례 요한의 말 가운데 "불"과 성령이 하나로 연결되는 것처럼, 여기에서는 "물"과 성령이 하나로 연결됩니다. 다시 말해서 물은 성령의 상징 혹은 성령의 물질적 표상입니다. 세례 요한이 두 개의 세례 즉 성령의 세례와 불의 세례에 대해 말했다고 생각할 사람은 아무도 없을 것입니다. 마찬가지로 여기에서의 주님의 말씀은 거듭남을 행하는 두 가지 작인(作因)이나 혹은 두 가지 조건을 언급하는 것이 아닙니다. 거듭나게 하는 유일한 작인은 성령이며, "물"은 단지 성령의 움직임에 대한 어떤 측면을 표현하는 상징일 뿐입니다. 이와 같이 여기의 말씀은 세례의 물과는 아무 상관없습니다.

비슷한 방식으로 성령은 종종 "물이 흐르는 강"으로 비교됩니다. 예컨대 우리 주님이 "나를 믿는 자는 성경에 이름과 같이 그 배에서 생수의 강이 흘러나오리라"(요 7:38)라고 말씀하신 경우라든지, 혹은 사도 요한이 "보좌로부터 흘러나오는 생명수의 강"(계 22:1)을 본 것 같은 경우 말입니다. 또 영(靈)을 "붓는다"든지 혹은 "뿌린다"와 같은 표현 역시 같은 방향을 가리킵니다. 그렇다면 성령을 물이 흐르는 강으로 비교한 것은 무엇을 의미하는 것입니까? 첫째는 씻음입니다. 이에 대해서 나는 더 이상 설명할 필요를 느끼지 않습니다. 왜냐하면 이에 대해서는 앞에서 이미 다루었기 때문입니다. 나아가 그것은 상쾌하게 하며 만족시켜주는 것을 의미합니다. 사랑하는 형제들이여, 여러분의 영혼 안에 있는 영속적 목마름을 만족시켜줄 수 있는 것은 오직 이것뿐입니다. 세상은 결코 그렇게 하지 못할 것입니다. 사랑이 이루어지고 야망이 충족되며 큰 재산을 소유한다 하더라도, 여러분의 영혼 안에 있는 영속적 목마름은 결코 만족되지 않을 것입니다. 이러한 강들을 모두 마시고 난 연후에도 여전히 여러분은 똑같이 목마를 것입니다. "사람이 마시면 영원히 목마르지 않을" 오직 하나의 샘물이 있습니다. 우리의 목마름은 "하나님과 어린 양의 보좌로부터 흘러나오는 생수의 강"으로부터 마심으로써 비로소 해결될 수 있습니다. 내가 마심으로써 내 영 안에 들어온 하나님의 영은 나의 본성 전체를 만족시켜줄 것입니다. 그리고 그럴 때 나는 기쁨이 넘칠 것입니다. 이것을 마시십시오. "오호라 너희 모든 목마른 자들아 물로 나아오라"(사 55:1).

성령은 상쾌하게 하며 만족시켜줄 뿐만 아니라 또한 비옥하게 하며 기름지게 합니다. 광야를 기름진 옥토로 바꾸기 위해 필요한 모든 것은 개울입니다. 그러한 개울의 물줄기를 여러분의 마음의 황량한 광야로 돌리십시오. 그러면 거기에서 아름다운 꽃들이 피어날 것입니다. 고상하며 풍성한 열매를 맺는 그리스도인의 삶을 위한 유일한 방편은 내적으로 하나님의 영을 소유하는 것입니다. 황폐한 영혼을 비옥하게 만드는 유일한 방법은 그곳에 개울이 흐르도록 만드는 것입니다. 그러면 그곳은 곧 푸른 초목으로 무성해지게 될 것이며, "광야와 메마른 땅이 기뻐하며 사막이 백합화

같이 피어 즐거워하게" 될 것입니다(사 35:1).

이와 같이 성령의 물은 정결하게 씻으며, 상쾌하고 만족하게 하며, 비옥하고 기름지게 합니다. "이 강물이 이르는 곳마다 번성하는 모든 생물이 살고 또 고기가 심히 많으리니 이 물이 흘러 들어가므로 바닷물이 되살아나겠고 이 강이 이르는 각처에 모든 것이 살 것이며"(겔 47:9).

4. 성령의 기름

사도 요한은 오늘의 마지막 본문에서 "너희는 거룩하신 자에게서 기름부음을 받았다"고 말합니다. 여러분은 구약시대에 왕들과 선지자들과 제사장들이 성별(聖別)의 기름으로 기름부음을 받은 것을 잘 압니다. 그것은 그들의 소명과 그들이 그들의 특별한 임무에 적합하게 되었음을 상징하는 것이었습니다. 기름의 상징을 사용한 이유는 아마도 기름의 상쾌하게 하며 건강하게 하는 효과 때문이었을 것입니다. 기름을 사용한 이유가 무엇이었든지 간에, 어쨌든 기름을 붓는 행동의 의미는 명백합니다. 그것은 특별한 사역(使役)을 위해 준비되는 것이었습니다. 그러므로 성령의 기름에 대해 읽을 때, 우리는 그것이 우리를 선지자와 제사장과 왕이 되기에 적합하게 만든다는 사실을 기억해야 합니다. 왜냐하면 성령은 우리로 하여금 그러한 직분들의 기능에 적합하도록 만들어주기 때문입니다.

여러분은 선지자로 기름부음을 받습니다. 여러분은 다른 사람들에게 여러분을 사랑하고 구원한 자를 알게 할 수 있습니다. 여러분은 세상으로 나가 그의 이름을 영광스럽게 만들 수 있습니다. 또한 그러한 기름부음은 여러분을 제사장으로 부르고 또 그에 적합하게 만듭니다. 제사장은 하나님과 사람 사이의 중보자로서, 간구와 애원으로 말미암아 하나님을 사람들에게 데려오고 또 진리를 나타냄으로 말미암아 사람들을 하나님에게 데려옵니다. 또한 그러한 기름부음은 여러분을 왕으로 부르고 또 그에 적합하게 만듭니다. 여러분은 왕으로서 여러분 자신의 본성의 작은 왕국과 여러분 주위에 있는 사람들 위에 권세를 행사합니다. 여러분 주위에 있는 사람들은 예수 그리스도에 대한 사랑으로 불타는 여러분과 접촉함으로써 여러분과 같이 그를 사랑하며 그에게 순복하는 사람이 될 것입니다. 세상은 완악하며 강퍅합니다. 세상은 소경이며 어리석습니다. 세상은 종종 자신의 가장 좋은 친구들과 자신에게 가장 큰 유익을 가져다주는 자들을 알아보지 못합니다. 그렇지만 예수 그리스도와 동행하는 사람의 얼굴로부터 발산하는 빛을 놓치는 것보다 더 우둔한 어리석음은 결코 없습니다. 옛 이스라엘은 선지자와 제사장과 왕으로 말미암아 존귀케 되었습니다. 그것은 제사장의 나라였습니다. 하나님은 "나의 기름 부은 자를 손대지 말며 나의 선지자들을 해하지 말라"고 말씀하셨습니다(시 105:15). 그렇다면 하물며 성령의 기름부음으로 말미암아 하나님께 선지자와 제사장과 왕이 된 모든 그리스도인들은 얼마나 더 그렇겠습니까! 아, 그러나 안타깝게도 그들의 마땅히 되어야 하는 모습과 그들의 실제 모습 사이에는 얼마나 큰 차이가 있습니까!

나아가 성경이 그리스도인들을 기름부음 받은 자로서 말할 때, 그것은 그들을 실제로 메시야로 부르는 것이라는 사실을 잊지 마십시오. "그리스도"는 기름부음 받은 자를 의미합니다. 그렇지 않습니까? "메시야" 역시도 기름부음 받은 자를 의미합니다. 오늘의 마지막 본문에서 "너희는 거룩하신 자에게서 기름 부음을 받았다"라는 말씀을 읽을 때, 우리는 여기의 단어가 주님 자신을 가리키는 그 위대한 단어와 같은 방향을 가리키고 있다는 사실을 주목하지 않을 수 없습니다. "아버지께서 나를 보내신 것 같이 나도 너희를 보내노라"(요 20:21). 파생된 권세로 말미암아 이차적이며 부차적 의미에서, 우리는 성령으로 기름부음을 받은 메시야들입니다. 우리는 주님에게 주어진 그 영으로써 기름부음을 받은 것으로, 그것은 제한이 없이 주님으로부터 우리에게로 넘겨준 것이다. "누구든지 그리스도의 영이 없으면 그리스도의 사람이 아니라"(롬 8:9).

그러므로 사랑하는 형제들이여, 이 모든 것이 정말로 사실이라면 우리는 오늘날의 기독교계의 상태에 대해 무엇이라고 말해야 합니까? 우리는 영국 기독교와 교회와 비국교도 교회의 현재 상태에 대해 무엇이라고 말해야 합니까? 오순절은 이미 사라진 영광입니까? "급하고 강한 바람"은 잠시 휘몰아쳤다가 이제는 고요해졌습니까? 오순절에 타올랐던 불은 이제 꺼져 재만 남았습니까? 몽블랑의 빙하로부터 흘러내린 것 같은 거대한 강은 이제 동방의 어떤 강들처럼 모두 사막의 모래 안으로 삼켜져버리고 말았습니까? 기름은 병 안에서 모두 말라버렸습니까? 오늘날 많은 사람들은 기독교가 지금 임종 직전의 상태에 있다고 말합니다. 실제로 오늘날 많은 그리스도인들의 모습은 그것이 정말로 사실임을 확증해주는 것처럼 보입니다. 그러나 우리는 "하나님 안에는 결코 위축되는 것이 없다"는 사실을 기억해야 합니다. "너희가 믿을 때에 성령을 받았느냐?"(행 19:2)라는 질문은 우리 가운데 많은 사람들에게 여전히 유효합니다. 그리고 많은 사람들은 여전히 이렇게 대답합니다. "아니라 우리는 성령이 계심도 듣지 못하였노라." 그러면 우리는 어떻게 성령을 받습니까? 다음과 같은 복된 말씀을 기억하십시오. "너희가 악할지라도 좋은 것을 자식에게 줄 줄 알거든 하물며 너희 하늘 아버지께서 구하는 자에게 성령을 주시지 않겠느냐?" (눅 11:13).

8
베드로의 첫 설교

“[32] 이 예수를 하나님이 살리신지라 우리가 다 이 일에 증인이로다 [33]하나님이 오른
손으로 예수를 높이시매 그가 약속하신 성령을 아버지께 받아서 너희가 보고 듣
는 이것을 부어 주셨느니라 [34] 다윗은 하늘에 올라가지 못하였으나 친히 말하여 이
르되 주께서 내 주에게 말씀하시기를 [35] 내가 네 원수로 네 발등상이 되게 하기까
지 너는 내 우편에 앉아 있으라 하셨도다 하였으니 [36] 그런즉 이스라엘 온 집은 확
실히 알지니 너희가 십자가에 못 박은 이 예수를 하나님이 주와 그리스도가 되게
하셨느니라 하니라 [37] 그들이 이 말을 듣고 마음에 찔려 베드로와 다른 사도들에게
물어 이르되 형제들아 우리가 어찌할꼬 하거늘 [38] 베드로가 이르되 너희가 회개하
여 각각 예수 그리스도의 이름으로 세례를 받고 죄 사함을 받으라 그리하면 성령
의 선물을 받으리니 [39]이 약속은 너희와 너희 자녀와 모든 먼 데 사람 곧 주 우리 하
나님이 얼마든지 부르시는 자들에게 하신 것이라 하고 [40] 또 여러 말로 확증하며
권하여 이르되 너희가 이 패역한 세대에서 구원을 받으라 하니 [41] 그 말을 받은 사
람들은 세례를 받으매 이 날에 신도의 수가 삼천이나 더하더라 [42] 그들이 사도의
가르침을 받아 서로 교제하고 떡을 떼며 오로지 기도하기를 힘쓰니라 [43] 사람마다
두려워하는데 사도들로 말미암아 기사와 표적이 많이 나타나니 [44] 믿는 사람이 다
함께 있어 모든 물건을 서로 통용하고 [45] 또 재산과 소유를 팔아 각 사람의 필요를
따라 나눠 주며 [46] 날마다 마음을 같이하여 성전에 모이기를 힘쓰고 집에서 떡을
떼며 기쁨과 순전한 마음으로 음식을 먹고 [47]하나님을 찬미하며 또 온 백성에게 칭
송을 받으니 주께서 구원 받는 사람을 날마다 더하게 하시니라”

행 2:32–47

우리는 본문을 다음과 같이 세 부분으로 나눌 수 있습니다. 베드로의 창으로 찌르는 것처럼 날카로운 끝맺음(32-36절), 찔림을 받고 고침을 받은 청중들(37-41절), 그리고 교회의 아름다운 아침 여명(42-47절).

1. 베드로의 창으로 찌르는 것처럼 날카로운 끝맺음(32-36절).

베드로의 설교는 성령의 선물에 대한 예언이 성취되었음을 지적하는 것으로 시작합니다(14-21절). 그리고 계속해서 그것은 예수의 부활을 이미 예언된 것으로서 그리고 많은 신자들에 의해 목격된 것으로서 선언합니다(22-32절). 그러고 나서 그것은 '부활 및 승천'과 '성령의 선물'을 원인과 결과로서 제시하면서, 예수가 예언된 "그리스도"이면서 동시에 요엘이 누구든지 주의 이름을 부르는 자는 구원을 받을 것이라고 말했을 때의 바로 그 "주"임을 확증하면서 끝납니다. 이제 우리는 베드로의 설교의 두 번째 부분의 마지막 구절과 함께 시작하고자 합니다.

31절과 32절에서 "그리스도"란 이름과 "예수"란 이름이 서로 교차되어 사용되는 것을 주목하십시오. 31절은 구약의 예언이 메시야의 부활을 예고했음을 확실하게 제시합니다. 그리고 32절은 "이 예수"가 모든 예언을 성취했음을 단언합니다. 이것은 논증되어야 할 사실이 아니었습니다. 다만 많은 증인들에 의해 증언되고 확증된 사실이었습니다. 기독교라는 거대한 건축물은 예수 그리스도의 사심을 알고 그의 죽음을 보았으며 마침내 그의 부활을 목격한 수많은 증인들의 일치된 증언 위에 세워졌습니다. 그것은 오순절에 모인 군중들에게 명백한 사실로서 제시되었으며, 오늘의 우리에게도 마찬가지입니다.

베드로의 증언은 청중을 압도하는 확신에 찬 증언이었습니다. 만일 예수가 부활하지 않았다면, 오순절 날 교회가 성령을 선물로 받는 일은 결코 없었을 것이었습니다. 베드로가 자신의 첫 번째 설교에서 "우리가 다 이 일에 증인이로다"라고 확언하는 단순한 사실은 여전히 부활을 부인하는 사람들에게 강력한 힘을 가지고 있습니다.

그러나 베드로의 설교를 듣는 어떤 사람은 너희가 증언하는 것이 요엘의 예언과 혹은 이와 같이 여러 가지 방언을 말하는 것과 무슨 상관이 있느냐고 물을 수 있었습니다. 설교의 마지막 부분에 그에 대한 대답이 나옵니다. 부활하신 예수가 승천하셨는데, 그것은 부활의 사실과 분리될 수 없으며 또한 우리의 증언의 일부라는 것입니다. 그는 하나님의 보좌로 승귀(昇貴)되셨습니다. 이러한 승귀는 거기에서 주님이 아버지로부터 성령을 받으신 증표입니다. 우리를 떠날 때 우리에게 보내겠다고 약속하셨던 바로 그 성령 말입니다. 그러므로 "이것을 부어주신" 다시 말해서 각 사람의 머리 위에 불의 혀처럼 갈라지는 것이 임하고 그들로 하여금 각기 다른 언어들로 말하기 시작하도록 만든 자는 그(He) 즉 "이 예수"입니다(32절).

여기에서 "그"(He)가 얼마나 강력하게 강조되는지 주목하십시오. 베드로는 "말세에 내가 내 영을 모든 육체에 부어 주리니"라는 요엘의 예언을 인용합니다(17절). 요엘은 마치 하나님의 대변자인 것처럼 "내가 부어주리니"라고 말하며, 그리고 베드로는 그것을 주저 없이 예수에게 적용시킵니다. 우리는 여기의 베드로 안에서 "우리 주님의 신성(神性)에 대한 충분히 발전된 의식"(意識)을 끌어내서는 안 됩니다. 그러나 동시에 우리는 예수께서 하나님 우편으로 승귀(昇貴)되신 것이 그가 하나님 자신에게 속하는 권세를 행사하는 것을 의미하는 것으로 베드로가 느꼈음을 간과해서도 안 됩니다.

계속해서 34절에서 베드로는 자신이 33절에서 처음 이야기한 승천이 메시야의 선지자적 특징의 일부라고 논증합니다. 그의 논증은 부활과 관련한 앞의 논증과 평행으로 나란히 진행됩니다. 그는 시편 16편을 인용하는데, 거기에서 시편 기자의 말은 그 자신에게 적용될 수 없었습니다. 왜냐하면 그는 이미 죽었기 때문입니다. 따라서 그것은 메시야에게 적용되어야만 했습니다. 그러므로 베드로는 여호와로 말미암아 "주"로서 그의 오른편에 앉도록 부름 받은 자는 "다윗"이 아니라고 결론내립니다. 만일 다윗이 아니라면, 이와 같이 "주"라는 칭호로 옷 입혀지고 지극히 높은 자의 보좌로 승귀될 자는 오직 메시야일 수밖에 없었습니다.

계속해서 예리한 창의 마지막 일격이 이어집니다. 베드로는 최고로 목소리를 높여 "이스라엘 온 집" 즉 제사장들과 통치자들과 모든 백성들을 향하여 자신의 주인을 인정하라고 외칩니다(36절). 베드로는 그의 최고의 위엄과 메시야직을 선포합니다. 그는 시편 기자가 노래했던 바로 그 "주"십니다. 그는 요엘 선지자가 누구든지 그의 이름을 부르는 자는 구원을 받으리라고 했던 바로 그 "주"이십니다. 그리고 그는 이스라엘이 대망(待望)했던 바로 그 "그리스도"십니다.

마지막으로 베드로는 이스라엘이 그리스도에게 행한 일과 하나님이 행한 일을 날카롭게 대조시킵니다. "너희가 십자가에 못 박은 이 예수를 하나님이 주와 그리스도가 되게 하셨느니라"(36절). "너희가 십자가에 못 박은"이라는 날카로운 표현을 주목해 보십시오. 여기에서 예수를 담대하게 옹호하며 이스라엘의 죄를 엄히 꾸짖는 자가 누구입니까? 그는 불과 얼마 전까지만 해도 하녀의 증언 앞에서 두려워하며 어쩔 줄 몰라 했던 사람이었습니다. 그러면 무엇이 그를 이렇게 변화시켰습니까? 부활과 오순절 외에 무엇이 그와 다른 제자들 안에서 일어난 마음의 변화를 설명할 수 있겠습니까?

2. 찔림을 받고 고침을 받은 청중들(37-41절).

그들이 마음에 찔림을 받은 것은 조금도 이상한 일이 아니었습니다(37절). 편견의 두꺼운 갑옷을 입고 있었음에도 불구하고, 그들은 베드로가 던진 예리한 창에 깊숙이 찔렸습니다. 그들이 목격한 장면과 그들이 들은 뜨거운 설교는 그들의 마음 안에서 초보적 자각(自覺)을 일으켰으며, 그러한 자각으로 인해 그들은 두려워하며 떨었습니다. 예수를 주와 그리스도로 어렴풋이 인식할 때, 그것은 양심을 얼마나 강력하게 움직입니까! "우리가 어찌할꼬?"라는 질문은 회심의 시작입니다(37절). 예수를 인정(認定)하면서도 회심으로 나아가지 않는 것은 피상적이며 무익한 것입니다. 가장 정통적 복음을 받았다고 하면서도 그 은택을 받기 위해 무엇을 해야 하는지 그리고 어떻게 죄를 피할 수 있는지 묻지 않는 자는 실상 전혀 복음을 받지 못한 것입니다.

그러한 질문에 베드로는 두 가지 조건을 제시합니다. 그것은 회개와 세례였습니다(38절). 회개는 너무나 자주 지나치게 좁은 의미로 받아들여집니다. 단지 죄에 대해 슬퍼하는 것으로서 말입니다. 그러나 실제로 그것은 '경건한 슬픔'에 필연적으로 뒤따르는 성향 혹은 마음의 변화를 의미합니다. 회개는 그 자체로 단순한 슬픔보다 훨씬 더 깊고 심오한 것입니다. 그것은 마음과 의지를 과거에 악한 것을 사랑하고 행했던 것으로부터 돌이키는 것입니다.

두 번째 조건은 세례인데, 그것은 "예수 그리스도의 이름 안에서"(in the name of Jesus Christ) 혹은 좀 더 정확하게는 "예수 그리스도의 이름 위에서"(upon the name of Jesus Christ) 다시 말해서 예수 그리스도의 계시된 인격의 기초 위에서 행해지는 것입니다. 이것은 필연적으로 그 이름을 믿는 믿음을 함축합니다. 왜냐하면 만일 그러한 믿음이 없었다면, 세례는 그 이름의 기초 위에서 행해지지 않은 것이기 때문입니다. 둘은 나누어질 수 없으며, 동전의 양면과 같습니다. 결국 베드로는 회개와 믿음과 세례 세 가지를 제시한 셈입니다.

그러나 세례가 필연적으로 "죄 사함"을 보증하는 것은 아닙니다. 베드로가 말한 요구 조건에 순종할 때, 사람들은 제자들이 받은 것과 동일한 선물을 받게 될 것입니다. 왜냐하면 그렇게 함으로써 그들 역시 제자가 될 것이기 때문입니다. 그렇지만 '회개'와 '믿음을 전제하는 세례'가 성령이 주어지는 것에 대한 통상적 전제조건이라 하더라도, 그러나 세례받기 전에 성령이 주어진 고넬료의 경우는 세례 의식과 성령을 선물로 받는 것을 보다 더 가깝게 연결시키고자 하는 모든 시도를 금합니다.

베드로는 성령의 선물이 다른 사람들에게도 나누어지기를 간절히 바랐습니다. 성령을 더 많이 소유할수록 우리는 다른 사람들도 그를 더 많이 소유하기를 바랄 것입니다. 그리고 그것이 그의 뜻임을 더 확실히 깨닫게 될 것입니다. 계속해서 베드로는 그의 말을 듣는 자들이 모두 성령을 소유하게 될 것을 확신하는 데까지 나아갑니다. 요엘의 약속의 보편적 특성에 근거하여 말입니다. 요엘은 "모든 육체"라고 말했습니다(17절). 베드로는 그러한 표현을 성령의 선물을 받는 것이 모든 세대들과 모든 나라들에까지 확장되는 것을 가리키는 것으로 적용합니다. 여기에서 그리스도의 사역의 우주적 범위에 대한 베드로의 이해를 주목해 보십시오.

본문에 제시된 것은 단지 그의 설교의 요약일 뿐입니다. 그 요지는 백성들로 하여금 이스라엘의 죄로부터 떠남으로써 그것의 운명으로부터 분리될 것을 촉구하는 엄중한 경고였습니다. "너희가 이 패역한 세대에서 구원을 받으라"(40절). 이러한 경고의 말에 이어 많은 사람들이 회심하는 이야기가 뒤따릅니다. 이러한 일은 설교자가 성령에 충만하여 다시 말해서 불의 혀를 가지고 말할 때 종종 일어나는 현상입니다. 이렇게 하여 그날 3,000명의 새로운 제자들이 생겼습니다. 물론 여기에 군중심리로 부화뇌동하는 사람들도 적지 않게 있었을 것입니다. 그리고 대부분의 사람들이 많은 지식을 가지고 있지 못했던 것도 분명한 사실입니다. 그럼에도 불구하고 "삼천 명의 영혼들"이라는 누가의 표현으로 미루어 우리는 대다수의 사람들이 예수를 메시야로서 실제적으로 받아들인 것으로 이해할 수 있습니다(KJV에는 "three thousand souls"라고 되어 있는 반면 한글개역개정판에는 그냥 "삼천"이라고만 되어 있음 — 역주). 단지 3,000명의 이름들이 아니라 3,000명의 영혼들이 120명에게 더해졌습니다.

3. 교회의 아름다운 아침 여명(42-47절).

여기에 나타난 교회의 찬란한 아침 여명을 보십시오. 그 모습이 얼마나 아름답게 빛납니까! 먼저 본문은 새로운 회심자들이 어떻게 공동체에 연합되고 동화(同化)되었는지 이야기합니다. 42절에 열거된 네 가지를 주목해 보십시오. 그것은 가르침과 교제와 떡을 떼는 것과 기도였습니다. "가르침"은 주로 예수의 생애와 그의 메시야적 위엄에 대한 교훈이었을 것입니다. "교제"는 외적 연합 안에 나타나는 마음의 하나됨을 함축합니다. "떡을 떼는 것"은 성만찬을 시행하는 것입니다. 그리고 "기도"는 이제 막 태어난 유아기 교회의 생명의 호흡이었습니다. 이와 같이 믿음의 하나됨과 사랑의 하나됨과 주의 죽으심을 기념하는 성만찬에 참여하는 것과 경건의 행동 — 이 네 가지가 새로운 회심자들을 최초의 신자들과 하나로 연합시키고 또 자라게 했습니다. 이러한 것들은 여전히 갑작스럽게 몰려든 새로운 회심자들을 다루는 가장 좋은 방법들입니다. 이러한 방법들을 통해 새로운 회심자들은 충분하게 양육되며 장성하게 자라게 될 것입니다. 아, 그러나 얼마나 자주 교회들은 새로운 회심자들이 갑자가 몰려올 때 어찌할 바를 알지 못한 채 당황하곤 합니까!

계속해서 본 장 끝 부분에 초대교회 공동체의 모습이 보다 더 상세하게 묘사됩니다. 경건한 두려움이 사람들의 마음을 사로잡았으며, 그러한 두려움은 사도들의 이적을 행하는 능력에 의해 증폭되었습니다(43절). 교회는 성령으로 채워지는 분량에 비례하여 이러한 감정을 세상에 일으킬 것입니다. 우리는 어떻습니까? 또 여기에 재산을 공유(共有)하는 것이 나타나는데, 그것은 사도들의 강제적 명령에 의해 억지로 시행된 것이 아니었습니다(44절). 베드로가 아나니아의 권리를 인정한 사실에서 분명하게 나타나는 것처럼 말입니다. 마가의 어머니 마리아가 여전히 자신의 집을 가지고 있었고 또 그녀의 친척인 바나바가 밭을 팔아 사도들의 발 앞에 가져왔다고 특별하게 언급되는 사실은 이러한 일이 보편적 일이 아니었음을 보여줍니다(4:37).

그것은 모든 사람들의 마음을 채우고 있었던 형제사랑의 억누를 수 없는 발로(發露)로 말미암은 것이었습니다. 예수 그리스도는 율법을 폐지하러 오신 것이 아니라 사람들에게 마음의 참된 추진력을 주시기 위해 오셨습니다. 강제적인 공산주의는 초대교회의 이와 같은 사랑의 하나됨을 반복하는 것이 아닙니다. 그렇지만 닫힌 마음으로부터 말미암는 닫힌 지갑 역시 정당화될 수 없습니다. 왜냐하면 초창기 제자들의 나눔의 정신은 강요와 의무에 의해 행해진 것이 아니라 기꺼이 그리고 자발적으로 행해진 것이었기 때문입니다.

계속해서 46절과 47절은 초창기 공동체의 아름다운 일상생활을 보여줍니다. 개인의 재산을 공유하는 것과 마찬가지로, 이것 역시 형제사랑의 결과였습니다. 그리고 그러한 형제사랑은 그들과 그들이 예전에 속해 있었던 "어그러진 세대" 사이의 거대한 간격을 의식함으로 말미암아 더 강렬해졌습니다. 누가는 그것을 두 가지 측면으로 보여줍니다. 유대 나라로부터 분리되었음에도 불구하고 그들은 여전히 성전 예배를 버리지 않고 계속해서 고수했습니다. 새로운 영(sprit)이 과격하게 옛 문자(letter)를 파괴하는 것은 하나님의 뜻이 아니었습니다. 격변은 차선(次善)은 될는지 모르지만 그러나 하나님의 방법은 아닙니다. 제자들은 여전히 이스라엘의 울타리 안에 남아있어야 했습니다. 만일 그들이 이스라엘에게 영향을 끼치고자 한다면 말입니다. 성전과 교회가 외적으로 나누어지는 때는 아직까지 많이 남아 있었습니다.

그러나 이제 막 태어난 유아기 교회는 성전에서 길러져서는 안 되었습니다. 교회는 그들의 집에서 은밀하게 길러져야 했습니다. 그들은 한 가족이었으며, 그렇게 살았습니다. 그들이 "집에서 떡을 뗀" 것은 그들의 일상적 식사와 성만찬 모두를 포함했습니다(46절). 왜냐하면 초창기 때에 모든 식사는 — 최소한 저녁식사는 — 성만찬의 일부로서 거룩하여졌기 때문입니다.

각각의 식사는 이와 같이 종교적 행위이며, 형제사랑의 증표이며, 거기에는 항상 찬미가 수반되었습니다. 그렇기 때문에 그들은 분명 "천사의 양식"을 먹은 것이며, 그들의 잔과 대접 위에는 "여호와께 성결"이라는 글귀가 새겨져 있었던 셈입니다. 비록 잠시뿐이며 소규모이기는 했지만, 어쨌든 여기에서 인간 교제의 이상(理想)이 실현되었습니다. 이후 교회가 이러한 아침 미명의 찬란한 빛으로부터 너무나 멀리 떠난 것은 얼마나 안타까운 일입니까! 그러나 이 시기의 감미로운 형제사랑은 기독교적 사랑이 무엇을 할 수 있는지를 증언하면서 동시에 장차 온전하게 이루어질 것을 예언합니다.

이와 같은 교회가 "온 백성에게 칭송을 받은" 것은 조금도 놀랄 일이 아닙니다(47절). 우리는 당시 교회가 복음을 전파했다는 이야기를 듣지 못합니다. 다만 교회의 생활 자체가 복음을 전파하고 있었습니다. 교회가 아무 말도 하지 않았음에도 불구하고 많은 사람들이 그토록 아름다운 사랑의 공동체 안으로 빨려 들어왔습니다. 만일 우리가 오순절의 그리스도인들과 같다면, 우리는 지친 영혼들을 세상의 바벨(Babel)로부터 형제사랑이 다스리는 고요한 집으로 이끌 것입니다. 그리고 하나님은 우리에게 "구원 받는 사람을 날마다 더하게" 하실 것입니다(47절).

9
모든 이름 위에 뛰어난 이름

"그런즉 이스라엘 온 집은 확실히 알지니 너희가 십자가에 못 박은 이 예수를 하나님이 주와 그리스도가 되게 하셨느니라 하니라"

행 2:36

오늘 설교의 목적은 본문이 말하여진 특별한 상황을 살피는 것도 아니고 심지어 본문의 전체적 의도를 설명하는 것도 아닙니다. 오늘 내가 본문을 선택한 이유는 오직 한 가지입니다. 그것은 본문 가운데 우리 구주에 대한 세 가지 이름이 나타나기 때문입니다 — 예수, 주, 그리스도. 우리에게 이러한 이름들은 우리 구주를 부르는 세 가지 타당한 이름들 정도로밖에는 느껴지지 않지만, 그러나 베드로의 열정적 설교를 듣는 자들에게 그것들은 서로 매우 다른 의미를 가진 이름들이었습니다. 과거에 "주는 그리스도시요 살아계신 하나님의 아들이시니이다"라고 속삭였던 것을 오순절날 지붕 위에 서서 많은 사람들에게 선포하기 위해서는 상당한 용기가 필요했습니다. 왜냐하면 그의 말을 듣는 대다수의 사람들에게 "예수는 그리스도다"라고 말하는 것은 어리석은 말이며, "예수는 주다"라고 말하는 것은 신성모독이었기 때문입니다.

이와 같은 세 이름은 동일한 인물을 지칭하는 이름들이지만, 그러나 그의 인격과 사역의 전적으로 다른 측면들을 나타냅니다. "예수"란 이름은 사람의 이름으로서, 우리에게 형제를 제시합니다. "그리스도"란 이름은 직분의 이름으로서, 우리에게 구속자를 제시합니다. 그리고 "주"란 이름은 위엄의 이름으로서, 우리에게 왕을 제시합니다.

1. 첫째, 예수란 이름은 사람의 이름으로서 우리에게 형제를 제시합니다.

팔레스타인에 "예수"란 이름은 매우 흔한 이름이었습니다. 우리는 초창기 그리스도인들 가운데서도 그러한 이름을 가진 사람을 한 사람 발견합니다. 그는 바울의 친구 가운데 한 사람인 "유스도라 부르는 예수"였습니다(골 4:11). 그러나 그리스도인들의 입장에서는 경외심 때문에 그리고 유대인들의 입장에서는 혐오감 때문에, 예수란 이름은 점점 덜 사용하게 되었고 마침내 거의 사용되지 않는 이름이 되었습니다. 예수란 이름이 "자기 백성을 저희 죄에서 구원하는" 그의 사명을 직접적으로 나타내는 것이었음에도 불구하고, 그를 나사렛 예수로 알았던 모든 사람들은 그의 이름 안에 "시몬"이나 "요한"이나 "유다" 등의 이름이 가지고 있던 것보다 훨씬 더 큰 의미가 담겨 있는 사실을 거의 생각하지 못했습니다.

우리 주님의 고유한 이름으로서 예수가 사용된 것은 매우 주목할 만한 일입니다. 복음서에서 그는 거의 대부분의 경우 예수라는 단독적 이름으로만 불립니다. 반면 다른 이름과 연결되어 불리는 경우는 매우 드뭅니다. 예컨대 "예수 그리스도"란 호칭은 단지 마태복음에 두 번, 마가복음에 한 번, 요한복음에 두 번 나타날 뿐입니다. 그러나 서신서나 그 이후의 책들에서는 그 비율이 완전하게 역전됩니다. 거기에서 여러분은 "예수 그리스도"라든지 "그리스도 예수"라든지 "주 예수"라든지 "주 그리스도"라든지 "주 예수 그리스도" 등과 같이 서로 연결된 호칭이 매우 자주 등장하는 것을 발견하게 될 것입니다. 반면 "예수"라는 고유한 이름으로만 단독적으로 나타나는 경우는 극히 드뭅니다. 내가 아는 한, 사복음서 이외의 신약 전체에서 "예수"라는 이름으로만 나타나는 경우는 30회 내지 40회 정도밖에는 되지 않습니다. 그리고 그러한 용례(用例)들은 거의 대부분 저자가 어떤 방식으로든 우리 주 예수의 인성(人性)을 강하게 강조하고자 하는 경우들입니다.

이제 그러한 용례를 몇 가지 살핌으로써 예수란 이름의 의미와 가치를 생각해 보도록 합시다.

예컨대 "우리가 예수께서 죽으셨다가 다시 살아나심을 믿을진대"(살전 4:14)라든지, 혹은 "그러므로 형제들아 우리가 예수의 피를 힘입어 성소에 들어갈 담력을 얻었나니"(히 10:19)와 같은 표현을 주목해 보십시오. 이러한 표현들은 우리와 같은 사람으로서의 그의 죽음을 강조하면서, 우리를 위한 그의 인간적 고통과 고뇌의 역사적 사실로 우리를 인도합니다. "그리스도께서 죽으셨다"라는 표현은 그의 죽음의 목적과 효력을 보다 더 분명하게 하는 표현입니다. 반면 "예수께서 죽으셨다"라는 표현은 하나님에 의해 임명된 메시야의 사역으로서라기보다, 우리의 형제인 사람의 행동으로서 그의 죽음을 보여줍니다. 다시 말해서 그의 죽음을 주로 '그의 인성과는 결코 떼어놓고 생각할 수 없는 그의 인간적 사랑의 결과'로서 제시하는 것입니다.

뿐만 아니라 여기에는 우리가 자칫 소홀히 여기기 쉬운 그리스도의 고난의 측면이 두드러지게 나타납니다. 나는 그리스도의 고난과 관련하여 특별히 육체적 측면을 지나칠 정도로 강렬하게 부각시키는 찬송가나 문학작품을 알고 있습니다. 그러나 나는 대부분의 사람들에게 있어 유혹은 그러한 측면을 지나칠 정도로 미미하게 밖에는 강조하지 않는 것이라고 믿습니다. 그들은 그리스도의 죽음에 대해 변론하며, 그것을 하나의 사색(思索)의 소재로서 생각하며, 그것을 신비한 능력으로 간주하며, 그것을 우리를 위해 세상에 보냄 받은 메시야의 공적 행동으로 바라봅니다. 그러면서 그가 우리와 같은 인성을 입으시고, 고통과 상처에 대해 괴로워하는 몸과 죽음의 고통으로부터 움츠리는 연약한 인간의 생명을 취하셨음을 잊습니다.

그러므로 우리는 "그리스도께서 죽으셨다"라는 위대한 메시지를 숙고함과 동시에 우리의 마음을 좀 더 진하게 전율시키는 "예수께서 죽으셨다"라는 메시지를 동정심과 감사로써 묵상해야 합니다. 우리는 결코 우리의 구원을 위해 치러야 할 값으로서 고뇌와 고통과 죽음을 당해야만 했던 형제의 인성(人性)을 잊어서는 안 됩니다.

또 성경은 우리 주님의 인성을 강조하면서 그것을 우리를 위한 모범과 본보기로 제시할 때 이러한 이름을 사용합니다. 예를 들어 히브리서 12장의 "믿음의 주요 또 온전하게 하시는 이인 예수를 바라보자"라는 표현의 경우처럼 말입니다(2절). 다시 말해서 기독교적 고결함을 보다 더 높이 고양시키기 위해서는 모든 선의 전형(典型)으로서 우리 주님의 참된 인성을 지속적으로 실현시켜나가는 것이 필요하다는 것입니다. 우리는 우리의 눈을 다른 모든 사람들의 삶과 그들의 동기를 바라보는 것으로부터 예수를 바라보는 것으로 돌이켜야 합니다. 우리의 모든 삶 속에서 우리는 그를 바라보아야 합니다. 탁월함의 이상으로서 가련한 인생들을 취하지 마십시오. 여러분의 수금의 음조(音調)를 그들의 음조에 맞추지 마십시오. 사람들을 본받을 때, 여러분은 필연적으로 더 나쁜 상태로 그리고 더 흉한 상태로 나아나게 될 것입니다. 어느 누구도 여러분의 안전한 인도자가 아닙니다. 가장 깨끗한 대리석에도 점이 있는 법이며, 가장 빛나는 다이아몬드에도 흠이 있는 법입니다. 반면 그리스도를 본받는 것이 참된 자유이며, 그와 같아지는 것이 참된 완전함입니다. 우리의 도덕법전은 그의 생애이며, 그는 성육신한 이상입니다. 그러므로 예수를 바라보며 달려가는 것이 모든 진보의 비밀입니다.

또 우리에게 그의 동정심을 본받을 것을 권면하는 경우에 종종 그의 인성이 강조됩니다. "그러므로 우리에게 큰 대제사장이 계시니 승천하신 이곧 하나님의 아들 예수시라 … 그는 모든 일에 우리와 똑같이 시험을 받으신 이로되"(히 4:14, 15). 모든 슬퍼하는 영혼들에게, 무거운 짐을 지고 괴로워하는 모든 사람들에게, 생각과 마음과 기억과 육체적 삶과 환경의 모든 고통과 슬픔 가운데 탄식하는 자들에게 — 그 모든 사람들에게 성경은 예수께서 육체가 경험하는 모든 괴로움들을 경험으로 아신다고 말합니다. 사람이신 예수 안에서 우리는 하나님의 긍휼뿐만 아니라 형제의 동정(同情)도 발견합니다.

우리의 왕자들 가운데 한 사람이 런던 동부의 빈민가를 방문할 때, 모든 사람들은 당연하다는 듯이 "역시 왕자다워!"라고 말합니다. 이 왕자는 "가난한 사람들이 사는 움막집"에서 긍휼을 배웠습니다. 그는 그들의 모든 고통과 비참함과 경험으로 압니다. 이와 같이 사람이신 예수는 동정이 많으신 제사장입니다. 옛 랍비들이 "메시야는 성문 밖 문둥병자들 가운데 앉아계신 모습으로 발견될 것이다"라고 말했을 때, 그들은 진리의 놀라운 섬광을 붙잡았던 것이었습니다. 그렇습니다. 바로 그곳이 그가 앉아계신 자리입니다. 우리의 대제사장이 단순히 '공적 그리스도'가 아니라 '사람이신 예수'라는 사실을 생각할 때, 우리는 그의 완전한 동정과 스스로를 우리의 모든 슬픔과 완전하게 동일시한 것을 배우게 됩니다.

나아가 우리는 다음과 같은 말씀을 발견합니다. "우리가 예수께서 죽으셨다가 다시 살아나심을 믿을진대 이와 같이 예수 안에서 자는 자들도 하나님이 그와 함께 데리고 오시리라"(살전 4:14). 나는 뜨거운 마음으로 성경을 읽는 사람이라면 "그리스도께서 죽은 자 가운데 다시 살아나셨다"라는 말씀을 읽을 때보다 "예수께서 다시 살아나셨다"라는 말씀을 읽을 때 훨씬 더 큰 위로를 느낄 것이라고 생각합니다. 전자는 우리에게 부활하신 구속자를 이야기하는 반면, 후자는 우리에게 부활하신 형제를 이야기합니다. 사랑하는 사람을 영원히 잃고 슬픔으로 뒤따르는 사람들을 생각해 보십시오. 죽은 자가 그들의 형제(their Brother) 곁에 눕고 또 그들의 형제와 함께 다시 살아날 것을 생각할 때, 그들은 얼마나 큰 위로를 느낄 것입니까!

나아가 부활하신 구주가 하나님의 오른편에 승귀(昇貴)되시고 거기에서 절대적 권세와 능력을 휘두르는 것을 가장 아름답게 묘사하는 경우에도 "예수"라는 그의 고유한 이름이 사용됩니다. 마치 저자들이 그의 비하(卑下)와 승귀를 함께 결합시키려고 하고 있는 것처럼 말입니다. 다음의 말씀을 찬찬히 읽어 보십시오. "지금 우리가 만물이 아직 그에게 복종하고 있는 것을 보지 못하나 … 영광과 존귀로 관을 쓰신 예수를 보니"(히 2:8, 9). 이러한 말씀 안에는 얼마나 강렬한 소망이 빛이 불타고 있습니까! 그 예수는 이 땅에서 우리와 함께 계셨던 바로 그 사람입니다. 마찬가지로 요한계시록에서 하늘의 영광 가운데 앉아계시며 우주의 운명을 정하시고 역사를 주관하시는 자를 위해 선택된 이름 역시 "예수"입니다. 마치 사도 요한은 지금 영광의 불꽃 가운데 자신을 내려다보는 얼굴이 오래 전 자신이 이 땅에서 보았던 바로 그 얼굴이며, "금띠를 띤" 가슴은 그가 종종 기대곤 했던 바로 그 가슴이라고 우리에게 확증해주는 것 같습니다.

이와 같이 우리를 하나로 연합시키며, 정결하게 하며, 강하게 하는 띠는 우리와 사람이신 예수를 하나로 묶는 바로 그 띠여야 합니다. 사람들 안에서 발견하지 못한 모든 것을 우리는 예수 안에서 발견할 수 있습니다. 인간의 지혜에는 한계가 있습니다. 그러나 여기에 "그의 말이 진리이며 그 자신이 진리인" 사람이 있습니다. 인간의 사랑은 공허하며 무력합니다. 그것은 마치 아름다운 사랑의 여신을 조각한 밀로의 비너스처럼 우리를 내려다봅니다. 그것은 긍휼의 미소를 띠고 우리를 내려다보지만 그러나 거기에는 팔이 없습니다. 그러나 여기에 우리를 능히 도울 수 있는 사랑이 있습니다. 우리는 그 사랑을 온전히 신뢰하며 의지할 수 있습니다. 인간의 탁월함에는 항상 불완전함과 한계가 있습니다. 그러나 여기에 우리가 온전히 본받을 수 있는 자가 있습니다. 그러므로 우리도 예수의 머리에 값비싼 향유를 부은 마리아처럼 행동합시다. 이러한 사랑의 마음이야말로 우리가 그에게 드릴 수 있는 가장 값진 보화가 아닙니까? 우리는 값비싼 향유를 너무나 자주 무가치한 머리 위에 허비하곤 합니다. 자, 그것을 예수의 머리에 부읍시다! 그 향유에다가 우리의 눈물을 섞어 우리의 사랑하는 왕에게 부읍시다! 이 사람은 형제의 마음으로 우리 각자를 사랑하셨습니다. 그러므로 우리도 온 마음으로 그를 사랑해야 마땅하지 않겠습니까!

2. 둘째, 그리스도란 이름은 직분의 이름으로서 우리에게 구속자를 제시합니다.

나는 그리스도라는 호칭의 원래적 의미에 대해 길게 설명할 필요를 느끼지 않습니다. 그것은 우리 모두에게 너무나 익숙한 호칭입니다. 그것은 히브리어 메시야를 헬라어로 번역한 단어로서, 우리 모두가 잘 아는 것처럼 “기름부음 받은 자”를 의미합니다. 그러면 예수가 기름부음 받은 자라는 것은 무엇을 의미하는 것입니까? 그것은 그가 구약의 위대한 하나님의 사람들이 예언한 모든 것을 성취했음을 의미합니다. 또 그것은 그가 신적 내주하심으로 말미암아 선지자와 제사장과 왕으로 기름부음 받았음을 혹은 영감(靈感)되었음을 의미합니다. 또 그것은 그가 자신의 희생제사와 죽음으로 말미암아 세상으로부터 불의를 제거하기 위해 세움 받은 자임을 의미합니다.

우리는 메시야에 대한 유대적 관념 속에서 다음과 같은 것들을 풍성하게 볼 수 있습니다 — 신적 영감 혹은 기름부음, 우리를 구속하기 위해 고난을 당하는 자, 시편 기자와 선지자의 모든 황홀한 환상들을 성취하는 자.

베드로가 군중들 가운데 서서 “십자가 위에서 죽은 갈릴리 출신의 시골뜨기가 율법과 선지자들이 가리킨 바로 그 인물”이라고 말했을 때, 그 마음에 찔림을 받은 자들 외에는 아무도 그 말을 믿지 않았던 것은 조금도 이상한 일이 아니었습니다. 왜냐하면 자연적 마음에 있어 그들 곁에 서 있던 어떤 사람이 그들보다 훨씬 더 큰 자임을 믿는 것은 결코 가능하지 않기 때문입니다. 통상적으로 위대한 인물들은 그들의 참된 모습이 나타나기 전에 먼저 죽임을 당하는 법입니다.

이와 관련하여 우리는 다음과 같은 두 가지를 주목할 필요가 있습니다. 하나는 그의 메시야 되심을 마음으로부터 인정하는 것이 모든 제자도의 핵심이라는 것입니다. 최초의 그리고 가장 단순한 기독교 신조(信條)는 “예수가 그리스도다”라는 것이었습니다. 비록 예수에 대해 머리로 이해하는 것과 마음으로 영접하는 것 사이의 차이를 설명하는 것이 오늘 설교의 목적은 아니라 하더라도, 그럼에도 불구하고 나는 “예수”로 만족하는 가운데 “그리스도”를 붙잡지 않는 것은 자신이 고백하는 기독교의 가장 중요한 부분을 내팽개쳐 버리는 것이라고 굳게 믿습니다. 그리스도인이 어떤 사람이겠습니까? 가장 단순하게 추론할 때, 그는 최소한 예수가 그리스도임을 인정하는 자입니다. 나의 친구들이여, 나는 이러한 사실을 여러분 앞에 강력하게 역설합니다. 여러분 자신의 영혼을 보양(保養)하고 여러분의 영적 삶을 활기차게 계발하기 위해, 주님의 인성을 경탄하는 것만으로는 충분하지 않습니다. 그러한 인성이 여러분으로 하여금 그의 메시야 되심을 발견하도록 이끌지 않는다면 말입니다. "예수가 그리스도다"는 최소한의 기독교 신조입니다.

나아가 예수를 그리스도로 인정하는 것이 그의 인성의 사실에 충분한 가치를 부여하는 것이라는 사실을 주목하십시오. "예수께서 죽으셨다!" 그렇습니다. 그렇지만 그래서 어쨌다는 것입니까? 그것이 나에게 무슨 의미가 있습니까? 그것이 전부라고 말할 수 있습니까? 만일 그의 죽음이 단순히 사람의 죽음일 뿐이라면, 그것이 어떻게 복음이 될 수 있겠습니까? 그의 죽음이 소크라테스의 죽음과 무슨 차이가 있겠습니까? 또 그의 죽음이 어제 신문의 부음(訃音) 기사란에 실린 많은 사람들의 죽음과 무슨 차이가 있겠습니까? "예수께서 죽으셨다!" 그것은 하나의 사실(fact)입니다. 그 사실을 복음으로 바꾸기 위해 필요한 것이 무엇입니까? 우리는 죽은 자가 누구이며, 그가 왜 죽었는지 알아야만 합니다. 바울은 이렇게 말합니다. "내가 너희에게 전한 복음을 너희에게 알게 하노니 … 이는 성경대로 그리스도께서 우리 죄를 위하여 죽으시고"(고전 15:1, 3). 예수의 죽음이 나를 죄의 모든 무거운 짐으로부터 구원하기 위한 그리스도의 죽음이었다는 믿음이 필요합니다. 만일 그것이 단지 예수의 죽음일 뿐이라면, 그것은 다른 많은 순교자들의 죽음처럼 아름답고 감동적이기는 하지만 그러나 그것이 전부일 것입니다. 그러나 그것이 그리스도의 죽음일 때, 그것은 비로소 나의 모든 죄를 제거하는 것이 될 것입니다.

그의 완전한 모범과 관련하여 생각해 보도록 합시다. 만일 우리가 "예수를 바라보면서" 단지 그의 인성만을 본다면, 그의 완전함에 대한 묵상은 고작해야 절름발이와 같은 것이 될 것입니다. 그러나 우리가 "그리스도께서 우리를 위해 고난을 당하심으로써 우리를 위한 모범이 되셨도다"라고 말하는 가운데 그의 인성의 개념을 그의 메시야 직분과 연결시키면서 그의 사역을 참된 희생의 모범으로 승화시킬 때, 우리는 그의 신적 능력이 우리 안에 거하면서 우리의 삶을 그의 완전한 순종의 삶의 모양으로 빚어 나갈 것을 바랄 수 있습니다.

또 그의 부활과 영광스러운 승천과 관련하여 생각해 보도록 합시다. 우리는 단지 예수라는 한 사람이 무덤으로부터 일어나 보좌를 붙잡았다고 생각해서는 안 됩니다. 만일 부활하시고 승천하신 자가 단지 "예수"일 뿐이라면, 그의 부활과 승천은 우리에게 나사로가 다시 살아난 것이나 혹은 엘리야가 승천한 것과 비슷한 것이 될 것입니다. 다시 말해서 그것은 단지 죽음이 의식(意識)을 가진 존재를 파괴하지 못했으며 사람이 하늘에 올라갈 수 있다는 사실을 나타내는 것에 불과할 것이었습니다. 그러나 만일 그리스도가 죽은 자 가운데 살아나셨다면, 그는 잠자는 자들의 첫 열매가 되신 것입니다. 만일 예수가 하늘로 올라가셨다면, 다른 사람들이 그의 전철을 따라 올라갈 수도 있고 올라가지 못할 수도 있을 것입니다. 그는 인성이 하늘로 올라가는 것이 불가능한 것은 아니라는 사실을 보여주기는 했지만 그러나 다른 사람들을 자신에게로 이끌 수 있는 능력은 가지고 있지 않은 셈이 됩니다. 그러나 만일 그리스도가 하늘로 올라가셨다면, 그는 우리를 위한 처소를 예비하기 위해 가신 것이며 그의 승천은 그가 우리를 자기와 함께 거하게 하기 위해 그리고 죄와 사망에 대한 그의 승리에 동참하도록 하기 위해 하늘로 끌어올리실 것을 확증하는 것이 될 것입니다.

그의 모범의 대부분의 축복과 아름다움 그리고 그의 죽음의 모든 신비와 의미 그리고 그의 부활의 모든 능력은 "그리스도께서 죽으시고 부활하시고 승천하신" 사실 위에 근거합니다.

3. 셋째, 주란 이름은 위엄의 이름으로서 우리에게 왕을 제시합니다.

신약에서 "주"라는 단어가 나타내는 위엄에는 이를테면 세 등급이 있습니다. 가장 낮은 등급의 위엄은 영어에서 존경을 표할 때 사용하는 "Sir"라는 경칭과 거의 비슷한 것입니다. 그것은 복음서에서 이와 같은 의미로 매우 자주 사용되는 가운데, 다른 사람들에게 적용되는 것과 똑같이 우리 주님에게도 그렇게 적용됩니다. 두 번째 등급은 위엄과 권위를 표현합니다.

그것은 이런 의미로도 그리스도에게 자주 적용됩니다. 그리고 가장 높은 등급은 구약에 나타나는 하나님의 성호인 "여호와"와 동등한 것인데, 그것은 이와 같은 의미로서도 신약에서 그리스도에게 적용됩니다.

오늘의 본문에 나타나는 "주"의 의미는 두 번째 것입니다. 이제 이와 같은 위엄의 이름을 다른 두 이름과 연결하여 살펴보도록 합시다.

예수는 주십니다. 다시 말해서 그의 인성은 최고의 위엄으로 승귀(昇貴)되셨습니다. 마리아의 아들 예수 안에서 우리의 본성이 우주의 보좌에 앉아 만물을 다스린다는 것이 신약의 가르침입니다. 바로의 궁에 들어온 요셉의 형제들을 생각해 보십시오. 그들은 거기에서 자기 동생이 거대한 제국을 통치하는 것을 발견했습니다. 이와 같이 사람이신 예수는 만유를 통치하는 주십니다. 그의 주권을 믿으십시오. 그리고 그의 통치 안에서 즐거워하며, 그의 권세 앞에 엎드려 절하십시오. 예수는 주님입니다.

그리스도는 주이십니다. 다시 말해서 그의 주권적 권세와 통치는 그가 구원자와 구속자와 희생제물이 되셨다는 사실 위에 세워졌습니다. 그의 나라는 그의 고난 위에 세워지는 나라입니다. "이러므로 하나님이 그를 지극히 높여 모든 이름 위에 뛰어난 이름을 주사"(빌 2:9).

그것은 그가 피에 젖은 옷을 입고 계시기 때문입니다. 그리고 그 옷 위에는 "만왕의 왕이요 만주의 주"라는 이름이 새겨져 있습니다. 또 그것은 그가 부르짖는 궁핍한 자들을 구원할 것이기 때문입니다. 시편이 예언적으로 노래하는 것처럼, "모든 왕들이 그 앞에 부복하며 모든 민족들이 다 그를 섬길" 것입니다(72:11). 왜냐하면 그가 세상을 위해 자신의 생명을 주셨기 때문입니다. 자신이 주인인 세상을 위해 말입니다. 그의 인성이 하늘 보좌까지 높여진 것은 그의 인성이 십자가까지 낮아졌기 때문입니다. 사람들이 절대적 자기부인에 의해 감동될 수 있는 한 그리고 그에 응답하는 자기부인의 축복을 알 수 있는 한, 세상을 위해 자신을 주신 그는 세상의 주권자가 될 것이며 죽은 자들의 첫 열매는 세상의 모든 왕들을 다스리는 통치자가 될 것입니다.

그러므로 사랑하는 친구들이여, 부디 절름발이와 같은 그리스도 개념으로 만족하지 마십시오. 인성에 머무르지 마십시오. 그의 숭고한 영혼과 온유한 지혜와 아름다운 인격과 따뜻한 동정심에 경의를 품는 것으로 충분하다고 생각하지 마십시오. 이 모든 것만으로는 결코 충분하지 않습니다. 그의 사역에는 이것 이상의, 심지어 여러분과 모든 사람들을 위한 그의 죽음 이상의 특별한 것이 있습니다. 그를 여러분의 그리스도로 취하십시오. 그렇지만 사역(Work) 속에서 인격(Person)을 잃어버리지도 말고, 인격 속에서 사역을 잃어버리지도 마십시오. 그를 지적으로 인정하는 것으로 만족하지 마십시오. 그를 믿음으로 붙잡으십시오. 그리고 그의 사역을 여러분의 유일한 소망과 평안과 사랑으로 붙잡으십시오. 이와 같이 예수를 사랑하고 그리스도를 믿을 때, 여러분은 여러분의 주님에게 순종하며 여러분의 왕에게 신하의 예를 표하는 것이 될 것입니다. 그리고 여러분은 "모든 이름 위에 뛰어난 이름"인 주 예수 그리스도의 이름의 능력과 감미로움을 배우게 될 것입니다.

부디 우리 모두가 오랜 세월 동안 반복되어 왔던 "그 외아들 우리 주 예수 그리스도를 믿사오니"라는 위대한 신앙고백을 영혼 전체를 담은 사랑의 서약으로서 올바른 이해와 흔들림 없는 확신으로 담대하게 고백할 수 있기를 바랍니다!

10
사귐줄

"그들이 사도의 가르침을 받아 서로 교제하고 떡을 떼며 오로지 기도하기를 힘쓰니라"

행 2:42

초대교회는 우리를 위한 모범이 아니었습니다. 초대교회가 매우 정결한 교회였다는 생각은 크게 잘못된 생각입니다. 그럼에도 불구하고 우리는 사도행전의 앞부분에서 기독교 공동체에 대한 매우 교훈적이며 아름다운 그림을 보게 되며 또 그러한 그림을 통해 기독교회와 그리스도인 개개인이 어떠해야 하는지를 배우게 됩니다.

그렇지만 지금 우리가 읽은 말씀은 공동체 전체의 모습을 묘사한 것이 아닙니다. 다만 오순절 날 베드로의 설교를 듣고 회심하여 갑작스럽게 교회에 더하여진 사람들과 관련한 묘사입니다. 그날 아침 그들의 숫자는 120명이었는데, 저녁에는 거기에 3,000명이 더하여졌습니다. 3,000명이라는 숫자는 원래의 신자들을 완전히 뒤덮어 버리기에 충분한 숫자였습니다. 만일 원래의 작은 무리 안에 강력한 동화력(同化力)이 없었다면 말입니다. 새로운 회심자들은 사도들의 가르침을 받으며, 교제하며, 떡을 떼며, 전심으로 기도하는 가운데 원래의 120명에 동화되었습니다. 결국 모든 것은 하나의 목적을 향해 움직였습니다.

오늘 우리는 이러한 네 가지를 살펴보고자 합니다. 그것들은 우리에게 교회의 내적 생활의 이상을 제공해줍니다. 나아가 그러한 네 가지는 세상에서 교회가 행하는 모든 사역에 선행(先行)되어야 하는 것이며 또한 그것의 기초가 되는 것입니다. 그러나 교회의 이상에 대해 이야기함에 있어, 우리는 그것이 오직 각각의 개인들의 삶이 그것에 맞추어짐으로 말미암아서만 실현되는 것임을 잊어서는 안 됩니다.

1. 사도들의 가르침을 받음.

첫째, 그들은 사도들의 가르침을 받았습니다. 두말할 나위도 없이 이것은 다른 모든 것들의 기초가 되는 것입니다. 건강한 기독교적 삶을 위한 모든 기초는 보다 더 충분한 지식을 추구하는 간절한 열망입니다. 이와 같은 새로운 회심자들의 무지(無知)를 채워주기 위해서는 많은 노력이 필요합니다. 바대인들과 메대인들과 엘람인들과 유대인들이 당시 로마 세계의 원근 각처로부터 예루살렘에 모여들었습니다. 그들 가운데 대다수는 그리스도와 기독교에 대해 지금 베드로로부터 들은 몇 가지 사실 외에는 거의 알지 못했습니다. 그러나 그것은 그들의 마음과 의지를 변화시키고, 그들을 실제적 믿음으로 이끌기에 충분했습니다. 그들의 믿음의 내용은 매우 불충분했지만 그러나 그들의 믿음의 능력은 매우 강력했습니다. 왜냐하면 믿음의 총량과 그것을 움켜쥐는 힘 사이에는 필연적 관계가 없기 때문입니다. 그들은 절반 밖에 보지 못하는 자신들의 눈 위에 더 많은 빛이 부어지기를 간절히 열망했습니다. 그들은 복음서를 가지고 있지 않았습니다. 그들은 아무런 기록도 가지고 있지 않았습니다. 그들은 믿음과 관련하여 무엇인가를 배울 특별한 방편을 가지고 있지 않았습니다. 그들이 지금 고백하고 있는 믿음은 고작해야 열한 사도로부터 듣는 것에다가 몇몇 초창기 제자들에 의해 덧붙여진 것으로부터 말미암은 것이었습니다. 만일 우리가 여기의 새로운 회심자들이 신학적 가르침을 받았다든지 혹은 "사도들의 가르침"이 나중에 바울의 서신들에서 발견되는 충분히 발전된 진리들로 구성되었다고 추측한다면, 우리는 본문의 의미를 크게 오해하는 것입니다. 만일 여러분이 사도행전 앞부분에 기록된 베드로의 최초의 설교들을 읽어본다면, 여러분은 그가 이를테면 훌륭하게 체계화된 신학을 발표한 것이 아니라는 사실을 발견하게 될 것입니다. 거기에 우리 주 예수 그리스도의 신성(神性)에 대해서는 단 한 마디도 없습니다. 또 거기에서 우리 구주는 "거룩한 아이 예수"(holy child Jesus, 한글개역개정판에는 "거룩한 종 예수"로 되어 있음 — 역주)로 불리기도 합니다(행 4:27, 30). 또 거기에는 그리스도의 십자가의 대속의 본질에 대해 단 한 마디도 나타나지 않습니다. 다만 거기에서 그의 죽음은 단순히 유대 백성들의 큰 죄로서 그리고 그의 부활은 그의 메시야직의 사실을 증언하는 것으로서 제시될 뿐입니다. 오늘날 우리가 신적 진리의 핵심으로 간주하는 모든 것은 그때 단지 사도들의 마음 위에 서서히 비취기 시작하고 있었을 뿐이었습니다. 본문의 "사도들의 가르침"은 분명 훗날 사복음서에 기록된 내용과 — 특별히 앞의 세 책 즉 공관복음서들의 내용과 — 대체로 비슷한 것이었습니다. 새로운 회심자들에게 그리스도의 탄생과 그의 온유하심과 그의 행적과 그의 심오한 말씀들은 아마도 모두 새롭고 생소하며 특이한 것이었습니다. 또 그리스도의 죽음과 부활과 승천은 3,000명의 무리가 특별히 듣기를 간절히 바랐던 주제였을 것입니다.

그렇지만 물론 거기에는 오늘날 우리가 교리(doctrine)라고 부르는 것들 다시 말해서 신학적 가르침들이 어느 정도 포함되어 있었을 것입니다. 왜냐하면 예수 그리스도의 신적 본성이라든지 혹은 그의 죽음의 희생제사적 성격을 드러냄이 없이 사람들에게 그에 관한 이야기를 하는 것은 가능하지 않기 때문입니다. 우리는 사도들의 가르침이 어디까지 나아갔는지 알지 못합니다. 아마도 처음에는 이러한 진리들까지는 나아가지 않았을 것입니다. 그렇지만 어쨌든 이러한 초창기 회심자들을 특징짓는 영(靈)은 우리 안에 있는 건강한 기독교의 기초가 되는 영과 동일한 영이었습니다. 하나님의 마음과 의지에 대한 우리 자신의 무지를 의식하는 것, 우리 지식의 원(圓) 안에 있는 빈 곳을 채우며 그 직경을 넓게 하고자 하는 간절한 열망, 그리고 계속해서 그러한 가르침을 따라 살고자 하는 확고부동한 마음 — 이러한 것들이 우리 모두를 특징지어야만 합니다.

사랑하는 친구들이여, 스스로에 대해 다음과 같이 진지하게 물어 보십시오. "보다 더 충분한 기독교적 지식에 대한 이러한 열망이 나의 삶을 특징짓고 있으며 또한 그것이 나의 모든 행동에 실제적으로 영향을 끼치고 있나?"라고 말입니다. 오래 전 처음으로 예수 그리스도가 자기 영혼의 구주임을 깨달은 이래 많은 시간이 지났음에도 불구하고 그에 대한 지식이 거의 늘어나지 않은 사람들이 얼마나 많습니까! 많은 교육을 받은 지식인임에도 불구하고 성경에 대해서는 너무나 무지한 사람들을 볼 때, 나는 종종 소름끼치는 느낌을 갖습니다. 오늘날 너무나 많은 사람들이 성경의 진리와 관련하여 혼돈 상태에 있습니다. 또 오늘날 너무나 많은 사람들이 공적으로 신앙을 고백하는 그리스도인임에도 불구하고 너무도 깨끗한 성경책을 가지고 있습니다. 서점에서 성경책을 구입한 이후 많은 시간이 지났음에도 불구하고 말입니다. 부지런히 하나님의 말씀을 배우며 "사도들의 가르침"을 받을 때까지, 여러분은 결코 강한 그리스도인도 되지 못하고 행복한 그리스도인도 되지 못할 것입니다. 만일 여러분에게 "사도들의 가르침"이 없다면, 여러분은 감정적 그리스도인은 될 수 있을는지 모르지만 그러나 깊이 있는 그리스도인은 될 수 없습니다. 히브리서 저자의 다음과 같은 탄식의 말은 오늘날의 세대에도 너무나 절실하지 않습니까? "때가 오래 되었으므로 너희가 마땅히 선생이 되었을 터인데 너희가 다시 하나님의 말씀의 초보에 대하여 누구에게서 가르침을 받아야 할 처지이니 단단한 음식은 못 먹고 젖이나 먹어야 할 자가 되었도다"(히 5:12). 오늘날 우리는 똑같은 어조로 사람들을 — 예컨대 주일학교 교사와 같은 사람들을 — 책망할 수 있습니다. "때가 오래 되었음에도 불구하고 너희가 여전히 어린아이의 수준에 머물러 있도다. 너희는 자기가 가르치는 것조차 제대로 알지 못하면서 다른 사람들을 가르치는도다. 그러므로 너희나 너희로부터 배우는 자들이나 별로 유익이 없도다." 항아리로부터 물을 떠먹기 전에 먼저 그 항아리를 채워야 합니다.

2. 교제.

나아가 자기중심주의를 극복하는 형제사랑의 따뜻한 분위기가 있어야 합니다. "그들이 사도의 가르침을 받아 서로 교제하고." 여기의 "교제"는 이를테면 감정을 공유하는 것입니다. 그리고 바로 뒤에서 그것은 재물을 공유하는 것으로 나타나지만(44절), 그러나 이러한 주제에 대해서는 오늘 다루지 않을 것입니다. 새롭게 회심한 3,000명은 그들이 예전에 관련되어 있었던 것들로부터 단절되었습니다. 자신들의 나라와 옛 소망과 옛 종교로부터 나누어진 그들은 자기들끼리 연합했습니다. 마치 이리들에게 쫓긴 양들이 자기들끼리 무리를 짓는 것처럼 말입니다. 그들은 개별적으로 연약하기 짝이 없었으며, 그리하여 함께 연합했습니다. 그럼으로써 연약한 것들이 함께 모여 강하게 될 수 있었습니다. 마치 작은 불씨들이 모아졌을 때 거기에서 불꽃이 일어나는 것처럼 말입니다.

이와 같이 초창기 신자들을 하나로 연합하게 만들었던 모든 혹은 대부분의 상황들은 이제 끝났습니다. 오늘날의 풍조는 그리스도인들을 하나로 연합시키기보다 도리어 나눕니다. 신분과 직업과 문화의 차이 그리고 사물을 바라보는 방식과 기독교 진리에 대한 관점의 차이 — 이 모든 것들이 우리 모두를 유혹하는 자연적 자기중심주의를 강력하게 강화(强化)시킵니다. 하나님의 은혜가 그것을 정복하지 않는다면 말입니다. 물론 우리는 기독교적 형제사랑을 억지로 만들어내기를 원하지 않습니다. 그럼에도 불구하고 우리는 자신의 영혼의 건강을 위해 같은 주님을 붙잡는 모든 사람들과 더불어 기독교적 형제사랑의 의식(意識)을 계발하기 위해 더 많은 노력을 기울일 필요가 있습니다. 그리고 우리는 그들과 우리가 혈연적으로는 멀다고 하더라도 실제로는 가장 가까운 사이라는 사실을 인식해야 합니다. 혈연적으로 가장 가깝지만 그러나 우리의 기독교 신앙을 공유하지 않는 사람보다 훨씬 더 말입니다.

나는 여기에서 이러한 주제에 대해 길게 논의하지 않을 것입니다. 어떤 사람들은 이러한 주제를 못마땅하게 여기면서 자꾸 변론하는 태도로 논쟁을 제기합니다. 그러나 만일 어떤 그리스도인이 오늘 본문이 제시하는 형제사랑의 감정을 계발하고자 정직하게 노력하면서 그러한 감정을 자신이 그다지 좋아하지 않는 사람들에게 적용하고자 시도해본다면, 그는 그것이 그의 기독교 원리에 대한 매우 날카로운 시험임을 발견하게 될 것입니다. 어쨌든 우리는 실제적 그리스도인이 되어야 합니다. 형제사랑과 관련하여, 우리는 실제로 가지고 있는 것보다 더 많은 사랑을 가지고 있는 것처럼 꾸며서는 안 됩니다. 그리고 "또한 낳으신 이를 사랑하는 자마다 그에게서 난 자를 사랑하느니라"라는 말씀을 잊지 마십시오(요일 5:1).

3. 떡을 뗌.

본문으로부터 나타나는 또 하나의 특징은 예배와 삶의 일치입니다. "그들이 사도의 가르침을 받아 … 떡을 떼며." 하나밖에 볼 줄 모르는 주석가들은 이 구절이 통상적 식사를 의미하는 것인지 혹은 주의 만찬에 참여하는 것을 의미하는 것인지와 관련하여 많은 논쟁을 제기해왔습니다. 그렇지만 나는 둘 다를 의미하는 것이라고 감히 단언합니다. 왜냐하면 초창기에 일반적 식사는 오늘날 우리가 주의 만찬이라고 부르는 것과 연합됨으로써 거룩하여졌기 때문입니다. 사람들은 매일의 저녁식사를 "주를 기념하며" 먹었습니다.

그리하여 자연스럽게 그리고 의식(儀式)에 대한 지나친 엄숙함이나 두려움 같은 것이 없이, 초창기 그리스도인들은 고된 일을 마치고 집에 돌아와서 식탁에 앉아 떡과 포도주를 축복하면서 "주를 기념하며" 먹고 마셨습니다.

주의 만찬에 대한 생각은 계속해서 바뀌어가다가 마침내 그것을 "희생제사"로 간주하는 데까지 이르렀습니다. 오직 사도적 계승에 의해 서임(敍任)된 사제들에 의해서만 시행될 수 있는 것으로서 말입니다. 우리는 이러한 개념의 일단(一端)을 심지어 신약 시대 안에서조차 일부 발견할 수 있습니다. 주의 만찬은 저녁식사의 일부로서 혹은 그보다도 저녁식사를 고양시키는 것으로서 시작되었습니다. 본 장 끝 부분에서도 나타나는 것처럼, 초창기에 그것은 매일 시행되었습니다. 나아가 사도행전의 시대가 끝나기 전에, 우리는 주의 만찬이 일주일마다 기념하는 의식(儀式)이 되었으며 주의 첫 날 드려지는 예배의 일부가 되었음을 발견합니다. 그렇지만 매일 주의 만찬을 시행하는 것이 끝났을 때에도, 그것을 일상적 식사와 결합시키는 것은 계속되었습니다. 바울에 의해 책망을 받은 고린도교회의 혼란은 바로 이런 배경 아래서 발생한 것이었습니다. 만일 그때 주의 만찬과 관련한 후대의 개념이 존재했었다면, 그러한 혼란은 가능할 수 없었습니다.

단순한 저녁 만찬이 미사의 "피 없는 희생제사"로 변한 역사(歷史)와 그로 말미암아 야기된 모든 해악은 오늘 우리의 주제가 아닙니다. 그렇지만 우리는 초창기 신자들이 그리스도의 위대한 희생제사를 마음으로 기념하면서 일상적 식사에 참여함으로 말미암아 그것을 거룩하게 했다는 사실을 주목할 필요가 있습니다. 초라한 식탁 위에 배설된 보잘것없는 떡과 포도주가 사랑하는 주님을 기념하는 것이 되었습니다. 종교와 생활이 하나가 되었으며, 일상의 식사와 경건이 하나가 되었습니다. 가족이 식탁에 함께 앉았을 때, 그것은 가정이면서 동시에 교회였습니다. 또 육체의 힘과 건강을 위해 음식을 먹고 있었을 때, 그들은 죽으신 주님을 기념하는 의식에 참여하고 있었습니다.

여러분의 가정은 어떻습니까? 여러분의 일상생활은 어떻습니까? 여러분은 성(聖)과 속(俗)을 이와 같이 하나로 연합시킵니까? "이것을 행하여 나를 기념하라"는 주님의 말씀이 여러분이 행하는 모든 일 위에 새겨져 있습니까? 그리고 여러분에게 모든 생활이 곧 예배이며, 모든 예배가 곧 소망입니까?

4. 기도하기를 힘씀.

오늘의 마지막 주제는 계속적 기도입니다. 나는 제자들이 아무런 고정된 기도 형식도 가지고 있지 않았다고 생각합니다. 그들은 여전히 유대 기도문을 사용했습니다. 왜냐하면 우리는 46절에서 그들이 "날마다 마음을 같이하여 성전에 모이기를 힘썼다"는 말씀을 읽기 때문입니다. 나는 초대교회의 예배가 오늘날의 우리의 예배와 매우 달랐을 것이라고 확신합니다. 여러분은 고린도전서에 묘사된 장면을 그려본 적이 있습니까? 그들이 예배를 위해 함께 모였을 때, 거기에는 찬송시도 있고 가르치는 말씀도 있고 통역함도 있었습니다(14:26, "그런즉 형제들아 어찌할까 너희가 모일 때에 각각 찬송시도 있으며 가르치는 말씀도 있으며 계시도 있으며 방언도 있으며 통역함도 있나니 모든 것을 덕을 세우기 위하여 하라"). 계속해서 같은 장의 다음과 같은 말씀들을 주목해 보십시오. "예언하는 자는 둘이나 셋이나 말하고 다른 이들은 분별할 것이요 만일 곁에 앉아 있는 다른 이에게 계시가 있으면 먼저 하던 자는 잠잠할지니라"(29, 30절). "모든 것을 품위 있게 하고 질서 있게 하라"(40절). 이와 같이 거기에는 품위도 없고 무질서하게 되는 경향이 있었습니다. 지혜로운 사람들은 성급하게 형식을 바꾸려고 하지 않습니다. 사람이 바뀌면 형식은 자연히 바뀌는 법입니다. 그렇지만 만일 교회 공동체의 믿음과 경건이 너무나 크고 또한 그 표현으로서 나 혼자 강단 위에서 이야기하는 대신 여러분 각자가 찬송시나 혹은 가르치는 말씀을 가지고 있으며 또 여러분 모두가 성령에 충만하여 말할 수 있게 된다면, 그것은 기독교계를 위해 좋은 날이 될 것입니다. 언젠가 그런 날이 올 것입니다. 또 기독교가 죽지 않은 한 그날은 반드시 올 것입니다. 그러나 우리는 그렇게 하고자 서두를 필요는 없습니다. 다만 우리는 만일 교회가 계속해서 기도에 힘쓰지 않는다면 그 모든 것은 별 가치가 없다는 것을 기억해야 합니다.

사랑하는 형제들이여, 사람들은 우리를 '자유교회파'(Free Churchmen)라고 부르면서, 우리가 설교는 중시하는 반면 기도는 경시한다고 말합니다. 이것은 진부한 비판이기는 하지만, 그러나 나는 여기에 어느 정도 진리의 요소가 있다고 생각합니다. 또 우리의 상당수 많은 회중들 가운데 합심기도의 축복과 능력에 대한 개념이 별로 없는 것 같습니다. 아, 그것은 얼마나 안타까운 일입니까! "그들이 사도의 가르침을 받아." 그렇습니다. 교회에는 하나님의 말씀을 강론하는 것이 있어야 합니다. 그러나 동시에 "오로지 기도하기를 힘써야" 합니다. 간절히 당부하노니 이와 같은 오순절의 회심자들의 모습을 여러분 자신의 삶의 이상으로 삼으십시오. 그리고 이와 같은 모습이 우리 교회와 다른 모든 기독교 공동체에서 실현되는 때가 앞당겨질 수 있도록 최선을 다해 협력해 주시기를 바랍니다.

11
정결한 교회 성장하는 교회

"주께서 구원받을 사람들을 날마다 교회에 더하시니라"
행 2:47

"주께서 구원받고 있는 사람들을 날마다 그들에게 더하시니라"
행 2:47

위의 두 역본을 비교할 때, 우리는 개정역(RV)이 흠정역(KJV)으로부터 두 가지를 고친 것을 보게 됩니다. 하나는 "교회"를 빠뜨린 것이고, 또 하나는 "구원받을"(such as should be saved)이란 표현을 "구원받고 있는"(were being saved)이란 표현으로 바꾼 것입니다. 전자(前者)는 초창기 공동체에 아직까지 "교회"라는 이름이 명확하게 붙여지지 않았으며 그러한 이름은 나중에 본문 속으로 슬그머니 들어온 것임을 암시합니다. 후자(後者)는 한층 더 중요한 의미를 갖습니다. 흠정역의 번역은 구원을 미래의 일로서 제시합니다. 물론 이것은 한쪽 측면에서 부분적으로 사실입니다. 반면, 문법적으로 훨씬 더 정확한 개정역은 구원을 그리스도인의 삶의 전 과정을 통해 진행되는 과정으로 제시합니다. 여기에는 매우 크고 중요한 교훈들이 담겨 있습니다.

1. 첫째, 여기에서 승천하신 그리스도의 현재적 활동에 대해 저자가 가지고 있었

던 심오한 개념을 주목하십시오.

"주께서 구원받고 있는 사람들을 날마다 그들에게 더하시니라." 이와 같이 부활하시고 승천하신 그리스도는 신자들의 작은 공동체 안에 현존하시며 그들과 함께 일하고 계셨습니다. 여러분은 교회의 모든 생명력의 근원이며 교회 안에서 행해지는 모든 선한 일의 원천으로서의 현재적 구주의 개념이 사도행전 전체를 통해 흐르고 있다는 사실을 발견하게 될 것입니다. 저자는 자신의 글 첫 머리에서 그 요지를 이렇게 밝힙니다. "내가 '먼저'(first) 쓴 글에는 무릇 예수께서 행하시며 가르치시기를 시작하심부터 그가 택하신 사도들에게 성령으로 명하시고 승천하신 날까지의 일을 기록하였노라"(행 1:1, 2). 이것은 물론 누가복음에 대해 기술하는 것입니다. 그리고 이러한 말 속에는 사도행전이 '두 번째로'(second) 쓴 글이며, 그것은 예수께서 승천하신 이후 계속해서 행하시며 가르치신 모든 것을 이야기하는 것이라는 의미가 함축되어 있습니다. 이와 같이 승천하신 그리스도가 이 책의 참된 주제이며 주인공입니다. 예를 들어, 오순절 날 성령을 보낸 자는 바로 그였습니다. 첫 순교자 스데반이 죽어가면서 바라보았던 자도 그였습니다. 다메섹으로 가는 길 위에서 바울에게 나타났던 자도 그였습니다. 바울과 그의 동료들을 유럽으로 보낸 자도 그였습니다. 사도들이 전파하는 메시지를 청중들이 받아들일 수 있도록 그들의 마음을 연 자도 그였습니다. 환상 가운데 바울 곁에 서서 "담대하라"라고 격려하시면서 계속해서 앞으로 나아갈 것을 명령하신 자도 그였습니다. 이와 같이 교회 역사(歷史)의 모든 갈림길에서 예수 그리스도는 자신이 그들 가운데 또 그들을 위해 일하고 계심을 나타내셨습니다. 이와 같이 그는 승천하셨기만 그러나 영원히 현존하시는 인도자시며, 보혜사시며, 격려자시며, 보호자시며, 상(償) 주시는 자십니다. 마찬가지로 여기에서 "구원받고 있는 사람들을 날마다 그들에게 더하신" 자도 역시 그였습니다.

사랑하는 형제들이여, 나는 안타깝게도 오늘날의 기독교가 이와 같이 우리 가운데 실제적으로 내주하시며 일하고 계시는 현재적 그리스도의 개념을 너무나 많이 잃어버렸다고 생각합니다. 우리 안에 있는 좋은 것과 우리 안에 있는 나쁜 것이 합력하여 우리로 하여금 내주하시는 그리스도의 현재적 사역보다 승천하신 그리스도의 과거적 사역에 대해 더 많이 생각하도록 만듭니다. 물론 세상의 구원과 화해를 위한 기초로서 그의 십자가에 대해 아무리 많이 생각해도 결코 지나치지 않습니다. 그러나 우리는 너무나 쉽게 오로지 그것만 생각하면서 우리의 생각을 그가 완성한 사역에만 고정시키는 가운데 그의 교회가 완성되고 세상이 구속될 때까지는 결코 끝나지 않을 그의 계속적 사역을 망각해 버리고 마는 오류에 빠질 수 있습니다. 만일 우리가 그리스도의 교회라면, 예수 그리스도는 우리 가운데 행하시며 우리를 통해 일하시며 또 우리 위에서 일하십니다. 만일 우리가 신비적이며 가공적(架空的)이며 비유적 의미에서가 아니라, 가장 실제적 의미에서 우리의 마음 가운데 그리고 우리의 교제 가운데 거하시는 살아계신 구주를 갖고 있지 않다면, 우리가 여기에 모여 있는 것은 아무 의미 없는 무가치한 일이 될 것입니다. 차라리 각자 자기의 길로 뿔뿔이 흩어지는 것이 훨씬 더 나을 것입니다. 현재적 그리스도는 교회의 생명입니다.

특별히 여기에서 모든 행동이 그리스도에게 돌려지고 있는 사실을 주목하십시오. 우리가 아니라 그가 많은 사람들을 교회에 더합니다. 우리나 우리의 설교나 우리의 말재주나 우리의 열정이나 우리의 노력이 아니라 오직 그가 그렇게 합니다. 이러한 것들은 단지 그의 손 안에 있는 무기들일 뿐입니다. 오로지 그러한 것들을 지도하는 손이 그것들을 사용하여 싸매기도 하고 치료하기도 합니다. 이와 같이 본문에서 모든 선한 일을 행하는 자로서 나타나는 자는 다름 아닌 그리스도 자신입니다. 숫자적 측면에서든 능력의 측면에서든 교회를 세우는 자는 바로 그 자신입니다.

구원받고 있는 자들을 교회의 교제 안으로 계속적으로 모으는 것은 교회를 위한 그의 뜻이며 또한 교회에 대한 그의 이상입니다. 그것이 세상에 교회를 세우는 그의 목적이며, 그것이 교회와 관련한 그리고 우리와 관련한 그의 뜻입니다. 그러므로 모든 기독교 공동체는 항상 스스로를 향해 다음과 같이 물을 필요가 있습니다. 우리는 실제적으로 그리스도의 이상에 부응하고 있는가? 그의 큰 기업(基業)의 일부로서 우리에게 하나님이 자신을 위해 행하신 일을 증언할 수 있는 영혼들이 계속해서 더해지고 있는가? 그런 사람들이 우리의 교제 안으로 계속적으로 들어오고 있는가? 우리 교회의 지체인 여러분에게 묻습니다. 우리는 그러합니까? 또 다시 묻습니다. 만일 그렇지 않다면, 그 이유가 무엇입니까? "주께서 날마다 더하시니라" — 어째서 주님은 우리에게 날마다 더하지 않으십니까?

2. 둘째, 여기에 제시된 참되며 정결한 교회의 인력(引力) 즉 사람들을 끌어당기는 힘을 주목하십시오.

본문은 한 문장의 끝 부분입니다. 그러면 그 문장의 첫 부분은 어디입니까? 들어보십시오. "믿는 사람이 다 함께 있어 모든 물건을 서로 통용하고 또 재산과 소유를 팔아 각 사람의 필요를 따라 나눠 주며 날마다 마음을 같이하여 성전에 모이기를 힘쓰고 집에서 떡을 떼며 기쁨과 순전한 마음으로 음식을 먹고 하나님을 찬미하며 또 온 백성에게 칭송을 받으니 주께서 구원 받는 사람을 날마다 더하게 하시니라"(44-47절). 그렇습니다. 여러분이 여기에 묘사된 사람들과 같다고 상상해 보십시오. 우리 교회와 모든 회중 위에 이러한 특징들이 새겨진 인장(印章)이 선명하게 찍혀 있다고 상상해 보십시오. 뜨거운 형제사랑의 하나됨과 세속적이며 이기적이지 않은 넉넉한 마음과 계속적 기도와 하늘의 교제 안에서 누리는 기쁨과 사심이나 이중성이나 개인적 동기를 알지 못하는 투명한 마음과 투명한 생활 — 이런 여러분에게 주님이 구원받고 있는 사람들을 날마다 더하지 않겠습니까? 살아계신 그리스도로 말미암아 서로 견고하게 결속된 일단의 사람들을 상상해 보십시오. 사람들의 눈에 그들의 모습 속에 있는 그리스도의 형상이 비칩니다. 그렇다면 마치 자연의 인력(引力)처럼 사람들이 그들에게 끌리는 것은 너무도 당연하지 않습니까? 내적으로 생명력이 왕성할 때, 그것은 필연적으로 외적으로 뻗어나갈 것입니다. 그러므로 참되며 정결하며 살아있는 교회는 계속해서 자라며 뻗어나가며 그 수가 늘어날 것입니다.

역사적으로 이것은 항상 사실이었습니다. 하나님의 교회의 영적 생명이 깊어지고 심화될 때, 항상 교회의 확장이 뒤따랐습니다. 기독교 공동체의 건강한 성장은 항상 그 공동체를 구성하는 개인들의 믿음과 경건이 소생되고 회복된 결과로서 옵니다.

이와 같이 영적으로 소생된 공동체가 그와 같은 마음을 가진 사람들을 끌어당기는 것처럼, 또한 그것은 모든 형식주의자들을 밀어낼 것입니다. 세속주의의 인(印)이 선명하게 찍힌 모임들이 있습니다. 경건의 짐을 아주 조금밖에는 지기를 원하지 않는 사람들은 그곳에서 큰 편안함을 느낄 것입니다. 이 시간 나는 여러분에게 묻고 싶습니다. 우리는 어떻습니다. 우리 공동체는 몹시 지친 그리스도인들이 가까이 다가오고자 생각하지 않을 그리고 미지근한 종교인들이 큰 편안함을 느낄 그런 공동체입니까? 그렇지 않으면 참된 헌신과 거룩함으로 주 예수 그리스도를 사랑하며 성도와 같은 삶을 살기를 추구하는 사람들이 우리 안에서 동류(同類) 의식을 느낄 그런 공동체입니까? 나는 우리 모두가 이와 같이 영적인 사람들은 끌어당기고 세속적인 사람들은 밀어내는 그런 교제 공동체를 이루도록 다 함께 노력하기를 바랍니다. 나는 우리 공동체가 말과 형식으로만 가득 찬 싸구려 신앙인들이 우리 안에서 자기들을 끄는 아무것도 발견하지 못하는 그런 공동체가 되기를 간절히 소원합니다. 나는 우리 공동체가 모든 사람들이 우리 안에서 거룩함을 추구하며 주님을 더 많이 닮아가기를 열망하는 사람들로 구성된 교회를 발견하는 그런 공동체가 되기를 간절히 소원합니다.

만일 이 모든 것이 사실이라면, 세속적이며 부패한 공동체들이 스스로를 "교회"라고 부르며 그리스도의 목적을 훼방하고 그럼으로써 구원받는 영혼들이 더해지는 일을 불가능하게도 만들고 또 바람직하지 않은 일로도 만드는 것은 얼마든지 가능한 일입니다. 우리가 그리스도의 수레바퀴를 붙잡고 있을 수 있다는 사실은 얼마나 소름끼치는 사실입니까! 우리 안에 영적 생명이 아주 조금밖에 없음으로 인해 주님이 우리에게 새로운 회심자들을 돌보며 지키는 책임을 맡기지 않는 것은 얼마나 슬픈 일입니까! 우리는 새로운 회심자들을 맡기에 적합하지 못할 수 있습니다. 그리고 그것이 우리가 그들을 얻지 못하는 이유일 수 있습니다. 새로운 회심자들에게 있어 그와 같은 교회의 싸늘한 분위기 속에 빠져드는 것은 결코 좋은 일일 수 없습니다. 그리고 바로 그것이 그들이 그와 같은 교회로 오지 않는 이유일 수 있습니다.

사랑하는 형제들이여, 이와 같이 나의 설교보다도 여러분의 삶이 우리 교회의 성장을 결정할 것이라는 사실을 결코 잊지 마십시오. 두 힘이 양쪽에서 서로 줄다리기 하는 것을 상상해 보십시오. 나의 설교가 이쪽에서 줄을 잡아당기고, 여러분의 삶이 저쪽에서 줄을 잡아당깁니다. 내가 설교하는 데 할애된 시간은 30분이며, 여러분이 그러한 설교와 모순되는 삶을 사는 데 할애된 시간은 일주일 전체입니다. 그렇다면 이런 줄다리기에서 여러분은 어느 쪽이 승리할 것이라고 생각합니까? 지금 내가 하고 있는 말을 가슴 깊이 새기십시오. 다른 사람들에게나 해당되는 이야기거니 하며 무심코 듣지 마십시오. 바로 여러분 자신들에게 해당되는 이야기로 받아들이십시오. 끌어당기는 힘을 발전시키십시오. 끌어당기는 힘이 모일 때 교회는 뜨거워지고, 뜨거워진 교회는 많은 사람들을 자기에게로 끌어당길 것입니다. 44절부터 47절까지 전체가 한 문장인 사실을 기억하십시오. 만일 그 문장의 앞부분이 어떤 기독교 공동체에 적용된다면, 뒷부분의 복된 약속 역시 거기에 적용되지 않겠습니까? 그러므로 그런 교회에 주님은 “구원받고 있는 사람들을 날마다 더하실” 것입니다.

3. 마지막으로, 여기에서 초창기 공동체에 모여든 사람들이 어떻게 불리고 있는지 주목하십시오.

앞에서 우리는 여기에서 구원이 삶 전체를 통해 계속적으로 이루어지는 점진적 과정으로 나타나는 사실을 살펴보았습니다. 구원의 위대한 개념은 신약에서 다양한 관점으로 제시됩니다. 그것은 때로 과거적인 것으로 언급됩니다. 회심의 명확한 행동과 예수 그리스도를 믿는 믿음의 첫 행동 안에 그 이후의 전체적인 전개과정이 포함되는 것입니다. 구원의 과정은 사람이 하나님께 돌이킬 때 시작됩니다. 또 그것은 때로 현재적인 것으로서 언급됩니다. 악으로부터 건짐을 받고 선을 소유하는 즐거움은 매일같이 실현됩니다. 또 그것은 때로 미래적인 것으로서 언급됩니다. 구원에 대한 불완전한 소유와 그와 관련하여 우리가 이 땅에서 경험하는 부분적 맛보기는 그것이 장차 하늘에서 완성될 것을 예언합니다. 그렇지만 과거와 현재와 미래의 이와 같은 세 가지 관점은 본문의 "구원받고 있는"(being saved)과 같은 표현 속으로 모두 흘러들어와 하나로 융합됩니다. 이 땅의 모든 성도들은 가장 미약한 자로부터 가장 장성한 자로 자라갑니다. 다시 말해서 구원에 참여한 모든 참여자들은 "구원받고 있는" 과정의 동일한 길을 걸어갑니다.

이와 같이 구원은 인생 전체를 통해 계속적으로 이루어져 갑니다. 죄로부터의 구원도 그렇고, 진노로부터의 구원도 그렇습니다. 본문의 교훈에 따를 때, 기독교적 구원은 회심에서 시작하여 인생 전체를 통해 점진적으로 이루어져 가다가 마침내 그 절정에 이르는 것입니다. 봄과 여름에 걸쳐 해가 점점 더 높이 뜨고 점점 더 길게 비취는 것처럼 말입니다. 그리스도인의 길은 햇빛과 같습니다. 작년의 어린 나무는 올해에는 성목(成木)이 됩니다. 마찬가지로 그리스도인은 "구주 예수 그리스도의 은혜와 그를 아는 지식에서 자라가야" 합니다(벧후 3:18). 이와 같이 점진적으로 구원받고 있는 백성들 즉 아직 불완전하게 구원받은 백성들이 교회 안으로 모입니다.

만일 교회 안으로 들어오는 사람들이 이와 같다면, 교회의 의무는 매우 분명합니다. 교회의 가장 큰 의무는 공동체가 그들의 성장을 도와야 한다는 것입니다. 새로운 묘목이 심기기만 하면 얼마 가지 못해 죽어버리는 그런 교회들이 있습니다. 그런 교회는 기온이 너무나 낮아서 어린 순이 서리로 인해 얼어 죽고 맙니다. 믿음과 열정으로 충만한 어떤 사람을 상상해 보십시오. 그런 그가 어떤 기독교 공동체 안으로 들어갑니다. 그런데 거기에서 그는 그곳의 분위기가 매우 싸늘하다는 것을 발견합니다. 그러면 어떻게 되겠습니까? 어느 정도의 시간이 흐름과 함께 그 역시도 전체적 분위기에 따라 냉랭하게 식어버리고 맙니다. 사랑하는 친구들이여, 교회는 '불완전한 그리스도인들이 자라는 못자리'와 같다는 사실을 기억하십시오. 그러므로 우리 자신을 위해 그리고 서로를 위해 우리의 교제를 더 풍성하고 거룩하며 복된 교제로 만들고자 노력해야 합니다.

지금 이 자리에 이런저런 이유로 기독교적 교제로부터 멀리 떨어져 있는 사람들이 있습니까? 이 시간 그런 사람들에게 한 마디 하고 싶습니다. 만일 그들이 자신 안에서 구원이 시작되었음을 — 그것이 아무리 불완전한 것이라 하더라도 말입니다 — 의식한다면, 그들의 위치는 바로 그것에 의해 결정됩니다. 그러므로 만일 그들이 스스로를 기독교적 교제와 연결시키지 않고 또 교회의 한 지체로서 서지 않는다면, 그들은 잘못된 일을 행하고 있는 것입니다.

마지막으로 한 가지만 더 이야기하겠습니다. 앞에서 나는 여러분에게 신약에서 구원이 하나의 과정으로서 제시된다는 사실을 이야기했습니다. 반대의 것 역시도 마찬가지로 하나의 과정입니다. 고린도전서 1장 18절의 선명한 대조를 주목해 보십시오. "십자가의 도가 멸망하는 자들에게는 미련한 것이요 구원을 받고 있는(being saved) 우리에게는 하나님의 능력이라." 이러한 두 과정은 이를테면 같은 지점으로부터 시작됩니다. 하나는 매우 천천히 그리고 거의 지각할 수 없을 정도의 움직임으로 계속해서 위를 향해 올라가고, 다른 하나는 마찬가지로 매우 천천히 그리고 거의 의식할 수 없을 정도의 움직임으로 계속해서 아래를 향해 내려갑니다. 내가 지금 말하고자 하는 요점은 우리 각자 안에서 둘 가운데 어떤 과정이 계속해서 진행되고 있느냐 하는 것입니다. 여러분은 계속해서 위로 올라가고 있는 중이든지 아니면 계속해서 아래로 내려가고 있는 중입니다. 보다 더 큰 분량의 그리스도의 생명이 계속해서 여러분의 마음 안으로 들어오고 있는 중이든지 아니면 여러분은 조금씩 계속해서 죽어가고 있는 중입니다. 마치 손끝 발끝으로부터 시작해서 계속해서 조금씩 온 몸이 마비되어 가다가 마침내 죽고 마는 어떤 사람처럼 말입니다. 여러분은 "구원받고 있는" 사람들이든지 아니면 "멸망하고 있는" 사람들이든지 둘 중 하나입니다. 어떤 사람도 한 순간에 마귀가 되지 않습니다. 마찬가지로 어떤 사람도 한 순간에 천사가 되지 않습니다. 스스로를 그리스도께 맡기십시오. 그러면 그가 여러분을 그에게까지 올리실 것입니다. 그로부터 등을 돌리십시오. 그러면 여러분은 자신의 음욕과 이기심의 시궁창 안으로 계속해서 떨어져 들어갈 것입니다. 마침내 더러운 오물이 여러분의 머리를 덮고 여러분이 그 안에서 영원히 잃어질 때까지 말입니다.

12
그때에 저는 자는 사슴같이 뛸 것이며

"[1] 제 구 시 기도 시간에 베드로와 요한이 성전에 올라갈새 [2] 나면서 못 걷게 된 이를 사람들이 메고 오니 이는 성전에 들어가는 사람들에게 구걸하기 위하여 날마다 미문이라는 성전 문에 두는 자라 [3] 그가 베드로와 요한이 성전에 들어가려 함을 보고 구걸하거늘 [4] 베드로가 요한과 더불어 주목하여 이르되 우리를 보라 하니 [5] 그가 그들에게서 무엇을 얻을까 하여 바라보거늘 [6] 베드로가 이르되 은과 금은 내게 없거니와 내게 있는 이것을 네게 주노니 나사렛 예수 그리스도의 이름으로 일어나 걸으라 하고 [7] 오른손을 잡아 일으키니 발과 발목이 곧 힘을 얻고 [8] 뛰어 서서 걸으며 그들과 함께 성전으로 들어가면서 걷기도 하고 뛰기도 하며 하나님을 찬송하니 [9] 모든 백성이 그 걷는 것과 하나님을 찬송함을 보고 [10] 그가 본래 성전 미문에 앉아 구걸하던 사람인 줄 알고 그에게 일어난 일로 인하여 심히 놀랍게 여기며 놀라니라 [11] 나은 사람이 베드로와 요한을 붙잡으니 모든 백성이 크게 놀라며 달려 나아가 솔로몬의 행각이라 불리우는 행각에 모이거늘 [12] 베드로가 이것을 보고 백성에게 말하되 이스라엘 사람들아 이 일을 왜 놀랍게 여기느냐 우리 개인의 권능과 경건으로 이 사람을 걷게 한 것처럼 왜 우리를 주목하느냐 [13] 아브라함과 이삭과 야곱의 하나님 곧 우리 조상의 하나님이 그의 종 예수를 영화롭게 하셨느니라 너희가 그를 넘겨 주고 빌라도가 놓아 주기로 결의한 것을 너희가 그 앞에서 거부하였으니 [14] 너희가 거룩하고 의로운 이를 거부하고 도리어 살인한 사람을 놓아 주기를 구하여 [15] 생명의 주를 죽였도다 그러나 하나님이 죽은 자 가운데서 그를 살리셨으니 우리가 이 일에 증인이라 [16] 그 이름을 믿으므로 그 이름이 너희가 보고 아는 이 사람을 성하게 하였나니 예수로 말미암아 난 믿음이 너희 모든 사람 앞에서 이같이 완전히 낫게 하였느니라"

행 3:1-16

"사도들로 말미암아 기사와 표적이 많이 나타나니"(행 2:43). 사도들로 말미암아 많은 기사와 표적들이 나타났지만, 그러나 자세하게 기록된 것은 오직 여기의 사건뿐입니다. 그것은 이 사건이 성전에서 공공연하게 일어난 사건이었을 뿐만 아니라 또한 중요한 결과를 야기한 사건이었기 때문이었습니다. 이야기는 너무나 생생하며 세부적 묘사들로 가득합니다. 그렇다면 이 사건을 누가에게 설명해준 사람은 베드로였을까요? 이 이야기의 문체는 우리가 쉽게 추정할 수 있는 대로 마가복음의 문체와 매우 유사합니다.

1절에 무대와 등장인물이 제시됩니다. 베드로와 요한이 함께 등장하는 것은 매우 자연스러운 일이었습니다. 왜냐하면 그들은 네 명의 주된 사도들 가운데 포함되어 있었을 뿐만 아니라 또한 모든 면에서 서로 간에 너무나 다르므로 피차를 보완할 수 있었기 때문입니다. 베드로의 외향적 기질과 요한의 내향적 기질 — 둘은 서로를 필요로 했습니다. 그러므로 우리는 다른 때에도 그들이 함께 등장하는 경우를 종종 발견하게 됩니다.

그들은 성전에 "올라갔습니다." 좀 더 생생하고 정확하게 번역하면, 그들은 성전에 "올라가고 있었습니다." 그들은 바깥뜰을 통과하여 안뜰로 들어가는 문으로 왔습니다. 그 문은 예술적 탁월함으로 인해 "미문(美門)"이라 불렸습니다. 그때 걷지 못하는 한 걸인이 그들을 보았습니다. 그는 수년 동안 그곳에서 미문으로 들어가는 사람들에게 자신의 가련한 처지를 드러내며 매일같이 구걸하던 자였습니다. 오늘날에도 유럽의 유명한 교회들과 회교 사원에서 이와 똑같은 광경을 볼 수 있습니다. 그는 두 명의 낯선 행인에게 흐느끼는 말투로 늘 하는 구걸의 말을 기계적으로 반복했습니다. 별다른 응답을 기대하지 않고 말입니다. 이렇게 하여 미문 앞에서 한 걸인이 베드로와 요한에게 구걸하는 일이 벌어졌습니다.

그때 갑작스런 긍휼의 마음이 두 사도의 마음 위에 꽂혔습니다. 그리하여 그들은 발걸음을 멈추었습니다. 그리고 베드로가 입을 열었습니다. 그리고 그러는 동안 요한은 같은 마음으로 옆에 서 있었습니다. 그들은 지금 기도 시간에 맞추어 성전에 올라가는 중이었습니다. 그렇지만 비참한 상태에 빠져 있는 사람을 돕기 위해 기도 시간에 늦는다면, 그것은 그다지 나쁜 일이 아닙니다.

"우리를 보라"는 베드로의 말 속에는 자석처럼 끌어당기는 특별한 힘이 있었을 것임입니다. 왜냐하면 그와 같은 반응은 통상적 반응이 아니었기 때문입니다. 통상적 반응은 아무 말 없이 작은 동전 하나 던져주는 것일 것입니다. 어쨌든 "우리를 보라"는 베드로의 말은 구걸하는 자 안에서 그가 알지 못했던 소망의 불을 붙였습니다. 그는 그들로부터 "무엇인가를" 받기를 기대했습니다. 그리고 그 안에서 무엇을 받을 것인가 하는 기대감이 용솟음쳤을 것입니다. 비록 무엇을 받을지 예측할 수는 없었다 하더라도 말입니다. 우리는 그의 마음상태가 고침을 받기에 합당한 상태에 있었다고 추측할 수 없습니다. 더욱이 그의 태도를 "믿음"이라고 부를 수도 없습니다. 그럼에도 불구하고 그는 지금 일상적 무기력함과 소망 없는 상태로부터 상당 부분 고양되어 있었으며, 어떤 이상한 기대감이 그의 마음속으로 들어오고 있었습니다.

계속해서 장엄한 능력의 말씀이 임합니다. 여기에서도 말하는 자는 베드로였습니다. 베드로는 대부분의 사람들이 부끄러워하며 숨기려고 하는 이름을 당당하게 선포합니다. "은과 금은 내게 없거니와." 그는 모든 것을 버리고 주를 따랐습니다. 그럼에도 불구하고 그는 공동의 소유로부터 아무것도 청구하지 않았습니다. 빈 지갑은 참된 부요와 함께 갈 수 있습니다.

베드로의 이어지는 말 속에는 당당한 확신의 빛나는 섬광이 있습니다. 그러나 베드로의 그러한 확신은 흠정역에서 상당 부분 약화됩니다. 그는 "내가 가진 그러한 것"(such as I have)이라고 말하지 않았습니다. 마치 그것이 돈보다 열등한 것인 것처럼 말입니다. 그렇게 말하는 대신 그는 개정역(RV)처럼 "내가 가지고 있는 것"(what I have)이라고 말했습니다. 이것은 전혀 다른 어투입니다. 이러한 표현은 그가 가지고 있는 능력이 은과 금보다 훨씬 더 가치 있는 것임을 웅변적으로 선포합니다. 그는 자신이 그와 같은 능력을 가지고 있음을 분명하게 확신합니다. 이러한 확신은 단순히 주님의 약속과 은사에 대한 믿음뿐만 아니라 이전에 이적을 행한 경험에 근거한 확신이었습니다.

"내가 가진 것을 네게 주노니"라는 베드로의 말은 다른 사람들에게 주기 전에 먼저 우리 가신이 가져야만 한다는 사실을 우리에게 일깨워줍니다. 그것은 모든 그리스도인들의 법칙이 되어야만 합니다. 그들이 가진 모든 것과 관련하여 그리고 특별히 영적 부요와 관련하여 말입니다. 하나님이 무엇인가를 우리에게 주는 것은 단지 우리 자신이 그것을 향유하기 위함이 아니라 그것들 다른 사람들에게 나누어주기 위함입니다. 우리로 하여금 각자의 분량만큼 주님의 기쁨에 참여함과 함께 받는 것보다 주는 것이 더 복되다는 사실을 깨닫게 하기 위해서 말입니다. 교회 역사를 통해 가난한 교회가 기적을 행하는 교회였던 경우는 흔한 일이었습니다. "은과 금은 내게 없거니와"라고 말할 수 없게 되었을 때, 교회는 또한 "나사렛 예수 그리스도의 이름으로 일어나 걸으라"라고 외치는 권능까지도 잃어버리고 말았습니다.

계속해서 나면서부터 걷지 못하던 자가 갑자기 걷게 되는 기적이 가장 사실적으로 묘사됩니다. 베드로는 성전 뜰에서 장엄한 담대함으로 주님의 이름을 선포합니다. 누가 듣든지 상관하지 않고 말입니다. 그는 사람들로부터 경멸과 멸시를 당했던 이름을 높이 들고 마치 그것을 승리의 깃발처럼 흔듭니다. 자신이 능력을 소유하고 있다는 그의 확신은 그 자신으로부터 말미암은 것이 아니라 주님으로부터 말미암은 것이었습니다. 만일 우리가 그의 이름에 기적을 행하는 능력이 있음을 베드로만큼 확신하며 그 이름을 선포한다면, 우리 역시도 걷지 못하던 자를 걷게 할 것입니다. 머뭇거리며 더듬거리는 목소리는 그러한 이름을 선포할 자격이 없는 목소리이며, 결국 헛되이 선포할 뿐입니다.

계속해서 그가 고침을 받는 과정이 상세하게 묘사됩니다. 베드로는 손을 내밀어 그를 잡아 일으켰습니다(7절). 그러는 동안 능력이 그의 위축된 근육과 약한 발목 속으로 들어갔습니다. 그리하여 그는 스스로 일어날 수 있다고 느꼈습니다. 모든 일이 순식간에 일어나기는 했지만, 어쨌든 그가 일어나는 마지막 부분은 그 자신의 행동이었습니다. 갑작스럽게 일어난 그는 그 자리에서 껑충껑충 뛰었으며, 나아가 넘어지지 않고 계속해서 서 있을 수 있음을 알게 되었으며, 마침내 걷기 시작했습니다.

베드로와 요한이 성전에 온 것은 기도하기 위함이었습니다. 이러한 계획은 잠시 늦추어졌지만 그러나 이제 큰 기쁨과 함께 기도할 수 있게 되었습니다. 한편 갑작스럽게 걸을 수 있게 된 걸인에게 있어 "걷기도 하고 뛰기도 하며 하나님을 찬송한" 것은 얼마나 자연스러운 일입니까! 그에게 새로운 능력은 너무나 기쁘고 놀라운 것이었으며, 따라서 그는 가만히 걷기만 할 수가 없었습니다. 그렇게 하는 것은 성전으로 들어가는 낯선 방식이었습니다. 그렇지만 기쁨과 감격으로 가득 찬 사람은 조용히 걸어갈 수가 없는 법입니다. 한편 그런 호들갑스러운 태도를 못마땅하게 여기는 점잖은 사람들은 도대체 무엇이 그를 그토록 기뻐 날뛰게 만들었는지 알지 못했습니다. 걷는 것과 뛰는 것과 하나님을 찬송하는 것은 서로 간에 그렇게 잘 어울리지는 않습니다. 그러나 그러한 태도를 비난하기 전에 먼저 우리는 도대체 무엇이 그를 그렇게 만들었는지 이해할 필요가 있습니다.

고대 사본들 가운데 한 사본에는 세 사람이 성전에서 상당 시간 동안 기도하며 머물렀음을 암시하는 구절이 삽입되어 있습니다. 그 사본은 이렇게 진행됩니다. "베드로와 요한이 나오자 그도 그들과 함께 나와 그들을 포옹하였더라. 그러자 사람들은 그것을 보고 놀라 행각에 서서 … " 그러므로 우리는 많은 사람들이 뜰에서 그들이 성소로부터 나오기를 기다렸을 것이라고 생각해야만 합니다. 솔로몬의 행각은 미문과 마찬가지로 성전 경내의 동쪽에 있었습니다. 아마도 그곳은 주님도 자주 다니셨던 곳이었을 뿐만 아니라 초창기 형제들도 자주 지나다녔던 곳이었을 것입니다.

지금은 결정적 순간이었습니다. 그리하여 전에는 겁쟁이처럼 주님을 부인했던 베드로였지만, 그러나 지금은 담대하게 말하기 시작합니다(12절). 진실로 그 순간 말할 것이 그에게 주어졌습니다. 베드로는 그리스도를 죽인 죄책을 거침없이 이스라엘 나라에 지웁니다. 그러면서 그것이 알지 못하고 그런 것임을 인정하면서(17절), 간곡한 마음으로 회개하고 돌이킬 것을 촉구합니다(19절). 이제 그의 설교를 간략하게 살펴보도록 합시다. "이스라엘 사람들아 이 일을 왜 놀랍게 여기느냐?"(12절), 만일 그들이 놀라지 않았다면, 그것이 더 놀라운 일일 것입니다. 그 일은 베드로에게는 놀라운 일이 아니었습니다. 왜냐하면 그는 예수가 그리스도이며 하늘에서 통치하고 계심을 믿었기 때문입니다. 기적은 큰 믿음이 있는 곳에 떨어지는 법이며, 그곳에서 그것은 지극히 "자연스러운" 것입니다.

베드로는 그 일이 "그들 자신의 권능과 경건으로" 된 일이 아님을 분명하게 밝힙니다(12절). 걷지 못하는 자를 치료한 일과 관련한 이러한 단호한 부인(否認)은 단순한 겸손을 훨씬 더 능가하는 것입니다. 그것은 우리에게 그리스도인들을 통해 일하시는 참된 주인공을 보여줍니다. 이러한 부인은 우리들에 의해서도 계속해서 반복되어야 합니다. 사람들의 경탄과 놀람을 우리로부터 돌리게 하기 위함이라기보다, 오직 그리스도께 돌려져야 할 영광을 우리 자신에게 돌리는 어리석음으로부터 스스로를 지키기 위해 말입니다.

베드로는 그리스도를 죽인 죄책과 관련하여 이스라엘 나라를 엄중하게 꾸짖은 연후에야 비로소 이 모든 일을 행한 자가 그리스도임을 선포합니다. 그러면서 베드로는 이러한 기적이 하나님이 예수를 영화롭게 하기 위한 것임을 분명하게 역설합니다(13절). 바로 이것이 그러한 기적을 바라보는 올바른 방식입니다. 여기에서 베드로는 우리 주님의 호칭과 관련하여 사도행전에서는 별로 사용되지 않는 특이한 호칭을 사용합니다. 그는 주님을 하나님의 "종"이라고 부릅니다(13절). 이러한 호칭은 "여호와의 종"이라는 이사야 뒷부분에 나타나는 메시야 호칭을 인용한 것입니다.

곧이어 베드로는 예수 그리스도에 대한 하나님의 영화롭게 하심과 이스라엘의 배척을 대조시킵니다. 여기에서 그가 제시하는 두 가지를 주목해 보십시오. "너희가 그를 넘겨주고"(13절) — 그들은 예수 그리스도를 로마의 권력에 넘겨주었습니다. 이것은 이스라엘의 타락의 극한이었습니다. 그것은 자기들의 메시야를 이방인에게 넘겨주는 것이었습니다. 이스라엘에게 있어 이것보다 더 악한 일이 무엇이 있을 수 있겠습니까? 그러나 그것이 전부가 아니었습니다. "너희가 그 앞에서 거부하셨으니." 아마도 베드로의 목소리는 유대인들의 이와 같은 죄를 이야기하는 동안 한 순간 잠시 떨렸을 것입니다. 이스라엘의 거부가 더욱 악독한 것이 되는 것은 그것이 "빌라도 앞에서" 행해진 것이었기 때문입니다. 빌라도는 그를 놓아주고자 했지만 도리어 그들이 그것을 거부했습니다. 마지막 날에 이방인 재판장인 빌라도가 일어나 유대인들을 정죄할 것입니다. 왜냐하면 최소한 그는 예수가 무죄하다는 사실을 알았기 때문입니다. 도리어 유대인들이 그를 부추겨 불법적으로 예수를 죽이게 했습니다. 그러므로 그리스도를 죽인 것은 빌라도에게 돌린다 하더라도, 그들은 국가적 배교의 죄책을 피할 수 없습니다.

이것은 성전에서 군중들에게 말하기에는 매우 위험한 말이었습니다. 그러나 비천한 어부 출신의 베드로는 성령에 충만하여 사람들을 두려워하지 않았습니다. 만일 우리가 오순절에 대해 듣지 못했다면, 그토록 소심하며 겁이 많던 첫 제자들이 도대체 어떻게 그토록 두려움을 모르는 영웅들이 되었는지 이해할 수 없었을 것입니다. 이름 없는 무덤에 누운 죽은 그리스도는 위압적 세상 앞에서 절망에 빠진 제자들에게 그토록 큰 용기와 통찰력과 확신과 기쁨을 불어넣어 줄 수 없었을 것입니다.

13
생명의 주

"너희가 거룩하고 의로운 이를 거부하고 도리어 살인한 사람을 놓아 주기를 구하여 생명의 주를 죽였도다 그러나 하나님이 죽은 자 가운데서 그를 살리셨으니 우리가 이 일에 증인이라"

행 3:14, 15

이와 같은 베드로의 초창기 설교들의 특징 가운데 하나는 그리스도의 인격과 사역에 대한 최고의 관점(the highest view)이 상대적으로 부재(不在)하다는 사실입니다. 이러한 사실의 이유는 아마도 다음과 같은 두 가지 가운데 하나일 것입니다. 베드로가 단지 최근에 일어난 놀라운 사실들의 의미를 배우고 있었을 뿐이기 때문이든지, 아니면 그가 자신의 설교를 청중들에게 맞추는 가운데 자신이 아는 모든 것을 선포한 것이 아니기 때문일 것입니다.

동시에 우리는 거기에 포함된 기독론의 중요성을 간과해서는 안 됩니다. 4장 27절 등에 나타나는 "거룩한 아이 예수"(holy child Jesus, 한글 개역개정판에는 "거룩한 종 예수"라고 되어 있음 — 역주)라는 호칭은 실제로 이사야의 "여호와의 종"(Servant of the Lord)의 번역어입니다. 또 본문의 "거룩하고 의로운 이"라는 호칭은 그의 완전하며 무죄한 인성(人性)을 명확하게 주장하며, "생명의 주"(the Prince of Life)라는 호칭은 그가 생명의 주인(Lord)이며 근원(Source)이라는 사실을 분명하게 단언합니다.

또 여기에서 "거부하고"(deny)라는 애절한 표현을 주목해 보십시오. 어쩌면 이때 베드로는 자신이 주님을 부인했던(deny) 그 수치스러운 순간을 생각하고 있었을는지 모릅니다. 그렇다면 그는 자신의 죄를 떠올리며 다른 사람들의 죄에 대해 애틋한 마음을 가졌을 것입니다. 이를테면 그는 지금 이렇게 말하는 있는 것 같습니다. "너희가 범한 죄는 내가 행했던 죄 이상의 것이 아니었도다. 나는 지금 너희를 비난하려고 하는 것이 아니라. 죄에 있어 우리는 모두 마찬가지라. 나는 죄인인 너희에게 죄 사함을 전파할 수 있노라. 왜냐하면 나 자신이 죄 사함을 받았기 때문이라."

또 여기에 나타난 여러 가지 대조들을 주목해 보십시오. 바라바가 그리스도에 대조되어 제시됩니다. 거룩하고 의로운 이와 강도가 대조되고, 생명의 주와 살인한 자가 대조됩니다. 또 "너희가 죽였도다"와 "생명의 주"가 대조되며, "너희가 죽였도다"와 "하나님이 살리셨으니"가 대조됩니다.

나아가 우리는 여기에서 세 가지 앞뒤가 맞지 않는 역설들(paradoxes)을 발견할 수 있습니다. 인간의 패역하며 치명적 선택의 역설과 사망이 생명의 주를 죽인 역설과 죽음으로 말미암아 생명이 오는 하나님의 사랑과 용서의 역설이 그것입니다. 이제 이러한 역설들을 하나씩 살펴보도록 합시다.

1. 인간의 패역하며 치명적인 선택의 역설.

어떤 하나의 행동 혹은 사건으로 인해 역사의 흐름 전체가 결정되는 일은 역사 속에서 종종 벌어집니다. 여기의 사실 역시 그러한 경우 가운데 하나입니다. 여기에 부여될 수 있는 심원한 의미는 일단 무시하고 그냥 구경꾼의 객관적 시각으로 살펴보도록 합시다.

여기에서 베드로가 백성들에게 담대하게 전파한 말은 그리스도의 인격이 동시대 사람들에게 어떤 인상을 가져다주었는지를 보여주는 강력한 증언입니다. "거룩하고 의로운 이"는 도덕적 완전함을 함축합니다. 십자가 이야기 전체는 그것을 읽는 자들에게 그리스도와 관련하여 그러한 인상을 가져다줍니다. 빌라도의 아내는 두려움 가운데 그를 “저 옳은 사람”이라고 불렀습니다(마 27:19). “너희 중에 누가 나를 죄로 책잡겠느냐?”(요 8:46). “내가 잘못한 것이 있으면 그 잘못한 것을 증언하라”(요 18:23). “나는 그에게서 아무 죄도 찾지 못하였노라”(요 18:38). 우리는 예수가 그의 동시대 사람들에게 준 인상이 최소한 그가 순전하며 선한 사람이었다는 사실을 당연한 것으로 받아들일 수 있습니다.

이스라엘 나라는 두 사람 가운데 한 사람을 선택해야만 했습니다. 예수가 그 한 사람이었습니다. 그러면 다른 한 사람은 누구였습니까? 그는 애국심으로부터라기보다 약탈을 위해 로마에 대항하여 몇 차례 사소한 폭동을 일으킨 절반은 강도며 절반은 모반자인 자였습니다. 그 손이 피로 얼룩져 있었던 그는 이스라엘의 영웅이었습니다.

이와 같이 둘이 나란히 놓인 사실은 백성들이 예수를 거부한 동기에 대하여 강한 빛을 던집니다. 지도자들은 그를 신성모독으로 정죄할 수 있었습니다. 그러나 백성들은 좀 더 실제적 이유를 가지고 있었습니다. 그들이 예수를 빌라도에게 넘겨준 것은 그가 스스로를 메시야라고 주장했기 때문이 아니었습니다. 실제로 그것은 그가 메시야에 대한 그들의 개념 혹은 생각에 부합하지 않았기 때문이었습니다. 만일 그가 그들에게 무장할 것을 호소했다면, 그들 가운데 어느 누구도 그를 빌라도에게 넘겨주지 않았을 것입니다. 도리어 모든 사람이 그의 깃발 아래 모였을 것입니다. 그들의 증오심은 그의 행로(行路)에 대한 그들의 실망의 결과였습니다. 만일 그가 사랑과 온유함을 나타내는 대신 종교적 증오심의 숯불에 부채질을 했다면 혹은 두루 다니며 선한 일을 행하는 대신 폭동을 일으키기 위해 무법한 갈릴리 사람들을 불러 모았다면, 분명 그들은 그를 빌라도에게 끌고 가서 그가 스스로를 왕으로 참칭하며 가이사에게 세금을 바치는 것을 금했노라고 참소하지 않았을 것입니다. 틀림없이 그들 가운데 단 한 사람도 그렇게 하지 않았을 것입니다. 도리어 그들은 팔레스타인에 있는 모든 세리들을 기쁘게 죽였을 것입니다. 그들 모두의 마음 깊은 곳에 “왕으로서의 그리스도”에 대한 꺼지지 않는 믿음이 불타고 있었습니다. 만일 그 온유한 침묵의 순교자가 단지 손을 높이 들기만 했다면, 그는 자신을 참소하는 자들로 도리어 군대를 일으켜 빌라도와 그의 병사들을 예루살렘으로부터 쓸어버릴 수 있었을 것입니다. 그들은 그리스도의 선하심과 거룩하심을 보았습니다. 그러나 그러한 것들은 그들을 끌어당기지 못했습니다. 그들은 외적 무기를 사용하여 그들에게 외적 자유를 가져다줄 메시야를 필요로 했습니다. 그리하여 그들은 모두 "이 사람이 아니라 바라바라!"라고 외쳤습니다(요 18:40). 이스라엘 나라의 전체 역사(歷史)는 이 하나의 외침으로 응축됩니다. 그들의 길들여지지 않는 강경함, 하나님의 빛에 대한 그들의 무지, 자신들도 이해하지 못한 약속에 대한 그들의 강렬한 집착, 그들의 철저한 세속성, 그들의 무자비한 애국심, 압제자들에 대한 그들의 억제할 수 없는 증오심 — 이 모든 것들이 그들에게 참된 구원의 길을 보여준 자에 대한 무한한 증오심을 낳았습니다.

이러한 이상한 역설은 여기의 유대인들에게만 한정되지 않습니다. 그것은 그리스도가 전파되는 곳에서 계속 반복되었습니다. 우리는 모든 사람이 자연적으로 선을 추구한다는 말을 듣습니다. 그러나 나는 정말로 그런지 의문을 갖습니다. 사람들은 일반적으로 보다 더 외적이며 가시적(可視的)인 것을 추구하는 경향이 있습니다. 내가 여러분에게 이 사건 안에서 군중들의 치명적 선택을 보라고 요구하는 것은 이 사건을 영화(靈化)하는 것이 아니라 다만 이것이 한 실례(實例)가 되는 원리를 이야기하는 것일 뿐입니다. 그리스도가 우리 모두 앞에 제시됩니다. 그의 아름다움이 부분적으로 나타나지만 그러나 그것은 외적인 것들에 의해 가려지고 흐려집니다. 사람들이 바라는 것은 일반적으로 감각적 즐거움이나 혹은 사회적 성공이나 혹은 지적 탁월함이나 혹은 가시적이며 일시적 것들 위에 고정됩니다. 그들의 세속적 눈에 이런 것들이 보이지 않는 것들의 희미한 광채보다 훨씬 더 눈부시게 비칩니다. 그들은 이런 것들을 높이 평가하며, 이런 것들을 얻은 자들을 영웅으로 떠받듭니다. 이런 사람들이 그들의 바라는 이상입니다. 그러나 예수에 대하여는 그들은 별로 주의를 기울이지 않습니다.

이 모든 사람들 또한 — 사람들이 이러한 것들을 그리스도보다 더 좋아할 때 — 바라바의 경우보다 더 슬픈 의미에서 "살인자 자들"이 아니겠습니까? 그것들은 자기를 추구하는 자들의 영혼을 죽이지 않습니까? 그러한 것들을 선택하는 모든 사람들이 결국 사망을 사랑하며 스스로를 멸망으로 이끈다는 것은 너무도 분명한 사실이 아닙니까?

이러한 치명적 역설은 수많은 사람들의 삶 속에서 매일같이 반복되고 있습니다. "이 사람이 아니라 바라바라!"라고 소리쳤던 군중은 오늘날 "예수가 아니라 세상의 재물이라!" 혹은 "예수가 아니라 육체의 쾌락이라!" 혹은 "예수가 아니라 나의 야망을 만족시키는 것이라!"라고 소리치는 사람들에 비하면 아무것도 아닙니다.

2. 사망이 생명의 주를 죽인 역설.

외적으로 볼 때, 여기에서 사망이 생명의 주를 이긴 것으로 나타납니다. 여기에서 "주"(Prince)로 번역된 단어는 창시자(orginator), 그러므로 가져오는 자(leader), 그러므로 주인(lord)을 의미합니다. 베드로가 이미 예수의 신성(神性)의 개념에 이르렀든지 혹은 아직까지 이르지 못했든지 간에, 그가 지금 그리스도와 관련하여 십자가 이전에 가졌던 것보다 훨씬 더 높은 개념에 이르렀다는 것은 분명한 사실입니다. 어떤 의미에서 베드로는 "생명"에 대한 그리스도의 관계가 그것에 대한 다른 사람들의 관계보다 훨씬 더 심오하며 신비스럽다는 사실을 인식하기 시작하고 있었습니다. 이와 같이 예수에 대한 제자들의 개념을 크게 높인 것은 단지 그의 죽음이었을까요? 만일 그가 죽고 그것으로 끝이었다면, 그런 결과가 따른 것은 매우 이상한 일이었을 것입니다. 사람들은 예수의 죽음이 제자들의 믿음을 산산이 깨뜨릴 것이라고 예상했지만, 도리어 그들의 믿음을 강화시켰습니다. 어째서 그들은 다음과 같이 말하며 엠마오로 가던 두 제자처럼 계속해서 탄식하지 않았을까요? "우리는 이 사람이 이스라엘을 속량할 자라고 바랐으나, 이제 우리의 믿음은 산산이 깨어졌으며 우리의 꿈은 그의 무덤 속에 장사되었도다"(눅 24:21). 어째서 그들은 갈릴리와 고기 잡는 일로 돌아가지 않았을까요? 무엇이 그들의 마음을 일으켜 세우고 또 그들의 용기를 다시금 불러일으켰을까요? 그리고 무엇이 그에 대한 그들의 이해와 믿음을 크게 증진시켰을까요? 도대체 어떻게 그의 죽음이 그들의 교제를 깨뜨리는 대신 도리어 결속시키는 기회가 되었을까요? 도대체 어떻게 베드로는 죽은 자가 "생명의 주"임을 그토록 확신하게 되었을까요? 심리학적으로 가능한 유일한 대답은 베드로가 여기에서 선포하고 있는 말씀 가운데 들어 있습니다. "그러나 하나님이 죽은 자 가운데서 그를 살리셨으니"(15절).

부활의 사실이 죽음의 사실을 전혀 다른 빛으로 바라보도록 만듭니다. 이 두 가지 사실 즉 예수의 죽음과 부활을 묵상할 때, 우리는 밧모섬에 있던 요한처럼 다음과 같이 말하는 그의 음성을 듣게 됩니다. "나는 곧 살아 있는 자라 내가 전에 죽었었노라 볼지어다 이제 세세토록 살아 있어 사망과 음부의 열쇠를 가졌노니"(계 1:18).

만일 우리가 베드로의 설교를 듣는 청중들의 귀로써 듣고자 노력한다면, 우리는 그의 대담한 역설을 좀 더 잘 이해하게 될 것입니다. 예수가 "생명의 주"라는 베드로의 주장이 얼마나 대담무쌍한 것인지 생각해 보십시오. 또 그들이 그를 "죽였다"는 것이 그들에게 얼마나 모순된 말처럼 들렸을 것인지 생각해 보십시오. 도대체 어떻게 사망이 생명의 주를 이기는 권능을 가질 수 있단 말입니까? 실제로 그것은 "태양이 암흑으로 바뀌었다"라는 말이나 혹은 "불이 얼음이 되었다"는 말과 하등 다를 것이 없었습니다. "너희가 생명의 주를 죽였도다"라는 짤막한 구절은 아직까지 그 손이 예수의 피로 붉게 물들어 있었던 청중들에게 분명 앞뒤가 맞지 않는 터무니없는 말로 들렸을 것입니다.

그러나 여기에는 또 하나의 역설이 있습니다. 사망이 생명을 침범할 수 있었던 것도 이상한 일이었지만, 더구나 사람들이 생명을 침범할 수 있었던 것은 더 더욱 이상한 일이었습니다. 그러나 우리는 예수가 죽은 것이 사람들이 그를 죽였기 때문이 아니라 그가 기꺼이 죽었기 때문임을 잊어서는 안 됩니다. 만일 여러분이 복음서들에 나타나는 십자가 사건을 주의 깊게 살펴본다면, 여러분은 그것들이 "죽음"이라는 단어를 사용하기를 극도로 꺼린다는 사실을 발견하게 될 것입니다. 예컨대 요한복음 19장 30절을 보십시오. 거기에서 여러분은 "그가 영혼을 버리셨더라"는 표현을 보게 될 것입니다(He gave up the ghost, 한글개역개정판에는 "영혼이 떠나가시니라"로 되어 있음 — 역주). 이러한 표현은 그의 죽음이 극심한 탈진이나 혹은 고통 때문이 아니라 그 자신의 의지의 결과로 스스로를 제물로 드리는 것을 함축합니다. 이와 같이 죽음을 통해서조차 그는 스스로를 생명의 주(Lord of Life)와 사망의 주인(Master of Death)으로서 나타내셨습니다. 사람들이 실제로 예수를 십자가에 못 박은 것은 분명한 사실입니다. 그럼에도 불구하고 그가 죽은 것은 그가 못 박혔기 때문이 아니라 그가 기꺼이 자기 목숨을 속죄제물로 내어주셨기 때문입니다. 설령 그를 태평양 한 가운데 있는 암초 위에 묶어둔다 할지라도, 그는 자신의 뜻에 따라 그리고 자신의 때에 머리를 숙이실 것입니다. 사망의 파도가 아무리 그 위에 넘실거린다 하더라도 말입니다.

3. 죽음으로 말미암아 생명이 오는 하나님의 사랑과 용서의 역설.

예수는 자신의 죽음으로 말미암아 사람들에게 생명의 원천이 되신다는 의미에서 생명의 "주"(Prince)입니다. 그의 죽음은 사망을 죽이는 것이었으며, 그의 외견(外見)적 패배는 그의 참된 승리였습니다.

자신의 죽음으로 말미암아 그는 우리의 죄를 제거합니다.

자신의 죽음으로 말미암아 그는 사망을 폐하십니다.

물리적 사실은 그대로 남아있지만, 그러나 사람들에게 "사망의 쏘는 것"을 만드는 모든 것은 사라집니다. 죽음은 더 이상 황량한 것이 아닙니다. 왜냐하면 그의 사랑하는 자들의 죽음의 때에 그가 그들의 동료가 되시기 때문입니다. 그가 죽으셨기 때문에 말입니다. 죽음의 어둠은 그를 따르는 자들에게 빛으로 변화됩니다. 우리의 삼손이 죽음의 옥문(獄門)을 자신의 강한 어깨에 메고 옮겼습니다. 그가 죽음으로부터 일어났을 때 말입니다. 그는 이렇게 외칩니다. "내가 그들을 스올의 권세에서 속량하며 사망에서 구속하리니 사망아 네 재앙이 어디 있느냐 스올아 네 멸망이 어디 있느냐" (호 13:14).

그는 자신의 죽음으로 말미암아 온 세상에 생명을 뿌립니다.

우리는 요한복음 7장 39절에서 "예수께서 아직 영광을 받지 않으셨으므로 성령이 아직 그들에게 계시지 아니하시더라"라는 말씀을 읽습니다. 여기에서 "영광을 받는다"는 표현을 주목해 보십시오. 요한에게 있어 예수 그리스도가 영광을 받는 것은 심오한 의미에서 그의 십자가와 동의어였습니다. 그의 순전한 육체의 향유 병이 깨어졌을 때, 인성(人性)의 집 전체가 그윽한 향유의 감미로운 향기로 가득 채워졌습니다.

이렇게 하여 죽음으로 말미암아 생명이 오는 '하나님의 사랑과 용서의 위대한 역설'은 복된 실재(實在)가 되었습니다.

14
그 이름의 치료의 능력

"그 이름을 믿으므로 그 이름이 너희가 보고 아는 이 사람을 성하게 하였나니 예수로 말미암아 난 믿음이 너희 모든 사람 앞에서 이같이 완전히 낫게 하였느니라"

행 3:16

베드로는 "이 일을 왜 놀랍게 여기느냐 우리 개인의 권능과 경건으로 이 사람을 걷게 한 것처럼 왜 우리를 주목하느냐"라고 말했습니다(12절). 자신은 단지 다른 이의 능력이 역사(役事)하는 매개체 외에 아무것도 아님을 강력하게 역설하고 있었던 것입니다. 반면 예수 그리스도는 이렇게 말씀하셨습니다. "인자가 세상에서 죄를 사하는 권능이 있는 줄을 너희로 알게 하려 하노라 일어나 네 침상을 가지고 집으로 가라"(마 9:6). 여기에서 예수 그리스도는 자신이 단순한 매개체 훨씬 이상의 존재임을 주장하고 계십니다. 이러한 차이의 이유가 무엇일까요? 한때 모세는 반석을 치면서 이렇게 말한 적이 있었습니다. "반역한 너희여 들으라 우리가 너희를 위하여 이 반석에서 물을 내랴"(민 20:10). 이로 인해 그는 약속의 땅에 들어가지 못하는 형벌을 받았습니다. 그런데 예수 그리스도는 기적을 행할 때마다 대부분 이와 비슷한 어투를 사용하셨습니다. 이러한 차이의 이유가 무엇일까요? 그것은 모세는 "하나님의 온 집에서 종"이었던 반면, 그리스도는 "하나님의 집을 맡은 아들"이었기 때문입니다(히 3:5, 6). 그러한 말은 종에게는 분수에 넘는 말이었지만, 그러나 아들에게는 지극히 자연스럽고 당연할 말이었습니다.

12절의 요지는 기적을 일으키는 능력을 예수 그리스도에게 돌리는 것입니다. 단순히 그가 이 땅에 있을 때 기적을 행했기 때문이 아니라 지금 하늘로부터 그러한 능력을 주고 계시기 때문에 말입니다. 베드로는 단지 그러한 능력이 흐르는 통로였습니다. 본문에서 베드로는 그러한 사실을 다시 한 번 반복하여 강조합니다. 우리는 이로부터 대략 세 가지 정도의 매우 중요한 교훈을 배울 수 있습니다.

1. 첫 번째 교훈은 그 이름의 능력입니다.

베드로가 지금 이야기하고 있는 이름은 단순히 "예수 그리스도"로 발음되는 알파벳 철자들을 늘어놓은 것에 불과한 것이 아닙니다. 고대 동방에서는 이름이 단지 사물을 구별하는 이를테면 상표와 같은 것에 불과한 것이 아니었습니다. 이름은 그것보다 훨씬 더 이상의 것으로 간주되었습니다. 지금 베드로의 말을 듣고 있는 청중들은 이러한 사실을 잘 알고 있었습니다. 구약의 관점에서 어떤 것의 이름은 그것이 가진 두드러진 특징들을 요약하는 것입니다. 이름은 어떤 것에 대한 축약된 설명입니다. 그러므로 구약은 하나님의 "이름"이라는 표현을 "하나님의 어떠하심"과 동등하게 사용합니다. 따라서 후대의 유대 문학에서 — 성경에서도 가끔 이러한 경향이 나타나기는 하지만 — "그 이름"은 공손의 의미로서 하나님 자신과 동의어가 되었습니다. 우리는 신적 호칭과 관련된 이러한 독특한 용례(用例)가 교회에서 예수의 이름에 적용되기 시작한 흔적들을 찾을 수 있습니다. 그러한 흔적들은 이미 오순절 이후 초창기 시대에 나타나기 시작합니다. 예를 들어 사도행전 5장에서 우리는 사도들이 "그 이름을 위하여 능욕받는 일에 합당한 자로 여기심을 기뻐하면서 공회 앞을 떠나는" 것을 읽습니다(41절). 그리고 한참 뒤에 우리는 복음전도자들이 요한에 의해 "그 이름을 위해" 나가는 것으로 묘사되는 것을 발견합니다.

그러므로 그리스도의 이름은 그리스도의 어떠하심을 묘사하며 구체화하는 것입니다. 그 이름은 그의 어떠하심의 총체이며, 그 안에 병을 치료하는 모든 능력이 담겨 있습니다. 이러한 그리스도 즉 성육신하시고, 사시고, 죽으시고, 부활하시고, 승천하신 그리스도의 이름이 그 사람을 성하게 했으며 또 우리를 성하게 할 것입니다. 형제들이여, 그 이름의 작은 파편(破片)들마다 제각각 파편적 능력이 담겨 있다는 사실을 기억하십시오. 어떤 물질 안에 들어있는 약효가 그것이 들어간 가장 작은 알갱이 안에까지도 미치는 것처럼 말입니다. 그리스도의 이름의 작은 파편들에도 능력이 있음으로 인해 하나님께 감사합시다. 그러므로 어떤 사람이 예수 그리스도가 어떤 분이며 무슨 일을 행하셨는지에 대하여 어느 정도의 혹은 어떤 종류의 개념을 가질 때 — 설령 그것이 매우 불완전하며 초보적인 것이라 하더라도 — 그러한 개념은 필연적으로 그를 성하게 하며 치료하는 능력을 가질 것입니다. 그러한 개념의 완전함에 비례하여 말입니다. 그렇지만 그리스도께서 행할 수 있는 모든 것을 실현할 수 있기 위해서는, 사람은 전체적 그리스도를 계시된 그대로 취해야만 합니다.

초대교회는 예수 그리스도를 물고기로 상징화했습니다. 그것은 물고기를 구성하는 헬라어 철자들이 "예수 그리스도는 하나님의 아들이시며 구주시다"의 머리글자가 되기 때문입니다. 예수는 그의 인성(人性)입니다. 그리스도는 계시의 절정이며, 예언의 성취이며, 기름부음 받은 선지자와 제사장과 왕입니다. 하나님의 아들은 그의 신성(神性)입니다. 이 모든 것 즉 그의 인성과 메시야 직분과 신성은 구주라는 마지막 이름 안에서 자신들의 활동영역을 발견합니다. 또 그의 구주되심은 이러한 세 가지 진리 즉 그의 인성과 메시야 직분과 신성 안에서 온전해집니다. 만일 그 이름에 대한 우리의 개념이 이러한 세 가지 진리들을 붙잡지 않는다면, 그는 우리에게 결코 진정한 구주가 될 수 없습니다. "그 이름이 이 사람을 성하게 하였나니."

2. 그 이름의 능력이 어떻게 작동되는지 주목하십시오.

만일 여러분이 본문의 언어를 주의 깊게 살핀다면, 여러분은 베드로가 동일한 것을 두 번 반복해서 언급하는 것을 발견하게 될 것입니다. "그 이름을 믿으므로 그 이름이 이 사람을 성하게 하였나니." 그러고 나서 마치 또 다른 것을 이야기하는 것처럼, 그는 같은 것으로 보이는 이야기를 덧붙입니다. "예수로 말미암아 난 믿음이 너희 모든 사람 앞에서 이같이 완전히 낫게 하였느니라."

상반절에서 "그 이름"과 "사람" 외에는 아무것도 나타나지 않는 것을 주목하십시오. 우리는 여기에서 인간 쪽 사역자(human workers)가 의도적으로 배제되는 것을 보게 됩니다. 여기에서 실제적으로 제시되는 것은 양쪽의 두 당사자뿐입니다. 한쪽 끝에 "그 이름"이 있고, 다른 쪽 끝에 "이 사람을 성하게 하였나니"가 있습니다. 그리고 여기에서 둘 사이의 연결고리는 믿음 즉 사람의 신뢰입니다. 그러나 후반절에 이르면, 우리는 베드로가 바로 앞에서 치유에 있어서의 자신의 모든 공로를 부인했음에도 불구하고 "어떤 사람의 믿음이 그 사람에게 완전한 나음을 주었다는" 개념을 발견합니다. 여기에서 사람의 믿음 즉 기적을 일으키는 사람 혹은 매개체의 믿음이 부차적 의미에서 치유를 가져다주는 것으로 나타난다고 이해하는 것은 내가 볼 때 매우 자연스러운 것으로 여겨집니다 — 일차적 의미에서 치유를 가져다주는 것은 그 이름인 반면 말입니다. 요컨대 베드로의 믿음이 치유를 주었습니다. 그러나 베드로는 단지 믿음으로 말미암아 받은 것을 주었을 뿐입니다. 그러므로 모든 영광은 물에 돌려져야지 그 물을 담은 그릇에 돌려져서는 안 됩니다.

이것이 외견상으로 무의미한 동어반복처럼 보이는 본문의 어법에 대한 정당한 해석이든 그렇지 않든 간에, 어쨌든 지금 나는 그러한 설명 속에 내포된 원리를 간략하게 설명하고자 합니다. 그것은 그 이름에 치유의 능력이 담겨 작동되기 위해서는 이중적 믿음이 있어야만 한다는 사실입니다.

첫째, 치유자 즉 치유의 매개자가 그 이름에 대한 믿음을 가져야만 합니다. 이것은 너무도 자명한 사실입니다. 모든 영역에서 성공적 선각자의 첫 번째 필수불가결한 조건은 자신이 전파하는 것에 대한 열정적 확신입니다. 한 냉소적 정치가는 자신의 정적 가운데 한 사람에 대하여 이렇게 말했습니다. “그는 큰 성공을 거둘 것이다. 왜냐하면 자신이 말한 모든 것을 굳게 믿으니까.” 바로 이것이 다른 사람들로 하여금 우리를 믿게 만드는 결정적 조건입니다. 믿음은 전염성을 가지고 있습니다. 사람들은 다른 사람의 입술로부터 확신의 악센트를 간파합니다. 만일 어떤 사람이 다른 사람들에게 어떤 생각을 역설하고자 한다면, 첫 번째 조건은 그가 스스로를 완전히 잊어야만 한다는 것입니다. 여기의 베드로처럼 그가 “마치 우리가 무엇인가를 하는 것처럼 여러분의 눈을 우리에게 고정시키지 마십시오”라고 말할 때, 사람들의 마음이 그에게로 쏠릴 것입니다. 마치 숲의 나무들이 바람으로 인해 한쪽으로 쏠리는 것처럼 말입니다.

이것은 모든 영역에서 사실이지만, 특별히 신앙의 영역에서는 더욱 그렇습니다. 왜냐하면 신앙의 영역에서 가장 필요한 것은 가르침을 받는 것이 아니라 인상(印象)을 받는 것이기 때문입니다. 우리 대부분은 오직 우리 자신의 삶을 바꾸도록 일깨우기에 필요한 만큼의 확신만을 가지고 있습니다. 그러한 삶을 일깨우는 가장 강력한 방법들 가운데 하나는 그 삶이 일깨워진 사람과 접촉하는 것입니다. 이와 같이 예수 그리스도를 가르치며 전파하는 모든 성공적인 사역자들은 공통적으로 이러한 특징을 가지고 있습니다. 다른 부분에 있어서는 모두 다르다 하더라도 말입니다. 기질이나 분위기가 관점이나 일하는 방식 등에 있어서의 다양한 차이들은 단지 역사(歷史) 이래 계속해서 반복되어온 것일 뿐입니다. 심지어 사도들의 작은 무리 가운데에도 그런 차이들이 있었습니다. 그러한 차이들은 바울을 베드로로부터 그리고 베드로를 야고보로부터 그리고 바울과 베드로와 야고보를 요한으로부터 구별하였습니다. 십자가를 전파하는 위대한 사역자들을 한 자리에 모아 보십시오. 그러면 여러분은 세상이 한 번도 본 적이 없는 저마다 다른 모습을 가진 사람들의 가장 특이한 집합체를 보게 될 것입니다. 그들은 서로 이해하지 못하기도 했으며, 어떤 사람들은 다른 사람들에 대해 심각하게 오해하기도 했습니다. 그러나 그들 모두 안에는 한 가지 특징이 있었는데, 그것은 그 이름의 능력에 대한 불타는 믿음이었습니다. 그러므로 서로간의 차이는 큰 문제가 아니었습니다. 그들 각자는 제각각 주인이 쓰시기에 적합했습니다.

사랑하는 형제들이여, 기독교가 느리게 진보(進步)하며 때로 외견상 실패하는 것처럼 보이기도 하는 이유가 바로 여기에 있습니다. 물론 이것이 유일한 이유는 아니지만 그러나 주된 이유인 것은 분명한 사실입니다. 기독교는 종종 그 복음을 절반만 믿는 혹은 절반은 믿지 않는 교회의 손으로 떨어지곤 했습니다. 형식주의와 의식주의와 성직주의와 그리스도의 사랑의 은택(恩澤)에 대해 별로 기대하지 않는 무기력한 풍조가 그리스도에 대한 사람들 자신의 개인적 믿음과는 별개로 그들에게 올 수 있습니다. 교회는 종종 그 이름을 부름으로 말미암아 위대한 일이 행하여질 수 있다는 기대를 그치곤 했습니다. 나는 지금 어떤 특정한 사람들에게 말하고 있는 것이 아닙니다. 다만 내가 지금 말하고자 하는 것은, 만일 우리의 교회가 각종 의심으로 벌집이 된 그리고 믿음의 능력이 썰물처럼 빠져나간 그와 같은 모습의 교회라면, 그 결과가 무엇이겠느냐는 것입니다. 그러한 교회는 심판 날까지 그 이름을 형식적으로 계속해서 전파할 수 있을 것입니다. 그렇지만 그로 인해 무슨 결과가 나오겠습니까? 스게와의 일곱 아들에게 뛰어오른 악귀가 "내가 예수도 알고 바울도 알거니와 너희는 누구냐"(행 19:15)라고 물었던 것과 똑같은 결과가 나오지 않겠습니까? 여러분은 눈덩이에다가 불을 붙일 수 없습니다. 도시 곳곳을 돌아다니며 포고사항을 알리는 어떤 관원을 생각해 보십시오. 그가 시장(市場)의 한적한 모퉁이로 가서 소근거리는 목소리로 자신의 메시지를 전파한다면, 도대체 누가 그 말을 듣겠습니까? 그렇지만 바로 이것이 오늘날 너무나 많은 이른바 기독교 교사들과 교회들이 "그 이름"을 부르는 방식입니다. 마치 세상의 죄 사함을 구걸하기라도 하는 것처럼 말입니다.

그리고 둘째, 또 다른 당사자의 믿음 역시 똑같이 필요합니다. 치유를 받는 자 역시 믿음을 실행해야 합니다. 여기의 걷지 못하는 자를 생각해 보십시오. 바울이 비슷한 방식으로 보았던 다른 사람들의 경우와 마찬가지로, 그 역시도 고침을 받을 만한 믿음을 가지고 있었습니다. 그는 자신의 다리가 성하게 될 것을 믿었으며, 그리하여 그의 다리는 성하게 되었습니다. 만일 그가 더 많이 믿었다면, 그는 더 많은 것을 얻었을 것입니다. 예수 그리스도가 그의 모든 능력과 함께 여러분 옆에 서 계신다 하더라도 그리고 그리스도의 사역자들이 간절한 마음으로 여러분에게 그를 구주로 영접할 것을 강권한다 하더라도, 그것은 여러분을 위해 충분하지 않습니다. 예수 그리스도는 세상에서 여러분에게 아무런 유익도 되지 못하며 또 앞으로도 그럴 것입니다. 만일 여러분이 그를 개인적으로 믿고 그 믿음이 여러분을 그에게 연결시키지 않는다면 말입니다.

이것은 필연적 사실입니다. 만일 예수 그리스도께서 아무 조건 없이 모든 사람을 구원할 수 있었다면, 그는 기쁘게 그렇게 했을 것입니다. 그러나 그것은 불가능합니다. 그의 사역과 그로 말미암은 축복의 본질은 그것이 결코 가능하지 않음을 분명하게 증언합니다. 어느 누구도 그러한 축복을 받을 수 없습니다. 만일 그가 믿음을 갖지 않는다면 말입니다. 어떤 믿음이겠습니까? 예수 그리스도를 구주로 인정하고 영접하는 것으로부터 시작하여, 의지의 동의(同意)로 나아가고, 마음으로 이어지고, 마침내 본성 전체를 그에게 순복시키는 그런 믿음 말입니다. 도대체 어떻게 진리가 그것을 믿지 않는 어떤 사람에게 선을 행할 수 있단 말입니까? 도대체 어떻게 약이 그것을 먹지 않은 어떤 사람에게 자신의 약효를 가져다줄 수 있단 말입니까? 어떻게 여러분은 자신의 눈을 뜨지 않으면서 볼 것을 기대할 수 있습니까? 어떻게 여러분은 자신의 폐를 신선한 공기로 채우지 않으면서 피가 깨끗해질 것을 기대할 수 있습니까? 여러분의 집에 가스 배관을 하는 것이 도대체 무슨 소용이 있단 말입니까? 그 관을 주된 관과 연결하지 않는다면 말입니다. 만일 여러분의 집의 수도 배관이 수원지와 연결되어 있지 않다면, 어떻게 여러분의 집의 수도꼭지에서 물이 나올 것을 기대할 수 있겠습니까? 사랑하는 친구여, 이러한 예(例)들은 우리에게 개인적 믿음을 가지고 있지 않은 사람들을 그리스도가 도울 수도, 병을 고쳐줄 수도, 구원할 수도 없음을 분명하게 보여줍니다.

3. 그 이름의 능력의 결과를 주목하십시오.

본문에서 베드로는 동일한 결과를 두 번 반복해서 이야기합니다 — "이 사람을 성하게 하였나니" 그리고 "완전히 낫게 하였느니라." 아, 우리는 둘을 나눌 수 있습니다. 그렇지 않습니까? 불화된 심령과 어그러진 의지와 허황된 자아의 질병이 있습니다. 우리는 올바르게 행하기 전에 먼저 이러한 병들을 치료하고 억제할 필요가 있습니다. 그런가 하면 선을 행하기에 무능한 연약함이 있습니다. "내 속 곧 내 육신에 선한 것이 거하지 아니하는 줄을 아노니 원함은 내게 있으나 선을 행하는 것은 없노라"(롬 7:18). 우리는 고침을 받는 것과 마찬가지로 강함을 받을 필요가 있습니다. 이 둘을 행할 수 있는 것은 오직 한 가지밖에 없습니다. 그것은 그리스도의 능력과 그리스도 자신의 생명이 우리의 불결함 속으로 들어와 모든 불순한 것들을 몰아내는 것입니다. 다시 말해서 그것이 우리의 약함 안으로 들어와 강함을 주입(注入)하는 것입니다. 무엇이든 그곳에 들어가면 돌처럼 딱딱하게 되는 어떤 연못을 상상해 보십시오. 이제 그곳에 굳은 줄기가 없음으로 인해 "바람에 흔들리는 갈대"를 던져 보십시오. 그러면 어떻게 되겠습니까? 연못으로부터 딱딱하게 굳어지게 만드는 물이 갈대 속으로 스며들어오지 않겠습니까? 그래서 마침내 갈대는 더 이상 바람에 흔들리지 않는 견고한 갈대가 될 것입니다. 마치 쇠막대기처럼 말입니다. 이와 같이 만일 그리스도가 나의 연약하며 두려워 떠는 본성 속으로 들어오면, 나를 강하게 하는 능력이 또한 나의 존재 속으로 스며들어오게 될 것입니다.

나의 형제들이여, 여러분과 나는 이러한 치유와 강함을 가져다주는 능력을 가장 절실하게 필요로 합니다. 그것을 우리가 어디에서 발견할 것입니까? 두 말할 것도 없이 우리는 항상 그것을 그리스도 안에서 발견할 것입니다.

나아가 예수 그리스도는 절반만 치유하지 않는다는 사실을 주목하십시오 — "이같이 완전히 낫게 하였느니라." 만일 어떤 사람이 그리스도와 연결된 가운데 그의 연약함으로부터 절반만 구원받고 또 그의 죄로부터 절반만 정결케 된다면, 그것은 그리스도의 능력이 불충분하기 때문이 아니라 그의 믿음에 결함이 있기 때문입니다.

그리스도의 치유는 주위에 있는 모든 사람들에게 나타나야 합니다. 한 사람의 증언만으로는 충분하지 않습니다. 베드로는 구경꾼들에게 호소합니다. "너희는 그가 수년 동안 이 자리에 앉아 구걸해온 것을 아는도다. 그런데 이제 너희는 그가 걷기도 하고 뛰기도 하며 하나님을 찬송하는 것을 보는도다. 그는 지금 고침을 받은 것인가, 그렇지 않은 것인가?" 우리 역시도 우리가 고침과 강함을 받은 사실을 주위 사람들에게 드러낼 필요가 있습니다. 예수 그리스도의 능력이 우리 안으로 들어와 지금의 우리를 만들었음을 세상이 증언하는 것은 우리에게 있어 얼마나 좋은 일입니까!

그러므로 사랑하는 친구들이여, 이 모든 것을 여러분의 마음에 깊이 새기십시오. 그리스도의 은사는 우리를 연약함과 질병과 무능함의 모든 악으로부터 건져내기에 충분합니다. 또 그것은 우리를 영적이며 쇠하지 않는 강함의 모든 은사들로 옷 입히기에 충분합니다. 그러나 그리스도께서 주시는 것의 한계는 무궁무진한 부요인 반면, 여러분이 소유하는 것의 한계는 여러분 자신의 믿음입니다. 빗방울은 바위 위에나 밭고랑 위에나 똑같이 떨어집니다. 그러나 바위 위에 떨어진 빗방울은 아무런 유익도 끼치지 못하고 아무런 축복도 남기지 못한 채 강으로 흘러들어갑니다. 반면 밭고랑에 떨어진 빗방울은 흙 속에 잠자고 있던 모든 씨앗들을 깨우며 마침내 아름다운 꽃과 풍성한 열매를 맺게 합니다. 우리 모두는 바위든지 아니면 밭고랑입니다. 그리고 우리가 어느 쪽인가 하는 것은 그리스도에 대한 우리의 믿음의 실재(實在)와 견고함과 강함에 달려 있습니다. 우리의 믿음이 실제적이며 견고하며 강할 때, 우리에게 아름다운 꽃과 풍성한 열매가 맺힐 것입니다. 이와 관련하여 예수 그리스도는 "네 믿음대로 될지어다"라고 말씀하셨습니다.

15
여호와의 종

"하나님이 그 종을 세워 복 주시려고 너희에게 먼저 보내사 너희로 하여금 돌이켜 각각 그 악함을 버리게 하셨느니라"

행 3:26

성전 뜰에서 놀란 군중들에게 행한 베드로의 담대한 설교는 위와 같은 말씀과 함께 끝났습니다. 그리고 그의 곁에는 그의 동료 요한과 고침을 받은 자가 함께 있었습니다. 그의 말을 언뜻 보기만 해도 우리는 그것이 매우 이례적으로 거침없이 쏟아낸 말이라는 것을 알 수 있습니다. 그는 청중들에게 그리스도를 죽인 죄책을 지우며, 그의 메시야 되심을 단호하게 선포하며, 그의 부활과 승천을 증언하며, 그가 옛 계시의 종결이며 성취임을 역설하며, 모두에게 그가 가져다주는 위대한 축복들을 제시합니다. 이러한 불같은 설교는 불과 몇 주 전에 극심한 두려움 가운데 한 여종 앞에서 "나는 그 사람을 알지 못하노라"라고 맹세했던 바로 그 입술로부터 나왔습니다(마 26:72).

서론 격으로 한두 가지만 살펴보도록 합시다. "너희에게 첫 번째로"라는 표현을 주목해 보십시오(unto you first, 한글개역개정판에는 "너희에게 먼저"라고 되어 있음 — 역주). 여기에서 "첫 번째로"는 두 번째로(second)를 암시합니다. 이와 같이 베드로는 메시야가 오직 자신들에게만 속한다는 유대인들의 편협한 믿음을 깨끗이 털어버렸습니다. 그는 이미 하나님의 나라가 이방인들에게 옮겨질 가능성을 생각하기 시작하고 있었습니다. 또 "하나님이 그의 아들 예수를 세워"라는 표현을 주목해 보십시오(KJV, God having raised up His Son Jesus; 한글개역개정판에는 "하나님이 그 종을 세워"라고 되어 있음 — 역주). 이러한 표현은 부활의 사실과 관련되지 않습니다. 다만 앞에서 사용된 것과 동일한 의미로 사용된 것일 뿐입니다. 베드로는 바로 앞에서 모세가 선포한 것을 인용했습니다. "주 하나님이 너희를 위하여 너희 형제 가운데서 나 같은 선지자 하나를 세울 것이니"(22절). 그러므로 그것은 그리스도의 부활을 이야기하는 것이 아니라, 그가 자신의 직분을 위해 구비(具備)되고 임명된 것을 이야기하는 것입니다. 또 흠정역(KJV)의 "그의 아들 예수"라는 표현을 개정역(RV)은 좀 더 정확하게 "그의 종 예수"로 번역합니다. 뒤에서 이러한 번역에 대해 좀 더 이야기하게 될 것입니다. 다만 지금은 그러한 사실을 그냥 지적하는 것으로만 지나가고자 합니다. 이제 본문과 관련하여 몇 가지 주목할 만한 것들을 살펴보도록 합시다.

1. 첫째, 베드로 안에서 나타나는 특별한 변화를 주목하십시오.

나는 이미 앞에서 그의 겁약(怯弱)한 모습을 짤막하게 언급했습니다. 겁쟁이로부터 영웅으로의 이러한 변화는 베드로에게서 뿐만 아니라 그의 모든 형제들에게서도 똑같이 나타났습니다. 마태복음 26장 56절에서 우리는 "제자들이 다 예수를 버리고 도망하니라"라는 말씀을 읽습니다. 그런데 얼마 지나지 않아 우리는 "그들이 그 이름을 위하여 능욕 받는 일에 합당한 자로 여기심을 기뻐하면서 공회 앞을 떠나니라"라는 말씀을 읽게 됩니다(행 5:41). 도대체 무엇이 그들을 이렇게 변화시켰습니까?

그런가 하면 갑작스럽게 일어난 또 하나의 변화가 있었는데, 이것 역시 하나의 가설(假說) 외에는 그 어떤 것으로도 설명이 되지 않습니다. 그리스도의 생애 전체를 통해 제자들은 그의 가르침의 가장 높은 측면들을 이해하는 데 매우 느렸습니다. 그들은 "세상적 나라를 세우기 위해 오는 자로서의 메시야"라는 바리새적이며 유대적 편협한 개념에 사로잡혀 있었습니다. 그런데 지금 베드로와 그의 동료들은 돌연 이러한 초보적이며 편협한 개념으로부터 유대인이 메시야의 축복과 관련한 배타적 소유권을 가지고 있지 않다는 새로운 개념으로 도약했습니다. 그들에게 있어 메시야의 축복은 더 이상 외적 나라에 놓여 있는 것이 아니라, 일차적으로 "너희로 하여금 돌이켜 각각 그 악함을 버리는 데" 놓여 있었습니다. 얼마 전까지만 해도 사도들은 초보적이며, 저급하며, 육신적 수준 위에 서 있었습니다. 그런데 불과 몇 주 후 그들은 그리스도의 사명의 가장 영적이며 높은 측면을 느끼고 있었습니다. 도대체 무엇이 그들을 그렇게 변화시켰습니까?

그 사이에 무슨 일인가 일어났으며, 그 일이 한 순간에 그들을 변화시킨 것이었습니다. 그리스도를 따랐던 지난 삼 년 동안의 변화보다도 그 한 순간의 변화가 훨씬 더 컸습니다. 그것이 무엇이었습니까? 어째서 그들은 십자가 사건이 있은 이후 엠마오로 가던 두 제자가 다음과 같이 말할 때의 그들의 마음 상태를 계속해서 유지하지 않았습니까? "우리는 이 사람이 이스라엘을 속량할 자라고 바랐노라. 그러나 이제 다 끝났도다"(눅 24:21). 그들의 믿음과 소망은 산산조각 났습니다. 그들에게 더 이상 어떤 소망도 남아 있지 않았습니다. 그런데 도대체 무엇이 그들을 그와 같은 낙망의 수렁으로부터 건져냈습니까?

그들의 이와 같은 갑작스런 변화의 심리학적 사실들을 도대체 어떻게 설명할 수 있을까요? 그들은 두려움 가운데 벌벌 떨던 겁쟁이로부터 죽음의 위협 앞에서도 조금도 뒷걸음치지 않는 영웅으로 변화되었습니다. 이러한 갑작스런 변화는 그들의 주님의 부활과 승천과 오순절을 배제하고는 결코 설명될 수 없습니다. 내가 볼 때 부활을 믿지 않는 자들은 기적을 피하기 위해 불가능한 것을 받아들이는 것 같습니다. 하지만 나는 아무 이유 없는 갑작스런 변화를 믿느니 차라리 기적을 믿을 것입니다. 사도들은 만일 신약이 단언하는 그리스도의 부활과 승천의 사실이 없었다면 필연적으로 취했을 태도와 정확히 반대되는 태도를 취했습니다.

어째서 교회는 세례 요한의 제자들의 운명을 공유(共有)하지 않았을까요? 그들은 헤롯이 그들의 지도자의 머리를 베자 목자 없는 양처럼 흩어지고 말지 않았습니까? 어째서 교회는 드다를 따르던 자들의 운명을 공유하지 않았을까요? "이 전에 드다가 일어나 스스로 선전하매 사람이 약 사백 명이나 따르더니 그가 죽임을 당하매 따르던 모든 사람들이 흩어져 없어졌고"(행 5:36). 어째서 예수 그리스도의 제자들은 그들과 정확하게 정반대의 행동을 취했을까요? 그들의 그와 같은 행동은 그들이 그리스도의 부활을 목격하고 그가 승천하면서 쉐키나의 구름 속으로 들어가는 것을 보았다는 가설을 제외하고는 결코 설명될 수 없습니다. 본문에 나타나는 베드로의 변화는 나에게 정말로 기괴하며 설명할 수 없는 현상으로 보일 것입니다. 만일 그가 부활하신 주님을 보고 그의 승천을 목격하며 오순절 날 불같은 성령에 의해 사로잡히지 않았다면, 그래서 "연약한 가운데서 강하게 되지" 않았다면, 그리하여 그리스도 안에서 어린아이로부터 장성한 자로 변화되지 않았다면 말입니다(히 11:34).

2. 둘째, 본문에 나타나는 그리스도에 대한 주목할 만한 관점을 보십시오.

서두에서 나는 "아들"로 번역된 단어는 실제로 "종"으로 훨씬 더 정확하게 번역될 수 있음을 지적했습니다. 그 단어는 문자적으로 "아이"(child) 혹은 "소년"(boy)을 의미합니다. 종을 아이 혹은 소년으로 부르는 것은 당시 흔한 일이었던 것으로 보입니다. 오늘날 우리 영어권에서도 흔히 그렇게 쓰이는 것처럼 말입니다. 복음서에 등장하는 백부장도 우리 주님께 와서 자신의 하인을 고쳐달라고 부탁할 때 그 하인을 "소년"(boy)이라고 부릅니다. 그리고 흠정역 성경은 거기에서 그 단어를 "종"(servant)으로 올바르게 번역합니다.

나아가 그러한 호칭은 구약의 "여호와의 종"이라는 유명한 표현을 헬라어로 번역할 때 계속해서 사용되었던 표현입니다. 특별히 여호와의 종이라는 호칭은 이사야서의 두 번째 부분의 가장 두드러진 특징입니다. 따라서 마태복음에서 이사야의 예언이 인용될 때, 우리는 여기의 본문의 표현이 거기에서도 똑같이 사용되는 것을 발견하게 됩니다. "보라 내가 택한 종 곧 내 마음에 기뻐하는 바 내가 사랑하는 자로다"(12:18).

예수 그리스도를 하나님의 종으로 부르는 것은 기독교 교리의 발전과 관련한 현재의 단계에서 그리고 지금의 베드로의 개념 속에서 매우 자연스러운 것이었던 것으로 보입니다. 왜냐하면 여기의 설교에서 그러한 호칭이 두 번 사용되기 때문입니다. 13절의 "우리 조상의 하나님이 그의 종 예수를 영화롭게 하셨느니라"는 말씀 속에서 한 번 사용되고, 오늘의 본문에서 또 한 번 사용됩니다. 계속해서 우리는 그러한 표현이 다음 장에서 두 번 또 다시 사용되는 것을 발견합니다. 그것은 베드로가 이방인과 유대인이 합세하여 "거룩한 종 예수"를 거슬렀음을 말하면서, "표적과 기사가 거룩한 종 예수의 이름으로" 이루어지게 해달라고 형제들과 함께 기도를 올리는 가운데 나타납니다(27, 30절). 그러므로 우리는 "여호와의 종"으로서의 예수의 개념이 초창기 교회에서 매우 특별한 의미를 가지고 있었다고 추측할 수 있습니다. 그리고 이러한 호칭이 신약에서 또 다시 나타나지 않는 사실은 '하나님에 대한 예수의 관계'와 관련하여 제자들이 여기의 인식으로부터 한 단계 더 깊은 인식으로 나아갔음을 보여주는 것으로 보입니다.

어쨌든 여기에서 베드로는 이사야의 위대한 예언에 등장하는 신비하며 모호한 인물을 되돌아봅니다. 그러면서 그는 그러한 예언의 화폭(畵幅)에 그려진 얼굴을 조금씩 바라보면서 두려움과 놀람으로 부르르 떱니다. 왜냐하면 그 얼굴은 그가 3년 동안 바라보았던 바로 그 얼굴이었기 때문입니다.

"여호와의 종" — 이것은 무엇보다도 그리스도가 그의 모든 행동 가운데 아버지의 뜻을 온전히 순종했음을 의미합니다. 그 자신이 "내가 하늘에서 내려온 것은 내 뜻을 행하려 함이 아니요 나를 보내신 이의 뜻을 행하려 함이니라"라고 말씀하신 것처럼 말입니다(요 6:38). 그렇지만 "여호와의 종"이라는 호칭은 우리를 훨씬 그 이상으로 데려갑니다. 그것은 유대 예언의 핵심이 그리스도라는 인물의 나타남이라는 분명한 인식입니다. 오늘날 사람들은 영감(靈感)의 본질과 한계에 대해 논의한다든지 혹은 구약의 책들이 어떻게 기원했으며 또 어떻게 정경(正經)으로 모아지게 되었는지 등에 대해 검토하기를 좋아합니다. 그러나 우리는 이러한 종류의 논의들이 사람들의 마음속에서 이스라엘의 하나님의 계시와 관련한 위대한 핵심 진리 즉 "그것은 점진적 계시로서 그 목적지가 예수 그리스도"라는 진리를 어느 정도 모호하게 만드는 경향이 있다는 사실을 유념할 필요가 있습니다. "예수의 증언은 예언의 영이라"(계 19:10). 물론 나는 구약의 책들의 구성과 구조와 저작권과 연대 등을 연구함으로써 매우 많은 것을 배울 수 있다고 생각합니다. 그럼에도 불구하고 나는 구약 전체가 예수 그리스도의 초점 안으로 모아진다는 사실을 인식하는 무식한 사람이 구약과 관련하여 매우 많은 것을 알면서도 정작 그 모든 것이 "호산나 찬송하리로다 주의 이름으로 오시는 이여"라는 외침의 주인공을 향하고 있는 사실을 보지 못하는 가장 유식한 학자들보다 구약의 핵심에 훨씬 더 가까이 다가간다고 굳게 믿습니다.

그러므로 형제들이여, 나는 여호와의 종 그리스도 예수의 오심을 선포하는 것이 구약 계시의 중심적 진리라는 사실을 여러분 모두가 깊이 인식하기를 바랍니다.

3. 마지막으로, 여기에서 그리스도의 사역의 진정한 핵심을 제시하는 말씀을 주목하십시오.

"하나님이 그 종을 세워 복 주시려고 너희에게 먼저 보내사 너희로 하여금 돌이켜 각각 그 악함을 버리게 하셨느니라." 나는 앞에서 우리 주님의 지상 생애 동안 제자들을 찢어놓았던 메시야의 사역과 관련한 편협하며 육신적 인식에 대해 이야기했습니다. 그것은 심지어 최후의 만찬이 행해졌던 다락방의 엄숙한 분위기마저 망쳐 놓았습니다. 그들은 주님이 보좌에 오를 때 메시야의 나라에서 누가 더 높은 자리를 차지할 것인가를 두고 서로 다투었습니다. 그러나 여기에서 베드로는 그와 같은 모든 잘못된 생각을 깨끗이 털어버렸습니다. 그러면서 그리스도께서 가져오시는 축복이 전적으로 영적이며 내적 성격의 것이라는 개념과 또 그것이 각자의 영혼으로 하여금 악을 사랑하며 행하는 것으로부터 돌이키게 하는 것으로 이루어지는 것이라는 개념을 붙잡았습니다. 바로 이것이 그리스도의 참된 사역입니다.

베드로는 그 일이 어떻게 이루어지느냐 하는 것까지는 나아가지 않습니다. 그렇지만 우리는 그 일이 어떻게 이루어지는지 압니다. 예수는 그의 사랑의 자력(磁力)과 십자가의 감화력으로 말미암아 사람들을 죄로부터 돌이킵니다. 그는 그들을 자기에게로 돌이킵니다. 그는 우리에게 새 마음의 폭발적 능력을 주심으로써 우리를 악함으로부터 돌이킵니다. 그러한 새 마음은 마치 거대한 강처럼 온갖 더러운 것들로 가득 찬 우리의 심령 안으로 들어와 그 강물로 모든 더러운 것들을 씻어냅니다. 또 그는 자신의 새 생명을 주심으로 말미암아 사람들을 악함으로부터 돌이킵니다.

번개와 관련한 옛 미신이 있습니다. 번개가 어떤 것에 떨어질 때, 그것은 번개가 임한 쪽 방향을 향하도록 돌이켜진다는 미신입니다. 예컨대 번개가 수많은 잎들로 무성한 어떤 나무에 떨어졌다고 상상해 보십시오. 그러면 그 나무의 모든 잎들은 일제히 번개가 임한 쪽 방향을 가리킨다는 것입니다.

이와 같이 예수 그리스도가 우리의 악을 죽이면서 동시에 우리를 소생시키는 번갯불을 보낼 때, 그는 우리를 악함으로부터 돌이켜 그에게로 향하게 만듭니다. "그리스도여 우리를 돌이키소서. 그러면 우리가 돌이켜질 것이나이다."

아, 형제들이여! 우리가 가장 필요로 하는 축복이 바로 이러한 축복입니다. 왜냐하면 "악함"은 보편적이기 때문입니다. 사람이 자신의 죄에 묶여 있는 동안, 그 죄는 모든 단 것을 쓰게 만들고 모든 축복을 중화(中和)시킬 것입니다. 사람들의 가장 깊은 상처를 치료하는 것은 더 나은 문화나 교육이나 혹은 교양이 아닙니다. 또 사람들의 비참과 불만족을 잠재우는 것은 새로운 사회 질서가 아닙니다. 여러분은 자신이 원하는 대로 재화(財貨)를 공정하게 분배하고자 여러 가지 경제적 혹은 사회적 장치들을 적용해볼 수 있을 것입니다. 그러나 사람이 계속해서 자기중심적이며 죄를 향하는 한, 어떤 사회 질서도 결국에는 사망으로 끝날 것입니다. "욕심이 잉태한즉 죄를 낳고 죄가 장성한즉 사망을 낳느니라"(약 1:15). 여러분은 이 모든 것보다 더 깊은 곳으로 들어가야 합니다. 여기의 설교에서 베드로가 들어가는 깊은 곳까지 말입니다. 또 여러분은 그리스도의 주된 축복이 사람들을 악함으로부터 돌이키는 것이라는 사실을 인식해야 합니다. 그러고 난 연후에야 비로소 다른 선한 것들이 따를 것입니다.

'위대한 사회개혁자로서의 예수'라는 오늘날의 개념은 얼마나 얕고 천박합니까? 물론 그것은 사실입니다. 그러나 거기에는 기초가 결핍되어 있습니다. 그 기초는 예수가 사람들을 죄로부터 구원하는 구속자라는 사실 위에 놓여 있습니다. 그리스도의 생애 동안 그의 가르침에 아무런 감동도 받지 않았던 사람들이 있었습니다. 그러나 그가 기적의 방법으로 떡을 주었을 때, 그들은 이렇게 말했습니다. "이는 진실로 그 선지자라. 그는 나의 돈을 위한 선지자라. 그는 떡을 만들 수 있고 또 우리의 물질적 생활을 책임질 수 있는 자라." 오늘날 그리스도의 사역과 관련하여 그를 일차적으로 세상의 물질적이며 사회적이며 경제적 문제를 해결하는 자로서 간주하는 일련의 개념들은 여기의 옛 유대인들이 가졌던 개념과 같지 않습니까?

물론 나는 예수 그리스도가 분명 그와 같은 일들을 행한다고 믿습니다. 나는 그리스도의 원리들이 사회를 변혁시킬 것이라고 믿습니다. 그러나 그러한 것들은 단지 결과물일 뿐입니다. 만일 우리가 결과물에 선행하는 것은 전파하지 않고 단지 결과물만을 전파한다면, 나는 우리가 잘못된 냄새를 쫓아가는 사냥개와 같다고 굳게 확신합니다. 마침내 우리는 혼란과 실망의 늪에 빠지고 말 것입니다.

프랑스혁명 때 사람들은 종종 예수 그리스도를 '좋은 혁명당원'(the Good *Sansculotte*)으로 말하곤 했습니다. 그것은 사실입니다. 그러나 그와 관련한 모든 표현들의 기초로서, 우리는 그를 "각 사람을 그들의 죄로부터 구원하는 구주"로서 전파해야만 합니다.

사랑하는 형제들이여, 예수 그리스도가 여러분을 구원했습니까? 그에 대한 여러분의 개념은 그의 사역이 시작된 곳에서 시작됩니까? 여러분은 자신에게 가장 필요한 것이 문화나 혹은 어떤 피상적이며 외적 변화가 아니라는 사실을 느낍니까? 여러분은 자신에게 가장 필요한 것이 모든 죄의 중심인 내적으로 깊이 뿌리박힌 완악한 자아를 다루는 것이라는 사실을 인식합니까? 여러분은 죄인으로서 홀로 그에게 나아갔습니까? 베드로가 여기에서 암시하는 것처럼, 예수 그리스도는 집단적으로 구원하지 않습니다. 의사는 환자들을 한 사람씩 진료실로 들어오게 합니다. 그리스도의 은택(恩澤)은 집단적으로 적용되지 않습니다. 클로비스(Clovis)가 자신의 프랑크 백성들을 집단적으로 개종시켰던 것과는 달리 말입니다. 그렇게 하는 대신 여러분은 각각 그리스도에게 나아가, 각각 죄를 고백하고, 각각 죄 사함을 받고, 각각 자신의 악함으로부터 돌이켜야 합니다. "하나님이 그 종을 세워 복 주시려고 너희에게 먼저 보내사 너희로 하여금 돌이켜 각각 그 악함을 버리게 하셨느니라."

16
첫 번째 폭풍

"1 사도들이 백성에게 말할 때에 제사장들과 성전 맡은 자와 사두개인들이 이르러 2
예수 안에 죽은 자의 부활이 있다고 백성을 가르치고 전함을 싫어하여 3 그들을 잡
으매 날이 이미 저물었으므로 이튿날까지 가두었으나 4 말씀을 들은 사람 중에 믿
는 자가 많으니 남자의 수가 약 오천이나 되었더라 5 이튿날 관리들과 장로들과 서
기관들이 예루살렘에 모였는데 6 대제사장 안나스와 가야바와 요한과 알렉산더와
및 대제사장의 문중이 다 참여하여 7 사도들을 가운데 세우고 묻되 너희가 무슨 권
세와 누구의 이름으로 이 일을 행하였느냐 8 이에 베드로가 성령이 충만하여 이르
되 백성의 관리들과 장로들아 9 만일 병자에게 행한 착한 일에 대하여 이 사람이 어
떻게 구원을 받았느냐고 오늘 우리에게 질문한다면 10 너희와 모든 이스라엘 백성
들은 알라 너희가 십자가에 못 박고 하나님이 죽은 자 가운데서 살리신 나사렛 예
수 그리스도의 이름으로 이 사람이 건강하게 되어 너희 앞에 섰느니라 11 이 예수는
너희 건축자들의 버린 돌로서 집 모퉁이의 머릿돌이 되었느니라 12 다른 이로써는
구원을 받을 수 없나니 천하 사람 중에 구원을 받을 만한 다른 이름을 우리에게 주
신 일이 없음이라 하였더라 13 그들이 베드로와 요한이 담대하게 말함을 보고 그들
을 본래 학문 없는 범인으로 알았다가 이상히 여기며 또 전에 예수와 함께 있던 줄
도 알고 14 또 병 나은 사람이 그들과 함께 서 있는 것을 보고 비난할 말이 없는지라"

행 4:1-14

지금까지 유대 지도자들은 제자들을 그냥 내버려두었습니다. 아마도 그것은 그들이 오순절과 이어지는 교회의 성장에 별로 관심을 기울이지 않았기 때문이든지, 아니면 새로운 종파를 무시하는 것이 그것을 종식시키는 가장 좋은 방법이라고 생각했기 때문일 것입니다. 그러나 예수의 제자들이 솔로몬 행각에서 열정적으로 그들의 교리를 전파하며 그로 인해 많은 사람들의 마음이 움직이는 것을 발견했을 때, 유대 지도자들은 이제야말로 그들을 칠 때라는 사실을 깨닫게 되었습니다.

오늘 본문은 기독교 신앙이 적대적 권세와 첫 번째로 충돌하는 이야기를 묘사하는 가운데 모든 세대에 그러한 충돌의 결과를 마치 거울로 보는 것처럼 보여줍니다.

여기의 핍박자들의 동기(動機)와 관련하여 우리는 그들을 세 부류로 나누어 분석해 볼 수 있습니다. 제사장들과 성전 맡은 자는 베드로와 요한이 사람들을 가르치는 바로 그 사실로 말미암아 격분했을 것입니다. 왜냐하면 제사장들은 백성을 가르치는 것을 자신들만의 고유한 특권으로 여겼기 때문입니다. 또 공적 질서를 유지할 책임이 있었던 성전 맡은 자에게 있어 만에 하나 폭동이라도 일어난다면, 그것은 매우 심각한 일이 될 것이었습니다. 한편 사두개인들은 그들이 가르치는 내용에 대해 분개했습니다. 왜냐하면 자신들이 부인하는 죽은 자의 부활이 예수 안에서 일어났다고 그들이 확언했기 때문입니다.

복음서에서의 사두개인들의 위치와 바리새인들의 위치는 사도행전에서 정반대로 역전됩니다. 공생애 기간 동안 끊임없이 우리 주님을 대적한 자들은 바로 바리새인들이었습니다. 그리고 주님의 가장 엄중한 경고 역시 바로 그들에게 떨어졌습니다. 그러나 부활 이후 교회를 대적하는 일에 앞장 선 사람들은 사두개인들이었습니다. 도리어 바리새인 가운데 일부 사람들은 새로운 믿음으로 기울어지기까지 했습니다. 예컨대 가말리엘이나 나중의 바울 같은 경우 말입니다. 그러한 차이를 만들어낸 것은 "부활" 즉 제자들이 처음부터 선포한 그리스도의 부활이었습니다. 그러나 예수가 정말로 부활했는지 물으며 그 증거를 검토하는 것은 그들에게 있어 나중 문제였습니다. 왜냐하면 당장 예수의 제자들의 공공연한 활동이 그들의 영향력과 그들이 소중히 여기는 신앙을 위협했기 때문입니다. 그리하여 모든 세대의 박해자들과 마찬가지로 그들은 중요한 질문 즉 "그들이 전파하는 것이 사실인가 아니면 거짓인가?"에 대하여는 눈을 감고 그들에게 손을 대는 보다 더 쉬운 방법을 채택했습니다.

그리하여 베드로와 요한은 잡혀 옥에 갇혔으며, 그럼으로써 그들은 그리스도를 위해 결박되고 옥에 갇히는 시련을 당한 그리고 그렇게 하여 자유를 발견한 수많은 사람들 가운데 최초의 사람들이 되었습니다. 그들의 믿음이 얼마나 위대한 믿음이었나 하는 것과 교회의 진보(進步)와 비교할 때 그 사역자들의 운명이 얼마나 부차적가 하는 것이 그날 교회의 수가 크게 증가했음을 언급하는 4절에 표현됩니다. 두 사도가 옥에 갇힌 것은 아무것도 아니었습니다. 왜냐하면 그로 말미암아 오천 명의 사람들이 그리스도 안에서 기뻐하게 되었기 때문입니다.

두 사도를 체포한 것은 제사장들과 성전 맡은 자와 사두개인들이 산헤드린이나 혹은 대제사장의 허락을 받지 않고 임의적으로 행한 것으로 보입니다. 그러나 두 사도를 체포했을 때 아마도 그들은 이 문제를 어떻게 처리해야 할지 잘 알지 못했고 그리하여 산헤드린을 소집할 수 있는 권세를 가진 사람들을 움직였던 것 같습니다. 그리하여 다음 날 아침 급하게 산헤드린이 소집되었습니다. "관리들과 장로들과 서기관들"은 산헤드린을 구성하는 회원이었습니다(5절). 그리고 예수를 재판했던 두 명의 "대제사장들"이 자신들을 돕는 수종자(隨從者)들과 함께 거기에 참여했습니다(6절). 안나스는 은퇴한 대제사장이었습니다. 그러나 그의 연륜과 현직 대제사장인 가야바와의 관계로 인해 — 그는 가야바의 장인이었습니다 — 여전히 그는 상당한 영향력을 가지고 있었습니다. 그는 공적으로 은퇴했음에도 불구하고 여전히 대제사장이라는 호칭을 유지하고 있었습니다. 오늘날 은퇴한 목사에 대하여 통상적으로 여전히 같은 호칭으로 부르는 것처럼 말입니다.

지금의 재판정은 예수를 정죄했던 재판정과 실제적으로 동일한 재판정이었습니다. 아마도 지금 그들은 그때 모였던 바로 그 장소에 모였을 것입니다. 그리하여 베드로와 요한은 예전에 자신들이 그곳에 있었던 때와 그때 죄인의 자리에 서 있었던 자를 — 지금은 그들이 그 자리에 서 있지만 — 떠올렸을 것입니다.

산헤드린은 일을 어떻게 진행시켜야 할지 알지 못한 채 잠깐 동안 갈팡질팡했던 것으로 보입니다. 사도들은 솔로몬 행각에서 사람들을 가르친 것으로 인해 붙잡혔지만, 그러나 지금 그들은 걷지 못하던 자를 걷게 한 기적에 대해 심문을 받고 있습니다. 성전에서 가르친 것은 죄가 아니었지만, 그러나 여호와가 아닌 다른 이름으로 기적을 행한 것은 죄가 될 수 있었습니다. 그것은 신성모독과 가까운 것이 되든지 혹은 다른 신들에게 경배한 것이 될 수 있었습니다. 산헤드린은 자신들의 심문에 대해 그들이 무엇이라고 대답할지 알고 있었습니다. 그리하여 그들은 자신들이 원하는 대답이 가능하면 빨리 나오기를 바랐을 것입니다. 그러면 그들은 또 다시 "옷을 찢으며" 예전에 했던 말을 다시금 반복할 수 있을 것이었습니다. "그들이 신성 모독 하는 말을 하였으니 어찌 더 증인을 요구하리요 보라 너희가 지금 이 신성 모독 하는 말을 들었도다"(마 26:65). 그러나 일은 그들이 기대하는 대로 진행되지 않았습니다. 그들은 "너희가 무슨 권세와 누구의 이름으로 이 일을 행하였느냐?"라는 매우 교활한 그리고 계산된 질문을 던졌습니다(7절). 이것은 기적의 실재(實在)에 대해 묻는 것이 아니었습니다. 도리어 그 안에는 오만한 경멸이 들어 있었습니다. 걷지 못하던 자가 걷게 된 기적에 대해 "이 일"이라고 표현한 것이나, 특별히 "너희"(ye)라는 호칭이 그러했습니다. 그러한 호칭 안에는 "너희 따위의 무식한 어부들이"라는 의미가 함축되어 있었습니다.

예전에 베드로가 이곳에 있었을 때를 생각해 보십시오. 그때 그는 한 여종 앞에서조차 부들부들 떨며 자기 주님을 부인했습니다. 그러나 지금 그는 조금의 두려움도 없이 유대의 모든 권세자들 앞에 당당하게 섭니다. 두려움 가운데 예수를 부인하던 겁쟁이로부터 당당하게 그를 고백하는 영웅으로의 이러한 변화는 도대체 어디로부터 온 것입니까? 도대체 누가 그를 그렇게 변화시켰습니까? 그에 대해 본문이 대답해 줍니다. "베드로가 성령에 충만하여"(8절). 오순절로부터 시작된 성령의 영속적 소유는 특별한 필요를 위한 특별한 영감(靈感)을 가로막지 않습니다. 헬라어 본문은 이 중요한 순간 성령이 일시적으로 강력하게 임했음을 암시합니다.

여기에 나타나는 베드로의 평온함을 주목해 보십시오. 그의 예전의 모습과 얼마나 다릅니까! 그는 공회의 합법적 권위를 인정함과 함께 시작합니다. 그리고 다소간 빈정거리는 말투로 그들의 질문 속에 표현된 "이 일"에 대해 분명하게 이야기합니다. 그것은 "병자에게 행한 선한 일"이었으며, 그 일 때문에 그와 요한이 거기에 서 있는 것이었습니다(9절, 한글개역개정판에는 "착한 일"로 되어 있음 — 역주). 그들을 그 자리에 세운 죄목(罪目)은 얼마나 이상한 죄목입니까! 그토록 "선한" 일을 행한 능력은 마땅히 "선한" 능력이 아닙니까! 사람이 가시로부터 포도를 딸 것입니까? 이때 이래로 기독교는 영혼과 육체에 선한 일을 행한 것으로 인해 너무나 자주 참소와 정죄를 당하곤 했습니다.

그러나 베드로는 한 걸음 더 나아가 산헤드린의 질문에 대해 주의 이름을 선포하는 것으로 대답합니다(10절). 그는 앞에서 이스라엘이 예수를 다룬 것과 하나님이 그를 다룬 것을 대조했는데, 사실상 여기에서 그것을 또다시 반복합니다. 그러나 그들에게 말할 때, 베드로는 백성들에게 말할 때보다 훨씬 더 통렬하게 말합니다. 오순절 날과 성전 뜰에서 백성들을 책망할 때는 그들이 예수를 십자가에 못 박았노라고 말했지만, 그러나 지금 권세자들을 책망할 때는 그들이 그리스도를 십자가에 못 박았노라고 말합니다. 그들은 마땅히 베드로의 주장을 검토하며 메시야를 맞아 들여야만 했습니다. 어쨌든 산헤드린과 백성 모두에게 죄책이 있었지만, 그러나 산헤드린의 죄책이 훨씬 더 크고 무거웠습니다.

나아가 여기에서 베드로가 담대하게 사두개인들에게 가장 큰 걸림돌인 부활을 선포하는 것을 주목하십시오. 그들에게 있어 베드로를 잠잠케 하는 일은 얼마나 쉬운 일이었겠습니까? 만일 그들이 아무런 일도 일어나지 않은 온전한 무덤을 제시할 수 있었다면 말입니다. 그렇게 하면 새로운 종파는 그 순간 끝날 것이었습니다. 그러면 그렇게 하지 않은 이유는 무엇이었습니까? 그렇게 하지 않은 이유는 그렇게 될 수 없었던 이유와 동일한 이유가 아니었습니까?

지금까지 베드로는 산헤드린이 제기한 법적 심문에 대해 어느 정도 그들이 기대한 대로 대답했습니다. 이제는 안나스와 다른 공회원들이 결정타를 날릴 때였습니다. 그러나 그들은 자신들의 계획대로 진행시켜 나갈 수 없었습니다. 왜냐하면 그들의 예상과는 달리 베드로의 불 같은 말이 멈추지 않았기 때문입니다. 그들은 우물쭈물 하는 대답에 이어 아무 말도 하지 못하는 침묵이 따를 것으로 예상했습니다. 그러나 베드로는 그들을 책망하는 것으로 멈추지 않고 계속해서 "그 이름"을 거의 도전적으로 선포합니다. 고소자(告訴者)와 피소자(被訴者)의 위치가 서로 뒤바뀔 정도로 말입니다. 베드로는 "너희 건축자들의 버린 돌이 집 모퉁이의 머릿돌이 되었느니라"라는 시편 118편 22절의 유명한 구절을 그들에게 적용시킵니다(11절). 이것은 그의 주님 역시도 그렇게 사용한 적이 있었습니다(마 21:42). 그의 목소리에는 조금의 떨림도 없었으며, 그의 마음에는 조금의 두려움도 없었습니다. 이 모든 유식한 랍비들과 높은 신분의 권세자들 앞에서, 베드로는 그들 모두를 하나님이 택하신 돌의 가치를 알지 못하는 어리석은 건축자로 낙인찍습니다. 그리고 그들에게 신적 섭리의 물결은 그들이 예수를 배척한 것과 반대 방향으로 흐를 것이라고 말하면서, 그가 "모퉁이의 머릿돌" 즉 하나님의 집의 기초이면서 동시에 면류관으로 세워졌음을 선포합니다.

그러나 이러한 담대한 책망의 말에도 불구하고 그의 말은 아직 끝나지 않습니다. 베드로는 "그 이름"의 능력을 선포하고, 곧이어 예수를 배척한 죄를 제시한 다음, 마침내 모두를 위한 심지어 그를 배척한 자들까지도 위한 구원의 기쁜 소식을 선포합니다. 베드로의 변론에 있어서의 이러한 순서는 복음을 전파하는 모든 경우에 적용될 수 있습니다. 먼저 진리를 분명하게 선포하고, 계속해서 하나님으로부터 돌이킨 죄를 신랄하게 지적한 다음, 마지막으로 예수의 이름 안에 있는 구원을 제시합니다. 그러한 구원은 세상만큼 넓고 우리의 비참한 상태만큼 깊지만, 그러나 동시에 오직 그리스도 안에만 있는 좁은 문입니다 — "다른 이로써는 구원을 받을 수 없나니"(12절). 베드로는 그들의 죄책을 지적하는 것으로 끝내지 않았습니다. 그는 거기에서 한 걸음 더 나아가 그들에게 구원을 제시했습니다. 그는 "그 이름"을 모든 것 위로 높임과 함께 끝낼 것입니다. 그는 그 이름을 여기의 권세자들 앞에서 뿐만 아니라 온 세상 앞에 분명하게 제시함과 함께 끝낼 것입니다. 그 이름이 걷지 못하던 자에게 가져다준 구원은 영과 육의 모든 어그러진 것으로부터 구원받는 것에 대한 비유와 상징이었으며, 그것은 오직 그 이름 안에 감추어져 있습니다.

우리는 앞에서 "너희가(ye) 무슨 권세와 누구의 이름으로 이 일을 행하였느냐?"라는 질문 속에 사도들에 대한 경멸의 마음이 내포되어 있음을 살펴보았습니다. 이런 그들 앞에 베드로는 자신의 변론 말미에 "우리에게"라는 따뜻한 표현을 사용함으로써 그들 즉 자신을 재판하는 자들에 대한 형제의 마음을 나타냅니다(12절). 그는 스스로를 그들과 동일한 수준에 놓으며 — 자신 역시도 그들과 똑같이 구원을 필요로 하는 자로서 말입니다 — 또 기꺼이 그들을 이미 구원을 받은 자신들과 동일한 수준에 놓습니다. 바로 이것이 복음을 전파하는 올바른 방식입니다.

이러한 베드로의 변론은 상당한 효과가 있었습니다. 그것은 산헤드린의 계획을 뒤엎어 버렸습니다. 베드로가 말한 내용과 함께 그의 당당한 태도는 그들을 놀라게 하기에 충분했습니다. 이것은 "내가 너희의 모든 대적이 능히 대항하거나 변박할 수 없는 구변과 지혜를 너희에게 주리라"는 주님의 약속이 온전히 성취된 첫 번째 사례입니다(눅 21:15). 그들은 랍비의 유전(遺傳)을 배우지 못한 "학문 없는" 자들 이었으며, 공적 직위를 갖고 있지 않은 "범인"들이었습니다(13절). 그럼에도 불구하고 그들은 사람들의 마음과 양심을 뒤흔드는 능력을 발휘했습니다. 그것은 공적 직위를 가지고 있던 오만한 그들이 결코 할 수 없었던 일이었습니다. 그날의 경험이 지금도 계속해서 반복되는 것으로 인해 하나님께 감사합시다. 우리 역시도 그때와 같은 성령을 소유하며 또 그때와 같은 빛의 갑옷을 입을 수 있습니다.

산헤드린은 그들이 예수와 함께 있음을 알게 되었습니다(13 하반절). 공회원들은 두 사람의 "담대함"을 보고 그들의 마음이 예수와 연합되어 있는 사실을 깨닫고 놀라지 않을 수 없었습니다. 그들은 예전에 예수가 바로 이 자리에 온유하면서도 그러나 두려움 없이 서 있었던 것을 떠올렸습니다. 그들은 스스로에게 이렇게 말했습니다. "우리는 이들이 어디에서 이와 같이 담대하게 말하는 자유를 얻었는지 아노라. 그것은 그 나사렛 사람으로부터로다." 만일 우리의 태도가 사람들로 하여금 우리 주님을 생각나게 만든다면, 우리는 얼마나 복된 자일 것입니까!

그러면 기적을 통해 걷게 된 자는 어떻게 거기에 있게 되었을까요?(14절). 그는 사도들과 함께 체포되지 않았습니다. 그러면 그는 자발적으로 사도들이 재판받는 곳에 온 것일까요? 그에 대해 우리는 알지 못합니다. 그렇지만 그가 피소자(被訴者)로서 그 자리에 있지 않았던 것은 분명합니다. 어쩌면 그는 기적의 실재(實在)에 대해 증언할 증인으로서 그 자리에 왔는지 모릅니다. 10절과 14절은 그가 그 자리에 "서 있었음"을 강조하는데, 그것은 그가 지금까지 한 번도 할 수 없었던 일이었습니다. 산헤드린이 난감한 상황에 빠져 그들을 공회로부터 내보낼 수밖에 없게 된 것은 조금도 놀랄 일이 아니었습니다(14, 15절). 이와 같이 핍박하는 자들과 핍박을 당하는 자들 사이의 첫 번째 싸움은 후자의 승리로 끝났습니다. 그리고 이러한 결과는 그 이후에도 항상 마찬가지였습니다. 종종 승자들이 싸우는 도중 죽기도 했지만 말입니다. 교회는 절굿공이에 의해 수없이 두드려 맞은 절구통과 같습니다. 오늘 이야기는 교회와 적대적 세력 사이의 첫 번째 충돌의 이야기이며, 그것은 본질적으로 이제부터 펼쳐질 모든 충돌의 이야기의 전형(典型)입니다.

17
예수와 함께 있음으로 인해 그와 같이 된 자들

"그들이 베드로와 요한이 담대하게 말함을 보고 그들을 본래 학문 없는 범인으로 알았다가 이상히 여기며 또 전에 예수와 함께 있던 줄도 알고"

행 4:13

두 명의 갈릴리 출신의 젊은 어부들은 몇 주 전 그들의 주님을 정죄했던 동일한 재판정 앞에서 충분히 위축되고 주눅들 수 있었습니다. 의심의 여지없이 "대제사장 안나스와 가야바와 요한과 알렉산더와 및 대제사장의 문중"들은 자신들의 지혜와 위엄 앞에 그들이 조금도 위축되지 않는 것을 보고 크게 놀랐을 것입니다(6절). 그들은 랍비의 지혜에 대해 아무것도 알지 못하는 "학문 없는" 자들이었으며, 공적 위엄의 지위를 갖고 있지 않은 "범인"(凡人)들이었습니다. 그럼에도 불구하고 그들은 피소자(被訴者)의 자리에 서서 조금도 위축되지 않은 채 자신들이 하고자 하는 말을 당당하게 이야기했습니다. 그리하여 산헤드린의 재판석에 앉아 거드름을 피우던 유식한 공회원들은 그들로 인해 놀라지 않을 수 없었으며, 그로 인해 그들은 그와 같은 당당한 태도가 "그들이 예수와 함께 있었기" 때문임을 깨닫게 되었습니다. 그리하여 그들은 스스로에게 이렇게 말했습니다. "아, 그것이 이 모든 것을 설명해 주는군! 거기에 바로 뿌리가 있었어. 예수와 함께 있었던 사실이 그들의 담대함의 이유였어."

여기에서 우리는 온유함 가운데 고난을 당하신 우리 주님이 자신을 재판하는 재판관들에게 가져다준 강한 인상(印象)을 주목할 필요가 있습니다. 베드로와 요한이 조금도 요동하지 않은 채 당당하게 서 있는 것을 보았을 때, 그들은 몇 주 전 그 자리에 서 있었던 나사렛 예수를 기억하기 시작했습니다. 어쩌면 그들 가운데 몇몇 사람들은 자신들이 나사렛 예수를 정죄한 것이 잘못된 일이었음을 자각(自覺)하기 시작했는지도 모릅니다. 어쨌든 두 명의 제자들의 이상하리만치 당당한 태도는 재판관들로 하여금 그들의 주인을 떠올리도록 만들었습니다.

1. 첫째, 제자들을 변화시킨 특별한 교제를 주목하십시오.

재판관들은 부분적으로 옳았고 또 부분적으로 틀렸습니다. 두 사도의 담대함의 원천은 그들이 그리스도와 함께 있었던 것이었습니다. 그러나 그들을 그렇게 변화시킨 것은 안나스와 가야바가 생각했던 종류의 교제가 아니었습니다. 왜냐하면 예수가 살아계셨던 3년 동안의 공생애 기간 동안에는 지속적 교제에도 불구하고 그들에게 특별히 눈에 띄는 변화가 없었기 때문입니다. 예수 그리스도의 육체적 임재를 잃어버리기 전까지, 그들에게 이와 같은 눈에 띄는 변화는 임하지 않았습니다.

사도행전 저자는 여기의 재판관들의 불완전한 설명을 보완(補完)할 수 있는 좀 더 참된 설명을 제시합니다. "이에 베드로가 성령이 충만하여 이르되"(8절). 아, 바로 이것입니다! 그들은 매일 같이 예수와 함께 있었으며 항상 그와 함께 다녔지만, 그러나 그로부터 아주 조금밖에는 얻지 못했습니다. 그러나 주님이 떠나고 그들이 여러분과 내가 주님과 더불어 갖는 교제와 같은 종류의 교제를 갖게 되었을 때, 비로소 그들에게 눈에 띄는 변화가 일어나기 시작했습니다. 그러므로 그들을 변화시킨 교제는 바울 사도의 표현처럼 "육체대로 그리스도를 아는" 것이 아니라 그와의 내적 교제였습니다. 그러한 교제는 베드로와 요한에게 가능했던 것처럼 또한 오늘날의 우리에게도 똑같이 가능합니다. 만일 이러한 교제가 없다면, 우리의 기독교는 소리 나는 구리와 울리는 꽹과리 외에 아무것도 아닐 것입니다.

베드로와 요한은 오늘날의 우리가 예수와 함께 있는 것과 마찬가지 의미로 "예수와 함께" 있었습니다. 그들의 교제는 오늘날의 참된 그리스도인들이 가질 수 있는 교제와 결코 다르지 않았습니다. 예수와 함께 하는 것은 우리 모두에게 가능합니다. 매일의 일상생활 속에서 그리고 여러 가지 일들 가운데 여러 종류의 사람들과 함께 부대끼며 이런저런 세상일들에 의해 묶여 있으면서 그리스도와 교제하는 것은 어렵기는 하지만 그러나 가능한 일입니다. 무슨 일을 하든, 우리는 그리스도의 복된 임재를 생각하며 그 일을 할 수 있습니다. 우리는 책상에 앉아서 공부하면서도 그와 함께 교제할 수 있습니다. 우리는 시장(市場)이나 상점에 가면서 그와 동행할 수 있습니다. 우리는 항상 그리스도와의 교제 안에서 살아갈 수 있습니다. 우리는 그와의 교제의 강력한 보호 아래 살아갈 수 있습니다. 우리는 그와의 교제의 충족한 달콤함과 권능 아래 살아갈 수 있습니다. 그리스도와 함께 있는 것은 사도들이나 혹은 초대교회의 선생들이나 혹은 이미 하늘의 처소로 들어간 성도(聖徒)들만의 특권이 아닙니다. 그것은 우리 모두에게 가능합니다. 의심의 여지없이 미래에는 우리가 아직 알지 못하는 특별한 형태와 특별한 수준의 교제가 있을 것입니다. 그것과 비교할 때 이 땅에서의 교제는 "몸으로 있을 때에는 주와 따로 있는" 정도의 교제일 것입니다(고후 5:6). 그러나 가장 깊은 의미에서 영혼은 자신의 사랑하는 자와 함께 있으며 그와 함께 교제합니다. 보화가 있는 곳에 마음도 있을 것입니다. 만일 우리가 매순간 그리스도와 함께 교제하기를 정직하게 추구한다면 그리고 그를 우리의 모든 삶의 목적과 동기로 삼는다면, 우리는 그와 함께 있을 수 있습니다.

그리스도와 함께 있는 것의 또 하나의 측면은 그와 더불어 솔직하며 충분하며 친숙하게 대화하는 데 놓여 있습니다. 나는 아무런 대화도 없는 벙어리 교제를 이해하지 못합니다. 사랑하는 사람과 함께 있을 때 대화가 따르는 것은 지극히 자연스러운 일입니다. 만일 우리가 아버지의 집에서 우리의 맏형과 함께 거한다면, 우리는 그에게 이야기하게 될 것입니다. 우리는 의무적으로 기도하려고 하지 않을 것입니다. 의무적이 아니라 본능적이며 당연하게, 우리의 일시적 필요들과 난관들과 작은 고난들을 그에게 이야기할 것입니다. 긴 기도문보다 짤막한 한 마디가 더 큰 유익을 가져다 줄 수 있습니다. 탄식하듯 터져 나오는 한 마디 말이나 혹은 심지어 말로써 발설되지 않는 것조차도 우리 주님의 마음에 느껴지고 그의 귀에 들려질 수 있습니다. 이와 관련하여 역대상 5장 20절에 기록된 말씀을 주목해 보십시오. "이는 그들이 싸울 때에 하나님께 의뢰하고 부르짖으므로 하나님이 그들에게 응답하셨음이라"(대상 5:20). 그때 그들이 한 말이 정교하게 다듬어진 기도였을까요? 사방에서 칼들이 부딪히는 날카로운 소리가 들려오며 피차 고함이 난무하던 그 순간에 길게 기도할 수 있는 시간이 있었겠습니까? 그것은 단지 부르짖음이었을 뿐입니다. 그럼에도 불구하고 하나님은 그들에게 응답하셨습니다. 만일 우리가 "그리스도와 함께" 있다면, 우리는 그에게 말할 것입니다. 또 만일 우리가 그리스도와 함께 있다면, 그는 우리에게 말씀하실 것입니다. 우리는 듣고자 하는 태도를 취해야만 합니다. 다른 모든 소리를 잠잠케 하고 오직 그의 음성에만 집중해야 합니다. 그렇게 할 때, 우리는 심지어 이 땅에서도 항상 그와 함께 있을 것입니다.

2. 둘째, 이러한 교제가 사람 안에서 어떤 특색들을 만들어내는지 주목하십시오.

안나스와 가야바는 서로 이렇게 말했습니다. "아, 이 두 사람은 예전의 그 예수와 함께 있었음으로 해서 그로부터 이와 같은 담대함을 얻은 게 분명해. 이들은 그와 비슷해!"

종은 주인을 닮는 법입니다. 이것이 본문 속에 담겨 있는 주된 교훈입니다. 그리스도와 함께 있을 때, 사람들은 그리스도와 같이 됩니다. 상시적으로 예수와 접촉하는 영혼은 그로부터 감미로운 양분을 흡수할 것입니다. 장롱 속에 있는 옷이 그 안에 있는 좀약과 같은 방충제 냄새를 계속해서 흡수하는 것처럼 말입니다. 그러므로 그리스도인들에게 있어 하나님이 원하시는 모습의 사람이 되는 가장 확실한 방법은 어떤 탁월함이라든지 혹은 어떤 특별한 성품을 얻기 위해 노력하기보다 계속해서 그리스도와의 교제를 유지하는 것입니다. 그러면 그와 같은 탁월함이나 특별한 성품은 자연적으로 임할 것입니다. 예를 들어 천문학자들이 어떤 별들의 상(像)을 얻는 방법을 생각해 봅시다. 만일 그들이 별빛을 받기 위해 감광판을 놓고 그것을 여러 시간 동안 천체의 움직임과 상응하도록 움직여 준다면, 거기에 어떤 망원경으로도 볼 수 없었던 희미한 별들의 상(像)이 나타날 것입니다. 계속해서 감광판을 빛 앞에 놓으면, 그 위에 빛의 상이 찍힐 것입니다. 이와 같이 그리스도와 같아지는 비결은 그리스도와 교제하는 것입니다. 그러므로 그리스도 없이 어떤 성품을 얻고자 무익하게 애쓰지 마십시오. 여기에 왕도(王道)가 있습니다. 물론 우리는 기독교적 삶을 위한 노력과 투쟁의 필요성을 잊는다든지 혹은 평가절하해서는 안 됩니다. 다만 그러한 노력은 반드시 오늘 본문의 개념으로 보완될 필요가 있습니다. 즉 그러한 노력이 결실로 맺어지기 위해서는 반드시 예수 그리스도와의 교제를 계속적으로 유지해야 한다는 사실 말입니다. 만일 우리가 그렇게 한다면, 눈에 띄는 변화가 반드시 따를 것입니다. "우리가 다 거울을 보는 것 같이 주의 영광을 보매 그와 같은 형상으로 변화하여"(고후 3:18). 그들은 예수와 함께 있었으므로 예수처럼 되었습니다.

이제 이러한 교제로부터 말미암은 특별한 종류의 탁월함 혹은 특색들을 살펴보도록 합시다. "그들이 베드로와 요한의 담대함을 보고"(한글개역개정판에는 "담대하게 말함을 보고"라고 되어 있음 — 역주). 여기에서 "담대함"으로 번역된 단어는 의심의 여지없이 그와 같은 개념을 전달하지만 그러나 동시에 또 다른 개념을 전달합니다. 문자적으로 그것은 "모든 것을 말하는 행동"입니다. 그것은 당황함이나 쩔쩔맴이 없이 거침없이 말하는 것을 의미합니다. 그러므로 그것은 2차적 의미로서 오늘 본문이 제시하는 "담대함"의 의미를 갖게 됩니다.

나아가 그리스도와의 교제는 그에 대한 그리고 진리에 대한 살아있는 지식을 가져다줍니다. 그것은 지혜로운 학자들의 머리로 아는 지식을 훨씬 더 능가합니다. 바로 이것이 베드로와 요한이 이 랍비나 혹은 저 랍비나 혹은 또 다른 랍비가 말한 것에 대해 아무것도 알지 못했음에도 불구하고 여기의 완고한 바리새인들을 놀라게 한 광범위한 종교적 개념들을 거침없이 말할 수 있었던 이유였습니다. 그들은 '이스라엘에 대한 하나님의 계시'와 관련한 지식을 얻는 길은 그들 자신의 진부하며 케케묵은 학식의 길 외에는 결코 없다고 생각했습니다. 아, 이것은 항상 되풀이되는 오류입니다! 결코 그렇지 않습니다. 작은 경험이 많은 양의 신학(神學)보다 나은 법입니다. 예수 그리스도와 더불어 많은 시간을 함께 보낸 사람들은 종교와 관련하여 많은 분량을 알지 못할 수 있지만 그러나 그들은 그것의 중심적 진리를 붙잡습니다. 많은 학식을 가진 지혜로운 학자들조차도 전혀 알지 못할 수 있는 특별한 진리 말입니다. "형제들아 너희를 부르심을 보라 육체를 따라 지혜로운 자가 많지 아니하며 능한 자가 많지 아니하며 문벌 좋은 자가 많지 아니하도다"(고전 1:26). 훌륭하며 번듯한 신사들이 진리의 껍데기밖에 얻지 못하는 반면, 쟁기질하는 농부와 허드렛일을 하는 하녀와 탄광에서 일하는 광부가 예수 그리스도와 교제하는 가운데 진리의 알맹이를 얻을 수 있습니다. 마음의 경험 없는 단순한 종교적 지식들은 거의 쓸모없습니다. 마음의 경험이야말로 종교적 진리를 가르쳐주는 위대한 선생입니다.

또 그리스도와 함께 하는 것은 우리로 하여금 사람을 두려워하는 것으로부터 벗어나게 해줍니다. 베드로나 요한 같은 사람들에게 있어 공회 앞에 조금도 위축되지 않고 담대하게 서는 것은 새로운 일이었습니다. 불과 얼마 전 둘 가운데 한 사람은 공회 앞에 끌려가는 것에 대한 두려움으로 말미암아 입술로 주님을 부인하기까지 했습니다. 그러나 지금 그들은 어떻습니까? 지금 그들은 너무도 평온하며 영웅적입니다. 어떤 위협의 말도 그들의 입을 잠잠케 할 수 없었습니다. 그들의 이와 같은 변화는 부활과 승천과 성령 강림과 같은 특별한 사실들로 말미암은 것이었습니다. 그들의 변화는 이러한 것들 외에는 그 무엇으로도 설명되지 않습니다. 이들을 혁명적으로 변화시킨 무슨 일인가가 일어났습니다. 그것은 그들의 예수와의 교제였습니다. 그가 더 이상 육체로 함께 하지 않는 것으로 인해 그와의 교제는 더욱 더 실제적이며 심오한 것이 되었습니다. 그러한 교제가 여기의 갈릴리 출신의 학문 없는 범인들로 하여금 공회 앞에서 조금도 위축되지 않고 담대하게 말하도록 만들었습니다. 예수와 함께 거하는 자는 보이는 것이나 혹은 사람을 의지하는 것으로부터 자유로워집니다. 완전한 사랑은 두려움을 내어쫓습니다.

나아가 그리스도와의 교제는 사람으로 하여금 말하도록 만듭니다. 샘이 가득 차면 반드시 흘러넘치는 법입니다. 빛은 퍼지며, 열은 번져나갑니다. 예수 그리스도를 참으로 소유한 자는 결코 벙어리처럼 가만히 있지 못할 것입니다. 마음에 가득한 것이 입으로 나오는 법입니다. 지금 자신의 관심이 집중되어 있는 분야에 대해 자꾸 말하게 되는 것은 지극히 자연스러운 일입니다. 주님을 사랑한다고 고백하면서 그 주님에 대해 다른 사람들에게 말하고 싶은 충동을 느끼지 않는 것은 참으로 이상한 일입니다. 물론 때로 침묵이 필요하다는 사실을 나는 잘 알고 있습니다. 또 오늘날 종교적 문제에 대해 자꾸 이야기하는 것을 기피하는 풍조가 있다는 사실 역시 나는 잘 알고 있습니다. 그러나 그 모든 것에도 불구하고 여러분 안에 가득 차 있는 것이 밖으로 나올 것입니다. 만일 여러분이 "나는 더 이상 말하지 않고 가만히 있는 것을 참을 수 없어"라는 마음을 느끼지 않는다면, 나는 여러분이 예수와 실제적으로 교제하고 있다고 생각하지 않습니다.

3. 마지막으로, 이러한 특색들이 다른 사람들에게 어떤 인상(印象)을 가져다주는지 주목하십시오.

공회원들을 참으로 놀라게 했던 것은 베드로와 요한이 말한 내용이라기보다 그들의 담대한 태도였습니다.

사람의 겉으로 드러나는 모습이 얼마나 큰 일을 이루는지 생각해 보십시오. 대부분의 세상 사람들은 기독교에 대한 자신들의 생각을 공적으로 신앙을 고백하는 그리스도인들의 구체적 삶의 표현들로부터 취합니다. 백 명 가운데 한 사람이 성경을 읽으면서 그것으로부터 기독교가 무엇인지 알게 된다면, 나머지 구십 구 명은 여러분과 나를 보면서 그것으로부터 기독교가 무엇인지 이해합니다. 세상에 복음을 전파하는 가장 중요한 동인

(動因)은 나의 설교가 아니라 여러분의 삶입니다. 만일 그리스도인인 우리가 다른 사람들이 "저런, 이것은 참으로 이상한 일이군! 그가 그렇게 행동하리라고는 도무지 예상하지 못했는걸. 그 일은 그와 같은 수준의 사람이 행할 수 있는 일을 훨씬 더 뛰어넘는 일이야. 그것이 도대체 어디로부터 왔을까? 너무나 놀라운 일이 아닐 수 없군!"이라고 말하도록 산다면 또 사람들이 우리를 바라보면서 "아, 그는 그것을 예수로부터 배웠군!"이라고 말할 수밖에 없게 된다면, 우리의 영국은 지금의 영국과는 완전히 다른 나라가 될 것입니다. 이와 같이 세상의 양심에 뚜렷한 각인(刻印)을 새기는 것은 그리스도인의 삶입니다.

이와 관련하여 우리는 바울이 데살로니가 교회에 보낸 첫 번째 편지 속에서 매우 흥미로운 말 한 마디를 보게 됩니다. 거기에서 그는 이렇게 말합니다. "하나님을 향하는 너희 믿음의 소문이 각처에 퍼졌으므로 우리는 아무 말도 할 것이 없노라"(살전 1:8). 바울은 데살로니가에 있는 작은 교회의 믿음으로 인해 예수 그리스도의 이름이 온 세상에 분명하게 울려퍼졌으므로 — 마치 나팔소리가 온 세상에 울려퍼지는 것처럼 — "우리는 더 이상 아무 말도 할 필요가 없게 되었다"고 말합니다. 여기에서 그가 사용한 "퍼졌으므로"란 단어는 나팔의 울려퍼지는 소리를 표현하는 전문적 용어입니다. 이러한 말씀은 우리에게 그리스도인들의 삶이 세상이 얼마나 큰 영향력을 끼치는지 분명하게 일깨워줍니다.

"모든 참된 신실성을 나타내게 하라 이는 범사에 우리 구주 하나님의 교훈을 빛나게 하려 함이라"(딛 2:10). 이와 같이 여러분의 아름다운 삶으로 세상에 우리 구주의 교훈을 빛나게 하십시오. 그리고 다음과 같은 우리 주님의 말씀을 들어 보십시오. "내 안에 거하라 가지가 포도나무에 붙어 있지 아니하면 스스로 열매를 맺을 수 없음 같이 너희도 내 안에 있지 아니하면 그러하리라"(요 15:4). 이 말씀은 오늘 설교를 통해 내가 여러분에게 말하고자 한 모든 것을 이야기해 줍니다.

18
하나님을 위한 불복종

"[19] 베드로와 요한이 대답하여 이르되 하나님 앞에서 너희의 말을 듣는 것이 하나
님의 말씀을 듣는 것보다 옳은가 판단하라 [20] 우리는 보고 들은 것을 말하지 아니할
수 없다 하니 [21] 관리들이 백성들 때문에 그들을 어떻게 처벌할지 방법을 찾지 못하
고 다시 위협하여 놓아 주었으니 이는 모든 사람이 그 된 일을 보고 하나님께 영광
을 돌림이라 [22] 이 표적으로 병 나은 사람은 사십여 세나 되었더라 [23] 사도들이 놓이
매 그 동료에게 가서 제사장들과 장로들의 말을 다 알리니 [24] 그들이 듣고 한마음으
로 하나님께 소리를 높여 이르되 대주재여 천지와 바다와 그 가운데 만물을 지은
이시요 [25] 또 주의 종 우리 조상 다윗의 입을 통하여 성령으로 말씀하시기를 어찌하
여 열방이 분노하며 족속들이 허사를 경영하였는고 [26] 세상의 군왕들이 나서며 관
리들이 함께 모여 주와 그의 그리스도를 대적하도다 하신 이로소이다 [27] 과연 헤롯
과 본디오 빌라도는 이방인과 이스라엘 백성과 합세하여 하나님께서 기름 부으신
거룩한 종 예수를 거슬러 [28] 하나님의 권능과 뜻대로 이루려고 예정하신 그것을 행
하려고 이 성에 모였나이다 [29] 주여 이제도 그들의 위협함을 굽어보시옵고 또 종들
로 하여금 담대히 하나님의 말씀을 전하게 하여 주시오며 [30] 손을 내밀어 병을 낫
게 하시옵고 표적과 기사가 거룩한 종 예수의 이름으로 이루어지게 하옵소서 하
더라 [31] 빌기를 다하매 모인 곳이 진동하더니 무리가 다 성령이 충만하여 담대히 하
나님의 말씀을 전하니라"

행 4:19–31

핍박을 성공시키기 위한 유일한 방법은 신속하며 강력하게 치는 것입니다. 만일 칠 수 없다면, 위협하지 마십시오. 단지 말로써 위협만 한다면 도리어 상대방에게 용기를 북돋워줄 뿐입니다. 여기의 공회원들이 자기들끼리 모여 의논한 결과는 고작 이제부터 예수의 이름으로 아무 말도 하지 말라고 위협하는 것뿐이었는데, 이러한 사실은 그들이 매우 난처한 입장에 빠져 있었음을 보여줍니다(17절). 이 정도의 위협이라면 굳이 베드로나 요한 같은 영웅적인 사람들이 아니더라도 지나가는 바람처럼 무시할 수 있는 것이었습니다. 어쨌든 두 명의 갈릴리 출신의 어부들의 태도는 예전의 겁약한 태도와 비교할 때 매우 숭고하며 위대했습니다. 그리고 이와 같은 공권력과의 첫 번째 충돌은 교회와 적대적 권세자들 사이에 주된 전선(戰線)이 형성되었음을 분명하게 보여줍니다.

1. 사도들이 부당한 복종을 거절함.

19절과 20절을 주목해 보십시오. "하나님 앞에서 너희의 말을 듣는 것이 하나님의 말씀을 듣는 것보다 옳은가 판단하라 우리는 보고 들은 것을 말하지 아니할 수 없다." 아마도 이러한 말의 화자(話者) 역시 베드로였을 것입니다. 만일 그렇다면, 우리는 여기의 어투와 예전의 그의 어투가 눈에 띄게 대조되는 사실을 주목할 수 있습니다. 예전에 그는 종종 다혈질적이며 충동적이었습니다. 그런가 하면 때로는 사고력이 좀 부족한 듯 하기도 하고 어떤 경우는 비논리적 측면도 있었습니다. 그러나 여기에서 우리는 침착하며 확고한 베드로를 발견합니다. 그는 지금 확신에 찬 어투로 간결하게 말하는 가운데 듣는 자들에게 매우 강한 인상을 남깁니다. 도대체 이 사람은 어디로부터 공권력의 한계와 관련한 이와 같은 근본적 원리를 단번에 제시하는 능력을 받았습니까? 여기의 그의 말은 위대한 사상가들의 유명한 명언들과 어깨를 나란히 합니다. 소크라테스가 감옥에서 아테네 사람들에게 자신이 그들을 사랑하기는 하지만 그러나 그들보다 신(神)에게 더 복종해야만 한다고 말한 것으로부터, 루터가 보름스에서 "양심에 반하여 어떤 일을 행하는 것은 안전하지도 않을 뿐더러 옳지도 않다"고 말하면서 “내가 여기 섰나이다. 나는 양심에 따라 행할 뿐 그 외에는 아무것도 할 수 없나이다. 하나님이여 나를 도우소서. 아멘!”이라고 말한 것까지 말입니다. 베드로의 말은 이러한 위대한 사상가들의 모든 말들 가운데 단연 으뜸입니다.

본문에 기록된 첫 번째 핍박은 교회가 따라야 할 몇 가지 위대한 원리들이 제시되는 복된 기회가 되었습니다. 특별히 19절과 20절의 대답은 두 부분으로 나누어집니다. 첫 번째 부분에서는 공적 권위에 대한 복종의 한계가 심지어 공회조차도 동의하지 않을 수 없을 정도로 완전한 형태로 제시됩니다(19절). 그리고 두 번째 부분에서는 두 사도로 하여금 공회의 요구에 단호히 거절하도록 만든 “보고 들은 것을 말하지 않을 수 없는” 불가항력적 충동이 나타납니다(20절).

이러한 대답은 공회의 권위에 정면으로 도전하는 것이었지만, 그러나 공회는 아무런 대응도 할 수 없었습니다. 왜냐하면 산헤드린 역시도 하나님에게 복종하는 것 이상의 다른 말은 할 수 없었기 때문입니다. 베드로는 사람에게 복종하는 것과 하나님에게 복종하는 것 가운데 어느 하나를 선택하라고 말했는데, 이것은 두말할 것도 없이 후자만이 가능할 수 있었습니다. 그렇지만 베드로의 그와 같은 말은 담대한 가정(假定) 즉 그들의 명령과 하나님의 명령 사이에 명백한 모순이 있다는 그래서 그들의 명령에 복종하는 것은 곧 하나님의 명령에 불복종하는 것을 의미하는 것이라는 가정에 근거한 것이었으며, 그것은 공회를 진퇴양난에 빠지게 만들었습니다. 두 길이 서로 갈라지는 지점에 이를 때, 경건한 사람에게 어느 쪽 길을 택해야 할지는 너무도 분명한 일이었습니다.

우리는 여기에서 공적 권위에 대한 복종의 한계를 분명하게 발견합니다. 공적 권위에 복종하는 것은 당연한 의무입니다. 왜냐하면 “모든 권세는 다 하나님께서 정하신 바”이며, 따라서 권세자들에게 복종하는 것이 곧 하나님에게 복종하는 것이기 때문입니다(롬 13:1). 그러나 만일 그들이 자신들의 영역을 넘어 오직 하나님께 복종하지 않음으로써만 가능할 수 있는 복종을 요구한다면, 그들은 더 이상 하나님의 일꾼이 아닙니다. 그리고 그럴 때, 복종의 의무는 더 이상 존재하지 않습니다. 그러나 거기에는 반드시 양자 간의 상충(相衝)이 있어야만 합니다. 우리는 하나님의 명령을 우리 자신의 생각으로 대체시키지 않도록 주의할 필요가 있습니다. 베드로는 자신이 마땅히 행해야 할 의무와 관련하여 자신의 생각이 아니라, 그로 하여금 말하도록 명령하시는 주님의 분명한 가르침에 의해 인도함을 받았습니다. 우리는 이러한 원리를 조심스럽게 다룰 필요가 있습니다. 왜냐하면 종종 많은 사람들이 필요 없이 스스로를 순교자로 만들곤 했기 때문입니다. 이러한 원리는 너무도 날카로운 칼이라서 함부로 뽑아 휘둘러서는 안 됩니다. 오직 하나님의 명령과 권세자들의 명령 사이에 분명한 상충이 있을 때에만 그 칼을 사용하는 것이 정당화됩니다. 그리고 그럴 때 그 칼을 뽑지 않는 사람은 그리스도의 병사라고 불릴 자격이 없습니다.

나아가 20절의 "우리는 보고 들은 것을 말하지 아니할 수 없다"는 단호한 거절의 말은 그렇게 하지 않을 수 없는 억누를 수 없는 불가피성에 기초한 것입니다. 여기의 "보고 들은 것"은 두말할 것도 없이 그리스도의 생애와 죽음과 그 이후의 영광의 사실들입니다. 그들이 이러한 것들을 말하지 않을 수 없었던 것은 그것이 그들의 사명이었기 때문이었을 뿐만 아니라 또한 그것의 중요성을 생각할 때 도저히 잠잠히 있을 수 없었기 때문이었습니다. 거기에 내포된 진리는 광범위하게 펼쳐집니다. 그리스도의 구원의 능력을 개인적으로 그리고 실제적으로 경험한 사람은 자신이 받은 것을 다른 사람들에게 나누어주지 않고는 견딜 수 없을 것입니다. 마음에 가득한 것은 반드시 입으로 쏟아져 나오게 마련입니다. 선지자의 마음에 감취어진 말은 거기에서 불처럼 타올라 마침내 그로 하여금 답답하여 견딜 수 없게 만들 것입니다. "내가 다시는 여호와를 선포하지 아니하며 그의 이름으로 말하지 아니하리라 하면 나의 마음이 불붙는 것 같아서 골수에 사무치니 답답하여 견딜 수 없나이다"(렘 20:9). 분명하게 확신하는 것에 대해 우리는 항상 이와 같을 수밖에 없습니다. 만일 어떤 사람이 그리스도에 대해 말하고자 하는 충동을 전혀 느끼지 못한다면, 그는 매우 불완전한 그리스도인입니다. 그 자신의 마음의 불꽃과 그리스도를 알지 못하는 자들에 대한 연민의 정과 주님의 엄숙한 명령 — 이 모든 것이 합력하여 그로 하여금 말하지 않을 수 없도록 만들 것입니다. 강을 가득 채운 물은 마침내 둑을 넘을 것입니다.

2. 진퇴양난에 빠진 공회가 내린 궁색한 결론.

사람들의 말에 복종하는 것과 하나님의 말씀에 복종하는 것 가운데 어느 것이 옳습니까? 길은 너무나 분명하지 않습니까? 우리는 그 길을 따라 확고하며 힘차게 나아갑니다. 베드로는 추호의 머뭇거림도 없었습니다. 그의 확고한 대답은 마치 대포알처럼 모든 것을 때려 부술 것 같은 기세로 임합니다. 그들은 이 일을 어떻게 처리해야 좋을지 의논하기 위해 자기들끼리 머리를 맞댔습니다. 그들은 한 동안 고심하다가 마침내 결론을 내렸는데, 그것은 아무 짝에도 쓸모없는 궁색한 결론이었습니다. 그들은 대중들의 호응을 얻기 위해 제자들의 돛을 끊어버리기를 원했습니다. 그렇지만 그들은 어떤 일도 철저하게 할 수 없었습니다. 공정한 재판관이라면 그들을 처벌하든지 아니면 무죄로 석방하든지 둘 중 하나를 선택할 것이었습니다. 그러나 그들은 공정한 재판관이 아니었습니다. 그들은 사도들을 처벌할 수도 없었고 그렇다고 무죄로 석방할 수도 없었습니다. 예수께서 십자가에 달린 것은 빌라도가 그를 유죄로 생각했기 때문이 아니라 백성들을 기쁘게 하기 위함 때문이었습니다. 마찬가지로 여기에서 그의 사도들이 풀려난 것은 그들이 무죄했기 때문이 아니라 똑같은 이유 즉 백성들을 기쁘게 하기 위함 때문이었습니다. 이와 같이 대중들의 인기를 좇는 자들이 재판석에 앉을 때, 사회는 필연적으로 부패합니다. 그리고 그런 사회는 결국 해체되고 맙니다. 법정에서 옳은 것을 그르다 하며 그른 것을 옳다 하는 것은 가장 두려운 죄악입니다. 재판관들이 판결을 굽게 하는 것은 그 사회의 타락을 알려주는 명확한 징표입니다.

3. 세상 권세의 첫 번째 공격에 대한 교회의 응답.

두 사도는 놓임을 받고 동료들에게로 돌아왔습니다(23절). 이러한 단순한 말씀 속에 얼마나 큰 원리가 표현되어 있는지 주목해 보십시오. 사람들은 영적 동질성을 따라 연합하게 마련이며, 같은 부류의 사람들끼리 모이는 법입니다. 그러나 같은 부류의 사람들끼리 모이는 것은 때로 다른 조건들로 말미암아 방해를 받게 되고, 그리하여 교제가 위험에 빠지기도 합니다. 그러나 아무 방해 없이 연합할 수 있는 때가 옵니다. 그러면 사람들은 자기들이 좋아하는 대로 연합하게 될 것입니다. 바닷가의 조약돌들이 파도의 힘으로 말미암아 큰 것들을 큰 것들끼리 그리고 작은 것들은 작은 것들끼리 모이는 것처럼 말입니다. 유다를 생각해 보십시오. 그는 결국 "제 곳으로" 갔습니다(행 1:25). 다른 세상에서도 마찬가지입니다. 거기에서도 같은 부류의 영들끼리 모이게 될 것입니다.

이어지는 24절 이하의 교회의 기도는 아마도 어떤 영감 받은 한 사람이 대표로 기도하고 모든 백성들이 "아멘"으로 화답한 것일 것입니다. 대표로 기도한 사람이 누구인가 하는 것은 흥미로운 문제이기는 하지만 그러나 굳이 추측할 필요는 없습니다. 중요한 것은 권세자들의 위협에 교회가 기도로써 응답했다는 사실입니다. 세상의 적대와 위협에도 불구하고 두려움으로 얼굴이 창백해진다든지 혹은 분노로 얼굴이 붉어지지 않는 것은 건강한 영적 생명의 증표입니다. 거기에 있는 사람들 가운데 어느 누구도 두려워 떤다든지 혹은 복수를 생각한다든지 혹은 위협에 대해 위협으로 대응할 생각을 하지 않았습니다. 거기에 있는 모든 사람들은 거의 본능적으로 하늘을 바라보며 하나님의 보호하심을 구하면서 스스로를 하나님의 품 안으로 던졌습니다. 기도는 핍박당하는 교회가 사용할 수 있는 가장 강한 무기입니다. 브라우닝(Browing)의 시(詩) 속에 한 폭군이 이렇게 고백하는 내용이 나옵니다.

> "그는 똑바로 서서 하나님의 옷자락을 붙잡고 기도했다.
> 그래서 나는 두려웠다."

여기의 기도의 내용 역시 똑같이 주목할 만합니다. 한 구절씩 세세하게 살피는 대신 두드러진 특징들만을 살펴보도록 합시다. 특별히 여기에서 교회의 불굴의 용기를 주목하십시오. 그들은 결코 두려워 떨거나 동요하지 않았습니다. 그들은 결코 공회의 명령에 복종할 생각을 갖지 않았습니다. 그들은 적은 무리의 영웅들이었습니다. 그러면 무엇이 그들을 그렇게 만들었습니까? 그것이 살아계신 주님이 하나님 오른편에 계시며 강력한 영이 자신들의 영 안에 계심을 확신했기 때문이 아니면 무엇이겠습니까? 세상은 결코 그와 같은 변화를 알지 못했습니다. 특별한 결과를 설명하기 위해서는 반드시 특별한 원인이 요구되기 마련입니다. 복음서 끝 부분과 사도행전 첫 부분에 기록된 역사적 사실들 외에는 그 어떤 것도 이들의 태도를 설명해줄 수 없습니다.

특별히 여기의 기도 속에 그들의 용기가 두드러지게 나타납니다. 그들이 구한 모든 것은 하나님의 말씀을 전할 수 있도록 "담대함"을 달라는 것이었습니다(29절). 만일 그들이 두려워했다면, 그들은 하나님의 보호하심을 구했을 것입니다. 만일 그들이 격분했다면, 그들은 원수들을 보응해달라고 구했을 것입니다. 그러나 그들은 참된 용기와 헌신으로 가득 차 있었기 때문에 자신들의 의무를 회피하지 않고 담대하게 말씀을 전파하게 해달라고 구했습니다. 세상은 이와 같은 사람들에게 무력합니다. 오늘날의 교회는 이와 같이 담대하게 말씀을 전파하는 것에 대한 간절한 열망으로 가득 차 있습니까? 만일 그렇지 않다면, 그것은 분명 오늘날의 교회가 여기의 초창기 신자들이 굳게 붙잡았던 부활하신 주님을 그들과 마찬가지로 굳게 붙잡지 않았기 때문일 것입니다. 참된 용기는 자신의 연약함을 의식하면서 그러나 도피할 것을 생각하지 않고 강함을 구하는 것입니다.

또 우리는 여기의 기도 속에서 그들의 믿음의 실체를 주목할 수 있습니다. 무엇보다도 그들은 하나님의 창조의 권능을 붙잡고, 그것으로부터 그의 기록된 계시를 인식(認識)하는 것으로 나아갔습니다. 교회는 구약의 가장 깊은 의미를 깨닫기 시작했으며, 거기에서 그리스도를 발견하기 시작했습니다. 시편 2편을 기록한 사람은 다윗이 아닐 수도 있습니다. 교회가 그것을 다윗의 저작으로 돌린 것은 그리스도께서 예컨대 시편 110편의 저작권을 그에게 돌린 것과 전혀 다른 기초 위에서 그렇게 한 것입니다. 어쨌든 시편 2편의 예언은 명백히 메시야적입니다. 설령 그것이 '다윗 계열의 어떤 왕에 대한 우리가 잘 알지 못하는 어떤 반란사건'과 관련된 것이라 하더라도 말입니다. 27절에 언급되는 여러 이름들은 부분적으로나마 시편의 예언을 성취하는 것으로 정당하게 간주될 수 있습니다. 헤롯은 "세상의 군왕"이며, 빌라도는 "관리"입니다. 로마 병사들은 "이방인"이며, 공회원들은 "이스라엘 백성"을 대표하는 자들입니다. 그리고 예수는 "하나님의 기름부으신 자"입니다. 이와 같이 많은 무리가 연합하여 하나님과 그리스도를 대적한 것이 시편에 예언된 사실은 심지어 갈보리의 악행조차도 하나님의 계획 속에서 반드시 일어나도록 예정된 것이었음을 증언합니다. 그러므로 지금 그들이 당하고 있는 모든 핍박까지도 동일한 하나님의 능력의 손으로 말미암아 그의 계획을 이루는 것으로 바꾸어질 것입니다. 만일 우리가 만물 가운데 역사(役事)하는 하나님의 손을 볼 수 있다면, 두려움은 우리 안에 머물 자리가 없을 것이며 위협은 지나가는 바람 같을 것입니다.

나아가 우리는 여기에서 교회가 온전히 하나님을 의지했음을 주목할 수 있습니다. 특별히 29절을 보십시오. "주여 이제도 그들의 위협함을 굽어보시옵고 또 종들로 하여금 담대히 하나님의 말씀을 전하게 하여 주시오며." 여기에서 그들은 하나님을 "주인"(Master)을 의미하는 "주"로 부르면서 스스로를 "노예"(slaves)를 의미하는 "종들"로 부릅니다. 여기의 "종들"은 27절과 30절에서 예수에게 적용된 "종"과 대조됩니다. 하나님은 "주인"이며, 우리는 그의 "노예"입니다. 절대적으로 복종하며 무조건적으로 순복해야만 하는 노예 말입니다. 우리는 우리 스스로에게가 아니라 그에게 속합니다. 따라서 우리는 모든 염려를 그에게 맡겨야 합니다. 하나님은 자기 종들이 학대를 당하거나 굶주리도록 내버려두지 않을 것입니다. 하나님은 그들을 보호하시고 그들을 먹이실 것입니다. 그러나 그들은 삶으로 그리고 필요하다면 죽음으로 그를 섬겨야 합니다. 우리의 의무는 절대적 복종과 무조건적 의지(依支)입니다. 반면 우리에 대한 절대적 소유권과 우리의 복리(福利)를 위한 책임은 전적으로 그에게 속합니다.

나아가 "하나님에 대한 그리스도의 관계"와 관련하여 우리는 여기에서 사도행전의 다른 곳에서와 동일한 관점이 나타나는 것을 발견합니다. 30절의 "주의 거룩한 종 예수"라는 호칭은 그의 본질(nature)보다는 그의 직분(office)을 강조하는 표현입니다. 뿐만 아니라 우리는 여기의 그러한 호칭이 똑같이 "주의 종"이라고 불리는 다윗의 그것과 다르다는 사실을 기억할 필요가 있습니다(25절). 예수는 완전한 의미의 "주의 종"인 반면, 다윗은 불완전한 의미의 "주의 종"입니다. 예수는 이사야서의 "여호와의 종"의 예언적 표상을 완전하게 실현하는데, 그러한 사실이 완전한 헌신과 하나님을 섬기는 일에 온전히 구별되었음과 완전한 도덕적 정결함을 함축하는 "거룩한"이라는 형용사에 의해 강조됩니다. 이러한 측면에서의 그의 독특한 관계가 원문(原文)의 정관사에 의해 분명하게 표현됩니다. 예수는 완전한 의미에서 그리고 완전한 분량으로 그 종(the Servant)입니다. 나아가 그는 그 기름부음 받은 메시야(the Anointed Messiah)입니다. 바로 이것 즉 예수가 그 그리스도이며 그 기름부음 받은 메시야이며 완전한 여호와의 종으로서 지금 하늘에 계시면서 통치하고 계신다는 것이 이스라엘에 대한 교회의 메시지였으며, 그들의 불굴의 용기의 버팀줄이었습니다. 물론 그들은 아직까지 이러한 믿음에 함축된 모든 것을 충분히 이해하지는 못했습니다. 그러나 성령께서는 그들을 모든 진리 안으로 한 걸음씩 인도하고 계셨습니다. 역사적 사실들뿐만 아니라 성령께서 가르치신 것들까지 포함하여, 그들은 자신들이 보고 들은 것을 말하지 않을 수 없었습니다.

마지막으로 우리는 그들의 기도에 대한 하늘의 즉각적 응답을 보게 됩니다(31절). 마치 번개가 번쩍 하고 난 후 곧바로 천둥이 울리는 것처럼, 하늘은 그들의 기도에 즉각적으로 응답했습니다. 하나님의 뜻을 행하며 그리스도의 이름을 담대하게 전파할 수 있도록 용기를 구한 그들은 응답을 위해 오랜 시간 기다릴 필요가 없었습니다. 기도를 마치자 그곳이 진동했습니다. "빌기를 다하매 모인 곳이 진동하더니." 이것은 그들의 기도에 대한 응답으로 권능이 주어지는 것을 나타내는 상징이었습니다. 또 그들은 성령의 충만을 받았습니다. "무리가 다 성령이 충만하여." 이 순간 성령은 앞에서와는 달리 그들에게 다른 방언들로 말하는 능력을 주지 않고, 그들 자신의 "난 곳 방언으로" 모든 불법적 명령들에 맞서 담대하게 말할 수 있는 능력을 구비(具備)시켜 주었습니다(행 2:8).

31절 하반절을 보십시오. 여기에서 우리는 그들의 간구가 축어적으로 응답된 것을 보게 됩니다. "그들이 담대히 하나님의 말씀을 전하니라." 영적 은사들을 열망할 때, 우리는 그러한 은사들을 받습니다. 그리고 때로 하나님은 우리가 간구한 것을 떠올리도록 만드는 방식으로 그리고 그럼으로써 우리의 간구가 자신의 귀에 들려지고 또 자신의 손을 움직이게 했음을 나타내는 방식으로 우리에게 응답하십니다.

19
불가능한 침묵

"우리는 보고 들은 것을 말하지 아니할 수 없다 하니"

행 4:20

유대 공회는 베드로와 요한의 담대함에 놀라면서 그 원인을 그들이 예수와 함께 있었던 사실에서 찾았습니다. 그렇지만 그들은 예수와 함께 있었던 동안에는 전혀 담대하지 않았습니다. 실제로 그들에게 담대함이 임한 것은 예수께서 그들을 떠난 이후였습니다. 통상적 경우 지도자의 죽음은 추종자들의 마음에 담대함을 가져다주는 원인이 되지 못합니다. 그러나 예수의 제자들의 경우는 달랐습니다. 한 여종 앞에서조차 두려워하며 주님을 부인했던 베드로는 불과 몇 주 후에 당당하게 공회 앞에 서서 "그 이름을 위하여 능욕 받는 일에 합당한 자로 여기심을" 기뻐했습니다(행 5:41). 그를 그렇게 변화시킨 것은 그리스도의 죽음이 아니었습니다. 그를 그렇게 변화시킨 것은 그리스도의 생애가 아니었습니다. 그의 부활과 승천과 오순절을 배제하고는 여러분은 결코 주님을 버리고 도망친 겁약한 제자들의 "심리적" 변화를 도무지 이해할 수 없을 것입니다. 오직 그 세 가지 토대 위에서 비로소 그들의 변화는 설명이 가능해집니다.

어쨌든 공회 앞에 선 이들 두 사람은 그 순간 새로운 기원(紀元)을 열고 있었으며, 그들의 위대한 말은 누구든 자신이 진지하게 확신하는 바를 거리낌 없이 말할 수 있음을 확증해주는 권리대장전(權利大章典)이었습니다. 그들의 말은 세상 역사를 빛나게 했던 그와 유사한 수많은 명언들의 첫 기원이었습니다. 베드로와 요한은 자신들이 침묵할 수 없는 이유 두 가지를 제시합니다. 하나는 직접적 신적 명령이며, 다른 하나는 거부할 수 없는 내적 충동입니다. "하나님 앞에서 너희의 말을 듣는 것이 하나님의 말씀을 듣는 것보다 옳은가 판단하라 우리는 보고 들은 것을 말하지 아니할 수 없노라."

그렇지만 오늘 나는 이러한 말씀을 좀 더 넓게 적용하고자 합니다. 이러한 말씀은 개인적으로든 교회적으로든 침묵하며 가만히 있는 것을 불가능하게 만드는 위대한 사실들이 있음을 암시합니다. 교회는 그 존재 자체의 법칙으로 말미암아 "선교적 교회"(missionary Church)여야만 하며, 그리스도인은 죽은 그리스도인이 아닌 한 결코 벙어리 그리스도인일 수 없습니다. 이제 침묵을 불가능하게 만드는 몇 가지 위대한 사실들을 살펴보도록 합시다.

1. 첫째, 침묵을 불가능하게 만드는 내적 충동을 주목하십시오.

"우리는 보고 들은 것을 말하지 아니할 수 없노라" — 이것은 기독교회의 사역이나 혹은 예수 그리스도의 이름을 전파하는 활동에 적용하는 것 이상으로 훨씬 더 넓게 적용할 수 있는 원리입니다. 왜냐하면 사람에게는 어떤 특별한 사실 혹은 진리를 분명하게 확신할 때 — 특별히 그것이 도덕적이며 영적 문제에 큰 영향을 끼치는 것일 때 — 그것을 말하지 않을 수 없는 보편적 충동이 있기 때문입니다. 초봄에 옥수수의 새싹이 딱딱한 흙을 뚫고 나오는 것처럼 혹은 무화과나무 줄기에 난 새순이 점점 부풀어 오르다가 마침내 새로운 가지로 펼쳐지는 것처럼, 사람이 마음 깊은 곳에서 진리라고 확신하는 것은 결국 말로 혹은 삶으로써 밖으로 나올 것입니다. "우리는 믿으므로 말하노라!" — 우리는 믿기 때문에 말하며 또 그렇기 때문에 말하지 않을 수 없습니다. 이것은 보편적 사실입니다. 오래 전에 네 명의 문둥병자가 있었습니다. 그들은 절망 가운데 자신들을 포위한 적진으로 나아갔고, 그곳이 텅 비어 있음을 발견했습니다. 그곳에서 배불리 음식을 먹었을 때, 그들에게 다음과 같은 생각이 떠올랐습니다. "우리가 이렇게 해서는 아니되겠도다 오늘은 아름다운 소식이 있는 날이거늘 우리가 침묵하고 있도다 만일 밝은 아침까지 기다리면 벌이 우리에게 미칠지니 이제 떠나 왕궁에 가서 알리자"(왕하 7:9). 모든 분명한 확신 뒤에는 반드시 이와 같은 생각이 따르게 마련입니다. 그렇다면 하물며 참된 기독교적 생명이 있는 곳에서야 얼마나 더 그렇겠습니까! 만일 우리가 주님을 영접함으로 말미암아 우리에게 주어진 선물이 얼마나 크고 위대한 것인지 이해한다면 혹은 주님 없는 세상이 얼마나 비참한 것인지 인식한다면, 필경 우리는 우리가 소유한 진리를 다른 사람들에게 나누어주려는 충동을 갖지 않을 수 없을 것입니다. 형제들이여, 참된 그리스도인들은 말과 행실로써 다른 사람들에게 예수 그리스도를 전파하고자 하는 간절한 열망을 가질 것입니다. 물론 우리의 사회적 규범 속에는 사람들에게 내면의 깊은 부분에 대해 말하는 것을 "바람직하지 않은 일"로 생각하는 관습적 장애물이 있습니다. 또 하나님은 내가 무뚝뚝하고 퉁명스러우며 무분별하게 사람들에게 어떤 신앙을 강요하는 것을 금하십니다. 그러나 이 모든 것에도 불구하고 나는 오늘날 그리스도인들이 신앙에 대해 분명하게 말하는 것이 너무도 드문 것에 다음과 같은 두 가지 주된 이유가 있다고 믿습니다. 하나는 복음이 무엇인지에 대한 불충분한 이해이며, 또 하나는 스스로를 위해 복음을 미약하게 붙잡는 것입니다. 만일 여러분이 복음에 대해 말하고자 하는 간절한 열망을 느끼지 않는다면, 여러분은 그에 대해 말하고 싶어 하지 않을 것입니다. 만일 기독교와 관련한 여러분의 관념이 피상적 그리스도인의 그것이라면, 필경 여러분은 그러한 진리를 다른 사람들에게 나누어주는 일에 별다른 관심을 기울이지 않을 것입니다. 그리스도의 모든 사역의 중심적 개념이 무엇입니까? 세상에 대한 구원이 아닙니까? 그러나 이러한 중심적 개념을 결여한 기독교는 과거에도 결코 선교적이며 의욕적인 기독교가 아니었고, 지금도 아니며, 미래에도 영원히 아닐 것입니다. 그러한 형태의 기독교 안에는 강력한 동력(動力)이 없습니다. 그들은 진리에 대해 말할 것을 거의 가지고 있지 않으며, 그렇기 때문에 그것에 대해 말하고자 갈급하지 않습니다. 그러나 거기에는 그것보다 더 심오한 이유가 있습니다. 앞에서 나는 죽은 그리스도인이 아닌 한 벙어리 그리스도인이 되는 것은 불가능하다고 말했습니다. 바로 여기에 그토록 많은 사람들이 예수 그리스도에 대해 거의 말하지 않는 이유가 있습니다. 만일 우리가 구원의 복음을 지적으로 받아들일 뿐만 아니라 그것을 온전히 믿고 또 느낀다면, 우리는 그리스도에 대해 말하지 않을 수 없는 강력한 충동을 느낄 것입니다.

침묵하는 교회의 원인은 자신에게 맡겨진 복음을 제대로 이해하지 못하거나 혹은 그것을 미약하게 붙잡고 있기 때문입니다. 한편 오늘날 만연한 복음에 대한 침묵 혹은 무관심은 또 다시 믿음의 더 큰 미약함의 원인이 됩니다. 물론 나는 어떤 사람에게 있어 자신의 믿음을 수다쟁이처럼 떠벌이는 것이 완전히 가능하다는 사실을 압니다. 그 마음에 진실함과 간절함이 담겨지지 않은 채 말입니다. 특별히 우리와 같은 목회자들은 그와 같은 유혹에 대해 항상 저항해야 합니다. 그럼에도 불구하고 나는 기독교 진리를 굳게 붙잡음에 있어 그것을 다른 사람들과 나누는 것보다 더 좋은 방법을 알지 못합니다. 통에 담긴 믿음은 통에 담긴 다른 음식들과 마찬가지로 마르거나 상하게 마련입니다. 포도주 제조자들은 때로 자신의 포도주 통에 포도주는 하나도 없고 곰팡이만 가득 피어 있는 것을 발견하곤 한다고 합니다. 우리의 기독교를 통에 담아 놓고 다른 사람들에게 말하지 않을 때, 우리의 기독교 역시 그와 같이 될 것입니다. "우리는 보고 들은 것을 말하지 아니할 수 없노라." 만일 우리가 말하지 않는다면, 본 것은 흐릿해지고 들은 것은 희미해질 것입니다.

침묵을 불가능하게 만드는 내적 충동과 관련하여 지금까지 설명한 것 즉 복음을 소유함으로부터 흘러나오는 충동 외에 또 다른 측면에서의 내적 충동이 있습니다. 그것은 복음에 대한 우리의 믿음의 결과인 예수 그리스도와의 연합으로부터 흘러나오는 충동입니다. 만일 내가 그리스도인이라면, 나는 매우 심오하며 실제적 의미에서 예수 그리스도와 하나이며, 나의 영 안에 그의 영을 소유합니다. 그리고 그와 하나인 분량만큼, 나는 그가 어떤 것을 보는 것처럼 그것을 볼 것이며, 그가 어떤 일을 행하는 것처럼 그 일을 행할 것입니다. 만일 "자기 앞에 있는 기쁨을 위하여 십자가를 참으시고"(히 12:2) "하나님과 동등됨을 취할 것으로 여기지 아니하시고 오히려 자기를 비워"(빌 2:6) "사람들과 같이 되신"(7절) 예수 그리스도의 마음이 우리 안에 있다면, 우리는 결코 세상에서의 우리의 일과 그에 대한 우리의 책무를 완수했다고 느끼지 않을 것입니다. 우리의 힘의 마지막 한 방울까지 그의 이름을 위해 뿌리지 않는다면 말입니다. 형제들이여, 설령 그리스도가 자기를 따르는 자들에게 땅끝까지 복음을 전파하라는 명령을 내리지 않으셨다 하더라도, 이와 같은 내적 충동은 여전히 지금 우리가 보는 것과 같은 모든 형태의 기독교적 공격성을 만들어냈을 것입니다. 왜냐하면 그리스도와 그의 복음을 소유할 때, 우리는 "보고 들은 것을 말하지 않을 수" 없기 때문입니다.

2. 둘째, 침묵을 죄로 만드는 명령을 주목하십시오.

이와 관련하여 나는 여러분에게 주님이 우리를 떠나시면서 남긴 마지막 말씀을 상기시켜주는 것 외에 또 다른 말을 할 필요를 느끼지 않습니다. 마태복음 끝 부분과 사도행전 첫 부분에 기록된 말씀을 종합하면 이렇게 될 것입니다. "너희는 땅끝까지 나의 증인이 될 것이라. 너희는 모든 세상으로 가서 모든 민족에게 복음을 전파하라." 여기에서 자신이 모든 세대와 모든 기후(氣候)와 모든 문화의 사람들에게 구주로서 제시되는 것을 확신에 찬 마음으로 내다보는 우리 구주의 모습을 주목해 보십시오. 여러분은 그의 이와 같은 확신에 찬 기대(期待)가 참으로 특이하다고 생각해본 적이 있습니까? 실제로 그것은 얼마나 대담무쌍한 일입니까? 그것은 얼마나 거대한 확신입니까? 제자들에게 부여된 임무는 얼마나 위대한 임무입니까? 그를 구주로 믿는 믿음은 얼마나 위대한 믿음입니까? 이러한 명령의 말씀은 그대로 이루어져가고 있습니다. 왜냐하면 세상은 점점 더 예수 그리스도가 자기의 구주이며 왕이라는 사실을 알아가고 있기 때문입니다.

우리 그리스도인들에게 부과된 이러한 명령은 모든 인종과 언어와 국적과 문화를 망라합니다. 사람들을 서로 나누는 높은 장벽들이 있습니다. 그러나 우리에게 맡겨진 복음은 마치 거대한 파도처럼 그 모든 차이를 집어삼키며, 그 모든 흔적을 지워버립니다. 이쪽 끝에서 저쪽 끝까지 그리고 동서남북을 망라하여 말입니다.

나아가 이러한 명령이 무관심과 침묵을 죄로 만드는 사실을 잊지 마십시오. 사람들은 예컨대 선교사를 후원하는 것과 같은 다양한 형태의 기독교적 활동에 동참하거나 혹은 동참하지 않는 것을 전적으로 자신들의 마음에 달린 문제라고 말하곤 합니다. 아닙니다! 결코 그렇지 않습니다! 예수 그리스도께 순종하는 어떤 사람에게 있어 그러한 일에 동참하거나 혹은 동참하지 않는 것은 그 자신의 선택에 달린 문제가 아닙니다. 우리는 "나의 동정심은 그쪽 방향으로 흐르지 않아!"라고 말하면서 방관하거나, 무관심하거나, 아무 일도 하지 않거나, 다른 사람들에게 미루어서는 안 됩니다. 예수 그리스도는 여러분의 동정심을 그쪽 방향으로 흐르게 하라고 명령하셨습니다. 그러므로 만일 여러분의 동정심이 그쪽 방향으로 흐르지 않는다면, 여러분은 그렇게 명령하신 주님에게 마음으로 불순종하며 반역을 행하는 것입니다. 예수 그리스도는 자기를 따르는 모든 제자들에게 땅끝까지 복음을 전파하는 일에 동참할 것을 명령하셨습니다. 그러므로 나는 모든 그리스도인들이 웰링턴 공작의 "너희들에게 진격 명령이 있다. 진격 명령에 복종하지 않는 병사는 항명자다"라는 말을 되새길 필요가 있다고 생각합니다. 땅끝까지 복음을 전파하라는 우리 주님의 분명한 명령은 이에 대한 무관심과 침묵을 범죄로 만듭니다.

이와 같은 주님의 분명한 명령은 다른 모든 것들에 우선(于先)합니다. 오늘날 우리는 이러한 명령을 기쁘게 받아들이지 않는 비평가들의 이야기를 많이 듣습니다. 그러나 그것은 단지 가룟 유다의 입술로부터 나온 옛 불평의 말을 오늘날 다시금 반복하는 것일 뿐입니다. "무슨 의도로 이것을 허비하느냐?"(마 26:8). 어째서 너희는 너희의 소중한 돈을 기술학교나 무료급식소나 빈민구호소 같은 곳에 쓰지 않느냐? 우리의 대답은 "그리스도께서 우리에게 말씀하셨기 때문이라"입니다. 또 우리는 오늘날 이방 땅에 선교사역을 수행하기 위해 더 많은 '주의'가 요구된다는 이야기를 많이 듣습니다. 심지어 어떤 사람들은 예컨대 중국의 반서구(反西歐) 풍조에 대한 책임이 선교사들에게 있다고 말하기까지 합니다. 물론 우리는 지혜롭고 분별 있게 행동할 필요가 있습니다. 그렇지만 그들의 그와 같은 비판의 말이 정말로 옳습니까? 우리는 어떤 총독에게도 도와달라고 요구하지 않습니다. 우리 형제들은 목숨을 내놓은 사람들입니다. 나는 어떤 침례교 선교사가 총독의 치마 밑으로 들어갔다든지 혹은 정부에게 자신을 보호해달라고 간청했다는 이야기를 들어본 적이 없습니다. 우리는 목숨을 잃은 대가(代價)로 예배당을 지어달라든지 혹은 땅을 할양(割讓)해달라고 요구하지 않습니다. 만일 사람들이 단지 "조심"할 것을 혹은 "분별 있게" 행동할 것을 말하는 것일 뿐이라면, 우리는 그 말에 동의합니다. 그러나 만일 그들이 의미하는 것이 결과에 대한 두려움으로 인해 침묵하라는 것이라면, 그렇게 말하는 사람이 수상이든 장관이든 일반 군중들이든 우리는 이렇게 대답할 수밖에 없습니다. "하나님 앞에서 너희의 말을 듣는 것이 하나님의 말씀을 듣는 것보다 옳은가 판단하라 우리는 보고 들은 것을 말하지 아니할 수 없노라."

3. 마지막으로, 침묵을 부자연스러운 것으로 만드는 형제의 연합을 주목하십시오.

나는 내적 충동에 대해 이야기했습니다. 이것은 우리의 관심을 우리 자신의 마음으로 돌립니다. 또 나는 우리 주님의 분명한 명령에 대해 이야기했습니다. 이것은 우리로 하여금 하늘 보좌를 바라보도록 만듭니다. 이제 나는 형제의 연합에 대해 말합니다. 이것은 우리의 생각을 온 세상으로 보냅니다. 그와 같은 연합이 있습니다. 예수 그리스도는 성육신으로 말미암아 모든 사람의 본성을 자신에게로 취하시고, 모든 사람을 하나로 이끄셨습니다. 예수 그리스도는 하나님의 은혜로 말미암아 모든 사람을 위해 죽음을 맛보셨으며, 모든 사람을 하나의 연합으로 이끄셨습니다. 그러므로 "형제"라는 매우 오용(誤用)되고 또 속화(俗化)된 개념과 심지어 "인류"(humanity)라는 단어조차도 실제로 기독교의 창작물이며, 그것은 베들

레헴의 구유와 갈보리의 십자가라는 두 가지 사실로부터 흘러나온 것입니다. 하나님이 "인류의 모든 족속을 한 혈통으로" 만드신 근본적 사실과 함께 말입니다(행 17:26). 그러면 그러한 연합 즉 세상의 구속자이신 예수 그리스도의 생애와 죽음의 사실 위에 세워진 이와 같은 형제 개념으로부터 무엇이 흘러나옵니까? 그것은 이제 인류를 새로운 시각 즉 그리스도의 눈으로 바라보는 것입니다. 그리스도인들은 인류를 그리스도의 눈으로 바라보아야만 합니다. 그리고 다른 나라들을 적이나 혹은 경쟁자로서 혹은 우리가 마음대로 착취하고 지배하고 정복할 수 있는 "열등한 인종"으로서 간주해서는 안 됩니다. 우리는 그들을 예수 그리스도께서 생각하신 것처럼 생각해야 합니다. 내가 소년이었던 시절만 해도 영국은 열등한 인종들에 대한 인도주의적 태도에 있어 오늘날보다 더 강렬한 태도를 가지고 있었습니다. 나는 인도 출신의 노예들이 해방되었던 소년 시절의 기억으로 되돌아갈 수 있습니다. 그것은 그 당시 영국의 지성인들 사이에 편만해 있던 생각이었습니다. 지금도 그러하다면 얼마나 좋겠습니까!

그러나 형제들이여, 그리스도인으로서 우리는 형제의 연합이라는 바로 그 사실로 말미암아 이러한 책임을 스스로에게 지워야 합니다. 우리는 우리 모두를 하나로 만든 우리의 맏형의 위대한 메시지를 기꺼이 짊어져야만 합니다. 우리는 우리의 제국 안에 있는 혹은 우리의 교역의 범주 안에 있는 "이교도들"에게 많은 것을 줍니다. 우리는 그들에게 영국의 법률과 영국의 과학과 영국의 문학과 영국의 인생관과 영국의 언어와 심지어 영국의 악(惡)까지 줍니다 — 아편이라든지 혹은 사치풍조와 같은 것 말입니다. 그러면 이런 것들이 우리가 그들에게 주는 것의 전부입니까? 발전기와 백과사전과 진(gin, 술의 일종)과 소총과 직물과 주물이 전부입니까? 우리가 마땅히 그리스도를 전해주어야만 하지 않습니까? 더욱이 우리는 그들과 너무나 가깝게 연결되어 있지 않습니까? 나는 여러분 가운데 얼마나 많은 사람들이 인도와 중국으로부터 여러분의 삶의 더 큰 부분을 얻는지 궁금합니다.

만일 영국에 선교에 대한 호소가 효과적으로 응답되는 장소가 있다면,

그것은 분명 맨체스터일 것입니다. 여러분은 많은 나라들로부터 부(富)를 얻었습니다. 그러면 여러분은 무엇을 주었습니까? 형제들이여, 대차대조표를 만들어 보십시오. 우리는 빚진 자들(debtors)입니다. 자, 차변(借邊, debtors)을 채워보도록 합시다.

함께 형제가 됨으로 말미암아 빚진 자들.
우리 스스로를 위해 그리스도를 소유함으로 말미암아 빚진 자들.
받은 은택들로 말미암아 빚진 자들.
여러 가지 위해(危害)를 입힘으로 말미암아 빚진 자들.

차변(借邊) 계정이 너무나 무겁습니다. 형제들이여, 우리의 차변 계정을 좀 더 가볍게 만들고자 노력해야 하지 않겠습니까? 바울의 다음과 같은 말을 들어 보십시오. "헬라인이나 야만인이나 지혜 있는 자나 어리석은 자에게 다 내가 빚진 자라 그러므로 나는 할 수 있는 대로 로마에 있는 너희에게도 복음 전하기를 원하노라"(롬 1:14, 15). 그는 스스로를 수많은 사람들에게 빚진 자로서 선포한 후에 그 빚을 갚는 가장 좋은 방법을 우리에게 알려줍니다. 그것은 또 다른 사람들에게 "복음을 전하는" 것입니다. 우리 모두가 진실한 마음으로 이렇게 말할 수 있기를 간절한 마음으로 기원합니다. "우리는 보고 들은 것을 말하지 아니할 수 없다."

20
종과 노예들

"당신의 종 다윗 … 당신의 거룩한 종 예수 … 당신의 종들"

행 4:25, 27. 29

나의 경우 설교를 위한 본문을 취함에 있어 여기저기에서 한 구절씩 단편적으로 취하는 경우는 매우 드뭅니다. 그렇지만 오늘의 경우는 예외입니다. 비록 몇 개의 단편적 구절들을 한 자리에 모아놓은 것이기는 하지만, 그러나 오늘의 본문은 우리에게 매우 중요한 개념을 전달해줄 것입니다. 인접한 구절들 속에 "종"이라는 표현이 연속적으로 등장하는 사실은 여기에 어떤 명백한 의도가 있음을 암시합니다. 그러므로 나는 오늘 설교를 통해 그러한 의도를 밝히고자 합니다. 오늘 본문은 교회와 공권력이 첫 번째로 충돌한 상황에서 교회가 하나님께 기도한 내용의 일부입니다. 교회와 공권력이 첫 번째로 충돌한 사건은 본 장에 자세하게 기록됩니다. 그것은 이 사건이 이제부터 펼쳐지는 연속적 핍박의 첫 사례로서 이어지는 세대들로 하여금 그들의 참된 무기가 무엇인지 그리고 그들을 확실하게 지켜주는 것이 무엇인지 배우도록 하기 위함입니다. 세상의 적의(敵意)에 대한 올바른 대응은 기도하는 것입니다. 믿음을 굳게 붙잡을 수 있도록 용기를 구하는 기도는 결코 헛된 기도가 아닐 것입니다. 그러나 오늘 설교의 목적은 여기의 사건 자체를 설명하는 것이거나 혹은 그러한 상황에서 그들이 드린 숭고한 기도를 분석하는 것이 아닙니다.

먼저 오늘 본문의 언어와 관련하여 한두 마디 설명하는 것이 필요하리라 생각합니다. 여러분은 본문의 두 번째 부분에서 내가 흠정역의 "당신의 거룩한 아이"(Thy holy child)라는 표현 대신 개정역의 "당신의 거룩한 종"(Thy holy servant)이라는 표현을 채택한 것을 주목할 수 있을 것입니다(한글개역개정판도 개정역처럼 되어 있음 — 역주). 개정역에서 그와 같이 바꾼 것은 매우 적절한 일입니다. 실제로 그 단어는 문자적으로 "아이"(child)를 의미합니다. 그러나 오늘날의 영어권에서도 그런 것처럼, "아이"라든지 혹은 "소년"이라든지 혹은 "아가씨" 등의 단어들은 통상적으로 종의 관계를 표현하기 위해 사용됩니다. 특별히 그들의 섬김의 성격을 표현하기 위해서라든지 혹은 그들을 가족의 일부로 표현하기 위해 말입니다. 예수께 나아와 자신의 종을 고쳐달라고 간청했던 백부장도 그 종을 자신의 "소년"(boy)이라고 불렀습니다. 이와 같이 그 단어가 여기에서 "종"이라는 2차적 의미로 사용되었다고 보는 것은 조금도 틀리지 않습니다. 그런가 하면 어떤 사람들은 여기의 "아이"(child)를 "아들"(son)로 이해하기도 합니다. 그러나 "하나님의 아들"(the Son of God)이라는 보편적 표현 대신 굳이 "하나님의 아이"(child of God)라는 어색한 표현을 사용한 이유를 우리는 어디에서도 발견할 수 없습니다. 뿐만 아니라 구약을 헬라어로 번역한 70인역은 여기의 구절을 "여호와의 종"(the Servant of the Lord)이라는 구약의 유명한 메시야 호칭으로 번역합니다. 따라서 70인역에 따르면 여기의 표현은 실제로 이사야서의 두 번째 부분의 위대한 예언을 인용한 것이 됩니다. 뿐만 아니라 우리는 같은 단어가 다윗 왕과 예수 그리스도에 대하여 똑같이 사용된 것을 주목할 필요가 있습니다. 특별히 다윗과 관련하여 그 단어가 "종"의 의미를 가져야만 한다는 것은 너무나 명백한 사실입니다. 나아가 같은 단어가 인접한 두 구절에서 서로 다른 의미로 사용되었다고 보기는 매우 어렵습니다. 그러므로 여기에서 다윗과 예수는 둘 다 하나님의 종으로서 언급되고 있는 것입니다. 이것이 오늘 내가 분명히 하고자 하는 첫 번째 요지입니다.

계속해서 우리는 세 번째 본문의 "종"의 의미가 첫 번째와 두 번째 본문의 "종"의 의미와 다르다는 사실을 주목할 필요가 있습니다. 제자들은 그토록 고상한 호칭을 감히 스스로에게 적용시키지 않습니다. 그렇게 하는 대신 그들은 보다 더 겸비한 표현인 "노예"(slaves) 혹은 "멍에 아래 있는 자"(bondmen)라는 표현을 선호합니다. 이러한 표현들은 신약 전체에 걸쳐 그리스도인과 거의 동의어로 사용되는 매우 친숙한 용어들입니다.

그렇다면 우리는 여기에서 시편을 기록한 왕과 메시야와 제자들이라는 세 종류의 인물군(人物群)을 보게 되는 셈입니다. 한 가운데 그리스도가 계십니다. 그리고 한쪽 편에 그와 함께 종으로 일컬어진 종이 있고, 다른 한쪽 편에 그로 말미암아 아들들이 된 노예들이 있습니다. 만일 여러분이 여기에서 "종들과 그 종"(servants and the Servant) 그리고 "그 종과 노예들"(the Servant and the slaves)이라는 두 개의 대조를 주목한다면, 여러분은 여기의 구절들이 의도하는 교훈을 충분히 이해할 수 있게 될 것입니다.

1. 첫 번째 대조인 종들(servants)과 그 종(the Servant)을 주목하십시오.

여기에서 다윗에게 "종"이라는 호칭이 적용된 이유는 그의 개인적 특성이나 혹은 그의 종교적 특별한 위치에 놓여 있다기보다 그가 특별한 목적을 위해 하나님으로부터 선택된 사실에 놓여 있습니다. 왕과 제사장과 선지자와 집합적 이스라엘에게 그의 "종"이라는 호칭이 부여됩니다. 왜냐하면 그들은 세상에서 특별한 기능을 가지며 또한 어떤 의미에서 사람들 가운데 하나님의 뜻을 이루는 도구들이기 때문입니다. 나아가 우리는 이러한 개념을 좀 더 확장하여 모든 사람들이 실제적으로 — 설령 부차적 의미라 하더라도 — 그와 같은 호칭을 부여받는다고 말할 수 있습니다. 예컨대 세상에서 자신도 알지 못하는 상태로 하나님의 일을 수행하며 새로운 시대를 만든 사람이 된 이방인 고레스와 같은 경우가 특별히 그러합니다.

설령 예수 그리스도 역시도 이러한 범주에 속하며 또한 신적 목적을 이루기 위해 세워지고 사용된 특별한 사람들 가운데 한 사람으로 간주될 수 있다고 하더라도, 그러나 우리는 여기에서 그와 그러한 부류에 속하는 다른 사람들 사이의 근본적 차이가 특별하게 강조되는 것을 주목해야만 합니다. 베드로는 "당신의 종 다윗"이라고 말합니다. 그러나 그는 계속해서 "당신의 거룩한 종 예수"라고 말합니다. 헬라어 원문에서는 이러한 강조가 좀 더 강하게 나타납니다. 왜냐하면 "종"이라는 단어 앞에 정관사가 사용되기 때문입니다. "당신의 그 거룩한 종 예수" — 이것은 그의 유일무이한 호칭입니다.

신적 의지를 이루는 불완전한 도구들이 많이 있습니다. 선지자들과 제사장들과 왕들뿐만 아니라 사상가들과 영웅들과 성도들과 정치가들이 성경에서 그와 같이 간주됩니다. 마찬가지로 우리 역시도 그들을 그와 같이 간주할 수 있습니다. 그러나 그 모든 사람들 가운데 그렇지만 그들로부터 분리된 한 사람이 서 있습니다. 왜냐하면 오직 그만이 "내가 당신의 기뻐하는 모든 것을 행했으며, 그러는 가운데 어떤 사심이나 이기심의 쓴 누룩도 결코 들어가지 않았나이다"라고 말할 수 있기 때문입니다. "당신의 거룩한 종 예수"는 "그 여호와의 종"의 특유한 호칭입니다.

그러면 "거룩한"은 무엇을 의미합니까? 그 단어는 본래 그리고 일차적으로 성품을 언급하는 것이 아닙니다. 거룩함의 근본적 개념은 의도 아니고 도덕적 완전함도 아닙니다. 다만 그러한 것들 밑에 놓여 있는 어떤 것, 즉 하나님의 일과 쓰심을 위해 분리된 것을 의미합니다. 그 단어의 첫 번째 개념은 성별(聖別)입니다. 그리고 그 위에 도덕적 완전함이 세워지고 또 그로부터 도덕적 완전함이 나옵니다. 예수 그리스도의 제자들은 그와 더불어 많은 시간을 보내며 그의 성품을 가까이서 주목함으로써 다음과 같은 생각에 이르렀습니다. 즉 그는 완전히 하나님의 일에 헌신되었으며, 그 안에는 다른 모든 사람들 안에서 발견되는 것과 같은 점이나 흠이나 주름 잡힌 것이 전혀 없다는 생각 말입니다.

여기에서 여러분이 한 가지 기억할 것이 있습니다. 그것은 우리 주님이 이러한 완전한 성별(聖別)과 완전한 순종을 자기 자신에게 돌리기를 조금도 주저하지 않으셨다는 사실입니다. 어떤 사람이 "나는 항상 그가 기뻐하시는 일을 행하노라"라고 말하는 것을 상상해 보십시오(요 8:29). 어떤 사람이 "나의 양식은 나를 보내신 이의 뜻을 행하며 그의 일을 온전히 이루는 이것이니라"라고 말하는 것을 상상해 보십시오(요 4:34). 그 삶의 모든 비밀이 "내가 이르는 것은 내 아버지께서 내게 말씀하신 그대로니라"라는 말로 요약되는 어떤 사람을 상상해 보십시오(요 12:50). 그를 움직이는 원리가 "내 원대로 마시옵고 아버지의 원대로 되기를 원하나이다"인 어떤 사람을 상상해 보십시오(눅 22:42). 도대체 어느 누가 모든 사람의 비웃음을 받지 않으면서 이런 말을 할 수 있단 말입니까! 그러나 예수는 이와 같이 자신을 하나님께 완전하게 성별하여 드렸으며, 그것으로부터 그의 도덕적 완전함이 따랐습니다. 반면 다윗은 어떠합니까? 밧세바를 생각해 보십시오. 그의 삶 속에는 얼마나 많은 다른 것들이 있었습니까? 그는 왕이면서 동시에 시인(詩人)이었습니다. 그는 시인으로서 매우 민감한 감성을 가지고 있었으며, 쉽게 감동되고 또 쉽게 넘어지기도 했습니다. 그런 면에서 그는 하나님의 다른 모든 불완전한 종들과 같았습니다. 모든 기계 속에서 힘은 저항으로 말미암아 약화됩니다. 이것은 가장 고상하며 정결한 사람들 안에서도 마찬가지입니다. 그들 안에 거룩한 신적 충동과 함께 그에 대한 저항이 있습니다. 위대한 성자(聖者)들과 순교자들과 고귀한 인물들을 아는 대로 떠올려 보십시오. 그러나 그 모든 자들 가운데 흠이 없는 보석은 없습니다. 그 모든 자들 가운데 깨어져 빛이 굴절되는 부분이 전혀 없는 거울은 없습니다. 그 모든 자들 가운데 죄에 의해 그 반사면이 마모되어 하늘의 빛이 반사되지 않는 부분이 없는 거울은 없습니다. 그러므로 우리는 지난 열아홉 세기 동안 "너희 중에 누가 나를 죄로 책잡겠느냐?"라는 질문에 대한 답을 기다리고 계셨던 그러나 아직까지 그 대답을 듣지 못하신 그 온유한 자에게 돌이킵니다(요 8:46). 그는 거룩한 종입니다. 그의 거룩한 성품은 그를 그가 속한 모든 부류의 사람들로부터 구별시킵니다. 그들 모두 가운데 아버지의 뜻을 완전하게 행한 그리고 그와 반대되는 일은 아무것도 행하지 않은 유일한 자로서 말입니다.

우리가 기억해야 할 또 한 가지 사실이 있는데, 그것은 설령 모든 무리 가운데 뛰어난 종이라 하더라도 만일 그가 아들이 아니라면 그는 결코 "그

종"일 수 없다는 사실입니다. "종"이라는 호칭을 예수 그리스도에게 적용하는 것은 사도행전의 앞부분에서 매우 특징적으로 나타납니다. 거기에서 그러한 경향이 반복적으로 나타나는 사실은 매우 흥미롭습니다. 왜냐하면 신약의 다른 곳에서는 그러한 경향이 전혀 나타나지 않기 때문입니다. 만일 그것이 옛 예언들을 인용하는 것이며 또한 예수의 메시야적 특성을 확증하는 것이라면, 여기에서 교회는 "주"(Lord) 개념과 관련하여 매우 중요한 전환점에 서 있었던 것이 됩니다. 그때 그들이 주님의 특유한 아들되심(Sonship)과 신성(神性)에 대한 명확한 개념을 가지고 있었던 표적을 우리는 발견하지 못합니다. 그들은 사실들(facts)을 가지고 있었지만, 그러나 그러한 사실들 안에 내포되어 있는 것에 대한 명확한 인식에까지는 아직 이르지 못했습니다. 그러나 만일 그들이 예수 그리스도께서 죽으시고 다시 살아나신 것을 알았다면 그리고 만일 그들이 그가 메시야임을 믿었다면 그리고 만일 그들이 메시야로서의 그의 성품 안에 절대적 완전함이 있음을 확신했다면, 그들이 다음 단계로 나아가 "만일 그가 사람 이상의 존재가 아니라면, 그는 결코 '그 종'일 수 없어!"라고 말하게 되는 것은 그리 오래 걸리지 않을 일이었습니다.

만일 우리가 예수 그리스도의 도덕적 완전함을 받아들인다면, 우리는 스스로에게 다음과 같은 질문을 던질 수 있습니다. 도대체 어떻게 이 사람만 죄와 오류를 피하고 또 일생 동안 흠 없는 삶을 살 수 있었을까? 형제들이여, 자연주의적 원리들에 기초하여 예수 그리스도를 설명하려고 시도하는 일은 처음부터 소망 없는 일임을 기억하십시오. 여러분은 그의 무죄함 안에서 여러분의 신앙을 포기해야만 하든지, 아니면 교회 전체가 나아갔던 것과 같은 다음과 같은 또 다른 신앙으로 나아가야만 합니다. "그리스도여, 당신은 영광의 왕이나이다! 당신은 아버지의 영원한 아들이나이다!"

2. 두 번째 대조인 그 종(the Servant)과 노예들(slaves)을 주목하십시오.

핍박 가운데 있던 신자들은 기꺼이 그들의 주인보다 더 낮은 자리를 취하고자 했습니다. 그리하여 그들은 어떤 교리적 개념으로부터라기보다 일종의 본능적 겸손으로 스스로 멍에와 예속을 표현하는 호칭을 선택했습니다. 그들은 "그 종"의 "노예들"이었습니다. 여기의 기도의 첫 구절을 보십시오. 여기에서 우리는 하나님을 "주"(Lord, 한글개역개정판에는 '대주재'라고 되어 있음 — 역주)라고 부르는 것을 발견합니다(24절). 이러한 단어는 노예와 대칭되는 단어로서, 이를테면 "전제군주"(despot)로 바꿀 수 있는 단어입니다.

이와 같이 사람의 진정한 위치는 하나님의 노예입니다. 악독한 노예제도의 혐오스러운 특징들을 생각해 보십시오. 그러나 그러한 특징들이 하나님에 대한 우리의 관계와 연결될 때, 그것들은 전혀 새로운 모습을 띠게 됩니다. 노예의 입장에서의 절대적 굴종과 무조건적 복종 그리고 주인의 입장에서의 절대적 소유권과 생사를 주관하는 권세와 모든 소유에 대한 권세와 남편과 아내를 나누고 부모와 자녀를 나누는 권세와 이유 여하를 불문하고 명령을 내리는 권세와 그러한 명령이 즉시 그리고 완전하게 이행될 것을 기대하는 권세 — 이 모든 것들이 우리와 하나님과의 관계 안에 내재(內在)합니다. 이 모든 것들을 자신의 최고의 영광으로 그리고 자신의 가장 복된 삶의 기초로 받아들이는 자들은 얼마나 복됩니까! 왜냐하면 그와 같은 절대적이며 무조건적 복종과 나의 뜻을 그의 뜻 안에 융합시키는 것은 사람을 진정으로 행복하며 위대하며 영광스럽게 만드는 비밀이기 때문입니다.

계속해서 신약에서 노예와 주인의 호칭이 그리스도인과 예수 그리스도에게로 옮겨지는 것을 주목하십시오. "그 종"은 자신의 노예들을 가지고 있습니다. 자신의 뜻이 아니라 아버지의 뜻을 행하는 하나님의 종인 그는 우리를 자신의 종으로서 소유하며, 우리로 하여금 그의 뜻을 행하도록 요구합니다. 그가 자신의 모든 복종을 아버지의 발 앞에 놓았던 것처럼, 우리는 우리의 모든 복종을 그의 발 앞에 놓아야 합니다.

이와 같이 그리스도의 노예가 되는 것이 참된 자유입니다. 자유는 여러분이 좋아하는 대로 행하는 것을 의미하지 않습니다. 자유는 여러분이 마땅히 행해야 하는 것을 좋아하고 그럼으로써 그것을 행하는 것을 의미합니다. 그리스도 안에서 하나님께 순복하는 자만이 참으로 자유롭습니다. 또 그럼으로써 자신과 세상과 모든 반대를 극복하고 "행하는 것이 곧 생명"인 바로 그 일을 행할 수 있는 자만이 참으로 자유롭습니다. 감옥을 생각해 보십시오. 그러나 만일 우리가 그것으로부터 나가기를 바라지 않는다면, 그것은 결코 우리를 속박하는 멍에가 아닙니다. 또 우리의 의지(意志)를 생각해 보십시오. 만일 우리의 의지가 하나님의 율법과 합치된다면, 바로 그 의지가 참으로 자유로운 의지입니다. 여러분은 순종하는 것을 쓰라린 멍에라고 말합니다. 아, 그러나 과도한 자유는 훨씬 더 쓰라린 멍에입니다! "그의 멍에를 부수고 그의 끈을 끊어버리자"라고 말하는 자가 진짜 노예입니다. 반면 "주여, 당신의 복된 멍에를 나의 손에 채우소서! 나의 뜻 위에 당신의 뜻을 세우시고, 나의 마음을 당신의 사랑으로 채우소서! 그러면 나의 손과 마음이 진정 자유롭고 즐겁게 움직일 것이나이다!"라고 말하는 자가 참으로 자유로운 자입니다. "아들이 너희를 자유롭게 하면 너희가 참으로 자유로우리라"(요 8:36).

나아가 이러한 노예적 예속(隸屬)이 참되며 유일한 고귀함이라는 사실을 주목하십시오. 고대의 제국들에서 많은 고관(高官)들과 총리들이 노예 계급에 속한 사람들로부터 나왔습니다. 하나님의 나라에서도 그러합니다. 스스로를 하나님의 노예로 만드는 자들은 하나님으로 말미암아 왕과 제사장이며, 땅 위에서 그와 더불어 다스릴 것입니다. 만일 우리가 노예라면, 우리는 예수 그리스도로 말미암아 하나님의 아들이며 또한 그의 상속자입니다.

스스로 자신의 주인이 되고자 할 때, 여러분은 필연적으로 자신의 노예가 될 것입니다. 제멋대로 사는 것은 복종의 길로 행하는 것보다 훨씬 더 나쁜 멍에입니다. 하나님을 섬기는 것이 마귀보다, 세상보다, 육체보다 훨씬 더 낫습니다. 이러한 것들은 사람들에게 자유를 약속하지만, 그러나 마침내 사람들을 "가장 비참하게 짓밟힌 지옥의 노예들"로 만듭니다.

"종과 아들"(the Servant-Son)은 우리를 "노예들과 아들들"(slaves

and sons)로 만듭니다. 예수 그리스도가 하나님의 율법을 완전하게 성취한 것은 나에게 아무 의미 없는 일입니다. 그것은 그에게는 너무나 좋은 일이지만, 그러나 나에게는 아무런 가치도 없는 일입니다. 만일 그가 나를 그 자신과 같이 만드는 권세를 가지고 계시지 않다면 말입니다. 그러나 그는 그러한 권세를 가지고 계십니다. 만일 여러분이 여러분 자신을 그에게 맡긴다면 그리고 여러분의 마음을 그에게 드리며 그에게 여러분을 다스려 달라고 구한다면, 그는 여러분을 다스릴 것입니다. 그리고 만일 여러분이 실제로는 노예상태에 불과한 여러분의 거짓 자유를 버리고 순종으로 이끄는 참된 자유를 취한다면, 여러분은 그의 성품에 동참하여 기쁨으로 그를 섬길 것입니다. 그리고 그럴 때, 우리는 거짓 없는 마음으로 "나의 양식은 나를 보내신 이의 뜻을 행하는 것이나이다"라고 말할 수 있게 될 것입니다(요 4:34). 그리고 그럴 때, 우리는 모든 즐거움의 열쇠를 갖게 될 것이며, 우리의 발은 그 꼭대기가 하늘에 닿은 사다리 위에 놓일 것입니다.

"너희가 그 때에 무슨 열매를 얻었느냐 이제는 너희가 그 일을 부끄러워하나니 이는 그 마지막이 사망임이라 그러나 이제는 너희가 죄로부터 해방되고 하나님께 종이 되어 거룩함에 이르는 열매를 맺었으니 그 마지막은 영생이라"(롬 6:21, 22). 형제들이여, 하나님의 긍휼로 말미암아 여러분에게 간절히 당부하노니 여러분 자신을 그에게 순복시키고 이렇게 부르짖으십시오. "주여, 진실로 나는 당신의 종이나이다. 당신이 나의 모든 멍에들을 풀어주셨나이다."

21
알곡과 쭉정이

"믿는 무리가 한마음과 한 뜻이 되어 모든 물건을 서로 통용하고 자기 재물을 조금이라도 자기 것이라 하는 이가 하나도 없더라"

행 4:32

"온 교회와 이 일을 듣는 사람들이 다 크게 두려워하니라"

행 5:11

또 다시 누가는 잠간 멈추고 당시 교회의 전반적 모습을 묘사합니다. 그리고 그러한 묘사는 공권력의 첫 번째 공격에 대한 승리의 이야기의 제일 끝 부분에 제시됩니다. 공권력의 공격은 그 자체로 좌절되었을 뿐만 아니라 도리어 선(善)으로 바뀌었습니다. 왜냐하면 핍박으로 인해 그들은 하나님과 더불어 그리고 그들 상호 간에 더 가까워졌기 때문입니다. 그리하여 제자들은 누가가 즐겁게 묘사하는 것처럼 형제애(兄弟愛)와 은혜로 충만해졌습니다.

1. 우리는 여기에서 초창기 교회의 아름다운 그림을 봅니다.

교회에 갑작스럽게 많은 수가 더해짐으로 말미암아 형제애의 뜨거운 감정이 약화될 수 있었습니다. 따라서 앞에서 이야기한 것을 또 다시 반복하는 것은 결코 불필요한 일이 아니었습니다(2:44, 45). 32절의 "무리"라는 표현 속에는 큰 의미가 담겨 있습니다. 왜냐하면 형제애의 뜨거운 강이 모두의 마음에 흐르며 함께 그리스도께 순복함으로 인해 하나된 것은 성령으로 말미암은 큰 승리였기 때문입니다. 생각과 감정의 이러한 하나됨은 성령의 충만함의 복된 결과였습니다(31절). 만일 우리의 교회들이 성령으로 충만하다면, 우리 역시도 마음과 생각이 하나로 융합될 것입니다. 설령 외적 조직은 서로 나누어져 있다 하더라도 말입니다. 마치 해변의 작은 웅덩이들이 밀물로 말미암아 모두 하나가 되는 것처럼 말입니다.

그러한 하나됨의 첫 번째 결과는 "물건을 서로 통용하는 것"이었습니다(32절). 여기의 이야기가 주목할 만한 것은 그것이 여기의 그림을 가득 채우고 있기 때문일 뿐만 아니라 또한 다른 특징들을 짤막하게 요약하는 33절로 말미암아 두 부분으로 나누어지기 때문입니다. 두 부분은 모두 동일한 것을 이야기합니다. 다만 차이가 있다면 앞부분(32절)은 물건을 서로 통용하는 것을 형제의 연합의 결과로서 제시하는 반면, 뒷부분(34절)은 그것을 전체 공동체 위에 임한 풍성한 신적 은혜의 결과로 돌린다는 사실입니다(33절). 우리는 여기에 묘사된 용어들이 개인적 소유권을 강제적으로 폐지하는 개념을 전혀 찬동(贊同)하지 않는다는 사실을 주목할 필요가 있습니다. "자기 재물을 조금이라도 자기 것이라 하는 이가 하나도 없더라"(32절). 이러한 표현은 소유권이 폐지되지 않았음을 함축합니다. 다만 그것은 서로 형제가 되었다는 공통의 감정이 재물을 오직 자신만을 위해 사용하는 것으로 여기는 자기중심적 생각보다 더 강했음을 함축합니다. 이와 같이 그들은 마치 소유하지 않은 것처럼 소유했으며, 자신의 재물을 형제들을 위해 하나님으로부터 맡은 것처럼 여겼습니다.

뿐만 아니라 우리는 자기의 소유를 파는 행동이나 판 것의 값을 사도들에게 맡기는 행동이 전적으로 소유자 자신의 행동이었다는 사실을 주목해야 합니다. 자신에게 돈이 맡겨질 때까지, 공동체는 그 돈에 대해 아무것도 할 수 없었습니다. 나아가 나누어주는 일도 평등의 법칙에 의해 결정되지 않고 사람들의 "필요"에 의해 결정되었습니다(35절). 그리고 그 결과는 모든 사람들이 똑같은 몫을 받은 것이 아니라 "부족한 사람이 아무도 없게 된" 것이었습니다(한글개역개정판에는 "가난한 사람이 없으니"라고 되어 있음, 34절 — 역주).

이 모든 것 안에 현대 공산주의와 같은 것은 아무것도 없었습니다. 다만 여기에는 재물에 대한 책임과 형제애(兄弟愛)의 요구와 관련한 영원한 교훈이 있을 뿐입니다. 다만 이러한 교훈이 오늘날 전반적으로 소홀히 여겨지는 것이 문제일 뿐입니다. 공산주의의 망령은 모든 나라를 두려워 떨게 만들고 있습니다. 만일 교회가 공산주의를 때려눕히는 유일한 길이 예수의 교훈을 따라 살며 초대교회의 정신을 새롭게 반복하는 것이라는 사실을 배우지 못한다면, 그것은 점점 더 강성해질 것입니다. 사람들로 하여금 "소유는 곧 도둑질"이라고 소리치도록 이끄는 섬뜩한 사실들을 바로잡는 것은 소유권을 폐지하는 것이 아니라 기독교적 청지기 개념을 확립하는 것입니다.

누가는 초창기 교회에 대한 자신의 묘사에다가 두 가지 요점을 더합니다 — 사도들의 증언의 권능과 전체 교회 위에 찬란한 구름처럼 드리워진 큰 은혜(33절). 사도들의 특별한 임무는 부활을 증언하는 것이었습니다. 그들은 예수에 의해 직접적으로 택함을 받았다는 사실과 그와 함께 다녔다는 사실로 말미암아 교회 안에서 특별한 위치를 차지하고 있었습니다. 그러나 사도행전은 후대(後代)에 그들에게 돌려진 다른 신비한 권능들에 대해서는 침묵합니다. 사도행전에 나타나는 사도들은 베드로와 요한과 야고보가 전부입니다. 거기에다가 야고보는 단지 그의 순교 이야기만 간략하게 기록되어 있을 뿐입니다. 그들의 특유한 사역은 "보라 그가 죽으시고 다시 살아나셨도다"라고 선포하는 것이었습니다.

2. 이러한 일반적 묘사에 이어 한 가지 구체적 실례가 언급됩니다.

그 일이 특별하게 언급되는 이유는 그것이 나중에 이 책에서 중요한 역할을 하게 되는 인물에 의해 행해졌기 때문일 뿐만 아니라 또한 그것이 외식(外飾)의 한 실례(實例)를 이끌기 때문입니다. 여기에 두 부류의 사람이 함께 등장하는데, 한쪽에 바나바가 있고 다른 한쪽에 아나니아와 삽비라가 있습니다.

누가는 여기에서 새로운 인물을 비교적 상세하게 소개합니다. 그는 아무 이유 없이 그렇게 하지 않습니다. 그러므로 우리는 그의 묘사를 세심하게 살펴볼 필요가 있습니다. 첫째, 여기에서 그의 이름이 바나바로 제시되는데, 이것은 사도들에 의해 붙여진 이름이었습니다. 이렇게 새 이름을 붙여주는 것은 그리스도께서도 종종 행하셨던 일이었습니다. 그는 자신의 밭을 팔아 그 값을 사도들의 발 앞에 두었습니다(37절). 또 그는 "위로의 아들"이었습니다(36절). 다시 말해서 그는 형제들의 믿음을 일깨워주고, 격려하며, 회복시켜주는 능력을 가지고 있었습니다. 우리는 이에 대한 한 가지 실례(實例)를 안디옥에서 보게 됩니다. 거기에서 그는 "모든 사람에게 굳건한 마음으로 주와 함께 머물러 있으라"고 권면했습니다(행 11:23). 그에게 있어 더욱 아름다웠던 것은 바울과 함께 있을 때 항상 자신은 뒤로 감추고 바울을 전면에 앞세웠던 사실입니다. 왜냐하면 바울과 바나바가 함께 있을 때 항상 앞장서서 이야기한 사람은 바울이었기 때문입니다. 바나바는 자신의 은사가 형제 바울의 은사만 못하다고 느꼈습니다. 그랬기 때문에 그에 대해 아무런 질투심도 갖지 않은 채 기꺼이 두 번째 자리를 취했습니다. 그는 무언(無言)으로 우리에게 자신의 한계를 알고 기꺼이 다른 사람을 앞세울 줄 아는 사람이 되라고 가르칩니다.

다음으로 우리는 그의 사회적 신분에 대해 듣게 됩니다. 그는 레위인이었습니다(36절). 어떤 제자에게 있어 그가 어느 지파 출신이었다는 언급은 성경에 아주 드물게 밖에는 나타나지 않습니다. 그렇지만 여기에서 바나바의 출신 지파가 특별하게 언급되는 이유는 아마도 누가로 하여금 다른 곳에서 "허다한 제사장의 무리도 이 도에 복종하니라"라고 기록하도록 이끈 이유와 동일한 이유였을 것입니다(행 6:7). 레위 지파는 성전 예배와 연결된 지파였으며, 따라서 그들이 교회의 일원이 되는 것은 매우 의미 있는 일이었습니다. 그것은 새로운 신앙이 옛 체계의 심장까지 침투해 들어가 가장 적대적인 부류의 사람들로부터 회심자들을 얻어냈음을 나타내는 것이었습니다. 바나바의 중요성은 그가 "구브로 사람"이었다는 사실에 의해 다시 한 번 나타납니다. 헬라파 유대인 혹은 외국에서 태어나 헬라어를 말하는 유대인들이 교회의 확장에 매우 중요한 역할을 수행했는데, 바나바는 그런 사람들 가운데 가장 먼저 언급된 사람이었습니다.

바나바에 대한 이와 같은 첫 소개는 그의 믿음과 인격이 매우 단순하며 진실하며 깊었음을 증언합니다. 레위인들로 하여금 땅을 소유하는 것을 금하는 옛 율법은 점진적으로 효력을 상실했습니다. 어쩌면 바나바의 밭은 구브로에 있었는지 모릅니다. 그의 친척인 마가의 어머니 마리아의 경우처럼, 예루살렘에 있었을 가능성이 조금 더 높아 보이기는 하지만 말입니다. 어쨌든 그는 다른 많은 사람들이 행하는 것처럼 행했습니다. 그는 자신의 밭을 판 값을 가져와 그것을 공개적으로 사도들의 발 앞에 두었는데(37절), 이것은 사도들에게 그 돈을 임의로 처분할 수 있는 권세를 위임하는 행동이었습니다.

3. 어째서 여기에서 바나바의 행동만 유일하게 선택되어 언급되었을까요?

유난히 그것만 특별한 행동이 아니었음에도 불구하고 말입니다. 아마도 그것은 바나바의 그와 같은 행동이 아나니아와 그의 아내 삽비라로 하여금 동일한 행동을 하도록 자극했기 때문이었을 것입니다. 기독교적 자기 희생의 두드러진 모범이 있는 곳마다 그것을 흉내 내는 모조품 같은 행동이 따르는 법입니다. 아나니아는 바나바를 똑같이 흉내 냅니다. 아나니아와 그의 아내로 하여금 그들의 소유를 팔기로 합의하도록 이끈 것은 틀림없이 순수한 충동이었을 것입니다. 그러나 그들의 손에 돈이 들어오고 그 돈과 영원히 헤어져야 할 결정적 순간이 왔을 때, 그들의 마음은 격렬한 갈등에 사로잡히고 말았습니다. 사탄은 종종 좋게 시작한 일을 망쳐놓곤 합니다. 그리하여 우리는 기독교적 헌신의 행동을 하는 가운데 도중(途中)에 허물어지기도 합니다. 잘 시작했다고 해서 다 끝난 것이 아닙니다. 단지 절반만 행한 것일 뿐입니다.

아나니아에 대한 베드로의 엄중한 책망의 말은 거짓을 행한 죄에 초점이 모아집니다. 거짓으로 속인 동기는 분명하게 언급되지 않습니다. 아마도 그것은 돈에 대한 탐심, 믿음의 부족, 박수갈채에 대한 열망, 남들이 하는 일에 꽁무니 빼기 싫어하는 일종의 체면 같은 것이었을 것입니다. 그가 실제적으로 얼마를 감추었는지는 중요하지 않습니다. 실제로 조금 감추었을수록 죄는 더 커집니다. 왜냐하면 작은 이득을 위해 거짓을 행하는 것은 더욱 더 어리석고 저열한 일이 될 것이기 때문입니다.

베드로의 두 질문은 그들의 죄의 이중적 근원을 매우 적나라하게 드러냅니다. "어찌하여 사탄이 네 마음에 가득하여 네가 성령을 속이고 땅 값 얼마를 감추었느냐?"(3절). 이것은 성령으로 충만한 것과 반대되는 것이었습니다. 이와 같이 사람들의 마음속에 악한 생각과 계획을 불어넣을 수 있는 실제적이며 악의에 가득 찬 유혹자가 있습니다. 그렇지만 "어찌하여"란 단어가 함축하는 것처럼, 사람이 자기 마음을 열지 않는 한 사탄은 그렇게 할 수 없습니다. 이와 관련한 우리의 협력과 찬동의 개념이 두 번째 질문에 나타납니다. "어찌하여 이 일을 네 마음에 두었느냐?"(4절). 그러므로 설령 사탄이 유혹했다 하더라도 죄책은 우리에게 있는 것입니다. 오직 그리스도만 문 앞에 서서 두드리는 것이 아닙니다. 그와 그의 백성들의 대적 역시도 문 앞에 서서 두드립니다. 그리스도와 마찬가지로, 그의 대적 역시도 "누구든지 문을 열면" 그 안으로 들어갈 것입니다. 만일 우리가 문을 열지 않는다면, 천국도 들어올 수 없고 지옥도 들어올 수 없습니다.

아나니아의 죽음은 베드로로 말미암은 것이 아니었습니다. 성경은 그가 베드로의 말을 듣는 순간 엎드러져 혼이 떠났다고 말합니다(5절). 분명 이러한 표현은 엄중한 책망의 말이 그의 목숨을 쳤으며 따라서 그의 죽음은 그로 인한 수치와 죄책의 결과였음을 암시합니다. 이러한 표현은 그의 죽음을 신적 보응(報應)의 행동으로 간주하는 것과 전혀 상충되지 않습니다.

우리는 삽비라가 들어왔을 때 회중들 가운데 비통에 찬 조심스러운 움직임과 함께 두려운 침묵이 흘렀을 것임을 충분히 상상할 수 있습니다. 어째서 두 사람이 함께 있지 않았는지에 대해 우리는 아무것도 알지 못합니다. 우리는 단지 그에 대해 추측할 수 있을 뿐입니다. 어쩌면 남편은 땅을 판 후 즉시 사도들에게로 오고, 아내는 자신의 일을 다 마치고 난 후 뒤따라 왔는지 모릅니다. 또 어쩌면 그녀는 전혀 올 계획이 없었지만, 그러나 남편이 늦는 것을 보고 이상하게 생각해서 나중에 온 것인지도 모릅니다. 아마도 그녀는 뭔가 일이 잘못된 것 같은 두려움을 느끼며 들어왔을 것입니다. 그렇다면 그러한 두려움은 무리 가운데 남편이 없음을 알아챈 순간 더 크게 증폭되었을 것입니다.

만일 삽비라가 박수갈채를 받을 것을 예상하며 들어왔다면, 지금 무리를 짓누르고 있는 무거운 침묵과 이상한 분위기는 뭔가 두려운 일이 일어난 것이 아닌가 하는 두려움을 그녀의 마음속에 불러일으켰을 것입니다. 그리고 그러한 두려움은 베드로의 질문으로 말미암아 더 크게 증폭되었을 것입니다. 실제로 베드로의 질문은 죄와 형벌로부터 그녀를 분리시키기 위해 그녀에게 주어진 긍휼의 기회였습니다. 그러나 그녀는 또 다시 거짓을 말했습니다. 이것은 그녀가 계속해서 거짓을 고집하려고 결심했음을 보여줍니다. 지금 이 순간은 그녀의 운명이 좌우되는 결정적 순간이었지만, 그러나 그녀는 그것을 알지 못했습니다. 그녀에게는 사실을 말할 기회가 있었지만, 그러나 그녀는 그러한 기회를 붙잡지 않았습니다. 그녀는 어려운 선택을 해야만 했습니다. 거짓된 공모(共謀)에 진실할 것인가 아니면 하나님께 진실한 것인가 하는 것 가운데 말입니다. 그러나 불행하게도 그녀는 나쁜 쪽을 선택했습니다. 많은 아내들이 종종 그렇게 하는 것처럼, 그녀는 하나님을 따르는 것보다 남편을 따르는 것이 더 낫다고 생각했습니다. 이렇게 하여 그녀 역시도 거짓된 길을 선택하고 말았습니다.

삽비라에 대한 심판 역시 베드로로 말미암은 것이 아니었습니다. "보라 네 남편을 장사하고 오는 사람들의 발이 문 앞에 이르렀으니 또 너를 메어 내가리라"는 베드로의 말은 단지 그의 예언적 능력으로 말미암아 예고(豫告)한 것일 뿐이었습니다(9절). 다만 그녀에 대한 심판은 이제 막 시작된 유아기 교회를 정결하게 지키고자 했던 하나님의 손으로 말미암은 것이었습니다. 그들이 받은 형벌의 가혹함은 오직 유아 상태의 교회를 처음에 타락으로부터 보호하는 일이 얼마나 중요했는지를 기억할 때 비로소 이해될 수 있습니다. 이제 막 땅으로부터 솟아오르기 시작한 새싹을 생각해 보십시오. 만일 그것으로부터 해충을 제거하지 않는다면, 그것은 제대로 자라지 못하다가 마침내 시들어 죽고 말 것입니다. 아간의 죽음이 약속의 땅에 들어가고 있었던 이스라엘에게 큰 경고가 되었던 것처럼, 아나니아와 삽비라의 죽음 역시 모든 세대의 교회들에게 실제로는 사람들의 박수갈채를 원하면서 겉으로는 헌신과 희생처럼 꾸미는 것이 얼마나 위험하며 악한 일인지 일깨워줍니다. 나아가 우리는 그들의 죽음을 통해 우리가 마음의 은밀한 것을 아시는 자와 더불어 회계(會計)해야만 한다는 사실을 깨달아야만 합니다.

22
누구에게 순종할 것인가?

"17 대제사장과 그와 함께 있는 사람 즉 사두개인의 당파가 다 마음에 시기가 가득
하여 일어나서 18 사도들을 잡아다가 옥에 가두었더니 19 주의 사자가 밤에 옥문을
열고 끌어내어 이르되 20 가서 성전에 서서 이 생명의 말씀을 다 백성에게 말하라
하매 21 그들이 듣고 새벽에 성전에 들어가서 가르치더니 대제사장과 그와 함께 있
는 사람들이 와서 공회와 이스라엘 족속의 원로들을 다 모으고 사람을 옥에 보내
어 사도들을 잡아오라 하니 22 부하들이 가서 옥에서 사도들을 보지 못하고 돌아와
23 이르되 우리가 보니 옥은 든든하게 잠기고 지키는 사람들이 문에 서 있으되 문을
열고 본즉 그 안에는 한 사람도 없더이다 하니 24 성전 맡은 자와 제사장들이 이 말
을 듣고 의혹하여 이 일이 어찌 될까 하더니 25 사람이 와서 알리되 보소서 옥에 가
두었던 사람들이 성전에 서서 백성을 가르치더이다 하니 26 성전 맡은 자가 부하들
과 같이 가서 그들을 잡아왔으나 강제로 못함은 백성들이 돌로 칠까 두려워함이
더라 27 그들을 끌어다가 공회 앞에 세우니 대제사장이 물어 28 이르되 우리가 이 이
름으로 사람을 가르치지 말라고 엄금하였으되 너희가 너희 가르침을 예루살렘에
가득하게 하니 이 사람의 피를 우리에게로 돌리고자 함이로다 29 베드로와 사도들
이 대답하여 이르되 사람보다 하나님께 순종하는 것이 마땅하니라 30 너희가 나무
에 달아 죽인 예수를 우리 조상의 하나님이 살리시고 31 이스라엘에게 회개함과 죄
사함을 주시려고 그를 오른손으로 높이사 임금과 구주로 삼으셨느니라 32 우리는
이 일에 증인이요 하나님이 자기에게 순종하는 사람들에게 주신 성령도 그러하니
라 하더라"

행 5:17-32

유대 지도자들은 첫 번째 충돌에서 패배를 당했습니다. 그들은 불길을 끄려고했지만 도리어 더 거세게 타오르도록 만들었습니다. 군중들의 마음은 변덕스럽기 마련입니다. 군중들은 어떤 때는 핍박자들과 함께 소리를 지르는가 하면, 또 어떤 때는 핍박당하는 자들을 영웅으로 만들기도 합니다. 여기의 사도들을 보십시오. 그들은 첫 번째 충돌로 말미암아 군중들의 호응을 얻게 되었습니다. 그러나 그것은 그들을 또 다시 두 번째 충돌로 이끌었습니다. 오늘 본문은 바로 이러한 두 번째 충돌을 묘사합니다.

여기에서 우리가 첫 번째로 주목할 만한 것은 대제사장과 사두개인들을 움직인 비열한 동기입니다(17절). 첫 번째 충돌에서와 마찬가지로, 여기에서도 사두개인들이 공격의 선봉에 섰습니다. 왜냐하면 사도들이 전파한 부활이 그들에게는 쑥과 쓸개즙이었기 때문입니다. 그러나 누가는 그것보다 훨씬 더 비열한 동기를 제시합니다. 흠정역에 "분개"(indignation)로 번역된 단어는 문자적으로 "열심"(zeal)을 의미하는 단어입니다(17절). 그러나 개정역의 번역처럼, 실제적으로 그것은 여기에서 "시기"를 의미합니다(한글개역개정판에도 "시기"로 되어 있음 — 역주). "도대체 저 무식한 갈릴리 촌놈들이 무엇이기에 감히 백성들을 가르치는 우리의 직분을 침범한단 말인가? 또 저 따위 놈들에게 귀를 기울이는 군중들은 얼마나 어리석은 자들이란 말인가? 우리의 위신(威信)이 위협받고 있도다! 만일 우리가 가만히 있는다면, 우리의 권위는 모두 허물어지고 말 것이로다."

산헤드린은 사도들을 핍박하면서 틀림없이 예후처럼 "여호와를 위한 우리의 열심을 보라!"라고 말했을 것입니다(왕하 10:16). 그러나 그것은 시장(市場)에서 인사를 받으며 회당에서 상석에 앉는 자신들의 특권을 지키고자 하는 열심이었을 뿐입니다. 역사 가운데 이런 일은 종종 반복되어 왔습니다. 진리를 위한 열심이 사용하는 도구는 논증과 성경과 설득입니다. 그러나 위협과 폭력에 의지하는 열심은 기껏해야 사람의 분노와 시기심이 뒤엉켜 있는 것일 뿐입니다.

산헤드린은 또 다시 사도들을 잡아다가 옥에 가두었습니다(18절). 그들은 이번에는 그물을 더 넓게 던졌습니다. 그들은 모든 사도들을 붙잡아 옥에 단단히 감금했으며, 다음 날 결정적 타격을 가할 것을 예상하며 의기양양하게 집으로 돌아갔습니다. 그렇지만 19절은 또 다시 위대한 "그러나"(but)로 시작합니다(한글개역개정판에는 "그러나"가 생략되어 있음 — 역주). 안나스와 가야바는 자신들이 이겼다고 생각했지만, 그러나 한 천사가 그들의 계산을 뒤집어엎었습니다. 여기의 기적을 충분하게 설명하는 것은 난망(難望)한 일입니다. 다만 그것을 이해하고자 노력하는 것이 훨씬 더 지혜로운 일입니다.

19절의 기적을 주목해 보십시오. 주의 사자가 밤에 옥문을 열고 그들을 끌어냈습니다. 그러나 그것은 사도들의 구원으로 귀결되지 않고 도리어 다음날 재판과 채찍질이 따랐습니다. 마치 그러한 기적이 일어나지 않았던 것처럼 말입니다. 그래서 어떤 사람들은 그러한 사건의 신빙성을 의심하기도 합니다. 그러나 그것은 그들을 구원하기 위한 것이 아니라, 그들의 마음을 굳게 하며 격려하기 위한 것이었습니다. 그리고 모든 세대의 그리스도인들로 하여금 교회가 공권력과 충돌했을 때 주님이 자기 교회와 함께 계셨음을 깨닫도록 하기 위한 것이었습니다. 우리를 굳건하게 만드는 그의 능력은 기적이 행하여지지 않을 때에도 작동됩니다. 만일 그의 종들이 구원받지 못한다면, 그것은 그에게 천사들이 부족하기 때문이 아니라 옥에 갇혀 있거나 혹은 화형대에서 죽는 것이 그들에게 더 낫기 때문입니다.

여기의 기적은 주님이 자기 종들과 함께 계신다고 하는 영원한 진리가 잠시 나타난 것이었습니다. 그 순간 그들이 갇혀 있었던 어두운 감옥은 찬란한 빛으로 빛났으며, 그것은 그들에게 영웅적 용기를 불어넣어주었습니다. 또 다시 성전으로 가서 백성들에게 생명의 말씀을 전파하라는 명령은 얼마나 위험한 명령입니까!(20절). 그럼에도 불구하고 즉각적으로 순종한 그들의 순종은 얼마나 숭고하며 멋진 순종입니까! 감람산에 새벽 미명이 동터오기 시작했을 때 그리고 제사장들이 아침 제사를 준비하고 있었을 때, 사도들은 마치 아무 일도 없었다는 듯 또 다시 목소리를 높여 생명의 말씀을 전파했습니다(21절). 여기에 나타난 사도들의 불굴의 의지를 보십시오. 이것은 우리에게 얼마나 훌륭한 교훈이 됩니까! 막는 것이 사라지는 순간, 우리는 또 다시 그리스도를 증언하는 일로 되돌아가야 합니다.

여기에서 사도들의 담대한 행동과 공회의 갈팡질팡하는 모습이 적나라하게 대조되는 것을 주목하십시오. 특별히 그들 가운데 어느 정도 우스꽝스러운 모습도 나타나는데, 누가는 그것을 굳이 감추려고 하지 않습니다. 이른 아침 유대의 위풍당당한 지도자들이 모두 모였습니다(21절). 그리고 그들은 관리들이 피의자(被疑者)들을 데려올 때까지 위엄 있는 모습으로 기다렸습니다. 의심의 여지없이 안나스를 비롯한 모든 사람들은 피의자들이 두려움 가운데 벌벌 떠는 모습을 보게 될 것을 기대하고 있었을 것입니다. 감옥과 성전과 재판정은 서로 인접해 있었으므로 그들은 오래 기다릴 필요가 없었습니다. 그러나 관리들은 피의자들을 데려올 수 없었으며, 그들의 보고는 일순간 공회의 위엄을 땅에 떨어뜨려버리고 말았습니다. 관리들이 피의자들을 데리러 감옥으로 갔을 때를 상상해 보십시오. 모든 것은 평상시와 다름없이 잘 정돈되어 있었습니다. 간수들은 여전히 옥문을 든든하게 지키고 있으며, 옥문은 굳게 잠겨 있습니다 — 주의 사자가 옥문을 열고 사도들을 데리고 나온 후 다시 닫아버린 것입니다. 그들은 피의자들을 끌어내기 위해 안으로 들어갑니다. 그러나 거기에는 아무도 없었습니다. 간수들은 열심히 빈 감옥을 지키고 있었던 것입니다.

이에 대해 설명하는 것은 관리들의 몫이 아니었습니다. 그것은 밤새 옥문을 지켰던 간수들의 몫이었습니다. 그러므로 응당 간수들이 심문을 받아야 할 것이었습니다. 사도행전 12장에 이와 비슷한 사건이 기록되어 있는데, 그때 헤롯은 통례(通例) 대로 베드로를 지켰던 간수들을 심문하고 죽였습니다(19절). 그러나 여기의 안나스를 비롯한 공회원들은 어떻게 피의자들이 도망칠 수 있었는지 간수들을 심문하는 일에 별로 주의를 기울이지 않은 것으로 보입니다. 어쩌면 그들은 기적이 일어난 것이 아닌가 의심했는지 모릅니다. 또 어쩌면 그들은 심문으로 인해 관리들 가운데 동조자들이 드러날 것을 우려했는지도 모릅니다. 어쨌든 그들은 크게 당황하여 어찌할 바를 알지 못했습니다. 그리고 다음에 어떤 일이 벌어질지 그리고 이 일이 어떻게 끝날지 고심했습니다(24절).

골치 아픈 광신자들이 또 다시 성전에서 백성들을 가르치고 있다는 소식은 의심의 여지없이 그들의 고심을 더 크게 증폭시켰을 것입니다(25절). 그들은 또 다시 관리들을 보내 사도들을 붙잡아 오도록 했습니다. 피의자들이 오기를 기다리는 동안, 아침 시간에 보였던 그들의 위풍당당함은 상당 부분 훼손되고 감소되었을 것입니다. 사도들을 붙잡아 오기 위해 성전으로 달려온 관리들은 군중들로부터 일종의 강한 반발심 같은 것을 느꼈습니다. 그리하여 피부로 느껴지는 두려움으로 인해 감히 그들을 강제로 끌고 올 수 없었습니다(26절). 관리들은 성전 마당에 있는 모여 있는 군중들을 의식하여 사도들을 강제로 끌고 가지 않고 정중한 말로 동행해 줄 것을 요청했습니다. 그러자 용맹한 사도들은 기꺼이 따랐습니다. 왜냐하면 그들에게 산헤드린은 더 이상 아무런 두려움도 아니었기 때문입니다. 뿐만 아니라 공회에 감으로써 그들의 주님의 구원을 전파할 또 다른 기회를 가질 수 있었기 때문입니다. 그리스도인은 그리스도를 증언할 수 있는 곳이라면 그곳이 어디든 기꺼이 갈 것입니다.

대제사장은 사도들에게 어떻게 감옥으로부터 도망쳤는지에 대해 단 한 마디도 묻지 않았습니다. 아마도 그는 기적을 의심치 않았던 것 같습니다. 그러나 4장 16절을 주목해 보십시오. "이 사람들을 어떻게 할까 그들로 말미암아 유명한 표적 나타난 것이 예루살렘에 사는 모든 사람에게 알려졌으니 우리도 부인할 수 없는지라." 이러한 말씀은 기적이 일어났음을 확신한 것조차도 그로 하여금 적의를 버리도록 이끌지 못했음을 보여줍니다. 손바닥만 한 권세로 옷 입은 핍박자들은 이상하게도 가장 분명하게 나타난 진리의 증거들에 대하여조차 소경이 됩니다. 안나스는 어떻게 도망쳤느냐고 물었다가 자칫 어떤 일이 벌어질지 우려하지 않을 수 없었습니다. 그리하여 그는 보다 더 안전한 길을 선택하면서, 사도들에게 산헤드린의 명령에 순종하지 않은 것을 추궁합니다. 그는 얼마나 교활한 사람입니까! 그에게 그들이 말하는 것이 사실인지 사실이 아닌지는 중요하지 않았습니다. 중요한 것은 그들이 공회의 명령에 순종하지 않음으로써 자신의 권위에 도전한 것입니다. 그것으로 충분했습니다. "이단 교리나 퍼뜨리고 다니는 이 따위 무식한 비류들과 도대체 무슨 변론이 필요하단 말인가! 그들의 입을 막아버려라!" 그에게 있어 이렇게 하는 것이 훨씬 더 쉽고 위엄 있는 일이었습니다.

28절의 "우리가 엄금하였으되"라는 표현을 주목해 보십시오. 우리는 거기에서 대제사장 안나스의 자기과시(自己誇示)를 발견합니다. 또 그는 "이 이름"과 "이 사람"이라는 표현을 사용함으로써 예수의 이름을 부르기를 기피했는데, 거기에서 우리는 경멸의 뉘앙스를 느낍니다. 그는 예수라는 이름을 부름으로써 자신의 입술을 더럽히기 싫어했습니다. 그런 그에게 "이 이름"과 "이 사람"이라는 표현은 최선의 표현이었습니다. 계속해서 그는 사도들에게 "너희가 너희 가르침을 예루살렘에 가득하게" 했다고 비난함으로써 그들의 열심과 대중들이 상당 부분 그들에게 기울어졌음을 무의식적으로 증언합니다. 나아가 "너희 가르침"이라는 표현 역시 마치 그것이 그들 자신의 무식한 생각으로부터 나온 것 외에 아무것도 아닌 것이라는 양 경멸적 뉘앙스를 담고 있습니다.

계속해서 "이 사람의 피를 우리에게로 돌리고자 함이로다"라는 말 속에 산헤드린이 사도들을 대적하는 가장 결정적 이유가 나타납니다. 그들은 사도들이 예수를 죽인 죄책을 자신들에게 지우면서, 군중들로 하여금 자신들에게 복수할 것을 선동하고 있다고 생각했습니다. 사도들이 그들에게 예수를 죽인 죄책을 지운 것은 사실이었습니다. 그러나 사도들은 그들에게만 지운 것이 아니라 이스라엘 전체에게 지웠습니다. 그러므로 사도들의 가르침 속에는 복수에 대한 어떤 선동도 없었습니다. 또 사도들이 "이 사람의 피"를 유대 지도자들에게 제시한 것은 사실이었습니다. 그러나 그것은 단지 그들로 하여금 회개하도록 이끌기 위한 것일 뿐이었습니다. 아, 여기의 안나스를 보십시오! 그는 "그 피를 우리와 우리 자손에게 돌릴지어다"(마 27:25)라는 말을 잊었단 말입니까? 악을 행한 자에게 있어 흥분한 상태에서는 기꺼이 지고자 했던 책임을 그 일이 끝나고 난 연후에는 적당히 얼버무리려고 하는 것은 흔히 있는 일입니다. 안나스는 신적 보응에 대해서는 두려워하지 않았습니다. 그가 두려워한 것은 대중들이었습니다.

이와 같은 피의자들에 대한 위협 안에서, 공허한 권세 안에서, 진리에 대한 완전한 무관심 안에서, 진리를 전파하는 자들과 그들이 전파하는 메시지에 대한 경멸 안에서, 책임에 대한 뻔뻔스러운 부인(否認) 안에서, 군중들에 대한 두려움과 신적 심판에 대한 무시 안에서, 거만한 말투 안에서 — 우리는 로마제국 이래로 악한 권세자들이 어떻게 무고한 사람들을 핍박하며 괴롭혔는지에 대한 완전한 전형(典型)을 발견합니다.

29절의 베드로의 대답 또한 무고하게 핍박을 당한 수많은 사람들의 대답의 완전한 전형입니다. "사람보다 하나님께 순종하는 것이 마땅하니라." 그의 말투는 전보다 더 단호합니다. 그는 지금 공회의 권위를 거의 의식하고 있지 않는 것처럼 보입니다. 그는 지금 산헤드린의 명령에 순종하도록 강요하는 대제사장의 모든 요구를 옆으로 제쳐놓으면서, 공회의 그와 같은 명령이 고작해야 사람의 명령에 불과함을 선언합니다. 그들은 스스로를 하나님의 판결을 맡은 자들이라고 주장했습니다. 그러나 여기의 혁명적 어부는 그들 안에서 단지 하나님이 가리키는 길과 다른 쪽 길을 가리키는 "사람들" 외에 아무것도 보지 못합니다. 주의 사자는 그들에게 "말하라"고 명령했습니다(20절). 반면 공회는 그들에게 "말하지 말라"고 명령했습니다(4:18). 전에 베드로는 "하나님 앞에서 너희의 말을 듣는 것이 하나님의 말씀을 듣는 것보다 옳은가 판단하라"고 말했습니다(4:19). 지금 그는 자신의 단호한 거부를 정중한 수사적 표현으로 포장하지 않습니다. 그렇게 하는 대신 공회 앞에서 직설적으로 "사람보다 하나님께 순종하는 것이 마땅하니라"라고 말합니다(29절). 이 순간은 교회와 세상 역사에서 매우 위대한 순간이었습니다. 여기에 얼마나 많은 것이 들어있습니까? 마치 씨앗 안에 많은 것이 들어있는 것처럼 말입니다. 여기에 루터의 "내가 여기에 섰나이다. 나는 달리 아무것도 할 수 없나이다. 하나님이여 나를 도우소서. 아멘!"이 들어있습니다. 여기에 신앙의 자유를 위해 메이플라워호를 타고 신대륙으로 간 청교도들이 들어있습니다. 그리고 여기에 피로 얼룩진 수많은 순교자들의 영광스러운 이야기가 들어있습니다.

계속해서 베드로는 오순절 이후 계속해서 이스라엘의 양심에 호소한 사실들을 또다시 되풀이함으로써 공회의 잘못된 명령에 순종하지 않는 것이 곧 하나님에게 순종하는 것임을 역설합니다. 이스라엘은 예수 그리스도를 죽였지만, 그러나 하나님은 그를 자기 오른편에 높이 올리셨습니다(30, 31절). 이것은 이스라엘의 행동에 대한 하나님의 판결이었습니다. 그러나 그것은 동시에 이스라엘을 위한 희망의 기초였습니다. 왜냐하면 그는 승귀(昇貴)로 말미암아 "임금과 구주"가 되셨기 때문입니다. 또 그의 승귀된 손으로부터 "회개함와 죄 사함"의 선물이 주어졌기 때문입니다. 심지어 그를 죽인 큰 죄까지도 말입니다. 사실이 이러할진대, 도대체 어떻게 그들이 잠잠할 수 있단 말입니까? 하나님이 그들에게 말하라고 명령하지 않았습니까? 그들은 그리스도의 증인들이었습니다. 그리스도를 개인적으로 앎으로 말미암아, 그의 부활과 승천을 목격함으로 말미암아, 오순절 날 성령의 부음을 받음으로 말미암아 — 그들은 그렇게 임명받았습니다. 실제적으로 여기의 베드로의 말은 그가 다락방에서 다른 제자들과 함께 들었던 잊을 수 없는 말씀을 똑같이 따라 한 것입니다. "진리의 성령이 오실 때에 그가 나를 증언하실 것이요 너희도 처음부터 나와 함께 있었으므로 증언하느니라"(요 15:26, 27). 그러므로 말하지 않고 침묵하는 것은 주님을 배반하는 것이 될 것이었습니다. 이것은 지금도 마찬가지입니다. 그리스도로부터 침묵하지 말고 말하라는 명령을 받은 사람들에게 그리고 그 안에 아버지의 영을 가진 사람들에게 안나스의 요란한 호통소리가 도대체 무엇이란 말입니까?

23
우리의 대장

"그를 오른손으로 높이사 임금으로 삼으셨느니라"

행 5:31

여기에서 "임금"(Prince)으로 번역된 단어는 성경에서 우리 주님을 부르는 호칭으로서 매우 드물게 사용되는 단어입니다. 그것은 단지 네 번 사용되었을 뿐입니다. 사도행전에 기록된 베드로의 초창기 설교들 가운데 두 번 사용되었고, 또 다시 히브리서에서 두 번 사용되었습니다. 사도행전에 기록된 자신의 첫 번째 설교에서, 베드로는 유대인들이 "생명의 주"(Prince of life)를 죽였다고 말합니다(3:15). 그리고 두 번째로 여기에서 베드로는 그 단어를 아무런 서술어 없이 사용합니다(5:31). 또 우리는 히브리서에서 그 단어가 한 번은 "구원의 대장"(Captain of Salvation)이라는 표현으로(2:10), 그리고 또 한 번은 "믿음의 주"(Author of Faith)라는 표현으로(12:2) 나타나는 것을 보게 됩니다.

이와 같은 세 가지 번역어 "임금"(Prince)과 "대장"(Captain)과 "주"(Author)는 제각각 다른 것처럼 보입니다. 그러나 각각의 번역어들은 원어(原語)와 본질적으로 상응(相應)됩니다. 원어는 어떤 것 안에서 앞머리를 취하는 '시작하는 자'(Beginner) 혹은 '창시자'(Originator)를 의미합니다. 그리고 이러한 개념으로부터 '지휘권'chieftainship) 혹은 '우선권'(priority)의 개념이 아주 쉽게 도출됩니다. 그리하여 매우 자연스럽게 그것은 원인(cause)과 매우 유사한 어떤 것을 의미하기에 이릅니다. 다만 창시자인 자가 '그가 다른 사람들에게 원인인 것을 소유한 사람 자신' (Himself the Possessor of that of which He is the Cause to others)이라는 사실을 함축한다는 차이와 함께 말입니다. 이와 같은 그 단어 안에 앞에서 이끄는 지도자(Leader)의 개념과 자기가 가지고 있는 것을 나누어주는 소유자(Possessor)의 개념이 모두 함축되어 있습니다.

오늘 설교의 목적은 지도자(Leader)로서의 예수 그리스도의 모습을 보여주는 이와 같은 다양한 표현들을 살피는 것입니다. 오늘 본문이 제시하는 것처럼, 그는 일차적으로 절대적 지도자입니다. 그리고 앞에서 언급한 다른 세 구절은 지도자로서의 그리스도와 관련하여 각각 독특한 측면들을 나타냅니다. 거기에서 그는 죽음을 통해 생명으로 이끄는 지도자(행 3:15)와 고난을 통해 구원으로 이끄는 지도자(히 2:10)와 믿음의 길을 이끄는 지도자(히 12:2)로서 제시됩니다.

1. 첫째, 지도자로서의 그리스도 개념을 주목하십시오.

여러분은 "여호수아"란 이름과 "예수"란 이름이 원어적(原語的)으로 동일한 이름이란 사실을 잘 알 것입니다. 나아가 우리는 구약의 헬라어 역본 속에서 — 이것은 지금 베드로의 설교를 듣고 있는 청중들에게 매우 익숙한 것이었습니다 — 오늘 본문의 단어가 이스라엘의 군사적 지도자의 직분을 묘사하는 데 사용되는 단어라는 사실을 주목할 필요가 있습니다. 한 걸음 더 나아가 우리는 신약의 모든 용례(用例)에서 그것이 예수의 이름과 직접적으로 연결된다는 사실을 주목할 수 있습니다. 이 모든 사실들을 종합할 때 그리고 베드로가 지금 누구에게 말하고 있는지 생각할 때 그리고 그들 가운데 상당수의 사람들이 구약의 헬라어 역본에 매우 익숙했음을 생각할 때 그리고 여호수아라는 이름과 예수란 이름이 본질적으로 동일한 이름이라는 사실을 기억할 때, 오늘 본문의 표현이 자신의 형제들을 약속의 땅으로 성공적으로 이끈 용맹한 전사(戰士) 여호수아에 대한 언급으로 채색되어 있다는 가정(假定)은 상당한 타당성을 가집니다. 여호수아는 이스라엘 군대를 가나안으로 이끈 그들의 대장(Captain)이었습니다. 두 번째 여호수아는 여호와의 군대를 더 나은 안식으로 이끄는 그들의 대장입니다. 첫 번째 여호수아와 두 번째 여호수아는 언뜻 보기에 매우 달라 보입니다. 첫 번째 여호수아는 단지 거칠고, 동작이 빠르며, 용맹한 전사일 뿐입니다. 그는 선지자가 아니었으며, 그의 입술로부터 어떤 지혜의 말도 떨어지지 않았습니다. 그의 행동은 매우 과격했으며, 온유함이라든지 혹은 부드러움 같은 것과는 거리가 멀었습니다. 그는 현자(賢者)도 아니었으며, 성자(聖者)도 아니었습니다. 다만 그는 동작이 빠르며, 결단력이 있으며, 필요할 때는 무자비하며, 여러 가지 전략을 구사하며, 칼처럼 날카로우며 강경한 사람이었습니다. 그럼에도 불구하고 우리는 둘 사이의 유사점을 끌어낼 수 있습니다.

두 번째 여호수아는 첫 번째 여호수아와 마찬가지로 여호와의 군대의 대장입니다. 여리고 성벽 앞에서의 놀라운 장면을 생각해 보십시오. 그때 대장 여호수아는 어떻게 저 난공불락의 성벽을 무너뜨릴 것인가 곰곰이 생각하고 있었습니다. 순간 갑자기 눈을 들었을 때, 그는 자기 앞에 칼을 빼들고 서 있는 한 사람을 보았습니다. 본능적 경계심으로, 즉시 그는 이렇게 물었습니다. "너는 우리를 위하느냐 우리의 적들을 위하느냐?"(수 5:13). 그러자 그에게 돌아온 대답은 이것이었습니다. "아니라 나는 여호와의 군대 대장으로 지금 왔느니라"(14절).

이와 같이 하나님의 아들인 예수 그리스도는 "하나님의 군대의 첫 번째 전사"(戰士)와 "모든 병사들의 지도자"라는 군사적 표상으로 나타납니다. 우리는 예수 그리스도의 전사적 특성을 너무나 자주 잊곤 합니다. 우리는 그의 온유함과 온순함과 부드러움과 인내와 겸비를 생각합니다. 물론 이러한 것들은 아무리 많이 생각해도 결코 지나치지 않습니다. 그러나 이러한 온유함의 기저(基底)에 있는 강함에 대하여, 우리는 너무나 자주 잊습니다. 밖으로부터 볼 때 그의 생애는 계속적 투쟁의 연속이었으며, 인간의 모든 악과 슬픔에 대한 하나님의 싸움이었습니다. 우리는 예수의 온유하심의 기저에 있는 용기와 그의 겸손의 기저에 있는 담대함을 너무나 자주 잊습니다. 그러나 우리는 예수 그리스도 안에서 소위 영웅적 요소들이 세속적 형태로서가 아니라 가장 숭고한 형태로 제시되는 것을 기억해야 합니다. 위대한 정복자인 그는 온유한 왕이며, 그의 무기는 사랑입니다. 위대한 전사로서 그는 그러한 무기를 힘차게 행사합니다.

여호와의 군대의 첫 번째 전사와 대장이라는 이러한 그리스도 개념은 우리가 종종 놓치곤 하는 그의 특성의 한 측면을 깨닫도록 이끌어줄 뿐만 아니라 또한 우리가 마땅히 감당해야 하는 의무가 무엇인지 일깨워줍니다. 그는 우리에 대하여 장군과 최고사령관의 위치에 서며, 우리는 그에 대하여 병사의 위치에 섭니다. 그러므로 우리의 첫 번째 의무는 그의 명령에 지체 없이 복종하는 것입니다. 또 그의 뜻을 행하는 가운데 나타나야 할 우리의 용기는 피로 얼룩진 전쟁터에서 나타나는 일반적 용기보다 훨씬 더 숭고한 용기여야 합니다. 자신의 일을 행함에 있어 그 얼굴을 "부싯돌 같이 굳게" 하고 행한 주님의 용기와 같은 그런 용기 말입니다(사 50:7).

여호수아의 행적 안에는 많은 사람들에게 큰 걸림돌이 될 만한 것들이 있었습니다. 예컨대 가나안 족속들을 무자비하게 멸망시킨 것 같은 경우 말입니다. 그렇지만 다음과 같은 두 가지 사실을 기억할 때, 우리는 그러한 행동이 정당한 것이었음을 이해할 수 있게 됩니다. 첫째, 그것이 하나님이 명령하신 일이었다는 사실입니다. 하나님에게는 그들을 징벌한 권리가 있었습니다. 그리고 둘째, 당시 고대사회는 특별히 자비 혹은 긍휼과 관련하여 지금과는 전혀 다른 규범 아래 있었다는 사실입니다. 어쨌든 가나안 족속들을 멸망시키는 두려운 장면을 놀람과 함께 바라봄에도 불구하고, 우리는 악에 대한 대적과 의로운 분노가 그리스도의 병사들이 마땅한 의무라는 사실을 기억해야 합니다. 오늘날 모든 그리스도인들이 진척시키며 위하여 싸우는 것이 마땅한 의무인 것들이 많이 있습니다. 그리스도의 지도자 되심이 단순한 비유가 아니라 병사들의 책임을 요구하는 엄연한 실재(實在)라는 사실을 기억하십시오. 우리는 우리의 백부장이 오라 하면 오고, 가라 하면 가야 합니다. 만일 그가 우리에게 "이것을 행하라!"라고 말한다면, 우리는 그것을 행해야 합니다. 설령 우리의 마음과 육체가 아무리 꺼리며 움츠린다 하더라도 말입니다. 그의 권위에 찬 명령에 지체 없이 복종할 때, 우리는 자기의지(自己意志)에 의해 야기되는 많은 불행으로부터 구원받게 될 것입니다. 나아가 그리스도의 편에 서서 용감하게 싸우는 것은 그의 병사들의 의무일 뿐만 아니라 또한 특권입니다.

2. 둘째, 죽음을 통해 생명으로 이끄는 지도자를 주목하십시오.

사도행전 3장의 설교 가운데 베드로의 마음과 생각은 예수 그리스도의 부활과 승천의 놀라운 사실들로 가득 차 있었습니다. 그는 "너희가 생명의 주(Prince of Life) — 생명의 지도자(Leader of Life) — 를 죽였도다"라는 역설적 참소의 말을 하면서 곧바로 "그러나 하나님이 죽은 자 가운데서 그를 살리셨으니"라고 덧붙입니다(15절). 이것은 그리스도께서 영화로워진 생명 안으로 들어가심으로 말미암아 그 생명이 다른 사람들에게 나누어질 수 있게 되었음을 가리키는 것처럼 보입니다. 여기와 동일한 개념이 다음과 같은 바울의 말 속에서도 그대로 나타납니다. "그러나 이제 그리스도께서 죽은 자 가운데서 다시 살아나사 잠자는 자들의 첫 열매가 되셨도다"(고전 15:20). 이스라엘 백성들은 추수 때 첫 번째 단을 성전으로 가져가 하나님께 성별(聖別)하였는데, 그것은 때가 되면 풍성한 추수를 거둘 것에 대한 약속이면서 동시에 예언이었습니다. 베드로는 이렇게 말하고 있는 셈입니다. "이와 같이 그는 너희가 그를 죽였기 때문에 사망의 어둠 속으로 들어가신 생명의 지도자(Leader of Life)시로다. 너희가 그렇게 할 수 있었다는 것은 신비 중의 신비로다. 나아가 너희가 기꺼이 그렇게 하고자 했던 것은 더 큰 신비로다. 나아가 그가 죽으셨다가 영원히 살아나신 것은 최고의 신비로다. 너희는 생명의 주를 죽였지만 하나님은 죽은 자 가운데 그를 다시 살리셨도다."

그는 우리 앞서 가셨습니다. 그는 "죽은 자 가운데 살아난 첫 사람"입니다. 물론 그가 죽은 사람 세 명을 다시 살린 것은 분명한 사실입니다. 그러나 그것은 부활 생명이 나누어진 것이 아니었습니다. 그것은 결국 죽음으로 귀결될 필멸(必滅)의 생명이 다시 돌아온 것일 뿐이었습니다. 그들은 잠시 살아났지만 그러나 결국 모든 사람들의 공통적 죽음 안으로 들어갈 것이었습니다. 그러나 예수 그리스도는 죽음의 어둠 속으로 들어갔다가 영원히 살기 위해 다시 돌아온 첫 사람입니다. 아무의 발도 닿지 않은 광야에 한 사람의 발자국이 새겨졌습니다. 그 발자국은 양쪽 방향을 향하고 있습니다. 하나는 어둠으로 가는 방향이며, 다른 하나는 어둠으로부터 나오는 방향입니다. 그러므로 그 황량한 광야는 더 이상 아무의 발도 닿지 않은 광야가 아닙니다. 모든 세대가 밟은 영원한 어둠으로 들어가는 넓은 길은 지금도 그대로 있습니다. 그러나 이제 우리는 예수 그리스도께서 자신의 부활로 말미암아 만드신 새로운 좁은 길로 나아갑니다.

이와 같이 예수 그리스도는 자신이 먼저 부활 생명을 소유하시고 나아가 그 생명을 우리에게 나누어주십니다. 왜냐하면 앞에서도 이야기한 것처럼, 여기의 대장(Captain)이라는 단어의 개념은 지도자(Leader)의 개념뿐만 아니라 그 자신이 가진 것을 다른 사람들에게 나누어주는 소유자(Possessor)의 개념을 포함하기 때문입니다. 모든 사람들이 다시 살아날 것이지만, 그러나 "각각 자기 차례대로" 될 것입니다(고전 15:23). 모든 사람들의 부활에는 두 개의 원리가 작동됩니다. 사람들은 서로 다른 기초 위에서 일어날 것이며, 서로 다른 결과로 일어날 것입니다. 그리스도에게 속한 자들은 죽은 자들로부터 다시 데려옴을 받을 것입니다. 왜냐하면 그들 안에 그리스도의 생명이 있기 때문입니다. 그가 "사망에 붙잡혀 있을 수 없는" 것처럼, 그들 역시도 그러합니다. 단순한 믿음으로 예수 그리스도와 연합하는 것은 사람이 부활로 말미암아 죽은 자로부터 다시 살아나는 유일한 방편입니다. 반면 "수치를 당하여 영원히 부끄러움을 당할 자도 있을" 것입니다(단 12:2). 그들은 살았으나 죽은 자들이며, 다시 살아난 연후에도 여전히 죽은 자들입니다. 이와 같이 두 종류의 부활이 있을 것입니다. 그것이 시간적으로 동시에 일어나는지 그렇지 않은지 여부는 중요하지 않습니다. 우리 모두는 각자의 분깃으로 둘 중 하나를 가질 것입니다. 예수 그리스도를 믿는 믿음은 그가 이끄는 큰 군대 안에 우리의 자리를 취할 수 있는 유일한 방편입니다.

만일 그가 죽음을 통해 생명으로 이끄는 지도자라면, 그의 길을 따르는 자들이 그의 편이 되고 또 그의 영광에 참여하게 될 것임은 의심의 여지없이 확실한 사실입니다. 그의 인도하심은 그가 그들을 자기 곁으로 이끌 때까지 끝나지 않을 것입니다. 만일 그들이 그를 신뢰하며 의지한다면 말입니다. 그러므로 우리는 모두 앞에 기다리고 있는 어두운 여행길을 평온함과 확신을 가지고 바라볼 수 있습니다. 우리의 모든 친구들은 그 터널 입구에서 우리를 남겨두고 돌아갈 것이지만, 그러나 그는 우리와 함께 어둠을 통과할 것이며 마침내 우리를 햇빛이 찬란하게 비취는 땅으로 데려갈 것입니다. 우리 영혼의 지도자는 우리를 죽음뿐만 아니라 그 너머 그 자신의 생명으로 데려가는 인도자일 것입니다.

3. 셋째, 고난을 통해 구원으로 이끄는 지도자를 주목하십시오.

히브리서 2장 10절을 다시 한 번 읽어 보십시오. "그러므로 만물이 그를 위하고 또한 그로 말미암은 이가 많은 아들들을 이끌어 영광에 들어가게 하시는 일에 그들의 구원의 대장(Captain) — 혹은 구원의 지도자(Leader) — 을 고난을 통하여 온전하게 하심이 합당하도다"(한글개역개정판에는 "구원의 창시자"로 되어 있음 — 역주). 언뜻 보기에 이러한 표현은 예수 그리스도를 그가 나누어주는 것에 참여하는 것으로부터 차단하는 것처럼 보일 수 있습니다. 왜냐하면 구원은 단지 그가 주는 선물일 뿐, 그 자신이 소유하고 향유하는 것은 아니기 때문입니다. 그러나 우리는 문맥에서 "영광"이 실질적으로 구원과 동의어로 제시되는 사실과, "많은 아들들을 이끌어"라는 구절에 나타나는 것처럼 전체가 긴 과정의 개념으로 덮여 있는 사실을 주목할 필요가 있습니다. 이러한 과정을 이끄는 지도자는 예수 그리스도 자신입니다.

그러므로 지금 우리가 문맥 속에서 주목해야 할 개념은 예수 그리스도의 생애가 그의 모든 종들이 따라야 할 모범이라는 사실입니다. 그는 "그 자신이 우리가 지나가야 할 조건들을 지나가고 또 그 자신이 우리에게 주어질 영광에 도달한" 인류를 대표자입니다. 그리고 바로 그것이 구원입니다.

그리스도는 "고난을 통해 온전하게" 되셨습니다(히 2:10). 그러므로 우리도 그래야만 합니다. 고난을 통해 온전하게 되셨다고요? 그렇다면 그리스도의 인성(人性)은 온전하게 될 필요가 있었단 말입니까? 이러한 질문에 대해 우리는 "그렇습니다"(Yes)와 "아닙니다"(No)로 동시에 대답해야 합니다. 그의 흰 대리석 안에는 손질을 필요로 하는 부분이 전혀 없었습니다. 그의 순전한 생애 안에는 불로 정결하게 되어야만 하는 부분이 전혀 없었습니다. 그러나 예수 그리스도의 인성은 생애를 통해 펼쳐질 필요가 있었습니다. 히브리서가 말하는 것처럼, 그는 "아들이면서도 받으신 고난으로 순종함을 배웠습니다"(5:9). 그는 고난을 통해 우리를 영광으로 이끄는 일에 적합하게 되셨습니다. 그러므로 우리가 그러한 표현을 그의 인성이 펼쳐짐에 있어서의 고난과 고통을 표현하는 것으로 간주하든 아니면 그로 하여금 그의 구속사역을 위해 적합하게 되는 것을 표현하는 것으로 간주하든, 그가 고난으로 말미암아 온전하게 되셨다는 것은 여전히 사실로 남습니다.

그러므로 우리도 마찬가지입니다. 만일 우리가 많은 고난을 통과하지 않는다면, 우리의 성품은 결코 온전함과 거룩함과 하나님을 참으로 의지하는 데 이르지 못할 것입니다. 온전하게 되기 위해서는 서리를 맞아야만 하는 식물들이 있습니다. 그와 같이 우리 모두는 아버지의 손으로부터의 연단을 필요로 합니다. 우리 모두에게 오는 고난을 생각해 보십시오. 우리 앞서 그리스도께서 그 모든 것을 감당하셨음을 생각할 때, 그것을 훨씬 더 쉽게 감당할 수 있습니다. 고난이 우리에게 휘두르는 칼은 고작해야 무뎌진 칼에 불과합니다. 그 칼은 예수 그리스도의 갑옷을 뚫지 못합니다. 우리를 때리는 채찍은 힘 빠진 채찍에 불과합니다. 그 힘은 그리스도에 대해 모두 소진(消盡)되었습니다. 만일 우리가 항상 그리스도와 가까이 한다면, 슬픔은 도리어 기쁨이 되며 나아가 우리를 그와 더 가깝게 묶어주는 것이 될 것입니다. 아, 형제여! 고난과 슬픔 속에서도 우리는 조금도 두려워할 필요가 없습니다. 그것들이 우리 위에 떨어질 때, 다만 그리스도에게 더 가깝게 붙어 있으십시오.

그리스도의 고난이 그를 영광으로 이끈 것처럼, 우리의 고난 역시 그러할 것입니다. 만일 우리가 그리스도 곁에 머물기만 한다면 말입니다. 이 땅에서 고난과 고통을 당하는 단순한 사실 안에는 아무것도 없습니다. 도리어 그 안에는 우리로 하여금 미래의 축복을 소유하며 향유하도록 우리를 준비시키는 직접적이며 필연적 목적이 있을 뿐입니다. 여러분은 천박한 사람들이 종종 다음과 같이 말하는 소리를 듣습니다. "아, 그는 이 땅에서 너무나 많은 고난을 당했어. 그렇지만 장차 그에 대한 보상이 있을 거야." 그렇습니다. 하나님은 그에 대해 장차 보상해주시기를 원하십니다. 그러나 만일 우리가 그에 합당한 조건들을 따르지 않는다면, 하나님은 그렇게 하실 수 없습니다. 만일 우리가 "의의 평강한 열매"를 맺고자 한다면, 우리는 슬픔 가운데서도 예수 그리스도 곁에 가깝게 붙어 있어야 합니다(히 12:11). 그리스도로 말미암아 오래 참고 인내할 때 비로소 영광이 따를 것입니다.

"황홀할 정도로 아름다운 광경이여!
차가운 겨울 소나기의 더딘 결과로다.
온 들판이 꽃으로 만발했도다!"

어떤 사람의 머리를 가시면류관처럼 괴롭히던 슬픔들은 하늘의 왕관으로 바뀔 것입니다. 만일 그것이 그리스도와 함께 감당하는 슬픔이라면 말입니다.

4. 마지막으로, 믿음의 길을 이끄는 지도자로서의 예수를 주목하십시오.

히브리서 12장 4절을 다시 한 번 주목해 보십시오. 거기에서 우리는 "믿음의 주"(the Author of faith)라는 표현을 발견합니다. 여기의 "Author"는 부분적 의미는 전달할지언정 전체적 의미는 전달하지 못합니다

(Author는 "저자" 혹은 "창시자"를 의미하는 단어이나 한글개역개정판에는 단순하게 "주"라고 되어 있음 — 역주). 우리는 여기에다가 다른 개념 즉 앞에서 내가 제시하고자 애썼던 먼저 '소유자'(Possessor)이며 다음에 '나누어주는 자'(Giver)라는 개념을 포함시켜야만 합니다. 왜냐하면 예수 그리스도 자신이 우리 믿음의 모범(Pattern)이면서 동시에 영감을 주는 자(Inspirer)이기 때문입니다. 이것을 길게 설명하는 것은 오늘의 주제를 벗어나는 일이 될 것입니다. 그러므로 여기에서는 간략하게 요지만 제시하고자 합니다.

우리는 예수 그리스도 자신이 계속적 믿음으로 행하셨다는 사실을 잊어서는 안 됩니다. 그의 인성(人性)은 하나님을 의지했습니다. 마치 우리의 인성이 예수를 의지해야 하는 것처럼 말입니다. 그는 믿음으로 말미암아 위로부터 임하는 능력을 계속적으로 받으면서 사셨습니다. 우리는 종종 모든 면에서 우리의 모범이신 인간 예수가 이 부분에 있어서도 우리의 모범이라는 사실을 인정하기를 두려워합니다. 그러나 만일 그리스도가 신자(信者)들 가운데 첫째가 아니었다면, 그의 모범은 우리의 필요에 부응될 수 없을 것입니다. 그러나 히브리서에 등장하는 모든 믿음의 영웅들을 생각해 보십시오. 그들에게는 그들 앞에서 그들을 이끄는 자가 계셨습니다 — 설령 연대기적으로는 그들 중간에서 행진하고 계셨다 하더라도 말입니다. 그가 바로 예수 그리스도입니다. 뿐만 아니라 그는 자신의 인성(人性)과 관련하여 "내가 그를 의지하리라"라고 말씀하셨습니다(히 2:13).

나아가 우리의 모범이신 동일한 예수가 또한 우리 믿음의 목적이며 동시에 영감을 주는 자임을 기억하십시오. 히브리서 12장 2절을 다시 한 번 보십시오. 만일 우리가 여기의 조건을 충족시킨다면 다시 말해서 우리가 다른 모든 것들로부터 — 아무리 사랑스럽고, 감미롭고, 아름다우며, 자극적 것들이라 하더라도 말입니다 — 눈을 돌이켜 예수를 바라본다면, 그는 우리 안에 그리고 우리 위에 계실 것입니다. 그는 우리 안에 계시면서 우리에게 영감을 주시며, 우리 위에 계시면서 우리의 겸손한 신뢰를 받으시고 또 상을 주실 것입니다.

그러므로 사랑하는 친구들이여, 이 모든 것은 결국 "너희는 나를 따르라!"로 귀결됩니다. 우리가 감당해야 할 모든 의무는 그와 같은 짤막한 명령으로 요약됩니다. 그리고 그러한 명령에 순종하는 것 안에서 모든 축복과 평강이 약속되고 확증됩니다. 만일 우리가 그리스도를 우리의 대장(Captain)으로 받아들인다면, 그는 우리로 하여금 능히 싸워 이길 수 있도록 가르치실 것입니다. 만일 우리가 그에게 순종한다면, 우리는 그의 인도하심을 부족함 없이 받게 될 것이며 자기의지(self-will)로부터 말미암는 모든 난관들로부터 구원받게 될 것입니다. 만일 우리가 그를 가까이 하며 우리의 눈을 세상의 모든 헛된 것들로부터 돌이켜 그에게로 향한다면, 우리는 어둠 가운데 행하지 않을 것입니다. 그리고 이 땅의 모든 빛들이 꺼진다 하더라도, 우리의 나아가는 길은 그의 임재의 빛으로 밝을 것입니다. 주님은 그의 피 흘린 발로 지나가심으로써 가장 험한 길까지도 평탄하게 만드셨습니다. 만일 우리가 그를 따른다면, 그는 우리를 컴컴한 골짜기로 인도하셨다가 찬란하게 빛나는 땅으로 이끄실 것입니다. 거기에서 우리는 그의 영원한 생명과 영광에 참여하게 될 것이며, 그것이 우리의 구원일 것입니다. 만일 우리가 이 땅에서 그의 병사로서 행진한다면, 우리는 기쁨으로 머리를 들고 하늘에서 우리의 대장을 만날 것입니다.

24
가말리엘의 조언

"이제 내가 너희에게 말하노니 이 사람들을 상관하지 말고 버려두라 이 사상과 이 소행이 사람으로부터 났으면 무너질 것이요 만일 하나님께로부터 났으면 너희가 그들을 무너뜨릴 수 없겠고 도리어 하나님을 대적하는 자가 될까 하노라 하니"

행 5:38, 39

가말리엘과 관련된 오늘의 짤막한 본문은 그가 매우 지혜로운 사람이었음을 보여줍니다. 그의 성품은 주의 깊고, 신중하며, 침착하며, 관용적이었습니다. 그는 광신적이며 폭력적 사람들과는 상반되는 사람이었습니다. 그는 산헤드린의 의장으로서, 오랜 경험과 랍비로서의 소양과 경륜과 지식을 갖춘 사람이었습니다.

어떤 사람들은 가말리엘이 사도들을 상관하지 말고 그냥 내버려두라고 조언한 이유가 그가 기독교에 대해 호의적이었기 때문이라고 생각합니다. 그가 그리스도인이었다고 말하는 고대의 여러 기독교 전승(傳承)들이 있습니다. 그런가 하면 사도 바울의 권위를 흐리게 만들기 위한 목적으로 기록된 초창기 기독교의 가공적(架空的)인 이야기들을 모은 특이한 책이 있는데, 그 책은 가말리엘이 "우리의 은밀한 형제"였다고 분명하게 언급합니다. 계속해서 그 책은 그가 기독교의 입장을 은연중 대변하기 위해 계속해서 산헤드린에 남아 있었다고 말합니다. 그러나 가말리엘이 그리스도인이었다거나 혹은 기독교에 대해 호의적이었다고 추정할 만한 근거를 우리는 어디에서도 발견하지 못합니다. 그는 유대인으로 살고 또 유대인으로 죽었습니다. 그는 예루살렘이 멸망되는 것을 보았습니다. 본문에 나타난 그의 기준에 따르면, 예루살렘의 멸망은 그가 평생을 헌신했던 유대교가 결국 하나님께로부터 난 것이 아니었음을 증명하는 것이 된 것이었습니다. 그러나 그는 예루살렘의 멸망을 그와 같은 시각으로 바라보지 않았습니다. 그의 지혜가 남아 있는 유일한 유작(遺作)은 기독교 이단자들을 대적하는 기도(祈禱)입니다.

가말리엘이 이와 같은 조언을 제시한 것은 매우 주목할 만합니다. 그것은 두 가지 측면에서 설명될 수 있습니다. 첫째는 기독교가 핵심적으로 전파한 것이 부활이었기 때문입니다. 바리새인들은 부활을 믿었을 뿐만 아니라 그것을 사두개인들과 구별되는 자신들만의 주된 교리로 삼았습니다. 가말리엘은 자신의 적의 적을 우군(友軍)으로 간주할 수 있을 만큼 충분히 노련하며 지혜로운 사람이었습니다. 그는 부활을 전파하는 사람들을 처벌함으로써 사두개인들을 돕느니 차라리 그들을 자신들의 우군으로 여길 수 있었습니다.

또 한 가지는 당시 유대 지도자들이 매우 곤궁한 상황에 처해있었기 때문이었습니다. 그들은 군중들이 소요(騷擾)를 일으키는 것을 두려워했습니다. 왜냐하면 그것은 로마제국의 강력한 대응을 부를 수 있었기 때문입니다. 그래서 그들은 매사가 조용하기만을 간절히 바랐습니다. 이런 맥락에서 가말리엘은 "이 사람들"로 말미암아 소란이 야기되는 것을 바라지 않았습니다. 그는 그들을 계속해서 붙잡아 둔다든지 혹은 그들을 처벌함으로 인해 또 다른 폭동이 일어나지 않을까 염려했습니다. 그리하여 그는 그들을 그냥 내버려두는 것이 그들의 중요성을 감소시키는 가장 좋은 방법이라고 생각했습니다. 어쩌면 가말리엘의 마음속에 감히 입 밖으로 말할 수 없는 은밀한 바람이 있었는지도 모릅니다. 지금 드다의 실패로 끝난 운동보다 좀 더 가능성이 높은 새로운 운동이 시작되고 있는지도 모른다는 바람 말입니다. 감히 입 밖으로 말할 수 없었지만, 그러나 어쩌면 이것이 그로 하여금 강제적 억압을 머뭇거리도록 만들었는지도 모릅니다. 그로서는 여기의 하찮은 갈릴리 사람들이 로마에 대항하는 폭동에 스스로의 목숨을 던지는 것을 굳이 막을 필요가 없었습니다. 만일 그들이 실패한다면, 그것은 또 하나의 실패가 더해지는 것일 뿐이었습니다. 만일 그들이 성공한다면, 그와 그의 동류(同類)들은 그들을 향해 훌륭한 일을 해냈노라고 말해주기만 하면 될 것이었습니다. 그들의 계획에 동조하거나 혹은 동참하는 것은 매우 위험한 일이 될 것이지만, 그러나 그들로 하여금 자신들의 일을 하도록 그냥 내버려두는 것은 그에게 있어 그리 나쁠 것이 없었습니다.

여기에서 가말리엘이 사도들의 활동을 로마에 대항하는 폭동의 싹으로 간주하는 것을 주목하십시오. 그는 그것을 드다와 갈릴리 유다의 경우와 나란히 놓습니다. 그는 지금 기독교를 종교적 가르침으로서가 아니라 정치적 선동으로 바라보고 있습니다.

그렇지만 어쨌든 조용히 일어나 광포한 자들의 울부짖는 소리를 일거에 잠잠케 한 것은 가말리엘의 공로입니다. 그는 핍박을 가능한 삼갈 것을 조언한 최초의 그리고 유일한 유대 관원이었습니다.

여기의 가말리엘을 사도행전 18장에 등장하는 갈리오와 비교하는 것은 매우 흥미로운 일입니다. 그의 말을 들어 보십시오. “갈리오가 유대인들에게 이르되 너희 유대인들아 만일 이것이 무슨 부정한 일이나 불량한 행동이었으면 내가 너희 말을 들어 주는 것이 옳거니와 만일 문제가 언어와 명칭과 너희 법에 관한 것이면 너희가 스스로 처리하라 나는 이러한 일에 재판장 되기를 원하지 아니하노라”(14, 15절). 갈리오는 종교와 공권력의 올바른 관계에 대해 그리고 가말리엘은 진리에 대한 물리적 폭력의 무력성(無力性)에 대해 각각 어느 정도의 이해력을 가지고 있었습니다. 불처럼 타오르는 살아있는 영적 실체가 칼로 내리친다고 해서 꺼질 것입니까? 그 모든 것에도 불구하고 그것은 계속해서 불타오를 것입니다. 그러나 이 모든 것에도 불구하고, 가말리엘의 조언은 전체적으로 저급하며 나쁜 조언입니다. 그것은 그릇된 원리 위에 기초하며, 사람의 의무에 대해 그릇된 관점을 취합니다. 뿐만 아니라 그것은 전적으로 순수하지 않습니다. 면밀히 살필 때, 그것은 오늘날 유행하는 여러 풍조와 사고방식과 처세술과 묘하게 일치합니다. 그러므로 우리는 그의 조언을 좀 더 비판적 시각으로 바라볼 필요가 있습니다.

1. 여기에 소위 "정직한 의심"(honest doubt)이라고 불리는 불신앙이 있습니다.

가말리엘은 반복적으로 가정법을 사용함으로써 마치 자신들이 판단해야 할 문제를 가지고 있지 않은 것처럼 말합니다. "만일(if) 이 사상과 이 소행이 사람으로부터 났으면"(38절). "만일(if) 하나님께로부터 났으면"(39절). 지금이 "만일"이라고 말할 때입니까? 산헤드린의 목적이 무엇입니까? 이와 같은 문제를 정확하게 조사하고 판단하는 것이 아닙니까?

그들은 그리스도가 행한 일들을 알고 있었습니다. 그들은 그리스도가 행한 이적들을 조사했으며, 그것을 부인할 수 없었습니다. 그들은 그리스도의 생애에 대해 알고 있었으며, 그들에게는 그리스도 안에서 성취된 예언들이 있었습니다. 뿐만 아니라 그리스도께서 친히 그들의 재판정 앞에 서셨으며, 그들은 부활과 오순절에 대한 수많은 증언들을 가지고 있었습니다.

나는 이러한 사실들이 그들을 납득시키기에 충분했다고 말하고 있는 것이 아닙니다. 다만 지금 내가 말하고자 하는 것은 여기의 가말리엘을 비롯한 모든 공회원들이 그러한 사실들을 면밀하게 조사하고자 하는 최소한의 시도조차도 하지 않았다는 사실입니다. 그들은 그 모든 것들에 대해 아무런 조사도 하지 않고 불문곡직 거짓으로 치부해버렸습니다. 모든 증거들이 완전하게 무시되었습니다. 여기의 가말리엘을 보십시오. "만일"을 연발하는 가운데 얼마나 냉정하며 방관자적 태도를 취하고 있습니까?

이와 같이 오늘날에도 대부분의 기독교 진리를 의심하며 불확실성의 범주 안에 가두는 일이 너무나 횡행하고 있습니다.

(a) 이러한 시대에 우리는 스스로 주의하며 경계할 필요가 있습니다.

(b) 만일 여러분이 의심한다면, 여러분은 먼저 그것을 조사해보는 수고를 해본 적이 있습니까?

(c) 만일 여러분이 의심한다면, 더 나아가 마침내 믿음에 이르든지 아니면 배척하든지 둘 중 하나를 취해야만 합니다. 사람에게 있어 의심은 영속적 상태가 아닙니다. 기독교의 핵심 진리는 받아들여지든지 아니면 배척되든지 둘 중 하나입니다.

2. 여기에 판단 유보를 가장한 불신앙이 있습니다.

가말리엘은 예수와 관련한 제자들의 주장이 정당한지 혹은 그렇지 않은지에 대해 마치 자기는 알지 못한다는 듯이 혹은 자기 마음을 정하지 못했다는 듯이 말합니다. 그러나 이와 같은 어정쩡한 태도는 뿌리 깊은 불신앙을 감추는 가리개였습니다. 그는 "이 사상과 이 소행"이 사람으로부터 났는지 혹은 하나님께로부터 났는지 둘 중 하나로 말합니다. 그러나 그것이 하나님께로부터 난 것이거나 아니면 마귀로부터 난 것이라고 말하는 것이 다시 말해서 그것이 영광스러운 진리거나 아니면 지옥으로부터 나온 거짓이라고 말하는 것이 훨씬 더 진리에 가까웠을 것입니다. 만일 그리스도의 사역이 하늘로부터의 계시가 아니었다면, 그것은 필연적으로 지옥으로부터 나온 것이어야만 합니다.

오늘날 우리는 불신앙에 대해 종종 이와 같은 방식으로 말하는 것을 듣습니다. 여러분은 예수가 신화(神話)적 인물에 불과하며, 복음서의 모든 이야기는 신빙성이 없으며, 복음의 모든 메시지는 환상에 불과하다고 이야기하는 학자들의 말을 들어본 적이 없습니까? 브라우닝의 「성탄절」(*Christmas Day*)이라는 작품에 등장하는 교수는 "지극히 값진 진주"를 티끌과 재로 바꾸면서 사람들에게 "너희 믿음을 갖다버려라"라고 말합니다. 이것은 오늘날 스스로 지혜롭다고 여기는 사람들의 말투와 얼마나 비슷합니까! 그러나 예수 그리스도는 둘 중 하나입니다. 그는 그 자신이 주장한 것처럼 우리의 죄를 위해 죽으시고 우리를 의롭다하시기 위해 다시 살아나신 성육신하신 하나님의 말씀이든지, 그렇지 않으면 갈릴리 유다나 드다와 같은 부류의 몽상가이거나 사기꾼인 갈릴리 출신의 시골뜨기입니다.

3. 우리는 여기에서 성공이 진리를 판별하는 기준으로 제시되는 것을 발견합니다.

가말리엘은 그들이 성공한다면 그들의 사상과 소행이 하나님께로부터 난 것이 될 것이고, 그들이 실패한다면 그것이 사람으로부터 난 것이 될 것이라고 말합니다. 궁극적으로는 분명 그렇습니다. 그러나 궁극적 때가 올 때까지는 여전히 그렇지 않을 수밖에 없습니다. 어떤 주장에 대해 다수가 거짓이라고 생각하는 경우를 생각해 보십시오. 그렇다면 궁극적 때가 올 때까지 그것은 어쩔 수 없이 거짓으로 남아 있을 수밖에 없을 것입니다. 왜냐하면 다수가 그것을 거짓이라고 생각하기 때문입니다. 그러나 실제로는 정반대인 경우가 더 많습니다. 왜냐하면 소수의 주장이 옳은 경우가 도리어 일반적이기 때문입니다.

가말리엘은 여기에서 매우 비도덕적인 원리를 제시했는데, 이러한 원리는 오늘날에도 신앙을 비롯한 많은 분야에서 매우 흔하게 사용됩니다.

4. 여기에 사법적 냉정함을 가장한 이기적 중립이 있습니다.

설령 성공이 진리를 판별하는 기준인 것이 사실이라 하더라도, 우리는 하나님을 도와 그의 진리가 성공하도록 해야만 합니다. 의심의 여지없이 어느 쪽을 취하는 것은 세상에서 스스로 불편부당(不偏不黨)함을 자임하는 냉정한 사람들에게 매우 불편한 일입니다. 열성적 지지자가 되지 않으면서 어떤 당파의 일원이 되는 것은 어려운 일입니다. 우리는 온건하며 중도적이며 관용적 지혜의 아름다움에 대해 알고 있습니다. 또 서로 싸우는 양 당사자 모두가 피차 진리의 일부를 가지고 있는 경우도 매우 흔한 일입니다. 그와 함께 우리는 극단적 주장이 매우 위험하다는 것도 압니다. 그럼에도 불구하고 이러한 것들이 차라리 적당한 태도로 멀찌감치 떨어져 앉아 아무런 교리(教理)도 취하지 않는 냉정한 무관심보다 훨씬 더 낫습니다. 형제들이 싸우고 있는데 자기 혼자 멀찌감치 떨어져 서 있는 것은 결코 좋은 일이 아닙니다.

어느 시대든 사람들은 하나님의 위대한 대의(大義) 앞에 결단을 요구받습니다. 우리는 그러한 대의 편에 설 자격에 없을는지 모릅니다. 그렇지만 여러분은 스스로를 자신의 양심이 시인(是認)하는 편에 던져야 합니다. 사사기 5장 23절을 읽어 보십시오. "여호와의 사자의 말씀에 메로스를 저주하라 너희가 거듭거듭 그 주민들을 저주할 것은 그들이 와서 여호와를 돕지 아니하며 여호와를 도와 용사를 치지 아니함이니라 하시도다." 메로스의 주민들은 여호와를 도와 용사를 치지 않은 것으로 인해 저주를 받아야만 했습니다.

그러나 이와 같은 사법적 냉정함이 가장 치명적이고 일반적 영역은 예수에 대한 우리 자신의 개인적 관계 속에서 그리고 사람들 가운데 그의 나라를 세우는 일 속에서입니다.

"나와 함께 아니하는 자는 나를 반대하는 자요 나와 함께 모으지 아니하는 자는 헤치는 자니라"(마 12:30). 중립의 자리에 서는 것은 반대하는 것입니다. 또 그와 함께 모으지 않는 것은 헤치는 것입니다. 그를 선택하지 않는 것은 그를 배척하는 거입니다.

가말리엘은 "상관하지 않고 버려두는" 것에 대해 이상한 관념을 가지고 있었습니다. 상관하지 말고 버려두라고 하면서 왜 또 그들을 채찍질한단 말입니까? 그들을 채찍질하고 내보내라는 그의 마지막 조언에 그의 진짜 입장이 그대로 나타납니다(40절). 세상의 중립은 결국 여기에 이르게 마련입니다.

가말리엘은 얼마나 가련한 자입니까! 그는 자기만 연루되지 않는다면 그리고 그로 인해 어떤 형태로든 이득을 얻을 수 있다면 로마에 대해 폭동을 일으킬 위험이 있는 자들까지도 기꺼이 그대로 내버려둘 준비가 되어 있었습니다. 그는 기꺼이 주의 편을 선택하고 "그 이름을 위하여 능욕 받는 일에 합당한 자로 여기심을 기뻐하는" 사도들에게 채찍을 휘두릅니다(41절). 차라리 등에 채찍을 맞아 피를 흘릴지언정 베드로나 요한이 되는 것이 산헤드린 의장석에 앉아 스스로의 몸을 사리는 일에만 골몰하는 가말리엘이 되는 것보다 훨씬 더 낫지 않습니까?

25
성령으로 충만함

"성령과 지혜가 충만한 사람 … 믿음과 성령이 충만한 사람 … 스데반이 은혜와 권능이 충만하여"

행 6:3, 5, 8

여기에서 내가 세 개의 단편적 구절들을 뽑아낸 것은 그것들이 서로 매우 놀라운 병행 관계를 이루기 때문입니다. 그리고 이러한 병행 관계는 우리로 하여금 여기의 다양한 특징들 간의 관계를 생각하도록 이끕니다. 첫 번째 본문은 가난한 사람들을 돌보는 일과 같은 교회의 사소한 일을 맡아 행할 사람들이 어떤 종류의 사람이어야 하는지와 관련하여 사도들이 묘사한 말씀입니다. 그들이 그와 같은 일을 맡아 행할 사람들을 선택해야만 했던 것은 그러한 일과 관련하여 교회에 다툼이 생겼기 때문입니다. "그때에 제자가 더 많아졌는데 헬라파 유대인들이 자기의 과부들이 매일의 구제에 빠지므로 히브리파 사람을 원망하니"(1절). 그리고 두 번째와 세 번째 본문은 그렇게 하여 선택된 일곱 명 가운데 가장 뛰어났던 순교자 스데반에 대해 묘사한 말씀입니다. 첫 번째와 두 번째 본문과 관련하여, 여러분은 원인이 먼저 제시되고 나중에 결과가 제시되는 것을 발견할 것입니다. "집사들"은 "성령이 충만한" 사람들이었으며, 그것이 그들을 "지혜가 충만한" 사람들로 만들었습니다. 스데반은 "믿음이 충만한" 사람이었으며, 그것이 그를 "성령이 충만한" 사람으로 만들었습니다. 우리는 세 번째 본문에서도 역시 이와 비슷한 관계가 존재하는 것으로 간주할 수 있습니다. 세 번째 본문과 관련한 올바른 독법(讀法)은 흠정역(KJV)의 "믿음과 권능이 충만하여"가 아니라 개정역(RV)의 "은혜와 권능이 충만하여"입니다(한글개역개정판도 개정역처럼 되어 있음 — 역주). 스데반은 은혜가 충만했으므로 — 여기에서 이것은 분명 영적 은사들을 의미하는 것이었을 것입니다 — 따라서 권능이 충만했습니다. 어쨌든 이러한 세 구절을 서로 연결시킬 때, 우리는 오늘과 같은 성령강림절에 적합한 주제를 얻게 됩니다. 성령강림절이 무엇입니까? 스스로 기독교 국가라고 칭하는 모든 나라가 성령의 강림과 교회 위에 임하는 그의 영속적 영향력을 기념하는 날이 아닙니까? 오늘 나는 이와 같은 세 구절을 서로 연결시킴으로 말미암아 도출되는 몇 가지 원리들을 여러분 앞에 제시하고자 합니다.

1. 우리 모두는, 만일 우리가 뜻하기만 한다면, 성령으로 충만할 수 있습니다.

만일 정말로 하나님이 계시다면, 하나님이 자기가 만든 사람들의 영과 직접적으로 접촉할 수 있다고 추측하는 것은 지극히 합리적일 것입니다. 만일 전능하신 하나님이 완전히 무관심한 자이거나 혹은 순전한 마귀가 아니라면 그리고 만일 그가 정말로 사랑이라면, 그가 사람들의 마음을 만지시고 영향을 끼침으로써 선(善)과 그 자신의 모양을 이룰 수 있음은 불문가지(不問可知)의 확실한 사실입니다.

모든 종교가 인식하는 가능성 심지어 미신적 행동을 통해서까지 얻으려고 하는 가능성은 절대적 확실성으로 바뀝니다(여기에서 저자는 모든 종교가 추구하는 신인합일의 가능성 즉 신의 영이 인간의 영 안으로 들어오는 것을 말하고 있는 것임 — 역주). 만일 우리가 성육신한 진리인 예수 그리스도가 이 문제와 관련하여 우리에게 진리를 말씀하셨음을 믿는다면 말입니다. 왜냐하면 그를 다른 모든 선생들로부터 구별하는 특징이 그가 십자가 위에서 우리를 위해 행한 사실 안에서 뿐만 아니라 자신의 말씀으로 우리를 가르친 것 안에서 발견될 것이라는 것보다 더 확실한 것은 아무것도 없기 때문입니다. 그가 자신의 가르침 가운데 전면에 내세운 것은 우리의 의무와 관련된 교훈이 아니라 하나님의 선물에 대한 약속입니다. 그는 항상 우리에게 이렇게 말씀하십니다. "너희 마음을 열라. 그러면 신적 능력이 흘러들어가 너희를 채울 것이요 너희로 하여금 모든 선한 일을 위해 적합하도록 만들 것이라." 하나님의 영이, 마치 우리가 생명이라고 부르는 신비한 능력이 몸 전체 속으로 스며들어가 생기를 부여하는 것처럼, 사람의 영을 채웁니다.

이러한 비유가 어떻게 가능한지 그리고 어떻게 성경의 다른 비유들에 의해 또 다른 관점으로 확증되는지 생각해 보십시오. "그는 너희에게 성령과 불로(in the Holy Ghost and fire) 세례를 베풀 것이요"라는 세례 요한의 말의 의미는 무엇입니까? 그것은 씻음의 물 속에 완전히 잠기는 침수(浸水)를 의미하지 않습니까? 또 "너희는 위로부터 능력으로 입혀질 때까지 이 성에 머물라"는 우리 주님 자신의 말씀의 의미는 무엇입니까?(눅 24:49). 그것은 우리의 벌거벗은 몸이 하늘의 옷으로 완전하게 옷 입는 것을 의미하지 않습니까? 이 모든 상징들은 사람의 영이 신적 능력으로 그 용량(容量)의 한계까지 채워지는 가능성을 분명하게 선언합니다.

나는 여기에서 이 문제와 관련하여 선한 그리스도인들을 서로 분열시키는 주제들에 대해서는 이야기하지 않을 것입니다. 오늘 설교의 목적은 신학적 주제들을 제시하는 것이 아니라, 여러분에게 그리스도인으로서의 가능한 경험을 추구하도록 촉구하는 것입니다. 이와 같이 논쟁적 주제 속으로 들어가는 것을 피하기 위해, 오늘 나는 단순히 "성령으로 충만한"이라는 표현이 함축하는 명백한 의미에 집중하고자 합니다. 이것이 하나님의 영의 능력이 사람의 영을 완전하게 품으며 정복하는 것보다 못한 것을 의미합니까? 마치 엘리사 선지자가 자신의 몸을 죽은 아이의 몸 위에 덮음으로써 입술과 입술이 맞닿고 얼굴과 얼굴이 맞닿고 심장과 심장이 맞닿고 사지가 서로 맞닿음으로써 초자연적 생명이 죽은 아이의 몸 안으로 들어가는 것처럼 말입니다. 이것은 그리스도인인 여러분 모두가 소유할 수 있는 것의 상징입니다. 만일 여러분이 원하기만 한다면, 그리고 하나님이 명백하게 제시한 조건을 지키기만 한다면 말입니다.

이러한 충만함이 점증적(漸增的)인 충만함이라는 사실을 기억하십시오. 왜냐하면 우리의 영의 용량은 설령 무한하지는 않다 하더라도 어쨌든 계속적으로 팽창되며 확장될 수 있기 때문입니다. 우리에게 알려진 명확한 한계가 없을 정도로 말입니다. 창조된 영은 계속해서 자랄 수 있습니다. 그것은 하나님과의 접촉으로 말미암아 확장되고, 고양되며, 고결하게 됩니다. 그것을 담은 용기는 부드러우며 탄력적입니다. 우리 영의 잔은 하나님의 영의 새 포도주가 부어질 때 넓어지고 확장되며 팽창됩니다. 사람이 하나님의 생명을 더 많이 소유하고 또 사용할수록, 그는 더 많이 소유할 수 있게 되고 또 더 많이 받게 될 것입니다. 이와 같이 신적 생명을 더 많이 그리고 더 풍성하게 소유할 수 있게 되는 것은 그리스도인의 특권이며 또한 복된 가능성입니다.

여기의 스데반을 생각해 보십시오. 그는 여러분과 내가 가지고 있는 것과 비교할 때 아주 적은 분량의 기독교적 지식밖에는 가지고 있지 못했습니다. 그러나 "성령으로 충만한" 것과 관련해서는, 그는 대부분의 그리스도인들 가운데 거의 제일 앞머리에 있었습니다. 형제들이여, 여러분은 여러분이 원하는 만큼 성령을 소유할 수 있습니다. 만일 나의 기독교적 생명이 다른 사람의 기독교적 생명만 못하다면, 나는 그것이 나 자신의 잘못임을 추호도 의심하지 않습니다. 성령으로 가득 채우십시오! 그것이 잔의 밑바닥만 겨우 채우고 나머지는 비어 있는 것보다 더 낫지 않습니까? 여러분의 벽난로에 불을 활활 태우십시오! 그것이 불이 거의 꺼진 채 수북이 쌓인 재 가운데 한쪽 귀퉁이에서 작은 불꽃만 깜빡거리는 것보다 더 낫지 않습니까? 돛에 바람이 가득 채워지는 것이 바람이 그침으로써 돛이 텅 비게 되고 그럼으로써 배를 움직여줄 아무런 힘도 갖지 못하게 되는 것보다 더 낫지 않습니까? "하나님과 어린 양의 보좌로부터" 흘러나오는 "생수의 강"이 넘쳐흐르는 것이 그것이 다 말라 찔끔찔끔 흐르는 것보다 훨씬 더 낫지 않습니까?

바로 이것이 많은 그리스도인들의 실제적 상태입니다. 나는 우리 가운데 특정한 사람들에게만 말하고 있는 것이 아닙니다. 우리 모두가 그렇게 되지 않도록 스스로 주의해야 합니다. 어쨌든 여기에 그리스도인의 삶 전체를 통해 실현될 수 있는 것이 있습니다. 우리는 성령으로 충만할 수 있습니다.

2. 만일 우리가 믿음으로 충만하다면, 우리는 성령으로 충만할 것입니다.

이것은 5절이 암시하는 조건입니다. 스데반은 믿음이 충만함으로써 또한 성령으로 충만했습니다. 물론 나는 우리의 영혼이 예수 그리스도를 신뢰함으로써 믿음의 울타리 안으로 들어가기 전에 먼저 "세상으로 하여금 죄를 깨닫게 하는" 것이 첫 번째 사명인 보혜사의 역사(役事)가 있어야만 한다는 사실을 믿습니다. 그러나 하나님의 말씀과 구원의 메시지가 선포되는 곳마다 보편적으로 나타나는 성령의 그와 같은 작용과 내가 지금 언급하고자 하는 성령의 작용들 즉 성령의 모든 거룩케 하며, 성별(聖別)하며, 조명하며, 능력을 부여하는 작용들 사이에는 넓은 간격이 있습니다. 왜냐하면 우리의 믿음이 그러한 작용들의 전제 조건이기 때문입니다. 예수 그리스도께서도 여러 차례 그와 같이 말씀하셨을 뿐만 아니라, 사도 요한 역시도 다음과 같은 구절을 통해 분명하게 그와 같이 가르쳤습니다. "이는 그를 믿는 자들이 받을 성령을 가리켜 말씀하신 것이라"(요 7:39). 믿음은 그와 같은 신적 영향력을 받는 조건입니다. 그러면 어떤 종류의 믿음입니까? 나는 여기에서 신학적 용어는 사용하지 않을 것입니다. 만일 여러분이 그와 같은 신적 영향력이 있음을 믿지 않는다면, 여러분은 그것을 받지 못할 것입니다. 만일 그것을 원하지 않는다면, 여러분은 그것을 받지 못할 것입니다. 만일 여러분이 그것을 기대하지 않는다면, 여러분은 그것을 받지 못할 것입니다. 만일 여러분이 그것을 믿으며 바라며 사모한다고 고백하면서 그러나 실제로는 정말로 그와 같이 믿으며 바라며 사모하는 것처럼 행동하지 않는다면, 결코 그것을 받지 못할 것입니다. 이와 같이 믿음이 성령을 받는 조건입니다. 이것을 좀 더 쉬운 말로 표현해 보도록 합시다. 만일 우리가 우리 주 예수 그리스도를 신뢰한다면, 그리고 만일 그러한 신뢰 가운데 우리가 성령으로 충만해질 수 있음을 믿는다면,

그리고 만일 그러한 가능성이 우리 마음 안에서 그러한 선물을 소유하고자 하는 열망의 불꽃에 불을 붙인다면, 그리고 만일 우리가 예수 그리스도를 믿음으로써 그러한 선물을 받는 것이 가능하다는 믿음과 그것을 받고자 하는 열망이 결합하여 우리가 그것을 받을 것이라는 기대를 산출한다면, 그리고 만일 이 모든 것이 결합하여 성령을 소멸시키지도 않고 근심하게 만들지도 않는 행동을 산출한다면 — 우리는 정말로 성령으로 충만하게 될 것입니다.

사람이 하나님을 영접함에 있어 자기 마음을 열고 하나님으로 하여금 들어오시게 하는 것 외에 다른 방법은 없습니다. 마찬가지로 사람이 성령을 자신의 영 안으로 받아들임에 있어 그가 오시기를 사모하며, 그의 오심을 기다리며, 기대하는 것 외에 다른 방법은 없습니다. 믿음과 그것의 필연적 귀결인 열망과 기대와 순종은 전기회로를 완성시킵니다. 그러면 그 결과가 무엇입니까? 완성된 전기회로에 불이 들어오지 않습니까? 믿음은 창문을 여는 것과 같습니다. 창문을 열면, 햇빛이 방 안으로 쏟아져 들어옵니다. 믿음은 손을 뻗는 것과 같습니다. 믿음과 열망으로 하나님 앞에 손을 뻗은 사람들 가운데 빈손으로 되돌아온 사람은 단 한 사람도 없습니다. 또 자신의 행동을 회개함과 함께 하나님의 행동을 신뢰하며 피로 얼룩진 부정한 손을 하나님께 뻗은 사람들 가운데 눈처럼 희게 되지 않은 사람은 단 한 사람도 없습니다. 아라비아의 모든 향료조차도 그와 같이 피로 얼룩진 손을 감미로운 향기가 나는 손으로 바꿀 수 없습니다. 그러한 손을 하나님께 드십시오. 그러면 정결하게 될 것입니다. 그리스도로부터 성령의 충만을 받을 수 있음을 바라며 또 받을 것을 믿는 자는 누구든지 실망하지 않을 것입니다. 형제들이여, 믿음으로 구하십시오. 여러분이 받지 못하는 것은 구하지 않기 때문입니다. "너희가 악할지라도 좋은 것을 자식에게 줄 줄 알거든 하물며 너희 하늘 아버지께서 구하는 자에게 성령을 주시지 않겠느냐"(눅 11:13).

3. 만일 우리가 성령으로 충만하다면, 우리는 또한 지혜와 은혜와 권능으로 충만

할 것입니다.

"성령과 지혜가 충만한" 사람들을 세워 그들로 하여금 가난한 과부들을 돌보는 일을 담당하도록 맡기는 것을 합당하게 생각한 것으로 미루어 볼 때, 사도들은 그 일을 매우 중요한 일로 생각한 것으로 보입니다. 여기에서 "지혜"는 실제적 총명함, 상식, 거짓 과부를 골라내는 능력 등을 의미하는 것으로 보입니다. 이런 것들은 얼마나 평범한 덕목들입니까! 그러나 사도들은 매일의 구제를 실행하는 일을 위해 그러한 덕목들만으로는 충분하지 않다고 생각했습니다 — 설령 그 일이 매우 일상적이며 평범한 일이었다 하더라도 말입니다. 그들에게는 또한 성령의 충만함이 필요했습니다.

우리는 여기에서 매우 중요한 교훈을 배울 수 있습니다. 즉 하나님의 능력이 어떤 사람에게 임할 때, 그것은 단지 어떤 특별한 문제들과만 관련되는 것이 아니라 가장 일상적이며 사소한 일들에까지도 관련된다는 사실입니다. 스데반은 예루살렘의 과부들에게 떡과 돈을 나누어주기 전에 먼저 성령으로 충만하게 되어야만 했습니다.

여러분의 일상의 일들과 여러 가지 사업상의 곤란한 문제들도 마찬가지입니다. 일상의 크고 작은 문제들에 대해 어떻게 해야 할지를 깨닫는 가장 좋은 방법은 하나님으로부터 나오는 모든 빛이 우리 안으로 들어올 수 있도록 우리 마음의 창을 예루살렘을 향하여 열고 그분께 가까이 나아가는 것입니다. 만일 우리가 일상의 사소한 일들 가운데 하나님의 인도하심을 받지 못한다면, 틀림없이 우리는 우리 삶의 90% 이상을 하나님의 인도하심 없이 살게 될 것입니다. 왜냐하면 우리의 삶을 구성하는 대부분이 그와 같은 사소한 일들이기 때문입니다. 만일 나의 천부(天父)께서 일상적이며 사소한 일들에 대하여 나를 인도할 수 없다면, 그의 인도하심은 아주 작은 것이 될 것입니다. 성령은 여러분에게 더 크고 더 고상한 일들을 위한 지혜뿐만 아니라 일상의 사소한 일들을 위한 지혜까지도 줄 것입니다.

계속해서 "은혜가 충만하여"라는 표현을 살펴보도록 합시다(8절). 이것은 참으로 넓은 말씀입니다. 만일 우리가 믿음으로 말미암아 그러한 신적 영향력을 우리 마음 안으로 받아들인다면, 성령은 결코 빈손으로 오시지 않을 것입니다. 성령은 우리에게 사랑 받을 만하며, 칭찬 받을 만하며, 공정하며, 영예로우며, 아름다우며, 덕스러운 것들을 전달해 주십니다. 이 모든 것들이 성령으로 말미암아 그리고 우리 자신의 협력이 배제됨이 없이 단계적으로 우리에게 주어질 것입니다. 믿음 없는 노력과 노력 없는 믿음은 모두 불완전합니다. 하나님은 둘의 협력을 축복하십니다.

나아가 하나님의 사랑으로 말미암아 주어지는 "은혜로운" 것들과 모든 덕(德)의 근원인 천상의 아름다움에 참여하는 의미에서의 "은혜로운" 것들은 우리에게 기이하며 초자연적 권능을 줄 것입니다. 8절에서 이 단어는 기적을 행하는 능력이라는 좁은 의미로 사용된 것으로 보이지만, 그러나 우리는 그것을 훨씬 더 넓은 의미로 확장할 수 있습니다. 우리 주님은 성령의 선물에 대해 가르치는 가운데 거기에 두 단계가 있음을 말씀하셨습니다. 성령이 주어질 때, 첫째로 사람의 바라는 것이 만족되며 둘째로 그로 말미암아 그것이 다른 사람들에게 축복의 근원이 됩니다. 주님은 "누구든지 목마르거든 내게로 와서 마시라"고 말씀하신 연후에 곧이어 "나를 믿는 자는 그 배에서 생수의 강이 흘러나오리라"고 덧붙이셨습니다(요 7:37, 38). 다시 말해서 그 마음에 성령을 소유한 가운데 하나님과 접촉하며 살아가는 사람들은 누구든지 사람들 가운데 특별한 권능을 행할 것이며, 하나님을 증언할 수 있게 될 것이며, 사람들의 마음을 움직일 수 있게 될 것이며, 사람들을 진리와 선함으로 이끌 수 있게 될 것입니다. 기독교적 섬김을 위한 유일한 권능은 하나님의 영으로 옷 입음으로부터 임하는 권능입니다. 자기를 다스리는 유일한 권능은 하나님의 영으로 옷 입음으로부터 임하는 권능입니다. 인생행로 가운데 우리를 지키며 마침내 우리를 영원한 안식과 상급으로 데려갈 유일한 권능은 하나님의 영으로 옷 입음으로부터 임하는 권능입니다.

자, 여기에 여러분을 위해 준비된 선물이 있습니다. 여러분은 자신의 성품을 자신의 양심에 만족스럽도록 만들기 위해서라든지 혹은 하나님의 공의로운 심판에 만족스럽도록 만들기 위해 마음대로 잘라내고 깎아내는 등의 일을 할 수 없습니다. 그러나 여러분은 스스로를 그리스도의 사랑의

"빚어 만드는 능력" 아래 놓을 수 있습니다. 사랑하는 형제들이여, 마른 뼈와 같은 죽은 인성(人性)을 위한 유일한 소망은 하늘의 네 바람으로부터 하나님의 숨결이 임하는 것입니다! 하나님의 숨결이 마른 뼈들 안으로 들어갈 때, 그것들은 살아 "지극히 큰 군대"가 될 것입니다. 오늘 이야기한 것들 가운데 다른 것들은 다 잊어버려도 좋습니다. 다만 다음의 두 문장만은 절대 잊어버리지 말고 마음에 굳게 새기십시오. 그리고 그것이 여러분 자신의 경험이 될 때까지 쉬지 마십시오. 만일 내가 선해지고자 한다면, 나는 내 안에 하나님의 영을 소유해야만 합니다. 만일 내가 내 안에 하나님의 영을 소유하고자 한다면, 나는 "믿음으로 충만해야" 합니다.

26
스데반의 환상

"보라 하늘이 열리고 인자가 하나님 우편에 서신 것을 보노라"

행 7:56

1. 인자(人子) 혹은 예수의 영속적인 인성(人性)의 환상.

스데반이라는 헬라식 이름과 그가 헬라파 그리스도인이었던 사실은 우리로 하여금 그가 예수의 공생애 기간 동안 주님을 한 번도 보지 못했을 것이라고 추측하게 만듭니다. 만일 그렇다면, 스데반이 환상 가운데 주님을 보자마자 즉시로 그를 알아본 것은 얼마나 멋진 일입니까! 또 그가 열린 하늘을 통해 보이는 하나님 우편에 서신 자를 지칭하기 위해 즉각적으로 "인자"라는 호칭을 사용한 것은 얼마나 의미심장한 일입니까! 우리는 동일한 공회에서 예수께서 다음과 같이 말씀하심으로써 유대 지도자들을 책망하셨던 것을 기억합니다. "이 후에 인자가 권능의 우편에 앉은 것과 하늘 구름을 타고 오는 것을 너희가 보리라"(마 26:64). 그리고 지금 여기에서 그의 제자 가운데 한 사람이 그들이 "참람하다"고 말했던 말을 그들 앞에 또 다시 집어던지면서, 그 말이 부분적으로 성취된 것을 보노라고 증언하고 있습니다. 그들의 눈에는 단지 공회 건물의 지붕만이, 혹은 만일 공회가 성전 마당에서 모였다면 예루살렘의 파란 하늘만이 보일 뿐이었습니다. 그러나 스데반의 내적인 눈에는 하늘이 열리고 하늘의 광채보다 더 밝은 빛이 찬란하게 비취고 있었습니다. 스데반의 말은 예수께서 그와 비슷한 말을 하셨을 때보다 그들을 더 격노하게 만들었습니다. 그들은 격노한 가운데 큰 소리를 지르며 그와 같은 참람한 말을 듣기 않기 위해 자신들의 귀를 막았습니다(57절). 그리고 일제히 그에게 달려들어, 그를 성 밖으로 내치고 돌로 쳤습니다(58절). 그들의 격노는 스데반이 본 것이 얼마나 충격적인 것인지를 보여주는 척도입니다.

여기에서 더 충격적인 것은 "인자"라는 호칭입니다. 그것은 명백히 완전한 인성(perfect manhood)이 형체화(形體化)된 것을 의미합니다. 스데반의 환상은 다음과 같은 엄청난 사실을 그의 영혼 안으로 던져넣었습니다. 즉 그가 보이지 않는 존재로 믿었던 예수가 여전히 "육체로 계셨던" 때의 예수와 동일한 예수이며, 설령 어떤 변화가 있었다 하더라도 여전히 "사람의 모양으로" 나타나셨다는 사실 말입니다. 예수는 여전히 형제의 눈으로 세상을 굽어보고 계시며, 승천에도 불구하고 그의 인성은 사라지지 않았습니다. 또 하늘 보좌에 앉기에 적합하도록 되기 위해 그의 몸에 아무리 많은 변화가 생겼다 하더라도, 세상에 있는 형제들에게 그는 여전히 그 모습 그대로였습니다. 그와 그들을 하나로 묶은 띠는 공회와 하나님 우편 사이의 공백을 과장하는 것으로 말미암아 끊어지지 않았습니다. 그의 동정심은 여전히 계속되고 있었으며, 그들의 마음을 사로잡았던 모든 것은 여전히 그 안에 그대로 있었습니다. 그리고 그의 사랑과 인도하심의 모든 감미로운 기억은 그것의 현재적 소유에 대한 확신으로 바뀌었습니다. 그는 여전히 인자(人子)였습니다.

우리 모두는 마치 예수의 인성이 지금은 단지 기억에 불과한 것처럼 느끼기 쉽습니다. 물론 우리의 교리는 예수의 인성을 분명하게 확증하지만, 그럼에도 불구하고 우리의 믿음은 그러한 확증의 충분한 의미와 축복을 깨닫기를 어려워합니다. 왜냐하면 부활과 승천이 그를 우리와 가깝게 접촉하는 것으로부터 옮긴 것처럼 보이기 때문입니다. 그리고 종종 우리가 어둠 속으로 손을 뻗어 더듬거리면서도 붙잡을 아무런 손도 발견하지 못하는 것처럼 느끼기 때문입니다. 그의 승귀(昇貴)는 그를 우리의 형제관계로부터 데려간 것처럼 보입니다. 그리고 구름이 — 설령 그것이 영광의 구름이었다 하더라도 — 때때로 우리로부터 그를 가리는 것처럼 보입니다. 그리고 수많은 세대가 거듭됨으로 말미암아 그러한 구름은 점점 더 빽빽해진 것처럼 보입니다. 스데반이 본 것은 오직 그 자신만을 위한 것이 아니라 우리 모두를 위한 것이었습니다. 그리고 그것의 의미는 점점 더 중요한 의미를 갖게 됩니다. 특별히 예수께서 세상에 계셨을 때로부터 시간적으로 점점 더 멀어져가는 우리들에게 있어 말입니다. 우리는 이러한 환상을 좀 더 분명하게 볼 필요가 있습니다. 그리고 특별히 열린 하늘 가운데서 계신 인자를 바라봄으로 말미암은 풍성한 위로로 우리 마음을 가득 채울 필요가 있습니다. 그럴 때 우리는 그가 이 땅에 계실 때 그를 따랐던 자들에게 어떠하신 분이셨던 것처럼 또한 오늘날의 우리에게 그러한 분이시라는 사실을 느끼게 될 것입니다. 그리고 그럴 때 우리는 "하늘로 올려지신 이 예수가 하늘로 가심을 본 그대로 오실" 것을, 그리고 그가 오실 때까지 공통의 인성(人性)의 띠로 말미암아 그가 우리에게 연합되고 우리가 그에게 연합된 것을 더 잘 믿을 수 있게 될 것입니다(행 1:11).

2. 하나님 우편에 계신 인자 혹은 인간 예수의 영광에 대한 환상.

우리는 스데반의 환상과 관련하여 예컨대 예수의 영화로워진 인성이 그가 특정한 장소에 특별하게 임재하는 것을 포함하는가 하는 따위의 우리의 호기심을 자극하는 문제들에 대하여는 논의하지 않을 것입니다. 그렇게 하는 대신 우리는 보다 더 중요한 문제들과 좀 더 직접적으로 연결되는 주제들의 의미를 파악하고자 노력할 것입니다. 예수의 나타나심이 장소적 의미를 포함하든 그렇지 않든 간에, "하나님 우편"이라는 표현이 최고의 의미에서 그의 한없는 능력의 에너지를 의미하며 따라서 "하나님 우편에서 계시는" 것이 최고의 의미에서 그가 신적 전능(全能)의 권능을 행사하는 것임은 너무나 분명합니다. 스데반의 환상은 "하늘과 땅의 모든 권세를 내게 주셨으니"라는 예수의 말씀에 대한 "가시적(可視的)인 확증"(visible confirmation)입니다.

우리는 성경이 통상적으로 예수를 하나님 우편에 앉아계신 자로서 묘사하는 것을 기억할 필요가 있습니다. 하나님 우편이라는 장소와 함께 앉아 있는 자세는 그의 사역이 완성되었음과 그의 안식의 장엄한 고요함을 나타냅니다. 마치 창조 사역의 피곤함 때문이 아니라 자신의 이상(理想)이 성취됨으로 말미암은 일곱째 날의 안식처럼 말입니다. 하나님은 자신의 사역이 완성되고 또 그 모든 것이 "심히 좋았기" 때문에 안식하셨습니다. 이와 같이 예수도 세상에서의 자신의 사역을 완성하셨기 때문에 앉으셨습니다. "죄를 정결하게 하는 일을 하시고 높은 곳에 계신 지극히 크신 이의 우편에 앉으셨느니라"(히 1:3).

나아가 하나님 우편이라는 장소는 그가 심판주임을 확증합니다.

또 그것은 그의 자녀들의 영광에 대한 확실한 보증으로서 그들을 위한 복된 환상입니다.

또 그것은 무죄한 인간 본성의 가능성을 보여주는 영광스러운 계시입니다.

또 그것은 우리에게 있어 하늘을 거주할 수 있는 곳으로 만듭니다.

"내가 너희를 위하여 거처를 예비하러 가노니." 이주자(移住者)는 새 나라에서 스스로를 외인(外人)으로 느끼지 않을 것입니다. 만일 자신의 맏형이 자기 앞서 먼저 그곳에 가서 자신이 그곳에 도착할 때 맞이하기 위해 준비하고 있음을 안다면 말입니다. 하늘의 상태는 우리가 상상하기에 너무나 어렵고 또 흐릿하며 때때로 너무나 막연하게 느껴집니다. 그러나 예수의 나타나심은 그러한 하늘의 상태를 선명하게 만듭니다. 그가 계신 곳에 있는 것 그리고 그와 같이 되는 것 — 이것이 하늘입니다.

3. 하나님 우편에 서신 인자의 환상.

이것은 영화로워진 예수께서 우리를 돕기 위해 항상 준비되어 계심을 보여줍니다. 우리는 먼저 예수의 자세와 관련하여 여기의 묘사가 다른 곳에서의 통상적 묘사와 다르다는 사실을 주목할 필요가 있습니다. 스데반은 그가 "서신" 것을 보았습니다. 마치 자기 종들의 필요를 보기 위해 일어나신 것처럼 그리고 그들을 돕기 위해 준비하고 계신 것처럼 말입니다.

자신의 주님이 이와 같이 자신의 필요를 보고 또 돕기 위해 서 계신 것을 보았을 때, 스데반의 영혼에 새 힘이 얼마나 강하게 흘러넘쳤겠습니까! 주님은 영광 가운데 자기 종들의 고난을 내려다보십니다. 그의 고요한 안식은 그들의 고난에 대한 그의 수동적 무관심을 함축하지 않습니다. 자신을 위해 참고 견디는 그들의 모든 고난을 그는 충분히 아십니다. 그의 안식은 그들을 위해 행동하지 않는 것을 의미하는 것이 아니라 가장 강렬한 에너지를 의미합니다. 마가복음이 이중적 그림으로 끝나는 것을 생각해 보십시오. 언뜻 보기에 그것은 주님과 그의 종들 사이의 슬픈 이별을 그리는 것처럼 보입니다. 왜냐하면 주님은 "하늘로 올려지사 하나님 우편에 앉으신" 반면 그의 종들은 세상에 남아 "두루 말씀을 전파했기" 때문입니다(16:19, 20). 그러나 다음 말씀을 보십시오. "주님이 그들과 함께 역사"하심으로 말미암아 주님과 그들이 하나로 연합되지 않습니까? 마찬가지로 여기의 스데반의 환상은 영화로워진 주님과 그의 종을 하나로 연합시키며, 나아가 그의 영혼을 영화로워진 주님이 지금도 계속해서 역사(役事)하고 계시다는 사실뿐만 아니라 그가 자기를 위해 고난당하는 자들과 함께 고난당하고 계시다는 사실로 가득 채웁니다.

스데반의 환상은 예수께서 그의 종들에게 영향을 끼치는 모든 일을 아시며 또 동참하신다는 영원한 사실이 잠깐 나타난 것입니다. 그는 돕고자 하는 자세로 서 계시며, 하나님의 능력을 행사합니다. 이사야가 말한 것처럼, 그는 "여호와의 팔"입니다. "여호와의 팔이여 깨소서 깨소서 능력을 베푸소서"라는 기도는 반드시 응답됩니다(사 51:9). 그는 자기 종들을 위해 섭리의 흐름을 실제적으로 이끄심으로 말미암아 그들을 도우십니다. 그는 그들을 위해 자신의 힘을 행사하심으로 말미암아 그들을 도우십니다. 그는 "그들로 말미암아 왕들을 꾸짖어 이르시기를 나의 기름 부은 자를 손대지 말며 나의 선지자들을 해하지 말라"라고 말씀하십니다(시 105:14, 15). 그는 그들 안에 자신의 생명과 힘을 불어넣으심으로 말미암아 그들을 도우십니다. 그는 그들에게 자신의 환상을 펼쳐보이심으로 말미암아 그들을 도우십니다. 그는 마치 스데반의 경우처럼 자신의 종들이 원수들의 살의

(殺意)와 증오심 아래 남겨졌을 때 그들을 도우십니다. 그의 종들에게 있어 예수께서 그들의 영혼을 받으시고 — 스데반이 그렇게 기도하고 그렇게 응답받은 것처럼 말입니다 — 그들에게 그의 복된 잠을 주시는 것보다 더 좋은 도움이 무엇이겠습니까? 이러한 환상으로 비춰을 받고 주의 품 안에 잠자는 자들은 얼마나 복됩니까!

27
청년 사울과 노인 바울

(청년들을 위한 설교)

"성 밖으로 내치고 돌로 칠새 증인들이 옷을 벗어
사울이라 하는 청년의 발 앞에 두니라"
행 7:58

"나이가 많은 나 바울은 지금 또 예수 그리스도를 위하여 갇힌 자 되어"
몬 9

첫 번째 본문의 청년 사울과 두 번째 본문의 노인 바울 사이에는 단순한 나이의 차이보다 훨씬 더 큰 차이가 있었습니다. 실제로 양자 사이의 나이의 차이는 그다지 크지 않았습니다. 왜냐하면 유대인들은 청년이라는 용어를 오늘날 우리가 사용하는 것보다 훨씬 더 넓게 사용했기 때문입니다. 실제로 위의 두 기간 사이는 아마도 30년이 채 되지 않았을 것입니다. 그러나 사역을 시작할 때의 그와 사역을 마칠 때의 그 사이의 차이는 어마어마했습니다. 그의 생애는 점진적 발전이 아니라 혁명적 변화였습니다.

처음에 여러분은 그 안에서 총명한 젊은 바리새인을 발견합니다. 그는 스스로 말한 것처럼 가말리엘의 유망한 제자로서, 유대교를 믿는 동년배(同年輩)들 가운데 뛰어난 자였습니다. 그는 유대교의 가장 엄격한 종파의 가르침을 따라 살았으며, 나사렛 예수를 따르는 제자들 가운데 한 사람을 죽이는 것을 지극히 합당한 일로 여기면서 기꺼이 그 일에 동참했습니다. 그러나 역설적이게도 나중에 그는 스스로 그러한 제자들 가운데 한 사람이 되었습니다. 그는 자신이 그토록 많은 수고의 대가를 치르며 얻은 지혜를 미련한 것으로 여기며 내팽개쳐버렸습니다. 그는 장래가 촉망되는 젊은이로서의 모든 기회로부터 등을 돌렸습니다. 그는 자신의 동족과 친족들로부터 스스로를 단절시켰습니다. 그리고서 그는 어떻게 되었습니까? 그는 핍박과 쫓김을 당했으며, 자신의 옛 동료들이 만들거나 휘두르는 모든 무기로 공격을 당했습니다. 그는 외톨이였으며, 무거운 짐을 져야만 했으며, 종종 위험과 죽음에 직면해야만 했습니다. 그는 지금 감옥에 갇혀 있으며, 한두 해 후에 순교를 당할 것이었습니다. 설령 그가 배교자나 배반자라 하더라도, 이토록 큰 고통을 겪지는 않을 것이었습니다.

그러면 무엇이 이러한 변화를 일으켰습니까? 그것은 그가 환상(vision) 가운데 예수 그리스도를 보았기 때문이었습니다. 만일 우리가 사울에게 일어난 변화의 원인과 결과에 대해 생각한다면, 우리는 그로부터 매우 중요한 교훈을 얻게 될 것입니다. 만일 내가 이 사람의 생애를 여러분이 추구해야 할 최고의 선(善)으로서 제시한다면, 여러분은 나를 이상한 사람으로 생각할 것입니까?

1. 예수 그리스도를 믿는 믿음은 사람의 생애를 놀랍게 변화시킬 것입니다.

오늘날 기적을 좋아하지 않으며 또 갑작스런 변화를 믿지 않는 많은 사람들은 바울의 회심이 단지 스데반의 옷을 지킬 때부터 그의 영혼 안에서 진행되어 왔던 일련의 내적 과정이 표면으로 나타난 것에 불과하다고 주장합니다. 현대 비평학자들은 소위 "바울의 회심의 진행 과정"에 대해 바울 그 자신보다도 훨씬 더 잘 아는 것 같습니다. 왜냐하면 바울 자신은 자신의 회심의 내적 진행 과정과 관련하여 아무것도 알지 못했기 때문입니다. 실제로 그에게 있어 변화는 순간적이며 즉각적이었습니다. 그는 살기등등한 핍박자로서 예루살렘을 떠났습니다. 그는 나사렛 예수를 따르는 자들에게 극도로 격분했습니다. 그는 예수를 신성모독자요 스스로 메시야를 사칭하는 자로서, 그리고 그의 제자들을 지면에서 박멸되어야만 하는 해충(害蟲)으로서 생각했습니다. 그는 다메섹에 들어가서 그러한 그리스도의 비천한 제자가 되었습니다. 그의 회심은 그의 생애의 기초를 조금씩 갉아먹고 있었던 일련의 어떤 과정이 아니었습니다. 그것은 한 순간에 폭발한 사건이었습니다. 그러면 무엇이 그의 회심을 일으켰습니까? 그날 한낮의 태양 빛이 강렬하게 쏟아져 내려오던 시간에 다메섹 도상에서 무슨 일이 일어났습니까? 그것은 예수 그리스도의 환상이었습니다. 스스로 메시야를 사칭하는 자라고 생각했던 자가 영광 가운데 살아계신 가운데 그 시간 그 장소에서 그에게 스스로를 나타내고 계셨습니다. 그 사실이 그의 과거 전체를 짓뭉겨 아무것도 아닌 것으로 만들었습니다. 그는 경악 가운데 두려워 떨며 그 자리에 서 있었습니다. 마치 자신의 집이 지금 자기 앞에서 허물어져 내리는 것을 바라보고 있는 사람처럼 말입니다. 그는 그러한 환상 앞에 엎드렸습니다. 그는 아무런 저항 없이 무조건적으로 굴복했습니다. 그는 "하늘에서 보이신 것을 거스르지" 않았습니다(행 26:19). 그는 "주여 내가 무엇을 하리이까?"라고 말하면서, 정복자로 하여금 들어오도록 자신의 성문(城門)을 활짝 열었습니다(행 22:10). 이와 같이 그리스도의 환상이 그의 판단을 뒤집고, 그의 인격을 변화시키고, 그의 인생에 혁명을 일으켰습니다.

이러한 최초의 충격파가 그의 나머지 인생 전체를 움직였습니다. 그의 말을 들어 보십시오. "내가 그리스도와 함께 십자가에 못 박혔나니 그런즉 이제는 내가 사는 것이 아니요 오직 내 안에 그리스도께서 사시는 것이라"(갈 2:20). "내게 사는 것은 그리스도니"(빌 1:21). "우리가 살아도 주를 위하여 살고 죽어도 주를 위하여 죽나니 그러므로 사나 죽으나 우리가 주의 것이로다"(롬 14:8). "그런즉 우리는 몸으로 있든지 떠나든지 주를 기쁘시게 하는 자가 되기를 힘쓰노라"(고후 5:9). 이와 같이 사람을 변화시키는 동인(動因)은 그리스도의 환상, 그리고 그의 전 존재를 구주 앞에 굴복시키는 것입니다.

이러한 원천(源泉)으로부터 그토록 숭고한 인생이 흘러나오는 것은 얼마나 놀랍고 또 멋진 일입니까! 내가 이에 대해 여러분에게 또 다시 설명할 필요가 있습니까? 나는 그에 대해 단지 한두 마디 언급하는 것으로 충분하다고 확신합니다. 그것은 마치 번개가 동에서 서로 번쩍하는 것과 같습니다. 그러한 원천으로부터 수많은 응답의 불꽃과 영웅적 자기부인과 보이지 않는 하나님과의 지속적 교제와 모든 종류의 위대한 덕(德)과 숭고함이 흘러나옵니다. 이러한 사실로부터 우리는 참된 변화와 숭고한 삶의 비밀이 오직 예수 그리스도를 믿는 믿음 안에서 발견된다는 교훈을 끌어낼 수 있습니다. 바울을 변화시킨 환상은 여러분과 나에게도 똑같이 적용됩니다. 만일 우리가 그러한 환상의 본질이 바울의 눈앞에 펼쳐진 기적적 현현(顯現)이라고 생각한다면, 그것은 잘못된 생각입니다. 그는 그에 대해 다른 곳에서 "그를 내 속에 나타내시기를 기뻐하셨다"라고 말합니다(갈 1:16). 그리고 그러한 나타남은 그 모든 충만 가운데, 그 모든 감미로움 가운데, 그 모든 변화의 능력 가운데 우리 모두에게 제시됩니다. 왜냐하면 믿음의 눈은 실제적 육체의 눈 못지않게 직접적이며 확실한 시각(視覺)과 함께 주어지지 때문입니다. "모세와 선지자들에게 듣지 아니하면 비록 죽은 자 가운데서 살아나는 자가 있을지라도 권함을 받지 아니하리라"(눅 16:31). 그리스도는 우리 각자에게 실제적이며 확실하게 나타납니다. 그리고 그러한 나타남은 우리 삶 가운데 다메섹 도상에서의 바울에게 그랬던 것 못지않은 강한 충동과 동기가 될 수 있습니다. 결핍된 것은 그리스도의 나타남이 아니라 우리의 의지의 굴복이며, 하늘의 환상이 아니라 그러한 환상에 대한 우리의 순종입니다. 아마도 여러분 대부분은 예수 그리스도에 대한 모든 것 다시 말해서 가말리엘의 유망한 제자를 그리스도의 사도로 변화시킨 모든 것을 믿는다고 생각할 것입니다. 그러면 그것이 여러분에게 어떤 일을 행했습니까? 많은 경우, 아무 일도 행하지 않았을 것입니다. 사랑하는 젊은이들이여, 모든 은혜와 숭고함으로 장식되고, 모든 선(善)으로 향기가 나며, 하나님의 뜻을 행하는 삶처럼 영구한 삶에 이르는 최선의 길은 환상 가운데 혹은 그의 말씀 가운데 나타나 여러분의 마음에 자신의 멍에를 메고 자신의 짐을 지라고 말씀하시는 그리스도 앞에 굴복하는 것입니다. 그러면 여러분은 그 위에 집을 세우게 될 것이며, 여러분의 날들은 숭고하게 되고 여러분의 인생은 견고하게 될 것입니다. 그러나 만일 여러분이 다른 기초 위에 집을 세우면, 그 집은 어느 날 요란한 소리를 내며 무너질 것이며 여러분은 그 폐허 속에 매몰되게 될 입니다. 우리에게 아직 우리의 인생길을 변화시킬 시간이 남아 있을 때 그의 얼굴의 빛 안에서 그리스도 없는 삶이 얼마나 무익한지 깨닫는 것은 얼마나 복된 일입니까? 심판을 위해 베풀어진 거대한 백보좌의 무서운 빛 앞에서 깨닫는 것은 얼마나 두려운 일입니까? 우리 모두는 그것을 여기에서 깨닫든지 아니면 거기에서 깨닫게 될 것입니다.

2. 그리스도를 믿는 믿음은 모든 환경을 초월하여 기쁨으로 가득 찬 인생을 만들 것입니다.

거래(去來)의 관점에서 판단할 때 혹은 세상에서 소위 성공이라고 평가하는 기준에 의해 판단할 때, 여기의 바울의 생애는 결코 성공적 생애라고 말할 수 없습니다. 도리어 우리는 그것을 실패라고 말해야만 합니다. 굳이 장황하게 설명하지 않더라도, 우리는 그가 포기한 것들을 압니다. 또 우리는 그가 기독교로 말미암아 얻은 것을 압니다 — 겉으로 드러나는 관점으로 말입니다. 여러분은 그가 자신의 생애의 외적 측면에 대해 다음과 같이 표현한 것을 기억할 것입니다. "바로 이 시각까지 우리가 주리고 목마르며 헐벗고 매맞으며 정처가 없고 또 수고하여 친히 손으로 일을 하며 모욕을 당한즉 축복하고 박해를 받은즉 참고 비방을 받은즉 권면하니 우리가 지금까지 세상의 더러운 것과 만물의 찌꺼기 같이 되었도다"(고전 4:11-13).

이것이 그의 생애의 한쪽 측면이었습니다. 그러면 이것이 전부였습니까? 이 사람은 자기 안에 모든 시련을 이기도록 만드는 무엇인가를 가지고 있었습니다. 그의 특성과 관련하여 불굴의 용기와 항상 기뻐하며 감사하는 정신보다 더 두드러진 것은 아무것도 없었습니다. 바로 이것이 그로 하여금 그가 헤엄쳐야만 했던 고난의 모든 파도를 능히 감당할 수 있도록 만들어 주었습니다. 만일 가장 캄캄한 어둠 속에서 그 안에 용광로처럼 타오르는 빛을 가진 자가 있었다면, 그는 수많은 비바람 풍랑으로 고난을 겪은 그리고 "육체는 연약하며 말은 시원치 않은" 여기의 이 사람이었습니다. 그로 하여금 모든 환경을 초월하는 용사가 되도록 만든 것은 무엇이었습니까? 그로 하여금 겨울이 온 세상을 덮고 있을 때 자기 마음 안에 따뜻한 햇볕을 간직하도록 만든 것은 무엇이었습니까? 도대체 무엇이 이 새(鳥)로 하여금 캄캄한 새장 안에서 그토록 아름다운 노래를 부르도록 만들었습니까? 그것은 오직 한 가지였습니다. 그것은 그의 생애에 혁명을 일으킨 그리스도의 계속적 임재였습니다. 그것이 계속해서 그의 생애를 축복하고 또 그로 하여금 기쁨에 가득 차도록 만들었던 것입니다. 앞에서 우리는 그가 자신의 외적 상태를 묘사한 글을 함께 읽었습니다. 이제 그가 자신을 향해 덮쳐 오는 고난과 슬픔의 거대한 파도들을 어떻게 받아들였는지 그 자신의 말을 통해 살펴보도록 합시다. "그러나 이 모든 일에 우리를 사랑하시는 이로 말미암아 우리가 넉넉히 이기느니라"(롬 8:37). "그리스도의 고난이 우리에게 넘친 것 같이 우리가 받는 위로도 그리스도로 말미암아 넘치는도다"(고후 1:5). "그러므로 우리가 낙심하지 아니하노니 우리의 겉사람은 낡아지나 우리의 속사람은 날로 새로워지도다"(고후 4:16). "그러므로 도리어 크게 기뻐함으로 나의 여러 약한 것들에 대하여 자랑하리니 이는 그리스도의 능력이 내게 머물게 하려 함이라"(고후 12:9). "내가 궁핍하므로 말하는 것이 아니니라 어떠한 형편에든지 나는 자족하기를 배웠노니 나는 비천에 처할 줄도 알고 풍부에 처할 줄도 알아 모든 일 곧 배부름과 배고픔과 풍부와 궁핍에도 처할 줄 아는 일체의 비결을 배웠노라"(빌 4:11, 12). "근심하는 자 같으나 항상 기뻐하고 가난한 자 같으나 많은 사람을 부요하게 하고 아무 것도 없는 자 같으나 모든 것을 가진 자로다"(고후 6:10).

나의 친구들이여, 여기에 축복의 비밀이 있습니다. 그리고 여기에 영원한 기쁨의 샘이 있습니다. 그리스도를 굳게 붙잡으십시오. 그의 뜻으로 하여금 여러분의 마음의 보좌 위에 앉게 하십시오. 여러분의 삶과 인격의 중심을 그에게 맡기십시오. 그리고 그 어떤 것도 여러분의 영혼의 고요한 축복을 허물어뜨리지 못하게 하십시오.

여러분에게는 아직도 겪어야할 고난이 많이 남아 있을 것입니다. 또 여러분에게는 포기해야 할 것들이 있을 것입니다. 세속적인 사람들에게 여러분의 삶은 답답하며 재미없는 삶처럼 보일는지 모릅니다. 그러나 그 안에 세상의 모든 기쁨을 능가하는 고요하며 영속적 축복이 있습니다. 그것은 세상의 야망이 충족되었을 때 느끼는 즐거움이나 혹은 감각(感覺)이 느끼는 즐거움보다 훨씬 더 거룩하고 보배롭습니다. 그리스도는 평강입니다. 그는 우리에게 그의 평강을 주십니다. 그리고 그는 평강을 깨뜨리지 않고 도리어 증진시키는 기쁨을 주십니다. 우리 모두는 세속적 즐거움을 추구하는 시험을 당합니다. 그러나 그 모든 것은 단지 우리가 바라는 일부만을 만족시켜줄 뿐입니다. 그러한 것들을 추구하는 사람은 누구를 막론하고 결코 참된 만족을 얻을 수 없습니다. 우리를 부요하게 만드는 것은 많은 보석일 수 없습니다. 그것이 아무리 값비싼 것이라 하더라도 말입니다. 우리를 정말로 부요하게 만드는 것은 단 하나의 지극히 값진 진주입니다. 우리를 진정으로 부요하게 만드는 것은 우리의 유일한 기쁨인 그리스도입니다. 그는 우리에게 그 자신을 주십니다. 만일 우리가 그를 보고 그에게 굴복한다면, 그의 기쁨이 우리 안에 머묾으로 우리의 기쁨이 충만할 것입니다. 반면 다른 모든 것들은 고작해야 부분적이며 일시적인 것들일 뿐입니다. 예수 그리스도를 믿는 믿음은 인생을 복되게 만듭니다. 전도서 저자는 다음과 같이 묻는데, 이러한 질문은 창세 이래 계속해서 제기되어 온 질문입니다. "헛된 생명의 모든 날을 그림자 같이 보내는 일평생에 사람에게 무엇이 낙인지를 누가 알리요?"(6:12). 여러분은 "누가 우리에게 무엇이 선(善)인지를 보이리요?"라고 묻습니다. 여기에 그 대답이 있습니다. 인생의 진정한 선은 그리스도를 믿고 그에게 순종하는 것입니다. 어느 누구도 우리로부터 그것을 빼앗아갈 수 없습니다. 사랑하는 청년들이여, 여러분은 그것을 여러분 자신의 것으로 삼았습니까?

3. 그리스도를 믿는 믿음은 후회 없는 인생을 만듭니다.

바울의 마지막 편지에서, 우리는 창세 이래 지금까지 그려진 가장 아름다운 그림들 가운데 하나를 보게 됩니다. 그것은 죽음의 문턱 앞에서 평온한 마음으로 서 있는 한 노인으로부터 그려진 그림입니다. 그는 평온한 마음으로 자신의 모든 인생 여정을 회고(回顧)합니다. 사랑하는 친구들이여, 나는 아직 풋풋한 나이인 여러분에게 죽음에 대해 장황하게 설교하지 않을 것입니다. 그러나 아직 인생 초기에 있는 여러분에게조차 죽음이 올 것이라는 사실을 인식하는 것은 결코 해로운 일이 아닙니다. 지금 여러분의 마음은 희망과 기대로 가득 차 있겠지만, 그러나 언젠가는 지나온 인생 여정을 되돌아보는 마음으로 채워질 것입니다. 그때 여러분은 어떻게 느끼고 또 어떻게 말할 것입니까?

자, 바울이 어떻게 말하는지 보십시오! "나는 선한 싸움을 싸우고 나의 달려갈 길을 마치고 믿음을 지켰으니 이제 후로는 나를 위하여 의의 면류관이 예비되었으므로"(딤후 4:7, 8). 지금 그가 자기의(自己義)를 주장하고 있는 것이 아닙니다. 그러나 죽음을 눈앞에 둔 상태에서 자신의 주된 인생길이 의로운 길이었다고 자부할 수 있는 그리고 영원의 동터오는 빛이 자신의 선택이 옳았음을 확증해 주는 삶을 사는 것은 충분히 가능합니다. 나는 여러분이 스스로에 대하여 다음과 같이 물어보기를 바랍니다. "나의 인생은 그와 같은 종류의 인생인가?" 여러분의 인생은 여러분 자신의 그와 같은 회고를 감당할 만한 인생입니까? 바울이 고요함과 평온함으로 회고하는 것처럼 말입니다. 그는 폭풍과 같은 날들을 지나왔으며, 빽빽한 암운(暗雲)이 그의 하늘을 어둡게 했으며, 그의 나아가는 길에 너무나 많은 비바람이 몰아쳤습니다. 그러나 지금 마지막을 장식하는 그의 서쪽 하늘은 고요한 주황색 빛으로 가득합니다. 그러면서 그는 자신이 "하늘의 도성"으로 향하는 올바른 길로 인도되었으며 또 힘을 다해 그 길로 달려왔음을 고요한 마음으로 회고합니다. 만일 여러분의 마지막 순간이 바로 지금이라면, 여러분 역시도 이와 같을 것입니까?

우리의 인생행로를 되돌아볼 때, 우리는 많은 실수와 허물을 발견할 것입니다. 우리 가운데 가장 선한 사람이라 하더라도 말입니다. 그렇지만 우리 가운데 어떤 사람들이 "아, 나는 너무나 어리석고 잘못된 삶을 살았어!" 라고 말할 수밖에 없는 가운데서도, 우리가 영광스러운 부활과 의의 면류관을 바라보며 평안히 잠들게 되는 것은 충분히 가능한 일입니다.

사랑하는 청년들이여, 여러분의 지나온 날이 황량한 광야와 같게 살 것인지 아니면 여호와의 동산 같게 살 것인지 여러분 스스로 선택해야 합니다. 설령 항상 수많은 실수와 허물이 있을 것이라 하더라도, 그럼에도 불구하고 그것이 필연적으로 여러분의 고요한 회고를 방해하는 것은 아닙니다. 왜냐하면 죄를 의식하는 가운데서도, 우리는 믿음으로 구주를 붙잡고 다음과 같이 고백하며 평안히 눈을 감을 수 있기 때문입니다. "내가 믿는 자를 내가 알고 또한 내가 의탁한 것을 그날까지 그가 능히 지키실 줄을 확신함이라"(딤후 1:12).

여러분에게 간절히 당부하고 싶습니다! 부디 예수 그리스도를 믿는 믿음이 여러분의 삶을 변화시키고, 고결하게 하며, 기쁨으로 가득 차게 만들 것이라는 사실을 굳게 붙잡으십시오. 그리고 그러한 믿음이 여러분으로 하여금 마지막 순간 평온한 마음으로 지나온 인생행로를 회고하도록 만들어줄 것입니다. 사랑하는 청년들이여, 올바르게 시작하십시오. 언젠가 여러분도 늙고 쇠할 것입니다. 나이가 들어가면서 여러분은 점점 더 유연성이 약해지고, 기운도 쇠약해질 것입니다. 습관의 덩굴이 여러분의 몸을 꽁꽁 묶을 것이며, 여러분의 자유로운 움직임을 방해할 것입니다. 복음의 진리는 너무나 익숙해진 나머지 진부한 것이 될 것이며, 친구들과 교제하는 것은 여러분에게 점점 더 힘든 일이 될 것입니다. 그리고 여러분은 고목(古木)처럼 점점 더 뻣뻣해질 것입니다. 여러분은 내일을 의지할 수 없습니다. 오늘 지혜롭게 행하십시오. 올해를 올바르게 시작하십시오. 그리스도를 바라보십시오. 그리고 그를 기쁨으로 영접하십시오. 여러분 모두가 그를 바라보며 "주여 내가 무엇을 하리이까?"라고 외치며 그 앞에 엎드리기를 간절히 바랍니다.

28
주인의 죽음과 종의 죽음

"그들이 돌로 스데반을 치니 스데반이 부르짖어 이르되 주 예수여 내 영혼을 받으시옵소서 하고 무릎을 꿇고 크게 불러 이르되 주여 이 죄를 그들에게 돌리지 마옵소서 이 말을 하고 자니라"

행 7:59, 60

이것은 신약이 기독교 순교와 관련하여 상세하게 서술하는 유일한 이야기입니다. 일반적으로 성경은 사람들이 나중에 어떻게 되었는지에 대해 극도로 무관심합니다. 사람이 성령의 도구로 사용되는 동안 그의 행적은 계속적 관심과 언급의 대상이 됩니다. 그러나 성령이 그를 통해 일하는 것을 그칠 때, 그는 중요하지 않은 존재로 간주됩니다. 이와 같이 요한의 형제 야고보도 사도행전의 무대에서 사라집니다. 스데반의 순교를 제외하고, 그나마 야고보의 순교가 사도행전이 간단하게나마 언급하는 유일한 순교입니다.

그러면 여기의 스데반의 순교가 예외적으로 상세하게 언급되는 이유는 무엇일까요? 거기에는 두 가지 이유가 있습니다. 첫째는 그것이 최초의 순교이기 때문입니다. 사도행전은 항상 최초의 것을 상세하게 언급하면서 그 이후에 따르는 것들은 그 안에 응축시킵니다. 그러나 보다 더 중요한 두 번째 이유가 있습니다. 그것은 여기의 스데반의 순교 이야기가 그 자신의 죽음에 대한 이야기라기보다 그의 죽음을 통해 나타나는 그리스도의 능력에 대한 이야기라는 점입니다. 이 책의 주제는 사도들의 행적이 아니라, 자기 교회 안에서 일하시는 그리고 자기 교회를 위해 일하시는 부활하신 주님의 행적입니다.

우리는 여기의 이야기를 주님의 십자가 이야기와 연결시켜 생각할 필요가 있습니다. 그리고 두 이야기 사이의 유사점과 상이점은 서로에게 빛을 비추어줍니다.

그러므로 오늘 우리는 스데반의 죽음을 그것보다 훨씬 더 위대한 우리 주님의 죽음과 계속적으로 비교하면서 살피고자 합니다. 첫 순교자 스데반의 입술로부터 흘러나온 두 가지 말을 생각해 보십시오. 그것은 "주 예수여 내 영혼을 받으시옵소서"(59절)라는 말과 "주여 이 죄를 그들에게 돌리지 마옵소서"(60절)라는 말이었습니다. 우리는 이러한 두 가지 말의 원형(原型)이 누가복음에서 그리스도의 입술로부터 흘러나온 것이었음을 주목할 수 있습니다. 그리고 이러한 사실은 스데반의 죽음과 예수의 십자가를 한층 더 가깝게 연결시킵니다.

오늘 나의 설교의 목적은 주인의 죽음과 종의 죽음 사이의 유사점과 상이점을 추적하는 것입니다. 그리고 그로부터 나는 그리스도께서 함께 하실 때 그리스도인의 죽음이 어떤 것이 될 수 있는지 살피고자 합니다.

1. 그리스도를 본받는 마지막 행동으로서의 그리스도인의 죽음을 주목하십시오.

어떤 학자들은 누가복음에 나타난 주님의 마지막 순간과 사도행전에 나타난 스데반의 마지막 순간 사이의 유사성을 두 책의 저자인 누가의 공교한 작품으로 생각하면서, 스데반의 순교 이야기의 진정성에 대해 어느 정도 의심의 눈초리를 던집니다. 나는 두 이야기가 서로 유사한 것을 기꺼이 인정합니다. 그리고 나는 그것이 의도적이었다고 믿습니다. 그러나 나는 그 의도를 작가(writer인 누가)로부터 배우(actor인 스데반)로 옮깁니다. 그러면서 나는 어째서 죽음 앞에서 스데반이 의식적이며 의도적으로 자신의 죽음을 그의 주인의 죽음과 닮은 것으로 만들어서는 안 되는지 묻고 싶습니다. 어째서 스데반은 죽음 앞에서 그리스도께서 취하셨던 태도를 취하기를 추구해서는 안 된단 말입니까? 어째서 스데반은 죽음 앞에서 그의 주인이 죽으셨던 것처럼 죽기를 추구해서는 안 된단 말입니까?

스데반이 갈보리에서 죽었을 것이라고 보는 데에는 상당한 개연성이 있습니다. 그곳은 사형을 집행하는 통상적 장소였습니다. 여러분 가운데 많은 사람들이 알고 있는 것처럼, 최근의 연구 결과는 많은 사람들로 하여금 예루살렘 성 밖의 작은 언덕이 예수의 십자가형이 집행된 장소였을 것이라고 결론내리도록 이끕니다. 그곳은 또한 죄인에게 돌과 관련한 처형을 집행하는 통상적 장소이기도 했습니다. 그러므로 그리스도의 십자가가 세워진 장소에서 그의 첫 순교자가 "하늘이 열리고 인자가 하나님 우편에 선 것을" 보았을 것이라는 추측에는 상당한 가능성이 있습니다(56절). 정말로 그렇다면 또 설령 그렇지 않다 하더라도, 순교자의 죽음이 그의 주인의 죽음과 닮는 것은 얼마나 자연스러운 일입니까!

여기와 같은 절박한 상황에서 그리스도의 모범이 여전히 우리 앞에 빛나는 것은 우리에게 있어 가장 큰 축복들 가운데 하나가 아닙니까? 아니, 어떤 의미에서 모든 축복들 가운데 가장 큰 축복이 아닙니까? 예수를 본받으며 살아갈 때, 우리의 인생은 최고의 기쁨과 아름다움에 도달하지 않습니까? 마찬가지로 만일 우리의 죽음이 그리스도의 모범을 따라 그리고 그의 능력에 의해 빚어질 때, 우리의 죽음은 본래 그것이 가진 가장 쓴 맛을 잃어버리고 거의 감미로운 것이 될 수 있지 않습니까? 우리는 결국 쓸쓸한 황무지를 여행할 것입니다. 그때 꽉 쥐었던 손은 펴질 것이며, 우리는 황량한 길을 향해 출발할 것입니다. 비록 그것이 "거대한 어둠속으로 들어가는 공통의 길"이라 하더라도 말입니다. 그러나 그의 이름을 송축할지니, "길을 여는 자가 우리 앞에" 가셨습니다(미 2:13). 그리고 황무지를 가로질러 선명한 발자국이 새겨졌습니다. 그러므로 우리는,

"그것을 보고 새 힘을 얻을 수 있습니다."

그리스도를 본받음에 있어서의 최고의 절정은 우리가 그의 죽음의 모양

을 짊어지고 그때 그와 같이 되는 것이 아니겠습니까?

수많은 순교자들이 죽음 앞에서 전율하며 움츠리며 기꺼이 잔을 마시기를 꺼렸던 예수를 생각하면서 평온한 마음으로 화형대로 간 것은 참으로 이상한 일이 아닙니까? 수많은 순교자들의 영웅적이며 평온한 죽음의 원천이 된 죽음이 쓴 잔으로부터 움츠리며 "나의 하나님 어찌하여 나를 버리셨나이까?"라고 부르짖은 자의 죽음이었다는 사실은 정말로 이상한 일이 아닙니까?

사랑하는 형제들이여, 만일 그의 고뇌와 움츠림의 이유에 대한 명확한 설명이 없다면, 그리스도의 죽음은 다른 순교자들의 죽음보다 분명 덜 영웅적입니다. 그들 모두가 그로부터 모든 용기를 끌어냈음에도 불구하고 말입니다.

그러면 어째서 그 순간 요동치 않는 평온함과 영웅적 자기부인으로 일관했던 자 안에 그토록 극심한 고뇌와 절망이 있었던 것일까요? 거기에는 오직 하나의 설명만이 가능합니다. 그것은 "여호와께서 우리 모두의 죄악을 그에게 담당시키셨기" 때문이었습니다(사 53:6). 그가 전율하며 움츠리며 두려워 떨며 하나님으로부터 버림을 당했다고 느끼며 죽었을 때, 그것은 그에게 지워졌던 여러분과 나의 죄 때문이었습니다. 반면 지금 자기 주인의 죽음을 본받고 있는 스데반에게는 이런 경험이 전혀 없었습니다. 왜냐하면 그는 단지 순교자에 불과했기 때문입니다.

그러나 주님이 그 모든 것을 경험하신 것은 그가 세상 전체를 위한 희생제물이었기 때문입니다.

2. 자신의 영혼을 자발적으로 그리스도께 맡기는 행동으로서의 그리스도인의 죽음을 주목하십시오.

"그들이 그를 돌로 칠새"(58절). 돌과 관련한 유대인들의 처형 방식에 대한 우리의 통상적 관념은 매우 불충분하며 오류투성이입니다. 그것은 단순히 잡다한 군중들이 죄인을 향해 돌을 던지는 것이 아니었습니다. 우리는 랍비의 책들 속에서 그러한 처형 방식과 관련한 상세한 기록을 읽을 수 있습니다. 그것이 기록하는 구체적 처형 방식은 다음과 같습니다. 신성모독을 행한 자는 두 사람의 키 높이 정도 되는 특정한 바위 위로 끌려갑니다. 그리고 거기에서 그를 정죄한 증인들이 그를 밉니다. 만일 그가 바위로부터 떨어졌음에도 불구하고 생존한다면, 그들은 또 다시 그에게 큰 돌을 굴려야 했습니다. 탈무드에 그 무게는 두 사람이 들 수 있을 정도의 무게여야 한다고 규정되어 있습니다. 그래도 그가 생존한다면, 다른 사람들이 처벌을 맡았습니다.

이와 같은 일련의 처형 과정 가운데 우리는 아마도 그들이 스데반을 바위로부터 밀어 떨어뜨릴 때 그가 소리를 높여 본문의 기도를 드린 것이었다고 추측할 수 있습니다.

이와 같은 "돌과 관련한 처형"을 당하고 있는 동안 스데반은 예수를 부르면서 "주 예수여 내 영혼을 받으시옵소서"라고 부르짖었던 것입니다(59절).

나는 여기에서 이것이 예수 그리스도께 기도가 드려진 명백한 실례(實例)로서 초창기 교회가 그의 인격과 본질에 대해 매우 높은 관념을 가지고 있었으며 따라서 죽음을 눈앞에 둔 사람이 그를 바라보며 자신의 영혼을 그의 손에 맡긴 사실에 대해서는 논의하지 않을 것입니다. 그에 대해서는 그냥 지나치는 가운데 다만 나는 여러분에게 여기에서 스데반이 그의 영혼을 그의 주님께 맡긴 것과 예수가 십자가 위에서 그의 영혼을 아버지께 맡긴 것 사이의 유사점과 상이점에 대해 생각하기를 권면하고 싶습니다. 그리스도는 십자가 위에서 하나님께 말씀하셨으며, 앞에서도 이야기한 것처럼 나는 스데반이 갈보리에서 예수 그리스도께 말했다고 추측합니다. 그리스도는 십자가 위에서 "아버지 내 영혼을 아버지 손에 부탁하나이다"라고 말씀하셨으며(눅 23:46), 스데반은 "주 예수여 내 영혼을 받으시옵소서"라고 말했습니다(행 7:59).

우리 주님이 죽으신 것은 그럴 수밖에 없었기 때문이 아니라 기꺼이 그렇게 하고자 하셨기 때문입니다. 그는 자신의 죽음에 있어 능동적이셨습니다. 그는 자기 목숨을 스스로 내어주기를 선택하셨습니다. 반면 스데반은, 마치 그의 목숨을 지금 그를 둘러싸고 있는 광포의 소용돌이로부터 이끌어내는 것이 그의 주님의 권능임을 아는 것처럼, "받으시옵소서"라고 말합니다. 이와 같이 예수 그리스도의 마지막 말 속에는 권세와 순복이 온전히 함축되어 있는 반면, 스데반의 마지막 말은 단순히 기꺼이 죽음을 맞이할 준비가 되어 있는 한 사람의 종의 말일 뿐입니다. 이와 같이 그리스도는 십자가 위에서 "내 영혼을 아버지 손에 부탁하나이다"라고 말씀하셨을 뿐만 아니라 또 다른 곳에서 "이를 내게서 빼앗는 자가 있는 것이 아니라 내가 스스로 버리노라 나는 버릴 권세도 있고 다시 얻을 권세도 있으니"라고 말씀하셨습니다(요 10:18). 반면 스데반은, 자신을 둘러싸고 있는 고통과 슬픔과 곤고함과 증오의 모든 지옥으로부터 속히 벗어나기를 간절히 바라는 것처럼 그러나 자기 주인의 뜻을 기다려야만 함을 아는 것처럼, "내 영혼을 받으시옵소서"라고 말합니다.

이와 같이 우리는 스데반의 말로부터 적의(敵意)에 가득 찬 군중들의 의한 순교자의 죽음과 우리의 죄를 위해 스스로를 사망에 내어준 속죄의 희생제물의 죽음 사이의 유사성과 상이성과 관련하여 많은 사실들을 알 수 있습니다. 물론 스데반은 그러한 것들을 명확하게 의식하지는 못했을 것입니다. 그러나 그러한 사실들이 더욱 분명한 것은 그것이 스데반에 의해 무의식적으로 표현되었기 때문입니다.

나아가 스데반이 죽으면서 부르짖은 말 속에서 우리는 그가 그리스도를 생명과 사망의 주인으로 인식하고 있는 것을 발견합니다. 그는 자신의 영혼을 그리스도에게 자발적으로 내어드리며, 그럼으로써 그의 죽음은 매우 실제적 의미에서 희생제사가 됩니다. 그의 죽음 역시도 단순히 그럴 수밖에 없었기 때문이 아니라 기꺼이 그 필요성을 받아들이는 가운데 그 안에서 축복을 발견했기 때문이었습니다.

우리는 죽음에 있어 수동적일 필요가 없습니다. 죽음이 다가올 때, 우리는 필사적으로 생명의 마지막 치맛자락을 붙잡고 늘어질 필요가 없습니다. 우리는 기꺼이 우리의 존재를 내어줄 수 있으며, 그것을 전제처럼 하나님의 제단 위에 부을 수 있습니다. 마치 바울이 "만일 너희 믿음의 제물과 섬김 위에 내가 나를 전제로 드릴지라도 나는 기뻐하고 너희 무리와 함께 기뻐하리니"라고 말한 것처럼 말입니다(빌 2:17). 사랑하는 형제들이여, 우리는 그리스도처럼 죽을 수 있습니다. 그것은 우리 자신을 그에게 내어드리며 죽는 것입니다.

나아가 우리는 스데반의 마지막 말 속에서 예수 그리스도와의 영속적 연합 안으로 들어가는 개념을 발견합니다. 그는 "내 영혼을 받으시옵소서"라고 말합니다. "이것이 내가 원하는 모든 것이나이다. 나는 당신이 하나님 우편에 서신 것을 보나이다. 어째서 당신은 전능하신 하나님 아버지 우편에서의 영원한 안식으로부터 일어서셨나이까? 그것은 나를 도우시기 위해서나이다. 이들이 나를 바위에서 떨어뜨리며 무거운 돌로 나를 상할 때, 당신은 나를 도우시나이까? 그러나이다. 당신은 나를 도우시나이다. 왜냐하면 당신의 가장 높은 형태의 도움은 나의 영혼을 받으시고 나로 하여금 영원히 당신과 함께 있게 하는 것이기 때문이나이다."

예수 그리스도는 그의 종을 죽음으로 이끄심으로써 죽음으로부터 건지십니다. 형제들이여, 여러분은 그가 여러분을 죽음으로 이끄실 때 이러한 사실을 느끼며 스스로를 그분께 맡길 수 있습니까? 스데반에게 일어났던 일이 여러분에게도 일어날 것입니까?

3. 모든 것을 용서하는 관용의 최종적 승리를 주목하십시오.

스데반은 바위로부터 밀쳐졌으며 또한 무거운 돌로 침을 받았습니다. 그렇지만 그로 인해 온 몸이 치명적 부상을 입었음에도 불구하고 그는 이상하게도 아직 살아 있었습니다. 그는 필사적으로 마지막 힘을 모아 "주여 이 죄를 그들에게 돌리지 마옵소서"라고 부르짖으며 기도합니다(60절).

앞에서 이야기한 것처럼, 이러한 기도는 십자가 위에서의 우리 주님의 기도의 메아리였습니다. "아버지 저들을 사하여 주옵소서 자기들이 하는 것을 알지 못함이니이다"(눅 23:34). 그러나 이것은 메아리이면서 동시에 독립적 어투였습니다. 예수 그리스도는 "아버지여"라고 부르짖은 반면 스데반은 "주여"라고 부르짖습니다. 주님은 "그들이 자기들이 하는 것을 알지 못함이니이다"라고 말한 반면 스데반은 잔혹한 군중들의 마음의 비밀과 동기를 분별할 생각을 하지 않습니다. 그 앞에 만물이 벌거벗은 것처럼 드러날 수밖에 없는 자가 "그들이 자기들이 하는 것을 알지 못함이니이다"라고 말한 것은 참으로 적절한 말이었습니다. 그렇지만 사람들의 마음의 동기를 알 수 없고 다만 추측할 수밖에 없는 자가 그와 같이 말했다면, 그것은 분명 부적절한 말이 아닐 수 없을 것입니다.

십자가 위에서 수욕을 당하는 가운데 그리스도는 사람들의 영혼의 깊은 비밀을 아는 자처럼 그리고 그들의 심판자가 되기에 합당한 자처럼 말합니다. 반면 여기의 그의 종은 자신의 기도를 받는 자를 실제로 그러한 자로서 의식하며 기도합니다.

어쨌든 주님이 죽으시고 난 후 불과 수년이 지나지 않아 교회는 그의 신성(神性)을 분명하게 인식하는 자리에까지 이르렀습니다. 지금 스데반은 그를 생명과 사망의 주인으로 분명하게 인식하면서, 그에게 자기 영혼을 받아달라고 간구하고 있습니다. 스데반은 그가 온 세상의 심판자라는 사실을 가장 분명하게 인식하고 있었습니다.

이와 같이 스데반은 그리스도가 심판자임을 알았습니다. 또 그는 자신이 곧 그리스도의 심판대 앞에 서게 될 것을 알았습니다. 그럼에도 불구하고 그의 기도는 "나의 죄를 나에게 돌리지 마옵소서"가 아니라 "이 죄를 그들에게 돌리지 마옵소서"였습니다. 어째서 그는 자신의 죄 사함을 구하지 않았을까요? 어째서 그는 자신이 곧 부닥치게 될 심판에 대해 생각하지 않았을까요? 그에게 있어 그 문제는 이미 오래 전에 해결되었습니다. 그는 자신의 심판에 대해 조금도 두려워하지 않았습니다. 그랬기 때문에 마지막 순간이 왔을 때, 그는 평온한 마음으로 자신을 핍박하는 자들을 위해 기도할 수 있었던 것입니다. 그는 심판자를 아무런 두려움 없이 만날 수 있었습니다. 여러분도 그렇습니까? 만일 여러분이 지금 스데반과 같은 상황에 처해 있다면, 여러분은 평온한 마음으로 다른 사람들의 죄 사함을 위해 기도할 수 있습니까? 이러한 질문에 대한 대답은 다음의 질문에 대한 대답과 동일한 대답이 될 것입니다. "여러분은 예수 그리스도 안에서 여러분 자신의 죄를 사함 받았습니까?"

4. 여기에서 죽음이 잠자는 것으로 묘사되는 것을 주목하십시오.

"이 말을 하고 자니라." 신약은 그리스도인의 죽음을 거의 대부분의 경우 잠자는 것으로 말합니다. 그러나 신자들의 죽음과 관련한 이러한 표현은 단 한 번도 예수 그리스도의 죽음과 관련해서는 사용되지 않습니다. 그는 여러분과 나로 하여금 생명을 얻도록 하기 위해 죽으셨습니다. 그의 죽음은 실제적 죽음이었습니다. 그는 죽음과 관련한 물리적 사실뿐만 아니라 그것의 쏘는 것과 죄에 대한 의식(意識)까지 모두 받으셨습니다. 그가 죽음으로써 그것의 쏘는 것이 무디어지고 그것의 모든 독(毒)이 소진(消盡)되었습니다. 그리하여 죽음의 흉한 모양은 부드럽고 포근한 모양으로 단장되었으며, 그것의 추악한 형상은 잠을 가져다주는 천사의 형상으로 바뀌었습니다. 죽음은 지나갔습니다. 물리적 사실은 남아있지만, 그러나 그것의 모든 비참한 것과 쓴 것과 독한 것은 모두 그것으로부터 뽑혔습니다. 그리고 그것은 "잠자는" 것으로 변화되었습니다. 마치 피곤한 아이가 엄마 품안에서 잠자는 것처럼 말입니다.

"죽음이여, 그대의 일은 모두 끝났도다!
그대는 이미 그대의 모든 삯을 받았도다!"

이제 죽음은 단지 잠자는 것이 불과합니다. 왜냐하면 그리스도께서 죽으셨기 때문입니다. 그러므로 그리스도 안에서 잠자는 것은 평온하며 완전한 생명입니다.

본문에 나타난 두 개의 그림을 보십시오. 먼저 고뇌의 그림이 있으며, 다음에 평온한 승리의 그림이 있습니다. 그리고 스데반이 그렇게 잠들 수 있었던 것은 그리스도께서 먼저 죽으셨기 때문에 가능했다는 사실을 기억하십시오. 지금 여러분은 참된 믿음으로 말미암아 여러분의 영혼을 그리스도께 맡깁니까? 여러분은 살아있는 동안 그와 함께 거할 수 있으며, 죽음 앞에서 환상 가운데 그를 바라볼 수 있으며, 죽음과 함께 평온한 안식의 잠으로 들어갈 수 있습니다. 예수 안에서 잠잘 때, 또한 우리는 그와 같은 형상으로 깨어 만족할 것입니다. "나는 의로운 중에 주의 얼굴을 뵈오리니 깰 때에 주의 형상으로 만족하리이다"(시 17:15).

29
흩어진 씨가 뿌리를 내림

"1 사울은 그가 죽임 당함을 마땅히 여기더라 그 날에 예루살렘에 있는 교회에 큰
박해가 있어 사도 외에는 다 유대와 사마리아 모든 땅으로 흩어지니라 2 경건한 사
람들이 스데반을 장사하고 위하여 크게 울더라 3 사울이 교회를 잔멸할새 각 집에
들어가 남녀를 끌어다가 옥에 넘기니라 4 그 흩어진 사람들이 두루 다니며 복음의
말씀을 전할새 5 빌립이 사마리아 성에 내려가 그리스도를 백성에게 전파하니 6 무
리가 빌립의 말도 듣고 행하는 표적도 보고 한마음으로 그가 하는 말을 따르더라 7
많은 사람에게 붙었던 더러운 귀신들이 크게 소리를 지르며 나가고 또 많은 중풍
병자와 못 걷는 사람이 나으니 8 그 성에 큰 기쁨이 있더라 9 그 성에 시몬이라 하는
사람이 전부터 있어 마술을 행하여 사마리아 백성을 놀라게 하며 자칭 큰 자라 하
니 10 낮은 사람부터 높은 사람까지 다 따르며 이르되 이 사람은 크다 일컫는 하나
님의 능력이라 하더라 11 오랫동안 그 마술에 놀랐으므로 그들이 따르더니 12 빌립
이 하나님 나라와 및 예수 그리스도의 이름에 관하여 전도함을 그들이 믿고 남녀
가 다 세례를 받으니 13 시몬도 믿고 세례를 받은 후에 전심으로 빌립을 따라다니며
그 나타나는 표적과 큰 능력을 보고 놀라니라 14 ○예루살렘에 있는 사도들이 사마
리아도 하나님의 말씀을 받았다 함을 듣고 베드로와 요한을 보내매 15 그들이 내려
가서 그들을 위하여 성령 받기를 기도하니 16 이는 아직 한 사람에게도 성령 내리신
일이 없고 오직 주 예수의 이름으로 세례만 받을 뿐이더라 17 이에 두 사도가 그들에
게 안수하매 성령을 받는지라"

행 8:1-17

1절의 때에 대한 언급과 관련하여, 흠정역의 "그 시간에"(at that time)라는 번역보다 개정역의 "그날에"(at that day)란 번역이 훨씬 더 낫습니다(한글개역개정판에도 "그날에"라고 되어 있음 — 역주). 스데반의 순교로 말미암아 피 맛을 본 사람들은 즉시로 또 다른 먹이를 찾았습니다. 지금까지 박해자는 유대의 지도자들이었고, 박해를 당한 자는 교회의 지도자들이었습니다. 그러나 이제는 대중이 사냥꾼이 되고 교회 전체가 사냥감이 되었습니다. 이러한 변화는 새로운 시대가 시작되었음을 보여주는 표지입니다. 누가는 박해를 중요하게 다루는 일에 별로 신경을 쓰지 않습니다. 다만 그가 중요하게 다루는 것은 박해가 교회의 복음 전파와 어떻게 관련되는가 하는 것입니다. 역설적이게도 박해는 복음이 퍼지는 데 크기 기여했습니다. 바로 이것이 누가가 박해에 대해 이야기하는 이유입니다. 그러나 먼저 누가는 우리에게 박해가 시작될 때의 그림을 보여줍니다.

우리는 여기에서 세 가지가 특별하게 언급되는 것을 발견합니다. 그것은 사도 외에 모든 교회가 다 흩어진 사실과(1절), 스데반의 장사(葬事)와(2절), 제자들을 찾아다니는 사울의 열심입니다(3절). 우리는 1절의 "다"(all)를 수학적으로 엄격하게 취할 필요가 없습니다. 사도 외에도 남아 있는 사람들이 일부 있었을 것이지만 그러나 공동체는 이미 전체적으로 흩어졌습니다. 그들은 "이 동네에서 너희를 박해하거든 저 동네로 피하라"는 주님의 말씀대로 다른 곳으로 피했습니다(마 10:23). 용감한 충성은 신중한 자기보존과 함께 가며, 신중한 판단은 용감함의 일부입니다. 다른 곳으로 피한 제자들이 남아 있는 사도들보다 필연적으로 덜 용감한 것도 아니었으며, 마찬가지로 남아 있는 사도들이 다른 곳으로 피한 제자들보다 덜 신중한 것도 아니었습니다. 다만 이것은 노블리스 오블리제로 인한 것이었습니다. 높은 지위는 높은 덕행(德行)을 요구합니다. 높은 지위에 있는 책임자일수록 맨 나중에 난파선을 떠나야 합니다. 의심의 여지없이 사도들은 예루살렘에 남아 복음의 중심지를 굳게 지키는 것이 합당하다고 느꼈을 것입니다. 폭풍이 지나간 후에 다른 사람들이 다시 돌아올 수 있도록 말입니다.

흩어진 교회와 두드러진 대조를 보이는 것이 스데반을 장사한 "경건한 사람들"이었습니다(2절). 그들은 제자들이 아니었습니다. 아마도 그들은 헬라파 유대인들로서, 스데반과 변론하며 그를 공회로 끌고 간 사람들 가운데 일부였을 것입니다(2:5). 그들은 스데반의 말과 그의 죽음으로 인해 마음이 크게 움직였을 것입니다. 순교자를 태운 불이 종종 다른 사람들의 마음에 붙는 것처럼 말입니다. 예수의 경우와 마찬가지로 스데반이 죽음을 당하고 장사될 때 거기에는 제자들이 모두 흩어지고 없었습니다.

사울의 열심은 박해를 한층 더 가혹하게 만들었습니다. 그는 각 집에 들어가 남자들뿐만 아니라 여자들까지 붙잡아 옥에 넘겼습니다(3절), 소위 종교적 열심보다 더 잔인한 것은 아무것도 없습니다. 여기에서 누가가 살짝 들어 올린 휘장을 통해 우리는 이제 막 시작된 박해의 소용돌이와 관련하여 세 부류의 사람을 발견합니다. 첫째는 용감하면서도 신중한 제자들입니다. 그들은 상황에 따라 피할 준비도 되어 있었고, 맞설 준비도 되어 있었고, 박해를 당할 준비도 되어 있었습니다. 둘째는 피에 굶주린 군중들과 함께 부화뇌동하기를 꺼렸던 선한 사람들입니다. 그들은 희생자들에 대해 상당한 동정심을 갖고 있었습니다. 셋째는 하나님에 대한 사랑으로 인해 형제들을 극도로 증오한 사울이었습니다. 그러나 휘장은 곧바로 내려지고, 누가는 다시금 본래의 주제로 되돌아갑니다. 4절에서 우리는 흩어진 제자들이 무슨 일을 했는지 보게 됩니다. 그것은 복음의 말씀을 전하는 것이었습니다. "그 흩어진 사람들이 두루 다니며 복음의 말씀을 전할새."

역설적이게도 박해자의 맹렬한 손은 씨를 뿌리는 농부의 손이 되었습니다. 박해자의 맹렬한 손으로 말미암아 복음의 씨앗들이 사방으로 퍼졌으며, 그것들은 떨어지는 곳마다 싹이 났습니다. 박해를 피하여 도망친 제자들은 중요한 직분을 가진 사람들이 아니었으며, 사도들로부터 복음을 전파하도록 위임받은 것도 아니었습니다. 특별한 위임이나 직분을 갖지 않았음에도 불구하고 그들은 믿음의 마음으로부터 흘러나오는 거룩한 충동을 따랐습니다. 믿음을 굳게 붙잡았을 때, 그들은 어디에 있든지 그 믿음을 전파했습니다. 만일 그리스도인이 그리스도와 더불어 생명으로 연합되어 있다면, 그는 어디에 있든 그리스도에 대해 말하지 않을 수 없을 것입니다. 그는 복음전파를 위한 교회의 특별한 위임을 필요로 하지 않을 것입니다. 모든 신자가 목사로서 강단에서 말씀을 전파해야 하는 것은 아닙니다. 그러나 "그리스도를 전파하는" 것은 모든 신자의 의무입니다. 사람들은 제자들을 흩어지게 함으로써 복음의 불을 끄려고 했습니다. 그러나 그리스도는 그것을 통해 도리어 복음이 퍼지도록 만들었습니다. 화산이 폭발하면, 그 안에 있는 불덩이들이 사방으로 퍼져나갑니다.

누가는 복음이 퍼져나가는 하나의 실례(實例)를 언급하는데, 그것은 빌립이 사마리아 성에서 그리스도를 전파한 것이었습니다(5절). 그가 특별히 사마리아를 제시하는 것은 아마도 예수께서 유다 이외의 지역에서 그곳을 제일 먼저 지칭하셨기 때문일 것입니다(1:8). 빌립의 이름은 집사들 가운데 두 번째로 등장하는데(6:5), 아마도 그것은 여기의 사마리아 사역을 내다보면서 그렇게 한 것이었을 것입니다. 우리는 여기에서 사도들이 계획한 것이 실제와 얼마나 달랐나 하는 것을 보게 됩니다. 그들은 "구제하는" 일을 위해 일곱 집사를 세우면서, 말씀을 전파하는 일은 자신들의 특유한 사역으로 생각했습니다. 그러나 성전과 각종 의식(儀式)들이 사라지는 것과 관련하여 스데반이 그들보다 더 분명하게 알고 또 전파했습니다. 그런가 하면 복음의 횃불을 들고 처음으로 유대를 넘어 다른 지역으로 나간 사람은 여기의 빌립이었습니다. 교회는 빌립을 "집사"로 세웠지만, 그리스도는 그를 "전도자"로 세우셨습니다. 그는 예루살렘에서 집사의 일을 그친 오랜 후에도 계속해서 "전도자"였습니다(21:8).

또 여기에서 스데반이 떠나자마자 빌립이 그의 자리를 채우는 것을 주목하십시오. 복음의 증인들의 거룩한 군대에는 결코 신병(新兵)들이 끊어지는 법이 없습니다. 그들의 대장은 계속해서 새로운 병사들을 전선(戰線)으로 보냅니다. 그리고 신병들은 대장의 명령에 따라 기꺼이 위험한 장소로 나아갑니다. 빌립이 사마리아로 피한 것은 아마도 그곳이 여러 면에서 자신에게 편리한 곳이었기 때문이었을 것입니다. 그러나 그는 그곳에서 사도행전 1장 8절의 명령을 회상하면서 마태복음 10장 5절의 명령이 이제 무의미하게 되었음을 깨달았을 것입니다. “예수께서 이 열둘을 내보내시며 명하여 이르시되 이방인의 길로도 가지 말고 사마리아인의 고을에도 들어가지 말고”(마 10:5). 그리스도인들이 아무 도시에 가서 그리스도를 전파하는 것은 얼마나 멋진 일입니까! 많은 그리스도인들이 사방으로 흩어져 그리스도를 전파함으로써 여러 곳에서 복음의 싹이 나게 되었습니다. 그러나 어떤 사람들은 자기 집에 복음을 남겨두고 오거나 혹은 여행가방 안에 안전하게 숨겨두고 다녔을 것입니다.

예루살렘은 제자들을 쫓아내고 복음을 짓뭉겨 버린 반면, 경멸을 당하던 사마리아는 기쁨으로 복음을 받았습니다. “미련한 백성”이 이스라엘로 하여금 시기 나게 하도록 본보기로 세워졌습니다. “먼저 모세가 이르되 내가 백성 아닌 자로써 너희를 시기하게 하며 미련한 백성으로써 너희를 노엽게 하리라 하였고”(롬 10:19). 요한복음에 등장하는 사마리아 여자는 메시야에 대하여 유대인들보다 훨씬 더한 영적 개념을 가지고 있었습니다. 그리고 그녀가 살던 동네 사람들은 말씀을 받을 충분한 준비가 되어 있었던 것으로 보입니다. 이와 같이 종종 먼저 된 자가 나중 되고 나중 된 자가 먼저 됩니다.

그러나 복음은 새로운 땅에서 새로운 친구뿐만 아니라 새로운 원수도 만납니다. 마술사 시몬은 아마도 유대인이었든지 아니면 사마리아인이었을 것입니다. 마술은 당시 유대 땅에서는 불가능한 것이었습니다. 그러나 그것은 당시 로마제국의 다른 지역에서는 매우 유행하고 있었습니다. 오늘날 기독교에 싫증난 사람들이 불교를 가까이 하는 것처럼, 당시에는 동방의 마술사들을 가까이 하는 것이 유행이었습니다. 수요가 공급을 창조하는 법입니다. 기꺼이 속기를 즐거워하는 얼간이들이 있는 곳에 곧 속이는 자들이 나타날 것입니다. 속이는 자는 아마도 몇 가지 간단한 재주나 마술적 속임수를 행할 수 있을 것입니다. 그는 어리석은 얼간이들에게 심오한 신비처럼 보이는 것들을 많이 가지고 있습니다. 그리고 자신이 얼마나 큰 존재인지에 대해 온갖 말로 떠벌입니다. 능수능란한 마술사는 여러

가지 몸짓과 손짓을 사용하면서 사람들로 하여금 많은 것을 추측하도록 남겨둡니다. 그래서 그러한 모습에 탄복하는 사람들은 그러한 동작으로부터 그들이 의도하는 것보다 더 많은 것을 상상하며 추측합니다. 이와 같이 사마리아인들은 시몬을 "크다 일컫는 하나님의 능력"이라고 불렀습니다(10절). 그리고 그 안에서 어떤 신적 능력이 흘러나오는 것을 보았습니다.

참된 선생이 올 때까지 돌팔이가 설치는 법입니다. 그러나 참된 선생이 올 때, 돌팔이는 쪼그라듭니다. 빌립이 사람들의 마음을 사로잡으며 자신은 단지 흉내만 낼 수 있을 뿐인 일들을 행하는 것을 볼 때, 시몬은 쓴 약을 삼킬 수밖에 없었습니다. 누가는 시몬과 빌립에 대한 사마리아인들의 태도와 관련하여 동일한 단어 "주의(注意)를 기울이다"를 사용함으로써 두 사람 사이의 유사점과 상이점을 매우 분명하게 가리킵니다(한글개역개정판에는 분명하게 나타나지 않음 — 역주). 사마리아인들은 빌립에 대하여는 "그가 말한 것"에 주의를 기울인 반면, 시몬에 대하여는 "그 자신"에 대하여 주의를 기울였습니다. 한 사람은 자기 자신을 전파했으며, 다른 한 사람은 그리스도를 전파했습니다. 한 사람은 사람들을 "마술로 놀라게" 했으며, 다른 한 사람은 스스로를 감춘 채 복된 소식을 가져왔습니다. 그리고 그의 메시지는 단지 사람들을 놀라게 하기 위한 것이 아니라 그들로 하여금 예수의 이름을 믿고 그에게 순종하도록 하기 위한 것이었습니다. 이와 같이 예수를 믿는 종교와 세상이 종교라고 말하는 미신은 서로 완전하게 대조됩니다.

마침내 시몬 자신도 믿었습니다(13절). 그는 빌립이 행하는 능력으로 인해 다른 사람들보다 더 크게 놀랐습니다. 왜냐하면 그는 그것이 진짜임을 알았기 때문입니다. 자신이 지금까지 행한 것은 모조품이었던 반면 말입니다. 어쨌든 빌립도 누가도 그의 믿음과 다른 사마리아인들의 믿음을 구별하지 않았습니다. 그리하여 다른 사마리아인들과 마찬가지로 시몬도 믿음을 고백하고 세례를 받았습니다. 그러나 13절에 세례를 받고 난 후에 그가 표적과 능력을 보고 놀랐다는 말이 특별하게 강조되어 나타나는 것을 볼 때, 그는 이적을 보고 놀라는 그 이상의 자리까지는 나아가지 못한 것으로 보입니다. 그는 예수가 메시야임을 믿었지만, 그러나 빌립이 가르치는 것을 듣는 것보다 그가 행하는 이적을 연구하는 데 더 큰 관심을 기울였습니다. 이러한 불완전한 믿음 안에는 사람을 변화시키는 능력이 없었습니다. 그는 여전히 예전과 똑같은 사람으로 남아 있었으며, 마침내 그러한 사실은 온전히 드러났습니다.

우리는 14절에서 빌립이 사마리아에서 행한 위대한 일에 관한 소식이 사도들에게 전해진 것을 보게 됩니다. 마치 하급자가 자신에게 권세를 부여해준 상급자에게 보고하듯이 그렇게 빌립이 사도들에게 보고한 것은 아니었습니다. 아마도 소식은 여러 사람들을 거치면서 여과되었을 것입니다. 어쨌든 자연스럽게 대표단이 파송되었습니다. 우리는 그것을 사도들이 의심을 했다든지 혹은 빌립이 사도가 아니었던 사실 안에 내재하는 불완전함을 보충하기 위한 것으로 생각할 필요가 없습니다. 어떤 사람들은 후자로 생각하기도 하지만, 그러나 누가의 언어는 그러한 생각을 뒷받침하지 않습니다. 사도들이 베드로와 요한을 보낸 것은 어떤 특별한 사도적 행동이 없이는 사마리아인들이 그리스도인으로서의 충분한 특권에 참여할 수 없다고 생각했기 때문이 아니었습니다. 다만 그렇게 한 것은 "사마리아도 하나님의 말씀을 받았다 함을 들었기" 때문이었습니다.

사마리아인들은 아직 성령을 받지 못했습니다(16절). 이것은 그들이 아직까지 오순절에 다락방에 모여 있던 사람들이 받았던 것과 같은 특별한 은사들을 받지 못했음을 의미합니다. 이것은 세례가 필연적이며 불가분리적으로 성령의 은사와 연결되는 것은 아니라는 사실을 증명합니다. 또 사도행전 10장 44절과 47절은 세례받기 전에 성령이 주어질 수 있음을 증명합니다. 나아가 여기의 사건은 성령이 임함에 있어 사도들의 안수(按手)가 반드시 필요함을 증명하지 않습니다. 어쨌든 누가는 그렇게 생각하지 않습니다. 손을 얹는 것은 자연스러우며 감동적 상징이지만, 그러나 그것은 사도들의 특권이 아니었습니다(행 10:17; 딤전 4:14).

사도들은 주님이 명령하신 일이 이루어진 것으로 인해 함께 기뻐하기 위해, 새로운 형제들을 환영하기 위해, 그들에게 좀 더 풍성한 가르침을 베풀기 위해, 기존의 신자들과 새로운 회심자들 사이의 연합의 띠를 좀 더 단단히 묶기 위해 사마리아에 내려왔습니다. 그러나 여기의 이야기로부터 그들이 없이는 영적 은사들이 주어질 수 없기 때문에 그러한 은사들을 베풀기 위해 그들이 사마리아로 내려왔다는 결론은 도출되지 않습니다.

30
마술사 시몬

"하나님 앞에서 네 마음이 바르지 못하니 이 도에는 네가 관계도 없고 분깃 될 것도 없느니라"

행 8:21

기독교가 태동하던 시기는 여러 가지 사상들이 들끓으며 신앙이 쇠퇴하던 시기였습니다. 사람들의 마음은 오늘날과 마찬가지로 고정되지 못한 채 요동치고 있었으며, 거대한 변화의 전조(前兆)인 그러한 불안정한 상태가 당시 세계에 영향을 끼치고 있었습니다. 그러한 시기는 항상 미신(迷信)으로 기울어지는 경향이 있습니다. 하나님과 사람을 묶는 참된 띠는 느슨해지는 가운데 사람들의 마음은 희한한 현상의 먹잇감이 됩니다. 수요가 공급을 창조하는 법입니다. 그러한 때는 마술사나 이적을 행하는 자나 미지의 존재(the Unknown)에게로 나아가는 신비한 길을 소유한 자들이 나타나는 법입니다. 그들은 부분적으로 속고 또 부분적으로 속이기도 하는데, 어쨌든 그러한 사람들의 등장은 사람들의 영혼 속에 심오한 종교적 믿음이 결핍되어 있다는 사실과 사람들 안에 만족되지 않은 종교적 열망이 있음을 보여주는 확실한 표적입니다.

이와 같은 배경 위에서 우리는 초창기 기독교 설교자들이 종종 스스로 마술적 능력을 가졌노라고 자임하는 자들과 만나게 되는 것을 발견합니다. 안타깝게도 그들은 대부분 유대인들이었습니다. 그들은 자신들의 참된 지식을 팔아버리고, 알렉산드리아로부터 배운 신지학(神智學)적 잡동사니나 동방의 신비주의나 혹은 브리기아로부터 온 각종 마술적 기술들을 기웃거렸습니다. 이것은 이스라엘 백성에게 있어 얼마나 큰 타락입니까! 또 이것은 '하나님의 신탁'을 맡은 청지기들에게 얼마나 큰 교훈입니까!

이런 부류에 속한 사람들 가운데 구브로의 로마 총독 곁에 둥지를 틀고 있었던 박수 엘루마와 에베소의 마술사들과 자신들이 사용하는 주문(呪文)에다가 예수의 이름을 하나 더 더하려고 했던 불법한 유대인 축귀자(逐鬼者)들과 여기의 마술사 시몬이 있었습니다. 시몬은 사마리아에 자리를 잡고 마술을 행하며, 환상을 보며, 스스로를 크고 신비로운 존재로 떠벌렸습니다. 그는 절반의 이교도(half-heathen)였던 사마리아인들보다 더 이교적 사람이었습니다. 사마리아인들은 종교적 지식에 있어서는 유대인들만 못했지만, 그러나 종교적 감수성에 있어서는 유대인들보다 훨씬 더 앞섰던 것으로 보입니다. 따라서 사마리아는 스스로 마술사를 사칭하는 자들에게 잘 준비된 밭이었습니다. 그들은 시몬을 어떤 의미에서 "하나님의 성육신"으로 생각하면서, 그를 "크다 일컫는 하나님의 능력"으로 불렀습니다(10절).

이렇게 요동하는 사마리아 성에 지금까지 어떤 사도의 발도 닿지 않았습니다. 그런데 그들에게 한 그리스도인이 말씀을 전파하기 시작했습니다. 그리고 그는 여러 가지 표적과 가르침으로 많은 영혼을 그리스도께 이끌었습니다.

마술사 시몬이 복음에 대하여 취한 태도는 우리에게 많은 교훈을 일깨워줍니다. 이제 그러한 교훈들을 차례대로 살펴보도록 합시다.

1. 첫째, 우리는 여기에서 전적으로 헛된 믿음을 발견합니다.

13절에서 우리는 그가 믿고 세례를 받았다는 사실을 발견합니다. 여기에서 초대교회가 실체 없는 단순한 고백을 세례를 위해 충분한 것으로서 받아들인 사실은 매우 주목할 만합니다. 전체적 사건이 보여주는 것처럼, 그의 믿음은 명백히 참된 믿음이 아니었습니다.

그러면 무엇이 그의 믿음을 이 같은 헛된 믿음으로 만들었습니까?

그의 믿음은 전적으로 이적과 표적에 근거한 믿음이었습니다. 그는 표적과 큰 능력을 보며 "놀랐습니다"(13절). 두 말할 필요 없이, 이적은 믿음으로 이끌기 위해 의도된 것입니다. 그러나 만일 이적이 사람들을 영적 깨달음으로 이끌지 않는다면, 그것은 아무 소용없습니다.

여기의 이야기의 첫 부분은 사람과 하나님을 하나로 묶는 유일한 띠를 예수 그리스도에 대한 증언을 마음과 의지로써 받아들이는 것으로 가리킵니다. 사마리아인들은 실제로 그와 같이 받아들였습니다. 왜냐하면 그들은 "빌립이 전도한" 것을 믿었기 때문입니다(12절). 반면 시몬은 이적을 행하는 자를 믿었습니다. 이적의 참된 목적은 사람들로 하여금 관심을 기울여 말씀을 듣도록 준비시키는 것입니다. 이적은 단지 서론일 뿐입니다. 이적은 믿음으로 이끌 수도 있고, 강렬한 인상만 남긴 채 그냥 사라질 수도 있습니다. 그렇게 볼 때, 이적은 얼마나 부차적이며 종속적입니까! 중요한 것은 마음과 영혼이 예수 그리스도와 생명으로 접촉하는 것입니다.

나아가 시몬의 믿음은 순전히 이해의 차원이었습니다, 우리는 그가 단순히 이적을 행하는 자로서의 빌립을 믿었다고 추측하지는 않습니다. 그는 분명 빌립의 주인에 대해 어느 정도의 관념을 가지고 있었을 것입니다. 우리는 사도 시대에 세례의 조건이 예수를 그리스도로 믿는 것이었음을 압니다. 그러므로 우리는 그가 머리로 아는 지식을 가지고 있었다고 합리적으로 추측할 수 있습니다. 그러나 그것은 단지 머리로 아는 지식이었을 뿐입니다. 그 안에는 회개라든지, 자기부인이라든지, 거룩한 열망의 열매 같은 것은 없었습니다. 다른 말로, 거기에 마음이 담겨 있지 않았습니다. 그것은 머리로 아는 지식이었을 뿐 참된 믿음이 아니었습니다.

여러분이 예수 그리스도를 얼마나 많이 아느냐 혹은 얼마나 적게 아느냐 하는 것은 큰 문제가 아닙니다. 또 여러분이 어떻게 그러한 지식에 이르게 되었는지도 중요하지 않습니다. 또 여러분이 시몬처럼 기독교 의식(儀式)에 참례하는 것 역시도 중요하지 않습니다. 만일 여러분의 믿음이 생명의 능력을 가지고 있지 않다면 그리고 그것이 사랑과 자기부인으로 이끌지 않는다면, 그것은 실제로 아무것도 아닙니다. 여기에서 베드로는 모든 형식주의자들과 명목적 그리스도인들에게 엄중한 어투로 이렇게 선포합니다. “하나님 앞에서 네 마음이 바르지 못하니 이 도에는 네가 관계도 없고 분깃 될 것도 없느니라”(21절). 사람을 하나님께 묶는 유일한 띠는 마음을 씻는 믿음, 양심과 의지로써 그리스도를 붙잡는 믿음, 회개로써 죄를 시인하며 전적으로 그의 긍휼을 의지하는 믿음입니다.

2. 둘째, 여기에서 기독교가 계속적으로 이방의 미신으로 인해 더럽혀질 수 있음을 발견합니다.

사도들의 안수로 말미암아 성령이 임하는 것을 보았을 때, 시몬은 흥분하지 않을 수 없었습니다. 왜냐하면 그것이 자신의 마술을 돕는 데 크게 유용할 것이라고 생각했기 때문이었습니다. 그리하여 그는 그러한 능력을 사겠다고 제안합니다(18, 19절). 그는 사도들도 자신과 같을 것이라고 생각합니다. 그는 자신이 기꺼이 사고자 했던 것을 적당한 상황에서는 다른 사람들에게 팔 수도 있을 것이었습니다.

베드로는 이러한 제안을 큰 죄로 받아들입니다(20절). 분명 그것은 큰 죄였습니다. 그의 죄는 단지 그것을 사겠다고 제안한 것뿐만이 아니었습니다. 그것을 탐낸 것 자체도 죄였습니다. 그는 “누구든지 자신이 안수하는 사람은 성령을 받기를” 바랐습니다(19절). 그러한 바람은 실로 악한 바람이었으며, 그것은 또한 베드로에게 돈을 주면서 그러한 권능을 사겠다는 어리석은 제안의 뿌리가 되었습니다. 사실상 그것은 베드로에게 뇌물을 주는 것이었습니다. 실제로 베드로의 후계자들 가운데 몇몇 사람은 그러한 제안을 흔쾌히 받아들였습니다. 그러나 한때 “은과 금은 내게 없거니와”라고 말했던 거친 손을 가진 어부는 결코 그렇게 하지 않았습니다.

베드로의 대답은 기독교의 원리와 이교의 원리가 결코 하나로 융합될 수 없음을 분명하게 선언합니다.

시몬은 영적이며 거룩한 것을 전적으로 자신의 장사 도구의 일부로 간주하면서, 그것이 자신의 명성을 드높여줄 것이라고 생각합니다. 그래서 그는 그것을 사겠다고 제안합니다. 그의 모든 오류의 기초는 그가 영적 은사를 도덕적 자격과 무관하게 받을 수도 있고 실행할 수도 있는 것으로 생각한 것입니다. 그는 "성령"이라는 이름 안에 함축된 것에 대해 전혀 고려하지 않았습니다.

반면 베드로의 대답은 하나님 보시기에 올바른 마음이 모든 영적 능력을 소유하거나 혹은 예수께서 주시는 어떤 축복을 받음에 있어서의 필수불가결한 조건이라는 정반대의 진리 혹은 정반대의 기독교 원리를 제시합니다.

어떻게 마음이 올바르게 되는가 혹은 무엇이 의를 구성하는가 하는 것은 또 다른 문제입니다. 그것은 우리를 회개와 믿음의 교리로 이끕니다.

시몬의 제안을 받아들이기 불가능한 것으로 만든 것은 그것이 "악독이 가득하며 불의에 매인" 것이었기 때문입니다(23절). 복음의 모든 축복은 하나님의 선물이며, 오직 도덕적 조건 위에서 주어집니다. 하나님의 뜻에 대한 사랑과 순복으로 이끄는 믿음이 사람을 그리스도인으로 만듭니다. 그러므로 외적 규례는 사람으로 하여금 그렇게 하도록 돕는 용도로만 사용될 수 있을 뿐입니다.

그러므로 어떤 사람이나 어떤 기관도 우리를 위해 그렇게 해줄 수 없으며, 우리와 하나님 사이에 들어올 수 없습니다.

나아가 여기에서 베드로가 어떻게 죄 사함에 대해 말하는지 주목하십시오. 지금 베드로는 자신에게 죄 사함의 권세가 있음을 주장하고 있는 것이 아닙니다. 다만 그는 시몬에게 홀로 죄 사함의 권세를 가지신 하나님께 가라고 말하면서, 그의 운명을 하나님의 긍휼에 맡기고 있는 것입니다.

마술사 시몬이 노골적으로 표현한 것은 실상 우리 모두 안에 있으며 계속적으로 반복됩니다. 얼마나 자주 기독교는 여기에 제시된 베드로의 원리로부터 떠내려가 정반대의 원리 가운데 표류하곤 했습니까! 영적 은사들이 영적, 도덕적 자격에 근거해서 주어지는 것이라는 원리로부터 그것을 소유한 사람들에 의해 받을 사람들의 마음 상태와는 무관하게 주어질 수 있다는 원리까지 말입니다. 오늘날에도 우리는 주변으로부터 이러한 사상을 종종 발견합니다. 돈으로 성직을 매매한다든지 혹은 더 높은 직분을 얻는 것을 우리는 "시모니"(Simmony)라고 부릅니다. 그러나 그것이 의미하는 보다 더 직접적 것은 "하나님의 선물을 돈 주고 살 수 있다는 생각"입니다(20절). 이러한 생각의 결과는 너무나 명백합니다. 그로 인해 의식(儀式)이 믿음의 자리를 찬탈하게 되며, 제사장직이 과도하게 높여지게 되며, 개별적으로 하나님께 나아갈 수 있다는 보편적인 그리스도인의 특권이 모호해지게 됩니다. 결국 기독교가 일종의 마술로 바뀌고 맙니다.

3. 셋째, 우리는 여기에서 부분적인 믿음이 아무 쓸모없는 것임을 발견합니다.

시몬은 베드로의 엄한 책망으로 말미암아 단지 약간 움찔했을 뿐입니다. 그는 자신의 악함을 회개하고 죄 사함을 구하라는 베드로의 훈계에 대해 별다른 주의를 기울이지 않고 사실상 자신의 잘못된 마음 상태 가운데 그대로 남아 있었습니다. 왜냐하면 그는 스스로 회개하며 죄 사함을 구하는 대신 베드로에게 자신을 대신하여 기도해 달라고 말했기 때문입니다(24절). 마치 베드로의 기도가 자신의 기도는 결코 가질 수 없는 — 회개하며 기도함에도 불구하고 — 특별한 효력을 가지는 것처럼 말입니다. 더욱이 그는 어떤 죄 의식도 나타내지 않았습니다. 그가 바란 모든 것은 단지 베드로가 말한 모든 것이 하나도 그에게 임하지 않는 것이었습니다.

이와 같은 수준에 머무르는 믿음은 얼마나 쓸모없는 믿음입니까!

결국 시몬이 어떻게 되었는지 우리는 알지 못합니다. 그러나 그와 관련한 옛 전승들이 있는데, 거기에서 그는 훗날 베드로의 쓰라린 원수가 되는 것으로 묘사됩니다. 또 요세푸스는 시몬을 벨릭스와 드루실라를 타락시키는 역할을 맡는 존재로 묘사합니다. 어쨌든 우리는 그가 베드로의 훈계에 따라 회개하며 죄 사함을 구한 근거를 어디에서도 발견하지 못합니다. 그렇다면 우리는 여기에서 한때 "하나님의 나라에서 멀지 않았던" 자가 결국 그로부터 떨어져 나간 또 한 사람의 슬픈 실례(實例)를 보게 되는 셈입니다. 그가 그렇게 된 것은 결정적 순간 그가 그 안으로 들어가지 않았기 때문입니다. 이런 사람을 다시 하나님께로 이끄는 것은 참으로 어려운 일입니다. 예수 안에서 우리 모두를 위해 예비된 하나님의 축복의 곳간을 여는 유일한 열쇠가 다름 아닌 우리 자신의 개별적 믿음이라는 사실을 깊이 유념합시다. 우리로 하여금 "너의 이 악함"을 지적하면서 "세상 죄를 지고 가는 하나님의 어린 양"을 가리키는 은혜의 책망에 대해 우리의 마음과 귀를 닫지 않도록 조심합시다.

31
광야의 만남

"26 주의 사자가 빌립에게 말하여 이르되 일어나서 남쪽으로 향하여 예루살렘에서 가사로 내려가는 길까지 가라 하니 그 길은 광야라 27 일어나 가서 보니 에디오피아 사람 곧 에디오피아 여왕 간다게의 모든 국고를 맡은 관리인 내시가 예배하러 예루살렘에 왔다가 28 돌아가는데 수레를 타고 선지자 이사야의 글을 읽더라 29 성령이 빌립더러 이르시되 이 수레로 가까이 나아가라 하시거늘 30 빌립이 달려가서 선지자 이사야의 글 읽는 것을 듣고 말하되 읽는 것을 깨닫느냐 31 대답하되 지도해 주는 사람이 없으니 어찌 깨달을 수 있느냐 하고 빌립을 청하여 수레에 올라 같이 앉으라 하니라 32 읽는 성경 구절은 이것이니 일렀으되 그가 도살자에게로 가는 양과 같이 끌려갔고 털 깎는 자 앞에 있는 어린 양이 조용함과 같이 그의 입을 열지 아니하였도다 33 그가 굴욕을 당했을 때 공정한 재판도 받지 못하였으니 누가 그의 세대를 말하리요 그의 생명이 땅에서 빼앗김이로다 하였거늘 34 그 내시가 빌립에게 말하되 청컨대 내가 묻노니 선지자가 이 말한 것이 누구를 가리킴이냐 자기를 가리킴이냐 타인을 가리킴이냐 35 빌립이 입을 열어 이 글에서 시작하여 예수를 가르쳐 복음을 전하니 36 길 가다가 물 있는 곳에 이르러 그 내시가 말하되 보라 물이 있으니 내가 세례를 받음에 무슨 거리낌이 있느냐 37 (없음) 38 이에 명하여 수레를 멈추고 빌립과 내시가 둘 다 물에 내려가 빌립이 세례를 베풀고 39 둘이 물에서 올라올새 주의 영이 빌립을 이끌어간지라 내시는 기쁘게 길을 가므로 그를 다시 보지 못하니라 40 빌립은 아소도에 나타나 여러 성을 지나 다니며 복음을 전하고 가이사랴에 이르니라"

행 8:26-40

빌립은 사마리아로 피하라든지 혹은 사마리아에서 말씀을 전파하라는 특별한 신적 명령을 받지 못했습니다. 그러나 "주의 사자"와 나중에 "성령"은 그를 에디오피아의 관리에게로 이끌었습니다. 하나님은 충성된 사역자에게 더 큰 사역으로 보답하십니다. 사마리아는 유대인과 이방인 사이의 경계였습니다. 그러나 에디오피아 내시에게 말씀을 전파할 때, 빌립은 완전한 이방 땅에 있었습니다. 그러므로 그토록 큰 발걸음을 내딛기 위해서는 하나님으로부터의 분명한 명령이 필요했습니다.

1. 첫째, 우리는 여기에서 새로운 명령을 보게 됩니다.

빌립은 어째서 자신이 큰 도시에서의 성공적 사역으로부터 가사로 가는 한적한 길로 급히 옮겨져야만 하는지 의아하게 생각할 수 있었습니다. 그럼에도 불구하고 그는 즉시 순종했습니다. 그는 무슨 목적으로 자신이 그곳으로 보냄을 받았는지 알지 못했습니다. 그러나 그러한 무지(無知)에도 불구하고 그는 요동하거나 지체하지 않았습니다. 우리로서는 다음 번 내디딜 발걸음을 아는 것으로 충분합니다. 우리는 "믿음으로 행하고 보는 것으로 행하지" 않습니다(고후 5:7). 왜냐하면 우리는 우리의 행동으로 말미암아 어떤 결과가 발생되는지 알지 못하기 때문입니다. 우리는 다만 걸어가면서 빛을 얻습니다. 오늘의 명백한 의무를 행하십시오. 그러면 내일이 오늘이 될 때, 그날의 의무 또한 명백해질 것입니다. 굴곡이 많은 강을 배를 타고 지나간다고 상상해 보십시오. 지금 우리 눈앞에 굴곡이 있습니다. 그러면 그 굴곡을 돌 때까지 여러분은 앞에 어떤 장면이 펼쳐질지 알지 못합니다. 이와 같이 오늘의 발걸음을 믿음과 순종의 평온한 태도로 나아가십시오. 그리고 하나님과의 교제를 계속해서 열린 상태로 유지하십시오. 그러면 여러분은 그의 인도하심을 확실하게 깨닫게 될 것입니다.

의심의 여지없이 빌립은 가사로 내려가는 길까지 걸어가는 도중 자신이 거기에서 어떤 일을 만나게 될 것인지에 대해 많은 생각을 했을 것입니다. 그리고 마침내 그 길에 도착했을 때, 그는 아무도 거주하지 않는 광야를 부지런히 살폈을 것입니다. 자신의 부르심에 대한 해답을 찾기 위해서 말입니다. 그러나 어찌할 바를 알지 못했던 그의 마음 상태는 그리 오래 가지 않았습니다. 자신이 마땅히 해야 할 일을 찾는 자는 곧 그 일을 알게 될 것입니다.

2. 둘째, 우리는 여기에서 임무에 대한 설명을 보게 됩니다.

27절의 "보라"는 멀리서 내시의 행렬이 갑자기 나타난 것을 암시합니다(KJV에는 한글개역개정판과는 달리 "일어나 가니 보라 에디오피아 사람 곧 에디오피아 여왕 간다게의 모든 국고를 맡은 관리인 내시가 예배하러 예루살렘에 왔다가"로 되어 있음 —역주). 그는 자신의 위엄에 어울리게 많은 수행원을 거느리고 여행했기 때문에 멀리서도 눈에 잘 띄었을 것입니다. 물론 빌립은 지금 자신의 눈에 들어온 사람이 누구인지 알지 못했을 것입니다. 그러나 누가는 곧바로 그의 신분에 대해 이야기하는데, 그것은 그의 신분을 부각시키면서 동시에 이어지는 그의 회심의 중요성을 강조하기 위함이었습니다. 그는 완전한 이방인이며, 내시이며, 여왕의 국고를 맡은 관리였습니다. 그는 이스라엘의 하나님에게 이끌림을 받아 수레를 타고 가는 도중 이스라엘의 선지자 이사야의 글을 읽고 있었습니다. 아마도 그가 애굽으로 향하는 길을 선택한 것은 그 길이 번잡하지 않고 조용했기 때문이었을 것입니다. 어쨌든 지금 그의 모습은 그의 마음이 상당히 이스라엘의 하나님에게로 기울어져 있음을 보여줍니다.

마침내 빌립은 자신이 부름 받은 이유를 분명히 알게 되었습니다. 성령의 음성에 따라 그는 모든 격식을 뛰어넘어 곧바로 내시에게 말을 겁니다. 빌립이 어떻게 성령의 음성을 인지(認知)했는지 우리는 알지 못합니다. 그렇지만 앞에서 주의 사자에 의해 전달된 말과 여기의 성령으로부터 주어진 말씀을 비교할 때, 우리는 그의 경험 가운데 분명한 차이가 나타남을 발견합니다. 그러한 차이는 아무렇게나 만들어진 것이 아닙니다. 빌립은 단지 귀에서 윙윙거리는 소리를 신적 음성으로 오해한 것이 아닙니다. 우리가 여기에서 보는 것은 광신자의 환청(幻聽)이 아니라 명백한 실재(實在)입니다.

여기의 두 사람의 만남을 주목해 보십시오. 그들은 서로 멀리 떨어진 곳으로부터 출발했으며, 피차에 대해 아무것도 알지 못했습니다. 이러한 사실은 보이지 않는 손이 그들을 양쪽으로부터 움직여 정확한 시간과 장소에서 서로 만나게 했음을 보여주지 않습니까? 도대체 어떻게 그 순간 내시는 이사야 선지자의 글 가운데 하필 복음의 핵심을 이루는 부분을 읽고 있을 수 있었단 말입니까? 신적 섭리를 부인하는 자들은 이러한 우연의 일치들을 어떻게 설명할 것입니까?

나아가 우리는 에디오피아 내시의 회심이 교회의 확장에 별다른 중요성을 갖지 않는 것으로 나타나는 사실을 주목할 필요가 있습니다. 성경은 그의 회심이 어떤 결과를 가져왔는지에 대해 아무것도 기록하지 않습니다. 아마도 이 일은 사도들에게 전해지지 않은 것으로 보입니다. 만일 사도들에게 전해졌다면, 여기와 비슷한 경우인 고넬료의 일로 말미암아 사도들이 의견이 분분했을 때 분명 여기의 일도 논의의 대상이 되었을 것입니다. 그렇다면 여기에서 신적 개입과 인간의 수고가 결합되어 나타난 것은 단순히 복음을 위해 익은 한 영혼을 거두기 위한 것이었던 셈이 됩니다. 하나님은 개인에 대해 관심을 기울이십니다. 목자의 생각에 회심하고 돌아올 수 있는 한 마리의 양은 자신의 손을 뻗고 마음을 기울일 만큼의 충분히 가치가 있습니다. 에디오피아 내시가 조용한 길에서 빌립을 만난 것은 그가 간다게의 국고를 맡은 높은 관리였기 때문이 아니라 그가 빛을 열망하고 기꺼이 그 빛을 따를 준비가 되어 있었기 때문이었습니다.

3. 셋째, 우리는 여기에서 두 사람의 대화를 보게 됩니다.

에디오피아 내시는, 책을 읽는 데 익숙하지 않은 사람들이나 혹은 이해하기 어려운 특별한 구절에 부딪힌 사람들이 종종 그렇게 하는 것처럼, 큰 소리로 읽고 있었습니다. 자신이 잘 알고 있는 익숙한 구절을 들었을 때, 빌립은 분명 깜짝 놀랐을 것입니다. 그러면서 그에게 말씀을 전파할 수 있는 좋은 기회의 문이 열리는 것을 보았을 것입니다. 그는 자신의 목표물에 예의를 갖추며 서서히 접근하지 않고 갑작스럽게 나아가 단도직입적으로 질문을 던집니다. “네가 읽는 것을 깨닫느냐”(30절). 이렇게 예의를 갖추지 않은 갑작스러운 태도는 내시로 하여금 이 낯선 사람이 매우 특별한 권위를 가진 사람일지 모른다는 인상(印象)을 가져다주었습니다. 그리고 그러한 인상은 빌립의 급소를 찌르는 질문으로 말미암아 더욱 강렬해졌을 것입니다.

이에 내시는 “지도해 주는 사람이 없으니 어찌 깨달을 수 있느냐”라고 대답합니다(31절). 이러한 대답 속에는 갑작스런 질문에 대한 불쾌한 감정이 전혀 포함되어 있지 않았습니다. 도리어 거기에는 자신의 무지를 인정하면서 지도해주기를 바라는 마음이 은연중 내포되어 있었습니다. 선생은 종종 학생들에게 먼저 그들의 무지에 대해 가르쳐야만 합니다. 왜냐하면 그렇게 함으로써 학생들의 마음속에 배움에 대한 열망과 선생에 대한 신뢰를 불어넣을 수 있기 때문입니다. “네가 읽는 것을 깨닫느냐?”라는 질문은, 만일 그렇게 질문하는 자가 기꺼이 깨닫도록 도울 준비가 되어 있지 않다면, 매우 무례하며 오만한 질문이 될 것입니다.

내시는 즉시 빌립에게 수레에 올라 같이 앉자고 청합니다(31절). 이러한 초청은 배우고자 하는 열망이 어떻게 신분의 차이를 뛰어 넘어 속히 새로운 유대(紐帶)를 만들어내는지 잘 보여줍니다. 불과 5분 전까지만 해도 전혀 알지 못했던 두 사람을 말입니다. 진실한 사람은 자신에게 하나님의 진리를 가르쳐주는 사람을 자신의 최고의 친구로 맞아들일 것입니다. 하나님의 사자(使者)가 영혼을 붙잡을 때, 세상의 신분은 얼마나 보잘것없는 것이 됩니까!

잠시 멈추었던 수레는 빌립을 태운 후 다시 출발합니다. 이어 광야의 고요함 사이로 두 사람의 주고받는 목소리가 의아하게 생각하는 수행원들의 귀에 들립니다. 그때 내시는 이사야서의 70인 역본(譯本)을 읽고 있었습니다. 거기에는 고난의 종, 온순하며 잠잠한 자, 공정하지 못한 재판으로 인해 땅에서 그 생명을 빼앗긴 자의 모습이 묘사되어 있었습니다. 그는 많은 것을 이해했지만, 그러나 그가 이해하지 못한 것은 이 비극적 인물이 누구를 나타내느냐 하는 것이었습니다. 그의 의문은 핵심을 건드리는 것이며, 그것은 오늘날에도 마찬가지입니다. 빌립에게 있어 그 답은 의문의 여지가 없는 것이었습니다. 예수가 "털 깎는 자 앞에 잠잠한 어린 양"이었습니다. 오늘 설교의 목적은 이러한 진리를 충분하게 살피는 것이 아닙니다. 그렇지만 우리는 다음과 같은 한 가지는 분명하게 말하고 지나가야 합니다. 즉 현대 학자들이 구약에 대한 비평과 해석에 있어 아무리 많은 진전을 이루었다 하더라도, 만일 그들이 선지자들과 각종 의식(儀式)들이 가리킨 인물로서 그리고 그 안에서 율법이 성취되고 역사가 그 목표점에 도달한 자로서 예수를 인식하지 못한다면, 그들은 불가불 구약 계시의 핵심을 놓쳐버리고 만 것이라는 사실 말입니다.

의심의 여지없이 빌립은 내시에게 많은 것을 가르쳤을 것입니다. 그들은 함께 오랜 시간 이야기를 나누는 가운데 마침내 "물 있는 곳"에 이르렀습니다(36절). 흙이 준비되고 비가 내리고 햇빛이 비취면, 씨앗은 속히 발아합니다. '갑작스런 회심'의 가능성을 부인하는 사람들은 명백한 사실을 보지 못하는 소경입니다. 이론(理論)의 눈가리개가 그들의 눈을 가리고 있는 것입니다. "말씀을 듣고 즉시 기쁨으로 받은" 자들이 항상 "그 속에 뿌리가 없는" 것은 결코 아닙니다(마 13:20)

잘 알려진 바와 같이, 권위 있는 사본들에는 36절의 질문에 대한 대답(37절)이 결여되어 있습니다(한글개역개정판에는 37절이 비어있지만, KJV에는 "And Philip said, If thou believest with all thine heart, thou mayest. And he answered and said, I believe that Jesus Christ is the Son of God" 즉 "빌립이 이르되 네가 전심으로 믿으면 능히 세례를 받을 수 있을 것이라 하니 그가 대답하되 예수 그리스도가 하나님의 아들임을 내가 믿노라 하니라"라는 구절이 포함되어 있음 — 역주). 이러한 삽입은 아마도 난외(欄外)의 설명이 본문 안으로 들어온 결과일 것입니다. 사도행전을 최근에 매우 독창적으로 주석한 블래스(Blass)는 이것이 사도행전 초고(草稿) 가운데 누가에 의해 기록된 것이었다가 나중에 그가 오늘날 남아 있는 대부분의 사본들의 형태처럼 고쳤을 것이라고 생각합니다. 사실 여부는 어떻든지 간에, 여기에서 세례를 받음과 관련하여 빌립이 요구하는 조건은 사도행전의 다른 곳에서 나타나는 조건과 정확하게 일치합니다. 왜냐하면 예수 그리스도를 하나님의 아들로 믿는 믿음이 여기에 기록된 세례의 조건이기 때문입니다.

그것 외에 다른 조건은 없었습니다. 빌립은 내시의 개종과 관련하여 아무것도 요구하지 않았습니다. 또 그가 할례를 받았는지 혹은 받지 않았는지에 대해서도 전혀 묻지 않았습니다. 베드로가 고넬료에게 세례를 베풀 때와 마찬가지로, 빌립도 세례를 베풀기 전에 그가 성령을 받은 증거를 필요로 하지 않았습니다. 마술사 시몬이 결국 세례를 받을 자격이 없는 것으로 드러난 쓰라린 경험에도 불구하고, 그는 아무 머뭇거림 없이 세례를 베풀었습니다. 거기에는 세례 의식을 입회할 교회가 없었습니다. 또 우리는 내시에게 성령이 임했다는 기록을 어디에서도 읽지 못합니다.

한적한 길 곁에 있는 조용한 물가에서 여러 수행원들이 의아한 눈빛으로 바라보는 가운데 베풀어진 세례는 새로운 단계로 나아가는 위대한 발걸음이었습니다. 그때 세례는 사도들에 의해 시행되지도 않았을 뿐만 아니라 교회의 재가(裁可)를 받고 시행된 것도 아니었습니다. 그것은 다만 어떤 사람 안에 예수를 하나님의 아들로 믿는 믿음이 있음을 인식한 어떤 그리스도인의 기독교적 직관(Christian instinct)에 따라 시행된 것이었습니다. 지금 새로운 믿음이 옛 경계를 무너뜨리고 있으며, 복음의 보편성이 유대의 좁은 제방을 흘러넘치고 있습니다. 아마도 빌립은 자신의 행동의 혁명적 성격을 전혀 의식하지 못했을 것입니다. 그러나 그것은 정말로 혁명적 행동이었으며, 그 안에 많은 씨앗들이 들어 있었습니다.

내시는 누군가 자신을 지도해 주지 않는 한 자신은 결코 깨달을 수 없다고 말했습니다(31절). 그러나 빌립이 부름을 받았을 때, 그는 인도자가 없음으로 인해 슬퍼하지 않습니다. 그는 기쁨으로 자신의 길을 갔습니다. 설령 그의 새로운 믿음이 보다 더 충분한 인도와 조명(照明)을 열망할 수 있었다 하더라도 말입니다. 도대체 무엇이 불과 몇 시간 전까지 인도자가 반드시 있어야만 했던 그로 하여금 인도자 없이 행할 수 있도록 만들었습니까? 일찍이 예수는 진리의 성령이 오시면 그가 그의 종들을 모든 진리 가운데 인도하실 것이라고 말씀하셨습니다. 지금 바로 그 성령이 빌립의 마음속에 계셨습니다. "권위 있는 해석자가 없을 때 성경은 사람들을 올바로 인도하기에 불충분하다"고 믿는 사람들이 있습니다. 만일 그렇게 믿는 사람들이 이 이야기의 결말을 깊이 생각한다면, 그들은 더 이상 외적 선생들에 의존하기를 그칠 것입니다. 그들이 자신들을 가르치는 하나님의 영을 가지고 있을 때 말입니다. 그리고 그러한 사람들에게 그들의 손 안에 있는 하나님의 말씀과 그들의 영 안에 있는 하나님의 영이 그들에게 충분한 빛을 비추어줄 것입니다. 그리하여 외적 선생들이 없는 상태에서도 그들은 여전히 참된 지혜로 채워질 것이며, 적막한 광야에서도 그들은 "기뻐하며 자신의 길을 갈" 수 있을 것입니다.

32
전도자 빌립

"빌립은 아소도에 나타나 여러 성을 지나 다니며 복음을 전하고 가이사랴에 이르니라"

행 8:40

집사며 전도자였던 빌립에 대해 우리는 아주 조금밖에는 알지 못합니다. 그의 이름은 비록 확정적으로 말할 수는 없다 하더라도 그가 소위 헬라파 유대인 다시 말해서 외국에서 태어나 헬라어를 말하는 유대인 가운데 한 사람이었음을 암시합니다. 그리고 그러한 사실의 개연성은 그가 가난한 자들을 구제하기 위해 교회에 의해 선택된 일곱 명의 집사들 가운데 한 사람이었던 사실에 의해 보다 더 높아집니다. 집사들이 세워지게 된 계기가 헬라파 유대인들의 불평 때문이었음을 감안할 때, 그들 가운데 몇 사람이 집사로 세워진 것은 매우 자연스러운 일이었습니다(행 6:1). 그는 스데반의 죽음 직후 일어난 박해 때 예루살렘을 떠났습니다. 우리가 아는 대로, 그는 사마리아에서 처음으로 복음을 전파한 사람이었습니다. 그러고 나서 그는 영광스럽게도 첫 번째 이교도에게 하나님의 말씀을 전하는 도구가 되었습니다. 그 후에 그는 해변 길을 따라 여행하면서 여러 성에서 복음을 전파하고 마침내 가이사랴에 이르렀습니다(행 8:40). 당시 통치의 중심지였던 그곳에서 그는 20년 동안 수고했는데, 그 이야기는 본문에 나타나지 않습니다. 그리고 이제 우리는 더 이상 그에 대해 아무것도 듣지 못합니다.

여기까지가 빌립에 대해 우리가 아는 것의 전부입니다. 우리는 여기에서 사람들이 그를 부르는 직분과 하나님이 그에게 맡긴 사역 사이의 확연한 대조를 발견합니다. 그리고 또 한 가지 두드러진 대조가 나타나는데, 그것은 그의 초창기 사역의 화려함과 이후의 오랜 사역의 무명성(無名性) 사이의 대조입니다. 이러한 사실로부터 우리는 몇 가지 중요한 교훈들을 배울 수 있습니다. 나는 오늘 설교의 출발점으로서 오늘의 본문뿐만 아니라 빌립과 연결된 사건들까지 모두 취하고자 합니다. 그러고 나서 그로부터 나는 두세 가지 진부하기는 하지만 그러나 매우 필요한 교훈들을 끌어내고자 합니다.

1. 첫째, 여기에서 자신의 도구를 자신의 임의대로 선택하는 그리스도의 주권을 주목할 수 있습니다.

여러분은 빌립과 관련하여 실제적으로 펼쳐진 사건들이 사도들이 그를 비롯한 일곱 명의 집사를 선택한 목적과 정확하게 반대되는 것을 주목해 본 적이 있습니까? 사도들은 이렇게 말했습니다. “우리가 하나님의 말씀을 제쳐 놓고 접대를 일삼는 것이 마땅하지 아니하도다. 구제를 맡을 사람 일곱 명을 뽑자. 그들이 구제의 일을 행하며 가난한 사람들을 돌볼 것이라. 그러면 우리는 오로지 기도하는 일과 말씀 사역에 전념할 수 있을 것이라.” 사람은 이렇게 말했습니다. 그러면 실제로 펼쳐진 사건들은 어떻게 말합니까? “우리는 오로지 기도하는 일과 말씀 사역에 전념하리라”라고 말한 열두 명과 관련하여, 우리는 그들 가운데 대다수가 복음전파와 관련하여 특별히 언급되는 이야기를 듣지 못합니다(행 6:4). 반면 구제를 위해 뽑힌 사람들 가운데 어쨌든 두 명은 교회가 확장되는 일과 그리스도의 복음의 우주적 측면을 증진시키는 일에 대부분의 사도들보다 더 큰 역할을 담당했습니다. 이와 같이 예수 그리스도는 자신의 도구를 자신의 임의대로 뽑습니다. 사도들은 “이들은 이러한 일을 하고, 우리는 저러한 일을 할 거야”라고 말할는지 모릅니다. 반면 그리스도는 이렇게 말씀하십니다. “스데반은 사도들보다 더 널리 복음을 전파할 것이며, 빌립은 유대주의의 영역을 넘어 복음을 전파하는 최초의 사람이 될 것이라."

이것은 항상 그렇습니다. 예수 그리스도는 자신의 도구를 자신이 뜻하는 곳에서 선택하십니다. 그리스도의 일꾼들의 사역을 결정하는 것은 사도들의 몫도 아니고 어떤 종류의 교회 기관의 몫도 아닙니다. 최고사령관은 어떤 특별한 일을 위해 사람들을 선택할 때 자신의 손으로 그렇게 합니다. 사도들은 "그들로 하여금 가난한 자들을 돌보게 하고 우리는 말씀 사역에 전념하자"라고 말했습니다. 그러나 예수 그리스도는 자신이 원하는 사람에게 "수레로 가까이 나아가 내가 너에게 명하는 것을 그에게 말하라"라고 말씀하십니다. 형제들이여, 여러분은 여러분을 부르는 주님의 음성을 듣습니까? 사람들이 무엇이라고 말하든 신경 쓰지 마십시오. 그가 명하실 때까지 기다리십시오. 그러면 그가 여러분에게 말씀하시는 것을 듣게 될 것입니다. 여러분이 스스로를 고요하게 지키기만 한다면 말입니다. 그가 여러분에게 명하실 때까지 기다리십시오. 그리고 확신을 가지고 그 일을 행하십시오. 예수 그리스도는 자신이 원하는 장소에서 — 종종 그곳이 매우 이상한 장소라 하더라도 — 자신의 도구를 선택하십니다.

2. 둘째, 여기에서 신자(信者)로부터 자연적으로 터져 나오는 말을 보게 됩니다.

박해로 말미암아 교회가 사방으로 흩어졌습니다. 사람들이 등불을 꺼트리려고 등을 내팽개쳤습니다. 그러나 그들이 행한 모든 것은 단지 기름이 흘러나오게 만든 것뿐이었습니다. 그리고 기름이 흘러나오는 곳마다 불이 붙었습니다. 왜냐하면 흩어진 형제들은 어디를 가든 자신들의 믿음을 가지고 갔으며 그곳에서 자연적으로 자신들의 믿음에 대해 이야기했기 때문입니다. 그들에게는 그들을 지도할 어떤 사도도 없었습니다. 그들이 자신들의 믿음에 대해 이야기한 것은 사도들로부터의 특별한 위임으로 말미암은 것도 아니었으며, 분명한 계획에 따른 것도 아니었으며, 교회의 재가(裁可)로 말미암은 것도 아니었습니다. 구브로와 구레네와 모든 지역으로 흩어진 자들이 하나님의 말씀을 전파한 것은 너무나 자연스러운 일이었으며, 그렇게 하지 않을 수 없는 일이었습니다.

여기의 빌립도 마찬가지였습니다. 구제의 일을 위해 세움 받았음에도 불구하고, 자신이 사마리아에 있는 것을 발견했을 때 그는 같은 일을 행했습니다. 사마리아인들은 버려진 자들이었습니다. 베드로와 요한은 하늘로부터 불을 내려 그들을 멸하기를 바랐습니다. 그러나 빌립은 자기 마음속에 있는 진리를 말하지 않을 수 없었습니다.

이것은 앞으로도 항상 그러할 것입니다. 우리 모두는 자신이 흥미를 가지고 있는 것에 대해 이야기하게 마련입니다. 어떤 생각이 우리 마음을 가득 채우고 있을 때, 틀림없이 우리는 그에 대해 이야기할 것입니다. 만일 어떤 그리스도인이 자신의 믿음에 대해 이야기할 필요를 느끼지 않는다면, 그의 믿음은 틀림없이 피상적 믿음일 것입니다. 사도들 가운데 한 사람은 "우리는 보고 들은 것을 말하지 아니할 수 없다"라고 말함으로써 자신이 굳게 확신하는 것을 말할 수 있는 자유를 선포했습니다(행 4:20). 또 예레미야 선지자는 이렇게 토설합니다. "내가 다시는 여호와를 선포하지 아니하며 그의 이름으로 말하지 아니하리라 하면 나의 마음이 불붙는 것 같아서 골수에 사무치니 답답하여 견딜 수 없나이다"(렘 20:9).

사랑하는 친구들이여, 여러분은 어디로 가든 그리스도의 이름을 말할 준비가 되어 있습니까? 여러분은 그 이름이 여러분의 마음에 너무나 달콤해서 그 이름을 말하지 않고는 견딜 수가 없습니까? 자기가 가진 믿음에 대해 말하지 않을 수 없었던 빌립의 이와 같은 태도는 분명 오늘날 수많은 "벙어리 개들"을 부끄럽게 만듭니다. 또한 그의 경험은 분명 오늘날의 현실 즉 오늘날의 기독교의 신앙고백이 얼마나 피상적이며 생명력이 결여되어 있는지에 대해 매우 불길한 빛을 던집니다.

3. 셋째, 여기에서 신적 손이 일상적인 삶을 인도하는 것을 발견합니다.

빌립이 사마리아로 내려간 것은 그렇게 해야만 했기 때문이었습니다. 또 그가 그곳에서 백성들에게 그리스도를 전파한 것은 그렇게 하지 않을 수 없었기 때문이었습니다. 계속해서 그는 "일어나서 남으로 향하여 예루살렘에서 가사로 내려가는 길까지 가라"는 명령을 받았으며, 어느 지점에 이르자 성령은 그에게 "이 병거로 가까이 나아가라"라고 말씀하셨습니다(행 8:26, 29). 그리고 에디오피아 내시와 관련한 일이 모두 끝났을 때, 주의 영은 그를 어디론가 이끌어 갔습니다(39절). 마치 오래 전에 그발 강가에서 에스겔에게 그렇게 한 것처럼 말입니다. 그리하여 틀림없이 빌립은 어리둥절한 채 숨을 헐떡이며 아소도에 서 있는 자신을 발견했을 것입니다(40절) — 아소도는 블레셋의 옛 해변도시 아스돗입니다. 그러면 빌립에게 기적이 그치고 그가 일상적 능력 아래 남겨졌을 때, 그는 그리스도의 인도하심을 덜 받고 있었던 것입니까? 그가 하늘의 강한 바람에 의해 이끌려 가는 대신 지중해 해변을 따라 지친 발걸음으로 걸었을 때, 그는 그리스도로부터 버림받은 것처럼 느꼈습니까? 그가 가이사랴에 이를 때까지 해변 길을 따라 여러 성을 다니며 복음을 전파한 것이 "이 병거로 가까이 나아가라"는 성령의 음성을 듣고 에디오피아 내시에게 복음을 전파한 것보다 못한 것이었습니까? 결코 그렇지 않습니다. 빌립에게 그리고 모든 신실한 하나님의 백성들에게, 그들 자신의 판단과 상식을 통한 그리고 그들의 성화(聖化)된 본성의 충동과 본능을 통한 인도하심은 하늘의 모든 천사들이 그들의 귀에 직접적으로 말하는 것 못지않은 참되고도 직접적 신적 인도하심입니다.

그러므로 여러분과 나는 천사의 음성 없이도 혹은 폭풍의 병거 없이도 우리의 길을 가야만 합니다. 그리고 우리는 우리의 감각에 잘 들리지도 않고 지각되지도 않는 신적 명령으로 만족해야 합니다. 그럼에도 불구하고 우리는 그가 말씀하시는 것을 들을 것입니다. 만일 우리가 지혜롭다면 말입니다. 만일 우리 자신의 생각을 잠잠케 하고 그의 음성을 기다린다면, 우리는 결코 그의 음성이 없는 상태로 남겨지지 않을 것이며 마침내 그의 장엄한 명령이 우리 앞에 분명하게 나타날 것이며 그것이 우리를 즉각적 순종으로 이끌 것입니다. 경건한 하나님의 자녀들에게 기적과 일상 사이에 거대한 틈은 없습니다. 하나님은 둘 모두에서 자기 종들에게 자신의 뜻을 나타내십니다. 그리고 그의 종들은 둘 모두에서 믿음으로 말미암아 그의 임재를 인식할 것입니다. 그러므로 우리는 빌립의 화려한 출발을 부러워할 필요가 없습니다. 우리는 그의 화려한 출발과 더불어 이후의 그의 조용한 삶을 본받아야 합니다.

4. 마지막으로, 여기에서 눈에 띄지 않는 일을 계속해서 행하는 것이 얼마나 고귀한 일인지 주목하십시오.

사마리아인들과 에디오피아 내시에게서 나타난 복음의 위대한 승리는 이후 20년 동안의 눈에 띄지 않는 그러나 충성된 수고와 얼마나 현저한 대조를 나타냅니까! 정말로 충성되며 진실된 사람이 아니라면 이와 같이 눈에 띄지 않는 일을 계속해서 행하는 것은 전적으로 불가능합니다. 왜냐하면 그러한 일은 초창기의 화려한 영광과 너무나 선명하게 대조되기 때문입니다. 우리 가운데 어떤 사람들은 종종 이와 유사한 형태의 시험을 당할 것입니다. 아니, 우리 모두가 다소만 이와 비슷한 문제에 직면합니다. 초창기에는 눈부신 활동을 하다가 이후에는 길고 지루한 일상적 수고를 감당하는 사람도 있을 것입니다. 또 초창기에는 화려한 꿈을 품었다가 실제 인생은 그와 정반대되는 경우도 있을 것입니다. 어쨌든 우리 모두는 나름대로 꿈을 품습니다.

"꽃을 피우는 일과 관련하여
만일 자연이 그러한 능력을 나타내지 않는다면,
도대체 누가 단 한 시간인들 살 수 있단 말인가?"

그러나 초창기에 품었던 꿈대로 실제로 살아가는 사람은 극히 드뭅니다. 우리는 왕궁이나 신전을 건축하는 꿈을 꿉니다. 그러나 만일 우리가 우리의 머리를 둘 수 있는 움막이라도 지을 수 있다면, 우리는 그것으로 만족해야 합니다.

화려하게 시작했다가 갑작스럽게 성령의 손에 들린 특별한 도구가 되기를 그친 빌립은 아무런 마음의 쓰라림 없이 묵묵히 자신의 길을 걸어갔습니다. 20년 동안 그는 이방인 선교에 특별한 일익을 담당하지 않았습니다. 그 첫 번째 씨앗을 자신이 뿌렸음에도 불구하고 말입니다. 그러면서 그는 거의 눈에 띄지 않는 일을 행해야만 했습니다. 그는 가이사랴에서 참을성 있게, 꾸준히, 그리고 만족하면서 자신의 수고를 감당했습니다. 그렇게 했던 것은 그가 그 일을 사랑했기 때문입니다. 그리고 그가 그 일을 사랑했던 것은 자신에게 그 일을 맡긴 자를 사랑했기 때문입니다. 주님은 자신의 도구를 택함에 있어 그를 그냥 지나치신 것처럼 보였습니다. 그는 이방인에게 복음을 전파하는 첫 사람이 되도록 선택되었습니다. 그러나 그가 가이사랴에 있었음에도 불구하고, 고넬료는 가까이에 있는 빌립을 청하라고 명령받지 않고 욥바에 있는 베드로를 청하라고 명령받았습니다. 빌립은 입술을 삐죽이며 이렇게 말할 수 있었습니다. "이 일을 하도록 선택받은 사람이 어째서 내가 아니었단 말인가? 이제부터 나는 더 이상 그의 이름을 전파하지 않을 것이다."

이방인의 사도가 되는 것은 그의 몫이 아니었습니다. 그 뒤에 오는 자가 그 일을 맡을 것이었습니다. 헬라파 유대인인 빌립에게 속할 것처럼 보였던 그 일은 또 다른 헬라파 유대인인 사울에게 맡겨질 것이었습니다. 어쩌면 빌립은 "그는 흥하여야 하겠고 나는 쇠하여야 하리라"라고 말했을는지 모릅니다. 나는 분명 그가 마음으로 그렇게 말했을 것이라고 생각합니다. 그는 숭고한 자기부인으로 시기심의 포로가 되지 않았습니다. 그는 진심으로 바울을 가이사랴의 자기 집으로 맞이했을 것입니다. 그는 한 사람이 씨를 뿌리고 다른 사람이 거두는 것으로 기뻐했습니다. 그리고 이와 같이 수고를 나누어 할 때, 기쁨은 훨씬 더 커집니다.

여기의 빌립을 보십시오. 그는 눈에 띄지 않는 일임에도 불구하고 자신에게 맡겨진 일을 계속해서 수행합니다. 그리고 그렇게 하는 것을 훼방하는 온갖 종류의 저급한 생각들을 뛰어넘습니다. 사랑하는 형제들이여, 오늘날에도 사람들로 하여금 "만일 그 일로 인해 아무런 주목도 받을 수 없다면, 나는 결코 그 일을 하지 않을 거야"라고 말하게 만드는 이와 비슷한 유혹들이 얼마나 많습니까!

거리에서 놀고 있는 아이들을 보십시오. 많은 아이들이 "만일 내가 대장이 되지 않는다면, 나는 같이 놀지 않을 거야"라고 말하며 놀이에 동참하기를 거부합니다. 이와 비슷한 조건을 제시하는 그리스도인들도 결코 적지 않습니다. 여러분의 몫을 감당하십시오. 영광을 탐하지 마십시오. 하나님이 지정해주신 의무를 행하십시오. 과부의 두 렙돈을 기쁘게 받으신 자는 우리가 행하는 어떤 일도 잊지 않으실 것입니다. 그리고 마지막 날 자기 아버지와 모든 거룩한 천사들 앞에 그들에 대해 자랑스럽게 말씀하실 것입니다.

33
은혜의 승리

"[1] 사울이 주의 제자들에 대하여 여전히 위협과 살기가 등등하여 대제사장에게 가
서 [2] 다메섹 여러 회당에 가져갈 공문을 청하니 이는 만일 그 도를 따르는 사람을
만나면 남녀를 막론하고 결박하여 예루살렘으로 잡아오려 함이라 [3] 사울이 길을
가다가 다메섹에 가까이 이르더니 홀연히 하늘로부터 빛이 그를 둘러 비추는지라
[4] 땅에 엎드러져 들으매 소리가 있어 이르시되 사울아 사울아 네가 어찌하여 나를
박해하느냐 하시거늘 [5] 대답하되 주여 누구시니이까 이르시되 나는 네가 박해하
는 예수라 [6] 너는 일어나 시내로 들어가라 네가 행할 것을 네게 이를 자가 있느니라
하시니 [7] 같이 가던 사람들은 소리만 듣고 아무도 보지 못하여 말을 못하고 서 있더
라 [8] 사울이 땅에서 일어나 눈은 떴으나 아무 것도 보지 못하고 사람의 손에 끌려
다메섹으로 들어가서 [9] 사흘 동안 보지 못하고 먹지도 마시지도 아니하니라 [10] 그
때에 다메섹에 아나니아라 하는 제자가 있더니 주께서 환상 중에 불러 이르시되
아나니아야 하시거늘 대답하되 주여 내가 여기 있나이다 하니 [11] 주께서 이르시되
일어나 직가라 하는 거리로 가서 유다의 집에서 다소 사람 사울이라 하는 사람을
찾으라 그가 기도하는 중이니라 [12] 그가 아나니아라 하는 사람이 들어와서 자기에
게 안수하여 다시 보게 하는 것을 보았느니라 하시거늘 … [17] 아나니아가 떠나 그
집에 들어가서 그에게 안수하여 이르되 형제 사울아 주 곧 네가 오는 길에서 나타
나셨던 예수께서 나를 보내어 너로 다시 보게 하시고 성령으로 충만하게 하신다
하니 [18] 즉시 사울의 눈에서 비늘 같은 것이 벗어져 다시 보게 된지라 일어나 세례
를 받고 [19] 음식을 먹으매 강건하여지니라 사울이 다메섹에 있는 제자들과 함께 며
칠 있을새 [20] 즉시로 각 회당에서 예수가 하나님의 아들이심을 전파하니"

행 9:1–12; 17–20

본 장은 "그러나"로 시작되는데(한글개역개정판에는 생략되어 있음 — 역주), 이러한 접속사는 빌립의 복음전파 사역과 사울의 집요한 증오심을 선명하게 대조시킵니다. 두 사람 모두 매우 열정적이었으며, 자신들의 일을 수행하기 위해 나라 밖에까지 갔습니다. 그러나 한 사람은 복음을 심고자 했고, 다른 한 사람은 그것을 파괴하고자 했습니다. 만일 1절의 "그러나"가 빌립의 복음전파 사역과 사울의 집요한 증오심을 대조시킨다면, 뒤이어 나오는 "여전히"는 그 구절을 8장 3절과 연결시킵니다. 사울의 격노(激怒)는 순간적 것이 아니라 지속적 것이었습니다. 대부분의 격정적 감정과 마찬가지로, 그것은 점점 더 증폭되며 커졌습니다. 그리하여 그는 예수의 도를 따르는 자들을 옥에 가둘 뿐만 아니라 심지어 죽일 계획까지 세웠습니다.

사울은 예루살렘에 있는 그리스도인들만 탄압하는 것으로 만족할 수 없었습니다. 그는 다메섹으로 피한 자들까지 쫓아가야만 했습니다. 이와 같이 박해를 확대하는 것은 그 자신의 생각이었습니다. 그는 산헤드린의 도구가 아니라 그들을 움직이는 자였습니다. 그들은 예루살렘을 깨끗하게 하는 것으로 만족할 수 있었지만, 그러나 여기의 젊은 열심당원은 사방으로 흩어진 독(毒)을 쫓아가 깨끗하게 씻어낼 때까지는 결코 쉴 수 없었습니다. 대제사장은 이러한 뜨거운 열심을 제지하지 않았습니다. 도리어 뜨거우면 뜨거울수록 더 좋았습니다.

그리하여 사울은 대제사장으로부터 자신이 원하는 공문을 받고, 자신을 돕는 몇 명의 수종자들과 함께 다메섹을 향해 출발했습니다. 많은 화가들은 다메섹까지 말을 타고 달려가는 그를 그렸지만, 그러나 아마도 그와 그의 수종자들은 거기까지 걸어서 간 것으로 보입니다. 그것은 5일 내지 6일 정도 걸리는 여행이었습니다. 그러는 가운데 마지막 날 한낮이 되었습니다. 아마도 그들의 눈에 다메섹의 모습이 보였을 것입니다. 틀림없이 여기의 젊은 바리새인의 머리는 그곳에서 벌어질 일을 예상하느라 바빴을 것입니다. 그러면서 겁에 질린 그리스도인들을 붙잡아 올 것을 생각하며 의기양양했을 것입니다. 그 순간 갑작스런 빛이 돌연 그에게 비취었습니다.

어쨌든 전체 이야기는 오늘날 종종 취하여지는 사울의 마음속에 어떤 준비 과정이 있었다는 견해, 다시 말해서 예수는 신성모독자이며 자신은 하나님의 전사(戰士)라는 확신이 점점 더 약해져가고 있었다는 견해를 뒷받침해주지 않습니다. 오늘날 이러한 견해가 널리 채택되는 것은 사울의 회심 사건으로부터 초자연적 요소를 배제하고, 그것이 결코 갑작스런 회심이 아니었다는 가정(假定)을 뒷받침하기 위한 것입니다. 그러나 여기의 누가의 설명과 본서 뒷부분에 나오는 바울 자신의 언급은 그와 정반대의 사실을 이야기합니다. 한 순간 그는 "주의 제자들에 대하여 여전히 위협과 살기가 등등"했습니다(1절). 그러다가 다음 순간 그는 얼굴을 땅에 대고 "주여 내가 무엇을 하리이까?"라고 물었습니다. 그것은 오랜 시간 동안 물이 조금씩 스며들어 가다가 어느 순간 산사태가 일어나는 것과 같은 경우가 아니었습니다. 도리어 그것은 갑작스럽게 땅이 흔들리고 산이 무너지는 것과 같은 경우였습니다.

여기의 이야기에서 사울의 회심의 원인은 명백합니다. 설령 개정역(RV)처럼 본문을 축약된 형태로 취한다 하더라도 말입니다. 일반적으로 받아들여지는 본문은 아마도 26장의 바울 자신의 설명으로부터 덧붙여 채워진 것으로 보입니다. 먼저 그곳에 정오의 빛을 능가하는 강렬한 광채가 임했습니다. 눈을 뜰 수 없게 만드는 빛이 "그를 둘러 비추며" 그 영광으로 그를 감쌌습니다. 사도행전 26장은 그와 동행했던 자들 역시도 그 광채에 둘러싸여 모두가 땅에 엎드러졌다고 말합니다. "왕이여 정오가 되어 길에서 보니 하늘로부터 해보다 더 밝은 빛이 나와 내 동행들을 둘러 비추는지라"(26:13).

여기의 본문과 자신의 회심과 관련하여 그 자신이 설명한 다른 본문들에서, 사울은 예수를 본 것으로 말하여지지 않습니다. 그러나 고린도전서 15장 8절 "맨 나중에 만삭되지 못하여 난 자 같은 내게도 보이셨느니라"는 말씀은 그가 예수를 보았음을 확증하며, 아나니아 역시도 예수가 그에게 "나타나셨다"고 언급합니다(18절). 바울은 이러한 나타남을 다른 사도들이 부활하신 그리스도를 육체로 본 것과 동일한 증거적 가치를 갖는 것으로 간주하면서, 자신을 부활의 증인으로서 그들과 동일 선상에 놓습니다.

여기에서 사울과 동행했던 자들을 생각해 보십시오. 그들 역시도 그 빛을 보았지만 그러나 사울처럼 눈이 멀지는 않았습니다. 이러한 사실로부터 우리는 사울이 육체의 눈으로 예수의 영화로워진 인성을 보았음을 추론할 수 있습니다. 요한계시록 1장 7절이 예수가 심판자로서 다시 올 때 "모든 눈이 그를 볼 것"이라고 말하는 것처럼 말입니다. 어쨌든 그 순간 그가 신성모독자라고 생각했던 예수가 실제로 하늘의 영광과 천상의 광채 가운데 살아계신다는 압도적 자각(自覺)이 그의 영혼 안으로 쏟아져 들어왔습니다.

4절의 "사울아 사울아 네가 어찌하여 나를 박해하느냐?"라는 말씀을 보십시오. 찬란한 영광으로부터 흘러나오는 이러한 부드러운 책망의 말씀은 젊은 바리새인의 삶의 기초를 한층 더 강력하게 뒤흔들었습니다. 왜냐하면 그러한 말씀은 마치 번개의 섬광처럼 그의 어리석은 행동을 비추었기 때문입니다. 그는 자신의 행동이 하나님께 받으심직한 것으로 생각했지만 그러나 실제로 그것은 전적으로 미친 짓이었습니다. 또 "네가 어찌하여 나를 박해하느냐?"라는 말씀은 악독한 이단자들이 지금 그에게 나타난 영광스러운 존재와 신비하게 연합되어 있음을 보여줍니다. 지금 그는 그들의 상처로 인해 피를 흘리며 그들의 고통을 느끼고 있었습니다. 그렇다면 사울은 지금까지 하나님과 싸우고 있었던 셈입니다. 그의 옛 스승이 일전에 산헤드린에서 그렇게 하지 말라고 충고했었던 것처럼 말입니다. 사울에게 있어 지금까지 그가 박해에 앞장서야만 했던 모든 이유들은 산산이 부수어졌습니다. 지금 그는 예수의 질문에 한 마디도 대답할 수 없었습니다. 예수는 살아계셨으며, 영광으로 승귀(昇貴)되셨습니다. 그는 그의 종들과 동일시되셨습니다. 그는 사울에게 나타나셨으며, 그와 더불어 변론하셨습니다.

불과 10분 전까지만 해도 어떻게 예수를 따르는 자들을 붙잡을 것인지 궁리하던 자가 한 순간 완전히 깨어지고 말았습니다. 그리고 그 순간 새로운 자각(自覺)이 그의 영혼 속으로 거대한 폭포수처럼 쏟아져 들어왔습니다. 이 운명적 순간 그의 마음속에서 불탔던 교훈이 이후의 그의 모든 가르침의 중심점이 된 것은 조금도 놀랄 일이 아닙니다. 다메섹 도상에서의 환상은 그의 사고(思考)와 그의 인생에 혁명을 일으켰습니다.

본문의 누가의 설명과 22장의 바울의 설명은 이후의 예수의 말씀이 사울이 다메섹에 들어간 이후 아나니아에 의해 주어지는 것으로 묘사합니다. 반면 26장의 바울의 또 다른 설명은 사울과 아나니아의 만남 이야기를 생략하면서 아나니아가 다메섹에서 이야기한 내용을 다메섹 도상에서의 환상 가운데 예수께서 직접 말씀하신 것으로 묘사합니다. 이러한 차이의 이유는 무엇일까요? 그것은 전자가 후자보다 더 상세하게 기록했기 때문입니다. 그것이 전부입니다. 여기에서 우리는 하늘의 목적이 점진적으로 계시되는 것을 발견하는데, 이것은 하나님의 통상적 방법과 일치합니다. 박해자를 종으로 변화시키며, 그의 자기 의를 땅에 떨어뜨리며, 그에게 영광 가운데 거하시는 예수를 계시하며, 그의 의지를 꺾고 그로 하여금 순종하도록 만드는 데에는 단 한 순간이면 충분합니다. 나머지는 합당한 때에 점진적으로 그에게 말하여질 것이었습니다.

동행하던 자들도 사울과 마찬가지로 땅에 엎드러졌지만, 그러나 그들은 그가 엎드려 있는 동안 다시 일어나려고 발버둥친 것처럼 보입니다. 그들은 밝은 광채를 보았지만, 그러나 그 안에 계신 존재는 보지 못했습니다. 그들은 소리(voice)를 들었지만, 그러나 말씀(words)은 듣지 못했습니다. 사울은 그들의 도움으로 비틀거리며 일어났습니다. 그리고 그 순간 자신이 눈은 떴지만 그러나 아무것도 볼 수 없다는 사실을 발견했습니다. 환상이나 상상은 감각기관에 대하여 이와 같은 종류의 요술을 부리지 못합니다.

우리는 여기의 이야기에 초자연적 요소가 뒤엉켜 있다는 사실을 간과해서는 안 됩니다. 기독교 역사상 아마도 가장 큰 영향력을 끼친 가장 위대한 선생은 기적에 의해 그리스도인이 되었습니다. 기적의 요소는 결코 제거되어서는 안 됩니다. 외적 나타남은 내적 계시의 매개물이었습니다. 나아가 우리는 기적이 그리스도를 영접하거나 혹은 배척하는 사울의 권능을 빼앗지 않았다는 사실을 기억할 필요가 있습니다. 이와 관련하여 사도행전 26장 19절을 주목해 보십시오. "아그립바 왕이여 그러므로 하늘에서 보이신 것을 내가 거스르지 아니하고." 이와 같이 그는 하늘에서 보이신 것을 거스를 수도 있었고 거스르지 않을 수도 있었습니다.

격렬한 증오심을 품은 채 대제사장의 공문을 가지고 예루살렘을 떠난 젊은 바리새인은 자신이 예상한 것과는 전혀 다른 모습으로 다메섹에 들어갔습니다. 직가(直街)라 불리는 거리에서 앞을 보지 못한 채 "유다의 문"(the door of Judas)으로 엉금엉금 걸어들어가는 그의 모습은 예루살렘을 떠날 때의 모습과 얼마나 다른 모습입니까!

아마도 아나니아는 예루살렘으로부터 다메섹으로 피하여 온 사람들 가운데 한 사람이 아니었던 것으로 보입니다. 사울에 대한 그의 언어는 그가 사울의 활동과 관련하여 단지 소문으로만 들었을 뿐임을 함축합니다(13절). 사울이 제자들을 결박할 권한을 가지고 오고 있다는 소식은 그가 도착하기 전에 이미 다메섹에 전달되어 있었습니다. 당시 동방에서 어떻게 소식이 이토록 빨리 전달될 수 있었는지 우리는 잘 모릅니다. 어쨌든 아나니아의 우려는 즉시로 불식되었고, 그는 사울이 삼일 동안 앞을 보지 못하는 상태로 금식하면서 머물고 있던 집으로 갔습니다. 틀림없이 사울의 주님은 그의 영에 세미한 음성으로 많은 말씀을 주셨을 것입니다. 침묵 가운데 홀로 있을 때, 진리는 더 쉽게 영혼 안에 뿌리를 내립니다. 그리고 이와 같은 충격 후에는 절대적으로 홀로 조용히 있는 것이 최선입니다.

아나니아는 부드럽지만 그러나 분명하게 사울의 사명에 대해 이야기합니다. "형제 사울"이라는 표현은 그렇게 말하는 사람이나 듣는 사람 모두에게 얼마나 이상하면서도 동시에 감미로운 표현입니까!(17절). 아나니아가 주의 나타나심에 대해 언급할 때, 그것은 바울에게 그가 경험한 환상과 관련하여 얼마나 강력한 확신을 가져다주었겠습니까! 그 교만했던 바리새인은 얼마나 겸손하게 아나니아의 손이 자기 머리 위에 얹어지는 것을 기쁘게 받아들였겠습니까! 예루살렘을 떠날 때만 해도 사슬로 결박하고자 했던 바로 그 손이 아닙니까? 그의 눈으로부터 비늘 같은 것이 떨어졌을 때, 그는 얼마나 새로운 눈으로 세상을 바라보았겠습니까! 그는 갑자기 앞을 보지 못하게 되었던 것처럼 또한 갑자기 시각이 회복되었습니다.

아나니아는 사도도 아니고 중요한 직책을 맡은 자도 아니었습니다. 그럼에도 불구하고 그가 안수했을 때 성령이 임했습니다. 사울은 세례를 받고 난 후나 혹은 세례를 통해 성령을 받지 않고, 세례를 받기 전에 성령을 받았습니다. 이것은 그의 사도들에 대한 미래의 관계에 있어 매우 중요했습니다. 그는 자신의 가르침을 사도들에게 의존하지 않았으며, 그들에게 빚지지도 않았습니다. 그러므로 그는 자신이 사도가 된 것이 "사람들에게서 난 것도 아니요 사람으로 말미암은 것도 아니라고" 말할 수 있었습니다(갈 1:1). 이와 같이 성령이 어떤 특별한 조건 없이 주어진 사실은 우리에게도 또한 매우 중요합니다. 왜냐하면 오늘날 너무나 자주 사람들은 성령을 소유함에 있어 이런저런 조건들이 필요하다고 생각하곤 하기 때문입니다.

34
그 길을 따르는 사람들

"다메섹 여러 회당에 가져갈 공문을 청하니 이는 만일 그 도를 따르는 사람을 만나면 남녀를 막론하고 결박하여 예루살렘으로 잡아오려 함이라"

행 9:2

신약이 완성되기 이전까지 "그리스도인"이라는 이름은 예수를 따르는 자들에 의해 그들 스스로에게 적용되지 않았습니다. 그러한 이름이 교회에 의해 받아들여지기 이전에 그들 사이에 통용되던 다른 이름들이 있었습니다. 사실 그리스도인이라는 이름은 안디옥 사람들이 예수를 따르는 자들을 경멸적으로 부른 것으로부터 기원했습니다. 그들은 스스로를 "제자" "신자" "성도" 혹은 "형제" 등으로 불렀습니다.

또 우리는 본문에서 그리스도인들을 "그 길을 따르는 사람들"(한글개역개정판에는 "그 도를 따르는 사람들" — 역주)이라고 부르는 것을 발견하는데, 나는 이러한 이름이 기독교가 무엇인지와 관련한 매우 심오하면서도 중요한 관점 위에 기초하며 또 그것을 깊이 숙고할 때 우리에게 몇 가지 중요한 교훈들을 가르쳐준다고 생각합니다. 이제 그러한 교훈들을 하나씩 살펴보도록 합시다.

1. 첫째, "그 길을 따르는 사람들"이라는 이름은 우리에게 하나님께 나아가는 유일한 길이 있음을 증언합니다.

우리는 그러한 이름으로부터 "내가 곧 그 길(the way)이니 … 나로 말미암지 않고는 아버지께로 올 자가 없느니라"라는 예수 그리스도의 주목할 만한 말씀이 메아리치는 것을 감지할 수 있습니다(요 14:6). 만일 우리가 한편으로 하나님에 대한 그리고 다른 한편으로 모든 인류에 대한 그의 유일한 관계를 배제하고 생각한다면, 우리에게 이것은 얼마나 뻔뻔하며 안하무인격의 말처럼 들립니까! 여기에서 예수 그리스도는 스스로를 하늘과 땅 그리고 하나님과 사람을 연결하는 유일한 중보자로서 주장합니다. 그리고 이와 동일한 배타성이 본문의 "그 길을 따르는 사람들"이라는 이름에서 똑같이 메아리칩니다. 그러한 이름은 예수 그리스도를 믿는 믿음과 그의 가르침과 중보와 인도하심을 받아들이는 것이 하나님께 나아가는 유일한 길이며 또한 오직 그 길로 말미암아 우리가 하늘 아버지에 대한 지식과 교제에 이르게 됨을 단언합니다.

주님 자신의 가르침과 나아가 신약 전체의 가르침에 따를 때, 사람들에게 하나님을 알게 하는 그리스도의 사역은 그의 성육신과 지상 생애와 함께 시작되지 않았습니다. 도리어 그것은 영원한 말씀이 창조의 대행자로서 활동하던 태초로부터 시작되었습니다. 그러므로 그 안에서 그리고 그를 통해 스스로를 나타내는 하나님의 모든 활동이 사람들의 마음속에 이성과 양심의 모든 빛을 가져다주었으며, 또 그로 말미암아 모든 사람들 안에 하나님에 대한 흐릿한 지식과 그에 대한 어느 정도의 느낌과 의식이 있게 되었습니다. 그러나 모든 견고한 확실성과 하늘 아버지에 대한 모든 분명한 지식의 원천은 그리스도의 성육신과 생애와 죽음과 부활과 승천의 역사적 사실들입니다. 그의 말씀은 곧 영이며 생명입니다. 또 그의 사역(使役)은 말하여지지 않는 말씀입니다. 그 두 가지로 말미암아 그는 형제들에게 아버지의 이름을 선포합니다. 그는 아버지의 자기 현현(顯現)입니다.

세상의 신(神) 개념과 그리스도 안에서 펼쳐진 실제 하나님 사이의 대조를 생각해 보십시오. 한편으로 여러분은 음탕하며, 이기적이며, 성미가 급하며, 변덕스러우며, 잔인하며, 화를 잘 내며, 사악하며, 멀리 떨어져 있으며, 무관심하며, 무정하며, 냉혹하며, 가까이 다가갈 수 없는 신들을 봅니다. 그들은 알 수도 없고, 사랑할 수도 없으며, 신뢰할 수도 없는 신들입니다. 그러나 다른 한편으로 만일 여러분이 하나님의 나타나심으로서 그리스도의 눈물을 바라본다면 또 만일 여러분이 신적 본성의 내적 영광이 나타나는 것으로서 그리스도의 연민과 긍휼을 바라본다면 또 만일 여러분이 그리스도의 십자가 밑에서 세상을 위해 죽어가는 그를 바라보며 "보라, 이는 우리 하나님이라! 우리가 오랫동안 기다려온 자가 바로 이 사람이라!"라고 말할 수 있다면, 그렇다면 여러분은 바로 거기에 모든 마음으로부터 무거운 짐을 들어 올리는 복된 소식이 있음과 그것이 하나님을 모든 영혼의 친구로 계시하는 것을 깨닫게 될 것입니다.

나아가 만일 우리가 흐릿한 의심과 의심스러운 전제로부터 도출되는 불확실한 결론과 절대적으로 확실한 것 사이의 차이를 생각한다면, 또 만일 우리가 이러한 것들과 예수 그리스도와 그의 사랑과 그의 생애와 죽음 안에서 만나게 되는 사실의 찬란한 광채 사이의 대조를 생각한다면, 그때 우리는 예수 안에서의 하나님의 계시가 그 확실성과 실제성에 있어 다른 모든 것들보다 얼마나 더 우월한지 느끼게 될 것이며 또 오직 그것만이 하나님의 지식으로 일컬어질 자격이 있음을 깨닫게 될 것입니다.

세상 역사를 통틀어 문명화된 세계 안에 있는 모든 영혼이 "하나님을 나타내는 자로서 그리스도를 받아들이든지" 아니면 "하나님에 대해 전혀 알지 못하든지" 양자택일 앞에 놓인 적은 한 번도 없었습니다. 우상숭배의 옛 꿈은 우리에게 대단히 곤란합니다. 오늘날의 불가지론은 우리 앞에 하나님을 나타내는 자로서의 그리스도를 붙잡지 않는 이신론(理神論)을 제시합니다. 나는 오늘날의 유럽을 하나님 없는 불경건한 사상으로부터 구원할 수 있는 것은 오직 한 가지밖에 없다고 믿습니다. 그것은 "본래 — 눈이나 혹은 직관이나 혹은 이성이나 혹은 양심으로 말미암아 — 하나님을 본 사람이 없으되 아버지 품 속에 있는 독생하신 하나님이 나타내셨느니라"라는 옛 진리로 되돌아가는 것입니다(요 1:18).

기독교가 "그 길"인 것은 단지 오직 그것만이 우리에게 하나님 아버지에 대한 확실한 지식을 가져다주기 때문만이 아닙니다. 그것은 또한 오직 그것으로 말미암아 우리가 하나님과 더불어 교제 안으로 들어가기 때문입니다. 만일 여러분의 마음에 하늘에 계신 자에 대한 생각이 떠오른다면, 또한 여러분의 양심에 자신의 죄에 대한 의식이 떠오를 것입니다. 당신과 당신의 하나님 사이에 거대한 심연이 가로놓여 있다는 것은 망상(妄想)도 아니고 공상(空想)도 아닙니다. 그것은 가장 분명한 사실입니다. 나의 형제여, 당신은 당신의 양심에 쌓여 있는 모든 죄책을 가지고 하나님께 갈 수 없습니다. 당신은 당신의 영혼 안에서 역사(役事)하는 악의 모든 덩어리를 가지고 그분께 가까이 다가갈 수 없습니다. 어떻게 죄로 얼룩진 영혼이 거룩하신 하나님께 갈 수 있습니까? 여기에는 오직 하나의 대답만이 있을 뿐입니다. 그것은 우리 주님이 그의 십자가 죽음으로 말미암아 하늘 아버지와 당신 사이를 가로막고 있는 모든 죄와 죄책을 깨끗하게 제거하셨다는 사실입니다. 그가 우리를 위해 열어놓은 새롭고 산 길로 말미암아 우리는 하나님께 나아가며 또 그와 더불어 거합니다.

나아가 예수 그리스도는 우리에게 하나님에 대한 지식을 가져다주고 모든 장애물을 제거하며 하나님과 우리 사이에 교제를 가능하게 만들 뿐만 아니라 또한 우리에게 대한 그 큰 사랑으로 말미암아 우리 마음속에 사랑의 불을 붙입니다. 그리하여 우리는, 만일 우리가 예수 그리스도 안에서 나타난 하나님의 사랑의 자석처럼 잡아당기는 힘에 순복하지 않는다면 결코 나아가지 않을, 그 길로 이끌립니다.

사람들은 십자가 위에서 나타난 사랑으로 말미암아 하나님에게 이끌릴 때까지 그분과의 교제를 찾지 않습니다. 사람들은 자신들의 마음이 무한한 신적 사랑의 불로 말미암아 녹을 때까지 스스로의 마음을 하나님에게 순복하지 않습니다. 실제적으로 우리는 하나님이 그의 사랑하는 아들 안에서 우리에게 오실 때 비로소 그분께 갑니다. 하나님께 나아가는 "그 길"은 그리스도를 통하는 길입니다. 나의 친구여, 당신은 그 길을 걸어갑니까? 그 길은 휘장을 지나 하늘 아버지와의 사랑의 교제의 비밀 안으로 들어가는 새롭고 산 길입니다.

2. 둘째, "그 길을 따르는 사람들"이라는 이름은 기독교 안에 우리 모두가 걸어가야 할 실천적인 삶의 길이 있음을 가르쳐줍니다.

"인생길"이라는 표현은 두 말할 것도 없이 사람의 외적 삶과 행위에 대한 은유이며, 모든 종류의 시에서 자주 사용되는 친숙한 이미지입니다. 모든 언어에서 인생은 종종 여행으로 비유되며, 그러한 비유는 우리의 상태가 계속적으로 변하는 것을 말해줍니다. 또 그것은 우리에게 우리 인생에 수반되는 모든 수고와 피곤함을 말해주며, 나아가 사람의 인생이란 것이 계속해서 어디론가 나아가다가 마침내 분명한 목적지에 도달하는 것이라는 엄숙한 개념을 선포합니다.

본문의 "그 길"이라는 표현은 우리에게 다음과 같은 두 가지 사실을 암시합니다(한글개역개정판에는 "그 도"라고 되어 있음 — 역주). 첫째는 기독교가 하나의 길(a way)을 제시한다는 것입니다. 그것은 실천적 행동을 위한 길이며, 우리의 인생을 하나의 통일체(unity)로 주조(鑄造)하는 길이며, 나아갈 방향을 지시하는 길이며, 출발점과 여러 단계와 종착점이 있는 길입니다. 그리고 둘째는 기독교가 실천적 삶을 위한 그 길(the way)이라는 것입니다. 그것은 사람의 모든 의무와 본성과 부합하는 행함의 유일한 길이며, 이성과 양심과 경험이 궁극적으로 찬동할 유일한 길입니다. 이러한 두 가지의 개념을 깊이 음미해 보십시오. 기독교는 하나의 길(a way)이며, 기독교는 그 길(the way)입니다.

기독교는 하나의 길(a way)입니다. 여기의 초창기 제자들은 복음의 실천적 측면을 분명하게 붙잡아야만 했습니다. 그렇지 않다면 다시 말해서 만일 그들이 기독교를 단지 하나의 교리로서 생각했다면, 그들은 결코 "그 길을 따르는 사람들"이라는 이름을 채택하지 않았을 것입니다.

기독교는 단순히 하나의 교리에 불과한 것이 아닙니다. 모든 교리의 목적은 행위에 영향을 끼치는 것이며, 신조(信條)의 목적은 행위의 기초가 되는 것입니다. 다리의 기초로서 강에 세워지는 콘크리트 교각처럼 혹은 골짜기를 가로지르는 철로를 놓기 위한 하부 구조물처럼, 신약의 모든 교리의 목적은 행위에 영향을 끼치기 위한 것입니다.

오늘 설교의 목적은 이러한 주제를 충분하게 다루는 것이 아닙니다. 오늘 우리는 신약의 가르침들이 어떻게 실제적 삶과 밀접하게 연결되는지 일일이 살피지 않을 것입니다. 어쨌든 오늘날 신학적으로 체계화된 관념적 신학이 얼마나 많습니까! 해골처럼 바짝 말라 그 안에 아무런 생명도 없는 그런 신학 말입니다. 그러나 신약의 모든 페이지들 속에 그러한 관념적 신학은 결코 없습니다. 도리어 신약의 모든 페이지들 속에는 생명의 고동(鼓動)이 있습니다. 그 모든 것의 목적은 삶과 행위에 영향을 끼치기 위한 것입니다.

나의 친구여, 만일 당신의 기독교가 그러한 영향을 끼치지 못한다면 또 만일 그것이 당신을 위해 참된 삶의 길을 제시하지 못한다면 또 만일 그것이 당신의 발걸음을 하나의 위대한 통일체로 주조(鑄造)하지 못한다면 또 만일 그것이 당신을 그 길로 이끌지 못한다면, 그렇다면 그것은 아무것도 아닙니다.

여기에서 기독교의 핵심이 무엇인지 생각해 보십시오. 한 마디로 그것은 사랑입니다. 그것이 사람에게 계시로 간주되든 혹은 사람 안에 있는 능력으로 간주되든 다시 말해서 그것이 객관적이든 혹은 주관적이든 상관없이 말입니다. 기독교는 하나님의 사랑의 계시입니다. 또 나의 본성의 실재로서 내적 본질은 내 마음속에 있는 사랑입니다. 사람의 행동에 영향을 끼치는 모든 힘들 가운데 가장 강한 힘은 바로 사랑이 아닙니까? 사랑은 율법의 완성이 아닙니까? 사랑은 모든 계명을 포함하며, 모든 의무의 이상(理想)이며, 모든 율법을 지킬 수 있도록 이끌어주는 능력이 아닙니까?

그러나 사랑에는 두 가지 주된 결과가 따르는데, 그것은 “스스로를 굴복시키는 것”과 “본받는 것”입니다. 그러므로 신앙 체계의 내적 핵심이며 본질인 사랑은 모든 체계들 가운데 가장 실제적 체계로 나타납니다. 왜냐하면 그것은 스스로를 굴복시키는 것과 본받는 것의 위대한 체계로 나타나기 때문입니다.

복음의 가장 심오한 표현은 “스스로를 하나님께 굴복시키라”입니다. 여러분의 의지를 하나님 앞에 굴복시키면서 이렇게 말하십시오. “내가 여기

있나이다. 나를 받으소서. 나를 주의 체스판의 말처럼 사용하소서. 주께서 뜻하시는 곳에 나를 놓으소서." 마치 물방울 하나가 대양(大洋) 안으로 흡수되는 것처럼 사람의 의지가 신적 의지 안으로 흡수될 때, 그는 자유로우며 행복과 평안을 소유하며 자신과 우주의 주인이 됩니다. 그 핵심이 사랑인 이러한 체계는 삶의 모든 능력들 가운데 가장 실제적 능력으로서 "스스로를 굴복시키는 것"을 제시합니다.

또 사랑은 "본받는 것"입니다. 예수 그리스도의 삶은 우리 앞에 우리의 모든 행위를 위한 모범으로서 제시됩니다. 우리는 그의 발자국을 따라가야만 합니다. 그의 발자국 흔적이 우리의 길입니다. 마치 길을 알지 못하는 여행자가 인도자의 발자국을 따라가는 것처럼, 우리는 그를 따라가야 합니다. 또 마치 미술을 배우는 학생이 선생의 모든 기법을 모방하는 것처럼, 우리는 그를 모방해야 합니다.

네 권의 작은 책에 단편적으로 보도되는 예수 그리스도의 짧은 생애를 생각해 보십시오. 그의 생애는 얼마나 특이하며, 또 얼마나 일반적 사람들의 생애와 다릅니까! 그럼에도 불구하고 그의 생애는 의와 도덕성의 가장 정결하며 포괄적 원리들의 영향력 아래 있습니다. 그래서 모든 세대와 나라와 문화와 문명에 속한 모든 사람들은 그 안에서 자신들을 위한 완전한 모범을 발견할 수 있습니다.

이와 같이 기독교 안에서 우리는 하나의 길(a way)을 가집니다. 그것은 우리에게 삶을 위한 방향을 제시하며, 우리가 따라가야 하는 길을 보여줍니다. 그리고 우리로 하여금 기꺼이 그 길을 따라가고자 의지하게 만들며, 또한 그렇게 따라갈 수 있도록 힘을 줍니다.

이러한 체계는 외적 삶을 조절하는 다른 모든 체계들과 얼마나 다르며 또 그 모든 것들보다 얼마나 더 뛰어납니까? 그것은 그 적용성에 있어 다른 모든 것들보다 뛰어납니다. 사람이 도덕법과 의의 원리를 자신의 삶의 개별적 상황에 적용함에 있어 그것은 매우 다릅니다. 하늘의 별들은 보십시오. 그것들은 얼마나 밝습니까? 그렇지만 그것들은 내가 길을 알지 못할 때 어느 길로 갈 것인지 가르쳐주지 않습니다. 그러나 그리스도의 모범은 옳고 그름의 모든 문제들과 관련하여 우리를 인도합니다. 그것은 유혹과 더불어 싸우고 있는 영혼을 돕는 데 매우 뛰어납니다. 안개 속에서는 등대가 보이지 않습니다. 그러나 예수 그리스도의 모범은 그를 사랑하는 사람들의 마음으로부터 유혹의 모든 안개를 사라지게 만듭니다. 그럼으로써 그를 따르는 자는 어둠 가운데 행하지 않을 것입니다. "나는 세상의 빛이니 나를 따르는 자는 어둠에 다니지 아니하고 생명의 빛을 얻으리라"(요 8:12).

나아가 그것은 모범들이 실패하고 — 왜냐하면 단순한 모범에 불과하여 사람들의 본보기가 될 수 없기 때문에 — 또 율법들이 실패한 경우에 — 왜냐하면 단순한 율법에 불과하여 사람들의 순종의 대상이 될 수 없기 때문에 — 뛰어납니다. 걸음을 걷지 못하는 사람에게 혹은 길을 가고자 원하지 않는 사람에게 도로 표지판이 무슨 소용이 있겠습니까? 설령 그것을 따르는 것이 좋은 일이라는 것을 그들이 잘 안다 하더라도 말입니다. 그러나 기독교는 계명을 지키라는 명령과 함께 그것을 지키고자 하는 동기까지 제공해줍니다.

그러므로 우리는 그 길을 따라 여행할 수 있습니다. 그것은 우리의 모든 필요와 우리의 모든 용량(容量)과 우리의 모든 의무에 부합하는 유일한 길입니다.

나의 형제여, 또 그 길은 이성과 양심과 경험에 의해 찬동(贊同)될 유일한 길입니다. 영국의 가장 위대한 신비주의자 가운데 한 사람은 어디에선가 이렇게 말했습니다. "인간의 삶의 모든 헛된 계획과 구상에 종지부를 찍는 두 가지 질문이 있는데, 하나는 '무엇을 위해서?'라는 질문이고 또 하나는 '거기에 도달했다손 치더라도 그로부터 무슨 유익을 얻을 수 있는가?"라는 질문이다."

만일 우리가 고요한 마음으로 "인간들의 모든 길"을 바라본다면, 이성(理性)은 그 모든 길이 헛되며 무익하다고 말할 수밖에 없을 것입니다. 만일 우리가 자신의 경험에 묻는다면, 우리가 하나님 없이 소유하며 향유한 모든 것이 헛될 뿐이었다든지 혹은 그로 인해 우리의 입에 쓴 맛이 뒤따랐다든지 혹은 잠깐 후에 사라져 없어지고 아무것도 남지 않았다고 고백할 수밖에 없을 것입니다. 모든 세대가 "헛되고 헛되며 헛되고 헛되니 모든 것이 헛되도다"라는 옛 말씀 앞에 "아멘"이라고 탄식하며 고백할 수밖에 없을 것입니다(전 1:2). 오늘날과 같은 진보(進步)를 자랑하는 세대에, 우리 가운데 물질적 풍요에 도취된 채 완전한 멸절(滅絕)만이 유일한 극락이라는 불교의 교리를 들먹이면서 인생은 살 만한 가치가 없으며 차라리 존재하지 않는 것이 더 낫다고 떠벌이는 문명화된 사람들을 발견합니다.

사랑하는 형제들이여, 모든 사람이 열망하는 평안과 행복으로 인도하는 유일한 길이 있습니다. 모든 사람이 마땅히 추구해야만 하는 정결과 경건으로 인도하는 유일한 길이 있습니다. 우리는 마치 변경의 미개척지에 있는 사람들과 같습니다. 우리의 길들이 이리 돌고 저리 도는 가운데, 우리는 길을 잃어버리고 말았습니다. "우매한 자들의 수고는 자신을 피곤하게 할 뿐이라 그들은 성읍에 들어갈 줄도 알지 못함이니라"(전 10:15). 예수 그리스도는 숲을 가로질러 길을 내셨습니다. 그 길을 따라 걸어가십시오. 그러면 여러분은 그 길이 "즐거운 길"이며 또한 "평안의 길"임을 발견하게 될 것입니다.

3. 마지막으로, "그 길을 따르는 사람들"이라는 이름은 우리에게 기독교 안에 집으로 가는 유일한 길이 있음을 가르쳐줍니다.

집으로 가는 유일한 길! 인생의 다른 모든 길들과 다른 모든 방식들은 거대한 심연 앞에서 끝납니다. 마치 절벽 앞에서 갑자기 끝나는 어떤 길처럼 말입니다. 사람들이 따라가는 다른 모든 길은 죽음으로 말미암아 갑자기 끝납니다. 만일 어떤 사람이 평생 동안 자신이 원하는 것만을 만족시키지 위해 살았다면, 그는 다른 세상에서 무엇을 할 것입니까? 육신적인 사람은 다음 세상에 도착할 때 거기에서 무엇을 할 것입니까? 오로지 장사하는 일에만 몰두했던 사람은 더 이상 장사하는 일이 없는 세상에 도착할 때 거기에서 무엇을 할 것입니까? 어떤 사람이 한 달 동안 집과 일상적 일과 환경으로부터 떠날 때, 그는 무엇을 할 것입니까? 이 땅에 있는 동안 쓰레기 같은 소설이나 잡지 따위를 읽으며 시간을 보낸 젊은 여자는 다음 세상에서 무엇을 할 것입니까? 그 마음과 생각이 오로지 이 세상만을 향해 있던 사람들은 다음 세상에서 무엇을 할 것입니까? 여러분은 이 세상에서 오로지 의사가 되려고 한다든지 혹은 농사하는 일 외에는 아무런 관심도 갖지 않는 것이 분별 있는 일이라고 생각합니까? 사람들에게 있어 장차 직면하게 될 영원한 것들에 대해서는 무관심한 채 오로지 세상의 일시적 것들만을 위해 스스로를 갈고닦는 것은 참으로 어리석은 일이 아닙니까?

반면 그리스도가 만든 길은 끊긴 곳 없이 심연을 가로질러 이어집니다. 마치 골짜기를 가로질러 직선으로 이어지는 어떤 철로처럼 말입니다. 일(work)의 방식은 변할 수 있지만, 그러나 일의 정신과 원리는 변하지 않고 계속해서 남아 있을 것입니다. 스스로를 굴복시키는 것은 하늘의 법칙입니다. "이 사람들은 어린 양이 어디로 인도하든지 따라가는 자들이며"(계 14:4). 이 땅에서 시작해서 하늘에서 끝나는 것은 얼마나 멋진 일입니까! 그러므로 인생의 모든 변화를 통과하면서 그리고 죽음의 큰 변화를 통과하면서 직선으로 뻗은 길을 따라 계속해서 가십시오. "그들은 힘을 얻고 더 얻어 나아가 시온에서 하나님 앞에 각기 나타나리이다"(시 84:7).

우리는 길 없는 황무지에서 살지 않습니다. 예수 그리스도께서 광야를 가로질러 길을 내셨습니다. 그 길은 너무나 높아 굶주린 들짐승들이나 격노한 원수들이 뛰어오를 수 없습니다. 그 길은 너무나 견고하여 어떤 폭풍도 망가뜨릴 수 없습니다. 그 길은 너무나 명백하여 어떤 사람도 길을 잃을 수 없습니다. 우리 모두는 그 길로 여행하여 영원한 기쁨과 즐거움으로 시온에 이를 수 있습니다. 만일 우리가 그렇게 하고자 한다면 말입니다. "여호와의 속량함을 받은 자들이 돌아오되 노래하며 시온에 이르러 그들의 머리 위에 영영한 희락을 띠고 기쁨과 즐거움을 얻으리니"(사 35:10).

예수 그리스도가 바로 그 길입니다. 사랑하는 형제여, 이 시간 당신의 죄로 얼룩진 가련한 영혼을 그의 보혈과 중보에 의탁하십시오. 그러면 당신의 모든 죄가 사해질 것입니다. 그러고 난 후 사랑하는 마음으로 그를 따르십시오. “네 뒤에서 말소리가 네 귀에 들려 이르기를 이것이 바른 길이니 너희는 이리로 가라 할 것이며”(사 30:21).

35
초대교회의 성장

"그리하여 온 유대와 갈릴리와 사마리아 교회가 평안하여 든든히 서 가고 주를 경외함과 성령의 위로로 진행하여 수가 더 많아지니라"

행 9:31

산에 올라가는 사람은 이따금씩 숨을 고르며 주위를 둘러보기 위해 발걸음을 멈추곤 합니다. 여기의 사도행전의 앞부분에도 그와 같이 저자가 자신의 이야기를 멈추는 지점이 여러 군데 있습니다. 그 순간의 교회의 상태에 대한 전체적 생각을 제시하기 위해서 말입니다. 오늘의 본문 역시 그와 같은 지점들 가운데 하나입니다. 여기에서 "교회들"(the Churches)이라고 읽는 흠정역(KJV)의 번역보다 하나의 전체로서 "교회"(the Church)라고 읽는 개정역(RV)의 번역이 훨씬 더 적절합니다(한글개역개정판에도 "교회"라고 되어 있음 — 역주). 여기에 언급된 세 곳 즉 유대와 갈릴리와 사마리아에 있는 신자들의 몸 전체가 당시 동일한 상황 아래 있었으며 또한 동일한 경험을 통과하고 있었습니다. 각각의 지역에서 그리스도를 따르는 제자들로 형성되는 각각의 공동체들이 하나의 전체를 구성합니다. 그들은 개별적으로 "교회들"이었으며, 집합적으로 "교회"였습니다. 본서 1장에 제시된 땅끝까지 복음을 전파하며 교회를 확장시키라는 그리스도의 명령을 제자들은 신실하게 따랐으며, 그 결과가 여기에 요약됩니다. 갈릴리가 교회의 요람이었지만, 그러나 복음의 앞을 향한 전진은 예루살렘에서 시작되었습니다. 나중에 누가는 고넬료의 회심 이야기를 통해 우리 주님의 계획의 마지막 부분 즉 "땅끝까지" 복음을 전파하라는 명령이 어떻게 실행되기 시작했는지 이야기하는데, 그것을 다루기 전에 먼저 여기에서 그에 대한 전체적 개관을 제시해 줍니다. 그와 관련하여 우리는 본문으로부터 세 가지를 주목할 수 있는데, 그것은 외적 안정과 내적 진보와 외적 성장입니다.

1. 외적 안정.

"그리하여 온 유대와 갈릴리와 사마리아 교회가 평안하여." 가장 열정적 박해자가 회심을 했으며, 그로 말미암아 그를 따르는 자들의 열심이 상당 부분 꺾였을 것입니다. 사울을 따랐던 자들은 자신들의 지도자가 자신들을 배반했을 때 똑같은 열정으로 계속해서 교회를 공격하기가 매우 어려웠을 것입니다. 그것 외에도 역사가들은 당시 로마인들과 유대인들에게 그리스도인들의 작은 공동체를 계속해서 박해하기보다 당분간 그대로 지켜보는 것이 더 낫겠다고 생각하도록 만든 정치적 문제들이 있었음을 말해줍니다. 나는 여기에서 그런 문제들에 대해서는 다루지 않을 것입니다. 다만 여기에서 분명하게 주목하고자 하는 것은 교회의 안전과 평온이 교회의 영적 유익과 성장을 가져왔다는 사실입니다. 이것은 항상 그런 것은 아닙니다. 어떤 신학자가 "땅이 부족한 도시에서 사람들이 건물을 높이 짓는 것처럼, 곤궁과 박해의 시대에 기독교 공동체와 그것을 구성하는 개인들은 경건의 수준에 있어 종종 평안하며 안일한 시대보다 훨씬 더 높은 수준까지 이른다"라고 말하는 것처럼 말입니다. 그러나 여기의 초창기 그리스도인들은 그와 같은 평온의 때를 성장의 기회로 활용했습니다. 그들은 폭풍 가운데 잠시 평온하며 고요한 때를 최선의 용도로 활용했습니다. 여러분과 나도 평온한 때를 그와 같이 활용합니까? 오늘날 우리는 박해의 시대에 살고 있지 않습니다. 그러나 박해 외에도 우리 가운데 다른 가시들이 있습니다. 종종 우리 베개 속에 찌르는 가시가 있으며, 우리 침상에 우툴두툴한 부분이 있습니다. 심지어 우리의 보금자리 안에서조차 우리는 종종 괴롭힘을 당하곤 합니다. 어떤 외적 상황도 우리를 괴롭히지 않는 고요한 때가 올 때, 우리는 그때를 하나님으로부터 오는 때로 붙잡습니까? 분산되지 않은 힘으로 우리 스스로를 주님처럼 자라게 하는 일에 혹은 그의 뜻을 보다 충분하게 행하는 일에 던질 수 있도록 말입니다. 사랑하는 형제들이여, 얼마나 자주 우리는 우리의 형통과 역경 모두를 잘못 사용하곤 합니까? 한 경우는 스스로를 더 세속적인 사람으로 만드는 기회로 삼고, 다른 한 경우는 어둠 가운데 주님을 잊어버리는 기회로 삼으면서 말입니다. 세상적인 것들에 매몰되는 것은 — 그것들을 소유하며 향유함으로 말미암든 혹은 그것들을 향유하지 못함으로 인한 쓰라림으로 말미암든 간에 — 우리의 모든 영적 진보에 치명적입니다. 오직 그것들을 자신의 하나님에게 가까이 나아가는 수단으로 취하는 자들만이 그것들을 올바로 사용하는 것입니다. 우리에게 어떤 힘이 작용하든 만일 우리가 키를 굳게 붙잡고 돛을 제대로 올린다면, 그것들은 필경 우리를 하늘의 항구로 데려갈 것입니다. 반대로 우리에게 어떤 힘이 작용하든 만일 우리가 항해자로서 마땅히 해야 할 일을 게을리 한다면, 파도 가운데 이리저리 떠밀리는 가운데 앞으로 나아가지 못할 것입니다. "교회가 평안하여" — 그러고 나서 교회가 게을러졌습니까? "교회가 평안하여" — 그러고 나서 교회가 세속화되었습니까? 결코 그럴 수 않습니다. 내가 가정적으로나 사업적으로 평안하며 형통하며 행복합니다. 그 가운데 나는 "내가 요동치 않을 것이라"라고 말합니다. 그러고 나서 내가 나의 하나님을 잊을 것입니까? 결코 그럴 수 없습니다. "교회가 평안하여" — 그 다음은 무엇입니까? 그것은 "든든히 서 가고"입니다. "그리하여 온 유대와 갈릴리와 사마리아 교회가 평안하여 든든히 서 가고."

2. 내적 진보.

본문의 구절들 간의 정확한 상호 관계와 관련해서는 상당한 난제들이 있습니다. 그렇지만 그것을 논의하는 것은 교회의 강단에서보다 신학교의 강의실에서 하는 것이 더 적합할 것입니다. 나는 그러한 난제들로 여러분을 번거롭게 하기를 원치 않습니다. 어쨌든 나는 본문 중간 부분의 두 구절 즉 "든든히 서 가고"와 "주를 경외함과 성령의 위로로 진행하여"를 함께 교회의 내적 진보를 묘사하는 것으로 취할 때 저자의 의도를 가장 잘 이해할 수 있다고 생각합니다. 여기에서 우리는 다음과 같은 두 가지를 발견합니다 — "든든히 서 가고"(edified)와 "진행하여"(walking). 이러한 두 가지에 대해 간단히 살펴보도록 합시다.

여기의 "교화되어 가고"(edified, 한글개역개정판에는 "든든히 서 가고"로 되어 있음 — 역주)란 번역어는 누가가 본래 의도한 것에 비해 그 의미가 훨씬 더 약화되었습니다. "교화(敎化)되었다"라고 말할 때, 우리는 무슨 의미로 그렇게 말합니까? 일반적으로 거기에 "가르침을 받았다" 혹은 "훈육을 받았다" 혹은 "위로를 받았다" 등의 의미가 담길 것입니다. 그러면 교화의 통상적 도구는 무엇입니까? 좋은 말과 지혜로운 가르침과 경건한 언어입니다. 그러나 신약은 그 단어로서 이것보다 훨씬 더 큰 것을 의미합니다. 신약은 교화(edification)의 수단으로서 다른 사람들의 말보다 자기 자신의 열심 있는 노력을 바라봅니다. 만일 번역자들이 우리에게 그와 같이 라틴화된 단어를 제시하는 대신 원어(原語)를 있는 그대로 번역했다면, 분명 우리는 그 단어가 의미하는 바를 보다 더 충분하게 이해할 수 있었을 것입니다. "교화되어 가고"라는 표현은 매일의 삶과는 동떨어진 매우 신학적 표현처럼 들립니다. "교화되어 가고"라고 읽는 대신 "든든히 서 가고"라고 읽는 것이 훨씬 더 사실적이지 않습니까?(한글개역개정판에는 후자처럼 되어 있음 — 역주). 그것은 전체로서의 기독교 공동체 안에서 뿐만 아니라 거기에 속한 모든 개별적 지체들 안에서 마땅히 계속적으로 진행되어 가야만 하는 과정을 상징하는 표현입니다. 모든 그리스도인은 스스로를 세울 뿐만 아니라 다른 그리스도인들을 세우도록 도울 의무가 있습니다. 그리고 하나님은 그의 영으로 말미암아 그들 모두를 세우십시다. 그것은 마치 견고한 기초 위에 거대한 건축물을 세우는 것과 같습니다. 건축자에 의해 돌들이 놓이고, 계속해서 세워져가다가, 마침내 전체 건축물이 완성됩니다.

이것은 기독교 공동체와 그리스도인 개개인의 성장을 나타내는 한 가지 상징입니다. 그리고 본문에서 그와 짝을 이루는 다른 한 구절 역시 그와 거의 비슷한 개념을 제시합니다. 웅장한 건축물이 세워지는 것과 주어진 길에서 계속해서 진행하는 것은 본질적으로 동일한 진보의 개념을 제시합니다.

이러한 두 은유 가운데 내가 주로 전자(前者)에 대해 이야기한 것은 그것이 오늘날의 독자들에게 비교적 덜 친숙함에도 불구하고 우리에게 그것이 가진 참된 의미를 잘 일깨워주기 때문입니다. 이와 같이 교화(edification)는 기독교적 품성을 세우는 것입니다. 그리고 그것은 다음과 같은 네 가지를 포함합니다 — 기초와 계속적 과정과 꾸준한 노력과 완성.

사랑하는 그리스도인들이여, 우리 모두는 예수 그리스도의 기초 위에 천천히 그리고 지속적으로 세워나가야 합니다. 거대한 성전을 건축할 때와 마찬가지로 오늘 작업한 것 위에 내일의 새로운 작업이 세워집니다. 그리고 각 날의 작업 안에는 건축자의 수고가 담겨 있으며, 그것은 그의 열심 있는 노력의 결과이며 또한 기념비입니다. 그리고 각 날의 작업은 위대한 건축자의 계획에 따라 마지막 완성에 점점 더 가까워집니다. 그리고 마침내 마지막 돌이 기쁨의 함성과 함께 놓일 것입니다. 바로 이것이 여러분과 나의 삶이 아닙니까? 우리는 이와 같이 계속해서 기독교적 품성을 계발하고 있습니까? 우리는 이와 같이 예수 그리스도의 기초 위에 우리의 삶의 건축물을 계속해서 세워나가고 있습니까? 우리는 이와 같이 매 순간 아름다운 돌들을 계속해서 쌓아올리고 있습니까?

"아름답고 견고한 전이 세워졌도다.
보라, 이것은 그의 영광을 나타내는 성전이로다!"

또한 이러한 옛 은유 안에는 모든 그리스도인의 의무와 특권에 관한 가장 장엄한 교훈 즉 우리가 마땅히 "성령 안에서 하나님이 거하실 처소"가 되어야 한다는 교훈이 담겨 있습니다. "너희도 성령 안에서 하나님이 거하실 처소가 되기 위하여 그리스도 예수 안에서 함께 지어져 가느니라"(엡 2:22).

그러면 이러한 과정을 구성하는 요소들은 무엇입니까? 본문으로부터 우리는 두 가지 요소를 발견하는데, 그것은 "주를 경외함"과 "성령의 위로" 입니다.

"주를 경외함"이라는 표현은 구약에서 매우 현저하게 등장하는 표현입니다. 반면 신약에서는 한두 번밖에 나타나지 않지만, 그럼에도 불구하고 그것의 의미는 신약 계시의 최고의 교훈과 완전하게 일치합니다. "주를 경외함"은 그에 대한 경건한 두려움입니다. 그것을 통해 우리는 항상 그의 임재를 의식합니다. 그리고 우리의 최고의 목표와 목적으로서 항상 우리의 의지를 그의 명령에 순복하면서 그의 기뻐하시는 일을 행하기를 추구합니다. 여러분과 나는 그 안에서 우리 스스로를 세워나가고 있습니까? 우리는 하나님이 우리 곁에 계심을 어제보다 오늘 더 강렬하게 느낍니까? 우리는 예전보다 지금 우리 스스로를 그의 뜻에 더 충성되며 더 쉽고 더 즐겁게 순복합니까? 우리는 매 순간 "여호와의 친밀하심"과 "그의 언약"을 배우고 있습니까? "여호와의 친밀하심이 그를 경외하는 자들에게 있음이여 그의 언약을 그들에게 보이시리로다"(시 25:14). 만일 그렇지 않다면, 기독교적 품성과 관련한 우리의 성장은 매우 의심스러운 것이 될 것입니다. 나아가 우리는 또 하나의 요소인 "성령의 위로"에 있어서도 계속해서 진보하고 있습니까? 우리는 어제보다 오늘 더 담대합니까? 어떤 일에 직면하든 우리는 더 강한 확신으로 직면할 준비가 되어 있습니까? 우리는 우리 안에서 성령의 충만한 축복과 영감(靈感)이 계속해서 증진되는 것을 느낍니까? 이와 같은 성령의 위로가 계속해서 우리로부터 괴로움을 제거하고 경건한 사랑의 행복을 가져다줍니까? 주를 경외하는 가운데 성령께서 주시는 용기를 가진 자들은 초창기 그리스도인들처럼 폭풍이 거세게 휘몰아지는 한 가운데서도 그리고 원수들의 혹독한 위협과 박해 속에서도 안식과 평안을 누릴 것입니다.

3. 외적 성장.

그와 같은 내적 진보의 결과가 무엇이었습니까? 그것은 교회의 수가 더 많아지는 것이었습니다. "든든히 서 가고 주를 경외함과 성령의 위로로 진행하여 수가 더 많아지니라." 그것은 매우 당연한 결과였습니다. 영적으로 살아있는 가운데 계속해서 자라가는 그리스도인들과 하나님에 대한 경외심과 성령의 위로는 필연적으로 그들의 복음에게 강력한 능력을 부여할 것입니다. 또 그러한 것들은 사람들을 끌어당기는 강력한 힘이 될 것이며, 그들의 내적 진보는 그들로 하여금 생명의 말씀을 더욱 열심히 전파하도록 만들 것입니다.

그러므로 사랑하는 친구들이여 그리고 특별히 어떤 형태로든 기독교 사역에 종사하는 자들이여, 오늘의 본문을 통해 교훈을 배우십시오. "B"로 나아가기 전에 먼저 "A"를 확인하십시오. 교회의 수가 더 많아지기를 구하기 전에 먼저 여러분 스스로를 거룩한 믿음 위에 든든하게 세우십시오.

오늘날 우리는 "교회성장 운동"(forward movements)에 대해 많이 듣습니다. 나는 그들의 말에 공감합니다. 그러나 나는 여러분에게 그에 앞서 먼저 "하나님을 향한 운동"(Godward movement)이 선행되어야만 함을 일깨워주고 싶습니다. 말뚝에다가 줄을 묶고 그 줄을 잡아당겨 늘이는 어떤 사람을 생각해 보십시오. 그가 줄을 늘이기 전에 먼저 해야만 하는 일이 있습니다. 그것은 말뚝을 땅에 더 단단하게 고정시키는 일입니다. 만일 그렇게 하지 않는다면, 줄을 늘이려는 시도는 쓸데없는 일이 될 뿐만 아니라 차라리 시도하지 않는 것보다 더 나쁜 결과를 가져다줄 것입니다. 여섯 명의 병사를 수용하는 작은 천막을 생각해 보십시오. 그 중심에 그것을 지탱하는 작은 버팀목이 서 있습니다. 그러나 그 버팀목은 일개 중대를 수용하는 큰 천막을 지탱하기에는 너무 약할 것입니다. 우리는 사역을 확장시키기에 앞서 먼저 자신의 영혼의 경건을 심화시키며 성장시켜야 합니다. 사랑하는 친구들이여, 먼저 자신을 돌아보는 것으로부터 시작하십시오. 말을 잘하는 것이나 특별한 기술을 익히는 것이 잠시 동안 사람들을 끌어모으는 데 도움이 될는지 모릅니다. 그러나 교회의 수가 많아지게 하기 위해 그리스도인들이 활용할 수 있는 유일한 능력은 그들 자신의 경건과 거룩함과 구주를 닮아가는 일과 성령을 소유하는 일과 주를 경외하는 일을 매일 같이 계속해서 증진시켜 나가는 것입니다.

36
그리스도 따라 하기

"베드로가 이르되 애니아야 예수 그리스도께서 너를 낫게 하시니 일어나 네 자리를 정돈하라 한대 곧 일어나니 … 베드로가 사람을 다 내보내고 무릎을 꿇고 기도하고 돌이켜 시체를 향하여 이르되 다비다야 일어나라 하니 그가 눈을 떠 베드로를 보고 일어나 앉는지라"

행 9:34, 40

내가 이러한 두 가지 기적을 한 자리에 모아 놓은 것은 그것들이 시공간적으로 가깝게 연결되기 때문만이 아니라 또한 그것들이 공통적으로 매우 주목할 만한 교훈적 특징을 가지고 있기 때문입니다. 그것들은 명백히 그리스도의 기적 위에 형성됩니다. 베드로는 지금 그리스도께서 행하셨던 대로 똑같이 따라하고 있습니다. 여기의 기적들과 우리 주님이 행하셨던 기적들 사이의 유사점과 차이점은 똑같이 주목할 만합니다. 이제 그러한 두 가지 측면과 함께 그것들이 가르치는 교훈을 살펴보고자 합니다.

1. 첫째, 양자 사이의 유사점과 그것이 가르치는 교훈을 주목하십시오.

여기의 두 기적은 그것들이 모두 우리 주님이 행하셨던 기적들과 매우 유사하다는 점에서 공통점을 가지고 있습니다. 전자는 중풍병자를 고친 사건으로서, 네 친구가 지붕을 뚫고 그리스도 앞에 중풍병자 친구를 내려놓은 복음서의 유명한 이야기와 병행됩니다. 그리고 도르가 혹은 다비다를 다시 살린 후자의 이야기는 복음서에 기록된 죽음 가운데 다시 살아난 사람들의 이야기와 상응됩니다.

자, 이제 양자 사이의 유사점들을 주목해 봅시다. 예수 그리스도는 중풍병자에게 "일어나 네 침상을 가지고 집으로 가라"라고 말씀하셨습니다(마 9:6). 한편 베드로는 애니아에게 "일어나 네 자리를 정돈하라"라고 말합니다(34절). 앞의 명령은 자기 집에 있지 않은 사람의 상황에 적합한 것이었습니다. 그에게 있어 그리스도의 말씀에 순종하여 오랫동안 사용하지 않던 근육을 움직이는 것은 그의 치유가 완전하게 실현되는 것을 확증하는 것이었습니다. 한편 뒤의 명령은 자기 집에 누워 있는 사람의 상황에 적합한 것이었으며, 그것은 "일어나 네 침상을 가지고 집으로 가라"는 우리 주님의 비슷한 명령과 정확하게 동일한 목적을 가진 것이었습니다. 애니아는 자기 집에 누워 있었습니다. 그리하여 베드로는 어떤 방식으로 예수 그리스도께서 기적을 행하셨는지를 기억하면서 주님의 방법을 똑같이 따라합니다. "애니아야 일어나 네 자리를 정돈하라." 이것은 주님의 기적 사건이 똑같이 재현되는 것이었습니다.

이제 두 번째 기적을 살펴보도록 합시다. 이것 역시 명백히 그리스도께서 하신 방식을 그대로 따라한 것이었습니다. 예수 그리스도께서 야이로의 집에 도착했을 때, 그곳은 사람들의 애곡소리로 요란했습니다. 주님은 그들을 내보내면서 소녀의 부모와 베드로와 야고보와 요한만 데리고 들어가셨습니다. 한편 여기에서 베드로가 다비다가 누워 있는 다락방에 들어갔을 때, 많은 사람들이 그곳에서 애곡하며 죽은 여자의 덕을 칭송하고 있었습니다. 베드로는 그리스도께서 기적을 행하실 때 어떻게 하셨는지 기억하면서, 자기 차례가 되었을 때 사람들을 모두 내보냈습니다(40절). 마가는 자신의 복음서에서 주님이 소녀를 일으킬 때 사용한 아람어를 우리에게 알려줍니다. 그것은 "달리다굼"이었는데, "달리다"는 아람어로 "소녀"를 그리고 "굼"은 "일어나라"를 의미하는 단어였습니다. 죽은 도르가 앞에서 베드로가 한 말이 주님이 하셨던 말씀과 오직 한 개의 철자만 제외하고 완전하게 똑같은 사실은 너무나 놀랍지 않습니까? 예수 그리스도는 "달리

다굼"(Talitha cumi)이라고 말씀하셨습니다. 한편 여기에서 베드로는 "다비다굼"(Tabitha cumi)이라고 말합니다. 여기에서 베드로가 그의 주님을 따라 하고 있다는 사실이 너무나 명백하지 않습니까? 의식적이든 무의식적이든, 그는 예전에 주님이 하셨던 방식대로 똑같이 따라 하고 있었습니다. 이와 같이 본문의 두 기적은 예수 그리스도께서 행하셨던 방식대로 똑같이 따라 한 것이었습니다.

꼭 기적을 행하는 일이 아니라 하더라도, 여기의 두 가지 초자연적 능력의 역사(役事)의 기저(基底)에 있는 원리는 그리스도인으로서의 우리의 모든 일과 모든 삶에 적용될 수 있습니다. 나는 베드로가 의도적으로 예수 그리스도를 따라 하려고 했는지 여부를 알지 못합니다. 나는 아마도 그가 무의식적이며 본능적으로 그렇게 했을 것이라고 생각합니다. 사랑은 항상 본받기를 기뻐합니다. 위대한 스승의 제자들은 무의식적으로 스승을 흉내 낼 것입니다. 심지어 스승의 어색한 말투라든지 혹은 사물을 바라보는 특이한 방식까지 포함하여 말입니다. 일반적으로 내적인 것보다 외적인 것이 더 쉽게 흉내의 대상이 됩니다. 많은 제자들은 그와 같이 외적인 사소한 것들을 흉내 내며 따라하는 가운데 정작 더 중요한 것은 본받지 못합니다. 본문의 기적들의 기저에 있는 원리는 예수 그리스도를 가까이 하면 결국 그의 방식을 따라하게 될 것이라는 것입니다. 예수 그리스도와의 교제 가운데 거하십시오. 그러면 의식하든 의식하지 못하든 주님을 닮는 것이 여러분의 품성 안으로 그리고 여러분이 어떤 일을 행하는 방식 안으로 들어올 것입니다. 그리고 그로 인해 사람들은 여러분이 그와 함께 있었음을 알게 될 것입니다. 향료를 싼 헝겊에는 오랫동안 향냄새가 배어 있을 것이며, 그것은 주변에 감미로운 냄새를 풍길 것입니다. 예수 그리스도를 가까이 하며 마음속에 그를 품고 살아가는 사람은 향료를 싼 헝겊처럼 많은 사람들을 기쁘게 하는 감미로운 향기를 풍길 것입니다. 빛 가운데 거하십시오. 그러면 여러분은 빛이 될 것입니다. 그리스도를 가까이 따르십시오. 그러면 여러분은 그리스도와 같이 될 것입니다. 그를 사랑하십시오. 그러면 사랑이 여러분에게 많은 일을 행할 것입니다. 그리고 그로 인해 여러분이 사랑하는 대상의 품성이 여러분 안으로 주입(注入)될 것입니다. 그리스도를 신뢰하며, 그에게 순종하며, 그와 교제하며, 그와 더불어 거하면서 그와 같이 되지 않는 것은 불가능합니다. 내적으로 그렇게 되는 것과 마찬가지로 외적으로도 역시 그러할 것입니다.

이와 같이 그리스도인들에게 있어 구주를 본받으며 따라 하는 것은 개인적 영역에서 뿐만 아니라 또한 세상에서 일하는 방식이나 혹은 다른 사람들을 돕거나 축복하는 방식에 있어서도 마찬가지입니다. 우리는 우리의 일 가운데 예수 그리스도를 나타내거나 혹은 그의 일하는 방식을 나타내기 위해 반드시 기적을 행하는 능력을 필요로 하지는 않습니다. 만일 우리가 그와 함께 거한다면, 그의 자기희생의 생에 위에 찍힌 그의 모든 특성들이 필연적으로 우리 안에서 재생될 것입니다 — 사실 이러한 것들이 기적을 행함에 있어서의 그의 어투나 태도나 방식보다 훨씬 더 귀하지 않습니까? 수많은 병자들을 바라볼 때, 예수 그리스도의 마음은 그들을 향한 동정심과 긍휼의 마음으로 흘러넘쳤습니다. 만일 여러분과 내가 그와 가까이 거하고 있다면, 우리의 도움의 범주 안에 있는 고통당하는 자들에 대해 결코 긍휼의 마음을 닫아버리지 않을 것입니다. 예수 그리스도는 결코 번거로움을 피하려고 하지 않았으며, 자기 자신을 생각하지 않았으며, 간절한 탄원을 외면하지 않았으며, 도움의 손길을 뿌리치지 않았습니다. 그러므로 만일 우리가 그와 함께 거한다면, 우리의 삶은 자기희생적인 베풂으로 특징지어질 것입니다. 그리고 우리는 자신의 소유에 대해 지나치게 집착하지 않을 것이며, 우리에게 주어진 축복들을 자기 혼자 향유하려고 하지 않을 것입니다. 예수 그리스도는 "고침을 필요로 하는 자들을" 고치셨습니다(눅 9:11, 한글개역개정판에는 "병 고칠 자들은 고치시더라"로 되어 있음 — 역주). 이러한 특이한 말씀은 우리에게 그의 동정심과 긍휼의 마음이 얼마나 컸는지를 잘 보여주지 않습니까? 그러므로 그를 따라는 자들 역시도 이와 같은 마음으로 슬픔 가운데 있는 자들과 고통 가운데 있는 자들과 버려진 자들 가운데로 가서 그가 행하신 방식대로 기적을 — 혹은 그가 행한 것보다 더 큰 일을 — 행해야 합니다. 그렇게 한다면, 지금의 세상은 전혀 다른 세상이 되고 지금의 교회는 전혀 다른 교회가 될 것입니다. 그리고 우리는 오늘날 교회가 시대에 뒤떨어진 곳이 되었다는 따위의 이야기를 어디에서도 듣지 못하게 될 것입니다.

2. 둘째, 양자 사이의 차이점과 그것이 가르치는 교훈을 주목하십시오.

첫 번째 기적을 보십시오. "애니아야 예수 그리스도께서 너를 낫게 하시니 일어나 네 자리를 정돈하라"(34절). 이러한 베드로의 말은 예수께서 말씀하셨던 것과 큰 차이를 나타냅니다. 또 두 번째 기적을 보십시오. "베드로가 사람을 다 내보내고 무릎을 꿇고 기도하고 … 이르되 다비다야 일어나라"(40절). 이와 대응되는 예수의 기적을 보십시오. "예수께서 그들을 다 내보내신 후에 … 이르시되 소녀야 일어나라"(막 5:41). 사람들을 내보내는 일과 기적을 행하는 일 사이에 베드로는 그리스도께서 하지 않은 어떤 일을 행했습니다. 그것은 "무릎을 꿇고 기도하는" 일이었습니다. 반면 예수 그리스도는 그렇게 하지 않습니다. 그는 사람들을 다 내보내신 후에 곧바로 "소녀야 일어나라"라고 말씀하셨습니다. 또 베드로는 기적을 행한 후 다비다에게 손을 내밀었습니다(41절). 이것은 그녀에게 생명을 전달하기 위한 것이 아니라 그녀가 일어날 수 있도록 돕기 위한 것이었습니다. 이와 같이 베드로가 무릎을 꿇고 기도한 것이라든지 기적을 행한 후 손을 내민 것 등 속에서, 우리는 주님의 원본(原本)과 그의 종의 사본(寫本) 사이의 큰 차이를 발견합니다.

그러면 이러한 차이점이 가르치는 교훈은 무엇입니까?

예수 그리스도는 자신의 본원적 능력으로 말미암아 기적을 행합니다. 반면 그의 종들은 단지 그의 도구와 통로로서 자신들의 일을 행합니다. 나는 전자에 대해서는 길게 설명할 필요를 느끼지 않습니다. 그러나 후자에 대해서 우리는 깊이 생각할 필요가 있습니다. 양자 사이의 차이점이 가르치는 교훈은 모든 그리스도인들이 주님과 세상을 위한 모든 일에 있어 항상 자신들은 도구와 통로 외에 아무것도 아니라는 사실을 분명히 해야 한다는 사실입니다. 설교자와 교사와 모든 종류의 기독교 후원자들을 생각해 보십시오. 그들은 자신들이 사람들 앞에 덜 드러날수록 자신들의 사역이 더 성공적으로 나타날 것이라는 사실을 기억할 필요가 있습니다. 예를 들어, 어떤 설교자가 설교를 하고 있다고 상상해 보십시오. 만일 그가 자기 자신에 대해 생각하고 있다면, 설령 그가 천사의 말을 한다 하더라도 그는 사람들에게 아무런 유익도 끼치지 못할 것입니다. 주를 위해 일함에 있어서의 첫 번째 조건은 여러분 자신을 여러분의 메시지 뒤에 그리고 여러분의 주님 뒤에 감추고 모든 능력은 오직 주님으로부터 나오는 것이며 여러분은 단지 장인의 손에 들린 도구에 불과하다는 사실을 분명하게 하는 것입니다.

또 하나의 교훈은 여러분 안에서 역사하는 능력을 분명하게 확신하라는 것입니다. 베드로가 중풍병자에게 나아가 "애니아야 예수 그리스도께서 너를 낫게 하시니 일어나 네 자리를 정돈하라"라고 말하는 것을 생각해 보십시오. 그것은 얼마나 무모하며 주제넘은 말입니까! 그렇습니다. 그것은 정말로 무모하며 주제넘은 말입니다. 만일 그가 주님과의 계속적이며 긴밀한 교제 가운데 있으면서 주님이 자신을 통해 역사하고 계심을 확신하고 있지 않았다면 말입니다. 베드로는 예수 그리스도의 사역(使役)이 승천 후 끝나지 않았음을 절대적으로 확신했습니다. 그는 예수 그리스도가 중풍으로 8년 동안 누워있는 병자의 방에 임재하고 계시며 그곳에서 일하고 계심을 분명히 확신했습니다. 사랑하는 형제들이여, 기독교회는 예수 그리스도가 지금 여기에서 그의 종들 안에서 그리고 그들을 통해 실제적으로 임재하고 계시며 또 일하고 계심을 믿어야만 합니다. 우리는 그가 오래 전 세상에 계셨을 때 일하셨으며 또 머지않은 미래에 세상에 다시 오실 때 일하실 것을 충분히 믿을 준비가 되어 있습니다. 그렇지만 우리는 지금 여기에서 그가 단순한 비유로서가 아니라 실제적으로 우리를 통해 — 우리가 그렇게 하고자 한다면 말입니다 — 자신의 권능을 나타내시는 것을 믿습니까?

"예수 그리스도께서 너를 낫게 하시니"라는 베드로의 말을 생각해 보십시오(34절). 만일 여러분이 그리스도를 가까이 한다면 또 만일 여러분이 자신을 그의 모양으로 빚고자 한다면 또 만일 여러분이 그가 여러분을 통해 역사(役事)할 것을 기대하며 그의 일을 방해하지 않는다면, 여러분에게 있어 위와 같은 말은 결코 무모하며 주제넘은 말이 되지 않고 도리어 그가 기뻐하시는 온전한 믿음의 말이 될 것입니다. 또 그와 같은 상태에서 만일 여러분이 어떤 중풍병자에게 가서 "예수 그리스도께서 너를 낫게 하시느니라"라고 말한다든지 혹은 허물과 죄로 죽은 사람에게 가서 "일어나라"라고 말한다면, 그 역시 무모하며 주제넘은 말이 아니라 온전한 믿음의 말이 될 것입니다.

룻다와 욥바에 있었던 베드로의 목적과 지금 여기에 있는 우리의 목적은 동일합니다. 그것은 예수 그리스도의 치유사역과 살리는 사역을 그의 임재의 능력으로 말미암아 그리고 그의 복된 모범을 따라 반복하는 것입니다.

37
하나님께서 깨끗하게 하신 것

"[1] 가이사랴에 고넬료라 하는 사람이 있으니 이달리야 부대라 하는 군대의 백부장
이라 [2] 그가 경건하여 온 집안과 더불어 하나님을 경외하며 백성을 많이 구제하고
하나님께 항상 기도하더니 [3]하루는 제 구 시쯤 되어 환상 중에 밝히 보매 하나님의
사자가 들어와 이르되 고넬료야 하니 [4] 고넬료가 주목하여 보고 두려워 이르되 주
여 무슨 일이니이까 천사가 이르되 네 기도와 구제가 하나님 앞에 상달되어 기억
하신 바가 되었으니 [5] 네가 지금 사람들을 욥바에 보내어 베드로라 하는 시몬을 청
하라 [6] 그는 무두장이 시몬의 집에 유숙하니 그 집은 해변에 있다 하더라 [7] 마침 말
하던 천사가 떠나매 고넬료가 집안 하인 둘과 부하 가운데 경건한 사람 하나를 불
러 [8] 이 일을 다 이르고 욥바로 보내니라 [9] 이튿날 그들이 길을 가다가 그 성에 가까
이 갔을 그 때에 베드로가 기도하려고 지붕에 올라가니 그 시각은 제 육 시더라 [10]
그가 시장하여 먹고자 하매 사람들이 준비할 때에 황홀한 중에 [11]하늘이 열리며 한
그릇이 내려오는 것을 보니 큰 보자기 같고 네 귀를 매어 땅에 드리웠더라 [12] 그 안
에는 땅에 있는 각종 네 발 가진 짐승과 기는 것과 공중에 나는 것들이 있더라 [13] 또
소리가 있으되 베드로야 일어나 잡아 먹어라 하거늘 [14] 베드로가 이르되 주여 그럴
수 없나이다 속되고 깨끗하지 아니한 것을 내가 결코 먹지 아니하였나이다 한대 [15]
또 두 번째 소리가 있으되 하나님께서 깨끗하게 하신 것을 네가 속되다 하지 말라
하더라 [16]이런 일이 세 번 있은 후 그 그릇이 곧 하늘로 올려져 가니라 [17] 베드로가
본 바 환상이 무슨 뜻인지 속으로 의아해 하더니 마침 고넬료가 보낸 사람들이 시
몬의 집을 찾아 문 밖에 서서 [18] 불러 묻되 베드로라 하는 시몬이 여기 유숙하느냐
하거늘 [19] 베드로가 그 환상에 대하여 생각할 때에 성령께서 그에게 말씀하시되 두
사람이 너를 찾으니 [20] 일어나 내려가 의심하지 말고 함께 가라 내가 그들을 보내
었느니라 하시니 "

행 10:1-20

처음에 교회는 단지 유대인의 한 종파의 외양(外樣)을 띠고 있었습니다. 그러나 이제 유대인의 경계를 넘어 이방인에게로 나아가는 큰 발걸음이 내디뎌지며, 그렇게 하여 교회의 보편적인 측면이 펼쳐지기 시작합니다. 이것이 얼마나 큰 변화인지 그리고 이로 인해 교회가 직면하게 될 편견의 장벽이 얼마나 강고한지 생각할 때, 우리는 이와 관련하여 초자연적 사건들이 많이 일어나는 것에 대해 놀라지 않게 될 것입니다. 그와 같은 큰 충격이 없었다면 아마도 이방인들에게로 나아가는 큰 발걸음은 쉽게 내디뎌지지 못했을 것입니다.

본문의 이야기 속에서 우리는 양쪽 모두로부터 초자연적 준비가 이루어지는 것을 발견합니다. 하나님은 이를테면 오른손으로는 고넬료를 붙잡고 왼손으로는 베드로를 붙잡은 채, 양쪽으로부터 그들을 강제적으로 몰아치셨습니다. 이미 빌립이 에디오피아 내시에게 주의 말씀을 전했으며, 또한 사도행전 11장 20절에 나오는 이름이 알려지지 않은 형제들이 안디옥에서 순전한 헬라인들에게 복음을 전파했습니다. 그러나 본문에서의 베드로의 행동은 그의 사도직으로 말미암아 특별한 중요성을 가집니다. 왜냐하면 그가 이방인 그리스도인들을 인정한 것은 곧 전체 공동체의 행동이 되기 때문입니다. 베드로가 고넬료의 집에 들어간 것은 교회의 유대적 단계가 종식된 것을 의미했으며, 그렇기 때문에 그 순간은 특별한 신적 개입이 필요했습니다. 왜냐하면 베드로의 새로운 발걸음에는 신적 보증이 필요했기 때문입니다. 그러므로 이 순간 초자연적 사건들이 많이 벌어진 것은 조금도 불필요한 일이 아니었습니다.

1. 첫째, 우리는 여기에서 진리를 찾는 자를 빛으로 인도한 환상을 보게 됩니다.

당시 통치의 중심지였던 가이사랴는 동시에 이방 사상의 중심지이기도 했습니다. 따라서 복음이 그곳에서 교두보를 얻는 것은 매우 중요한 일이었습니다. 나아가 복음이 그곳에서 최초로 얻은 회심자가 다름 아닌 로마 군대의 장교였던 것은 한층 더 중요한 일이었습니다. 당시 로마 군대는 세속적 권력의 상징이었으며, 모든 유대인들이 그들을 미워했습니다. 백부장은 그다지 높은 직급의 장교는 아니었지만, 그러나 고넬료라는 이름은 그가 로마의 유명한 가문과 연결되어 있을 가능성을 암시합니다. 그는 이달리야 부대에 속한 백부장이었습니다(1절). 그가 속한 이달리야 부대라는 이름은 그것이 이달리야에서 조직된 군대이며 따라서 당연히 로마인들에 의해 지휘되는 군대였음을 암시합니다. 어쨌든 유대에 주둔하는 동안 고넬료의 영혼은 유대인들이 섬기는 여호와에 대한 지식과 그에 대한 예배와 접촉했습니다. 그는 당시와 같은 종교적 혼돈의 시대에 유대인들의 순수한 유일신교에 많든 적든 영향을 받은 많은 사람들 가운데 한 사람이었습니다.

신약에서 백부장들이 대부분 그리스도와 기독교에 호의적으로 기운 사실은 매우 주목할 만합니다. 그리고 이러한 사실은 어떤 사람들로 하여금 그러한 이야기들의 사실성을 의심하도록 만드는 계기가 됩니다. 그러나 비슷한 훈련을 받은 비슷한 직책의 사람들이 비슷한 생각을 하는 것은 매우 자연스러운 일입니다. 나아가 서너 명의 호의적 백부장들이 예수 및 그의 사도들과 접촉했다는 것은 결코 불가능한 일일 수 없습니다. 설령 그들처럼 호의적이지 않은 다른 백부장들에 대한 언급은 없다고 하더라도 말입니다. 그들은 매우 특별한 시기에 유대에 주둔하면서 그곳의 종교와 긴밀하게 접촉하는 가운데 도리어 자신들의 종교에 매우 회의적인 마음을 품게 되었습니다. 복음서에서 예수로부터 특별한 칭찬을 받았던 백부장과 여기의 고넬료는 여러 가지 불이익의 가능성 속에서 진지한 종교적 삶이 꽃필 가능성을 보여주는 훌륭한 실례(實例)입니다. 그리고 그것은 우리에게 어떤 부류에 속한 사람은 어떨 것이라고 미리 예단해서는 안 된다는 교훈을 가르쳐줍니다.

가이사랴의 병영(兵營)은 그곳에서의 첫 번째 이방인 그리스도인을 찾기에 가장 어울리지 않는 장소처럼 보일 것이었습니다. 그럼에도 불구하고 하나님의 천사는 그곳으로 갔고, 그곳에서 첫 이방인 그리스도인을 찾았습니다. 고넬료가 유대교로 개종한 사람이었는지 여부는 자주 논란의 대상이 되어 왔습니다. 그러나 그것은 별로 중요한 문제가 아닙니다. 어떤 이유로든 그는 유대인들의 종교로 이끌렸으며, 그들의 기도 시간을 활용했으며, 그들의 하나님을 경배했으며, 우상숭배를 버렸으며, 그들의 하나님을 자기 하나님으로 받아들인 감사의 표시로서 그들에게 많은 구제를 베풀었습니다. 그것은 하나님에 대한 보다 더 깊은 지식을 추구하는 영혼의 아름다운 그림입니다. 마치 해바라기가 해를 바라보는 그림처럼 말입니다.

이와 같이 진리를 찾는 자들은 마침내 진리와 접촉되게 될 것입니다. "너희는 나를 헛되이 찾지 않을 것이라"는 말씀은 단지 야곱의 자손들에게만 해당되는 말씀이 아닙니다. 오늘의 이야기는 그와 같이 진리를 찾는 모든 자들에게 소망의 메시지를 던지며 또한 이방 땅에 있는 그러한 자들이 어떻게 하나님의 빛과 사랑에 접촉하게 되는지에 대해 보배로운 빛을 비춥니다. 고넬료의 환상은 그의 영적 감수성에 부합하는 방식으로 나타났으며 또한 그의 기도 시간에 임했습니다. 하나님의 천사들은 항상 그들이 오기를 간절히 바라는 열린 마음에 임합니다. 기도하는 곳에 빛나는 갑옷을 입은 천사들이 비록 보이는 형상으로는 아니라 하더라도 실제적으로 임합니다. 우리의 기도 시간은 하나님과 교통하는 시간입니다.

고넬료의 환상은 일종의 "마음의 느낌"으로 평가절하 되어서는 안 됩니다. 그것은 객관적이며 초자연적 나타남이었습니다. 본문은 고넬료가 천사를 두려움 가운데 주목하여 보았음을 가장 사실적으로 묘사합니다. 그러고 나서 그는 군인다운 용기와 민첩함으로 속히 마음을 추스르면서 묻습니다. "주여 무슨 일이니이까?"(4절). 이러한 질문은 두려움을 표현하는 것이 아니라 무슨 명령을 내리든 즉시 순종할 준비가 되어 있음을 표현하는 것입니다. 또 여기의 "주"는 단순히 존경의 의미를 담은 호칭인 것으로 보입니다.

천사의 대답에서는 2절의 순서와 반대로 먼저 기도가 나오고 다음에 구제가 나옵니다(4절). 누가는 사람으로서 보이는 표현으로부터 시작하여 그것의 기초가 되는 내적 경건으로 나아갑니다. 반면 천사는 하나님이 보는 대로 내적인 것으로부터 시작하여 그것의 외적 표현으로 나아갑니다.

여기에서 그의 기도와 구제가 하나님에게 기억하신 바 되었다는 표현은 매우 신인동형론적(神人同形論的) 표현입니다. 그것은 우리 안에서 어떤 행동을 일으키는 정신적 상태를 행동 자체로 대체합니다. 또 하나님의 "기억"이라는 표현은 종종 성경 안에서 그의 사랑의 행동을 나타내기 위해 사용됩니다. 그것은 하나님의 사랑의 행동을 받는 자들이 그에 의해 잊혀지지 않음을 확증합니다.

그러나 여기에서 가장 주목할 만한 것은 예수 그리스도에 대해 전혀 들어보지 못한 사람의 기도와 구제가 하나님께 받아들여졌다는 사실입니다. 그럼에도 불구하고 고넬료에게는 예수가 필요했으며, 그에게 베풀어진 보상은 구주를 아는 것이었습니다. 많은 이방인들의 마음속에 있는 그리고 하나님에 대한 희미한 지식으로부터 말미암는 그와 같은 열망은 빛을 향해 뻗어나갔으며 마침내 하나님에게 받아들여졌습니다. 그리고 그와 같은 희미한 믿음은 "다른 이로써는 구원을 받을 수 없나니 천하 사람 중에 구원을 받을 만한 다른 이름을 우리에게 주신 일이 없음이라"는 진리와 추호도 상충되지 않습니다(행 4:12). 도리어 그것은 캄캄한 어둠 안으로 가장 빛나는 소망의 빛을 비춥니다. 그리스도는 유일한 구주입니다. 그러나 생수가 흘러넘치는 수로(水路)가 얼마나 멀리까지 뻗어나가는지 그리고 그것이 얼마나 멀리 떨어져 있는 나무들에게까지 생명을 공급하는지 여부에 대해서는 우리는 대답할 수 없습니다. 고넬료의 종교는 그리스도를 대체할 수 없었습니다. 그러나 그것은 그를 그리스도께로 인도하는 도구가 되었으며, 그는 그리스도에게서 충분한 구원을 발견했습니다. 하나님은 진리를 찾는 영혼들을 놀라운 방식으로 인도하십니다. 그러므로 우리는 모든 것을 그의 손에 맡길 수 있습니다. 그를 찾는 자들은 결코 의에 주리지 않고 배부를 것임을 확신하면서 말입니다.

고넬료에게 있어 베드로를 청하라는 명령은 그가 미지의 유대인의 가르침을 기꺼이 받아들일 수 있는지 그리고 그에게 임한 환상의 신적 기원을 믿는지를 시험하는 것이었습니다. 천사는 욥바의 해변에 있는 무두장이 시몬의 집에 베드로가 유숙하고 있다고 알려줍니다(6절). 해변에 있는 무두장이의 집에 유숙하는 자라면 분명 지위가 높거나 혹은 재산이 많은 사람이 아니었습니다. 그럼에도 불구하고 고넬료는 천사가 떠나자마자 지체 없이 자신의 하인 둘과 경건한 부하 한 명에게 모든 일을 이야기 한 후 곧바로 그들을 욥바로 보냈습니다. 만일 우리가 정말로 빛을 열망하며 하나님이 우리의 길을 인도하심을 믿는다면, 우리는 항상 하나님이 가리키는 방향으로 즉시 순종하며 달려갈 것입니다. 설령 그 길이 때로 매력적이지 않은 것처럼 보인다 하더라도 말입니다.

2. 둘째, 우리는 여기에서 빛을 가진 자를 진리를 찾는 자에게로 인도한 환상을 보게 됩니다.

고넬료의 사자(使者)들은 밤새도록 가이사랴와 욥바 사이의 해변 길을 걸었습니다. 틀림없이 그들은 자신들의 이상한 임무에 대해 많이 이야기 했을 것이며, 자신들이 어떤 일에 직면하게 될지 매우 궁금했을 것입니다. 한편 하나님은 베드로에 대해서도 시의적절(時宜適切)하게 준비시키셨으며, 그를 준비시키는 일은 고넬료의 사자들이 무두장이 시몬의 집에 도착한 바로 그 시간에 끝났습니다.

베드로의 환상과 관련하여 우리가 첫 번째로 주목해야 할 점은 그것이 펼쳐진 무대입니다. 물론 그것은 단지 부차적 중요성을 가질 뿐이지만, 그러나 지중해의 반짝이는 수면(水面)과 불타는 정오의 태양이 해변에 있는 집의 옥상에 앉아 있는 베드로의 눈앞에 펼쳐져 있는 것은 전적으로 무의미하다고는 결코 말할 수 없습니다. 어쩌면 지금 그의 생각은 바다를 넘어 여행하고 있었을는지 모릅니다. 어쩌면 그는 지금 저 수평선 너머 무엇이 있을까 생각하고 있었을는지 모릅니다. 혹시 저 너머에도 그리스도의 부름을 받은 자들이 있을까 생각하면서 말입니다. 오래 전에 한 선지자가 "섬들이 그 교훈을 앙망하리라"라고 예언한 바 있습니다(사 42:4). 지금 그 "섬들"이 그의 눈앞에 멀리 펼쳐져 있었습니다. 어쩌면 지금 그의 눈앞에 새로운 영역이 확장되고 있었을는지 모릅니다. 어쨌든 모든 사람이 깨끗하게 되었음을 계시하는 환상이 베드로의 마음과 눈을 채운 것은 다름 아닌 이러한 해변에서였습니다. 그는 "사람을 낚는 어부"로 부름을 받았는데, 지금 그 앞에 펼쳐진 환상은 그에게 "작은 갈릴리 바다보다 훨씬 더 큰 바다가 너의 것"이라고 말하고 있었습니다.

또 우리는 베드로의 환상의 외양(外樣)이 그의 상황과 연결되어 있는 사실을 주목할 수 있습니다. 그는 지금 시장한 상태에 있었는데, 그러한 상태가 환상의 외양을 결정했습니다(10절). 그의 육체적 상태가 심지어 황홀 가운데서조차 그의 마음 상태에 영향을 끼쳤으며, 하나님의 메시지를 위한 접촉점을 제공했습니다. 물론 그의 환상이 단지 그의 배고픔의 결과였던 것은 아닙니다. 초자연적 요소를 제거하기를 바라는 비평학자들이 종종 주장하는 것처럼 말입니다. 그러나 베드로의 환상은 하나님이 우리의 필요에 부응하여 자신의 계시의 형태를 결정하신다는 사실을 가르쳐줍니다. 만일 우리의 배고픔에 기도가 수반된다면, 가장 평범한 육체의 필요조차 하나님의 진리가 전달되는 통로가 될 수 있습니다.

베드로의 환상의 의미는 우리에게 명백합니다. 비록 그 자신은 그것의 의미에 대해 "의아하게" 생각했다 하더라도 말입니다(17절). 우리는 각종 짐승들로 가득 찬 "네 귀를 매어 하늘로부터 내려온 큰 보자기 같은 것"이 오늘날의 언어로 표현할 때 보편적 인류(universal humanity)를 상징하는 것임을 압니다(11절). 네 귀는 나침반의 네 방위(方位)와 상응하며, 그 안에 수많은 사람들이 포함됩니다. 베드로는 "잡아먹으라"는 명령을 모세의 율법을 폐하는 것으로 인식하지 못했습니다(13절). 여기의 환상이 예조(豫照)하는 혁명적 변화를 충분하게 깨닫기 위해서는 깊은 묵상이 필요했습니다. 그러나 베드로의 옛 본성은 아직까지 완전하게 바뀌지 않았으며, 지금 그것이 여기에서 다시금 나타나고 있습니다. 과거 그로 하여금 예수께 항변하며 "주여 그리 마옵소서 이 일이 결코 주께 미치지 아니하리이다"(마 16:22)라고 말하게 했던 바로 그 옛 본성이 지금 또 다시 그로 하여금 "주여 그럴 수 없나이다"(14절)라고 말하게 만듭니다.

여기에서 베드로가 불순종의 근거로서 제시하는 이유인 "속되고 깨끗하지 아니한 것을 내가 결코 먹지 아니하였나이다"라는 말은 그럴듯하기는 하지만 그러나 비논리적이며 인간적입니다(14절). 하나님은 지금 그에게 새로운 일을 행하라고 말씀하십니다. 그런데 베드로가 그렇게 할 수 없다고 하면서 제시하는 이유는 그것이 새로운 일이라는 것입니다. 우리 모두는 종종 습관과 관습의 틀에 묶여 하나님의 뜻이 새롭게 펼쳐지는 것에 대해 저항하곤 합니다. 어쨌든 그러한 환상은 세 번 반복되었으며, 그러한 숫자는 베드로가 주님을 부인한 횟수와 "내 양을 먹이라"는 당부의 횟수와 동일한 숫자였습니다.

여기의 위대한 진리는 다양하게 적용될 수 있지만, 그러나 베드로와 관련한 그것의 직접적 목적은 유대인과 이방인을 나누는 모든 구별이 폐하여졌음을 가르치는 것입니다. 15절의 "깨끗함"이라는 표현은 도덕적 정결함을 의미하는 것이 아니라 이제 모든 인류가 유대인과 동일한 위치로 받아들여졌음을 의미하는 것입니다. 그러므로 이제 복음은 모든 사람들에게 전파되어야 합니다. 이제 유대인이라고 해서 특별할 것은 아무것도 없습니다.

환상의 의미와 관련한 베드로의 어리둥절함은 우리에게 있어 충분히 이해할 수 있는 일입니다. 그에게 있어 그것은 그 자체로 이해될 수 있을 만큼 충분히 명백하지 않았으며, 다만 대부분의 다른 하나님의 교훈들처럼 펼쳐지는 상황에 의해 설명되었습니다. 다시 말해서 그에게 있어 계속해서 펼쳐진 일이 환상의 의미에 대한 최고의 해석이 되었습니다. 하나님의 교훈의 의미를 발견하기 위해서는 물론 깊은 묵상이 필요하지만, 그러나 묵상만으로는 깨달을 수 없는 의미가 펼쳐지는 사건들에 의해 드러나는 것은 매우 일반적인 사실입니다. 하나님의 말씀에 대한 최고의 주석가는 삶 자체입니다. 이와 같이 베드로에게 있어 문 밖에 서 있는 세 사람이 그의 환상 위에 빛을 비추어 주었습니다. 그러나 환상의 의미에 대한 설명은 단지 펼쳐진 상황에만 남겨지지 않았습니다. 성령께서 베드로에게 그들과 함께 가라고 지시하셨으며, 그와 같은 방법으로 그가 하늘로부터 들은 수수께끼 같은 말씀의 의미를 그에게 가르치셨습니다.

여기에서 우리는 베드로에게 있어 온 세상에 복음을 전파하는 일과 관련하여 새로운 조명(照明)이 필요치 않았음을 기억할 필요가 있습니다. "땅끝까지" 복음을 전파하라는 그리스도의 명령은 분명 항상 그의 귀에서 울리고 있었을 것입니다. 다만 그에게 정말로 필요했던 것은 이방인들이 유대주의의 문을 통과함이 없이 교회 안으로 들어올 수 있다는 교훈이었습니다. 만일 모든 거룩한 것이 유대인으로부터 떠났다면 그리고 모든 사람이 "깨끗함"을 공유한다면, 이제 옛 규례들을 지켜야만 한다든지 혹은 이방인들이 그리스도인이 되기 전에 먼저 이스라엘 공동체 안으로 받아들여져야 한다고 고집할 필요가 없게 되었습니다.

베드로와 다른 사람들에게 있어 무두장이 시몬의 집 옥상에서 주어진 교훈을 소화하는 데는 수년이 걸렸습니다. 그러나 베드로는 바로 그날 그 교훈을 실천하기 시작했습니다. 베드로는 그날 자신에게 선포된 진리가 얼마나 어마어마한 것인지 아주 조금밖에 깨닫지 못했을 것입니다. 오늘날의 우리 역시도 그에 대해 얼마나 조금밖에 배우지 못했습니까! 계급이나 인종에 대한 모든 종류의 배타주의와 자연적 식욕과 미각을 금기시하는 모든 종류의 수도원적 금욕주의와 삶의 광범위한 영역을 차단하는 모든 종류의 병적 바리새주의는 모든 사람을 한 울타리 안으로 모으는 오늘의 위대한 교훈에 의해 산산조각으로 부수어집니다. 이제 하나님의 사랑은 모든 사람에게 차별 없이 펼쳐집니다. 그리고 또 다른 측면에서 오늘의 위대한 교훈은 기독교 문화와 삶에 하나님의 모든 아름다운 세상을 자유롭게 사용하라는 대헌장을 제공하며 또한 깨끗한 것과 부정한 것의 구별을 사물 자체가 아니라 그것을 사용하는 사람의 정신에다가 놓습니다. "깨끗한 자들에게는 모든 것이 깨끗하나 더럽고 믿지 아니하는 자들에게는 아무것도 깨끗한 것이 없고"(딛 1:15).

38
뭇 사람을 차별하지 않으시는 하나님

"[30] 고넬료가 이르되 내가 나흘 전 이맘때까지 내 집에서 제 구 시 기도를 하는데 갑
자기 한 사람이 빛난 옷을 입고 내 앞에 서서 [31] 말하되 고넬료야 하나님이 네 기도를
들으시고 네 구제를 기억하셨으니 [32] 사람을 욥바에 보내어 베드로라 하는 시몬을 청
하라 그가 바닷가 무두장이 시몬의 집에 유숙하느니라 하시기로 [33] 내가 곧 당신에
게 사람을 보내었는데 오셨으니 잘하였나이다 이제 우리는 주께서 당신에게 명하
신 모든 것을 듣고자 하여 다 하나님 앞에 있나이다 [34] 베드로가 입을 열어 말하되 내
가 참으로 하나님은 사람의 외모를 보지 아니하시고 [35] 각 나라 중 하나님을 경외하
며 의를 행하는 사람은 다 받으시는 줄 깨달았도다 [36] 만유의 주 되신 예수 그리스도
로 말미암아 화평의 복음을 전하사 이스라엘 자손들에게 보내신 말씀 [37] 곧 요한이
그 세례를 반포한 후에 갈릴리에서 시작하여 온 유대에 두루 전파된 그것을 너희도
알거니와 [38] 하나님이 나사렛 예수에게 성령과 능력을 기름 붓듯 하셨으매 그가 두
루 다니시며 선한 일을 행하시고 마귀에게 눌린 모든 사람을 고치셨으니 이는 하나
님이 함께 하셨음이라 [39] 우리는 유대인의 땅과 예루살렘에서 그가 행하신 모든 일
에 증인이라 그를 그들이 나무에 달아 죽였으나 [40] 하나님이 사흘 만에 다시 살리사
나타내시되 [41] 모든 백성에게 하신 것이 아니요 오직 미리 택하신 증인 곧 죽은 자 가
운데서 부활하신 후 그를 모시고 음식을 먹은 우리에게 하신 것이라 [42] 우리에게 명
하사 백성에게 전도하되 하나님이 살아 있는 자와 죽은 자의 재판장으로 정하신 자
가 곧 이 사람인 것을 증언하게 하셨고 [43] 그에 대하여 모든 선지자도 증언하되 그를
믿는 사람들이 다 그의 이름을 힘입어 죄 사함을 받는다 하였느니라 [44] 베드로가 이
말을 할 때에 성령이 말씀 듣는 모든 사람에게 내려오시니"

행 10:30-44

본문은 다음과 같은 세 부분으로 나누어집니다 — 고넬료의 설명, 베드로의 설교, 그리고 회심자들 위에 성령이 내려오심. 마지막 세 번째 것이 가장 중요한 것이지만 그러나 가장 짤막하게 언급됩니다. 이제 이러한 것들을 하나씩 살펴보도록 합시다.

1. 고넬료는 그의 사자(使者)들이 이미 베드로에게 말할 것을 좀 더 상세하게 반복합니다.

그는 천사가 나타났을 때 자신이 무엇을 하고 있었는지 이야기합니다. 그때 그는 유대인의 기도 시간을 지키고 있었습니다. 이와 같이 기도할 때 환상이 임한 사실은 그에게 그것의 신적 기원을 확신시켜 주었습니다. 만일 우리가 천사들을 본다면, 그들을 보게 되는 가장 일반적 장소는 필경 기도의 은밀한 골방일 것입니다. 계속해서 고넬료는 베드로를 청하라는 명령이 하나님이 자신의 기도를 기억하신 결과였음을 이야기합니다(32절 초두의 "그러므로"를 참조하십시오. 한글개역개정판에는 생략되어 있음 — 역주). 그의 기도와 구제는 그가 빛 가운데 있었음을 보여주며, 따라서 그는 더 풍성한 빛으로 인도되었습니다.

베드로를 청하라는 명령은 두 가지 측면에서 주목할 만합니다. 첫째, 그것은 고넬료의 겸손과 순종을 시험하는 것이었습니다. 로마 군대의 장교인 고넬료는 피정복민 가운데 한 사람에 대해 대수롭지 않게 여기는 마음을 가질 수 있었습니다. 만일 하나님의 뜻을 더 잘 알고자 하는 그의 열심이 그의 교만을 억제하지 않았다면, 그는 유숙할 장소로서 무두장이의 집 이상의 장소를 찾을 수 없었던 보잘것없는 한 유대인의 가르침을 청하고자 사람을 보내지 않을 것이었습니다. 천사는 그렇게 명령했을 뿐 강제로 그렇게 하도록 잡아끌지는 않았습니다. 그러한 시험 앞에서 고넬료는 자신의 환상을 환각으로 평가절하 하면서 그것을 발로 차버리지도 않았을 뿐만 아니라 또한 무두장이의 집에 유숙하는 보잘것없는 선생의 모습을 상상하며 천사의 명령을 무시해 버리지도 않았습니다. 그는 로마 군대의 장교로서의 자신의 높은 지위을 생각하지 않고 즉시로 자신의 사자(使者)들을 베드로에게 보냈습니다(33절). 그것은 마치 인도의 펀자브 지방에 주둔하고 있는 영국 장교가 가르침을 받기 위해 시크교의 "구루"에게 자신의 사자들을 보낸 것과 마찬가지입니다.

천사의 명령과 관련하여 주목할 만한 또 하나의 측면은 아마도 그 시간에 빌립이 그곳 가이사랴에 있었을 것이라는 점입니다. 어째서 천사는 가까이에 있는 빌립이 아니라 먼 곳에 떨어져 있는 베드로를 청하라고 명령했을까요? 이후에 펼쳐진 역사가 그 이유를 설명해줍니다. 고넬료에게 세례를 베푼 일이 나중에 예루살렘 교회에서 비판의 폭풍을 일으켰던 사실을 생각해 보십시오. 만일 그토록 혁명적 행동이 사도들의 지도자인 베드로에 의해서가 아니라 빌립 같은 별다른 권위를 가지지 않은 사람에 의해 행해졌다면, 틀림없이 비판의 폭풍은 열 배나 더 거셌을 것입니다. 이방인을 향해 거대한 발걸음을 내딛는 그와 같은 혁명적 행동에 대해 하나님 자신이 승인(承認)의 도장을 찍으셨으며, 그래서 하나님은 사도들의 지도자인 베드로를 이 일의 대행자로 삼으셔야만 했습니다.

여기에서 "오셨으니 잘하였나이다"라는 고넬료의 말을 주목해 보십시오(33절). 그것은 물론 예의바른 환영의 표시입니다. 그러나 우리는 동시에 그러한 말 속에서 그가 "나흘 동안" 미지의 유대인이 자신의 이상한 초청에 응해줄까 하는 일말의 의구심을 품고 있었음을 발견하게 됩니다(30절). 예의바른 환영의 마음과 미지(未知)의 메시지를 받을 준비가 고넬료의 마지막 말 속에 뒤섞여 있었던 것입니다. "내가 곧 당신에게 사람을 보내었는데 오셨으니 잘하였나이다 이제 우리는 주께서 당신에게 명하신 모든 것을 듣고자 하여 다 하나님 앞에 있나이다"(33절). 베드로에게 그는 가르침을 베풀어달라고 직접적으로 청하지 않고 다만 모두가 그의 가르침을 들을 준비가 되어 있다고 이야기합니다. 그가 무슨 말을 하든 그것은 곧 하나님의 말씀이라는 그들의 확신과 함께 말입니다.

어떤 역본들은 33절의 "하나님 앞에"를 "당신 앞에"로 읽기도 합니다. 그리고 그러한 독법(讀法)에는 어느 정도 사본학(寫本學)적 근거가 있습니다. 그러나 어쨌든 우리는 여기에서 "말씀에 대한 올바른 태도"를 보게 됩니다. 이와 같이 열린 귀와 열린 마음이 준비되어 있는 곳에서라면, 아무리 보잘것없는 선생이라 하더라도 분명 많은 회심자들을 얻을 것입니다. 듣는 자들이 무관심하며 아무런 기대감도 갖고 있지 않을 때, 아무리 열정적이며 진지한 가르침이라 하더라도 별다른 열매를 거두지 못할 것입니다. 길가에 떨어진 씨앗은 결국 새들에 의해 먹히고 마는 법입니다.

2. 여기의 베드로의 설교는 전체적으로 사도행전 앞부분에 기록된 그의 다른 설교들과 거의 유사합니다.

설교자들의 위대한 임무는 예수의 역사(歷史)에 대해 말하는 것이었습니다. 기독교는 일차적으로 역사적 사건을 설명하는 것입니다. 그로부터 원리(principles)가 도출되고, 나아가 교리(doctrines)가 확립됩니다. 그러나 결코 잊어서는 안 되는 것은 항상 사실(facts)이 첫째라는 것입니다.

그렇지만 그리스도의 이야기는 고넬료에게 다소 변화된 음색으로 전달됩니다. 베드로는 먼저 자기 자신과 고넬료의 경험으로 말미암아 깨닫게 된 위대한 진리를 이야기하는 것으로 시작합니다. "내가 참으로 하나님은 사람의 외모를 보지 아니하시고 각 나라 중 하나님을 경외하며 의를 행하는 사람은 다 받으시는 줄 깨달았도다"(34, 35절). 물론 그는 예전에도 하나님을 "사람들을 차별하시는 분"으로 생각하지는 않았습니다. 그러나 예전의 그러한 생각은 결코 지금처럼 강렬하지 않았습니다. 설령 그 자신은 의식하지 못했을지라도 유대인 특유의 편협함이 어느 정도 그러한 생각을 가리고 있었습니다. 그러나 최근 나흘 동안 그러한 확신은 마치 새로운 진리인 양 그의 마음속에서 불타올랐습니다. 모든 나라에 하나님을 경외하며 의를 행함으로써 하나님에 의해 받아들여지는 사람들이 얼마든지 있을 수 있었습니다.

이러한 위대한 말은, 이방인들에게 복음을 전달하고자 하는 그리스도인들의 노력을 좌절시키는 쪽으로 해석될 때, 그 올바른 의미로부터 왜곡됩니다. 만일 "본성의 빛"으로 충분하다면, 도대체 무엇 때문에 베드로가 가

이사랴로 보냄을 받을 필요가 있겠습니까? 그리스도인들이 복음의 세계적 의미를 붙잡는 데 실패할 때 혹은 그리스도의 이름이 전파되지 않은 곳에 빛을 더듬어 찾으며 자신들의 마음 판에 새겨진 율법에 순종하고자 추구하는 영혼들이 있다는 사실을 의심할 때, 그것은 복음을 잘못 대하는 것입니다. 그곳에 그와 같은 사람들이 있으며, 그들은 하나님께 받아들여지며, 마침내 하나님 자신의 방식으로 말미암아 보다 더 충분한 빛으로 인도된다는 사실이 여기의 말씀에 명백하게 나타납니다. 그러므로 우리 모두는 그러한 사실을 기쁘게 받아들여야만 합니다.

이어지는 베드로의 말은 바로 앞에서 말씀을 듣고 있는 자들의 진지함으로 인해 다소 왔다 갔다 하는 것처럼 들립니다. "만유의 주 되신 예수 그리스도로 말미암아 화평의 복음을 전하사 이스라엘 자손들에게 보내신 말씀"(36절). 이러한 말의 구조(構造) 가운에 다소 난해한 부분이 있기는 하지만, 어쨌든 그 의도는 명백합니다. 그것은 이스라엘 자손에게 한정된 것으로서의 메시지의 제한된 범위와 지금 분명하게 하고자 하는 그것의 보편적 목적 간의 대조입니다. 흠정역과 개정역에서 괄호로 처리된 부분이 실제로 베드로가 생각하고 있었던 것의 핵심입니다(흠정역과 개정역에는 "만유의 주" 즉 "Lord of all"이 괄호로 처리되어 있음). 지금까지 이스라엘에게 전파된 예수는 실상 "만유의 주"입니다. 그리고 그에 관한 메시지는 지금까지 고넬료에게 전해진 것처럼 흐릿하며 이차적 방법으로가 아니라 이제 충분하며 온전하게 전파됩니다.

베드로의 설교의 첫 부분과 마지막 부분을 비교해 보십시오 — "이스라엘 자손들에게 보내신 말씀"(36절)과 "그를 믿는 사람들이 다 그의 이름을 힘입어 죄 사함을 받는다 하였느니라"(43절). 블래스(Blass)는 그의 탁월한 주석에서 36절을 매우 특이한 방법으로 변화시켜 읽습니다. 그는 거기에서 "주"를 빠뜨리면서 이렇게 읽습니다. "예수 그리스도로 말미암아 화평의 복음을 전하사 이스라엘 자손들에게 보내신 말씀 — 이 말씀이 모두에게 속하나니." 이러한 독법(讀法)은 주된 난제들을 해결할 뿐만 아니라 또한 통상적 독법에서 상당 부분 모호하게 표현된 개념을 명확하게 나타냅니다.

이어지는 예수의 생애의 요약은 베드로의 다른 설교들에서 발견되는 것과 본질적으로 동일합니다. 그러나 우리는 여기에서 주님의 본성과 관련한 최고의 개념들이 언급되지 않는 점을 주목할 수 있습니다. 베드로가 오순절 이후 "주는 그리스도시요 살아계신 하나님의 아들이시니이다"라는 자신의 신앙고백 안에서 불타고 있었던 확신을 가지고 있지 않았다고 추측하는 것은 전적으로 불가능합니다. 그러나 그의 초기 설교들 가운데 어디에서도 우리는 예수의 신성이나 그의 성육신이나 혹은 속죄의 희생제사에 대한 언급을 발견하지 못합니다. 다만 여기에서 베드로는 그를 "성령과 능력을 기름 붓듯 받은" 그리스도로서 제시합니다(38절). 또 그는 "하나님이 함께 하신" 자였으며(38절), "살아 있는 자와 죽은 자의 재판장으로 하나님이 정하신 자"입니다(42절).

우리는 또한 여기에서 그리스도의 가르침이라든지 혹은 하나님을 나타내는 자로서의 그의 사역의 보다 더 심오한 측면이 전혀 다루어지지 않은 채 단지 그가 "두루 다니며 선한 일을 행한 것과 마귀에게 눌린 사람들을 고친" 것만 언급되는 것을 주목할 수 있습니다(38절). 또 그를 죽인 자들의 죄과에 대해 전혀 언급하지 않으면서 그의 죽음에 대해 이야기합니다. 유대인들에게 말할 때는 이 부분을 분명하게 제시함으로써 그들의 마음이 찔림을 받게 한 것과는 다르게 말입니다. 뿐만 아니라 세상 죄를 위한 희생제물로서의 그의 죽음의 효력 역시도 여기에서 전혀 다루어지지 않습니다. 다만 그의 죽음을 하나의 사실로서 그리고 부활과 대조시켜 제시할 뿐입니다. 이러한 것들이 가장 먼저 받아들여져야만 했던 명백한 사실들이었습니다.

사실(facts)을 확립하는 유일한 방법은 목격자들의 증언에 의한 것입니다. 그리하여 베드로는 두 번 그와 그의 동료들의 증언을 제시합니다(39, 41절). 그러나 만일 사실들이 확립될 뿐만 아니라 보다 더 충분하게 설명되지 않는다면, 그것들은 아직 복음이 아닙니다. 그러한 일들이 일어났습니까? 대답은 "우리가 그러한 일들을 보았다"입니다. 그러면 그러한 일들은 무엇을 의미하는 것이었습니까? 이러한 질문은 다른 진리 체계의 증언을 요구합니다. 예수 그리스도는 자신이 살아 있는 자와 죽은 자 다시 말해서 모든 인류의 재판장으로 정해진 자임을 "증언"하라고 명령하셨습니다. "우리에게 명하사 백성에게 전도하되 하나님이 살아 있는 자와 죽은 자의 재판장으로 정하신 자가 곧 이 사람인 것을 증언하게 하셨고"(42절). 그들의 그러한 증언은 오직 그의 말씀 위에만 근거할 수 있습니다.

그러나 그것이 전부가 아닙니다. 아직도 또 다른 증인들이 남아 있습니다. "모든 선지자들"이 그의 생애가 모든 사람들을 위한 복음이 되는 자의 위대한 진리 즉 모든 사람의 가장 깊은 필요가 그의 이름을 통해 만족된다는 위대한 진리를 증언합니다. "그에 대하여 모든 선지자도 증언하되 그를 믿는 사람들이 다 그의 이름을 힘입어 죄 사함을 받는다 하였느니라"(43절). 예수 그리스도의 인격과 사역을 통한 죄 사함은 유대인이든 이방인이든 혹은 갈릴리의 어부든 로마의 백부장이든 오직 믿음의 조건 위에서 주어집니다. 고넬료는 선지자들에 대해 거의 알지 못했을는지 모릅니다. 그러나 그는 죄의 짐에 대해서는 알았습니다. 고넬료는 예수 그리스도에 대해 그리고 죄 사함이 그의 사역과 어떻게 연결되는지에 대해 아무것도 알지 못했습니다. 그러나 이제 그는 죄 사함이 그의 사역과 어떻게 연결되는지 알게 되었으며, 나아가 이 예수가 죽은 자로부터 부활한 것과 모든 사람의 심판장이 된 것을 알게 되었습니다. 그의 믿음은 구주에게로 나아갔으며, 그는 들음으로 말미암아 믿음에 이르렀습니다.

3. 말씀을 듣는 모든 사람들에게 성령이 임했습니다.

이것은 하나님이 말씀을 듣는 모든 사람들을 받으셨음을 증명하는 것이었습니다. 여기에 그들의 신앙고백이나 세례나 사도들의 안수(按手) 같은 것은 없었습니다. 사도 요한은 자신의 복음서에서 성령을 받는 유일한 조건을 믿음으로 말합니다. "이는 그를 믿는 자들이 받을 성령을 가리켜 말씀하신 것이라"(요 7:39). 바로 그 조건이 여기에 있었으며, 그것으로 충분했습니다. 베드로와 그의 형제들은 할례 받지 않은 신자들에게 세례를 베푸는 것에 대해 머뭇거릴 수 있었습니다. 그러나 교회의 주님은 베드로에게 자신은 결코 머뭇거리지 않음을 보이셨습니다.

그리하여 베드로는 참된 제자답게 그리스도의 인도하심을 따랐습니다. 설령 그와 함께 온 "할례 받은 신자들"은 그로 말미암아 놀랐다 하더라도 말입니다(45절). 베드로는 스스로에게 "내가 누구이기에 하나님을 능히 막겠느냐?"라고 말하면서, 마음을 열고 여기의 새로운 회심자들을 "동일한 보배로운 믿음"을 소유한 자들로서 기쁘게 받아들였습니다(11:17). 베드로가 교회의 규례와 상관없이 그리스도의 영을 나타내는 모든 사람들을 기꺼이 받아들인 정신은 지금도 유효하며, 앞으로도 유효해야 합니다.

39
베드로의 변론

"1 유대에 있는 사도들과 형제들이 이방인들도 하나님의 말씀을 받았다 함을 들었
더니 2 베드로가 예루살렘에 올라갔을 때에 할례자들이 비난하여 3 이르되 네가 무
할례자의 집에 들어가 함께 먹었다 하니 4 베드로가 그들에게 이 일을 차례로 설명
하여 5 이르되 내가 욥바 시에서 기도할 때에 황홀한 중에 환상을 보니 큰 보자기
같은 그릇이 네 귀에 매어 하늘로부터 내리어 내 앞에까지 드리워지거늘 6 이것을
주목하여 보니 땅에 네 발 가진 것과 들짐승과 기는 것과 공중에 나는 것들이 보이
더라 7 또 들으니 소리 있어 내게 이르되 베드로야 일어나 잡아 먹으라 하거늘 8 내
가 이르되 주님 그럴 수 없나이다 속되거나 깨끗하지 아니한 것은 결코 내 입에 들
어간 일이 없나이다 하니 9 또 하늘로부터 두 번째 소리 있어 내게 이르되 하나님이
깨끗하게 하신 것을 네가 속되다고 하지 말라 하더라 10 이런 일이 세 번 있은 후에
모든 것이 다시 하늘로 끌려 올라가더라 11 마침 세 사람이 내가 유숙한 집 앞에 서
있으니 가이사랴에서 내게로 보낸 사람이라 12 성령이 내게 명하사 아무 의심 말고
함께 가라 하시매 이 여섯 형제도 나와 함께 가서 그 사람의 집에 들어가니 13 그가
우리에게 말하기를 천사가 내 집에 서서 말하되 네가 사람을 욥바에 보내어 베드
로라 하는 시몬을 청하라 14 그가 너와 네 온 집이 구원 받을 말씀을 네게 이르리라
함을 보았다 하거늘 15 내가 말을 시작할 때에 성령이 그들에게 임하시기를 처음 우
리에게 하신 것과 같이 하는지라 16 내가 주의 말씀에 요한은 물로 세례를 베풀었으
나 너희는 성령으로 세례를 받으리라 하신 것이 생각났노라 17 그런즉 하나님이 우
리가 주 예수 그리스도를 믿을 때에 주신 것과 같은 선물을 그들에게도 주셨으니
내가 누구이기에 하나님을 능히 막겠느냐 하더라 18 그들이 이 말을 듣고 잠잠하여
하나님께 영광을 돌려 이르되 그러면 하나님께서 이방인에게도 생명 얻는 회개를
주셨도다 하니라"

행 11:1–18

고넬료와 관련한 베드로의 행동은 만일 교회가 유대의 한 종파 이상(以上)이라면 필연적으로 부딪히게 될 논쟁을 촉발시켰습니다. 또 그것은 교회 안에 파당이 생길 수 있음을 드러냈습니다. 2절의 "할례자들"은 아마도 "바리새파 중에 어떤 믿는 사람들"이었을 것입니다(15:5). 그들은 특별히 분리를 규정하는 의식법(儀式法)에 매우 열심인 사람들이었습니다. 그들은 아직까지는 소수에 불과했습니다. 그러나 작은 틈은 점점 더 커지게 마련입니다. 나중에 그들은 바울의 생애 전체를 통해 가장 쓰라린 대적자가 되었으며, 그의 사역에 대해 끊임없이 비방하며 물어뜯었습니다. 교회에게 있어 의견의 차이가 파당으로 나아가는 때는 불행한 때입니다. 슬프게도 진리를 위한 열심은 종종 악의와 증오심과 맹목주의를 낳곤 합니다.

틀림없이 베드로는 형제들이 복음이 "이방인들"에게 확장된 것으로 인해 자신과 함께 기뻐할 것이라고 기대했을 것입니다. 그러나 예루살렘에서의 그에 대한 평가는 그의 기대와 매우 달랐습니다. 비판자들은 그가 이방인들에게 복음을 전파한 것에 대해서는 감히 트집 잡지 않았습니다. 그들 가운데 아무도 이방인들이 교회 안으로 들어오는 것에 대해 반대하지 않았습니다. 그들은 이방인들이 들어오는 것과 관련하여 교회의 문을 회당의 문보다 더 좁게 만들기를 원하지 않았습니다. 그러나 그들은 회당을 통하여 들어오는 길 외에 다른 길은 없다고 고집했습니다. 그들의 요지는 이방인이 교회 안으로 들어올 수 있지만 그러나 먼저 유대인이 되어야만 한다는 것이었습니다. 할례를 받고 유대인처럼 삶으로써 말입니다. 이와 같이 그들은 베드로가 로마의 백부장과 그의 권속들에게 복음을 전파한 것에 대해서는 공격하지 않았습니다. 그러나 그가 그들과 함께 음식을 먹은 것에 대해서는 맹렬하게 공격했습니다(3절). 그러한 행위는 율법을 깨뜨린 것이었을 뿐만 아니라 고넬료와 그의 권속들을 하나님의 집 안으로 받아들인 것을 함축하는 것이었으며, 그것은 유대인의 배타적 특권을 파괴하는 것이었습니다. 우리는 어떻습니까? 우리는 한쪽으로 그러한 편협성을 비난하면서, 다른 한쪽으로 그들처럼 행동하지 않습니까? 만일 어떤 그리스도인들이 사람들을 형제로 받아들임에 있어 회개와 믿음 이상의 어떤 것을 요구한다면, 그들은 여기의 "할례자들"과 다름없이 행동하고 있는 셈입니다.

할례자들의 비판에 대한 베드로의 대답은 교회를 보호하고자 하는 모든 경우에 취해져야할 올바른 태도입니다. 자신은 단지 하나님이 행하시는 대로 따랐을 뿐이며, 자신이 그들과 함께 음식을 먹기 전에 하나님이 그들에게 성령을 주심으로 말미암아 할례 받지 않은 자들을 받으셨음을 보여주셨다고 그는 역설합니다. 그는 이 일에 하나님의 손이 개입하셨음을 나타내는 네 가지 사실을 제시합니다.

첫 번째 사실은 욥바에 있는 무두장이 시몬의 집 지붕에서의 그의 환상입니다. 그는 환상이 임할 때 자신이 기도하고 있었으며 따라서 하나님이 기도하는 영에게 보이신 것이 결코 잘못된 것일 수 없다고 말합니다. 그는 자신이 "황홀한 중에" 있었다고 말하는데, 그것은 예전에 선지자들이 하나님의 말씀을 받을 때의 상태였습니다(5절). 그것은 모든 유대인들에게 있어 그의 환상의 신적 기원을 보증하는 것이었습니다. 설령 오늘날의 반초자연주의자들(anti-supernaturalists)에게는 그것이 병적 현상으로서 신뢰성을 결여하고 있음을 증명하는 것으로 받아들여진다 하더라도 말입니다. 계속해서 베드로는 자신이 "잡아먹으라"는 명령에 순종하기를 꺼렸음을 이야기합니다. "주님 그럴 수 없나이다 속되거나 깨끗하지 아니한 것은 결코 내 입에 들어간 일이 없나이다"(8절). 여기에서 우리는 "주여 그리 마옵소서 이 일이 결코 주께 미치지 아니하리이다"라고 말하며 감히 주님과 변론하려고 했던 그의 옛 기질이 순간적으로 나타나는 것을 발견합니다(마 16:22). 계속해서 베드로는 "이런 일이 세 번 있은 후에 모든 것이 다시 하늘로 끌려" 올라갔다고 말합니다(10절). 이것은 환상의 목적이 이루어졌음을 나타내는 표적이었습니다. 그러면 이러한 환상의 의미는 무엇이었습니까?

의심의 여지없이 베드로에게 임한 환상은 정결한 음식과 부정한 음식을 구별하는 율법을 단번에 폐하는 것이었습니다. 베드로의 대변자 격이었던 마가 역시도 예수께서 세상에 계셨을 때 다음과 같이 말했음을 자신의 복음서에 기록합니다. "예수께서 이르시되 너희도 이렇게 깨달음이 없느냐 무엇이든지 밖에서 들어가는 것이 능히 사람을 더럽게 하지 못함을 알지 못하느냐 이는 마음으로 들어가지 아니하고 배로 들어가 뒤로 나감이라 이러므로 모든 음식물을 깨끗하다 하시니라"(막 7:18, 19). 그러나 그와 같은 구별을 폐하는 것은 그 이상으로 나아갑니다. 왜냐하면 그것은 필연적으로 율법의 모든 구별의 규례를 폐하는 것을 함축하기 때문입니다. 예컨대 정결한 사람과 부정한 사람 사이의 구별 같은 것 말입니다. 그것의 보다 더 광범위한 적용은 그 순간 나타나지 않았지만, 그러나 분명 그것은 고넬료를 만났을 때 그에게 섬광처럼 비추었을 것입니다. 고넬료의 기도가 하나님의 기억하신 바 되었을 때, 그는 이미 하나님에 의해 정결케 된 것이었습니다. 그리하여 베드로는 단지 유대인들 가운데서 만이 아니라 "모든 나라"에 하나님에 의해 정결케 된 자들이 있을 수 있음을 알았습니다. 고넬료에게 사실이었던 것은 다른 많은 사람들에게도 역시 사실이어야 합니다. 그러므로 유대인과 이방인을 구별하는 모든 뿌리가 잘렸습니다. 베드로는 그때 자신에게 계시된 원리가 얼마나 광범위한 것인지 알지 못했습니다. 그러나 그는 자신이 이해한 대로 그러한 명령에 순종했으며, 그 이상의 진리들은 점진적으로 그의 마음 가운데 동터왔습니다.

두 번째 사실은 그 순간 세 명의 사자(使者)들이 도착한 것과 아무 의심하지 말고 그들을 따라가라는 성령의 분명한 명령이었습니다(11, 12절). 베드로는 신적 가르침으로부터 자기 자신의 생각을 매우 분명하게 구별할 수 있었습니다. 황홀경 속에서의 대화에 대한 그 자신의 설명이 보여주는 것처럼 말입니다. 그가 어떻게 구별했는지는 언급되지 않지만, 어쨌든 그가 구별한 것은 분명합니다. 지붕에서의 환상이 끝난 바로 그 시간 사자들이 도착한 것은 신적 손이 가이사랴와 욥바 양쪽에서 동시에 역사(役事)하고 있었음을 분명하게 보여주었습니다. 그것은 베드로로 하여금 그 의미와 관련하여 어리둥절하게 만들었던 환상을 해석해 주었습니다. 그러나 베드로는 그 자신의 숙고(熟考)로 말미암아 그것을 해석하도록 남겨지지 않았습니다. 성령께서 권위 있는 음성으로 말씀하셨으며, 베드로는 자신을 가이사랴로 출발하도록 만든 충동이 그 자신으로부터 말미암은 것이 아님을 알았습니다. 만일 우리가 12절을 개정역(RV)처럼 “아무 구별하지 말고 함께 가라”라고 읽는다면, 그러한 명령은 분명 베드로에게 이방인들과 접촉함에 있어 정결한 것과 부정한 것을 구별하지 말 것을 가르치는 것이 될 것입니다.

세 번째 사실은 베드로가 가이사랴에 도착한 후 들은 고넬료의 환상 이야기입니다. 두 환상은 서로 완전하게 맞아 떨어지며, 서로를 확증하며, 서로를 해석합니다. 우리는 고넬료가 교회의 한 지체가 되는 것이 교회의 발전에 얼마나 큰 발걸음이 되는 것인지 충분히 추측할 수 있습니다. 동시에 거기에는 양쪽 모두에게 상당한 장애물이 있었는데, 그것은 양쪽 모두에게 환상이 필요했던 사실에 잘 나타납니다. 베드로는, 만일 그의 편협한 생각이 지붕 위에서의 환상으로 말미암아 깨어지지 않았다면, 결코 가이사랴로부터 온 사자(使者)들과 함께 가지 않았을 것입니다. 마찬가지로 고넬료 역시도 환상 가운데 천사를 보지 않았다면 결코 사자들을 욥바로 보내지 않았을 것입니다. 유대인과 이방인 사이의 틈은 너무나 컸습니다. 따라서 하나님의 손이 양쪽으로부터 그들을 서로 잡아끌어야만 했습니다. 하나님은 실제로 그렇게 하셨으며, 바로 이것이 베드로의 답변의 요지였습니다.

네 번째 사실은 여기의 이방인들에게 성령이 임한 것입니다. 여기에서 베드로의 변론은 절정에 이릅니다. 그는 이렇게 반문합니다. “내가 누구이기에 하나님을 능히 막겠느냐?”(17절). 이러한 반문은 오늘날에도 다양하게 적용될 수 있습니다. 만일 하나님이 어떤 사람들에게 성령을 주심으로써 그들을 받으셨음을 나타내신다면, 그들은 “교회의 참된 표지”를 가지고 있는 것입니다. 그렇다면 이런 사람들을 받아들이기를 거부하는 할례자들은 결과적으로 하나님의 일을 거스르고 있는 셈입니다. “무릇 하나님의 영으로 인도함을 받는 사람은 곧 하나님의 아들이라”(롬 8:14). 설령 아버지가 기쁘게 받으신 자들에 대해 어떤 형제들이 “노를 발한다” 하더라도 말입니다.

40
안디옥에서의 최초의 복음전파

"그 중에 구브로와 구레네 몇 사람이 안디옥에 이르러 헬라인에게도 말하여 주 예수를 전파하니 주의 손이 그들과 함께 하시매 수많은 사람들이 믿고 주께 돌아오더라"

행 11:20, 21

누가는 교회 역사(歷史) 가운데 가장 위대한 사건들 가운데 하나를 이와 같이 간략하게 기술(記述)합니다. 여기에서 구원의 메시지는 단순한 "헬라파 유대인들" 즉 팔레스타인 밖에서 태어나 헬라어를 사용하는 유대인들에게가 아니라 "헬라인들" 즉 순수한 이방인들에게로 확장됩니다.

만일 이것이 사실이라면, 그것은 교회의 발전에 있어 큰 걸음을 내딛는 사건이었습니다. 베드로로 하여금 망설임을 떨쳐버리고 이방인 고넬료와 그의 권속들에게 말씀을 전파하도록 이끌기 위해서는 환상이 필요했습니다. 그리고 우리가 아는 것처럼 그의 그와 같은 행동은 예루살렘에 있는 어떤 형제들에게 심각한 걸림돌이 되었습니다. 그러나 여기의 몇몇 구브로 사람들과 구레네 사람들은 자신들의 행동이 얼마나 위대한 것인지 인식하지 못한 채 그리스도의 메시지를 이방인들에게로 확장합니다. 그들은 교회에서 특별한 위치에 있는 사람들이 아니었으며, 여기에 그 이름조차 나타나지 않습니다. 사도와 같은 권위자들이 그들과 함께 한 것도 아니었으며, 그들에게 환상이나 분명한 명령 같은 것도 없었습니다. 또 그들에게는 그들을 이끌어주는 전례(前例)도 없었습니다. 그들의 마음속에는 오직 진리와 그리스도의 사랑의 충동만이 있었을 뿐입니다. 그럼에도 불구하고 그들은 교회 역사 가운데 가장 큰 발걸음 가운데 하나를 내디뎠습니다.

만일 우리가 오늘 본문의 사건이 베드로가 고넬료를 방문하기 전에 일어난 일이었을 수 있음을 주목한다면, 그들의 담대함은 더욱 두드러집니다. 19절을 보십시오. "그때에 스데반의 일로 일어난 환난으로 말미암아 흩어진 자들이 … 유대인에게만 말씀을 전하는데." 이것은 이전의 말씀들의 거의 축어적 반복이며 또한 명백히 저자가 다시 그 시점으로 되돌아오고 있음을 암시합니다. 그 시점과 관련한 또 다른 이야기를 꺼내기 위해서 말입니다. 만일 그렇다면, 우리는 박해로 인한 예루살렘 교회의 흩어짐으로 말미암아 다음과 같은 세 가지 경로로 복음이 확장되는 것을 보게 되는 셈입니다 — 빌립이 사마리아에 복음을 전파한 것과 베드로가 고넬료에게 복음을 전파한 것과 여기의 안디옥에서의 복음사역. 시간적 전후관계는 어떻든지 간에, 어쨌든 안디옥에서의 복음전파 사역은 다른 두 경우로부터 명백하게 독립적이었습니다. 뿐만 아니라 여기의 몇몇 익명의 사람들의 수고는 훗날 큰 나무로 자라는 싹이 되었습니다. 우리가 아는 한, 빌립의 사역과 베드로의 사역은 곁가지에 불과했습니다. 왜냐하면 그들의 사역은 큰 결과로 귀결되지 않았기 때문입니다. 반면 여기의 경우는 안디옥 교회를 탄생시켰으며, 그 교회는 나중에 바울의 선교사역의 전초기지가 되었습니다.

본문의 사건은 기독교 사역의 일반적 주제와 관련한 몇 가지 중요한 개념을 제시하는데, 이제 그러한 것들을 하나씩 살펴보도록 합시다.

1. 여기의 사람들이 순종한 자발적 충동을 주목하십시오.

박해는 교회의 지체들을 흩어지게 만들었으며, 그 자연적 결과로 그들은 어디를 가든 자신들의 믿음을 가지고 갔으며, 그 자연적 결과로 그들은 그에 대해 말했습니다. 폭력의 발이 예루살렘에 있는 난로를 걷어차자 그 안에 있는 숯불들이 사방으로 흩어졌습니다. 폭력의 발은 불을 끄지 못했습니다. 도리어 불을 사방으로 퍼지게 했을 뿐입니다. 왜냐하면 숯불이 흩어지는 곳마다 바로 그곳에서 새로운 불이 일어났기 때문입니다. 여기의 사람들은 "주 예수를 전파하라"는 특별한 명령을 받지 않았습니다. 그들은 계획적으로 혹은 분명한 목적을 가지고 말씀을 전파한 것으로 보이지 않습니다. 다만 그들은 믿었으며, 믿었기 때문에 말했을 뿐입니다. 그들을 이끈 것은 오로지 자발적 충동이었습니다. 그들은 위대한 구주이며 친구인 자 안에서 즐거워했습니다. 그들은 자신들 주변에서 그를 필요로 하는 사람들을 보았으며, 그것으로 충분했습니다. 그들은 내적 음성의 속삭임에 순종했으며, 그럼으로써 첫 이방인 교회의 기초를 놓았습니다.

이와 같은 자발적 충동은 항상 우리가 그리스도를 개인적으로 소유하는 것의 자연적 결과입니다. 세상적 재물에 대하여, 본능은 그것을 자기 손으로 굳게 붙잡습니다. 그러나 심지어 자연적 영역에서조차 자신이 소유한 것을 다른 사람들과 나누기를 바라는 것들이 있습니다. 예컨대 진리라든지 혹은 지식 같은 것이 그러합니다. 그렇다면, 하물며 영적 영역에서는 얼마나 더 그렇겠습니까? 영적 영역에서 참된 소유는 항상 다른 사람들에게 나누어주고자 하는 열망을 수반합니다. 옛 선지자는 다음과 같은 보편적 진리를 말했습니다. "내가 다시는 여호와를 선포하지 아니하며 그의 이름으로 말하지 아니하리라 하면 나의 마음이 불붙는 것 같아서 골수에 사무치니 답답하여 견딜 수 없나이다"(렘 20:9). 만일 우리가 그리스도를 발견했다면, 필연적으로 우리는 그에 대해 말하기를 갈망할 것입니다. 만일 우리가 무엇인가에 대해 깊이 확신한다면, 그것은 필연적으로 표현을 요구합니다. 만일 우리가 어떤 감정을 강하게 느낀다면, 우리는 그에 대해 말하지 않을 수 없을 것입니다. 만일 우리 마음이 그리스도에 대한 사랑의 열정으로 뜨겁다면, 사람들에게 그에 대해 말하는 것은 지극히 자연스러운 일이 될 것입니다. 슬플 때 눈물을 흘리는 것과 기쁠 때 웃는 것이 자연스러운 것처럼 말입니다. 물론 깊은 느낌 가운데 침묵할 때도 있으며, 때로 가장 깊은 사랑이 침묵으로 표현되는 경우도 있습니다. 때로 은혜 받았노라고 큰 소리로 떠드는 것이 진짜로 그런 것인지 의심하게 만드는 경우도 있습니다. 그러나 그 모든 것에도 불구하고 그리스도의 사랑으로 뜨거워진 마음은 필연적으로 그 사랑을 표현하게 마련이라는 것은 여전히 사실입니다. 마치 광원(光源)으로부터 빛이 필연적으로 방사(放射)되는 것처럼 그리고 불로부터 열이 필연적으로 퍼져 나오는 것처럼 말입니다.

아울러 마음의 참된 온정은 동일한 추진력을 창조합니다. 만일 우리가 어떤 보화를 참되게 소유하고 있다면, 필연적으로 우리는 그것을 갖지 못한 사람들에 대한 긍휼의 마음을 갖게 됩니다. 만일 어떤 그리스도인이 그리스도를 자신의 특별한 소유로 향유하면서 "목자 없는 양" 같은 무리에 대해 아무런 긍휼의 마음도 갖지 않을 수 있다면, 세상에 그것보다 더 이상한 일은 아무것도 없을 것입니다. 그리스도를 "나를 위한 구주"로 생각하면서 그러나 "너를 위한 구주"로 나타내는 데에는 아무런 관심도 기울이지 않는 사람은 도대체 어떤 종류의 그리스도인이란 말입니까? 배가 난파했을 때 자신은 구명보트 안에 있는 것으로 만족하면서 다른 사람들은 그냥 물에 빠져죽도록 내버려두는 사람을 우리는 어떻게 생각해야 합니까? 기근의 때에 사람들이 굶주림 가운데 자녀를 삶아먹는 동안 호화롭게 잔치를 벌이는 사람을 우리는 어떻게 생각해야 합니까? "곡식을 내놓지 아니하는 자는 백성에게 저주를 받을 것이나"(잠 11:26). "세상을 위해 생명을 주신 자"를 따른다고 말하면서 생명의 떡을 내어주기를 꺼리는 자는 도대체 어떤 종류의 사람입니까?

나아가 그리스도에 대한 충성심 역시도 같은 충동을 창조합니다. 만일 우리가 주님에게 진실하다면, 우리는 그를 위해 말하지 않을 수 없는 충동을 느낄 것입니다. 특별히 그의 이름이 존귀하게 여겨지지 않는 곳에서라면 더욱 그럴 것입니다. 그는 그의 이름의 존귀를 우리 손에 남겨두셨습니다. 그러므로 그의 이름이 비방을 당할 때, 우리는 필연적으로 그를 위해 말하게 될 것입니다. 왕을 비방하는 반역자들 가운데 있으면서 자신의 색깔을 드러내기를 두려워하는 어떤 신하를 생각해 보십시오. 우리는 그가 정말로 충성된 신하인지 의심하지 않을 수 없습니다. 그는 이미 겁쟁이이며, 사실상 반역자가 되는 도상(途上)에 있습니다. 주님은 우리를 그의 증인으로 삼으셨으며, 우리 손에 자신의 이름의 존귀를 맡기셨습니다. 그는 자신의 간절한 목적을 이루는 것을 우리에게 맡기셨으며, 그것은 우리에 대한 그의 신뢰를 나타내는 최고의 표적입니다. 만일 우리가 그의 큰 신뢰에 부응하고자 하는 강한 충동을 느끼지 않는다면, 도대체 어떻게 우리가 그의 충성된 종일 수 있단 말입니까? 만일 우리 안에 "내가 복음을 전할지라도 자랑할 것이 없음은 내가 부득불 할 일임이라 만일 복음을 전하지 아니하면 내게 화가 있을 것이로다"(고전 9:16)라고 말할 수 있는 정신이 없다면, 도대체 어떻게 우리가 그의 충성된 종일 수 있단 말입니까? 어떤 사람이 이러한 충동을 알지도 못하고 순종하지도 않을 때, 나는 그가 결코 그리스도인일 수 없다고 말하지 않습니다. 그러나 최소한 우리는 그가 매우 미약하며 불완전한 그리스도인이라고 확실하게 말할 수 있습니다.

2. 여기의 사건은 우리에게 모든 그리스도인들의 보편적 의무를 가르쳐줍니다.

여기의 사람들은 중요한 직분자가 아니었습니다. 초창기 시대에 교회는 매우 느슨한 조직체였습니다. 뿐만 아니라 그들 가운데 특별한 직분자가 함께 있지도 않았던 것으로 보입니다. 그들은 예루살렘으로부터 특별한 명령이나 위임을 받지 않았습니다. 아무도 그들에게 권세를 부여하지 않았으며, 나타난 대로라면 그들의 행동에 대해 아무도 알지 못했던 것으로 보입니다. 어쨌든 그들은 어떤 위치에 있는 그리스도인이든 그리스도의 사랑에 대해 말하는 것이 모든 그리스도인의 의무라는 위대한 진리를 가장 분명하게 보여줍니다. "이런 영광은 그의 모든 성도에게 있도다"(시 149:9).

나아가 우리는 이러한 진리를 좀 더 넓게 적용할 수 있습니다. 예컨대 복음을 전파하는 방법을 생각해 보십시오. "그리스도를 전파하는" 것은 복된 소식을 전파하는 어느 특별한 한 가지 방법만을 함축하지 않습니다. 십자가의 위대한 이야기에 대해 친구에게 편지를 쓰는 것이나, 대화 가운데 자연스럽게 말하는 것이나, 어머니가 무릎 위에서 아이들을 가르치는 것이나, 여타의 다른 모든 종류의 전달 방법이 그리스도를 전파하는 것 안에 포함됩니다.

우리는 모든 신자들이 제사장임을 믿습니다. 우리는 사제주의에 맞서 그러한 진리를 단언할 충분한 준비가 되어 있습니다. 그러면 우리는 그것이 우리에게 매우 실제적 책임을 부여한다는 사실을 충분히 인식할 준비가 되어 있습니까? 우리 모두가 권세를 가지고 있으므로, 우리 모두가 책임을 가지고 있습니다. 하나님이 무슨 목적으로 우리에게 그리스도를 아는 축복을 주셨습니까? 그것은 단지 우리 자신만을 위해서가 아닙니다. 그것은 우리를 통해 그 축복이 계속해서 퍼져나갈 수 있게 하기 위함입니다.

"사람이 횃불을 든 것은 자기뿐만 아니라
주변 사람들까지 함께 보게 하기 위함이 아닌가?"

하나님이 우리에게 "예수 그리스도의 얼굴에 있는 하나님의 영광을 아는 빛"을 비추신 것은 우리로 하여금 그 빛을 다른 사람들에게 비추도록 하기 위함입니다(고후 4:6). 모든 그리스도인에게는 이러한 신적 목적을 이룰 엄숙한 의무가 있습니다. "너희가 거저 받았으니 거저 주라"(마 10:8).

3. 그들이 전파한 단순한 메시지를 주목하십시오.

본문은 그들이 "주 예수를 전파"했다고, 혹은 좀 더 정확하게는 "예수를 주로 전파"했다고 말합니다(20절). 이와 같이 그들의 메시지의 내용은 그들의 주님의 인격과 위엄, 인간으로서의 그의 생애에 관한 이야기, 그가 스스로를 신적 희생제물로서 드린 이야기, 그리고 그가 모든 사람들에게 요구하며 촉구하는 메시지를 선포하는 것이었습니다. 나아가 그들의 이러한 메시지는 단순히 그들 자신이 경험한 것을 선포하는 것이었습니다. 그들은 예수가 자신들의 주시며, 친구시며, 구주시며, 자신들을 사랑하는 자임을 발견했습니다. 그들은 자신들이 받은 기쁨을 여러 신들을 섬기던 안디옥의 헬라인들과 더불어 나누기를 원했습니다.

분명 그러한 경험을 가진 자라면 누구나 그러한 메시지를 전달할 수 있습니다. 모든 사람이 대중 앞에서 유창하게 말하는 은사를 가진 것은 아닙니다. 그러나 "주의 은혜로우심을 맛본" 모든 사람은 어떤 방식으로든 그가 얼마나 은혜로우신 분인지 말할 수 있습니다. 최초의 기독교 설교는 매우 짤막했지만 매우 효과적이었습니다. 왜냐하면 그로 인해 "수많은 사람들이 믿고 주께 돌아왔기" 때문입니다(21절). 여기를 보십시오. 우리는 안드레가 자기 형제 시몬에게 자신이 발견한 예수에 대해 말하는 것을 듣습니다. "그가 먼저 자기의 형제 시몬을 찾아 말하되 우리가 메시야를 만났다 하고"(요 1:41). 만일 우리가 예수를 만났다면, 분명 우리 모두 그와 같이 말할 수 있습니다. 만일 우리가 그를 만난 것으로 인해 기뻐한다면 그리고 우리 형제들을 사랑하다면, 분명 우리 모두는 그렇게 말하기를 간절히 열망할 것입니다.

메시지의 내용뿐 아니라 그 형식까지도 매우 단순했습니다. "그 중에 몇 사람이 … 말하여." 그것은 형식을 갖춘 설교가 아니었습니다. 그것은 기회가 허락되는 대로 이런저런 사람들에게 자연스럽게 말한 것이었습니다. 그들이 말한 형식은 우리가 거기에 아무런 형식도 없었다고 말할 수 있을 정도로 너무나 단순했습니다. 우리가 원하는 것은 그리스도인들이 어떤 방식으로든 말하는 것입니다. 컵이 어떤 모양인지가 무슨 상관입니까? 그것이 금으로 만든 컵인지 진흙으로 만든 컵인지가 무슨 상관입니까? 중요한 것은 그 안에 목마른 자의 갈증을 해결해줄 생수가 담기는 것입니다. 모든 그리스도인은 본문의 표현대로 "전파해야" 즉 "복된 소식을 말해야" 합니다. 그들의 임무는 메시지를 전달하는 것입니다. 그 일을 위해 말을 아름답게 다듬는 것은 필요하지 않습니다. 논쟁도 필요하지 않습니다. 그들은 단순하고 신실하게 복된 소식을 말해야 합니다. 자기가 받은 것을 그대로 전달하는 사람처럼 말입니다. 또 그들은 그것을 확신을 가지고 말해야 합니다. 마치 그것이 사실로 증명된 것처럼 말입니다. 또 그들은 그것을 간절한 마음으로 말해야 합니다. 자신의 말을 듣는 자들이 그것을 기쁘게 받아들이기를 사모하면서 말입니다. 만일 우리 자신이 그리스도 안에 거하며 그의 영을 마셨다면, 분명 우리는 그렇게 할 수 있습니다. 여러분 자신이 경험한 그의 강력한 구원이 여러분의 메시지의 내용이 되게 하십시오. 그리고 그 형식은 다음과 같은 옛 말씀에 의해 인도되게 하십시오. "주의 영이 네게 임하거든 너는 기회를 따라 행하라 하나님이 너와 함께 하시느니라"(삼상 10:7).

4. 그들의 사역을 형통케 한 강력한 돕는 자를 주목하십시오.

"주의 손이 그들과 함께 하시매"(20절). 사도행전의 주된 주제는 승천하신 그리스도가 그의 교회 안에서 그리고 그의 교회를 위해 행하시는 행적입니다. 본서의 이야기들이 전개되는 모든 전환점에서 그와 같은 형식의 말이 계속해서 반복되는데, 그것은 그리스도의 활동적 에너지가 그의 종들과 함께 계셨으며 그의 손이 그들의 모든 안전과 성공의 근원이었다는 저자의 확신을 분명하게 보여줍니다.

이것은 영원하며 보편적 사실입니다. 우리는 홀로 수고하지 않습니다. 우리의 손이 아무리 연약할지라도 걱정할 것 없습니다. 왜냐하면 우리의 연약한 손 위에 그의 강한 손이 얹어지기 때문입니다. 그리하여 그의 손이 우리의 손의 움직임을 지시하며, 우리의 손의 연약함에 그의 강함을 덧입혀줍니다. 결과를 보증하는 것은 우리의 말이 아니라, 우리의 말과 함께 하는 그의 임재입니다. 이와 같이 안디옥에서 "수많은 사람들이 믿고 주께 돌아온" 것은 그들의 말과 함께 한 그의 임재였습니다. 우리가 낙망 가운데 있을 때, 여기에 우리를 격려하는 것이 있습니다. 우리가 스스로를 신뢰하는 가운데 있을 때, 여기에 우리를 책망하는 것이 있습니다. 우리가 아무 일도 하지 않고 있을 때, 여기에 우리를 고취하는 것이 있습니다. 우리가 조급함 가운데 있을 때, 여기에 우리를 잠잠케 하는 것이 있습니다. 우리의 임무가 너무 무겁다고 느낄 때, 그가 그 일을 행할 수 있도록 우리를 도우신다는 사실을 잊지 맙시다. 주님은 예전과 마찬가지로 지금도 우리와 함께 일하시며 우리의 모든 수고에 함께 동참하십니다. 우리가 아무 힘도 없다고 느끼거나 혹은 많은 원수들 앞에 홀로 서 있다고 느낄 때, 그리스도와 함께 하는 한 사람이 세상 전체보다 더 강하다는 사실을 잊지 맙시다. 그리고 그 모든 일을 그의 손에 맡깁시다. 그의 손은 약함 가운데 뿌려진 씨를 지킬 것이며, 그의 미소는 그로부터 솟아오르는 줄기를 축복할 것입니다.

우리의 보잘것없는 사역이 그의 돌보심 아래 얼마나 큰 열매를 맺을 것인지 우리는 거의 알지 못합니다. 여기의 전도자들 역시도 자신들이 기독교 공동체를 유대인의 한 종파로부터 세상 전체를 품는 교회로 바꾸는 위대한 변화의 기초를 놓고 있다는 사실을 거의 알지 못했습니다. 이것은 항상 그렇습니다. 우리가 단순하게 그의 이름을 말할 때, 우리는 우리가 하는 일을 알지 못합니다. 그것의 원대한 결과는 우리의 눈이 볼 수 있는 범위를 넘어섭니다. 그러므로 씨를 뿌리십시오. 그러면 하나님이 자신의 기쁘심을 따라 그것에게 형체를 주실 것입니다. "하나님이 그 뜻대로 그에게 형체를 주시되 각 종자에게 그 형체를 주시느니라"(고전 15:38). 이 땅에서 우리는 우리의 수고의 열매를 보지 못할는지 모릅니다. 그러나 우리는 하늘에서 놀람 가운데 그것을 보게 될 것입니다. 많은 일꾼들이 하늘에서 하나님이 그들에게 준 미지(未知)의 자녀들을 볼 때 놀람 가운데 소리칠 것입니다. "그때에 네가 네 마음에 이르기를 누가 나를 위하여 이들을 낳았는고 나는 자녀를 잃고 외로워졌으며 사로잡혀 유리하였거늘 이들을 누가 양육하였는고 나는 홀로 남았거늘 이들은 어디서 생겼는고 하리라"(사 49:21). 우리의 이름은 마치 이방 세계에 최초로 복음의 빛을 비춘 여기의 구브로와 구레네의 도망자들의 이름처럼 이 땅에서 잊혀질 수 있습니다. 그러나 우리의 이름은 어린 양의 생명책에 기록될 것이며, 그는 아버지 앞에서 우리를 시인할 것입니다.

41
바나바의 권면

"그가 이르러 하나님의 은혜를 보고 기뻐하여 모든 사람에게 굳건한 마음으로 주와 함께 머물러 있으라 권하니"

행 11:23

20절에 언급되는 무명(無名)의 전도자들을 생각해 보십시오. 그들은 구브로와 구레네로부터 안디옥으로 온 자들이었으며, 바로 이들에 의해 최초의 순수한 이방인 회심자들이 교회 안으로 들어왔습니다. 그들은 특별한 직분을 가지고 있거나 혹은 복음을 전파하도록 위임을 받은 사람들이 아니었습니다. 그들은 단지 기독교적 마음의 추진력에 순종하여 예루살렘 교회에게는 결코 넘을 수 없는 것처럼 보였던 장벽을 뛰어 넘었습니다. 그들은 사도들조차도 머뭇거렸던 문제를 단숨에 해결했습니다. 그렇게 하여 바나바가 이러한 새로운 현상을 살피도록 보냄을 받게 되었습니다. 그의 임무는 적대적이지는 않다 하더라도 어쨌든 의문(疑問)을 가지고 조사하는 것이었습니다. 그러나 바나바는 진실한 사람답게 사실을 있는 그대로 받아들였으며, 그렇게 하기 위해 기꺼이 자신의 생각을 넓혔습니다. 그는 이방인 회심자들 속에서 그리스도의 생명의 표적을 보았으며, 그것이 그로 하여금 교회가 마땅히 유대인의 울타리를 넘어 훨씬 더 넓어져야만 함을 받아들이도록 강제했습니다. 우리는 여기에서 그리스도의 교회를 편협하게 만드는 오늘날의 공론가(空論家)들을 위한 의미심장한 교훈을 발견합니다. 여러분은 사람들 안에서 "하나님의 은혜"를 볼 수 있습니까? 그렇다면 그들은 여러분의 신학적 이론이 어떠하든 상관없이 교회의 지체입니다. 이와 같이 여러분이 사실을 있는 그대로 받아들일 때, 그것은 여러분을 위해서나 그들을 위해서나 참으로 좋은 일입니다.

바나바는 그들 안에서 하나님의 은혜의 표적을 보고 기뻐하면서 기꺼이 그들을 돕고자 했습니다. 그들은 최근에 회심한 자들이었습니다. 그들에게는 이교적 도덕의 얼룩이 묻어 있었습니다. 사치스럽고 부패한 안디옥에서 흔했던 그런 도덕적 얼룩 말입니다. 또한 그들의 교회의 체계는 아직 형체를 이루지 못한 상태였습니다. 이 모든 것을 생각하면서, 바나바는 한마디로 이렇게 권면합니다. "굳건한 마음으로 주와 함께 머물러 있으라." 그는 "이것을 행하라"라든지, 혹은 "저것을 믿으라"라든지, 혹은 "이러저러하게 조직하라"라고 말하지 않았습니다. 단지 그는 "주 예수 그리스도와 함께 머물러 있으라"라고 말했습니다. 이러한 명령 안에 모든 율법이 포함되어 있었습니다. 그것은 기독교적 삶의 모든 의무를 한 마디로 요약하는 포괄적 명령이었습니다.

사랑하는 형제들이여, 오늘 나는 본문을 우리 모두를 위한 풍성한 교훈을 포함하고 있는 것으로서, 그리고 모든 시대에 적용할 수 있는 것으로서, 그리고 특별히 오늘날과 같은 상황에 직접적으로 적용할 수 있는 것으로서 취하고자 합니다.

이제 우리는 안디옥의 새로운 회심자들과 관련하여 바나바가 본 것과, 그가 느낀 것과, 그가 말한 것을 차례대로 살펴보고자 합니다.

1. 바나바가 본 것.

"그가 이르러 하나님의 은혜를 보고." 여기의 "하나님의 은혜"는 성령의 기적을 행하는 은사를 의미하는 것일 가능성이 매우 높습니다. 사도행전에 기록된 다른 경우들로부터 유추할 때, 이러한 판단은 상당한 개연성을 갖습니다. 예컨대 가이사랴에서의 베드로의 경험과 같은 경우 말입니다.

그때 "성령이 그들에게 임하기를 처음 자신들에게 한 것처럼 임하는" 것을 보았을 때, 베드로의 모든 머뭇거림은 한 순간에 일소되었습니다(11:15). 만일 그렇다면, 바나바로 하여금 여기의 할례받지 않은 이방인들을 자신과 같은 그리스도인으로 여기도록 만든 것은 그들이 오순절에 나타난 것과 동일한 "볼 수 있고 들을 수 있는 하나님의 은사"를 받은 것일 수 있습니다. 그러나 본문의 언어는 이러한 해석을 필연적으로 강제하지 않습니다. 새로운 회심자들 가운데 나타난 특별한 권능에 대한 명확한 언급의 부재(不在)는 어쩌면 증거의 성격에 있어서의 차이를 나타내고자 의도된 것일 수 있습니다. 어쨌든 여기의 "하나님의 은혜"라는 두루뭉술한 표현은 영적 은사들이 기적을 행하는 능력의 경계를 훨씬 넘어 확장되는 것을 가리키는 매우 의미심장한 표현으로 보입니다. 방언을 말한다든지 혹은 기적을 행하는 것 외에 하나님의 은혜가 보여지고 들려질 수 있는 또 다른 방법들이 있음으로 인해 하나님께 감사합시다! 어쨌든 본문으로부터 우리가 얻을 수 있는 첫 번째 교훈은 하나님의 은혜가 나타나고 보여지는 자들을 우리가 마땅히 형제로서 인정하고 받아들여야 한다는 사실입니다.

어거스틴은 "그리스도가 있는 곳에 교회가 있다"라고 말했습니다. 이것은 사실이지만, 그러나 다소 모호합니다. 왜냐하면 "그리스도가 어디에 있나?"라는 문제가 여전히 남기 때문입니다. 이러한 질문을 만족시키는 유일한 대답은 "그리스도는 그리스도를 닮은 사람들이 그리스도로부터 말미암은 생명을 나타내는 모든 곳에 계신다"는 것입니다. 그러므로 우리는 어거스틴의 말을 다음과 같은 형태로 바꾸어 말할 수 있습니다. "그리스도의 은혜가 나타나는 곳에 교회가 있다."

그러나 이러한 위대한 진리는 여러 가지 방식으로 부인되며 난도질을 당합니다. 특별히 바나바를 안디옥으로 보낸 예루살렘 교회의 유대주의자들이 그러했습니다. 그들은 이방인들이 교회로 들어오는 것에 대해 반대하지 않았습니다. 그러나 먼저 할례를 받아야만 한다고 했습니다. 그들은 구원하는 것은 그리스도이며 거룩하게 하는 것은 그의 은혜임을 분명히 믿었습니다. 그러나 그들은 그의 은혜가 오직 주어진 통로를 통해서만 흐른다고 생각했습니다. 초대교회 당시의 유대주의자들이 할례에 대해 그렇게 생각했던 것을 그들의 현대적 계승자들은 성례와 사제직에 대해 똑같이 그렇게 생각합니다. 그런 선생들은 교회의 표지(標識)에 이야기하기를 좋아합니다. 그러면서 그들은 진짜 신자와 가짜 신자를 식별하는 복잡한 체계를 만듭니다. 이러한 시도는 마치 강물이 흐르는 것을 막기 위해 촘촘한 그물을 짜는 것과 같습니다. 그러나 강물은 촘촘한 그물코 사이로 흐를 것입니다. 그리스도께서 성령을 부으실 때, 그는 종종 교회의 표지들과 성례전적 은혜의 통로들을 완전히 무시하고 그렇게 하십니다.

우리 회중교도들은 성직(聖職)이나 성사(聖事)나 사도적 계승을 가지고 있지 않습니다. 우리는 그리스도와 양심으로부터 단절되지 않기 위해 "가톨릭의 전통"으로부터 단절되어야만 했습니다. 우리는 그리스도와의 연합 외에 또 다른 종류의 교회 연합을 고집하는 진정한 분리주의자들에 의해 분리되어야만 했습니다.

생수(生水)의 자유로운 흐름을 성직과 성사의 통로로 제한하는 이 모든 오만한 가설과 편협한 이론들에 대해 어떻게 대응해야 할까요? 그에 대한 유일한 대답을 우리는 모든 이론을 파하는 바나바의 열린 마음속에서 발견할 수 있습니다.

어떤 사람이 그리스도인인지 그리고 그런 사람들의 공동체가 교회인지를 확증해주는 참된 증거는 마음속에서 역사(役事)하는 그리스도의 영입니다. 그 영이 그들을 정결하고 온유하게 만들며, 온전하고 거룩하게 만들며, 그들의 계획을 성결하게 만들며, 그들의 전 존재를 그리스도의 생명과 일치되게 만듭니다. 어떤 사람들은 기독교 규례의 신비한 효력을 주장합니다. 그렇지만 우리는 그런 사람들에게 "그러한 것들을 통해 참된 기독교적 성품이 만들어집니까?"라고 묻지 않을 수 없습니다. 하나님은 우리가 속한 공동체에 당신의 인(印)을 찍지 않으셨습니까? 물론 우리에게 많은 허물이 있으며, 우리는 하나님 앞에 겸비할 수밖에 없습니다. 그럼에도 불구하고 우리는 한 가족임을 나타내는 비슷한 생김새를 제시하면서 이렇게 말할 수 있습니다. "그들이 히브리인이냐 우리도 그러하며 그들이 이스라엘인이냐 우리도 그러하며 그들이 아브라함의 후손이냐 우리도 그러하도다"(고후 11:22).

이와 같이 어떤 사람이 그리스도인이라는 사실을 증명하는 참된 증거는 그의 성품 안에 하나님의 은혜의 손이 나타나는 것입니다. 그럴 때 모든 편견과 오류는 녹아버립니다. 우리 역시도 자칫 성례주의자들 못지않게 교회를 편협하게 만들 위험을 가지고 있습니다. 우리는 성례주의적 기독교라는 유해한 나무의 그늘로부터는 결코 선한 것이 자랄 수 없다고 생각하는 유혹에 빠집니다. 우리는 오직 비국교도들만이 선한 사람들이라고 생각하는 유혹에 빠집니다. 국교도들이 기도서가 없이 기도하는 자는 결코 그리스도인일 수 없다고 생각하는 것과 똑같이 말입니다. 우리 역시도 자칫 배타적 정신에 사로잡힐 수 있습니다. 편협한 교리는 자신도 알지 못하는 사이에 의식주의(儀式主義) 기독교가 쌓은 장벽 못지않은 높은 장벽을 교회 주위에 쌓았습니다. 우리 모두를 이와 같은 변형된 자기중심주의로부터 건져내는 유일한 것은 여기의 바나바가 행한 것처럼 행하는 것입니다. 마음을 열고 예상치 못한 많은 장소에서 하나님의 은혜를 보고자 하는 호의적 열심을 가져야만 합니다. 그리고 우리의 이런저런 이론들을 주님의 실제적 일하심에 일치시켜야 합니다.

깊은 바다 속에서는 어떤 생명체도 살 수 없다는 이론을 생각해 보십시오. 그러한 이론은 오랫동안 자명한 진리로 받아들여져 왔습니다. 높은 수압(水壓)과 빛의 부재(不在)가 그곳을 생명체가 살 수 없는 곳으로 만든다는 것입니다. 그러나 그러한 고정된 이론에 도전하는 사람이 있었습니다. 그는 8,000미터까지 기구를 내려, 그곳에 사는 건강한 물고기를 잡아 올렸습니다. 그것은 제법 크기가 있는 물고기였으며, 머리에 눈도 있었습니다. 그러면 우리는 그런 곳에는 결코 생명체가 살 수 없다고 단언하는 대신 "어떻게 그곳에 생명체가 있을 수 있을까?"라고 물어야만 합니다. 그러면 언젠가 그에 대한 대답이 제시될 것입니다.

우리 모두는 사람들 가운데 그리스도의 생명이 퍼져나가는 것과 관련하여 임의적 한계를 설정하는 데 너무나 익숙해 있습니다. 그렇게 하지 맙시다. 그렇게 하는 대신, 그리스도의 손의 흔적이 새겨져 있는 아름다운 형상들을 볼 때 기뻐하고 또 기뻐합시다. 설령 그것이 우리가 예상하지 못했던 깊은 바다로부터 끌어올린 것이라 하더라도 말입니다. 그러면서 우리가 예상했던 한계와 우리가 만든 틀이 그의 일하심의 넓이와 그의 은혜의 범위를 제한할 수 없음을 감사한 마음으로 고백합시다.

2. 바나바가 느낀 것.

"그가 이르러 하나님의 은혜를 보고 기뻐하여." 하나님의 은혜가 새로운 형태로 그리고 너무나 이상한 장소에서 나타난 것은 기독교 원리의 승리였습니다. 또 그것을 기뻐하며 받아들인 것은 한층 더 큰 승리였습니다. 그것이 지금까지 가지고 있었던 모든 편견을 한 순간에 깨뜨리는 일이었음을 생각할 때 또 외관상 지금까지 붙잡고 있었던 어떤 신념 체계를 파괴하는 것처럼 보였음을 생각할 때, 설령 그들에게 있어 사실을 인정하는 것이 다소 마지못한 마음으로 이루어진 것처럼 보인다 하더라도 그것은 조금도 놀랄 일이 아닙니다. 심지어 선하며 진실한 사람들조차도 새로운 사실을 받아들임에 있어 상당한 혼란과 저항감을 느낄 수 있습니다. "그러면 하나님께서 이방인에게도 생명 얻는 회개를 주셨도다"(18절). 우리는 여기의 초창기 유대 그리스도인들이 이 문제와 관련하여 상당히 머뭇거리는 것을 보면서 놀랍니다. 그러나 우리는 그들이 극복해야만 했던 편견의 무게가 얼마나 엄청났었는지 기억할 필요가 있습니다. 문맥은 바나바가 안디옥의 새로운 회심자들 안에서 기독교적 특성이 나타나는 것을 즉시로 간파한 것과 그로 인해 그가 기뻐한 것과 관련하여 어느 정도 설명이 필요하다고 느낀 것처럼 보입니다. 그리하여 문맥은 곧바로 이렇게 덧붙입니다. "바나바는 착한 사람이요 성령과 믿음이 충만한 사람이라"(24절).

사랑하는 형제들이여, 우리는 다음과 같은 질문으로 스스로를 시험해 볼 수 있습니다. "우리의 교회들과 공동체들의 경계 밖에서 하나님의 은혜가 역사(役事)하는 것을 발견할 때, 우리 마음속에서 즉각적으로 기쁨의 감정이 솟아나는가?" 그것이 우리의 이론을 뒤엎을 수 있습니다. 그것이 우리가 "명백한 원리"로서 매우 중요하게 생각했던 것이 실제로 우리가 생각했던 것만큼 그렇게 대단한 것이 아니었음을 가르칠 수 있습니다. 그것이 우리로 하여금 우리의 우월함을 증명해주는 것으로 생각했던 몇몇 이론들을 포기하도록 요구할 수 있습니다. 우리는 그러한 것을 기꺼이 받아들일 수 있습니까? 시기심의 쓰라림이나 혹은 편견의 저항감이 없이 말입니다. "하나님이 다양한 방식으로 역사(役事)하는" 것을 발견할 때, 우리는 기꺼이 그것을 환영하며 기뻐할 수 있습니까? 우리는 정직하게 "그러면 무엇이냐 겉치레로 하나 참으로 하나 무슨 방도로 하든지 전파되는 것은 그리스도니 이로써 나는 기뻐하고 또한 기뻐하리라"(빌 1:18)라고 말할 수 있습니까?

만일 우리가 이러한 그리스도를 닮은 기쁨을 알고자 한다면, 많은 것을 극복해야만 합니다. 우리 안에 있는 좋은 것과 나쁜 것 모두가 그러한 기쁨을 가로막을 수 있습니다. 교회가 잘 되기를 바라는 우리의 자연적 관심, 우리의 양심적 신념 체계, 우리의 친밀한 교우관계 — 이와 같은 것들이 우리의 공감(共感)의 마음으로 하여금 교파주의적 통로를 따라 흐르도록 만듭니다. 그런가 하면 덜 훌륭한 동기들도 있으며, 때로는 전적으로 그릇된 동기들도 있습니다. 우리는 종종 우리 자신의 사역이나 혹은 우리가 속한 교파의 사역에 매몰되어 다른 사람들의 성공과 형통에 거의 기쁨을 느끼지 못하기도 합니다.

영국의 거의 대부분의 도시에 여러분과 내가 속한 교회들만 있는 것이 아닙니다. 우리의 교회들 주위에 장로교회들도 있으며 감리교회들도 함께 나란히 서 있습니다. 이러한 사역 환경은 어느 정도의 경쟁을 불가피하게 만듭니다. 나는 우리 가운데 아무도 이러한 경쟁에 반대하지 않을 것이라고 생각합니다. 그것은 우리 모두를 게으름에 빠지지 않도록 막아줍니다. 우리 모두는 각각 우리 자신의 "특유한 원리들"을 굳게 붙잡을 것입니다. 그리고 우리의 형제애(兄弟愛)는 솔직한 대화로 인해 한층 더 실제적이 되며, "활기찬 반대"(the animated No!)는 생명력이 넘치는 모든 교제에 있어 필수적입니다. 이 모든 사람들 사이에 참된 교제도 풍성하며 좋은 감정도 풍성합니다. 그럼에도 불구하고 나는 우리에게 피차의 성공과 형통에 대한 훨씬 더 정직한 기쁨과, 상대방의 사역에 대한 보다 더 진실하며 남자다운 공감(共感)과, 그리스도 안에서의 일치에 대한 보다 더 충분한 의식(意識)과, 세상 앞에 그것을 보다 더 분명하게 나타내는 것이 필요하다고 생각합니다.

더 넓은 관점에서 우리의 눈이 기독교 세계의 넓은 들판을 여행한다고 상상해 보십시오. 또 우리의 기억이 교회 역사의 긴 세대들을 거슬러 올라간다고 상상해 보십시오. 그러는 가운데 하나님의 은혜의 손이 우리가 미처 예기치 못한 곳에서 온화한 꽃을 피워올리며 광야의 초장에서 아름아운 향기를 발산하는 것을 발견할 때, 마땅히 우리 안에서 놀람이나 거리낌의 감정이 아니라 기쁨의 감정이 솟아나야 하지 않겠습니까? 많은 수도원과 은둔자들의 방에서 또 피어오르는 향(香)의 연기 속에서 또 각종 논쟁들이 벌어지는 강당에서, 우리는 그리스도의 광채로 빛나는 얼굴들을 보아야 하며 또 보면서 기뻐해야 합니다. 자기중심주의나 교파주의나 혹은 시기심 따위로 인해 우리가 기쁨 대신 쓰라림을 느끼지 않도록 조심합시다. 우리의 흐릿한 시야를 맑게 하여 다양한 형태로 나타나는 하나님의 은혜를 볼 수 있도록 만들어 주는 안약이 바로 그 은혜 자체라는 사실을 기억합시다. 그 은혜는 공감과 동정(同情)의 기쁨 가운데 거하며, 형제의 선을 바라보며 즐거워합니다. 만일 우리가 하나님의 은혜를 볼 때 그것을 알아보는 눈과 또 그것을 알아볼 때 기뻐하는 마음을 가지고 있다면, 우리는 바나바처럼 착한 사람이요 성령과 믿음이 충만한 사람입니다.

3. 바나바가 말한 것.

"모든 사람에게 굳건한 마음으로 주께 붙어있으라 권하니"(cleave unto the Lord, 한글개역개정판에는 "주와 함께 머물러 있으라" — 역주). 여기에서 우리가 제일 먼저 주목해야 할 것은 우리가 붙잡아야 할 유일한 대상으로서 "주"가 강조되어 나타나는 사실입니다. 기독교의 객관적 총체는 그리스도이며, 주관적 총체는 그에게 붙어있는 것입니다. 우리가 붙잡아야만 하는 살아있는 인격과 그 인격과의 개인적 관계가 기독교의 기본 개념입니다. 그것을 계시로 생각하든 혹은 본문의 권면의 기저에 있는 내적 생명으로 생각하든 관계없이 말입니다. 우리가 그리스도와 관련하여 그 자신의 말씀을 듣든지 아니면 그의 사도들의 가르침에 귀를 기울이든지, 그 모든 것은 결국 예수 그리스도의 인격 안으로 용해됩니다. 그는 하나님의 계시입니다. 소위 신학이라 일컬어지는 것은 그가 우리에게 주는 사실들을 체계화하는 것에 불과합니다. 오늘날의 세상은 그리스도를 성육신하신 하나님으로 받아들이든지 아니면 전혀 하나님을 받아들이지 않든지 둘 중 하나를 선택해야 합니다. 또 그는 인류의 완전한 모범입니다. 생명의 법과 그 법을 성취하는 능력이 모두 그 안에 있습니다. 기독교 도덕의 우월성은 이런저런 교훈이나 훈계 따위에 있는 것이 아니라, 그의 생애 가운데 모든 선이 구체화되는 것 안에 그리고 그의 명령을 지킴에 있어 그가 제공해주는 새로운 동기 안에 있습니다. 그리스도로부터 이탈할 때, 기독교 도덕은 더 이상 존재하지 않습니다. 나아가 그는 세상을 위한 희생제물이며 구원입니다. 그리고 그의 구원은 단순히 그가 가르친 것으로부터가 아니라 그가 행한 것으로부터 흘러나옵니다. 그의 인격이 그의 사역의 기초이며, 죄사함과 화해의 복음은 모두 그의 이름 안에 담겨 있습니다.

그리스도의 생애와 죽음의 결과들을 — 그것을 계시로 보든 속죄로 보든 혹은 윤리로 보든 상관없이 — 그 자신으로부터 나누고자 하는 시도가 계속적으로 있어 왔습니다. 그리고 많은 사람들이 무의식적으로 그러한 것들을 기독교의 총체로서 그리고 우리의 믿음의 대상으로서 만들고자 했습니다. 특별히 오늘날과 같이 종교적 믿음에 대해 끊임없이 생각하며 토론하는 시대에는 더욱 그렇습니다. 그러므로 우리는 본문의 기저(基底)에 있는 단순한 개념으로 되돌아가 여기의 초창기 그리스도인들이 얼마나 생생하게 살아계신 주님을 그들이 붙잡아야만 했던 모든 것의 총체로서 이해했는지 살펴볼 필요가 있습니다.

하나님의 계시가 예수 그리스도로 말미암아 우리에게 주어진 어떤 교리들로 구성된다고 믿는 사람과 그것이 그리스도 자신으로 구성된다고 믿는 사람 사이에는 엄청난 간격이 있습니다. 살아계신 인격을 붙잡는 것은 어떤 교리나 명제를 받아들이는 것과 전혀 다릅니다. 물론 교리나 명제들은 그에 관한 것이며, 그러한 것들이 없이 우리는 그를 알지 못합니다. 그러나 우리는 그러한 것들이 아니라 그가 우리의 구주라는 사실과 하나님이 단어와 문장으로가 아니라 삶으로 스스로를 계시하셨음을 기억할 필요가 있습니다.

그러나 안타깝게도 거의 대부분의 교회와 학교들에서 교리적 요소가 그리스도 자신을 압도해버리고 말았습니다. 예수 안에 있는 부요한 것들을 체계화하는 필요한 과정 속에서 우리 모두는 종종 교리를 그리스도 자신과 혼동해버리는 경향이 있습니다. 그럼으로써 기독교는 그리스도 그 자신의 나타남과 복음이 되는 대신 하나의 신학 체계가 되고 말았습니다. 그리하여 단순하며 경건한 영혼들은 살아계신 그리스도는 고사하고 심지어 죽은 그리스도조차 찾을 수 없노라고 탄식하며 울 수밖에 없었습니다. “신학자들이 우리 주님을 옮겨다가 어디 두었는지 우리가 알지 못함이니이다”라고 하면서 말입니다(요 20:13).

그러므로 모든 계시가 예수 그리스도의 살아있는 인격 안에 담겨 있음을 주목하는 최근 학계의 경향은 — 복음주의 진영에서든 비평주의 진영에서든 — 매우 바람직한 것이라 하지 않을 수 없습니다. 교회는 신조(信條)들이 생기기 이전에 벌써 그렇게 믿었습니다. 그리고 오늘날 그러한 사실을 새롭게 느끼기에 이르렀습니다. 그 장엄하며 은혜로운 인물은 우리가 기독교라고 부르는 전체 교리와 율법과 규례의 중심으로 사람들 앞에 매일같이 더 분명하게 떠오릅니다. 그들이 그를 사랑하든 사랑하지 않든 상관없이 말입니다. 그의 생애의 이야기 주위에서 마지막 싸움이 벌어집니다. 원수는 마지막 싸움이 남아있는 한 다른 모든 승리들은 아무것도 아니라고 느낍니다. 우리 역시도 그것을 놓친다면 지킬 것은 더 이상 아무것도 남지 않는다고 느낍니다. 원리들과 교리들은 똑같이 사라질 것입니다. 마치 옛 전설에 나오는 아름다운 궁전이 그것을 건축한 자가 죽는 순간 가루가 되어 홀연히 사라지는 것처럼 말입니다. 그러나 그가 복음 안에 그려진 것처럼 인류 앞에 서 있는 한, 복음은 영원할 것입니다. 설령 다른 모든 것들이 — 교회들과 신조들과 모든 것들이 — 사라진다 하더라도, 만일 우리가 예수를 굳게 붙잡기만 한다면 마침내 모든 것은 다시금 되돌아올 것입니다. 이러한 사실을 교회는 항상 알았습니다. 비록 예수 그리스도가 곧 기독교라는 사실과 그가 살아계시기 때문에 교회 역시도 살 것이라는 사실의 의미에 대해 교회가 항상 참되지는 않았다 하더라도 말입니다.

그러므로 기독교의 총체는 본문에 묘사된 단순한 행동 즉 그에게 붙어 있는 것입니다.

이제 이러한 개념이 우리 주님 자신과 그의 종들에 의해 다양한 상징과 형식으로 표현되는 것을 살펴보도록 합시다. 그러한 것들 가운데 가장 심오한 것은 주님 자신의 다음과 같은 위대한 말씀입니다. “내 안에 거하라 나도 너희 안에 거하리라 가지가 포도나무에 붙어 있지 아니하면 스스로 열매를 맺을 수 없음 같이 너희도 내 안에 있지 아니하면 그러하리라”(요 15:4). 여기에서 가장 아름다운 것은 사랑스러운 포도나무의 상징으로서, 그것은 우리가 그와 연합하는 감미로운 신비를 나타냅니다. 포도나무의 생명은 자기에게 붙어 있는 가지의 가장 끝 부분에 이르기까지 전달됩니다. 그리고 그러한 생명의 전달로 인해 포도송이가 검붉게 익으며 감미로운 향기를 풍깁니다. 이것은 그리스도의 경우에도 마찬가지입니다. 나에게 오라. 우리는 이러한 초청이 얼마나 자주 그의 입술로부터 흘러나왔는지 기억합니다. 나를 따르라. 그는 이러한 위대한 명령으로 사람들을 그들 자신과 세상으로부터 자신에게로 돌아올 것을 부르십니다. 나를 먹고 마시라. 그는 이러한 신비로운 말씀으로 참된 생명이 그를 먹고 마시는 데 있음을 역설합니다. 나아가 우리는 바울이 “예수 안에” 있는 것을 모든 축복과 능력과 의의 조건으로 무수히 반복하여 강조한 것을 기억합니다. 또 우리는 그가 종종 사용한 그리스도의 기초 위에 세워진 건물의 상징이라든지 혹은 머리와 몸의 상징 같은 것을 기억합니다.

여기의 문맥이 보여주는 것처럼, 우리는 “주께 돌아올 때” 그리스도인이 되기 시작합니다. 또 바나바가 여기의 무지한 초신자들에게 일깨워준 것처럼, 우리는 "주께 붙어있음으로" 말미암아 계속해서 그리스도인으로 유지됩니다. 이와 같이 우리가 행해야 할 중요한 임무는 우리의 기독교적 생명의 기초로서 가지고 있는 것을 굳게 지키며 보존하는 것입니다. 그리고 그렇게 하는 가장 확실한 방법은 우리가 처음 기독교적 생명을 얻을 때의 행동을 계속적으로 반복하는 것입니다. 다시 말해서 우리를 그리스도께 연합시킨 믿음과 계속적으로 반복되는 믿음의 행동이 우리를 계속해서 그와 연합되도록 유지시킵니다. 그러므로 사랑하는 형제들이여, 그리스도에 대한 우리의 믿음을 계속적으로 새롭게 함으로 말미암아 그에게 붙어 있습니다.

아무리 긴 선(線)이라 하더라도 그것의 최초의 점의 움직임으로부터 만들어진 것이 아닙니까? 이와 같이 우리의 생명도 마찬가지입니다. 우리의 진보는 우리의 초창기 믿음의 행동을 떠나 이루어지는 것이 아니라, 그것을 계속적으로 반복함으로 말미암아 이루어지는 것입니다. 수많은 점들이 그리스도의 보좌에 이르는 하나의 선으로 이어질 때까지 말입니다. 진실로 그러한 반복은 보다 더 충분한 지식과 보다 더 고요한 확신을 수반하며, 그리스도를 소유한 과거에 의해 에워싸인 마음으로부터 옵니다. 처음에는 어떤 보잘것없는 악기가 반복적으로 내는 저음(低音)으로부터 시작하는 어떤 위대한 교향곡을 생각해 보십시오. 그러다가 다양한 화음들로 꾸며지고, 보다 더 풍성한 음악으로 펼쳐지다가, 마침내 웅장한 클라이맥스로 끝나지 않습니까? 마찬가지로 우리의 삶도 우리의 처음 믿음을 계속적으로 새롭게 함으로 말미암아 지속적으로 그리스도와 붙어 있어야 합니다.

이와 같은 계속적 반복이 필요한 것은 또한 어제의 믿음이 오늘의 연합을 확고하게 하는 데 더 이상 능력을 갖지 못하기 때문입니다. 매 시간은 각기 그 시간의 믿음의 행동으로 말미암아 그리스도와 연합되어야 합니다. 그렇지 않은 시간은 결국 그리스도로부터 분리되는 시간이 될 것입니다. 이와 같이 주 안에 거할 때, 우리는 강하며 지혜로우며 축복되며 거룩할 것입니다. 또 그와 같이 주 안에서 죽을 때, 우리는 축복 가운데 죽은 자가 될 것입니다. 또 그와 같이 예수 안에서 잠잘 때, 우리는 마지막 날 그 안에서 발견될 것이며 함께 일으킴을 받을 것이며 그리스도 예수 안에서 하늘의 처소에 함께 앉게 될 것입니다.

그러나 보다 더 특별한 의미로 우리는 습관적 묵상(默想)에 의해 그리스도에게 붙어 있어야 합니다. 만일 우리에게 일상의 복잡한 삶 가운데 계속해서 그리스도를 생각하는 것이 없다면, 우리와 그 사이의 실제적 교제는 없는 것입니다. 이것은 우리와 같은 목회자들이 통상적으로 행하는 것과 같은 전문적이며 학술적 사색(思索)을 의미하는 것이 아닙니다. 이러한 방법 외에 우리 주님에게 나아가는 또 다른 형태의 생각 방법이 있습니다. 그러나 슬프게도 그것은 우리에게 그다지 익숙한 방법이 아닙니다. 불행하게도 오늘날은 분주하며 바쁜 마르다가 주님 곁에서 조용히 말씀은 듣는 마리아보다 "유용성"이라는 측면에서 더 큰 칭송의 대상이 되는 경향이 있는 것 같습니다. 교회는 묵상하는 방법을 잊어버렸습니다. 우리의 마음은 온통 논쟁을 벌이며, 추론하며, 이론을 만드는 데 빠져 있습니다. 그런 일들로 너무나 분주한 나머지 우리는 조용히 물러나 잠잠히 묵상할 시간을 갖지 못합니다. 그럼으로써 우리는 우리가 믿노라고 고백하는 진리의 가장 아름다운 향기를 잃어버리고 맙니다. 우리는 기독교에 대해 생각하느라 너무나 바쁜 나머지 그리스도를 붙잡는 것을 잃어버리고 말았습니다. 나는 오늘날의 기독교에 있어 "내 백성아 갈지어다 네 밀실에 들어가서 네 문을 닫을지어다"라는 옛 훈계의 말씀보다 더 필요한 것은 아무것도 없다고 확신합니다(사 26:20). 그의 이름 안에 감추어진 보화를 계속적으로 묵상함으로써 그리스도에게 붙어 있으십시오. 모래 안에 섞여 있는 사금(砂金)을 채취하는 사람을 생각해 보십시오. 그는 모래를 응시하며 계속적으로 키질을 하지 않습니까? 마침내 그의 눈앞에 금이 나타날 것이고, 그것이 그의 보상이 될 것입니다.

그리스도 안에 구체화된 위대한 진리들이 우리 앞에 분명하게 나타날 때, 그것을 보았다고 해서 우리가 그것을 이룬 것은 아니라는 사실을 기억합시다. 계속해서 믿음의 도덕적 측면과 자발적 믿음의 행동과 우리가 바라보는 자에게 우리 스스로를 던지는 것과 그가 우리에게 제시하는 축복들을 우리 자신의 것으로 만드는 것이 뒤따라야만 합니다. 우리의 영구한 처소인 그리스도에게로 피하십시오. 아무도 떼어놓을 수 없도록 그리스도를 굳게 붙잡으십시오. 여러분의 모든 짐을 그 앞에 내려놓고 그에게 기대십시오. 전심으로 주께 붙어 있으십시오.

또 그리스도에게 우리의 사랑을 계속적으로 보냄으로써 그에게 붙어 있읍시다. 이것이 사람들을 참된 연합으로 서로 연합시키는 유일한 띠입니다. 성경은 가장 달콤하며 가장 거룩하며 가장 친밀한 띠 안에서 사람들이 그리스도와 우리 사이의 더 깊고 더 진실한 연합의 실제적 그림자를 볼 수 있음을 가르쳐줍니다. 사람과 사람 사이의 완전한 결속인 것과 동일한 사랑이 우리와 그리스도 사이의 결속입니다. 그리스도와 그의 교회 사이의 참된 연합의 개념은 이방종교에서 말하는 신인합일(神人合一)의 개념과 결코 같지 않습니다. 우리를 그리스도와 연합시키는 것은 믿음입니다. 이러한 믿음이 사랑을 낳으며, 사랑이 복된 연합을 유지시킵니다. 그러므로 신앙의 감정적 측면을 부끄럽게 여기지 맙시다. 그리고 우리 마음이 어느 정도 그리스도와 떨어져 있어도 얼마든지 그에게 붙어 있을 수 있다고 생각하지 맙시다. 냉랭한 본성은 불평을 할 수 있지만, 그러나 사랑은 그 열매로 인해 증명됩니다. 그리스도는 마음이 담긴 공경을 받으십니다. 주께 붙어 있는 것은 단순히 사랑이 아니지만, 그러나 그것은 사랑이 없이는 불가능합니다. 순서는 믿음과 사랑과 순종입니다. 이러한 삼겹줄이 사람들을 그리스도에게 그리고 그리스도를 사람들에게 묶습니다. 깨달음을 위해, 우리는 그를 생각의 대상으로서 계속적으로 붙잡아야 합니다. 마음을 위해, 우리 사랑의 대상으로서 그에게 계속적으로 나아가야 합니다. 의지를 위해, 우리의 순종의 주님으로서 그에게 계속적으로 굴복해야 합니다. 본성 전체를 위해, 우리의 믿음과 예배의 대상으로서 그에게 계속적으로 붙어 있어야 합니다.

이와 같이 "그리스도에게 붙어있으라"는 권면은 새롭게 이교(異教)로부터 돌아온 그래서 진리에 대한 지식이 없고 옛 죄의 얼룩을 그대로 가지고 있는 새로운 회심자들과 가장 풍성한 지혜와 가장 충만한 빛을 가지고 있는 성자(聖者) 모두를 위한 기독교적 삶의 참된 훈련이며 완전히 충분한 명령입니다.

그것은 완전히 충분합니다. 만일 바나바가 우리 가운데 어떤 사람들과 같았다면, 그는 매우 다른 형태의 권면을 제시했을 것입니다. 어쩌면 그는 이렇게 말했을는지 모릅니다. "너희가 회심한 것은 좋은 일이기는 하지만, 그러나 어쨌든 그것은 비정상적 일이로다. 여기에는 합당한 권위를 가진 선생들이 없으며, 성례를 집행할 합당한 설비가 전혀 되어 있지 않도다. 지금 가장 중요한 일은 이 사람들로 하여금 사제들과 감독들의 축복을 받게 하는 일이로다." 우리 가운데 어떤 사람들은 또 이렇게 말할는지 모릅니다. "귀한 일이 행하여지기는 했지만, 그러나 여기의 사람들은 너무나 무지하도다. 지금 가장 중요한 일은 가능한 빨리 그들에게 기독교의 기본적 교리들을 가르치는 것이로다." 또 어떤 사람들은 이렇게 말할는지 모릅니다. "그들이 회심한 것은 분명한 사실이지만, 그러나 그들이 들은 말씀에는 감정적 요소가 지나치게 많도다. 지금 그들에게는 기독교의 도덕적 측면이 너무나 미약하도다. 그러므로 지금 그들에게 가장 필요한 것은 기독교가 감정이 아니라 의(義)라는 사실을 충분히 가르치는 것이로다. 그러므로 지금 그들에게 가장 절실한 것은 그리스도인의 의무와 관련한 실천적 가르침이로다."

그러나 바나바는 그렇게 하지 않았습니다. 그는 우리보다 훨씬 더 잘 알았습니다. 그는 조직이나 정통적 교리나 실천적 의를 경멸하지 않았습니다. 그렇지만 만일 새로운 회심자들이 계속해서 그리스도에게 붙어 있기만 한다면, 그는 그러한 것들이 필연적으로 따를 것이라는 것을 알고 있었습니다. 그러나 만일 그들이 그렇게 하지 않는다면, 그는 그 모든 것이 아무 소용없다는 것을 잘 알았습니다. 우리 역시도 그리스도에게 붙어있는 것을 우리의 일차적이며 근본적 의무로 삼으면서, 나머지 부수적이며 이차적 것들에 대해서는 상대적 중요성만을 부여해야 합니다. 근본적 것에 순종할 때, 나머지 부수적 것들은 자동적으로 확고하게 세워질 것입니다.

그러나 근본적 것이 없을 때, 부수적 것들은 확고하게 세워질 가치가 없습니다.

오늘날 우리는 우리의 자원을 결합하며 체계화하는 데 많은 노력을 쏟습니다. 물론 나는 그에 대해 반대할 마음을 가지고 있지 않습니다. 그러나 더 무거운 기계장치는 엔진 속에 더 많은 동력(動力)을 필요로 하며, 이것은 여러분에게 더 큰 용량의 보일러와 더 강력한 화력을 가진 용광로가 필요함을 의미합니다. 우리의 체계를 더 완전하게 할수록 우리는 그리스도를 더 굳게 붙잡을 필요가 있습니다. 그러므로 우리의 첫 번째 관심은 항상 그리스도와의 연합을 더 공고히 하는 것이어야 합니다. 그러면 우리의 생명은 스스로 형체를 갖게 될 것입니다. "하나님이 그 뜻대로 그에게 형체를 주시되 각 종자에게 그 형체를 주시느니라"(고전 15:38).

예수 그리스도에 대한 올바른 개념과 명확한 신학은 좋은 것이며 꼭 필요한 것입니다. 마음과 생각으로 그에게 붙어 있습니다. 그러면 우리는 우리가 필요로 하는 모든 지식을 얻을 수 있도록 하나님의 깊은 것들로 인도될 것입니다. 그리스도 안에 지혜와 지식의 모든 보화가 감추어져 있으며, 모든 신학의 기초는 "하나님의 지혜"이며 "세상의 빛"인 자를 개인적으로 소유하는 것입니다. 사랑하는 자마다 하나님으로부터 났으며, 하나님을 압니다. 요컨대 신학을 만드는 것은 가슴입니다.

세상은 올바른 도덕성과 매일의 의(義)가 모든 감정과 모든 교리주의와 모든 교회주의보다 더 낫다고 말합니다. 물론 기독교 역시도 그와 거의 비슷하게 말합니다. 그러나 올바른 도덕성과 매일의 의는 사람이 그리스도에게 가까이 붙어있을 때 옵니다. 한 마디로 사람의 성품을 아름답게 꾸밀 수 있는 모든 것 그리고 교회를 영광스러운 옷으로 입힐 수 있는 모든 것 그리고 세상이 덕(德)이라고 부르며 칭송하는 모든 것은 그리스도의 충만 안에 있습니다. 그리고 그 모든 것은 그의 손을 굳게 붙잡음으로 말미암아 그로부터 얻어지며, 또한 그의 다양한 은혜가 우리 영혼 속으로 흘러들어오는 통로를 깨끗하게 유지함을 통해 얻어집니다. 그러한 생명은 팔뚝 안에 있는 강함이며, 손가락 안에 있는 유연함이며, 발 안에 있는 신속함이며, 눈 안에 있는 빛이며, 입술 위에 있는 음악입니다. 그러한 은혜는 프로테우스처럼 다양한 모양을 취하며, 그리스도를 구주로 믿는 그의 종들에게 항상 이렇게 말합니다. “그대의 소원이 무엇이며 요구가 무엇이냐 나라의 절반이라도 그대에게 주겠노라”(에 5:3). 그 신비한 능력은 흔들리는 가지 안에 거하며, 잎맥으로 이어진 잎사귀 안에 거하며, 검붉게 익은 포도송이 안에 거합니다. 그 은혜로 말미암아 주님은 우리의 영 안에 자신을 부으시며, 우리의 모든 필요를 채우시며, 우리로 하여금 모든 상황에 적합하도록 만듭니다. 그러므로 개인적으로든 교회적으로든 우리 모두에게 있어 “굳건한 마음으로 주께 붙어있는” 것은 여전히 최고의 명령으로 남습니다. 사랑하는 사역자 형제들이여, 우리는 이러한 권면을 얼마나 간절하게 필요로 합니까! 우리에게 맡겨진 사역에는 얼마나 많은 위험이 있습니까! 우리는 이와 같은 거룩한 주제를 다른 사람들을 가르치거나 혹은 감동을 주는 수단으로 사용하는 데만 너무나 익숙해 있습니다. 우리는 너무나 자주 그러한 주제들을 우리의 무기로 간주하곤 합니다. 설령 장사 수단이나 혹은 웅변의 효과를 높이는 수단으로 생각하지는 않는다 하더라도 말입니다. 우리는 예수 그리스도와의 개인적 교제를 통해 그를 더욱 굳게 붙잡아야 합니다. 다른 사람들에게 어떤 메시지를 전하기 전에, 우리 자신이 먼저 그 메시지로 충분한 양식을 공급받아야 합니다. 만일 그렇게 하지 않는다면, 다른 사람들에게 복음을 전파한 후에 정작 우리 자신은 버림을 당하게 될 것입니다. 사람들을 그리스도로부터 끌어당기는 모든 성향들이 또한 우리 안에서 역사(役事)합니다. 우리 가운데 많은 사람을 쓸어버리려고 위협하는 거대한 사상 풍조가 흐르고 있습니다. 오늘날의 거대한 불신앙의 풍조 앞에서 더 강한 힘으로 그를 꽉 붙잡읍시다. 어떤 헛된 마음이나 세속주의나 게으름이나 세상 풍조나 시험이나 불신앙적인 내적 음성도 우리로 하여금 그리스도로부터 떨어지도록 유혹하지 못하게 주의합시다. 바로 여기에 우리의 평안과 지혜와 능력이 있습니다.

우리를 그리스도로부터 떨어지게 만드는 힘들이 항상 우리 위에 교묘하고 조용하게 역사(役事)하고 있습니다. 그럼으로써 여전히 기계적으로 외적 봉사를 하고 있음에도 불구하고 그리스도를 붙잡은 우리의 손이 종종 무의식적으로 느슨해지며, 그와 함께 은혜의 흐름이 끊어질 수 있습니다. 우리의 힘이 우리로부터 떠났음을 전혀 눈치 채지 못하는 가운데 말입니다. 어떤 거대한 느릅나무는 속이 썩어 텅 비어 있음에도 불구하고 외적으로는 왕성한 생명력으로 충만한 것처럼 보입니다. 그러다가 어느 날 폭풍이 몰아칠 때, 그 나무는 요란한 소리를 내며 쓰러집니다. 그리고 사람들은 썩어 텅 빈 속을 보면서 이렇게 빈껍데기만 남은 것이 도대체 어떻게 그토록 오랫동안 서 있을 수 있었는지 의아하게 생각합니다. 그 나무는 속으로 썩어 있다가 마침내 쓰러졌습니다. 왜냐하면 그 뿌리가 영양분이 풍부한 흙 속으로 깊이 뻗어 내려가지 못한 채 다만 지표면의 돌과 자갈들 사이로 펼쳐져 있었을 뿐이기 때문입니다. 만일 우리가 견고하며 내적으로 건강하며 풍성한 열매를 맺고자 한다면, 우리는 우리 영혼의 닻이며 우리의 전 존재에 풍성한 영양분을 공급해 주는 그리스도 안에 깊이 뿌리를 내려야만 합니다.

사랑하는 형제들이여, 여러분의 모든 사역 가운데 다음과 같은 우리 주님의 엄숙한 명령에 귀를 기울여 보십시오. “내 안에 거하라 나도 너희 안에 거하리라 가지가 포도나무에 붙어 있지 아니하면 스스로 열매를 맺을 수 없음 같이 너희도 내 안에 있지 아니하면 그러하리라”(요 15:4). 그리고 우리 자신의 연약함을 생각하면서 “모두 주를 버릴지라도 나는 결코 버리지 않겠나이다”라고 말하는 자기 신뢰(self-confidence)를 조심합시다(마 26:33). 그와 같이 입에서 함부로 튀어나오는 헛된 맹세를 다음과 같은 겸비한 기도로 바꾸십시오. “내 영혼이 진토에 붙었사오니 주의 말씀대로 나를 살아나게 하소서”(시 119:25). 그리고 우리가 그를 붙잡는 것보다 그가 우리를 붙잡는 것을 생각하면서 다음과 같은 위대한 문장을 우리 삶의 표어로 삼읍시다. “설령 내가 그를 붙잡을 수 있다 하더라도 내가 또한 그에 의해 붙잡혀지므로 나는 그를 따르노라.”

42
선한 사람 바나바

"바나바는 착한 사람이요 성령과 믿음이 충만한 사람이라"

행 11:24

"선한 사람"(good man, 한글개역개정판에는 "착한 사람" — 역주). 이러한 호칭은 종종 얼마나 쉽게 얻어집니까? 어떤 사람이 "악한 사람"이라고 불릴 때는 대개 특별한 이유가 있지만, 그러나 "선한 사람"이라고 불릴 때는 그렇지 않은 경우가 종종 있는 것 같습니다.

도덕적 탁월함을 묘사하는 모든 단어들은 시간이 지남과 함께 그 의미가 점점 더 퇴색되어 가는 경향이 있습니다. 마치 처음에는 반짝거리던 금속이 비바람에 노출되면서 점점 녹이 스는 것처럼 말입니다. 그리하여 나름대로 까다롭지 않고 그런대로 무난한 성격의 사람에게 통상적으로 "선한 사람" 혹은 "좋은 사람"이라는 호칭이 붙습니다. 그러나 하나님의 말씀인 성경은 그러한 호칭을 사용함에 있어 훨씬 더 신중하게 그렇게 합니다. 여러분은 복음서에서 어떤 사람이 예수 그리스도를 그와 같은 호칭으로 불렀다가 그로부터 책망을 받은 사건을 기억할 것입니다. "예수께서 길에 나가실새 한 사람이 달려와서 꿇어 앉아 묻자오되 선한 선생님이여 내가 무엇을 하여야 영생을 얻으리이까"(막 10:17). 그것은 주님이 자신의 "선함"을 부인했기 때문이 아니라, 그가 그러한 호칭을 너무 가볍게 그리고 단순히 의례적 투로 사용했기 때문이었습니다. "선한"(good)이라는 단어는 정당한 이유 없이 함부로 사용되어서는 안 되는 너무나 고결한 단어입니다.

여기에서 우리는 성경의 미술관에 걸려 있는 바나바의 초상화를 보게 됩니다. 그리고 그 그림 밑에는 "선한 사람 바나바"라는 표제가 붙어 있습니다.

본문으로부터 우리는 매우 분석적 특성을 발견합니다. 본문은 밖으로부터 시작해서 안으로 들어갑니다. 바나바는 "선한 사람"이었습니다. 그가 선한 사람이었다고요? 그러면 그는 어떻게 그렇게 되었습니까? 그는 "성령으로 충만"했습니다. 그가 성령으로 충만했다고요? 그러면 그는 어떻게 그렇게 되었습니까? 그는 "믿음으로 충만"했습니다. 이와 같이 저자는 이를테면 제일 밑바닥까지 파고들어갑니다. 여기에서 사도행전의 저자인 누가는 사람에게 "선한"이라는 아름다운 수식어가 붙여질 수 있는 방법을 설명합니다. 그것은 "성령과 믿음으로 충만"하게 되는 것입니다.

이제 이러한 세 가지 단계를 좀 더 세밀하게 살펴보도록 합시다.

1. 첫째, 심판주가 "선한 사람"이라고 부르는 종류의 사람을 주목하십시오.

바나바가 어떤 사람이었는지 간략히 살펴보도록 합시다. 그는 레위인이었습니다. 그는 성별된 지파에 속한 사람으로서, 어쩌면 성전에서 행해지는 일과 약간이나마 관련되어 있었을는지 모릅니다. 그는 유대 땅에 거주하는 사람이 아니라, 헬라파 유대인으로서 구브로 사람이었습니다. 그는 구브로에서 이교 사상과 접촉하였으며, 그로 인해 그의 많은 편견들이 깨어졌을 것입니다. 우리가 그의 이름을 처음 듣게 되는 것은 그가 자기 밭을 판 값을 사도들의 발 앞에 가져왔을 때입니다. 그것은 형제사랑으로부터 말미암은 자기희생적인 숭고한 행동이었습니다. "그가 밭이 있으매 팔아 그 값을 가지고 사도들의 발 앞에 두니라"(4:37). 이와 관련하여 우리는 고린도전서의 한 구절로부터 그가 나중에 스스로의 손으로 일해서 생활해야만 했음을 보게 됩니다. "어찌 나와 바나바만 일하지 아니할 권리가 없겠느냐"(고전 9:6).

다음으로 우리가 그에 대해 듣는 것은 바리새인 출신의 한 젊은 박해자가 다메섹 도상에서 본 환상에 대한 이야기와 함께 예루살렘에 왔을 때입니다. 그때 사도들과 제자들은 그것이 자신들을 잡으려는 속임수가 아닌지 의심했습니다. 그때 그를 사도들에게 데려가 그의 회심이 거짓이 아님을 증언해준 사람이 바로 여기의 바나바였습니다. "바나바가 데리고 사도들에게 가서 그가 길에서 어떻게 주를 보았는지와 주께서 그에게 말씀하신 일과 다메섹에서 그가 어떻게 예수의 이름으로 담대히 말하였는지를 전하니라"(9:27). 마찬가지로 무명의 몇몇 신자들이 안디옥에서 아무것도 모르는 이방인들에게 복음을 전파함으로써 그곳에 많은 신자들이 생겼다는 소식을 들었을 때, 예루살렘 교회가 그러한 새로운 현상을 살피도록 파송한 사람 역시 바나바였습니다. 그 일과 관련하여 우리는 "그가 이르러 하나님의 은혜를 보고 기뻐하였다"는 말씀을 듣습니다(11:23). 그가 그토록 이상한 형태로 하나님의 은혜가 나타난 것을 보고 기뻐한 까닭은 그가 "선한 사람"이었기 때문이었습니다. 그의 선함이 다른 사람들 안에 있는 선함을 인식했으며, 그럼으로써 그는 주의 일하심으로 인해 기뻐했습니다. 곧이어 바나바는 사울을 만나기 위해 다소로 갔으며(25절), 이후 그는 사울과 함께 사역하게 됩니다. 그러는 가운데 우리는 그가 안디옥에서 선교사역을 위해 따로 세워지는 것을 발견합니다(13:2). 그는 초창기 선교팀의 지도자였으며, 거기에 그의 동료 사울도 함께 했습니다. 그러는 가운데 바나바는 사울이 자신보다 뛰어난 것을 발견하고 아무 불평 없이 자신의 지도력을 기꺼이 그에게 양보합니다. 그들의 선교 이야기는 "바나바와 사울"로 시작하지만, 그러나 곧바로 "바울과 바나바"로 바뀝니다. 그리고 이러한 순서는 이후 계속해서 유지됩니다. 바나바는 바울보다 연장자(年長者)였습니다. 왜냐하면 루스드라에서 사람들이 "신들이 사람의 형상으로 우리 가운데 내려오셨다"라고 외치면서 바나바를 제우스라 하고 바울은 그보다 열위(劣位)에 있는 헤르메스라 했기 때문입니다(14:12). 그는 바울보다 먼저 그리스도인이 되었으며, 또 사역자가 되었습니다. 그럼에도 불구하고 "그는 흥하여야 하겠고 나는 쇠하여야 하리라"라는 섭리에 기께이 순응한 것은 그의 큰 "선함"이 아닐 수 없었습니다. 그러는 가운데 나중에 그들 사이에 큰 다툼이 생겼습니다(15:37). 그것은 조카인 요한 마가에 대한 바나바의 어리석은 애정 때문이었습니다. 바나바는 새롭게 출발하게 될 전도여행에 요한 마가도 데려가고자 했으나, 바울이 반대했습니다. 왜냐하면 요한 마가가 밤빌리아에서 자기 마음대로 그들 일행을 떠났기 때문이었습니다(38절). 그렇게 하여 바나바는 자신의 친구와 교회의 신뢰와 자신의 사역을 잃게 되었습니다. 그는 다소간 분한 마음으로 자신의 조카와 함께 구브로로 갔습니다(39절). 어리석게도 그는 조카를 위해 모든 것을 포기했던 것입니다. 작은 허물이 인생 전체를 파선(破船)시킬 수 있습니다. 옷이 하얄수록, 그 옷은 작은 얼룩에 의해 더 더럽게 보일 것입니다.

이후로 우리는 바나바에 대해 더 이상 듣지 못합니다. 앞에서 인용한 "어찌 나와 바나바만 일하지 아니할 권리가 없겠느냐?"라는 우연한 언급으로부터 우리는 그가 계속해서 복음사역을 수행했음을 알게 되지만(고전 9:6), 그러나 바울과의 감미로운 교제와 친밀한 관계는 그와 같은 큰 다툼과 함께 끝난 것으로 보입니다. 이렇게 하여 바나바는 기독교 사역자들의 행렬에서 떨어집니다. 그렇지만 어쨌든 그는 "선한 사람이요 성령과 믿음이 충만한" 사람이었습니다.

지금까지 우리는 바나바가 어떤 사람인지에 대해 살펴보았습니다. 이로부터 우리는 몇 가지 교훈을 얻을 수 있는데, 첫째는 모든 선함의 주된 원인이 하나님에 대한 관계와 그에 대한 순종이라는 사실입니다. 사람들은 도덕을 종교로부터 독립적 것으로 말합니다. 물론 나는 자신의 종교적 수준보다 훨씬 더 나은 사람들도 있고 또 자신의 종교적 수준보다 훨씬 더 못한 사람들도 있다는 사실을 충분히 받아들입니다. 그럼에도 불구하고 나는 종교는 알맹이이며 도덕은 그것을 싸고 있는 옷이라고 감히 단언합니다. 도덕이 몸이라면 종교는 영혼입니다. 나는 하나님 없이 행한 모든 것 안에는 어떤 상대적 선(善)도 없으며 또 하나님과의 관계를 결여한 모든 행동을 일률적으로 악이라고 말하지 않을 것입니다. 그럼에도 불구하고 나는 아무리 숭고한 행동이라 하더라도 만일 그것이 하나님의 뜻에 대한 의식적 순종 안에서 행하여지지 않은 것이라면 그것은 그 최고의 숭고성을 결여한다고 감히 단언합니다. 가장 숭고하며 완전한 행동은 하나님께 순종하는 것입니다. "무엇에든지 사랑 받을 만하며 무엇에든지 칭찬 받을 만한" 최고의 자기희생적 행동을 생각해 보십시오(빌 4:8). 그러나 만일 거기에 "하나님께 대한 순종"이라는 완전한 동기가 결여되어 있다면, 그러한 행동은 불완전한 것입니다. 그것은 인간의 전체적 의무뿐만 아니라 인간의 전체적 가능성과도 상응되지 않습니다. 그러므로 그것은 최고의 선의 수준에 미치지 못합니다. 선(善)은 하나님에 대한 관계로 말미암아 측량됩니다.

나아가 가장 참된 선을 특징짓는 또 한 가지 요소는 자아를 억제하는 것입니다. 이것은 지금까지 이야기한 것을 다른 방식으로 반복하는 것인데, 어쨌든 우리는 그와 같은 예를 바나바에게서 보게 됩니다. 자, 다음과 같이 말하는 어떤 사람을 상상해 보십시오! "나는 나 자신에 대해 생각하지 않고 다른 사람들에 대해 생각합니다. 나는 항상 다른 사람들을 어떻게 도울 수 있는지 생각합니다. 나는 하나님의 발 앞에 물질이나 편견이나 지위에 대한 자랑 같은 것들뿐만 아니라 나의 자아 전체를 내려놓습니다. 나는 나의 자아가 십자가에 못 박힘으로써 하나님이 내 안에 거하실 수 있게 되기를 열망합니다." 나는 오직 이렇게 말할 수 있는 사람만이 최고의 선에 도달했다고 굳게 믿습니다. 선은 자아를 억제할 것을 요구합니다.

나아가 기독교적 선에 있어 특별히 탁월한 것이 바로 온유한 성품이라는 사실을 주목하십시오. 바나바에게는 영웅적이거나 혹은 특별히 예외적인 것은 아무것도 없었습니다. 그의 덕은 모두 온유하며 은혜로운 종류의 것이었습니다. 우리는 종종 이러한 종류의 덕을 비교적 하위에 속하는 것으로 평가하곤 합니다. 이러한 것들은 겉으로 볼 때 휘황찬란하게 보이는 세상적 덕의 광채와 비교할 때 매우 초라한 것처럼 보일 수 있습니다. 어떤 위대한 화가가 그린 그림 속에서 색(色)의 아름다운 조화를 보기 위해서는 상당한 수준의 안목이 필요합니다. 반면 어린아이나 어릿광대나 세속적인 사람들은 현란한 빨간색과 파란색과 노란색을 좋아할 것입니다. 개똥지빠귀나 찌르레기는 앵무새나 잉꼬의 현란한 색채와 비교할 때 수수하기 짝이 없습니다. 그러나 수수한 전자(前者)는 아름다운 노래를 부르는 반면, 현란한 후자(後者)는 찢어지는 소리를 냅니다. 온유함과 관련된 덕들은 — 예컨대 인내라든지, 부드러움이라든지, 오래 참음이라든지, 동정(同情)이라든지, 하나님과 다른 사람들을 위해 기꺼이 자기 자신을 부인할 준비가 되어 있는 것 등과 같은 — 진실로 기독교적 덕입니다.

이러한 사실은 하나님으로부터 고작 한두 달란트밖에 받지 못한 우리와 같은 보통 사람들에게 상당한 위로가 됩니다. 우리는 돌 밑에 핀 작은 제비꽃과 같습니다. 우리는 접시꽃이나 참나리처럼 화려한 자태를 자랑하지 못할는지 모릅니다. 그러나 우리는 우리 안에 그리스도의 모범을 따르는 아름다운 선을 가질 수 있습니다. 그리고 그것이 크고 화려한 것보다 더 낫습니다.

뿐만 아니라 바나바는 비범한 재능을 가진 사람도 아니었습니다. 그는 심지어 선함에 있어서조차 특출난 사람이 아니었습니다. 우리는 그에게서 독창적이라거나 혹은 특별히 두드러진 것을 아무것도 발견하지 못합니다. 그는 매우 평범한 사람이었습니다. 그러나 그 모든 것에도 불구하고 그는 "선한 사람"이었습니다. 그러므로 우리 가운데 가장 연약하며 비천한 사람도 그와 같은 아름다운 호칭을 받을 것을 바랄 수 있습니다.

나아가 참된 선함이 실패라든지 혹은 죄에 떨어질 가능성을 배제하지 않음을 주목하십시오. 바나바의 역사(歷史) 속에는 어두운 부분이 있었습니다. 마찬가지로 모든 성자(聖者)들의 역사 속에는 어두운 부분이 있습니다. 성경은 우리에게 최고의 사람들의 불완전함에 대해 잔인할 정도로 솔직하게 보여줍니다. 너무나 자주 불완전함은 우리가 우리의 장점을 지나치게 밀고 나가는 과정에서 생겨납니다. 그와 관련하여 종종 불완전함은 바나바가 그랬던 것처럼 우리의 장점을 연약함과 연결되는 지점까지 밀고 나가지 말 것을 경고합니다. 온유함이든 강함이든 우리의 장점을 지나치게 밀고 나감으로써 악과 연결되지 않도록 조심하십시오.

아무리 선한 사람이라 하더라도 죄 가운데 떨어질 수 있음을 생각하면서, 그러나 완전하며 흠 없는 한 사람이 있음을 기억합시다. 모든 형태의 탁월함이 그 안에서 만나며, 오직 그 한 사람만이 세상의 판단에 정면으로 맞설 수 있습니다. 그는 실제로 지난 열아홉 세기 동안 "너희 중에 누가 나를 죄로 책잡겠느냐?"라는 도전적 질문으로 그러한 판단에 정면으로 맞서 왔습니다(요 8:46).

2. 둘째, 사람을 선하게 만드는 '신성한 협력자'를 주목하십시오.

누가는 자신의 분석을 계속해서 진행시켜 나갑니다. 그는 이를테면 껍데기를 벗기고 우리에게 그 안에 있는 것을 보여줍니다. 바나바가 "선한 사람"이었던 것은 그가 "성령으로 충만했기" 때문이었습니다.

신성한 협력자(divine Helper)는 단순한 신적 영향력이 아니라 신적 인격입니다. 그는 사람들을 밖으로부터 도울 뿐만 아니라 또한 사람들 안으로 들어와 그들의 본성 전체를 자신으로 가득 채우기도 합니다. 여러분 가운데 어떤 사람들은 그것이 매우 신비하며 비현실적이라고 생각할는지 모릅니다. 그렇지만 어쨌든 우리는 그러한 신적인 돕는 자가 스스로 선하게 되고자 정직하게 노력하는 모든 사람들에 의해 경험되는 것은 아니라는 사실을 고려해야 합니다.

나는 지금 스스로를 어느 정도 더 나은 사람으로 개선(改善)시키고자 지속적으로 그리고 정직하게 노력하는 많은 사람들에게 말하고 있습니다. 나는 그들이 도달했다고 자부하는 수준이 실상 매우 낮은 수준이라고 감히 생각합니다. 설령 그들이 도달하기를 바라는 수준이 높다 하더라도 말입니다. 사랑하는 형제여, 만일 우리를 선하게 만들기 위해 필요한 것이 무엇인지 생각한다면 또 만일 우리 자신이나 우리의 혈기나 기호(嗜好)나 습관이나 일상의 일들이 야기하는 저항과 또한 세상과 친구들과 동료들과 두렵고 가공할만한 모든 경제적 문제들이 우리가 선한 사람이 되는 데 가져다주는 저항을 고려한다면, 우리는 "너는 스스로 그 일을 행할 필요가 없도다"라고 말하는 복음의 메시지를 들을 수 있는 준비를 갖추게 될 것입니다. 당신이 늑대의 귀를 잡는다고 상상해 보십시오. 그러나 늑대는 엄청나게 강합니다. 늑대는 곧 당신의 손을 뿌리칠 것입니다. 그리고 무슨 일이 벌어지겠습니까? 당신은 그 일을 스스로 하려고 애쓸 필요가 없습니다. 당신 곁에 신성한 협력자가 서서 당신을 강하게 하기 위해 기다리고 계십니다. 그는 밖으로부터 일하지 않습니다. 그는 안으로 들어와 당신의 마음 안에 거하면서 선으로 향하는 당신의 의지를 강화시키며 악으로 향하는 당신의 기질을 억제할 것입니다. 그리고 그는 그의 내적 임재로 말미암아 "내 손을 가르쳐 싸우게 하며 내 손가락을 가르쳐 전쟁하게" 할 것입니다(시 144:1).

분명 우리의 모든 경험은 우리가 무력하다는 사실과 우리의 노력으로 말미암아 도달할 수 있는 선이라는 것이 실상 매우 피상적이며 단편적이며 보잘것없는 것에 불과하다는 사실을 우리에게 가르쳐줍니다.

복음을 다시 한 번 생각해 보십시오. 만일 우리가 우리 가운데 어떤 사람들이 종종 그렇게 하는 것처럼 복음의 일부에 지나지 않는 것에 대해 배타적 우월성을 부여한다면, 우리는 복음을 심각하게 제한하며 오해하는 것입니다. 예수 그리스도께서 어떤 영혼에게 하시는 첫 번째 말씀은 "네 죄가 사하여졌도다"입니다. 그러나 그러한 첫 번째 말씀에 이어 "일어나 걸으라"라는 두 번째 말씀이 따릅니다. 그리고 첫 번째 말씀이 말하여진 것은 두 번째 말씀을 위한 것입니다. 죄 사함의 선물, 받아들여졌음을 의식(意識)하는 것, 하나님과의 화해의 사실, 심판의 문이 닫힌 것, 양심을 참소하는 쏘는 것이 그친 것 — 이 모든 것들은 단지 예수 그리스도 자신이 요한복음에서 수차에 걸쳐 "하나님의 그 선물"(the gift of God)이라고 강조적으로 부른 것을 구체적으로 설명하는 것들에 불과합니다. 그는 그러한 선물을 누구든지 마시면 결코 목마르지 않는 "생수"로 상징화합니다. 그리고 그러한 선물을 소유한 자는 필연적으로 거룩한 삶과 고결한 행동으로 나아갈 것입니다. 복음의 약속은 그리스도로부터 흘러나오는 새 생명의 약속입니다. 그리고 그러한 생명은 우리 안에 내주하는 성령으로 말미암아 유지됩니다. 그리고 성령은 마치 어떤 격렬한 전투로 기진맥진한 군대를 돕기 위해 오는 강력한 원군(援軍)처럼 임할 것입니다. 또 성령은 유혹의 폭풍으로 거의 쓰러지게 된 사람에게 마치 그를 지탱해주는 버팀목처럼 임할 것입니다. 그리하여 성령은 연약한 자를 강하게 하며, 쓰러진 자를 일으켜주며, 어둠 가운데 빛을 비추어줄 것입니다. 그리하여 마침내 악한 우리를 하나님으로 말미암아 주어지는 선(善)을 가진 선한 자들로 만들 것입니다.

분명 이렇게 만들어지는 신적 성품은 우리를 그와 같은 모양으로 만들기를 기뻐하시는 하나님 자신의 성품과 일치되는 성품입니다. 만일 하나님이 우리를 선하게 만들기를 기뻐하지 않는다면, 분명 그는 선하지 않을 것입니다. 분명 어떤 사람들은 하나님의 영이 그가 만드신 영들과 직접적으로 교통하는 것이 불가능하다고 추측할 것입니다. 그러나 성경의 교훈을 통해 볼 때 그러한 교통은 분명한 약속입니다. 그리고 그것이 매우 확실한 실재(實在)임을 믿지 못하는 것은 분명 기독교적 경험과 극도로 모순됩니다.

사랑하는 형제들이여, 여러분은 "성령으로 충만"합니까? 마치 포도주통이 감미로운 포도주로 가득 찬 것처럼 말입니다. 그것이 지금 여러분의 상태입니까? 여러분은 지금 가득 찼습니까? 만일 통의 밑바닥으로부터 포도주가 조금씩 새고 있다면, 그것은 누구의 잘못입니까? 급하고 강한 바람이 우리의 돛을 가득 채우고 있는데, 어째서 우리는 열대의 바다에서 태평하게 누워있단 말입니까? 돛이 바람에 펄럭이고 있는데 말입니다. 불의 혀 같은 것이 우리의 머리 위에 임하여 있는데, 어째서 우리는 불타고 남은 재처럼 싸늘하게 식어 있단 말입니까? 생수의 강이 급류처럼 쏟아져 내려오는데, 어째서 우리는 허옇게 말라붙은 광야의 메마른 강 같단 말입니까? "너희 야곱의 족속아 어찌 이르기를 여호와의 영이 성급하시다 하겠느냐 그의 행위가 이러하시다 하겠느냐"(미 2:7).

3. 마지막으로, 이러한 '신성한 협력자'가 어떻게 사람에게 임하는지 주목하십시오.

"바나바는 성령과 믿음이 충만한 사람이라." 성령의 추진력과 내주(內住) 없이는 어떤 선함도 없습니다. 또 예수 그리스도를 믿는 믿음 없이는 어떤 성령의 내주하심도 없습니다. 우리를 선하게 만드는 영을 받는 조건은 전적으로 우리가 그 영을 주는 예수 그리스도를 믿는 것입니다. 믿음이 문을 열며, 그럴 때 성령이 들어옵니다.

물론 성령이 세상에 대하여 행하는 "깨닫게 하는 작용"이 있습니다. 그러나 여기에서는 그에 대해 다루지 않을 것입니다. 그러한 작용은 믿음에 앞서 그리고 믿음과 무관하게 옵니다. 그러나 우리 안에서 우리를 치유하며 거룩하게 만드는 성령의 역사(役事)에는 조건이 있습니다. 그것은 위대한 치유자인 예수 그리스도를 믿는 믿음입니다. 만일 여러분이 틈을 만든다면, 그 틈으로 물이 들어올 것입니다. 만일 여러분이 예수 그리스도를 믿는다면, 그는 여러분에게 그의 영으로 말미암은 새 생명을 주실 것이며 그로 말미암아 여러분은 죄와 사망의 법으로부터 자유롭게 될 것입니다. 예수 그리스도를 믿는 자들에게 주어지는 성령은 그의 오심을 바라는 모든 마음속으로 기쁘게 들어오십니다. 믿음은 바라는 것이며, 믿음에 뿌리박은 바람은 결코 헛될 수 없습니다. 또 믿음은 기대하는 것이며, 신적 약속 위에 기초한 기대는 결코 수포로 돌아갈 수 없습니다. 또 믿음은 의지하는 것이며, 하나님을 바라보며 의지하는 자는 필경 상급을 받을 것입니다.

나아가 우리가 우리를 선하게 만드는 능력을 소유하는 분량은 전적으로 우리 자신에게 달려 있습니다. "네 입을 크게 열라 내가 채우리라"(시 81:10). 하나님과 관련하여 여러분은 여러분이 원하는 만큼 소유할 수 있습니다. 또 여러분의 믿음의 분량이 여러분의 선의 분량을 결정할 것입니다. 마찬가지로 여러분의 믿음의 분량이 여러분이 성령을 소유하는 분량을 결정할 것입니다. 엘리사로 말미암아 기름이 끊어지지 않는 기적을 체험한 한 선지자 생도의 아내를 생각해 보십시오(왕하 4:1). 그녀가 그릇을 가져오는 한, 기름은 끊어지지 않았습니다. 그러나 더 이상 그릇을 가져올 수 없었을 때, 기름은 끊어졌습니다. 이와 같이 우리가 우리의 마음을 여는 한, 성령의 선물은 거두어지지 않을 것입니다. 하나님은 그것이 마치 땅에 엎질러진 물처럼 쏟아지도록 내버려두지 않을 것입니다. 만일 우리가 예수 그리스도를 바라며 기대하며 의지하며 바라보며 나아가 우리가 소유한 능력을 정직하게 사용한다면, 우리의 용량(容量)은 커질 것이며 그와 함께 우리의 거룩함과 순전함 역시 커질 것입니다.

여러분 가운데 많은 사람들은 많든 적든 여러분 자신의 성품을 고치며 스스로를 더 나은 사람으로 개선시키고자 계속해서 노력해왔을 것입니다. 그러나 형제들이여, 그것보다 더 좋은 방법이 있습니다. 한 현대 시인은 이렇게 노래합니다.

"스스로를 공경하는 것과 스스로를 아는 것과 스스로를 통제하는 것,
이 세 가지가 인생을 최고의 능력으로 고양시키도다."

그러나 이러한 정신은 순전한 이교 사상일 뿐입니다. 자아(self)는 자아를 개선시킬 수 없습니다. 자아를 하나님 앞에 놓으며 이렇게 말하십시오. "나는 나 자신을 보호할 수도, 지킬 수도, 정결케 할 수도, 거룩하게 할 수도 없나이다. 주여, 주께서 나를 위해 그 일을 행하소서!" 그 꼭대기가 하늘에 닿는 탑을 쌓으려고 시도하는 것은 쓸모없는 일입니다. 하늘로부터 한 사다리가 내려왔습니다. 우리는 그 사다리를 통해 하늘로 올라갈 수 있으며, 또 그 사다리를 통해 하나님의 은혜의 천사들이 우리 마음속에 거하기 위해 내려올 것입니다. 만일 우리가 "선한 사람"이라면, 우리는 필연적으로 "성령과 믿음이 충만한" 사람이어야만 합니다.

43
새로운 이름

"제자들이 안디옥에서 비로소 그리스도인이라 일컬음을 받게 되었더라"

행 11:26

국가나 혹은 단체에 있어 — 정치적 단체든 종교적 단체든 — 스스로는 어떤 한 이름으로 부르면서 외부 세계에는 다른 이름으로 알려지는 경우는 매우 흔합니다. 이러한 외부적 이름들은 통상적으로 경멸의 의미와 함께 주어집니다. 그럼에도 불구하고 그러한 이름들은 종종 거기에 속한 사람들의 특징을 가장 잘 나타내고 그럼으로써 점차로 그들에 의해 받아들여지다가 마침내 영예로운 이름이 되기까지 합니다.

"그리스도인"이라는 이름 역시 마찬가지였습니다. 그러한 이름은 처음에 안디옥 사람들에 의해 그들 가운데 일어난 그리고 그들이 전혀 이해할 수 없었던 새로운 종류의 사람들에게 붙여졌습니다. 그들은 안디옥 사람들이 생각하는 어떤 범주에도 속하지 않는 사람들이었습니다. 따라서 안디옥 사람들은 그들을 위한 새로운 이름을 창안해야만 했습니다. 신약에서 그리스도인들은 결코 그러한 이름을 스스로 사용하지 않았습니다. 그러한 이름은 여기의 본문과 함께 아그립바의 다음과 같은 약간은 경멸적인 말 가운데 나타납니다. "네가 적은 말로 나를 권하여 그리스도인이 되게 하려 하는도다"(행 26:28). 그리고 그러한 이름은 신약에서 한 번 더 나타나는데, 그것은 베드로의 다음과 같은 말 속에서입니다. "만일 그리스도인으로 고난을 받으면 부끄러워하지 말고 도리어 그 이름으로 하나님께 영광을 돌리라"(벧전 4:16). 이것은 우리에게 처음에 안디옥에서 경멸적 어투로 사용되었던 이름이 마침내 예수 그리스도를 따르는 자들이 스스로를 자랑스럽게 부르는 호칭으로 변화되는 과정의 시작인 것처럼 들립니다.

자, 다시 본문으로 돌아옵시다! 여기에서 우리는 세상이 예수 그리스도를 따르는 자들을 부르는 외적 이름과 교회가 스스로를 부르는 내적 이름들 가운데 하나를 보게 됩니다. 그와 관련하여 오늘 우리는 그리스도를 따르는 자들을 위한 신약의 모든 이름들을 함께 모아 놓고 그것들을 하나씩 생각해 보고자 합니다.

1. 먼저 여기에 나타난 그리스도인이라는 이름부터 시작합시다.

그리스도인이라는 이름은 처음에 세상에 의해 붙여졌다가 나중에 교회에 의해 받아들여진 이름이었습니다. 먼저 그러한 이름이 주어진 정황부터 살펴보도록 합시다. 예루살렘 교회에 속한 몇 명의 무명(無名)의 신자들이 박해를 피해 안디옥으로 왔습니다. 그리고 거기에서 그들은 특별한 계획 없이 그리고 거의 무의식적으로 — 분명 그들은 자신들이 행하고 있는 일이 얼마나 위대한 일이었는지 알지 못했을 것입니다 — 순수한 이교도 헬라인들에게 복음을 전파하는 위대한 발걸음을 내디뎠습니다. 마치 그것이 세상에서 가장 자연스러운 일인 양 말입니다. 그리고 이렇게 하여 유대인들의 작은 종파(宗派)가 세상 전체를 포괄하는 교회로 변화되는 위대한 과정이 시작되었습니다. 안디옥의 순수한 이교도들 사이에서의 그들의 사역의 성공을 최고로 증명하는 것은 바로 이것, 즉 호기심에 가득 찬 안디옥 사람들이 그들 가운데 새롭게 일어난 사람들에게 새로운 이름을 붙여준 것이었습니다. 그들은 새 포도주가 들어 있는 새 병에다가 새로운 라벨을 붙여주었습니다. 그러한 이름은 교회가 외인(外人)들의 관심을 끌기 시작하고 있었음을 분명하게 보여줍니다.

나아가 그러한 이름은 또한 교회 안에 신기한 요소가 있었음을 보여줍니다. 초창기 제자들은 모두 유대인이었습니다. 따라서 그들은 자기들끼리 한 덩어리가 될 수 있었습니다. 그러나 여기에 유대인이라고 부를 수도 없고 헬라인이라고 부를 수도 없는 무엇인가가 있었습니다. 그들은 그 둘을 모두 포괄했습니다. 그리스도인이라는 새 이름은 초대교회의 세계주의적 성격을 증언하는 첫 증인입니다. 나아가 그러한 이름은 또한 안디옥 사람들이 — 설령 그들이 매우 피상적이며 흐릿한 정도의 지식밖에는 가지고 있지 않았다 하더라도 — 교회가 무엇인지에 대한 올바른 개념을 붙잡았음을 보여줍니다. 그들이 볼 때, 교회는 유대인과 헬라인 모두를 하나로 묶었습니다. 그들은 제자들을 "그리스도인들" 즉 "그리스도의 사람들" 혹은 "그리스도를 따르는 사람들"이라고 불렀습니다. 그러나 실상 그것은 그들에게 복음이 상당 부분 굴절된 것이었습니다. 그들은 "그리스도"가 고유한 이름이 아니라 직책을 부르는 호칭이라는 사실을 알지 못했습니다. 또 그들은 그리스도와 그를 따르는 자들을 하나로 묶는 띠 안에 특별한 어떤 것이 있었음을 알지 못했습니다. 어쨌든 그러한 불완전한 지식 가운데 그들은 그를 따르는 자들을 "그리스도인"(Christians)이라고 불렀습니다. 마치 정계(政界)에서 헤롯을 따르는 자들을 "헤로디안"(Herodians)으로, 그리고 학계(學界)에서 아리스토텔레스를 따르는 자들을 "아리스토텔리안"(Aristotilians)이라고 부르는 것처럼 말입니다. 그들은 이질적 덩어리 즉 "유대인과 헬라인과 야만인과 스구디아인과 종과 자유인"을 하나로 묶는 하나의 띠가 살아있는 한 인물에 대한 개인적 관계였다는 사실을 단지 어렴풋하게 더듬고 있었을 뿐입니다(갈 3:11). 그리하여 안디옥 사람들은 "그들은 그리스도인, 그리스도의 사람들, 그리스도를 따르는 사람들이야!"라고 말했습니다. 그러한 이름의 전체적 의미를 이해하지 못한 채, 그러나 그 실마리는 제대로 붙잡고서 말입니다.

안디옥 사람들의 실수는 그러나 큰 축복이었습니다. 만일 안디옥 사람들이 그들을 "예수이트"(Jesuits)라고 불렀다면, 그러한 이름은 단순히 사람을 따르는 자들을 의미하는 것이 되었을 것입니다. 제자들을 "예수를 따르는 자들"이 아니라 "그리스도를 따르는 자들"이라고 불렀을 때, 그들은 자신들이 얼마나 깊은 곳까지 내려갔든지 알지 못했습니다. 왜냐하면 기독교회의 핵심을 형성하는 것은 사람 예수가 아니라 사람의 이름과 직책의 이름이 함께 결합된 예수 그리스도이기 때문입니다.

이와 같이 우리는 그리스도인이라는 이름으로부터 여러 가지 사실들을 추론할 수 있습니다. 또 우리는 그로부터 한 가지 명백한 교훈을 발견할 수 있는데, 그것은 교회가 — 다시 말해서 그것의 지체를 이루는 남자들과 여자들이 — 필연적으로 외부 세계의 주의(注意)를 끌어당긴다는 사실입니다. 이것은 외부 세계에 광고를 하라든지, 그럴듯한 모습으로 꾸미라든지, 나팔을 불라든지, 기이한 모습을 보이라는 의미가 아닙니다. 그 모든 것은 필요치 않습니다. 다만 여러분이 그리스도인으로 살 때 그것이 외부인들에게 명백하게 나타날 것이라는 의미입니다. 만일 여러분이 그리스도를 따르는 자임에도 불구하고 외인들에게 그러한 모습이 전혀 인식되지 않은 채 살 수 있다면, 나는 여러분이 참된 그리스도인인지 의문을 갖지 않을 수 없습니다. 반죽을 부풀게 하지 않는 누룩에 대해 우리는 어떻게 말해야 합니까? 비취지 않는 빛에 대해 우리는 어떻게 말해야 합니까? 썩음을 방지하지 못하는 소금에 대해 우리는 어떻게 말해야 합니까? 만일 여러분이 예수 그리스도를 따르는 자라고 고백함에도 불구하고 외인들에게 "여기에 우리가 알지 못하는 새로운 범주의 사람이 있도다. 그를 표현하는 새 이름이 필요하도다"라고 말하게 만드는 인상을 주지 못한다면, 그것은 얼마나 딱한 일입니까! 세상은 하만이 유대인들에 대하여 가졌던 인상과 똑같은 인상을 여러분에 대해 가져야만 합니다. "한 민족이 왕의 나라 각 지방 백성 중에 흩어져 거하는데 그 법률이 만민의 것과 달라서"(에 3:8).

사랑하는 자들이여, 세상이 서로를 향해 부르는 이름들이 여러분을 묘사하기에 충분합니까? 아니면 여러분이 나타내는 특징들을 묘사하기 위한 새로운 이름이 필요합니까? 교회는 사람들의 주의를 고의적으로 선동하지 않습니다. 그러나 외인들의 주의와 관심을 잡아끌지 못하는 교회는 예수 그리스도께서 의도하신 교회가 아닙니다. 또 그런 교회는 계속해서 존재할 가치가 있는 교회도 아닙니다. 그런 교회는 빨리 장례를 치르는 것이 그 자신을 위해서나 세상을 위해서나 훨씬 더 낫습니다.

나아가 그리스도인이라는 이름과 관련하여 우리는 여기에서 또 하나의 사실을 발견할 수 있는데, 그것은 우리의 말과 행동과 성품에 의해 만들어진 분명한 인상이 우리가 예수 그리스도에게 속한다는 사실을 분명하게 나타낸다는 사실입니다. 외인들의 눈은 우리를 예수와 하나로 묶는 심오한 연합의 비밀까지는 관통하지 못할 수 있지만, 그러나 우리가 그에게 속한다는 사실까지 보지 못하는 것은 아닙니다. 그는 우리의 삶 전체의 중심과 인도자와 추진력과 모범과 강함과 상급으로 명백하게 나타납니다. 우리는 그리스도인입니다. 이것은 우리가 그렇게 말하든 말하지 않든 상관없이 모든 사람들이 충분히 알 수 있을 정도로 명백합니다. 형제들이여, 여러분도 그러합니까? 여러분은 사람들에게 삶의 수레바퀴를 움직이는 숨은 동력(動力)이 무엇인지 알게 하기 위해 장황하게 설명해야만 합니까? 굳이 말로 설명하지 않아도 여러분의 삶 자체가 충분하게 설명하지 않습니까? 여러분의 삶의 모든 움직임을 조화와 아름다움으로 통합시키는 내적 영(靈)이 무엇입니까? 여러분이 예수 그리스도와 연합되어 있음을 나타내는 것이 마치 "오른손으로 기름을 움키는 것"(잠 27:16) 같습니까? 여러분 위에서 역사(役事)하는 최고의 권위가 모든 사람들의 눈에 감추어지지 않고 온전히 나타납니까? 지금 여러분이 베이징에 있다고 상상해 보십시오. 그러면 베이징 사람들이 여러분을 위해 새로운 이름을 만들 것입니까? 마치 안디옥 사람들이 자기들 가운데 있는 소수의 이상한 사람들을 위해 그리스도인이라는 새 이름을 만든 것처럼 말입니다. 또 만일 그들이 새 이름을 만들어야만 한다면, 그 이름은 "그리스도인들" 즉 "그리스도의 사람들"일 것입니까? 만일 그렇지 않다면, 무엇인가 잘못된 것이 분명합니다.

오늘 설교의 첫 번째 대지(大旨)와 관련하여 마지막으로 한 가지만 더 이야기하고자 합니다. 그것은 매우 슬픈 사실이지만, 그러나 항상 일어나는 사실입니다. 그것은 예수 그리스도를 따르는 자들과 관련한 세상의 불충분한 개념이 결국 교회에 의해 받아들여지는 것입니다. "그리스도인"이라는 이름이 한 세기 반 정도 지나는 동안 마침내 기독교 세계 전체를 망라하는 이름이 된 까닭은 무엇이었습니까? 나는 그것이 매우 모호한 이름이었기 때문이라고 믿습니다. 왜냐하면 그러한 이름은 우리를 예수 그리스도와 연합시키는 가장 깊고 심오한 띠를 묘사하지 않았기 때문입니다. 많은 사람들이 "나는 신자입니다" 혹은 "나는 제자입니다"라고 말할 때는 상당히 머뭇거리면서도, 그러나 "나는 그리스도인입니다"라고 말할 때는 매우 기꺼이 그렇게 말합니다. 그리스도인이라는 이름의 모호성 다시 말해서 그것이 사람과 예수 그리스도 사이의 핵심적 관계를 건드리지 못하는 사실로 인해 그러한 이름은 영성(靈性)이 쇠퇴하며 형식주의가 점차 만연되어 가던 사도시대 이후의 기독교회에 매우 적당한 이름이 되었습니다. 교회가 자신의 표준을 세상의 개념으로 낮추면서 스스로를 부르기 위해 세상이 창안한 이름을 채택한 것은 너무도 슬픈 일이었습니다.

2. 이제 그리스도를 따르는 자들이 처음에 스스로를 불렀던 그들 특유의 내적인 이름들을 살펴보도록 합시다.

세상은 "너희는 그리스도의 사람들이로다"라고 말했습니다. 반면 그들이 스스로에게 부여한 이름들은 그들이 누구인지와 관련하여 세상이 고개를 갸우뚱한 것에 대한 교회의 설명이었습니다. 거기에는 네 가지가 있었는데, 하나씩 살펴보도록 합시다.

(a) 첫 번째 이름은 본문에 나타나는 "제자들"(disciples)이며, 나머지 세 가지는 "신자들"과 "성도들"과 "형제들"입니다. 이러한 네 가지는 교회 자신이 스스로에 대해 붙인 이름들입니다. 그리고 그러한 이름들은 세상에 의해 주어진 "그리스도인"이라는 이름을 설명하며, 확장하며, 심화하며, 고양시킵니다.

"제자들"이라는 첫 번째 이름과 관련하여, 성구사전은 그 이름이 그리스도께서 지상에 계시는 동안 거의 배타적으로 사용된 사실을 보여줍니다. 그것은 복음서에서 그리스도를 따르는 자들을 위한 유일한 이름이었습니다. 그러다가 사도행전에서 다른 이름들과 뒤섞여 나타나다가, 그 이후로는 전혀 나타나지 않습니다.

그러므로 "제자들"이라는 이름은 우리를 사람들이 예수를 "제자들을 거느린 랍비"로 바라보았던 역사적 시점(始點)으로 데려갑니다. 마치 세례 요한과 그의 제자들, 가말리엘과 그의 문하생들, 그리고 소크라테스와 그의 제자들처럼 말입니다. 그러한 이름은 그리스도를 선생으로, 그리고 그를 따르는 자들을 그의 발 앞에서 배우는 학생으로 제시합니다.

이것은 항상 사실입니다. 우리는 생명의 말씀을 직접 눈으로 보고 귀로 듣고 손으로 만진 자들과 똑같이 그리스도의 학생들입니다. 우리는 그의 말씀뿐만 아니라 그의 은혜로운 행동과 흠 없는 아름다운 삶으로 말미암아 배웁니다. 그는 세상 끝 날까지 그들과 우리와 모든 사람들에게 하나님에 대한 최고의 지식과 사람이 마땅히 어떠해야 할 것에 대한 최고의 지식과 미래에 대한 모든 지식을 가르칩니다. 또 그는 여전히 자신의 삶의 기록과 성령의 생명의 능력으로 말미암아 우리를 가르칩니다. 그는 선생이며, 유일한 선생이며, 모든 사람들을 위한 선생이며, 모든 진리를 가르치는 선생이며, 영원한 선생입니다. 그는 하늘로부터 말씀하십니다. 그러므로 우리는 마땅히 그의 음성에 귀를 기울여야 합니다.

그러나 "제자들"이라는 이름은 그가 우리에게 어떤 분인가와 관련하여 혹은 우리가 그에게 어떤 존재인지와 관련하여 모든 것을 말해주기에 충분하지 않습니다. 따라서 그가 이 땅을 떠나신 이후 그리고 그와의 연합의 띠를 보다 더 깊이 느끼게 되면서, 그 이름은 무의식적으로 그리고 점차적으로 제자들에 의해 사용되지 않게 되었습니다. 그들에게 그리스도는 단순히 진리를 가르치는 선생이었을 뿐만 아니라 한 걸음 더 나아가 그들의 희생제물이며 대언자였던 것입니다. 그는 우리의 선생이며, 우리는 그의 학생입니다. 그러나 그는 그 이상(以上)이며, 보다 더 거룩한 띠가 그와 우리를 하나로 연합시킵니다. 그는 우리의 주인이며, 그런 그에게 우리는 절대적으로 순복해야 합니다. 그가 말씀할 때, 우리는 그의 말씀을 무조건적으로 받아들여야 합니다. 그가 말씀하는 것은 순전하며 완전한 진리입니다. 그의 말씀은 그가 다루는 모든 주제에 대한 최종적이며 궁극적 평결(評決)입니다. 그는 모든 다툼을 끝내는 심판장이며, 따라서 우리는 그에게 절대적으로 순복해야 합니다. 우리는 모든 새로운 진리를 위해 그를 바라보아야 하며, 우리 자신의 불완전함을 의식하며 항상 그에게 배울 준비가 되어 있어야 합니다. 우리는 그가 우리를 그의 무궁무진한 지혜와 지식의 보고(寶庫)로부터 나오는 위대한 진리들로 끊임없이 축복하실 것을 신뢰하며 기대해야 합니다.

(b) 선생과 학생의 개념은 비록 그것이 매우 중요한 개념이기는 하지만 그러나 그와 우리 사이의 핵심적 영역에까지는 도달하지 못합니다. 그리하여 초창기 교회는 그리스도가 자신들에게 어떤 분이며 또 자신들이 그에게 어떤 존재인지를 표현하기 위한 새로운 단어를 필요로 했는데, 그것은 "신자들"(believers)이었습니다. 그들은 "선생의 말씀에 대한 지적(知的)인 순복"을 실행했을 뿐만 아니라 또한 "구속자의 인격에 대한 살아있는 믿음"을 실행했습니다. 그들의 믿음은 초창기의 믿음으로부터 한 단계 더 고양되었습니다. 그 안에는 믿음의 도덕적 요소가 있었습니다. 우리는 진리를 믿으며, 한 인격을 신뢰합니다. 우리가 예수 그리스도 안에서 실행해야 하는 그리고 우리를 그와 연합시키는 믿음은 우리가 그에게 돌리고자 선택할 수 있는 어떤 특성에 대한 믿음이 아니라 그와 관련하여 신약이 계시하는 특성에 대한 믿음입니다. 즉 구속자, 구주, 성육신하신 하나님으로서의 그에 대한 믿음입니다.

형제들이여, 바로 이러한 믿음이 사람들을 하나님께 묶는 유일한 띠이며 또 우리를 그리스도의 사람으로 만드는 유일한 인자(因子)입니다. 이러한 믿음을 떠나 우리가 그에게 가까이 다가갈 수 있을지는 모르지만 그러나 그와 연합할 수는 없습니다. 오직 믿음으로 말미암아 그와 우리 사이의 연합이 완성되며 그의 능력과 은혜가 우리 영 안으로 흘러들어옵니다. 여러분은 예수 그리스도와 모호하게 연결된 세상적 개념의 "그리스도인"입니까, 그렇지 않으면 여러분의 영혼의 구원을 그에게 의탁하는 의미에서 그리스도인입니까?

(c) 또 하나의 이름은 "성도들"(saints)입니다. "Saint"(聖徒, 혹은 聖者, 혹은 聖人)라는 단어의 의미는 다른 어떤 단어보다도 세상과 교회의 손에 의해 더 많은 변이(變異)를 겪었습니다. 그 단어는 교회에 의해 받아들여졌으며, 이후 죽은 자들에게 한정되었다가, 마침내 중세 기독교의 기이한 표준에 따라 매우 특별한 사람들에게만 한정되었습니다. 다른 한편 그 단어는 세상으로부터 자신의 특별한 정결을 주장하는 것에 대한 일종의 거부감 같은 것을 불러일으켰습니다. 그리하여 그 단어는 마침내 다른 사람들보다 더 나은 양 꾸미는 사람들과 말과 행동이 다른 사람들을 의미하기에 이르렀습니다. 그러나 성도라는 이름은 그리스도를 따르는 모든 사람들에게 속합니다. 그것은 특별한 정결을 주장하지 않습니다. 왜냐하면 "성도"라는 단어의 중심적 개념은 정결이 아니기 때문입니다. 구약에서 첫째로 하나님께 돌려지고 사람들에게는 오직 두 번째로만 돌려지는 거룩함(holiness)은 일차적으로 정결이 아니라 분리를 의미합니다. 하나님은 그의 모든 위엄의 속성으로 인해 거룩하십니다. 그는 모든 피조물의 경계를 넘어 높여집니다. 희생제물과 안식일과 예루살렘 도성과 제사장의 예복과 관(冠)이 거룩한 것은 그것들이 정결할 때가 아니라 하나님께 드려질 때입니다. 또 어떤 사람들이 거룩한 것은 그들이 정결하기 때문이 아니라 그들이 값없이 자신을 버림에 의해 스스로를 하나님께 성별했기 때문입니다.

거룩함은 성별(聖別, consecration)입니다. 다시 말해서 거룩함은 스스로를 그의 뜻대로 행하도록 하나님께 드리는 것입니다. "나는 거룩한 사람입니다"라는 말은 스스로 "나는 정결한 사람입니다"라고 선언하는 것이 아니라, 스스로를 "주여 나는 주의 것이나이다"라고 선언하는 것입니다. 그러므로 성도(聖徒)와 관련한 신약의 개념 속에는 다음과 같은 요소들이 포함되어 있습니다 — 성별, 그리스도를 믿는 믿음에 기초한 성별, 세상과 죄로부터 분리되는 것으로 이끄는 성별. 그러므로 모든 참된 그리스도인들은 스스로를 기쁘게 하나님께 드리면서 악한 환경과 교통하며 악한 자아에 순복하는 것으로부터 스스로를 분리시켜야 합니다. 모든 하나님의 백성들이 성도인 것은 그들이 정결한 자들이기 때문이 아니라 하나님께 드려진 자들이기 때문입니다. 오직 그와 연합할 때 정결케 하는 능력이 그들의 삶 속으로 흘러들어오며 그들을 "성도의 의"로 옷 입힐 것입니다. 이와 같이 여러분은 여러분 자신을 하나님께 성별했습니까?

(d) 마지막 이름은 형제들(brethren)입니다. 이 이름 역시 교회의 불성실한 사용과 세상의 빈정거림에 의해 올바른 취급을 받지 못했습니다. 그리고 마침내 그것은 아무것도 의미하지 않는 무의미한 호칭이 되었으며, 세상은 우리의 "형제들"(brethren)을 그들의 "형제들"(brothers) 이상의 의미를 갖지 않는 것으로 이해했습니다. 안타까운 일이지만 그것은 사실입니다.

그러나 "형제들"(brethren)이라는 이름의 주된 의미는 그들 상호간의 형제관계가 아니라 그들의 아버지에 대한 그들의 공통적 관계입니다.

우리가 그리스도인으로서 스스로를 "형제들"이라고 부를 때, 그것은 첫째로 우리가 한 아버지로부터 온 그리고 우리를 서로에 대해 그리고 우리를 둘러싸고 있는 세상에 대해 전적으로 새로운 관계 속에 놓은 초자연적 생명을 소유하고 있음을 의미합니다. 만일 여러분이 예수 그리스도를 믿는 믿음을 통해 오는 그와 같은 새로운 생명을 소유하고 있다면, 여러분은 같은 생명을 소유한 다른 모든 사람들과 형제(brethren)가 된 것입니다. 여러분은 그러한 사실을 믿습니까?

사회가 점점 더 복잡해지며 그리스도인들이 교육적으로, 사회적으로, 직업적으로, 정치적으로 서로 점점 더 달라짐에 따라 다음과 같은 명확한 사실을 느끼기가 점점 더 어려워집니다. 즉 다른 모든 면에서 매우 다른 두 명의 그리스도인이 다른 모든 면에서는 매우 비슷한 한 그리스도인과 한 비그리스도인보다 훨씬 더 가깝다는 사실 말입니다. 왜냐하면 두 명의 그리스도인은 서로 아무리 다르다 하더라도 본질적으로 같은 뿌리를 공유하기 때문입니다. 오늘날 이러한 사실을 느끼기는 어려우며, 또 점점 더 어려워져 가고 있습니다. 그러나 그 모든 것에도 불구하고 그것은 사실입니다.

사랑하는 그리스도인들이여, 지금 나는 여러분에게 예수 그리스도를 사랑하는 사람들과 함께 있을 때 편안함을 느끼느냐고 묻고 싶습니다. 그렇지 않으면 여러분은 그렇지 않은 사람들과 함께 있는 것을 더 좋아합니까?

나는 여러분 가운데 친밀한 교우(交友)관계를 맺음에 있어 상대방의 종교를 거의 고려하지 않는 사람들이 적지 않게 있을 것이라고 생각합니다. 물론 여러분의 사회적 위치로 말미암아 같은 신앙을 공유하지 않는 사람들과 어울려야 하는 경우도 많이 있을 것입니다. 그러한 교제로부터 움츠리는 것은 겁약하며 잘못된 것입니다. 그러나 그리스도인들에게 있어 같은 신앙을 고백하지 않는 사람들 가운데 친밀하며 마음을 나누는 친구를 선택하는 것은 그들의 믿음과 부합하지 않는 행동입니다. 그의 친구들을 보면 그 사람이 어떤 사람인지 아는 법입니다. 만일 여러분이 다른 이유들로 친밀한 친구들을 선택하면서 정작 그들의 종교는 거의 고려의 대상이 되지 않는다면, 나는 여러분에게 있어 예수 그리스도를 믿고 또 그를 사랑하는 것은 아주 작은 일이라고 밖에는 달리 결론내릴 수 없습니다. 만일 여러분이 그리스도와 연결하는 띠를 깊이 느끼며 실제로 그를 가까이 하며 살아간다면, 여러분은 형제들과 가까이 지내게 될 것입니다. 여러분은 "피는 물보다 진하다"는 것을 느낄 것입니다. 설령 여러분이 그리스도 밖에 있는 사람들과 많은 면에서 매우 비슷하다 하더라도, 여러분을 가장 비천하며 가장 무지하며 사회적으로 여러분과 가장 비슷하지 않은 사람들과 연합시키는 가장 깊은 유대(紐帶)의 띠를 느낄 것입니다. 심지어 신학적 입장에서 매우 다르다 하더라도 만일 그가 진지하게 예수 그리스도를 사랑한다면, 여러분은 그에게 깊은 형제의 정을 느낄 것입니다.

이것이 오늘의 주제의 전체적 핵심입니다. 오늘 여러분에 대한 나의 마지막 말은 그리스도의 사람을 규정하는 세상의 모호한 개념으로 만족하지 말라는 것입니다. 만일 여러분이 그리스도인이라면, 나는 여러분이 다음과 같이 말하는 것을 바라지 않습니다. "아, 물론이지! 여기는 기독교 국가가 아닌가? 나는 유아세례를 받지 않았던가? 우리는 모두 영국에서 태어남으로써 영국 교회의 지체가 되지 않았던가? 그래, 물론이야!" 어떻습니까? 이것은 그리스도인을 규정하는 세상의 모호한 개념이 아닙니까?

나는 여러분이 그렇게 말하기를 바라지 않습니다. 나는 여러분이 아무 말도 하지 말고 스스로에게 다음과 같은 네 가지 질문을 던져보기를 바랍니다. "나는 그리스도의 제자인가? 나는 그를 믿고 있는가? 나는 그에게 성별(聖別)되었는가? 나는 그로부터 온 새 생명을 소유하고 있는가?" 그리고 다음과 같은 확신에 찬 대답을 할 수 있을 때까지 결코 쉬지 마십시오. "그래, 감사하게도 나는 정말로 그러해!"

44
야고보의 순교

"그때에 헤롯 왕이 손을 들어 교회 중에서 몇 사람을 해하려 하여 요한의 형제 야고보를 칼로 죽이니"

행 12:1, 2

아마도 사람들은 성경이 사도들 가운데 첫 번째 순교자의 죽음에 대해 이토록 짤막하게 기록하리라고는 거의 예상하지 못했을 것입니다. 우리가 아는 대로 야고보는 예수 그리스도와 가장 가까이 있었던 사도들 가운데 한 사람이었습니다. 복음서에서 그는 거의 대부분의 경우 베드로와 요한과 함께 등장합니다. 그리고 그의 형제 요한과 함께 언급될 때는 마치 그가 둘 가운데 더 중요한 사람인 것처럼 항상 그의 이름이 먼저 거명됩니다. 아마도 그것은 그가 형이었기 때문이거나 아니면 우리가 알지 못하는 다른 이유 때문이었을 것입니다. 그러나 그 이후에 우리는 야고보에 대해 거의 듣지 못합니다. 사도행전에서 그는 전혀 특별한 인물로 나타나지 않습니다. 그의 이름은 단지 사도행전 앞부분에서 사도들의 목록 가운데 언급되었다가, 여기에서 다시금 그의 죽음이 간략하게 언급될 뿐입니다. 특별히 그의 순교 이야기가 짤막하게 기록된 것은 매우 주목할 만합니다. 이로부터 우리는 몇 가지 중요한 교훈들을 배울 수 있는데, 나는 우리가 다음과 같은 네 가지 대조를 주목할 때 그러한 교훈이 가장 잘 나타난다고 생각합니다 — 야고보와 스데반, 야고보와 베드로, 야고보와 요한, 야고보와 야고보. 이제 이러한 네 가지 대조를 하나씩 살펴보도록 합시다.

1. 야고보와 스데반.

두 사람의 죽음이 다루어지는 분량이 얼마나 다른지 주목해 보십시오. 한 사람의 순교 이야기는 한 장 이상에 걸쳐 자세하게 기록된 반면, 다른 한 사람의 순교 이야기는 고작 한 문장으로 짤막하게 기록되었을 뿐입니다. 그러나 두 사람 가운데 훨씬 덜 주목받은 한 사람은 사도의 직분을 가진 자였으며, 훨씬 더 많은 주목을 받은 다른 한 사람은 고작 집사요 말씀을 전파하는 자였을 뿐입니다. 스데반이 순교로써 주님을 따른 첫 번째 그리스도인이었다는 사실은 이러한 이상한 차이를 설명하기에 충분하지 않습니다. 우리는 그러한 차이의 이유를 다른 방향으로부터 찾아야만 합니다. 이와 관련하여 우리는 성경이 사람들에 대해서는 아주 적은 관심밖에 기울이지 않는다는 사실을 기억할 필요가 있습니다. 왜냐하면 그 책의 참된 주제는 사람들의 행적(行蹟)이 아니라 예수 그리스도의 행적이기 때문입니다. "사도행전"이 주요 사도들 가운데 한 사람의 죽음을 이토록 짤막하게 처리하는 이유는 단순히 그 책의 저자가 책의 서두에서 말하는 것처럼 그것의 주제가 "승천하신 이후 예수께서 행하시며 가르치시기를 계속하신 모든 것"이었기 때문입니다(1:1, 2). 실제로 행하는 자는 그리스도였기 때문에, 야고보나 혹은 다른 어떤 사도가 어떻게 되었나 하는 것은 그리 큰 문제가 아니었습니다. 이 책은 "사도들의 행전"이 아니라 "예수 그리스도의 행전"입니다.

우리는 여기에서 내가 앞에서 제시한 네 가지 대조에 포함되지 않는 또 하나의 대조를 생각할 수 있는데, 그것은 누가가 예수 그리스도의 죽음에 대해 기록한 분량과 여기에서 야고보의 죽음에 대해 기록한 분량 사이의 대조입니다. 누가복음에서 우리 주님의 마지막 이틀에 그토록 많은 분량의 기록이 할당된 이유는 무엇입니까? 어째서 수년 동안의 야고보의 기록은 그토록 짧은 반면 며칠 동안의 예수 그리스도의 기록은 그토록 깁니까? 그 이유가 한 사람의 죽음은 단순한 하나의 죽음일 뿐인 반면 그리스도의 죽음은 세상의 생명이기 때문이 아니면 도대체 무엇이겠습니까? 역사(歷史) 가운데 오로지 그리스도의 발자취를 좇는 데에만 모든 관심이 집중되는 책에서 그리고 사람들은 단지 그의 목적을 이루는 도구로서만 간주되는 책에서, 우리는 사람들의 순교에 대해 시적이며 감상적 묘사를 기대해서는 안 됩니다.

야고보의 순교 이야기가 매우 짤막하게 기록된 사실로부터 우리가 끌어낼 수 있는 또 하나의 교훈은 우리 자신과 우리가 행한 일과 우리가 고난당한 것에 대해 큰 관심을 기울일 필요가 없다는 것입니다. 야고보에게 있어 그의 생애와 죽음이 매우 짤막하게 기록되었기 때문에 도리어 그는 자신의 무덤에서 기분좋게 잠잡니다. 아니 그렇다기보다, 도리어 그렇기 때문에 그는 하늘에서 영광 가운데 깨어납니다. 만일 우리가 우리의 충성된 수고의 위대한 결과를 생각한다면, 그것이 이 땅에서 어떻게 기록되는지에 대해 큰 관심을 기울일 필요가 없을 것입니다.

나아가 야고보의 죽음에 대한 짤막한 언급으로부터 우리가 배울 수 있는 또 하나의 교훈은 실제로 죽음이 너무나 사소한 것이라는 사실입니다. 사망과 생명의 주인의 관점으로부터 — 바로 이것이 사도행전의 저자인 누가의 관점이 아닙니까? — 바라볼 때, 아무리 위대한 자의 죽음이라 하더라도 실상 그것은 매우 작은 것에 불과합니다. 만일 우리가 죽음이 실제로 얼마나 작은 것인지 이해한다면, 그것에 대한 우리의 개념을 수정할 필요가 있습니다. 우리에게 있어 그것은 우리의 골짜기 끝을 가로막고 있는 시커먼 절벽처럼 보입니다. 그러나 그 밑으로 길이 있습니다. 그리고 그 길을 통과하면 우리 앞에 햇빛으로 찬란한 아름다운 땅이 펼쳐집니다. 그럴 때 도저히 지나갈 수 없는 것처럼 보였던 절벽은 이제 아무것도 아닌 것이 됩니다. 영원으로부터 바라보는 자들에게 죽음은 매우 사소한 것입니다. 그리고 그러한 사실을 우리는 야고보의 죽음을 짤막하게 언급하고 지나가는 본문으로부터 잘 배울 수 있습니다.

2. 야고보와 베드로.

사도행전 12장은 우리에게 두 가지 이야기를 전해줍니다. 그것은 한 사람의 죽음 이야기와 다른 한 사람의 구원을 위해 행해진 기적 이야기입니다. 어째서 두 사람의 입장이 바뀔 수 없었을까요? 어째서 벳세다의 한 어부를 구원하기 위해 펼쳐진 기적의 손이 또 다른 어부를 구원하기 위해 펼쳐질 수 없었을까요? 어째서 야고보는 죽임을 당하고, 베드로는 기적적으로 구원을 받았을까요? 이러한 질문들은 쉽게 제기될 수 있지만, 그러나 우리는 그러한 질문들에 대답할 수 없습니다. 우리는 한 사람이 다른 한 사람보다 교회의 발전에 더 필요했다고 말할 수 있습니다. 그러나 우리 모두는 우리의 보잘것없는 시각(視覺)으로 꼭 필요한 것처럼 보였던 사람이 무자비하게 죽임을 당하고 전혀 쓸모없는 것처럼 보이는 사람이 장수를 누리는 것을 종종 보아왔습니다. 또 우리는 그리스도인으로서의 성숙한 인격이 그를 영광을 위해 준비시켰노라고 말할 수 있습니다. 그러나 우리 모두는 그와 반대되는 경우, 다시 말해서 전혀 준비되지 않은 사람이 갑자기 세상을 떠나는 반면 영광을 위해 충분히 준비되었음에도 불구하고 많은 사람들의 축복이 되기 위해 계속해서 세상에 남아 있는 경우 또한 많이 봅니다.

그러므로 이 모든 설명들은 문제의 핵심까지 이르지 못합니다. 그러므로 우리는 이러한 질문들을 우리 모두의 삶과 죽음의 열쇠를 쥐고 계시는 자의 손에 남겨두어야만 합니다. 다만 우리는 야고보 역시 베드로와 마찬가지로 그리스도에게 사랑스러운 자였다는 사실과 한 사람을 헤롯의 손으로부터 구원하기 위해 천사를 보낸 사랑이 다른 한 사람이 순교를 당할 때 그 곁에서 지키도록 천사를 보낸 사랑보다 반드시 더 큰 사랑인 것은 아니라는 사실을 확신할 수 있습니다.

한 사람이 그리스도에게 사랑스러운 자였던 것과 마찬가지로 다른 한 사람 역시 그러했습니다. 한 사람이 "사자의 입으로부터" 구원받은 것과 마찬가지로 다른 한 사람 역시 그러했습니다. 설령 한 사람은 사자의 이빨로부터 끌어냄을 받은 것처럼 보이는 반면 다른 한 사람은 사자의 이빨에 찢긴 것처럼 보인다 하더라도 말입니다. 헤롯이 야고보를 죽였음에도 불구하고 그로 하여금 그의 주님을 배반하게 만들지 못했을 때, 야고보는 결국 헤롯으로부터 구원받은 것입니다. 그리고 그의 구원은 베드로의 구원보다 결코 못하지 않았습니다.

나아가 여기의 두 사도의 서로 다른 운명으로부터 우리는 앞에서 이야기한 것처럼 죽음이라는 이름의 악이 겉으로 보이는 것처럼 실제로 그렇게 대단한 것이 아니라는 사실을 배울 수 있습니다. 그것은 겉으로 쓰게 보이는 것만큼 실제로 그렇게 쓰지 않으며, 우리와 예수 그리스도를 묶는 연합의 띠를 끊는 데 아무런 힘도 가지고 있지 않습니다. 만일 우리가 그리스도인이라면, 우리 영혼의 가장 깊은 바람은 우리 주님과의 보다 충만한 교제일 것입니다. 우리는 살면서 부분적으로 그러한 교제를 실현합니다. 그러나 만일 우리가 그러한 교제를 영원히 실현시켜주는 변화로부터 움츠린다면, 그것은 너무나 이상한 일이 아닙니까? 야고보와 베드로의 대조는 우리에게 사망과 생명을 주관하는 동일한 사랑을 가르쳐줍니다.

3. 야고보와 요한.

두 형제의 연합과 여기의 순교로 말미암은 분리는 매우 두드러지며 또한 감동적입니다. 그들은 아버지 세베대와 더불어 작은 어촌 마을에서 함께 고기 잡는 일을 했던 것으로 보입니다. 그들은 예수의 제자가 되는 것으로 인해 나누어지지 않았습니다. 한 형제가 죽음으로써 다른 형제가 구원받는 다른 많은 경우들과는 달리 말입니다. 요한복음 1장에서 우리는 “요한 — 세례 요한 — 의 말을 듣고 예수를 따르게 된 두 사람”에 대한 이야기를 듣게 되는데, 그들은 요한과 안드레였습니다(40절). 이어지는 “그가 — 안드레가 — 먼저 자신의 형제 시몬을 찾아”라는 표현 속에서 우리는 “다른 제자” 즉 요한 역시도 자신의 형제를 예수께 데려왔을 것으로 추측할 수 있습니다(41절). 그렇게 본다면, 야고보는 요한으로 말미암아 예수께 나아오게 된 것입니다. 그들은 예수를 따르는 제자로서 뿐만 아니라 한 걸음 더 나아가 함께 사도로서 온전히 연합되었습니다. 그들은 예수의 생애의 중요한 사건들 속에서 그와 함께 했습니다. 또 그들은 나중에 함께 교회의 지도자가 되었으며, 그러다가 야고보의 죽음으로 말미암아 서로 분리되었습니다. 한 사람은 사도들 가운데 제일 먼저 사탄의 격노(激怒)의 희생물이 되었으며, 다른 한 사람은 다른 형제들 가운데 머물며 백 세 혹은 그 이상을 살았습니다.

이와 같이 야고보와 요한 두 형제는 너무도 친밀하게 연합되어 있었으며, 그러나 너무나 빨리 분리되었으며, 그리고 너무나 오랫동안 떨어져 있었으며, 그러다가 마침내 다시 하나가 되었습니다. 심지어 이 땅에 있는 우리에게조차 야고보의 이른 순교와 요한의 장수(長壽) 사이의 기간은 고작 한 뼘에 불과한 것처럼 보입니다. 그때 이후로 지나간 장구한 세월은 두 사람의 죽음 사이의 시간의 차이를 극히 사소한 것으로 만들지 않습니까? 두 형제가 하나님 앞에서 다시 만났을 때, 그들에게 둘 사이의 죽음의 차이는 아무것도 아닌 것으로 보였을 것입니다.

4. 초창기 시절의 야고보와 훗날의 야고보.

우레의 아들이라 불릴 정도로 혈기왕성하던 시절에, 그와 그의 형제와 그의 어리석은 어머니는 함께 그리스도께 나아가 "주의 영광 중에서 우리를 하나는 주의 우편에, 하나는 좌편에 앉게 하여 주옵소서"라고 말했습니다(막 10:37). 이것이 그가 소망하며 바랐던 것이었습니다. 그러나 그가 실제로 얻은 것은 수년 동안의 수고와 박해의 쓰라린 맛과 마침내 참수자(斬首者)의 칼날이었습니다.

이와 같이 종종 우리의 좌절된 꿈이 마침내 그 꿈이 온전히 성취되는 길이 되기도 합니다. 왜냐하면 예수 그리스도께서 "주의 영광 중에서 우리를 주의 우편에 앉게 하여 주옵소서"라는 야고보의 간청에 "내가 마시는 잔을 너희가 마실 수 있으며 내가 받는 세례를 너희가 받을 수 있느냐?"라는 되물음으로 대답하고 계셨기 때문입니다(38절). 이에 야고보는 자기가 말하는 것의 의미도 알지 못한 채 "주께서 마시는 잔을 우리가 마실 수 있나이다"라고 대답했습니다(39절). 아, 그는 자신의 맹세를 지켰습니다! 잔이 그에게 내밀어졌을 때, 그는 남자답게 그리고 그리스도인답게 그것을 받아 마지막 한 방울까지 모두 마셨습니다. 그리고 그는 조용히 자신의 무덤으로 들어갔습니다. 그러나 그의 불타는 야심과 고요한 자기부인 사이의 그리고 그의 어리석은 꿈과 엄연한 현실 사이의 변화는 우리의 바라는 것들이 성취되든 혹은 좌절되든 그것들은 모두 정결케 될 필요가 있으며 또한 이 땅에서의 좌절은 종종 우리가 바랐던 것보다 더 높은 형태로 성취되는 하나님의 길이 되곤 한다는 사실을 우리에게 잘 가르쳐줍니다.

그러므로 형제들이여, 우리와 우리의 모든 사랑하는 자들에게 있어서의 살고 죽는 문제는 그의 결정에 남겨둡시다. 우리의 인생이 요한처럼 길든 혹은 야고보처럼 짧든 "살든지 죽든지 우리는 주의 것이라"는 사실을 확신합시다. 또 우리의 인생의 길이가 어떻든 그리고 우리의 죽는 방법이 어떻든, 그 모든 것은 결국 우리가 바라는 것의 최고의 성취로 데려갈 것이며 마침내 우리를 그의 곁으로 인도할 것입니다. 그리고 그의 오른편에 이 땅에서 그를 사랑했던 모든 자들이 앉을 것이며, 그들은 비록 잠시 떨어져 있었다 하더라도 마침내 다시 만나 영원히 시들지 않는 기쁨을 함께 나눌 것입니다. "그리하여 우리가 항상 주와 함께 있으리라"(살전 4:17).

45
베드로가 옥으로부터 구원받음

"이에 베드로는 옥에 갇혔고 교회는 그를 위하여 간절히 하나님께 기도하더라"

행 12:5

베드로가 옥(獄)으로부터 기적적으로 구원받은 이야기는 매우 생생하면서도 세부적 묘사로 가득합니다. 그리고 그러한 사실은 우리로 하여금 사도행전의 저자인 누가가 여기의 이야기를 아마도 베드로 자신이나 혹은 그와 아주 가까운 사람으로부터 직접 들었을 것이라고 추측하도록 만듭니다. 이야기의 전체적 분위기는 마가복음의 그것과 매우 유사한데, 왜냐하면 마가복음 역시도 여기의 이야기와 마찬가지로 매우 생생하며 세부적 묘사로 가득하기 때문입니다. 우리는 바울 사도가 말년에 마가와 누가와 함께 있었음을 기억합니다. 의심의 여지없이 로마에 있었던 때에, 베드로의 특별한 동료였던 그리고 고대의 한 기독교 저술가에 의해 "베드로의 해석자"라고 일컬어졌던 마가는 누가에게 베드로에 대해 상세하게 이야기해주는 일로 무척 바빴을 것입니다.

나아가 여기의 이야기는 세부적 묘사로 가득할 뿐만 아니라 또한 여러 가지 교훈들로 가득합니다. 이제 그러한 교훈들을 몇 가지 살펴보도록 합시다.

1. 첫째, 여기에서 스스로 어떻게 할 수 없는 무력(無力)한 자가 어떻게 강하게 되는지 발견합니다.

"이에 베드로는 옥에 갇혔고 그러나 교회는 그를 위하여 간절히 하나님께 기도하더라." 본문 가운데 들어있는 웅변적 "그러나"를 보십시오(Peter therefore was kept in prison: but prayer was made without ceasing of the church unto God for him, 한글개역개정판에는 생략되어 있음 — 역주). 이러한 웅변적 "그러나"는 본 장 마지막 부분에 또 다시 나타납니다. "헤롯이 영광을 하나님께로 돌리지 아니하므로 주의 사자가 곧 치니 벌레에게 먹혀 죽으니라 그러나 하나님의 말씀은 흥왕하여 더하더라"(24절, 한글개역개정판에는 여기에서도 "그러나"가 생략되어 있음 — 역주). 여기에서 여러분은 한편에서 모든 것이 완벽하게 준비된 것을 봅니다 — 네 명씩 네 패로(즉 16명으로) 구성된 군사들(4절), 두 개의 쇠사슬(6절), 세 개의 문(10절), 헤롯의 굳은 결심(19절), 그리고 백성들의 광적 열광(22절). 반면 다른 한편에서 얼마 안 되는 소수의 그리스도인들은 무엇을 가지고 있었습니까? 그렇습니다. 그들은 기도를 가지고 있었습니다. 또 그들은 예수 그리스도를 가지고 있었습니다. 그것이 전부였지만, 그러나 그것으로 충분하고도 남았습니다. 여러분에게 그들이 준비한 모든 것은 얼마나 우스꽝스럽게 보입니까! 그 모든 것 뒤에 등장하는 웅변적 "그러나"를 생각할 때 말입니다. 5절을 보십시오. 교회가 베드로를 위해 간절히 하나님께 기도했다고 특별히 언급하지 않습니까? 이것이 특별하게 언급되는 위치를 감안할 때, 우리는 그때 벌어진 모든 일이 그들이 그를 위해 기도했기 때문이라는 사실을 분명하게 알 수 있습니다. 그 일은 결코 우연한 일이 아니었습니다. 그것은 원인과 결과의 관계를 갖는 필연적 귀결이었습니다. 교회가 베드로를 위해 간절히 하나님께 기도했습니다. 이것이 원인입니다. 그러면 그 결과는 무엇이었습니까? 보십시오. 헤롯이 그를 잡아내려고 했을 때, 옥중에 광채가 비취면서 홀연히 주의 사자가 나타났습니다(7절). 시편 18편에도 여기와 동일한 인과관계가 나옵니다. "나의 부르짖음이 그의 귀에 들렸도다 이에 땅이 진동하고 산들의 터도 요동하였으니"(6, 7절). 그러고 나서 우레가 치고 지진이 일어나는 등 신적 현현(顯現)의 모든 장엄한 현상들이 따릅니다. 그리고 그 모든 것의 목적은 이것이었습니다 — "그가 높은 곳에서 손을 펴사 나를 붙잡아 주심이여 많은 물에서 나를 건져내셨도다"(16절). 신적 본성의 모든 에너지가 가장 높은 하늘로부터 내려와 땅을 진동시킵니다. 이러한 사실의 한쪽 끝에 비천한 자의 부르짖음이 있고, 다른 쪽 끝에 그의 구원이 있습니다. 여기에서 신적 현현을 일으킨 원천은 한 개인의 기도였습니다. 그리고 그것의 목적은 그 개인의 구원이었습니다. 지하수를 끌어올리는 펌프를 생각해 보십시오. 그곳에 약간의 물을 넣고 펌프질을 하면 엄청난 양의 물을 끌어올릴 수 있습니다. 마찬가지로 오직 기도 외에 아무것도 할 수 없는 무력한 자들이 헤롯과 그의 16명의 병사들과 그의 쇠사슬과 그의 옥문보다 더 강합니다. 교회가 베드로를 위해 기도했기 때문에 그 결과로 모든 일이 일어났으며 마침내 베드로는 구원받았습니다.

한편 우리는 본문 바로 앞에서 베드로의 동료였던 야고보가 죽임을 당하는 이야기를 듣습니다. 교회는 그를 위해서도 기도했습니까? 물론 그들은 그를 위해서도 기도했습니다. 그러면 어째서 그를 위한 기도는 응답되지 않았습니까? 하나님에게는 의붓자식이 없습니다. 하나님에게는 베드로와 마찬가지로 야고보 역시도 사랑하는 자녀였습니다. 한 사람을 위한 기도는 응답되었는데, 다른 한 사람을 위한 기도는 응답되지 않았습니까? 베드로가 교회의 기도에 의해 구원받는 것은 하나님의 뜻이었습니다. 그러므로 우리는 경건한 마음으로, 만일 요한의 어머니 마리아의 집에서 많은 사람들이 모여 기도하지 않았다면 베드로가 갇혀 있는 옥에 천사가 나타나지 않았을 것이라고, 조심스럽게 말할 수 있습니다.

이와 같이 여기에서 우리는 약한 자의 강함이 무엇인지, 무장하지 않은 자의 갑옷이 무엇인지, 스스로를 방어할 수 없는 자를 방어해주는 것이 무엇인지 발견합니다. 만일 박해 아래 있던 기독교회가 그들에게 주어진 기도의 무기를 더 굳게 붙잡았다면, 그들의 승리는 한층 더 분명하게 드러났을 것입니다. 또 만일 우리의 개인적 삶 가운데 여기의 웅변적 "그러나"의 교훈을 가슴에 새긴다면, 분명 우리는 낙망과 혼란 가운데 덜 빠지게 될 것입니다. 이와 같이 오늘의 첫 번째 교훈은 스스로 어떻게 할 수 없는 무력한 자가 어떻게 강하게 되는지를 가르치는 것입니다.

2. 둘째, 우리는 여기에서 구원의 지연(遲延)을 발견합니다.

베드로는 어느 정도 기간 동안 옥에 갇혀 있었습니다. 그리고 그 동안 계속해서 기도가 드려졌지만 아무런 응답도 없었습니다. 그러는 동안 무교절 기간이 하루하루 지나갔고, 마침내 마지막 밤이 되었습니다. 바로 그 밤에 광채가 비취며 주의 사자가 나타났습니다. 어째서 예수 그리스도는 가련한 탄원자들의 부르짖음을 좀 더 빨리 듣지 않았습니까? 그들을 위한, 베드로를 위한, 우리를 위한, 그 자신을 위한 부르짖음을 말입니다. 그가 마지막 순간 개입한 것은 그들의 믿음을 시험하기 위한 것이었습니다. 여기에서 그들이 그러한 시험을 얼마나 아름답게 통과했는지 보십시오. 다음 날 처형될 예정이었던 베드로는 옥에 누워 조용히 잠자고 있었습니다. 그는 지금 불편한 베개를 베어야만 했으며, 양쪽 팔에는 쇠사슬이 채워졌으며, 그의 양 옆에는 두 군인이 지키고 있었습니다. 그럼에도 불구하고 그는 잠자고 있었습니다. 그러나 그가 잠자고 있는 동안에도 그리스도께서는 깨어 계셨습니다. 그리고 그의 형제들도 깨어 있었습니다. 그들의 믿음은 지금 시험을 받고 있었으며, 그들은 그러한 시험을 잘 통과했으며, 그로 인해 그들의 믿음은 더 강해졌습니다. 한편 베드로의 인내와 믿음 역시 시험을 받고 있었으며, 그는 그러한 시험을 잘 통과했으며, 그로 인해 그의 인내와 믿음은 더 깊어지고 더 확고해졌습니다. 분명 그는 용감한 사람이었습니다. 왜냐하면 죽음 앞에서 그는 조금도 두려워하지 않고 그것에 직면하고 있었기 때문입니다. 그가 나중에 "당신은 좀 더 빨리 그곳으로부터 빠져나오기를 바라지 않았습니까?"라는 질문을 받았다고 상상해 보십시오. 그러한 질문에 나는 그가 다음과 같이 대답했을 것이라고 감히 생각합니다. "결코 그렇게 생각하지 않았습니다. 왜냐하면 그 당시 나는 주의 때가 최선의 때라는 사실을 배웠기 때문입니다. 그때 나는 인내를 배웠으며 또한 믿음을 배웠습니다."

여러분은 여기와 상황이 전혀 다르기는 하지만 그러나 본질적 차원에서는 매우 유사한 한 사건을 기억합니까? 그것은 베다니의 두 자매가 병든 오라비를 위해 예수께서 계신 곳으로 사자(使者)를 보낸 사건입니다. 그녀들의 메시지는 이것이었습니다. "주여 보시옵소서 사랑하시는 자가 병들었나이다"(요 11:3). 이러한 메시지 안에 그리스도에 대한 무한한 신뢰가 나타나지 않습니까? 그녀들은 "빨리 와 주소서!"라고 말하지 않았습니다. 그녀들은 주님에게 무엇인가를 행하라고 요청하지 않았습니다. 그녀들은 그와 같이 무엇인가를 행하는 것이 필요하다고 생각하지 않았습니다. 그녀들은 그가 어떻게 행하든 그것이 옳은 일임을 분명히 확신했습니다.

그러한 메시지는 어떻게 받아들여졌습니까? "예수께서 본래 마르다와 그 동생과 나사로를 사랑하시더니"(5절). 그렇다면 그러한 사랑은 그로 하여금 가능한 빨리 나사로가 누워 있는 침상을 향해 달려가도록 이끌었습니까? 그렇지 않았습니다. 그러한 사랑은 도리어 그로 하여금 그 자리에 그대로 머물러 있도록 만들었습니다. "나사로가 병들었다 함을 들으시고 그러므로 — 그가 그들을 사랑하셨기 때문에 — 그 계시던 곳에 이틀을 더 유하시고"(6절). 그렇게 한 것은 나사로가 죽도록 충분한 시간을 주고, 그렇게 함으로써 두 자매의 믿음을 시험하기 위함이었습니다. 그녀들의 믿음은 그러한 시험을 완벽하게 통과한 것처럼 보이지 않습니다. "주께서 여기 계셨더라면 내 오라버니가 죽지 아니하였겠나이다"(21절). 마르다의 이러한 말 속에는 "주께서 왜 여기에 계시지 아니하셨나이까?"라는 의미가 함축되어 있습니다. 그리스도의 시간이 최선의 시간이었습니다. 그녀들에게 있어 나흘 동안 오라비를 잃지 않는 것보다 죽은 오라비가 다시 살아 돌아오는 것이 훨씬 더 좋은 일이었습니다. 이와 같이 지연(遲延)은 믿음을 시험하며, 마침내 구원을 이룹니다. 그리고 지연을 통해 구원이 이루어질 때, 그러한 구원은 더 달콤할 뿐만 아니라 그것이 신적 근원으로 말미암아 이루어졌음을 더 분명하게 드러냅니다. 그러므로 형제들이여 우리는 "항상 기도하고 낙심하지 말아야" 합니다(눅 18:1). 그리고 하나님이 최선의 때에 도우실 것을 확신해야 합니다.

3. 셋째, 여기에서 구원이 느긋하게 이루어지는 것을 발견합니다.

탈옥하는 죄수는 옷을 입고 있든 벗고 있든 상관없이 가능한 빨리 내빼고 싶을 것입니다. 그러나 주의 사자가 나타나 옥중에 광채가 비췰 때, 그가 얼마나 천천히 그리고 느긋하게 구원을 이루어 나가는지 보십시오. "신을 신으라. 모든 준비를 갖추라. 네 옆에 있는 두 명의 군인들은 신경 쓰지 말라. 그들은 깨어나지 않을 것이라. 띠를 띠라. 겉옷을 입으라. 두려워하지 말라. 조급하지 말라. 시간이 많이 있느니라. 자, 준비되었느냐? 가자!" 주의 사자에게 있어 베드로를 옥으로부터 나오게 하여 마리아의 집 문 앞에 데려다 놓는 일은 아주 쉬운 일이었습니다. 베드로는 천사의 인도로 모든 장애물을 통과했습니다. 그는 천사의 인도로 첫 번째 파수와 두 번째 파수를 통과하고 계속해서 시내로 통하는 쇠문을 통과했습니다(10절). 그리고 그 모든 과정은 느긋하게 이루어졌습니다.

그 이유는 무엇이었습니까? 왜냐하면 전능자는 결코 서두르지 않기 때문입니다. 하나님은 심판의 일을 행할 때든 긍휼의 일을 행할 때든 그의 위엄에 어울리게 천천히 행하십니다. "여호와께서 너희 앞에서 행하시며 이스라엘의 하나님이 너희 뒤에서 호위하시리니 너희가 황급히 나오지 아니하며 도망하듯 다니지 아니하리라"(사 52:12). 우리는 종종 조급하며 성급하게 일합니다. 그러나 하나님은 천천히 일하십니다. 왜냐하면 그는 확실하게 일하시기 때문입니다. 이것이 모든 영역에서 하나님이 일하시는 방법입니다. 그러므로 우리는 우리의 열렬한 기대(期待)의 속도를 조절해야 합니다. 그리고 신적 목적이 이루어져가는 장엄하면서도 느긋한 행진에 맞추어야 합니다. 우리의 개인적 섭리들과 관련해서든 혹은 세상의 구원과 관련해서든 말입니다. "처음에 속히 잡은 산업은 마침내 복이 되지 아니하느니라"(잠 20:21). "보라 내가 한 돌을 시온에 두어 기초를 삼았노니 곧 시험한 돌이요 귀하고 견고한 기촛돌이라 그것을 믿는 이는 서두르지 말 것이라"(He that believeth shall not make haste, 사 28:16).

4. 마지막으로, 여기에서 구원받은 죄수가 가능한 빨리 스스로 행동하도록 남겨지는 것을 발견합니다.

천사가 베드로와 함께 있는 동안, 베드로는 비몽사몽의 상태에 있었습니다. 그는 자신이 잠자고 있는지 깨어 있는지 알지 못했습니다. 그러나 그가 시내로 통하는 쇠문을 지나 계속해서 새벽 여명으로 어렴풋한 한 거리를 지났을 때, 천사는 곧 사라졌습니다(10절). 그러자 베드로는 곧 제 정신이 들었습니다. 그는 기적이 없이는 파수와 쇠문을 통과할 수 없었지만, 그러나 이제는 기적이 없이도 마리아의 집을 찾을 수 있었습니다. 그는 쇠문을 통과하여 한 거리를 지날 때까지는 자신을 이끌어줄 천사를 필요로 했지만, 그러나 이제는 더 이상 천사를 필요로 하지 않았습니다. 그리하여 천사는 새벽 여명 사이로 사라졌으며, 그가 스스로를 책임져야 할 때가 되었을 때 그는 스스로를 느끼며 스스로를 견고하게 했습니다. 그는 맑은 정신으로 아무도 없는 거리에 서서 스스로 생각하면서 스스로 길을 찾아갈 수 있었습니다. 따라서 그는 천사가 떠난 것을 아쉬워하지 않았습니다. 그는 스스로에게 "나는 마리아의 집으로 가야만 해"라고 말했습니다. 어쩌면 그는 거기에 사람들이 모여 기도하고 있었던 것을 알지 못했을는지 모릅니다.

그렇지만 어쨌든 그곳은 지금 그가 있는 곳으로부터 매우 가까웠으며, 의심의 여지없이 우리가 알지 못하는 어떤 이유로 그에게 매우 편리한 장소였을 것입니다. 기적의 능력의 경제성은 성경의 기적에 나타나는 주목할 만한 특성입니다. 우리가 스스로를 위해 행동할 수 있을 때, 하나님은 우리를 위해 특별한 행동을 하지 않습니다. 그러나 우리가 보다 더 깊은 의미에서 스스로를 위해 아무런 행동도 할 수 없을 때, 하나님이 우리를 위해 행동하십니다. 그렇지만 하나님은 자신의 초자연적 개입에 의해 시작되어야만 했던 구원을 완성함에 있어 우리에게 속한 몫을 스스로 담당하기를 바라십니다.

비몽사몽간에 베드로를 인도했다가 얼마 후 그를 그 자신의 상식과 용기 가운데 내버려둔 여기의 천사의 그림은 다음과 같은 위대한 말씀의 실제적 예화(例話)입니다. "두렵고 떨림으로 너희 구원을 이루라 너희 안에서 행하시는 이는 하나님이시니 자기의 기쁘신 뜻을 위하여 너희에게 소원을 두고 행하게 하시나니"(빌 2:12).

46
천사의 침

"베드로의 옆구리를 쳐 깨워 이르되 급히 일어나라 하니 쇠사슬이 그 손에서 벗어지더라 … 헤롯이 영광을 하나님께로 돌리지 아니하므로 주의 사자가 곧 치니 벌레에게 먹혀 죽으니라"

행 12:7, 23

동일한 존재가 베드로와 헤롯에게 똑같은 일을 행합니다. 그런데 한 사람에게 그의 침은 그에게 쇠사슬의 벗겨지는 결과를 가져다준 반면, 다른 한 사람에게는 벌레에 먹혀 죽는 결과를 가져다주었습니다. 이러한 하나의 원인에 의한 서로 다른 두 결과는 우리로 하여금 많은 것을 생각하도록 만듭니다.

1. 첫째, 동일한 침이 서로 다른 두 결과를 가져온 것을 주목하십시오.

하나님의 천사들이나 혹은 하나님 자신이 사람에게 손을 맬 때, 항상 그러합니다. 신적 능력과 신적 임재의 모든 계시들은 우리에게 서로 상반되는 결과들을 가져다주는 장엄한 가능성과 함께 임합니다. 그것들은 모두 우리에게 양자택일을 제시합니다.

이것은 복음도 마찬가지입니다. 복음 역시도 서로 상반되는 두 가지 가능성을 제시하면서 임합니다. 실제로 복음은 하나님의 모든 메시지와 다루심의 이중적 결과에 대한 가장 강력하면서도 치명적 실례(實例)입니다.

법궤가 오벳에돔의 집에는 축복과 형통을 가져다준 반면 다곤의 수족을 자르고 블레셋의 성읍들을 진멸하며 웃사를 쳐서 죽인 것을 생각해 보십시오. 또 동일한 기둥이 이스라엘에게는 밤새도록 빛을 비추어준 반면 애굽 사람들에게는 캄캄한 어둠으로 임했던 것을 생각해 보십시오. 마찬가지로 그리스도는 "이스라엘 중 많은 사람을 패하거나 흥하게 하는" 자로서 세움을 받았으며(눅 2:34), 그의 복음은 어떤 사람에게는 "사망으로부터 사망에 이르는 냄새"가 될 수도 있고 또 어떤 사람에게는 "생명으로부터 생명에 이르는 냄새"가 될 수도 있습니다(고후 2:16).

2. 둘째, 이러한 이중적 결과가 하나의 계획과 목적의 일부인 것을 주목하십시오.

베드로의 자유와 헤롯의 죽음은 동일한 방향으로 향하는데, 그것은 이제 막 시작된 어린 교회를 보존하고 강하게 함으로써 복음의 위대한 행진의 길을 예비하는 것입니다. 이것은 하나님의 모든 자기계시와 신적 능력의 나타남에 있어 동일합니다. 그 모든 것들은 하나의 원천과 하나의 동기로부터 오며, 근본적으로 불변하는 대리자의 행동입니다. 그것들이 그 기원과 성격에 있어 하나인 것처럼, 또한 그것들은 그 목적에 있어서도 하나입니다. 우리는 그러한 것들을 별개의 부류로 나눈다든지 혹은 그것들을 신적 본성의 서로 다른 요소들에게 돌려서는 안 됩니다. 예컨대 어떤 것은 그의 사랑의 작용으로 돌리고 또 어떤 것은 그의 진노의 작용으로 돌린다든지, 혹은 그의 구원의 행동은 그의 위대한 전체의 어떤 한 부분으로 돌리고 또 그의 멸망의 행동은 그것의 다른 한 부분으로 돌리는 식으로 말입니다. 베드로를 친 천사와 헤롯을 친 천사는 같은 천사였습니다. 그의 손과 그의 의지(意志)는 베드로를 칠 때나 헤롯을 칠 때나 동일한 고요함으로 움직였습니다.

하나님의 일하는 방식은 변할 수 있지만 그러나 그의 마음은 변할 수 없습니다. 또 하나님의 행동은 변할 수 있지만 그러나 그의 목적은 변할 수 없습니다. 서로 상반되는 방법들이 동일한 목적으로 귀결됩니다. 마치 겨울의 찬바람과 여름의 뜨거운 햇볕이 똑같이 풍성한 추수로 귀결되는 것처럼 말입니다.

3. 마지막으로, 결과의 성격은 침을 받는 사람에게 달려 있습니다.

천사가 어떤 사람을 칠 때, 그 결과는 그 사람의 어떠함에 달려 있습니다. 천사가 자신의 주인의 친구를 칠 때, 천사는 그에게 오직 축복을 가져다줄 수밖에 없습니다. 또 천사가 자신의 주인의 원수를 칠 때, 천사는 그에게 오직 죽음을 가져다줄 수밖에 없습니다. 천사는 베드로에게 오직 쇠사슬이 끊어지는 것 외에는 아무 일도 행할 수 없었으며, 헛된 영광에 도취된 헤롯에게는 오직 혐오스러운 죽음을 가져다는 것 외에는 아무 일도 행할 수 없었습니다.

이것은 보편적 진리입니다. 하나님의 말씀과 행동이 우리에게 어떨 것인가를 결정하는 것은 우리 자신입니다. "어떤 사람의 음식이 다른 사람에게는 독이 된다"는 진부한 격언 안에는 분명 진리의 요소가 있습니다. 특별히 그것은 복음에 대한 우리의 관계에 있어 사실입니다. 복음 안에서 하나님의 모든 자기계시가 그 절정에 이른다는 점에서 그리고 그 안에서 "여호와의 팔"이 그 최고의 복된 에너지로 제시된다는 점에서 말입니다. 복음은 우리에게 죄의 쇠사슬로부터 자유롭게 되는 수단이 될 수도 있고, 정죄와 사망의 치명적 기회가 될 수도 있습니다. 어느 쪽이 되느냐는 전적으로 자신에게 달려 있습니다. 여러분은 복음을 여러분 자신을 위해 어느 쪽으로 만들 것입니까?

47
정신이 들어 모든 것을 깨달음

"이에 베드로가 정신이 들어 이르되 내가 이제야 참으로 주께서 그의 천사를 보내어 나를 헤롯의 손과 유대 백성의 모든 기대에서 벗어나게 하신 줄 알겠노라 하여"

행 12:11

누가는 어디로부터 이 순간 베드로가 생각한 것에 대한 정보를 얻었을까요? 본문의 언어는 마치 누가가 직접 듣고 기록한 것처럼 들립니다. 이와 관련하여 우리는 누가에게 이러한 정보를 제공한 사람이 요한 마가였을 것이라고 어렵지 않게 추측할 수 있습니다. 왜냐하면 두 사람은 말년에 함께 로마에 있었기 때문입니다. 그렇지만 어쨌든 그것이 근본적으로 베드로 자신으로부터 왔어야만 한다는 것은 명백한 사실입니다. 그것이 어떤 경로를 통해 누가에게까지 이르렀든지 간에 말입니다. 어쨌든 이 순간 베드로가 본문과 같이 생각한 것은 너무도 자연스러운 일이었습니다. 베드로는 비몽사몽의 상태로 옥으로부터 나와 파수를 통과하고 쇠문을 통과하여 마침내 한 거리에까지 이르렀습니다. 이런 상황에서 정신이 들었을 때 놀라지 않을 사람이 어디에 있겠습니까?

1. 자유롭게 된 포로의 어리둥절함.

하나님의 긍휼은 종종 우리의 기대와 즉각적 인식능력을 뛰어 넘어 갑자기 그리고 돌발적으로 임하곤 합니다. 또 때로 하나님은 우리에게 무더기로 슬픔을 보내시며 그리하여 우리는 잠시 동안 거기에 압도되기도 합니다. 시편 기자는 다음과 같이 자신의 깊은 경험을 노래합니다. "여호와께서 시온의 포로를 돌려보내실 때에 우리는 꿈꾸는 것 같았도다"(시 126:1).

천사가 떠나간 다음에야 비로소 우리는 실제로 여기에 있었음을 깨닫게 됩니다. 어떤 경험 가운데 격동된 감정은 우리가 그러한 경험을 이해하기 전에 먼저 고요하게 될 필요가 있습니다. 우리는 눈으로 보는 것보다 깊은 묵상을 통해 우리의 삶의 중요한 순간들에서 하늘과 하나님에 대해 더 많이 발견합니다.

이것이 특별히 사실인 한 영역이 있는데, 그것은 신앙적 삶의 영역입니다. 사람의 영혼 안에 때때로 지나간 변화의 위대함을 고요히 깨닫는 것을 가로막는 어떤 격동이나 흥분 같은 것이 있습니다. 이러한 격동이나 흥분을 가라앉히고 조용히 묵상하는 것은 참으로 좋은 일입니다. 사람이 처음 그리스도와 그의 은사를 받을 때, 그는 자신이 받은 것을 충분히 깨닫지 못합니다. 우리가 처음부터 그 안에서 소유하는 것을 실제적으로 소유하는 데는 평생이 걸립니다. 최고의 성자(聖者)조차도 그리스도 안에 있는 어린아이와 마찬가지로 "말할 수 없는 하나님의 은사"를 충분히 소유하는 것으로부터 멀리 떨어져 있습니다.

그러나 우리 삶의 위대한 순간들을 그 순간들이 지나갈 때까지 올바로 깨닫지 못하는 이러한 특징을 좀 더 일반적으로 바라보면, 우리는 비록 그것이 부분적으로 불가피하며 자연스러운 것이라 하더라도 그 안에 분명 잘못된 요소가 있음을 주목할 수 있습니다. 만일 우리가 하나님과 더 긴밀한 교제 가운데 살았다면, 계속적 고요함의 분위기 가운데 살았을 것이며 즐거운 일이든 슬픈 일이든 어떤 것도 우리를 격동시키지 못했을 것입니다. 그리고 그럴 때 분명 우리 영혼은 우리 앞에 펼쳐진 사건들을 올바로 인식할 수 없을 정도의 놀람과 격동으로 채워지지 않았을 것이며 또 가장 놀라운 경험의 한 가운데서 어느 정도의 시간이 지나고 나서야 비로소 제 정신이 들어 모든 것을 깨닫게 되는 일은 결코 없었을 것입니다.

그렇지만 어쨌든 우리가 각각의 사건들을 깨달으며 그것으로부터 모든 감미로운 것들을 끌어내는 것은 상당 부분 생각 혹은 기억(記憶)에 맡겨집니다. 만일 우리가 "하나님 여호와께서 이 많은 세월 동안 우리를 광야 길로 인도하신 것을"(신 8:2) 깊이 생각하지 않는다면, 우리는 우리의 행복과 능력의 큰 수단들을 얼마나 소홀히 여기는 것입니까! 그리스도인의 행로(行路)에 있어 "뒤에 있는 것을 잊어버리는" 것은 반드시 필요합니다. 우리는 그러한 것들이 우리의 기대를 제한한다든지 혹은 우리의 방법을 미리 지정하는 따위의 일을 하지 못하도록 해야 합니다. 그렇지만 우리의 지나간 과거, 아니 좀 더 정확하게 표현하면 "우리의 믿음을 견고하게 하며 우리의 소망의 폭을 넓게 하기 위해 하나님이 우리와 함께 하신 과거"를 기억하는 것은 매우 중요하며 또 반드시 필요한 일입니다.

2. 천사의 사라짐.

어째서 천사는 아직까지 비몽사몽의 상태로 서 있는 베드로를 남겨두고 떠났습니까? 천사는 한 거리를 지날 때까지 베드로를 인도하고는, 곧 떠났습니다(10절). 기적에 의해 구원받은 베드로는 이제 자신의 두뇌를 사용해야만 합니다. 신약의 기적의 두드러진 특징 가운데 하나는 "기적의 능력의 경제성"입니다. 예수 그리스도는 죽은 나사로를 다시 일으키셨습니다. 왜냐하면 오직 자신만이 그 일을 행할 수 있었기 때문입니다. 그러나 나사로를 "풀어 다니게" 하는 것은 다른 사람들이 해야 할 몫이었습니다. 그는 죽은 야이로의 딸을 다시 살렸습니다. 그렇지만 그녀에게 먹을 것을 주는 일은 다른 사람들로 하여금 행하도록 명했습니다. 하나님은 우리가 스스로 행할 수 있는 일은 행하지 않습니다. 이러한 경제성은 사도들로 하여금 혹여 기적을 기대하며 의지할 위험성에 빠지지 않도록 막아주는 방파제였습니다. 신적 능력을 의지하는 것이 곧 일상적 수단들을 소홀히 여기는 것을 의미하는 것은 아닙니다. 자연적 삶에 있어서와 마찬가지로 영적 삶에 있어서도, 우리는 우리의 몫을 행하여야 합니다. 그리고 그 가운데 하나님이 당신의 몫을 행하실 것을 확신해야 합니다.

3. 여기에 나타난 위대한 구원의 상징.

우리는 여기의 이야기를 기독교적 죽음의 사실을 상징하는 것으로 사용할 수 있습니다. 죽음 역시 하나님을 사랑하는 자들에게 하나님의 사자(使者)가 아닙니까? 만일 우리가 죽음이라는 하나님의 사자를 우리의 공동묘지에 묘사된 섬뜩한 상징이 아니라 여기와 같이 묘사한다면, 그것이야말로 보다 더 기독교적이며 우리의 영원한 소망과 부합하지 않습니까? 그는 그리스도의 종들에게 옵니다. 그리고 부드럽게 그들을 칩니다. 그로 인해 우리를 묶고 있는 쇠사슬이 풀어지며, 우리는 그의 침으로 말미암아 자유로워집니다. 그는 우리를 "그 도성으로 통하는 쇠문"으로 인도합니다. 그러자 문이 저절로 열립니다. 그리고 우리의 발이 그 도성의 "정금같이 빛나며 유리같이 맑은" 그리고 "그 한 가운데로 수정같이 맑은 생명수의 강이 흐르는" 거리를 밟는 순간 그는 사라집니다. 그리고 마침내 해같이 힘있게 빛나는 얼굴을 볼 때 비로소 우리는 정신이 들어 "내가 이제야 참으로 주께서 그의 천사를 보내어 나를 나의 모든 원수들의 손으로부터 영원히 벗어나게 하신 줄 알겠노라"라고 말하게 될 것입니다(11절).

48
로데

"베드로가 대문을 두드린대 로데라 하는 여자 아이가 영접하러 나왔다가"

행 12:13

로데는 '장미꽃'을 의미합니다. 이 장미꽃은 1,800년 동안 계속해서 피어 있었으며 여전히 감미로운 향기를 풍기고 있습니다. 불멸의 이름을 갖는 것은 얼마나 복된 일입니까! 그것을 얻을 수만 있다면, 사람들은 기꺼이 생명까지도 바칠 것입니다. 그런데 여기에 등장하는 여종은 한 사소한 사건으로 그것을 얻었습니다. 그녀는 온 천하에 복음이 전파되는 곳마다 "이 여자가 행한 일도 말하여 그를 기억"하게 될 줄은 꿈에도 알지 못했을 것입니다(막 14:9). 영예를 사랑하는 것은 우리가 조심해야 할 마지막 함정으로 불릴 만한 것입니까? 그렇지 않으면 그것은 저열(低劣)한 사람들의 헛된 망상(妄想)입니까? 어째서 우리는 우리가 죽은 후에 다른 사람들이 우리를 기억해 주는 것에 관심을 기울일 필요가 있습니까? 하나님이 우리를 아시는 것으로 충분하지 않습니까? 어쨌든 "로데라 하는 여자 아이"는 자신이 전혀 의식하지 못하는 사이에 불멸의 이름을 얻었습니다.

여기의 사건과 대제사장의 뜰에서 한 여종이 베드로를 알아본 사건 사이에는 매우 독특한 유사성이 있습니다. 사도행전의 저자인 누가는 자기 마음속에 두 장면 — 즉 마리아의 집의 문 밖에서의 장면과 대제사장의 뜰에서의 장면 — 사이의 유사성을 간직하고 있었던 것으로 보입니다. 왜냐하면 여기의 이야기에서 그는 신약 전체에서 오직 여기와 대제사장의 뜰에서 벌어진 사건을 이야기할 때만 나타나는 단어를 사용하고 있기 때문입니다. 두 경우 모두에서 여종들은 베드로의 목소리를 듣고 그인 줄 알아보며, 또 두 경우 모두에서 여종들은 그것이 정말로 그라고 반복적으로 확인합니다. 나는 이러한 유사성에 근거해서 무슨 특별한 이론을 세우려고 하는 것이 아닙니다. 그렇지만 어쨌든 두 경우에서 모두 특이한 — 다른 곳에서는 전혀 사용되지 않는 — 단어가 사용된 사실은 누가가 서로 다른 사건들이 때로 기묘하게 겹치기도 한다고 느꼈음을 암시하는 것처럼 보입니다. 어쨌든 여기에서 순교자가 될 뻔했던 베드로는 주님을 배반했을 때의 장면을 똑같이 되풀이하고 있습니다 — 물론 그 정황은 전혀 다르지만 말입니다. 그렇지만 그것은 어떻든 간에, 여기의 이야기로부터 우리는 몇 가지 흥미로운 교훈을 끌어낼 수 있습니다.

1. 첫째, 우리는 로데와 거기에 모인 신자들의 관계 속에서 복음에 의해 이루어진 새로운 연합의 띠에 대한 생생한 예화를 주목할 수 있습니다.

로데는 노예였습니다. 13절에서 "여자 아이"로 번역된 단어는 여자 노예를 의미하는 단어입니다. 로데라는 이방(異邦)식 이름과 그녀가 맡고 있었던 일은 그녀가 유대인이 아니었을 가능성을 매우 높여줍니다. 그녀의 여주인인 요한 마가의 어머니이며 바나바의 누이인 마리아는 예루살렘의 부유한 계급의 여자로서 많은 신자들이 모일 수 있을 정도로 큰 집을 소유하고 있었습니다. 나아가 우리는 마리아가 여기의 노예 소녀를 구브로로부터 데려왔을 것이라고 상당한 개연성을 가지고 추측할 수 있습니다. 어쨌든 로데는 노예였습니다. 우리 주님의 시대에 이러한 노예 관계는 거의 대부분의 로마인 가정에 의심과 두려움과 각종 문제들을 가져다주었습니다. 왜냐하면 많은 노예들은 할 수만 있으면 주인들에게 복수하려고 기회를 노리고 있었기 때문입니다. 자기 원수가 명백히 자기 집 안에 있었습니다. 그러나 여기의 이방인 노예 소녀를 보십시오. 그녀는 그녀의 주인과 마찬가지로 동일한 사랑에 접촉되었습니다. 베드로가 문을 두드릴 때, 마리아와 로데는 함께 무릎을 꿇고 기도하고 있었습니다. 그들은 지금 예전에 자신들을 묶고 있었던 부자연스러우며 불건전한 관계에 대해 생각하지 않았습니다. 하나님이 정하신 때에 그리고 기독교 사상이 사회를 점진적으로 변화시켜 나감에 따라 그와 같은 마귀적 제도는 기독교 세계에서 사라졌습니다. 비도덕적 것들에 대한 폭력적 변혁은 언제든지 올바른 방법이 아닙니다. 성급함은 지연(遲延)의 이복형제입니다. 삼림 지역에 정착한 자들은 나무를 베고 땅을 개간하는 일이 끝이 없는 작업임을 발견했습니다. 그곳을 완전하며 철저하게 변화시키는 일은 거의 바랄 수 없는 일입니다. 참된 방법은 나무 기둥의 표피를 둥글게 잘라내고 나머지는 자연에 맡기는 것입니다. 죽은 나무는 처리하기 어렵지 않습니다. 반면 살아있는 나무는 많은 도끼날을 무디게 하고 많은 팔을 지치게 합니다. 그러고도 끝끝내 죽지 않고 또 다시 살아납니다. 이와 같이 복음은 노예제도에 대하여 직접적 전쟁을 선포하지 않았습니다. 그렇게 하는 대신 일단 접하고 나면 더 이상 그러한 악한 제도를 고집할 수 없게 만드는 원리들을 제시했습니다. 그리고 그러한 종식(終熄)의 순간이 올 때까지, 기독교의 직접적 행동은 노예의 상태를 개선하는 것이었습니다. 노예제도라는 추악한 제도의 전체적 모습은 주인과 노예가 함께 주 예수 그리스도의 노예가 되자마자 변화되었습니다. 오늘날에도 복음은 비슷한 종류의 일을 계속해서 행하고 있습니다. 영국과 다른 모든 문명사회에 기독교 정신과 전적으로 배치되는 많은 제도들과 관습들이 있습니다. 마치 로마의 노예제도처럼 말입니다. 나는 사회를 하나로 묶는 유일한 연합의 띠와 사회의 모든 병폐를 치료하는 유일한 치료제는 오직 예수 그리스도 안에서 발견된다고 굳게 믿습니다. 예수 그리스도의 계시로부터 추론할 수 있는 원리들이 사회의 모든 악들에 적용될 때, 사회의 모든 병폐들은 점진적으로 치유될 것입니다. 여기 마리아의 문 앞에 서 있는 그녀의 노예이면서 동시에 그리스도 안에서 자매인 보잘것없는 한 소녀를 보십시오. 나는 그 소녀가 오늘날의 사회적 악들이 어떻게 고쳐질 수 있는지 그리고 이 시대의 온갖 계급 간의 투쟁들이 어떻게 종식(終熄)될 수 있는지 상징적으로 보여주고 있다고 생각합니다.

2. 둘째, 여기에서 우리의 사소하며 일상적인 의무가 얼마나 거룩하며 위대한 것인지 주목할 수 있습니다.

로데는 문을 열기 위해 기도모임으로부터 나왔습니다. 문을 열어주는 것은 그녀의 맡은 일이었으며, 그리하여 그녀는 그 일을 행하기 위해 기도하는 자리를 떠났습니다. 그렇게 하여 그녀는 베드로를 여전히 그를 따라다니고 있었던 위험으로부터 구원하는 도구가 되었습니다. 한쪽에서 베드로가 대문 밖에 서 있으며 또 날이 밝아오고 있을 때, 다른 한쪽에서 기도하고 있는 것은 거의 쓸모없는 일이었습니다. 헤롯의 병사들은 날이 밝아 베드로가 도망친 것을 발견하는 즉시 그를 뒤쫓을 것입니다. 지금 베드로에게 필요한 유일한 것은 안으로 들어가 은신하도록 하는 것이었습니다. 그러므로 기도하는 사람들과 문을 두드리는 소리를 듣고 기도를 중단한 소녀는 모두 같은 방향으로 일하고 있었던 것입니다. 아무리 기도와 교제에 열중한다 하더라도, 그것이 우리의 일상적 임무를 게을리 하거나 지연시킬 수 있는 핑계는 되지 못합니다. 만일 여러분의 임무가 문을 지키는 것이라면, 설령 여러분이 기도하는 중에 문 두드리는 소리를 듣고 문을 열어주기 위해 잠시 일어난다 하더라도 여러분은 지극히 높은 자의 은밀한 장소를 떠나지 않고 계속해서 거기 머무는 것입니다. 가장 사소하며 일상적 행동이 교제에 열중하거나 혹은 합심기도를 하는 것보다 더 참된 예배입니다 만일 전자(前者)는 소홀히 하면서 후자(後者)만 추구한다면 말입니다. 일상의 일은 내팽개쳐둔 채 위층에서 성도들과 연합하여 기도에 열중하는 것보다 차라리 아래층에서 종의 비천한 일을 행하는 것이 더 낫습니다.

나아가 우리는 여기에서 또 하나의 위대한 진리를 발견할 수 있는데, 그것은 마땅한 의무로서 행해지는 그러므로 하나님에 대한 참된 예배가 되는 가장 사소한 일은 그 안에 일종의 어떤 불멸성을 가지며 따라서 영원히 기념될 만하다는 것입니다. 다음 날 십자가에 못 박힐 주님의 발에 향유를 부은 또 다른 여인을 생각해 보십시오. 오직 그녀의 그러한 행동만이 영원히 기념될 만한 유일한 헌신의 행동은 결코 아니었습니다. 성령께서는 여기의 비천한 노예 소녀의 이름과 행동도 잊혀지지 않고 영원히 기념되도록 역사(役事)하셨습니다. 성령께서는 아무것도 헛되이 보존하지 않습니다. 성령께서 로데의 이름이 영원히 기념되도록 섭리하신 것은 우리로 하여금 큰 일이든 작은 일이든 하나님은 겉으로 드러나는 크기가 아니라 그것을 행하는 자의 마음의 동기에 따라 평가하신다는 사실을 배우도록 하기 위함이었습니다. 하나님은 "내가 그들의 모든 행위를 절대로 잊지 아니하리라"라고 말씀하십니다(암 8:7). 여기의 로데의 보잘것없는 행동은 마치 식탁에 놓인 향기로운 장미꽃처럼 우리에게 평범한 삶의 거룩성을 증언합니다. 우리의 평범한 삶이 하나님께 대한 순종의 행동들로 가득 찰 때 말입니다.

3. 셋째, 여기에서 로데는 우리에게 지극히 정상적인 흥분으로 인해 자칫 가장 중요한 의무를 잊어버릴 가능성을 경고합니다.

그녀는 베드로의 음성을 듣고 너무나 기쁜 나머지 "문을 미처 열지 못하고" 사람들에게 알리기 위해 달려 들어갔습니다(14절). 만일 그녀가 안으로 달려가는 동안 헤롯의 병사들이 달려왔다면, 교회는 도리어 "베드로가 어떻게 되었는지 알지 못하여 적지 않게 소동"했을 것입니다(18절). 그는 분명 얼마 전까지 있었던 옥으로 다시 압송되었을 것입니다. 로데의 첫 번째 의무는 문을 여는 것이었습니다. 그리고 두 번째 의무는 형제들에게 가서 베드로가 온 사실을 알리는 것이었습니다. 그러나 그녀는 기쁨의 감정에 흥분되어 순진하게도 자신의 첫 번째 의무를 잊어버리고 말았습니다. 그러면서 그가 들어올 수 있도록 문을 열어주는 대신 "베드로가 대문 밖에 섰더라"라고 말하기 위해 안으로 달려갔습니다(14절). 기쁨이나 슬픔의 감정은 종종 우리로 하여금 가장 중요하며 절박한 의무를 잊도록 만듭니다. 그러므로 우리는 여기의 작은 사건으로부터 자신의 감정을 잘 다스려야 한다는 옛 교훈을 배울 수 있습니다. 우리는 우리의 감정을 추진력으로 삼아야지 인도자로 삼아서는 안 됩니다. 다시 말해서 우리는 우리의 감정으로 하여금 본래 있어야 할 장소인 기관실로부터 갑판으로 나와 거기에서 배의 키를 잡게 해서는 결코 안 됩니다. 감정에 복종하는 것은 매우 위험합니다. 만일 감정의 명하는 바가 성경에 의해 조명(照明)된 고요한 상식에 의해 확인되지 않는다면 말입니다. 슬픔은 그것의 칙칙함으로 말미암아 의무를 모호하게 만드는 경향이 있습니다. 반면 기쁨은 그것의 눈부심으로 말미암아 그렇게 하는 경향이 있습니다. 한밤중에나 해가 강렬하게 내리쬐는 한낮에는 길을 알기가 어렵습니다. 둘 모두 제어될 필요가 있습니다. 나의 마음이 기쁨으로 들뜨든 슬픔으로 가라앉든 의무는 동일하게 남아 있습니다. 지금 내가 기쁘든 혹은 슬프든, 하나님이 나에게 맡겨주신 대문은 나에 의해 열려져야 하고 또 닫혀져야 합니다. 요컨대 나의 의무는 나의 일시적 감정이나 상황으로부터 독립적입니다. 감정이 오르락내리락하는 동안에도 의무는 여전히 남아있다는 사실을 기억하십시오. 지금 우리의 감정이 기쁘든 혹은 슬프든, 여전히 우리가 섬겨야 할 동일한 주님이 계시며 또 우리가 바라보아야 할 동일한 면류관이 있습니다.

4. 마지막으로, 여기에서 반대에도 불구하고 자신의 경험으로부터 말미암은 확신 있는 믿음의 한 실례(實例)를 발견합니다.

여기에서 형제들이 다락방에서 벌인 이상한 대화에 대해 생각해 보십시오. 그들은 베드로의 구원을 위해 기도하고 있었습니다. 그런데 그가 정말로 구원을 받아 여기에 왔습니다. 그러나 그들은 그것을 믿을 수 없었습니다. 슬프게도 종종 우리는 우리의 기도에 대한 즉각적 응답을 믿지 못하는 어리석음에 떨어지곤 합니다. 여기의 경우 그들의 기도는 원문(原文)이 보여주는 것처럼 뜨겁고 열정적이었습니다. 또 그들은 밤새도록 기도했으며, 그들의 기도의 진지함은 그것이 온전히 응답된 사실에 의해 분명하게 확증됩니다. 그럼에도 불구하고 베드로가 왔을 때, 그들은 로데에게 "네가 미쳤다"라고 말하는가 하면 또 다시 "그러면 그의 천사라 지금 대문 밖에서 있는 자는 결코 그일 수 없어!"라고 말했습니다(15절). 아무도 정말 베드로가 왔는지 확인해보기 위해 문으로 갈 생각을 하지 않은 것으로 보입니다. 그들은 단지 로데와 더불어 그녀가 옳은지 틀렸는지에 대해 계속 논쟁을 벌였을 뿐입니다. 우리는 어기에서 금 같은 믿음에 뒤엉켜 있는 불신앙을 보게 됩니다.

로데는 문 밖에 있는 사람이 정말로 베드로라고 계속해서 확언합니다. 마치 대제사장의 뜰에서 불을 쬐고 있는 사람들 가운데 베드로의 목소리를 알아본 또 다른 여종처럼 말입니다.

여기에서 우리가 찾아낼 수 있는 교훈은 사람들이 무엇이라고 말하든간에 자기 자신의 경험을 믿으라는 것입니다. 만일 여러분이 예수 그리스도가 여러분을 도울 수 있으며 여러분을 사랑하셨으며 또 그를 믿음으로 말미암아 여러분의 죄가 사해졌음을 발견했다면, 다른 사람들로 하여금 여러분이 확신한 것에 대해 이러쿵저러쿵 하지 못하게 하십시오. 그냥 로데처럼 그것이 정말로 그러하다고 계속해서 확언하십시오. 만일 여러분이 반대하는 사람들에게 "당신들은 내 말을 확인해보기 위해 문으로 가보았소?"라고 말한다면, 그것이야말로 그들의 반대에 대한 가장 올바른 대답이 될 것입니다. 만일 그들이 "아니, 가보지 않았소!"라고 말한다면, 그에 대한 여러분의 가장 올바른 대답은 "나처럼 가서 보시오. 그러면 당신들도 나와 똑같은 믿음을 갖게 될 것이오"라고 대답하는 것입니다.

그리하여 마침내 그들은 문을 열었으며, 거기에 베드로가 서 있었습니다. 여기에서 베드로가 문 두드리기를 그치지 않았다는 말씀이 특별히 언급되는 것을 주목하십시오(16절). 베드로가 문을 두드린 것은 로데와 형제들이 대화한 덕택에 노래 반주를 계속하는 것 같았습니다. 하지만 그것은 그들의 대화를 한 순간에 종식시키기에 충분했습니다. 그러나 보십시오! 우리 앞에 베드로보다 더 끈질기게 문을 두드리는 자가 계십니다. "볼지어다 내가 문 밖에 서서 두드리노니 누구든지 내 음성을 듣고 문을 열면 내가 그에게로 들어가 그와 더불어 먹고 그는 나와 더불어 먹으리라"(계 3:20).

49
베드로가 다른 곳으로 피신함

"베드로가 그들에게 손짓하여 조용하게 하고 주께서 자기를 이끌어 옥에서 나오게 하던 일을 말하고 또 야고보와 형제들에게 이 말을 전하라 하고 떠나 다른 곳으로 가니라"

행 12:17

천사가 떠났을 때, 베드로는 자신의 지혜와 판단력으로 되돌아와야만 했습니다. 그리고 실제로 그는 자신의 지혜와 판단력을 온전하게 행사했습니다. 그는 정신이 들어 일의 전말(顚末)을 생각했으며, 마리아의 집으로 가기로 결심했습니다. 그는 그 자리에 그대로 남아있을 수 없었습니다. 왜냐하면 그곳은 매우 위험했기 때문입니다. 그는 자신을 뒤쫓는 불길이 어느 정도 잦아들 때까지 어디엔가 은신해야만 한다고 생각했습니다. 여기에서 그는 마리아의 집 안으로 들어가지 않고 다만 대문 앞으로 나온 형제들과 약간의 대화만 나누고 곧 떠난 것으로 보입니다. 본 장(本章) 후반부의 베드로의 무언가 서두르는 듯한 인상은 천사의 장엄한 여유로움과 두드러진 대조를 보입니다. 앞에서 천사는 베드로에게 띠를 띠고, 신을 신고, 겉옷을 입으라고 하는 등 옆에 잠자고 있던 군인들이 혹시 깨어나지 않을까 하는 데는 전혀 개의치 않았습니다. 그러나 지금은 서두를 필요가 있었습니다. 왜냐하면 새벽이 동터오고 있었기 때문입니다. 옥으로부터 도망친 죄수에게 예루살렘 거리는 결코 안전한 장소가 아니었습니다.

오늘 우리는 마리아의 집 안에서의 장면과 문 앞에서의 장면에 대해서는 길게 다루지 않을 것입니다. 다만 로데가 베드로의 목소리를 듣고 너무나 기쁜 나머지 문 여는 것을 잊어버림으로써 여전히 그를 위험 가운데 남겨둔 것과 자신들의 간절한 기도가 응답되었을 때 그것을 곧바로 믿지 못한 채 갈팡질팡한 많은 형제들의 모습은 우리에게 많은 것을 생각하게 합니다. 그들은 베드로가 왔다고 믿느니 차라리 로데가 미쳤다고 믿을 것이었습니다. 또 그들은 자신들의 간절한 기도가 그토록 빨리 응답되었다고 믿느니 차라리 자신들의 모든 기도에도 불구하고 베드로는 죽었으며 따라서 문 밖에 있는 존재는 그의 천사일 것이라고 믿는 것이었습니다. 우리는 이러한 그들의 모습 속에서 우리 자신의 모습을 볼 수 있지 않습니까?

또 여기에서 베드로가 계속해서 문을 두드린 것을 생각해 보십시오. 그것은 정말로 그다운 행동이 아니었습니까! 합심기도의 시끄러운 분위기에서조차 로데는 베드로가 힘차게 문을 두드리는 소리를 들었습니다. 또 나중에 로데와 형제들이 서로 대화를 하고 있었을 때에도, 베드로가 두드리는 힘찬 소리는 그들의 귀에 충분히 들릴 정도로 컸습니다. 그러다가 마침내 어떤 사람이 로데의 말이 사실인지 여부를 가지고 논쟁을 벌이는 것보다 차라리 밖에 나가 직접 확인해보는 것이 더 낫겠다고 제안한 것으로 보입니다. 그리하여 그들 모두가 한 무더기가 되어 문 앞으로 내려왔으며, 마침내 거기에 정말로 진짜 베드로가 서 있음을 발견했습니다. 그러나 우리는 여기에서 베드로가 그 집으로 들어가 보살핌을 받은 아무런 표적도 발견하지 못합니다. 그는 웅성거리는 형제들에게 손짓하여 조용하게 하고는, 몇 마디 간단한 말을 전하고 곧 떠난 것으로 보입니다(17절).

1. 첫째, 베드로가 자신의 구원에 대해 어떻게 설명하는지 주목하십시오.

나는 여러분에게 사도행전의 주된 요지(要旨)가 하늘로부터의 그리스도의 행하심이라는 사실을 여러 번 이야기했습니다. 저자(著者)인 누가에게 그것은 세상에서의 그의 행하심과 마찬가지로 실제적이며 효과적인 것이었습니다. 여기에서 베드로는 자신의 구원의 원천을 주님에게까지 추적하여 올라갑니다. "주께서 자기를 이끌어 옥에서 나오게 하던 일을 말하고"(17절). 그는 천사를 언급하는 것에 머물지 않습니다. 그의 생각은 도구를 넘어 그 도구를 사용하는 손에게까지 갑니다. 뿐만 아니라 그는 자신의 구원에 대해 전혀 놀라지 않은 것처럼 보입니다. 그가 꿈인지 생시인지 알지 못한 채 어리둥절했던 순간은 곧 지나갔습니다. 제 정신이 들자마자, 그에게 있어 그의 구원은 완전히 자연스러운 일로 보였습니다. 그에게 있어 "주"께서 달리 무슨 일을 행하실 것을 기대할 수 있었겠습니까? 그에게 있어 놀랄 것은 아무것도 없었습니다. 오직 감사할 일만 있을 뿐이었습니다. 이것은 우리에게도 마찬가지입니다. 우리에게 구원이 임할 때, 우리에게 놀랄 것은 아무것도 없으며 오직 감사할 일만 일을 뿐입니다.

2. 둘째, 형제들에 대한 베드로의 메시지를 주목하십시오.

"야고보와 형제들에게 이 말을 전하라 하고." 주의 형제 야고보는 사도가 아니었습니다. 여기에서 그의 이름이 특별하게 거명되는 사실은 그가 이미 교회 안에서 매우 두드러진 위치를 차지하고 있었음을 보여줍니다. 어쩌면 그것은 또한 그때 예루살렘에 사도들이 없었음을 의미하는 것일는지도 모릅니다. 나아가 우리는 그때 마리아의 집에 모여 기도하고 있었던 사람들이 단지 전체 교회의 아주 작은 일부에 불과했었음을 주목할 수 있습니다. 우리는 여기에서 박해 아래 있던 교회의 상황을 보여주는 하나의 작은 편린을 발견합니다. 사람들의 주의를 끌 수 있는 모임은 피해야만 했습니다. 모임이 필요할 때는 개인의 집에서 문을 걸어 잠그고 은밀하게 모여야만 했습니다. 마리아의 집 대문에는 작은 쪽문이 있었으며, 사람들은 그 쪽문을 통해 은밀하게 집 안으로 들어올 수 있었습니다. 비록 큰 규모의 집회는 제한되었다 하더라도 상호간의 연락은 계속해서 유지되었으며, 지체들은 은밀한 방법으로 중요한 사건들에 대한 정보를 서로 전달하며 공유했습니다. 그러나 이와 같은 공통의 위험으로 인해 형제의식은 한층 더 강해졌습니다. 보편적 위험은 형제들을 이기적으로 만들지 않고 도리어 피차 마음을 같이 하도록 만들었습니다. 반대로 훗날 그리스도인들이 세상으로부터 호의(好意)를 받게 되었을 때, 이러한 모습에 얼마나 큰 변화가 일어났습니까! 아울러 우리는 역사를 통해 그리스도의 종들에 대한 세상의 호의가 너무도 변덕스러운 것임을 충분히 알 수 있습니다.

3. 마지막으로, 베드로가 그곳을 떠나 다른 곳으로 간 것을 주목하십시오.

본문에 언급된 것은 "그가 떠나 다른 곳으로 가니라"가 전부입니다(17절). 아마도 누가는 그가 어디로 갔는지 알지 못했을 것입니다. 그와 같은 박해의 때에는 그것을 숨기는 것이 지혜로운 일일 것이었습니다. 우리는 베드로의 피신을 통해 어떤 사도에게 있어 죽임을 당하는 것보다 피신하는 것이 훨씬 더 유용(有用)한 일이 될 수 있다는 사실을 발견할 수 있습니다. 그리스도의 가장 담대한 증인들조차도 때로 다른 도시로 피신함으로써 스스로를 보존하곤 했습니다. "재난이 지나갈 때까지" 잠시 피신하는 것은 비겁한 행동이 될 수도 있고 칭찬할만한 신중한 행동이 될 수도 있습니다. 모든 것은 각각의 상황에 달려 있습니다. 신중함은 용기의 한 요소입니다. 신중함이 없는 용기는 어리석은 만용에 불과합니다. 그리스도인들에게 있어 피해야만 하는 외적 위험이 있는가 하면, 직면해야만 하는 외적 위험도 있습니다. 그리스도인들에게 있어 피하는 것이 최선인 내적 유혹이 있는가 하면, 죽기까지 싸워야 하는 내적 유혹도 있습니다. 베드로는 "모두 주를 버릴지라도 나는 결코 버리지 않겠나이다"라고 큰소리칠 때보다 차라리 여기처럼 피하여 숨었을 때 더 용기 있었습니다(마 26:33). 후대(後代)에 순교에 대한 병적 열심은 교회에 큰 해악을 끼쳤습니다. 그러나 초대교회는 그것으로부터 자유로웠습니다.

그러나 우리는 여기에서 베드로가 역사의 무대로부터 사라지고 이후로 그에 대해 거의 듣게 되지 못하는 것을 주목할 필요가 있습니다. 다만 우리는 예루살렘 공회에 대해 언급하는 15장에서 그가 잠깐 나타나는 것을 보게 되지만, 어쨌든 그러한 예외를 제외하면 여기의 이야기가 사도행전에서 그에 대한 마지막 언급입니다. 사도행전은 자신의 책에 등장하는 영웅들에 대해 얼마나 작은 주의밖에 기울이지 않습니까! 아니, 사실 그 책은 오직 한 명의 영웅밖에는 허락하지 않으며, 그 책이 높이는 이름은 오직 한 이름뿐입니다. 그것은 여기에서 베드로가 자신의 구원의 원천으로 지목하는 그리고 그 자신이 다음과 같이 선언하는 이름입니다. "다른 이로써는 구원을 받을 수 없나니 천하 사람 중에 구원을 받을 만한 다른 이름을 우리에게 주신 일이 없음이라"(4:12).

맥클라렌 강해설교 **요한복음 II · 사도행전 I**

초판 인쇄 2013년 3월 20일
초판 발행 2013년 3월 25일

발행처 크리스챤다이제스트
발행인 박명곤
주소 경기도 고양시 일산동구 정발산동 1193-2
전화 031-911-9864, 070-7538-9864
팩스 031-911-9824
등록 제 396-1999-000038호

총판 (주) 기독교출판유통
전화 031-906-9191~4
팩스 0505-365-9191